CORPORATE GOVERNANCE HANDBOOK

公司治理手册

李维安　郝臣　编著

清华大学出版社
北京

图书在版编目（CIP）数据

公司治理手册/李维安，郝臣编著.--北京：清华大学出版社，2015（2024.1重印）

ISBN 978-7-302-39463-1

Ⅰ．①公… Ⅱ．①李… ②郝… Ⅲ．①公司－企业管理－手册 Ⅳ．①F276.6-62

中国版本图书馆 CIP 数据核字(2015)第 036578 号

责任编辑：陆浥晨
封面设计：单　良
责任校对：宋玉莲
责任印制：刘海龙

出版发行：清华大学出版社
　　　　　网　　　址：https://www.tup.com.cn，https://www.wqxuetang.com
　　　　　地　　　址：北京清华大学学研大厦 A 座　　　　邮　　编：100084
　　　　　社 总 机：010-83470000　　　　　　　　　　邮　　购：010-62786544
　　　　　投稿与读者服务：010-62776969，c-service@tup.tsinghua.edu.cn
　　　　　质量反馈：010-62772015，zhiliang@tup.tsinghua.edu.cn

印 装 者：三河市铭诚印务有限公司
经　　销：全国新华书店
开　　本：185 mm× 260 mm　　印　张：49.75　　　　字　数：1148 千字
版　　次：2015 年 8 月第 1 版　　　　　　　　　　　印　次：2024 年 1 月第 9 次印刷
定　　价：118.00 元

产品编号：051351-01

关于中国公司治理有效性的几点思考

我一直关心我国的股市和上市公司的问题,在 1998—2008 年担任全国人大常委会副委员长期间参与了有关法律的立法和执法检查等工作。1997 年东亚金融危机以后,第九届全国人大常委会第六次会议于 1998 年 12 月 29 日通过了《中华人民共和国证券法》(以下简称《证券法》),2001 年由我负责率领全国人大常委会执法检查组对《证券法》的实施情况进行了执法检查,确实发现了很多问题。2000 年,在我兼任国家自然科学基金委员会管理科学部主任期间,曾带领中国管理科学家代表团到韩国和日本考察,李维安和我同行,当时我就鼓励他要努力从事公司治理的研究并且给予了一些支持。他从 2003 年开始发布上一年的中国上市公司治理指数(CCGI^{NK}),至今已经连续发布十一次,同时还举办了两年一届的公司治理国际研讨会,目前已经举办了七届。公司治理指数已经成为我国评价上市公司治理水平的一个重要指标,公司治理国际研讨会也越办越好,在国内外都有较大的影响。

我在第十六届中国资本市场论坛上讲过,影响股市的四个主要因素是:宏观经济的基本面、上市公司的质量、投资者(包括机构投资者和公众投资者)的素质,以及监管的水平。上市公司是股市的基石,是创造财富的源泉,如果上市公司的质量不好的话,股市的质量是不会好的。上市公司的质量短期看来是看财务绩效,长期看来是看公司治理。一个上市公司的公司治理不好,早晚是要出问题的。因此可以说,公司治理确实是一个非常重要的问题,是我们评价上市公司质量的一个最根本的指标。

关于公司治理,在我国有各种提法,有人叫法人治理结构,也有人叫公司治理机制,我个人在 2000 年《中国企业管理面临的问题与对策》一书中提出来叫公司治理制度。因为从系统工程的角度来说,制度包括体制和机制两个方面。体制是结构,是一个静态的概念。例如上市公司的董事会应该有独立董事,这是结构的问题。而机制是一个过程、是动态的概念。例如上市公司的独立董事如何产生、如何聘用、待遇水平和辞职程序等。所以公司治理既要解决结构问题,又要解决机制问题,这才能全面地把公司治理问题处理好。我国的公司治理如果以交易所成立作为标志,其建设和改革已经走过了二十多年的历程。上市公司治理的有效性最近几年来成为大家关注的焦点,我个人认为影响我国上市公司治理有效性的重要问题或者主要因素有以下三个。

第一个是控股股东问题。在我国上市公司,特别是国有上市公司和一些家族企业中,控股股东往往是一股独大,占据绝对优势。在这种情况下,最容易产生的问题就是控股股东实际上控制了企业所有的重要决策,这在某些情况下是很危险的。我们在《证券法》的执法检查中,发现信息虚假披露、内部交易和对市场的恶意操纵往往发生在一股独大的上市公司中。控股股东可以随意掏空上市公司的资产,可以随意调整董事会的结构,可以随意地把募集的资金用于非原定的用途,甚至可以在某些场合发布虚假的信息。例如,银广夏等公司发布虚假的出口信息;蓝田股份的报表在当年发布后就被中央财经大学刘姝威教授等人分析出问题;内部交易也是屡禁不绝;对市场的恶意操纵也时有发生,最近发生的光大证券的乌龙指事件现在还没有彻底查处,这个事件确实对公众投资者造成损失,而公众投资者的索赔难度是相当大的。这些现象都说明一个问题,即控股股东应由谁来监督,控股股东在董事会中占多数,甚至有的独立董事都被控股股东收买,监事会也没能真正发挥作用。而且,因为监事会并不代表公众投资者利益,在某些情况下监事会甚至会默许控股股东侵犯公众投资者利益。按道理说,国有控股的上市公司由履行出资人职责的国资委管辖,但国资委要真正发现这些问题恐怕也不容易,例如最近发生的中石油领导层的腐败问题。因此我曾在《证券法》执法检查时提出,如果一个上市公司不是有一个绝对控股的股东,而是有两到三个比较大的股东,就有相互制约的作用。当然,这种情况也有其不利之处,如果几个主要股东意见不一致,就会延缓决策,甚至有时会丧失商机。但是从我国的现状看来,迫切需要解决的是控股股东一股独大所产生的一些违法违规行为,以及控股股东侵害公众投资者利益的问题。我在《证券法》执法检查的时候,提出了一个建议:国有企业之间可以通过换股的方式来交叉持股,从而解决一股独大的问题。

第二个问题是独立董事的独立性问题。这个问题多年来一直受到关注。最初国有企业是不设董事会的,这就会产生两类问题:一是管理者越位,二是所有者缺位。一方面,按道理说,国有企业的管理者只是国家委托管理公司的代理人,但那时有很多国有企业的管理者自认为是国家的代表,所以出现越位的现象。而另一方面,国有企业名为国有,但最初并没有专门机构来管理,名义上是由政府来管理。但政府不可能管得细,所以就会出现所有者缺位的现象。当然有的时候地方政府可能越位干涉企业的一些经营,但总体来说对国有企业的监督是不够的。所以这种情况下,我记得我在1998年就提出,按照1993年《中华人民共和国公司法》(以下简称《公司法》)的规定,国有企业应该设董事会。经过一番争论,最后还是确定国有企业应设董事会。但当时董事会中没有设立独立董事,证监会也没有明确规定。到2001年8月中国证监会才规定建立独立董事制度。在2005年《公司法》修改的时候有一场争论,原《公司法》修订草案考虑到草案已规定股份有限公司都要设立监事会,对在上市公司推行独立董事制度问题,只作了"上市公司可以设立独立董事"的原则性规定。我当时在委员长会议上坚持上市公司的董事会必须要有独立董事,这是因为监事会的职能和独立董事的职能是不一样的,监事会在一定程度上还是以内部人为主,包括代表职工利益的监事;而独立董事是代表公众投资者利益的。公众投资者、企业监事会和企业董事会,这三者的立场不是完全一致的,在某种情况下,很可能董事会会做出有利于企业而损害公众投资者利益的行为,而监事会也同意或默许。而广大的公众投资者没有代表去发表意见,去反对董事会做出的不当决定,就有可能会损害公众投资者利益,这种事例确实是存在的。所以当时我坚持,监事会和独立董事的监督功能是不同的,不是重复。最终通过的法律变成"上市公司设立独立董事",做出了硬性的规定。

但是关于设立独立董事的有效性如何,当时也有人提出意见,说独立董事都是由董事会或企业高管聘任的,都是他们的熟人,又给了独立董事比较高的报酬,结果却起不了作用。因此需要明确独立董事的职责究竟是什么,这是机制问题。按照国外一般公司治理的规定,独立董事是很重要的,至少薪酬委员会和审计委员会的主席应该由独立董事来担任。董事会不能在不经过外部股东同意的情况下随意给管理者加薪,审计也不能仅仅在内部自行审计。但独立董事确实有一个尽责的问题。我国的独立董事很大程度上是尽责不够的,这就涉及担任独立董事的条件。不久前刚出现一个事件,有几位退下来的部级领导被一些国有企业聘去担任独立董事,结果在网上引起热烈的评论。当然从一个角度来说,请他们担任独立董事可以利用他们的影响,对公司的发展可能会有帮助,但这不是独立董事的职责。独立董事是代表公众投资者去监督公司的,他们是否能胜任监督职责以及监督效果如何受到了质疑。后来在网络舆论的压力下他们主动辞职了。但这也提醒我们一个问题,到目前为止,独立董事的任职条件及其职责还不够明确,或者虽然有规定但是没有执行。所以我认为现在需要进一步明确独立董事的职责,而且需要对其任职条件有所规定。

记得五年前我在中国资本市场论坛上讲过一段话:"现在风行请领导和经济学家来担任独立董事,而且有的经济学家担任多个公司的独立董事。这样他们能'懂事'吗?"而且说实话,经济学家担任独立董事不见得能当好,因为经济学家研究的是经济问题,而独立董事要真正尽职需涉及很多管理问题。所以在国外独立董事多半不是经济学家,而是其他企业的高层管理人员。当然我说这话也得罪了一些经济学家,有人就跟我抬杠,说"不让经济学家当独立董事,难道让农民来当吗?"我不是反对所有经济学家担任独立董事,如果你够格就可以,你至少要能够看得懂企业的财务报表。如果连财务报表都看不懂,你怎么去监督企业?独立董事的报酬也是一个重要问题,给低了没有积极性,给高了可能被管理层收买,所以如何确定和支付独立董事的报酬确实也是值得研究的。当然独立董事的聘用程序也是很重要的,独立董事刚设立的时候往往是董事长、总经理跟谁关系好就请谁来当独立董事,如果这样,独立董事就不独立。独立董事辞职也要有一定的程序,曾经有一个上市公司出现问题,其独立董事马上宣布辞职,这是不行的,出了问题独立董事负有责任。所以公司出问题独立董事要辞职,也需要离职的尽责评估。独立董事到底在任职期间发挥了什么作用,是不是每次董事会都参加,在董事会中提了什么意见,发挥了什么监督作用,都需要进行尽责评估。所以我认为要真正发挥独立董事作用,仅仅把独立董事体制在《公司法》中确定下来还不够,还要把有关独立董事的机制问题明确下来,只有这样才能提高公司治理的有效性。

最后一个问题是高管问题。即使在西方也常常有"弱股东,强高管"这样的说法,也就是说高管在负责公司的资产运营时相对于股东处于强势。如何处理好高管和董事会之间的关系,是公司治理的一个大问题。因为两者的目标是不一致的,通常来说高管往往追求短期绩效,而董事会则会更多地考虑公司的长远发展。另外,高管对于一些重大问题往往没有及时向董事会报告。最近有几个上市公司发生问题,都是CEO出了问题,从而将公司弄得一蹶不振。当然,董事会不能过度地干涉高管的决策,有的董事长实际上变成了CEO,这是不对的。这个问题前些年我曾经在香港访问华润公司的时候就跟谷永江董事长探讨过,他写了篇很好的文章,叫作"总经理干,董事长看"。我觉得他就把这个意思说明白了,总经理是干事的,董事长是监督的。但是董事长应当给总经理指点方向,这一关系要处理好,要让总经理能够充分发挥他的作用。

高管问题的第二个方面就是高管绩效的评价。如果仅仅根据公司股票的涨落来评价高管的业绩,必然会导致高管只顾追求短期效益,为得到高报酬而提高短期效益,却不管这些短期效益今后会产生什么负面的结果。因此对高管的绩效评价也应该是长期和短期相结合,也应该是策略性的成绩和战略性的成绩相结合。如果公司的激励系统本身就是鼓励高管追求短期效益,这种上市公司将来肯定是要出问题的。

高管问题的第三个方面即高管的持股和退出。一年多前我就讲过,创业板高管纷纷套现这种现象是不正常的,首先说明高管对自己公司没有信心。公司上了市圈到钱了,过了一两年高管就走人了,这在某种程度上就是欺骗公众投资者。如果有信心,像乔布斯、比尔·盖茨那样,艰难创业,开始上市时只是一个小公司,拿的待遇也不高,但是对自己公司有信心,不断发展,最后获得成功。高管套现本身就说明他们实际上对这个公司没有信心,所以才会走人。我认为对高管套现应该有一套严格的规定。起码第一要有时间的限制;第二要有正当的理由;第三要有对高管的审计结果。另外,套现也不能一次全部完成,只能套现一定的比例,过若干时间以后才允许全部套现。这个问题若不解决,我认为对于创业板来说是会造成很大问题的。因为创业板公司上市的条件和主板不一样,所以更容易产生这种高管的投机性圈钱、套现的事情。

关于治理有效性的控股股东问题、独立董事问题、公司高管问题,我们都需要进行深入研究,向国家有关部门提出建议,把上市公司的治理做得更好,真正做到促进股市健康发展,另外也真正做到无论是在信息获取还是在技术经验等方面都会保护弱势群体的公众投资者的利益。

李维安和郝臣主编的《公司治理手册》,对公司治理领域中比较常见的重要概念进行了界定和分析,涉及公司治理的各个方面,是一部比较全面的工具书。在书稿付梓之际,他们二人邀请我为该手册作序。李维安从日本留学归国后一直坚持从事公司治理方面的研究,郝臣是我和李维安共同指导的博士研究生,2007 年毕业后留在南开大学商学院财务管理系从事公司治理与公司财务方面的教学和研究工作。因此,我欣然接受他们的邀请,正好我刚刚参加了他们主办的第七届公司治理国际研讨会,便把我在大会上"关于中国公司治理有效性的几点思考"的主旨演讲进行了整理,作为代序,该手册也将"公司治理有效性"收录为词条之一,希望该手册的出版能够促进中国公司治理理论研究水平的提高,进而提高中国公司治理的有效性。

成思危

2015.4.15 于北京

公司治理：缘起、演进与展望

公司治理问题实际上很早就存在了，是随着公司制组织形式的出现而产生的。如果以 1600 年东印度公司的设立作为标志，公司治理问题已经有 400 多年的历史。1776 年亚当·斯密(Adam Smith)在《国富论》(*An Inquiry into the Nature and Causes of the Wealth of Nations*)中对两权分离下股份公司及其董事行为的分析实际上已经触及公司治理问题。但学术界更多的是认为 1932 年阿道夫·伯利(Adolf A. Berle)和加德纳·米恩斯(Gardiner C. Means)的著作《现代公司与私有财产》(*The Modern Corporation and Private Property*)首次正式提出公司治理问题，特别值得一提的是 1937 年罗纳德·科斯(Ronald H. Coase)《企业的性质》(*The Nature of the Firm*)论文的发表所带来的新制度经济学的兴起，也为后续公司治理问题的研究提供了扎实的理论基础。这是因为在新古典经济学中，企业是一个黑箱，只有生产要素的投入比例安排问题，制度因素并没有被考虑，企业只有生产属性，没有交易属性，科斯正是因为这方面的贡献，1991 年获得了诺贝尔经济学奖。另一位公司治理领域的诺贝尔经济学奖得主奥利弗·威廉姆森(Oliver E. Williamson)把科斯的交易成本(transaction cost)概念向前推进了一步，给出了影响交易成本大小的重要因素之一的资产专用性(asset specificity)，并基于这个核心概念，威廉姆森在 1975 年出版的巨著《市场与层级制：分析与反托拉斯含义》(*Markets and Hierarchies：Analysis and Antitrust Implications*)中提出"治理结构"，这个概念已经涵盖了"公司治理"，1984 年，直接以"Corporate Governance"为题对公司治理进行了较系统的分析，指出公司治理的研究经过了漫长的沉寂，最近正在复兴，导致这种僵局出现的一个重要原因是缺乏一个公司治理的经济微观分析。从这个意义上来说，实践上，公司治理是一个老话题；但理论上，还是一个新兴的领域。

不得不提的另一位较早对公司治理进行研究和界定的学者是英国的作为 *Corporate Governance：An International Review* 杂志创始主编的罗伯特·特里克(Robert Ian Tricker)，在 1984 年出版的《公司治理》(*Corporate Governance：Practices, Procedures, and Powers in British Companies and Their Boards of Directors*)一书中，认为公司治理包括董事和董事会的思维方式、理论和做法。它涉及的是董事会和股东、高层管理部门、规制者与审计员，以及其他利益相关者的关系。因此，公司治理是对现代公司行使权力的过程。特里克把公司治理归纳为四种主要活动：战略制定(direction)、决策执行(executive action)、监督(supervision)和问责(accountability)。还认为，公司治理(governance of a company)与公司管理(management of a company)是不同的概念。如果说管理是关于经营业务(running business)的话，那么，治理则是确保能够适当地经营(running properly)。公司不但需要管理(managing),同样需要治理(governing)。Cadbury 把特里克视为英国公司治理的"Nestor"。菲利浦·科克伦(Philip L. Cochran)和史蒂文·沃特克(Steven L. Wartick)1988 年出版的仅有 74 页的著作《公司治理:一个文献回顾》(Corporate Governance:A Review of the Literature)中认为,公司治理是一个总称(umbrella term),它涵盖了董事会、执行董事及非执行董事的概念(concepts)、理论(theories)与实践(practices)等多方面问题。公司治理要解决的核心问题是:①谁从公司决策/高级管理阶层的行动中受益,②谁应该从公司决策及高级管理阶层的行动中受益。如果二者不一致,就出现了公司治理问题。"毒丸计划"的创始人马丁·利普顿(Martin Lipton)在 1991 年提出公司治理是一种手段,而不是目的。一直到 1992 年的《卡德伯利报告》出台后,对公司治理的界定才越来越多地被使用,对于公司治理的理解和界定更加准确和规范。萨利姆·谢赫(Saleem Sheikh)在 1995 年指出,公司治理就是建立在公司事务的方向性(direction of a company affairs)上董事被信托义务和责任的一种制度,这是以基于股东利益最大化的问责机制(accountability)为基础的。奥利弗·哈特(Oliver Hart)在 1995 年提出只要存在以下两个条件,公司治理问题就必然会在一个组织中产生。第一个条件是代理问题,具体说是公司组织成员之间存在利益冲突;第二个条件是交易费用之大使代理问题不可能通过合约解决。当出现代理问题而合约不完全时,公司治理就至关重要了。哈特给出了五个公司治理问题:代理合同的成本;个人股东数量太大,不能进行严密的(day-to-day)控制;大股东问题;董事会的局限性;管理层追求自己的目标,以股东利益为代价。罗伯特·蒙克斯(Robert Monks)和尼尔·米诺(Nell Minow)在 1995 年认为公司治理是决定公司发展方向和绩效的各参与者之间的关系。斯蒂芬·包罗斯(Stephen Prowse)在 1995 年提出,公司治理是一个机构中控制公司所有者、董事和管理者行为的规则、标准和组织。玛格瑞特·布莱尔(Margaret Blair)在 1995 年指出,从狭义角度讲,公司治理是指有关董事会的功能、结构,股东的权利等方面的制度安排。广义讲,则是指有关公司控制权和剩余索取分配权的一整套法律、文化和制度安排,这些安排决定公司目标,谁在什么情况下实施控制,如何控制,风险和收益如何在企业不同的成员之间分配等一系列问题。1997 年柯林·梅尔(Colin Mayer)指出,公司治理往往涉及委托代理问题,即作为委托人的股东,委托作为代理人的经营者按照他们的利益来经营企业,所谓公司治理是使双方的利益一致,并确保企业为投资者的利益而运行的方式。凯文·基西(Kevin Keasey)、史蒂夫·汤普森(Steve Thompson)和迈克·莱特(Michael Wright)在 1997 年指出,公司治理一词在 1990 年代之前出现得还较少,而最近十年是对公司治理问题探讨的开始。安德烈·施莱弗(Andrei Shleifer)和罗伯特·维什尼(Robert W. Vishny)在 1997 年认为,公司治理要处理的是公司的资本供给者如何确保自己得到投资回报的途径问题,公司治理的中心问题是保证资本供给者(股东和债权人)的利益。伊莱恩·斯滕伯格(Elaine Sternberg)在 1998 年提出公司治理是确保公司活动、资产和代理人能够按照股东既定目标进行的一种方式。

特里克在 Corporate Governance:An International Review 1993 年创刊第一期主编寄语中写道,在 1980 年代初,公司治理并不是一个严肃的学术话题,公司治理这个词语也很难在专业文献中发现,最近十年来,公司治理成为严肃的研究问题,而且公司治理词语在文献中比较普及。劳伦斯·米切尔(Lawrence E. Mitchell)在 1994 年指出,目前还没有一个广泛被接受的公司治理定义或者就关于公司治理的含义达成共识。同样,奈杰尔·莫(Nigel G. Maw)等在 1994 年指出,公司治理虽然是已被接受的话题,至今还没有清楚的定义,其边界仍然模棱两可。这是因为：各个定义从不同侧面对其进行界定，如治理结构的具体形式、公司治理制度的功能或依据公司治理所面对的基本问题等，都不够全面、科学；这些定义中，"公司治理"与"公司治理结构"的使用非常混乱。从以上关于公司治理的讨论可以看出，在 1975 年到 1992 年这些年期间，国外对于公司治理的研究处于起步阶段，1992 年第一次公司治理浪潮的发生加速了公司治理的理论研究。

在国内，对公司治理问题的研究是伴随我国企业改革特别是国有企业的改革而诞生的，这些年实践下来，我们不难发现，公司治理是我国企业变革的核心。企业改革的大前提往往是经济体制首先发生变化，1978 年之前我国实行的是计划经济体制，之后陆续进行了系列改革，到最后市场经济的建立。伴随我国经济体制转型，公司治理也正在从行政型治理向经济型治理转型，这是我国公司治理改革的主线；治理转型过程中，我国公司治理也在经历着从"形似"到"神似"的升华过程。回顾这三十余年的我国经济和企业的发展，我们可以将这三十余年的公司治理实践分为观念导入、结构构建、机制建立和有效性提高四个阶段。

第一阶段：公司治理的观念导入阶段（1978—1992 年）。1978 年十一届三中全会以后，我国经济体制开始由计划经济向有计划的商品经济转变，国家逐步下放和扩大国营企业的自主权，在国有企业的经营管理上，由单一的政府直接管理转变为政府直接管理和企业适度自主经营相结合的"双轨制管理"。企业的称谓开始由"国营"逐步转变为"国有"。企业在完成指令性计划的同时，可以自主开发市场，经批准可以投资开办企业。1984 年开始，国有企业内部管理体制由党委领导下的厂长（经理）负责制逐步转变为厂长（经理）负责制，并于 1987 年进入全面实施阶段。1988 年正式颁布《中华人民共和国全民所有制工业企业法》（以下简称《全民所有制工业企业法》），确定了全民所有制企业的法人地位，结束了全民所有制企业法律地位不明确的状况。始于 1978 年的我国国有企业改革，在经过扩大企业经营自主权、利改税、承包经营责任制和转换企业经营机制改革后，到 1990 年代初中期，企业经营管理人员尤其是经理人员在获取自主权的同时没有受到相应的约束与控制。由此，在消除行政型治理，但尚未建立经济型治理的过程中出现了内部人控制（insider control）问题，许多学者认为这是由我国当时的法人治理结构不完善，企业内部缺乏对经营管理人员有效的制衡机制所造成的。基于这样的背景，从解决内部人控制入手展开法人治理结构的搭建与完善，属于探索性的治理实践，从观念上开始导入公司治理，但这一阶段对公司治理的认识还局限于法人治理结构层面，搞法人治理结构更多的是为实现制衡的目的。

第二阶段：公司治理结构构建阶段（1993—1998 年）。1993 年十四届三中全会《关于建立社会主义市场经济体制若干问题的决定》指出，国有企业改革的方向是建立产权明晰、权责明确、政企分开、管理科学的现代企业制度。随着两个交易所的先后设立，1993 年 4 月，国务院发布了《股票发行与交易管理暂行条例》；同年 6 月，证监会制定了《公开发行股票公司信息披露实施细则》，信息披露是公司治理的重要方面内容之一。1994 年 7 月，《中华人民共和国公司法》（以下简称《公司法》）正式实施，从法律上对规范股份有限公司的设立和运作，以及股票的发行和上市做出了明确规定，特别是明确了三会治理结构；《公司法》出台前，股份公司的设立及其股票的发行和上市，主要是依据原国家体改委 1992 年 5 月制定和实施的《股份有限公司规范意见》和国务院 1993 年 4 月发布和执行的《股票发行与交易管理暂行条例》。1998 年 4 月，两个交易所推出特别处理（special treatment，ST）制度，2007 年东北高速（600 003）成为首家因公司治理问题被 ST 的公司。1998 年通过的《证券法》，其中关于投资者权益、持续信息披露和对经营者约束等规定均为公司治理内容。通过上述内容分析，我们不难看出，这一阶段的公司治理已经实现由观念导入到结构构建的转变,特别是《公司法》的正式推出,使公司治理实践有了现实的主体和法律基础,因为按照《全民所有制工业企业法》注册的企业,不存在董事会、监事会等治理问题。尽管这一阶段有了《公司法》这一根本制度,但在治理实践上,各公司多数只是满足《公司法》的基本要求而已,搭建了公司治理基本架构,治理机制没有很好地发挥作用,最明显的证据就是各公司章程与工商部门提供的范例相似性极高,董事会和监事会也多数局限于开开会,从"形"上符合治理的要求,更多强调的是治理的合规性。

第三阶段:公司治理机制建立阶段(1999—2012年)。如果以1999年十五届四中全会《中共中央关于国有企业改革和发展若干重大问题的决定》(以下简称《决定》)为标志,我国公司治理实践进入一个新的阶段,即相对深入阶段,开始注重治理机制的建立。《决定》指出,公司制是现代企业制度的一种有效组织形式,而法人治理结构是公司制的核心,这是我国第一次在文件中正式提到法人治理结构概念。为了保证董事会的独立性和更好地保护中小股东权益,2001年8月,我国证监会推出《关于在上市公司建立独立董事制度的指导意见》,正式导入英美公司治理模式中的独立董事制度,实现了监事会和独立董事的双重监督。2002年1月,证监会和国家经贸委联合发布了《中国上市公司治理准则》,使上市公司的治理有章可循。股权结构是公司治理的基础,2002年出台的《合格境外机构投资者境内证券投资管理暂行办法》(即QFII制度),以及随后出台的《外国投资者对上市公司战略投资管理办法》《关于外国投资者并购境内企业的规定》《关于上市公司股权分置改革试点有关问题的通知》等规定,都从完善公司股权层面来进行探索。2003年十六届三中全会通过的《中共中央关于完善社会主义市场经济体制若干问题的决定》,明确提出不但要搞公司治理,而且要完善公司治理。同年,国务院国资委成立,之后各地方国资委相继成立,结束了我国国有企业"多龙治水"的局面,使国有企业出资人这一主体得到明确。为全面深入贯彻落实《国务院关于推进资本市场改革开放和稳定发展的若干意见》,中国证监会2005年推出《关于提高上市公司质量意见》的"二十六条",其中第三条对上市公司治理进行了明确规定。随着公司治理实践的深入,实践当中出现的一些治理问题需要以法的形式对其进行总结,2005年进行了《公司法》的修改,2006年实施的新《公司法》在完善公司治理基本制度方面有颇多建树。2007年3月,中国证监会发文《关于开展加强上市公司治理专项活动有关事项的通知》,拉开了公司治理专项活动的序幕,使我国上市公司治理状况得到进一步改善。始于2004年的我国央企董事会试点改革已初具规模,截至2012年初,117家大型国有独资公司中已有40家引入董事会制度,使国有企业治理水平得到显著提高。与上一阶段公司治理实践相比,该治理阶段主要是围绕如何建立治理机制,除了完善《公司法》《证券法》等法律,还有《上市公司治理准则》《国务院关于推进资本市场改革开放和稳定发展的若干意见》《关于提高上市公司质量意见的通知》《公开发行股票公司信息披露实施细则》《上市公司章程指引》等具体的规章制度。

第四阶段:公司治理有效性提高阶段(2013年至今)。2013年十八届三中全会《中共中央关于全面深化改革若干重大问题的决定》指出,要推动国有企业完善现代企业制度。具体内容有健全协调运转、有效制衡的公司法人治理结构;建立职业经理人制度,更好发挥企业家作用;深化企业内部管理人员能上能下、员工能进能出、收入能增能减的制度改革;建立长效激励约束机制,强化国有企业经营投资责任追究;探索推进国有企业财务预算等重大信息公开;国有企业要合理增加市场化选聘比例,合理确定并严格规范国有企业管理人员薪酬水平、职务待遇、职务消费、业务消费等。这一阶段,在实现公司治理"形"似的基础上,探索如何发挥公司治理机制的有效作用,改革的目标不但要实现治理的"形"似,还要"神"似,这也是未来一段时间内我国公司治理改革的风向标。

因此，总体来看，我国对作为企业改革核心的公司治理问题关注得较晚，公司治理问题的研究起步自然没有与国际同步。公司治理理论中首先面临的问题是对公司治理内涵的界定和科学理解。关于什么是公司治理，其中比较早的代表性提法是吴敬琏1993年在《大中型企业改革：建立现代企业制度》一书中提出的法人治理结构概念，而在他一年后出版的《现代公司与企业改革》一书中，则采用了公司治理结构的提法，认为所谓公司治理结构是指由所有者、董事会和高级执行人员即高级经理人员三者组成的一种组织结构。也有学者认为，公司治理结构是一套制度安排，用以支配若干在公司中有重大利害关系的团体——投资者（股东和债权人）、经理人员、职工之间的关系，并从这种联盟中实现经济利益（钱颖一，1995）。张维迎（1996）则认为，公司治理广义地讲是指有关公司控制权和剩余索取权分配的一整套法律、文化和制度性安排，这些安排决定公司的目标，谁在什么状态下实施控制，如何控制，风险和收益如何在不同企业成员之间分配等这样一些问题。因此，广义的公司治理与企业所有权安排几乎是同一个意思。杨瑞龙（1998）基于利益相关者理论，认为治理应该扬弃股东至上主义的逻辑，遵循既符合我国国情又顺应历史潮流的共同治理逻辑，企业不仅要重视股东的权益，而且要重视其他利益相关者对经营者的监控。李维安（1998）在日文著作《中国的公司治理研究》（税务经理协会出版社）明确给出了一个公司治理的定义，所谓公司治理是指通过一套包括正式或非正式的、内部的或外部的制度或机制来协调公司与所有利益相关者之间的利益关系，以保证公司决策的科学化，从而最终维护公司各方面的利益的一种制度安排，公司治理有结构和机制两个层面问题，治理的目标是公司决策的科学化。在2001年国内出版的著作《公司治理》（南开大学出版社）以及2005年出版的教材《公司治理学》（高等教育出版社）和2009年再版的《公司治理学》继续沿用上述定义。

公司治理作为一个重要问题提出以来，随着治理实践的发展，已经受到越来越多学者的关注和重视。公司治理问题由最初的一个孤零零的"矿山"，发展到目前已经吸引了无数"采矿者"。公司治理已经从单一的某一方面的问题研究转向知识体系研究，成为了一个研究领域。这具体体现在研究内容、研究方法和研究对象上的变化，公司治理理论研究不断拓宽，从法人治理结构到公司治理机制、从公司治理到企业治理；公司治理研究方法上，从定性研究到定量实证研究、从案例研究到实验研究；公司治理研究对象上，从单个法人治理到集团治理、从国内公司治理到跨国公司治理、从传统形态的公司治理到网络治理、从被治理者的治理到治理者的治理、从营利性企业治理到国家、政府、医院、高校等非营利组织的治理。此外，在管理学与经济学相关专业的教学和人才培养方面也日益体现出公司治理的重要性，例如目前国内很多高校都在给各层次学生开设公司治理必修或者选修课程，涉及博士研究生和硕士研究生，EMBA和MBA学生，甚至本科生也开设选修课程等；再如，专业设置上，教育部管理学科研究生招生专业自2005年增设公司治理专业（代码为120220），南开大学中国公司治理研究院（原南开大学公司治理研究中心）从2005年开始招收培养国内第一批公司治理专业的博士研究生和硕士研究生。

三十多年来，全球公司治理研究的关注主体已由英美日德等主要发达国家，扩展到转轨和新兴市场国家。在我国企业改革的足音里，现代企业制度、公司化、法人治理结构、公司治理机制等已经成为人们耳熟能详的改革标识。我国企业改革，走过了以公司治理为主线的三十多年。在全面强调企业科学发展的后危机时期，为了更好地传播和普及公司治理知识，有效提升作为我国企业竞争力制度源泉的公司治理水平，我们编写这样一本《公司治理手册》。本手册具有如下特点：第一，编排合理，手册涉及公司治理的各个方面；第二，内容前沿，相关词条详细介绍了国内外理论和实践的最新动态；第三，便于理解，对每个词条的含义给出了明确的界定；第四，使用简单，每篇均配有相应的公司治理地图。手册根据公司治理主题分为12篇，收录了合计436个常用公司治理词条。每个词条除了给出相应的内涵界定以外，力求从国内外研究现状、国内外实践状况以及我国上市公司概况等几个方面来分析和解读词条含义。具体安排为：第一篇，一般公司治理（69个词条）；第二篇，股东治理（68个词条）；第三篇，董事会治理（31个词条）；第四篇，监事会治理（17个词条）；第五篇，经理层治理（34个词条）；第六篇，外部治理（38个词条）；第七篇，新型组织治理（12个词条）；第八篇，金融机构治理（11个词条）；第九篇，中国公司治理（27个词条）；第十篇，公司治理绩效（17个词条）；第十一篇，公司治理事件（41个词条）；第十二篇，公司治理法律、政策和法规（71个词条）。为了使读者更好地从总体上把握手册中每一篇章的思路，本手册给出了勾画篇章结构关系以及各篇公司治理词条逻辑关系的公司治理地图。

　　本手册的编写受到"长江学者和创新团队发展计划"创新团队、国家社科基金重大招标项目"完善国有控股金融机构公司治理研究"（项目号：10ZD&035）、国家自然科学基金重点项目"我国集团企业跨国治理与评价研究"（项目号：71132001）、国家社科基金青年项目"保险公司治理的合规性与有效性及其对绩效影响的实证研究"（项目号：11CGL045）、教育部人文社会科学重点研究基地重大项目"基金治理与基民利益保护研究"（项目号：14JJD630007）、教育部人文社会科学青年基金项目"股权集中型公司治理的市场效应与溢价研究"（项目号：10YJC630070）、中央高校基本科研业务费专项资金项目"保险公司股东治理、风险承担与监管研究"（项目号：NKZXB1452）以及南开大学"985"和"211"工程、南开大学文科科研创新基金项目（项目号：NKC1021）的资助，对以上基金项目的资助一并表示感谢！

　　本手册的写作分工，总体框架设计由李维安设计完成，词条具体编写和组织工作主要由郝臣来完成，其中部分词条邀请了相关研究方向的同行参与编写，具体有山西财经大学的孙国强、东北大学的王世权、武汉大学的严若森、复旦大学的唐跃军、对外经贸大学的陈德球、天津商业大学的王德禄、天津师范大学的刘宏鹏、国务院国资委郝玲、澳大利亚皇家墨尔本理工大学于萍，以及南开大学袁庆宏、李莉、程新生、林润辉、黄福广、齐岳等。同时，中国公司治理研究院的李浩波、刘振杰、顾亮、徐业坤、周婷婷、李慧聪、邱艾超、王鹏程、丁振松等博士生也参与了部分词条初稿编写工作。最后由李维安和郝臣对全书进行了不同程度的修改并负责总纂。另外，在本手册后期的润色阶段，张佳荟、高行、张田、白丽荷做了大量数据整理和编辑工作。感谢以上所有参编人员对书稿的贡献！

　　感谢本手册中所有引用的包括标注的和因疏漏而未标注的参考文献的作者。最后感谢清华大学出版社陆浥晨编辑辛勤的工作，关于选题和编写细节等问题前期我们进行了多次愉快而富有成效的沟通，有了她的辛勤工作，本手册最终才有机会呈现在读者面前。

李维安

2015.5.1 于天津

目 录
CONTENTS

表目录
CONTENTS

图目录
CONTENTS

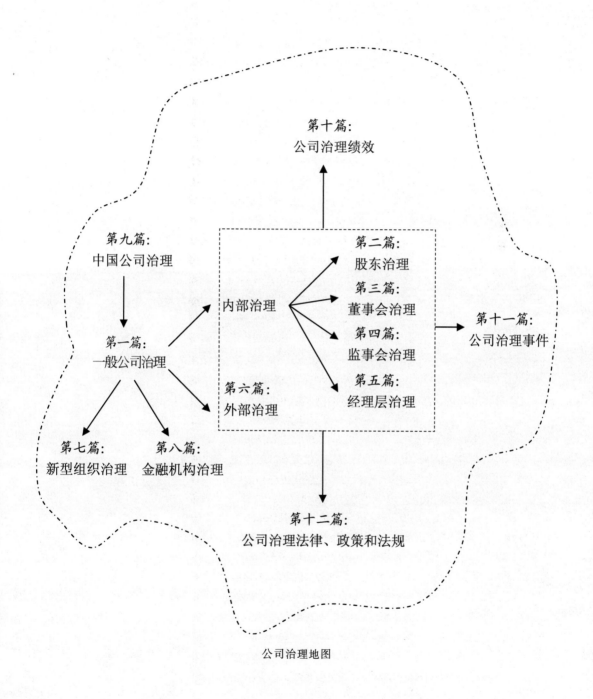

公司治理地图

一般公司治理

Corporate Governance Handbook

Corporate Governance: Practices, Procedures and Powers in British Companies and their Board of Directors [M]. Ashgate Publishing Limited, 1984.

The governance role is not concerned with the running of the business of the company, per se, but with giving overall direction to the enterprise, with overseeing and controlling the executive actions of management and with satisfying legitimate expectations of accountability and regulation by interests beyond the corporate boundaries.

Robert Ian Tricker

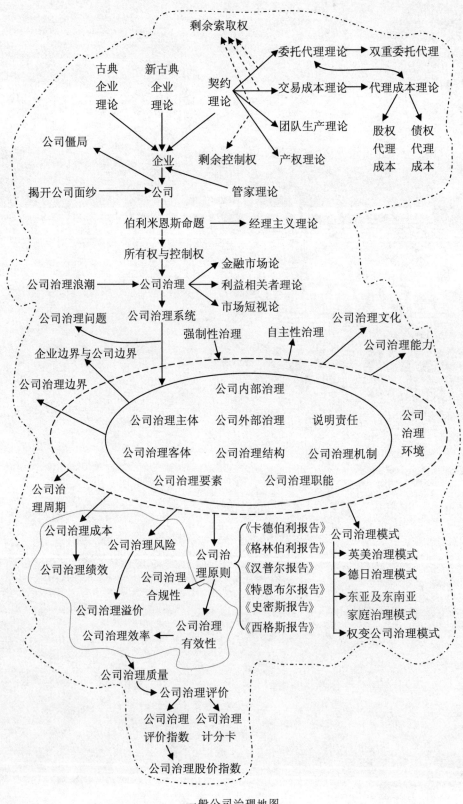

一般公司治理地图

1. 企业

　　纵观历史长河,企业其实是一个随着社会发展而产生并不断变化的概念。欧洲文字中用以指称企业的单词"enterprise"早在中世纪就已出现,"enterprise"一词最初是指具有一定风险的工作,如海上运输,后来一般泛指艰巨、复杂或冒险性的事业。尽管这个词的原意与今天已大不相同,但它所强调的风险性却仍然隐含在现代企业的经营活动之中。汉语中"企业"一词则是近代从日文中引入的,《辞源》中将其解释为以营利为目的的组织。

　　企业是从事生产、流通与服务等经济活动的营利性组织,企业通过各种生产经营活动创造物质财富,提供满足社会公众物质和文化生活需要的产品服务,在市场经济中占有非常重要的地位①。企业的基本职能就是从事生产、流通和服务等经济活动,向社会提供产品与服务,以满足社会需要。企业的特点包括几个方面:企业是一个营利性组织,是一组资源的集合,是一组利益关系的集合,是依法设立的经济组织。

　　企业是生产力发展到一定阶段的产物,并随着生产力水平的提高而不断发展,经历了从属于农业性质的家庭手工业→脱离农业的个体手工业→简单协作的手工作坊→以分工和手工技术为基础的工场手工业→机器大工业生产工厂的过程。但工场或工厂(workshop or factory-building where goods are made)的概念强调的是生产场所,未从企业作为社会经济组织的角度考虑,所以还不是完整的企业概念。随着社会的发展,早期资本主义的原始积累导致了公司组织形式的出现,此时科学的进步、机器大工业的发展、生产的社会化程度的大大提高,使公司作为一种企业组织形式逐渐在经济生活中占据主导地位。从无限公司到两合公司到股份有限公司,企业的组织形式在不断地完善,企业相关的法律法规陆续制定。自20世纪股份有限公司和有限责任公司在世界各国的经济生活中占据统治地位,成为企业的主要组织形式以来,现代企业的发展趋势不断走向规范化、科学化。在企业的发展过程中,企业历经了个人业主制企业、合伙制企业、两合制企业、公司制企业几种企业制度的形态。

　　个人业主制企业②是由业主个人投资兴办的,通常是指由业主自己直接经营的企业。当然也可以雇用或委托其他人经营。企业主享有企业的全部经营所得,拥有绝对的权威和完整的所有者权利,同时对企业的债务负有完全的经营责任。如果企业经营失败,出现资不抵债的情况,业主要用其全部财产,包括企业财产和家庭财产承担债务清偿责任。一般来说,个人业主制企业投资规模小,经营的产品和服务类型单一而简单,内部管理机构也十分简单。它

---

　　①　关于企业本质的论述和分析详见后面相关企业理论的词条。

　　②　个人业主制企业也称个人独资企业,我国于1999年8月30日颁布《中华人民共和国个人独资企业法》,2000年1月1日正式生效。需要注意的是,个人独资企业与个体工商户存在一定的区别:第一,个人独资企业必须要有固定的生产经营场所和合法的企业名称,而个体工商户可以不起字号名称,也可以没有固定的生产经营场所而流动经营;第二,个体工商户的投资者与经营者是同一人,而个人独资企业的投资者与经营者可以是不同的人,可以委托或聘用他人管理企业事务;第三,个人独资企业可以设立分支机构,而个体工商户根据规定不能设立分支机构;第四,个人独资企业与个体工商户的法律地位不尽相同,个人独资企业能以企业自身的名义进行法律活动,而个体工商户一般不能;第五,个人独资企业与个体工商户在财务制度上的要求也不尽相同,个人独资企业必须建立财务制度和进行会计核算,而个体工商户一般没有这个要求。

的长处是,成立、转让与关闭的程序简单易行,投资者与经营者利益完全重合,经营者极为关注企业生产成本和盈利水平,企业决策简便、迅速;其短处是,经营这种企业的风险很大,弄不好要倾家荡产。而且这类企业的生命周期与创办人的生命周期相一致。一旦业主本人死亡,或是放弃经营,企业的生命也会就此终结。

合伙制企业[①]是由合伙人订立合伙协议,合伙经营、共享收益、共担风险,并对企业债务承担无限连带责任的企业,也就是通常所说的普通合伙制企业。与个人业主制企业相比,合伙制企业可以通过吸收更多的投资者来扩大企业可用资本,扩张企业生产经营规模。同时它也能在更大范围内发现能力更强的企业经营者,至少是在若干个合伙人之中选择。因此,合伙制企业较之个人业主制企业更适应生产经营发展和市场的需要。但是,由于合伙制企业自身的性质与特征的限制,合伙制企业的发展潜力也是受局限的。为了扩大规模,合伙制企业可以不断接纳新的合伙人,其所接纳的合伙人数量是没有限制的。但是同时,新的合伙人也会分享扩张企业的利润,更多的合伙人之间因共同经营、相互协调等问题而更容易产生摩擦。由于其连带无限责任而产生的制约性,使其适用于某些提供无形产品和服务性质的企业,例如律师事务所、会计师事务所和私人诊所等,这使合伙制企业成为市场经济中不可缺少的企业机制之一。

两合制企业是指一部分股东就企业债务承担无限责任,而另一部分股东就企业债务以出资为限承担有限责任的一种企业组织形式。其主要特征是无限责任股东有权代表公司执行业务,而有限责任股东则无权代表公司执行业务,只有一定的监督权,是典型的人合兼资合的企业。两合制企业也称为有限合伙企业。两合制企业的出现为企业募集资金提供了更多的方式选择,不同类型的投资者可以各尽其才,充分利用各方面的资源。但在实践过程中,人们逐渐发现,在两合制企业中,负无限责任的股东相对来说分享的利益较少,而承担的风险较大;负有限责任的股东承担的风险较小,相对来说分享的利益较大。这就导致负无限责任的股东更加注重控制公司经营的风险,而负有限责任的股东会要求尽量提高公司的收益。由于两类股东追求的目标不一致,使得人合企业和资合企业两者的优势难以发挥。因此这种形式的企业因先天不足一直没能得到有效发展。目前,这种制度形式的企业在世界范围内已经为数不多。

公司制企业[②](简称公司)的最重要特点是,所有的出资人都只以自己的出资额为限,对公司债务负有有限的清偿责任。一旦公司亏损倒闭,不管公司欠债多少,所有的出资人最多只根据其投入企业的资本偿还债务,超过这一限额的债务,公司的出资人或所有者不再负有清偿责任。如果公司经营良好,经营规模、资产净额不断扩大,公司的所有者拥有的财产就不断增值,财产收益和资本收益都会持续上升。倘若公司经营失败,破产倒闭,所有者最多损失他原来出资的份额。有限责任制度使公司有办法广泛地筹措社会上分散的闲置资金,在很短的时间里创办大规模的现代企业。因此,公司的所有者投资经营企业的风险大大降低。由于公

---

① 我国于 1997 年 2 月 23 日颁布《中华人民共和国合伙企业法》,1997 年 8 月 1 日生效,并于 2006 年 8 月 27 日修订。新《合伙企业法》规定我国合伙企业包括两种类型:普通合伙和有限合伙。

② 在我国经济生活中,还有一类比较特殊的非公司制企业,即按照 1988 年 4 月 13 日颁布《中华人民共和国企业法》,注册成立的企业,《全民所有制工业企业法》1988 年 8 月 1 日生效,并于 2009 年 8 月 27 日进行了修订。我国于 1993 年 12 月 29 日颁布《中华人民共和国公司法》,1994 年 7 月 1 日首次生效,并分别于 1999 年 12 月 25 日、2004 年 8 月 28 日、2005 年 10 月 27 日进行了三次修订,按照《公司法》注册的企业即为公司制企业。

司所有者的责任是有限的,因而它更容易吸引社会上众多的人投资该企业,成为企业的所有者之一。公司制度的另一个特点是通过法律使公司具有独立的法人地位。法人是依法成立、拥有独立财产、按一定的规章制度建立和从事活动,并能以自己的名义行使权利和承担义务的社会团体。公司就是由法律赋予其拥有与自然人基本相同的民事主体地位的企业。它与自然人的区别仅仅在于,它不是作为单个的人来享有法律规定的权利和承担法律规定的义务,而是以一个组织的名义来行使法定权利和承担法定义务。不论这些法人公司的出资者(即自然人)如何变换、转让股份、死亡,或者扩大或缩小出资者人数,公司作为独立法人不会受太大影响,可以永远延续。

2. 公司

历史在不断提出新问题的同时,也不断创造出解决问题的新方法。为了克服个人业主制企业和合伙制企业制约大规模投资和现代化生产经营的局限性,人们开始探寻新的企业制度形式,于是公司制应运而生。

公司制的形成,使得企业大规模向社会筹资变得容易了,集中的大规模生产与技术创新因而成为可能。同时由于公司完全是资合公司,通过资本联合、控股、参股,可以形成巨型公司和多级法人的母子公司,使不同的企业更易于协调和形成大规模组合优势等。但是,在公司中,由于出资人数量众多,股权结构分散,出现了所有权与控制权的分离。由于拥有公司实际控制权的经营者与公司所有者之间目标函数的差异,经营者极有可能为了追求个人利益最大化,而采取背离公司利润最大化的机会主义行为,损害所有者的利益。公司所有者在其利益受到损害时,由于众多投资者行动协调上的困难以及单个投资者"搭便车"思想的影响,公司所有者往往难以对经营者形成有效的制约,投资者往往使用抛售公司股权这种"用脚投票"的方式来表达自己的意见。

由以上分析可见,企业制度的形态并非一成不变,而是随着经济、社会发展不断演进与创新的。现今仍然在各国经济中占据一席地位的个人业主制企业和合伙制企业,是早期市场经济的产物,数百年来没有多大变化。只有公司才是现代市场经济发展的产物,是我们所要研究和比较的现代企业制度。

公司(corporate)是企业法人,有独立的法人财产,享有法人财产权,以其全部财产对公司的债务承担责任的一种企业组织形式,一般包括有限责任公司和股份有限公司。

有限责任公司是指股东以其出资额为限对公司承担责任,公司以其全部财产对公司债务承担责任的公司。其特征包括:股东承担有限责任;资本不划分为等额股份,不能公开发行并自由转让股份;是资合兼人合的公司;设立比较简单,组织机构比较灵活。

股份有限公司是指公司全部资本划分为等额股份,股东以其所认购股份为限对公司承担责任,公司以其全部资产对公司债务承担责任的企业法人。其特征包括:股东承担有限责任;资本划分为等额股份,股份可以向社会公开发行并自由转让;是典型的资合公司;设立比较复杂,管理机关比较完备。

《中华人民共和国公司法》(以下简称《公司法》)对有限责任公司和股份有限公司的设立、运行等做出了具体规定,相关对比如表1-1所示。

表 1-1　有限责任公司与股份有限公司主要区别

比较内容	有限责任公司	股份有限公司
股东法定人数	由 50 个以下股东出资设立	有 2 人以上 200 人以下的发起人
公司是否上市	一定不上市	不一定上市
最高权力机构	股东会	股东大会
公司规模大小	相对来说规模小	一般规模较大
公司资金来源	发起人出资	社会募集、发起人出资
相关信息披露	可以不公开披露财务状况	要依法进行公开披露
机构复杂程度	相对来说不复杂	机构全面复杂
出资证明形式	出资证明书，必须采取记名方式	股票，记名或不记名
章程确立方式	不需要创立大会	召开创立大会
股权转让方式	向他人转让需要其他股东过半数同意	以自由转让为原则
两权分离程度	较低	较高

（资料来源：根据《公司法》整理。）

公司产生与发展阶段可划分为古罗马帝国的公司萌芽、中世纪欧洲的公司雏形、近代的公司诞生以及现代的公司发展几个阶段。

公司的萌芽或者最原始形态是在古罗马帝国时期，当时为满足罗马帝国军队进行战争的需要，帝国政府特许在其控制下，由一些船夫行会专门负责军粮贩运贸易，以满足战争的需要。由船夫行会与帝国政府签订契约，独家控制这些军粮专营贩卖。船夫行会为弥补资金不足，达到粮食贸易的规模经营而实现高额垄断利润，采用了向社会发行证券的方式募股筹资，开了股份先河。这时，作为公司原态的船夫行会在实现融资目的的情况下，其存在的更主要原因是满足战争的需要，与政治联系在一起，具有一定特许性。

中世纪地中海贸易繁荣，利润可观，但海上贸易投资庞大，越洋过海又存在风浪袭击、海盗打劫等巨大经营风险。这自然对海上贸易资本的规格又提出了要求，这种要求催生了另一种具有合伙形式的股份制，即船舶共有制。船舶共有制是指由船舶所有人或者经营人与其他出资人通过集资形成的共有财产的合伙形式，共同出资、共同经营和共担风险。船舶共有是联结入股者合作关系的纽带，是以后出现的两合公司的雏形。

15 世纪到 19 世纪末，英国首创以"公司"冠名的组织。1553 年，英国成立了莫斯科尔公司。伊丽莎白女王于 1581 年正式向"利凡特公司"颁发贸易专利证书，允许该公司垄断对奥斯曼土耳其的贸易，期限为 7 年。而且，女王本人也向该公司秘密投资 4 万英镑。公司每年向奥斯曼土耳其出口价值约 15 万英镑的呢绒。

在特许贸易公司中，最著名的是英国东印度公司和荷兰东印度公司。1600 年，英国又成立了经英国女王特许批准的著名的东印度贸易公司，全称为东印度群岛贸易的伦敦商人的总裁和公司，是当时英国具有股份公司雏形的最大的公司。英国东印度公司垄断英国与印度、中国和其他亚洲国家的贸易，成立初有 100 名商人入股，原始资本达 68 373 英镑。1617 年入股人数达 954 人，股金达 162 万英镑，1708 年资本总额为 316 万英镑，约是创建时的 50 倍。1605 年，英国东印度公司成立了世界上第一个董事会。继东印度公司后，1602 年，荷兰也成立了一个东印度公司。从 1674 年开始，英国东印度公司实际上彻底垄断了印度的贸易，并且实现了由商人到统治者身份的转变，因为他们不但赚取垄断贸易利益，而且征收各种杂税，破坏了印度的农业和手工业。在此过程中，英国也实现了资本的原始积累，为工业革命奠定了坚实的资本基础。

在17世纪上半叶,英国已经确立了公司是独立法人的民法观点,并开始把公司同自然人的个人业主制企业和合伙制企业区别开来。17世纪下半叶,英国产生了稳定的合股公司组织,股本变成长期投资的资本,获得独立化形态。股权只能转让不能退股,股票的买卖交易市场也出现了。但是,股份公司的迅速发展还是在19世纪中叶以后,并随着工业革命和大规模生产和交换的出现而加速成长。1855年,英国颁布了股份公司法,在法律上确认了股份公司的有限责任制度和明确的独立的法人实体地位。大致与此同时,公司在美国、德国等国家迅速发展起来。19世纪中叶以后逐渐发展起来的现代股份公司,则主要是适应工业革命后大规模生产、销售的需要,与现代科技革命成果及由此引发的市场扩张息息相关。

在东印度公司的压榨和统治下,印度人民开始团结起来,特别是1857年涂上油脂的枪弹事件彻底激怒了印度的军队,并开始策划起义。1857—1859年间,东印度公司在印度民族大起义的冲击下宣告解体。这样,近代著名的第一家真正的股份公司英国东印度公司经过258年的发展历史结束了它的使命。第二家真正的股份公司荷兰东印度公司,因为荷兰地位的没落而早在1800年就解散了。

19世纪末,随着公司的发展,公司规模的壮大,以及法律环境的完善,出现了大规模的股份公司。特别是在美国,股份公司得到了前所未有的发展。19世纪末20世纪初,伴随着资本主义自由竞争走向垄断,股份公司也渐入成熟,成为资本主义社会占统治地位的企业组织形式,并在从自由竞争向垄断过渡进程中起到了无可非议的促进作用。

与独资或合伙企业组织形式相比,现代股份公司具有的显著优势是筹资规模较大。它们大量吞并中小企业,不断改组与整合,出现了大批的垄断资本集团。19世纪末的工业高涨和1900年至1903年危机以后,资本主义全面进入垄断阶段,卡特尔、辛迪加、托拉斯、康采恩等垄断组织遍布于各个主要工业部门,控制了国民经济的命脉,垄断了全部经济生活的基础。因此,美国经济随之从市场协调转向了经理人的管理协调,"看不见的手"让位于"看得见的手",这就是所谓钱德勒提出的"管理革命"(Chandler,1977)。

到1800年,美国商业公司达到335个,其中219个(65%)是收费道路公司,67个(20%)是银行,另外11%是诸如供水这一类的公用服务公司,制造业等其他公司只占4%。显然,这些公司大都集中在具有公共服务职能的部门。内战以前美国商业公司的大发展基本上保持了这一趋势。由于交通革命的突飞猛进,公司在收费道路、运河、铁路等行业的大量增加,更是引人注目。仅以宾夕法尼亚州为例,它在1790—1860年建立的2 333个商业公司中,有64.17%在交通业,11.14%在保险业,7.20%在银行业,7.72%在制造业,6%在水和瓦斯的供应业,3.77%在其他零星行业。

1860年以前,美国产值超百万美元的公司极少,而到1919年,这样的公司已多达10 172家,其产值占国内同期工业生产总值的38%。1929年美国最大资产超过9 000万美元的200家非金融公司的资产总额约达810亿美元,相当于当时美国公司资产总额的49%。1974年,美国最大的800家公司资产总额已达18 072亿美元,约占美国公司资产总额的50%。大公司不仅控制了资金、原料、技术、动力和运输市场,而且还直接或间接控制了众多的中小企业。

现代工业大公司的崛起,使得大合并运动的风起云涌几乎是同步发生。美国的公司并购历史是西方公司并购历史的集中反映和代表。从1898年起,美国公司先后掀起了五次并购浪潮。第一次并购浪潮发生在1898年到1903年之间。它以横向并购为特征,使资本主义迅速从自由竞争向垄断过渡,形成了一大批垄断公司。这五年期间,美国的工业结构发生了重要的变化,100 家最大的公司规模增长了 400%,并控制了全国工业资本的 40%。第二次并购浪潮发生在 20 世纪 20 年代,以 1929 年为高潮。第二次并购浪潮的最大特点是出现了相当规模的纵向并购。虽然横向并购仍为主流,但是纵向并购风行一时。这次并购主要发生在汽车制造业、石油工业、冶金工业及食品加工业。第三次并购浪潮发生在"二战"以后的整个 20 世纪 50 年代至 60 年代。它以混合并购为最大的特点。通过这次跨部门和跨行业的混合并购,美国出现了一批多元化经营的大型企业。第四次并购浪潮从 20 世纪 70 年代中期持续到 80 年代末,它有以下几个特点:高风险、高收益的"垃圾债券"出现;分解式交易为许多综合型大公司采用;敌意收购的比例较高。第五次并购浪潮从 20 世纪 90 年代中期开始持续至今,以 2000 年至 2001 年高新技术领域的并购为高潮。

回顾公司发展的历程,我们发现早期的股份公司,主要是为了分散投资风险,博取高额风险利润而创办的。因而它们主要集中在从事高风险的海外贸易部门。在国内商业、制造业、交通运输业,几乎没有用这种现代股份公司制组织起来的企业。公司的大规模形成和扩展,是工业革命以后的事,它们主要取决于技术和市场两大因素的变化。现代企业的成长首先出现于铁路业,就这一行业来说技术起着十分重要的作用。铁路运输的准确性、整体性、连贯性的技术要求,不仅需要巨额的长期投资,而且需要专业性很强的管理人员。现代股份公司不仅能为其在短时间内筹措巨额长期投资的资本,而且能适应管理上的技术性要求,由作为非所有者的专业技术管理人员来经营管理企业。这些都是传统的个人业主制企业和合伙制企业无力迅速介入和高效利用的。巨额资本以及技术和管理的限制,使得传统企业难以跨越,于是现代企业迅速崛起。

从企业制度的演进史来看,合伙制企业同个人业主制企业的差异,仅仅是一个企业所有者和多个联合起来的企业所有者的不同,这两种制度的企业有很强的人身因素。有限责任公司是一种资本的联合,但是股东的数量较少,同时股东之间较为熟悉,且股权不能自由转让,多数情况下只能在内部进行转让,因此,这种公司的股东之间仍具有一定的人身因素,所有者很难及时转移风险,自由地进入或退出企业。而股份公司则不同,它完完全全是资本的联合,股东数量之多使人身因素影响减轻,股东仅仅是股票的持有者,可自由地出让股权或购进股权,不同的股东能够独立自主地行使权利。股份公司基本消除了股东之间的人身联系,有利于公司独立运营、永续存在,大大减少了出资者的人身因素的影响,从而使公司成为真正意义上的独立法人。

以上追溯了公司,主要是股份公司生成、发展的历史,撇开了在此过程中其他类型公司的情况。在现代股份公司生成、发展的同时,其实还有许多不同类型的公司产生和发展过,有的昙花一现,有的至今仍存。诸如无限公司、两合公司、股份两合公司、有限合伙制公司等。但现代股份公司可以说是最主流,也是最具生命力的企业组织形式。

3. 揭开公司面纱

所谓公司面纱(corporate veil),即公司作为法人必须以其全部出资独立地对其法律行为和债务承担责任,公司的股东以其出资额为限对公司承担有限责任。公司与其股东具有相互独立的人格,当公司资产不足偿付其债务时,法律不能透过公司这层"面纱"要求股东承担责任。公司面纱是公司以其全部财产对公司债务承担责任,而股东仅以其认缴出资额为限对公司履行出资义务的形象化说法；正是由于公司身上披着法人的面纱，股东就不必对公司债务承担连带责任；公司具有独立于股东之外的民事主体资格。公司不对股东个人债务负责，股东也不对公司债务负责；如果股东滥用公司的法人独立地位，不尊重公司的独立法人资格，进而严重损害了债权人利益，债权人就有权请求法院或者仲裁机构在个案中不承认公司的独立法人资格，不承认股东的有限责任待遇，责令股东对公司债务连带负责，这就是揭开公司面纱；揭开公司面纱之后，躲在公司背后的股东就要站出来对公司的债权人承担连带清偿责任（刘俊海，2005）。揭开公司面纱（piercing the corporate veil）又称"公司人格否认""公司法人资格否认""股东有限责任待遇之例外"和"股东直索责任"，指控制股东为逃避法律义务或责任而违反诚实信用原则，滥用法人资格或股东有限责任待遇，致使债权人利益严重受损时，法院或仲裁机构有权责令控制股东直接向公司债权人履行法律义务、承担法律责任的行为。

从法律上看，公司股东作为出资者，按投入公司的资本额享有所有者的资产收益、重大决策和选择管理的权利，不管个案的实际情况如何，至少在理论上股东是公司的最终所有者，享有对公司的经营管理权，他还往往能够获得超过其全部投资总额的股息或红利。而公司独立人格——有限责任制的介入则将股东意识到的投资风险限制在其出资额范围内，并可能将其中一部分转嫁给公司外部的债权人，使股东享有的权利与承担的风险失去均衡。相反，债权人作为公司重要外部利害关系人，无权介入公司内部的管理，缺乏保护自己的积极手段。其在股东仅负有限责任的体制下，一旦公司因经营管理不善等原因造成亏损，必将蒙受重大损失。可见，有限责任制注意了对股东的保护，却对债权人有失公正。有限责任公司债权人利益的这种不公正如果长期坚持下去，将会造成道德公害（张忠军，1995）。

公司法人资格否认制度以公司法人资格之存在为前提。如果某企业自始至终未取得法人资格或法人资格存在瑕疵，就谈不上公司人格之否认。公司人格否认制度与股东有限责任制度一张一合，共同构成了现代公司制度的核心内容。

法律既应充分肯定公司人格独立的价值，将维护公司的独立人格作为一般原则，鼓励投资者在确保他们对公司债务不承担个人风险的前提下大胆地对公司投入一定的资金，又不能容忍股东利用公司从事不正当活动，谋取法外利益，将公司人格否认作为公司人格独立必要而有益的补充，使二者在深沉的张力中，形成和谐的功能互补。

从我国公司实践看，控制股东滥用法人资格的情况五花八门，包括但不限于（刘俊海，2005）：①公司资本显著不足。既包括股东出资低于最低注册资本的情况，也包括股东出资虽高于最低注册资本、但显著低于该公司从事的行业性质、经营规模和负债规模所要求的股权资本的情况。法官应打破最低注册资本是判断公司资本是否显著不足的唯一"傻瓜公示"的神话，警惕后一情况的发生。②股东对公司的控制过度，导致公司和股东的资产、财务、业务、机构、人员发生高度混同，甚至公司和股东共用一本账、共享一个银行账号、共用同一落款、同一公司的信封等。③母公司向子公司下达生产指标或越过股东会直接任命子公司董事成员。④控制股东长期掏空公司的资产尤其是优质资产，而未对公司予以充分、公平的赔偿等。

我国《公司法》于1994年7月1日起施行，但该《公司法》却没有揭开公司面纱规则的明确规定。倒是我国司法实践中常见揭开面纱的做法。最初的做法只是否认机关事业法人开办的公司或企业法人人格，如1987年就有司法解释对关于行政单位或企业单位开办的企业倒闭后债务由谁承担问题作出了规定，其后于1994年又对企业开办的企业被撤销或者歇业后民事责任承担问题做出了规定，2003年《最高人民法院关于审理与企业改制相关的民事纠纷案件若干问题的规定》中也有关于此类规定。

2005 年修订、2006 年实施的《公司法》则在法条中明确作出了规定,从而揭开公司面纱终于成为我国正式的法律制度。我国《公司法》第二十条:"公司股东应当遵守法律、行政法规和公司章程,依法行使股东权利,不得滥用股东权利损害公司或者其他股东的利益;不得滥用公司法人独立地位和股东有限责任损害公司债权人的利益。公司股东滥用股东权利给公司或者其他股东造成损失的,应当依法承担赔偿责任。公司股东滥用公司法人独立地位和股东有限责任,逃避债务,严重损害公司债权人利益的,应当对公司债务承担连带责任。"第六十四条:"一人有限责任公司的股东不能证明公司财产独立于股东自己的财产的,应当对公司债务承担连带责任。"其他国家也有相关的法律规范,英美法系为相关司法判例。

4. 公司僵局[①]

公司僵局(corporate deadlock)理论起源于英美法系。根据《布莱克法律辞典》(*Black's Law Dictionary*)的定义,公司僵局是指"公司的活动被一个或者多个股东或董事的派系所停滞的状态,因为他们反对公司政策的某个重大方面";《麦尔廉-韦伯斯特法律词典》(*Merriam-Webster's Dictionary of Law*)则将其界定为"由于股东投票中,拥有同等权利的一些股东之间或股东派别之间意见相左、毫不妥协,而产生的公司董事不能行使职能的停滞状态"。因此,简单地说,公司僵局是指公司在存续运行中由于股东、董事之间矛盾激化而处于僵持状况,导致股东会、董事会等公司机关不能按照法定程序作出决策,从而使公司陷入无法正常运转,甚至瘫痪状况。

根据产生僵局的机关的不同,可以将公司僵局分为股东会僵局和董事会僵局。而无论是股东会僵局还是董事会僵局,一旦产生就会对公司治理产生极大的破坏力。因为公司僵局产生于公司机关内部的对抗,通常是由于对公司运作具有影响力的股东间或董事间的利益冲突或矛盾形成,具体表现是股东会或董事会会议无法有效召集,或者是虽然能够召集但无法通过任何决议。而股东会是公司的最高权力机构,董事会是公司日常经营决策机构,在公司治理中,股东会和董事会是公司内部治理机制的两个极其重要的组成部分,股东会或董事会陷入僵局就意味着公司内部治理机制的严重失灵,从而危及公司治理的最终目标,保护利益相关者利益将无从谈起。因此,从公司治理角度看,公司僵局对于公司、股东、董监事及所有公司利益相关者甚至整个市场利益都构成严重的伤害。因为,公司僵局一旦形成,公司治理成本和风险就会陡增,其结果是公司治理法律关系所有主体之利益会不同程度地受到损害。正因为如此,许多国家或地区的公司治理法律制度对公司僵局的解决都相当重视。

从众多公司僵局的案例中,我们不难发现股东或董事间不可调和的矛盾与分歧是公司僵局形成的直接原因,但这仅构成公司僵局产生的表面原因。包括我国在内,相对于向社会公众招股的上市公司而言,封闭公司(在我国包括有限责任公司和不公开招股的股份有限公司),则更易出现僵局情况。而公司僵局也一般被认为是封闭公司所特有的问题。公司僵局实践中更多出现在封闭公司的主要原因是公司法上的法理制度安排与封闭公司治理机制的

---

①　本词条参考万国华,原俊婧. 论破解公司僵局之路径选择及其对公司治理的影响[J]. 河北法学,2007(4): 120-125.

固有矛盾相结合的产物。为了打破公司僵局,美国公司法中发展出以期待利益落空理论为基础、以法院司法介入为手段的多种解决公司僵局问题的方案(鲍为民,2005)。

由于我国传统公司法理论将公司视为一个相对封闭独立的主体,忽视了对股东之间利益冲突的外力救济途径,立法的不足导致司法实践中对公司僵局问题的处理缺乏统一的尺度,处理方式也一般带有相当的谨慎性,而这对于公司僵局的解决是非常乏力的。2006 年《公司法》在此问题上有了很大进步,第一百八十三条明确赋予一定比例的股东以公司司法解散的请求权,为公司僵局的解决提供了一条有力途径,"公司经营管理发生严重困难,继续存续会使股东利益受到重大损失,通过其他途径不能解决的,持有公司全部股东表决权 10% 以上的股东,可以请求人民法院解散公司"。

5. 古典企业理论

古典企业理论(classical firm theory)是指古典经济学中有关企业的本质、规模与边界、内部制度安排等问题的研究内容。

涉及企业问题的理论[①],起源于资本主义初期的工厂时代。工厂是工人大批量生产产品的场所。工厂时代,大体上处于 17 世纪工场手工业至 19 世纪中叶的机器大工业阶段,这个时期正是古典政治经济学的产生、发展与完成时期,也是马克思主义理论的确立时期。当时的"工厂"概念,并不具备完整的"企业"概念,它只反映了企业外在的、有形的经营场所,尚未包含企业作为社会经济组织的内容。

卡尔·马克思(Karl Marx)是这个时代的伟大经济学家,他在《资本论》中指出,工厂是"以使用机器为基础的工场的固有形式"。分工使企业规模扩大,劳动生产率提高,还会因产量提高但固定成本不变而降低单位成本,从而提高利润率,因此,资本家尽可能地扩大工厂规模,追求获得高额利润。可见,马克思重点分析的是资本主义生产全过程,是运用抽象分析方法对产业资本循环(货币资本→生产资本→商品资本)的过程进行研究,以揭示资本主义生产过程中剩余价值产生的秘密,也未将商品生产过程及承担商品生产的企业组织作为研究对象。

在工厂时代的经济学理论中,工厂(场所)作为企业的初级形态,其经济组织的特征还没有体现出来。在这个阶段,对商品生产过程的研究还几乎是零,而企业本身是作为商品生产过程的主体而存在的。所以,这个阶段,企业理论是不可能产生的。所以,工厂时代并没有产生真正的企业理论,仅仅在经济学理论中出现了一点萌芽。

实际上,谈到对企业性质的研究,最早应该从古典企业理论开始,古典经济学的创始人亚当·斯密(Adam Smith)在 1776 年出版的《国民财富的性质和原因的研究》(*An Inquiry into*

---

① 需要说明的是此处以及后面企业理论相关词条主要是从经济学视角来探讨企业的本质,不同于管理学中的组织理论。芮明杰和袁安照在其著作《现代公司理论与运行》中指出:管理学中的组织理论从渊源上看,大致可以分为三个阶段:第一阶段的主要特征是强调"正式组织"的作用,主要代表人物有韦伯、泰勒、法约尔和巴纳德,他们在这一阶段的学说可称为古典学派;第二阶段的主要特征是强调"非正式组织"的作用,其主要代表人物有梅奥、麦格雷戈、马斯洛、卢因和布莱克·穆顿等,他们在这一阶段的学说可称为新古典学派;第三阶段的组织理论既强调正式组织的作用,也强调非正式组织的作用,这一阶段试图对第一阶段和第二阶段的理论加以综合,在这方面做出突出贡献的代表人物是德鲁克和西蒙,他们的组织理论被称为现代理论或超越官僚机构的组织理论。

the Nature and Causes of the Wealth of Nations》)中就开始对有关企业的问题进行研究,他论证了分工对工厂生产的决定作用,认为分工和专业化生产对经济绩效影响重大,这是工厂产生和存在的原因。

古典经济学所研究的重点是劳动分工与社会财富的分配问题,而不是生产过程本身。其代表人物斯密当时只是从分工、工厂和市场之间的关系论及到"企业"——工厂,他指出,分工创造的生产力是工厂存在的原因,而工厂的规模则受市场的限制。由于历史的局限,斯密仅将工厂看作是集中劳动、分工协作的场所,而没有将其作为经营性组织进行研究。

古典经济学关于企业的认识主要是立足于劳动的分工与合作,从技术的角度对企业产生的原因进行解释,这是符合企业发展的历史逻辑的。在当时的历史条件下,企业内部的指挥协调相对简单,企业之间的沟通协调比较困难,所以,古典经济学家都将研究的出发点放在了市场上,研究的重点是流通领域,而不是生产领域。

6. 新古典企业理论

19世纪中叶至20世纪30年代,是第一次产业革命时期。第一次产业革命造就了一批机器化大生产的工厂,工厂的生产规模不断扩大,所需要的资本越来越多;生产技术和市场经营的复杂性不断提高,经营风险也越来越大。无论是大额资本的筹措,还是对巨大潜在风险的承担,仅凭企业主个人的经济实力都是力所不及的,适应社会发展的要求,以有限责任为特征的现代公司制度逐渐形成。

在这个时期,微观经济学作为经济学的一个分支发展起来,微观经济的创立使企业理论作为一个重要的研究内容而逐渐形成[①]。微观经济学研究的基本内容就是消费者需求理论、厂商供给理论以及两者结合形成的市场均衡理论。厂商供给理论的基本前提是:资源(各种生产要素)的供给是有限的,企业必须合理地分配有限的资源,最优地利用其现有的生产技术条件,最大限度地实现其追求利润最大化的目标。微观经济学在研究什么条件下利润最大时得出的结论,为企业理论的形成与发展奠定了基础。

在古典企业理论的基础上,以阿尔弗雷德·马歇尔(Alfred Marshall)为代表的新古典经济学家将企业理论带入到新古典企业理论(neoclassical firm theory)时代。新古典企业理论以微观经济学的厂商理论为基础,其分析不仅已深入到商品的生产过程,而且还深入到商品生产过程的主体——企业。人们认识到,企业是社会的经济组织,具有生产功能和盈利功能。厂商理论中的"厂商"具有以下特征:第一,追求利润最大化是企业的目标;第二,企业的所有权与经营管理权是统一的,即企业主直接经营管理企业;第三,企业主拥有自主经营权,企业内部的组织结构及管理方式完全由企业主决定。可见,厂商理论中的企业基本上还是属于自然人企业。同时,新古典企业理论还假设生产要素购入合同和产品销售合同都是完备的,市场的运行和企业的管理是没有成本的。也就是说,新古典企业理论是以经济人假设和完备市

---

① 一般以1890年Marshall《经济学原理》(*Principles of Economics*)作为微观经济学诞生的标志,该著作是与1776年亚当·斯密(Adam Smith)的《国民财富的性质和原因的研究》(*An Inquiry into the Nature and Causes of the Wealth of Nations*)、1817年大卫·李嘉图(David Ricardo)的《政治经济学及赋税原理》(*On the Principles of Political Economy and Taxation*)同样具有划时代意义的著作。

场假设为基础的。理论核心是把企业看作一个生产函数,其主要功能就是将土地、资本、劳动力等各个生产要素组织起来,在给定的资源和技术条件下,通过生产转换为一定的产出,并追求利润效益的最大化。可以说,新古典经济学主要也是从技术的角度来看待企业的,认为企业是表示一定技术条件下的投入、产出关系的生产函数,并把市场中的企业看作一个整体,在价格体系的协调下实现资源的最优化配置。

新古典企业理论构造了生产函数来解释企业存在和发展的原因。首先,新古典企业理论假设企业的产量 Q 是可变投入 X_1、X_2 的函数,即 $Q=f(X_1,X_2)$。而企业的生产成本 C 等于可变成本加上固定成本,即 $C=P_1X_1+P_2X_2+K$。此时企业的利润 π 就等于收入与成本之差,即 $\pi=PQ-C=Pf(X_1,X_2)-(P_1X_1+P_2X_2+K)$。从新古典企业理论的生产函数中我们看出,随着企业生产规模的扩大,固定成本在企业成本中所占的比例会减小,单位产品的成本就会降低。此时企业的扩张是规模经济的。这也是企业寻求横向一体化的动机。同时,由于上下游企业之间技术交流的障碍以及交易成本的存在,纵向一体化也有利于企业降低生产成本,提高资源利用率。

新古典理论为企业存在和发展的原因提供了解释,但是新古典企业理论仅仅是"古典环境"中的生产函数,以进入市场的企业和消费者作为最小分析单元,按照科斯的说法,新古典企业理论的假设前提尽管是易于处理的,但却是不真实的。新古典企业理论与其说是一种企业理论,不如说仍然是一种市场理论,因为在新古典企业那里,"科斯世界"里的价格机制起着独一无二的作用,不研究企业内部,企业只是一个"黑箱",生产要素的配置和产出的分配在其中无摩擦地按照业已明确规定好的法则进行,并且假定资本雇用劳动。

尽管新古典企业理论的研究存在种种缺陷,但是企业作为生产经济组织成为经济学的研究对象,标志着企业理论已经形成。虽然公司在这一阶段已经出现,但多数企业仍然是业主制与合伙制等自然人企业,企业的规模较小,所有权结构及组织结构都比较简单,所以当时企业理论的研究重点是企业行为和企业与市场的关系,例如研究产品定价和产量决策问题,而对企业的内部组织结构和管理问题还未展开研究。

7. 所有权与控制权

所有权(ownership rights)与控制权(control rights)是公司治理领域中非常重要的基础性概念[①]。

Fama 和 Jensen(1983)将所有权定义为剩余索取权(residual claims),即对企业总收入扣除所有固定契约支付后的剩余金额的索取权。从股东或者投资者的角度看,投资者享有的所有权,其实质是他们依据股权比例分享现金流量的权利(claims to cash flow)(即享有对企业

---

① Berle 和 Means 在《现代公司与私有财产》(*The Modern Corporation and Private Property*)中指出:随着公司财富所有权的日趋分散化,对这些财富的所有权和控制权就掌握在越来越少的人手中。这种职能上的分离,迫使我们重新认识"控制权"——一方面它有别于所有权;另一方面它又有别于经营权。控制权形态可以被分为五种,尽管在各个类型之间并没有明显的分界线。它们包括:①通过近乎全部所有权实施的控制;②多数所有权控制;③不具备多数所有权,但通过合法手段而实施的控制;④少数所有权控制;⑤经营者控制。其中前三种控制权形态是以法律为基础的,并且是围绕着多数有投票权股票的投票权的。后两种形态,即少数所有权控制和经营者控制,并不具有合法性,它们以既存事实为基础,不是建立在法律基础之上的。

剩余的分配）。因此，在经验研究中，通常以现金流权的大小来衡量股东的所有权。企业剩余在理论上由全体股东共同享有。但实践中，企业剩余分配方案，是企业控制权意志的体现。在不同的股权结构下，剩余分配权被不同的股东团体所掌控。在大多数情况下，所有权需要借助控制权得以最终实现。由此，Grossman 和 Hart(1986)从不完备契约的角度，将企业所有权的核心定义为剩余控制权和剩余索取权。

控制权是雇用和解聘公司高管人员和决定高管人员报酬的权利(Fama,Jensen,1983)，并据以主导公司的经营与决策(Seligman,2001)。在股权分散的情况下，外部股东虽然名义上拥有雇用和解聘高管人员的权利，但是由于股权分散引致股东监督不足和信息不对称，引发了对高管人员聘任上的逆向选择，从而有可能使控制权实际上掌握在高管人员的手中。在股权集中的情况下，一方面控股股东有足够的动力监督高管人员；另一方面投票机制中的少数服从多数的决策原则，使本应由全体股东共同享有的控制权转移到控股股东手中。一般而言，只要掌握了半数以上的投票权，该股东就拥有了决定公司经营的控制权。在股份公司的投票制度下，控制权依附于所有权所衍生的投票权，控制权比例的大小等同于所有权比例，经验研究通常以投票权(voting rights)作为控制权的替代变量。

与控制权紧密相关的一个概念是经营权(management rights)，但较早的研究一直没有对控制权与经营权加以明确区分。1776 年，Smith 在其经济学经典著作《国民财富的性质和原因的研究》中指出，"股份公司的董事们，所管理的是他人的钱而不是自己的钱，不能期望他们像私人合伙的合伙人对自己的钱那样，兢兢业业地去管理。就像富人的管家那样，他们或许认为注意小事有损主人的名誉，很容易不屑去劳神。因此，在这种公司的业务管理中，一定常常出现或多或少的疏忽和浪费"。

对这些问题的担忧几乎占据了之后的一百多年。直到 1904 年，制度经济学派创始人索尔斯坦·凡勃伦（Thorstein B. Veblen）的著作《盈利企业理论》(Theory of Business Enterprise)，从企业与产业两个方面剖析现代资本主义，在现代资本主义社会中存在"机器操作"和"企业经营"两种制度，即生产技术制度和私有财产制度。在继承 Smith 股份公司分析思想的基础上，对股份公司这个现代企业形态组织进行了讨论，将斯密关注的问题被初次提升为所有权与控制权相分离的理论。1924 年，在其著作《缺位所有制：来自近期美国营利企业的案例》(Absentee Ownership：Business Enterprise in Recent Times：The Case of America)中，Veblen 把股份公司的所有权与控制权相分离的现象称为"缺位所有制"(absentee ownership)，对所有权与控制权分离问题进行详细阐述。1932 年，美国学者 Berle 和 Means 在其著名的《现代公司与私有财产》(The Modern Corporation and Private Property)一书中提出，高度分散的公司股权导致了公司的所有权与控制权的高度分离，现代公司已由受所有者控制转变为受经营者控制，并直言，管理者权利的增大有损害资本所有者利益的危害。正是 1930 年代开始出现的公司所有权和控制权的分离，引起了人们对公司治理问题的注意。到了 1950—1960 年代，Baumol，Marris 以及 Williamson 等学者都把焦点放在了股东和经理人之间的委托代理问题上，通过大量研究并产生了许多经典的研究成果，从不同的角度揭示出了掌握控制权的管理者与拥有资产所有权的股东之间的利益差异，并对现代公司制企业的激励约束机制提出了诸多见解，从而使经理层能够更好地为股东利益服务。Chandler(1977)在《看得见的手——美国企业的管理革命》(The Visible Hand：The managerial Revolution in American Business)一书中，通过对分部门、分行业的具体案例分析，进一步描述了现代公司两权分离的历史及其演进的过程。应该说，古典经济学家一直都在关注着所有权与控制权的分离,以及由此所产生出来的委托代理问题。

虽然 Berle 与 Means 早在 1930 年代所发表的经典著作《现代公司与私有财产》(*The Modern Corporation and Private Property*)中明确指出源于公司所有权的公司控制权既区别于公司所有权,又区别于公司经营权,但是由于公司控制权与公司经营权在权利行使的最终目的上存在着相似性,再加上对公司控制权的内涵存在着不同的诠释,理论界有关学者没有明确区分公司控制权与公司经营权,并且进一步提出现代股份公司所出现的"二权分离"就是公司所有权与公司控制权的分离。之所以在理论上会出现将所有权与经营权的分离等同于所有权与控制权的分离这样的结论,是因为没有从本质上分辨公司控制权与公司经营权的不同之处。公司控制权问题伴随着所有权与经营权的分离而产生,当公司所有权与经营权重合时不存在公司控制权的问题,而一旦公司所有权与经营权发生了分离就立即出现了公司控制权的问题,这种现象表面上似乎表明了公司控制权与公司经营权是如影随形的相互关系,但是我们不能根据这样的现象就将二者予以混淆,更不能将二者简单地进行等同。

公司控制权与公司经营权二者在权利的内容和表现形式上均存在不同,是两种不同的权利概念(俞雷,2010)。在权利的内容上,公司经营权表现为对公司资产和公司拥有的资源的占有、使用和处置权,公司经营权一般地表现为对公司经营活动的决策权;而公司的控制权则主要表现为对公司经营决策方向的影响力。虽然公司控制权与公司经营权的实施结果都是实现对公司资源运用的决策权,但是二者在表现方式上存在着本质的区别。公司控制权人只是通过对公司董事会(包括公司经理)的影响力实现对公司经营决策的间接干预;而公司经营权人则是直接以公司法人的名义行使对公司的经营决策。

所有权与控制权的分离对公司行为产生了一系列重要影响。在古典企业里,所有者与经营者合二为一,因此,不会产生所有者与经营者的利益分歧,在这里,只有一个声音,一种意志,一个目标。而所有权和控制权的分离,自然是在两个利益主体之间的分割,由此产生了公司行为目标的冲突,产生了两种权利、两种利益之间的竞争。两权分离对公司带来的影响已经被学术界所实证检验,例如张华、张俊喜和宋敏(2004)考察了我国民营上市企业所有权、控制权以及二者的分离对企业的影响,发现民营上市企业的最终控制人大多采用金字塔方式从而以较少的投资控制较多的股份;与所有权和控制权分离情况严重的东亚地区的其他 9 个国家和地区相比,我国民营上市企业的两权分离更大;两权的分离造成了企业价值的下降。因此,民营企业的所有权和控制权应该尽量保持相若,且应避免所有者和管理者合一这一经营管理方式。

8. 伯利—米恩斯命题

美国学者 Berle 和 Means 在 1932 年的《现代公司与私有财产》(*The Modern Corporation and Private Property*)著作中提出了现在被称之为"伯利—米恩斯命题"(Berle-Means propositions)的观察结论。现代公司中股权越来越分散,所有者权利实际上越来越是名义上的,企业实际上是把持在职业经理人的手中。他们由此认为,控制着公司主要权力,并且不受监督的职业经理可能会以损害股东权益的方式追求他们自己的利益。对股份制企业的两个基本问题以两个命题的形式进行了表述:第一个命题是股份制企业存在着所有权与控制权的分离;第二个命题是股份制企业的经营者对企业的经营管理应以纯粹中立的技术管理为主。

Berle 和 Means 的第一个命题是一个实证命题。他们对当时美国大公司股权分散化和经营者控制进行了实证研究。在他们所调查的 200 家大公司中,以控股比率达到 20% 以上作为控股股东的标准来划分,占 200 家大公司总数 44%、资产总额 58% 的公司不存在控股股东,企业的经营控制权掌握在经营者手中。因此,Berle 和 Means 用股东没有控制的财富所有和经营者没有所有的财富控制来表现股份制企业所有权与控制权的分离。Berle 和 Means 的第二个命题属于规范命题。针对股份制企业中所有权与控制权分离所导致的经营者对企业的完全控制,以及由此带来的经营者管理权限的增大有损股东利益的危险,Berle 和 Means 认为,如果股份制企业要发展存续下去,企业的经营者对企业的经营管理必须向纯粹的中立技术管理的方向发展。这里的纯粹的中立技术管理是指对公正的工资、职工的安全、为社会提供适当的服务和事业的安定等方面的充分考虑。经营者的管理目的必须是平衡社会各种集团多种多样的要求。Berle-Means 命题的提出突破了传统的企业利润最大化的假设,开创了从激励角度研究企业的先河。

9. 经理主义理论

现代公司本质上是个等级制机构,最高级的经理确定公司的目标,监督较低级别的经理和员工达到这样的目标。如果经理是自利的人,如果他不是企业完全的所有者,他一定会最大化他自己的利益,而不是公司整体的利益,这就是所谓的经理主义理论(managerialism theory)。

经理主义理论源于 Berle 和 Means 的开创性研究。Berle 和 Means 在 1930 年代观察到"经理革命"现象(managerial revolution)。运用 Berle 和 Means 的标准,Larner(1966)统计了美国 1963 年最大的 200 家非金融公司的产权类型,并与 1929 年的情况加以比较,发现经理操纵的资产比率从 1929 年的 58% 上升到 1963 年的 85%,这说明 Berle 和 Means 观察到的"经理革命"在 30 年之后已经趋于完成。在 1950 年代以后,经理主义现象被关注,主要从经理追求自身利益的行为来进行研究,后来经理主义又被用来解释机会主义、代理成本和败德行为的成因,并相继形成三个假说,即销售最大化假说(sales maximization hypothesis)、增长最大化假说(maximizing growth hypothesis)和经理效用最大化假说(managerial utility hypothesis)。

Baumol 在 1959 年出版的《企业行为、价值与成长》(*Business Behavior*, *Value and Growth*)著作中提出了"销售收入最大化假设"。他认为,典型的企业经理并不是追求利润最大化,而是追求销售收入最大化。因为经理人员的报酬似乎是与企业的规模(而不是利润率)呈密切的正相关,因此其行为倾向于扩大产出,加强广告宣传。

Marris 在 1963 年《一个关于管理者管理的企业的模型》(*A Model of the Managerial Enterprise*)一文和 1964 年《管理资本主义的经济理论》(*The Economic Theory of Managerial Capitalism*)一书中提出了"增长最大化假设"。他认为,经理人员的利益取决于产品市场需求量的增长和工作稳定性,而企业股东的利益则取决于实际财产的增长,当企业的市场份额相对于财产增长较慢时,经理人员就面临着解雇的危险,因此企业经理在行为上倾向于提高增长率。

Williamson 在 1963 年《管理者自由裁量权和经营行为》（*Managerial Discretion and Business Behavior*）一文和 1964 年《自由裁量行为经济学：企业理论中的管理者目标》（*The Economics of Discretionary Behavior：Managerial Objectives in A Theory of the Firm*）著作中提出了"经理效用最大化假设"。他认为，经理人员有扩大职员、企业规模、自己额外收入以及独自处理投资的倾向，因为这样可以带来更大的收入、权力、地位。

经理主义理论摒弃了经典企业理论的"利润最大化假设"，认为经理人员的行为不一定就是追求最大利润，而可能有其他的选择，这是比较符合客观情况的。但目前在结论上并不完全一致，如 Lewellyn 和 Huntsman(1971) 等人的实证研究都倾向于支持经理报酬与利润率之间的正相关，这与 Baumol 提出的报酬与销售规模之间正相关的论点是相悖的。

Chandler(1977)[①]发现现代工商企业在协调经济活动和分配资源方面已取代了斯密的所谓市场力量的无形的手。市场依旧是商品和服务的需求的创造者，然而现代工商企业已接管了协调流经现有生产和分配过程的产品流量的功能，现代工商企业已成为美国经济中最强大的机构，经理人员则已成为最有影响力的经济决策者集团。因此，在美国，随着现代工商企业的兴起，出现了所谓经理式的资本主义。

10. 契约理论

契约理论(contract theory)是 30 年来制度经济学领域中迅速发展的分支之一。现代企业的契约理论认为企业本身就是一种契约关系，这种观点已经逐渐得到公司治理理论界的认同。

从经济学的角度看，契约不仅包括具有法律效力的契约，也包括一些默认契约。契约通常被解释为"通过允许合作双方从事可信赖的联合生产的努力，以减少在一个长期的商业关系中出现的行为风险或'敲竹杠'风险的设计装置"(Klein,1999)。契约理论主要研究在特定交易环境下不同合同人之间的经济行为与结果，往往需要通过假定条件在一定程度上简化交易属性，建立模型来分析并得出理论观点。而现实交易的复杂性，很难由统一的模型来概括，从而形成了从不同的侧重点来分析特定交易的契约理论学派。契约理论研究学者一致认为，契约理论主要包括：委托代理理论(完全契约理论)、交易成本理论和产权理论三大主流学派

---

① Chandler 在《看得见的手——美国企业的管理革命》（*The Visible Hand：The Managerial Revolution in American Business*）提出八个一般论点。第一个论点是，当管理上的协调比市场机制的协调能带来更大的生产力、较低的成本和较高的利润时，现代多单位的工商企业就会取代传统的小公司。第二个论点是，在一个企业内许多营业单位活动内部化所带来的利益，要等到建立起管理层级制以后才能实现。第三个论点，现代工商企业是当经济活动量达到这样一个水平，即管理上的协调比市场的协调更有效率和更有利可图时，才首次在历史上出现的。第四个论点是，管理层级制一旦形成并有效地实现了它的协调功能后，层级制本身也就变成了持久性、权力和持续成长的源泉。第五个论点是，指导各级工作的支薪经理这一职业，变得越来越技术性和职业化。第六个论点是，当多单位工商企业在规模和经营多样化方面发展到一定水平，其经理变得越加职业化时，企业的管理就会和它的所有权分开。第七个论点是，在作出管理决策时，职业经理人员宁愿选择能促使公司长期稳定和成长的政策，而不贪图眼前的最大利润。第八个也是最后一个论点是，随着大企业的成长和对主要经济部门的支配，它们改变了这些部门乃至整个经济的基本结构。这些基本论点可分为两部分。前三个论点有助于说明现代工商企业的起源，也就是说明了现代工商企业出现的原因、时间、地点和方式。后五个论点涉及现代工商企业的持续成长，也就是说明了为什么这种企业一旦建立起来，就会不断发展并保持其支配地位。

(Brousseau,Glachant,2002；杨其静,2003；苏启林,申明浩,2005)。完全契约理论主要研究委托人如何制定最优报酬契约以激励代理人；产权理论主要研究在契约不完全的情况下如何确定再谈判的有效机制,侧重事前激励机制；而交易成本理论则主要探讨契约双方如何分配决策权和控制权等权利(权威),侧重事后适应性治理(苏启林,申明浩,2005；聂辉华,2005)。

契约分为完全契约和不完全契约,完全契约理论是指当事人之间存在信息不对称状况,完全理性的委托人总是可以设计一个最佳契约,该契约充分考虑了与交易有关的所有可能出现的情况,签订契约的各方都能准确地预见契约实施过程中一切可能发生的事件,并对其作出相应决策,同时也要求当事人都能自觉遵守契约的条件,如果违约也能够无成本地被第三方强制执行。因此完全契约理论通常认为产权结构和权威是不重要的,因为通过契约安排总可以实现最佳效果。

人的理性是有限的,对外在环境的不确定性是无法完全预测的(Simon,1947；1955；1982)。不完全契约理论才是更贴近现实生活的一种假设。不完全契约指的是所签署的契约不能完全准确地描述与交易有关的所有未来可能出现的状况,以及每种状况下契约双方的权利和职责。不完全契约理论认为,由于人们的有限理性、信息的不完全性及交易事项的不确定性,使得明晰所有的特殊权利的成本过高,拟定完全契约是不可能的,不完全契约是必然和经常存在的。由于不完全契约的存在,所有权就不能以传统产权理论那样以资产这一通常的术语来界定。因为,在契约中,可预见、可实施的权利对资源配置并不重要,关键的应是那些契约中未提及的资产用法的控制权,即剩余控制权。据此,Hart 他们将所有权定义为剩余控制权或事后的控制决策权。在 Hart 他们看来,当契约不完全时,将剩余控制权配置给投资决策相对重要的一方是有效率的。

11. 委托代理理论

委托代理理论(principal-agent theory,PAT)是制度经济学契约理论的主要内容之一,也是契约理论中发展最快的分支之一,研究对象是委托代理关系,是指一个或多个行为主体根据一种明示或隐含的契约,指定、雇佣另一些行为主体为其服务,同时授予后者一定的决策权力,并根据后者提供的服务数量和质量对其支付相应的报酬过程中所形成的关系。授权者就是委托人,被授权者就是代理人。其要解决的核心问题是利益冲突和信息不对称情况下委托人对代理人的激励问题,即代理问题。委托代理理论是 20 世纪 60 年代末 70 年代初,一些经济学家不满阿罗-德布鲁(Aroow-Debreu)体系中的企业"黑箱"理论,而深入研究企业内部信息不对称和激励问题发展起来的,创始人包括威尔逊(Wilson)、阿克尔洛夫(Akerlof)、斯宾塞和泽克豪森(Spence,Zeckhauser)、斯蒂格利茨(Stiglitz)、罗斯(Ross)、莫里斯(Mirrless)、霍姆斯特姆(Holmstrom)、格罗斯曼和哈特(Grossman,Hart)等。

委托代理理论是建立在非对称信息博弈论的基础上的。非对称信息(asymmetric information)指的是某些参与人拥有但另一些参与人不拥有的信息。信息的非对称性可从以下两个角度进行划分:一是非对称发生的时间,二是非对称信息的内容。从非对称发生的时间看,非对称性可能发生在当事人签约之前(ex ante),也可能发生在签约之后(ex post),分别称为事前非对称和事后非对称。研究事前非对称信息博弈的模型称为逆向选择模型(adverse selection model），研究事后非对称信息的模型称为道德风险模型（moral hazard model）。从非对称信息的内容看，非对称信息可能是指某些参与人的行为（action），研究此类问题的模型称为隐藏行为模型（hidden action model）；也可能是指某些参与人隐藏的知识（knowledge），研究此类问题的模型称之为隐藏知识模型（hidden knowledge model）。

委托代理关系是随着生产力大发展和规模化大生产的出现而产生的。其原因一方面是生产力发展使得分工进一步细化，权利的所有者由于知识、能力和精力的原因不能行使所有的权利了；另一方面专业化分工产生了一大批具有专业知识的代理人，他们有精力、有能力代理行使好被委托的权利。但在委托代理的关系当中，由于委托人与代理人的效用函数不一样，委托人追求的是自己的财富更大，而代理人追求自己的工资津贴收入、奢侈消费和闲暇时间最大化，这必然导致两者的利益冲突。在没有有效的制度安排下代理人的行为很可能最终损害委托人的利益。而世界——不管是经济领域还是社会领域——都普遍存在委托代理关系。

根据现代公司理论，公司通常被视为人与人之间的交易关系，公司行为是其所有成员及公司与公司之间博弈的结果。在现代公司尤其是股份制公司中，产权制度安排更多地表现为公司所有权与经营权的分离。在公司的所有权和经营权两权分离的情况下，公司的所有者通过与高层管理者签订一系列或明或暗的契约，授予高层管理者代表其从事经营活动的某些权利。这样，在公司的所有者和高层管理者之间就形成了一种委托代理关系。资本所有者必须建立对代理人的激励与约束机制，其理论基础是所有者与高层管理者追求目标的不一致性和委托代理过程中非对称信息的存在。公司所有权与经营权的分离不可避免地产生所有者与高层管理者之间的权利冲突。公司所有者作为委托人拥有剩余索取权，即扣除其他生产要素报酬之外的公司盈余，其所追求目标是资本增值和资本收益最大化；高层管理者作为所有者的代理人，同样追求自身的利益，他追求的是自身效用的最大化，他希望拿到高工资、高奖金，能获得较高的社会地位和荣誉，且增加更多的闲暇时间又没有风险。

经过 30 余年的发展，委托代理理论由传统的双边委托代理理论（单一委托人、单一代理人、单一事务的委托代理），发展出多代理人理论（单一委托人、多个代理人、单一事务的委托代理）、共同代理理论（多委托人、单一代理人、单一事务的委托代理）和多任务代理理论（单一委托人、单一代理人、多项事务的委托代理）（刘有贵，蒋年云，2006）。这些理论都遵循着相同的研究范式、假说前提和基本分析框架。

12. 双重委托代理[①]

所谓双重委托代理（double principal-agent），是指与单委托代理相对应的一种委托代理方式。在股权集中型公司中，不仅存在全体股东与代理人（经理人）之间的利益冲突（即经典的委托代理问题，也即单委托代理问题），而且还存在大股东或控制性股东与中小股东之间的利益冲突，而且后者往往体现得更为明显，股权集中型公司中的这类治理矛盾被定义为双重委托代理问题（冯根福，2004）。双重委托代理问题涵盖两大重要方面，一方面来自于大股东，另

---

① 本词条初稿由武汉大学经济与管理学院严若森教授提供。

一方面则来自于中小股东。针对前者,其重在于优化大股东的控制权配置结构,针对后者,则重在中小股东权益保护机制的切实可行。

作为公司治理结构的主要决定因素,公司所有权结构与一定的社会经济与制度环境相适应。例如,在法律效能较弱的国家或地区,投资者欲使自身的利益获得保证,则其寄望于法律援助往往不太现实,其更好的途径应在于通过公司所有权的集中,并确保自己能够对公司行使较大的控制权。公司治理实践证明,在公司外部治理环境尚未发生明显变化的情形之下即希望实现公司股权的高度分散往往不太现实,为了能够实现一个次优的治理结果,一定的公司所有权集中是转型国家或地区中一种长期的应然状态。而且公司治理实践尚表明,"相对多数"持股十分普遍,且不乏成功的治理模式。例如在德国,银行可以通过"代理"投票权实现对公司的相对控制,而且约80%的德国大公司拥有控制权超过25%的投资者。因此,合适的所有权比例并非在于持股必须达到绝对控股的水平。亦正因如此,在一定的公司治理环境之下,"相对多数"持股不失为一条改善公司治理结构的良好路径。但大股东的存在会导致超控制权收益问题。所谓超控制权收益,是指一种基于大股东利益最大化的动机、依托控制权的行为能力、与控制权成本补偿无关而为大股东强制获取的超过控制权收益以上的收益(刘少波,2007)。如果说基于控制权成本补偿或控制权风险溢价意义上的控制权收益表现为对公司增量现金流权的配置取向,则超控制权收益则表现为对公司存量财富的再分配,即所谓大股东以各种方式从其他人那里重新分配财富。为了解决因大股东存在而导致的超控制权收益问题,必须平衡大股东的控制权结构,抑或,必须寻找一种能够对大股东产生制衡作用的机制,与此同时,必须考虑这种制衡机制对中小股东利益的影响,而且尚须考虑这一制衡机制的出现能否弥补大股东因自身地位下降而导致的监督效率下降。有鉴于此,可以参考产业组织市场的结构,引入"寡头"模式。即为了保证公司所有权的相对集中,必须存在一定程度的大股东"垄断",而为了实现相互制衡,必须引入多个参与者(冯根福,闫冰,2004)。但在引入多个参与者之时,必须保证这些参与者相互制衡的有效性。例如在东亚,多个大股东即常常通过相互串谋而实现对中小股东的"剥削",而在欧洲大陆,这种大股东之间的串谋现象即显得相对较少,而且多个大股东的存在尚对改善这种股东之间的"剥削关系"起到了积极的作用(Faccio,Lang,Young,2001)。大股东控制权配置结构的确定尚须保证参与该结构的投资者具有足够的能力,亦即,需要对投资者的资质作出认真的考量,之所以对投资者的资质作出如此要求,目的在于为公司寻求有效的市场化参与者。而为了确保公司控制权的合理运用,尚可以变革公司的决策机制。例如在重大项目的决策上,实行以绝大多数股东投票表决为原则,以限制大股东"操纵投票",从而规制大股东的控制权限。另外,股权结构本身具有基于市场化的内生性(Demsetz,1983;Kole,Lehn,1997)。为此,大股东控制权结构的优化尚须遵循市场导向,避免强烈的行政干预。即所谓最优股权结构的形成并非一蹴而就,而是一个循序渐进并由市场发现的过程(宋敏,张俊喜,李春涛,2004)。

作为一个分散的群体,中小股东的行为很难统一,这种特性决定了设计一种有效的中小股东代理人激励机制具有相当高的难度,抑或,中小股东相互之间的协商成本太高。曾有人建议设计一个挂靠中国证监会的中小股东代理人协会,试图通过此办法来实现对中小股东个人决策的统一。但该"办法"在我国日前并不具有太高的可实现性。首先,该"协会"的建立在我国目前的情况下尚存在现实困难,例如我国的中小股东代理人职业市场如何建立等;其次,投资者以市场参与者的身份实施各种市场行为,如果让其额外负责对此"协会"进行管理,则有违市场监管的一般原则或常理。那么究竟如何使得这些分散的中小股东能够成为一个可以统一行动的群体呢？对此,除了希冀寻求中小股东代理人市场的发展与繁荣之外,尚可以从中小股东的利益关联度中去求解。中小股东代表了公司重要的外部融资结构,亦即只有中小股东这样的外部融资结构继续存在,公司才得以更加稳定与持续地发展。而一旦公司外部融资结构发生巨大的变化,则受其影响最深的其实往往是那些公司职工。就此而言,中小股东与公司职工的利益具有更高的关联度。因此,如果存在一个中小股东代理人市场的构建需求,则将公司职工代表纳入考虑的范围不失为一种切实可行的方案。这点在现实的公司治理实践中其实已得到了支持,例如在德国的公司治理结构中,职工代表即占据了相当重要的位置。但必须强调的是,我国企业特别是我国国有企业必须改进其目前的职工代表机制,否则,这种职工代表机制很容易成为大股东或管理层操纵我国企业的某种工具。事实上,中小股东权益的保护往往需要借助司法救济的手段来实现(徐向艺,卞江,2004)。其中,异议股东股份价值评估权制度与股东派生诉讼是保护中小股东权益的两种主要司法救济手段。与此相伴,可以借助网络股东大会与网络电子投票等网络技术的应用而降低这些司法救济的交易成本。例如自2000年开始,美国《特拉华州普通公司法》即已认可了网络股东大会的合法性,并允许公司董事会自主决定股东大会是否以网络形式召开,而《美国修正标准商事公司法》亦允许股东授权代理人以电子邮件或其他电子技术形式进行代理投票。毋庸置疑,这些网络技术的应用不仅可以大大地降低股东大会的交易成本,而且尚可以极大地唤起中小股东参与公司治理的热情。就此而言,我国公司立法改革应该充分认识到网络技术进步对中小股东参与公司治理的激励功能,我国公司监管部门以及我国公司治理主体本身均须积极推广网络技术与股东网络投票制度在公司治理中的应用与实施,从而为我国中小股东的利益保护创造有利的技术条件与制度条件。此外,就中小股东的权益保护而言,独立董事制度必不可少,但其必须切实有效。对此,独立董事的职业伦理、专业能力及其对股东的信托责任与问责制等均是问题的关键。实践证明,我国独立董事制度的建立与发展必须基于其自身的文化本位与制度转型背景,特别是法治转型背景,否则,移植的制度只能是仅具形似而不得精髓,甚至直接沦为花瓶与摆设。

13.　交易成本理论

交易成本理论(transaction cost theory,TCT)是由1991年诺贝尔经济学家获得者Coase在1937年发表在 *Journal of Law,Economics & Organization* 杂志上的《企业的性质》(*The Nature of the Firm*)一文中首次提出,而后成为新制度经济学的最基本的概念之一。这也是企业理论形成的真正逻辑起点。他对新古典企业理论的前提假设提出了质疑,从而打破了传统企业理论的"黑箱"。他认为,价格机制在市场运行中是有成本的,后来的学者将这种成本分为广义交易成本和狭义交易成本两种。广义交易成本包括经济活动中的所有成本,即为了冲破一切障碍,达成交易所需要的有形及无形的成本。狭义交易成本是指市场交易成本,包括度量、界定和保障产权的成本;发现交易对象和交易价格的搜索成本;讨价还价、订立合同的谈判成本;督促合约条款严格履行的履约成本等。相关理论包括间接定价理论(indirect pricing theory)和资产专用性理论(asset specificity theory)。

间接定价理论通过构建模型,有力地解释了企业存在和发展的原因。这一流派的代表人物有Coase、张五常(Cheung)、杨小凯和黄有光(Yang,Ng)、理查德森(Richardson)等。

市场是经济学中的重要概念,也是经济学研究的重要内容。市场概念最早是指商品交换的场所,即买卖双方进行商品交换的地点,这种概念今天在某些场合仍在使用,如超级市场。不过,随着经济的发展,商品交换活动的复杂化,市场的概念已经引申为以交换过程为纽带的现代经济体系中的各种经济总和。人们要在市场中完成一笔交易,必须对商品的品种、质量和价格进行了解,并就交易进行讨价还价等内容的谈判,还要对交货、运输、检验、结算等付出许多劳动。根据 Coase 的交易成本理论,市场的这些交易活动需要人们付出精力和时间,并支付相应的费用和开支,所以市场的交易是要付出代价的,也就是说市场交易活动存在交易成本(transaction cost)。在商品经济发展的初期,由于社会生产力水平低下,商品规模小,市场狭小,定价成本少得几乎可以忽略。但随着商品经济的不断发展,市场规模不断扩大,生产者在了解有关的价格信息、质量高低、供货方的信誉、交货速度等方面信息的费用显著增大。市场中的直接定价就可能产生高昂的定价成本。

间接定价理论假设,人们可以生产没有直接效用的中间产品来提高最终产品的生产效率。而由于市场是不完备的,中间产品的交易效率可能是相对较低的,因而在市场中的直接定价可能产生高昂的定价成本。为此,企业可以将这类生产中间产品的生产活动纳入到企业的内部分工之中,从而通过企业内部的间接定价节约定价成本,实现效率。也就是说,企业用内部管理的方式组织各种生产要素,而不必再到企业外部——市场去购买生产要素,它用组织费用代替了定价成本,企业替代了市场。

上面讨论到了企业内部的组织协调可以减少或替代市场交易,那么,是否企业的规模越大,企业内部配置资源的范围越大,企业经营效率就越高呢? Coase 对此也进行了深入研究,他指出,在企业内部组织协调生产也存在"内部交易成本"——组织费用,也就是说,无论是市场交易还是企业内部协调,都存在交易成本。当企业规模达到一定程度后,组织费用和管理中可能出现的失误都可能导致企业内部组织交易的成本大于企业外部——市场的交易成本。所以,企业的规模并非越大越好。当市场交易成本高于内部交易成本时,就应当实行企业内部组织交易,扩大企业规模。反之,则应通过市场交易组织企业生产,缩小企业规模。

资产专用性理论同样为企业的存在提供了解释,指出了影响交易成本的因素。这一流派的主要代表人物有:威廉姆森(Williamson)、克莱因(Klein)、罗伯茨(Roberts)、哈特(Hart)、莫尔(Moore)、金德博格(Kindleberger)、阿根亚(Aghion)、博尔腾(Bolton)、费茨罗(Fitxroy)、穆勒(Mueller)、瑞奥登(Rirodan)、米尔格罗姆(Milgrom)、阿克尔洛夫(Akerlof)、格罗斯曼(Grossman)等。

资产的专用性是指在不牺牲生产价值的条件下,资产可用于不同用途和由不同使用者利用的程度。也就是说,如果一种资产在某种用途上的价值大大高于在其他用途上的价值,那么这种资产在这种用途上就是有专用性的。专用性资产有多种形式,如专用场地、专用实物资产、专用人力资产等。资产的专用性会在契约不完全的背景下凸显出来。由于契约是不完全的,缔约双方的利益冲突不可能在事前完全得到解决。而在事后的谈判和协调中,投入专用性资产的一方由于不能将其投入挪作他途,对缔约伙伴具有更强的依赖性,这就会导致缔约双方之间地位的变化,没有专用性资产投入的一方将处于垄断地位,导致要挟等机会主义行为的发生。这就使得双方的专用性投资不能达到最优,从而产生交易成本。

由于交易成本的存在,在市场中的资源配置就并非是最有效率的。从这个角度看,企业组织就被看成内部一体化的市场组织的替代物。在现实决策中,市场和企业之间的选择是经常发生的。例如,当一家企业使用自己的汽车而不是付款给运输公司运输货物时,企业就替代了市场。也就是说,企业是为了减少交易成本而把市场交易行为转变为企业内部的行政协调行为,从而实现市场交易内部化的一种制度形式,它是对市场机制的一种替代。交易成本理论的提出使企业理论研究的重点深入到了企业的组织功能、组织形式、组织结构、管理体制等方面,从而将企业理论发展到一个新的阶段。

14. 代理成本理论

1970 年代后,代理理论的研究方法可以分为两种[1]:一种称之为"代理理论的实证研究",也称之为代理成本理论,另一种为"委托代理理论"。尽管这两种方法有很多区别,但它们都在研究如何通过合约来协调有着不同利益的自私个体,并假定任何合同关系都是最小化了代理成本的结果。委托代理理论主要运用的是数学推导的方法,而不是以经验研究为基础;而实证的代理研究则刚好相反,以经验研究为主,基本上不用数学推导。委托代理理论更多的是分析偏好和不对称信息的作用,而对签约与监控技术的影响却较少涉及。

代理成本理论(agency cost theory)最初是由 Jensen 和 Meckling 于 1976 年提出的。这一理论后来发展成为契约成本理论(contracting cost theory)。这一流派的代表人物有:詹森和麦克林(Jensen,Meckling)、詹森和法马(Jensen,Fama)、威尔逊(Wilson)、罗斯(Ross)、斯宾塞和泽克豪森(Spence,Zeckhauser)、莫里斯(Mirrless)等。

公司广泛向社会筹资,导致公司资本社会化,众多的小股东虽是公司的所有者,但不可能也没有能力直接参与公司的经营管理;少数大股东组成的董事会及由他们聘任的总经理和其他高级职员成为公司经营活动的真正决策者和管理者。因此,便产生了股东——企业的所有者将公司资产委托给董事会及经理人员代理经营的企业运营机制,以及由此产生的代理效率、代理成本、代理约束的问题,以及经理人员的有效激励与约束机制问题、内部人控制问题、经理人员与所有者的目标不一致问题等。这些都是现代企业制度中有待解决的特殊问题。

所谓代理成本,指由于代理冲突对交易双方福利所造成的损失。代理冲突指代理关系中参与方之间的利益冲突。代理关系指一项交易中一个参与方(委托人)委托另一方(代理人)完成某项事务。由于双方的利益通常不一致,关于交易的有关信息不对称,代理人很可能在完成委托事务的过程中最大化自身的利益,而不是委托人的利益。理性的委托人意识到自身的利益可能遭受损失,就会采取一定的措施控制代理冲突问题。因此,在委托事务完成的过程中,相对于委托人自己完成会产生一定的损失,即代理成本。

代理关系和代理成本问题存在很广泛。下面讨论的代理成本问题主要指公司融资中所产生的代理成本问题。Jensen 和 Meckling(1976)认为,当公司进行外部融资,引入外部投资者时,外部投资人和公司决策者之间就形成了一种委托代理关系。例如一个创始人(内部人)持有 100% 股份的公司,当引入外部权益投资者(外部人)后,就会形成外部人委托内部人使用资金,为外部投资者创造并提供收益。

Jensen 和 Meckling(1976)将代理成本定义为由于存在委托-代理关系而使公司价值遭受的损失。它由监督成本、担保成本以及剩余损失三部分构成。其中,监督成本是指委托人对

---

[1]　Jensen(1983)在《会计评论》(*Accounting Review*)发表文章 *Organization Theory and Methodology*,对两种方法的异同进行了详细的分析。

代理人进行监督所花费的代价,如外部股东派代表进入公司董事会、中央政府成立国有资产管理部门对国有公司经理人员进行考核、董事会对经理人员进行绩效评价等。担保成本指代理人为了取得委托人的信任,保证自己不会损害委托人的利益而做出承诺所花费的代价,也称为自我约束。例如,股东向债权人承诺在付清利息前不发放股利,股东向银行承诺偿还贷款之前不发行新债,上市公司定期向外部披露信息等。剩余损失是指由于委托人与代理人的利益不一致,委托人做出的决策使代理人福利遭受的损失,如经理人员在职消费、建设经理帝国、偷懒等行为。剩余损失也包括由于代理人决策受到约束,从而使公司价值受到的损失。1983 年 Fama 和 Jensen 在 *Journal of Law and Economics* 发表文章 *Separation of Ownership and Control*,指出代理成本也包括由于完全强制执行契约的成本超过利益所造成的产出价值的损失。

Jensen 代理理论的核心是代理关系和代理成本。Jensen 将代理关系定义为一种契约,这与 Williamson 无疑是一脉相承的,只不过前者强调降低代理成本,后者则强调降低交易成本;而实际上,代理成本是交易成本的一个方面。

一般认为,公司经营的目标是股东价值最大化。存在代理冲突不是说无法实现利益的一致性,重要的是存在代价。如何进行机制设计,减轻代理成本,实现股东价值最大化,是实务工作者和学术研究者都关心的问题。中国证监会出台了一系列保护投资者的政策法规,如要求上市公司定期发布财务报告,及时准确地披露信息,要求公司设置董事会、监事会与独立董事等,及时对于违规经营的上市公司的高管进行公开谴责等,这些政策法规都旨在减轻外部投资者与内部经理人之间的代理冲突,以保护外部投资人利益。《公司法》中关于股东投票制度如代理投票制度与累积投票制度、股东的诉讼权利如集体诉讼以及代表诉讼制度等相关的法规,也有利于保护中小投资者、减轻中小投资者与大股东之间的代理成本。

国内外的学术研究表明,完善的内外部公司治理机制可以有效地减轻代理成本。从内部公司治理机制上看,设计完善的薪酬激励方案、董事长与总经理两职分离、提高董事会的独立性可以有助于对于经理人的监督与激励,减轻股东与经理之间的代理成本。在外部公司治理机制上,经理人市场、接管市场、媒体以及监管机构也有利于从外部监督公司,减轻代理成本,从而发挥治理作用。

代理成本理论为仔细分析现代公司治理即组织中一系列复杂的契约安排的决定提供了一个有力工具。

15. 股权代理成本

自从 Berle 和 Means(1932)提出所有权与控制权相分离的观点之后,理论界开始关注代理问题。Jensen 和 Meckling(1976)认为,代理成本是为设计、监督和约束委托人与代理人之间利益冲突的一组契约所付出的代价,加上执行契约时成本超过收益的剩余损失。从公司融资的角度看,代理成本可分为两种:一种是在股权融资引起的股东与经营者的委托代理关系中,因经营者存在低努力水平、在职消费、过度投资、投资不足等道德风险而产生的股权代理成本(equity agency cost);另一种是在负债融资引起的债权人与股东的委托代理关系中,因股东存在股利政策操作、稀释债权人权益、资产替代、负债超过、投资不足等道德风险而产生的债权代理成本(debt agency cost)。Jensen 和 Meckling(1976)认为所有权与控制权的分离

导致管理者追求自身利益而牺牲股东利益,从而产生代理成本,这个代理成本就是股权代理成本。之后 Fama 和 Jensen(1983)进一步提出公司治理研究要解决好委托人与代理人之间的关系,其核心问题就是如何降低代理成本。

股权代理成本如何计量的问题是相关研究的基础。Prowse(1990)提出以现金和可交易证券占总资产的比率来衡量代理成本,他认为,公司以流动性资产形式存在的资产比例越大,管理层更可能利用这些资金去选择次优的投资组合。Ang,Cole 和 Lin(2000)提出在有零代理成本参照公司的前提下,利用营业费用率法和资产周转率计量代理成本,通过实证研究将代理成本与股权结构直接联系起来。Singh 和 Davidson(2003)拓展了 Ang,Cole 和 Lin(2000)的研究,他们直接利用总资产周转率、销售费用和管理费用之和占销售收入的比重度量代理成本,应用单变量分析和多元回归分析实证检验股权结构、公司治理机制与代理成本之间的关系。Ang,Cole 和 Lin(2000),Singh 和 Davidson(2003)均认为,资产使用效率可以直接衡量公司投资决策的有效性,以及公司资产周转的管理水平;而营运费用比率则被认为是衡量经理层花费的超过企业有效运营之外的消费和其他代理成本,因此用资产使用效率来衡量代理成本更加全面。国内关于公司治理与代理成本关系的研究中,肖作平和陈德胜(2006)直接运用 Singh 和 Davidson(2003)的代理成本度量方法,通过指标分析对股权结构和董事会特征与代理成本的关系进行经验检验。高雷、李芬香和张杰(2007)也直接运用总资产周转率、销售费用与管理费用之和占销售收入的比重度量代理成本,分析公司治理指标与代理成本的关系。郝臣、宫永健和孙凌霞(2009)以 2000—2007 年沪深两市 6264 家上市公司为研究样本,以资产周转率作为代理成本的度量指标,采用最小二乘和面板数据两种计量方法,对公司治理要素与代理成本之间的关系进行实证检验,发现在 9 个公司治理要素中,第一大股东持股比例、管理层薪酬和管理层持股比例与代理成本显著负相关;持股董事比例与代理成本显著正相关,且持股董事比例可能存在区间效应;而前五大股东持股比例、董事会规模、独立董事比例、董事持股比例和监事会规模与代理成本无显著相关性,不能有效影响代理成本。

16. 债权代理成本

管理者利用其权限谋求自身利益,他们可以把本应该支付给股东的或本应该投资的资产,转为在职消费或非经营性资产,这种无效性造成的损失由股东承担。为避免和减少这种无效性,债务就是一个可供选择的治理方式。可以减少管理者可用于追求各种自身利益的自由现金,降低代理成本。然而债务融资又会带来债权代理成本,在企业处于破产边缘时,股东会倾向于投资风险更大的项目,使得债权人面临更大风险[①]。因此 Jensen 和 Meckling(1976)

---

① Smith 和 Warner(1979)找出了债权人和股东利益冲突的四种主要原因:①利息支付——如果债券是在假设企业维持其红利政策不变的情况下被定价,那么它们的价值就会因为意外的红利增发(不论是因为投资的减少还是因为发行债券)而减少。②权益的稀释——如果债券是在假定企业不会增发同样或更高优先级债券的情况下被定价,那么当这类债券在发行时,原有债券的价值就会受损。③资产替代——当企业用高风险的投资项目取代低风险的投资项目时,股票的价值升高而债券的价值降低。④投资不足——如果企业价值的大部分都来自未来的投资机会,而当接受净现值为正的项目的全部好处都进了债权人的腰包时,拥有外部风险债务的企业就有动机拒绝即便净现值为正的投资项目。但企业(从而也导致股东)在任何旨在转移债权人财富的非最优决策中都会承担代理成本的损失。

认为,一方面,债务融资可增加管理者持股比例、增加可能对管理者的破产惩罚、减少自由现金等,从而减少股权代理成本;另一方面,债务融资又会产生资产替代效应、投资不足问题,从而增加了债权代理成本。Jensen 和 Meckling(1976)主张,企业最优资本结构是由股权融资的代理成本和债务融资的代理成本均衡得到的。

所谓债权代理成本(debt agency cost),是由公司债权人与股东之间的代理冲突产生的,是债权人为设计、监督和约束股东所必须付出的成本。具体来说,公司向债权人借入资金后,债权人和公司之间便形成了一种委托代理关系,因此就会出现代理冲突,股东就可能伤害债权人的利益。为了保障债权不受损害,债权人会对公司的有关行为提出要求和做出种种限制,这些要求和限制给公司造成一定负担和损失,使公司的总价值减少,形成公司债务融资的代理成本。

Jensen 和 Meckling(1976)指出与债权相关的代理成本包括:制定债券合约的成本,负债通过影响企业投资决策而导致的财富的机会损失,债权人与所有者经理人(即企业)的监督和约束成本,破产与重组成本。Leland 和 Pyle(1977)认为,债权人与债务人之间存在着信息不对称问题,即有关债务人的信誉、担保条件、项目风险与收益等事项,债务人比债权人更加了解,具有信息优势,这种非平衡的市场机制,最终产生了借贷中的"柠檬市场"(market for lemons)。解决这一问题的方法是债权人尽量收集、审查有关债务人以及投资项目的相关信息,进行事前和事后的监督。

当公司外部筹资全部是股权时,债权代理成本为零;随着债务的增加,债权代理成本上升,而外部股权的代理成本下降;当债务增加到一定程度后,债权边际代理成本将超过外部股权边际代理成本;当外部筹资全部是债务时,股权的代理成本为零。

债权代理成本的成因[①]主要包括以下两个方面。

第一,资产替代引致的债权代理成本。所谓资产替代就是公司股东先选择风险较小的投资项目以发行债券或向银行贷款融资,而后借来的资金选择风险较大的项目进行投资,即用风险较大的投资项目替代风险较小的投资项目,将财富从债权人手里转移到股东手中。这非常不利于债权人,但是债权人可以根据公司负债状况予以预期,在此基础上,进行监督并通过提高贷款利率进行补偿。最终,会导致公司债务融资成本上升,公司的总价值减少,公司的股东从举债中能够获得的收益也将会减少,这就是由资产替代引起的债权代理成本。债权人面对的最大风险是上市公司隐瞒债权人的知情权,在债权人不知晓的情况下,擅自剥离优质资产,而债务不依照规定随着资产走,将大量债务搁置在无经营能力破产的公司,以逃避银行债务。

第二,新债发行引致的债权代理成本。所谓新债发行是指公司股东在发行债券或贷款之后,为了增加利润而提高财务杠杆或增加债务,那么,原来风险较低的公司债券或贷款就会变成风险较高的债券或贷款。因此,原有债权的价值将会减少,这将不利于原有债权人,因此,原有债权人通常会对公司的投资行为、再融资行为做出种种限制,以防止公司股东趁机转移资产,损害债权人的利益。这些限制性条款会给公司的再融资带来一定的困难,可能丧失报酬率较高的投资机会,给公司造成一定的损失,从而使公司总价值减少,这是新债发行引起的

[①] 债权代理成本会出现在下述场合:第一,企业为增加利润而加大财务杠杆,使原有债务风险加大;第二,为取得高回报率,企业向高风险项目投资,加大经营风险;第三,改变股利分配政策,提高股利率,削弱债务偿还基础;第四,企业破产和重组(张仁德,王昭凤,2003)。

债务融资代理成本。

从代理成本的计量分析研究情况来看,对股东与经理人之间的代理冲突造成的代理成本的研究相对较多,而对于债权代理成本的实证研究相对较少。Blackwell 和 Winters(1997)利用贷款利率作为银行客户来衡量债权代理成本,发现紧密的银企关系有利于降低代理成本。Anderson,Mansi 和 Reeb(2003)使用了公司发行在外的债券的加权平均收益与具有同样到期时间的国债收益率之差这一指标表示债务融资代理成本。我国学者胡奕明和谢诗蕾(2005)在研究银行监督效应与贷款定价关系时,考虑了控股股东性质以及经理人持股比例对银行贷款定价的影响。王志芳和油晓峰(2009)发现债权人为了降低债权代理成本,通常建立标准和成本很高的程序来筛选债务人,设立利率和其他的条款,进行评估并要求担保等。这些都是由于股东与债权人之间的代理冲突所产生的成本。其中作为债务融资成本的贷款利率是用来衡量债权代理成本的重要指标。

17. 团队生产理论

随着人类社会的不断进步,生产的专业化程度也在不断加深。企业最初产生时,拥有资产的业主希望通过合作生产来提高效率,扩大自身的经营优势。这样通过进行合作的团队生产方式,就可以使生产的总量比分别进行生产所得的产出之和还要多,最终使每个参与合作生产的人的报酬也比独自生产时要高,因而针对某个领域的专业化生产的团队组织得以产生,并越来越多。团队生产理论(team production theory,TPT),由 Alchian 和 Demsetz 提出来的,认为企业的实质就是团队生产。Alchian 和 Demsetz 在 1972 年在 *The American Economic Review* 上发表的文章《生产、信息成本与经济组织》(*Production,Information Costs,and Economic Organization*)认为,团队生产能带来大于单干的产出,如果这个产出在扣除维持团队纪律的有关考核成本后仍有净利,那么就应该依靠团队生产,而不依靠许多可分离的个体产出的双边交易。

团队生产的产出大于单干只是实施团队生产的必要条件之一,由于团队生产的产出无法做明确的划分,即不能精确地确定每个成员对产出的贡献量。在这样的合作生产过程中,由于人的自利和机会主义动机,团队成员就可能产生偷懒和"搭便车"(free rider)行为,这就使得团队生产具有外部性,从而降低经济组织的效率。要想减少偷懒的企图,就必须依赖于适当的产权结构安排,这就要求合作成员之间达成相应协议,由某人从事监督,专门负责监督其他成员的工作。为保证监督者行使更有效的监督,合作成员就必须将企业的剩余索取权交给监督者,因为监督者必须具有监督的动力,否则他同样也存在偷懒或"搭便车"的行为。这样一来,团队成员生产越有效率,监督者的剩余就会越多,从而越有动力监督团队成员的成本和绩效,形成良性循环。这个获取剩余收入的人就是企业家,所形成的生产方式就是经典意义上的资本主义企业。

Alchian 和 Demsetz 试图纠正 Coase 把企业和市场分开甚至对立的观点,认为企业并没有比市场更具优势的权利,其本质仍是一种契约形式,企业权威与市场权威并无二致,企业是一种通过内部合作进行生产的经济组织,这种组织之所以存在是因为通过内部组织形成的团队生产比通过市场进行合作生产具有更高的效率。他们提出了团队生产、监督成本、偷懒和剩余索取权等概念和理论,建立了与科斯不同的研究企业理论的另一思路,即不通过市场机制而是通过企业的组织费用或监督成本来进行,在其他条件不变的情况下,企业组织的监督成本越低,企业内部组织资源配置的比较优势也就越大。

18. 产权理论[①]

产权理论始于 Coase 的相关研究,在《企业的性质》(*The Nature of the Firm*)和《社会成本问题》(*Problem of Social Cost*)两文中,Coase 阐述了其以"Coase 定理"为核心的产权理论,但他并未直接解释或论述过产权概念的具体含义。

外部性是产权理论中的一个重要概念。外部性表明人在社会经济活动中是相互联系影响的;它可以产生于人的消费行为,也可以产生于人的生产活动;假如一个人的消费或生产活动使其他社会成员无须付出代价而得到好处,称这种活动产生了"外部经济"的效应,如养花者对养蜂人产生的影响,而厂商使用新技术降低对周围环境的污染则是外部经济的另一个例子。产权理论认为,由于人人具有"搭便车"的机会主义倾向,所以外部经济的现象在经济活动中不是普遍的;相反,"外部不经济"倒是一种普遍存在的现象,如公共场合吸烟污染了空气,夜深人静时播放高音唱片影响邻居工作和休息,都是属于消费行为的外部不经济;经济理论通常关心的是后一种外部性(芮明杰,袁安照,2005)。

经济学的本质就是对稀缺资源的产权问题进行研究,社会稀缺资源的配置就是对使用资源权利的分配,这些权利包括使用权、收益权和转让权;商品的买卖实质上是一组权利束的交换,资源配置中的外部性问题乃至市场失败主要是产权界定不清所致;在交易费用为正的情况下,人们在怎样的产权组织制度下交易,对资源配置的有效性有着重要影响,在产权给定的情况下,资源配置的方式有三种形式,其一是企业制度,其二是市场制度,其三是政府管制,采取何种组织形式要取决于产权的清晰程度;产权是一种社会工具,其主要功能在于引导人们在更大程度上将外部性内部化,当外部性内部化的收益大于内部化的成本时,新的产权关系就会产生。

费方域(1998)认为,西方产权的理论,可以并且应该划分为传统和现代两个阶段,划分的主要标志就是看是否涉及"对合同(或契约)的区分"问题,即完全合同和不完全合同的区别。概括地说,这两个阶段有这样一些区别:①前者不涉及完全合同与不完全合同的区分,后者却十分强调不完全合同;②前者认为产权是重要的,后者认为只在不完全合同的情况下,产权才是重要的;③前者侧重剩余索取权,后者侧重剩余控制权;④前者追求产权明确,后者追求谁拥有产权最优;⑤前者缺乏正式模型,后者富有正式模型;⑥前者未能用产权解释制度、企业、权力,后者能用产权解释它们;⑦前者尚不能与其他理论贯通,后者比较注意与其他理论贯通。

本词条关注的是现代产权理论(property right theory,PRT),是 1990 年代末兴起的一个不完全契约理论(incomplete contract theory,ICT)的新分支,其代表人物有 Grossman,Hart 和 Moore。自从 Hart 与其合作者(Grossman,Hart,1986;Hart,Moore,1990)的两篇开创性论文发表以来,产权理论便在契约理论、企业理论、制度经济学和法经济学等多个领域掀起一

---

①　费方域.企业的产权分析[M].上海:上海三联书店,上海人民出版社,1998.

阵飓风(杨瑞龙,聂辉华,2006)。该理论基本思想是：由于当事人的有限理性,以及预见、缔约和执行契约的三类交易费用,导致当事人只能缔结一个无法包括所有可能情况的不完全契约。如果当事人在签约后进行了人力资本或者物质资本的专用性投资,那么他将面临被对方敲竹杠(hold-up)的风险,这会扭曲投资激励和降低总产出。在不完全契约中,专用性投资激励由事后谈判力(外部选择权)决定,而谈判力又取决于对物质资产的剩余控制权,这种权利天然地由资产的所有者拥有。因此,为了最大程度地减少敲竹杠风险,应该将物质资产的所有权配置给对投资重要的一方。简单地说,产权理论认为关键是通过产权的配置来激励当事人的事前专用性投资激励(聂辉华,杨其静,2007)。

由于该理论假设当事人往往不是完全理性的,所以 Grossman,Hart 和 Moore 等人强调"剩余控制权"的概念,该理论也称为狭义的不完全契约理论。Williamson(2002)强调狭义的不完全契约理论应称为产权理论,以区别于交易成本理论。主流经济学和非主流经济学的分歧主要在于对理性的假设。完全契约理论假设当事人是完全理性的,因此可以方便地借助主流的新古典建模方法。完全契约理论可以看成是委托代理理论的代名词,完全契约理论就是委托代理理论；不完全契约理论是在完全契约理论基础上发展而成的,具有不同于委托代理理论的本质特征。

19. 管家理论

管家理论[①](stewardship theory)利用组织心理学和组织社会学的相关理论,对内在于委托代理理论和交易成本经济学之中的机会主义[②](opportunism)假设作出了挑战。该理论认为,尽管有限理性(bounded rationality)是没有问题的,但代理人机会主义的假设过于狭隘。该理论认为,非财务动机同样可以激励代理人,比如获取成就感的需要。由此,该理论将受托责任作为激励代理人的一种不同的形式,并认为在自律的约束下,代理人和其他相关主体之间的利益是一致的[③]。公司(即股东大会)将责任和权利委托给董事,同时要求董事忠诚,并能及时对自己的行为提出合理的解释。这个理论的前提是相信人人都是公正和诚实的,都是愿意为他人谋利益的。依照这个理论,公司治理被看做信托责任关系[④]。

管家理论最早是由 Donaldson 和 Davis(1991)[⑤]提出的。他们在对代理理论的基本假设

---

① 管家理论有古典管家理论和现代管家理论之分,如果没有加以特别说明的话,我们主要是指现代管家理论。古典管家理论的形成,是以新古典经济学的理论为基础的。在新古典经济学中,企业是一个具有完全理性的经济人,市场是一个完全竞争的市场,信息和资本能够自由流动,企业处于完全竞争的环境中。在新古典经济学关于信息完全的基本假设下,尽管企业的所有者与经营者之间存在委托代理关系,但经营者没有可能违背委托人的意愿去管理企业,因此代理问题是不存在的,所有者和经营者之间是一种无私的信任关系。在此意义上,公司治理表现为股东主权至上,以信托为基础的股东与董事会、经理层之间的关系,使经营者按照股东利益最大化的原则行事。详见刘灿.现代企业理论基础教程[M].成都：西南财经大学出版社,2004.

② 机会主义假设是指人们追求自身利益的动机是强烈而复杂的,往往借助于不正当手段随机应变,投机取巧以谋取个人利益的行为倾向。

③ 东志.公司治理[M].北京：中国人民大学出版社,2005.

④ 马磊,徐向艺.公司治理若干重大理论问题述评[M].北京：经济科学出版社,2008.

⑤ Lex Donaldson, James H. Davis. Stewardship Theory or Agency Theory：CEO Governance and Shareholder Return [J]. Australian Journal of Management,1991,16(1)：49-64.

第一篇

和主要观点分析的基础上指出,委托代理理论对人性的假设是片面的。在现实中,还存在另一种角色的管理人员,他们有着对成就的需要,希望通过成功地完成工作而得到内在的满足,希望得到同事或他人的认同,因而他们的行为可受非金钱的激励。更进一步,随着管理人员任职时间的增加,对组织的认同程度越高,他会将个人形象与公司的声望整合起来,他会意识到其利益与公司乃至所有者的利益是紧紧相连的,这种观点导致了管家理论的出现(芮明杰,袁安照,2005)。管家理论与代理理论对比如表1-2所示。

表1-2　管家理论与代理理论的主要区别

内　　容	代　理　理　论	管　家　理　论
人的本性	经济人(个人主义、不可信任的、个人目标与组织目标是冲突的)	自我实现的人(集体主义、可信任的、个人目标与组织目标是和谐的)
行为	自利	利他和利己的权衡
需要	较低层次/经济需要(生理、安全、金钱等)	较高层次/社会需要(成长、成就、自我实现等)
动机	外在	内在
社会比较	其他管理人员	委托人
对组织的认同	低的价值承诺	高的价值承诺
权力	制度的(正统的、强制的)	个人的(专家化、相对的)
管理哲学	控制导向	参与导向
风险处理	控制机制	信任
时间	短期	长期
目标	成本控制	绩效提高
文化	个人主义、高权力距离	集体主义、低权力距离

(资料来源:芮明杰,袁安照.现代公司理论与运行[M].上海:上海财经大学出版社,2005.)

管家理论认为,管理人员(经营者)不再是一个简单的代理人,一个机会主义的偷懒者,而是公司资产的一个好的管家。作为管家,他们有成就需求,希望通过成功地完成工作而得到内在的满足,希望得到大家的认同。通过对个人需要和组织目标的权衡而得出的结果是:为组织努力工作,使组织目标满足,因为这些会使个人达到效用最大化。可以看出,作为管家的管理者也是效用最大化条件下的理性行为者,只是它不再是纯粹自利、个人主义和机会主义,而是集体主义的、可信任的,他们的行为并不受到金钱的激励。

20. 剩余索取权

剩余索取权(residual claim)[①]是一项索取剩余(总收益减去合约报酬)的权利,也就是对资本剩余的索取,用所有现金流入减去了其他各种承诺支付后所剩净现金流的索取权[②]。在

[①]　剩余索取权是相对于合同索取权而言的,指的是对企业收入在扣除所有固定的合同支付(如原材料成本、固定工资、利息等)的余额(即利润)的要求权,剩余索取权具有状态依存性的特征,它的拥有者随企业经营状况而定(张维迎,1996)。相对于其他的权能而言,剩余索取权的激励和约束功能更具有其特别的意义。

[②]　不同学科对同一事物往往有着不同的概念表述,剩余索取权经常用于制度经济学特别是新制度经济学领域中;在财务会计学中较常用的概念是现金流权,详见手册相关词条;而在公司法学中却采用利润分配请求权这一概念。

该理论认为任何一个公司的发展都离不开各利益相关者的投入或参与,企业追求的是利益相关者的整体利益,而不仅仅是某些主体的利益,因此企业发展中要注意平衡各个利益相关者的利益要求,而不是简单地把股东利益放在至高无上的地位。

利益相关者理论的产生和发展得益于:斯坦福国际咨询研究所(SRI)、瑞安曼(Rhenman)、安索夫(Ansoff)、弗里曼(Freeman)、克拉克森(Clarkson)、布莱尔(Blair)、米切尔(Mitchell)等学者。

斯坦福国际咨询研究所(Stanford Research Institute International,SRI)是闻名全球的综合性咨询研究机构。它的研究范畴非常广泛,从自然科学和工程技术到经济学以及其他社会科学,并长期从事咨询工作,在各个领域作出了杰出的成就。1963 年提及利益相关者,认为利益相关者是这样一个团体:没有其支持,组织就不能生存。

Rhenman(1964)首次使用"利益相关者"这一词语,他认为利益相关者是指那些为了实现自身目的而依存于企业,且企业为了自身的持续发展也依托其存在的个人或者群体,如投资者、员工等。他将 SRI 定义中的单边利益相关者,扩展为双边关系,他强调企业和利益相关者两者之间的互相影响。

Ansoff(1965)最早将该词引入管理学界和经济学界。1965 年,Ansoff 正式出版他的代表作《公司战略》(*Corporate Strategy:An Analytic Approach to Business Policy for Growth and Expansion*),该书也是他的成名之作。1972 年 Ansoff 在论文《战略管理思想》(*The Concept of Strategic Management*)中,正式提出战略管理的概念,1976 年又出版了《从战略规划到战略管理》(*From Strategic Planning to Strategic Management*)。但真正标志现代战略管理理论体系形成的是他在 1979 年出版的《战略管理》(*Strategic Management*)。他认为,要制定理想的企业战略目标,就必须综合平衡考虑企业的诸多利益相关者之间相互冲突的索取权,他们可能包括管理人员、工人、股东、供应商以及客户。企业战略目标的实现,应该是不同利益主体相协调的一个结果。

当时利益相关者问题并没有引起人们的足够重视,致使对利益相关者理论的研究从 1965 年开始沉寂了近 20 年之久。Freeman(1984)给予广义利益相关者的经典定义是:"企业利益相关者是指那些能影响企业目标的实现或被企业目标的实现所影响的个人或群体"。股东、债权人、雇员、供应商、消费者、政府部门、相关的社会组织和社会团体、周边的社会成员等,全部归入此范畴。广义的概念强调利益相关者与企业的关系,能为企业管理者提供一个全面的利益相关者分析框架。Freeman 从所有权、经济依赖性和社会利益三个不同的角度对利益相关者进行了分类:对企业拥有所有权的利益相关者有持有公司股票的经理人员、持有公司股票的董事和其他持有公司股票者等,与企业在经济上有依赖关系的利益相关者主要有在公司取得薪酬的所有经理人员、债权人、内部服务机构、雇员、消费者、供应商、竞争者、地方社区、管理机构等,与企业在社会利益上有关系的利益相关者主要有特殊群体、政府领导人和媒体等。他还探讨了利益相关者概念引发了有关战略管理——即公司如何制定正确的发展方向的新思维。管理者不再仅仅关注企业自身利润最大化的单一目标,通过致力于战略管理,管理者更关注企业自身的存在和发展以及与其他利益团体和谐共存的问题,更关注在与利益相关者打交道的过程中如何趋利避害,实现双赢或共赢的目标。

Clarkson(1994)认为,利益相关者在企业中投入了一些实物资本、人力资本、财务资本或一些有价值的东西,并由此而承担风险,或者说,他们因企业活动而承受一定的风险。狭义的概念强调了专用性投资,指出哪些利益相关者对企业具有直接影响,从而必须加以考虑。该定义排除了政府部门、社会组织和社会团体、社会成员等。

1980年代的兼并浪潮引发了关于公司控制权问题的广泛争议。1995年,Blair出版了《所有权与控制:面向二十一世纪的公司治理探索》(*Ownership and Control: Rethinking Corporate Governance for the Twenty-first Century*),使得利益相关者理论真正发扬光大。正如Blair(1995)所言,1980年代围绕着接管运动产生的攻击与反攻击推开了沉寂了10多年的公司治理问题争论的大门。在这本著作中,她提出了系统的公司治理理论,理论的核心是利益相关者价值观,即公司不仅仅对股东,并且要对经理、雇员、债权人、客户、政府和社区等更多的利益相关者的预期作出反应,并协调他们之间的利益关系。Williamson等人也都曾强调要关注股东以外的其他利益相关者的利益,但他们分析的落脚点却是对股东利益的保护。Blair的贡献则在于:她没有从传统的股东所有权入手来假定股东对公司的权利、索取权和责任,而是认为公司运作中所有不同的权利、索取权和责任应该被分解到所有的公司参与者身上,并据此来分析公司应该具有什么目标,它应该在哪些人的控制下运行以及控制公司的人应该拥有哪些权利、责任和义务,在公司中由谁得到剩余收益和承担剩余风险。该书认为利益相关者是那些为企业提供了"专用性资产"的人或集团,因为这更能说明利益相关者参与治理的原因,只有对企业投入了专用性资产,才能够有治理的权利。专用性资产的多少以及资产所承担风险的大小正是利益相关者团体参与企业控制的依据,可以说资产越多,承担的风险越大,他们所得到的企业剩余索取权和剩余控制权就应该越大,那么他们拥有的企业所有权就应该越大,这也为利益相关者参与企业所有权分配提供了可参考的衡量方法。

Mitchell,Agle和Wood(1997)[1]列举出的文献中出现过的利益相关者的不同定义就有27个之多,其识别的理念也多种多样。其独辟蹊径,从利益相关者所必需的属性出发,对可能的利益相关者进行评分,根据分值的高低确定某一个人或者群体是不是企业的利益相关者,是哪一类型的利益相关者。他们认为企业利益相关者可能具有的三个属性是:合法性(legitimacy),即某一群体是否被赋有法律上、道义上,或者特定的对于企业的索取权;权力性(power),即某一群体是否拥有影响企业决策的地位、能力和相应的手段;紧迫性(urgency),即某一群体的要求能否立即引起企业管理层的关注。根据企业具体情况,对上述三个特性进行评分后,将企业利益相关者分为三类:潜在型利益相关者、预期型利益相关者、确定型利益相关者。潜在型利益相关者只拥有三种属性当中的一种,预期型利益相关者拥有其中的两种属性,确定型利益相关者同时拥有三种属性。

经济合作与发展组织(Organization for Economic Co-operation and Development,OECD)在1999年推出的《OECD公司治理原则》中,对利益相关者在公司治理中的作用是单独作为一项原则来介绍的,明确提出在公司治理框架中应当明确利益相关者的合法权利,在这方面,文件列出了四项内容:公司治理框架应当确保利益相关者受法律所保护的权利得到尊重;利益相关者受法律保护的权利在受到侵害时,利益相关者应当能够获得有效补偿;公司治理框架应当提供利益相关者参与增进企业绩效的机制;要特别强调的是,公司治理框架应使不同的利益相关者发挥不同作用,但利益相关者在多大程度上参与公司的管理,应该根据国家法律和惯例,不同公司之间也会有不同的利益相关者的参与机制,例如,在董事会中设有雇员代表、员工持股计划,或者在某些重要决策上要考虑利益相关者的意见,还特别提出在破产清算

① 他们的论文 Toward a Theory of Stakeholder Identification and Salience: Defining the Principle of Who and What really Counts[J]. The Academy of Management,1997,22(4):853-886.截至2014年4月8日已经被公开引用5 757次。

过程中确保债权人参与管理；利益相关者参与公司治理过程时应能够得到相关的信息。

2004 年 OECD 对公司治理指引又做了一次修订。在这个修订版中，更加强调对利益相关者和投诉者的保护，更加强调员工和债权人作为利益相关者的权利，体现在以下 6 项：通过法律和互相协议赋予利益相关者的权利要受到尊重；利益相关者的利益受到法律的保护，在他们的权利受到损害时应当获得有效补偿的机会；提高员工参与程度的机制应当被允许发展；在公司治理过程中利益相关者参与的地方，在及时和有规则的基础上，他们应该有渠道获得恰当的、充分的、可靠的信息；利益相关者，包括个别员工和他们的代表，应能够自由地交换他们关于对董事会违法和不道德行为的看法，在做这些时他们的权利不应受到损害；公司治理结构应当被一个有效的破产机制和债权实施机制所补充。

2002 年中国证监会发布《上市公司治理准则》，第八十一条规定："上市公司应尊重银行及其他债权人、职工、消费者、供应商、社区等利益相关者的合法权利。"第八十二条规定："上市公司应与利益相关者积极合作，共同推动公司持续、健康地发展。"第八十三条规定："上市公司应为维护利益相关者的权益提供必要的条件，当其合法权益受到侵害时，利益相关者应有机会和途径获得赔偿。"第八十四条规定："上市公司应向银行及其他债权人提供必要的信息，以便其对公司的经营状况和财务状况作出判断和进行决策。"第八十五条规定："上市公司应鼓励职工通过与董事会、监事会和经理人员的直接沟通和交流，反映职工对公司经营、财务状况以及涉及职工利益的重大决策的意见。"第八十六条规定："上市公司在保持公司持续发展、实现股东利益最大化的同时，应关注所在社区的福利、环境保护、公益事业等问题，重视公司社会责任。"

23.　金融市场论

与利益相关者模式不同，股东治理模式把股东利益最大化作为公司的目标。其假设条件是：在典型的公司中股东得到剩余回报（residual return）并承受剩余风险（residual risk），从而实现股东回报最大化就实现了社会财富最大化（Blair，1995）。委托代理理论也认为，现有公司治理系统中的每一种机制都有其缺陷，但对于这种缺陷是否可以通过消除公司外部市场上的人为障碍得到解决，即如何实现上述目标上存在着两种观点，金融市场论（finance model）和市场短视论（myopic-market model）两种不同的治理观。前者认为，公司治理在实际运作中确实存在问题，但这些问题可以通过建立健全有效率的要素市场和公司控制权市场来解决，而不主张政府的公共干预。后者认为，市场有效治理论的基本前提是错误的，因为市场往往低估企业的长期投资和经理们的短期化行为，股票价格并不能真实反映公司的价值。该理论主张在进一步强化股东对公司监控的同时，将经理人员从股东对其的短期股票价格压力下解放出来（胡新文，颜光华，2003）。

金融市场论认为公司由股东所有，并进而应按股东的利益来管理。但是，由于公司股票的持有者分布在成千上万的个人和机构手中，每一个股票持有者在公司发行的股票总额中仅占一个微小的份额，因而在影响和控制经营者方面，股东力量过于分散。正因如此，公司的经营者经常在管理公司的过程中浪费资源并让公司服务于他们个人自身的利益，有时还会损害他们的股东所有者。这一观点回到了 Berle 和 Means 的观点。金融市场论的改革方法是以金融模式假设前提为起点，试图促使经理人员对股东的利益更负有责任。在开阔的视野中，金融市场论可以作为一个委托代理问题而被纳入代理理论（Keasey，Thompson，Wright，1997），这是因为在确保管理者按照股东财富最大化目标行事方面,两者都涉及市场治理的有效性。严格意义上说,金融市场论是被财务经济学家所做出的基于市场治理是最优的假设,这与Manne(1965)所倡导的公司控制权市场紧密相关。因此,金融市场论也被称为高效市场模式(efficient market model)(Blair,1995)。

金融市场论在20世纪后半期公司治理重构过程中,特别是在1980年代的并购运动中,发挥了重要作用。金融市场论支持者认为,解决公司治理失败最好就是消除要素市场和控制权市场的限制(Fama,1980)。应加强股东并购中的剩余投票权。他们拒绝将任何事后的外部干预和额外的义务强加给企业,这可能会扭曲自由市场机制(Hart,1995)。如果可以推出任何措施,以改善治理和提高公司价值,则应该是在自愿情况下进行的,例如接受Cadbury原则(Keasey,Thompson,Wright,1997),而用不着去强制执行。政府最好的办法就是引导企业适应变化,但最终抉择权仍应交给企业,使企业能选择适合自身特点的治理结构与机制。

24. 市场短视论

与金融市场论的观点相反,市场短视论则认为经理人员过于关注股东的利益,金融市场是缺乏忍耐性的和短视的,股东们并不了解什么是他们自身的长期的利益。该理论是对市场有效假设的一种修正。对于股东们来说,更愿意短期的收益大一些,当公司强调要在研究和发展以及代价高昂的市场拓展战略等方面持续投资而延期向他们支付时,股东们则会倾向于卖出或降价出售公司的股票。在部分情况下,公司是在进行低业绩的操作,因为经理人员对来自金融市场方面的短期压力太敏感。当前的公司治理制度鼓励经理专注于短期业绩而牺牲公司的长期价值和竞争能力(Hayes,Abernathy,1980;Charkham,1994;Sykes,1994;Moreland,1995)。Hyaes和Abernathy(1980)指出美国公司正在遭受竞争性短视(competitive myopia)的损害,包括驱使经理过于沉重地倾注在以短期资本测量作为经理业绩评估准则的投资回报上。

公司控制权市场是不是一个有效的惩戒机制?敌意收购的威胁可能会歪曲真正的价值创造,经理可能被迫采取行动反对敌意收购,从而导致不良后果。持这种观点的人认为,改革的挑战性问题是要提供一个促使股东与代理人能共同考虑和分享长期利益的环境,寻求能够使高级代理人躲避股东压力特别是注意短期股票价格压力的方案。具体包括增加股东的忠诚度和话语权,限制并购过程中短期股东的投票权,鼓励进行关系投资以锁定机构投资者,与员工和供应商等群体达成长期合作关系(Keasey,Thompson,Wright,1997)。再如,取消季度报告,这样经理就不再集中精力于短期经营上;对股票交易征税,增加短期交易成本,减少交易频率。所有这些建议旨在降低股票市场的过度投机性。在他们看来,高度流动性对个人是件好事,降低了投资风险,但对经济整体不一定是好事。因为它使个人股东及机构投资者不关注公司治理,一旦出现问题便抛售股票,从而使所有者成为一个过渡的、无诚意的消极投资者。

关于市场短视的原因,一些学者认为在于1980年代美国公司的高资本成本,高资本成本使得经理人员选择短视性的投资行为,但1980年代后半期和1990年代初以后,由于美国资本成本的下降,市场短视理论的代表人物之一的Porter(1992)提出,市场短视的原因在于美国"公司内部及贯穿所有公司的投资资金分配的那些制度",Porter认为,美国的制度是"流动的资本"制度,公司股票通常由短期持有者持有,因此,投资者更关心的是公司的短期盈利,而不是公司的长期竞争能力。

25. 公司治理

公司治理[①]（corporate governance）一词较早出现在美国学者理查德·埃尔斯（Richard Eells）1960 年出版的著作《现代企业的含义：大型公司企业的哲学》（*The Meaning of Modern Business：An Introduction to the Philosophy of Large Corporate Enterprise*）中，公司治理是指"the structure and functioning of the corporate polity"。1971 年，以 Coase、Chandler 和 Arrow 等人的思想为基础，Williamson 发表了 *The Vertical Integration of Production：Market Failure Considerations*，提出了作为公司治理概念重要基础的交易成本。在 1975 年，Williamson 出版的巨著《市场与层级制：分析与反托拉斯含义》（*Markets and Hierarchies：Analysis and Antitrust Implications*）中提出"治理结构"，这个概念已经涵盖了"公司治理"，该书的出版在经济学和组织理论之间架起一座桥梁。1979 年，他在《交易成本经济学——契约关系的治理》（*Transaction-Cost Economics：The Governance of Contractual Relations*）一文中完善了交易成本的概念，提出根据三个维度划分交易类型，对不同交易契约的治理结构进行了深入分析。初步提出交易成本经济学的分析框架，将交易成本经济学视作新制度经济学的一个分支。在理论文献中最早将公司治理明确为一个"概念"的，是 Williamson 于 1979 年在 *Hofstra Law Review* 上发表的 *On the Governance of the Modern Corporation*，指出对现代公司治理的讨论跨越了整个"频谱"（spectrum），从那些企业组织模式不赞成的到提供辩护的所有人（who offer apologetics）。1984 年，Williamson 在 *Yale Law Journal* 又直接以 *Corporate Governance* 为题对公司治理进行了较系统的分析；指出公司治理的研究经过了漫长的沉寂，最近正在复兴，导致这种僵局出现的一个重要原因是缺乏一个公司治理经济（the economics of corporate governance）的微观分析。同年，Williamson 在 *Journal of Institutional and Theoretical Economics* 杂志 *The Economics of Governance：Framework and Implications* 一文中明确提出了"治理经济"[②]的概念，并对其框架和含义进行了分析；指出交易成本经济理论可以解决经济组织的多样性问题，这也被科斯在 1937 年称为解决企业问题的直接方法。1985 年，Williamson 出版了另一本巨著《资本主义经济制度：论企业签约与市场签约》（*The Economic Institutions of Capitalism：Firms，Markets，Relational Contracting*）一书，对治理结构和公司治理作了归纳和系统分析，该书是交易成本经济学的集大成之作。1988 年在 *The Journal of Finance* 中的 *Corporate Finance and Corporate Governance* 一文中建议合并对待公司财务和公司治理，认为债务及权益不仅仅是金融工具，而主要是作为选择的治理结构。债务治理主要是依据规则来发挥作用，而股权治理允许更大的自由裁量权。同时从交易成本和代理成本两个视角对经济组织的研究进行了比较。1996 年出版的著作《治理机制》（*The Mechanisms of Governance*）是 Williamson 对新制度经济学中的交易成本经济学的一个详细综述。1999

---

①　关于 Corporate Governance 的翻译方法很多，例如在日本翻译为"牵制"，在中国香港翻译为"管制"，谭安杰在著作《企业督导机制与现代企业部门的发展》（2000）中采用了一个较少人认识的"企业督导机制"。他认为其原因并不在于哪一个中文名词是更好的翻译的问题上，更重要的是因为现在"公司治理结构"一般通行所显示和隐含的思维与内容并不能全面体现 Corporate Governance 的整体含义。

②　Williamson 于 2009 年获得诺贝尔经济学奖，以表彰"他对经济治理的分析，特别是对公司的经济治理边界的分析"，是公司治理领域继科斯之后的第二位获奖者，实际上 2013 年诺贝尔经济学奖获得者 Fama 也在公司治理领域有所涉猎，但获奖原因主要是他在有效市场理论方面的贡献。

年，Williamson 在 *Strategic Management Journal* 杂志发表文章 *Strategy Research：Governance and Competence Perspectives*，从战略和竞争力两个视角研究了企业战略问题，认为治理的角度更加突出经济，重点是选择不同的可以相互替代的治理模式以节约交易成本；而竞争力的角度更加突出组织理论，强调过程的重要性。长期以来，"组织是重要的，并且是可以分析的"等命题一直受到经济学家的怀疑。2002 年 Williamson 在 *Journal of Economic Perspectives* 发表论文 *The Theory of the Firm as Governance Structure：From Choice to Contract*，主张从选择视角转向契约视角，对企业组织理论进行研究。采用契约视角来分析企业组织，就很自然地要求对企业进行重新的定义，认为企业不是作为选择理论传统所说的一种生产功能出现的，而是作为一种治理结构出现的。

Williamson 假定不确定性的程度（extent of uncertainty）为已知，并要求交易者作出一系列适应性的决策，这样就可以集中分析资产专用性（asset specificity）和交易频率（frequency of transaction）对治理结构的影响。根据交易频率，交易可分为三种：一次性交易、偶然性交易和经常性交易。资产专用性也可分为三种：非专用性的、中等专用性的（即混合式的）和高度专用性的（即特质的）。这样与三种资产专用性进行组合就会产生六类交易，如表 1-3 所示。

表 1-3　Williamson 的交易类型

交易频率与专用性		投资特点		
		非专用	中等专用性（混合）	高度专用性（特质）
交易频率	偶然性交易	购买标准设备	购买定做设备	建厂
	经常性交易	购买标准原材料	购买定做原材料	中间产品要经过各不相同的车间

（资料来源：奥利弗·威廉姆森.资本主义经济制度［M］.北京：商务印书馆，2002.）

问题是，这六种交易类型配以何种治理结构，才能使交易成本最小化？ 这就是有效治理问题。人们很容易得出如下结论：①高度标准化（非专用）的交易不需要专门的治理结构；②只有经常性的、具有一定或高度专用性的交易才支持一个专门的治理机构；③虽然那种非标准化的、偶然的交易不支持一个专门的治理结构，但仍需要给予特别关注。古典契约适用于所有标准化的交易（不论其交易频率高低）；关系契约适用于经常性的、非标准化的交易；至于偶然的、非标准化的交易，则需要使用新古典契约。换个角度说，古典契约类似于市场治理；新古典契约涉及三边治理；而关系契约则适宜建立一个双边或一体化治理结构，如表 1-4 所示。

表 1-4　Williamson 的治理结构

交易频率与专用性		投资特点		
		非专用	中等专用性（混合）	高度专用性（特质）
交易频率	偶然性交易	市场治理	三边治理（新古典契约）	
	经常性交易	（古典契约）	双边治理（关系契约）	一体化治理（关系契约）

（资料来源：奥利弗·威廉姆森.资本主义经济制度［M］.北京：商务印书馆，2002.）

对于非专用的偶然或经常性契约来说，双方只需根据自己的经验就可决定是否继续保持这种交易关系，或者无须付出多少转移费用就可以另找交易伙伴。由于是标准化交易，改变购买或供给是很容易的。中等专用性和高度专用性的偶然交易都需要三边治理。一旦交易主体缔结了契约，交易者就有把契约贯彻到底的强烈愿望。这是因为，一是这些专用性投资"木已成舟"，其机会成本非常低，难以改作其他用途；二是即使把这些资产转让出去，转让前的资产评估也会遇到非同寻常的困难。因此，对于专用性（尤其是高度专用性）的资产交易来说，下大气力维持契约关系极为重要。一方面由于古典契约维持这种交易存在局限性，另一方面为这种交易建立专门治理结构的成本太高，因此就需要一种中间性的制度形式。由于交易的非标准化特征，交易关系的连续性将使这种专用的治理结构变得有价值；同时，交易的经常性又为补偿这种专用治理结构的成本提供了条件，可以采用两类治理结构：一是双边治理结构，其中交易双方都自主行事；二是一体化治理结构，即交易离开市场而在一个有统一权威关系（纵向一体化）的企业中进行。①

不得不提的另一位较早对公司治理进行研究和界定的学者是英国的作为 *Corporate Governance：An International Review* 创始主编的罗伯特·特里克（Robert Ian Tricker），在 1984 年出版的《公司治理：在英国公司和其董事会中的实践、规则和权力》（*Corporate Governance：Practices，Procedures，and Powers in British Companies and Their Boards of Directors*）一书中，他论述了公司治理的重要性。Tricker 认为，公司治理包括董事和董事会的思维方式、理论和做法。它涉及的是董事会和股东、高层管理部门、规制者与审计员，以及其他利益相关者的关系。因此，公司治理是对现代公司行使权利的过程。股东、高层管理部门、规制者与审计员，以及其他的利益相关者都影响公司治理。Tricker 把公司治理归纳为四种主要活动：战略制定（direction）、决策执行（executive action）、监督（supervision）和问责（accountability）。还认为公司治理（governance of a company）与公司管理（management of a company）是不同的概念。公司管理涉及的是如何使在公司边界内的业务活动有效地（efficient & effective）开展，如生产、开发、人事、营销、融资等；而公司治理涉及的则不是这种管理本身，而是关于公司边界之外董事如何全面指导（overall direction）企业、监察（overseeing）和控制（controlling）管理部门的执行行动，满足公司边界之外利益集团对责任和规制的合法预期。因此，如果说管理是关于经营业务（running business）的话，那么，治理则是确保能够适当地经营（running properly）。Cadbury 把 Tricker 视为英国公司治理的"Nestor"。

菲利浦·科克伦（Philip L. Cochran）和史蒂文·沃特克（Steven L. Wartick）1988 年出版的仅有 74 页的著作《公司治理：一个文献回顾》（*Corporate Governance：A Review of the Literature*）中认为，公司治理是一个总成（umbrella term），它涵盖了董事会、执行董事及非执行董事的概念（concepts）、理论（theories）与实践（practices）等多方面问题。这个领域重点关注董事会、股东、高管、监管者、审计师和其他利益相关者。公司治理要解决高管、股东、董事会和公司的其他利益相关者相互作用产生的诸多特定问题。核心是：①谁从公司决策和高级管理阶层的行动中受益；②谁应该从公司决策及高级管理阶层的行动中受益。如果二者不一致，就出现了公司治理问题。"毒丸计划"的创始人马丁·利普顿（Martin Lipton），在 1991 年与 Rosenblum 合作发表文章 *A New System of Corporate Governance：The Quinquennial Election of Directors*，认为公司治理是一种手段，而不是目的。在搞清楚公司治理含义之前，必须先界定公司治理的目标。然而，在近期对公司治理研究的学术文献，对公司治理目标界定不清或没有经过检验。学者普遍认为公司治理的制度设计主要是确保董事和经理的行为准确地反映股东的意愿。他们认为，公司治理的最终目标是在世界经济体系内，通过发展作为长期的和有竞争优势的业务经营来创造一个健康的经济（healthy economy）。公司治理是协调股东、管理层、员工、客户、供应商、其他利益相关者和公众关系与利益的一种手段。作为公司治理制度组成的法律规则为上述协调提供了基本框架。

一直到 1992 年的《卡德伯利报告》（Cadbury Report）出台后，对公司治理的界定才越来越

---

① 高明华等.公司治理学[M].北京：中国经济出版社，2009.

多地被使用。Sheridan 和 Kendall(1992)认为,公司治理是为了实现所有者的长期战略、关心雇员的利益、考虑环境和当地社区、保持与客户和供应商良好的关系、遵循相关法律法规目标要求,而构造(structuring)、运作(operating)和控制(controlling)一个公司的体制(system)。公司治理是公司指挥和控制系统,在这个系统中,董事会具体负责公司治理,股东的作用是任命董事及审计师,监督和控制的过程是为了确保公司的管理层行为按照股东利益行事(Parkinson,1993)。Tricker 在 *Corporate Governance:An International Review* 1993 年创刊第一期主编寄语中写道,在 1980 年代初,公司治理并不是一个严肃的学术话题,公司治理这个词语也很难在专业文献中发现,最近十年来,公司治理成为严肃的研究问题,而且公司治理词语在文献中比较普及。Lawrence(1994)指出目前还没有一个广泛被接受的公司治理定义或者关于公司治理的含义达成共识。同样,Maw(1994)认为,公司治理虽然是已被接受的话题,至今还没有清楚的定义,其边界仍然模棱两可。这是因为:各个定义从不同侧面对其进行界定,如治理结构的具体形式、公司治理制度的功能或依据公司治理所面对的基本问题等,都不够全面、科学;这些定义中,"公司治理"与"公司治理结构"的使用非常混乱。

Sheikh 和 Rees 1995 年在 Cavendish 出版社出版的公司治理方面的著作《公司治理和公司控制》(*Corporate Governance and Corporate Control*),实际上是一本多角度探讨公司治理的论文集。该著作除了收录了《卡德伯利报告》以外,还有包括 Sheikh 三篇论文,以及其他作者十五篇论文,作者除了法律方面专家(Parkinson,Dine,Rees)以外,还有行业资深人士(Green,Walters,Cadbury),也有公务员,公司顾问,以及哲学和社会科学家等。十八篇论文分别是 *Perspectives on corporate governance*(Saleem Sheikh & S. K. Chatterjee);*Shareholding and the governance of public companies*(Andrew Griffiths);*The role of "exit" and "voice" in corporate governance*(John Parkinson);*Creditor interests and directors' obligations*(Vanessa Finch);*Corporate governance:great expectations*(Owen Green);*Ownership and accountability in corporate governance*(Stanley Wright);*The governance of co-operative societies*(Brian Harvey);*Directors' remuneration:towards some principles of substantive and procedural review*(Chris Riley & Diane Ryland);*The role of the non-executive director*(Janet Dine);*The role of the chairman and chief executive:an industrialist's view*(Peter Walters);*Reform of the general meetings*(Donald Butcher);*Codes of conduct and their impact on corporate governance*(Saleem Sheikh & S. K. Chatterjee);*Ethical codes of conduct:developing an ethical framework for corporate governance*(Paul Griseri);*The role of the institutional shareholders' committee*(Julian Potter);*Three faces of "corporate social responsibility":three sociological approaches*(Stephen Lloyd Smith);*Going concern and insider control*(Tony Scott);*Implementation and influence*(Gina Cole);*Corporate governance and corporate control:self-regulation or statutory codification?*(Saleem Sheikh & William Rees)。在 *Perspectives on corporate governance* 一文中,Sheikh 和 Chatterjee(1995)指出,公司治理就是在公司事务的方向性(direction of a company affairs)上董事被信托义务和责任的一种制度,这是以基于股东利益最大化的问责机制(accountability)为基础的。一个有效的公司治理,为了能够监管董事履行义务以防止他们滥用权利,要能够提供各种机制,进而按照公司整体最佳利益行事。公司治理也会涉及董事对其他利益相关者的更广泛的责任和义务,包括公司雇员、消费者、供应商、债权人等,与这些潜在的索取者(claimants)之间形成了一种社会契约(social contract),道义上要求公司考虑他们的利益。

美国经济学家默顿·米勒（Merton Miller）（1995）[①]说："从本质上讲，研究改革等于是对经济学家所说的公司治理的各种可能方略做一番选择。例如，怎样才能确保企业经理得到正好为其所需而不是更多的资金以完成有利可图的项目？经理应遵循什么样的准则来经营企业的业务？谁来判断经理是否对公司资源运用得当？如果运用不当，谁有权决定替换这些经理？"

Hart（1995）在《公司治理：理论与启示》（Corporate Governance：Some Theory and Implications）一文中提出只要存在以下两个条件，公司治理问题就必然会在一个组织中产生。第一个条件是代理问题，具体说是公司组织成员之间存在利益冲突；第二个条件是交易费用之大使代理问题不可能通过合约解决。当出现代理问题而合约不完全时，公司治理就至关重要了。哈特给出了 5 个公司治理问题：代理合同的成本；个人股东数量太大，不能进行严密的（day-to-day）控制；大股东问题；董事会的局限性；管理层追求自己的目标，以股东利益为代价。Monks 和 Minow（1995）认为公司治理是决定公司发展方向和绩效的各参与者之间的关系。其中主要参与者指股东、高层管理者、董事会；其他的利益相关者包括雇员、消费者、供应商、债权人以及其他利益团体。Prowse（1995）认为，公司治理是一个机构中，控制公司所有者、董事和管理者行为的规则、标准和组织。Blair（1995）认为，从狭义角度讲，公司治理是指有关董事会的功能、结构，股东的权利等方面的制度安排。广义讲，则是指有关公司控制权和剩余索取分配权的一整套法律、文化和制度安排，这些安排决定公司目标，谁在什么情况下实施控制，如何控制，风险和收益如何在企业不同的成员之间分配等一系列问题。英国牛津大学前管理学院院长柯林·梅耶（Colin Mayer）1995 年在他的《市场经济和转轨经济的企业治理机制》（Corporate Governance in Market and Transition Economics）一文中[②]，把公司治理定义为，公司赖以代表和服务于它的投资者利益的一种组织安排。1997 年 Mayer 发表在 Journal of Law and Society 杂志 Corporate Governance，Competition，and Performance 一文指出，公司治理往往涉及委托代理问题，即作为委托人的股东，委托作为代理人的经营者按照他们的利益来经营企业，所谓公司治理是使双方的利益一致，并确保企业为投资者的利益而运行的方式。Keasey，Thompson 和 Wright（1997）指出，公司治理一词在 1990 年代之前出现的还较少，而最近十年是对公司治理问题探讨的开始。Shleifer 和 Vishny（1997）认为，公司治理要处理的是公司的资本供给者如何确保自己得到投资回报的途径问题，公司治理的中心问题是保证资本供给者（股东和债权人）的利益。Sternberg（1998）认为公司治理是确保公司活动、资产和代理人能够按照股东既定目标进行的一种方式。

在国内，有代表性的公司治理界定，例如，吴敬琏（1994）认为公司治理是指由所有者、董事会和高级执行人员即高级经理人员三者组成的一种组织结构。要完善公司治理，就要明确

---

①　1995 年 7 月由中国留美经济学会等单位在上海举办的"国有企业改革国际研讨会"上，诺贝尔经济学奖得主、美国芝加哥大学的米勒（Miller）教授，做了题为《公司治理的两种不同策略》的演讲，并以提问的方式给出了有关公司治理结构的定义。

②　1995 年 10 月，上海市经济体制改革委员会等单位在上海联合召开了"中国企业督导机制研讨会"，澳大利亚谭安杰（On Kit Tam）教授等主张将"公司治理结构"译为"企业督导制衡机制"，简称"企业督导机制"。但从会议出版的论文集来看，实际上是这两种译法同时并用（谭安杰. 改革中的企业督导机制[M]. 北京：中国经济出版社，1997.）。这次会议上，梅耶（Mayer）发表了他的论文《市场经济和转轨经济的企业治理机制》。

划分股东、董事会、经理人员各自权利、责任和利益,从而形成三者之间的关系。钱颖一(1995)[①]认为,公司治理是一套制度安排,用以支配若干在企业中有重大利害关系的团体投资者(股东和货款人)、经理人员、职工之间的关系,并从这种联盟中实现经济利益。公司治理包括:①如何配置和行使控制权;②如何监督和评价董事会、经理人员和职工;③如何设计和实施激励机制。张维迎(1996)[②]认为,公司治理,狭义地讲是指有关公司董事会的功能、结构、股东的权利等方面的制度安排;广义地讲是指有关公司控制权和剩余索取权分配的一整套法律、文化和制度性安排,这些安排决定公司的目标,谁在什么状态下实施控制,如何控制,风险和收益如何在不同企业成员之间分配等这样一些问题。因此,广义的公司治理与企业所有权安排几乎是同一个意思,或者更准确地讲,公司治理只是企业所有权安排的具体化,企业所有权是公司治理的一个抽象概括。林毅夫(1997)是在论述市场环境的重要性时论及这一问题的,所谓的公司治理,是指所有者对一个企业的经营管理和绩效进行监督和控制的一整套制度安排。杨瑞龙(1998)认为,在政府扮演所有者角色的条件下,沿着"股东至上主义"的逻辑,改制后的国有企业就形成了有别于"内部人控制"的"行政干预下的经营控制型"企业治理。这种治理使国有企业改革陷入了困境。为了摆脱困境,须实现企业治理的创新,其核心是扬弃"股东至上主义"的逻辑,遵循既符合我国国情又顺应历史潮流的"共同治理"逻辑。这一逻辑强调,企业不仅要重视股东的权益,而且要重视其他利益相关者对经营者的监控;不仅仅强调经营者的权威,还要关注其他利益相关者的实际参与。这种共同治理的逻辑符合现代市场经济的内在要求。

李维安(1998;2001;2005;2009)提出[③],公司治理是通过一套包括正式或非正式的、内

[①] 1994 年 8 月,国家经贸委与中国经济改革的总体设计课题组在北京举办了题为"中国经济体制的下一步改革"的国际研讨会,美国斯坦福大学的青木昌彦(Masahi ko Aoki)教授和钱颖一教授在大量研究了中国改革进程和国有企业状况后,在研讨会上分别发表了论文《对内部人控制的控制:转轨经济中的公司治理结构的若干问题》和《中国的公司治理结构改革和融资改革》,将"公司治理结构"(早期所称的"公司治理结构"或"法人治理结构"即为目前所周知的公司治理)的概念框架引入了对中国企业改革的理论分析之中,对我国经济学界的研究产生了重要影响。

[②] 1995 年 6 月,《经济研究》杂志在北京召开了"国有企业改革中的委托代理关系问题"学术座谈会,就该杂志发表的郁光华、伏健的《股份公司的代理成本和监督机制》(1994 年第 3 期)、姜伟的《国有企业改革中委托人-代理人问题》(1994 年第 11 期)、翟林瑜的《从代理理论看国有企业改革的方向》(1995 年第 2 期)、张维迎的《公有制经济中的委托人—代理人关系》(1995 年第 4 期)四篇论文,围绕委托代理基本内容、国有企业改革中委托代理关系问题症结和完善国有企业委托代理关系的政策取向等焦点问题进行深入探讨。实际上,在 1995 年以前,关注的焦点还是现代企业制度,并没有明确提出公司治理话题,例如 1989 年,张军在《经济研究》杂志发表《产权结构、所有制和社会主义企业制度》一文,提出建立企业制度的目标之一是借助于产权的结构来克服现代协作群生产中的要素所有者的偷懒和道德风险问题。而产权的结构安排受到企业财产的所有制的影响和牵制。1994 年,陈小洪在《管理世界》发表《企业制度改革的几个基本问题》一文中提出,理顺企业财产的所有权、经营权、债权关系是企业制度改革的核心。

[③] 除了上述有代表性的研究以外,还有一批学者较早进行了公司治理理论方面的探讨,例如,卢昌崇 1994 年在《经济研究》发表论文《公司治理机构及新、老三会关系论》,1999 年出版了著作《企业治理结构——一个组织制度的演进与设计》。费方域(1996)认为,对于公司治理这样一个复杂的概念,是不可能也不应该用一两句话就给出完整定义的。而且,随着人们对它的认识的深入,对它作出的解释也将更加丰富。在辩证的即综合各个侧面抽象研究的意义上,这个概念应该是一个知识体系。知识的最小表述单位是判断,所以,它可以用一系列互为补充的判断来加以说明。公司治理的本质是一种合同关系;公司治理的功能是配置权、责、利;公司治理的起因在产权分离;公司治理的形式有多种多样。田志龙较早对公司治理问题和基本理论进行了研究,田志龙等 1998 年在《管理世界》发表论文《我国股份公司治理结构的一些基本特征研究——对我国百家股份公司的实证分析》,通过对百家股份公司的实证分析,提炼了我国公司治理结构的一些基本特征,提出公司股权结构是影响治理结构的重要因素之一。田志龙 1999 年 6 月出版的《经营者监督与激励:公司治理的理论与实践》,这是作者得到自然科学基金资助历时三年完成的一项成果,这也是我国较早的有关公司治理结构理论和实践的专著,尽管主题主要集中在经营者激励监督问题上。

部的或外部的制度或机制来协调公司与所有利益相关者之间的利益关系,以保证公司决策的科学化,从而最终维护公司各方面的利益的一种制度安排。这种公司治理是公司利益相关者通过一系列的内外部机制实施的共同治理。公司治理的目标不仅是股东利益的最大化,而且还要保证公司决策的科学化,从而保证公司各方面的利益相关者的利益最大化,因此,公司治理的核心和目的是保证公司决策科学化,而利益相关者的相互制衡只是保证公司科学决策的方式和途径。从科学决策的角度看,建立在决策科学观念上的公司治理,不仅需要通过股东大会、董事会和监事会发挥作用的内部治理机制,而且需要一系列通过证券市场、产品市场和经理市场来发挥作用的外部治理机制,如《公司法》、《中华人民共和国证券法》(以下简称《证券法》)、信息披露、《企业会计准则》(以下简称《会计准则》)、社会审计和社会舆论等。要准确地把握公司治理的内涵,必须实现以下两个方面的观念转变。一是从相互制衡转向科学决策。公司治理的目的不是相互制衡,至少,最终目的不是相互制衡,而是保证公司科学决策化。科学的公司决策不仅是公司的核心同时也是公司治理的核心。二是从公司治理结构转向公司治理机制。公司治理不仅需要一套完备有效的公司治理结构,更需要若干具体的超越结构的治理机制。

　　Tricker(1984)指出,公司不但需要管理(managing),同样需要治理(governing)。为了更准确地理解公司治理的内涵,表 1-5 给出了公司治理与公司管理的主要区别。

表 1-5　公司治理与公司管理的主要区别

内容	公司治理	公司管理
科学属性	社会科学	技术科学
制度形式	产权制度	组织与管理制度
层次结构	以董事会为中心的治理结构	以总经理为中心的内部组织结构
涉及主体	所有者、债权人、经营者、雇员、客户	客户、经营者、债权人、雇员、所有者
公司地位	规定公司框架,确保管理处于正确轨道	规定公司具体的发展路径及手段
实施基础	市场机制和内外部的显性、隐性契约	组织内部的行政权威关系
实施内容	资源配置	资源的进一步配置和利用
实施手段	内部、外部、相机治理机制	计划、组织、领导、控制、激励
基本职能	监督控制和战略指导	人财物等资源的管理活动
主要目标	保证公司决策科学化,实现利益相关者利益最大化	保证公司正常运营,完成公司既定的目标,以实现公司价值最大化
导向类型	战略导向,规定公司的基本框架,确保管理处于正确的轨道上	任务导向,通过具体的管理操作来完成公司任务
侧重中心	公司外部	公司内部
法律地位	主要由法律、法规决定	主要由经营者决定
政府作用	政府通过制定相关法律等发挥作用	政府基本不干预具体管理过程
资本结构	反映股东、债权人的相对地位	反映公司的财务状况
股本结构	体现各股东的相对地位	反映所有者对管理行为的影响

　　(资料来源:徐向艺等.公司治理制度安排与组织设计[M].北京:经济科学出版社,2006;马磊,徐向艺.公司治理若干重大理论问题述评[M].北京:经济科学出版社,2008;高明华等.公司治理学[M].北京:中国经济出版社,2009;闫长乐.公司治理[M].北京:人民邮电出版社,2008,等著作中关于公司治理与公司管理区别而整理所得。)

26. 公司治理浪潮①

　　公司治理理论体系的不断发展与完善,以及公众关注程度的普遍提高,都离不开1990年代以来全球范围内先后出现的四次治理浪潮(corporate governance waves)。从时间先后来看,这四次公司治理浪潮的代表性事件分别是:①1992年,英国的《卡德伯利报告》(Cadbury Report)的公布,《卡德伯利报告》较多地关注公司治理的财务方面,规范了董事会相关行为,在公司治理发展史中有着十分重要的作用,它标志着公司治理运动的开始,英国也因此成为公司治理运动的发源地。②1997年,亚洲金融危机爆发,使大股东剥夺中小股东的问题浮出水面,各国学者开始对终极股东控制问题及隧道挖掘(tunneling)②行为产生浓厚兴趣,公司治理研究的重心开始正式由一代公司治理问题转向二代公司治理问题。③1999年,东欧私有化事件,对东欧经济转轨的反思,只有将私有产权与有效的公司治理有机结合在一起,才能真正提高经济运行效率。④2002年,美国的公司财务丑闻,标志着美国公司治理体系的危机。这个事件也把整个公司治理运动推向了一个新的高潮。这个事件不是发生在韩国,不是发生在日本,也不是发生在欧洲,而是发生在被认为公司治理体系发育得最完备的美国。而且,也不是只有一家安然公司出了问题,这就格外具有意义。它充分说明了公司治理问题的复杂性和改善公司治理体系的任重道远。值得一提的是,每一次公司治理浪潮都会凸显不同的问题,并将公司治理理论研究引向更广更深。

27. 公司治理系统③

　　系统是由相互作用相互依赖的若干组成部分结合而成的,具有特定功能的有机整体,而且这个有机整体又是它从属的更大系统的组成部分(钱学森,1982)。公司治理系统(corporate governance system)即是由公司治理结构、公司治理机制、公司治理环境等要素构成的具有治理职能的一个大系统。

　　主要包括四个子系统:一是公司内部治理系统,二是国家(或政府)治理系统,三是市场治理系统,四是中介机构治理系统。后三个系统,都是围绕着保障公司内部治理系统的运行来运转的。在每个子系统中,又包括了许多不同的治理主体或治理机制(手段)等。这些治理系统相互作用,共同构成了一个完整的公司治理系统,如图1-1所示。

　　应该指出的是,一个国家的政治、经济、历史、文化环境等对该国的公司治理也有着重要的影响。由于它们的影响是通过上述四个子治理系统发挥作用的,所以并没有把它们单列成一个公司治理子系统,而是把它们看成公司治理运行的环境,即公司治理环境。

---

　　①　参考高闯等(2009)、宁向东(2005)关于公司治理浪潮的论述,高闯在著作《公司治理:原理与前沿问题》(2009)中按照四次浪潮进行阐述,而宁向东在著作《公司治理理论》(2005)按照三次浪潮进行了相关阐述。

　　②　Johnson,Boones和Friedman(2000)在 *Journal of Financial Economics* 杂志发表论文 *Corporate Governance in the Asian Financial Crisis*,发现控股股东猖狂的"隧道挖掘"是导致1997年亚洲金融危机的主要原因。

　　③　冯根福.中国公司治理前沿问题研究[M].北京:经济科学出版社,2009.

第一篇

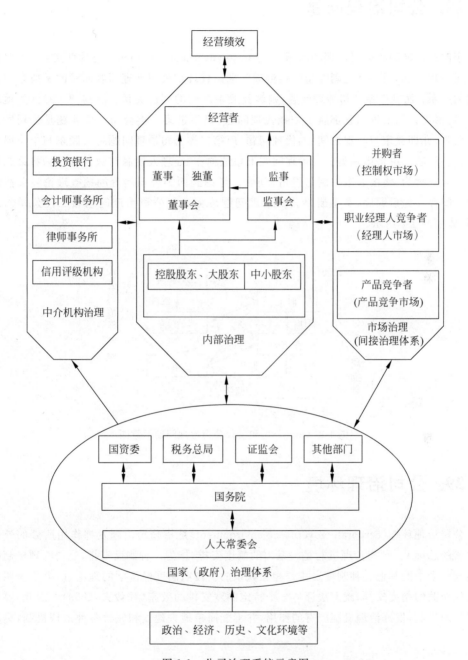

图 1-1　公司治理系统示意图

（资料来源：冯根福.中国公司治理前沿问题研究［M］.北京：经济科学出版社，2009.）

28. 公司治理问题

宁向东(2005)将公司治理的问题(corporate governance problems)分为两类：一类是代理型公司治理问题，另一类是剥夺型公司治理问题。代理型公司治理问题面对的是股东与经理之间的关系；而剥夺型公司治理问题，则涉及股东之间的利益关系。高闯(2009)认为就本质而言，这两类公司治理问题都属于委托代理问题，只不过第一类公司治理问题是公司所有者与经营者(亦即股东与经理之间)的代理问题，而第二类公司治理问题是大股东与中小股东之间的代理问题。可将第一类公司治理问题形象地称作"经理人控制与败德"问题，将第二类公司治理问题称为"终极股东控制与侵占"问题。考虑到两类公司治理问题被理论界关注和出现的时间存在先后顺序，本手册将公司治理问题分为一代公司治理问题和二代公司治理问题，具体如图1-2所示。

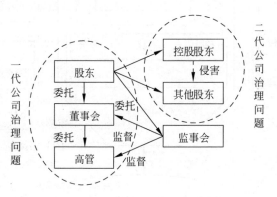

图 1-2　一代公司和二代公司治理问题示意图

29. 公司治理环境

公司治理环境(corporate governance environment)是指公司治理发挥作用所处的外部环境因素的总称[1]。公司治理机制是一系列的制度安排，作为一种制度安排，公司治理机制的有效性与社会中的其他各种制度安排是相互联系的。按照制度经济学的理论，如果不参照社会中其他相关的制度安排，就无法评估某个特定制度安排的效率(林毅夫，1989)。因此，要完善公司治理机制，发挥治理机制应有的作用，并不能简单地去建立和完善各种治理机制，更不能

---

[1] 林毅夫、蔡昉和李周著《充分信息与国有企业改革》中指出"近来在纷纷为国有企业设计未来的产权结构和治理结构模式时，却很少有人意识到企业的外部竞争环境，实际上这是国有企业模式转换的基础和前提条件，而创造这样的竞争环境，则是企业改革的核心。在存在委托—代理问题的条件下，只有形成一个公平竞争的市场环境，进而利润率成为监督企业经营绩效的充分信息指标时，信息不对称问题才可以最大限度地减少，才可以最大限度地使所有者和经营者激励相容，在这种前提下选择出的适宜的内部治理结构，才可以最大限度地消除责任不对等现象所导致的问题"。

盲目地"移植"或"拷贝",而应了解各种治理机制发挥作用所需要的制度背景。早期的公司治理研究其实已注意到治理环境对公司治理机制的影响。例如,在公司治理模式的国别比较研究中,人们发现一国的融资体系决定了治理模式的选择,但更多的注意力集中在公司治理模式优劣的比较上,建议综合英美的市场监控模式和德日的股东监控模式的优点来完善公司治理模式,而没有深入地去探讨治理环境对公司治理机制有效性的影响。

1932 年 Berle 和 Means 出版的著作《现代公司与私有财产》(*The Modern Corporation and Private Property*)表明,大型公司股权结构十分分散,控制权已转移到支薪高管手中。此后,股权分散一直被视为公司治理研究的逻辑起点,即股权分散带来的控制权下移导致股东和高管之间的委托代理问题。但近年来的研究显示,除美国、英国、加拿大等少数国家外,大部分国家的上市公司都存在着家族、银行或国家等控股股东,这一现象在东亚、拉美、东欧等新兴市场国家最为普遍,股权比较集中。

Demsetz(1983)认为,所有权结构是竞争性选择的内在结果,其中要比较各种成本的利弊,才能使组织达到均衡状态。Demsetz 和 Lehn(1985)还详细论述了影响股权结构的四个因素:公司价值最大化所需要的规模;对公司实施更有效控制所产生的利润潜力;系统性管制,其目的在于用各种形式限制股东决策的范围和影响力;公司所追求的不同潜在快感,比如舒适的办公环境、社会声誉等,也会影响到公司的股权结构。

把治理环境导入到公司治理研究领域中最具影响力的学者是拉波塔(La Porta)、西拉内斯(Lopez-de-Silanes)、施莱佛(Shleifer)和维什尼(Vishny),合称 LLSV。LLSV(1998)将法律对投资者保护程度量化成可度量的指标,然后分析了它与所有权集中度之间的关系,通过国别比较发现,公司治理的水平在普通法(common law)的国家里要高于大陆法(civil law)的国家,法律对投资者保护程度越高,股权越分散;法律对投资者保护程度越低,股权越趋于集中。也就是说,股权集中还是分散,是对法律保护投资者利益的自适应(adaptation)。在以后的一系列研究中,他们还发现,法律水平也是影响股权价值、资本成本和外部融资程度的重要因素。综合起来,法律水平是决定股权结构并影响治理机制的重要环境因素。

自 LLSV 研究成果相继发表后,政府行为等外生变量也逐渐导入到公司治理研究领域。例如,我国学者注意到政府行为是影响我国上市公司治理的一个极为重要的因素。夏立军和方轶强(2005)认为公司治理环境是相对于公司治理机制更为基础性的层面,没有良好的治理环境,公司治理的内部机制和外部机制很难发挥作用;目前我国的法律制度水平和政府行为交错在一起,共同影响治理机制的有效性。

30. 公司内部治理

公司内部治理(internal corporate governance)是指来自公司内部的激励、监督和约束等力量以解决委托代理问题。主要包括董事会、管理者激励、资本结构、公司规章和内控系统等,如图 1-3 所示。

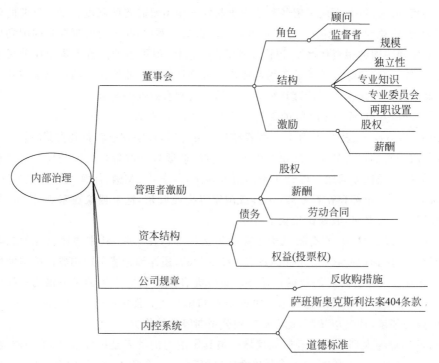

图 1-3　公司内部治理示意图

（资料来源：Stuart L. Gillan. Recent Developments in Corporate Governance：An Overview[J]. Journal of Corporate Finance，2006，12(3)：381-402.）

31. 公司外部治理

迄今为止，何谓公司外部治理也未有一个统一的界定。但笼统来说，公司外部治理 (external governance)是相对于公司内部治理来说的，指来自公司外部的监督，其目的是为了防止企业管理层在执行公司职务时滥用其权利[①]。关于公司外部治理内容如图 1-4 所示。

对于外部治理的研究，在侧重于外部市场、外部环境等英美治理模式的国家相关研究较多，甚至外部治理成了公司治理的代名词；而在强调内部制度安排的国家，包括我国在内，对于外部治理的关注相对较少。国外已有的相关研究领域内容涉及以下几个方面。

法律和监管：比如一些文献研究了政府法律变化对股东财富的影响（Szewczyk，Tsetsekos，1992；Coles，Hoi，2004）。还有一些学者研究了 SOX（《萨班斯法案》，Sarbanes-Oxley Act)实施后，在新的监管下，治理与股东财富的变化（Linck，Netter，Yang，2005；Linck，

---

① 关于内部治理与外部治理的区别：内部治理的基本特征是以产权为主线的内在制度安排，其治理载体就是公司本身；外部治理则是以竞争为主线的外在制度安排，其治理载体是市场体系。公司治理的内部和外部机制不仅互补而且在一定程度上是可以相互替代的：一方面，通过"用手投票"机制替换在位经理的决策常常建立在"用脚投票"机制所反映出来的信息上，"用脚投票"机制所反映出来的股东意愿最终要通过"用手投票"机制来实现；另一方面，一个有效的股票市场使对经理的直接控制变得较不重要，这就如同增加巡逻警察的力量可以减少监狱里的拥挤程度一样（张维迎，1996）。

Netter,Yang,2008；Chhaochharia,Grinstein,2005ab；Leuz,Triantis,Wang,2005；Karpoff,Lee,Mahaja,Martin,2005)。有的文献沿着 LLSV(1997)的研究,探讨了公司治理如何与法律和监管联系起来保护股东和债权人的利益(Denis,McConnell,2003)。

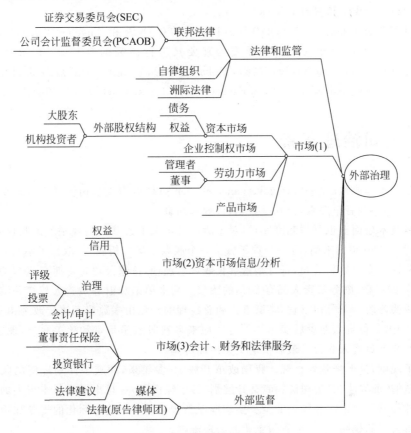

图 1-4　公司外部治理示意图

(资料来源：Stuart L. Gillan. Recent Developments in Corporate Governance：An Overview[J]. Journal of Corporate Finance, 2006, 12(3)：381-402.)

资本市场：很多学者探讨所有权结构对公司治理的重要性(Hartzell,Starks,2003；Woidtke,2002)。

企业控制权市场：很多人认为控制权市场是治理的最终机制,但也有人认为它是一把双刃剑,Bittlingmayer(2000),Bruner(2004),Holmstrom 和 Kaplan(2001),以及 Weston,Mitchell 和 Mulherin(2004)。

劳动力市场：对 CEO、董事会成员和高层执行团队进行研究。经典文献：Fama 和 Jensen(1983),Jensen 和 Meckling(1976)。实证文献：Coughlan 和 Schmidt(1985),Murphy(1999),Warneret,Watts 和 Wruck(1988)。

产品市场：研究产品市场竞争与公司治理特征的关系,包括激励机制和 CEO 更替。Aggarwal 和 Samwick(1999),Hermalin(1992),Kedia(1998),Sharfstein(1988),De Bettignies 和 Baggs(2005),De Fond 和 Park(1999),Karuna(2005)。

资本市场信息：研究资本市场信息提供者与不同的公司治理特征的关系。Chung 和 Jo

(1996)，Bethel 和 Gillan(2002)，Morgan 和 Poulsen(2001)。

服务市场：只有很少一部分文献研究服务市场与公司治理的关系。早期的有 Bhagat，Brickley 和 Coles(1987)。最近的关注企业与企业外部审计之间的关系有 Frankel，Johnson 和 Nelson(2002)，Larcker 和 Richardson(2004)。

其他外部监督主要有：对媒体的作用进行研究的有 Dyck 和 Zingales(2002)，Malmendier 和 Tate(2005)。对诉讼作为外部的重要治理要素进行研究的有 Coles，Bhagat 和 Bizjak (1998)，Cox 和 Thomas(2003)，Li(2005)，Mohan(2005)，Wang(2004ab)，Denis，Hanouna 和 Sarin(2006)，Agrawal，Chadha(1999)和 Farber(2005)，Dyck，Volchkova 和 Zingales(2008)。

32. 公司治理要素

所谓公司治理要素(corporate governance elements)是指构成公司治理不可缺少的因素，具体来说，公司治理有三要素，分别是规则、合规和问责。

规则在技术层面上也可叫制度安排，对于股份公司来说最基础的规则就是股权安排和公司章程设计。1990 年代末期，有一个青年做了一个股票市场分析软件，取得了不错的业绩，后来与弟弟共同成立一家新公司，哥哥是董事长兼任总经理，这家公司哥哥拥有 50% 的股权，弟弟拥有 30% 的股权，财务负责人拥有 20% 的股权。后来弟弟和财务负责人相恋并结婚了，哥哥与弟弟说要修改一下公司章程，将董事长和总经理的任免由多数股东决定改为由多数股份决定，弟弟与财务负责人商量后表示不同意。原来多数股东是哥哥和弟弟联合，现在多数股份是弟弟与财务负责人联合。最后由老父亲出面协调。

设立了规则，接下来就要合规。我国改革开放 30 多年来，冲破了计划经济的限制，与市场经济接轨的《证券法》、《公司法》和《会计准则》都已经设置，一旦出错将付出很大的代价，特别是到海外经营和上市。我国企业至少要掌握三条规则：第一是国际化的规则和治理标准，第二是上市公司的规则，第三是我国企业的治理规则。

如果违规了，就需要进行问责。公司治理强调个人问责，通常做法是集体决策、个人负责，而不是集体决策、集体负责，防止责任的不明确。例如某上市公司董事会开会审议中报，但董事长和总经理都在国外，授权一名董事代为主持会议，并写了授权委托书。在即将召开董事会时，有其他股东提出有紧急事项要求上会，增加临时议题。为了保证董事会决策的科学性，需要准备时间，因此临时增加会议议题是不可以的。双方对是否增加议题发生了争议，并将董事会推迟到了第二天，第二天开会时，要求增加议题的董事提出该代理董事没有权利主持董事会，因为其授权委托书已经过期失效。该代理董事气愤离会，出席会议的董事达不到法定人数，董事会会议无效，最终导致中报没有在截止披露的最后一天前审议，公司股票停牌，证券交易所谴责董事会，并处罚了董事长、代理董事和要求增加临时议题的董事。

伴随公司治理理念的导入，独立董事制度的建立、股权分置改革的有序实施、2006 年修订后《公司法》的实施、央企董事会和监事会制度建设等公司治理大事件标志着我国公司治理正处于改革发展的重要阶段。回顾我国公司治理改革这些年来走过的发展历程，经历了结构到机制的制度转型，"违规"、强制性治理到自主性治理的合规转型，以及不负责任到承担相应责任的问责转型。规则、合规和问责是公司治理的三要素，在三要素的转型过程中，我国的公司治理渐入佳境。

在治理发展初期,公司按照法律法规的要求完善了内部治理结构,并在此基础上界定了股东大会、董事会和经理层的职责,从而使公司治理从建立治理结构向完善治理机制转型,即治理规则建立的过程。而治理结构是否合理,治理机制是否科学、有效需要依靠评价标准的考评,例如中国上市公司治理指数(CCGI[NK])的研发就为我国公司治理改革提供了可操作的标准。所以公司治理实践首要遵循的就是规则,即公司治理要合规。我国企业改革已经从突破计划经济束缚的广义"违规"逐渐向公司治理改革的真正合规转型。成熟的公司治理合规应该是以降低治理成本、提高治理效率为目标的积极、自愿的合规,从这个意义上来说,随着我国公司法规和制度环境的逐步完善,我国公司治理改革逐渐从"消极守规"的强制性治理向"主动合规"的自主性治理转型。近年来一些公司董事长、董事、总经理等因公司治理不合规而受到经济惩罚甚至承担刑事责任,显示出我国公司治理改革也是从轻视甚至忽视责任到真正问责的转型过程。

在公司治理三要素转型过程中,公司治理水平不断得到提升,我国公司治理总体上是一个"行政型治理度"不断弱化,"经济型治理度"不断强化的过程。实际上,这一过程便是我国公司治理改革的总体路径或方向,即从以经营目标行政化、资源配置行政化和经营者任免行政化(即目前大家比较关注的政治联系)为典型特征的行政型治理向经济型治理的转型。

在这一系列的转型过程中,我国公司治理正朝着期待的方向发展,但仍有很多需要进一步加强的地方。例如,培育和谐的治理文化迫在眉睫;金融危机后行政型治理有强化趋势,需谨防行政型治理的负面作用;针对金融机构治理风险具有累积性和突发性特征,适时建立金融机构治理风险预警体系,并强化和完善监管体系的外部治理作用;实现公司治理流程由行政型的自上而下到经济型的自下而上转变,探索党组织嵌入公司治理的有效途径;提升董事会战略决策水平,避免运营管理危机演变为公司治理危机;社会责任的履行需要问责机制和保障机制不断完善。

33. 公司治理结构

公司治理结构(corporate governance structure)侧重于公司的内部治理方面,主要涵盖股东(大)会、董事会、监事会、经理层之间责权利相互制衡的制度体系,如图 1-5 所示。

吴敬琏(1993;1994;1996)认为,所谓公司治理结构是指由所有者、董事会和高级执行人员即高级经理人员三者组成的一种组织结构。在这种结构中,上述三者之间形成一定的制衡关系。通过这一结构,所有者将自己的资产交由公司董事会托管;公司董事会是公司的最高决策机构,拥有对高级经理人员的聘用、奖惩以及解雇权;高级经理人员受雇于董事会,组成在董事会领导下的执行机构,在董事会的授权范围内经营企业。

早期对公司治理的认识多局限于公司治理结构层面,公司治理就是纯粹的公司治理结构问题;

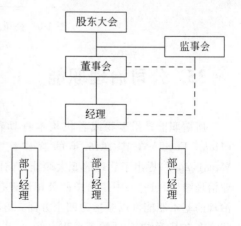

图 1-5　公司治理结构示意图

随着公司治理理论与实务的推进,公司治理结构这一词语也被经常使用,但是所表达的内容已不仅仅局限于治理的结构层面问题,还包括机制问题,与公司治理等同;当然,更严格地说,公司治理结构、公司治理机制与公司治理三个词不要混用。

34. 公司治理机制

从科学决策的角度看,治理结构不能解决公司治理的所有问题,更需要若干具体的超越结构的治理机制(corporate governance mechanisms)(高闯等,2009)。公司的有效运行和决策科学不仅需要通过股东大会、董事会和监事会发挥作用的内部治理机制,而且需要一系列通过证券市场、产品市场和经理市场等来发挥作用的外部治理机制,如《公司法》《证券法》、信息披露、《会计准则》、社会审计和社会舆论等,内外部治理机制如图 1-6 所示。

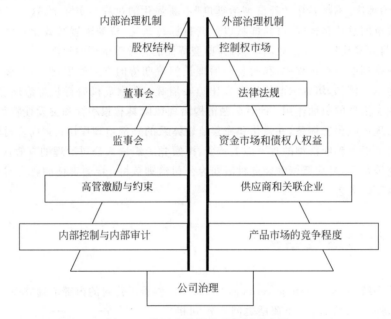

图 1-6　公司内外部治理机制示意图

35. 公司治理职能

所谓职能是指事物或者机构本身具有的功能或应起的作用。管理学家亨利·法约尔(Henri Fayol)在其 1916 年的著作《工业管理与一般管理》(General and Industrial Management)提出了管理的 5 大职能,即计划、组织、指挥、协调和控制。卢昌崇在其著作《企业治理结构》(1999)中指出按照公司治理过程和对公司内、外部管理的侧重取向来划分,公司治理的基本职能可以概括为四个方面:指导职能、管理职能、监督职能、阐释职能。李维安和武立东在其著作《公司治理教程》(2001)指出,公司治理的基本职能归纳为下面两点:保证公司管理行为符合国家法律法规、政府政策、企业的规章制度以及对公司财富最大化的追求。

闫长乐在其著作《公司治理》(2008)中将公司治理职能或者功能划分为：权利配置、制衡、激励和协调四大职能。

综合上述学者观点，本手册认为公司治理职能(corporate governance functions)包括基本职能、具体职能和拓展职能三大类，具体来说包括：合规职能(基本职能)；侧重公司内部的具体治理职能，有决策职能(本质职能)、权利配置职能(关键职能)、激励职能(条件职能)和监督职能(条件职能)；侧重公司外部的外部治理职能，协调职能(拓展职能)。

公司治理的合规职能是公司治理职能的起点，即使公司的管理要合乎有关的法律和法规的要求，这也是公司治理的底线，保证公司管理行为不能"触礁"，区别于一般管理告诉企业"做什么"，合规职能主要是从法律法规角度出发告诉公司"怎么做"。特别是在金融机构，因为其经营的特殊性，导致管理的合规更加重要。例如2006年中国银监会颁发的文件《商业银行合规风险管理指引》指出，合规是指商业银行的经营活动与法律、规则和准则相一致。与银行经营业务相关的法律、规则及标准，包括诸如反洗钱、防止恐怖分子进行融资活动的相关规定，涉及银行经营的准则包括避免或减少利益冲突等问题、隐私、数据保护以及消费者信贷等方面的规定。此外，依据监管部门或银行自身采取的不同监督管理模式，上述法律、规则及标准还可延伸至银行经营范围之外的法律、规则及准则，如劳动就业方面的法律法规及税法等。法律、规则及准则可能有不同的渊源，包括监管部门制定的法律、规则及准则，市场公约，行业协会制定的行业守则以及适用于银行内部员工的内部行为守则。它们不仅包括那些具有法律约束力的文件，还应包括更广义上的诚实廉正和公平交易的行为准则。

决策职能是公司治理的本质职能。最早对公司治理和公司管理进行区分的 Tricker(1984)指出，公司治理要确保公司管理处于正确的轨道之上。公司治理的最终目的是要实现公司的科学决策，进而给股东和公司创造更高的价值。这一点是在公司治理领域已经达成的共识。如何实现这一职能，非常重要的一点就是要建立科学的治理结构，明确划分股东、董事会、经理层各自的权利、责任和利益，形成三者之间的制衡关系，同时设计相关的治理机制。需要说明的是，公司治理的目的不是相互制衡，至少，最终目的不是制衡，而只是保证公司科学决策的方式和途径。科学的公司决策不仅是公司的核心，同时也是公司治理的核心，从这个意义上来说，决策职能是公司治理的本质职能。

权利配置职能是公司治理的关键职能。公司治理就是要解决公司剩余索取权与控制权的配置问题。现代企业理论认为，公司治理就是通过剩余索取权与控制权的配置解决公司代理问题。能否合理配置剩余索取权和控制权，是判断公司治理是否有效的基本标准之一。公司治理的关键职能就是配置所有权。公司权利配置的基本原则是，剩余索取权与剩余控制权相对应，即拥有剩余索取权和承担风险的人要有控制权，拥有控制权的人要承担风险。如果剩余索取权与控制权不对应，即承担风险的人没有控制权，有控制权的人不承担风险，就会导致"廉价投票权"，使对自己行为后果不负责任的人有投票权。

激励职能是公司治理的条件职能。在现代企业中，由于委托人和代理人的目标效用函数不一致，代理人经营能力的发挥程度与工作积极性的高度是不易监督的，因而公司治理的重要职能就是对代理人的激励，没有激励或者激励不足，公司治理有效性难以保障。公司治理的激励机制应该具有激励相容的功效，现代委托代理理论把激励相容的条件作为委托人预期效应的两个约束条件之一。也就是说，代理人在追求个人利益的同时，其客观效果是能够更好地实现委托人想要达到的目的，这就是激励的相容性。约束是反向激励，它与激励是一个问题的两个方面。如果只有激励而没有约束，就如同只有约束而没有激励一样无效。

监督职能也是公司治理的条件职能。有效发挥公司治理机制的作用,除了对代理人进行激励约束之外,来自公司内外部的各种监督力量也是可以选择的途径。例如来自产品市场竞争、经理人市场、控制权或者接管市场等的外部监督,以及来自英美法系国家常用的独立董事制度、大陆法系国家导入的监事会制度等内部监督力量。有效的监督机制能够约束代理人的偷懒行为,使之更好地为委托人利益最大化而工作。

协调功能是公司治理的拓展职能。协调功能是指公司治理要能够协调好公司与股东及包括债权人、供应商、客户、社区和政府等在内的其他利益相关者之间的利益关系。公司治理的主体不仅局限于股东,而且包括股东、债权人、雇员、客户、供应商、政府、社区等在内的广大公司利益相关者。这些利益相关者在公司发展过程中都投入了一定程度的专用性资产,并承担了相应的风险。在追求利润最大化的过程中,不能有效地进行自我监督与约束,协调好各利益相关者的权益问题,轻则公司治理违规,重则导致公司破产倒闭。

36. 公司治理主体

公司治理主体(corporate governance body),即谁参与公司的治理。可能的选择是股东,也可能是包括股东在内的所有的利益相关者。根据股东至上理论,股东是理所当然的所有者,股东的所有者的地位受到各国的法律保护,公司存在的目的就是追求股东利益最大化。然而,根据利益相关者理论,现代经济是物质资本与人力资本并重的社会经济,包括管理者、职工在内的企业利益相关者都是企业的所有者,公司应以满足各利益相关者的利益为目标。

那么,公司治理主体如何在股东至上和利益相关者至上之间做出选择呢?这里首先要明确公司治理主体选择的原则。第一,公司长期市场价值最大化原则。公司治理主体的选择应该确保公司的长期市场价值最大化,这样才能避免股东和管理者的短期行为,既满足了股东利益的利益,又满足了各利益相关者的利益,这样的公司治理主体才是最优配置的。第二,公司治理能够有效运营的原则。公司治理主体的选择应该保证公司的决策层能够有能力和激励做出有利于提高公司经营效率的正确决策,单纯股东或者要求所有的利益相关者参与的公司治理都是有成本的。

近20年来的实践表明,股东利益至上的英国和美国实际上与利益相关者主导的日本和欧洲大陆的经济之间的差距逐渐在减小,美国公司治理模式越来越倾向于关系投资模式,越来越重视股东以外的其他利益相关者,强调经营者对全体利益相关者而不仅仅是对股东的责任;与此相对应,德日公司越来越重视股权多元化和资本市场的作用,推崇股东利益导向,这是否意味着股东利益至上理论与利益相关者理论的接拢或交叉?因此,单纯股东利益至上或者利益相关者利益至上的公司治理恐怕都不是最优的选择。

从公司治理主体选择的原则导向,设计一套双重公司治理模式,即以股东利益为主导、兼顾各相关利益主体利益的治理模式应该是未来的发展方向。公司治理的主体不能仅局限于股东,而应是包括股东、债权人、雇员、客户、供应商、政府、社区等在内的广大公司利益相关者;作为所有者,股东处于公司治理主体的核心(李维安,2001)。值得指出的是,在完全竞争的市场环境中,公司治理主体各组成部分之间的关系是建立在合作基础上的平等、独立的关系。但从他们对公司治理客体的影响看,有着核心与外围的区分。

37. 公司治理客体

公司治理客体(corporate governance object)是指公司治理的对象及其范围,即公司权利、责任以及治理活动的范围及程度。追溯公司的产生,其主要根源在于因委托代理而形成的一组契约关系;问题的关键在于这种契约关系具有不完备性与信息的不对称性,因而才产生了公司治理问题。所以,公司治理实质在于股东等治理主体对公司经营者的监督与制衡,以解决因信息的不对称而产生的逆向选择和道德风险问题;在现实中所要具体解决的问题就是决定公司是否被恰当地决策与经营管理。

基于上述分析,公司治理的对象有两重含义:第一,经营者,对其治理来自董事会,目标在于公司经营管理是否恰当,判断标准是公司的经营业绩;第二,董事会,对其治理来自股东及其他利益相关者,目标在于公司的重大战略决策是否恰当,判断标准是股东及其他利益相关者投资的回报率(李维安,2001)。

38. 说明责任

公司治理客体股东、董事会、经理层等向公司治理主体就公司状况进行说明、报告的责任,被称作公司治理的说明责任(accountability)。

公司治理的说明责任可以划分为对内、对外两种。对内的说明责任包括经理层向董事会、经理层向员工、董事会向股东大会的说明报告,涉及的主要内容为企业发展、经营业绩等重大事项。对外的说明责任包括向债权人、政府、客户等利益相关者的说明报告,主要内容为企业财务状况、纳税情况、产品质量情况等。

39. 企业边界与公司边界

企业边界(firm boundary)以交易成本为基础,解决企业的有效规模问题;而公司边界(corporate boundary)则以现代公司法人制度为基础,与公司治理问题特别是公司治理的边界问题密切相联系。企业的边界和公司的边界是两个不同的概念。他们的区别不仅仅在于作为公司形态的企业不同于一般意义上的企业,更主要的还在于这两个边界概念建立的基础不同,其所起的作用也不相同。

40. 公司治理边界

公司治理边界(corporate governance boundary)是公司治理的对象和范围,是对公司治理客体的界定,即公司权利、责任以及治理活动的范围及程度。因此,治理边界既不同于公司制企业规模边界的概念,也与公司的法人边界不完全一致(李维安,1998)。公司治理边界内生于资产的专用性。从这个角度来看,公司治理边界就是指,公司当事人在公司中专用性资产的维度和半径所形成的范围。公司治理边界的主要内容包括:①主要当事人组成的组织结构,在这种结构中,他们之间形成一定的制衡关系。②董事与董事会作为股东代表在相互博弈以及与其他当事人的博弈均衡中实现公司治理。③除以上两点,接管威胁、代理权争夺、财务机构等博弈形态也成为公司治理的一些内容(李维安,2011)。李维安和武立东(2001)将基于垂直说明责任的治理活动的外延范围称为公司治理的内边界。公司对职员、债权人、供应商等负有水平的说明责任,这些权益主体作为公司的专业资产的投资者,与公司之间是一种契约关系,我们把这些权益主体作为公司股东以外的紧密层。当我们把公司治理的权益主体从股东进一步扩大到其他利益相关者时,公司治理的外延界限也将扩大,这一过程也是公司的社会责任得到强化的过程。这一公司治理的边界将进一步扩大,形成公司治理的外边界。公司治理边界如图 1-7 所示。公司治理边界主要类型有:有限责任与集团子公司的治理边界、集团母公司的治理边界和网络组织中的治理边界。

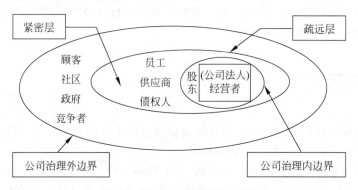

图 1-7　公司治理边界示意图

(资料来源:李维安,武立东.公司治理教程[M].上海:上海人民出版社,2001.)

公司治理边界的探讨主要是基于对公司利益相关者的保护,这是公司治理的核心概念之一。公司治理一旦超出公司的法人边界,就会涉及较为复杂的问题。公司治理边界的意义不仅是理论上的探讨,而且在很大程度上是基于现实的需要。对于一个独立的公司来说,其公司决策意志范围被限定在法人边界内,也就是说公司的权利、责任的配置以及治理活动不能超越其法人边界。所以从这个意义来说,一个独立的公司,其公司治理边界和法人边界是一致的。公司集团的形成与发展,使得集团成员之间、公司与其利益相关者之间的权责关系更加复杂化,公司的经营行为也日益复杂化,从而导致公司的法人结构与其现实的权责结构不一致。对公司集团而言,无论是母公司、子公司还是关联性公司,反映其真实权责关系的治理结构都与独立的单个公司不同,从而也就不能用独立公司的治理边界来说明公司集团的治理边界。

41. 公司治理周期

世界上任何事物的发展都存在着生命周期,企业也不例外。伊查克·爱迪思(Ichak Adizes)1988 年在著作《企业生命周期》(*Corporate Lifecycles:How Organizations Grow and Die and What to Do about It*)首次提出企业生命周期理论,认为企业具有生命体的部分形态,把企业生命周期分为十个阶段,即孕育期、婴儿期、学步期、青春期、壮年期、稳定期、贵族期、官僚化早期、官僚期和死亡。Adizes 准确生动地概括了企业生命不同阶段的特征,并提出了相应的对策。参照企业生命周期理论,根据企业各发展阶段中信息不对称程度和委托代理关系的不同,可以将公司治理划分为初创期、成长期、成熟期和持续发展四个阶段。Berle 和Means(1932)提出,现代公司的控制权和所有权产生了分离,出现委托代理问题。股东和管理者之间的信息不对称导致管理者滥用权力的动机行为化,会进一步增加委托代理成本。公司治理最初的目的是降低代理成本,解决委托代理问题。在企业生命周期的各个阶段中,公司的信息不对称程度和面对的委托代理关系不同,因此在股权结构、治理方式等方面不尽相同,特别是在各成长阶段面临不同的治理问题,进而形成了治理周期(corporate governance cycles)的命题。

初创期的公司资产规模较小、业务单一,公司股权高度集中,创始人或其家族持有公司全部股权,公司主要以管理问题为主,但是出于公司长远发展的考虑,管理者具有基本的治理意识。随着企业的发展,成长期的公司规模扩大、内部层级增加,重视科学的管理理念和手段,管理开始向治理转型,治理由最初的有治理意识发展到按《公司法》等法律法规强制要求建立基本治理架构的被动合规。成熟期的公司资产规模达到一定水平,内部结构明晰,分工明确,股权开始分散化,为了保证决策的科学性,公司主动提高治理要求,实现主动合规。持续发展期,公司各种治理机制共同发挥作用,在合规的基础上实现有效,以保证公司决策的科学性。

公司治理机制应当根据企业所处生命周期阶段的不同特点来进行选择(刘苹和陈维政,2003)。公司治理机制会影响公司成长性,但是在企业生命周期的不同阶段,各种治理机制的作用效果存在差异。公司治理超前或者滞后都不利于企业成长,随着企业生命周期的动态调整,公司治理机制也需要进行变化。从这个意义上来说,公司治理存在周期性,即治理周期。刘苹和陈维政(2003),李云鹤、李湛和唐松莲(2011),李维安、李慧聪和郝臣(2012),李云鹤和李湛(2012)等人的研究对公司治理周期进行了详细阐述和分析。

42. 公司治理文化[①]

公司治理文化(corporate governance culture)是指股东、董事、监事、经理人员、重要员工等公司利益相关者及其代表,在参与公司治理过程中逐步形成的有关公司治理的理念、目标、哲学、道德伦理、行为规范、制度安排及其治理实践。根据定义可以将公司治理文化的要素按其内在和外化分为观念层、制度层和行为表现层这三个层次,如图 1-8 所示。

公司治理文化的观念层包括公司宗旨、公司治理目标、理念等,是公司治理文化的内核。制度层是在观念层的指引下,体现观念层实质内涵的各种成文或不成文的

图 1-8　公司治理文化层次结构示意图

(资料来源:徐金发,刘翌. 论我国公司治理文化及其建设[J]. 中国软科学,2001(12):45-49.)

---

① 徐金发,刘翌. 论我国公司治理文化及其建设[J]. 中国软科学,2001(12):45-49.

制度和规范,公司治理的制度或结构可以划分为两大类:一类是正式制度(formal institution),另一类是非正式制度(informal institution)。非正式制度是指由文化、社会习惯等形成的行为规范(norm),这些规范虽然没有在正式合同中写明,从而不具有法律上的可执行性,但却实实在在地发挥作用。正式制度有狭义与广义之分。狭义的正式制度是指只适用于单个企业的"特殊契约",包括公司章程以及一系列具体合同等。广义的正式制度则还包括适用于所有企业的"通用契约",包括政府颁布的一整套法律、条例,如破产法、公司法、劳动法、证券法、企业兼并条例等。制度层是观念层与行为表现层的中介,是公司治理的核心理念的具体化和体现。行为表现层是公司治理实践的最终外在表现,由制度层直接决定,表征了公司治理的各种个性特征,如董事会规模、构成以及结构、董事会决策方式、董事会与经理层的关系、股东大会的作用、股东大会或董事会会场氛围等。

公司治理文化是在公司治理实践中逐步形成的,与管理文化或企业文化是有区别的。公司治理的中心是确定公司目标和战略,通过监督经理人员的行为,合理划分他们的权利和责任,均衡协调相关人员的利益等措施发挥作用。公司治理实践主要包括四种行为:①明确各利益相关者的权利与责任,②制定公司长期发展战略,③对公司重大事项作出决策,④监督经理人员行为。值得强调的是,公司治理与公司管理是两项既有区别又有联系的活动。如果说,公司治理关心的是"公司向何处去",那么,公司管理关心的是"使公司怎样到达那儿",也就是说,管理是在一定的时间内通过业务经营,如研究开发、生产、营销以及财务、人事等活动实现具体任务目标。在公司管理的长期实践中会形成公司管理文化,既通常所说的公司文化或企业文化。因此,治理文化不同于管理文化。

一个公司的治理文化在很大程度上决定了该公司的治理。公司治理是由一系列具体的制度安排构成的,它与公司治理文化的制度层相对应。而公司治理文化的制度层是观念层——公司宗旨、治理目标、理念等的具体体现,并由观念层决定。由于公司治理文化的观念层比较稳定,不容易变化,因此,特定的治理文化就决定了特定的公司治理。

公司治理文化的核心组织载体是董事会。董事会是公司治理的核心。它是公司利益相关者代表组成的议和体,董事会会议是各相关者利益发生冲突与妥协的主要场所。在董事会中,来自不同方面、具有不同利益取向和文化背景的利益相关者代表通过参与董事会事务,将各自的文化交织相融在一起,并形成了公司治理文化。

公司治理文化形成与变迁的基础是主要利益相关者之间的相互信任与协调一致。与公司内部纵向行政管理系统不同,公司治理系统是一个横向制衡系统。参与公司治理的利益相关者及其代表是平等的,并且通过一致同意或在必要时通过投票达成决议。股东大会、董事会(监事会)以及经理层之间是委托代理关系,而非领导与被领导关系。因此,公司治理文化形成与变迁无法通过最高领导强行推动的方式实现,而只能是主要利益相关者在相互信任的基础上一致同意而逐步形成或变迁。公司治理文化的形成受到多方面因素的影响。这些因素主要包括以下几点。

(1)民族或地区文化传统因素。不同国家在组织形式上的差别是受其文化传统影响的。进一步而言,一个国家或地区对公司治理模式与《公司法》的选择也是受其文化与意识形态影响的。因此,不同的民族文化往往对应着不同的公司治理模式,如盎格鲁—撒克逊文化对应英美模式、日耳曼文化对应德国模式、大和文化对应日本模式、儒家文化对应东南亚模式(家族控制模式)。不仅如此,即使在同一个国家或地区,不同区域的亚文化也会形成不同的公司治理文化。

（2）法律环境因素。公司是经济生活中最普遍、最基本的组织形式，各国或地区均通过立法对公司治理结构框架作出了强制性规定。公司治理的法律规定不仅限制了公司治理正式制度的选择，而且反映了不同的公司治理制度文化。由于不同国家或地区法律形成的历史渊源不同，就形成了不同的公司治理法律模式与制度文化。比如美国公司法崇尚股东主义，强调保护股东利益；而德国公司法重视员工等利益相关者的利益，明确规定公司监事会必须有员工代表等。由此可见，不同的法律环境也会对公司治理文化产生影响。

（3）公司经营条件因素。公司是一个开放的经济系统，公司治理与经营管理必然受到公司经营条件因素的影响。这些因素主要包括公司所属行业、市场环境、公司的资源以及公司规模等。比如在高科技产业，公司的成长与发展在更大程度上取决于公司所拥有的"知识"及其创造能力或者说人力资本，而不是有形资本。因此，在高科技公司中就必须确立重视知识及其创造、强调协调合作的开放性的公司治理文化。而在一些垄断性行业，如公用事业等产业中，公司就应形成保护社区、政府、客户等利益相关者的公司治理文化。

（4）公司资本结构因素。公司资本结构因素主要是指所有制形式、股权结构、股东素质以及融资结构等。这些因素会对公司治理文化产生影响。以所有制形式为例：在国有独资或国有控股的公司中，由于政企不分，可能会导致公司治理文化中行政官僚色彩浓重；而在家族式的公司中，公司治理文化可能带有家族主义色彩，公司内部的治理也许不依据公司法、公司章程等正式制度，而是依赖于家族内部的一整套不成文的规则。

43. 公司治理能力[①]

现有公司治理理论从公司治理结构、治理机制等方面对公司治理"是什么"与"应该是什么"的问题进行了深刻剖析，得出了许多有价值的结论，并指导着公司治理实践的发展。在公司治理实践中，我们经常会发现拥有同样或类似的公司治理结构与公司治理机制的不同企业，其治理绩效却存在着很大差异。同一企业在治理结构、治理机制基本保持不变的情况下，当处于建立初期、成长期、成熟期等不同发展阶段时，也会有不同的治理绩效。实践证明，并不是说公司只要建立健全了公司治理结构与公司治理机制就能取得理想的治理效果，或者说就能实现公司的治理目标。公司治理结构是产生良好公司治理效果的基础，公司治理机制是实现良好公司治理效果的一种工具，他们都只是改善公司治理效果的必要条件，并不是充分必要条件。

从理论上看，公司治理结构与公司治理机制也可以看作是企业的两种资源，这两种资源对公司治理来讲是表面的和载体性的构成要素，本质的东西是存在于两者背后的能力，即公司治理能力（corporate governance ability）。这种能力与公司领导者的个人能力、治理工具、治理环境等要素紧密相关，这些要素相互影响、相互作用，并综合地体现为公司治理能力。一个公司的治理结构与治理机制，甚至整个公司治理模式是可以被学习与模仿的，并容易被竞争对手解决与获取，但蕴含在这些要素后面的治理能力，却是不易被学习与模仿的。公司治理结构、治理机制、治理能力以及治理环境等因素共同组成了完整的公司治理体系，并综合地体

---

① 高闯等.公司治理：原理与前沿问题[M].北京：经济管理出版社，2009.

现为公司治理力系统。

44. 强制性治理[①]

公司治理制度在投资者与经理人等参与人内生的自我实施机制和外生的法律监管制度相互博弈的冲突和协调过程中不断演进,并根据博弈双方的作用大小在实施过程中表现为强制性和自主性(青木昌彦,2001)。强制性治理(mandatory governance)是指在公司组织领域外生的法律监管制度在与上市公司参与人内生的自我实施机制的相互博弈过程中占据主导地位,并迫使上市公司采取非自愿的"守信"行为的治理形式,它更多地表现为上市公司被动迎合外在法律对公司治理规定的最低监管要求。因此,强制治理主要是根据《公司法》《证券法》等法律规则所要求实施的国家层面的治理准则,同时结合我国上市公司治理的现实特征。当某一条公司层面所实施治理准则虽然不是法律强制性监管要求内容,但是如果被所有的上市公司都实施,则该治理准则也是强制性治理内容。

在资本市场上,投资者对公司进行投资的目的是为了获得回报。在投资者对公司进行投资以后,他们通常能获得一些受法律保护的权利。近年来,损害小股东和债权人利益的行为在很多国家频频发生。外部投资者在对公司进行投资时要承担一定的风险,如他们的某些权益可能被控股股东或经理人剥夺,从而无法兑现投资回报。控股股东和经理人剥夺外部投资者的行为极大地损害了金融体系的运行基础,也严重制约了一国资本市场和上市公司的健康发展。那么,如何保证投资者享受其应有的权利,以帮助他们实现投资回报呢?有学者认为,金融市场的大多数监管者根本就没有存在的必要,投资者通过与公司签订契约,就能够保护自身的合法权益。Jensen 和 Meckling(1976)认为,投资者认识到存在受盘剥的风险,并且能够惩罚那些不按规定披露有关信息和约束自己行为的公司,因此,公司在发行证券时有动力与投资者签订契约来约束自己的行为。Stigler(1964)认为,只要财务契约能够得到很好的履行,金融市场就不需要监管者。但是,LLSV(2000)则认为,契约的履行是需要成本的,当这种成本超过一定的水平以后,用保护投资者的法律制度取代契约,并对经理人进行监管,也许就更加有效。LLSV(2002)通过深入研究发现,通过法律体系(即立法和执法)来保护外部投资者是问题的关键。虽然信誉和泡沫可能有助于筹集资金,但是,立法和执法方面的差异可能是导致一些国家的公司筹集的资金多于其他国家公司的一个关键因素。如果潜在股东和债权人的权利能得到法律的保护,那么他们就会愿意向公司融资。与公司员工或供应商相比,外部投资者更容易受到权利被剥夺的伤害。因此,他们对法律的依赖性也更大。在 LLSV 看来,公司治理在很大程度上,就是为外部投资者采取的阻止内部人(控股股东和经理人)实施盘剥行为的一整套机制。由此,他们开创了公司治理的方法与金融学研究方法,并率先从国家层面的法律制度,即强制性治理方式,保护投资者权益的角度来研究公司治理问题。

现实中一些公司为了能够在全球性资本竞争中获胜,具有创新意识的公司会主动开展治理创新活动,探索完善公司治理的路径。这些自愿性的公司治理创新活动往往是在合规的基础上进行的,在改变单个公司治理状况的同时也为其他公司的治理完善起到了示范作用。

---

① 本词条初稿由对外经济贸易大学商学院陈德球教授提供。

Anand，Milne 和 Purda(2006)开始引进自主性治理的概念去概括这一行为，在他看来，已有的治理合规可以视为一种强制性的治理行为，而超越这一水平的治理活动可以视为企业自愿基础上的自主性治理，这一划分无疑开拓了公司治理研究更广阔的空间。

45．自主性治理[①]

自主性治理(voluntary governance)是指在公司组织领域，上市公司参与人内生的自我实施机制在与外生的法律监管制度相互博弈的过程中占据主导地位，上市公司出于自身提高公司治理效率和创造公司价值的内在需要而在满足法律监管要求的基础上主动进行治理创新。

强制性治理是实行自主性治理的前提条件，而自主性治理是上市公司在满足强制性治理要求的基础上实施的治理创新，并且是对强制性治理的有效补充和超越。这两种治理机制产生于投资者、公司管理层等内生的自我实施机制和外生的法律监管制度相互博弈的冲突和协调过程，其影响作用取决于博弈双方的实力。

自主性治理作为公司自身实施的一种制度安排，要受到公司特征及其外部因素的影响。经济全球化导致了资本市场的全球化扩张，企业有动机采取高效的治理机制，向投资者披露更加透明的信息，以吸引更多的投资者。部分实证研究证实了公司特征和外部因素对上市公司治理创新所产生的影响，但是，总体而言，已有的研究结论不尽一致。Klapper，Lover 和 Laeven(2005)对东欧国家为保护小投资者利益而实施的公司累计投票权和代理邮寄投票权这两种治理条款的决定因素进行了差异性比较分析，结果发现：虽然这两种条款是 LLSV (1999)股东权利保护指数六项构成内容中的两项，但在他们研究的样本中，公司法和商法都没有对这两种条款做出强制性规定，公司采取这些治理条款完全是它们的自主行为。Klapper 等后来进行了更加深入的实证研究，并且发现持股 50% 或以上的控股股东都不愿实施这些条款，而小股东和其他大股东都愿意实施这些条款，目的就在于保护自己的权益不受控股股东的侵害。Anand，Milne 和 Purda(2006)以加拿大公司为研究对象，并以董事会质量为衡量上市公司自主性治理水平的指标，考察了公司特征与自主性治理水平之间的关系。他们发现，自主性治理水平与大股东或高管持股比例负相关，与公司较好的投资机会或高水平的研发支出正相关。资本需求是公司实施自主性治理的重要动因，公司对外部资金的需求越大，就越有动机采用更加有效的治理实践，以吸引潜在的投资者。不过，Kouwenberg(2006)的研究却没有发现相关证据。Kouwenberg(2006)以泰国上市公司为对象，研究发现新兴市场国家的公司的外部融资需求并不能推动公司开展自主性治理，而公司规模与自主性治理水平之间存在较弱的正相关性。在发展水平相对较低的金融市场上，由于外部融资的成本较高，公司实施自主性治理的成本也比较高(Doidge，Karolyi，Stulz，2007)。Silveira，Leal，Silva 和 Barros(2007)以巴西 1998—2004 年 200 家上市公司为对象，研究了自主性治理机制的演化及其决定因素。他们以公司自主采纳"公司治理指引"中的条款为框架，把股东权利、董事会运作与职能、公司透明度、公司道德水平和利益冲突等作为自主性治理水平的衡量指标，结果发现公司增长前景、规模、价值和所有权结构与自主性治理水平不相关。

---

① 本词条初稿由对外经济贸易大学商学院陈德球教授提供。

Chhaochharia 和 Laeven(2009)在区分强制性治理和自主性治理的基础上,通过跨国比较分析了自主性治理对公司价值的影响,结果表明很多公司主动实施超越强制性治理的自主性治理,而且它们的自主性治理水平与公司价值显著正相关。同时,他还认为,尽管提高自主性治理水平往往会伴随成本的增加,但公司还是愿意实施自主性治理。市场会回报公司的自主性治理行为,自主性治理水平的提高有助于公司市场价值的提升。Bruno 和 Claessens(2007)认为,公司价值受强制性治理和自主性治理的驱动。随后,他们以 23 个国家 5857 家上市公司为对象,分析了强制性治理和自主性治理对公司价值的影响。结果显示,与自主性治理相比,强制性治理对公司价值的作用较小,可能是因为过度监管抑制了管理层的创新意愿。这意味着提高强制性治理水平并不一定能够提高公司绩效,反而可能限制管理层的主动性。由此可见,治理实践对投资者的影响主要取决于这样一个因素:它们是法律强制规定的还是公司自主实施的。

46. 公司治理模式

公司治理系统特征的外在化称为公司治理模式(corporate governance model),不同公司治理模式的形成往往与特定的治理环境有关。三种典型公司治理模式比较如表 1-6 所示。

表 1-6　三种典型公司治理模式比较

内容	英美治理模式	德日治理模式	东亚及东南亚家族治理模式
股权结构	股权分散,流动性高;机构投资者为大股东	股权集中,流动性小;银行持股或法人相互持股	股权集中于个人及家族成员手中,流动性相当较小
两权分离	较强	较弱(集中于银行、大财阀)	较弱(集中于家族成员手中)
经营决策	职业经理层发达,拥有较大的经营管理自主权	管理人员有一定的自主权,但银行对企业决策的影响力大	主要经营管理权在家族成员手中,企业决策家长化
政府角色	宏观调控	间接管理,行政指导	政策指引,行政指导
法律框架	完善	完善	不完善
市场效率	较高	较低	较低
银企关系	银行对企业无控制关系,以从股票市场直接融资为主,负债率较低	实行主银行制,以向银行间接融资为主,负债率较高,银行对企业有监督、控制权	和银行关系密切,从银行获取大量资金,但银行对企业的监督、约束力较小
经理市场	完善度较高	完善度较低	完善度较低
产品市场	完善度较高	完善度较高	完善度较低

(资料来源:廖理.公司治理与独立董事[M].北京:中国计划出版社,2002.)

公司治理模式的比较研究始于人们对经典公司治理模式的三次质疑。在 1980 年代,日本经济没有出现问题时,德日公司治理模式广受推崇,随着日本经济的崩溃,人们改变了看法。在 1990 年代,英美公司治理模式受到高度肯定。但 2001 年以来接连不断涌现出的安然公司(Enron Corporation)、世通公司(WorldCom)和施乐公司(Xerox)等的假账丑闻也使人们对英美公司治理模式产生怀疑。东南亚家族模式曾经造就了"东南亚奇迹",但 1998 年以来的东南亚金融危机却使其暴露出诸多严重缺陷。因此,人们一直在探寻着是否存在最优治理模式,公司治理模式的比较研究方兴未艾。

47. 英美治理模式

所谓英美治理模式（Anglo-American governance model）是基于英美等国家独特的法律、文化、政治、经济等背景所形成的一类治理模式。英美等国企业特点是股份相当分散，个别股东发挥作用相当有限。银行不能持有公司股份，也不允许代理小股东行使股东权利。机构投资者虽然在一些公司占有较大股份，但由于其持股投机性和短期性，一般没有积极参与公司内部治理的动机。这样，公众公司控制权就掌握在管理者手中，在这样的情况下，外部治理机制发挥着主要的治理作用，资本市场和经理市场自然相当发达。经理市场的隐性激励和以高收入为特征的显性激励对经营者的激励约束作用也很明显。公开的流动性很强的股票市场、健全的经理市场等对持股企业有直接影响。这种治理模式也被称为"外部治理模式"。虽然英美公司治理模式中，经理层有较大的自由和独立性，但受股票市场的压力很大，股东的意志得到较多的体现。

48. 德日治理模式

所谓德日治理模式（German-Japanese governance model）是基于德日等国家独特的法律、文化、政治、经济等背景所形成的一类治理模式。在日本和德国，虽有发达的股票市场，但企业从中筹资的数量有限，企业的负债率较高，股权相对集中且主要由产业法人股东持有（企业间交叉持股现象普遍），银行也是企业的股东。在这些企业里，银行、供应商、客户和职工都积极通过公司的董事会、监事会等参与公司治理事务，发挥监督作用。这些银行和主要的法人股东所组成的力量被称为"内部人集团"。日本、德国的企业与企业之间，企业与银行之间形成的长期稳定的资本关系和贸易关系构成了一种内在机制对经营者的监控和制约，也被称为"内部治理模式"。相比较而言，日本公司的治理模式更体现出一种经营阶层主导型模式，因为在正常情况下，经营者的决策独立性很强，很少直接受股东的影响；经营者的决策不仅覆盖公司的一般问题，还左右公司战略问题，且公司长远发展处于优先考虑地位。而德国的治理模式更体现出一种共同决定主导型模式，在公司运行中，股东、经理阶层、职工共同决定公司重大政策、目标、战略等。

49. 东亚及东南亚家族治理模式

Chandler 在其名著《看得见的手——美国企业的管理革命》（*The Visible Hand：The managerial Revolution in American Business*）中对家族企业下的定义是，企业创始者及其最亲密的合伙人（和家族）一直掌有大部分股权。他们与经理人员维持紧密的私人关系，且保留高阶层管理的主要决策权，特别是在有关财务政策、资源分配和高阶人员的选拔方面。从 Chandler 的定义看，这种家族企业并不是指由家族成员掌握全部所有权和经营控制权，而是一种由家族成员大部分和基本掌握上述两种权利的企业组织形式。这个定义显然未将家族企业的全部外延包括进来。依照他的标准,传统的个人企业即两权合一的企业是家族企业,即使是合伙关系,只要资本股权为少数个人或家族掌握,这种企业还是归于家族企业的范围(高明华,2009)。家族治理模式(family governance model),是指公司所有权与经营权没有实现分离,公司与家族合一,公司的主要控制权在家族成员中配置的一种治理模式。在这种治理模式下,公司的所有权主要控制在由血缘、亲缘和姻缘为纽带组成的家族成员手中,主要经营管理权由家族成员把持,公司决策程序按家族程序进行(李维安等,2001)。家族治理模式如图 1-9 所示。

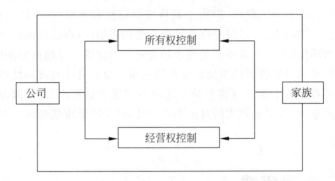

图 1-9　家族治理模式示意图

(资料来源:李维安等.现代公司治理研究——资本结构、公司治理和国有企业股份制改造[M].
北京:中国人民大学出版社,2011.)

这种治理模式以东亚的韩国,东南亚的新加坡、马来西亚、泰国、印度尼西亚、菲律宾等国家和地区为代表。这种模式的特点是所有权的家族化、决策的家长化、激励的双重化、管理的亲人化、经营的非公开化和来自银行外部监督的弱化。这种治理模式的缺陷主要表现在三个方面:容易发生控制权争夺、任人唯亲和家族继承的风险较大。

计划 IPO 上市和打造中式快餐第一品牌的"真功夫",如今却陷入了不断升级的家族内讧之中,与之发生过类似事件的还有土豆网和赶集网。曾经并肩奋斗的夫妻如今反目成仇,摇摇欲坠的不仅是一个家庭,企业在控制权纷争中日渐式微。以上案例暴露出家族企业在创立之初的治理机制构建方面,利用"亲缘"来替代现代公司治理的正式制度安排存在重大隐患,"亲缘治理"必须让位于科学的现代公司治理。家族企业将家族和企业两个系统契合,形成独特的"亲缘治理"模式,但是"亲缘治理"并不能替代科学的现代公司治理。"真功夫"股权结构最明显的特征是两大控股股东所持有的股权绝对均等。当两大股东意见一致时,这样的股权结构可能会产生高效率,而一旦两大股东之间出现矛盾,那么这样的股权结构就有百害而无一利。"真功夫"家族内斗正是围绕股权这一公司治理的核心问题展开的。"真功夫"内部出现的混乱,从根本上说就是因为这种股权对等的结构在"亲缘"被打破的情况下造成的公司核心管理权失控而导致的。

父子、兄弟、夫妻携手创业,由于共同的价值观和利益驱动,在家族企业创立之初,可以带来其他企业无法比拟的高效率。但是随着企业的发展,如何分配创始人的利益和位置成为值得思考的重要命题。有的家族企业选择适当的时机重组,家族成员各自经营;譬如 1982 年刘氏四兄弟创建了希望集团,1995 年刘氏兄弟明晰产权,进行资产重组,分别成立公司,在各自的领域分别发展,目前四大公司总合乃我国最大的民营企业。也有的家族企业注意治理机制安排,将控制权集中于某个成员手中,例如,2009 年华谊兄弟传媒股份有限公司在内地公开上市时,董事长王中军持股 34.85%,总裁王中磊持股 11.03%,这样的股权安排在确保了家族利益的同时能够保证企业核心管理权的稳定。

如果把公司比作一棵大树,那么公司治理就是大树的根基,因此在家族企业构建现代公司治理机制至关重要。以"亲缘"为核心的治理模式存在众多的不确定性,家族企业内部存在错综复杂的亲缘关系,如何设置合理的创始人减持和退出机制,做到既不伤亲情又能保证企业控制权的稳定引发人们的思考。家族企业在形式上建立了公司治理结构,但是本质上仍然没有摆脱作坊式的模式,在构建现代企业制度方面并未达到"神至"。明确经营权和所有权分离,一方逐渐退出,另一方以合理的价格受让;或者双方采用割据而治的方式,在不同地区或者不同领域共同使用原企业的品牌都是可以参考的方式。只有从制度上改善股权结构、规范治理机制、确保控制权稳定,家族企业才能走得更远。

50. 权变公司治理模式

公司治理模式的演变和理论研究表明:一个国家公司治理模式同一切体制变动一样,其形成和变化是路径依赖(path dependence)的,是受到特定经济体制、政治体制、法律环境的影响,不能够照搬照抄,这是宏观层面公司治理模式的选择;每个行业公司治理模式由于人力资本稀缺的程度不同而不同,一个人力资本所有者谈判能力很强的行业,例如高科技行业,它的公司治理模式必然倾向于采用员工至上主义模式,这是中观层面公司治理模式的选择;即使是同一个企业,在不同的成长阶段,企业的公司治理模式也不同,这是微观层面公司治理模式的选择。换句话,世界上没有最好的、放之四海皆准的模式,一个国家必须探索符合自身国情的公司治理模式,一个行业应选择适合自身特色的公司治理模式,一个企业要依据不同的成长阶段的需要来优化公司治理模式。因此,公司治理模式是权变的,如图 1-10 所示。各种模式之间不存在绝对的界限,随着经济全球化的发展、大的产业链的形成以及各种类型网络组织(network organization)的出现,各种模式之间已经开始出现相互融合的迹象。各种治理模式不断显露出弊端,公司治理变革的方向也体现为相互补充的趋同化。以英美为代表的外部治理模式,开始怀疑完全依赖市场治理的有效性,把目光转向公司内部;以韩国为代表的

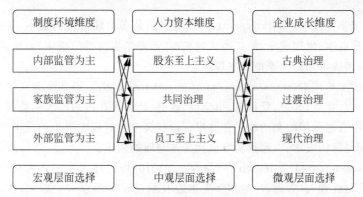

图 1-10 权变公司治理模式示意图

(资料来源:郝臣,李礼.公司治理模式的多维度比较研究:构建公司治理权变模式[J].南开管理评论,2006(4):84-89.)

家族治理模式,也着手进行公司治理的改革;以德日为代表的内部治理模式,开始重视资本市场等市场因素对公司治理的有效作用。

所谓权变公司治理模式(contingency corporate governance model),是指公司治理模式是社会制度环境、人力资本相对重要性和企业所处的成长阶段的函数(郝臣和李礼,2006)。企业应根据社会制度环境、所处的行业或产业、企业成长阶段来选择相应的公司治理模式,但不能因为公司治理模式而模式化。依据制度环境维度,将公司治理模式分为外部监管模式、家族监管模式和内部监管模式;依据人力资本维度,将公司治理模式分为股东至上主义模式、双边治理模式、员工至上主义模式;依据企业成长维度,将公司治理模式分为古典治理模式、过渡治理模式和现代治理模式。

每一种治理模式都有自己的优点和不足,对于一个特定的国家、行业和企业,构建公司治理模式的关键在于各种治理机制的作用能否得到有效发挥。只有企业条件和公司治理类型相一致,两者共同作用才能保证有效治理的实现。历史性地看待全球公司治理模式的演变,不断地调整和改善是公司治理模式永恒的主题,保持公司治理模式的不断演进是公司治理的最优选择。作为一种微观制度安排,我国国有企业和民营企业公司治理的产生和发展具有与西方发达市场经济国家不同的初始状态和约束条件。因此,我国企业需要有一种前瞻性的意识,把握治理的脉搏,积极探寻适合自身发展的公司治理模式,以提高自身公司治理能力。

51. 公司治理质量

ISO 9000 将质量定义为一组固有特性满足要求的程度,公司治理质量(corporate governance quality)是对公司治理满足股东、客户、政府等广义利益相关者要求的程度。公司治理质量是一个综合的概念,公司治理合规性、公司治理有效性、公司治理绩效、公司治理成本、公司治理效率、公司治理风险、公司治理溢价等都是其不同方面的反映。

52. 公司治理成本[①]

公司治理成本(corporate governance cost)是指因公司治理发生的成本,其主要内容包括治理主体的交易成本、代理成本、第二类代理成本、治理结构的组织成本、市场治理成本、服从成本、政府的治理成本和制度摩擦成本等。

治理主体的交易成本(transaction cost of governance body),即各个独立的公司治理主体包括股东、债权人、雇员、客户、管理者、供应商、政府、社区等在内的广大利益相关者在公司这个契约性组织中自愿承担的契约性义务并履行这些义务的过程中发生的成本,包括信息搜寻成本、商洽谈判与缔约成本、自愿性监督激励成本与履约成本。

代理成本(agency cost)。Jensen 和 Meckling(1976)将代理成本定义为必要的委托人(投资者)监督支出与代理人(管理者)的担保支出以及剩余损失的总和。后来,在劳动市场信号

---

① 本词条初稿由武汉大学经济与管理学院严若森教授提供。

发送与甄选研究文献中,"担保成本"一词不再使用,而代之以"信号发送成本",并增加了"甄选成本"(刘汉民,2002)。在此前述研究的基础上,我们在此将代理成本定义为在投资者与管理者之间的利益冲突与博弈中总的价值减少,包括投资者对管理者必要的甄选与监督激励支出、管理者的缔约与强制性履约成本、投资者可能遭受的来自管理者的利益侵蚀以及投资者投资集中的风险代价。

第二类代理成本(the second-type agency cost)。公司治理研究文献长期关注的是投资者与管理者之间的利益冲突以及相应的治理结构与治理机制问题,但是,人们亦不得不越来越多地面对并重视一种新的代理问题。例如,控制性投资者(如大股东)凭借其实际控制权以合法或法庭难以证实的方式谋取私利,从而使分散投资者(中小股东)的利益遭受损害(Shleifer,Vishny,1997;Pagano,Roell,1998),因此,在这些公司中,基本的代理问题尽管依然存在于投资者与管理者之间,但控制性投资者与其他分散投资者之间的利益冲突或代理问题却已显得更为突出与重要。再例如,控制性投资者或大股东利用金字塔式的股权结构把低层企业的资金转移至高层企业,从而中小股东利益受损,即所谓的隧道行为(tunneling)(Johnson,La Porta,Lopez-de-Silanes,Shleifer,2000)。第二类代理成本即为因投资者之间利益冲突所产生的代理成本,以区别于因管理者与投资者之间利益冲突所产生的代理成本。第二类代理成本在形式上是因作为典型意义上的"委托人"的投资者内部的利益冲突引起的,但从根本上而言,其同样是由于投资者之间的信息非对称引起的,按照信息经济学对委托人与代理人的划分标准,作为信息知情者(informed)的控制性投资者成为代理人(agent),而分散投资者则成为委托人(principal)(郑志刚,2004)。因此,第二类代理成本的"代理成本"内涵本身与前述管理者和投资者之间的"代理成本"内涵并无二致。

治理结构的组织成本(organization cost of governance structure)。公司治理的组织结构是指董事会、股东会、监事会与经理班子以及职工代表组织等之间责权利划分的组织机构化设置与确认,治理结构的组织成本即为公司治理组织机构设置与确认以及确保这些权力机关得以正常运转所必须耗费的成本。

市场治理成本(governance cost of market)。一个完整的公司治理的市场体系涵盖公司控制权市场、产品市场、经理市场与声誉市场、债权市场以及一般劳动力(雇员)市场,其要义在于基于各类竞争性市场机制传导的压力与功能而相应地促进公司各利益相关主体的激励相容。就某一单个公司而言,其市场治理成本即为市场治理体系对其公司治理所发生的成本总和。

服从成本(compliance cost)。即公司为执行相关正式制度包括规章制度与法律条文与程序等所发生的成本,包括公司必须保存重要文件资料与档案、制作股票或股权证明、按规定格式分类制作账表、聘请外部审计机构、在官方指定的媒体上按时发布各类相关信息以及向政府出示必要的汇报等活动中产生的成本。服从成本必须由治理主体与治理组织机构承担,因此,其会明显增加治理主体的交易成本与治理结构的组织成本以及产权主体的排他成本(exclusion cost)。所谓排他成本,简言之,当产权主体保有产权(处置与运用人力资本或非人力资本的各种权利),亦即不将其用于交易之时,他们即要支付排他成本。

政府的治理成本(governance cost of government)。作为一种自上而下的层级秩序或组织,政府通常的主要职能在于维护公民的各项自由、生产公共品与再分配产权。为此,政府必须投入代理成本,亦即政府机构运行的资源代价,包括监督或治理政府内外情况的成本(柯武刚,史漫飞,2002)。但就公司治理而言,政府的治理成本仅指政府在制定公司治理法律法规体系、培育与完善市场治理体系以及在对公司的权益予以直接干预或接管等活动中发生的成本。因此,政府的治理成本只是政府的代理成本的组成部分之一。服从成本中有很大部分实质上可以视为是政府运行的代理成本之外又多出的一笔费用。例如,公司必须在按税法行事上花费大量的时间与精力,以保证记录、收集文书、填写表格与聘请会计,而且必须向政府机构作出报告以证明公司已经履行了这些规定。

制度摩擦成本(cost of institutional friction)。任何公司的治理制度都是正式制度(如公司章程、法律法规约束等)与非正式制度(如风俗习惯、文化价值模式与组织政治知觉等)的组合,因此,其间存在一个正式制度与非正式制度之间的兼容性或相互适应性问题。其中,正式制度与非正式制度之间可能兼容,比如适应非正式制度的发展要求而出现并经过确认的"诱致变迁型"正式制度实质上即是非正式制度适时的明确化,其能够保证对所有公司治理参与主体具有普遍的激励与约束功能。但是,对于人们有意识设计并创造出来的"强制变迁型"正式制度而言,其却可能因制度制定者的有限理性、目标多元化、制度制定与推行的时滞、制度刚性以及"制度移植"的不适应等多种原因而与非正式制度并不兼容(刘翌,徐金发,2001)。就公司治理的成本而言,制度的兼容性是其一个重要的影响变量,因为当公司治理的正式制度被觉察到与参与公司治理的主体各方之间形成的非正式制度一致之时,参与公司治理的主体即会受到一种自我激励与约束,而且这种激励与约束通常会在与非正式制度的相互强化中最终通过正式制度的确立变得更加明确。因此,在非正式制度与正式制度具有一致性之时,监督与强化机制往往能够以一种非正式的方式取得预期的效果。在此情况之下,公司治理的各项成本显然是会减少的。但当公司治理的正式制度与非正式制度之间不兼容或存在制度摩擦之时,则在其他条件相同的情形之下,公司治理的各项成本必然增加。据此,我们将这种因公司治理的正式制度与非正式制度之间的非兼容或制度摩擦而导致公司治理本来可以避免但却已现实发生或额外增加的成本称之为公司治理的制度摩擦成本。显然,制度摩擦成本并非一项独立的公司治理成本,而是在既定的正式制度与非正式制度组合之下,治理主体的交易成本等公司治理成本因制度非兼容性问题而"额外"增加的成本的总和,因此,制度摩擦成本是一个总量的概念,而且在计量公司治理成本的总量之时,不能在核定了治理主体的交易成本等公司治理成本及其总和之外再加上制度摩擦成本,否则,即是对部分公司治理成本予以了重复计量。事实上,制度摩擦成本的重要意义更大程度上在于概括制度非兼容性问题的后果。

53. 公司治理绩效

公司治理绩效(corporate governance performance),即公司在治理上的投资之后所取得的收益,是与公司治理成本紧密关联的一个概念。由于公司治理绩效的可计量性相对较差,因此,一般并没有专门的公司治理绩效衡量指标,多采用公司绩效指标来做间接的量化。公司绩效一般可以划分为财务绩效(反映公司收益能力的每股收益、净资产收益率、总资产收益率、投入资本回报率,反映公司其他方面财务绩效的成长性指标、破产指数、资产周转率、管理费用率和投资效率等)、经济绩效(市场增加值和经济增加值等)和市场绩效(反映公司市场价值的市盈率、市净率、托宾 Q 值、企业价值倍数,反映公司市场回报的价值相关性和累计超额回报等)三个层次,详见本手册第十篇。

　　提高上市公司质量是治本之策,上市公司是股市的基石,必须提高上市公司质量,股市才能健康发展,这是一个基本的概念;对上市公司质量的评价有两个重要指标,一个是财务绩效,一个是作为财务绩效制度保障的公司治理(成思危,2007)。为了考察公司治理与公司绩效之间的相关性,本手册选取了反映上市公司盈利能力的 6 个财务指标。分别是每股收益(EPS,包括基本和稀释),净资产收益率(ROE,包括全面摊薄和加权平均)和总资产收益率(ROA),以及管理费用率(MER,管理费用占营业收入的比例,间接反映公司盈利能力,也有学者将其作为代理成本的量化指标)。然后将 2012 年的 2328 家上市公司全部样本按照中国上市公司治理指数(CCGI[NK])的高低分成 6 组,每组样本 388 家。为了更好地观察公司治理对财务绩效的影响,本手册选择了两个组合样本,即最好治理组合与最差治理组合的财务数据进行简单的比较分析。

　　比较结果如图 1-11 所示,最好治理组合上市公司的绩效指标均好于最差治理组合上市公司。公司成长性是公司绩效的重要方面,为了全面反映上市公司的成长性,本手册采用了国泰安数据库中的用来反映公司发展能力的 12 个评价指标,在同上的公司治理分组的基础上进行成长性的比较分析。

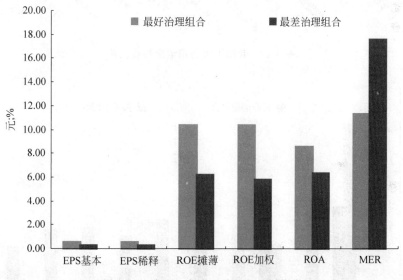

图 1-11　我国上市公司治理与盈利能力

　　图 1-12 的对比结果显示,除了利润总额增长率和营业收入增长率最好治理组合略低于最差治理组合外,在其他反映上市公司成长性的指标上,最好治理组合均高于最差治理组合,特别是其中的基本每股收益增长率、稀释每股收益增长率、净资产收益率增长率、净利润增长率,治理好的公司要显著高于治理差的公司。分析结果表明,治理好的公司不但会在当期具有较好的财务绩效表现,而且在未来还能够保持较好的财务绩效水平,特别是公司的收益能力。

　　创业板这种高成长的板块,尤其需要公司治理的制度保障作用。本手册最后进行了创业板考虑公司治理状况的成长性比较分析,如图 1-13 所示,最好治理组合与最差治理组合成长性的差异较大,而且高于主板市场。

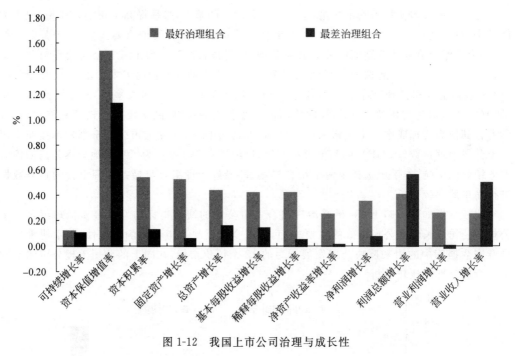

图 1-12　我国上市公司治理与成长性

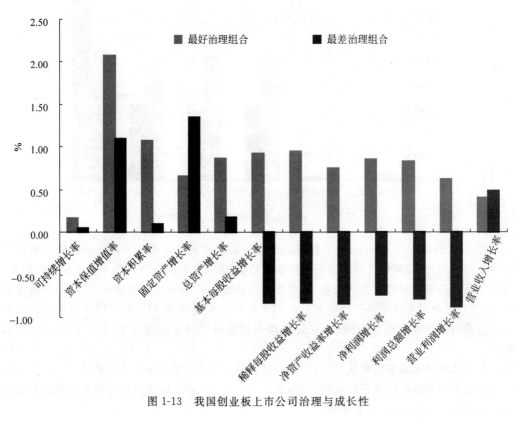

图 1-13　我国创业板上市公司治理与成长性

54. 公司治理效率①

　　公司治理不单单是为治理而治理,治理的最终目标应是取得一定的治理效率(corporate governance efficiency),即公司应对不确定性、风险等方面的效率,以达到公司持续成长的目的。最佳的公司治理效率是指治理成本最小化同时治理收益最大化的状态(于东智,2005)。治理效率包括结构性效率和适应性效率两方面②。

　　结构性效率是治理制度的基础性效率,是因整体协调而产生的制度效率,它更强调制度组织的有效性,而不是突出 CEO 的个人能力。1994 年道格拉斯·诺斯(Douglass C. North)指出,适应性效率是确定一个经济随时间演进的方式的各种规则,还要研究企业去获取知识、去学习、去诱发创新、去承担风险及所有创造力的活动以及去解决企业在不同时间的瓶颈的意愿。结构性效率和适应性效率不是截然分开的,结构性效率是适应性效率的基础,不具有一定的结构性效率就不能取得一定的适应性效率。相对于结构性效率,适应性效率是一种动态性效率。就公司治理而言,适应性效率包括两层内涵:适应性是指企业决策对企业内部、外部环境变化的适应性;其还表现在治理结构与机制对周围环境的适应性,包括政策法律、技术、历史传统等环境因素。

　　公司治理的核心问题主要包括:经理人对于股东的"内部人控制"现象,以及控股股东对于中小股东进行侵害的"隧道挖掘"现象以及企业与其他利益相关者之间的关系问题等,这些问题是公司治理低效率的表现。内部人控制(insider control)最初是由青木昌彦(Masahi ko Aoki)提出来的。在 1994 年 8 月"中国经济体制下一步改革"的国际研讨会上,青木昌彦(Masahi ko Aoki)针对苏联与东欧的激进式经济体制转型过程中企业的情况进行分析,提出"内部人控制(或由管理人员,或由工人控制)看来是转轨过程中所固有的一种潜在可能的现象"。吴敬琏在《国有大中型企业公司化改革的难点及对策》③一文中介绍了这一概念,指出"内部人控制指的是一个企业的内部人员——经理和职工事实上具有对投资、利润使用等的控制权"。Shleifer 和 Vishny(1986)的研究表明,在缺乏投资者保护的国家,公司股权往往比较集中;La Porta,Lopez-de-Silanes,Shleifer 和 Vishny(1998;1999;2000;2002)从法律保护的角度,解释不同国家资本市场发展和大股东侵害小股东状况的差异,认为除非是股东权益得到很好保护的国家,否则公司的股权很难被分散持有;当法律对小股东的保护不到位时,这种掏空行为更加严重。

55. 公司治理风险④

　　从本质上而言,公司治理风险(corporate governance risk)是指某种因公司治理结构不合理或公司治理机制不完善而导致公司治理偏离目标的可能性,作为一个系统性问题,公司治

---

①　本词条初稿由南开大学商学院会计学系程新生教授提供。
②　马磊,徐向艺.公司治理若干重大理论问题述评[M].北京:经济科学出版社,2008.
③　吴敬琏.国有大中型企业公司化改革的难点及对策[N].经济日报,1995-02-02.
④　本词条初稿由武汉大学经济与管理学院严若森教授提供。

理风险并非囿于单一或少数几个公司治理维度,而是涉及股权结构与股东会治理、董事会治理、监事会治理、经理层治理、利益相关者治理以及公司信息披露制度与状况乃至公司社会责任等多个公司治理维度。就公司治理风险预警而言,构建基于公司危机的系统性治理根源或公司治理风险变量的预警模型,有助于投资者及其他利益相关者及时识别上市公司的治理风险并正确评价上市公司的价值,同时亦能促进上市公司加强自身的治理改善与优化,从而实现上市公司的可持续经营与发展。

已有较多国内外学者开始关注公司治理风险领域。Miller和Worman(1999)指出,因公司治理制度设计不合理或运行机制不健全而导致的公司治理风险会对公司的持续经营及总价值产生负面影响,进而会对投资者的利益产生威胁;Solomon和Brennan(2000)提出了信息披露风险的概念,认为信息披露是影响公司治理的重要因素;Black(2001)验证了信息披露程度与公司治理风险的相关性,但其并没有对公司治理风险的维度与内涵进行剖析;Watanabe(2002)提出了公司控股风险的概念,认为公司所有权的私有化是降低公司控股风险的一种必要方案;Francis和Armstrong(2003)间接提到了公司与利益相关者的协调及其风险问题,认为该风险的大小取决于道德因素,并进一步认为,如果公司基于道德准则与价值指导进行决策,则公司与利益相关者均将获利;Lee和Yeh(2004)从分析公司治理与财务困境关系的角度建立了综合会计、公司治理与宏观经济指数的预测模型,同时提到了公司治理风险一词;Bedard和Johnstone(2004)从公司财务造假的角度指出,公司治理风险主要是指因董事及审计委员会不作为或缺乏治理效率而导致公司财务造假或公司财务报告乏效的可能性;Gavin和Orsagh(2004)指出,公司治理风险源于公司内部存在的利益冲突、过度的投资者利益补偿以及公司内部不平等的选举权等;段学平(2004)提出了公司治理危机的概念,认为公司治理危机是指因公司治理制度设计不合理或运行机制不健全而造成公司运营的不稳定性;李维安(2005)认为,在从行政型治理向经济型治理转换的过程中,针对经营者的新型制衡力量的缺失将导致上市公司在扩大经营者的自主权的同时,公司治理风险不断增加;崔蓉(2006)认为,公司治理危机是公司治理风险的最终爆发;刘腾(2007)提出了股东层治理风险的概念,指出股东层治理风险是指因股东会内部结构及股东自身道德等原因而给公司治理带来的风险;刘红霞和韩媛(2007)认为董事会治理风险是指董事会在其自身建设、协调运作以及履行职责的制度安排中,因公司内外环境变化以及事前无法预测因素的影响而导致的在一定时期内发生董事会治理目标偏离的可能性;谢永珍和徐业坤(2009)指出,公司治理机制运行不畅将导致公司治理风险,对公司治理风险的识别与控制有助于上市公司从根本上规避风险;宋光磊和刘红霞(2010)则基于构建董事会治理风险评价指标体系,并利用COX模型分析机理,设计了董事会治理风险预警的COX模型等。

56. 公司治理溢价

伴随公司治理实践的发展,世界范围内的公司治理理论研究经历了三个阶段(李维安,2006):1990年代之前,以美国为主,探讨治理结构与治理机制的治理理论研究阶段;1990年代中前期,关注主体是英、美、日、德等主要发达国家,探讨治理模式与治理原则的治理实务研究阶段;1990年代末期至今,探索的主体扩展到转轨和新兴市场国家,内容主要是治理评价和治理质量研究。进入21世纪,人们对公司治理问题的关注比以前更加强烈,无论是发达国

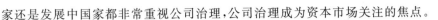

家还是发展中国家都非常重视公司治理,公司治理成为资本市场关注的焦点。

与此同时,各种公司治理评价系统相继推出,例如标准普尔(S&P)公司治理评分系统(CGS)、里昂证券(CLSA)的公司治理评价指数(CGI)、戴米诺(Deminor)的公司治理评级系统(CGR)、穆迪公司(Moody)的公司治理评估系统(CGA)、南开大学中国公司治理研究院(CACGNU)推出的中国上市公司治理指数(CCGI^{NK})。一些国家或者地区的有关部门也陆续制定了专门的公司治理披露政策,例如加拿大、澳大利亚、中国香港、联合国贸发大会等。

在上述的背景下,投资者能够相对比较容易地判断投资对象或拟投资对象的公司治理状况,从而在进行决策时考虑公司治理因素。麦肯锡(Mckinsey)2001对200个代表3.25万亿美元资产的国际投资人进行的调查结果表明,80%的被调查者认为,在其他因素相同的情况下,他们愿意为治理良好的公司付出溢价;75%的被调查者认为公司治理质量至少与公司财务指数同等重要,在财务状况类似情况下,投资人愿意为治理良好的亚洲公司多付20%～27%的溢价。2007年由澳洲会计师公会(CPA Australia)香港分会及香港浸会大学公司治理与金融政策研究中心联合进行的调查研究同样发现,境外机构投资者在投资我国境内公司的时候,愿意为那些拥有良好公司治理的公司支付高达28.5%的溢价。麦肯锡等机构的上述调查[①]、国内外公司治理评价的开展促使公司治理理论研究进入公司治理溢价研究阶段,即开始关注公司治理的资本市场效应,将公司治理与公司的资本市场表现联系起来,进而使股东获得改善公司治理的直接收益。

超额回报(abnormal returns)是与公司治理溢价紧密相关联的概念。超额回报又称超额收益。从直观的含义上讲,它是在风险不增加的情况下所获得的收益,即经过风险调整或市场调整后回报仍大于零。完全有效市场不存在超额回报,因为股票的价格已经充分反映了其基本价值,不存在错误定价。以Fama和French为代表的有效市场假说(efficient market hypothesis,EMH)的信奉者,他们认为价值股获得的超额回报是对其所承受额外风险的补偿,而这些风险被正统的资本资产定价模型(CAPM)所遗漏掉。

从资产定价的角度来看,公司治理溢价(corporate governance premium)首先是超额回报的一部分,因公司治理的好坏(实质上是治理风险的高低)而引起的超额回报,即在影响股票收益率其他因素相同的情况下,公司治理的好坏而带来的实际收益率与市场收益率之差的差异,是持有公司治理较差公司的股票多承担治理风险而要求的回报,持有公司治理较好公司的股票少承担治理风险而支付的溢价。公司治理溢价是有效市场的一个异常现象(anomaly),为正统定价模型无法解释。

如图1-14所示,A和B分别代表两个公司治理质量(风险)不同的股票或者投资组合,其中B的公司治理质量高于A,根据上述公司治理溢价的定义,公司治理溢价在数量上等于差2减去差1中能够由公司治理因素所解释的部分。[②]

对公司治理效果或绩效的经典研究主要集中在公司治理指标或指数与每股收益、净资产收益率等所反映的财务绩效关系上。而公司治理溢价的研究主要是检验公司治理风险因子是否存在超额回报,关注的是市场绩效。这方面较早的探索性研究是Gompers,Ishii和Metrick(2003)(以下缩写为GIM)利用投资者责任研究中心(IRRC)数据研究了1990—1999年美国1500家公司的公司治理与超额回报关系。首先通过公司反并购条款哑变量求和构建

---

① 需要说明的是上述调查结果仅为投资者的支付意愿,并非实际支付,而且没有给出治理溢价的界定。

② 此处公司治理溢价的界定假设不存在规模、价值等其他因子,否则需要进行调整。

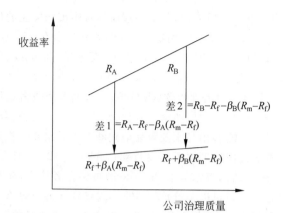

图 1-14　公司治理溢价示意图

（资料来源：郝臣.中国上市公司存在治理溢价吗？——来自沪深两市
2002—2005 年的经验数据[J].公司治理评论,2011(1):74-94.）

了一个公司治理指数,指数值越大,股东权利就越小,公司治理就越差,反之越好,指数最大值为 24；第二,该文将指数小于 5 的公司定义为"democratic portfolio",大于 14 的公司定义为"dictatorship portfolio"；第三,构建投资组合,其中在"democratic portfolio"上投资可以获得 0.29％的月超额回报,而投资在"dictatorship portfolio"获得的月超额回报为－0.42％,这样套利组合的月超额回报为 0.71％,年超额回报为 8.5％,其中所采用的定价模型为四因子定价模型。该文开创性地研究了股东权利(shareholder rights)与投资回报之间的关系,为研究公司治理溢价问题提供了一个很好的借鉴框架；此研究也引发了大量的"跟进式"研究,从样本选择、指数构建方法等方面对其研究不足进行完善。

　　Core,Guay 和 Rusticus(2006)(以下缩写为 CGR)对 GIM 的研究进行了拓展,CGR 将 GIM 数据的时间段进行了拓展。利用 IRRC 的 2000—2003 年数据的研究结果显示,依据治理指数构建的套利组合获得的超额回报为－10.1％,1990—2003 年数据的研究结果显示,超额回报为 2.6％,而 1990—1999 年数据的研究结果显示,超额回报为 9.2％。换句话,超额回报大小与特定的时间段有关系。因此,他们的结论是公司治理与超额回报之间不存在关系。

　　Bebchuk,Cohen 和 Ferrell(2009)(以下缩写为 BCF)同样利用 IRRC 的数据,研究了在 24 个公司治理条款中,哪些与公司价值和投资收益相关。经过分析,提炼出了一个由 6 个条款组成的防御(entrenchment)指数。研究发现,较高指数的公司在 1990—2003 年期间表现出较大的负超额回报。该研究从改进公司治理指数的计算方法入手拓展 GIM 的研究。

　　另一项拓展研究为 Cremers 和 Nair(2005)(以下缩写为 CN)的研究。CN 不但考虑了外部的公司治理,即并购机制的作用,而且考虑了内部治理,探究了内外部治理机制之间的交互作用。发现当买进一个接管概率较高的公司,而卖出一个接管概率较低的公司,只有在公共基金持股比例较高或者是大股东(blockholder)时才能获得 10％～15％的超额回报,而不考虑内部的股权结构时,超额回报仅为 8％。

　　除了上述 BCF、CGR、CN 对 GIM 的研究进行了拓展之外,Bauer,Gaunster 和 Otten (2004)也沿着 GIM 的思路,比较了公司治理好的组合和公司治理差的组合的收益,但样本来自欧洲泛欧绩优股指标(FTSE Eurotop 300 Index)中的公司。Drobetz,Schillhofer 和

Zimmermann(2004)利用德国公司的公司治理评级结果,考察了治理公司层面的差异是否能解释公司横截面的预期回报问题,结果发现在报告期内投资于高治理评级公司和投资于低治理评级公司的战略之间,其回报每年存在着大约12%的差异。Larcker,Richardson 和 Tuna (2007)对 2 106 个样本的公司治理与公司绩效和超额回报的关系进行了研究,利用 39 个公司治理指标,包括董事会特征、股权结构、高管的激励和反并购条款等,进行主成分分析,得出 14 个主成分变量。这 14 个主成分变量与公司的未来绩效、托宾 Q 值和股票的超额回报都存在联系。

通过上述研究可以看出,目前理论界已经开始关注公司治理与超额回报的关系,突破了原有的对公司治理与财务绩效关系的研究框架。但也不难看出存在着一些不足:第一,研究没有明确提出公司治理溢价定义,更多的是关于公司治理溢价的调查研究,实际上是支付意愿;第二,关于公司治理与超额回报关系的研究并非真正的公司治理与超额回报关系的研究,主要是关注公司治理的一个方面,即并购机制,这可能与数据获得以及数据评价的难易程度有关,因此导致了公司治理与超额回报存在与不存在关系两种结论的对立;第三,在进行公司治理评价时,即衡量公司治理状况时多数采用简单的哑变量求和的方法,没有应用因子分析等更加精确的评价方法;第四,对公司治理与超额回报的关系机理缺乏深入的分析,为什么二者之间存在着关系或者说为什么存在治理溢价没有得到明确回答;第五,已有的研究多数是关注发达国家的资本市场,我国上市公司治理与超额回报的关系需要检验。

57. 公司治理股价指数

公司治理股价指数(corporate governance stock price index)在世界范围内也是一个崭新的领域,也是公司治理评价发展的必然阶段。

国际上一些制定公司治理评价体系的机构开始制定公司治理股价指数。英国富时指数集团(FTSE)与美国的机构投资者服务公司(ISS)合作,根据 ISS 制定的公司治理评价体系推出 FTSE ISS 公司治理股价指数。韩国证券交易所则与韩国公司治理服务公司合作,联合推出了韩国公司治理股价指数,指数成分股为韩国证券交易所中 50 家公司治理较好的上市公司。南开大学中国公司治理研究院长期致力于公司治理理论与公司治理实践相结合的系统研究,于 2003 年推出了第一个系统的公司治理评价指标系统,并依据该评价体系推出中国上市公司治理 100 佳排行榜。南开大学中国公司治理研究院推出的我国公司治理股价指数 (corporate governance stock price index,CGSPI[NK])是以中国上市公司治理指数(CCGI[NK])为基础编制而成的系列公司治理指数之一,如图 1-15 所示。

中国公司治理股价指数是通过科学的方法,从在上海证券交易所、深圳证券交易所交易上市的公司中,挑选出了在公司治理方面最有代表性的公司作为成份股,旨在反映我国上市公司治理状况。成份股在选取时充分考虑了公司治理的主要指标以及流动性、行业、规模等特点。截至目前,该公司治理股价指数的运行状况良好。

公司治理股价指数是衡量上市公司治理状况的一个更直接的量化工具,通过中国公司治理股价指数可以观察公司治理良好的公司在资本市场上的走势,以及相对其他基准(如上证180 指数、上证 100 指数、沪深 300 指数)的表现。公司治理股价指数还给机构投资的指数化投资及指数衍生产品创新提供了基础条件,基金公司可以运用公司治理股价指数进行股票选

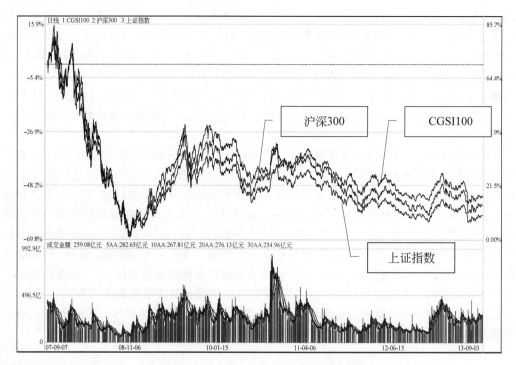

图 1-15   我国公司治理股价指数效果示意图
(资料来源：南开大学中国公司治理研究院 2013 年《中国公司治理评价报告》。)

择和资产组合管理，并设计金融衍生产品。另一方面，进入该指数且排在前列的上市公司将
约束自己继续维持良好的公司治理水准，没能进入指数或排名相对靠后的公司，由于面临不
被市场认同的可能将改善其公司治理状况。因此，公司治理股价指数的推出无疑会督促上市
公司逐步完善公司治理，最终将有利于上市公司整体治理水平的提高。

58. 公司治理原则

公司治理是当前世界范围内的重要研究课题，制定公司治理原则（corporate governance
principle）是完善公司治理机制的有效途径。自从 1992 年英国制定《卡德伯利报告》（Cadbury
Report）以来，引发了一场全球化公司治理运动，许多世界组织、政府机构、企业和机构投资者
纷纷制定相应的公司治理原则，或称公司治理准则、指南、最近做法或建议等，其基本含义是
一致的，即通过一系列非强制性的规则来谋求建立一套具体的公司治理运作机制，维护投资
者和其他利益相关者的权益，促进公司的健康发展（高明华，2009）。

所谓公司治理原则，就是公司治理活动所应遵循的基本准则、基本要求。由于公司治理
是一项实践性极强的学科，因此，近年来，各国的非官方组织和一些大型企业纷纷提出了自己
的"公司治理原则"。[1]

---

① 闫长乐. 公司治理[M]. 北京：人民邮电出版社，2008.

有效的公司治理不仅需要来自法律制度的规范,还需要对公司有指导作用的管理实务原则,即公司治理原则。从根本上讲,公司治理原则是改善公司治理的标准与方针政策,就是通过一系列规则来谋求建立一套具体的公司治理结构安排和运作机制,维护投资者和其他利益相关者利益,促使公司健康发展,实现公司的有效治理。由公司治理原则本身的性质所决定,公司治理原则是一种规范,虽然不具备强制性,但对各类型的公司均具有指导意义。公司治理原则并不谋求替代或否定有关的法律法规,而是与有关法律法规相辅相成,共同为建立有效的公司治理模式发挥作用。各公司可参照执行国家有关部门出台的公司治理原则,也可根据公司特点,以此为基础制定自己的公司治理原则。

全球经济与市场的一体化,使得资本与资源得以在全球范围内重组。由于资本在国际间流动的日益活跃,机构投资者逐步开始在国际范围内寻求资金来源与投资对象,并用严格的标准衡量投资对象的公司治理状况。为了满足机构投资者对公司治理质量的关注,各国与各组织纷纷推出公司治理原则。一方面机构投资者尝试订立自己的公司治理原则;另一方面促使不同的组织为了吸引投资者,也制定了符合国际标准的公司治理原则。同时,越来越多的国家与企业认识到,国家经济的繁荣依赖于公司的绩效,而公司绩效的高低取决于公司治理质量的优劣,因而良好的公司治理是其参与全球资源配置的关键要素。作为公司治理实务指引的公司治理原则,对于上市公司建立良好的治理结构与治理机制,起着至关重要的作用。因此,经济的全球化使公司治理原则的制定成为国家与各类组织关注的焦点。

公司治理原则的制定者可以归纳为以下几种层次。①国际性组织层次:这些组织制定公司治理原则的目的,是促进其成员国公司治理与企业经营的良好标准,建立能够使这些标准得到提升与推广的制度。②政府与各类中介组织层次:目前世界上已有20多个国家制定了公司治理原则,这些国家有的是由政府部门直接参与制定,有的则是组成了专门委员会。③机构投资者层次:美国加州公共雇员养老基金(CalPERS)于1998年4月制定了《公司治理市场原则》。④金融机构层次:著名的《卡德伯利报告》(Cadbury Report)就是由伦敦证券交易所参与制定的。⑤企业层次:美国通用汽车公司(General Motors Corporation,GM)制定与实施了《通用公司董事会公司治理准则》。到目前为止,国际组织和区域组织中,OECD、英联邦以及若干欧洲区域组织已经制定了自己的公司治理原则,如表1-7所示。

表1-7　世界主要公司治理原则一览表

公司治理原则	制定组织
《OECD公司治理原则》	经济合作与发展组织(OECD)
《英联邦公司治理原则》	英联邦公司治理协会(CACG)
《ICGN全球公司治理原则声明》	国际公司治理网络(ICGN)
《欧洲公司治理建议》	欧洲政策研究中心(CEPS)
《亚太地区公司治理原则》	亚太经济合作组织(APEC)
《欧洲证券商自动报价协会公司治理准则》	欧洲证券商自动报价协会(EASDAQ)
《欧洲证券商协会公司治理协议》	欧洲证券商协会(EASD)

(资料来源:李维安等.公司治理学[M].北京:高等教育出版社,2009.)

这些公司治理原则中,影响最大的莫过于《OECD公司治理原则》,它对许多新兴市场和经济转轨国家制定公司治理原则具有很强的指导意义。OECD各成员国代表组成的特别工作组于1998年经过广泛的咨询与磋商制定了OECD公司治理原则,旨在为"各成员国政府部门评价和改善影响自身公司治理的法律、制度和规则框架提供参照"。2004 年颁布的修订的《OECD 公司治理原则》特别强调企业公平不仅仅应该体现在股东、董事会和管理层的授权监控和制约之间,更应该体现在对企业的全体利益相关者之间关系的处理和结构机制的安排上。同时,在企业追逐利益的过程中还应当透过形式上的治理结构安排和切实的运作行为让所有人看得到企业的社会责任和道德伦理所在。《OECD 公司治理原则》对 OECD 的所有 30个成员国以及其他国家的立法与监管举措或国家原则与规范提供了具体的指导。金融稳定论坛已将《OECD 公司治理原则》指定为"健全金融体系的十二大标准"之一。

近年来的亚洲金融危机以及随之而来的区域性资本市场的暴跌和大公司的倒闭,使政府、政策制定部门以及公司管理者深刻认识到,公司治理是公共经济利益的根本保证。因为,合理的公司治理原则是有效公司治理机制的基本保障。相关主体制定了各自的公司治理原则,如表 1-8 所示。英国是全球现代公司治理运动的主要发源地,自 1992 年英国的《卡德伯利报告》(Cadbury Report)以来,众多国家与组织的多种公司治理原则纷纷出台,从这些公司治理原则中可以看到,尽管由于经济与市场的全球化和一体化使得各种公司治理模式呈现出强烈的趋同,但不同国家的公司治理原则毕竟根植于各国不同的法律、规范及社会文化中。尤其是这些来自不同国家、不同组织的公司治理原则要从根本上适应特定组织的特征、需要与发展阶段,并随着组织自身的成长与外部环境的变化不断进行改进。在我国,证券监管部门是公众公司良好治理行为的主要推动者和监管者,中国证监会已经制定并推出了《中国上市公司治理准则》。

表 1-8　公司治理原则的类型:制定主体的比较

制定主体	特　点	实　例
国际性组织	成员国公司治理改善	经济合作与发展组织(OECD)、国际公司治理网络(ICGN)、英联邦公司治理协会、欧洲政策研究中心(CERS)、欧洲证券商自动报价协会(EASDAQ)、欧洲证券商协会(EASD)以及国际性股东协会等
政府及各类中介组织	政府直接参与制定	德国(联邦司法部)、意大利(财政部)等
机构投资者	规范其所投资的公司	美国加州公共雇员养老基金(CalPERS)、美国的教师保险及年金协会(TIAA-CREF)等
金融机构:证券交易所和银行	管理与规范上市公司	伦敦证券交易所参与制定的《卡德伯利报告》(Cadbury Report)、巴塞尔委员会制定的《加强银行机构的公司治理结构》等
企业	规范自己的治理行为	通用汽车公司(GM)、通用电气公司(GE)、英特尔公司(Intel)、道·琼斯公司(Dow Jones)等

(资料来源:李维安.中国公司治理原则问题笔谈[J].南开学报,2001(1):1-5.)

59.《卡德伯利报告》

为改革现行公司治理结构,英国当局定期地组织专门委员会就公司治理的主要领域和突出问题进行检讨,专门委员会在广泛调查研究的基础上形成各种相关公司治理报告,提出公司治理的基本原则和行为准则;然后,伦敦证券交易所参照公司治理报告的基本原则和行为准则颁布"或遵守或解释"(comply or explain)的公司治理联合准则。英国公司治理联合准则的发展与公司治理的 6 个报告(1992 年《卡德伯利报告》(Cadbury Report),1995 年《格林伯利报告》(Greenbury Report),1998 年《汉普尔报告》(Hamper Report),1999 年《特恩伯尔报告》(Turnbull Report),2002 年《史密斯报告》(Smith Report)和 2003 年《西格斯报告》(Higgs Report))息息相关。

1991 年,Robert Maxwell 的突然死亡给他的媒体帝国以致命一击。1980 年代中期,Maxwell 从养老基金中获得资金的激进的经营手法使得 Maxwell 通信社债台高筑。1992 年,Maxwell 通信社在英美申请破产保护。几乎与此同时,信用与国际商业银行(Bank of Credit and Commerce International,BCCI)宣布破产。Polly Peck 是英国一家著名的纺织品公司,在获得当年年度正常利润后却突然于次年宣布破产。一系列财务丑闻拖垮了许多知名公司。

有鉴于此,1991 年 5 月,为了挽救更多的治理失效,并为相关公司给出建议,旨在恢复投资者信心,伦敦证券交易所(LSE)、财务报告委员会(FRC)和会计师协会共同成立了公司财务治理问题委员会,由曾经担任过 Cadbury Schweppes(全球最大的糖果点心厂商)上市公司董事长和非执行董事促进会(Process Non-executive Director,Pro-NED)主席的 Cadbury 爵士出任该委员会主席。根据当时公司丑闻暴露的上市公司财务报告制度和信息披露制度所存在的问题,该委员会集中探讨与财务相关的 5 大问题:①执行董事与非执行董事在财务审查、报告和信息披露过程中的职责,②审计委员会的职责与组成,③审计员的主要责任以及审计的范围与价值,④股东、董事会与审计员之关系,⑤其他相关事宜。该委员会经过广泛的调研和激烈的辩论,基于本国实践和美国治理经验,《卡德伯利报告》(Cadbury Report)给出了对上市公司董事会的建议,获得了很好的行业认可度。委员会于 1992 年提交了最终报告。报告给出了委员会的核心建议,即所有在英国注册上市的公司,其董事会都应当遵守《最优行动守则》。作为报告核心部分的《最优行动守则》分为四部分,对董事会、非执行董事、执行董事和报告与控制分别做出了相应要求。《最优行动守则》强调了非执行董事的作用,并暗示独立的会计人员和审计人员应成为非执行董事;权力平衡的董事会,保证董事会的相对独立性;董事会应包含数量足够多的、高素质的非执行董事;非执行董事应独立于管理层;非执行董事不应自动连任;执行董事任期不超过三年;公开执行董事的薪酬水平;薪酬委员会应全部或主要由非执行董事组成;由三名以上非执行董事组成审计委员会;根据审计人员的报告陈述来准备账目。在报告的注释里,委员会根据守则中的若干条进一步阐述了良好行为的定义。这些建议基本上被伦敦证券交易所随后发布的《最佳行为准则》所采纳。至此,第一部英国公司治理准则基本形成。

60. 《格林伯利报告》

由于英国传媒及公众不满董事酬金的安排,尤其针对业绩欠佳及私有化公用事业,成立于 1994 年的 Greenbury 委员会专门对这一问题进行了检讨,并于 1995 年发表了《格林伯利报告》(Greenbury Report)探讨有关问题。报告的目的是就董事酬金事宜进行检讨及确定优良惯例,并发展一套最佳应用守则。不过,这份报告并没有《卡德伯利报告》的范围那样广泛,只集中研究董事的薪酬政策及薪酬委员会的角色及功能。

61.《汉普尔报告》

1995 年,由汉普尔(Hampel)牵头组成的专门委员会对《卡德伯利报告》和《格林伯利报告》的执行情况进行全面检讨,该委员会在 1998 年提交了《汉普尔报告》。随后,伦敦证券交易所在三个报告基础上颁布了《联合准则:良好治理准则和良好行为准则》。这样,英国公司治理联合准则基本确立。所以可以这样说,以三个相继成立的非官方委员会主席的名字命名的研究报告,即《卡德伯利报告》、《格林伯利报告》和《汉普尔报告》,是迄今为止英国现代公司治理改革过程的三部曲,也是建立制度化的现代公司治理机制过程的三部曲,成为建立制度化公司治理过程中的里程碑。

62.《特恩布尔报告》

《卡德伯利报告》和《汉普尔报告》都提到一个有效的内部监督机制对公司有效运作的重要性,然而,这两个报告都没有就该制度进行详细检讨。1998 年,英国注册会计师协会(ICEAW)和伦敦证券交易所(LSE)共同设立 Turnbull 委员会,该委员会由董事长、总经理、财务经理、部门经理、外部审计人员、企业员工以及大学教授组成,就公司内部监督机制进行检讨。1999 年 9 月,委员会完成了一份系统的指导企业建立内部控制的报告,即《内部控制框架报告》。由于 Turnbull 先生领导完成了这个项目,按照英国的习惯,一般称作《特恩布尔报告》(Turnbull Report)。报告对分散在英国法律、法规中涉及内部控制的规定进行了归纳和整理,立足英国的法律环境和公司治理特点,建立了具有原则导向性、风险导向性、框架指引性的内部控制指南。《特恩布尔报告》认为,内部控制要实现以下目标:发现并控制企业风险,保护企业资产,明确和落实责任;提高会计信息质量,防止财务欺诈;遵循法律规章。关于控制要素,《特恩布尔报告》提出了"四要素"论,包括控制环境、控制活动、信息与沟通、监督检查四部分。

63.《史密斯报告》

在美国安然(Enron)事件后,英国的财政部长 Gordon Brown 和工商部部长 Patricia Hewitt 联合设立协调小组,以检讨英国的会计审计问题和非执行董事制度。首先于 2002 年 9 月设立了 Smith 专业委员会,Robert Smith 爵士牵头的专门委员会负责审计委员会的检讨工作并于 2002 年 12 月向 2002 年英国财务报告委员会提交了报告,该报告全面探讨了审计委员会的职责与责任、成员资格、任命程序、资源保障、与董事会关系、与股东的关系等,并就 1998 年公司治理联合准则的相关规定提出修改建议。英国财务报告委员会 2003 年 1 月发布了《审计委员会综合准则指南》即《史密斯报告》(Smith Report)。报告提供了审计委员会指南并扩充了《综合准则》的 D3 条款以补充《西格斯报告》的建议。报告要求审计委员会的所有成员都是独立的非执行董事。这一变化对许多公司的影响可能很小,但它再次指向了董事独立的重要性。此外,还有对非执行董事的专业知识要求——至少一位成员拥有重大的、近期的和相关的财务经验。

64.《西格斯报告》

协调小组的另一项工作是设立 Higgs 专门委员会,负责检讨非执行董事的职责与绩效,2002 年 4 月德里克·希格斯爵士(Derek Higgs)被任命为贸易和工业国务秘书并主持该委员会,2003 年提交了最终报告。《西格斯报告》全面检讨英国上市公司非执行董事制度,详细地评估非执行董事的职责、独立性、责任,探讨非执行董事的招聘、任命、培训、任期,阐述非执行董事与董事会、董事长、执行董事、股东、董事会下属提名委员会、报酬委员会、审计委员会、公司秘书的关系。随后,伦敦证券交易所根据《特恩布尔报告》、《史密斯报告》和《西格斯报告》所提出的建议全面修订 1998 年《联合准则》,颁布了 2003 年《联合准则》。至此,英国拥有当时世界上最完善的公司治理准则。

65. 公司治理合规性

公司治理的合规性(corporate governance compliance)是指公司治理活动中,遵从有关公司治理法律法规政策的情况,治理合规性是治理有效性的必要条件。治理合规性具有层次性,可以分为强制性合规(也称一般合规)和自主性合规(也称高级合规)。

公司治理改革已经成为全球性的焦点问题。近二十年来,全球公司治理研究的关注主体由以美国为主逐步到英美日德等主要发达国家,至今探索的主体已扩展到转轨和新兴市场国家。研究内容也随之从治理结构与机制的理论研究,到治理模式与原则的实务研究,今天治理质量与治理环境备受关注,研究重心转移到公司治理评价。我国的公司治理也大致经历了这些阶段,我国的公司治理经历了公司治理理念的导入,法人治理结构到公司治理机制、单个公司治理到企业集团治理、国内公司治理到跨国公司治理和传统企业治理到网络组织治理等理论研究阶段;《中国公司治理原则》(2000 年 11 月)、《独立董事制度指导意见》(2001 年 8 月)、《中国上市公司治理准则》(2002 年 1 月)以及《关于上市公司股权分置改革的指导意见》(2005 年 8 月)等系列内容的制定和实行的实务阶段;中国上市公司治理评价指标体系建立(2003 年 4 月)和中国上市公司治理指数(CCGI[NK])发布(始于 2004 年,每年南开大学中国公司治理研究院发布一次该指数)的评价阶段。

我国企业改革经历了绕过计划经济的框框、突破计划经济的束缚的"违规"阶段、强调治理合规性的过渡阶段以及强调公司治理有效性的新阶段。这里"违规"之所以加引号,因为指的是广义的违规,就是我们绕过去计划经济那一套,我国企业改革最早走的都是广义的违规的路子。从这个意义来说,现在经过多年的建设,改革走在前面的我们要突破这些"违规",也就是说,通过破而立的制度出现了,制度建设与企业改革经过了独特的由破到立的过程。

近年来,一些大银行、大企业纷纷赴海外上市,经过改制的我国企业要接受国际公司治理标准的检验,而一些赴海外上市的我国企业接连遭遇公司治理事件,这表明我国企业越来越面临着公司治理国际化的挑战。我们到海外上市历程中,如果我们还都想"得过且过",特别是在国内公司治理已经进入了一个有效性新阶段的情况下,如果治理合规性很差,甚至出现违规,将会吃公司治理不合规的亏,损失将会很大。要合规就要有良好的制度法律环境,比如独立董事制度,已经正式进入了《公司法》,上市公司必须导入独立董事制度,接下来就是如何做好的问题。

66. 公司治理有效性

公司治理有效性(corporate governance effectiveness)是指公司治理结构与机制建立起来以后,解决公司治理问题的状况,即公司制度安排的有效性。[①] 公司治理的有效性主要取决于四个方面的制度安排:第一,最重要的是企业所有权安排,公司正式的股权结构是其中的主要内容;第二是国家的法律制度,包括公司法、证券法、破产法等法律规定,特别是企业经营者对股东在法律上的诚信责任;第三是市场竞争和信誉机制,包括产品市场的竞争,资本市场的竞争,以及经理人市场的竞争;第四是经理人的薪酬制度及公司内部的晋升制度。

本手册以创业板上市公司为例,分析治理有效性。创业板这个"十年磨一剑"的板块曾经承载了包括投资者在内无数人的太多希望,过去的几年,我们却看到了创业板上市公司大幅度的超募资金、高管频繁的离职和套现、上市后业绩的"连连跳"等种种背离推出创业板初衷的现象。这些都在促使我们对创业板如何实现高成长这一问题进行深刻的反思。公司治理作为创业板公司基业长青基础之根,是创业板公司枝繁叶茂的制度基础,而公司治理的有效性是问题的核心所在。

通过对中国上市公司治理指数(CCGI[NK])分析后发现,我国上市公司总体治理水平在2004—2008多年连续提高的情况下,并历经2009年拐点之后,2010年的治理水平得到回升,2011年在2010年的基础上继续保持上升态势。2011年南开大学中国公司治理研究院发布的《中国公司治理评价报告》首次关注了创业板上市公司的治理状况。2011年度共有152家创业板上市公司样本,其公司治理指数的平均值为63.29;分指数而言,创业板上市公司股东治理指数和信息披露指数得分较高,而董事会治理指数和经理层治理指数较低,监事会治理水平最低。创业板上市公司治理高起点、高标准,总体水平显著高于主板(59.05)和中小企业板(62.13),这与创业板高度重视公司治理和内部控制对规范公司运作和防范公司风险的重要作用有一定关系。但创业板上市公司在严格的监管制度下形成了被动合规,治理的有效性相对弱化。例如,创业板上市公司独立性、中小股东权益保护和关联交易的平均值分别为76.61、62.00和78.76,其中独立性和关联交易的得分相对较高,而中小股东权益保护方面指数最低;董事会组织结构指数较高,但董事会运作效率指数和独立董事制度指数偏低,董事会有效性和独立董事作用有待提高。

为了使创业板回归本色,应建立创业板上市公司可持续的高成长的制度基础:首先,在满足公司治理合规性的同时,应注重提升治理的有效性。理念上要实现从关注结构到行为,

---

① 公司治理的核心问题是如何在不同的企业参与人之间分配企业的剩余索取权和控制权(张维迎,2005),这是从另外一个视角来理解公司治理的有效性。对此,公司治理学家已经得出如下结论:首先且最根本的是,剩余索取权和控制权应当尽可能对应,即拥有剩余索取权和承担风险的人应当拥有控制权;或者说,拥有控制权的人应当承担风险。第二,经理人的收入报酬应当与企业的经营业绩挂钩而不应当是固定合同支付。第三,投资者应当拥有选择和监督经理的权威。第四,最优公司治理结构应当是一种状态依存控制结构,也就是说,控制权应当与企业的经营状态相关,不同状态下的企业应当由不同的利益相关者控制。第五,为了解决投资者的搭便车问题,应当让所有权适当集中于大股东手中。

从制度建设到文化培育等的转变。其次,从优化股权结构入手,真正实现治理的去家族化。逐渐降低"夫妻店"、"父子兵"、"兄弟连"等家族色彩浓重的股权模式,从而形成有效的决策、监督与制衡机制。再次,在创业板发行审核环节,加大公司治理因素的比重。与主板、中小板审核相比,创业板发行审核往往更关注公司的成长性、业务技术的独立性等,公司治理状况等其他因素所占权重较低,要从源头上防止上市后业绩变脸。最后,避免公司治理合规性存在一定的短板,例如董事会会议记录不完整等基础性问题。可以预见,随着创业板上市公司治理的完善,真正的高成长高回报的公司将陆续地呈现在投资者面前。

无论是从制度建设视角,还是从国际化视角来看,我国公司治理渐入有效性新阶段;如何评判我国公司治理机制的有效性已经成为推进我国企业改革的逻辑起点。

67. 公司治理评价

公司治理评价(corporate governance appraisal),即对公司治理状况的科学衡量。对于我国企业来说,公司治理改革是企业变革的核心,可以说我国企业改革走过了以公司治理为主线的三十余年。如果以交易所的成立作为我国上市公司治理实践的真正开始,这期间我国上市公司治理也大致经历了公司治理理念的导入,关注结构与机制、治理模式与原则、治理质量等这些阶段。经过这些年治理的探索与积累,已取得一些成效:相关法律法规政策体系的形成,治理有所依;多层次治理监管体系的搭建,治理有所约;上市公司治理水准逐渐提高,治理有所得。尽管我国上市公司治理起步晚于国外,但已经走过建立治理结构,俗称"搭架子"以及搞好治理机制的两步;而目前,我国上市公司治理进入到了以质量为核心的改革发展重要阶段,仅仅建立治理结构和机制是不够的,更重要的是实现治理的有效性,例如已经设立的提名委员会,是否能真正提名,这是我们治理要走的第三步。这其中,公司治理评价又是非常重要的环节,公司治理研究的重要任务之一就是探讨如何建立一套科学完善的公司治理评价系统。通过系统的运行,一方面为投资者提供投资信息;另一方面可以掌握公司治理的现状,观察与分析公司在对利益相关者权益保护、公司治理结构与治理机制建设等方面的现状与问题,促进提高公司治理质量及公司价值。

公司治理评价萌芽于1950年杰克逊·马丁德尔(Jackson Martindell)提出的董事会绩效分析,随后一些商业性的组织也推出了公司治理状况的评价系统。最早的、规范的公司治理评价研究是由美国机构投资者协会在1952年设计的正式评价董事会的程序,随后出现了公司治理诊断与评价的系列研究成果,如1993年沃尔特·萨尔蒙(Walter J. Salmon)提出诊断董事会的22个问题;1998年标准普尔公司(S&P)创立公司治理服务系统,该评价系统于2004年进行了修订;1999年欧洲戴米诺(Deminor)推出戴米诺公司治理评价系统;2000年亚洲里昂证券(CISA)推出里昂公司治理评价系统;2003年南开大学中国公司治理研究院李维安教授率领的南开大学中国公司治理研究院评价课题组推出中国第一个全面系统的公司治理评价系统,即中国上市公司治理评价系统,并于2004年公布《中国公司治理评价报告》,同时发布中国上市公司治理指数(CCGI[NK])。

美国机构投资者服务公司(Institutional Shareholder Services)还建立了全球性的公司治理状况数据库,为其会员提供公司治理服务;另外还有布朗斯威克(Brunswick Warburg)、ICLCG(Institute of Corporate Law and Corporate Governance)、ICRA(Information and Credit Rating

Agency)、世界银行公司评价系统、泰国公司治理评价系统、韩国公司治理评价系统、日本公司治理评价系统(CGS,JCGIndex)以及中国台湾公司治理与评等系统等。详细情况如表1-9所示。

表1-9　境内外主要公司治理评价系统

公司治理评价机构或个人	评价内容
杰克逊·马丁德尔(Jackson Martindel)	社会贡献、对股东的服务、董事会绩效分析、公司财务政策
标准普尔(S&P)	所有权结构、利益相关者的权利和相互关系、财务透明度和信息披露、董事会结构和程序
戴米诺(Deminor)	股东权利与义务、接管防御的范围、信息披露透明度、董事会结构
里昂证券(CLSA)	管理层的约束、透明度、小股东保护、独立性、公平性、问责性、股东现金回报以及公司社会责任
美国机构投资者服务组织(ISS)	董事会及其主要委员会的结构、组成、公司章程和制度、公司所属州的法律、管理层和董事会成员的薪酬、相关财务业绩、"超前的"治理实践、高管人员持股比例、董事的受教育状况
德国公司治理评价系统(DVFA)	股东权利、治理委员会、透明度、公司管理以及审计
布朗斯威克(Brunswick Warburg)	透明度、股权分散程度、转移资产/价格、兼并/重组、破产、所有权与投标限制、对外部人员的管理态度、注册性质
公司法与公司治理机构(ICLCG)	信息披露、所有权结构、董事会和管理层结构、股东权利、侵吞(expropriation)风险、公司的治理历史
信息和信用评级代理机构(ICRA)	所有权结构、管理层结构(含各董事委员会的结构)、财务报告和其他披露的质量、股东利益的满足程度
宫岛英昭、原村健二、稻垣健一等日本公司治理评价体系(CGS)	股东权利、董事会,信息披露及其透明性三方面,考察内部治理结构改革对企业绩效的影响
日本公司治理研究所公司治理评价指标体系(JCGIndex)	以股东主权为核心,从绩效目标和经营者责任体制、董事会的机能和构成、最高经营者的经营执行体制以及股东间的交流和透明性四方面评价
泰国公司治理评价系统	股东权利、董事品质、公司内部控制的有效性
韩国公司治理评价系统	股东权利、董事会和委员会结构、董事会和委员会程序、向投资者披露和所有权的平等性
香港城市大学公司治理评价系统	董事会结构、独立性或责任;对小股东的公平性;透明度及披露;利益相关者角色、权利及关系;股东权利
台湾辅仁大学公司治理与评等系统	董(监)事会组成、股权结构、参与管理与次大股东、超额关系人交易、大股东介入股市的程度
GMI(Governance Metrics International)治理评价系统	透明度与披露(含内部监控)、董事会问责性、社会责任、股权结构与集中度、股东权利、管理人员薪酬、企业行为
世界银行治理评价系统	公司治理的承诺、董事会的结构与职能、控制环境与程序、信息披露与透明度、小股东的待遇
中国社会科学院世界经济与政治研究所公司治理研究中心	股东权利、对股东的平等待遇、公司治理中利益相关者的作用、信息披露和透明度、董事会职责、监事会职责
南开大学推出的中国上市公司治理指数(CCGI^{NK})	股东治理、董事会治理、监事会治理、经理层治理、信息披露、利益相关者治理

(资料来源:南开大学中国公司治理研究院2013年《中国公司治理评价报告》。)

一般而言,公司治理评价系统具有以下四个共同特征。一是评价系统均是由一系列详细指标组成,且各个评价系统均包括了三个因素:股东权利、董事会结构及信息披露。二是在所有的评价系统中,评分特点是相同的。总体而言,较低的得分意味着较差的治理水平,反之意味着较好的治理状况。但也有两个例外,一个例外是 ICRA 评价系统,它使用相反的评分方法,公司治理评级 CGR1 意味着最好的治理状况,公司治理评级 CGR6 意味着最低的治理水平;另一个例外是布朗斯威克的治理风险分析,它是以惩罚得分的形式来计算,得分越高,公司的治理风险越大。三是绝大多数评价系统都使用了权重评级方法,根据治理各要素重要程度的不同赋予不同的权重,从而计算出公司治理评价值。四是获取评价所需信息的方法是一致的,主要来自公开可获得信息,其他信息通过与公司关键员工的访谈而获得。不同评价系统的主要区别在于两个方面:第一,一些评价系统是用来评价某一个别国家公司的治理状况,例如 DVFA、布朗斯威克等,另一些评价系统则涉及多个国家的公司治理评价,如标准普尔、戴米诺和里昂证券评价系统包含了国家层次的分析,这些评价中使用的标准都很相似。第二,各评价系统关注的重点、采用的标准以及评价指标体系的构成呈现出较大差别。如标准普尔以 OECD 公司治理准则、美国加州公共雇员养老基金(CalPERS)等提出的公司治理原则以及国际上公认的对公司治理要求较高的指引、规则等制定评价指标体系,公司层面的评价包括所有权结构及其影响、利益相关者关系、财务透明与信息披露、董事会的结构与运作四个维度,而里昂证券的评价涉及管理层的约束、透明度、小股东保护、独立性、公平性、问责性、股东现金回报以及公司社会责任 8 个维度。

68. 公司治理评价指数

公司治理评价指数(corporate governance appraisal index),简称公司治理指数,是运用统计学及运筹学原理,根据一定的指标体系,对照一定的标准,按照科学的程序,通过定量分析与定性分析,以指数形式对上市公司治理状况做出的系统、客观和准确的评价。

该指数的功能在于以下几点。第一,加强监管。通过公司治理指数的编制及其定期公布,上市公司监管部门得以及时掌握其监管对象的公司治理结构与治理机制的运行状况,因而从信息反馈方面确保其监管的有的放矢。第二,指导投资。及时量化的上市公司治理指数,使投资者能够对不同公司的治理水平进行比较,掌握拟投资对象在公司治理方面可能存在的风险。同时根据公司治理指数动态数列,可以判断上市公司治理状况的走势,及其潜在投资价值,因而提高其科学决策的水平。国外公司治理评价的兴起多数是源自于投资者对公司治理质量的关注。第三,强化信用。上市公司的信用是建立在良好的公司治理结构与治理机制的基础之上的,一个治理状况良好的上市公司必然具有良好的企业信用。公司治理指数的编制与定期公布,能够对上市公司治理的状况实施全面、系统、及时的跟踪,从而形成强有力的声誉制约并促进证券市场质量的提高。同时,不同时期的公司治理指数的动态比较,反映了上市公司治理质量的变动状况,因而形成动态声誉制约。第四,诊断控制。对上市公司治理质量进行全面评价的公司治理指数,使上市公司可以及时掌握其公司治理的总体运行状况以及各项治理要素的运行状况,并对有可能出现的问题进行诊断,有针对性地采取措施,因而确保上市公司治理结构与治理机制处于良好控制状态中。

基于我国上市公司面临的治理环境特点,南开大学中国公司治理研究院公司治理评价课题组在总结了公司治理理论研究、公司治理原则、各类公司治理评价系统以及大量实证研究、案例研究成果,于 2003 年设计出中国上市公司治理评价系统,2004 年公布《中国公司治理评价报告》,同时发布中国上市公司治理指数。随后,于 2004 年、2005 年加以优化,广泛征求各方面的意见,对评价指标进行优化调整。指标体系是公司治理指数的根本,不同环境需要不同的公司治理评价指标体系。此评价指标体系基于我国上市公司面临的治理环境特点,侧重于公司内部治理机制,强调公司治理的信息披露、中小股东的利益保护、上市公司独立性、董事会的独立性以及监事会参与治理等,从股东治理、董事会治理、监事会治理、经理层治理、信息披露以及利益相关者治理 6 个维度,设置 19 个二级指标,具体有 80 多个具体评价指标,如表 1-10 所示,对我国上市公司治理的状况做出全面、系统的评价。

表 1-10   中国上市公司治理指数评价指标体系

指数(目标层)	六个维度(准则层)	公司治理评价各要素(要素层)
中国上市公司 治理指数 ($CCGI^{NK}$)	股东治理($CCGI^{NK}_{SH}$)	上市公司独立性
		上市公司关联交易
		中小股东权益保护
	董事会治理($CCGI^{NK}_{BOD}$)	董事权利与义务
		董事会运作效率
		董事会组织结构
		董事薪酬
		独立董事制度
	监事会治理($CCGI^{NK}_{BOS}$)	监事会运行状况
		监事会规模与结构
		监事胜任能力
	经理层治理($CCGI^{NK}_{TOP}$)	经理层任免制度
		经理层执行保障
		经理层激励约束
	信息披露($CCGI^{NK}_{ID}$)	信息披露可靠性
		信息披露相关性
		信息披露及时性
	利益相关者治理($CCGI^{NK}_{STH}$)	利益相关者参与程度
		利益相关者协调程度

(资料来源:南开大学中国公司治理研究院"中国上市公司治理评价系统"。)

中国上市公司治理指数的研究发展呈现为渐进式的动态优化过程。具体来说,中国上市公司治理指数的形成经历了四个阶段。

第一阶段:研究并组织制定《中国公司治理原则》阶段。在中国经济体制改革研究会的支持下,南开大学中国公司治理研究院课题组于 2001 年推出的《中国公司治理原则》,被中国证监会《中国上市公司治理准则》以及 PECC 组织制定的《东亚地区治理原则》所吸收借鉴,为建立公司治理评价指标体系提供了参考性标准。

第二阶段:构建"中国上市公司治理评价指标体系"阶段。历时两年调研,2001 年 11 月第一届公司治理国际研讨会提出《在华三资企业公司治理研究报告》。2003 年 4 月,经反复修正,提出"中国上市公司治理评价指标体系",围绕公司治理评价指标体系,2003 年 11 月第二届公司治理国际研讨会征求国内外专家意见,根据前期的研究结果和公司治理专家的建议,最终将公司治理指标体系确定为 6 个维度,具体包括股东治理指数、董事会治理指数、监事会治理指数、经理层治理指数、信息披露指数和利益相关者治理指数，合计 80 多个评价指标。

第三阶段：正式推出中国上市公司治理指数和《中国公司治理评价报告》阶段。基于评价指标体系与评价标准，构筑中国上市公司治理指数，2004 年首次发布《中国公司治理评价报告》，报告应用中国上市公司治理指数第一次对我国上市公司进行大样本全面量化评价分析，之后课题组每年度发布一次《中国公司治理评价报告》，持续至今。

第四阶段：中国上市公司治理评价系统应用阶段。在学术上，公司治理评价为课题、著作、文章等系列成果的研究提供了平台，课题组获得国家自然科学基金重点项目和国家社科重大招标项目支持，《中国公司治理评价报告》在商务印书馆、高等教育出版社以及国际出版社等出版。此外，还为监管部门治理监管工作提供支持，为企业提升治理水平提供指导。中国上市公司治理指数连续多年应用于"CCTV 中国最具价值上市公司年度评选"，央视财经 50 指数（399 550）于 2012 年 6 月 6 日在深圳证券交易所上市，该指数以创新、成长、回报、治理、社会责任 5 个维度为考察标准，树立了价值投资新标杆，其中公司治理维度由课题组负责；应用于联合国贸发会议对我国企业的公司治理状况抽样评价和世界银行招标项目，2007 年 10 月 30 日至 11 月 1 日，应联合国贸发会议邀请，李维安教授参加了在瑞士日内瓦召开的 ISAR 专家组第 24 届会议，并就《中国公司治理信息披露项目》做大会报告；应用于国务院国资委国有独资央企董事会建设与评价和国家发改委委托项目推出的"中国中小企业经济发展指数"等研究；2007 年接受中国保监会委托，设计保险公司治理评价标准体系；2008 年接受国务院国资委委托，对央企控股公司治理状况进行评价；开发中国公司治理指数数据库；研发中国公司治理股价指数；设计中国公司治理计分卡。

自 2004 年发布中国上市公司治理指数以来，南开大学中国公司治理研究院公司治理评价课题组先后进行了 15 564 个样本的公司治理评价，2004 年的评价样本量为 1 149 家，2004 年到 2009 年评价样本数量比较稳定，从 2010 年起，随着上市公司数量的增加，评价样本数量逐年显著增加，由 2009 的 1 261 家增加到 2013 年的 2 470 家。需要说明的是，监管部门相关政策要求上市公司每年 4 月底前公布上一年的年报，因此 2004 年发布的中国上市公司治理指数数据实际上反映的是 2003 年上市公司的实际状况，以此类推。详情如图 1-16 所示。

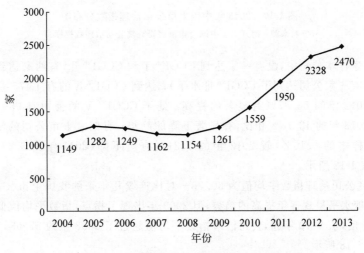

图 1-16　中国上市公司治理评价历年样本数量

（资料来源：南开大学中国公司治理研究院公司治理数据库。）

在 2013 年评价样本中,中国上市公司治理指数平均值为 60.76,较 2012 年的 60.60 提高 0.16。如表 1-11 所示,2013 年公司治理指数最大值为 70.35,较 2012 年的 71.82 和 2011 年的 73.61,有所下降;最小值为 48.07,高于 2011 年的 46.57,2010 年的 45.40,低于 2012 年的 48.09;样本的标准差为 3.67,相较于 2012 年的 3.95,有所下降。指数分布图如图 1-17 所示。

表 1-11　2013 年中国上市公司治理指数描述性统计

统 计 指 标	公司治理指数	统 计 指 标	公司治理指数
平均值	60.76	峰度	−0.20
中位数	60.97	极差	22.28
标准差	3.67	最小值	48.07
偏度	−0.20	最大值	70.35

(资料来源:南开大学中国公司治理研究院公司治理数据库。)

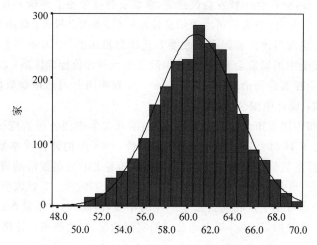

图 1-17　2013 年中国上市公司治理指数分布图
(资料来源:南开大学中国公司治理研究院公司治理数据库。)

在 2 470 家样本公司中,没有一家达到 CCGI^NK Ⅰ 和 CCGI^NK Ⅱ,有两家达到了 CCGI^NK Ⅲ 水平(2012 年有三家公司达到了 CCGI^NK Ⅲ 水平);达到 CCGI^NK Ⅳ 的有 1 475 家,占全样本的 59.72%,较 2012 年的 56.87% 有显著的提高;处于 CCGI^NK Ⅴ 的公司有 989 家,占样本的 40.04%,与 2012 年的 42.78% 相比,有显著下降的趋势;有四家上市公司的治理指数在 50 以下,占全部样本的 0.16%,较 2012 年的 0.21% 有所下降(2011 年为 0.67%,2010 年为 3.33%),如表 1-12 所示。

2013 年度公司治理指数平均值为 60.76。对比连续几年来的我国上市公司的总体治理状况,总体治理水平呈现逐年提高的趋势,但 2009 年出现了拐点,指数平均值低于 2008 年但高于以前各年度,从 2010 年起,公司治理指数平均值超过了 2008 年的 57.68,呈现逐年上升的趋势,如图 1-18 所示。

表 1-12　2013 年中国上市公司治理指数等级分布

公司治理指数等级		公司治理指数等级分布	
		公司数（家）	比例（%）
CCGI^NK Ⅰ	90～100	—	—
CCGI^NK Ⅱ	80～90	—	—
CCGI^NK Ⅲ	70～80	2	0.08
CCGI^NK Ⅳ	60～70	1 475	59.72
CCGI^NK Ⅴ	50～60	989	40.04
CCGI^NK Ⅵ	50 以下	4	0.16
合　计		2 470	100.00

（资料来源：南开大学中国公司治理研究院公司治理数据库。）

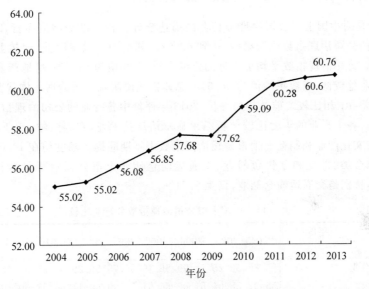

图 1-18　中国上市公司治理指数趋势分析

（资料来源：南开大学中国公司治理研究院公司治理数据库。）

　　各年公司治理总分指数的比较如表 1-13 所示。在几个分指数当中，股东治理指数 2013 年的数值为 62.89，相对于 2012 年的 61.20，提高了 1.69；董事会治理指数呈现显著的逐年上升趋势，作为公司治理核心的董事会建设得到加强，继 2010 年首次突破了 60 之后，2013 年继续增长达 61.74；2006 年《公司法》加强了监事会的职权，监事会治理状况明显提高，平均值从到 2008 年的 54.84 提高到 2009 年的 55.97，从到 2010 年的 56.17 提高到 2011 年的 57.17，再到 2012 年的 57.35，2013 年监事会指数均值进一步提高到 57.38；经理层治理状况呈现出较稳定的趋势，从 2008 年到 2013 年的信息披露指数平均值依次为 57.40、55.53、57.21、57.81、57.27 和 57.21；信息披露状况经历 2010 年的拐点后，呈现增长趋势，2013 年平均值达到 63.18，为六个分指数中均值最高的一个；利益相关者问题逐步引起上市公司的关注，一直保持着稳步提高的趋势，尤其是从 2010 年起指数均值提高明显，但 2013 年的指数均值较 2012 年略有下降。

表 1-13　中国上市公司治理指数历年比较

年份	公司治理指数	股东治理指数	董事会治理指数	监事会治理指数	经理层治理指数	信息披露指数	利益相关者治理指数
2004	55.02	56.47	52.60	50.48	54.60	62.20	51.12
2005	55.28	56.10	53.15	51.75	54.80	62.25	50.95
2006	56.08	56.57	55.35	50.93	55.22	62.76	52.61
2007	56.85	57.32	55.67	52.93	57.88	61.66	53.08
2008	57.68	59.23	57.88	55.97	55.53	61.85	52.94
2009	57.62	58.06	57.43	54.84	57.40	62.36	53.43
2010	59.09	59.81	60.33	56.17	57.21	63.43	54.83
2011	60.28	64.56	60.81	57.17	57.81	63.02	56.47
2012	60.60	61.20	61.21	57.35	57.27	63.14	63.22
2013	60.76	62.89	61.74	57.38	57.21	63.18	61.46

（资料来源：南开大学中国公司治理研究院公司治理数据库。）

表 1-14 是对中国上市公司治理分行业的描述统计分析。以平均值而言，2013 年评价中信息技术业的公司治理指数位居第一，达到 62.02。其次为金融保险业，建筑业，制造业和社会服务业等。公司治理指数平均值较低的是综合类，平均值为 58.87；房地产业为 59.40；传播与文化产业也较低，指数平均值为 59.51。总体描述说明就公司治理总体状况而言，行业间存在一定的差异；相比较之前几年的评价，2013 年评价中各行业的公司治理指数排名发生了一定的变化。各个行业的年度比较分析结果显示信息技术业，农、林、牧、渔业，房地产业，建筑业，传播与文化产业和制造业上市公司治理指数十年期间提高幅度均在 10.00% 以上，而社会服务业、综合类、批发和零售贸易业、交通运输仓储业上市公司治理指数提高幅度均在 9.00% 以下，特别是交通运输仓储业，仅为 5.71%。

表 1-14　中国上市公司治理指数分行业比较

行业＼年份	2004	2005	2006	2007	2008	2009	2010	2011	2012	2013
农、林、牧、渔业	53.85	53.25	54.99	56.49	56.75	56.20	56.94	59.16	60.03	60.30
采掘业	55.32	58.04	61.06	56.91	57.95	59.17	60.58	60.20	60.10	60.32
制造业	55.10	55.28	55.95	56.99	57.67	57.55	58.97	60.54	60.85	60.92
电力、煤气及水的生产和供应业	54.83	57.20	58.56	57.99	58.49	58.49	59.95	60.01	59.65	60.21
建筑业	55.38	55.32	56.73	56.94	57.58	58.59	59.61	60.67	60.55	61.71
交通运输仓储业	57.13	56.22	57.74	58.47	59.03	59.53	60.86	59.83	60.50	60.39
信息技术业	54.66	55.25	55.13	55.49	56.93	57.02	58.98	61.37	62.24	62.02
批发和零售贸易业	55.04	55.41	56.49	56.60	57.08	56.63	58.18	58.97	59.58	59.67
金融、保险业	56.26	55.94	52.37	59.09	61.47	61.41	63.76	63.34	63.61	61.81
房地产业	53.19	54.04	54.86	56.89	57.53	57.53	58.24	58.24	57.87	59.40
社会服务业	55.79	55.93	56.60	56.82	58.29	57.48	59.39	60.23	60.34	60.72
传播与文化产业	53.48	55.12	55.50	56.85	56.78	56.47	60.13	61.06	60.34	59.51
综合类	54.24	53.80	54.34	54.81	56.27	56.49	58.08	58.05	58.21	58.87
合　计	55.02	55.28	56.08	56.85	57.68	57.62	59.09	60.28	60.60	60.76

（资料来源：南开大学中国公司治理研究院公司治理数据库。）

表 1-15 的描述性统计显示,2013 年就样本平均值而言,外资控股的治理指数平均值最高,为 63.96,其次为民营控股和社会团体控股,分别为 63.75 和 60.59。集体控股指数平均值为 59.99,国有控股指数平均值为 58.49。职工持股会控股的指数均值最低,为 55.27。民营控股上市公司治理指数平均值大于国有控股上市公司。分控股股东性质年度比较分析结果,可以看出国有和民营上市公司治理指数均呈现出总体上升的态势,但是民营控股上市公司治理指数提高幅度在 2011—2013 年期间大于国有控股上市公司。国有控股上市公司治理指数十年期间提高了 8.58%,而民营控股上市公司十年期间提高了 13.80%。

表 1-15 中国上市公司治理指数分控股股东性质比较

控股股东性质＼年份	2004	2005	2006	2007	2008	2009	2010	2011	2012	2013
国有控股	55.36	55.71	56.61	57.35	58.23	57.66	59.17	59.96	59.72	58.49
集体控股	55.93	57.59	55.54	54.68	56.72	56.37	60.79	62.67	60.08	59.99
民营控股	53.86	53.98	54.62	55.81	56.45	57.61	58.90	60.49	61.36	63.75
社会团体控股	54.12	43.50	—	56.35	54.30	56.25	—	—	58.91	60.59
外资控股	56.07	55.58	58.22	57.37	55.58	58.70	55.91	58.07	64.46	63.96
职工持股会控股	53.63	54.21	53.57	55.77	60.12	56.94	60.72	60.86	60.80	55.27
其他类型	53.66	53.92	55.00	55.07	56.27	56.47	59.59	59.91	54.29	58.92
合 计	55.04	55.41	56.49	56.60	57.08	56.63	58.18	58.97	59.58	60.76

(资料来源:南开大学中国公司治理研究院公司治理数据库。)

2013 年各地区公司治理指数分析结果说明经济发达地区的上市公司治理状况要好于经济欠发达地区的情况,如表 1-16 所示。北京市、广东省、浙江省、河南省、江苏省、福建省的公司治理指数平均值均超过总样本平均值 60.76,依次为 61.96、61.70、61.55、61.42、61.31 和 61.02,而吉林省、西藏自治区、黑龙江省、青海省、海南省和宁夏回族自治区的治理指数均在 59 以下,分别为 58.79、58.42、58.34、58.16、58.06 和 57.67。分地区的中国上市公司治理指数的年度比较可以看出,重庆市、广东省、福建省、贵州省、湖南省、四川省和天津市近十年来公司治理指数提升幅度均在 11.00%之上,宁夏回族自治区、辽宁省、河南省、浙江省、湖北省、北京市和甘肃省的公司治理指数提升幅度也在 10.00%以上,而青海省、上海市、陕西省、海南省、西藏自治区和广西壮族自治区的近十年来的提升幅度均在 6.00%以下。

表 1-16 中国上市公司治理指数分省份(市、区)比较

省份(市、区)＼年份	2004	2005	2006	2007	2008	2009	2010	2011	2012	2013
北京市	56.29	56.66	58.05	57.83	58.78	58.60	59.99	61.39	61.63	61.96
天津市	54.28	56.45	57.53	56.42	57.57	58.25	59.14	59.71	60.11	60.34
河北省	56.13	56.83	56.67	57.13	57.55	57.22	57.65	60.72	60.06	60.07
山西省	54.95	54.49	56.19	57.66	57.47	57.90	57.42	59.18	59.61	59.10
内蒙古自治区	55.16	55.19	55.72	56.08	57.90	57.46	57.14	57.40	57.75	59.03
辽宁省	54.08	54.35	55.31	56.46	57.57	57.30	58.99	58.82	59.39	59.87
吉林省	53.66	53.35	54.64	55.59	56.12	57.19	58.35	57.76	58.99	58.79
黑龙江省	54.19	53.87	53.24	54.86	57.06	54.99	56.45	58.02	57.82	58.34
上海市	56.35	55.74	57.34	57.48	57.23	57.60	58.52	59.71	59.69	60.12

续表

年份 省份(市、区)	2004	2005	2006	2007	2008	2009	2010	2011	2012	2013
江苏省	57.28	56.93	56.95	57.20	57.77	58.89	59.15	60.36	61.19	61.31
浙江省	55.68	56.93	56.19	58.09	57.50	58.85	60.42	61.14	62.04	61.55
安徽省	55.67	56.62	56.57	56.99	58.28	57.68	59.84	60.88	60.24	60.67
福建省	53.44	54.25	56.30	57.53	58.15	58.41	59.96	60.52	61.12	61.02
江西省	55.29	54.29	56.94	57.04	58.54	58.77	59.25	59.67	59.47	60.64
山东省	55.39	55.35	55.98	57.00	57.80	57.69	58.96	60.21	60.89	60.68
河南省	55.56	56.08	57.33	57.93	58.13	57.96	59.71	60.98	61.19	61.42
湖北省	53.98	55.37	55.59	56.98	57.67	57.40	59.36	60.10	59.90	59.52
湖南省	54.15	54.17	55.29	56.67	57.91	57.03	58.79	60.33	60.38	60.61
广东省	53.58	55.17	55.37	56.62	58.74	58.09	60.39	61.24	61.71	61.70
广西壮族自治区	56.62	56.10	56.46	56.27	57.45	56.59	58.56	60.31	59.24	59.34
海南省	54.84	52.08	51.88	55.09	55.33	55.53	55.74	57.72	57.61	58.06
重庆市	52.14	53.64	55.57	56.43	57.65	55.53	56.96	58.63	59.19	60.19
四川省	54.16	53.84	54.91	55.77	57.49	56.49	58.50	59.91	59.98	60.52
贵州省	53.45	54.17	56.60	57.27	57.44	57.54	59.50	59.70	59.92	60.73
云南省	55.62	57.27	59.23	56.51	58.71	58.46	60.04	61.85	60.88	60.51
西藏自治区	55.61	53.72	55.33	56.24	54.83	54.76	56.60	56.39	58.47	58.42
陕西省	56.25	55.29	55.26	55.53	56.09	55.13	57.21	59.34	59.45	59.80
甘肃省	53.72	52.65	53.52	54.98	55.18	56.53	57.14	58.54	58.21	59.11
青海省	54.42	54.58	53.01	55.52	58.07	55.27	57.01	58.15	58.25	58.16
宁夏回族自治区	51.96	53.50	54.15	55.35	56.02	56.37	55.70	60.15	57.92	57.67
新疆维吾尔自治区	55.52	53.74	56.41	57.39	57.00	57.84	58.78	58.80	59.59	60.58
合计	55.02	55.28	56.08	56.85	57.68	57.62	59.09	60.28	60.60	60.76

(资料来源:南开大学中国公司治理研究院公司治理数据库。)

69. 公司治理计分卡

公司治理评价源于人们对公司价值的关注。越来越多的投资者不仅关注公司的业绩评价,而且更加关注公司治理的状况,并将其作为最重要的决策因素之一。1998 年标准普尔公司创立公司治理评分系统,1999 年欧洲戴米诺推出公司治理评级系统,2000 年亚洲里昂证券推出公司治理评价系统,接下来国内推出了中国上市公司治理评价系统(CCGI[NK])。但从个别公司治理完善的层面来看,这些评价系统面临一些共同的问题:这些公司治理评价系统虽然对股东权益保护、董事会治理、信息披露等进行了评价,但尚未涉及治理成本与治理绩效等平衡关系;这些评价系统主要是面向上市公司,不适用于非上市公司;这些评价系统多数是针对大样本公司治理状况进行评价,缺乏针对单个评价对象的操作性非常强的公司治理评价系统。公司治理的实践迫切需要能够诊断治理问题、改善治理流程、提升治理水准的治理工具。

公司治理计分卡(corporate governance scorecard,CGSC[NK])是由南开大学中国公司治理研究院开发的面向个体公司的一种应用性的公司治理评价诊断工具,主要从治理结构、治理机制、治理成本、治理绩效、控股股东行为和利益相关者等维度来评价公司治理状况，详情如图 1-19 所示。

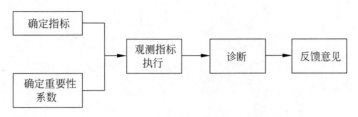

图 1-19　公司治理计分卡实施流程

（资料来源：南开大学中国公司治理研究院公司治理计分卡手册。）

CGSC^{NK} 是治理层面的绩效评价系统，而平衡计分卡（balanced scorecard，BSC）是管理层面的绩效评价系统。在 CGSC^{NK} 的几个维度中，公司治理结构是基础，利益相关者是关键，公司治理机制和控股股东行为是核心，公司治理成本和公司治理绩效是目的。通过几个维度的改善，治理结构与机制的兼顾、控股股东与其他利益相关者利益的协调、公司治理成本与绩效的匹配，可以从总体上提高评价对象的公司治理水平，进而实现公司价值最大化的目标。CGSC^{NK} 实现了公司治理过程性指标和结果性指标的结合，并为公司进行治理诊断提供了有效工具，进而推广了公司治理评价系统在解决企业实际治理问题中的应用。

股东治理

Corporate Governance Handbook

A Survey of Corporate Governance [J]. The Journal of Finance, 1997, 52(2): 737-783.

A more fundamental problem is that the large investors represent their own interests, which need not coincide with the interests of other investors in the firm, or with the interests of employees and managers. In the process of using his control rights to maximize his own welfare, the large investor can therefore redistribute wealth-in both efficient and inefficient ways-from others.

Andrei Shleifer and Robert W. Vishny

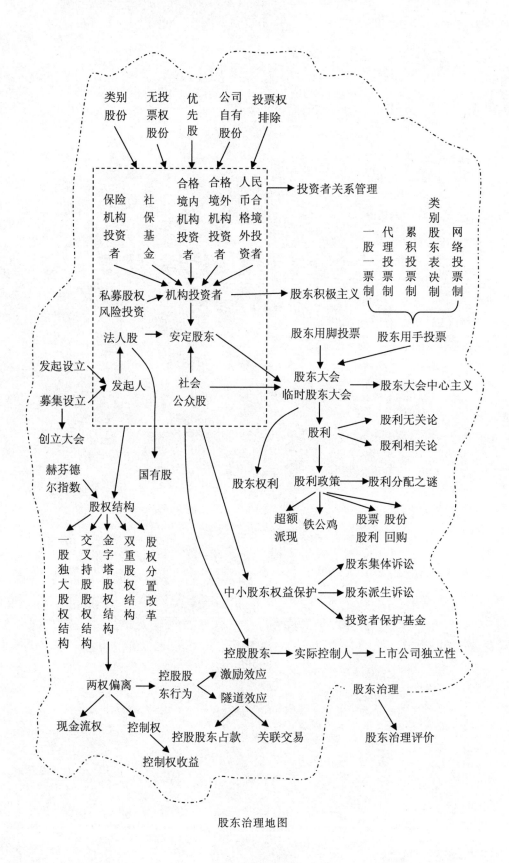

股东治理地图

70. 股东治理

伴随公司组织形式的出现,公司股东限于能力和时间等原因,将资本交给了更有经营能力的董事会和经理层来运作管理,于是便形成了公司法人财产,股东拥有财产最终所有权,但是经营权转移给了董事会和经理层。1932 年 Berle 和 Means 发现,在股权分散背景下,公司的经营层控制了公司,出现了经营层损害股东利益的现象或者潜在的可能,为了更好地保护股东利益而进行的相关制度安排设计便是经典的股东治理(shareholder governance)。例如,关于公司股东大会或者股东会法律地位的规定,关于股东大会或者股东会职权的规定,关于股东大会或者股东会召集程序和议事规则的有关规定。更广义的股东治理还涉及对小股东权益保护有关问题,特别是近年来 LLSV 等学者发现,在公司治理实践中,公司股权结构并非 Berle 和 Means 发现的那样,而是越来越集中,即使在英美公司治理模式国家,控制权和现金流权分离背景下也会出现大股东侵害小股东利益的行为,围绕这样问题而进行的累积投票制的导入、控股股东关联交易的控制、最终控制人链条的披露等内容是更广义的股东治理问题。

71. 发起人

发起人(sponsors)也称创办人,是指依照有关法律规定订立发起人协议,提出设立公司申请,认购公司股份,并对公司设立承担责任的人。在公司设立的过程中,发起人是一个很重要的角色。发起人必须负责公司设立的一切必要的组建和筹备工作。如:制定章程草案、筹集公司资本。没有发起人,公司设立就不能完成。由于发起人对公司设立的成败以及未来公司的发展都起着特殊的影响作用,而且发起人的行为会影响到广大的股东及社会投资者的利益,因而,各国法律都对股份有限公司的发起人作出相关的规定,用以保障发起人自身的利益及公司和投资者的利益。通常,判断公司发起人的标准是看其是否作为公司章程的制定者签名盖章于公司章程。在我国,公司发起人是指股份有限公司的发起人。股份有限公司的发起人,是指参加订立发起人协议,提出设立公司申请,认购公司出资或者股份并对公司设立承担责任的人。

我国公司法规定,股份有限公司在不同的设立方式下,发起人要完成不同的工作。在发起设立方式时的主要工作包括以下几点。①订立发起人协议。②订立章程。③准备有关成立文件,并向政府报批。④认缴应发行的股份并缴足股款。如果以实物、工业产权、非专利技术或者土地使用权作价出资,必须聘请有资格的评估机构,评估价格,核实财产,折合为股份并依法办理产权的转移手续。⑤选举董事会和监事会。

在募集设立方式时的主要工作包括以下几点。①订立章程。②订立发起人协议。③制作招股说明书。④制作经营估算书。⑤与证券商签订承销协议。⑥向政府部门申请批准设立公司。⑦认缴不少于股份有限公司股份总数的 35%。⑧向国务院证券管理部门递交募股申请并报送下列主要文件:批准设立公司的文件,公司章程,经营估算书,发起人姓名或名称、发起人认购的股份数、出资种类及验资证明,招股说明书,代收股款银行的名称及地址,承销机构名称及有关的协议。⑨公告招股说明书并制作认股书,催缴股款。⑩主持召开创立大会。

发起人由于在公司设立中的特殊地位以及在公司设立过程中的贡献，无论是英美法系还是大陆法系国家都准许发起人在公司章程明文规定的前提下享有一些特殊的权利。但是发起人从设立公司中获得的利益必须是公开的而不是秘密的，而且是合理的。一般地，各国法律赋予发起人的权利主要有以下几个方面。①非货币出资的权利。即发起人有权用未来公司发展所需要的非现金的资产来投资。如日本法律明确规定：设立股份有限公司，只有发起人可以用现金以外的财产来出资。我国《公司法》也规定了发起人可以用实物、土地使用权、无形资产等非货币方式出资的权利。②自认优先股或后配股的权利。③优先分配股息和红利的权利。④优先认购公司新股的权利。⑤优先分配剩余财产的权利。⑥要求公司支付相应报酬的权利。发起人可根据公司章程的规定，要求公司支付一定的报酬。⑦要求公司返还垫支的设立费用的权利。

为防止发起人在公司设立过程中发生恶意的损害公司利益和股东权益的行为，各国公司法也相应规定发起人应该担负的法律责任。我国《公司法》也明确规定了股份有限公司发起人的责任。①以发起设立方式设立股份有限公司时，由发起人认购公司应发行的全部股份，以募集设立方式设立股份有限公司，发起人认购的股份不得少于公司股份总数的35％。②公司不能成立时，对设立行为所产生的债务和费用负连带责任。③公司不能成立时，对认股人已缴纳的股款，负返还股款并加算银行同期存款利息的连带责任。④在公司设立过程中，由于发起人的过失致使公司利益受到损害的，应当对公司承担赔偿责任。⑤发起人持有的本公司股份，自公司成立之日起一年内不得转让。⑥虚报注册资本、提交虚假材料或者采取其他欺诈手段隐瞒重要事实取得公司登记的，由公司登记机关责令改正，对虚报注册资本的公司，处以虚报注册资本金额5％以上15％以下的罚款；对提交虚假材料或者采取其他欺诈手段隐瞒重要事实的公司，处以5万元以上50万元以下的罚款；情节严重的，撤销公司登记或者吊销营业执照。⑦公司的发起人、股东虚假出资，未交付或者未按期交付作为出资的货币或者非货币财产的，由公司登记机关责令改正，处以虚假出资金额5％以上15％以下的罚款。⑧公司的发起人、股东在公司成立后，抽逃其出资的，由公司登记机关责令改正，处以所抽逃出资金额5％以上15％以下的罚款。

72. 发起设立

发起设立（incorporation by means of sponsorship）又称单纯设立或同时设立，是指由发起人共同出资认购全部股份，不再向社会公众公开募集的一种公司设立方式。此种设立方式对社会公众利益影响相对较小，成立后的公司股东也具有稳定性、封闭性等特点，比较适应中小型公司。无限公司、两合公司、有限公司只能采取此种方式设立，股份有限公司也可以采取此种方式设立。

以股份有限公司为例，发起设立的具体程序如下。

（1）订立发起人协议。股份有限公司的发起人为了顺利完成公司的设立事宜，以书面形式订立发起人协议，以明确发起人在设立公司中的权利和义务。在订立了发起人协议后，可由发起人集体指定某一发起人或共同委托特定的代理人来具体办理公司设立所要求的各种规定手续。

（2）预先核准公司名称。公司发起人代表或代理人将拟设立公司的名称提交给公司登记机关,请登记机关对公司名称预先核准。登记机关在收到文件 10 日内作出核准或驳回的决定。只有公司名称被预先核准以后,公司发起人才能使用核准后的带有"股份有限公司"字样的名称进行公司的设立筹建工作。

（3）向主管部门提出设立申请。经营特殊行业的企业,需要发起人向主管部门提出设立申请,并提交设立申请书、可行性研究报告、资产评估报告等申请材料,主管部门在审核后作出同意或否决设立的决定。

（4）发起人认购股份并缴足股款。以发起设立方式设立股份有限公司的,发起人应当书面认足公司章程规定其认购的股份,并按照公司章程规定缴纳出资。以非货币财产出资的,应当依法办理其财产权的转移手续。

（5）发起人选举组织机构。2014 年 3 月 1 日实施的《公司法》省去了选举组织机构前的验资环节。发起设立方式设立公司的,发起人缴纳出资后,应当选举董事会和监事会,由董事会依法向公司登记机关申请设立登记。

（6）注册登记。公司董事会向公司登记机关报送公司设立登记申请书和相关文件,提出注册登记申请。2014 年 3 月 1 日实施的《公司法》规定股份有限公司采取发起设立方式设立的,注册资本为在公司登记机关登记的全体发起人认购的股本总额。公司登记机关在接到公司设立登记申请之日起 30 日内作出是否予以登记的决定。对符合规定条件的,给予登记,发给《企业法人营业执照》;对不符合规定条件的,不给登记。营业执照的签发日期为公司的成立日期。

（7）公告。股份有限公司在设立登记后 30 日内发布公司设立的公告。公告的发布内容应当与公司登记机关批准登记的内容一致。

73. 募集设立

募集设立(incorporation by means of share offer)是指发起人只认购公司股份总数的一部分,其余部分向发起人之外的自然人和法人公开募集股份而设立股份有限公司的方式。采取募集方式设立的公司,必须依据经主管部门批准的招股说明书公开募集股份。该种设立方式能招募更多的股份,其股东人数较多,发起人的风险也相应分散和降低。

与发起设立的程序相比较,募集设立的程序要更为复杂。这是因为除了发起人认购的股份以外,公司其余的股份要面向社会公众招募发行。为了维护广大股东的利益,保证正常的社会经济秩序,国家对募集设立实行了更为严格的法律控制。我国《公司法》对股份有限公司募集设立程序作了如下规定。

（1）订立发起人协议。

（2）进行公司名称的预先核准申请。

（3）向主管部门提出设立申请。

（4）向国务院证券管理部门提交募集股份的申请。

（5）发起人认购股份。发起人认购的股份不得少于股份总数的 35%。

（6）制作招股说明书和签订有关协议。

（7）发起人向社会公开募集股份。发起人认购股份后,其余股份应当向社会公开募集。

在我国,股份有限公司公开募集的股份应该由证券经营机构承销。招股说明书应当附有发起人制订的公司章程,并载明下列事项:发起人认购的股份数,每股的票面金额和发行价格,无记名股票的发行总数,募集资金的用途,认股人的权利、义务,本次募股的起止期限及逾期未募足时认股人可以撤回所认股份的说明。

(8)召开创立大会。2014年3月1日实施的《公司法》省去了创立大会前的验资环节。发起人应当自股款缴足之日起30日内主持召开公司创立大会。创立大会由发起人、认股人组成。发行的股份超过招股说明书规定的截止期限尚未募足的,即没有符合公司章程规定的全体发起人认购的股本总额或者募集的实收股本总额,或者发行股份的股款缴足后,发起人在30日内未召开创立大会的,认股人可以按照所缴股款并加算银行同期存款利息,要求发起人返还。

(9)注册登记和公告。股份有限公司董事会应在创立大会结束后30日内,向公司登记机关提出公司的设立登记申请。股份有限公司采取募集方式设立的,注册资本为在公司登记机关登记的实收股本总额。法律、行政法规以及国务院决定对股份有限公司注册资本实缴、注册资本最低限额另有规定的,从其规定。公司登记机关自公司设立登记申请之日起30日内作出是否予以登记的决定。对符合《公司法》规定条件的,予以登记,发给公司营业执照;否则,不予登记。公司营业执照签发日期为公司成立日期。

74. 创立大会

股份有限公司的创立大会(inaugural meeting)指的是发起人正式讨论即将设立的公司基本重大问题的大会。创立大会具有法律意义,公司登记注册所提交的法定文件都需由创立大会通过。募集设立方式设立公司的,发起人应当在足额缴纳股款、验资证明出具之日后30日内召开公司创立大会。创立大会由发起人、认股人组成。发行的股份超过招股说明书规定的截止期限尚未募足,或者发行股份的股款缴足后,发起人在30日内未召开创立大会的,认股人可以按照所缴股款并加算银行同期存款利息,要求发起人返还。

发起人应当在创立大会召开15日前将会议日期通知各认股人或者予以公告。创立大会应有代表股份总数过半数的发起人、认股人出席,方可举行。创立大会行使下列职权:审议发起人关于公司筹办情况的报告,通过公司章程,选举董事会成员,选举监事会成员,对公司的设立费用进行审核,对发起人用于抵作股款的财产的作价进行审核,发生不可抗力或者经营条件发生重大变化直接影响公司设立的,可以作出不设立公司的决议。创立大会对前款所列事项作出决议,必须经出席会议的认股人所持表决权过半数通过。

股份有限公司的发起人应当制定公司章程,采用募集方式设立的须经创立大会通过。股份有限公司章程应当载明下列事项。①公司名称和住所,②公司经营范围,③公司设立方式,④公司股份总数、每股金额和注册资本,⑤发起人的姓名或者名称、认购的股份数、出资方式和出资时间,⑥董事会的组成、职权和议事规则,⑦公司法定代表人,⑧监事会的组成、职权和议事规则,⑨公司利润分配办法,⑩公司的解散事由与清算办法,⑪公司的通知和公告办法,⑫股东大会会议认为需要规定的其他事项。

75. 国有股

国有股（state-owned shares）即国有股权，由国家股和国家法人股组成。其中，国家股指有权代表国家投资的部门或机构以国有资产向公司投资形成的股份，包括以公司现有国有资产折算成的股份；国家法人股，是指具有法人资格的国有企业、事业单位以及其他单位以其依法占用的法人资产向独立于自己的股份公司出资形成或依法定程序获取的股份。我国上市公司国有股占比情况如表 2-1 所示。

表 2-1　我国上市公司国有股情况统计　　　　单位：股；%

年份	国有股均值	占比最小值	占比最大值	占比均值
1999	131 313 982.69	0.00	88.58	34.18
2000	149 244 306.46	0.00	100.00	35.70
2001	218 864 658.87	0.00	100.00	36.02
2002	235 215 474.36	0.00	100.00	35.95
2003	245 443 015.65	0.00	85.00	35.82
2004	247 165 207.42	0.00	85.00	34.36
2005	254 065 081.55	0.00	84.99	33.35
2006	516 148 065.81	0.00	83.75	28.50
2007	759 075 224.98	0.00	91.48	26.34
2008	514 338 473.31	0.00	97.12	22.93
2009	347 343 084.27	0.00	89.78	14.91
2010	276 965 167.10	0.00	89.78	12.04
2011	219 638 968.62	0.00	84.71	9.51
2012	201 648 068.47	0.00	85.68	5.45

（资料来源：CSMAR 数据库与 CCER 数据库。）

76. 法人股

法人股（legal shares）是指企业法人或具有法人资格的事业单位和社会团体，以其依法可支配的资产，向股份有限公司非上市流通股权部分投资所形成的股份。法人股可以分为发起人法人股和募集法人股。发起人法人股主要以实物资产作价入股，而向社会募集的法人股则不管法人的性质如何都以现金购买而形成，而且往往是溢价。我国上市公司发起人法人股、募集法人股以及法人股占比情况如表 2-2 所示。

表 2-2　我国上市公司法人股情况统计　　　　单位：股；%

年份	境内发起人法人股均值	境外发起人法人股均值	募集法人股均值	占比均值
1999	48 599 981.01	4 106 123.91	20 327 218.46	26.88
2000	44 783 761.98	4 141 248.00	20 517 136.59	24.85
2001	45 663 042.64	3 773 383.38	21 305 864.27	23.90

续表

年份	境内发起人法人股均值	境外发起人法人股均值	募集法人股均值	占比均值
2002	46 920 018.28	3 993 753.03	22 986 076.98	23.78
2003	45 838 988.52	4 582 421.04	23 589 516.79	23.70
2004	50 706 972.00	5 843 219.95	23 430 970.41	24.40
2005	53 317 423.00	7 218 317.51	22 205 970.56	23.55
2006	45 997 233.79	12 190 303.40	5 646 918.33	20.25
2007	50 466 433.08	24 474 964.68	2 542 296.94	17.38
2008	46 860 618.15	24 352 773.77	1 948 720.89	14.64
2009	36 466 696.89	24 297 987.81	648 581.68	10.86
2010	54 381 615.11	13 653 933.98	1 047 117.06	11.51
2011	36 684 899.00	5 976 618.84	683 984.05	11.18
2012	44 938 121.97	6 472 000.14	540 991.00	10.66

（资料来源：CSMAR 数据库与 CCER 数据库。）

77. 社会公众股

社会公众股（public shares）是指股份公司采用募集设立方式设立时向社会公众（非公司内部职工）募集的股份，是可以上市流通的。

在募集设立方式下，股份公司发行的股份，除了由发起人认购的一部分外，其余部分应该向社会公众公开发行。我国《公司法》规定，公司申请股份上市的条件之一是：向社会公开发行的股份达到公司股份总数的 25% 以上；公司股本总额超过 4 亿元的，向社会公开发行股份的比例为 10% 以上。我国上市公司社会公众股占比情况如表 2-3 所示。

表 2-3　我国上市公司社会公众股情况统计　　　　单位：股；%

年份	社会公众股均值	占比最小值	占比最大值	占比均值
1999	86 707 114.18	0.00	100.00	32.07
2000	99 826 911.64	0.00	100.00	34.30
2001	113 322 134.96	0.00	100.00	35.49
2002	123 784 992.82	0.00	100.00	36.04
2003	134 460 245.08	8.68	100.00	40.32
2004	146 107 728.02	8.68	100.00	41.10
2005	165 680 145.15	8.68	100.00	43.27
2006	174 254 508.64	9.85	100.00	51.11
2007	250 707 479.49	2.79	100.00	57.28
2008	291 484 673.32	2.51	100.00	63.32
2009	707 116 577.45	5.51	100.00	76.05
2010	612 493 367.56	3.76	100.00	79.09
2011	623 307 396.89	7.57	100.00	82.30
2012	805 646 487.50	5.92	100.00	83.89

（资料来源：CSMAR 数据库与 CCER 数据库。）

78. 安定股东

　　安定股东(stable shareholders)就是指长期稳定地持有某企业股票的法人股东,这些法人股东一般是该企业熟悉和信赖的企业,其股票不随意在市场中流动。与安定股东相对应的是不安定股东,这其中包括寻租股东(吴晓求,2010)和其他短期持有人等。大股东通过控股,达到对公司的支配,甚至对实际财产的支配,尤其是在公司大股东、所有者与经营者是同一人格的情况下更是如此,其持有的股份不仅是支配证券,还是物的证券,他们与公司共生存,因而具有较强的安定性,可以称之为安定股东。股东的二重性具体体现如图 2-1 所示。

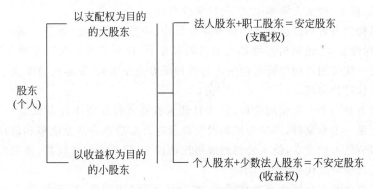

图 2-1　股东二重性示意图

(资料来源:李维安等.公司治理[M].天津:南开大学出版社,2001.)

　　公司的股东由于持有公司的股份,因而具有相应的权利,包括议决权(主要为投票权)、要求董事承担说明责任的权利、股利分配权、新股认购权、剩余财产分配权、股份转让权等。以上权利可分为两大类:一为共益权,即与公司重大决策、管理等共同利益有关的议决权、参与公司治理权、要求董事承担说明责任的权利等;二为自益权,即与股东个人自身利益有关的股利分配权、新股认购权、剩余财产分配权、股份转让权等。前面分析的股份的二重性,是股份内在的客观职能(使用价值),而这些职能的实现,或者说实际上以哪种职能为主来实现,则取决于股份所有者的行为倾向,主要是股东的持股动机。如果说股份的二重性已隐含了二重职能分离的可能性,那么,具有不同持股目的的股东群体的存在,则使这种分离成为现实(李维安,2011)。

79. 机构投资者

　　在 1930 年,Berle 与 Means 在他们《现代公司与私有财产》(*The Modern Corporation and Private Property*)一书中,针对股份公司兴起阶段所出现的股权分散化现象,得出了上市公司股权结构分散化将导致两权分离下"管理人控制"的结论。在美国,退休基金、保险基金和共同基金等机构投资者(institutional investors)在企业资产中所占的比例已从 1950 年的 6.1%上升到 1997 年的 48%,而在英国,1996 年机构投资者占企业资产的比例为 58%。美国学者 Drunker 是最早洞察到这一变化的学者之一,其 1976 年出版的《看不见的革命——养老金社会主义是如何进入美国的》(*The Unseen Revolution：How Pension Fund Socialism Came to America*)一书,揭示了由于养老基金等机构投资者的兴起所导致的上市公司股权结构机构化这一革命性的变化,并指出养老金等机构投资者的兴起将会为破解 Berle-Means 难题带来希望。机构投资者也越来越倾向于积极地直接监督持股公司的管理层(Shleifer,Vishny,1986)。随着机构投资者的兴起,美英等国家上市公司的股权结构出现了由分散向集中的发展趋势(La Porta,Lopez-de-Silanes,Shleifer,1999)。美国沃顿商学院教授 Useem(1996)认为,美国的公司治理制度:正在从由经理人事实上执掌全权、不受监督制约的"管理人资本主义"向由投资者控制、监督经理层的"投资人资本主义"转化;机构投资者已经一改历史上对企业管理的被动、旁观的态度和做法,开始向积极参与企业战略管理的方向演变。1990 年代,在机构投资者的压力下,通用汽车、美国捷运等先后解雇了首席执行官,迫使公司管理层从根本上改变经营策略,就是"投资人资本主义"的代表性事件。

广义的机构投资者不仅包括各种证券中介机构、证券投资基金(投资公司)、养老基金、社会保险基金、保险公司,还包括各种私人捐款的基金会、社会慈善机构甚至教堂宗教组织等,内涵十分广泛。狭义的机构投资者则主要指各种证券中介机构、证券投资基金、养老基金、社会保险基金及保险公司等。

机构投资者是一个专家化的主体,代表自然人投资者行使资本经营权或所有权,这个专家化的主体还是一个专家群,体现为机构投资者参与公司治理的专业优势和信息优势。机构投资者集众多自然人的资本,投入公司的股份比例较大,股权集中度较高,体现出了机构投资者参与公司治理的资金优势。

在机构投资者参与公司治理的实践中,渐渐认识到"用脚投票"无疑是一种低效率的方式。①机构投资者投资规模庞大,若将手中的大量股票抛出,一时难以找到合适的买主,即使抛售也要承担损失;②许多机构投资者从事指数化交易,即他们的投资影响已涉及整个股市,一只股票的下跌可能会引起其他股票价格连续下降,从而使机构投资者蒙受更大损失;③在收购与反收购策略被滥用的背景下,机构投资者即使出售所有公司股票也不容易找到重新投资的途径;④如果不从根本上改变公司的状况,最终受损的仍然是投资人本身。机构投资者参与公司治理所得不菲,这也是机构投资者介入公司治理的另一个重要动因。机构投资者持有众多公司的股票,在参与公司治理过程中,积累了一些可以移植的关于各个公司中某些成功的、有效的,甚至是各个公司可以通用的最佳做法和基本准则等专业知识。这种专业知识的共享大大减少了机构投资者参与公司治理的单位成本,使其参与公司治理的长远收益可能远远大于成本,因此参与公司治理成为机构投资者一项有利可图的事业。机构投资者还可以利用诸如"恐吓论坛"一类的公开活动对那些业绩不佳的公司进行惩罚。1980 年代后期,美国加州公共雇员养老基金(CalPERS)每年出版一本业绩不佳公司的目录,旨在促使公司提出治理改革方案。机构投资者参与公司治理主要途径如图 2-2 所示。

理论界对于机构投资者在公司治理,改善公司绩效方面发挥作用情况的研究形成了三种假说。①有效假说:认为机构股东从消极到积极的战略转换可以强化企业内部监督机制,公司绩效与机构投资者持有的股权比例之间有正相关关系。Useem(1993)对机构投资者对公司治理结构所产生的影响进行了系统而卓有成效的研究,他认为机构投资者的力量逐日强大,并对公司治理产生积极影响,公司高管应充分认识这一趋势并增强与其机构投资者的合作与交流,而非仅仅予以消极抵制,认为总体上来说,股东积极主义有利于公司治理的改进,可以增加股东的财富。Nesbitt(1994)发现 CalPERS 的公司治理对股东价值具有正效应,

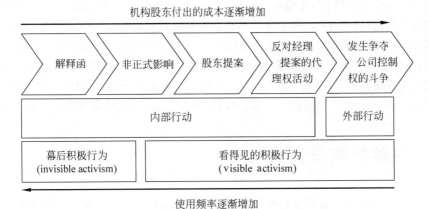

图 2-2　机构投资者参与公司治理主要途径

（资料来源：万俊毅.机构投资股东：理论、实践与政策研究[D].暨南大学,2004.）

1990—1992 年其介入和干预的 24 家公司到 1993 年末给股东的回报已经比 S&P500 的回报高出了 99%；美国西尔斯公司在股东的压力之下，被迫继续坚持其核心业务，经营者向股东让步的当天，该公司股价上升 10%；荷利维尔公司在其经营者两项减轻公司对股东责任的计划遭受股东反对后，该公司股价上升 22%。②负面监督假说：认为机构股东的参与会对公司产生不利的影响，即干扰管理者的正常工作，包括利益冲突假说和战略同盟假说。利益冲突假说认为，机构投资者和公司间存在着其他有盈利性的业务关系，因此他们被迫投高管的票。战略同盟假说则认为，机构投资者和高管发现他们之间进行合作对双方来说是有利的，这种合作降低了机构投资者监督高管所产生的对公司价值的正效应。因此，利益冲突假说和战略同盟假说都预言公司价值与机构投资者持股比例存在着负相关关系。Coffee(1991)、Barnard(1992)、Webb(2003)等的观点便是上述假说的典型代表，他们对机构投资者可以在改进公司治理结构中发挥积极作用持否定态度。在他们看来，机构投资者监控不是一个"绝对的善"，鉴于其本质上的流动性与行为短期性，大多采取分散投资的策略(Coffee,1991)。③无效监督假说：认为机构股东的参与对公司没有显著的影响。Wahal(1996)在研究中发现养老基金积极参与公司治理的效果并不明显，即实证的结果没有证明养老基金的积极参与可以改进公司的绩效。Karpoff,Malatesta 和 Walkling(1996)研究了股东提案与公司市值的相关性，结论是股东提案与公司市值不存在显著的相关性。

在我国证券市场发展初期，市场主要是以个人投资者为主体。从 1996 年开始，各地先后出现了大量的证券公司和信托投资公司，从而逐渐改变了单一证券市场主体的状况，券商及投资公司成为证券市场的重要力量。2002 年，颁布《合格境外机构投资者境内证券投资管理暂行办法》。2003 年，社保基金正式入市，标志着我国证券市场的投资主体又进入了一个新阶段，对我国证券市场发展产生了一定的积极影响。2004 年 10 月 25 日，经国务院批准，中国保监会联合中国证监会正式发布了《保险机构投资者股票投资管理暂行办法》，允许保险机构投资者在严格监管的前提下直接投资股票市场。2005 年 2 月 16 日，中国保监会、中国证监会发布《关于保险机构投资者股票投资交易有关问题的通知》和《保险机构投资者股票投资登记结算业务指南》，保险资金直接入市进入实质性操作阶段。2006 年 9 月 1 日，《合格境外机构投资者境内证券投资管理办法》经中国证券监督管理委员会第 170 次主席办公会、中国人民银行第4次行长办公会和国家外汇管理局第5次局长办公会审议通过实施。2007年6月20日,中国证监会公布《合格境内机构投资者境外证券投资管理试行办法》(QDII制度)和相关通知,意味着基金管理公司、证券公司等为境内居民提供境外理财服务业务即将展开。截至2010年底,我国五项社会保险资金累计结余达23 000多亿元,还没有启动"入市"。23 000亿元中有15 000亿元是养老保险基金,而15 000亿元中有12 000亿元是企业职工的养老保险基金。2011年5月1日,《企业年金基金管理办法》施行,将股票投资上限由原来的20%提升至30%。

80. 保险机构投资者

2004年10月出台的《保险机构投资者股票投资管理暂行办法》(以下简称《暂行办法》)规定保险机构投资者(insurance institutional investors)是指符合中国保险监督管理委员会规定的条件,从事股票投资的保险公司和保险资产管理公司。

保险资产管理公司接受委托从事股票投资,应当符合下列条件:①内部管理制度和风险控制制度符合《保险资金运用风险控制指引》的规定,②设有独立的交易部门,③相关的高级管理人员和主要业务人员符合本办法规定条件,④具有专业的投资分析系统和风险控制系统,⑤中国保监会规定的其他条件。符合下列条件的保险公司,经中国保监会批准,可以委托符合暂行办法第五条规定条件的相关保险资产管理公司从事股票投资:①偿付能力额度符合中国保监会的有关规定,②内部管理制度和风险控制制度符合《保险资金运用风险控制指引》的规定,③设有专门负责保险资金委托事务的部门,④相关的高级管理人员和主要业务人员符合本办法规定条件,⑤建立了股票资产托管机制,⑥最近三年无重大违法、违规投资记录,⑦中国保监会规定的其他条件。符合下列条件的保险公司,经中国保监会批准,可以直接从事股票投资:①偿付能力额度符合中国保监会的有关规定,②内部管理制度和风险控制制度符合《保险资金运用风险控制指引》的规定,③设有专业的资金运用部门,④设有独立的交易部门,⑤建立了股票资产托管机制,⑥相关的高级管理人员和主要业务人员符合本办法规定的条件,⑦具有专业的投资分析系统和风险控制系统,⑧最近三年无重大违法、违规投资记录,⑨中国保监会规定的其他条件。

保险机构投资者的股票投资限于下列品种:①人民币普通股票,②可转换公司债券,③中国保监会规定的其他投资品种。保险机构投资者的股票投资可以采用下列方式:①一级市场申购,包括市值配售、网上网下申购、以战略投资者身份参与配售等,②二级市场交易。保险机构投资者持有一家上市公司的股票不得达到该上市公司人民币普通股票的30%。保险机构投资者投资股票的具体比例,由中国保监会另行规定。保险资产管理公司不得运用自有资金进行股票投资。

保险机构投资者不得投资下列类型的人民币普通股票:①被交易所实行"特别处理"、"警示存在终止上市风险的特别处理"或者已终止上市的,②其价格在过去12个月中涨幅超过100%的,③存在被人为操纵嫌疑的,④其上市公司最近一年度内财务报表被会计师事务所出具拒绝表示意见或者保留意见的,⑤其上市公司已披露业绩大幅下滑、严重亏损或者未来将出现严重亏损的,⑥其上市公司已披露正在接受监管部门调查或者最近一年内受到监管部门严重处罚的,⑦中国保监会规定的其他类型股票。

公开数据显示,截至2010年底,我国保险资金运用余额达到4.6万亿元;截至2013年底保险资金运用余额超过 7.68 万亿元,其中股票和证券投资基金规模仅 7 864 亿元,占比 10.23%。2014 年 2 月 19 日中国保监会发布实施《关于加强和改进保险资金运用比例监管的通知》(以下简称《通知》),根据资产风险收益特征,将保险资金各种运用形式整合为流动性资产、固定收益类资产、权益类资产、不动产类资产和其他金融资产等五个大类资产。该《通知》规定了三类比例,不同比例实行差异化监管。一是监管比例,投资权益类资产、不动产类资产、其他金融资产、境外投资的账面余额占保险公司上季末总资产的监管比例分别不高于 30%、30%、25%、15%,投资流动性资产、固定收益类资产无监管比例限制。投资单一上述资产的监管比例均不高于保险公司上季末总资产的 5%,投资单一法人主体余额的监管比例不高于保险公司上季末总资产的 20%。二是监测比例,针对流动性状况、融资规模和各类别资产等制定风险预警比例。达到或超出监测比例的,应当规定履行相关报告或披露义务。违反相关规定的,列入重点监管对象。三是内控比例,制定投资内部风险控制比例,经董事会或董事会授权机构审定后向保监会报告。系统整合了现行监管比例政策,其中规定投资权益类资产、不动产类资产、其他金融资产、境外投资的账面余额占保险公司上季末总资产的监管比例分别不高于 30%、30%、25% 和 15%。此前保险资金投资权益类资产最高不得超过 25%,这意味着保险公司可将更多的资金投入到股市上来获取收益。

81. 社保基金

社保基金(national social security fund)是指全国社会保障基金理事会负责管理的由国有股减持划入资金及股权资产、中央财政拨入资金、经国务院批准以其他方式筹集的资金及其投资收益形成的由中央政府集中的社会保障基金。社保基金是不向个人投资者开放的,是国家把企事业职工交的养老保险费中的一部分资金交给专业的机构管理,以实现保值增值。2000 年 9 月全国社会保障基金理事会成立。2001 年 7 月全国社保基金首次"试水"股市。社保基金初次试探证券市场水性的时候其对象就是中国石化,并且以战略投资者身份获配的中石化 A 股 3 亿股,按中国石化(600 028)发行价每股 4.22 元,社保基金当时的成本为 12.66 亿元。全国社会保障基金公布的 2012 年年报显示,社保基金会管理的基金资产总额 11 060.37 亿元,其中:社保基金会直接投资资产 6 506.67 亿元,占比 58.83%;委托投资资产 4 553.70 亿元,占比 41.17%。基金权益投资收益额 646.59 亿元,其中,已实现收益额 398.66 亿元(已实现收益率 4.33%),交易类资产公允价值变动额 247.93 亿元。投资收益率 7.01%。在收益表中,2012 年投资股票收益大幅下降,仅为 4 亿元。

按国务院批准的《全国社会保障基金投资管理暂行办法》,社保基金的投资范围限于银行存款、买卖国债和其他具有良好流动性的金融工具,包括上市流通的证券投资基金、股票、信用等级在投资级以上的企业债、金融债等有价证券。

划入全国社保基金的货币资产的投资,按成本计算,银行存款和国债投资的比例不得低于 50%,其中银行存款的比例不得低于 10%,企业债、金融债投资的比例不得高于 10%,证券投资基金、股票投资的比例不得高于 40%。其中,由全国社保基金理事会直接运作的全国社保基金的投资范围限于银行存款、在一级市场购买国债,其他投资需委托社保基金投资管理人管理和运作,并委托全国社保基金托管人托管。社保基金委托单个社保基金投资管理人进行管理的资产不得超过年度社保基金委托总资产的 20%。

82. 合格境内机构投资者

合格境内机构投资者(qualified domestic institutional investors,QDII)是指在人民币资本项下不可兑换、资本市场未开放条件下,在一国境内设立,经该国有关部门批准,有控制地允许境内机构投资境外资本市场的股票、债券等有价证券投资业务的一项制度安排。

QDII 是一项投资制度,设立该制度的直接目的是为了进一步开放资本账户,以创造更多外汇需求,使人民币汇率更加平衡、更加市场化,并鼓励国内更多企业走出国门,从而减少贸易顺差和资本项目盈余,表现为让国内投资者直接参与国外的市场,并获取全球市场收益。

QDII 制度由香港政府部门最早提出,与中国预托证券(China depository receipt,CDR)、QFII 一样,将是在外汇管制下内地资本市场对外开放的权宜之计,以容许在资本账户项目未完全开放的情况下,国内投资者往海外资本市场进行投资。我国 QDII 基金目录如表 2-4 所示。

表 2-4　我国目前 QDII 基金目录

序号	基金代码	基金简称	净值日期	单位净值(元)
1	100 061	富国中国中小盘股票	2013-05-02	1.331 0
2	270 023	广发亚太精选	2013-05-02	1.086 0
3	470 888	汇添富亚澳成熟优选	2013-05-02	1.073 0
4	241 001	华宝兴业海外中国成长	2013-05-02	1.199 0
5	486 002	工银全球精选	2013-05-02	1.057 0
6	096 001	大成标普 500 指数	2013-05-02	1.119 0
7	050 025	博时标普 500 指数	2013-05-02	1.126 1
8	519 981	长信标普 100 指数	2013-05-02	1.124 0
9	070 031	嘉实全球房地产	2013-05-02	1.087 0
10	206 011	鹏华美国房地产	2013-05-02	1.120 0
11	050 015	博时大中华亚太精选	2013-05-02	1.094 0
12	241 002	华宝成熟市场	2013-05-02	0.997 0
13	270 042	广发纳斯达克 100	2013-05-02	1.026 0
14	320 017	诺安全球收益不动产	2013-05-02	1.118 0
15	160 213	国泰纳指 100	2013-05-02	1.233 0
16	040 021	华安大中华股票	2013-05-02	1.005 0
17	040 018	华安香港精选股票	2013-05-02	0.943 0
18	118 002	易方达标普全球	2013-05-02	1.145 0
19	229 001	泰达宏利全球新格局	2013-05-02	0.998 0
20	080 006	长盛环球行业股票	2013-05-02	0.930 0
21	486 001	工银全球配置	2013-05-02	1.005 0
22	270 027	广发全球农业	2013-05-02	0.990 0
23	262 001	景顺长城大中华股票	2013-05-02	1.182 0
24	539 001	建信全球机遇股票	2013-05-02	0.949 0
25	163 208	诺安油气能源	2013-05-02	0.991 0
26	519 709	交银全球资源股票	2013-05-02	1.098 0
27	162 411	华宝标普石油指数	2013-05-02	0.977 0

续表

序号	基金代码	基金简称	净值日期	单位净值（元）
28	519 696	交银环球精选股票	2013-05-02	1.376 0
29	460 010	华泰柏瑞亚洲企业	2013-05-02	0.841 0
30	202 801	南方全球精选配置	2013-05-02	0.715 0
31	519 601	海富通中国海外股票	2013-05-02	1.330 0
32	100 055	富国全球消费品	2013-05-02	1.074 0
33	160 416	华安石油指数	2013-05-02	1.015 0
34	206 006	鹏华环球发现	2013-05-02	0.938 0
35	377 016	上投亚太优势	2013-05-02	0.585 0
36	183 001	银华全球优选	2013-05-02	0.834 0
37	160 125	南方中国中小盘	2013-05-02	1.038 1
38	519 602	海富通大中华股票	2013-05-02	0.839 0
39	118 001	易方达亚洲精选	2013-05-02	0.886 0
40	457 001	国富亚洲机会股票	2013-05-02	1.052 0
41	161 210	国投新兴市场	2013-05-02	1.018 0
42	159 920	恒生 ETF	2013-05-02	1.023 2
43	000 075	华夏恒生 ETF 现汇	2013-05-02	0.162 2
44	539 003	建信全球资源股票	2013-05-02	1.004 0
45	100 050	富国全球债券	2013-05-02	1.000 0
46	000 071	华夏恒生 ETF 联接	2013-05-02	1.007 0
47	000 041	华夏全球精选	2013-05-02	0.786 0
48	070 012	嘉实海外	2013-05-02	0.596 0
49	539 002	建信新兴市场股票	2013-05-02	0.955 0
50	165 510	信诚四国配置	2013-05-02	0.820 0
51	378 006	上投全球新兴市场	2013-05-02	0.915 0
52	163 813	中银全球策略	2013-05-02	0.827 0
53	160 121	南方金砖四国指数	2013-05-02	0.808 0
54	161 714	招商标普金砖四国	2013-05-02	0.759 0
55	110 033	易方达恒生联接现钞	2013-05-02	0.160 5
56	110 032	易方达恒生联接现汇	2013-05-02	0.160 5
57	160 717	嘉实恒生中国企业	2013-05-02	0.742 1
58	165 513	信诚商品	2013-05-02	0.785 0
59	161 815	银华抗通胀主题	2013-05-02	0.784 0
60	110 031	易方达企业 ETF 联接	2013-05-02	0.996 5
61	217 015	招商全球资源股票	2013-05-02	0.878 0
62	510 900	易方达中国企业 ETF	2013-05-02	0.980 2
63	160 216	国泰大宗商品	2013-05-02	0.899 0
64	320 013	诺安全球黄金	2013-05-02	0.899 0
65	050 020	博时抗通胀增强回报	2013-05-02	0.687 0
66	160 719	嘉实黄金	2013-05-02	0.814 0
67	161 116	易方达黄金主题	2013-05-02	0.806 0
68	164 701	汇添富黄金及贵金属	2013-05-02	0.763 0
69	378 546	上投全球资源	2013-05-02	0.777 0

（资料来源：搜狐证券，截至 2013 年 5 月 2 日。）

83. 合格境外机构投资者

　　合格境外机构投资者（qualified foreign institutional investors，QFII），是指外国专业投资机构到境内投资的资格认定制度。2006 年 11 月 5 日，《合格境外机构投资者境内证券投资管理暂行办法》正式出台。作为一种过渡性制度安排，QFII 制度是在资本项目尚未完全开放的国家和地区，实现有序、稳妥开放证券市场的特殊通道。包括韩国、中国台湾、印度和巴西等市场的经验表明，在货币未自由兑换时，QFII 不失为一种通过资本市场稳健引进外资的方式。在该制度下，QFII 将被允许把一定额度的外汇资金汇入并兑换为当地货币，通过严格监督管理的专门账户投资当地证券市场，包括股息及买卖价差等在内各种资本所得，经审核后可转换为外汇汇出，实际上就是对外资有限度地开放本国的证券市场。我国目前 QFII 目录如表 2-5 所示。

表 2-5　我国目前 QFII 名录

序号	QFII 中文全称	国别/地区	境内托管行	资格批准时间
1	瑞士银行	瑞士	花旗银行	2003-05-23
2	野村证券株式会社	日本	农业银行	2003-05-23
3	摩根斯坦利国际股份有限公司	英国	汇丰银行	2003-06-05
4	花旗环球金融有限公司	英国	德意志银行	2003-06-05
5	高盛公司	美国	汇丰银行	2003-07-04
6	德意志银行	德国	花旗银行	2003-07-30
7	香港上海汇丰银行有限公司	中国香港	建设银行	2003-08-04
8	荷兰安智银行股份有限公司	荷兰	渣打银行	2003-09-10
9	摩根大通银行	美国	汇丰银行	2003-09-30
10	瑞士信贷（香港）有限公司	中国香港	工商银行	2003-10-24
11	渣打银行（香港）有限公司	中国香港	中国银行	2003-12-11
12	日兴资产管理有限公司	日本	交通银行	2003-12-11
13	美林国际	英国	汇丰银行	2004-04-30
14	恒生银行有限公司	中国香港	建设银行	2004-05-10
15	大和证券资本市场株式会社	日本	工商银行	2004-05-10
16	比尔及梅林达盖茨信托基金会	美国	汇丰银行	2004-07-19
17	景顺资产管理有限公司	英国	中国银行	2004-08-04
18	苏格兰皇家银行有限公司	荷兰	汇丰银行	2004-09-02
19	法国兴业银行	法国	汇丰银行	2004-09-02
20	巴克莱银行	英国	渣打银行	2004-09-15
21	德国商业银行	德国	工商银行	2004-09-27
22	富通银行	比利时	中国银行	2004-09-29
23	法国巴黎银行	法国	农业银行	2004-09-29
24	加拿大鲍尔公司	加拿大	建设银行	2004-10-15

续表

序号	QFII 中文全称	国别/地区	境内托管行	资格批准时间
25	东方汇理银行	法国	汇丰银行	2004-10-15
26	高盛国际资产管理公司	英国	汇丰银行	2005-05-09
27	马丁可利投资管理有限公司	英国	花旗银行	2005-10-25
28	新加坡政府投资有限公司	新加坡	渣打银行	2005-10-25
29	柏瑞投资有限责任公司	美国	中国银行	2005-11-14
30	淡马锡富敦投资有限公司	新加坡	汇丰银行	2005-11-15
31	JF 资产管理有限公司	中国香港	建设银行	2005-12-28
32	日本第一生命保险株式会社	日本	中国银行	2005-12-28
33	星展银行有限公司	新加坡	农业银行	2006-02-13
34	安保资本投资有限公司	澳大利亚	建设银行	2006-04-10
35	加拿大丰业银行	加拿大	中国银行	2006-04-10
36	比联金融产品英国有限公司	英国	花旗银行	2006-04-10
37	法国爱德蒙得洛希尔银行	法国	中国银行	2006-04-10
38	耶鲁大学	美国	汇丰银行	2006-04-14
39	摩根斯坦利投资管理公司	美国	汇丰银行	2006-07-07
40	瀚亚投资(香港)有限公司	中国香港	农业银行	2006-07-07
41	斯坦福大学	美国	汇丰银行	2006-08-05
42	通用电气资产管理公司	美国	汇丰银行	2006-08-05
43	大华银行有限公司	新加坡	工商银行	2006-08-05
44	施罗德投资管理有限公司	英国	交通银行	2006-08-29
45	汇丰环球投资管理(香港)有限公司	中国香港	交通银行	2006-09-05
46	瑞穗证券株式会社	日本	建设银行	2006-09-05
47	瑞银环球资产管理(新加坡)有限公司	新加坡	花旗银行	2006-09-25
48	三井住友资产管理株式会社	日本	花旗银行	2006-09-25
49	挪威中央银行	挪威	汇丰银行	2006-10-24
50	百达资产管理有限公司	英国	汇丰银行	2006-10-25
51	哥伦比亚大学	美国	汇丰银行	2008-03-12
52	荷宝基金管理公司	荷兰	花旗银行	2008-05-05
53	道富环球投资管理亚洲有限公司	中国香港	渣打银行	2008-05-16
54	铂金投资管理有限公司	澳大利亚	汇丰银行	2008-06-02
55	比利时联合资产管理有限公司	比利时	工商银行	2008-06-02
56	未来资产基金管理公司	韩国	工商银行	2008-07-25
57	安达国际控股有限公司	美国	工商银行	2008-08-05
58	魁北克储蓄投资集团	加拿大	汇丰银行	2008-08-22
59	哈佛大学	美国	工商银行	2008-08-22
60	三星资产运用株式会社	韩国	中国银行	2008-08-25
61	联博有限公司	英国	汇丰银行	2008-08-28
62	华侨银行有限公司	新加坡	建设银行	2008-08-28

续表

序号	QFII 中文全称	国别/地区	境内托管行	资格批准时间
63	首域投资管理(英国)有限公司	英国	花旗银行	2008-09-11
64	大和证券投资信托株式会社	日本	中国银行	2008-09-11
65	壳牌资产管理有限公司	荷兰	花旗银行	2008-09-12
66	普信国际公司	美国	汇丰银行	2008-09-12
67	瑞士信贷银行股份有限公司	瑞士	工商银行	2008-10-14
68	大华资产管理有限公司	新加坡	工商银行	2008-11-28
69	阿布达比投资局	阿联酋	汇丰银行	2008-12-03
70	德盛安联资产管理卢森堡	卢森堡	工商银行	2008-12-16
71	资本国际公司	美国	汇丰银行	2008-12-18
72	三菱日联摩根斯坦利证券股份有限公司	日本	中国银行	2008-12-29
73	韩华资产运用株式会社	韩国	花旗银行	2009-02-05
74	安石新兴市场管理有限公司	美国	汇丰银行	2009-02-10
75	DWS 投资管理有限公司	卢森堡	汇丰银行	2009-02-24
76	韩国产业银行	韩国	建设银行	2009-04-23
77	韩国友利银行股份有限公司	韩国	工商银行	2009-05-04
78	马来西亚国家银行	马来西亚	汇丰银行	2009-05-19
79	罗祖儒投资管理(香港)有限公司	中国香港	汇丰银行	2009-05-27
80	邓普顿投资顾问有限公司	美国	汇丰银行	2009-06-05
81	东亚联丰投资管理有限公司	中国香港	工商银行	2009-06-18
82	三井住友信托银行股份有限公司	日本	花旗银行	2009-06-26
83	韩国投资信托运用株式会社	韩国	工商银行	2009-07-21
84	霸菱资产管理有限公司	英国	汇丰银行	2009-08-06
85	安石投资管理有限公司	英国	工商银行	2009-09-14
86	纽约梅隆资产管理国际有限公司	英国	建设银行	2009-11-06
87	宏利资产管理(香港)有限公司	中国香港	花旗银行	2009-11-20
88	野村资产管理株式会社	日本	工商银行	2009-11-23
89	东洋资产运用(株)	韩国	花旗银行	2009-12-11
90	加拿大皇家银行	加拿大	工商银行	2009-12-23
91	英杰华投资集团全球服务有限公司	英国	工商银行	2009-12-28
92	常青藤资产管理公司	美国	汇丰银行	2010-02-08
93	达以安资产管理公司	日本	汇丰银行	2010-04-20
94	法国欧菲资产管理公司	法国	渣打银行	2010-05-21
95	安本亚洲资产管理公司	新加坡	花旗银行	2010-07-06
96	KB 资产运用	韩国	花旗银行	2010-08-09
97	富达基金(香港)有限公司	中国香港	汇丰银行	2010-09-01
98	美盛投资(欧洲)有限公司	英国	花旗银行	2010-10-08
99	香港金融管理局	中国香港	花旗银行	2010-10-27
100	富邦证券投资信托股份有限公司	中国台湾	建设银行	2010-10-29
101	群益证券投资信托股份有限公司	中国台湾	汇丰银行	2010-10-29
102	蒙特利尔银行投资公司	加拿大	工商银行	2010-12-06
103	瑞士宝盛银行	瑞士	花旗银行	2010-12-14

序号	QFII中文全称	国别/地区	境内托管行	资格批准时间
104	科提比资产运用株式会社	韩国	建设银行	2010-12-28
105	领先资产管理	法国	建设银行	2011-02-16
106	元大宝来证券投资信托股份有限公司	中国台湾	花旗银行	2011-03-04
107	忠利保险有限公司	意大利	工商银行	2011-03-18
108	西班牙对外银行有限公司	西班牙	中信银行	2011-05-06
109	国泰证券投资信托股份有限公司	中国台湾	汇丰银行	2011-06-09
110	复华证券投资信托股份有限公司	中国台湾	花旗银行	2011-06-09
111	亢简资产管理公司	法国	德意志银行	2011-06-24
112	东方汇理资产管理香港有限公司	中国香港	建设银行	2011-07-14
113	贝莱德机构信托公司	美国	花旗银行	2011-07-14
114	GMO有限责任公司	美国	汇丰银行	2011-08-09
115	新加坡金融管理局	新加坡	汇丰银行	2011-10-08
116	中国人寿保险股份有限公司（台湾）	中国台湾	建设银行	2011-10-26
117	新光人寿保险股份有限公司	中国台湾	花旗银行	2011-10-26
118	普林斯顿大学	美国	汇丰银行	2011-11-25
119	新光投信株式会社	日本	汇丰银行	2011-11-25
120	加拿大年金计划投资委员会	加拿大	汇丰银行	2011-12-09
121	泛达公司	美国	工商银行	2011-12-09
122	瀚博环球投资公司	美国	渣打银行	2011-12-13
123	安耐德合伙人有限公司	美国	建设银行	2011-12-13
124	泰国银行	泰国	汇丰银行	2011-12-16
125	科威特政府投资局	科威特	工商银行	2011-12-21
126	北美信托环球投资公司	英国	交通银行	2011-12-21
127	台湾人寿保险股份有限公司	中国台湾	工商银行	2011-12-21
128	韩国银行	韩国	汇丰银行	2011-12-21
129	安大略省教师养老金计划委员会	加拿大	汇丰银行	2011-12-22
130	韩国投资公司	韩国	汇丰银行	2011-12-28
131	罗素投资爱尔兰有限公司	爱尔兰	汇丰银行	2011-12-28
132	迈世勒资产管理有限责任公司	德国	工商银行	2011-12-31
133	华宜资产运用有限公司	韩国	工商银行	2011-12-31
134	新韩法国巴黎资产运用株式会社	韩国	汇丰银行	2012-01-05
135	家庭医生退休基金	荷兰	汇丰银行	2012-01-05
136	国民年金公团（韩国）	韩国	花旗银行	2012-01-05
137	三商美邦人寿保险股份有限公司	中国台湾	汇丰银行	2012-01-30
138	保德信证券投资信托股份有限公司	中国台湾	汇丰银行	2012-01-31
139	信安环球投资有限公司	美国	建设银行	2012-01-31
140	医院管理局公积金计划	中国香港	汇丰银行	2012-01-31
141	全球人寿保险股份有限公司	中国台湾	花旗银行	2012-02-03
142	大众信托基金有限公司	马来西亚	花旗银行	2012-02-03
143	明治安田资产管理有限公司	日本	花旗银行	2012-02-27
144	国泰人寿保险股份有限公司	中国台湾	中国银行	2012-02-28

续表

序号	QFII 中文全称	国别/地区	境内托管行	资格批准时间
145	三井住友银行株式会社	日本	中国银行	2012-02-28
146	富邦人寿保险股份有限公司	中国台湾	花旗银行	2012-03-01
147	友邦保险有限公司	中国香港	中国银行	2012-03-05
148	纽伯格伯曼欧洲有限公司	英国	工商银行	2012-03-05
149	马来西亚国库控股公司	马来西亚	工商银行	2012-03-07
150	资金研究与管理公司	美国	汇丰银行	2012-03-09
151	日本东京海上资产管理株式会社	日本	汇丰银行	2012-03-14
152	韩亚大投证券株式会社	韩国	花旗银行	2012-03-29
153	兴元资产管理有限公司	美国	德意志银行	2012-03-30
154	伦敦市投资管理有限公司	英国	汇丰银行	2012-03-30
155	摩根资产管理(英国)有限公司	英国	工商银行	2012-03-30
156	冈三资产管理股份有限公司	日本	汇丰银行	2012-03-30
157	预知投资管理公司	南非	工商银行	2012-04-18
158	东部资产运用株式会社	韩国	建设银行	2012-04-20
159	骏利资产管理有限公司	美国	汇丰银行	2012-04-20
160	瑞穗投信投资顾问有限公司	日本	汇丰银行	2012-04-26
161	瀚森全球投资有限公司	英国	渣打银行	2012-04-28
162	欧利盛资产管理有限公司	卢森堡	工商银行	2012-05-02
163	中银国际英国保诚资产管理有限公司	中国香港	渣打银行	2012-05-03
164	富敦资金管理有限公司	新加坡	工商银行	2012-05-04
165	利安资金管理公司	新加坡	花旗银行	2012-05-07
166	忠利基金管理有限公司	卢森堡	建设银行	2012-05-23
167	威廉博莱公司	美国	汇丰银行	2012-05-24
168	天达资产管理有限公司	英国	花旗银行	2012-05-28
169	安智投资管理亚太(香港)有限公司	中国香港	花旗银行	2012-06-04
170	三菱日联资产管理公司	日本	汇丰银行	2012-06-04
171	中银集团人寿保险有限公司	中国香港	农业银行	2012-07-12
172	霍尔资本有限公司	美国	花旗银行	2012-08-06
173	得克萨斯大学体系董事会	美国	汇丰银行	2012-08-06
174	南山人寿保险股份有限公司	中国台湾	花旗银行	2012-08-06
175	SUVA 瑞士国家工伤保险机构	瑞士	花旗银行	2012-08-13
176	不列颠哥伦比亚省投资管理公司	加拿大	汇丰银行	2012-08-17
177	惠理基金管理香港有限公司	中国香港	汇丰银行	2012-08-21
178	安大略退休金管理委员会	加拿大	中国银行	2012-08-29
179	教会养老基金	美国	工商银行	2012-08-31
180	麦格理银行有限公司	澳大利亚	汇丰银行	2012-09-04
181	瑞典第二国家养老金	瑞典	汇丰银行	2012-09-20
182	海通资产管理(香港)有限公司	中国香港	交通银行	2012-09-20
183	IDG 资本管理(香港)有限公司	中国香港	建设银行	2012-09-20

续表

序号	QFII中文全称	国别/地区	境内托管行	资格批准时间
184	杜克大学	美国	工商银行	2012-09-24
185	卡塔尔控股有限责任公司	卡塔尔	农业银行	2012-09-25
186	瑞士盈丰银行股份有限公司	瑞士	花旗银行	2012-09-26
187	海拓投资管理公司	美国	中国银行	2012-10-26
188	奥博医疗顾问有限公司	美国	花旗银行	2012-10-26
189	新思路投资有限公司	新加坡	汇丰银行	2012-10-26
190	贝莱德资产管理北亚有限公司	中国香港	花旗银行	2012-10-26
191	摩根证券投资信托股份有限公司	中国台湾	建设银行	2012-11-05
192	全球保险集团美国投资管理有限公司	美国	花旗银行	2012-11-05
193	鼎晖投资咨询新加坡有限公司	新加坡	建设银行	2012-11-07
194	瑞典北欧斯安银行有限公司	瑞典	中国银行	2012-11-12
195	嘉实国际资产管理有限公司	中国香港	中国银行	2012-11-12
196	灰石投资管理有限公司	加拿大	工商银行	2012-11-21
197	统一证券投资信托股份有限公司	中国台湾	汇丰银行	2012-11-21
198	大和住银投信投资顾问株式会社	日本	农业银行	2012-11-19
199	毕盛资产管理有限公司	新加坡	建设银行	2012-11-27
200	中信证券国际投资管理(香港)有限公司	中国香港	工商银行	2012-12-11
201	太平洋投资策略有限公司	中国香港	建设银行	2012-12-11
202	易方达资产管理(香港)有限公司	中国香港	汇丰银行	2012-12-11
203	高瓴资本管理有限公司	新加坡	建设银行	2012-12-11
204	永丰证券投资信托股份有限公司	中国台湾	工商银行	2012-12-13
205	华夏基金(香港)有限公司	中国香港	汇丰银行	2012-12-25
206	宜思投资管理有限责任公司	瑞典	花旗银行	2013-01-07
207	第一金证券投资信托股份有限公司	中国台湾	汇丰银行	2013-01-24
208	太平洋投资管理公司亚洲私营有限公司	新加坡	汇丰银行	2013-01-24
209	瑞银环球资产管理(香港)有限公司	中国香港	花旗银行	2013-01-24
210	南方东英资产管理有限公司	中国香港	渣打银行	2013-01-31
211	EJS投资管理有限公司	瑞士	交通银行	2013-01-31
212	国泰君安资产管理(亚洲)有限公司	中国香港	交通银行	2013-02-21
213	泰康资产管理(香港)有限公司	中国香港	工商银行	2013-02-22
214	招商证券资产管理(香港)有限公司	中国香港	交通银行	2013-02-22
215	现代证券株式会社	韩国	建设银行	2013-03-22
216	工银亚洲投资管理有限公司	中国香港	建设银行	2013-03-25
217	亚洲资本再保险集团私人有限公司	新加坡	花旗银行	2013-04-11
218	AZ基金管理股份有限公司	卢森堡	德意志银行	2013-04-11
219	台新证券投资信托股份有限公司	中国台湾	建设银行	2013-04-27
220	海富通资产管理(香港)有限公司	中国香港	花旗银行	2013-05-07
221	汇丰中华证券投资信托股份有限公司	中国台湾	交通银行	2013-05-10
222	太平资产管理(香港)有限公司	中国香港	建设银行	2013-05-15

续表

序号	QFII 中文全称	国别/地区	境内托管行	资格批准时间
223	中国国际金融香港资产管理有限公司	中国香港	建设银行	2013-05-16
224	中国光大资产管理有限公司	中国香港	汇丰银行	2013-05-30
225	博时基金(国际)有限公司	中国香港	汇丰银行	2013-06-04
226	兆丰国际证券投资信托股份有限公司	中国台湾	德意志银行	2013-06-04
227	法国巴黎投资管理亚洲有限公司	中国香港	中国银行	2013-06-19
228	圣母大学	美国	汇丰银行	2013-06-19
229	纽堡亚洲	美国	汇丰银行	2013-07-15
230	华南永昌证券投资信托股份有限公司	中国台湾	花旗银行	2013-07-15
231	景林资产管理香港有限公司	中国香港	汇丰银行	2013-07-15
232	中国信托人寿保险股份有限公司	中国台湾	中国银行	2013-08-20
233	凯思博投资管理(香港)有限公司	中国香港	工商银行	2013-08-20
234	富邦产物保险股份有限公司	中国台湾	工商银行	2013-08-26
235	欧特咨询有限公司	英国	汇丰银行	2013-08-26
236	盛树投资管理有限公司	新加坡	汇丰银行	2013-08-26
237	广发国际资产管理有限公司	中国香港	工商银行	2013-09-26
238	梅奥诊所	美国	汇丰银行	2013-09-29
239	国信证券(香港)资产管理有限公司	中国香港	花旗银行	2013-09-29
240	新加坡科技资产管理有限公司	新加坡	渣打银行	2013-10-18
241	政府养老基金(泰国)	泰国	建设银行	2013-10-24
242	狮诚控股国际私人有限公司	新加坡	汇丰银行	2013-10-30
243	CSAM 资产管理有限公司	新加坡	花旗银行	2013-10-30
244	中国人寿富兰克林资产管理有限公司	中国香港	建设银行	2013-10-30
245	福特基金会	美国	汇丰银行	2013-10-31
246	瑞银韩亚资产运用株式会社	韩国	花旗银行	2013-10-31
247	国泰世华商业银行股份有限公司	中国台湾	工商银行	2013-11-07
248	立陶宛银行	立陶宛	汇丰银行	2013-11-23
249	富兰克林华美证券投资信托股份有限公司	中国台湾	农业银行	2013-11-23
250	中国信托商业银行股份有限公司	中国台湾	中国银行	2013-11-23
251	华盛顿大学	美国	汇丰银行	2014-01-23
252	澳门金融管理局	中国澳门	中国银行	2014-01-27
253	史帝夫尼可洛司股份有限公司	美国	花旗银行	2014-01-27
254	职总英康保险合作社有限公司	新加坡	花旗银行	2014-01-27
255	Invesco Power Shares 资产管理有限公司	美国	建设银行	2014-01-27
256	苏黎世欧洲再保险股份有限公司	瑞士	花旗银行	2014-01-27
257	Nordea 投资管理公司	瑞典	汇丰银行	2014-01-27
258	华顿证券投资信托股份有限公司	中国台湾	工商银行	2014-03-11
259	喀斯喀特有限责任公司	美国	德意志银行	2014-03-11
260	铭基国际投资有限责任公司	美国	汇丰银行	2014-03-12
261	奥本海默基金公司	美国	汇丰银行	2014-03-19

(资料来源：中国证监会网站 http：//www.csrc.gov.cn/。)

84. 人民币合格境外投资者

人民币合格境外投资者(RMB qualified foreign institutional investors,RQFII)是指境外可将批准额度内的外汇结汇投资于境内证券市场的机构投资人。其中 QFII(qualified foreign institutional investors)是合格的境外机构投资者的简称,R 代表人民币。对 RQFII 放开股市投资,是侧面加速人民币国际化的举措之一。

2011 年 8 月 17 日,时任国务院副总理的李克强在香港出席论坛时表示,将允许以人民币境外合格机构投资者方式(RQFII)投资境内证券市场,起步金额为 200 亿元。中国证券监督管理委员会(简称中国证监会)、中国人民银行(简称央行)、国家外汇管理局(简称外管局)2011 年 12 月 16 日联合发布《基金管理公司、证券公司人民币合格境外机构投资者境内证券投资试点办法》,允许符合条件的基金公司、证券公司香港子公司作为试点机构开展 RQFII 业务。该业务初期试点额度约人民币 200 亿元,试点机构投资于股票及股票类基金的资金不超过募集规模的 20%。2011 年 12 月获得中国证监会批准,成为首批拿到人民币境外合格机构投资者(RQFII)资格的公司包括华夏基金、嘉实基金、易方达基金、博时基金、南方基金、华安基金、大成基金、汇添富基金、海富通基金等 9 家基金公司旗下香港子公司。

85. 私募股权[①]

私募股权,英文为 private equity(PE),也就是私募股权投资,从投资方式角度看,是指通过私募形式对私有企业,即非上市企业进行的权益性投资,在交易实施过程中附带考虑了将来的退出机制,即通过上市、并购或管理层回购等方式,出售持股获利。

广义的 PE 为涵盖企业首次公开发行前各阶段的权益投资,即对处于种子期、初创期、发展期、扩展期、成熟期和 Pre-IPO 各个时期企业所进行的投资,相关资本按照投资阶段可划分为创业资本(venture capital,VC)、发展资本(development capital)、并购基金(buy-out/buy-in fund)、夹层资本(mezzanine capital)、重振资本(turn around),Pre-IPO 资本(如 bridge finance),以及其他如上市后私募投资(private investment in public equity,PIPE)、不良债权(distressed debt)和不动产投资(real state)等。

狭义的 PE 主要指对已经形成一定规模的,并产生稳定现金流的成熟企业的私募股权投资部分,主要是指创业投资后期的私募股权投资部分,而这其中并购基金和夹层资本在资金规模上占最大的一部分。在我国 PE 主要是指这一类投资。

广义的 PE 对处于种子期、初创期、发展期、扩展期、成熟期和 Pre-IPO 各个时期企业进行投资,故广义上的 PE 包含 VC。狭义的 PE 与 VC 都是通过私募形式对非上市企业进行的权益性投资,然后通过上市、并购或管理层回购等方式,出售持股获利。区分 VC 与狭义 PE 的简单方式是,VC 投资企业的前期,狭义 PE 投资后期。当然,前后期的划分使得 VC 与狭义

---

① 本词条初稿由南开大学商学院黄福广教授提供。

PE 在投资理念、规模上都不尽相同。

典型的私募股权机构是普通合伙人,以非公开发行的方式向合格投资者募集资金,是基金的实际管理人与控制人,承担无限责任。这些合格投资者是有限合伙人,通常包括母基金、产业引导基金、养老基金、慈善基金、保险基金、公司投资者以及高净值个人,他们以出资额为限承担有限责任。私募股权投资机构以基金的形式募集资金,基金的存续期通常为 8～10 年。前期对新创企业进行投资,后期通过 IPO 市场或者产权交易市场获利退出。在基金存续期到期时,私募股权投资机构对基金进行清盘,收益返回给投资者,从而开展下期基金的募集与投资。

由于存在不确定性与信息不对称性,私募股权投资机构有两大风险。首先是系统性风险,来源于宏观经济环境、产业政策、资本市场等外部环境的不确定性;其次是特殊风险,包括新创企业管理制度不规范、信息披露不充分及企业家的道德风险等。私募股权投资机构的收益也主要来自两部分,一部分是风险投资家通过增值服务为企业带来的价值增加,另外一部分是资本市场尤其是 IPO 过程中一级市场与二级市场的价差。因此,对于私募股权投资机构来说,规避风险,获取收益的主要途径就是,研究宏观经济环境、关注国家的产业政策以及资本市场的状况,筛选出具有高成长性的行业与企业,然后对企业进行增值辅导,最后获利退出。

最近的文献也开始关注私募股权参与新企业公司治理的影响。Gong 和 Wu(2011)发现当企业面临较高的代理成本,如有较低的负债以及高额的未分配利润,经理人有防御主义行为,私募股权会解雇 CEO。王会娟和张然(2012)发现私募股权具有公司治理作用,可以提高被投资企业高管的薪酬业绩敏感性。

86. 风险投资[①]

风险投资,英文为 venture capital(VC)。根据美国风险投资协会(National Venture Capital Association,NVCA)的定义,风险投资是指由职业金融家对新兴的、迅速发展的,蕴涵着巨大竞争潜力的企业的权益性投资。欧洲风险投资协会(National European Venture Capital Association,NEVCA)的定义是,所谓风险投资是指一种由专门的投资公司向具有巨大发展潜力的成长型、扩张型或重组型的未上市企业提供资金支持并辅以管理参与的投资行为。风险投资的特点体现为权益投资、流动性很小的周期性循环中长期投资、高风险与高收益并存及主动参与管理型的专业投资。

风险投资除了可以为新创企业提供资金外,还可以通过风险资本家的专业知识与投资经验为企业提供增值服务,为企业创造价值。风险投资行业的发展不仅可以促进经济增长、创造就业岗位、改善中小企业融资约束,还可以促进产业结构的升级、提供多元化的投资渠道、支持国家的创新战略。

在我国,风险投资是个舶来品,刚开始被我国媒体翻译为"风险投资",且一直沿用到 20 世纪末期,后来一些人根据百科全书解释将其翻译为"创业投资"。于是,原来的一些文献、政府文件所使用的"风险投资"概念渐渐演变。在国家发展和改革委员会(简称发改委)、科学技术部(简称科技部)等部委文件中相继出现了"创业投资"这个译法。这两种表述后来竟然变

[①] 本词条初稿由南开大学商学院黄福广教授提供。

得水火不相容,甚至由此考虑的政策着眼点都大相径庭。"风险投资"强调投资者的风险意识和投资冲动,"创业投资"强调被投资对象的创业特性。

由于争执双方都有行政、立法等话语权,所以由全国人大和国务院出台的文件常常是"风险投资",而由国家发改委、科技部、商务部等部委发布的文件则多是"创业投资",如 2006 年 3 月 1 日生效的《创业投资企业管理暂行办法》等。后来经过多方查考,两种理解其实是站在不同的角度和立场进行表述,然而又不能完全概括。因此,在国务院发布的《国家中长期科学和技术发展规划纲要(2006—2020 年)》及配套政策中,第一次把"Venture"的两种含义都写入了政府文件。为此,由科技部、商务部和国家开发银行联合推出的大型调查报告也从 2006 年更名为《中国创业风险投资发展报告》。至此,官方的解释和表述口径才渐渐走向统一。

风险投资机构的投资决策是建立在极为科学及周密的调查和研究的基础之上的,一般地,基于评估市场需求、核算投资成本及有把握地回收投资三个准则。风险资本的投资活动一般分为 5 个连续的步骤,分别为交易发起、投资机会筛选、评价、交易设计及投资后管理。风险资本退出的四种方式包括:首次公开发行即 IPO,通过并购(广义)或股权转让交易模式退出,股权回购,清算和破产。

风险投资看重的创业者特质包括:敏锐的商业嗅觉、强烈的敬业精神、深厚的责任意识、合作的团队观念。风险投资青睐的商业模式:简明清晰、现金流好。风险投资也看重企业的成长市场潜力:足够空间、持续增长。总体来说,风险投资更强调企业管理团队的重要性,用一句比较流行的业内话来说是,一流的团队比一流的模式更重要。

目前在学术层面上开始关注风险投资参与新企业公司治理所产生的影响。靳明和王娟(2010)研究风险投资介入下企业公司治理的机理与效果。Krishnan,Goebel 和 Neumann(2011)发现声誉越好的风险投资参与被投资企业公司治理的动机越强,从而为企业增加价值。Cornelli 和 Felli(2012)发现风险投资支持的企业里,董事会通过搜集软信息以及硬信息对经理人的能力进行监督与评价。当企业的业绩没有达到董事会的预期时,企业会做出解雇 CEO 的决定。

87. 类别股份

类别股份(classified shares)[①],亦称种类股或者特别股,是指同一个公司发行的不同种类的股份,从各国的立法例和公司的实践来看,类别股主要是在盈余分配、公司剩余财产分配、投票权等权利上设定的(沈四宝,2006)。

类别股份往往通过公司章程等手段实现差别投票权,进而实现现金流权和控制权相互分离的结构。例如,在某些国家中,会发行具有不同投票权比重的各种股票——优先股和普通股等,使股票类型多样化。在这样的结构下,剥夺也成为了可能。

按享受投票权益可分为无投票权股、一般投票权股和超级投票权股。这种类别股通常是普通股的进一步划分,一般被命名为 A 类股、B 类股、C 类股。美国公司法称不同投票权的股票为双重投票权结构(dual-class voting structure),一些大家族和大财团还发行一些具有优越

---

① 需要说明的是国家股、国有法人股、法人股和社会公众股一般被认为是不属于类别股的,由国有股和法人股组成的非流通股与由社会公众股组成的流通股也不属于法理意义上的类别股份。

表决权(super voting rights)的股票,欧洲也有诸如此类的多重表决权(multiple voting rights)的股票。由于这种权利安排与一股一票(one share,one vote)的原则矛盾,它的合法性问题在美国曾经引起相当广泛的争论,正反两面的观点争论持续了很长时间。

类别股份在一些国家被法律禁止,但在另外一些国家却很盛行,如瑞典和南非。在某些国家的公司里,由于存在着类别股份,有些股东出 50% 的资金,但却只享有 25% 的投票权,而另外 50% 的出资人却享有 75% 的投票权,实现了绝对控制。显然,类别股份是直接分离现金流权和控制权的方式,不需要借助于持股链条和交叉持股等手段。同时,它也比较直接,不具有隐蔽性。

类别股份制度在资本发达的西方国家已经有近百年的历史,它可以满足各类投资者的要求,增加公司的融资渠道,大大增强了公司融资的灵活性。可是,回顾我国改革开放三十多年的发展,我们发现,我国至今仍未在公司法层面上正式全面确立类别股份制度,目前对于类别股份制度的规制也仅仅停留在行政立法阶段。1992 年国家计划委员会(简称计委和经济体制改革委员会(简称体改委))发布的《股份有限公司规范意见》第二十三条规定公司可以设置普通股和优先股,后来的《公司法》对此未予否认,1995 年《到境外上市公司章程必备条款》第八十五条规定内资股和境外上市外资股视为不同类别的股东,这一规定在我国首次开创了具有我国特色的类别股:A 股和 H 股。而国务院 2005 年制定并颁布的《创业投资企业管理暂行办法》中明确规定创业投资企业可以以优先股、可转换优先股等准股权方式在未上市企业中进行投资。2006 年实施的《公司法》第三十五条规定有限责任公司可以在全体股东约定的情况下,不按照出资比例分取红利,由此,诸如优先股之类的类别股可以应用于有限责任公司,同时 2006 年实施的《公司法》修改了原《公司法》第四十一条股东会会议由股东按照出资比例行使表决权的规定,允许公司章程对此作出不同的规定,这就为无投票权股、多投票权股的产生提供了空间。对于股份有限公司,虽然没有明确的法律条文,但 2006 年实施的《公司法》在第八十二条第一款(九)(十)项分别规定,股份有限公司的章程应当载明公司利润的分配办法和公司的解散事由与清算办法,第一百二十七条由原《公司法》第一百三十条同股同权,同股同利修改为同种类的每一股份应当具有同等权利,既然有同种类的股份,就有不同种类的股份,股份有限公司可以发行不同的类别股份。而第一百三十二条保留了原一百三十五条的规定,即国务院可以对公司发行公司法规定以外的其他种类的股份另行作出规定,这一条是公司发行类别股明确的法律依据(史英语,2009)。

88. 无投票权股份

无投票权股份(non-voting shares),指不享有投票权的股份,拥有该股份的股东无权以该持有人身份进行投票。无投票权股份主要包括三种情况,即优先股、公司自有股份和投票权排除。

89. 优先股

优先股(preferred shares)是公司在筹集资金时,给予投资者某些优先权的股票。这种优先权主要表现在两个方面:①优先股有固定的股息,不随公司业绩好坏而波动,并可以先于普通股股东领取股息;②当公司破产进行财产清算时,优先股股东对公司剩余财产有先于普通股股东的要求权。但优先股一般不参加公司的红利分配,持股人亦无表决权,不能借助表决权参加经营管理。

优先股的利端。①财务负担轻。由于优先股票股利不是发行公司必须偿付的一项法定债务,如果公司财务状况恶化时,这种股利可以不付,从而减轻了企业的财务负担。②财务上灵活机动。由于优先股票没有规定最终到期日,它实质上是一种永续性借款。优先股票的收回由企业决定,企业可在有利条件下收回优先股票,具有较大的灵活性。③财务风险小。由于从债权人的角度看,优先股属于公司股本,从而巩固了公司的财务状况,提高了公司的举债能力,因此,财务风险小。④不减少普通股票收益和控制权。与普通股票相比,优先股票每股收益是固定的,只要企业净资产收益率高于优先股票成本率,普通股票每股收益就会上升;另外,优先股票无表决权,因此不影响普通股股东对企业的控制权。

优先股的弊端。①资金成本高。由于优先股票股利不能抵减所得税,因此其成本高于债务成本。这是优先股票筹资的最大不利因素。②股利支付的固定性。虽然公司可以不按规定支付股利,但这会影响企业形象,进而对普通股票市价产生不利影响,损害到普通股股东的权益。当然,如在企业财务状况恶化时,这是不可避免的;但是,如企业盈利很大,想更多地留用利润来扩大经营时,由于股利支付的固定性,便成为一项财务负担,影响了企业的扩大再生产。

我国证券市场上曾一度出现过优先股的身影。据资料记载,金杯汽车股份有限公司在1988年发行过可转换的100万股的优先股,深发展在1990年发行优先股1 148万股,占总发行股票量约24%,金杯汽车和深圳发展银行的优先股均在1992年转为普通股,天目药业(600 671)也曾于1995年将一部分国有股(1 890万股)转化为优先股,天目药业的优先股则在2006年启动股改时转为普通股(1比1的比例)。1992年5月15日,国家出台了《股份有限公司规范意见》,对优先股的基本权益进行了全面的规范。然而,由于1993年《公司法》中没有明确规定优先股制度,使得优先股发展陷入沉寂。随着《公司法》《证券法》的颁布施行,并没有赋予优先股以合法地位,自此优先股在我国消失了。2013年11月30日《国务院关于开展优先股试点的指导意见》出台,国务院决定开展优先股试点。优先股试点有利于进一步深化企业股份制改革,为发行人提供灵活的直接融资工具,优化企业财务结构,推动企业兼并重组;有利于丰富证券品种,为投资者提供多元化的投资渠道,提高直接融资比重,促进资本市场稳定发展。为规范优先股发行和交易行为,保护投资者合法权益,根据《公司法》《证券法》《国务院关于开展优先股试点的指导意见》及相关法律法规,2013年12月13日中国证监会就《优先股试点管理办法(征求意见稿)》公开征求意见,《办法》共9章,70条,包括总则、优先股股东权利的行使、上市公司发行优先股、非上市公众公司非公开发行优先股、交易转让及登记结算、信息披露、回购与并购重组、监管措施和法律责任、附则等。2014年4月24日,广汇能源(600 256)发布首份优先股方案,公司拟发行数量不超过5 000万股,募集资金总额不超过50亿元;继广汇能源,2014年4月30日浦发银行(600 000)发布优先股方案,拟发行优先股总数不超过3亿股,募集资金总额不超过300亿元。

90. 公司自有股份

公司自有股份(treasury stock)即公司持有自身的股份,也被称为库藏股,即已发行但非在外流通的股份。公司自有股份不享有投票权,这是世界各国立法的通例,其原因主要在于:

一方面,公司自有股票参与投票,违背了股东大会为公司最高权力机关的股份公司内部制衡机构权利分配原则;另一方面,若公司可以对自己行使投票权,则该投票权必由董事会代表行使,容易形成内部人控制,使董事控制股东会,巩固自身职位和左右股东会的决议。

与公司自有股份密切相关的两种股份形式是子公司持有母公司股份和交叉持股股份,这两种形式的股份甚至可以说是公司自有股份的变种和衍生物。通常,这两种形式的股票也不享有投票权。

91. 投票权排除

投票权排除(voting rights challenge),也称投票权行使的回避,指股东对于股东会决议事项,有自身利害关系可能致使有害于公司利益时,不得进行投票,并不得代理其他股东行使投票权。投票权排除制度是对资本多数表决滥用的事前限制。根据该制度,只要某一股东与股东会的决议事项有利益冲突,无论其是大股东还是小股东,无论其是否有可能在投票时赞成或反对该决议,一律剥夺其投票权,违反投票排除制度的投票一律无效。因此,投票权排除具有客观性和预防性的特点。

我国《公司法》第十六条规定:"公司向其他企业投资或者为他人提供担保,按照公司章程规定,由董事会或者股东会、股东大会的决议;公司章程对投资或者担保的数额有限额规定的,不得超过规定的限额。公司为公司股东或者实际控制人提供担保的,必须经股东会或者股东大会决议。前款规定的股东或者受前款规定的实际控制人支配的股东,不得参加前款规定事项的表决。该项表决由出席会议的其他股东所持表决权的过半数通过"。即当某一股东或者董事与股东大会讨论的决议事项有特别的利害关系时,在董事会或者股东大会投票表决中,应当由其他股东或董事进行投票而该股东或者董事应当在该议案表决时放弃投票权。关联股东往往是能够影响投票结果的大股东,对他们的投票权进行限制就相对地扩大了中小股东的表决权,在客观上保护中小股东的利益。我国公司法关于股东投票权排除制度,范围过窄,只限定在担保事项和关联交易。

92. 股权结构

所谓股权结构(ownership structure)是指公司股份总额的内部构成,即构成股份公司中各主体股份的多少、占公司股份总体的比例及股份的性质等股权特征。

股权结构是公司治理机制的基础,它决定了股东结构、股权集中程度以及大股东身份,股权结构的不同导致股东行使权力的方式和效果有较大的区别,进而对公司治理模式的形成、运作及绩效有较大影响,换句话说股权结构对公司治理中的内部治理机制直接发生作用;同时,股权结构一方面在很大程度上受公司外部治理机制的影响,反过来,股权结构也对外部治理机制产生间接作用。

在控制权可竞争的股权结构模式中,剩余控制权和剩余索取权相互匹配,大股东就有动力去向经理层施加压力,促使其为实现公司价值最大化而努力;而在控制权不可竞争的股权结构模式中,剩余控制权和剩余索取权不相匹配,控股股东手中掌握的是廉价投票权,它既无压力也无动力去实施监控,而只会利用手中的权力去实现自己的私利。所以对一个股份制公司而言,不同的股权结构决定着股东是否能够积极主动地去实施其权利和承担其义务。

股权结构在很大程度上决定了董事会的人选,在控制权可竞争的股权结构模式中,股东大会决定的董事会能够代表全体股东的利益。而在控制权不可竞争的股权结构模式中,由于占绝对控股地位的股东可以通过垄断董事会人选的决定权来获取对董事会的决定权。因而在此股权结构模式下,中小股东的利益将不能得到保障。股权结构对监事会影响也如此。

股权结构对经理层的影响在于是否在经理层存在代理权的竞争。一般认为,股权结构过于分散易造成"内部人控制",从而代理权竞争机制无法发挥监督作用;而在股权高度集中的情况下,经理层的任命被大股东所控制,从而也削弱了代理权的竞争性。相对而言,控股股东的存在比较有利于经理层在完全竞争的条件下进行更换。

目前的研究表明,股权结构一般受以下因素影响。

(1) 行业特征。处于不同行业的企业,其投资机会以及业务运行与股东之间的信息不对称程度是不同的。Gomes 和 Novaes(2005)认为,当企业拥有的投资机会对外部股东而言难以评估的时候,也就是说投资机会产生的私有收益难以被外部股东所评价的时候,分权控制比较有利。反之,则大股东控股是比较有利的。

(2) 法律状况。LLSV(1999)认为,多个大股东的存在是对法制保护不足的替代。如果某国的法律体系对小股东保护不足的话,分权控制的情况将比较常见(Gomes,Novaes,2005)。如果法律体系对小股东的保护不足的话,控股股东被激励去接受一些增加控制权私有价值但是对企业无效率的项目,这将使得控股股东的控制权私人收益增加。

(3) 大股东的性质。首先,大股东股权的性质与背景决定了股权制衡的形成,Gomes 和 Novaes(2005)认为股权制衡的企业股东大多有相同的背景,如家族企业与合资企业。其次,大股东的竞争力也是一个重要的影响因素,如果大股东之间竞争力差距很小,则分权控制是最优选择。

(4) 控制权集团持股与其余流通股股东的持股差距。Bloch 和 Hege(2001)认为,在多个大股东分权控制(制衡股权)的结构下,最大股东的持股比例与自由流通股数(free float),即控股集团持股以外的其他小股东持股数成正比。自由流通股数越多,则最大股东持股比例越大。

反映我国上市公司股权结构状况的前五大股东持股比例如表 2-6 所示。

表 2-6　我国上市公司前五大股东持股比例统计　　　　单位:%

年份	第一大股东	第二大股东	第三大股东	第四大股东	第五大股东
1994	43.58	8.08	4.05	2.60	1.77
1995	42.62	8.09	3.52	2.26	1.63
1996	43.49	7.69	3.42	2.11	1.55
1997	44.55	7.42	3.15	1.90	1.30
1998	45.21	7.73	3.17	1.79	1.20
1999	45.39	8.05	3.22	1.84	1.22
2000	44.59	8.17	3.21	1.77	1.16

续表

年份	第一大股东	第二大股东	第三大股东	第四大股东	第五大股东
2001	43.97	8.30	3.29	1.76	1.12
2002	43.43	8.70	3.39	1.87	1.17
2003	42.54	9.24	3.68	1.96	1.22
2004	41.68	9.78	3.89	2.08	1.33
2005	40.34	9.83	3.88	2.09	1.34
2006	36.12	9.13	3.71	2.13	1.47
2007	36.03	8.98	3.68	2.14	1.47
2008	36.20	8.80	3.60	2.03	1.38
2009	36.50	8.80	3.71	2.16	1.48
2010	36.57	9.36	4.03	2.46	1.72
2011	36.18	9.63	4.25	2.56	1.79
2012	36.33	9.70	4.26	2.47	1.71
1994—2012（平均值）	39.43	8.99	3.74	2.15	1.45

（资料来源：CCER 数据库。）

93. 赫芬德尔指数

赫芬德尔指数（herfindahl index）是用来反映股东持股比例分布情况，常见的有 Herfindahl_5 指数和 Herfindahl_10 指数，分别表示公司前 5 位、前 10 位大股东持股比例的平方和[1]。该指标的效用在于对持股比例取平方后，会出现马太效应（即强者恒强，弱者恒弱），也就是比例大的平方后与比例小的平方后之间的差距拉大，从而突出股东持股比例之间的差距。该指数越接近 1，说明前 5 位、前 10 位股东的持股比例差距越大。该指数若大于 0.25 则说明前 5 位、前 10 位股东的持股比例分布不均衡。

我国上市公司的 Herfindahl_5 指数和 Herfindahl_10 指数如表 2-7 和表 2-8 所示。

表 2-7 我国上市公司赫芬德尔指数_5 统计   单位：%

年份	平均值	中位数	标准差	极差	最小值	最大值
1994	0.241 0	0.204 8	0.164 1	0.784 2	0.000 4	0.784 6
1995	0.231 3	0.204 5	0.154 7	0.737 3	0.000 1	0.737 3
1996	0.235 8	0.199 3	0.152 1	0.784 6	0.000 1	0.784 7
1997	0.246 5	0.214 2	0.159 9	0.784 7	0.000 0	0.784 7
1998	0.253 2	0.219 0	0.161 8	0.784 0	0.000 8	0.784 8
1999	0.255 1	0.224 1	0.160 7	0.783 5	0.001 2	0.784 7
2000	0.247 9	0.218 0	0.156 1	0.784 1	0.000 6	0.784 7

---

[1] 赫芬德尔指数最初是一种测量产业集中度的综合指数。它是指一个行业中各市场竞争主体所占行业总收入或总资产百分比的平方和，用来计量市场份额的变化，即市场中厂商规模的离散度。

第二篇

续表

年份	平均值	中位数	标准差	极差	最小值	最大值
2001	0.242 0	0.215 0	0.152 2	0.722 1	0.000 5	0.722 5
2002	0.237 7	0.211 8	0.148 7	0.722 5	0.000 0	0.722 5
2003	0.231 0	0.198 0	0.146 0	0.846 8	0.000 2	0.847 0
2004	0.224 0	0.187 8	0.140 8	0.722 4	0.000 1	0.722 5
2005	0.210 7	0.172 7	0.133 2	0.719 1	0.003 1	0.722 2
2006	0.172 3	0.140 6	0.119 6	0.703 5	0.002 2	0.705 7
2007	0.172 3	0.141 8	0.126 5	0.999 9	0.000 1	1.000 0
2008	0.173 1	0.144 6	0.123 5	0.757 5	0.002 3	0.759 8
2009	0.177 3	0.144 0	0.133 4	0.904 1	0.002 7	0.906 8
2010	0.179 9	0.149 9	0.133 1	0.921 0	0.001 2	0.922 3
2011	0.176 3	0.150 4	0.127 6	0.979 7	0.000 5	0.980 2
2012	0.179 5	0.148 9	0.132 5	1.222 1	0.000 5	1.222 6
1994—2012（平均值）	0.203 5	0.167 5	0.142 3	1.222 6	0.000 0	1.222 6

（资料来源：CCER 数据库。）

表 2-8 我国上市公司赫芬德尔指数_10 统计 单位：%

年份	平均值	中位数	标准差	极差	最小值	最大值
1994	0.241 4	0.205 0	0.163 8	0.784 2	0.000 4	0.784 6
1995	0.231 8	0.205 9	0.154 4	0.737 3	0.000 1	0.737 4
1996	0.236 4	0.200 0	0.151 7	0.784 6	0.000 1	0.784 7
1997	0.246 9	0.214 7	0.159 6	0.784 7	0.000 0	0.784 7
1998	0.253 6	0.219 1	0.161 5	0.783 8	0.000 9	0.784 8
1999	0.255 5	0.224 2	0.160 4	0.783 5	0.001 3	0.784 8
2000	0.248 2	0.218 1	0.155 8	0.784 1	0.000 6	0.784 7
2001	0.242 3	0.215 3	0.151 9	0.722 1	0.000 5	0.722 6
2002	0.238 0	0.212 1	0.148 5	0.722 5	0.000 0	0.722 5
2003	0.231 3	0.198 3	0.145 7	0.846 9	0.000 2	0.847 2
2004	0.224 4	0.188 0	0.140 5	0.722 4	0.000 1	0.722 6
2005	0.211 1	0.172 8	0.132 9	0.719 1	0.003 1	0.722 2
2006	0.172 9	0.141 4	0.119 3	0.703 5	0.002 3	0.705 7
2007	0.172 9	0.142 6	0.126 2	0.999 8	0.000 2	1.000 0
2008	0.173 6	0.145 3	0.123 2	0.757 4	0.002 5	0.759 8
2009	0.178 0	0.144 2	0.133 1	0.904 0	0.002 8	0.906 8
2010	0.180 7	0.150 0	0.132 7	0.921 0	0.001 3	0.922 3
2011	0.177 2	0.150 9	0.127 6	0.979 6	0.000 6	0.980 2
2012	0.180 2	0.149 9	0.132 1	1.2221	0.000 5	1.222 6
1994—2012（平均值）	0.204 0	0.167 9	0.142 0	1.222 6	0.000 0	1.222 6

（资料来源：CCER 数据库。）

94. 金字塔股权结构

根据 LLSV(1999)的定义,金字塔股权结构(pyramid shareholding schemes)指拥有下述特征的股权结构:①一个不直接持有公司股票的最终控制人,②至少在控制链中间拥有一家上市公司,③通过股权在内部公司进行联系。根据已有研究,金字塔股权结构在市场经济发展不是很完善的国家和地区广泛存在。

对于金字塔股权结构的成因,目前存在两种经济假说,一种是金字塔股权结构的"内部资本市场假说",另一种则是"利益侵占假说"。"内部资本市场假说"的观点认为,由于金字塔股权结构的存在,在成员企业间形成了内部资本市场,使成员企业可以通过内部资金往来等多种方式解决融资问题,放松了外部资本市场对成员企业的融资约束,成员企业的非银行借款比重会随之增加。金字塔股权结构依据产权关系界定终极股东所支配的内部资本市场边界,是一种比较严格的划分,这种内部资本市场的特点使成员关系较为紧密、终极股东支配能力突出。内部资本市场的存在可以为成员企业提供资金支持,解决成员企业融资渠道不畅等问题,降低了对外部资本市场的依赖。"利益侵占假说"主要从终极股东控制权与现金流权及其偏离度分析终极股东对其他股东利益的侵害,表现在资金占用、违规担保、关联投资以及现金股利政策等多个具体层面。

关于金字塔股权结构的经济后果方面研究主要从终极股东控制权、现金流权及其偏离出发对企业价值、公司绩效、股利政策和现金持有量影响等进行研究,如 Lins(2003)、Lemmon 和 Lins(2003)发现当终极股东控制权超过现金流权时,公司市场价值下降;沈艺峰、况学文和聂亚娟(2008)研究了终极控股股东控制权与现金流权偏离对公司现金持有量水平及其市场价值的影响,发现终极股东性质不同,控制权与现金流权偏离对公司现金持有量及市场价值的影响也不同。

95. 一股独大股权结构

一股独大股权结构(one-predominant ownership structure)是从持股比例划分某一主体持有股份公司股份的情况,一般指在上市公司股权结构中,某个股东能够绝对控制公司运作。这包括:占据51%以上的绝对控股份额,不占绝对控股地位,只是相对于其他股东股权比例高(Shleifer 和 Vishny 界定为20%),但其他股东持股分散,而且联合困难,使该股东仍然可以控制公司运作。据 Leech 和 Leaby(1991)分析,如果第一大股东表决权比例超过25%,在表决权争夺中,通常容易赢得大多数其他股东支持,处于优势表决权地位。

LLSV(1998)是最早研究股权集中化的国外学者,他们通过对全球最富裕的27个国家前20名上市公司的研究发现,约64%的大企业存在控股股东,从而验证了一股独大股权结构的普遍存在性。对于我国,由于特殊国情和发展阶段,一股独大现象在我国更为普遍。

对于一股独大的研究表明,我国第一大股东的持股比例偏高,第二到第十大股东的持股比例偏低,第一大股东持股比例对公司绩效有显著的影响。借鉴国外证券市场发展的经验,在外部市场较为发达的国家,公司可以采取较为分散的股权结构,因为完善的外部监控机制

可以弥补由股权分散所带来的内部监控不足的问题；而在外部市场发达程度不高的国家，公司可相应采取较为集中的股权结构，以便加强内部监控机制。目前我国外部市场仍不发达，因此，保持股权的相对集中对提高我国公司的经营业绩应该是有利的。

96. 交叉持股股权结构

交叉持股股权结构又称双向持股或相互持股（cross-shareholdings），是从持股状态划分某一主体持有股份公司股份的情况，相对于单向持股，交叉持股，是按持股者与被持股者之间的关系来划分的。单向持股，是指在两个股份公司之间只存在单方面持股关系情形，如 A 公司对 B 公司持股，而 B 公司不对 A 公司持股；交叉持股，是指两个公司各自都持有对方的股份，即 A 公司对 B 公司持股，同时 B 公司对 A 公司也持股。

交叉持股股权结构在我国资本市场普遍存在。对于交叉持股的动机，主要有以下几个方面：①公司间进行交叉持股的目的是为降低其商贸伙伴的欺骗行为带来的风险，这种目的在交易特种商品时表现得尤为明显；②交叉持股有利于抵制敌意收购；③公司治理的手段；④稳定股价；⑤获取垄断利润。

鉴于交叉持股的特性，交叉持股对公司治理具有一定的影响。Nakatani(1984)、Gilson 和 Roe(1993)、Sheard(1994)、Morck 和 Nakamura(1999)的研究表明，当被收购的目标公司涉及交叉持股时，收购成本相对比较高，说明交叉持股提高了管理层的自保能力，使管理层避免受外部市场控制因素（如敌意收购）的干扰。Osano(1996)则从理论上证明了交叉持股可以有效地防止管理层在经营中的短视行为，Inoue(1999)、Isagawa(2002)的研究证实了这一点，他们提供了交叉持股比例的下降会使管理层更关注投资者利益的证据。此外，交叉持股也有可能成为控股股东剥削小股东利益的一种手段。LLS(1999)指出控股股东可以通过交叉持股提高对公司的控制，并且随着控股股东控制权与现金流权分离程度的提高，控股股东就可以用较少的现金流来实现对目标公司的实质性控制，从而产生侵害小股东利益的强烈动机，损害公司的运营效率，抑制了潜在投资者的投资动力。

97. 双重股权结构

双重股权结构也称为二元制股权结构（dual-class structures），是一元制股权结构的相对概念①。双重股权结构中，股份通常划分为两种：优先股和一般股。与一元制股权中一股一票的投票权结构不同，双重股权结构中优先股是为了给予特定股东对决策投票的控制权，这些股票通常不能在市场进行公开交易。双重股权结构中的优先股所拥有的每股表决权大于一般股的表决权。双重股权结构被普遍认为是一种通过分离现金流权和控制权而对公司实

---

①　Facebook 这家公司采用了双重股权结构。创始人马克·扎克伯格（Mark Zuckerberg）建立了这家公司，所以由他控制的 B 类股具有 10 倍于 A 类股的投票权。这意味着，虽然他仅拥有该公司大约 18% 的股份，但控制着超过一半的投票权。包括谷歌在内的约有 6% 的美国公司采用这种股权结构，其市值约占美国股市总市值的 8%。支持者声称，这种股权安排可以让公司的掌控者不必对股价的短期波动作出反应，这样他们就能专注于公司的长期发展。

行有效控制的手段。

我国《公司法》第一百零四条的规定,股东出席股东大会会议,所持每一股份有一表决权,即在我国不允许存在双重股权结构。双重股权结构在加拿大、德国、丹麦、瑞士、挪威、芬兰、瑞典、意大利、墨西哥、巴西和韩国较为普遍,而在美国、英国、法国、澳大利亚、香港、南非和智利则不为多见。例如谷歌公司便是采用了双重股权结构成功上市,谷歌公司三位主要创建人拥有公司表决权的 37.6%,公司管理层和董事成员总共控制了公司 61% 的表决权。谷歌公司的创建人在公司首次公开上市信中说:"新投资人可以充分共享谷歌的长期经济发展而很少通过他们的表决权来影响公司的战略决策。谷歌在过去是一个发展良好的私营公司,我们坚信双重股权能够使得公司在变为公众公司后,依然保有私营公司的积极方面。"

对双重股权结构的研究主要集中在控制权个人收益、防止恶意收购和公司长远发展三个方面。根据 Claessens,Djankov,Fan 和 Lang(2002)的研究,公司的收益和公司控制权与现金流权存在一定的相关关系。Gompers,Ishii 和 Metrick(2010)的研究指出,恶意收购对美国的双重股权公司几乎无法施加影响。Chennanur 和 Jiao(2012)则指出,双重股权结构可以使公司高层关注公司的长期目标而不必为公司的短期效益分心。

98. 股权分置改革

股权分置也称为股权分裂,是指上市公司的一部分股份上市流通,另一部分股份暂时不上市流通。前者主要称为流通股,主要成分为社会公众股;后者为非流通股,大多为国有股和法人股。股权分置是因为特殊的历史原因,A 股市场的上市公司内部普遍形成了"两种不同性质的股票(非流通股和社会流通股)",这两类股票形成了"不同股、不同价、不同权"的市场制度与结构。股权分置问题被普遍认为是困扰我国股市发展的头号难题。由于历史原因,我国股市上有三分之二的股权不能流通。由于同股不同权、同股不同利等,"股权分置"存在的弊端严重影响着股市的发展。股权分置改革也称股改(split share structure reform),特指我国 A 股市场通过非流通股股东和流通股股东之间的利益平衡协商机制,消除 A 股市场股份转让制度性差异的过程。我国上市公司流通股与非流通股所占比例如图 2-3 所示。

中国证监会于 2005 年 4 月 29 日发布了《关于上市公司股权分置改革试点有关问题的通知》,正式启动了上市公司股权分置改革试点工作。股权分置改革的总体思路为"试点先行,协调推进,分步解决",通过审慎试点,培育相对稳定的市场预期,同时全面推进市场基础建设和相关政策措施的落实,为全面解决股权分置问题创造条件。

2005 年 6 月 9 日,中国证监会发布《关于进一步做好股权分置改革工作的通知》,提出解决股权分置问题对促进上市公司规范运作、全面提高上市公司质量的重要意义。第一,解决股权分置问题有利于完善上市公司治理结构。在股权分置的上市公司中,流通股东与非流通股东的利益取向存在严重分歧。股权分置问题的解决为公司建立完善的治理结构提供了共同利益基础,有利于改善公司治理中的委托代理问题,也为管理层和员工实施激励机制提供了条件。第二,解决股权分置问题有利于促进股权合理流动,形成控制权并购市场。以国有股份为主的非流通股转让市场是一个参与者有限的协议定价市场,交易机制不透明,价格发现不充分,严重影响了国有资产的顺畅流转。股权分置问题的解决有利于促进上市公司股权有序流动,推动上市公司并购重组的进一步市场化。第三,解决股权分置问题有利于开展金

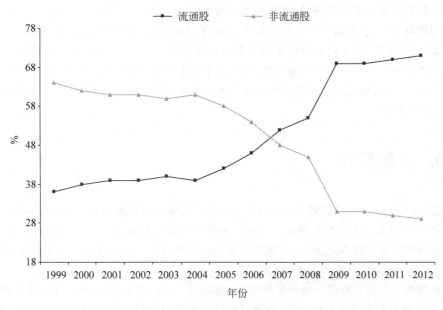

图 2-3 我国上市公司流通股与非流通股比例平均值
（资料来源：CSMAR 数据库。）

融创新。合理的市场定价机制形成后，股权具有了流通性和市场价格，为以股票价格为基础的一系列金融活动的开展，包括股权激励、定向增发、资产证券化、换股合并、质押融资等提供了更多的机会。

2005 年 8 月 23 日，中国证监会、国务院国资委、财政部、中国人民银行和商务部联合颁布《关于上市公司股权分置改革的指导意见》，内容包括 5 大方面：正确认识股权分置改革、股权分置改革的指导思想、股权分置改革的总体要求、严格规范股权分置改革秩序、调动多种积极因素，促进资本市场稳定发展，共二十二条。股权分置改革是一项完善市场基础制度和运行机制的改革，其意义不仅在于解决历史问题，更在于为资本市场其他各项改革和制度创新创造条件，是全面落实《若干意见》的重要举措。为此，要将股权分置改革、维护市场稳定、促进资本市场功能发挥和积极稳妥推进资本市场对外开放统筹考虑。改革要积极稳妥、循序渐进，成熟一家，推出一家，实现相关各方利益关系的合理调整，同时要以改革为契机，调动多种积极因素，维护市场稳定，提高上市公司质量，规范证券公司经营，配套推进各项基础性制度建设、完善市场体系和促进证券产品创新，形成资本市场良性循环、健康发展的新局面。

2005 年 9 月 6 日，为规范上市公司股权分置改革工作，促进资本市场改革开放和稳定发展，保护投资者的合法权益，依据《公司法》、《证券法》、《股票发行与交易管理暂行条例》、《国务院关于推进资本市场改革开放和稳定发展的若干意见》以及中国证监会、国务院国资委、财政部、中国人民银行和商务部五部委联合颁布的《关于上市公司股权分置改革的指导意见》等有关规定，制定了《上市公司股权分置改革管理办法》。

2005 年 9 月 6 日沪深证券交易所和中国证券登记结算公司联合发布《上市公司股权分置改革业务操作指引》。同时，沪深证券交易所还分别发布了《上市公司股权分置改革说明书格式指引》。由此，股权分置改革的相关政策和业务操作程序已经明确，全面股改正式进入实施阶段。

对于股权分置改革的效果,国内学者郑志刚等(2007)的研究表明在我国上市公司现存的公司治理机制中,控股股东之外的积极股东的存在成为目前阶段较为有效的公司治理机制,而发行 B 股或 H 股、债务融资对经理人挥霍自由现金流的约束以及董事会的治理作用还有待于进一步改进。由于一个公司业已形成的公司治理原则和实践会影响股权分置改革中对价的确定,因而股权分置改革中的对价确定为我们从新的角度检验我国上市公司治理机制的有效性提供了机会。

99. 控股股东

我国《公司法》规定,控股股东(controlling shareholders),是指其出资额占有限责任公司资本总额50%以上或者其持有的股份占股份有限公司股本总额50%以上的股东;出资额或者持有股份的比例虽然不足50%,但依其出资额或者持有的股份所享有的表决权已足以对股东会、股东大会的决议产生重大影响的股东。

控股股东又分两种情况。绝对控股股东(absolute controlling shareholders):绝对控股股东拥有50%以上的有表决权的股份,能绝对保证对控股子公司的高管的任命和经营;相对控股股东(relative controlling shareholders):拥有的股份不足50%,但仍能决定子公司的高管任免和经营事项,一般情况为不足50%股份的第一大股东,或受其他股东委托,合计具有最多投票权。

《公司法》第二十一条规定:"公司的控股股东、实际控制人、董事、监事、高级管理人员不得利用其关联关系损害公司利益。违反前款规定,给公司造成损失的,应当承担赔偿责任。"

《上市公司章程指引》第三十九条明确提出:"公司的控股股东、实际控制人员不得利用其关联关系损害公司利益。违反规定的,给公司造成损失的,应当承担赔偿责任。公司控股股东及实际控制人对公司和公司社会公众股股东负有诚信义务。控股股东应严格依法行使出资人的权利,控股股东不得利用利润分配、资产重组、对外投资、资金占用、借款担保等方式损害公司和社会公众股股东的合法权益,不得利用其控制地位损害公司和社会公众股股东的利益[①]。"

2010 年中国证监会推出《上市公司现场检查办法》,所谓现场检查是指中国证监会及其派出机构在上市公司及其所属企业和机构(以下统称检查对象)的生产、经营、管理场所以及其他相关场所,采取查阅、复制文件和资料、查看实物、谈话及询问等方式,对检查对象的信息披露、公司治理等规范运作情况进行监督检查的行为。现场检查应当重点关注下列内容:①信息披露的真实性、准确性、完整性、及时性和公平性;②公司治理的合规性;③控股股东、实际控制人行使股东权利或控制权的规范性;④会计核算和财务管理的合规性;⑤中国证监会认定的其他事项。现场检查中发现的问题涉及上市公司控股股东或实际控制人、并购重组当事人、证券服务机构等有关单位和个人的,中国证监会可在检查事项范围内一并实施检查,并要求其提供情况说明、工作底稿及其他相关文件和资料。同时指出,检查对象以及现场检查中涉及的上市公司控股股东或实际控制人、并购重组当事人、证券服务机构等有关单位和

---

① 陈信元、朱红军著《转型经济中的公司治理——基于中国上市公司的案例》(2007)中指出我国转型时期上市公司治理机制存在着如下特征:政府干预企业微观经济活动、法制对投资者利益保护不力、大股东对上市公司的高度控制、国有银行缺乏对上市公司的约束、注册会计师没有充分发挥外部治理作用。

个人(以下统称当事人)存在不配合检查、不如实反映情况或者拒绝检查等违反本办法规定的情形的,中国证监会可以区别情形和视情节轻重,依法采取下列监督管理措施。①责令改正,②监管谈话,③出具警示函,④责令公开说明,⑤责令参加培训,⑥责令定期报告,⑦认定为不适当人选,⑧中国证监会依法可以采取的其他监督管理措施。

100. 实际控制人

　　LLS(1999)提出了实际控制权的概念,它是指股权控制链条的最终控制者通过直接或间接持有公司股份而对公司拥有的实际控制权。所谓实际控制人就是指实际取得了公司实际控制权的股东,也称为最终控制人(ultimate owner),他们可以通过包括投票权在内的各种方式最终掌控公司的战略决策与日常经营。一般而言,实际控制人通常能够控制公司董事会中的多数董事,并可以直接或间接控制经理人员。实际控制人可以是自然人,也可以是家族,还可以是企业法人或政府机构等。

　　我国《公司法》规定,实际控制人,是指虽不是公司的股东,但通过投资关系、协议或者其他安排,能够实际支配公司行为的人。例如中国人寿(601 628)股权结构图。如图2-4所示,公司实际控制人为中华人民共和国财政部。

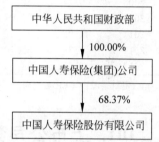

图 2-4　中国人寿股权结构图
(资料来源:中国人寿年报。)

　　我国上市公司实际控制人类型可以分为国有控股、民营控股、外资控股、集体控股、社会团体控股、职工持股会控股等,相关统计结果如表2-9和表2-10所示。

表 2-9　我国上市公司实际控制人类型(数量)统计　　　　　单位:家

年份	国有控股	民营控股	外资控股	集体控股	社会团体控股	职工持股会控股	不能识别	合计
1998	72	5	0	2	1	0	2	82
1999	768	67	9	31	8	7	33	923
2000	869	97	9	33	7	8	37	1 060
2001	926	121	8	33	6	8	34	1 136
2002	930	184	10	28	5	7	35	1 199
2003	925	271	8	28	7	8	11	1 258
2004	937	352	8	23	20	12	2	1 354
2005	935	373	7	17	4	14	1	1 351
2006	928	455	6	19	4	17	3	1 432
2007	940	533	11	30	4	15	2	1 535
2008	967	580	15	17	3	10	0	1 592
2009	964	706	9	15	13	12	0	1 719
2010	940	1 077	25	33	4	2	11	2 092
2011	966	1 300	15	17	4	2	40	2 334
2012	985	1 296	57	17	3	4	2	2 364

(资料来源:CCER 数据库。)

表 2-10　我国上市公司实际控制人类型(比例)统计　　　　单位：%

年份	国有控股	民营控股	外资控股	集体控股	社会团体控股	职工持股会控股	不能识别	合计
1998	87.80	6.10	0.00	2.44	1.22	0.00	2.44	100.00
1999	83.19	7.26	0.98	3.36	0.87	0.76	3.58	100.00
2000	81.99	9.15	0.85	3.11	0.66	0.75	3.49	100.00
2001	81.53	10.65	0.70	2.90	0.53	0.70	2.99	100.00
2002	77.56	15.35	0.83	2.34	0.42	0.58	2.92	100.00
2003	73.52	21.54	0.64	2.23	0.56	0.64	0.87	100.00
2004	69.19	26.00	0.59	1.70	1.48	0.89	0.15	100.00
2005	69.20	27.61	0.52	1.26	0.30	1.04	0.07	100.00
2006	64.80	31.77	0.42	1.33	0.28	1.19	0.21	100.00
2007	61.24	34.72	0.72	1.95	0.26	0.98	0.13	100.00
2008	60.74	36.43	0.94	1.07	0.19	0.63	0.13	100.00
2009	56.08	41.07	0.52	0.87	0.78	0.70		100.00
2010	44.92	51.48	1.20	1.58	0.19	0.10	0.53	100.00
2011	41.39	55.70	0.64	0.34	0.13	0.09	1.71	100.00
2012	41.67	54.82	2.41	0.72	0.13	0.17	0.08	100.00

(资料来源：CCER 数据库。)

101. 上市公司独立性

鉴于上市公司的公众公司属性,上市公司独立性(independence of listed company)一般指上市公司在管理体制和运行体制与控股股东保持独立,具体表现在上市公司的人员、资产、财务、机构和业务等方面与上市公司控股股东保持相对独立。[①]

根据《公司法》、《证券法》、《上市公司治理准则》及《上市公司规范运作与信息披露指引》等法律法规对上市公司的独立性提出的要求,为保持上市公司独立性的有效实施,上市公司需要在资产、人员及财务三方面与控股股东真正分开,并在机构、业务实现独立核算、独立承担责任和风险[②]。具体表现在以下几点。

(1) 人员独立。上市公司人员应独立于控股股东。上市公司的管理人员、财务负责人、营销负责人和董事会秘书在控股股东单位不得担任除董事以外的其他职务。控股股东不得

[①] 为进一步规范上市公司与控股股东及其他关联方的资金往来,有效控制上市公司对外担保风险,保护投资者合法权益,根据《公司法》、《证券法》、《企业国有资产监督管理暂行条例》等法律法规,2003 年 8 月 28 日,中国证监会和国务院国资委下发了《关于规范上市公司与关联方资金往来及上市公司对外担保若干问题的通知》文件。

[②] 由于上市公司的规范条例长期缺位,很大程度上制约了上市公司的规范运作以及依法监管的效果,监管部门实际上从 2006 年开始就在起草《上市公司监督管理条例》并进行了意见征求,征求意见稿共十章,一百零六条,对我国上市公司监管工作中存在的突出问题做出了具体规定,主要包括以下几个方面的内容：①完善上市公司治理结构,提高上市公司规范运作水平；②规范上市公司控股股东和实际控制人的行为；③强化上市公司董事、监事、高级管理人员诚信义务和法律责任；④规范关联交易行为,有效遏制违规担保,切实维护上市公司和股东的合法权益；⑤调整和完善上市公司再融资的相关制度,支持上市公司通过收购兼并等途径,提升上市公司的核心竞争力,实现可持续发展；⑥提高上市公司透明度,增强信息披露的有效性；⑦强化监管协作,构建综合监管体系,营造促进上市公司健康发展的良好环境。

对股东大会人事选举决议和董事会人事聘任决议履行任何批准手续；不得越过股东大会、董事会任免上市公司高级管理人员。

（2）资产完整。上市公司的资产应当独立完整、权属清晰。生产型企业应当具备与生产经营有关的生产系统、辅助生产系统和配套设施，合法拥有与生产经营有关的土地、厂房、机器设备以及商标、专利、非专利技术的所有权或者使用权，具有独立的原料采购和产品销售系统，非生产型企业应当具有与经营有关的业务体系及相关资产。控股股东、实际控制人，不得占用、支配该资产或者越权干预上市公司对资产的经营管理。

（3）财务独立。上市公司应当建立健全独立的财务核算体系，能够独立做出财务决策，具有规范的财务会计制度和对分公司、子公司的财务管理制度。控股股东、实际控制人应当维护上市公司的财务独立性，不得干预上市公司的财务、会计活动，其与其控制的其他企业不得与上市公司共用银行账户。

（4）机构独立。上市公司的董事会、监事会和其他内部机构应当独立动作，独立行使经营管理权，不得与控股股东、实际控制人及其控制的其他企业存在机构混同的情形。

（5）业务独立。上市公司的业务应当独立于控股股东、实际控制人及其控制的其他企业。控股股东、实际控制人及其控制的其他企业不应从事与上市公司相同或相近的业务，不应与上市公司发生显失公平的关联交易，并采取有效措施避免同业竞争。

我国证监会发布的《上市公司治理准则》对上市公司的独立性做出了如下的规定和解释：控股股东与上市公司应实行人员、资产、财务分开，机构、业务独立，各自独立核算、独立承担责任和风险。第二十三条规定："上市公司人员应独立于控股股东。上市公司的经理人员、财务负责人、营销负责人和董事会秘书在控股股东单位不得担任除董事以外的其他职务。控股股东高级管理人员兼任上市公司董事的，应保证有足够的时间和精力承担上市公司的工作。"第二十四条规定："控股股东投入上市公司的资产应独立完整、权属清晰。控股股东以非货币性资产出资的，应办理产权变更手续，明确界定该资产的范围。上市公司应当对该资产独立登记、建账、核算、管理。控股股东不得占用、支配该资产或干预上市公司对该资产的经营管理。"第二十五条规定："上市公司应按照有关法律、法规的要求建立健全的财务、会计管理制度，独立核算。控股股东应尊重公司财务的独立性，不得干预公司的财务、会计活动。"第二十六条规定："上市公司的董事会、监事会及其他内部机构应独立运作。控股股东及其职能部门与上市公司及其职能部门之间没有上下级关系。控股股东及其下属机构不得向上市公司及其下属机构下达任何有关上市公司经营的计划和指令，也不得以其他任何形式影响其经营管理的独立性。"第二十七条规定："上市公司业务应完全独立于控股股东。控股股东及其下属的其他单位不应从事与上市公司相同或相近的业务。控股股东应采取有效措施避免同业竞争。"

102. 控制权

控制权（control rights）是指股权控制链条的最终控制人通过直接和间接持有公司股份而对公司拥有的实际控制权，也称为最终控制权或者终极控制权（ultimate control rights）。这里的控制权是完全意义上的控制权，即这个控制权即包括终极控制人由于拥有股份而获得的法定控制权，也包括超过法定控制权的事实控制权。控制权的特征：①控制权的控制是多级的，②终极控制人的控制权与其所有权是不相等的，即存在着偏离。第二个特征是由第一个特征所引起的,可以说没有终极控制人的多级控制,就不会存在控制权与所有权的偏离。在计算上,等于控制链上最弱的投票权(voting rights)相加之和。我国上市公司实际控制人拥有的控制权统计结果见表 2-11。

表 2-11 我国上市公司实际控制人拥有的控制权统计 单位:%

年份	平均值	中位数	标准差	极差	最小值	最大值
2003	41.39	39.80	16.54	77.98	7.02	85.00
2004	42.06	40.63	16.56	78.86	6.14	85.00
2005	40.04	38.11	16.27	78.81	2.38	81.19
2006	37.24	35.56	15.32	91.98	6.88	98.86
2007	37.06	35.71	15.94	95.17	4.83	100.00
2008	37.07	36.08	15.95	84.91	1.80	86.71
2009	39.00	37.50	16.26	89.06	4.55	93.61
2010	39.83	38.66	16.59	97.26	2.06	99.32
2011	40.37	39.53	16.22	90.70	2.06	92.76
2012	40.85	40.08	16.18	87.51	2.06	89.57
2013	41.25	40.49	16.23	94.40	1.08	95.48
2003—2013（平均值）	39.69	38.56	16.26	98.92	1.08	100.00

(资料来源:CSMAR 数据库。)

103. 控制权收益[①]

控制权收益(benefits of control),是指公司控制权所能带来的经济价值,主要是给控股股东或者公司具有实际控制权的高管,因此也称为控制权私有收益或者控制权私人收益(private benefits of control)。公司治理理论对这一问题的回答经历了从无到有的发展过程。1932 年 Berle 和 Means 提出了著名的所有权与控制权分离理论,同时他们认为,在公司股权结构极度分散的情况下,股东普遍具有"免费搭车"行为,股东无法有效地发挥监督管理层的功能,因此控制权并无实质的经济价值。受其结论的影响,在相当长的时间里,传统的公司治理理论将研究重点锁定在资产的索取权部分,而对控制权的经济价值研究则一直不加重视。然而,从 1980 年代末起,随着公司治理研究范围的扩展,大量的研究发现,除美国、英国、加拿大等少数国家外,大部分国家和地区的公司都具有集中的所有权结构。在这种情况下,大股东对公司的控制使投票权产生了经济价值。

对控制权收益的正式研究是从 Grossman 和 Hart(1986)开始的。Grossman 和 Hart(1988)在研究公司投票权和现金流权利的最优分配时,将公司的价值分为两部分:一部分是股东所得到的股息流量的现值(即控制权的共享收益),如企业利润;另一部分是经营者所享有的私人利益(即控制权的私有收益)。Ahgion 和 Bolton(1992)认为,企业的货币收益按照正式的所有权安排在所有者之间分配,控制权收益则只能由掌握控制权的经理享有,控制权收益是指经营者非利润外的所有收入及从企业开支的消费;认为对控制性股东来说,控制权收益更多地表现为一种精神享受。

[①] 马磊,徐向艺.公司治理若干重大理论问题述评[M].北京:经济科学出版社,2008.

　　Shleifer 和 Vishny(1998)认为,控制权收益可分为货币性收益与非货币性收益,前者通常指"控制性股东通过剥夺的方式转移资产",如关联交易、操纵股价等,后者则指"控制性股东在经营过程中过度在职消费、个人偏好等闲暇享受"。LLS(1999)、LLSV(2000)围绕着控股股东所能从公司中攫取的私有收益的数量展开对投资者保护及其对金融市场发展的影响的研究。他们假设并验证了具备更好的少数股权保护的法律体系与金融市场的发达程度正相关,因为更好的投资者保护可以抑制大股东对于少数股权股东的掠夺,减少控制权的私有收益。Bai,Liu 和 Song(2002)指出,大股东从中小股东那里获取财富的一系列活动都是通过挖隧道的形式来进行的,即是一种在地下进行的、企图不予人知的行为,其数量和程度都无文字记载,更无法量化。换句话说,如果这些收益很容易被量化,那么这些收益就不是控制权私有收益,因为外部股东会在法庭上对这些收益提出要求权。因此,要直接计量控制权私有收益是很困难的,只能采用间接的方法对其进行估计。刘少波(2007)认为现有文献将控制权收益定性为大股东对中小股东利益的侵害,这一定性扭曲了大股东侵害的实质,并指出及论证了控制权收益是控制权成本的补偿,是控制权的风险溢价,它的实现载体是控制权作用于公司治理绩效改进所产生的增量收益,它与大股东侵害无关。

104. 现金流权

　　现金流权(cash flow rights)指的是最终控制人参与企业现金流分配的权力,即为按持股比例拥有分红的权利和清算时剩余索取权,是所有权的直接体现,也称所有权或剩余索取权。在企业正常经营的情况下,采用控制链上各个控制环节的持股比例的乘积来计量。举例来说,现金流权由每一控制链条的持股比例的乘积所得(考虑一致行动人时,将其各自的现金流权进行加总):①如果是单层关系。假设股东 Z 拥有公司 Y 60％的股权,则表明股东 Z 对公司 Y 的现金流权为 60％;②如果是多层关系。假设股东 Z 拥有公司 A 50％股权,公司 A 拥有公司 B 40％股权,公司 B 拥有本公司 Y 60％股权,那么股东 Z 拥有公司 Y 的现金流权为 50％×40％×60％＝12％。我国上市公司实际控制人拥有的现金流权统计结果见表 2-12。

表 2-12　我国上市公司实际控制人拥有的现金流权统计　　　单位:％

年份	平均值	中位数	标准差	极差	最小值	最大值
2003	37.23	35.09	18.67	83.30	1.70	85.00
2004	36.51	34.74	19.11	84.50	0.50	85.00
2005	33.92	31.07	18.65	80.58	0.61	81.19
2006	31.09	28.60	17.16	98.32	0.54	98.86
2007	30.80	28.20	17.68	99.59	0.41	100.00
2008	30.82	28.95	17.46	86.59	0.12	86.71
2009	32.91	30.46	17.70	93.00	0.61	93.61
2010	34.28	32.00	17.99	98.96	0.36	99.32
2011	34.93	33.34	17.57	92.04	0.23	92.27
2012	35.43	34.49	17.45	89.17	0.23	89.40
2013	35.89	34.83	17.38	91.18	1.08	92.26
2003—2013（平均值）	33.99	32.00	17.91	99.88	0.12	100.00

（资料来源:CSMAR 数据库。）

105. 两权偏离

股东按照所持股票数量多少进行投票决策和行使相关权利,股票的"股"字体现为现金流权的含义,而"票"体现为投票权或控制权的含义。当现金流权和控制权不统一,就会出现行使的控制权大于享有的现金流权。所谓两权偏离[①](separation of cash flow rights from control rights)即是控股通过相应的手段以较少的所有权获得了较多的控制权的状态,偏离程度可以用终极控制权与现金流权的差额来表示。

Jensen 和 Meckling(1976)指出,由于代理人和委托人的偏好(preference)不相同,代理人和委托人之间的利益冲突会产生一定的代理成本,从而降低了公司价值。此后,公司治理问题成为经济学和财务学最活跃的研究领域之一。从公司治理研究的发展历程来看,早期公司治理研究关注的焦点是基于股权分散背景下的现代公司,由于所有权与控制权发生分离而导致的代理问题及其治理机制,即研究如何降低股东和高管之间的代理成本。自 1990 年代以来,随着经验资料的积累,公司股权分散这一前提受到置疑,LLSV(1998)发现除了英美两国,多数国家公众公司股权相对集中,即使在美国,股权也并不是非常分散。

对于这些国家或地区的公司而言,代理问题主要不是表现为高管和股东之间的利益冲突,而是控股股东(controlling shareholder)和小股东(minority shareholders)之间的利益冲突。因为控股股东一旦控制了公司,他们常常会利用公司的资源谋取私利,以损害其他股东利益为代价,获取控制权的私人收益(private benefits of control)。这种代理问题的表现形式更为复杂,因为公司的最终控制人可能隐藏在幕后,通过层层控制链条来实施其控制权。Shleifer和 Vishny(1997)在其综述中总结道,当控股股东几乎控制了公司的全部控制权时,更倾向于制造控制权私人收益,而这些收益并不能为小股东所分享。LLS(1999)进一步总结到,世界上多数大公司的主要代理问题是限制控股股东掠夺(expropriation)小股东,而不是高管侵害股东。对小股东的掠夺可能出现在任何一个存在控股股东与小股东利益冲突的地方,在大多数国家的公司中,控股股东掠夺小股东是重要的委托代理问题(Claessens,Djankov,Lang,2000;Claessens,Djankov,Fan,Lang,2002)。

公司的控股股东可采取多种手段掠夺小股东,如支付给高管过高的报酬、通过上市公司担保而取得贷款、进行关联交易、夺取投资机会或者迫使公司投资于不盈利但却有利于自己的投资项目。这些行为被 Johnson,La Porta,Lopez-de-Silanes 和 Shleifer(2000)形象地概括为隧道效应或者利益输送(tunneling)。特别需要说明的是,当控股股东通过金字塔结构和交叉持股方式分离所有权与控制权、控股股东担任公司的高管以及法律对小股东的保护较差时,这种利益输送行为可能更加严重。

LLS(1999)分析了 27 个发达国家的六百多家上市公司的股权结构。他们寻找每个上市公司的最终控股股东,结果发现除少数几个对投资者保护较好的国家外,大部分国家的公司股权都集中在控股股东手中。控股股东在上市公司中的控制权(control rights)或投票权(voting rights)一般都超过其现金流权(cash flow rights)。金字塔结构是控股股东控制上市

---

① 两权分离一般指所有权与经营权分离,多出现在新制度经济学领域;而两权偏离一般指现金流权与控制权偏离,多出现在财务会计学领域。

公司和掠夺其他投资者的最常用手段,而较少应用多重股份(multiple classes of shares)和交叉持股(cross-shareholdings)结构。这是最早通过追溯层层所有权关系链来找出公司最终控制人,从而为研究控股股东和小股东之间的代理问题提供了更为精细化的研究方法。由于两权偏离而产生的二代公司治理问题是否会影响到公司价值呢? 为此,LLSV(2002)将 Jensen和 Meckling(1976)的利益一致性假设扩展到控股股东,建立公司定价模型,将控股股东的这种激励效应和法律对小股东的保护模型化。以来自 27 个发达国家前 20 家最大的企业共 539个观察值为样本,发现投资者保护越弱,公司价值(托宾 Q 值)越低;控股股东在上市公司的现金流权越高,公司价值越高,特别是在投资者保护弱的国家,激励效应更显著。该研究间接地为控股股东掠夺小股东提供了证据,后续关于二代公司治理问题的研究均在此范式下展开。

借鉴 LLS(1999)、LLSV(2002)的研究,以 Claessens 等人为代表的一批学者通过计算控股股东的现金流权与控制权的分离程度,并分析这种分离程度是否对公司价值具有负面影响,进而间接证明控股股东是否通过分离两权掠夺小股东。东亚国家金融危机爆发往往被认为是其集中型股权结构及对应的公司治理和较低的绩效所导致的,但经验证据较少。Claessens,Djankov,Fan 和 Lang(1999)分析了 1996 年 9 个东亚国家 2 658 上市公司的控股股东掠夺小股东的问题。发现控制权通过金字塔股权结构、交叉持股和双重股票(dual-class shares)而得到加强。并指出控股股东掠夺小股东的问题是东亚国家公司治理的主要问题。Claessens,Djankov 和 Lang(2000)分析了 9 个东亚国家的 2 980 家上市公司的所有权与控制权的分离情况。区分了最终控制股东类型,即家族、国家、广泛持有型金融机构和广泛持有型公司,发现家族控制是最普遍的形式,且最终控制人通过金字塔结构和交叉持股等方式来分离其控制权和现金流权,以较少的现金流权掌握较大控制权。东亚公司的大量财富集中在少数几个家族手中。在 Claessens,Djankov 和 Lang(2000)研究的基础上,Claessens,Djankov,Fan 和 Lang(2002)对 8 个东亚国家的 1 301 家上市公司进行了研究,发现公司价值与最终控股股东的现金流权呈正向关系,但与现金流权和控制权的分离程度呈负向关系。也就是说现金流权的增加将带来激励效应,而现金流权和控制权的分离将产生掠夺效应。他们将由于两权分离而导致的价值减少解释为控股股东掠夺小股东的证据。

在国内,谷祺、邓德强和路倩(2006);余明桂、夏新平和潘红波(2007);罗党论和唐清泉(2007);沈艺峰、况学文和聂亚娟(2008);马磊和徐向艺(2010);唐跃军、宋渊洋、金立印和左晶晶(2012)等研究,关注控股股东两权分离对公司价值和行为的影响,均发现我国证券市场存在控股股东掠夺小股东问题。谷祺、邓德强和路倩(2006)以 121 家家族上市公司为样本,对现金流权、控制权、现金流权与控制权的分离率以及影响公司价值的诸多因素进行了分析。研究表明,我国家族上市公司现金流权与控制权的分离率平均为 62%,并且此分离程度在东亚为最高。另外,研究发现我国家族上市公司价值与现金流权比例显著负相关,这可能是与控股股东的"掠夺性分红"行为有关;我国家族上市公司价值与控制权比例显著负相关,与独立董事人数占董事会比例、负债规模、净资产收益率均不相关,与公司规模显著负相关;公司规模与现金流权与控制权的分离率显著负相关。马磊和徐向艺(2010)通过层层追溯控制链辨认我国民营上市公司的终极控制股东,考察终极控制权、所有权和两权偏离度的状况,以及两权分离度与公司治理绩效的关系,得出以下结论。①我国民营上市公司终极股东的控制权与所有权存在着明显偏离,两权偏离度均值为 9.30,说明终极控制股东的确采用了某种隐蔽手段,通过较少的所有权掌握较多的控制权。②我国民营上市公司终极股东采用不同的方式进行两权分离,最普遍的方式是金字塔式结构,其次是直接控制方式。63.4%的终极股东选择金字塔结构分离所有权与控制权；并且，在金字塔结构下，两权分离度最大，达到 11.53。
18.8％的终极股东选择直接持有上市公司的股权实施对上市公司的控制，说明有相当数量的
民营上市公司终极股东不愿放弃大股东的身份，没有实行终极控制权与所有权的分离。从
2003 年到 2013 年我国上市公司实际控制人两权偏离度统计结果如表 2-13 所示。

表 2-13　我国上市公司实际控制人两权偏离度统计　　　　　　单位：％

年份	平均值	中位数	标准差	极差	最小值	最大值
2003	4.15	0.00	7.36	36.75	0.00	36.75
2004	5.55	0.00	8.16	41.01	0.00	41.01
2005	6.12	0.00	8.40	41.01	0.00	41.01
2006	6.15	0.00	8.33	41.01	0.00	41.01
2007	6.26	0.01	8.41	42.35	0.00	42.35
2008	6.24	0.26	8.43	46.35	0.00	46.35
2009	6.09	0.00	8.39	42.93	0.00	42.93
2010	5.55	0.00	8.03	53.42	0.00	53.42
2011	5.44	0.00	7.91	39.84	0.00	39.84
2012	5.41	0.00	8.00	40.17	0.00	40.17
2013	5.36	0.00	8.21	53.76	0.00	53.76
2003—2013（平均值）	5.70	0.00	8.18	53.76	0.00	53.76

（资料来源：CSMAR 数据库。）

106. 控股股东行为

所谓控股股东行为（controlling shareholders' behavior）主要是指控股股东在参与治理过
程中体现的行为，一般分为积极行为和侵害行为。侵害行为指控股股东利用对公司的控制权
对中小股东进行掠夺，或者控股股东联合高管一同对中小股东进行掠夺的行为。一般情况
下，法律法规会对可能存在的侵害行为进行约束和规范。我国证监会发布的《上市公司治理
准则》在第十五条到第二十一条中规范控股股东的行为做出了详细的规定，"控股股东对拟上
市公司改制重组时应遵循先改制、后上市的原则，并注重建立合理制衡的股权结构；控股股
东对拟上市公司改制重组时应分离其社会职能，剥离非经营性资产，非经营性机构、福利性机
构及其设施不得进入上市公司；控股股东为上市公司主业服务的存续企业或机构可以按照
专业化、市场化的原则改组为专业化公司，并根据商业原则与上市公司签订有关协议。从事
其他业务的存续企业应增强其独立发展的能力。无继续经营能力的存续企业，应按有关法
律、法规的规定，通过实施破产等途径退出市场。企业重组时具备一定条件的，可以一次性分
离其社会职能及分流富余人员，不保留存续企业；控股股东应支持上市公司深化劳动、人事、
分配制度改革，转换经营管理机制，建立管理人员竞聘上岗、能上能下，职工择优录用、能进能
出，收入分配能增能减、有效激励的各项制度；控股股东对上市公司及其他股东负有诚信义
务。控股股东对其所控股的上市公司应严格依法行使出资人的权利，控股股东不得利用资产
重组等方式损害上市公司和其他股东的合法权益，不得利用其特殊地位谋取额外的利益；控
股股东对上市公司董事、监事候选人的提名，应严格遵循法律、法规和公司章程规定的条件和
程序。控股股东提名的董事、监事候选人应当具备相关专业知识和决策、监督能力。控股股
东不得对股东大会人事选举决议和董事会人事聘任决议履行任何批准手续；不得越过股东

大会、董事会任免上市公司的高级管理人员；上市公司的重大决策应由股东大会和董事会依法作出。控股股东不得直接或间接干预公司的决策及依法开展的生产经营活动,损害公司及其他股东的权益。"

目前在我国资本市场上,多数上市公司控股股东的行为还是比较规范的[①],但是也存在一些不当行为,主要包括以下几点。①控股股东影响上市公司治理机制的不当行为。主要表现为股东大会实质是大股东会,中小股东旁观者多,参与者少。控股股东的绝对权力和股权优势,使得上市公司的股东大会一般会成为控股股东的独角戏。另外,高管人员、独立董事往往看提名人脸色行事,偏重对提名推荐者负责,董事会民主、科学决策名存实亡,独立意见"不独立"的现象比比皆是。而监事会则跟着董事会举手,特殊时期直接代表大股东。②控股股东在上市公司融资过程中的不当行为。一般情况下公司在选择融资方式时一般都遵循所谓的啄食顺序理论(the pecking order theory),即先内源融资,后银行贷款,再发行债券,最后是发行股票的融资顺序。但是有学者通过对我国上市公司融资行为的分析,发现部分上市公司存在逆向融资行为,即在融资决策中没有按照一般的融资规律和顺序选择融资途径,而是进行逆向选择的一种现象,表现为对债务融资的过度厌恶和对股权融资的极度偏好。这种不正常的现象,直接对资本使用效率、公司成长和公司治理、投资者利益以及经济资源的优化配置产生了不良的影响。③控股股东在上市公司经营过程中的不当行为。控股股东对上市公司经营行为的影响主要通过关联交易、担保和资金占用等方式体现。大多数的上市公司与控股股东都存在各种形式的关联交易,由于关联交易定价的公允性难以定论,因而成为控股股东调节上市公司利润的一个有效手段。而上市公司为关联方或控股股东担保的现象则比比皆是。一些上市公司还存在被控股股东及其关联方占用资金的问题,控股股东占用上市公司资金,损害上市公司的营运能力,相应地也就损害了中小股东的利益,控股股东多占有的利益就是中小股东损失的利益。而一旦上市公司破产清算,中小股东的利益受损将是最为惨重的。④控股股东在上市公司分配过程中的不当行为。上市公司的分配预案往往与再融资计划相呼应,且分配预案往往服从于控股股东的需要。在证监会没有将派现与再融资结合的时候,上市公司往往热衷于分红股而不是派现,因分红股不会降低公司的净资产收益率,又可以使控股股东控制上市公司更多的现金资产。然而,当派现成为上市公司配股的一个必要条件后,对净资产收益率达不到配股要求的上市公司,控股股东不惜选择上市公司借款派现的方案,以降低上市公司的净资产,在盈利能力不变的情况下,从而达到净资产收益率指标。对于盈利能力相当强的上市公司,控股股东采用高额配现方案,不仅可以提高净资产收益率,同时,控股股东还能以其高额的占股比例获得巨额现金流入。对于没有较多现金流的上市公司,控股股东往往选择低派现和配股后送转相结合的方案,既实施了配股,增加了控股股东可控制的资金,还使中小股东满意,同时控股股东还增持了股份。⑤控股股东在上市公司资产重组过程中的不当行为。控股股东利用资产重组取得对上市公司的控制权而损害上市公司利益的情况更是屡见不鲜。利用股权托管所取得的实际控制权,采取直接拆借资金、委托开发产品、拖延支付购买上市公司资产的部分款项、为实际控制人担保等多种方式,掏空上市公

---

①　为贯彻证券市场公开、公平、公正原则,进一步规范上市公司控股股东、实际控制人行为,切实保护上市公司和中小股东的合法权益,根据《公司法》、《证券法》、《深圳证券交易所股票上市规则》等法律、行政法规、部门规章及业务规则,2007年5月17日深圳证券交易所发布《中小企业板上市公司控股股东、实际控制人行为指引》,2007年6月1日正式施行。同样,上海证券交易所2010年制定了《上海证券交易所上市公司控股股东、实际控制人行为指引》。

司。由此可见，上市公司控股股东行为的不规范，严重影响了资本市场上利益各方的公平性。

Bertrand，Mehta 和 Mullainathan(2002)对印度的集团企业(group-affiliated companies)分析后发现，第一大股东通过金字塔结构或交叉持股方式加强对上市公司的控制，大肆转移上市公司的资源。这些大股东仅以少量的资本就能够获得上市公司的大部分控制权，严重恶化了控股股东与小股东之间的利益冲突。Lemmon 和 Lins(2003)研究了东南亚金融危机期间公司股权结构对公司价值的影响。通过对东南亚 8 个国家的 800 家上市公司进行实证分析发现，在危机期间，容易受到控股股东掠夺的公司比其他公司的托宾 Q 值多降低 12％，股票收益率多下降 9％。这意味着，在投资机会减少的时候，良好的公司治理对于限制内部人掠夺小股东具有重要作用。Joh(2003)以亚洲金融危机之前的 5 829 家韩国公司为样本，研究发现，即使持有较少的股权，控股股东也会从其控制的公司掠夺资源。韩国的公司治理制度没有很好地阻止控股股东掠夺小股东，导致公司业绩长期恶化，大量的贷款无法按时还本付息，破坏了金融部门的正常运转，进而引发金融危机。

107. 激励效应

公司的设立需要股东的投入，但是，当股东把资金投入公司后，他们就变成了公司经营者讨厌的人，因为股东剩下的事情就是索取回报。追求个人效用最大化的公司经营者总是要想办法转移所有者的利益为自己所有。对公司经营者的行为，如果放任自流，这对后续公司的设立及整个社会的利益不利。公司制度要健康发展离不开股东的监督，监督是公司确保所有者利益得到保障的公共物品，但监督需要成本。在那些股权完全分散的公司中，股东的监督激励被稀释，甚至形同于无，因为这种情况下股东的监督成本与所获收益严重不匹配。在那些具有控股股东的公司，由于控股股东可以从监督活动中获得较大的监督收益，因此他们有较大的激励为全体股东提供公司监督这一公共物品，这是控股股东持股的激励效应(incentive effect)，也称为利益协调效应(alignment effect)或支撑效应(propping effect)。

具体来说，控股股东的激励效应的正面影响主要体现在以下两个方面：第一，控股股东对自身利益的主观追求会导致代理成本减少的客观结果，有利于解决因所有权与控制权相分离而引致的代理问题；第二，管理层监督在控股股东治理的条件下能得到更好的实施，并取得良好的效果(曹廷求，刘呼声，2003)。控股股东通过 51％或者更大的股权比例而完全控制了公司，控股股东有动力来收集信息并监督管理层，因此一定程度上避免了传统的“搭便车”问题；在有些情况下他们同样有足够的投票权来向管理层施加压力，或者甚至通过代理权斗争和接管来更换管理层；由于控股股东普遍关注利润最大化并拥有足够的控制权来确保他们的利益受到尊重，因此他们能够解决代理问题(习龙生，2006)。

108. 隧道效应

隧道效应，也称利益输送或者掏空效应(tunelling effect)，又称为堑壕效应或者侵占效应(entrenchment effect 或 expropriation effect)，具体指公司控股股东通过隐蔽手段转移中小股东利益的过程。隧道效应主要源于现代公司中控股股东和中小股东的委托代理问题。

一般来讲,隧道效应具有以下几个特点。①掌握公司控制权的大股东是实施隧道效应的主体。依据目前国内资本市场的实际情况来看,掌握公司控制权的股东一般就是公司的控股股东,控股股东的隧道效应具有一定的广泛性。②隧道效应本质上是控股股东对公司的一种利益掏空行为,这类行为体现了控股股东与中小股东之间的利益冲突,这与证券监管部门所倡导的保护中小投资者利益相违背。③隧道效应是一种见不得光的地下行为,手段具有一定的隐蔽性。

Johnson,La Porta,Lopez-de-Silanes 和 Shleifer(2000)在提出隧道效应概念的同时,总结了控股股东可能采取的隧道行为方式。①诈骗和直接窃取公司资源,低价出售和转让资产或股权,利用下层公司抵押贷款担保,掠夺下层公司的投资机会等。②通过稀释股权来相对扩大自己所持有的股权份额。Claessens,Djankov,Fan 和 Lang(2002)研究发现,在东亚 9 个国家 2 980 家上市公司中,2/3 以上存在控股股东,而这些国家和地区控股股东最常用的掏空中小投资者的手段是股利分配政策。Bertrand,Mehta 和 Mullainathan(2002)发现关联并购也是控股股东常用的一种掏空手段,通过关联并购将上市公司资源从本身具有较低现金流权的公司输送到控股股东具有较高现金流权的公司,Bae,Kang 和 Kim(2002)以及 Friedman,Johnson 和 Mitton(2003)的研究也证实了这一点。Denis 和 Mcconnell(2003)通过研究发现,在法律监管体系不健全的国家和地区,控股股东通过向上市公司派驻高级管理人员来为控股股东谋取私利,另外还通过关联交易对上市公司进行隧道挖掘。

由于公司股权集中度和法律保护程度较弱,公司大股东出于自己的私利,通常利用手中的控制权侵占和转移公司的利润和财产,一般来讲,影响隧道效应的主要因素一是股权结构,二是法律保护程度。公司的所有权结构不仅影响到控股股东进行侵占的能力,还会对其侵占动机产生影响,特别是当司法体系等制度不足以对投资者权益进行有效保护时,所有权结构更加重要。此外,良好的法律环境有利于保护中小投资者的利益,抑制控股股东的"隧道行为"。

自 Johnson 等人提出控股股东"隧道效应"概念以来,国内学者也进行了大量的理论与实证研究。研究表明,我国上市公司控股股东侵害小股东的程度远高于英美国家,由于企业改制等历史原因所形成的独特股权结构,在大股东普遍拥有对上市公司绝对控制权、侵占上市公司利益总体上不存在法律风险等前提下,上市公司大股东借助关联交易进行利益输送,具有一定的普遍性。国内学者针对隧道效应的研究主要集中在隧道效应的影响因素及其治理等方面。

在保护中小投资者利益的前提下,隧道效应越来越被社会、市场所关注。目前已有的理论模型和研究成果,让我们更加关注到控股股东隧道效应的动机、影响因素、采取方式,为采取更加有效的监管措施、切实提高中小股东利益提供了有力的理论与实证支持。

109. 控股股东占款

控股股东一方面会产生激励效应,但同时也会带来相反的侵占效应,控股股东占款就是这种效应的一个典型体现。根据中国证监会相关法规的规定,控股股东占款(large shareholders' taking up funds)是指大股东或实际控制人有偿或无偿地拆借上市公司资金,上市公司委托大股东进行投资活动,上市公司为大股东开具没有真实交易背景的商业承兑汇票,上市公司代大股东偿还债务,上市公司为大股东垫支工资、福利、保险、广告等期间费用的直接占款行为和通过上市公司向银行提供担保贷款的间接占款行为以及中国证监会认定的其他行为和方式等。而在这其中,大股东直接占款与大股东通过上市公司担保贷款两种行为是危害上市公司的最主要的侵占形式。

大股东将上市公司当成圈钱的工具,强行将上市公司的资金据为己有,并频频通过关联交易、担保等手段侵犯上市公司利益,造成了一些上市公司无法正常经营,甚至使上市公司沦为空壳,对我国股市的制度完善和健全形成直接挑战。一般来讲,控股股东占款的主要形式有以下几种。①直接占用上市公司资金。大股东占用上市公司巨额资金拖欠不还,而作为债权人的诸多上市公司,也对大股东欠款逆来顺受,在讨债方面并不积极,"猴王案"、"三九案"以及"轻骑案"后,又陆续爆发了"莲花味精"、"华北制药"等欠款大案。②关联交易转移上市公司资产。由于关联交易最容易造成非公允价格定价,而关联交易又极其隐蔽,某些大股东便利用其控制地位,在重大关联交易中以牺牲上市公司及广大中小股东的正当利益,以不合理的高价将其产品或劣质资产出售或置换给上市公司,换取上市公司的现金或优良资产,或者以不合理的低价从上市公司购买产品或资产,甚至不支付价款,致使上市公司应收账款不断增加、资金被长期占用,直接严重影响上市公司正常生产经营。而有的大股东则干脆将关联交易的一方作为一个中间环节,间接地将上市公司资产转移。③利用上市公司进行借款担保。大股东操纵上市公司,无论采取哪种手法掠财圈钱,期间都会或多或少地采取利用上市公司信用为其提供巨额担保从银行获得贷款。

为了进一步规范上市公司与控股股东及其他关联方的资金往来,2003 年 8 月 28 日,中国证监会、国务院国资委联合发布了《关于规范上市公司与关联方资金往来及上市公司对外担保若干问题的通知》,此举有效控制了上市公司对外担保风险,保护了投资者合法权益,表现在 2003 年我国上市公司控股股东占款达到最高峰,但随后开始逐年下滑。2006 年中国证监会等部门又联合发布《关于进一步做好清理大股东占用上市公司资金工作的通知》,要求上市公司完成《通知》明确要求的大股东占用资金"务必在 2006 年底前偿还完毕"。到 2006 年底,我国上市公司控股股东占款情况已经低于 100 亿元。2001 年到 2006 年每年的具体占款情况见图 2-5。2008 年,中国证监会颁发了严防控股股东占款"死灰复燃"的两道金牌《关于防止大股东占用上市公司资金问题复发的通知》和《关于强化持续监管,防止资金占用问题反弹的通知》。

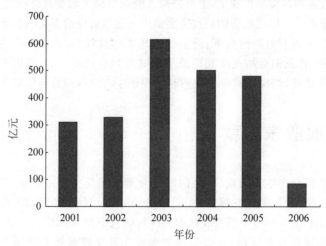

图 2-5　我国上市公司控股股东占款情况

（资料来源：中国证券监督管理委员会.中国资本市场发展报告[M].北京：中国金融出版社,2008.）

上市公司是证券市场的基石,大量存在的大股东占用上市公司资金的行为,严重阻碍了上市公司的健康、持续发展,侵犯了上市公司法人财产权的完整性,影响了资本市场诚信建设和健康发展,是导致部分上市公司连续亏损直至退市的主要原因,是严重损害公司和广大中小股东权益的违法犯罪行为。清理大股东对上市公司资金占用,有利于维护社会主义市场经济秩序,有利于维护基本的产权制度,有利于促进资本市场乃至整个社会诚信文化的建设,是当前提高上市公司质量首要而紧迫的任务。

110.　关联交易

关联交易(connected transaction)简单地说就是企业关联方之间的交易,所谓关联方就是有关联关系的各方。关联交易在市场经济条件下普遍存在,从有利的方面,交易双方因存在关联关系,可以节约大量商业谈判等方面的交易成本,并可运用行政的力量保证商业合同的优先执行,从而提高交易效率;从不利的方面,由于关联交易方可以运用行政力量撮合交易的进行,从而有可能使交易的价格、方式等在非竞争的条件下出现不公正情况,形成对股东或部分股东权益的侵犯,也易导致债权人利益受到损害。《公司法》第二百一十六条对关联关系进行了界定:"……,关联关系,是指公司控股股东、实际控制人、董事、监事、高级管理人员与其直接或者间接控制的企业之间的关系,以及可能导致公司利益转移的其他关系。"

我国的上市公司多系国有企业改制而成,与改组前的母体公司及其下属企业之间存在着千丝万缕的联系,因此与控股大股东发生了大量的关联购销、资产重组、融资往来以及担保、租赁等行为。以中小股东的利益为代价,控股股东频繁利用这些关联交易为自身利益服务,使关联交易问题成为我国上市公司治理结构失衡的一个重要标志。关联交易中存在的典型问题大致可划分为 5 类:①大股东利用自身控股地位采取资产置换等手段掏空上市公司;②为了取得配股资格或满足其他业绩包装的需要,上市公司与关联方合谋进行利润操纵;③为了配合二级市场炒作,利用关联交易制造题材;④利用关联交易转移利润,逃避税赋;⑤大股东利用上市公司担保获取银行贷款。

111.　股东大会

股东大会(shareholders meeting)是公司的权力机构,由股东或股东代表组成[①]。股东作为公司的出资者,享有所有者的资产收益权、重大决策权和选择管理者的权利。但由于股东众多,不可能都直接参与公司事务,股东大会就是股东参与公司事务的会议。股东大会作为

---

① 有限责任公司的股东人数比较少,因此一般称为股东会,同时股东会召集手续比较简单,并且经全体股东同意,召集手续也可以省略。召集会议通知的期限也比股份有限公司要短,一般于 15 日前即可,甚至经全体股东同意采用书面决议的方法,还可以不召开股东会,直接作出决定,并由全体股东在决定文件上签名、盖章。有限责任公司设立董事会的,股东会会议由董事会召集,董事长主持;有限责任公司不设董事会的,股东会会议由执行董事召集和主持;董事会或者执行董事不能履行或者不履行召集股东会会议职责的,由监事会或者不设监事会的公司的监事召集和主持;监事会或者监事不召集和主持的,代表 1/10 以上表决权的股东可以自行召集和主持。

一个机构,是全体股东权利的代表。从形式上看,股东大会是依法或依公司章程由股东参加的会议。虽然股东大会具有重要的法律地位,但由于其性质和形式的限制,它对内不能直接执行公司业务,对外不能代表公司。

股东大会作为公司的权力机构,在公司中享有最高的、充分的职权:决定公司的经营方针和投资计划;选举和更换由股东代表担任的董事、监事,决定有关董事、监事的报酬事项;审议批准董事会的报告;审议批准监事会的报告;审议批准公司的年度财务预算方案、决算方案;审议批准公司的利润分配方案和弥补亏损方案;对公司增加或者减少注册资本作出决议;对发行公司债券作出决议;对公司合并、分立、解散、清算或者变更公司形式作出决议;修改公司章程;公司章程规定的其他职权。

股东大会会议一般由董事会负责,董事长主持。董事长因特殊原因不能履行职务时,由董事长指定的副董事长或者其他董事主持。为了使股东有充分的时间为股东大会作准备,召开股东大会会议,应当将会议召开的时间、地点和审议的事项于会议召开 20 日前通知各股东;临时股东大会应当于会议召开 15 日前通知各股东;发行无记名股票的,应当于会议召开 30 日前公告会议召开的时间、地点和审议事项。无记名股票持有人出席股东大会会议的,应当于会议召开 5 日前至股东大会闭会时将股票交存于公司。

为了保证广大股东的权益,避免少数股东操纵公司的现象,各国对股东大会必须的法定人数作了明确规定,例如美国规定必须有占 1/3 以上表决权股份的股东参加,法国规定必须有代表股本总值 1/4 以上的股东出席,股东大会才能有效地召开。我国虽对股东大会的法定人数没有明确的规定,但规定股东大会讨论通过重大决议需有持有 2/3 以上具有表决权股份的股东出席。这意味着达不到这些人数所通过的决议无效,实际可看作对法定人数的规定。此外,《公司法》还规定临时股东大会不得对会议通知中未列明的事项作出决议。

股东大会的议事规则与议事方式关系到股东的权利和会议的秩序及其效率,应本着公平与公正的原则作出具体可行的规定。我国《公司法》对股东大会的议事规则作了原则性的规定,股东出席股东大会,所持每一股份有一表决权;股东可以委托代理人出席股东大会;代理人应当向公司提交股东授权委托书并在授权范围内行使表决权。但《公司法》中的这些简单的原则性规定是不够的。上海市政府证券管理办公室制定了一个《关于上市公司股东大会议事规则的指导意见》,对股东大会的议事规则提出了具体的指导意见,例如:股东要求在会议上发言,应在会议召开前两天,向大会秘书处登记;登记发言的人数一般以 10 人为限,超过 10 人时,取持股数最多的前 10 位股东;发言顺序按持股数的多少来决定;每一股东发言不得超过两次,每一次不得超过 5 分钟,第二次不得超过 3 分钟;董事长或总经理答问时间不得超过 5 分钟。一般而言,对股东大会的议事方式和表决程序除法律有明文规定外,应由公司章程作出具体明确的规定。

股东大会的决议是全体股东意志的体现,对公司及其股东、董事、监事和经理的行为具有约束力。只要股东大会的决议合法有效,公司的任何人都要执行,包括对决议存有不同意见的人。股东大会的决议分为普通决议和特别决议。普通决议是指以出席会议的股东所持表决权的简单多数通过即可的决议,通常是对诸如董事和监事的选举、通过董事会和监事会的报告、批准年度财务预算和决算方案、决定投资计划和利润分配等一般事项的决议;特别决议是指以股东表决权的绝对多数才能通过的决议,例如公司章程的修改、公司的合并、分立或者解散等必须经出席会议的股东所持的 2/3 以上的表决权才能通过。

股东大会选举董事、监事,可以依照公司章程的规定或者股东大会的决议,实行累积投票制。股东可以委托代理人出席股东大会会议，代理人应当向公司提交股东授权委托书，并在授权范围内行使表决权。股东大会应将所议事项的决定做成会议记录，主持人、出席会议的董事应当在会议记录上签名。会议记录应当与出席股东的签名册及代理出席的委托书一并保存。

我国上市公司股东大会会议次数和股东大会出席率的描述性统计如表 2-14 和表 2-15 所示。

表 2-14　我国上市公司股东大会会议次数统计　　　　单位：次

年份	平均值	中位数	标准差	极差	最小值	最大值
2001	2.10	2	1.04	13	1	14
2002	2.17	2	1.11	8	1	9
2003	2.05	2	1.01	7	1	8
2004	1.99	2	1.01	6	1	7
2005	2.14	2	1.05	7	1	8
2006	2.99	3	1.25	7	1	8
2007	2.75	3	1.43	11	1	12
2008	2.79	3	1.45	9	1	10
2009	2.73	2	1.47	13	1	14
2010	2.87	3	1.45	9	1	10
2011	2.84	3	1.46	10	1	11
2012	3.35	3	1.50	11	1	12
2001—2012（平均值）	2.65	2	1.39	13	1	14

（资料来源：CSMAR 数据库。）

表 2-15　我国上市公司股东大会出席率统计　　　　单位：%

年份	平均值	中位数	标准差	极差	最小值	最大值
1998	62.30	64.00	12.16	84.00	11.00	95.00
1999	61.37	63.00	12.79	89.00	9.00	98.00
2000	60.29	62.00	13.38	96.00	4.00	100.00
2001	58.50	60.00	13.56	96.82	3.00	99.82
2002	57.65	59.00	13.67	84.00	15.00	99.00
2003	56.89	58.62	14.26	98.32	1.30	99.62
2004	57.09	58.81	14.39	97.92	1.26	99.18
2005	57.27	59.55	14.07	90.73	9.12	99.85
2006	52.24	53.14	15.44	98.55	1.45	100.00
2007	49.01	49.44	15.39	98.98	1.02	100.00
2008	49.35	49.17	17.19	94.38	5.62	100.00
2009	49.94	49.28	18.66	99.16	0.84	100.00
2010	52.83	51.26	21.40	99.58	0.42	100.00
2011	53.27	53.22	20.11	98.61	1.39	100.00
2012	52.48	53.72	18.23	97.66	2.34	100.00
1998—2012（平均值）	54.65	55.86	16.97	99.58	0.42	100.00

（资料来源：CCER 数据库。）

112. 临时股东大会

股东大会表现为会议的形式。为保障股东的权益,各国的法律或公司章程中对股东大会一般都作出规范性的要求。我国《公司法》将股东大会分为年度股东大会(annual shareholders meeting)和临时股东大会(interim shareholders meeting)两种形式。

有下列情形之一的,应当在两个月内召开临时股东大会,临时股东大会应当于会议召开15日前通知各股东:①董事人数不足法律规定人数或者公司章程所定人数的2/3时,②公司未弥补的亏损达实收股本总额1/3时,③单独或者合计持有公司10%以上股份的股东请求时,④董事会认为必要时,⑤监事会提议召开时,⑥公司章程规定的其他情形。

113. 股东权利

股东是公司的投资者,股东将其财产投入到公司后,即以对公司的投资享有对公司的股权。股东权利(shareholders' rights)是指股东基于出资认购股份,而在法律上享有的各种权利。根据《公司法》第四条的规定,公司股东依法享有资产收益、参与重大决策和选择管理者等权利。股东权利可分为两类:财产权和管理参与权。前者如股东身份权、资产收益权、优先受让和认购新股权、转让出资或股份的权利;后者如参与决策权,选择、监督管理者权,提议、召集、主持股东会临时会议权,知情权。其中,财产权是核心,是股东出资的目的所在,管理参与权则是手段,是保障股东实现其财产权的必要途径。

资产收益权是指股东按照其对公司的投资份额通过公司盈余分配从公司获得红利的权利。获取红利是股东投资的主要目的,只要股东按照章程或股东协议的规定如期履行了出资义务,任何一个股东都有权向公司请求分配红利。一般而言,有限责任公司的股东应当按照其出资比例分取红利;股份有限公司的股东按照其持有的股份比例分取红利。2006年《公司法》根据实践的需要,扩大了股东协议和公司章程在红利分配方面的自由权,规定股东按照出资比例或持股比例分取红利;但是,股东约定或章程规定不按照上述原则分配红利的除外。

参与公司重大决策权是指股东对公司的重大事项通过在股东会或股东大会上表决,由股东会或股东大会做出决议的方式做出决定。公司的重大事项包括:公司的经营方针和投资计划;选举和更换由非职工代表担任的董事、监事,决定有关董事、监事的报酬事项;审议批准董事会的报告;审议批准监事会或者监事的报告;审议批准公司的年度财务预算方案、决算方案;审议批准公司的利润分配方案和弥补亏损方案;公司增加或者减少注册资本;发行公司债券;公司合并、分立、解散、清算或者变更公司形式;修改公司章程。上述有些权利,在不违背法律强制性规定的前提下,股东会或者股东大会可以授权董事会行使。

选择管理者的权利是指股东通过股东会或股东大会做出决议的方式选举公司的董事、监事的权利。选择管理者的权利也包括决定管理者的薪酬。公司的所有权和经营权相分离,投资者个人不必参与经营,是现代公司制度发展的趋势,特别是对股份有限公司而言,股东作为投资者,对公司重大决策和选择管理者的权利均应通过股东会来行使,股东个人没有决定权。为了提高公司的经营效率,股东会的权限应有所限制,对公司一般的经营决策,股东和股东会不应干预。

114. 股东大会中心主义

　　总的来说,对公司治理中权力配置模式的主流研究可以分为以股东大会和以董事会为公司权力中心的模式,前者一般称之为股东大会中心主义(centralization of plenary session of shareholder),后者则称之为董事会中心主义(centralization of board of directors)。近现代公司法所构建的公司权力结构,是将某种宪政主义的形式加于公司之上的结果。在这种模式下,"股东本位"的思想强烈,政治民主的观念演变为"股份民主"、"股东民主"。公司章程被类推为国家宪法的地位而尊奉为公司内部的宪章,将执政者应受选民监督的政治理念引申为公司的经营者应受股东大会监督的经济理念。公司立法则普遍注意规定公司中股东的权限,特别是体现股东意志的股东大会的权力,而董事会成了股东大会决议的消极的、机械的执行者,这就是所谓的股东大会中心主义。

　　这种公司权力结构于17、18世纪形成雏形,在自由、平等、民主和私权神圣的思潮冲击下,依据三权分立的原则,19世纪发达国家在确立公司设立准则时,股东大会作为公司最高权力机关被确定下来(钱玉林,2002;刘新辉,2006)。在英美国家公司制度发展早期,公司多采取股东大会中心主义的模式,股东大会为公司运行的权力核心,表现在股东大会选举任命公司董事,决定公司注册资本的增加、减少和章程的修改,决定公司经营管理事宜,董事会不拥有独立于股东大会的法定权力,股东大会可以追认或否决董事会的决议(刘新辉,2006)。依照股东大会中心主义学说的解释,两大法系都贯穿过股东大会中心主义的理念。在这种理念支配下,一直到20世纪初,英美的公司法和普通法均不承认董事会拥有独立于股东大会的法定权力,董事会执行公司业务决策须完全依照章程授权和股东大会的决议(张开平,1998)。

　　股东大会中心主义之所以在西方国家资本主义早期盛行,是与当时的理论基础及经济背景密不可分的(马振江,2009)。一是从理论基础上看。在资本主义早期,人们普遍崇拜资本,由此确立"资本基本主义"。"资本基本主义"在公司上的体现就是"股东本位主义",即公司被视为由股东投资产生并为股东赚钱的"工具"。因此,公司法上依照"委任理论"来处理股东大会与董事会之间的关系。按照这种理论,董事会是股东大会的代表或代理人,受股东大会的委托管理公司业务,居于股东大会之下,完全依附于股东大会。董事会执行业务完全依公司章程授权和股东大会的决议,否则构成越权。而股东大会则对公司的经营管理享有广泛的决定权。二是从经济环境上看。当时,股份公司还处于"幼年时期",公司规模较小,股东人数不多,持股比例较高,业务相对简单,股东可以也有能力对公司进行经营管理与决策。因此,在当时股东大会中心主义的确立亦是势所必然。

　　直至目前,股东大会中心主义在有限责任公司(封闭公司)中还是被采纳的。这是因为有限责任公司的参与者之间除了商业关系,还一般保有家庭或者个人关系(刘新辉,2006)。传统的公司及现在的有限责任公司(封闭公司)由于股东人数较少,加之公司规模不大,公司经营管理大都由投资者亲自负责。

　　我国公司法股东大会中心主义的立法宗旨十分显然,董事会的权力很大程度上受制于股东大会中心主义。我国在公司立法伊始之所以选择股东大会中心主义,主要是源于我国特定的国情:股份公司中相当一部分是由国有企业转制而来,国有资产一直是各类公司资产的主要组成部分,国家是公司的大股东。在"公共财产神圣不可侵犯"的意识下,维护国家利益,保护国有资产不流失,成为立法的重点。体现在公司法上,就是保护股东利益。选择股东大会中心主义,也顺理成章(马振江,2009)。

115. 股东积极主义

所谓股东积极主义(shareholder activism),是指机构投资者凭借其所持有的股份,通过征集代理投票权和提出股东议案等形式积极参与公司治理的行为。严格意义上讲,股东积极主义既包括机构股东积极主义,也包括公众股东积极主义,但一般意义上的股东积极主义是针对机构投资者而言的(冯果,李安安,2012)。

股东积极主义是一种通过行使股东权利而向公司管理层施压的一种投资策略,行使股东积极主义的股东就被称为积极股东(activist shareholder)。积极股东的诉求有财务方面的,也有非财务方面的。积极股东希望能够通过行使股东积极主义影响公司的决策,从而实现自己的诉求。

作为一种社会现象,股东积极主义并不是近年内才出现的新鲜事物。股东积极主义最早出现在 1970 年代的美国资本市场。美国的养老基金最早采用了这样一种投资策略,最为著名的就是美国加州公共雇员养老基金(California Public Employees' Retirement System,CalPERS)。值得关注的是,1980 年代以来,随着机构投资者、法人股东的增多,股东参与公司治理的情况大为改观,股东不再是消极的转让股票以退出(exit),而是能听到抱怨(voice)或真正用心去表决(vote)。机构资本主义崛起的实质在于推动公司内部所有权与控制权的关系由相互分离向重新统一转变(何自力,2001)。1950 年代,美国机构投资者的持股比重仅为百分之十几,1970 年代中期达到 30% 左右,1980 年代中期进一步上升到 40%,进入 1990 年代发生了根本性转变,机构投资者持股比重首次超过个人股东而居优势。1995 年,美国机构投资者持有上市交易股票额的比例已超过 50%,在最大 1 000 家非金融公司中的持股率已从 1987 年的 46.6% 上升到 57.2%,在个别大公司中的持股率则已达到 70% 以上。美国的退休基金持股比重在所有机构投资者中是最高的。1995 年,退休基金持股总额占全部上市交易股票额的 25.4%,在所有机构投资者持有的股票额中占 45%,居第二位。

考察股东积极主义的历史变迁,不难发现股东积极主义经历了三个发展阶段(冯果,李安安,2012)。1980 年代之前,股东积极主义尚处于萌芽阶段。在此期间,机构投资者参与公司治理主要表现为两种形式,一是在公司的年度股东大会上,发表一份关于公司治理方面的股东议案。二是向公司的管理者或董事会施压,以求公司的管理或战略做出改变。股东提案的主要内容包括:弥补或减轻公司的自戕式防御措施;消除董事会分期分级式的董事会任期,从而使所有成员可能在某一次选举后同时被替换;保护股东投票的隐私;将公司公开出售;将董事会主席和 CEO 的位置相独立;创立一个提名或薪酬委员会等。1980 年代至 1990 年代后期,股东积极主义进入了第二个发展阶段,主要表现为普通机构投资者领导下的股东积极主义。在此期间,机构投资者参与公司治理主要表现在三个方面:废除抵制并购的条例、采纳累积式的投票方式、更多的董事会独立性。在这个时期,机构投资者作为社会资本入市中的作用日益显现,机构投资者的投资行为也完成了从"用脚投票"的股东消极主义到"用手投票"的股东积极主义的转变。随着 2001 年安然事件的爆发,股东积极主义进入了以对冲基金为参与主体的历史新阶段。随着金融管制的放松,金融创新工具和信息技术手段的大量涌现,对冲基金进入了高速发展阶段,成为国际资本市场机构投资者的典型代表。有数据显示,2000 年以后超过 80％的股东积极主义运动都是由对冲基金发起的,可以说对冲基金已经成为股东积极主义的主要实施力量。

各国的公司法以及有关上市公司的规定赋予了股东各种各样的权利,股东可以通过行使这些权利来向公司管理层表达自己的意见。最为常用的几种法律手段有股东提案、委托投票权争夺战、致管理层公开信等。由于各国公司法对提起股东提案的股东的持股数有要求,机构股东在行驶股东积极主义方面较之个人股东更有优势,而且机构股东行使股东积极主义的收益也更大,所以一般所谓的股东积极主义主要是指机构投资者积极主义。

116. 股东用手投票

股东所拥有的股票市场选择权与股东大会投票权这两种股东对公司代理人施加影响的机制,被形象地称为用脚投票(voting with their feet)与用手投票(voting with their hands),前者是市场的力量、经济体制的体现,后者是非市场的力量、政治的体现。它们在公司治理中相互替代与补充,同时又具有各自的缺陷与不足,在公司治理中发挥着不同的功能与作用。

传统条件下股东大会投票权的行使具有较高的交易成本,这更加剧了小股东对于股东大会投票权的消极态度。另外,代理投票权制度的实施,也使得中小股东更容易把投票权拱手委托给委托投票权征集人,而委托投票权征集人很多情况下是大股东或者上市公司代理人本身。这就使得公司控制权人很容易获得投票权的简单多数甚至超级多数,从而按照既定的战略实施对公司的经营控制。

从全球范围看,公司治理中用手投票和积极主义兴起有一定的背景。最近 20 多年来,全球主要金融市场机构投资者日益壮大,在市场上所占份额越来越大,形成了一种“庄家效应”,如果机构仍然坚持原来那种用脚投票的消极主义,卖出过程中也会遭受很大的流动性损失。加上相关法律的修改,机构投资者积极参与上市公司治理的环境越来越有利,因此,自 1980年代以来,在美国等成熟资本市场上,机构用手投票干预上市公司重大决策的事例越来越多。

117. 股东用脚投票

用脚投票(voting with their feet)最早由美国经济学家查尔斯·蒂伯特(Charles Tiebout)提出,是指在人口流动不受限制、存在大量辖区政府、辖区间无利益外溢、信息完备等假设条件下,由于各辖区政府提供的公共产品和税负组合不尽相同,所以各地居民可以根据各地方政府提供的公共产品和税负的组合情况,来自由选择那些最能满足自己偏好的地方定居。也就是说,居民可以用脚(指迁入或迁出某地)来给当地政府投票。

股东用脚投票是指股东通过分析公司的财务资料以及间接获取更多的公司内部信息来决定是否购买或出售公司股票的一种间接的治理方式。

股东用脚投票退出机制对代理人的约束与控制功能是建立在股票市场有效定价的前提下的,股票市场的定价是有效的,即股票价格是企业内在价值的真实反映;并且,作为委托人的股东是能够理性决策的。因此,市场有效性假说与理性选择理论,成为了传统公司治理理论的两大经济学理论基础。

118. 一股一票制

股东投票制度有很多种。最简单也是最古老的表决方式是一人一票，多数通过。采用这一投票制度，有权投票的股东不论其持股数量，或所代表的表决权的数量有多少，也只能按人头投一票。一人一票的优点是简单，一般可以采取举手表决的方式，获多数票的议案得以通过。但是，一人一票的投票制度弱化了大股东的表决权限，有悖于现代股份公司和证券市场"公平、公正、公开"的投票原则。所以，现代公司的股东大会上采用的几乎都是一股一票的投票制度，而一人一票在政治选举中运用较多。

一股一票（one share，one vote）的投票原则确立于 19 世纪中期，它的基本思想是"股东平等"原则。这一原则也被称为投票权平等原则，是指股东应依其所持有的股份数量享有与其股份数同等数量的投票权。一股一票的投票规则，是绝大多数国家公司立法的通例。几乎所有国家都规定，所有股东均有权参加股东大会的决议活动，每一股份平等地拥有一份投票权，而对于要表决的事项：一般决议获得通过的条件是赞成票超过到会股东所持表决权数的半数，特别决议获得通过的条件是赞成票超过到会股东所持表决权数的 2/3。

119. 代理投票制

代理投票制（vote by proxy）是指不能出席股东大会进行投票的股东，可以委托代理人出席股东大会，由代理人向公司提交股东授权委托书，并在授权范围内行使表决权的制度。代理投票制目前在西方国家里比较普遍，并且制度设计比较合理，操作可行，成本比较低廉。一般来说，股东委托代理人行使投票权时，代理权授予应采用书面形式，代理人应提出公司印发的委托书并载明授权范围。委托书一般由公司印发，一名股东以出具一份委托书为限，并应于股东大会召开前数日送达公司。代理投票的委托权，仅限于本次股东大会。

120. 累积投票制

累积投票制（accumulative voting method）指股东大会选举两名以上的董事时，股东所持的每一股份拥有与待选董事总人数相等的投票权，股东既可用所有的投票权集中投票选举一人，也可分散投票选举数人，按得票多少依次决定董事入选的表决权制度。累积投票制的目的在于防止大股东利用表决权优势操纵董事的选举，矫正"一股一票"表决制度存在的弊端。按这种投票制度，选举董事时每一股份代表的表决权数不是一个，而是与待选董事的人数相同。股东在选举董事时拥有的表决权总数，等于其所持有的股份数与待选董事人数的乘积。投票时，股东可以将其表决权集中投给一个或几个董事候选人，通过这种局部集中的投票方法，能够使中小股东选出代表自己利益的董事，避免大股东垄断全部董事的选任。例如：某公司要选 5 名董事，公司股份共 1 000 股，股东共 10 人，其中 1 名大股东持有 510 股，即拥有公司 51％股份；其他 9 名股东共计持有 490 股，合计拥有公司 49％的股份。若按直接投票制度，每一股有一个表决权，则控股 51％的大股东就能够使自己推选的 5 名董事全部当选，其他股东毫无话语权。但若采取累积投票制，表决权的总数就成为 1 000×5＝5 000（票），控股股东总计拥有的票数为 2 550 票，其他 9 名股东合计拥有 2 450 票。根据累积投票制，股东可以集中投票给一个或几个董事候选人，并按所得同意票数多少的排序确定当选董事，因此从理论上来说，其他股东至少可以使自己的 2 名董事当选，而控股比例超过半数的股东也最多只能选上 3 名自己的董事。

累积投票制最早起源于美国《伊利诺伊州宪法》的规定，1860 年，美国伊利诺伊州报界披露了本州某些铁路经营者欺诈小股东的行为，1870 年该州宪法赋予中小股东累积投票权。随后该州《公司法》也规定了累积投票制度。随后美国各州也纷纷效仿，或在州宪法、或在公司法、或兼在州宪法和公司法中规定了累积投票制度。日本 1950 年修改的《日本商法典》赋予小股东累积投票权制度，我国台湾也规定了累积投票权制度。

按照使用的效力不同，累积投票制度可以分为两种：一是强制性累积投票制度，即公司必须采用累积投票制度，否则属于违法，如美国阿肯色、加利福尼亚、夏威夷、伊利诺伊等州和我国台湾地区所采用的模式；二是许可性累积投票制度。许可累积投票制度又分为选出式和选入式两种，前者是指除非公司章程作出相反的规定，否则就应实行累积投票制度，如美国阿拉斯加、北卡罗来纳、华盛顿等州以及 1974 年修订后的《日本商法典》规定的模式；后者是指除非公司章程有明确的规定，否则就不实行累积投票制度，如美国密西根、新泽西、纽约等州所采用的模式。尽管目前美国有些州仍然对累积投票制度实行强制主义，但其大多数州的现行公司法已趋向许可主义。1950 年和 1974 年《日本商法典》的两次修订也反映出由强制主义向许可主义的转变。这表明累积投票制度的立法政策随着现代企业制度的成熟与公司治理结构的完善而呈现渐趋宽松的发展趋势。

2002 年中国证监会颁布的《上市公司治理准则》中第三章第三十一条规定："……，控股股东控股比例在 30％以上的上市公司，应当采用累积投票制。采用累积投票制度的公司上市公司应在公司章程里规定该制度的实施细则。"中国证监会以规章的形式肯定了累积投票制，截至 2012 年 4 月，我国已有 400 多家上市公司在公司章程中添加了该细则。

121. 类别股东表决制

类别股东表决制（classified shareholder voting system）是指股东按其持有的不同类别的股份分开表决的制度，即当一项涉及不同类别股东权益的议案付诸表决时，需由各种类别股东分别审议，并获得各自的绝对多数同意才能通过的制度。在进行类别表决时，若是一种类别股份没有表决通过，即使其他类别股份表决通过，议案也不算是有效通过。类别表决制度提供了一种不同股份的股东之间相互制约的机制。其中的类别股份是指在公司的股权设置中，因认购股份时间、价格不同以及认购者身份和股份交易场所不同，而在流通性、权利及义务上有所不同的股份。

2004 年 12 月 7 日，为进一步贯彻落实《国务院关于推进资本市场改革开放和稳定发展的若干意见》，形成抑制滥用上市公司控制权的制约机制，把保护投资者特别是社会公众投资者的合法权益落在实处，提出试行公司重大事项社会公众股股东表决制度。

　　在股权分置情形下,作为一项过渡性措施,上市公司应建立和完善社会公众股股东对重大事项的表决制度。下列事项按照法律、行政法规和公司章程规定,经全体股东大会表决通过,并经参加表决的社会公众股股东所持表决权的半数以上通过,方可实施或提出申请:①上市公司向社会公众增发新股(含发行境外上市外资股或其他股份性质的权证)、发行可转换公司债券、向原有股东配售股份(但具有实际控制权的股东在会议召开前承诺全额现金认购的除外);②上市公司重大资产重组,购买的资产总价较所购买资产经审计的账面净值溢价达到或超过20％的;③股东以其持有的上市公司股权偿还其所欠该公司的债务;④对上市公司有重大影响的附属企业到境外上市;⑤在上市公司发展中对社会公众股股东利益有重大影响的相关事项。

　　我国的分类表决制在追求公平的同时,兼顾了效率问题。首先,适用范围仅限于极少数可能损及流通股股东利益的重大决策。其次,实行分类表决的事项,仍由大股东拟订方案,经非流通股股东控制的董事会决议后,提交股东大会表决。实际上流通股股东只有否决权,而无决策权,并不存在流通股股东处于优势地位的问题。再次,分类表决操作中并未增加额外程序和费用,路演等沟通工作原本就是投资者关系管理的必要环节,现在各公司只是在补课。在分类表决制下,只有利益博弈未达均衡,导致流通股股东被迫使用否决权时,才会产生决策成本增加的问题。只要利益双方彼此尊重,充分沟通和讨价还价,最终是能达到博弈均衡、达成妥协的。

122.　网络投票制

　　网络投票制(internet voting system)是指股东通过互联网或证券交易系统等网络媒介来行使表决权的一种方式和制度。网络投票表决制度为因某种原因不能参加股东大会的中小股东提供了有效的表决途径。上市公司中小股东的股权分布较为分散,对于大多数股东来说亲自出席股东会的成本会大大超过由此带来的利益或由此避免的损失,所以其往往难以参加股东大会行使表决权。实施上市公司股东大会网络投票表决制度,突破空间和地域的限制,有效降低了中小股东参加股东大会的时间和金钱成本,股东能够远距离、非现场出席股东大会,让更多的中小股东有机会亲自参与股东大会表决,有利于改善中小股东缺位的状况,大股东和公司管理层将面临更多的约束力,在一定程度上改变了其随意控制公司股东大会的局面,从而更好地保护中小股东的合法权益。

　　网络投票是自1970年代以来伴随着互联网技术的发展而出现的一种新型表决权行使方式,世界上最早允许采用网络方式行使股东表决权的是美国。1996年,美国贝巧灵(Bell & Howell)公司允许经纪商为客户代理进行股东大会的网络投票表决,成为美国第一家直接在互联网上进行股东大会表决的上市公司。由于股东大会网络投票表决制度具有非常突出的优点,一经出现就受到各个国家和地区的证券监管部门的重视,并在其他一些经济比较发达的国家和地区得到迅速发展。日本与英国分别于2001年的11月21日和12月22日通过相关法案,使股东大会网络投票表决制度的实施获得了相应的法律依据。新加坡也已修改公司法,允许上市公司通过国际互联网召开股东大会,并规定董事、监事选举可以通过网络投票表决方式来实现。

　　2004年12月7日,中国证监会发布了《关于加强社会公众股股东权益保护的若干规定》

首次明确规定我国上市公司可以采用网络投票表决方式,规定上市公司股东大会就再融资(包括配股、增发新股、发行可转债)、重大资产重组、以股抵债、分析境外上市等事项进行表决时,应当向股东提供网络形式的投票平台,并经参加表决的社会公共股股东所持表决权的半数以上通过。2004 年 12 月 10 日,中国证监会又专门发布《关于上市公司股东大会网络投票工作指引(试行)》,对上市公司如何实施网络投票表决方式进行了集中统一的规定。深沪两大证券交易所也于 2004 年 12 月 28 日各自颁布了《上市公司股东大会网络投票实施细则》,并多次进行修订。2006 年 3 月 16 日,证监会又发布了《上市公司股东大会规则》吸收了《关于上市公司股东大会网络投票工作指引(试行)》中规定的有关网络投票表决的时间、表决结果的统计与公布以及股东对表决结果的查验等内容,并对网络投票表决方式的相关问题做了进一步的规范。2011 年 2 月 25 日,上海证券交易所为进一步规范上市公司股东大会网络投票行为,便于上市公司股东行使表决权,保护投资者合法权益,发布了新修订的《上海证券交易所上市公司股东大会网络投票实施细则》,纳入了针对融资融券新业务的网络投票相关规则,并增加了方便上市公司和投资者使用网络投票方式的具体规定。

近年来,随着股东大会网络投票制度的实施和不断完善,广大中小股东利用网络投票渠道参与上市公司的股东大会并行使相关权利的意识不断增强。网络投票自 2004 年底正式推出以来,截至 2012 年 11 月 30 日,深交所上市公司已有 4 264 次股东大会(或相关股东会议)采用了网络投票,162.46 万名股东人次参与投票,合计代表股份数 1 271 亿股,某些议案正是由于广大中小股东积极参与的网络投票被否决,从以上数据可见,网络投票为保护中小股东表决权做出了巨大贡献。

123. 股利

股利(dividend)指股份公司按发行的股份分配给股东的股息和红利。股息、红利亦合称为股利。股息是股东定期按一定的比率从上市公司分取的盈利,红利则是在上市公司分派股息之后按持股比例向股东分配的剩余利润。获取股息和红利,是股民投资于上市公司的重要目的,也是股民的基本经济权利。

股利的支付方式包括现金股利、股票股利、财产股利和负债股利。现金股利是股份公司以现金的形式发放给股东的股利。应具备的两个基本条件:公司要有足够的未指明用途的留存收益;公司要有足够的现金,现金股利发放的多少主要取决于公司的股利政策和经营业绩。股票股利是企业将应分配给股东的股利以股票的形式发放。可用于发放股票股利的,除了当年的可供分配利润外,还有公司的盈余公积金和资本公积金;分配股票股利不会增加其现金流出量。财产股利是指用现金和股票股利以外的资产分派股利,包括实物股利:发给股东实物资产或实物产品,多用于采用额外股利的股利政策;证券股利:最常见的财产股利是以公司拥有的其他公司的有价证券来发放股利。负债股利是指公司用自己的债权分给股东作为股利,股东成为公司的债权人,有公司发行的债券和公司开出的票据。公司资产总额不变,负债额增加,净资产额减少,且负债增加等于净资产的减少。

我国上市公司分红基本情况、股利水平情况、股利结构情况和分红融资比情况如表 2-16、表 2-17、表 2-18 和表 2-19 所示。

表 2-16 我国上市公司分红基本情况统计 单位：家；%

年份	分红公司总数	现金股利		红股（送股）		转增股本	
		数量	占比	数量	占比	数量	占比
1990	3	1	33.33	3	100.00	0	0.00
1991	5	2	40.00	4	80.00	0	0.00
1992	54	28	51.85	47	87.04	4	7.41
1993	186	110	59.14	152	81.72	18	9.68
1994	250	197	78.80	139	55.60	4	1.60
1995	269	176	65.43	160	59.48	23	8.55
1996	374	162	43.32	225	60.16	149	39.84
1997	354	204	57.63	158	44.63	122	34.46
1998	353	236	66.86	130	36.83	124	35.13
1999	356	273	76.69	83	23.31	92	25.84
2000	683	656	96.05	97	14.20	119	17.42
2001	683	658	96.34	78	11.42	92	13.47
2002	630	603	95.71	55	8.73	102	16.19
2003	634	593	93.53	84	13.25	168	26.50
2004	734	712	97.00	45	6.13	139	18.94
2005	643	604	93.93	47	7.31	129	20.06
2006	743	697	93.81	85	11.44	131	17.63
2007	892	791	88.68	150	16.82	316	35.43
2008	871	833	95.64	74	8.50	183	21.01
2009	1 045	986	94.35	117	11.20	281	26.89
2010	243	219	90.12	32	13.17	149	61.32

（资料来源：Wind 数据库。）

表 2-17 我国上市公司股利水平情况统计 单位：%

年份	分红年数占上市年数比	股息率平均值	股利支付率平均值
1990	44.32	0.83	—
1991	53.57	0.55	—
1992	42.43	0.43	—
1993	52.54	0.76	14.81
1994	50.27	1.14	23.80
1995	37.25	0.76	15.08
1996	41.00	0.52	6.57
1997	48.08	0.53	15.21
1998	50.00	0.50	17.70
1999	48.94	0.52	16.60
2000	61.79	0.84	29.40

续表

年份	分红年数占上市年数比	股息率平均值	股利支付率平均值
2001	64.90	0.84	25.06
2002	65.88	0.78	26.12
2003	63.35	0.75	22.63
2004	65.00	0.89	26.38
2005	74.49	0.81	19.55
2006	66.16	0.88	18.97
2007	65.24	0.82	13.45
2008	67.53	0.79	17.20
2009	59.26	0.81	18.46
2010	44.27	0.22	14.00

（资料来源：Wind 数据库。其中，1990 年至 1992 年数据缺失。股息率为每股现金股利除以每股市价，股利支付率为每股现金股利除以每股收益。）

表 2-18　我国上市公司股利结构情况统计　　　　单位：元；股；%

年份	每股股利总额均值	现金股利		红股（送股）		转增股本	
		平均值	占比	平均值	占比	平均值	占比
1990	0.37	0.10	14.29	0.27	85.71	0.00	0.00
1991	2.28	2.04	25.71	0.24	74.29	0.00	0.00
1992	0.29	0.05	21.76	0.23	75.21	0.01	3.03
1993	0.39	0.09	30.04	0.28	65.92	0.02	4.05
1994	0.27	0.15	60.19	0.12	38.44	0.01	1.10
1995	0.27	0.11	50.70	0.13	43.61	0.03	5.68
1996	0.35	0.07	34.70	0.16	42.06	0.13	23.25
1997	0.32	0.11	49.58	0.11	28.76	0.11	21.65
1998	0.32	0.12	57.16	0.09	21.13	0.11	21.71
1999	0.28	0.13	68.17	0.05	13.11	0.10	18.72
2000	0.24	0.14	81.71	0.03	6.52	0.07	11.78
2001	0.19	0.14	87.40	0.01	3.78	0.04	8.82
2002	0.22	0.14	86.36	0.01	3.75	0.06	9.89
2003	0.29	0.14	76.22	0.03	5.74	0.12	18.04
2004	0.27	0.16	83.31	0.02	3.56	0.09	13.13
2005	0.26	0.16	84.00	0.02	4.36	0.08	11.64
2006	0.27	0.17	84.66	0.02	5.41	0.07	9.94
2007	0.39	0.17	67.75	0.05	8.26	0.17	23.99
2008	0.27	0.16	81.84	0.02	4.66	0.09	13.49
2009	0.35	0.18	76.45	0.03	5.78	0.14	17.61
2010	0.74	0.27	51.22	0.05	7.02	0.42	41.76

（资料来源：Wind 数据库。）

表 2-19　我国上市公司上市以来分红融资比情况统计　　　　　单位：%

存续期	公司数量	最大值	平均值
1～5 年	752	233.72	7.89
6～10 年	314	773.62	34.18
11～15 年	598	2 206.22	52.40
16 年以上	465	2 026.45	67.07

（资料来源：Wind 数据库。其中，广发证券股份有限公司（000 776）自 1997 年 6 月 11 日首发上市以来，累计分红总额为 504 170.796 2 万元，累计融资总额为 22 852.23 万元，分红融资比为 2 206.22%；深圳赤湾港航股份有限公司（000 022）自 1993 年 5 月 5 日首发上市以来，累计分红总额为 288 972.482 4 万元，累计融资总额为 14 260 万元，分红融资比为 2 026.45%。）

124. 股利无关论

股利无关论（dividend irrelevance hypothesis）是由美国经济学家 Miller 和 Modigliani 在 1961 年发表在 *The Journal of Business* 上的经典论文《股利政策、增长和股票价格》（*Dividend Policy, Growth, and the Valuation of Shares*）中提出的，又称 MM 股利理论。根据这一理论，公司的股利政策不会影响公司价值。公司股价取决于基本盈利能力和风险等级，因而它只由公司资产投资决策决定，与公司股利政策无关。

股利无关论又被称为完全市场理论。这种观点建立在以下假设的基础上：公司投资决策是不变的且被投资者所熟知；交易瞬间完成，不存在交易费用；不存在公司和个人所得税；不存在信息不对称；不存在代理成本。

125. 股利相关论

在完美市场这一假设前提下，股利无关论是难以驳斥的，但在现实经济中，这种观点却难以令人赞同，也正是因为股利无关论的理论假设与现实世界之间的不吻合，该理论以隐含的方式告诉人们，在哪些情况下股利政策的变化可能会引起公司的市场价值发生相应变化，这为后续研究留下了诸多空间。后来的股利理论，大多是沿着放松上述假设条件的路径而演绎的。Lease，Kose，Kalay，Loewenstein 和 Saring（2000）认为，股利政策研究的关键在于如何认识现实市场与理想市场的差别，即现实市场的不完美之处。他们将其分为"三大不完美"——税负、信息不对称和代理成本，以及"三小不完美"——交易成本、发行成本和非理性投资者行为。放松假设后，发现股利会影响公司价值，形成了一鸟在手理论、税差理论、信号传递理论、代理成本理论、客户效应理论 5 个经典的股利相关理论（dividend relevance hypothesis）。

一鸟在手理论（bird-in-hand theory）认为，用未分配利润再投资给投资者带来的收益具有较大的不确定性，并且投资的风险随着时间的推移会进一步增大。因此，投资者更喜欢现金股利，而不愿意将收益留存在公司内部，去承担未来的投资风险。正如未来的资本利得就像林中的鸟一样不一定能抓得到，眼中的股利则犹如手中的鸟一样飞不掉，"二鸟在林，不如一鸟在手"。

税差理论(tax differential theory)指出,在许多国家的税法中,资本利得所得税税率要低于普通所得税税率,投资者自然喜欢公司少支付股利而将较多收益保存下来以作为再投资用,以期提高股价,把股利转化为资本的利得。即使二者税率相同,由于股利所得税在股利发放时征收,而资本利得在股票出售时征收,对股东来说,资本利得有推迟纳税效果。根据这种理论,股利决策与企业价值是相关的,而只有采取低股利和推迟股利支付的政策,才有可能使公司的价值达到最大。

信号传递理论(signaling theory)认为,为了消除经理人员和其他外部人士之间的可能冲突,需要建立一种信息传递机制,以调节信息不均衡,而股利政策恰好具有这种机制的功能和作用。因为股利政策的定位与变动,反映着经理人员对公司未来发展认识方向的信号,投资者可据此作出恰当判断。在信息不对称的情况下,公司可以通过股利政策向市场传递有关公司未来盈利能力的信息,从而会影响公司的股价。一般来讲,预期未来盈利能力强的公司往往愿意通过相对较高的股利支付水平,把自己同预期盈利能力差的公司区别开来,以吸引更多的投资者。

代理成本理论(agency cost theory)认为,股利政策有助于减缓管理者与股东之间的代理冲突,股利政策是协调股东与管理者之间代理关系的一种约束机制。公司管理者将公司的盈利以股利形式支付给投资者,则管理者自身可以支配的"闲余现金流量"就相应减少了,这在一定程度上可以抑制公司管理者过度地扩大投资或进行特权消费,从而保护外部投资者的利益。较多的派发现金股利,减少了内部融资,导致公司进入资本市场寻求外部融资,从而公司可以经常接受资本市场的有效监督,这样便可以通过资本市场的监督减少代理成本。

客户效应理论(clientele effect theory),也称追随者效应理论,可以说是广义的税差学派。该学派从股东的边际所得税率出发,认为每个投资者所处的税收等级不同。有的边际税率高,如富有的投资者;而有的边际税率低,如养老基金。由此会引致他们对待股利态度不一样,前者偏好低股利支付率或不支付股利的股票,后者喜欢高股利支付率的股票。既然前者偏好低股利支付率或不支付股利的股票,后者则喜欢高股利支付率的股票。据此,公司会调整其股利政策,使股利政策符合股东的愿望。

126. 股利分配之谜

尽管采用现金股利的股利分配政策向市场传递利好信号需要付出很高的成本,但大部分公司仍要选择派现作为公司股利支付的主要方式,这个难以破解的理论问题被 Black(1976)称之为"股利分配之谜"(the dividend puzzle)[①]。Brealey 和 Myers(1991)将股利政策列为公司财务的十大难题之一。

围绕"股利分配之谜",经济学家们做出了各种各样的解释。其中,较有说服力的观点有四种。

(1) 声誉激励理论。该理论认为,由于公司未来的现金流量具有很大的不确定性,因此,为了在将来能够以较为有利的条件在资本市场上融资,公司必须事先建立起不剥夺股东利益的良好声誉。建立"善待股东"这一良好声誉的有效方式之一就是派现。

---

① Fischer Black. The Dividend Puzzle [J]. The Journal of Portfolio Management, 1976, 2(2): 5-8.

（2）逆向选择理论。该理论认为，相对于现金股利而言，股票回购的主要缺陷在于，如果某些股东拥有关于公司实际价值的信息，那么，他们就可能在股票回购过程中，充分利用这一信息优势。当股票的实际价值超过公司的回购价格时，他们就会大量竞买价值被低估的股票；反之，当股票的实际价值低于公司的回购价格时，他们就会极力回避价值被高估的股票。于是，便产生了逆向选择问题，而派发现金股利则不存在这类问题。

（3）交易成本理论。该理论认为，市场上有相当一部分投资者出于消费等原因，希望从投资中定期获得稳定的现金流量。对于这类投资者来说，选择稳定派现的股票也许是达到上述目的最廉价的方式。这是因为倘若投资者以出售所持股票的方式来套现，就可能因时机选择不当而蒙受损失。况且，选择在何时以何种价位出售股票还需要投入许多时机和精力，这些交易成本的存在使得投资者更加偏好现金股利。

（4）制度约束理论。该理论认为，公司之所以选择支付现金股利，是由于"谨慎人"所起的作用。所谓"谨慎人"，是指信托基金、保险基金、养老基金等机构投资者。出于降低风险的考虑，法律通常要求这些机构投资者只能持有支付现金股利的股票，并获得股利收入。如果公司不派现，那么，这种股票就会被排除在机构投资者的投资对象之外。

127. 股利政策

股利政策（dividend policy）是上市公司在税后收益和留存收益之间进行的合理配置的策略，会对公司的股票市价和公司的市场形象产生巨大的影响，是公司财务活动的重要组成部分。具体内容是指公司对股利支付有关事项的确定，包括：是否发放股利的决策、股利支付率的决策、股利支付方式的决策以及支付股利的资金安排等。

股利政策的类型包括：剩余股利政策、固定股利或稳定增长股利政策、固定股利支付率的股利政策、低正常股利加额外股利政策。

（1）剩余股利政策（residual dividend policy），将税后利润首先用于再投资，剩余部分再用于派发股利。优点是最大限度满足企业再投资的权益资金需求，保持理想的资本结构，使企业综合资本成本最低。缺点是忽视了不同股东对资本利得与股利的偏好，损害了偏好现金股利的股东利益，可能影响股东对企业的信心。一般用于公司初创和衰退阶段。

（2）固定股利或稳定增长股利政策（constant payout policy/stable dividends with growth policy），以每股股利支付数额固定的形式发放股利。优点是传递积极信息，表明企业经营状况稳定，满足希望获得固定收入投资者的要求。缺点是给公司造成较大的财务压力。适用于盈利稳定或处于成长期的企业，西方国家多采用此政策。

（3）固定股利支付率股利政策（stable payout ratio policy），从净利润中按固定股利支付率发放股利。优点是使股利与公司盈利紧密结合，体现多盈多分、少盈少分、不盈不分的原则，真正做到公平地对待每一股东。缺点是传递消极信息，使股价产生较大波动。一般适用于较稳定的财务状况和成熟阶段的公司。

（4）低正常股利加额外股利政策（regular plus bonus policy），介于固定股利与固定股利支付率之间的一种股利政策。优点是既能保证股利的稳定性，使依靠股利度日的股东有比较稳定的收入，又能做到股利和盈利有较好的配合，使企业具有较大的灵活性。股利政策的灵活性与稳定性相结合。缺点是股利派发仍然缺乏稳定性；如果公司较长时期一直发放额外股利,股东就会误认为这是正常股利,一旦取消,极易造成公司财务状况逆转的负面影响,从而导致股价下跌。适用于高速发展阶段的公司。

如果从全球视角考察国外上市公司股利政策的实践,那么可以发现,国外上市公司股利政策的实践一般具有以下几个显著特征:第一,公司通常将其盈利的很大一部分用于支付股利,且派现一直是公司最主要的股利支付方式;第二,现金股利与资本利得之间的税收差别,对公司股利支付方式选择的影响程度因国而异;第三,公司通常均衡分配股利;第四,股票市场对公司增加派现的信息披露通常做出正向反应,而对公司减少派现的信息披露通常做出负向反应;第五,法律环境对股利支付水平具有很大的影响。

128. 超额派现

超额派现(high cash dividend),也称为过度分红,公司派发的每股现金股利超过了当年每股收益或每股经营活动现金流量净额。近期的一些研究表明,现金股利发放被一些上市公司当作了控股股东利益输送的一种重要手段(唐跃军,谢仍明,2006)。

我国上市公司超额派现背后隐藏着控股股东进行利益转移的动机,我国独特的制度环境决定了控股股东进行利益转移的动机,股权分置的制度设计使得控股股东倾向于选择关联交易和现金股利等方式进行利益转移,选择现金股利方式可以使控股股东的转移利益行为合法化,在同股同权的原则下,现金股利使得控股股东获得高额回报,而超额派现使得其收益率更高。我国上市公司的股权结构及治理特征赋予了超额派现的利益转移功能,同时我国上市公司独特的股权结构及治理特征对上市公司的股利政策产生了深刻影响,使得一些上市公司能够通过超额派发现金股利实现控制权私有收益,监管制度的变化诱导着控股股东选择现金股利方式进行转移利益,配股与派现的联动也成为控股股东通过现金股利实施利益转移的一个选择(任启哲,李婉丽,贾钢,2008)。

加强对超额派现行为的制约和监管,一要在我国上市公司内部建立有效的股权制衡机制,适当增加中小股东与控股股东的股权制衡程度,降低控股股东的控制实力,改善公司治理水平,从而在一定程度上起到对超额派现行为的制约作用;二要继续加强对上市公司派现行为的监管。中国证监会应密切关注上市公司的派现行为,并出台政策限制上市公司的高额派现,加强对投资者的保护力度,防止控股股东通过超额派现手段侵占公司资源,侵害中小股东的利益(任启哲,李婉丽,贾钢,2008)。

129. 铁公鸡

铁公鸡是民间的歇后语,即一毛不拔,常用来比喻极其吝啬自私的人(含讥诮意,也作诙谐语),资本市场中常用铁公鸡(low or no cash dividend)形容那些从来不分红或分红很少的上市公司,与超额派现是截然相反的做法。

现金股利作为公司投资者的投资回报的组成部分在成熟市场占重要比例,由于我国资本市场起步较晚,发展不成熟,造成上市公司对现金股利不重视。自 1996 年 7 月 24 日始,中国证监会发布《关于规范上市公司若干问题通知》,对上市公司发放股利的程序进行了规范,保证了不同股东具有同样形式和数量的股利政策,规范了股利发放的形式。随后,2001 年 3 月 28 日,中国证监会发布《上市公司新股发行管理办法》,规定上市公司申请再融资时,若最近 三年未有分红派息,董事会需合理解释,主承销商应在尽职调查报告中予以说明。2004 年 12 月,中国证监会发布《关于加强社会公众股股东权益保护的若干规定》表示,上市公司最近三 年未进行现金利润分配的,不得向社会公众增发新股、发行可转债或向原有股东配售股份。 2006 年,《上市公司证券发行管理办法》(以下简称《办法》)发布,该《办法》明确上市公司发行 新股须符合最近三年以现金或股票方式累计分配的利润不少于最近三年实现的年均可分配 利润的 20%的规定。2012 年中国证监会《关于进一步落实上市公司现金分红有关事项的通 知》一文中,明确规定"现金分红是实现投资回报的重要形式,更是培育资本市场长期投资理 念,增强资本市场活力和吸引力的重要途径"。虽然监管层就现金分红政策频出,但上市公司 中不分红的"铁公鸡"仍然存在。

130. 股票股利

股票股利(stock dividend)是指公司以额外的普通股股票向现有股东发放的股利,我国通 常称为"红股",即指公司对股东无偿派发股票的行为。

在我国,除了从未分配利润里"取钱"给股东送股的股票股利之外,公积金转增股本也常 被认为是股票股利。公积金转增股本指用公司的资本公积和盈余公积(包括法定盈余公积金 和任意盈余公积金)转增资本,它是我国上市公司常用的一种股本扩张方式。

股票股利只是资金在股东权益账户之间的转移,即将公司的未分配利润或公积金转化为 股本。它并不会导致公司现金的流出,也不增加公司的资产,股东权益账面价值的总额也不 发生变化。但发放股票股利将增加发行在外的普通股股票数量,导致每股股票所拥有的股东 权益账面价值的减少。不过由于股东所持有的股票数量将相应地增加,每位股东的持股比例 不变,每位股东持有的股票所代表的权益账面价值也不变,但每股的价值会发生变动。

131. 股份回购

股份回购(share repurchase)是指公司将已发行在外的部分股份购买回来,作为库藏股使 用或进行注销。股份回购是一种减资的行为,资本金减少。这种行为的市场效果是:股票总 数减少,每股收益增加,每股净资产增加,公司股票价格上升[①]。股份回购也是现金股利的一 种替代形式。股份回购后股东得到的是资本利得,需缴纳资本利得税,发放现金股利后股东

---

① 2013 年 4 月 23 日洋河股份(602 304)公告称,由于受到国内外宏观环境和证券市场波动等多种因素的影响, 公司近期股价表现偏弱。公司管理层认为目前公司股票的市场价格与公司的长期内在价值并不相符,公司投资价值 存在一定程度的低估。因此,在当前市场环境下,公司结合自身财务状况和经营状况,计划以适当的价格回购部分社 会公众股,体现公司对长期内在价值的坚定信心。自股东大会审议通过回购股份方案之日起 12 个月内,公司将通过 深交所以集中竞价交易方式回购公司社会公众股。根据公司《关于制定股份回购计划的长效机制》中回购价格确 定原则,并结合公司目前的财务状况和经营状况,确定本次回购股份的价格不超过每股 70 元,本次回购股份的资金 总额不超过 10 亿元。在此条件下,预计可回购 1 428.57 万股,占目前公司已发行总股本的 1.32%。

则需缴纳一般所得税；在前者低于后者情况下，股东将得到纳税上的好处。对公司来讲：公司拥有购回的库藏股份，可用来交换被收购或被兼并公司的股份；也可用来满足认股权证持有人认购公司股份或可转换证券持有人转换公司普通股的需要；公司拥有回购的库藏股份，还可以在需要现金时将库藏股份重新售出；股份回购可以改变公司的资本结构，加大负债的比例，发挥财务杠杆的作用。

我国《公司法》规定公司不得收购本公司股份。但是，有下列情形之一的除外：①减少公司注册资本，②与持有本公司股份的其他公司合并，③将股份奖励给本公司职工，④股东因对股东大会作出的公司合并、分立决议持异议，要求公司收购其股份的。公司因前款第①项至第③项的原因收购本公司股份的，应当经股东大会决议。公司依照前款规定收购本公司股份后，属于第①项情形的，应当自收购之日起 10 日内注销；属于第②项、第④项情形的，应当在6 个月内转让或者注销。公司依照前款第③项规定收购的本公司股份，不得超过本公司已发行股份总额的 5%；用于收购的资金应当从公司的税后利润中支出；所收购的股份应当在一年内转让给职工。

132.　投资者关系管理

据有关文献介绍，1953 年美国通用电器公司（General Electric Company，GE）Ralph Cordiner 先生为规范公司与投资者的关系，第一次提出投资者关系（investor relations，IR）术语。美国早在 1969 年就率先成立了全国投资者关系协会（NIRI）。NIRI 将投资者关系定义为上市公司的一种市场战略活动，通过加强与投资者全方位的联系和沟通向现有和潜在的投资者高透明度地展现公司经营状况及发展前景，以强化公司在资本市场上的良好形象。成立于 1990 年的加拿大投资者关系管理协会（CIRI）认为投资者关系是指公司综合运用金融、市场营销和沟通的方法，向已有的投资者和潜在的投资者介绍公司的经营和发展前景，以便其在获得充分信息的情况下做出投资决策。Rao 和 Kumar（1999）认为一个普遍可以接受的投资者关系定义是公司一项战略性营销活动，这种活动融合了财务和沟通两个学科。Marston 和 Straker（2001）将投资者关系定义为一个公司和金融界、分析者、投资者以及潜在投资者的信息沟通。曹兰英（2004）认为投资者关系是指上市公司（包括拟上市公司）与公司的股权、债权投资人或潜在投资者之间的关系，也包括在与投资者沟通过程中，上市公司与资本市场各类中介机构之间的关系。朱瑜和凌文辁（2004）认为投资者关系是上市公司（包括拟上市公司）与公司的股权、债权投资人或潜在投资者之间的关系的总称。上官婉约（2002）认为所谓投资者关系是一项战略管理职责，它通过综合运用金融的、公关的和营销的原理，管理公司传递给金融机构和其他机构的信息内容和数量流动，使公司市值达到相对最大化。

从上面的定义可以看出投资者关系有两个层面的含义：一是名词层面的含义，即是一种关系（投资者关系）；二是动词层面的含义，即对关系的管理或运作（投资者关系管理，investor relations management，IRM）。国内外大部分学者倾向于第二种解释。但为了从文字上区别投资者关系和投资者关系管理，如果没有特别加以说明，投资者关系主要是指名词层面含义。

根据以上国内外对投资者关系管理的定义，投资者关系管理更合理的定义是一个有投资者的营利组织（主要指沟通主体）通过信息沟通平台（主要指沟通中介和沟通客体载体，例如网站、财务报告等）和它的现有和潜在投资者（包括债权和股权投资者）的双向互动信息（主要指沟通客体)沟通,当然还包括以信息沟通为基础的公共关系、危机处理、参与公司发展战略制订以及投资者关系管理人员培训等更高层次内容,以实现营利组织价值最大化,进而实现投资者的价值最大化,如图2-6所示。

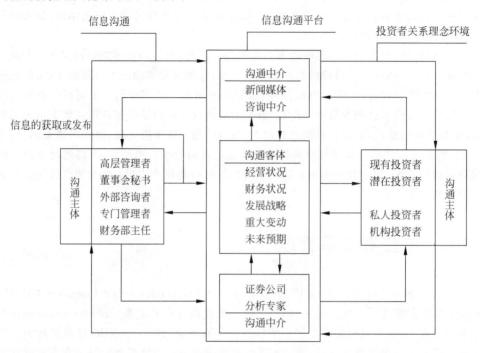

图 2-6　投资者关系管理模型

（资料来源：郝臣,李礼.中国境内上市公司网站投资者关系栏目实证研究[J].管理科学,2005(1)：56-61.）

因此,投资者关系管理的性质是公司的战略管理行为,投资者关系管理的目的是实现公司和投资者价值最大化,投资者关系管理的核心是信息沟通,投资者关系管理的手段是金融营销,投资者关系管理的对象是现有和潜在投资者,投资者关系管理的平台是信息披露。投资者关系管理具体的内容包括：对证券市场的分析研究,这些研究工作是企业开展投资者关系管理的基础和前提条件；信息沟通,信息沟通是上市公司投资者关系管理的核心内容；危机处理,当危机发生后,投资者关系管理部门要迅速提出有效的方案加以应对,以消除危机给公司经营战略实施带来的负面影响；公共关系,对于维持企业在资本市场上的地位和形象、促进上市公司与投资者之间形成良好的关系有着重要意义；参与制定公司的发展战略；对投资者关系管理从业人员进行培训等。

随着资本市场的发展,投资者关系管理已成为管理中必不可少的一部分。1989 年,NIRI在美国对高层管理人员的一项调查表示,55％的人认为投资者关系管理至关重要。其具体意义体现在以下几个方面。

第一,投资者关系管理有助于提升上市公司的投资价值。我国证券市场的投资者队伍在不断扩大,截至 2004 年 10 月底,证券市场投资者开户数已达 7 254.27 万户,投资者的职业化程度和专业化水平也在不断提高,将促使市场投资理念更加趋于理性化,由此也将导致投资者对上市公司信息的需求更加丰富化、专业化。因此,上市公司有必要加强投资者关系管理,通过充分的信息披露和良好的沟通提高投资者对公司的认同感。有效和积极的投资者关系管理会给公司带来丰厚的回报,实现公司相对价值最大化。同时,投资者关系管理也有助于公司及时处理公司在资本市场上的各种危机。

第二,投资者关系管理是保护投资者的重要措施之一。保障投资者的知情权是投资者保护的关键所在。从近年来暴露出来的"银广夏"、"中科创业"、"猴王"等案件来看,投融资市场中的投资者特别是中小投资者利益的保护机制的建立任重而道远。相对于控股股东和机构投资者,中小投资者由于种种原因,难以及时掌握上市公司生产经营及财务状况,对公司信息的了解也存在一定时滞,导致其投资决策受到一定程度的影响。投资者关系管理可以在相当程度上缩短这一时滞,保障投资者的知情权及其合法权益。投资者关系管理是公司与投资者双赢的选择。

第三,投资者关系管理是公司治理的重要内容之一。在目前一股独大的情况下,良好的IR将增强他们长期持股的信心,有利于扩大他们对公司治理结构的影响力,不失为改善公司治理结构的积极举措。良好的IR使公司能及时采纳投资者的合理化建议。同时,有效的沟通必然能够增加企业的战略投资者,这能够改善公司的治理结构,提高上市公司的治理水平,从而有利于投资者价值最大化目标的实现。

第四,投资者关系管理是国内证券市场的规范化、市场化、机构化和向买方市场逐步转变的需要。规范化要求上市公司必须遵循法律、法规,并按照相关法规的要求真实、准确、完整、及时地披露公司的有关信息。市场化和向买方市场的转变要求上市公司加强与投资者的沟通,提高IR营销技巧,使投资者了解、接受、支持上市公司的发展战略和经营方针。机构投资者对上市公司基本面的关注程度更高,也更专业,对上市公司的投资者关系管理提出了更高的要求。证券市场的上述转变将迫使有远见的上市公司实施投资者关系管理。

第五,投资者关系管理有利于降低上市公司的融资成本。良好的投资者关系有助于使公司的股票具有投资吸引力,让目前的投资者满意,同时吸引潜在的投资者。进而有效地稳定和扩大融资对象,扩大企业交易量,提高企业在证券市场上的融资能力和融资规模,为上市公司发展提供一个良好的融资平台。有了这个平台以后,上市公司不必花费大量的人力、物力和财力去开辟新的融资渠道。因此,科学有效的投资者关系管理使上市公司能够及时地获得足够的低成本资金用于公司的发展。

随着投资者关系管理实践的深入,相关理论研究也在不断推进。例如,在投资者关系管理文献综述方面,马连福和赵颖(2006)指出如何从战略管理角度来研究投资者关系是目前我国上市公司面临的一个极为重要的课题。在对相关研究文献进行梳理的基础上,针对我国上市公司投资者关系发展现状,提出今后需要研究的课题,以期能抛砖引玉,推动投资者关系理论与实践在我国的发展。徐刚(2006)提出作为资本市场走向成熟的标志,投资者关系管理理论目前在起源较早的美欧国家已经成为一种内容丰富的成熟理论,广泛涉及管理价值、组织、战略及模式等方面的内容,然后对国外上市公司投资者关系管理研究进行了综述。

在投资者关系管理评价方面,李心丹、肖武卿、王树华和刘玉灿(2006)在构建中国投资者关系管理结构模型基础上,设计了一套系统完整的投资者关系管理评价指标体系,并运用结构化方程模型(SEM)证明其内在逻辑关系和运行机理,然后对我国上市公司投资者关系管理状况进行了评价。马连福、卞娜和刘丽颖(2011)通过对中国上市公司2007年发布的自查报告进行整理,利用多元统计中的因子分析法对投资者关系实践进行分析,得出我国上市公司投资者关系管理活动的实施状况,并进一步探讨了其对公司绩效的影响。结果发现在我国资本市场上,有效的投资者关系管理对公司绩效有着积极的意义;上市公司投资者关系实践活动中,双向互动的沟通对于投资者关系管理实践有着更重要的意义。

在投资者关系管理对公司业绩和价值影响方面,杨德明、王彦超和辛清泉(2007)将上市公司投资者关系管理因素引入法学与金融学理论模型分析得出,由于投资者关系管理起到了提高投资者知情权的作用,有助于对投资者权益的保障,故应促进公司治理水平与业绩提高。然而,实证检验结果发现,上市公司投资者关系对公司市场价值产生了显著的正向影响,但对公司治理水平、会计业绩均无显著影响,并认为以下两个因素造成了理论与实证结果的差异:第一,我国上市公司从事投资者关系的主要目的在于融资,对流通股股东利益并不太关心。第二,由于我国资本市场股权结构的特殊性、法律机制的缺陷,造成了流通股股东"以脚投票"的决策无法有效地影响上市公司"以手投票"的机制。肖武卿、李心丹、顾妍和王树华(2007)考察了公司治理对投资者关系管理的影响作用,以南京大学投资者关系管理指数作为上市公司投资者关系管理水平度量指标。研究发现,机构投资者持股、外部股权的提高能有效促进公司提升投资者关系管理水平,管理层持股与投资者关系管理呈 U 形关系,董事长与 CEO 分离与投资者关系管理呈弱正相关关系,外部董事与投资者关系管理可能存在替代关系而不是互补关系。还发现,上市公司海外上市或发行 B 股能促进公司提升投资者关系管理水平,公司规模与投资者关系管理存在显著正相关关系,财务杠杆与投资者关系弱显著负相关,公司业绩与投资者关系管理存在内生性。李心丹、肖武卿、张兵和米洪亮(2007)以南京大学投资者关系管理指数(CIRINJU)和公司价值相关指标数据为基础,首次通过理论解释和实证检验,探索我国上市公司投资者关系管理的价值效应。研究发现,对所有样本公司而言,投资者关系管理水平与托宾 Q 值呈显著正相关关系,而且投资者关系管理水平与公司的净资产收益率、每股收益、主营业务利润率以及每股净资产都存在着显著的正相关关系。具有良好的投资者关系管理的上市公司通常具有较强的盈利能力和股本扩张能力,投资者也愿意为投资者关系管理水平高的公司支付溢价,投资者关系管理能提升上市公司价值。

133. 中小股东权益保护

在公司中,中小股东因为持股比例有限、信息获取较难和专业知识不足等,相对与控股股东来说,往往处于弱势地位,也有人称其为弱势股东,其权益极易受到控股股东及管理层的侵害。随着投资日益大众化,越来越多的个人投资于证券市场;虽然个人持股数额较低,但因小股东数量甚巨,其所持股总量较大,已成为资本市场的重要资金来源渠道。所以,小股东权益保护(protection of small shareholders' rights and interests)已成为国内外证券市场上的共同话题。公司治理的主要目的即在于追求公司价值最大化以保护中小股东(郎咸平,2004)。理论上讲,小股东虽持股较少,但作为公司的所有权者,有权利参与公司的治理以维护自身权益。当少数股股东的意志与多数股股东的意志一致时,则被多数股股东的意志所吸收;而当少数股股东的意志与多数股股东的意志不一致时,则被多数股股东的意志所征服。因此,中小股东权益保护问题实际操作起来比较困难。

为进一步贯彻落实《国务院关于推进资本市场改革开放和稳定发展的若干意见》(国发[2004]3 号),形成抑制滥用上市公司控制权的制约机制,把保护投资者特别是社会公众投资者的合法权益落在实处,中国证监会在 2004 年 12 月 7 日下发《关于加强社会公众股股东权益保护的若干规定》,并提出试行公司重大事项社会公众股股东表决制度:鼓励提供网络形式的投票平台,可以委托他人代理投票、积极推行累积投票制等;完善独立董事制度;加强投资者关系管理,提高上市公司信息披露质量;上市公司应实施积极的利润分配办法;加强对上市公司和高级管理人员的监督。

134. 股东集体诉讼

集体诉讼(class action lawsuit)是指,多数成员彼此间具有共同利益,因人数过多致无法全体进行诉讼,得由其中一人或数人为全体利益起诉或应诉。在我国,所谓的集体诉讼就是代表人诉讼。集体诉讼的威力在于,只要有一个人发起诉讼,其他所有相同利益受损者会一呼百应,最终导致的赔偿数量会非常惊人。集体诉讼应用的两个领域是劳动争议和股票市场。2010 年 5 月 8 日,东盛科技发布公告称收到了中国证监会下达的[2010]17 号《行政处罚决定书》。因东盛科技存在未及时履行临时信息披露义务、定期报告虚假陈述等违法行为,证监会对东盛科技、董事长郭家学及其他 14 名高管人员均处以相应行政处罚。其中,上市公司的罚款数额是 60 万元;郭家学的罚款数额是 30 万元。这是上市公司和高管在法律限度内的最高数额罚款。众多投资者欲起诉要求赔偿损失,东盛科技或面临投资者集体诉讼。小股民早在 2006 年就自发成立了东盛科技维权小组,但是苦于证监会的调查结果没有下来,一直维权无门。直至证监会的处罚结果公布,起诉的前置条件具备,索赔的机会终于到来,索赔金额合计达到 3 220 万元。2012 年 12 月 7 日,148 名东盛科技(600 771)小股东起诉公司虚假陈述请求民事赔偿一案经法院主持调解后,获得全部结案,此案也成为我国上市公司股东集体诉讼(class action shareholder lawsuit)历史上的里程碑事件。

股东集体诉讼在国外资本市场应用较多,我国海外上市企业被集体诉讼的案例很多。新浪、网易名列其中,UT 斯达康、九城、麦考林遭遇过多轮集体诉讼,如表 2-20 所示。这些公司被诉大都是因为招股说明书、财务或运营报告存在虚假或误导信息、隐瞒或未及时披露重要商业信息、误导投资者等。迄今,只有网易和空中网与投资者和解,并分别赔付 425 万美元和 350 万美元。除此之外,大部分诉讼或被驳回,或仍然在法律流程当中。还有一些海外上市企业虽未被集体诉讼,但也因被质疑财务问题致股价暴跌,如绿诺科技、多元印刷、东方纸业等。绿诺科技更是在 2010 年 12 月遭纳斯达克退市。

表 2-20　我国海外上市公司遭集体诉讼案例

公司	时间	起诉理由
中华网	2001 年 7 月	涉嫌操纵股市
网易	2001 年 10 月	2000 年季度报告以及全年财务报告中均有错误和误导信息,夸大了网易的实际经营表现
中国人寿	2004 年 3 月	未披露中国国家审计署查出的违规行为
空中网	2004 年 7 月	上市时隐瞒了中国移动对包括该公司在内的中国 22 家全网 SP 作出的处罚决定
UT 斯达康	2004 年 11 月 2007 年 9 月	蓄意隐瞒公司的供应环节存在重大缺陷,拖延汇报收益项目、高估预期收益等、在公司期权问题上发布虚假陈述等

续表

公司	时间	起诉理由
前程无忧	2005 年 1 月	对于广告营收的实际数字认定有误,总营收与净营收实际上都没有达到财务报告公布的人民币数额
中航油	2005 年 1 月	对有关业务及前景发布了虚假误导性声明,使得合理的投资者做出了错误的判断,投资受损
新浪	2005 年 2 月	没有披露为达到业绩目标而日益对"算命"、"星象"等短信息服务收入产生依赖,没有主动披露中国移动 MMS 服务条款变化对新浪业务影响,以及政府打击在线、短信算命服务对新浪现金流的影响
新华财经	2007 年 6 月	IPO 信息披露不实
第九城市	2009 年 10 月	披露虚假的盈利信息以及隐瞒续签《魔兽世界》代理合同的情况
麦考林	2010 年 12 月	未能正确披露与 IPO 相关的登记声明和招股书以及麦考林未在 IPO 前展开充分的尽职调查
东南融通	2011 年 5 月	涉嫌发布虚假信息并误导投资者决策

（资料来源：财新网 http://www.caixin.com/。）

135. 股东派生诉讼

股东派生诉讼(shareholder's derivative lawsuit)是指当公司的合法权益受到他人侵害,特别是受到有控制权的股东、母公司、董事和管理人员等的侵害而公司怠于行使诉讼权时,符合法定条件的股东以自己名义为公司的利益对侵害人提起诉讼,追究其法律责任的诉讼制度。股东派生诉讼制度对于维护股东的合法权益有重要的意义。股东派生诉讼制度源于英美衡平法,后来为一些大陆法系国家所接受,成为两大法系在保护少数股东利益上的一个共同的制度选择。但德国直到 2004 年才引进真正意义上的派生诉讼。我国《公司法》第一百五十一条规定了股东派生诉讼制度,赋予股东提起派生诉讼的权利。股东派生诉讼的规定,将对提高我国公司治理水平、保护中小股东利益起到重要作用。

《公司法》第一百五十一条规定:"董事、高级管理人员有本法第一百四十九条规定的情形的,有限责任公司的股东、股份有限公司连续 180 日以上单独或者合计持有公司 1% 以上股份的股东,可以书面请求监事会或者不设监事会的有限责任公司的监事向人民法院提起诉讼;监事有本法第一百四十九条规定的情形的,前述股东可以书面请求董事会或者不设董事会的有限责任公司的执行董事向人民法院提起诉讼。监事会、不设监事会的有限责任公司的监事,或者董事会、执行董事收到前款规定的股东书面请求后拒绝提起诉讼,或者自收到请求之日起 30 日内未提起诉讼,或者情况紧急、不立即提起诉讼将会使公司利益受到难以弥补的损害的,前款规定的股东有权为了公司的利益以自己的名义直接向人民法院提起诉讼。他人侵犯公司合法权益,给公司造成损失的,本条第一款规定的股东可以依照前两款的规定向人民法院提起诉讼。"

无论是英美法系还是大陆法系,股东派生诉讼的原告必须是股东,即原告在提起和维护派生诉讼时必须始终具有股东身份。各国《公司法》均对原告股东的资格规定了一些限制。我国《公司法》的第一百五十一条也作了这一方面的规定。①持股时间合格:有限责任公司的股东、股份有限公司连续180日以上持有公司股份的股东。为防止恶意竞争者出于干扰公司正常运营之目的,而在侵害公司行为发生后受让公司股份、专营诉讼,我国导入英美立法中的"当时股份拥有原则",将原告限定为其所诉过错行为发生时即持有公司股份的股东。②持股比例合格:我国1993年实施的《公司法》规定,持有公司股份10%以上的股东有临时股东大会的召集请求权,这通常被认为是对中小股东权益的一项保护性规定。现行《公司法》的第一百五十一条将持股比例规定为单独或合计持有公司1%以上股份的股东。这一规定确保提起此种诉讼的原告具有一定程度的代表性,较好地保护了中小股东权益。

派生诉讼中被告的范围,主要有两种立法方式。一种为自由式,如美国,法律不限制被告的范围,由原告决定。另一种为限制式,如日本将被告限制为:公司董事、监事、发起人和清算人,以及就行使决议权而接受公司所提供利益的股东和用明显极为不公正的发行价格认购股份者。我国台湾地区关于派生诉讼中被告的范围更窄,其《公司法》第二百一十四条仅规定为公司董事。而我国《公司法》第一百五十一条规定"有本法第一百四十九条规定情形的董事、监事、高级管理人员和侵犯公司合法权益、给公司造成损失的他人"为股东派生诉讼中的被告。这一规定既考虑了我国现实的国情,又体现了对国外立法的合理吸纳。

对于股东提起派生诉讼的前置程序,各国立法都作了相应的规定。纵观两大法系国家的公司法,这些前置程序主要有:对公司提出正式请求或通知和诉讼费用担保等。股东派生诉讼是一种代位诉讼,是作为原有公司内部监督制度失灵的补充救济设计而存在,因此其适用的前提是公司内部救济手段的用尽。我国《公司法》对该种诉讼的前置条件亦规定了对公司提出正式请求或通知的原则:监事会、不设监事会的有限责任公司的监事,或者董事会、执行董事收到请求之日起30日内未提起诉讼,或者情况紧急、不立即提起诉讼将会使公司利益受到难以弥补的损害的,适格股东有权为了公司的利益以自己的名义直接向人民法院提起诉讼。只有符合以上规定,股东才能提起派生诉讼。这样可以尽量维护公司正常的运营,给公司相关机关一个履行职责的机会,并通过程序缓冲,给股东更多的思考空间,使诉讼更趋理性化,过滤不成熟的诉讼,避免公司相关机关随时处于诉讼威胁的境地。但是,对于什么是"情况紧急",法律没有明确规定。司法实践中,普遍认为在以下情况下原告股东可以不必经过前置程序直接提起派生诉讼:①因等待法定期限将给公司造成不可弥补的损失,②董事、监事及高级管理人员全部或过半数均为加害人,③董事、监事及高级管理人员等在所诉过错行为人的控制之下,④董事、监事及高级管理人员等否认所诉过错行为的发生,⑤董事、监事及高级管理人员等已批准过错行为并已实施,⑥其他情况紧急,不需经过前置程序的情形。

136. 投资者保护基金

投资者保护基金(securities investor protection fund)是在防范和处置证券公司风险中用于保护投资者利益的基金。如果证券公司倒闭破产,并且因为挪用客户资产而给投资者造成了损失,那么保护基金会按照规定比例补偿投资者的一部分损失。该基金初始资金来自于国家划拨,并逐渐过渡为由券商提供。目前我国的投资者保护基金向券商收取的资金根据该券商的信用等级由低到高分别按营业收入的0.5%到5%征收。投资者保护基金的设立可以增强市场参与者的信心,扫除后顾之忧,有利于市场稳定性的确立。

投资者保护基金,是证券客户资产风险应对机制的重要组成部分。在对证券公司进行严格的净资本监管和客户资产分隔监管,并建立以投资者保护为重心的证券公司破产清算程序之外,投资者保护基金以相当于客户资产保险的方式,为客户资产安全构建起最后一道屏障。各国建立投资者保护基金的制度基础不尽相同,大致可以分为法律规范和自律规则两种。

投资者保护基金实质上是一种类存款保险安排,即通过向破产证券公司的合格客户先行提供限额赔付来弥补其损失,使其尽可能快地恢复到原有状态,并防止风险的扩散。投资者保护基金的有效运行有赖于解决好三方面的问题,即谁出资(基金的来源)、谁管理(基金的管理主体和运作方式)和谁受益(基金补偿的对象及适用的损失和诉求种类)。在我国,大范围的证券公司破产退出已经可以预见,此前采取的以央行再贷款全额收购被处置证券公司客户交易结算资金的做法,作为过渡性的制度安排,实际上相当于用财政拨款为投资者保护基金垫付了补偿金额,在某种意义上可以看作为后者提供了部分启动资金。

资金来源于会费、交易征费、借款和政府拨款。尽管各国(地区)投资者保护基金的具体设计不尽相同,但其基本性质均为行业互保基金,即以作为基金管理组织会员的证券经营机构的分摊出资构成基金的主体,相当于让所有会员证券公司为其客户联合投保,又联合承保。因此,会员的会费分摊构成投资者保护基金的主要来源。从各证券市场的实践看,会费的征收方式包括初始会费、年费、临时性追加会费等。征收标准更是多种多样,包括以资产规模为基准、以客户数目为基准、以利润额为基准、根据经营范围不同区别对待、根据会员的经营管理水平和风险水平进行调整等,基本原则是权利与义务相匹配。

中国证券投资者保护基金有限责任公司于 2005 年 8 月 30 日登记成立,由国务院独资设立,中国证监会、财政部和中国人民银行有关人士出任董事,于 2005 年 9 月 29 日正式开业,又被简称为中投保。证券投资者保护基金公司的经营范围包括证券公司被撤销、关闭和破产或被证监会采取行政接管、托管经营等强制性监管措施时,按照国家有关政策对债权人予以偿付。按照章程,证券投资者保护基金公司董事会负责公司的重大决策,负责筹集、管理和使用基金资金,并按照安全、稳健的原则履行对基金的管理职责,保证基金的安全。根据《证券投资者保护基金管理办法》,董事会会议由全体董事 2/3 以上出席方可举行。董事会决议,由全体董事 1/2 以上表决通过方为有效。公司的保护基金按照"取之于市场、用之于市场"的原则筹集,其来源主要有以下几个方面:①上海、深圳证券交易所在风险基金分别达到规定的上限后,交易经手费的 20% 纳入基金;②境内注册证券公司,按其营业收入的0.5%~5% 缴纳基金;③发行股票、可转债等证券时,申购冻结资金的利息收入;④依法向有关责任方追偿所得和从证券公司破产清算中受偿收入;⑤国内外机构、组织及个人的捐赠;⑥其他合法收入。

137. 股东治理评价

所谓股东治理评价(appraisal of shareholders governance),即基于一定的评价标准,对公司股东治理状况进行科学量化的过程。我国转轨时期经济的复杂性决定了上市公司控股股东行为的复杂性,对于我国上市公司控股股东行为外部性的分析,控制权的范围要从上市子公司拓展到包括上市子公司、控股股东及其他关联公司甚至整个集团,体现为控股股东对集团资源的控制程度。上市公司与其控股股东之间存在着种种关联,控股股东对上市公司的行为往往超越了上市公司的法人边界。从保护中小股东利益的视角来看,可以从四个层次来反映控股股东行为与股东治理状况。首先,股东的平等待遇。遵循"资本多数"的原则,控股股东往往能够对股东大会加以控制。控股股东通过制定股东大会程序、股东参与条件来提高中小股东参加股东大会的成本,限制了中小股东的参与程度,难以保障所有股东得到足够和及时的信息。通过衡量股东大会投票制度、股东的参与度,可以对控股股东是否存在影响股东大会的行为加以判断。其次,引发控股股东行为负外部性的体制性诱因。在我国国有企业股份制改造过程中,上市公司与其控股股东之间往往存在着"资产混同",模糊了上市公司的法人财产边界,为控股股东滥用上市公司资源、损害中小股东等其他利益相关者的利益创造了条件。上市公司相对于控股股东独立与否,可以反映出引发控股股东侵害小股东行为的体制性诱因程度。再次,控股股东行为负外部性的制约机制。各国对中小股东权益的保护,主要是通过在股东大会上强化中小股东对股东大会召集、提议等的影响力,来限制控股股东的权利。2002 年中国证监会和国家经贸委联合颁布的《中国上市公司治理准则》在保护股东权益、平等对待所有股东方面,做出了一些原则性的规定,成为《公司法》的有益补充。保护中小股东的制度是否健全、是否得到有效的实施,可以衡量在上市公司中是否形成制约控股股东行为、降低负外部性的有效机制。最后,控股股东行为负外部性的现实表现。上市公司的控股股东通过调动各子公司、关联公司的资源,可以实现集团整体利益的最大化,各公司间的有机协调、资源的互补,也可以发挥整个集团的"联合经济效应",增强集团整体的竞争能力。但是,目前我国上市公司的控股股东存在着集团资源滥用的行为,体现在运营层面上时具有较强的负外部性,损害了中小股东的利益。

基于对股东行为特征的分析,构建了包括三个主因素层,合计 11 个指标的中国上市公司控股股东行为评价指标体系,如表 2-21 所示。

第一,独立性。由于法律法规的推出、监管的强化,以及上市公司自主治理水平的提高,上市公司在人员、业务、财务、资产、机构等方面的独立性得到了加强,但这种独立性大都停留在表面层次,上市公司相对股东单位的独立性仍需加强。我们对以下几个方面进行评价。首先,通过上市公司董事是否在控股股东处兼职来反映人员独立性情况。其次,通过主营业务是否重叠交叉来度量同业竞争,判断业务独立性情况。再次,通过计算从最终控制人到上市公司的控制链条层级的长度来判断现金流权与控制权分离程度;控制层级越长,最终控制人就越有可能通过金字塔式持股结构侵害中小股东利益。最后,通过观察控股股东是否将主业资产装入上市公司实现整体上市来进一步判断上市公司在人员、财务和经营上是否实现了独立。

第二,中小股东权益保护。本部分重点判断上市公司对中小股东保护相关法律、法规及原则的实施情况,是否根据法律法规建立了相应的实施细则,并是否通过实际行动有效维护中小股东的权益。通过上市公司是否建立了累积投票权制度、制定了相关实施细则,是否在股东大会中实行了网络投票,来衡量中小股东的意志能否在公司决策中得到体现,通过股东大会参与性衡量股东参与股东大会的积极性,通过募集资金是否变更、变更程序是否经股东大会批准、是否说明原因来度量上市公司是否滥用募集资金,通过现金股利派发规模和连续性来度量上市公司对股东的回报。

第三,关联交易。本部分通过控股股东是否无偿地占用上市公司资金、上市公司是否为控股股东及其他关联方提供贷款担保、控股股东与上市公司间关联交易的规模等三个指标反映控股股东滥用关联交易的情况。

表 2-21　中国上市公司股东治理评价指标体系

主因素层	子因素层	说　明
独立性	人员独立性	考察董事在股东单位兼职比例,分析上市公司决策层和管理层相对于控股股东的独立性,其在处理股东利益冲突时能否保持平衡
	同业竞争	考察上市公司与控股股东公司在主营业务上是否存在重叠交叉
	控制层级	考察从最终控制人到上市公司的控制链条层级的长度,控制层级越长,导致现金流权与控制权分离,最终控制人就越有可能通过金字塔式持股结构侵害中小股东利益
	整体上市	考察上市公司控股股东是否实行了整体上市,整体上市可以起到避免同业竞争、理顺上市公司上下游产业关系、大量减少关联交易的积极效应
中小股东权益保护	股东大会投票制度	考察上市公司是否建立了累积投票权制度,制定了实施细则,是否在股东大会中实行了网络投票,衡量中小股东的意志能否在公司决策中得到体现
	股东大会参与性	考察股东参与股东大会的积极性,上市公司是否让尽可能多的股东参加大会
	募集资金使用情况	考察募集资金是否变更,变更程序是否经股东大会批准,是否说明原因
	现金股利分配	考察上市公司通过现金股利对投资者回报的规模及长期连续性
关联交易	关联方资金占用	考察关联方是否通过占用上市公司货币资金、欠付上市公司应收货款等手段损害中小股东利益
	关联担保	考察上市公司是否为大股东或其附属企业解决债务融资问题,以上市公司的名义为其贷款提供担保
	经营类和资产类关联交易	考察上市公司及控股股东是否通过日常经营类、股权类和资产类关联交易进行利润操作,获取控制权收益

（资料来源：南开大学中国公司治理研究院"中国公司治理评价系统"。）

　　2013 年度的 2 470 家中国上市公司股东治理指数的平均值为 62.89,中位数为 63.51,最小值为 31.04,最大值为 84.42,标准差为 9.24。股东治理指数基本服从正态分布。股东治理评价的三个二级指标——独立性、中小股东权益保护和关联交易的平均值分别为 63.43、56.05 和 69.47。公司之间的差距较大,独立性、中小股东权益保护和关联交易的极差分别达到了 91.00、82.00 和 67.00。股东治理指数及其三项二级指标的描述性统计情况如表 2-22 所示。

表 2-22　中国上市公司股东治理状况描述性统计

项　目	平均值	中位数	标准差	极差	最小值	最大值
股东治理指数	62.89	63.51	9.24	53.38	31.04	84.42
独立性	63.43	66.00	18.07	91.00	6.00	97.00
中小股东权益保护	56.05	56.50	12.74	82.00	7.20	89.20
关联交易	69.47	71.00	13.57	67.00	18.00	85.00

（资料来源：南开大学中国公司治理研究院公司治理数据库。）

　　从 2004—2013 年连续 10 年上市公司股东治理指数的发展趋势看,股东治理指数呈现出总体上升趋势,从 2004 年的 56.47 上升到 2013 年的 62.89,提高了 6.42。股东治理指数从

2005 年的 56.10 逐年上升到 2011 年 64.56,并达到最近 10 年来的最大值,2012 年有了大幅
下降,2013 年又上升到了 62.89,比 2012 年提高了 1.69,但仍低于 2011 年的 64.56。2004—
2008 年,独立性较好,其中 2004 年和 2007 年值最高,为 89.24;中小股东权益保护从 2004 年
的 37.50 上升到 2008 年的 48.43;关联交易波动较大。从 2009 年开始,独立性、中小股东权
益保护和关联交易三个二级指标开始变得稳定。独立性指标在 2009 年有较大幅度的下降
后,2010 年和 2011 年小幅回升,2012 年又有一定程度的下降,2013 年则略有上升。中小股东
权益保护指标的波动性相对较小,在经历了 2009 年的下降后,2010 年和 2011 年逐步回升,
2012 年有了一定幅度的下降,2013 年又有较大幅度的上升。关联交易指标在 2009 年有较大
的上升以后,2010 年小幅回落,2011 年有较大幅度的提升,但 2012 年降低了 4.31,2013 年与
上年相比基本持平。可以看出,2013 年股东治理指数的上升主要是由中小股东权益保护大
幅上升造成的,而该指标上升的主要原因是现金股利的表现相比 2012 年有较大的提高。如
表 2-23 和图 2-7 所示。

表 2-23　中国上市公司股东治理指数描述性统计 10 年比较

年份	股东治理指数	独立性	中小股东权益保护	关联交易
2004	56.47	89.24	37.50	59.04
2005	56.10	66.26	50.37	56.75
2006	56.57	65.33	51.78	56.98
2007	57.32	89.24	50.39	48.28
2008	58.06	87.24	48.43	53.10
2009	59.23	61.53	46.85	70.45
2010	59.81	63.81	50.55	67.06
2011	64.56	66.27	53.55	74.70
2012	61.20	63.37	50.93	70.39
2013	62.89	63.43	56.05	69.47

(资料来源:南开大学中国公司治理研究院公司治理数据库。)

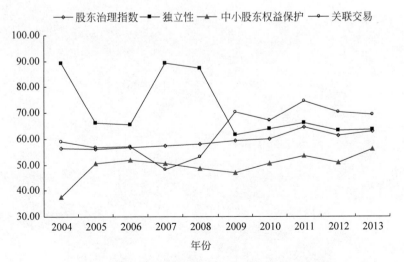

图 2-7　中国上市公司股东治理指数平均值 10 年比较
(资料来源:南开大学中国公司治理研究院公司治理数据库。)

董事会治理

Corporate Governance Handbook

An Inquiry into the Nature and Causes of the Wealth of Nations [M].
London: W Strahan, T Cadell, 1776.

The directors of such [joint-stock] companies, however, being the managers rather of other people's money than of their own, it cannot well be expected, that they should watch over it with the same anxious vigilance with which the partners in a private copartnery frequently watch over their own. Like the stewards of a rich man, they are apt to consider attention to small matters as not for their master's honour, and very easily give themselves a dispensation from having it. Negligence and profusion, therefore, must always prevail, more or less, in the management of the affairs of such a company.

Adam Smith

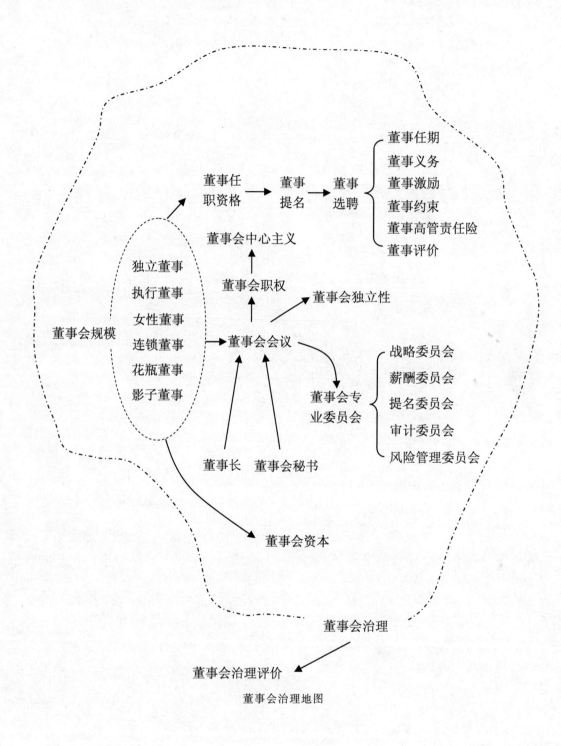

董事会治理地图

138. 董事会治理

所谓董事会治理(governance of board of directors)是指为了有效发挥董事会的治理作用而进行的所有的有关制度安排,例如关于董事会规模的设计、董事会中执行董事与非执行董事比例安排、董事会中专业委员会的设立、董事会成员的激励约束、董事会及其成员的评价等问题。实际上,董事会治理内容还包括经理层治理内容,即董事会对经理层的治理问题,但为了更好地梳理相关内容,手册将经理层治理内容作为一个单独的部分。董事会是指按照《公司法》设立的,由公司的全体董事组成的常设的经营决策和业务执行机关。从形式意义上讲,是指依照公司立法的规定召开的、由董事参加的会议。董事会的权力源于股东大会的授权并受其限制,对股东大会负责。

在公司法人的股东大会、董事会、监事会、经理四大机构中,股东大会作为公司的权力机构,拥有最高决策权,而董事会的职责是执行股东大会的决议,是执行机构。但20世纪以来,由于所有权与经营权的分离,使股东大会的权限和作用日益减小,而董事会的权限和作用逐渐扩大。在公司的实际经营活动中,董事会已不再是单纯的执行机构,而是具有一定的经营决策职能。可以这样说,在公司的决策权力系统中,董事会仍然是执行机构;但是在执行决策的系统内,董事会则成为经营决策机构,经理机构是实际执行机构。董事会处于公司决策系统和执行系统的交叉点,是公司运行的中心。所以董事会作为公司的常设机构,代表股东执行公司业务,执行股东大会的决定,负责经营决策和日常经营管理活动,一般对外作为公司的代表。

139. 董事任职资格

董事任职资格(directors' competence requirement)是指具备什么条件方可担任董事。由于董事要代表股东对公司进行领导和管理,因而,董事不仅需有经营管理的才能,还要有良好的个人品质和信誉。董事的任职资格包括积极资格,即董事具备的业务素质、法律素质、管理能力与知识能力等素质能力;消极资格,即董事不应具备的条件。一般来说,各国法律对消极资格一般都会作出明确规定,而对积极资格现行法律一般不作规定。

我国《公司法》规定,有下列情形之一的,不得担任公司的董事:①无民事行为能力或者限制民事行为能力;②因贪污、贿赂、侵占财产、挪用财产或者破坏社会主义市场经济秩序,被判处刑罚,执行期满未逾五年,或者因犯罪被剥夺政治权利,执行期满未逾五年;③担任破产清算的公司、企业的董事或者厂长、经理,对该公司、企业的破产负有个人责任的,自该公司、企业破产清算完结之日起未逾三年;④担任因违法被吊销营业执照、责令关闭的公司、企业的法定代表人,并负有个人责任的,自该公司、企业被吊销营业执照之日起未逾三年;⑤个人所负数额较大的债务到期未清偿。

《上市公司治理准则》规定董事会应具备合理的专业结构,其成员应具备履行职务所必需的知识、技能和素质。

140. 董事提名

　　董事提名(directors' nomination)是在评选或选举前提出有当选可能的人的过程,是董事选聘的前提,涉及提名主体、程序和方式等问题。关于提名主体和程序,根据《上市公司治理准则》的规定,董事候选人的提名工作由董事会下设的提名委员会担任。董事会提名委员会的主要职责是:①研究董事、经理人员的选择标准和程序并提出建议;②广泛搜寻合格的董事和经理人员的人选;③对董事候选人和经理人选进行审查并提出建议。董事提名方式与监事类似,根据《上市公司章程指引》的相关规定,上市公司董事的候选人名单是以提案形式提交股东大会表决的。

　　对董事的提名机制,在《公司法》等法规上应有所明确,不能含糊,具体来说包括应将独立董事与其他董事的遴选制度分开、合理分配董事提名权、董事选举可采取多轮选举和差额选举制(熊锦秋,2012)。

　　首先,应将独立董事与其他董事的遴选制度分开。目前独立董事其实已有单独的提名机制,《关于在上市公司建立独立董事制度的指导意见》规定"上市公司董事会、监事会、单独或者合并持有上市公司已发行股份1%以上的股东"可以提出独立董事候选人,这与《公司法》第一百零三条稍有区别(……,单独或者合计持有公司3%以上股份的股东,可以在股东大会召开10日前提出临时提案并书面提交董事会,……)。而且独立董事与其他董事的职能本就各有侧重,独立董事主要关注中小股东利益,如将独立董事与董事的遴选机制混杂在一起,将使累积投票制度的效力大打折扣。

　　其次,合理分配董事提名权。目前"单独或者合计持有公司3%以上股份的股东"可提名董事,对股权高度分散上市公司来说,理论上可能有33个股东(群)同时有权各自提名董事,而每个股东(群)的提名权都应受到尊重,这样,对股东(群)提名董事的人数就必须有所限制。在将独立董事与董事选举制度分开执行的基础上,可按股东(群)持股比例相应规定其提出的董事候选人数,例如一个持股10%的股东所提名的人数,应为持股20%的股东提名候选人人数的一半。

　　最后,董事选举可采取多轮选举和差额选举制。《公司法》第一百零三条规定"……,股东大会作出决议必须经出席会议的股东所持表决权过半数通过,……";但即使采取累积投票制,在股权高度分散的公司,可能有些候选人得票过不了半数,这种情况下,可先让得票过半数者当选,然后在得票不够半数的候选人中再次选举,选出足额董事。候选人总数可适当多于董事会目标成员数,这样可以优中选优,并避免因董事会成员不足造成不能设立董事会而产生的尴尬。

141. 董事选聘

　　董事选聘(directors' selection)是在董事提名的基础上进行的挑选和聘用工作。我国《公司法》对不同类型公司的董事选聘主体进行了详细规定,具体来说包括以下几点。①对于有限责任公司,《公司法》第三十七条规定,股东会行使"选举和更换非由职工代表担任的董事、监事"的职权；第四十四条规定，董事会设董事长一人，可以设副董事长。董事长、副董事长的产生办法由公司章程规定。②对于国有独资公司，《公司法》第六十七条规定，国有独资公司董事会成员由国有资产监督管理机构委派；但是，董事会成员中的职工代表由公司职工代表大会选举产生，董事会设董事长一人，可以设副董事长。董事长、副董事长由国有资产监督管理机构从董事成员中指定。③对于股份有限公司，《公司法》第九十条规定，创立大会行使"选举董事会成员"的职权；第一百零五条规定，股东大会选举董事、监事，可以依照公司章程的规定或者股东大会的决议，实行累积投票制。董事长由董事会以全体董事的过半数选举产生。

《上市公司治理准则》对董事的选聘程序问题进行了详细的规定，上市公司应在公司章程中规定规范、透明的董事选聘程序，保证董事选聘公开、公平、公正、独立。上市公司应在股东大会召开前披露董事候选人的详细资料，保证股东在投票时对候选人有足够的了解。董事候选人均应在股东大会召开之前作出书面承诺，同意接受提名，承诺公开披露的董事候选人的资料真实、完整并保证当选后切实履行董事职责。在董事的选举过程中，应充分反映中小股东的意见。股东大会在董事选举中应积极推行累积投票制度。控股股东控股比例在30%以上的上市公司，应当采用累积投票制。采用累积投票制度的上市公司应在公司章程里规定该制度的实施细则。上市公司应和董事签订聘任合同，明确公司和董事之间的权利义务、董事的任期、董事违反法律法规和公司章程的责任以及公司因故提前解除合同的补偿等内容。

《公司法》还对董事会中的职工董事的产生做了一些具体的规定，总体来说，是由职工代表、职工大会或其他形式的民主选举产生。例如，《公司法》第四十四条规定，有限责任公司董事会中的职工代表由公司职工通过职工代表大会、职工大会或者其他形式民主选举产生。对于国有独资公司，《公司法》第六十七条规定，董事会中职工代表由职工大会选举产生。对于股份有限公司，《公司法》第一百零八规定，股份有限公司设董事会，其成员为5人至19人，董事会成员中可以有公司职工代表，董事会中的职工代表由公司职工通过职工代表大会、职工大会或者其他形式民主选举产生。

142. 董事任期

董事任期(directors' tenure)是指董事担任职务的期限。《公司法》规定董事每届任期不得超过三年，任期届满，可连选连任，具体的任期年数由公司章程规定。董事在任期届满前，股东大会不得无故解除其职务。《中外合资经营企业法实施条例》规定中外合资经营企业的董事会成员不得少于三人；董事名额的分配由合营各方参照出资比例协商确定；董事的任期为四年，经合营各方继续委派可以连任。

143. 董事义务

董事义务(directors' duty)是指董事法律上应尽的责任。我国《公司法》第一百四十七条对公司的董事(监事和经理亦然)的义务作了如下规定："董事、监事、高级管理人员应当遵守法律、行政法规和公司章程,对公司负有忠实义务和勤勉义务①,董事、监事、高级管理人员不得利用职权收受贿赂或者其他非法收入,不得侵占公司的财产。"同时不得有下列行为:①挪用公司资金;②将公司资金以其个人名义或者以其他个人名义开立账户存储;③违反公司章程的规定,未经股东会、股东大会或者董事会同意,将公司资金借贷给他人或者以公司财产为他人提供担保;④违反公司章程的规定或者未经股东会、股东大会同意,与本公司订立合同或者进行交易;⑤未经股东会或者股东大会同意,利用职务便利为自己或者他人谋取属于公司的商业机会,自营或者为他人经营与所任职公司同类的业务;⑥接受他人与公司交易的佣金归为己有;⑦擅自披露公司秘密;⑧违反对公司忠实义务的其他行为。

忠实义务是指董事应当遵守法律、法规和公司章程的规定,忠实履行职责,维护公司利益,不得自营或者为他人经营与其所任职公司有竞争关系的公司或者从事损害本公司利益的活动。勤勉义务是指董事在处理和安排公司事务时,以一个普通正常人的合理、谨慎的态度,恪尽职守,维护公司的利益。

另外,《公司法》也明确规定,董事、高级管理人员应当如实向监事会或者不设监事会的有限责任公司的监事提供有关情况和资料,不得妨碍监事会或者监事行使职权。针对上市公司,《上市公司治理准则》设专门的一节进一步详细地描述了董事应尽的义务:第三十三条规定,"董事应根据公司和全体股东的最大利益,忠实、诚信、勤勉地履行职责";第三十四条规定,"董事应保证有足够的时间和精力履行其应尽的职责";第三十五条规定,"董事应以认真负责的态度出席董事会,对所议事项表达明确的意见。董事确实无法亲自出席董事会的,可以书面形式委托其他董事按委托人的意愿代为投票,委托人应独立承担法律责任";第三十六条规定,"董事应遵守有关法律、法规及公司章程的规定,严格遵守其公开作出的承诺";第三十七条规定,"董事应积极参加有关培训,以了解作为董事的权利、义务和责任,熟悉有关法律法规,掌握作为董事应具备的相关知识";第三十八条规定,"董事会决议违反法律、法规和公司章程的规定,致使公司遭受损失的,参与决议的董事对公司承担赔偿责任。但经证明在表决时曾表明异议并记载于会议记录的董事除外";第三十九条规定,"经股东大会批准,上市公司可以为董事购买责任保险。但董事因违反法律法规和公司章程规定而导致的责任除外"。

144. 董事激励

董事激励(directors' incentive)是公司采取的一系列推动董事工作效率和工作积极性的措施。董事的激励通常偏重于物质激励,而较少关注精神激励。公司通常会根据具体情况,选择年薪、股权激励、奖金、绩效薪酬等形式,通过物质激励达到促进董事积极工作的目的。董事的薪酬状态是影响董事责任承担积极性的重要因素,合理的董事薪酬能够提高董事作为受托者的积极性,有效解决董事的激励问题,促使董事为公司发展而积极工作。

---

① 张维迎(2005)指出:在公司治理的法律问题中,最重要的是董事、总经理对股东的诚信责任。"诚信责任"的英文是 fiduciary duties,有人也翻译为"信托责任"。但 fiduciary 和 trust 不太一样。诚信责任可以分成两类:一类是忠诚义务(the duty of loyalty);另一类是勤勉义务(the duty of care),也有人翻译成"注意义务"。前者是基于一个人的品德和道德情操,后者是基于一个人的能力和工作态度。

　　《上市公司股权激励管理办法(试行)》中规定,股权激励计划的激励对象可以包括上市公司的董事、监事、高级管理人员、核心技术(业务)人员,以及公司认为应当激励的其他员工,但不应当包括独立董事。《上市公司治理准则》第七十一条规定:"董事报酬的数额和方式由董事会提出方案报请股东大会决定。在董事会或薪酬与考核委员会对董事个人进行评价或讨论其报酬时,该董事应当回避。"《中央企业负责人经营业绩考核暂行办法》第三条规定:"企业负责人的经营业绩,实行年度考核与任期考核相结合、结果考核与过程评价相统一、考核结果与奖惩相挂钩的考核制度。"第二十七条规定:"企业负责人年度薪酬分为基薪和绩效薪金两个部分。绩效薪金与年度考核结果挂钩。……"

　　董事激励的相关研究主要从现金薪酬和股权激励两个方面展开。在现金薪酬的研究方面,刘凤委、孙铮和李增泉(2007)的研究指出,政府对企业干预越多,会计业绩的度量评价作用越小;外部竞争程度越低,会计业绩与经营者的奖惩关联度越弱;从而表明,我国转轨经济环境下的政府干预和竞争环境将导致高激励强度的薪酬合约并非是最优选择,制度对契约结构具有决定性影响。吴联生、林景艺和王亚平(2010)探讨了薪酬外部公平性对公司业绩的影响,研究表明,正向额外薪酬的激励作用仅在非国有企业成立,因为国有企业的管理层更注重自身的政治前途,负向额外薪酬的"惩戒"作用并没有在现实中得到体现。在权益薪酬方面,虽然权益薪酬通常被认为是促进股东与高管利益融合的有效机制(Jensen,Meckling,1976;Murphy,1999),但是基于我国上市公司股权激励的研究表明了股权激励过程中高管自利现象的存在。比如,苏冬蔚和林大庞(2010)的研究指出,正式的股权激励具有负面的公司治理效应。吕长江、郑慧莲、严明珠和许静静(2009)的研究认为,上市公司设计的股权激励方案既存在激励效应又存在福利效应,上市公司可以通过激励条件和激励有效期的改善增加股权激励方案的激励效果;激励型公司和福利型公司存在差异的原因在于公司治理结构安排。吴育辉和吴世农(2010)的研究指出,尽管拟实施股权激励的公司的盈利能力和成长性都较好,但这些公司在其股权激励方案的绩效考核指标设计方面都异常宽松,有利于高管获得和行使股票期权,体现出明显的高管自利行为。

　　我国上市公司董事薪酬总额、独立董事薪酬、董事会持股数量和董事会持股比例的情况如表 3-1、表 3-2、表 3-3 和表 3-4 所示。

表 3-1　我国上市公司金额最高前三名董事薪酬总额统计　　　　单位:元

年份	平均值	中位数	标准差	极差	最小值	最大值
1998	92 863	72 600	74 631	468 540	13 660	482 200
1999	99 378	80 000	69 359	359 800	6 200	366 000
2000	120 152	95 400	98 533	551 200	8 800	560 000
2001	318 194	204 500	683 149	18 884 000	6 000	18 890 000
2002	376 699	270 472	391 097	4 784 931	15 069	4 800 000
2003	463 574	325 800	527 287	9 585 000	15 000	9 600 000
2004	546 856	380 800	614 014	10 189 900	12 000	10 201 900
2005	596 918	410 000	765 225	15 495 400	23 000	15 518 400
2006	685 578	432 500	1 232 935	30 349 750	2 000	30 351 750
2007	885 893	576 900	1 321 365	30 560 168	19 832	30 580 000
2008	1 059 166	696 850	1 626 973	28 916 700	30 000	28 946 700
2009	1 131 412	757 600	1 555 172	24 180 000	10 000	24 190 000

续表

年份	平均值	中位数	标准差	极差	最小值	最大值
2010	1 381 676	880 000	2 889 470	89 100 800	9 200	89 110 000
2011	1 466 849	1 034 600	1 682 035	25 956 600	34 400	25 991 000
2012	1 588 266	1 120 000	2 667 503	93 786 997	3 000	93 789 997
1998—2012（平均值）	980 156	603 805	1 768 262	93 787 997	2 000	93 789 997

（资料来源：CCER 数据库。）

表 3-2　我国上市公司独立董事津贴统计　　　　　单位：元

年份	平均值	中位数	标准差	极差	最小值	最大值
2001	17 527	7 750	28 703	260 000	0	260 000
2002	30 141	30 000	19 435	188 333	0	188 333
2003	36 475	30 000	22 080	360 000	0	360 000
2004	37 309	30 000	21 406	237 500	0	237 500
2005	39 513	33 000	72 912	2 500 000	0	2 500 000
2006	38 855	33 333	36 829	720 000	0	720 000
2007	44 041	37 500	36 004	450 000	0	450 000
2008	52 763	40 000	120 693	4 500 000	0	4 500 000
2009	55 001	47 550	90 479	3 074 000	0	3 074 000
2010	59 289	50 000	121 983	5 205 200	0	5 205 200
2011	60 020	50 000	44 534	1 017 500	0	1 017 500
2012	64 803	56 000	74 835	3 070 000	0	3 070 000
2001—2012（平均值）	47 357	40 000	74 082	5 205 200	0	5 205 200

（资料来源：CCER 数据库。）

表 3-3　我国上市公司董事持股数量统计　　　　　单位：股

年份	平均值	中位数	标准差	极差	最小值	最大值
1998	143 699	38 936	1 041 503	23 882 070	0	23 882 070
1999	108 644	32 110	617 375	15 952 848	0	15 952 848
2000	88 616	23 900	310 617	5 425 473	0	5 425 473
2001	141 709	15 596	1 832 801	60 196 041	0	60 196 041
2002	325 214	9 405	3 636 820	92 022 300	0	92 022 300
2003	997 437	5 096	10 493 380	238 779 281	0	238 779 281
2004	1 844 109	3 380	13 601 152	238 779 281	0	238 779 281
2005	1 992 804	1 760	13 998 111	235 465 467	0	235 465 467
2006	3 012 302	454	15 828 286	227 333 520	0	227 333 520
2007	5 057 460	700	22 075 743	454 667 040	0	454 667 040
2008	8 011 661	390	38 510 728	909 334 080	0	909 334 080
2009	11 482 115	1 000	48 843 776	1 381 442 980	0	1 381 442 980
2010	16 747 128	8 008	51 105 495	1 381 442 980	0	1 381 442 980
2011	26 083 686	21 600	77 918 702	2 072 164 470	0	2 072 164 470
2012	31 969 944	52 558	84 840 582	2 082 575 897	0	2 082 575 897
1998—2012（平均值）	9 431 929	5 196	44 913 178	2 082 575 897	0	2 082 575 897

（资料来源：CCER 数据库。）

表 3-4　我国上市公司董事持股比例统计　　　　　　　单位：%

年份	平均值	中位数	标准差	极差	最小值	最大值
1998	0.07	0.02	0.46	9.43	0.00	9.43
1999	0.05	0.01	0.34	9.43	0.00	9.43
2000	0.03	0.01	0.13	2.38	0.00	2.38
2001	0.06	0.01	0.83	26.23	0.00	26.23
2002	0.23	0.00	2.78	74.80	0.00	74.80
2003	0.57	0.00	5.02	74.81	0.00	74.81
2004	1.25	0.00	7.09	74.81	0.00	74.81
2005	1.09	0.00	6.22	70.26	0.00	70.26
2006	1.66	0.00	7.49	73.50	0.00	73.50
2007	3.13	0.00	11.38	92.45	0.00	92.45
2008	3.53	0.00	11.78	74.17	0.00	74.17
2009	5.85	0.00	15.61	92.25	0.00	92.25
2010	9.17	0.00	18.93	92.91	0.00	92.91
2011	11.09	0.00	19.91	89.68	0.00	89.68
2012	7.30	0.00	16.96	79.07	0.00	79.07
1998—2012（平均值）	3.74	0.00	12.57	92.91	0.00	92.91

（资料来源：CCER 数据库。2010 年最大值 92.91% 来自北京捷成世纪科技股份有限公司,其董事长徐子泉持股 77.49%,是公司第一大股东,董事黄卫星持股 8.60%,副董事长郑羌持股 1.97%,副董事长薛俊峰持股 1.97%,董事兼总经理韩钢持股 1.88%,董事兼副总经理肖炳珠持股 1.00%,合计达到 92.91%。）

145. 董事约束

董事约束(directors' restraint)是指由于董事作为公司股东的代理人存在着机会主义、道德风险等问题,为了实现公司的良好发展以及价值最大化,公司针对董事行为采取的一系列制衡与监督措施。董事的约束机制包括内部约束机制和外部约束机制。内部约束机制包括独立董事制度、董事会领导权结构设置、监事会对董事会的监督、董事评价制度等;外部约束机制包括董事的声誉机制、解聘机制、证监会等相关主管部门对董事不合规行为的惩罚机制等。通过对董事行为的约束达到对董事行为的引导,实现公司价值最大化。

《公司法》第一百一十二条规定:"……。董事应当对董事会的决议承担责任。董事会的决议违反法律、行政法规或者公司章程、股东大会决议,致使公司遭受严重损失的,参与决议的董事对公司负赔偿责任。但经证明在表决时曾表明异议并记载于会议记录的,该董事可以免除责任。"《上市公司治理准则》第三十二条规定:"上市公司应和董事签订聘任合同,明确公司和董事之间的权利义务、董事的任期、董事违反法律法规和公司章程的责任以及公司因故提前解除合同的补偿等内容。"

相对于董事激励的研究而言,目前关于董事约束的直接研究较少。谢永珍(2004)探讨了董事会约束与企业信用之间的关系,研究认为,完善的董事会约束对于良好企业信用的形成具有重要的积极影响。谭劲松(2003)的研究认为,恰当的激励和约束机制是确保独立董事独立性的重要因素;独立董事的激励和约束机制大体包括经济机制、声誉机制和法律机制;无论采用何种形式的激励和约束手段,中等程度的激励和中等程度的约束是最佳的度。

146. 董事高管责任险

董事高管责任险,也称为董事及高级管理人员责任保险(directors and officers liability insurance,D&O Insurance),是指由公司或者公司与董事、高级管理人员共同出资购买,对被保险董事及高级管理人员在履行公司管理职责过程中,因被指控工作疏忽(negligence)或行为不当(其中不包括恶意、违背忠诚义务、信息披露中故意的虚假或误导性陈述、违反法律的行为)而被追究其个人赔偿责任时,由保险人负责赔偿该董事或高级管理人员进行责任抗辩所支出的有关法律费用,并代为偿付其应当承担的民事赔偿责任的保险。

董事高管责任险是职业责任保险项目下最重要的子险种之一,从性质上讲,属于一种特殊的职业责任保险。董事高管责任险是一件舶来品,发端于 1930 年代的美国,1960 年代以后得到了较快的发展。在西方发达国家,尤其是美国,绝大多数的上市公司都为自己的董事及高级管理人员购买了责任保险。美国 Tillinghast-Towers Perrin 公司 2000 年的一份调查报告显示,在接受调查的 2059 家美国和加拿大公司中,96%的美国公司和 88%的加拿大公司都购买了董事高管责任险,其中的科技、生化科技类和银行类公司的购买率更是高达 100%。在我国香港地区,董事高管责任险的购买率也达到了 60%～70%。

在 2002 年 1 月 7 日中国证监会和国家经贸委发布《上市公司治理准则》和 2002 年 1 月 15 日最高人民法院发出《关于受理证券市场因虚假陈述引发的民事侵权纠纷案件有关问题的通知》之后,国内几大财产保险公司如平安、美国美亚、中国人保、华泰财产保险公司等相继隆重推出了董事高管责任险的险种。《上市公司治理准备》指出,经股东大会批准,上市公司可以为董事购买责任保险。但董事因违反法律法规和公司章程规定而导致的责任除外。2002 年 1 月 24 日,在平安保险公司的董事高管责任险险种发布会上,万科企业股份有限公司与平安保险公司签订首份保单,成为了"董事及高级职员责任保险"的第一买主。此后,北大高科、中国石化、中国移动、宝钢、康佳、云南铜业、南纸股份、云南白药集团等也相继向不同的保险公司购买了董事高管责任险。

影响董事高管责任险保费的主要因素包括:经营模式,经营模式的改变导致营业收入变化;财务状况以及财务预期,成本、营业收入是否发生或将会发生重大改变;公司治理,CFO和审计委员会主席的资历,独立审计师是名不见经传的公司还是四大,相关董事高管是否发生重大变化,这几个方面都是重要因素。除此之外,公司所属行业、市值和股价表现也是考察的因素,保险公司还会跟投保公司的首席财务官、法务总监和其他负责人进行沟通,甚至到客户公司现场了解,以便更好地了解投保公司的风险。

147. 董事评价

董事评价(directors' appraisal)是指对董事义务履行情况的客观反映,是董事会评价的重要内容之一。董事会决策是集体行为,是董事会整体而不是董事个人在发挥作用,尽管各位董事专业领域不同,但董事会作为一个决策团体要对最终决策负责。所以,评价的对象首先是董事会整体。事实上,良好的公司治理要求的是董事会每个成员都要在决策事项中发表独立公正的意见,并做出最终决策,任何一位董事的决策都不能影响其他人的决策行为。如果说某些董事的决策受到其他董事成员的影响,则说明这些董事不具备完整的决策能力和独立的判断力,而这正是董事会决策过程最为关注的。因此,董事会个体,即董事的评价也是董事会评价的内容,其中包括重要成员董事长、副董事长和独立董事的评价。

完整的董事会评价包括对董事会作为一个整体的评价、对单个董事在这一整体中作用的评价,以及对首席执行官的考核三个方面,这一点已达成共识,尽管开展董事会和董事评价的公司比例较少。事实上,公司的评价系统主要集中在对高管的考核。1996年由光辉国际猎头公司(Korn/Ferry International Company)进行的《财富》1 000强公司的董事们的调查表明,70%的美国公司采用了正式程序考核CEO,但只有1/4的公司评价董事会的绩效。对董事个人的评价比较少,16%的调查对象进行了此项工作。

董事评价内容为针对董事履行义务情况进行的考核与评估。董事评价形式为董事自评和他评相结合。通过对董事义务履行情况的考核,有助于董事清晰了解自身工作的不足,增进股东对董事会工作的监督和了解程度,提高董事的工作积极性,提高董事决策的科学性。《上市公司治理准则》指出,上市公司应建立公正透明的董事、监事和经理人员的绩效评价标准和程序;董事和经理人员的绩效评价由董事会或其下设的薪酬与考核委员会负责组织。独立董事评价应采取自我评价与相互评价相结合的方式进行。

148. 董事会会议

董事会会议(meeting of board of directors)是指董事会在职责范围内,研究决策公司重大事项和紧急事项而召开的会议。涉及会议的召集、主持、法定人数、议事规则等治理问题。

对于有限责任公司,《公司法》第四十七条规定:"董事会会议由董事长召集和主持;董事长不能履行职务或者不履行职务的,由副董事长召集和主持;副董事长不能履行职务或者不履行职务的,由半数以上董事共同推举一名董事召集和主持。"第四十九条规定:"董事会的议事方式和表决程序,除公司法有规定的外,由公司章程规定。董事会应当对所议事项的决定作成会议记录,出席会议的董事应当在会议记录上签名。董事会决议的表决,实行一人一票。"但对于董事会召开次数未作具体限制,由公司章程规定。

对于股份有限公司,《公司法》第一百一十条规定:"董事会每年度至少召开两次会议,每次会议应当于会议召开10日前通知全体董事和监事。代表1/10以上表决权的股东、1/3以上董事或者监事会,可以提议召开董事会临时会议。董事长应当自接到提议后10日内,召集和主持董事会会议。董事会召开临时会议,可以另定召集董事会的通知方式和通知时限。"我国上市公司董事会会议次数统计如图3-1所示。第一百一十一条规定:"董事会会议应有过半数的董事出席方可举行。董事会作出决议,必须经全体董事的过半数通过。董事会决议的表决,实行一人一票。"第一百一十二条规定:"董事会会议,应由董事本人出席;董事因故不能出席,可以书面委托其他董事代为出席,委托书中应载明授权范围。董事会应当对会议所议事项的决定做成会议记录,出席会议的董事应当在会议记录上签名。董事应当对董事会的决议承担责任。董事会的决议违反法律、行政法规或者公司章程、股东大会决议,致使公司遭受严重损失的,参与决议的董事对公司负赔偿责任。但经证明在表决时曾表明异议并记载于会议记录的,该董事可以免除责任。"

《上市公司治理准则》对董事会的运作也做出了详细的规定。第四十四条规定:"上市公司应在公司章程中规定规范的董事会议事规则,确保董事会高效运作和科学决策。"第四十五

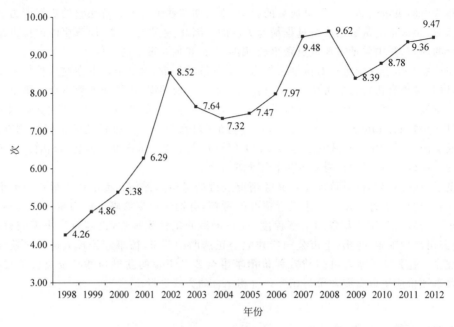

图 3-1　我国上市公司董事会会议次数统计

（资料来源：CCER 数据库。）

条规定："董事会应定期召开会议（主要考虑公司发布年度报告和中期报告），并根据需要及时召开临时会议；董事会会议应有事先拟定的议题。"第四十六条规定："上市公司董事会会议应严格按照规定的程序进行。董事会应按规定的时间事先通知所有董事，并提供足够的资料，包括会议议题的相关背景材料和有助于董事理解公司业务进展的信息和数据。当两名或两名以上独立董事认为资料不充分或论证不明确时，可联名以书面形式向董事会提出延期召开董事会会议或延期审议该事项，董事会应予以采纳。"第四十七条规定："董事会会议记录应完整、真实。董事会秘书对会议所议事项要认真组织记录和整理。出席会议的董事、董事会秘书和记录人应在会议记录上签名。董事会会议记录应作为公司重要档案妥善保存，以作为日后明确董事责任的重要依据。"第四十八条规定："董事会授权董事长在董事会闭会期间行使董事会部分职权的，上市公司应在公司章程中明确规定授权原则和授权内容，授权内容应当明确、具体；凡涉及公司重大利益的事项应由董事会集体决策。"

149. 董事会中心主义

　　股东大会中心主义是一种以股东大会为中心的权利配置模式，董事会完全依附于股东大会的公司权力分配格局。董事会中心主义（centralization of board of directors）则是将董事会置于公司运营的核心：不仅作为独立的组织存在，还拥有业务执行权、经营决策权和公司的对外代表权等多项独立的权利。在这种治理模式下，董事会仍由股东大会选举产生，并对股东大会负责，但董事会的组织独立性和职权广泛性由立法得以确立并不断强化。除法律和公司章程明确规定属于股东大会的权利之外，公司内外事务的决策及执行的权利均集中于董事会。董事会不只是单纯的业务执行机关，更为重要的是作为领导和管理公司的经营决策机构而存在。可以说,在董事会中心主义框架内,公司维持组织稳定性和可持续发展的核心动力均来自于董事会。

董事会中心主义形成于 19 世纪末 20 世纪初,其理论来源是信托理论或称古典管家理论(刘新辉,2006)。根据前述理论,公司与董事之间是一种信任关系,董事接受公司的信托经营管理公司资产,并为公司及全体股东的利益最大化行事。从世界范围看,西方主要发达国家基本上都采取了董事会中心主义的公司治理模式(刘新辉,2006)。一般认为,美国《示范公司法》关于董事权力的规定以及各州的采纳是董事会中心主义以法律形式确立下来的表现。如其 8.01 条(b)款规定:"所有的公司权力均须由董事会行使或由董事会授权行使,公司的业务或事务也必须在董事会的指导下经营管理,但董事会的上述权力均须受公司设立章程中明示限制的约束或受由 7.32 条认可的股东协议的约束。"特拉华州 1899 年的《公司法》第四章第 24 节规定,根据本法组建的每个公司的业务和事务,除本法或公司证书中另有规定外,均由董事会管理或在董事会的指导下进行管理。纽约州的商事公司法第 701 条、加利福尼亚州公司法典第 300 条等也有类似的规定。从大陆法系国家看,日本在其 1950 年《商法》修改时,实行董事会中心主义,股东大会决议范围限于商法及公司章程所规定的事项;尤其是《商法》将公司业务执行决定权划归董事会,使股东大会的权力大为削弱。德国公司也实行董事会中心主义的模式,但董事会权力集中在对公司业务的经营权;监事会在德国公司治理结构下行使监督权、董事任免权及董事报酬决策权、重大业务批准权。法国公司第 67-559 号法令也规定,除以明示方式而为股东大会保留的权力以外,在一切具体情况下,以公司名义从事活动的权力属于董事会,董事会为实现公司目的而行使这些权力。

判断一个国家采取董事会中心主义公司治理模式的标准或关键因素是:董事会是公司经营决策的核心,拥有明确的法律地位,享有公司法所保障的独立的重大经营决策权力、对外代表公司的权力以及对公司管理层监督和任免的权力。董事会中心主义公司治理模式的标志也体现在董事会与股东大会的权力分工上,股东大会的权力受到很大的限制,只享有修改章程、公司组织形式变更等涉及公司存续等重大问题的审批权力,而除此之外的公司的所有权力都由董事会享有;此外,董事会中心主义模式还体现在董事会是公司治理制度和规范的核心内容,从董事会人员选任、组成,到其决策标准、责任承担等,都是公司法着墨最多的部分(刘新辉,2006)。

公司采纳董事会中心主义的权利配置模式,有其法理上的基础(刘新辉,2006)。上市公司作为股份公司,与合伙企业、无限责任公司及小规模的有限责任公司不同。合伙企业的合伙人或无限公司的股东,其承担的是无限责任;小规模的有限责任公司,由于股东人数较少及规模的情况,股东直接参与公司经营决策的动力和责任心是可以理解的;而上市公司由于规模巨大、事务繁杂、股东人数众多,让全体股东都参与到公司经营之中是不符合现实的;承担有限责任的股东直接插手公司的经营决策行为,可能出现的结果就是个别股东通过利益冲突的交易获益,损害了公司的独立财产,而公司和债权人因此遭受损失。董事会中心主义的模式不仅有利于公司对效率的追求,而且具有直接限制股东侵害公司权利的作用。从目前情况看,大多数国家公司权力划分的理念是董事会中心主义,并且在立法上对董事会权力作了概括性规定,确立了董事会在上市公司治理结构中的核心、枢纽的地位。

随着科学技术的迅速发展,生产力水平的不断提高,市场经济的愈发深入,股份公司的发展出现了一系列新的变化(马振江,2009)。第一,公司规模巨型化。公司资本不断扩张,公司股权高度分散,一方面,使得由全体股东组成的股东大会变得庞大而笨拙,召开股东大会成本很高且效率较低,处于高度分散的成千上万的股东很难对公司的业务经营实施统一有效的控制;另一方面,作为公司非常设机构的股东大会,召开一年一度的会议,无法面对纷繁复杂、瞬息万变的市场做出及时、有效的反应,股东大会日益形式化和空壳化。第二,公司股东社会化。随着资本市场的发展,股票的发行和上市,致使股份公司的股东人数越来越庞大及社会化。由于股东身份极其复杂,股东能力参差不齐,使得绝大多数股东缺乏经营公司所需要的知识与经验,即便是其想关心公司的经营运作,也是心有余而力不足。在这种情况下,大多数股东缺乏经营公司的兴趣,极易形成"搭便车"的心理。同时由于资本市场的发达,股份的快速流通,使得多数中小股东更愿意获取眼前的确定的利益,而非长远的不确定的利益。"股东大会"实际上已不是全体股东的会议,而只是一小部分股东的"股东代表会议",这就使股东大会的决策能力大大弱化。第三,非物质资本地位日益提高。随着经济社会的发展,股份公司等大型公司不断出现,物质资本的价值和重要性正在明显下降,知识、技术等人力资本逐步成为独立的生产要素,并成为公司获得超额利润的关键。由于人力资本经济价值的提高,其对权利的要求必然扩大,"物质资本所有者的部分权利则被剥夺,逐渐丧失了其在公司中的主导地位"(刘新辉,2006)。第四,公司理论创新化。随着公司制企业的不断发展,所有权与经营权已经日益分离。与此同时,公司理论也随公司实践不断突破和有所创新。而被理论界崇尚多年的信托理论和委任理论也大有让位于有机体理论的势头。有机体理论的核心思想就是把公司看成一个有机整体,主张公司组织机构的权力是国家法律直接授予的,并非来自股东大会的委托。另外,将公司视作股东组成的联合体和为股东赚钱的工具的传统资本基本主义日益受到公司契约理论和公司能力理论的挑战。这样,董事会就从对股东大会的依附中解脱出来,成为公司权力的中心,是为董事会中心主义。股东作为出资人所占据的地位逐渐没落。

1990年代,繁荣的经济掩盖了公司治理的深层问题,CEO身上的光环越来越耀眼,董事会则越来越像花瓶摆设。有些糟糕的CEO将董事会视为他个人的附属机构,甚至直呼董事会为"我的董事会"。在爆发丑闻的美国安然公司(Enron Corporation)中,董事会不但对公司高层主管的利益冲突行为视而不见,还默许管理层做假账。世界通讯(WorldCom)董事会批准了本尼·艾伯斯(Bernie Ebbers)从公司"借用"四亿美元现金。更惊人的是,在安然和世通丑闻爆发两年后,纽约证交所的董事会居然还批准了其CEO理查德·格拉索(Richard Grasso)上亿美元的年薪。如此种种,美国公司制度中董事会的软弱无力及其所带来的严重后果暴露无遗。正是在这种背景之下,公司权力中心开始出现由经理层转向董事会的改革倾向,在股东积极主义的推动下,全球范围内兴起了建立强力董事会的改革浪潮。2008年席卷全球的金融危机,进一步揭示了董事会的重要性。

150. 董事会职权

董事会职权(function of board of directors)是指董事会依据相关法律规定所拥有的权利。我们国家采用的董事会模式类似于双层制董事会,董事会是公司的执行和经营决策机构,执行股东大会的决议,向股东大会负责,同时有公司经营的重大决策权①。《公司法》第四十六条

---

① 全美公司董事联合会(National Association of Corporate Directors,NACD)咨询委员会根据董事会功能将其分成四种形式。底限董事会,仅仅为了满足法律上的程序要求而存在;形式董事会:仅具有象征性或名义上的作用,是比较典型的橡皮图章机构;监督董事会:检查计划、政策、战略的制订、执行情况,评价经理人员的业绩;决策董事会:参与公司战略目标、计划的制订,并在授权经理人员实施公司战略的时候按照自身的偏好进行干预。从我国公司法的定位来看,董事会更多的是属于上述的决策董事会。

规定："董事会对股东会负责,行使下列职权:①召集股东会会议,并向股东会报告工作;②执行股东会的决议;③决定公司的经营计划和投资方案;④制订公司的年度财务预算方案、决算方案;⑤制订公司的利润分配方案和弥补亏损方案;⑥制订公司增加或者减少注册资本以及发行公司债券的方案;⑦制订公司合并、分立、解散或者变更公司形式的方案;⑧决定公司内部管理机构的设置;⑨决定聘任或者解聘公司经理及其报酬事项,并根据经理的提名决定聘任或者解聘公司副经理、财务负责人及其报酬事项;⑩制定公司的基本管理制度;⑪公司章程规定的其他职权。"

151. 董事会规模

董事会规模(size of board of directors)是指董事会的总人数。各国法律法规都对董事会规模进行了规定,例如一般要求董事会人数为单数,且总人数在一定范围区间之内。

我国《公司法》第四十四条规定:"有限责任公司设董事会,其成员为三人至十三人;……"第五十条规定:"股东人数较少或者规模较小的有限责任公司,可以设一名执行董事,不设董事会。执行董事可以兼任公司经理。执行董事的职权由公司章程规定。……"第一百零九条规定,股份有限公司设董事会,其成员为 5 人至 19 人。

对于上市公司,《上市公司治理准则》第四十条规定:"董事会的人数及人员构成应符合有关法律、法规的要求,确保董事会能够进行富有成效的讨论,作出科学、迅速和谨慎的决策。"我国上市公董事会规模如图 3-2 所示。

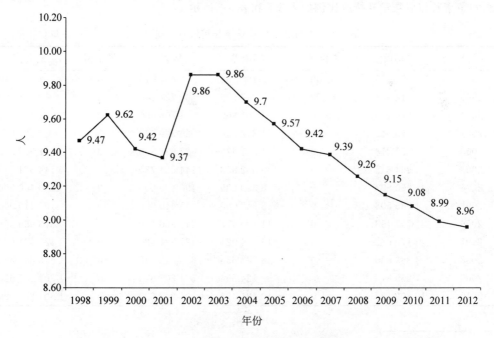

图 3-2 我国上市公司董事会规模统计

(资料来源:CSMAR 数据库。)

152. 董事长

董事会是由董事组成的集体,一般通过会议方式行使职能。为了能够更好地执行股东大会的决议,履行董事会的职责,处理公司日常具体事务,董事会需要设董事长(chairman of board of directors)。一般公司在董事会中设董事长一人,副董事长1~2人。董事长是公司的法定代表人①,对外代表公司,以公司的名义负责行使公司的民事权利并承担民事义务。副董事长协助董事长工作,在董事长不能履行职权时,受董事长委托代行董事长职权。

《公司法》对董事长的设立和产生等做了详细规定,例如第四十四条规定:"有限责任公司设董事会,……董事会设董事长一人,可以设副董事长。董事长、副董事长的产生办法由公司章程规定。"第六十七条规定:"国有独资公司设董事会,……。董事会设董事长一人,可以设副董事长。董事长、副董事长由国有资产监督管理机构从董事会成员中指定。"第一百零九条对股份有限公司规定:"董事会设董事长一人,可以设副董事长。董事长和副董事长由董事会以全体董事的过半数选举产生。"

《公司法》规定了董事长的四项职权②:第一,主持股东大会或股东会;第二,召集和主持董事会;第三,检查董事会决议的实施情况;第四,在董事会表决时与其他董事一样平等地行使一票表决权。2006年《公司法》删除了1993年《公司法》第120条第一款的规定,不再允许公司董事会授权董事长在董事会闭会期间行使董事会的部分职权;同时删除了旧《公司法》第114条授予董事长的"签署公司股票、公司债券"的权力。在董事长长期激励方面,我国上市公司董事长持股数量和持股比例如表3-5和表3-6所示。

表3-5 我国上市公司董事长持股数量统计　　　　单位:股

年份	平均值	中位数	标准差	极差	最小值	最大值
1998	24 417	5 000	160 565	3 851 010	0	3 851 010
1999	14 933	2 400	47 606	737 100	0	737 100
2000	16 136	0	61 809	1 105 650	0	1 105 650
2001	49 019	0	812 847	25 320 000	0	25 320 000
2002	97 218	0	1 201 675	27 928 800	0	27 928 800
2003	464 845	0	5 832 952	144 521 730	0	144 521 730
2004	960 697	0	8 350 635	190 400 000	0	190 400 000
2005	1 085 508	0	8 913 000	165 410 000	0	165 410 000
2006	1 793 453	0	11 100 471	213 960 960	0	213 960 960
2007	3 170 642	0	16 824 021	427 921 920	0	427 921 920
2008	4 883 950	0	28 283 653	855 843 840	0	855 843 840
2009	7 259 810	0	39 124 566	1 301 207 620	0	1 301 207 620
2010	10 809 589	0	40 421 473	1 301 207 620	0	1 301 207 620

---

① 除董事长外,新《公司法》规定公司的执行董事,经理等也可以是公司的法定代表人。

② 2006年新《公司法》规定公司法定代表人依照公司章程的规定,由董事长、执行董事或者经理担任,因此过去关于公司法定代表人的一些职权在新《公司法》关于董事长的职权中已经被剔除掉。

续表

年份	平均值	中位数	标准差	极差	最小值	最大值
2011	17 085 595	0	61 524 308	1 951 811 430	0	1 951 811 430
2012	21 056 464	0	66 936 131	1 951 811 430	0	1 951 811 430
1998—2012（平均值）	6 058 701	0	34 898 334	1 951 811 430	0	1 951 811 430

（资料来源：CCER 数据库。）

表 3-6　我国上市公司董事长持股比例统计　　　　　单位：％

年份	平均值	中位数	标准差	极差	最小值	最大值
1998	0.01	0.00	0.06	1.43	0.00	1.43
1999	0.01	0.00	0.02	0.26	0.00	0.26
2000	0.01	0.00	0.03	0.57	0.00	0.57
2001	0.02	0.00	0.41	11.03	0.00	11.03
2002	0.07	0.00	0.89	22.70	0.00	22.70
2003	0.25	0.00	2.44	48.70	0.00	48.70
2004	0.62	0.00	4.16	48.70	0.00	48.70
2005	0.56	0.00	3.67	42.89	0.00	42.89
2006	0.99	0.00	4.95	49.66	0.00	49.66
2007	1.91	0.00	7.70	92.35	0.00	92.35
2008	2.17	0.00	7.99	69.11	0.00	69.11
2009	3.53	0.00	10.34	69.11	0.00	69.11
2010	5.81	0.00	13.24	89.32	0.00	89.32
2011	7.10	0.00	13.93	84.71	0.00	84.71
2012	7.58	0.00	14.46	91.68	0.00	91.68
1998—2012（平均值）	2.64	0.00	9.12	92.35	0.00	92.35

（资料来源：CCER 数据库；其中 2009 年最大值来自广东南洋电缆集团股份有限公司，其董事长兼总经理郑钟南持股数为 104 352 110，比例达到 92.35％。）

153. 独立董事

按照 2001 年《关于在上市公司建立独立董事制度的指导意见》的界定，上市公司独立董事(independent director)是指不在公司担任除董事外的其他职务，并与其所受聘的上市公司及其主要股东不存在可能妨碍其进行独立客观判断的关系的董事。

《上市公司治理准则》第四十九条规定："上市公司应按照有关规定建立独立董事制度。独立董事应独立于所受聘的公司及其主要股东。独立董事不得在上市公司担任除独立董事外的其他任何职务。"第五十条规定："独立董事对公司及全体股东负有诚信与勤勉义务。独立董事应按照相关法律、法规、公司章程的要求，认真履行职责，维护公司整体利益，尤其要关注中小股东的合法权益不受损害。独立董事应独立履行职责，不受公司主要股东、实际控制人以及其他与上市公司存在利害关系的单位或个人的影响。"第五十一条规定："独立董事的任职条件、选举更换程序、职责等，应符合有关规定。"

《关于在上市公司建立独立董事制度的指导意见》（以下简称《指导意见》）对独立董事的任职资格、选聘、权利、责任等做了更为详细的规定，例如，独立董事原则上最多在 5 家上市公司兼任独立董事，并确保有足够的时间和精力有效地履行独立董事的职责；上市公司董事会、监事会、单独或者合并持有上市公司已发行股份 1% 以上的股东可以提出独立董事候选人，并经股东大会选举决定；各境内上市公司应在 2003 年 6 月 30 日前，上市公司董事会成员中应当至少包括 1/3 独立董事等。

经过十余年的建设，我国上市公司独立董事制度取得了一定的成绩。南开大学中国公司治理研究院发布的中国上市公司治理指数（CCGI^{NK}）数据显示，2005 年至 2012 年独立董事制度指数平均值分别为 56.58、57.03、57.17、57.32、57.38、58.81、58.88 和 59.96，上市公司独立董事制度日臻完善。独立董事在监督大股东、非独立董事和经理层行为、维护投资者利益、规避治理风险等方面发挥了越来越重要的作用。作为我国公司治理实践探索重要举措的独立董事制度得到了监管部门、上市公司的广泛重视。我国上市公司独立董事人数和独立董事比例情况如图 3-3 和图 3-4 所示。

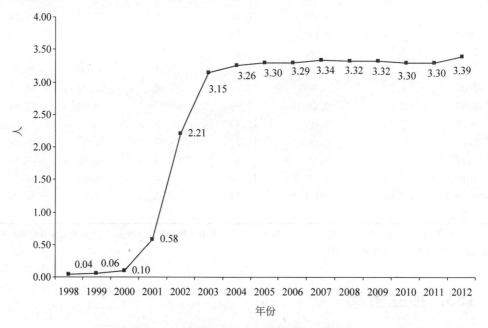

图 3-3　我国上市公司独立董事人数统计

（资料来源：CSMAR 数据库。）

尽管逐步完善的独立董事制度对于改善上市公司治理、提升公司治理水平产生了良好的推动作用，但当前上市公司独立董事制度建设依然存在有效性不足的突出问题。中国上市公司治理指数数据表明，我国上市公司独立董事制度存在被动合规的现象，独立董事制度已成为制约上市公司董事会治理以及公司治理有效性的关键因素。具体而言，我国上市公司独立董事制度存在以下问题。

（1）制度建设被动合规。上市公司的独立董事制度往往趋向同质化。很多上市公司对独立董事制度的接受是被动和消极的，其选聘独立董事也只是为了符合证监会和交易所的合

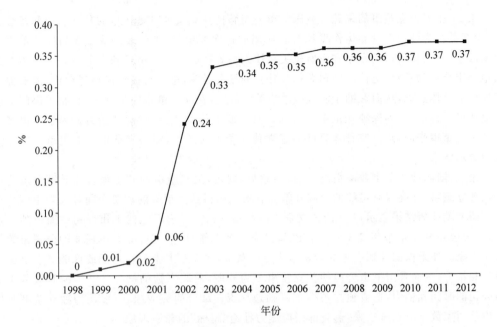

图 3-4　我国上市公司独立董事比例统计

（资料来源：CCER 数据库。）

规性要求而非自身完善公司治理的内在需要。

（2）独立董事不独立。我国上市公司独立董事候选人的提名主要由控股股东控制或其控制的董事会选任，在独立董事聘任过程中董事会提名委员会往往形同虚设，造成独立董事独立性不强。

（3）独立董事不专业。上交所的调研数据显示，受访上市公司有 86.10％表示选聘独立董事是考虑因其具备较高的声誉，有 68.00％的公司考虑的因素为其具有较多的社会关系与社会资源。这也是"花瓶董事"形成的重要原因之一。

（4）独立董事问责机制缺失。公司一旦发生问题，很少见到上市公司独立董事被问责。监管部门和交易所处罚的比例很低；处罚形式以警告、通报批评、公开谴责等声誉机制进行处罚的居多，以罚款形式处罚的少，交易所没有罚款的案例，证监会 5 年间仅对 36 人处以罚款。

（5）独立董事兼职过多。统计数据表明，2011 年在上市公司担任独董的总人数约 5 500 人，其中有近 150 位身兼三家以上（不包括三家）的上市公司独董的职位。个别独立董事任职的公司家数甚至超过 10 家。

基于公司治理评价成果，认为当前主要是需要对《指导意见》做出修改，以进一步完善独立董事制度。具体的对策建议有以下几点。

第一，严格独立董事提名制度。根据《指导意见》，上市公司董事会、监事会、单独或者合并持有上市公司已发行股份 1％以上的股东可以提出独立董事候选人，并经股东大会选举决定。然而，调研资料显示，我国上市公司独立董事候选人的提名主要由控股股东控制或其控制的董事会选任，造成独立董事不独立。为确保独立董事真正成为公司股东特别是中小股东利益的代表，独立董事的提名应该实行大股东回避制或大股东有限制的投票制，明确大股东和中小股东各自对独立董事推荐的比例。同时，应鼓励上市公司采取累积投票、委托投票等方法聘任独立董事，以确保选聘的独立董事能够切实发挥作用。

第二，拓展独立董事的来源。我国上市公司聘任独立董事时更注重的是其名望和社会影响，而把是否为公司经营和运作发挥实际作用放在次要地位，具体表现为 2/3 的独立董事主要来源于高校、科研机构专家和政府机关离休人员等。而在国外担任独立董事职务的主要是其他上市公司的总裁、退休的公司总裁和独立的投资者等，这些人员接触市场前沿，能够提供实质性的具体意见，从而有助于实现科学决策。因此，在独立董事的选任方面，相关部门应制定更严格的标准，以确保独立董事具有胜任其本职工作的能力、时间和精力。为了实现多元化的独立董事来源，建议监管部门推动建立独立董事人才库，储备专业的独立董事人才并向上市公司输送。

第三，限制独立董事兼职情况。《指导意见》规定，独立董事原则上最多在 5 家上市公司兼任独立董事，并确保有足够的时间和精力有效地履行独立董事的职责。南开大学中国公司治理研究院调研结果显示，1/5 的独立董事同时在三家或三家以上的上市公司中兼任独立董事，上市公司独立董事年度平均工作时间仅为 8 个工作日，一些独立董事任职的公司家数超过了 5 家。如果像国外那样独立董事多为专职董事，在 5 家上市公司任职或许能够有足够的时间和精力，然而我国上市公司的独立董事多为兼职，兼职家数的增加势必影响其服务于上市公司的时间和精力，造成独立董事难以勤勉尽责。结合研究成果，一般认为独立董事兼任上市公司家数不应超过三家，监管部门应尽力杜绝"超标"的兼职现象。

第四，完善独立董事激励考核制度。《指导意见》规定，上市公司应当给予独立董事适当的津贴。津贴的标准应当由董事会制订预案，股东大会审议通过，并在公司年报中进行披露。除上述津贴外，独立董事不应从上市公司及其主要股东或有利害关系的机构和人员取得额外的、未予披露的其他利益。2006 年证监会《上市公司股权激励管理办法（试行）》第八条将独立董事明确排除于股权激励计划之外。这些规定有助于保证独立董事的独立性，但是实践中，上市公司独立董事津贴与贡献的不匹配削弱了独立董事履职的积极性，是导致独立董事不敬业的重要原因。因此，监管部门应鼓励上市公司在保持独立董事独立性的条件下改变以现金为主的激励模式、探索多元化的独立董事激励措施，推动上市公司建立严格的独立董事绩效考核制度和贡献与报酬相匹配的激励制度，以充分发挥独立董事的作用。

第五，建立独立董事问责机制。《指导意见》规定，独立董事对上市公司及全体股东负有诚信与勤勉义务，但对于独立董事的违法违规行为并没有给出具体的规定。实践中，独立董事利用自身的信息优势参与内幕交易获得私利的现象时有发生，因此，应建立明确的独立董事的问责机制，对独立董事违反相关法律法规的行为要坚决予以查处，对涉及的独立董事要取消其任职资格或责令撤换，给股东和公司利益造成损失的，应要求其承担相应的赔偿责任。

第六，培育独立董事人才市场。随着上市公司数量的日益增多，以及央企外部董事的引入，对独立董事的需求也有较大的缺口。因此，一方面，监管部门或者上市公司协会推动建立独立董事协会或者类似非营利组织，以方便目前已有数量众多的独立董事之间的交流和沟通、维护独立董事的权利、规范董事的职业操守，以及引入新的独立董事。另外一方面，需要在独立董事协会基础上，开展独立董事的履职状况评价工作，建立独立董事诚信档案，真正形成独立董事的人才库。

关于独立董事制度的有效性问题，学者开展了很多研究工作。代理理论认为，相对于内部董事而言，独立董事更客观、独立，也更有经验（Fama，1980；Fama，Jensen，1983）；资源依赖理论认为，独立董事拥有良好的关系网络，能够帮助公司化解各类危机（Pfeffer，Salancik，1978）。魏刚、肖泽忠、Nick Travlos 和邹宏（2007）的研究认为，有政府背景和银行背景的独立董事比例越高,公司经营业绩越好。叶康涛、陆正飞和张志华(2007)的研究指出,在控制独立董事内生性情况下,我们发现独立董事变量与大股东资金占用显著负相关。叶康涛、祝继高、陆正飞和张然(2011)认为,当公司业绩不佳时,独立董事更有可能对管理层行为提出公开质疑;声誉越高、具有财务背景、任职时间早于董事长任职时间的独立董事更有可能对管理层决策提出质疑。

154.　执行董事

执行董事(executive director)和非执行董事(non-executive director)是相对的,所谓执行董事是指参与公司经营的董事,即在管理层担任具体职务。《公司法》规定,执行董事可以担任公司法定代表人。股东人数较少或者规模较小的有限责任公司,可以设一名执行董事,不设董事会。执行董事可以兼任公司经理。执行董事的职权由公司章程规定。有限责任公司不设董事会的,股东会会议由执行董事召集和主持。

王天习(2003)对董事领域内各种类型董事之间的关系进行了详细分类和界定,具体来说如下。

(1) 独立董事不是内部董事,因内部董事不可能独立。同时,独立董事也不等同于外部董事,它只是外部董事的一种——独立的外部董事。换句话说,独立董事与内部董事不相交,但与外部董事部分重合。灰色董事由于是非独立的外部董事,故应被排除在独立董事之外。在美国公司史上,是先有外部董事,而后才有独立董事的。美国最初的外部董事大多是"灰色董事",即"非独立的外部董事",那时还很少有"独立的外部董事"即"独立董事"。

(2) 非执行董事是非全职董事、非常务董事(日本称为"非常勤董事")。他在公司之外可能另有自己的事务,公司聘请他加入董事会是因为要利用他所具有的专门技能或社会关系。他有权参与董事会各项决策的审议,但没有公司管理的经营职能。非执行董事可分为独立的非执行董事和非独立的非执行董事两种,其中,只有前者才是独立董事或独立的外部董事。后者一般是非独立的外部董事。显然,外部董事属于"非执行董事"。

(3) 如果从董事职业专一化程度来看,董事可分为兼职董事和专职董事。专职董事也有人称为职业董事或全职董事(全日制董事)。他们通常是执行董事和内部董事。与专职董事不同,兼职董事除了自己本身的职业之外,另到某公司去兼任董事。他们的特点是拥有自己的本职工作,而且,本职工作大多就是他们的主业,是他们维持生计的主要支柱。从这一点来看,他们很像独立董事、外部董事和非执行董事,独立董事、外部董事、非执行董事并不完全等同于兼职董事。

关于非执行董事、外部董事与独立董事的关系,柴芬斯(Cheffins,2001)在其著作《公司法:理论、结构和运作》(*Company Law:Theory,Structure and Operation*)中有一段精彩的论述。他把所讨论的董事称为"非执行的"、"外部"和"独立的"董事。他说,这些词通常是被互相替换使用的。但是,还是有一些潜在的差别。术语"非执行的"应包括任何不是管理队伍一员的人。一个"外部"董事是一个当前不被该公司全职雇用的人。根据这一术语,外部董事本质上很具限制性,因为在一个虽然不大可能的情况下,一名普通的雇员可能在董事会有一席之地。他是一名非执行董事但不是一名外部董事。另一方面,刚从公司作为一名高级管理人员退休的人应既是非执行也是外部董事,例如某个担任公司律师或会计的人。他认为,术语"独立的"是在这三类中最受限制的。为满足这一要求,一个人应该除了在董事会中担任职务和是股东(如果是)外,不应与公司有任何联系。关键之处在于他不应有任何生意或其他联系从而影响他独立的判断。因此,鉴于他们将要与公司或管理队伍所产生的联系,刚退休的高级官员和律师或会计师不符合要求。

至此,我们可以借助数学的等号(=)、不等号(≠)、大于号(>)和加号(+)把前述若干术语之间在外延上的关系(不是内含上的关系)作如下直观的小结与界定:

内部董事=股东董事(或资格董事)+职工董事

内部董事=执行董事=专职董事

外部董事=独立的外部董事+非独立的外部董事(灰色董事)

独立董事=独立的外部董事=独立的非执行董事

非独立董事=内部董事+灰色董事

非独立董事≠非独立的外部董事

非执行董事≠外部董事

兼职董事≠外部董事≠非执行董事≠独立董事

内部董事≠非独立董事

外部董事>独立董事

非执行董事>独立的非执行董事

155. 女性董事

女性董事(female director)是指董事会成员中的女成员。随着女性经济的到来,董事会性别均衡化具有重要现实意义[①]。女性在董事会中的作用可以概括为三方面。第一,女性董事对董事会决策职能的积极作用。首先,女性董事的存在为董事会决策讨论提供了不同知识、信息及观点。其次,观点多样化对于董事会讨论具有重要意义。产生多样化的来源包括性别、兴趣、职业及社会地位等特征。因此,考虑到公司客户群体特征的多元化,董事会会议上的讨论及决策需要存在不同观点,代表不同的群体。这就是董事会成员多元化的作用。再者,女性董事能够运用自身特征并使用她们特有的人际关系技巧积极地影响董事会过程。第二,女性董事能够改进董事会的监督职能。女性董事更可能会促使董事会讨论与公司利益相关者的利益相关的问题。她们更倾向于提出一些公司员工及客户所关注的问题,或是提出一些会影响公司声誉或者公司所处社区的问题,如健康、安全和环保等问题。第三,女性董事能够提高公司声誉并为公司树立一个良好形象。女性董事的加入可以对公司现有女性员工和潜在员工提供了榜样并产生良好的激励,即她们有可能通过努力工作实现个人职业生涯的成功。高玥和张晓明(2011)分析了女性参与公司治理的现状、女性董事对于董事会过程的积极意义以及女性董事人数对其实施董事职责的影响,指出女性董事扩充了董事会讨论内容,促进了董事会讨论的顺畅,更多考虑利益相关者的利益,提高公司声誉。因此,提高女性董事比

---

① 欧盟最近通过立法,要求到 2020 年时欧盟上市公司的董事会中,女性董事的比例不得低于 40%。当前欧洲积极推动上市公司董事会增加女性董事数量,甚至诉诸强制配额的手段。背后的理据主要有两点:其一,拥有男女成员的董事会将能采取更明智的决策,这将有助于获得更好的经营绩效;其二,董事会内有女性成员最终将有助于更多的女性进入公司的高管层。

例对于改进公司治理具有积极重要的现实意义。

　　2012 年 3 月据英国《金融时报》(Financial Times)报道,欧盟将积极推进提高女性董事比例的计划,从而引发布鲁塞尔与欧盟成员国政府之间迟到已久的冲突。欧盟有关机构数据显示,目前大型上市公司董事会成员只有 13.7% 是女性,远远低于布鲁塞尔 40.0% 的计划目标。许多南欧国家女性董事的比例更低,意大利和葡萄牙为 6.0%,北欧国家最高,一般为 25.0%。亚洲公司女性的参与程度极不正常,中国和印度公司的董事会女性比例只有 5.0%,日本为 1.0%。如果该规定强制推行,欧盟范围内女性董事的比例预计超过美国的 16%。在这项计划的推动下,2012 年欧盟 27 个成员国的企业董事会中女性代表比例明显上升,只有 3 个国家没有增加。截至 2013 年 1 月,成员国企业女董事比例为 15.8%,较 2012 年同期增加 2.2%,增幅为有记录以来最大。除波兰、爱尔兰和保加利亚,其他 24 个成员国的企业女董事比例较去年都有上升。爱尔兰和波兰企业的女董事比例没有变化,分别为 9% 和 12%,保加利亚是唯一比例下降的成员国,减少 4%。

156. 连锁董事

　　同时在两家或两家以上公司的董事会担任董事职务的董事被称为连锁董事(interlocking director)。如甲是 A 公司的董事,同时他又担任 B 公司的董事。此时,甲被称为连锁董事。由甲连接的两家公司 A 与 B,从而具有共同分享一个董事的关联关系。实际上,一个董事同时兼任超过两个董事职务的现象在西方并不罕见。而此时,围绕该董事形成的关联关系的公司可能会是 3 个、4 个或更多。连锁董事可以分为两种类型,直接连锁董事和间接连锁董事。A 公司的董事甲分别到 B 公司和 C 公司做董事。对于 A 公司与 B 公司或 A 公司与 C 公司而言,甲即为直接连锁董事。此时,A 公司分别与 B 公司及 C 公司之间因甲而形成直接连锁董事关系。而 B 公司与 C 公司之间因同时拥有第三方 A 公司的董事甲而形成间接连锁董事关系。甲对于 B 公司与 C 公司是间接连锁董事。任兵、区玉辉和林自强(2001)指出连锁董事作为与公司治理相关的现象及重要影响因素,其对公司治理有效性的影响值得研究。比如连锁董事在董事会中所承担的角色、所起的作用对公司治理的影响,其是否破坏了公司治理的有效性,抑或是增进了公司治理的效率。卢昌崇、陈仕华和 Schwalbach(2006)对国内外的连锁董事文献进行梳理基础上,提出连锁董事的互惠理论、资源依赖理论、金融控制理论和管理控制理论,并对相关理论进行实证检验,其结果证实了资源依赖理论,部分证实了金融控制理论和管理控制理论。

157. 花瓶董事

　　花瓶董事(independent director having no effect)是对作用虚化的独立董事的代称。2001 年,证监会出台《关于在上市公司建立独立董事制度的指导意见》后,上市公司纷纷聘请经济学家或大学教授当独立董事,利用的就是他们作为公共知识分子的道德象征。但从那时起,独立董事就一直未能摆脱尴尬的处境。而在意见出台后的几年里,这一问题变得尤其严重,独立董事"下课"事件的密集程度也前所未有。学者尊严被大股东强势商业利益伤害的后果是中小股民的生存环境更加恶劣。2002 年,郑百文(600 898)的独立董事陆家豪因郑百文造假案,除被证监会公开谴责外,还被处以 10 万元的罚款。之后,陆家豪称自己是"稀里糊涂当上董事的",对郑百文的造假更是毫不知情。随着管理层对上市公司监管越来越严,独立董事们也开始不满于只做"花瓶",与上市公司董事会之间的冲突日渐频繁,独立董事们开始了轰轰烈烈的"砸花瓶运动"。2004 年 2 月 12 日乐山电力(600 644)要求其独立董事在 2 月 20 日之前出具公司年报中的独立董事意见,而当时并没有向独立董事们提供任何经过审计的材料。独立董事对于这种没有经过必要程序而出具意见的做法感到不安,加之乐山电力长期以来存在的频繁担保行为和巨大的担保金额,所以独立董事聘请深圳鹏城会计师事务所就公司关联交易及或有负债情况进行专项审计。但独立董事的调查行动遭到了乐山电力的拒绝。乐山电力方面拒绝的理由是,独立董事要求专项审计属重大事项,须报乐山市政府批准。

2004 年 4 月,莲花味精(600 186)的独立董事一改沉默和失语的"花瓶"形象,连续发布公告,督促母公司莲花集团归还占用的巨额资金。但在 7 月底,四名独董遭到解聘。2004 年 4 月 10 日举行的三峡水利(600 116)董事会会议上,董事会提出对因担保和被占用形成的 2.5 亿元做全额预计负债或计提坏账准备,这一议案在此前遭到了公司全部四名独立董事的反对,与会者一致要求"暂缓表决"。针对独立董事的意见,三峡水利聘请重庆天健会计师事务所万州分所对万州电力开发公司的财务报表进行了审计,会计师所出具了有保留意见的审计报告。三峡水利的四名独立董事对董事会议案发表了保留意见,发出自己独立的声音,这是我国独立董事群体取得的第一个回合的胜利,也是独立董事制度自 2001 年进入我国以来,独立董事"花瓶"形象首次被打破。

2004 年 3 月 9 日,伊利股份(600 878)对其购买国债事项进行了公告,三名独立董事王斌、郭晓川和俞伯伟认为公告内容他们此前并不知情,而且与实际情况也有很大的出入。在 4 月 27 日的股东大会和 5 月 26 日的董事会上,他们都对此提出质疑,但没有得到董事会的合理解释。6 月 15 日,王斌、郭晓川和俞伯伟发表独立董事声明,要求对公司的巨额国债投资聘请独立审计机构进行全面审计;6 月 16 日,公司监事会以涉嫌关联交易为名对俞伯伟的独董职务提起罢免程序,并在当天召开的临时董事会和 8 月 3 日专门为此议案召开的临时股东会上获得通过,独立董事王斌也于 8 月 3 日发表声明请求辞去独董职务。虽然王斌和俞伯伟两位独立董事都指出公司召开临时董事会和股东大会不符合公司章程中的要求,但是其独立董事的独立性以及应得的权力还是再一次遭到了剥夺。

2004 年 6 月 17 日,新疆屯河(600 737)发布公告,公司三名独立董事就公司斥巨资收购大股东德隆所持资产的定价发表了反对意见。其中独立董事魏杰、杜厚文对四项关联交易价格均发表了反对意见。新疆屯河独立董事相继宣布辞职。首先宣布辞去新疆屯河独董职位的杜厚文称,近两年来,深感公司在披露信息方面(包括对独立董事)存在着不透明的情况,在此情况下难以履行职责,特提出辞职。魏杰在 2004 年 6 月 11 日发布的辞职函中也称,因无法了解和把握公司的真实运行情况,决定辞去公司独立董事职务。

158. 影子董事

为了保护公司债权人的利益,使其免遭公司控制股东、实际控制人的损害,各国法律都对控制股东或者管理股东对破产公司债务承担责任尤其是其滥用公司形式情况下的责任作了相应规定。在西方国家,控股股东或公司实际控制人承担责任的原则主要有三个,即事实董事或影子董事原则、衡平居次原则以及揭开公司面纱原则;在欧洲,事实董事或影子董事原则是比揭开公司面纱原则更为流行的一种措施。英国、德国、法国、澳大利亚等主要市场经济国家都有影子董事的相应法律规制(赵金龙,2010)。

英国 1980 年《公司法》正式使用"影子董事"(shadow director)一词,1985 年《公司法》始有标准定义,"影子董事"被界定为这样一个人,公司董事习惯于按他的指示或指挥而行事,但不能只因为董事依某人以职业身份提供的建议而行动就主张该人为影子董事。即公司董事习惯于按照某人的指示行动,则该人即为影子董事;但如果董事只是依照某人以职业身份所提的建议而行动,则该人不视为影子董事。并在 1986 年《公司董事资格剥夺法》、1986 年《金融服务法》以及 1986 年《破产法》中进行相关规定。Re Tasbian Ltd (No. 3) Official Receiver 诉 Nixon 等典型判例反映了对影子董事定义的理解与使用。影子董事虽然不是董事,但依靠其在公司中的"地位"却是能够指挥公司行为之人,如果其实际上进行了指挥,即应承担董事责任。从司法实践来看,影子董事责任主要出现于公司破产或无力偿付阶段,对于保护债权人利益具有积极意义(赵金龙,2010)。

法律上对于这种利用"傀儡董事会"操纵公司行为的人施加了一定的义务和责任,这对于防止影子董事逃避责任,防止公司事务的管理不善有重要作用。根据英国法律,虽然不是公司董事会成员,但依靠其在公司中的"地位"能够指挥公司如何行为的人,如果实际上进行了指挥,可以令其承担董事责任。我国《公司法》立法对影子董事缺少规范。中国香港特别行政区《公司条例》则有规定:若董事会惯常听取某人的指示行事,该人亦视为是公司董事,其详情亦须记录在董事及公司秘书名册内。由此,控股公司及持有大多数投票权的私人股东均可被视为公司的董事。

159. 董事会专业委员会

董事会专业委员会(board committees)由独立董事主导,其他董事共同组成,在董事会的专业决策方面发挥咨询专家职能的常设机构,是董事会的重要组织机构,也称为董事会运作的"腿"。我国上市公司专业委员会设立个数以及审计委员会、薪酬与考核委员会、战略委员会、提名委员会设立情况如图 3-5 和表 3-7 所示。

《上市公司治理准则》规定,上市公司董事会可以按照股东大会的有关决议,设立战略、审计、提名、薪酬与考核等专业委员会。专业委员会成员全部由董事组成,其中审计委员会、提名委员会、薪酬与考核委员会中独立董事应占多数并担任召集人;各专业委员会可以聘请中介机构提供专业意见,有关费用由公司承担。各专业委员会对董事会负责,各专业委员会的提案应提交董事会审查决定;各专业委员会在年度内需召开一定数量的会议以有效履行上述职责。《公开发行证券的公司信息披露内容与格式准则第 2 号——年度报告的内容与格式(2012 年修订)》指出,公司应当披露董事会下设专业委员会在报告期内履行职责时所提出的重要意见和建议。

第三篇

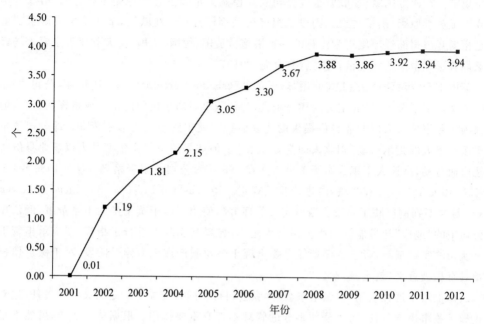

图 3-5 我国上市公司委员会设立个数统计

(资料来源：CSMAR 数据库。)

表 3-7 我国上市公司专业委员会设置比例统计 单位：%

年份	审计委员会	薪酬与考核委员会	战略委员会	提名委员会
1998	0.12	—	—	—
1999	0.33	—	0.11	—
2000	0.94	0.47	0.85	0.38
2001	5.81	5.99	3.79	3.43
2002	27.92	30.83	25.25	22.67
2003	40.21	43.52	37.36	33.25
2004	46.82	49.11	42.76	38.77
2005	51.00	53.89	45.82	41.67
2006	54.67	58.16	48.61	44.70
2007	89.79	88.24	69.12	64.53
2008	99.00	98.00	81.21	78.78
2009	99.66	98.17	86.64	84.35
2010	99.81	99.05	73.10	72.25
2011	99.70	98.80	71.58	73.42
2012	99.62	94.02	72.09	75.20

(资料来源：CCER 数据库。)

160. 战略委员会

　　战略委员会(strategy committee)是董事会的专门工作机构,负责制定公司长期发展战略和重大投资决策。

　　《上市公司治理准则》规定,战略委员会的主要职责是对公司长期发展战略和重大投资决策进行研究并提出建议。中国证监会 2002 年发布的《董事会战略委员会实施细则指引》指出,战略委员会对董事会负责,委员会的提案提交董事会审议决定。战略委员会的主要职责权限包括:对公司长期发展战略规划进行研究并提出建议,对《公司章程》规定须经董事会批准的重大投资融资方案进行研究并提出建议,对《公司章程》规定须经董事会批准的重大资本运作、资产经营项目进行研究并提出建议,对其他影响公司发展的重大事项进行研究并提出建议,对以上事项的实施进行检查,董事会授权的其他事宜。

　　覃家琦(2010)探讨了战略委员会与过度投资之间的关系,研究指出,设立战略委员会的样本公司,其过度投资水平显著更高;战略委员会的规模、独立董事比例、平均任期、董事长是否担任战略委员会负责人这四个因素与过度投资水平显著正相关,而平均学历、平均年龄则与过度投资水平显著负相关。

161. 薪酬委员会

　　薪酬委员会(remuneration committee)是董事会的专门工作机构,具体负责公司董事、高级管理人员薪酬政策的制定及考核。

　　《关于提高上市公司质量的意见》指出,要设立以独立董事为主的审计委员会、薪酬与考核委员会并充分发挥其作用。《上市公司治理准则》指出,薪酬与考核委员会的主要职责是:①研究董事与经理人员考核的标准,进行考核并提出建议;②研究和审查董事、高级管理人员的薪酬政策与方案。《董事会薪酬与考核委员会实施细则指引》指出,薪酬与考核委员会负责制定、审查公司董事及经理人员的薪酬政策与方案,对董事会负责;薪酬与考核委员会下设工作组,专门负责提供公司有关经营方面的资料及被考评人员的有关资料,负责筹备薪酬与考核委员会会议并执行薪酬与考核委员会的有关决议。薪酬与考核委员会的主要职责权限:根据董事及高级管理人员管理岗位的主要范围、职责、重要性以及其他相关企业相关岗位的薪酬水平制定薪酬计划或方案;薪酬计划或方案主要包括但不限于绩效评价标准、程序及主要评价体系,奖励和惩罚的主要方案和制度等;审查公司董事(非独立董事)及高级管理人员的履行职责情况并对其进行年度绩效考评;负责对公司薪酬制度执行情况进行监督;董事会授权的其他事宜。董事会有权否决损害股东利益的薪酬计划或方案。薪酬与考核委员会提出的公司董事的薪酬计划,须报经董事会同意后,提交股东大会审议通过后方可实施;公司经理人员的薪酬分配方案须报董事会批准。

　　薪酬委员会制度的有效性可能与委员会成员构成、市场化进程等因素相关,谢德仁、林乐和陈运森(2012)的研究指出,在经理人薪酬辩护需求强烈的国有控股上市公司中,相对于经理人没有兼任薪酬委员会委员的企业,经理人兼任薪酬委员会委员的企业经理人报酬——业绩敏感度显著更高,且经理人兼任薪酬委员会委员与更高的报酬——业绩敏感度之关联主要出现在相对薪酬较高、相对业绩较好和公司所在地区市场化程度相对较低的公司之中,这说明经理人报酬——业绩敏感度之提高是出于经理人薪酬辩护之需,是经理人自利行为的表现。

162. 提名委员会

提名委员会(nomination committee)是董事会的专门工作机构,负责提名公司董事和经理人员,按照规定标准和程序提出关于董事和经理人员的选任。提名委员会在公司中发挥重要角色,是董事会功能有效发挥的核心环节,有助于增强董事和高管人员提名的质量。

《上市公司治理准则》第五十五条规定:"提名委员会的主要职责是:①研究董事、经理人员的选择标准和程序并提出建议;②广泛搜寻合格的董事和经理人员的人选;③对董事候选人和经理人选进行审查并提出建议。"证监会2002年发布的《董事会提名委员会实施细则指引》中指出,董事会提名委员会是董事会按照股东大会决议设立的专门工作机构,主要负责对公司董事和经理人员的人选、选择标准和程序进行选择并提出建议;提名委员会对董事会负责,委员会的提案提交董事会审议决定;控股股东在无充分理由或可靠证据的情况下,应充分尊重提名委员会的建议,否则,不能提出替代性的董事、经理人选;提名委员会依据相关法律法规和公司章程的规定,结合本公司实际情况,研究公司的董事、经理人员的当选条件、选择程序和任职期限,形成决议后备案并提交董事会通过,并遵照实施。提名委员会的主要职责权限包括:根据公司经营活动情况、资产规模和股权结构对董事会的规模和构成向董事会提出建议;研究董事、经理人员的选择标准和程序,并向董事会提出建议;广泛搜寻合格的董事和经理人员的人选;对董事候选人和经理人选进行审查并提出建议;对须提请董事会聘任的其他高级管理人员进行审查并提出建议;董事会授权的其他事宜。

纽约证券交易所《上市公司手册准则》(Listed Company Manual Rule)第303A.04提名委员会部分指出,如果上市公司通过合法途径将提名董事的权利赋予除提名委员会的第三方机构,第三方机构需要将该董事的选聘与提名程序提交给提名委员会。上市公司必须成立提名/公司治理委员会,并且委员会成员必须全部为独立董事。提名/公司治理委员会必须要制定章程文本,规定委员会的目的和职责、委员会的年度业绩评估、委员会成员任职资格、聘用、解聘、结构、运营以及报告事项。上市公司需要将提名/公司治理委员会章程在公司网站上公布。

163. 审计委员会

审计委员会(audit committee)是董事会的专门工作机构,负责公司的审计工作,包括内部审计工作的执行、监督、审查以及与外部审计人员的沟通协作等。

《上市公司治理准则》第五十四条规定:"审计委员会的主要职责是:①提议聘请或更换外部审计机构;②监督公司的内部审计制度及其实施;③负责内部审计与外部审计之间的沟通;④审核公司的财务信息及其披露;⑤审查公司的内控制度。"《上市公司治理准则》还规定,审计委员会中至少应有一名独立董事是会计专业人士。《董事会审计委员会实施细则指引》第七条规定:"审计委员会下设审计工作组为日常办事机构,负责日常工作联络和会议组织等工作。"第九条规定："审计委员会对董事会负责,委员会的提案提交董事会审议决定。审计委员会应配合监事会的监事审计活动。"第八条规定："审计委员会的主要职责权限包括:①提议聘请或更换外部审计机构;②监督公司的内部审计制度及其实施;③负责内部审计与外部审计之间的沟通;④审核公司的财务信息及其披露;⑤审查公司内控制度,对重大关联交易进行审计;⑥公司董事会授予的其他事宜。"《关于提高上市公司质量的意见》指出,要设立以独立董事为主的审计委员会、薪酬与考核委员会并充分发挥其作用。

审计委员会的设立有效推动了公司审计工作的开展,对于盈余管理(Wild,1994)、财务舞弊(Cobb,1993)具有积极作用。张阳和张立民(2007)的研究表明,设立审计委员会的公司更不易被出具非标准审计意见。王跃堂和涂建明(2006)的研究也认为,设立审计委员会的公司更不易被出具非标准审计意见,这一结果证实审计委员有效履行了财务信息质量控制和沟通协调的职能,并从审计质量的层面反映了监管层推进上市公司治理制度改革的政策效应。唐跃军(2007)的研究认为,上市公司董事会设立审计委员会增加了年报审计意见恶化的可能性;在设立审计委员会的情况下,虽然审计收费的异常下降和年报被出具非标准审计意见的可能性正相关,但是,异常审计收费和年报审计意见恶化的可能性负相关,同时审计收费的异常增加和年报审计意见恶化的可能性负相关。王雄元和管考磊(2006)的研究表明,审计委员会独立性与信息披露质量之间存在显著的正相关关系。

164. 风险管理委员会

风险管理委员会(risk management committee)是公司董事会的专门工作机构,负责公司风险的识别、风险防范措施的制定以及实施,旨在控制公司风险。

2003年发布的《Smith报告》中也提到,如果公司没有建立单独的风险管理委员会,董事会下属的审计委员会需要评估财务报告系统的有效性以及涵盖面,以识别、评估、管理和监督公司的财务风险和非财务风险。

Bostrom(2003)指出董事会应该定期审阅审计委员会或风险管理委员会关于风险的报告,评估公司已经识别以及未识别的风险,将公司风险控制到最低限度。De Lacy(2005)基于董事会的风险职能,认为公司风险的复杂程度以及董事会对风险的理解程度是决定公司治理质量的重要因素;公司应该将风险管理委员会从审计委员会中分离出来,风险管理委员会成员的构成应该依据公司的行业性质以及经营的复杂程度来确定,应包括具有各种水平、经历、技能的人员,而不应仅限于董事会成员。Yatim(2010)研究了马来西亚上市公司董事会结构与风险管理委员会建立之间的关系,发现董事会的独立性、专业性以及勤勉性越好,公司越有可能建立专门的风险管理委员会负责公司的风险管理。

165. 董事会独立性

董事会独立性(independence of board of directors)是指董事会成员中应包括独立董事,即不在公司承担除董事之外的其他职务,与公司及其主要股东之间不存在利益关系的董事,以保证董事会在决策过程中存在一定程度的客观性和公正性。董事会独立性包括董事会整体的独立性,还包括专业委员会的独立性。对于董事会整体的独立性而言,由董事会中独立董事所占的比重来衡量;对于董事会专业委员会的独立性而言,由董事会各专业委员会中独立董事所占比重以及各专业委员会主席是否为独立董事来衡量。需要注意的是,战略委员会主席并不一定由独立董事来担任。专业委员会的较高独立性能够促使独立董事成为高管薪酬制定、高管提名和公司财务审计的决策主体,有效制约公司内部人的私利攫取行为。

董事会独立性相关规定。《公司法》规定,上市公司应设立独立董事。《关于在上市公司建立独立董事制度的指导意见》规定,上市公司应当建立独立董事制度;独立董事对上市公司及全体股东负有诚信与勤勉义务。独立董事应当按照相关法律法规、本指导意见和公司章程的要求,认真履行职责,维护公司整体利益,尤其要关注中小股东的合法权益不受损害。独立董事应当独立履行职责,不受上市公司主要股东、实际控制人、或者其他与上市公司存在利害关系的单位或个人的影响。上市公司应当充分发挥独立董事的作用;独立董事除应当具有公司法和其他相关法律、法规赋予董事的职权外,上市公司还应当赋予独立董事以下特别职权。①重大关联交易(指上市公司拟与关联人达成的总额高于300万元或高于上市公司最近经审计净资产值的5%的关联交易)应由独立董事认可后,提交董事会讨论;独立董事作出判断前,可以聘请中介机构出具独立财务顾问报告,作为其判断的依据。②向董事会提议聘用或解聘会计师事务所。③向董事会提请召开临时股东大会。④提议召开董事会。⑤独立聘请外部审计机构和咨询机构,可以在股东大会召开前公开向股东征集投票权。独立董事行使上述职权应当取得全体独立董事的1/2以上同意。独立董事应当对上市公司重大事项发表独立意见:提名、任免董事;聘任或解聘高级管理人员;公司董事、高级管理人员的薪酬;上市公司的股东、实际控制人及其关联企业对上市公司现有或新发生的总额高于300万元或高于上市公司最近经审计净资产值的5%的借款或其他资金往来,以及公司是否采取有效措施回收欠款;独立董事认为可能损害中小股东权益的事项;公司章程规定的其他事项。如有关事项属于需要披露的事项,上市公司应当将独立董事的意见予以公告,独立董事出现意见分歧无法达成一致时,董事会应将各独立董事的意见分别披露。

《上市公司治理准则》中规定,上市公司应按照有关规定建立独立董事制度。独立董事应独立于所受聘的公司及其主要股东。独立董事不得在上市公司担任除独立董事外的其他任何职务。独立董事对公司及全体股东负有诚信与勤勉义务。独立董事应按照相关法律、法规、公司章程的要求,认真履行职责,维护公司整体利益,尤其要关注中小股东的合法权益不受损害。独立董事应独立履行职责,不受公司主要股东、实际控制人以及其他与上市公司存在利害关系的单位或个人的影响。独立董事的任职条件、选举更换程序、职责等,应符合有关规定。

专业委员会独立性相关规定:《关于在上市公司建立独立董事制度的指导意见》提出,如果上市公司董事会下设薪酬、审计、提名等委员会的,独立董事应当在委员会成员中占有1/2以上的比例;《上市公司治理准则》也指出,专门委员会成员全部由董事组成,其中审计委员会、提名委员会、薪酬与考核委员会中独立董事应占多数。

166. 董事会资本

Hillman 和 Dalziel(2003)首次将董事会资本(capital of board of directors)概念引入战略管理研究。他们认为董事会资本包括人力资本和社会资本,可用来衡量董事会为公司提供资源的能力。其中,董事会人力资本是指全体董事给董事会带来的知识、技能和能力的总称;而董事会社会资本则指包括董事所拥有的公司内、外部的人际关系以及由这些人际关系所带来的潜在资源在内的这样一种资产。

根据存在边界和功能,董事会社会资本可以划分为内部社会资本和外部社会资本。其中,内部社会资本是指全体董事之间以及董事会与经理层之间通过相互了解所建立起来的社会资本(Fischer,Polock,2004),而外部社会资本则指董事会成员通过在行业内任职,与行业内其他角色(包括供应商、分销商和主要客户等)建立起来的良好关系所形成的社会资本(Mizruchi,Stearns,1994)。这两种不同类型的社会资本具有不同的特点,能够为董事会提供不同类型的资源(Kim,Cannella,2008)。但这两类社会资本在一定程度上相互制约。研究表明,在董事会社会资本维持成本已定的情况下,董事会拥有较多的内部社会资本,那么就可能拥有较少的外部社会资本;反之亦然。

虽然我们很容易理解董事会资本由董事会的人力资本和社会资本所构成,但有学者(Coleman,1988;Nahapiet,Ghoshal,1998)认为人力资本与社会资本相互依存,两者密不可分。基于此 Haynes 和 Hillman(2010)提出了一个董事会资本模型,根据董事会资本提供的不同资源,区分了董事会人力资本和社会资本的不同构成因素,然后从董事个体层面上升到董事会层面把这些因素整合成董事会人力资本和社会资本。他们认为董事会资本有广度和深度两个维度:董事会资本广度是指董事受教育程度、任职背景、职业背景、年龄和任期、通过连锁董事身份和在其他行业任职建立的行业关系等方面的异质性;而董事会资本深度则主要包括董事会通过其成员的连锁董事身份和职业背景等嵌入公司所在行业的程度。

167．董事会秘书

董事会秘书(secretary of board of directors)是对外负责公司信息披露,对内负责筹备董事会会议和股东大会,并负责会议的记录和会议文件、记录的保管等事宜的公司高级管理人员,董事会秘书对董事会负责。董事会秘书简称董秘。需要说明的是董事会秘书既不是董事长秘书,也不是会议秘书,更多地体现为董事会功能秘书。担任董事会秘书需要取得资格证书,2009 年 6 月,上海证券交易所和深圳证券交易所分别发布了相关管理办法,对上市公司董事会秘书及证券事务代表实行资格管理和淘汰制度,办法于 2010 年 1 月 1 日起施行。上证所公布的《上市公司董事会秘书资格管理办法》和深交所公布的《上市公司董事会秘书及证券事务代表资格管理办法》均要求,上市公司聘任的董事会秘书或证券事务代表,都应通过资格考试,取得交易所颁发的《董事会秘书资格证书》。

董事会秘书是一个舶来品,主要为了在操作上与国际接轨。1993 年,深圳市人民代表大会制定的《深圳经济特区股份有限公司条例》专条规定,董事会设秘书,秘书负责董事会的日常事务,受董事会聘任,对董事会负责。1994 年国务院颁布了《关于股份有限公司境外募集股份及上市的特别规定》,第一次明确了上市公司董事会秘书职务的法规性设置。此后,国务院又颁发文件,规定凡在境内上市筹集外资股的企业也必须设置董事会秘书,开创了以法规形式确立董事会秘书职务设置的先河。1994 年 8 月,国务院证券委员会和国家体改委发布了《到境外上市公司章程必备条款》,专章规定公司设董事会秘书,董事会秘书为公司高级管理人员,由董事会委任,主要职责是保管文件、向国家有关部门递交文件、保证股东名册妥善设立、确保有关人员及时得到有关记录和文件。1996年3月,上海市证券管理办公室、上海证券交易所发布了《关于B股上市公司设立董事会秘书的暂行规定》,要求B股公司必须设立董事会秘书,董秘为公司高管人员,明确提出任职条件和职权,旨在规范上市公司行为,提高董事会工作效率,保护投资者利益。1996年8月,上海证券交易所发布了《上海证券交易所上市公司董事会秘书管理办法(试行)》,明确所有获准上市的公司必须聘任董事会秘书,强调董事会秘书为高级管理人员,同时提出五条任职条件,九条职权范围,六条任免程序,以及三条法律责任,基本确认了董事会秘书制度的框架。1997年3月,上海证券交易所、上海市证券管理办公室联合发布了《关于建立上市公司董事会秘书例会制度并进一步发挥董秘作用的通知》(以下简称《通知》),强调建立董事会秘书例会制度,涉及董事会秘书的人选配备、工作条件及职责权限等方面,该《通知》对支持和推动董事会秘书工作,提升上市公司董事会秘书地位及促进上市公司规范化运作有重要意义。1997年我国在《上市公司章程指引》(以下简称《指引》)中,专章列示"董事会秘书"条款,要求所有上市公司都必须配备董事会秘书,真正确立了董事会秘书在上市公司中的地位和作用。不仅规定了董事会秘书的职责,而且还明确了董事会秘书的任职资格。《指引》指出,董事会秘书的职责,主要涉及董事会和股东大会相关文件及筹备事宜、信息披露事务、文件管理等。董事会秘书应当具有必备的专业知识和经验,经专业培训合格,由董事长提名,董事会委任;公司董事或者其他高级管理人员可以兼任公司董事会秘书。

　　2001年,深沪证券交易所修订的《股票上市规则》中肯定了董事会秘书为高管人员,并对董事会秘书任职资格、职责、任免做出更详尽的规定。2002年《上市公司治理准则》第九十条规定:"上市公司董事会秘书负责信息披露事项,包括建立信息披露制度、接待来访、回答咨询、联系股东,向投资者提供公司公开披露的资料等。董事会及经理人员应对董事会秘书的工作予以积极支持。任何机构及个人不得干预董事会秘书的工作。"2004年,沪深证券交易所修订的新版《股票上市规则》中进一步强调了董事会秘书在上市公司中的高管资格和相关职责,增加了董秘职权范围的规定,董秘有权要求公司董事、监事和其他高级管理人员对其工作予以配合与支持;新《股票上市规则》对董事会秘书任职资格提出更高的要求,并明确规定上市公司不得无故解聘董事会秘书,规范了公司在董事会秘书出现空缺、不能履行职责等特殊情况下的应对措施。新《股票上市规则》表明,董事会秘书的任命并不只是公司内部的事情,董事会秘书是投资者与上市公司沟通的重要桥梁。2005年修订2006年实施的《公司法》第一百二十四条从法律意义上正式确定了董事会秘书的职责,同时规定了董事会秘书为上市公司高级管理人员。

　　周开国、李涛和张燕(2011)的研究指出,董事会秘书持股会降低信息披露质量,董事会秘书的年龄、任职时间、受教育水平、兼任情况以及相关经验对信息披露没有显著影响,这表明我国上市公司董事会秘书的个人特征并未在信息披露质量提升过程中发挥积极作用。

168. 董事会治理评价

　　董事会治理评价(appraisal of board of directors governance)是基于相关的评价标准对董事会治理状况的客观量化过程。董事会是公司治理的核心。作为股东和经理之间的联系纽带,董事会既是股东的代理人,又是经理人员的委托人和监督者,在公司的战略发展、重大决策方面发挥着至关重要的作用,是完善治理结构,优化治理机制的关键环节。董事会治理水平直接决定着公司潜在的治理风险以及长远发展。国内外相继爆发的安然、世通、德隆、创维等公司治理丑闻也验证了这一点。因此,董事会一方面要积极领导公司为投资者创造更多的财富,在资本市场上争取到充足的资本,服务好投资者这个"上帝";另一方面还要关注消费者的利益和需求,在产品市场上获取消费者的支持和信任,服务好消费者这个"上帝",从而实现公司的持续发展。通过对公司的董事会治理进行评价,无疑会推动公司董事会治理的改善与优化,从而为董事会建设提供系统性的制度保障。美国《商业周刊》(*Business Week*)很早开始尝试进行董事会治理评价,如表 3-8 所示。

表 3-8　美国《商业周刊》2002 年度最佳和最差的董事会

最佳董事会		最差董事会	
公　司	理　由	公　司	理　由
3M 公司	董事会的独立性强,9 位董事和公司没有任何商业关系和利益联系	苹果电脑	董事长持股仅两股,董事身份引起质疑,例如经销商担任薪酬委员会中的董事;董事会送昂贵飞机给董事长
艾博雅健康集团	股东中有 3 位积极主义者,当他们发现董事长之妻担任公司职务后,随即提出撤换董事长	康赛克公司	即使公司股价大跌,董事会仍给董事长 800 万美元的红利;每次独立董事开会时,董事长一定要出席
高露洁	董事们的投入程度高,董事会成员很少在多家公司兼任董事;在董事委任状上已列明公司治理方面的内容	狄拉百货	董事会没有设置提名委员会,董事由董事长来确定
通用电气	公司董事会中人才济济,公司不断创造股东价值;董事会的独立性逐渐得到改善	盖普	公司的一些业务,例如店面装修由董事长弟弟来进行;董事会成员互锁问题严重,首席执行官业绩差,但迟迟不能更换
家得宝	董事会中仅有两位内部董事,其他均为外部董事,独立董事定期召开会议,董事长不参与独立董事会议;每年董事会须考察 20 家公司的分店	凯马特百货	疏于监督,以致会计、盈余修正和薪资措施纷遭调查;坐视公司破产而无作为;核准贷款给 25 位主管
强生	公司的独立董事都持有大量公司股票;在所有董事成员中,只有一人身兼四家以上公司的董事	奎斯特通公司	公司创办人与公司关联交易频繁,并列席公司的薪酬委员会;公司虽然业绩差,但董事长报酬优厚;独立董事不懂业务
美敦力公司	董事会成员定期集会,并且董事长不出席,董事业绩衡量机制相当健全	泰森食品	2/3 的公司董事跟公司有私人关系,其中,7 位董事与公司有商业往来,在公司的一次并购活动中,董事长获得 210 万美元奖金
辉瑞制药	独立董事集会时,董事长一般不出席;董事长不在审计、薪酬和提名委员会中任职	施乐	公司财务报告有很多疑点,股价持续下降,公司产品技术落后,董事兼职情况非常严重;董事自己开的律师事务所承担公司的法律事务
德州仪器	董事会独立性强,外部股东对公司投资比例大		

（资料来源：http://finance.sina.com.cn 2002 年 9 月 30 日。）

董事会治理评价的开展可以从董事会履职基础层面,延伸至董事会结构完善及机制优化层面,最终体现在董事会在公司行为以及治理风险防范中发挥的重要作用。在现代公司的双重委托代理问题下,董事会是否能够抑制管理层对股东利益偏离的机会主义行为,是否能够克制控股股东的利益攫取行为而实现全部股东的财富最大化,在一定程度上取决于董事会职能边界及权利配属等基本理论问题的明晰化。在实践层面,董事会的薪酬制定权利、提名权利、针对董事会议案的异议权利等在很多情况下也被"剥夺",造成董事职能的虚化问题。董事会结构建设是董事会治理提升的基础,但仅具有完善的董事会治理结构还远不能实现董事会的高效运作,结构建设向机制优化的转型是提升现阶段我国上市公司董事会治理质量的关键环节。从关注董事会规模、董事会会议次数、董事会专业委员会设立情况、董事的专业背景等角度转向董事会议案决议、独立董事意见内容、董事会会议质量、董事团队氛围、董事会专业委员会履职状况等方面,是现有研究面临的较大挑战。科学决策是董事会治理的重要目标,董事会在对公司行为的影响中扮演了重要的角色。完善的董事会治理结构、高效的董事会治理机制推动了公司科学的投融资决策、生产经营决策,并保证了公司财务质量的高水平。董事会作为公司治理的核心,其关键职责在于防范各种可能的治理风险。董事会应以治理风险防范为导向,建立适当的风险控制结构和机制,有效识别和控制公司运营中面临的各种治理风险,防止治理风险的累积和爆发。探讨治理风险导向的董事会治理机制和风险防控机制,搭建嵌入治理风险的董事会治理分析框架对于董事会治理研究具有重要的意义。

　　在已有评价指标体系和有关评价研究成果的基础上,结合我国上市公司董事会治理现状,以董事诚信、勤勉义务为核心,南开大学中国公司治理研究院公司治理评价课题组从董事权利与义务、董事会运作效率、董事会组织结构、董事薪酬、独立董事制度5个维度,构筑了一套包括24个指标的中国上市公司董事会治理评价指标体系,并以此为标准对上市公司董事会治理状况进行评价分析,如表3-9所示。

　　第一,董事权利与义务。董事在公司的权利结构中具有特定的法律地位,同时还需承担特定的法律责任和义务。董事的来源、履职状况等会对董事权利与义务的履行状况产生重要的影响,从而在一定程度上决定了董事会治理的质量。对董事权利与义务状况进行的评价有助于提升董事会治理的质量。董事权利与义务主要考察董事来源、培训、履职的诚信勤勉情况等。董事权利与义务的评价指标主要包括:董事权利与义务状态;董事赔偿责任制度;股东董事比例;董事年龄构成;董事专业背景;董事在外单位的任职情况。

　　第二,董事会运作效率。董事会作为公司的核心决策机构,承担着制定公司战略并对经理层实施有效监督的责任。董事会的运作效率直接决定着董事会职责的履行状况以及公司目标的实现程度。高效率的董事会运作有助于董事会更好地履行职责,制定更科学的公司发展规划,更有效率地监督管理人员,从而提升公司的持续价值创造能力。董事会运作效率主要考察董事会运作状况,以反映董事会功能与作用的实现状态。董事会运作效率的评价指标主要包括:董事会规模,董事长与总经理的两权分离状态,董事与高管的职位重合情况,董事会成员的性别构成,董事会召开程序,董事会会议情况。

　　第三,董事会组织结构。董事会组织结构界定了董事会内部分工与协作的方式、途径等。董事会专业委员会的设立情况、董事的兼任情况等都会影响到董事会的运作。只有董事会内部权责分明、组织健全,才能保证董事会职责的履行。合理的董事会组织结构是董事会高效运转的前提。董事会组织结构主要考察董事会领导结构和专业委员会运行状况。董事会组织结构的评价指标主要包括:董事会战略委员会的设置;审计委员会的设置;薪酬与考核委员会的设置；提名委员会的设置；其他专业委员会的设置。

表 3-9　中国上市公司董事会治理评价指标体系

主因素层	子因素层	说　明
董事权利与义务	董事的权利与义务状态	考察董事权利与义务清晰界定的程度
	董事赔偿责任制度	考察董事的责任履行
	股东董事比例	考察具有股东背景董事的比例
	董事年龄构成	考察董事年龄情况，尤其是大龄董事
	董事专业背景	考察董事的专业背景
	董事在外单位的任职情况	考察董事义务履行的时间保障
董事会运作效率	董事会规模	考察董事会人数情况
	董事长与总经理的两权分离状态	考察董事长与总经理的兼任情况
	董事与高管的职位重合情况	考察董事与高管的兼任情况
	董事会性别构成	考察董事会中女性董事的比例情况
	董事会会议情况	考察董事会的工作效率
董事会组织结构	战略委员会的设置	考察战略委员会的设置
	审计委员会的设置	考察审计委员会的设置
	薪酬与考核委员会的设置	考察薪酬与考察委员会的设置
	提名委员会的设置	考察提名委员会的设置
	其他专业委员会的设置	考察其他专业委员会的设置
董事薪酬	董事薪酬水平	考察董事报酬水平的激励约束状况
	董事薪酬形式	考察董事报酬结构的激励约束状况
	董事绩效评价标准的建立情况	考察董事绩效标准的建立
独立董事制度	独立董事专业背景	考察独立董事的专业背景
	独立董事兼任情况	考察独立董事在外单位的任职情况
	独立董事比例	考察董事会独立性
	独立董事激励	考察独立董事激励约束状况
	独立董事履职情况	考察独立董事参加会议情况

（资料来源：南开大学中国公司治理研究院"中国公司治理评价系统"。）

　　第四，董事薪酬。公司的董事承担着制定公司战略决策和监督管理人员的责任，并且要履行勤勉义务和诚信义务。在赋予董事责任和义务的同时，给予董事合适的薪酬至关重要。具有激励效果的薪酬组合能够促进董事提高自身的努力程度，提高董事履职的积极性，促使董事与股东利益的趋同，并最终提升公司的核心竞争力。董事薪酬主要考察董事激励约束状况，包括短期激励和长期激励。董事薪酬的评价指标主要包括：董事在公司的领薪状况，董事的现金薪酬状况，董事持股情况，董事股权激励计划的制定及实施。

　　第五，独立董事制度。独立董事制度为上市公司的董事会引入了具有客观立场的独立董事。这些独立董事独立于上市公司，与上市公司之间没有利益关联，在一定程度上能够客观地发表见解，从而保护公司投资者的利益。在我国"一股独大"的股权结构下，需要建立独立董事制度来保证董事会的独立性以及决策的科学性。独立董事制度主要考察公司董事会的独立性及独立董事的职能发挥状况。独立董事制度的评价指标主要包括：独立董事比例，独立董事的专业背景，独立董事兼任情况，独立董事比例，独立董事激励和独立董事履职情况。

　　2013 年中国上市公司样本量为 2 470 家，董事会治理指数的平均值为 61.74，中位数为

61.78,标准差为 2.09。从董事会治理的 5 个主要因素来看,董事会组织结构指数得分最高,平均值为 68.70;董事权利与义务指数的平均值次之,为 63.71;独立董事制度指数和董事薪酬指数位于中间,其平均值分别为 60.63 和 59.30;董事会运作效率指数的平均值最低,为 58.44。从董事会分指数的公司间差异情况来看,上市公司在董事会组织结构、董事薪酬、董事权利与义务指数方面的差异程度较大,其标准差分别为 5.91、5.68 和 4.68;而在独立董事制度、董事会运作效率方面,上市公司之间的差异程度较小,其标准差分别为 3.84 和 3.08。如表 3-10 所示。

表 3-10 中国上市公司董事会治理状况描述性统计

项　　目	平均值	中位数	标准差	极差	最小值	最大值
董事会治理指数	61.74	61.78	2.09	13.72	54.53	68.25
董事权利与义务	63.71	63.63	4.68	25.50	49.24	74.74
董事会运作效率	58.44	58.58	3.08	24.75	39.14	63.88
董事会组织结构	68.70	70.81	5.91	32.19	51.50	83.69
董事薪酬	59.30	58.08	5.68	26.77	50.50	77.27
独立董事制度	60.63	60.85	3.84	25.00	48.73	73.73

(资料来源:南开大学中国公司治理研究院公司治理数据库。)

董事会治理指数的平均水平在 2004—2013 年期间呈现出不断上升的趋势,主要体现在董事权利与义务、董事会组织结构、董事薪酬、独立董事制度指数等方面,其平均水平在 10 年期间均呈现出了不断提升的态势。具体而言,董事权利与义务指数的平均水平在 2004—2011 年期间不断提升,但是在 2012 年度出现回落,2013 年仍略有下降,最大值出现在 2011 年,为 66.43;董事会运作效率指数的均值在 10 年期间波动性较大,2009 年达到最大值 63.16,而后连续三年呈现出下降趋势,2013 年略有回升;董事会组织机构指数从 2007 年开始呈现逐年上升的态势;董事薪酬指数的均值在 10 年期间先下降后上升,2008 年达到最大值 56.6 后又下降,而后连续四年呈现出上升的趋势。如表 3-11 和图 3-6 所示。

表 3-11 中国上市公司董事会治理指数描述性统计 10 年比较

年份	董事会治理指数	董事权利与义务	董事会运作效率	董事会组织结构	董事薪酬	独立董事制度
2004	52.60	44.38	62.42	47.81	48.49	59.37
2005	53.15	46.04	59.17	46.29	45.86	56.59
2006	55.35	53.26	59.41	55.83	44.79	57.03
2007	55.67	53.62	59.74	55.80	45.76	57.17
2008	57.43	60.06	58.24	56.05	56.60	57.33
2009	57.88	61.63	63.16	60.36	47.55	57.38
2010	60.33	65.09	57.66	67.94	55.56	58.82
2011	60.81	66.43	57.40	68.38	57.14	58.88
2012	61.21	65.17	57.19	68.52	58.50	59.97
2013	61.74	63.71	58.44	68.70	59.30	60.63

(资料来源:南开大学中国公司治理研究院公司治理数据库。)

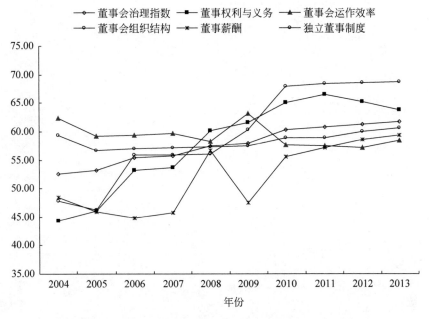

图 3-6 中国上市公司董事会治理指数平均值 10 年比较

（资料来源：南开大学中国公司治理研究院公司治理数据库。）

监事会治理

Corporate Governance Handbook

Corporate governance is the system by which companies are directed and controlled. Boards of directors are responsible for the governance of their companies. The shareholders' role in governance is to appoint the directors and the auditors and to satisfy themselves that an appropriate governance structure is in place.

Cadbury Report（1992）

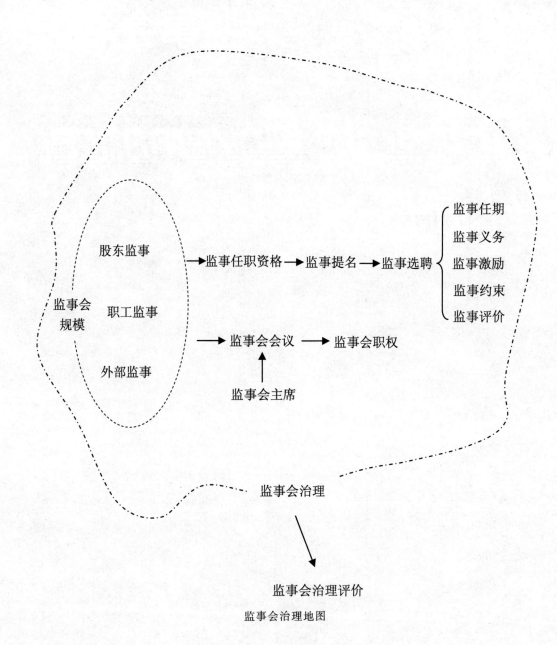

股东监事

职工监事

外部监事

监事会规模

监事任职资格 → 监事提名 → 监事选聘 ⎱ 监事任期
监事义务
监事激励
监事约束
监事评价

监事会会议 → 监事会职权

监事会主席

监事会治理

监事会治理评价

监事会治理地图

169. 监事会治理[①]

世界各国的公司内部监督机制主要有三种类型：其一，并列型（以日本为代表）；其二，双层型（以德国为代表）；其三，单一型（以美国为代表）。其中，前两种又被称为"二元制"，在大陆法系国家较为盛行；后一种又被称为"一元制"，流行于英美法系国家。两种模式究竟谁优谁劣，难以定论，因为公司经营的质量业绩等是由多种因素共同决定的；而且这两种模式都是与其公司传统、经营理念、股权结构、资本市场的发展状况以及各种外部环境相联系相适应的，不同内部监督模式的选择都是有其制度背景的（彭真明和江华，2003）。

我国公司监事制度始于 1992 年国家体改委发布的《股份有限公司规范意见》，此前，《民法通则》、《中外合资经营企业法》、《中外合作经营企业法》等法规中，监事、监事会作为监督机关并未出现（李建伟，2004）。1993 年《公司法》总结经验，设相关条文规范公司的监事会制度，2005 年修订《公司法》时对监事会职能进行了强化。我国《公司法》规定设立监事会作为专门的公司监督机关，与董事会平行，共同向股东大会负责并报告工作。这在立法方式上接近日本，而在监事会人员的构成方面，则要求监事会由股东代表和公司职工代表组成，又与德国类似。股东出资建立公司，将公司委托给董事会经营管理，董事会再委托给经理机构负责日常经营管理。只要存在资产委托，就会存在对代理人的监督问题。为保障股东的权益，防止董事会和经理机构滥用职权，必须建立监督机构——监事会。监事会是公司内部的监察机构，负责检查、监督公司经营管理活动。监事会直接对股东大会负责，与董事会具有平行的法律地位。

所谓监事会治理（governance of board of supervisors）指的是在一定的市场与企业环境下，关于监事会结构（如监事会内部各委员会设置，来自不同利益相关者的人员安排）、权力与责任配置以及行为方式的一系列制度安排，具体来说包括监事会规模确定，监事会中股东监事、职工监事和外部监事比例安排，监事的选拔，监事的激励与约束，监事会召开会议次数的规定等，其目标在于实现公司的正常和有序经营。

170. 监事任职资格

监事任职资格（supervisors' competence requirement）是指监事履行职务时所需要具备的条件。由于监事在公司治理中的重要地位，为保证监事地位的独立性，执行职务的有效性、公正性，公司法对监事的任职资格也作出了规定，除了与董事一样的限制条件外，一般来说还有如下条件规定。

（1）持股条件：即监事是否必须持有公司股份，具有股东身份。我国《公司法》没有直接规定监事是否必须持有公司股份，而是规定监事会成员由股东代表和职工代表组成。职工代表无须持有公司股份，对此没有异议；股东代表是否必须持有公司股份则理解不同。

---

① 本词条初稿由东北大学工商管理学院王世权教授提供。

（2）身份条件：即监事是否只限于自然人。我国《公司法》对此虽未明确规定，但结合有关规定和公司实践来看，监事只能由自然人担任。

　　（3）兼职条件：指公司的董事、经理层、财务负责人不得兼任本公司的监事。这是由监事会的性质和职责决定的。我国《公司法》规定："董事、高级管理人员不得兼任监事。"这里的高级管理人员包括了公司经理、副经理、财务负责人、董事会秘书等。

　　另外，我国《公司法》规定下列人员不得担任监事：①无民事行为能力或者限制民事行为能力；②因贪污、贿赂、侵占财产、挪用财产或者破坏社会主义市场经济秩序，被判处刑罚，执行期满未逾五年，或者因犯罪被剥夺政治权利，执行期满未逾五年；③担任破产清算的公司、企业的董事或者厂长、经理，对该公司、企业的破产负有个人责任的，自该公司、企业破产清算完结之日起未逾三年；④担任因违法被吊销营业执照、责令关闭的公司、企业的法定代表人，并负有个人责任的，自该公司、企业被吊销营业执照之日起未逾三年；⑤个人所负数额较大的债务到期未清偿。

　　《上市公司治理准则》指出监事应具有法律、会计等方面的专业知识或工作经验。监事会的人员和结构应确保监事会能够独立有效地行使对董事、经理和其他高级管理人员及公司财务的监督和检查。

171. 监事提名

　　监事提名（supervisors' nomination）是指监事在选聘前的提名环节。对于一般公司而言，只有董事和经理的提名存在一定的规范要求；而对于一般公司的监事而言，并无明确的法律法规，多数的做法为股东提名并选聘，而且是大股东。这其中职工监事是例外，一般由职工代表大会等提名选举产生。我国《上市公司治理准则》指出，上市公司董事会可以按照股东大会的有关决议，设立战略、审计、提名、薪酬与考核等专门委员会。专门委员会成员全部由董事组成，其中提名委员会、审计委员会、薪酬与考核委员会中独立董事应占多数并担任召集人，审计委员会中至少应有一名独立董事是会计专业人士。提名委员会的主要职责是：①研究董事、经理人员的选择标准和程序并提出建议，②广泛搜寻合格的董事和经理人员的人选，③对董事候选人和经理人选进行审查并提出建议。但对于监事提名问题并没有详细的相关规定。现实中的做法一般是在公司章程中对监事的提名方式和程序进行规定，《上市公司章程指引》第八十二条规定："董事、监事候选人名单以提案的方式提请股东大会表决。……"

　　在我国，《股份制商业银行公司治理指引》明确提出，监事会应当设立提名委员会，负责拟定监事的选任程序和标准，对监事的任职资格和条件进行初步审核，并向监事会提出建议。提名委员会应当由外部监事担任负责人。这是目前唯一比较明确给出监事提名主体和程序的文件。

172. 监事选聘

　　监事选聘（supervisors' selection）是指在提名基础上进行的选择和聘任工作。《公司法》第三十七条第二项规定："由股东会选举和更换非由职工代表担任的董事、监事，决定有关董事、监事的报酬事项";《公司法》第五十一条规定:"……。监事会中的职工代表由公司职工通过职工代表大会、职工大会或者其他形式民主选举产生。"

股东大会选举监事,可以依照公司章程的规定或者股东大会的决议,实行累积投票制。对于国有独资公司,监事会成员由国有资产监督管理机构委派;但是,监事会成员中的职工代表由公司职工代表大会选举产生。

173. 监事任期

监事任期(supervisors' tenure)是指监事担任该职务的期限。我国《公司法》规定,监事的任期每届为三年。当然,监事任期届满,可以连选连任。监事任期届满未及时改选,或者监事在任期内辞职导致监事会成员低于法定人数的,在改选出的监事就任前,原监事仍应当依照法律、行政法规和公司章程的规定,履行监事职务。

174. 监事义务

监事义务(supervisors' duty)是指同董事、高级管理人员一样,监事应当遵守法律、行政法规和公司章程,对公司负有的忠实义务和勤勉义务。监事不得利用职权收受贿赂或者其他非法收入,不得侵占公司的财产。股东会或者股东大会要求监事列席会议的,监事应当列席并接受股东的质询。《公司法》第一百五十一条规定:"董事、监事、高级管理人员有本法第一百四十九条规定的情形的(董事、监事、高级管理人员执行公司职务时违反法律、行政法规或者公司章程的规定,给公司造成损失的,应当承担赔偿责任),有限责任公司的股东、股份有限公司连续180日以上单独或者合计持有公司1%以上股份的股东,可以书面请求监事会或者不设监事会的有限责任公司的监事向人民法院提起诉讼;监事有本法第一百四十九条规定的情形的,前述股东可以书面请求董事会或者不设董事会的有限责任公司的执行董事向人民法院提起诉讼。监事会、不设监事会的有限责任公司的监事,或者董事会、执行董事收到前款规定的股东书面请求后拒绝提起诉讼,或者自收到请求之日起30日内未提起诉讼,或者情况紧急、不立即提起诉讼将会使公司利益受到难以弥补的损害的,前款规定的股东有权为了公司的利益以自己的名义直接向人民法院提起诉讼。他人侵犯公司合法权益,给公司造成损失的,本条第一款规定的股东可以向人民法院提起诉讼。"

175. 监事激励

公司实行典型的委托代理体制。股东出资建立公司,将公司委托给董事会经营管理,董事会再委托给经理机构负责日常经营管理。只要存在资产委托,就会存在对代理人的监督问题。为保障股东的权益,防止董事会和经理机构滥用职权,必须建立监督机构——监事会。监事会是公司内部的监察机构,负责检查、监督公司经营管理活动。监事会直接对股东大会负责,与董事会具有平行的法律地位。

监事作为股东的代理人,与股东之间形成了委托代理关系,由于监事也是经济人,与委托人利益目标指标也必然存在一定的偏离。所谓监事激励(supervisors' incentive)是指为了监事更好地为股东利益服务,有效发挥其监督作用,对其采取的各种积极措施。例如,除了最基本的薪酬激励,还可以给予一定股份以进行长期激励。缺乏对监事的有效激约束机制是监事会制度失效的除监事会成员的任免机制与人员构成先天不足、监事会的权力缺乏实质性内容同时也缺少基本保障之外的第三大原因之一(李建伟,2004)。

　　《公司法》第五十六条规定:"监事会、不设监事会的公司的监事行使职权所必需的费用,由公司承担。"这实际上是一种变相的激励。

　　我国上市公司监事会、监事会主席持股数量和持股比例如表 4-1、表 4-2、表 4-3 和表 4-4 所示。

表 4-1　我国上市公司监事持股数量统计　　　　　　　　　单位:股

年份	平均值	中位数	标准差	极差	最小值	最大值
1998	36 529	11 592	374 848	10 619 240	0	10 619 240
1999	22 860	9 322	80 770	2 000 010	0	2 000 010
2000	19 615	4 868	76 313	2 000 010	0	2 000 010
2001	22 374	2 400	178 060	5 704 436	0	5 704 436
2002	28 691	0	278 053	7 567 300	0	7 567 300
2003	59 987	0	594 611	11 253 000	0	11 253 000
2004	86 777	0	710 385	16 320 000	0	16 320 000
2005	99 555	0	797 162	14 178 100	0	14 178 100
2006	137 289	0	1 063 482	22 680 000	0	22 680 000
2007	244 911	0	1 579 663	38 556 000	0	38 556 000
2008	326 581	0	2 702 335	72 687 674	0	72 687 674
2009	411 864	0	3 110 874	94 493 977	0	94 493 977
2010	675 109	0	3 854 969	94 645 605	0	94 645 605
2011	857 413	0	4 912 587	121 577 010	0	121 577 010
2012	961 031	0	5 266 859	121 397 010	0	121 397 010
1998—2012	334 707	0	2 843 869	121 577 010	0	121 577 010

(资料来源:CCER 数据库。)

表 4-2　我国上市公司监事持股比例统计　　　　　　　　　单位:%

年份	平均值	中位数	标准差	极差	最小值	最大值
1998	0.02	0.01	0.14	3.94	0.00	3.94
1999	0.01	0.00	0.05	1.43	0.00	1.43
2000	0.01	0.00	0.05	1.43	0.00	1.43
2001	0.01	0.00	0.08	2.49	0.00	2.49
2002	0.01	0.00	0.17	4.74	0.00	4.74
2003	0.03	0.00	0.41	11.14	0.00	11.14
2004	0.06	0.00	0.47	8.57	0.00	8.57
2005	0.05	0.00	0.42	7.03	0.00	7.03
2006	0.07	0.00	0.70	19.69	0.00	19.69

年份	平均值	中位数	标准差	极差	最小值	最大值
2007	0.16	0.00	1.15	27.04	0.00	27.04
2008	0.15	0.00	1.09	27.04	0.00	27.04
2009	0.24	0.00	1.41	27.04	0.00	27.04
2010	0.37	0.00	1.60	27.04	0.00	27.04
2011	0.39	0.00	1.57	23.68	0.00	23.68
2012	0.25	0.00	1.24	18.99	0.00	18.99
1998—2012	0.15	0.00	1.03	27.04	0.00	27.04

（资料来源：CCER 数据库。）

表 4-3　我国上市公司监事会主席持股数量统计　　　单位：股

年份	平均值	中位数	标准差	极差	最小值	最大值
1998	11 787	2 231	107 440	2 964 410	0	2 964 410
1999	7 298	0	37 658	1 000 005	0	1 000 005
2000	6 613	0	35 749	1 000 005	0	1 000 005
2001	8 995	0	98 803	3 089 054	0	3 089 054
2002	15 670	0	187 310	4 606 200	0	4 606 200
2003	22 072	0	252 724	5 626 500	0	5 626 500
2004	37 015	0	350 329	6 985 400	0	6 985 400
2005	42 037	0	402 962	8 909 025	0	8 909 025
2006	66 998	0	773 934	22 680 000	0	22 680 000
2007	129 330	0	1 301 747	38 556 000	0	38 556 000
2008	185 115	0	1 999 659	68 518 819	0	68 518 819
2009	247 023	0	2 473 590	89 074 465	0	89 074 465
2010	380 488	0	2 729 589	89 074 465	0	89 074 465
2011	501 107	0	3 447 681	115 796 804	0	115 796 804
2012	326 125	0	3 225 853	115 796 804	0	115 796 804
1998—2012	169 601	0	2 014 581	115 796 804	0	115 796 804

（资料来源：CCER 数据库。）

表 4-4　我国上市公司监事会主席持股比例统计　　　单位：%

年份	平均值	中位数	标准差	极差	最小值	最大值
1998	0.01	0.00	0.04	1.10	0.00	1.10
1999	0.00	0.00	0.02	0.71	0.00	0.71
2000	0.00	0.00	0.02	0.71	0.00	0.71
2001	0.00	0.00	0.05	1.35	0.00	1.35
2002	0.01	0.00	0.11	2.88	0.00	2.88
2003	0.02	0.00	0.21	5.57	0.00	5.57
2004	0.03	0.00	0.30	5.67	0.00	5.67
2005	0.03	0.00	0.27	4.85	0.00	4.85

续表

年份	平均值	中位数	标准差	极差	最小值	最大值
2006	0.04	0.00	0.59	19.69	0.00	19.69
2007	0.08	0.00	0.93	27.04	0.00	27.04
2008	0.09	0.00	0.90	27.04	0.00	27.04
2009	0.15	0.00	1.09	27.04	0.00	27.04
2010	0.21	0.00	1.12	27.04	0.00	27.04
2011	0.24	0.00	1.11	15.85	0.00	15.85
2012	0.12	0.00	0.76	15.85	0.00	15.85
1998—2012	0.09	0.00	0.76	27.04	0.00	27.04

（资料来源：CCER 数据库；2009 年最大值来自广东嘉应制药股份有限公司，其监事会主席黄小彪持股总数为 22 170 750，比例达到 27.04%。）

176. 监事约束

所谓监事约束（supervisors' restraint）是指为了有效发挥监事的监督作用，而对监事进行的负激励，例如对其进行评价和问责等。实践中，由于立法缺陷以及诸多原因，监事会更多的是作为公司的摆设。在上市公司不断爆发的经营黑幕中，监事会的监督功效几近于零，监事会遂被讽喻为"聋子的耳朵"、"没牙的老虎"。实际上，无论是"一元制"，还是"二元制"，都可能存在监督无效的问题，监督是否有力，其根本并不取决于制度选择，而在于制度本身的运作机制是否恰当。总体说来，在原《公司法》框架下，我国监事会制度失灵的主要原因在于：第一，监事会成员的任免机制与人员构成不合理，监事会的独立性无从保障；第二，监事会缺乏刚性权力；第三，对监事缺乏必要的激励机制和相应的约束机制。原《公司法》对监事的义务、责任的规定过于简单，尤其是对于监事怠于行使职权、渎职等不合法行为的法律责任更是缺乏基本的规定，这似乎从反面鼓励监事的"无所事事"。

2006 年《公司法》进行了大刀阔斧的革新，监事约束机制初步建立。《公司法》强调监事应与董事一样，"对公司负有忠实义务和勤勉义务"，并设立了股东派生诉讼制度，完善对监事的责任追究机制。公司的控股股东、实际控制人、董事、监事、高级管理人员不得利用其关联关系损害公司利益。违反上述规定，给公司造成损失的，应当承担赔偿责任。公司董事、监事、高级管理人员应当向公司申报所持有的本公司的股份及其变动情况，在任职期间每年转让的股份不得超过其所持有本公司股份总数的 25%；所持本公司股份自公司股票上市交易之日起一年内不得转让。上述人员离职后半年内，不得转让其所持有的本公司股份。公司章程还可以对公司董事、监事、高级管理人员转让其所持有的本公司股份作出其他限制性规定。

177. 监事评价

监事评价（supervisors' appraisal）指的是对监事胜任能力的评价和监事任期内履行职责情况进行的评价，是监事会治理评价的重要组成部分。监事胜任能力评价可在选聘以及各年度进行。监事履职评价按年度进行,由监事会组织实施。《上市公司治理准则》规定,上市公司应建立公正透明的董事、监事和经理人员的绩效评价标准和程序。监事的评价应采取自我评价与相互评价相结合的方式进行。

178. 监事会会议

监事会会议(meeting of board of supervisors)是监事为更好地履行监督职责而召开的会议,其中涉及监事会会议的召集、议事规则和表决程序等问题。相对于董事会会议来说,《公司法》相关规定简单,主要由公司章程自行确定。有限责任公司监事会每年度至少召开一次会议,股份有限公司监事会每 6 个月至少召开一次会议。监事可以提议召开临时监事会会议。监事会的议事方式和表决程序,除公司法有规定的外,由公司章程规定。监事会决议应当经半数以上监事通过。监事会应当对所议事项的决定做成会议记录,出席会议的监事应当在会议记录上签名。我国上市公司监事会会议情况如图 4-1 所示。

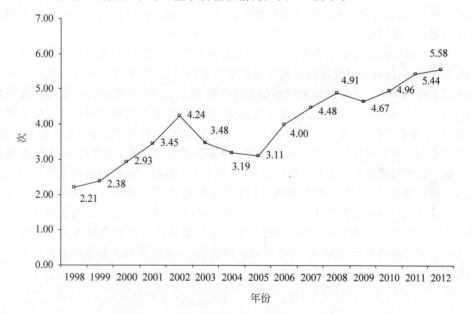

图 4-1　我国上市公司监事会的会议次数统计
(资料来源：CCER 数据库。)

《上市公司治理准则》第六十五条规定："上市公司应在公司章程中规定规范的监事会议事规则。监事会会议应严格按规定程序进行。"第六十六条规定："监事会应定期召开会议,并根据需要及时召开临时会议。监事会会议因故不能如期召开,应公告说明原因。"第六十七条规定："监事会可要求公司董事、经理及其他高级管理人员、内部及外部审计人员出席监事会会议,回答所关注的问题。"第六十八条规定："监事会会议应有记录,出席会议的监事和记录人应当在会议记录上签字。监事有权要求在记录上对其在会议上的发言作出某种说明性记载。监事会会议记录应作为公司重要档案妥善保存。"

179. 监事会职权

监事会职权(function of board of supervisors)是指监事会依据相关法律法规可以行使的权利。根据《公司法》第五十三条规定："监事会、不设监事会的公司的监事行使下列职权：①检查公司财务；②对董事、高级管理人员执行公司职务的行为进行监督，对违反法律、行政法规、公司章程或者股东会决议的董事、高级管理人员提出罢免的建议；③当董事、高级管理人员的行为损害公司的利益时，要求董事、高级管理人员予以纠正；④提议召开临时股东会会议，在董事会不履行公司法规定的召集和主持股东会会议职责时召集和主持股东会会议；⑤向股东会会议提出提案；⑥依照公司法第一百五十一条的规定，对董事、高级管理人员提起诉讼；⑦公司章程规定的其他职权。"

监事可以列席董事会会议，并对董事会决议事项提出质询或者建议。监事会、不设监事会的公司的监事发现公司经营情况异常，可以进行调查；必要时，可以聘请会计师事务所等协助其工作，费用由公司承担。对于国有独资公司，监事会行使上述①、②和③规定的职权及国务院规定的其他职权。

李爽和吴溪(2003)考察了作为公司内部监督机制之一的监事会将对注册会计师的保留意见持何种态度，研究的经验证据并未发现监事会在公司治理，尤其是在对外部审计的支持方面发挥了预期作用。而薛祖云和黄彤(2003)选取 2001、2002 年度被出具非标准无保留意见的公司作为测试样本，发现我国的董事会制度、监事会制度在监督公司财务方面发挥了一定作用，其中董事会会议、监事会会议频率，持股董事、监事的数量和比例，独立董事数量，监事会规模等与公司会计信息质量呈显著相关；而董事会规模因素、灰色监事、名誉监事等却未对公司会计信息质量的改善产生影响。袁萍、刘士余和高峰(2006)对我国上市公司董事会和监事会的结构特征对公司业绩的影响进行了实证研究，采用 1999—2003 年大样本 Panel 数据，发现：从整体上看，董事会对公司业绩有显著影响，而监事会对公司业绩无显著影响。在2006 年《公司法》修订之前，对于监事会行使上述职权效果的实证研究总体来说多数支持无效或者弱有效的结论；而《公司法》对监事会职能强化后，理论界对于监事会监督效果的实证研究较少见。

180. 监事会规模

监事会规模(size of board of supervisors)是指监事会的总人数。一定数量的监事是监事会履行其监督作用的有力保障。《公司法》规定，有限责任公司和股份有限公司设监事会，其成员不得少于 3 人。股东人数较少或者规模较小的有限责任公司，可以设 1～2 名监事，不设监事会。监事会应当包括股东代表和适当比例的公司职工代表，其中职工代表的比例不得低于 1/3，具体比例由公司章程规定。监事会中的职工代表由公司职工通过职工代表大会、职工大会或者其他形式民主选举产生。对于国有独资公司，监事会成员不得少于 5 人，其中职工代表的比例不得低于 1/3，具体比例由公司章程规定。我国上市公司监事会规模情况如图 4-2 所示。

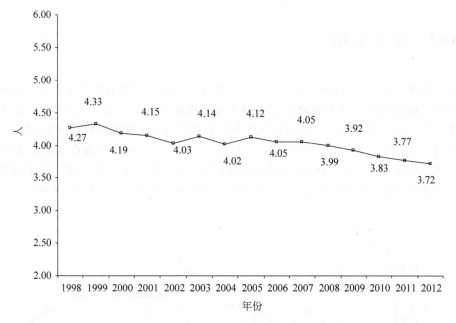

图 4-2　我国上市公司监事会规模统计
（资料来源：CSMAR 数据库。）

181. 监事会主席

监事会主席（chairman of board of supervisors）是公司监事会的召集人，我国《公司法》对不同类型公司的监事会主席选举和设立等进行了规定。①有限责任公司监事会设主席一人，由全体监事过半数选举产生。监事会主席召集和主持监事会会议；监事会主席不能履行职务或者不履行职务的，由半数以上监事共同推举一名监事召集和主持监事会会议。②股份有限公司监事会设主席一人，可以设副主席。监事会主席和副主席由全体监事过半数选举产生。监事会主席召集和主持监事会会议；监事会主席不能履行职务或者不履行职务的，由监事会副主席召集和主持监事会会议；监事会副主席不能履行职务或者不履行职务的，由半数以上监事共同推举一名监事召集和主持监事会会议。③对于国有独资公司，监事会主席由国有资产监督管理机构从监事会成员中指定。

182. 股东监事

股东监事（shareholder supervisors）是指有限责任公司或股份有限公司的监事会中代表公司股东利益，检查公司财务，监督董事、经理活动的，由公司股东在股东大会或股东会选举产生的监事。股东监事一般在公司母公司任职并领取薪酬，而不在监督的公司领取薪酬。

183. 职工监事

职工监事(employee supervisors)是指有限责任公司或者股份有限公司的监事或监事会中代表职工利益,负责检查公司财务,监督董事经理活动的,由职工民主选举产生的职工充任的监事。《公司法》规定,监事会应当包括股东代表和适当比例的公司职工代表,其中职工代表的比例不得低于 1/3,无论是股份有限公司,还是有限责任公司以及国有独资公司,具体比例由公司章程规定。监事会中的职工代表由公司职工通过职工代表大会、职工大会或者其他形式民主选举产生。我国上市公司职工监事数量和比例统计如图 4-3 和图 4-4 所示。

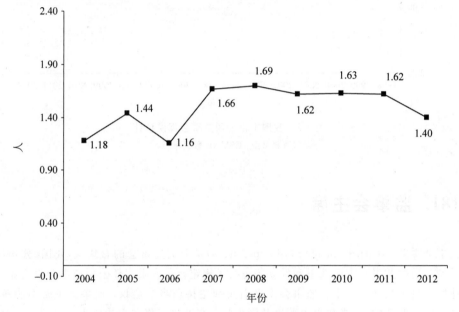

图 4-3　我国上市公司职工监事数量统计

(资料来源:南开大学中国公司治理研究院公司治理数据库。)

为了推动建立和完善中国特色的现代企业制度,保障职工民主决策、民主管理、民主监督的权利,建立和谐稳定的劳动关系,促进企业健康发展,2006 年中华全国总工会推出《关于进一步推行职工董事、职工监事制度的意见》文件,内容涉及四个方面:第一,充分认识推行职工董事、职工监事制度的重要性和必要性;第二,进一步规范职工董事、职工监事制度(具体内容包括职工董事、职工监事人选的条件和人数比例;职工董事、职工监事的产生程序;职工董事、职工监事的职责;职工董事、职工监事的任期、补选、罢免);第三,正确处理职工董事、职工监事与公司工会、职代会的关系;第四,加强对职工董事、职工监事制度建设工作的领导。

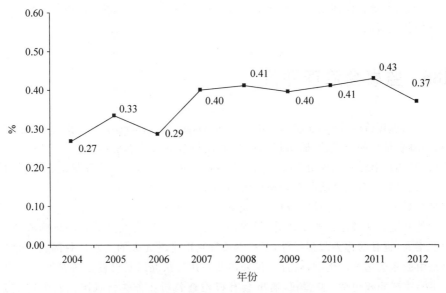

图 4-4　我国上市公司职工监事比例统计

（资料来源：南开大学中国公司治理研究院公司治理数据库。）

184. 外部监事

目前，我国《公司法》对外部监事没有作出明确规定。《公司法》仅规定，有限责任公司和股份有限公司的监事会应当包括股东代表和适当比例的公司职工代表。实践中，公司的监事会由上述两类人士担任带来的问题是监事会的独立性不足，很难对公司的经营管理进行有效的监督。而引进除了股东监事和职工监事之外的外部监事（outside supervisors），能够加强监事会的独立性和监督力量。外部监事制度的优势在于被选任的外部监事与公司经营管理层之间不存在利害关系，其对董事、经理的制约不会出于私利，可以大胆、独立地行使监督权，从而增强监事会的客观性和独立性。

2002 年《股份制商业银行公司治理指引》明确提出商业银行应当建立外部监事制度。外部监事与商业银行及其主要股东之间不应存在影响其独立判断的关系。外部监事在履行职责时尤其要关注存款人和商业银行整体利益。外部监事报酬应当比照独立董事执行。外部监事的任职资格、产生程序、权利义务以及工作条件应当符合中国人民银行的规定。

2002 年《股份制商业银行独立董事和外部监事制度指引》规定，商业银行监事会中至少应当有两名外部监事。外部监事由股东提名，经股东大会选举产生。同一股东只能提出一名独立董事或外部监事候选人，不得既提名独立董事又提名外部监事。商业银行的外部监事应当具备较高的专业素质和良好信誉，且同时应当满足以下条件：①具有本科（含本科）以上学历或相关专业中级以上职称；②具有 5 年以上的法律、经济、金融、财务或其他有利于履行独立董事、外部监事职责的工作经历；③熟悉商业银行经营管理相关的法律法规；④能够阅读、理解和分析商业银行的信贷统计报表和财务报表。外部监事每年为商业银行工作的时间不得少于 15 个工作日。外部监事负有诚信义务，应当勤勉尽责。监事会内设的审计委员会，由外部监事担任负责人。

185. 监事会治理评价

监事会治理评价（appraisal of board of supervisors governance）可以表述为，通过一系列指标，对监事会结构的合理性、监事行为的合法性与监事会治理机制有效性的评价。李维安和王世权（2005）、李维安和郝臣（2006）先后对我国上市公司监事会治理状况进行了大样本的评价，并检验了监事会治理状况对公司绩效的影响。

监事会是上市公司的专设监督机关，完善监事会的监督机制是提高公司治理质量，降低治理风险的关键。从各国公司立法看，尽管对监事会这一履行监督职责的机构称谓不同，有的称为监察人，也有的称为监察役等，但在本质和功能上并无大的差别。我国《公司法》规定，监事会是由股东会选举产生的，履行监督公司业务执行状况以及检查公司财务状况的权力机关。监事会主要职权包括：监督权，监事会有权检查公司业务执行状况以及公司财务状况；弹劾权，监事会有权对违反法律、行政法规、公司章程或者股东大会决议的董事、高级管理人员提出罢免的建议；股东大会的召集权与主持权，监事会有权提议召开临时股东大会会议，在董事会不履行公司法规定的召集和主持股东大会会议职责时召集和主持股东大会会议；提案权，监事会有权向股东大会会议提出提案；起诉权，监事会有权对违反诚信义务的董事、高级管理人员提起诉讼。监事会作为公司内部专门行使监督权的常设监督机构，是公司内部治理结构与机制的一个重要组成部分。监事会监督权的合理安排及有效行使，是防止董事和高管独断专行、保护股东投资权益和公司债权人权益的重要措施。但目前我国上市公司现状是监事会功能不彰，效力不显，监事不独立，未能发挥应有的监督作用，致使监事会在现实中成为花瓶。因此，有必要对上市公司的监事会治理状况进行评价，使我国监事会逐步趋于健全与完善。基于此，从监事会运行状况、监事会结构与规模和监事胜任能力三个方面对我国上市公司监事会参与治理的状况进行评价。

对于监事会治理评价问题的研究，目前国内外基本上处于空白阶段，造成这种现状的原因是多方面的。第一，英美为代表的公司治理模式中没有监事会。在以处于国际主流地位的英美为代表的"一元模式"的公司治理结构中，没有设置监事会，但这并不意味着没有监督机制，其监控主要是通过董事会中下设相关委员会和其中的外部独立董事以及外部市场来实现的。这是与英美国家公众持股公司的股东人数众多、股权高度分散的现状相适应的，由于不可能由各个股东分别或共同监督，大量股东使得代理成本成为一个严重的问题，而且由于搭便车问题的存在，单个股东进行监督的动力不足。因此借助"外脑"力量，即引入外部独立董事对于克服内部利益掣肘不失为明智选择。同时，英美两个国家的经理人市场也比较发达，能够对经营者实施较强的外部监督。因此，尽管国际上一些知名公司治理评价公司，如标准普尔、戴米诺、里昂证券等都已推出了自身的公司治理评价体系，但其中均未单独涉及监事会评价问题。第二，监事会治理评价没有受到足够重视。国内一些证券机构（如海通证券、大鹏证券）在进行中国上市公司治理评价体系研究过程中，主要集中在股东大会治理评价研究（反映在股权结构、股权集中度和股东大会召开情况等方面）、董事会治理评价研究（反映在董事会规模、董事会运作和董事的激励约束等方面）以及信息披露状况方面的评价研究(反映在信息披露的完整性、准确性和有效性),对监事会的评价几乎没有涉及。

对于监事会状况评价研究的欠缺,使我们难以判断作为上市公司三会之一的监事会在公司治理中是否发挥了应有的作用,其治理状况的改进与完善对于提高上市公司治理水平是否发挥着重要的作用。源于此,考虑监事会在我国公司治理结构中的特殊地位,充分借鉴国际上不同公司治理模式中内部监督经验,结合我国上市公司自身环境条件及改革进程,设计出一套能够客观评价上市公司监事会治理状况的指标体系具有重要的理论与现实意义。在我国上市公司中,监事会作为公司内部的专职监督机构,以出资人代表的身份行使监督权力,对股东大会负责。公司监事会的性质决定了它不得进行公司业务活动,对外也不代表公司开展业务。监事会的基本职能是以董事会和总经理为主要监督对象,监督公司的一切经营活动以及财务状况,在监督过程中,随时要求董事会和经理人员纠正违反公司章程的越权行为。对监事会治理的评价以"有效监督"为目标,遵循科学性、可行性和全面性的原则,南开大学中国公司治理研究院公司治理评价课题组从运行状况、规模结构和胜任能力三个方面,设计了 11 个指标的中国上市公司监事会治理评价指标体系,如表 4-5 所示。

表 4-5　中国上市公司监事会治理评价指标体系

主因素层	子因素层	说　明
运行状况	监事会会议次数	考察监事会履行工作职能的基本状况
规模结构	监事会人数	考察监事会履行监督职能的人员基础
	职工监事设置情况	考察监事会代表职工行使监督权力的情况
胜任能力	监事会主席职业背景	考察监事会主席职业背景对其胜任能力的影响
	监事会主席学历	考察监事会主席学历对其胜任能力的影响
	监事会主席年龄	考察监事会主席年龄对其胜任能力的影响
	监事会主席持股状况	考察监事会主席持股状况对其胜任能力的影响
	其他监事职业背景	考察监事职业背景对其胜任能力的影响
	其他监事学历	考察监事学历对其胜任能力的影响
	其他监事年龄	考察监事年龄对其胜任能力的影响
	其他监事持股状况	考察监事持股状况对其胜任能力的影响

(资料来源:南开大学中国公司治理研究院"中国公司治理评价系统"。)

第一,运行状况。监事会是否真正发挥作用以及发挥作用的程度是我们关注的焦点,即监事会是否召开过监事会会议,召开过多少次,其次数高于、等于还是低于我国《公司法》所规定的召开次数。据此,设计了监事会会议次数来衡量监事会运行状况。

第二,规模结构。良好的监事会结构与规模是监事会有效运行的前提条件,为了保证监事会行使监督权的有效性,首先监事会在规模上应该是有效的,其次是监事会在成员的构成上也应该有效。为此,设计了监事会人数和职工监事设置情况来反映监事会结构与规模状况。

第三,胜任能力。有了结构与机制后,没有具体的要素,整个监事会系统也无法正常运转。监事胜任能力包括监事会主席胜任能力和其他监事胜任能力两个方面。由于上市公司是一个占有庞大经济资源的复杂的利益集团,要求监事应具有法律、财务、会计等方面的专业知识或工作经验,具有与股东、职工和其他利益相关者进行广泛交流的能力。监事的学历和年龄等对其开展相应工作的胜任能力也具有重要的影响。监事持股有利于调动其履职的积极性。依据上述思路,设置了监事会主席职业背景、监事会主席学历、监事会主席年龄、监事会主席持股状况来评价监事会主席胜任能力;设置了其他监事职业背景、其他监事年龄、其他监事学历以及其他监事持股状况指标来评价其他监事胜任能力。

　　2013 年中国上市公司样本量为 2 470 家,监事会治理指数的平均值为 57.38,标准差为 7.16,监事会治理指数基本服从正态分布。从监事会指数的三个主要因素来看,样本公司监事会运行状况指数平均值为 67.90;规模结构指数平均值为 49.85;胜任能力指数平均值为 55.88,如表 4-6 所示。

表 4-6　中国上市公司监事会治理状况描述性统计

项　目	平均值	中位数	标准差	极差	最小值	最大值
监事会治理指数	57.38	56.30	7.16	38.81	38.75	77.56
运行状况	67.90	70.00	15.20	50.00	30.00	80.00
规模结构	49.85	40.00	13.95	50.00	30.00	80.00
胜任能力	55.88	55.80	6.05	57.58	17.27	74.85

(资料来源:南开大学中国公司治理研究院公司治理数据库。)

　　从 2004—2013 年连续 10 年监事会治理指数的发展趋势看(如表 4-7 和图 4-5 所示),其平均值呈现总体上升趋势,特别是 2006 年以来更是显示出逐年上升的态势;三个分指数中,运行状况指数 10 年间都呈现出上升趋势,从 2004 年的 58.16 提高到 2013 年的 67.90;规模结构指数波动较大,在 2009 年达到峰值,2010 年有所下降,2013 年监事会规模指数低于 2012 和 2011 年;胜任能力指数自 2004 年至今有较大提高,2013 年平均值与 2012 年持平,为 55.88,远远高于 2004 年的 41.32。

表 4-7　中国上市公司监事会治理指数描述性统计 10 年比较

年份	监事会治理指数	运行状况	规模结构	胜任能力
2004	50.48	58.16	53.06	41.32
2005	51.75	55.02	52.11	48.60
2006	50.93	50.48	43.05	59.21
2007	52.93	59.50	51.52	48.71
2008	54.84	62.44	51.85	51.33
2009	55.97	64.65	54.32	50.19
2010	56.17	64.74	52.56	52.44
2011	57.17	65.92	50.94	55.90
2012	57.35	67.80	49.86	55.88
2013	57.38	67.90	49.85	55.88

(资料来源:南开大学中国公司治理研究院公司治理数据库。)

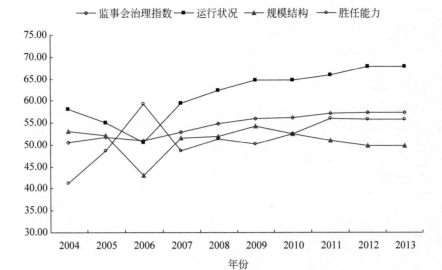

图 4-5　中国上市公司监事会治理指数平均值 10 年比较

（资料来源：南开大学中国公司治理研究院公司治理数据库。）

第四篇

经理层治理

Corporate Governance Handbook

The Modern Corporation and Private Property［M］. The Macmillan Company，1932.

In discussing problems of enterprise it is possible to distinguish between three functions：that of having interests in an enterprise，that of having power over it，and that of acting with respect to it. A single individual may fulfill，in varying degrees，any one or more of these functions … Under the corporate system，the second function，that of having power over an enterprise，has become separated from the first. The position of the owner has been reduced to that of having a set of legal and factual interests in the enterprise while the group which we have called control，are in the position of having legal and factual powers over it.

Adolf Augustus Berle and Gardiner Coit Means

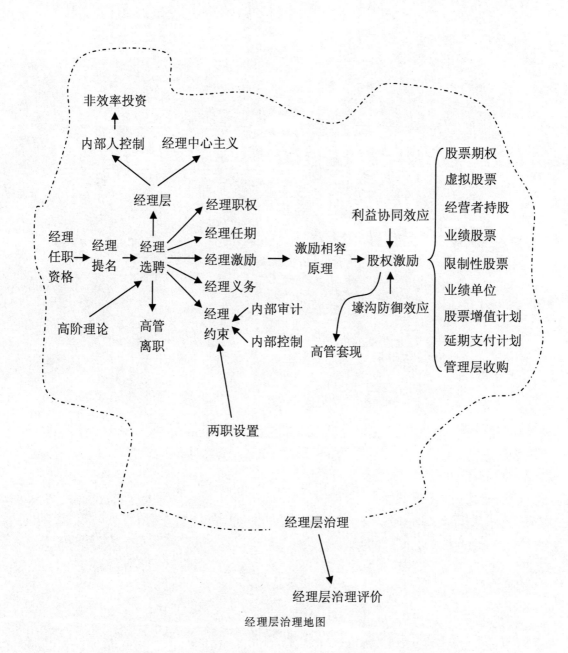

经理层治理地图

186. 经理层治理

在多数国家的公司法中,董事会是公司的决策和执行机构,经理没有独立的法律地位,只是董事会的附属机构。但继所有权与经营权分离之后,公司的经营决策权与经营决策执行权之间又出现进一步的分离。董事会作为经营决策机构,不直接行使公司的日常经营管理权,而是选择具有专门知识、专门技能的职业经理人作为经营代理人。

在我国《公司法》中,经理是公司的雇员,是董事会的经营决策执行机构,负责公司日常经营管理的工作。董事会与经理之间是一种委托代理关系。法律中的“经理”一般指的是总经理,而实践中的“经理”还包括部门经理等。经理人员作为董事会聘任的高级职员,在董事会授权范围内,具体处理公司的日常经营管理事务,并对董事会负责。

所谓经理层治理(managers governance)是指为了有效发挥经理及其所带领的团队在公司治理中的作用,具体来说是有效执行董事会的决策,而进行的各种制度安排。例如,关于总经理的任职资格设计、总经理的职权规定、董事长与总经理的两职设计、经理层的激励约束机制和总经理的业绩考核等。

187. 经理层

经理层(managers)是指对公司有经营权的公司经理人员。《公司法》规定经理对董事会负责,董事会决定经理的聘任或者解聘,副总经理和财务负责人由总经理提名。经理层作为公司的经营者在委托代理关系中属于代理人,也称为经营层。我国上市公司经理层人数统计如表 5-1 所示,经理层具体包括总经理、副总经理等高级管理人员。

表 5-1　我国上市公司经理层人数统计

年份	平均值	中位数	标准差	极差	最小值	最大值
1999	5.79	6	2.42	17	1	18
2000	5.74	6	2.26	18	1	19
2001	5.98	6	2.21	23	1	24
2002	6.03	6	2.15	20	1	21
2003	6.03	6	2.14	19	1	20
2004	6.07	6	2.23	26	1	27
2005	6.19	6	2.74	63	1	64
2006	6.07	6	2.30	21	1	22
2007	6.16	6	2.38	21	1	22
2008	6.21	6	2.44	22	1	23
2009	6.28	6	2.56	44	1	45
2010	6.30	6	2.48	39	1	40
2011	6.43	6	2.41	20	1	21
2012	6.52	6	2.46	19	1	20
1999—2012	6.17	6	2.40	63	1	64

（资料来源：CSMAR 数据库。）

第五篇

188. 高阶理论

Hambrick 和 Mason(1984)提出高阶理论(upper echelons theory),主要观点是,高层管理者的特质(如价值观、认知模式、个性等)影响管理层的战略决策,进而影响高管的战略选择和绩效。由于公司高管的特质很难观察和测量,而高管人口背景特征可以从一个侧面反映高管的特质,所以公司高管的人口特征可以有效地解释高管的绩效。这些人口统计性的特征主要包括年龄、教育背景、任职期限、职业背景、社会经济基础、财务状况等。

高阶理论的意义在于以下几点。①对于学者来说,大大提高预测组织绩效的能力。基于高管特征和战略及绩效的关系,根据高管的特征在一定程度上可以预测组织的战略和绩效。②有利于人力资源部门对组织高管的选择和培养。基于高管特征和战略及绩效的关系,人力资源部门根据公司未来的战略选择具有某些特征的高管或对高管进行适当的培训。③预测竞争对手的行动和反应。基于高管特征和战略及绩效的关系,根据竞争对手高管的特征预测其可能采取的行动或针对自己的策略和行动,预测竞争对手可能采取的反应。

189. 经理提名

经理提名(manager's nomination)是指董事会在选聘经理之前进行的人选范围的确定。我国《上市公司治理准则》要求董事会应成立专门的提名委员会,其主要职责是:①研究经理人员的选择标准和程序并提出建议;②广泛搜寻合格的经理人员的人选;③对经理人候选人进行审查并提出建议。

190. 经理选聘

经理选聘(manager's selection)是指在经理提名基础上进行的选择和聘用工作。我国《公司法》第四十六条规定董事会行使的职权:"……;决定聘任或者解聘公司经理及其报酬事项,并根据经理的提名决定聘任或者解聘公司副经理、财务负责人及其报酬事项。……"《上市公司治理准则》要求,上市公司经理人员的聘任应严格按照有关法律、法规和公司章程的规定进行。任何组织和个人不得干预公司经理人员的正常选聘程序。上市公司应尽可能采取公开、透明的方式,从境内外经理人市场选聘经理人员,并充分发挥中介机构的作用。上市公司应和经理人员签订聘任合同,明确双方的权利义务关系。经理的任免应履行法定的程序,并向社会公告。

191. 经理任职资格

经理由自然人担任,也有任职资格的限制。所谓经理任职资格(manager's competence requirement)是指经理履行董事会委托工作所需要具备的条件。一般来说,对经理任职资格相关法律法规只做一些消极任职资格规定,这一点与董事的任职资格限制基本相同。所不同的是,董事一般从股东中产生,而经理可以不是股东。因为经理所从事的工作专业化程度较高,非一般人能胜任。所以法律就规定把选任经理的范围扩大到股东之外,以便能够选择到更适合管理公司的专业人员。我国法律在管理人员的胜任能力上并没有做出积极的规定,《公司法》在经理的任职资格上仅对不能担任公司经理的情形作了规定。

《公司法》第一百四十六条规定:"有下列情形之一的,不得担任公司的董事、监事、高级管理人员,①无民事行为能力或者限制民事行为能力;②因贪污、贿赂、侵占财产、挪用财产或者破坏社会主义市场经济秩序,被判处刑罚,执行期满未逾五年,或者因犯罪被剥夺政治权利,执行期满未逾五年;③担任破产清算的公司、企业的董事或者厂长、经理,对该公司、企业的破产负有个人责任的,自该公司、企业破产清算完结之日起未逾三年;④担任因违法被吊销营业执照、责令关闭的公司、企业的法定代表人,并负有个人责任的,自该公司、企业被吊销营业执照之日起未逾三年;⑤个人所负数额较大的债务到期未清偿。公司违反前款规定聘任行为无效。董事、监事、高级管理人员在任职期间出现本规定一款所列情形的,公司应当解除其职务。"

192．经理任期

经理任期(manager's tenure)是指经理可以担任职务的期限。在现代公司中,由于所有权与控制权的分离,公司的所有者不亲自经营公司,而是聘请职业经理人对公司进行经营和管理。为了贯彻所有权和监督经理层设置了董事会和监事会。因此在这种情况下经理有特定的任期,如果经营绩效不能达到董事会的要求,可能会被替换。实践中,《公司法》对董事和监事的任期进行了相关的具体规定,对经理任期往往是由公司董事会来进行设置。

193．经理义务

经理义务(manager's duty)是指经理在任职期间和任职结束后一定期限内所要遵守的义务。《公司法》规定经理同董事和监事一样应当遵守公司章程,忠实履行职务,维护公司利益,不得利用在公司的地位和职权为自己谋取私利。经理不得自营或者为他人经营与其所任职公司同类的营业或者从事损害本公司利益的活动。从事上述营业或者活动的,所得收入应当归公司所有。经理除依照法律规定或者经股东会同意外,不得泄露公司秘密。国有独资公司的经理,未经国家授权投资的机构或者国家授权的部门同意,不得兼任其他有限责任公司、股份有限公司或者其他经营组织的负责人。

194．经理职权

经理职权(manager's function)是指经理根据相关法律法规可以行使的具体权利。从法律上讲,职权是职责权力的简称,职权可分为四个层次,首先,职权是一种基于某种地位、资格或职务而拥有的权利；其次，在某些时候，职权又带有权力的意味（如国家机关工作人员的职权就是权力概念）；再次，这种权利或权力也并不是无限制，无约束的，它还存在一个限度和范围，是一种权限；最后，正是由于这种地位、资格和职务，以及限度的约束使得职权不可放弃，也不可转让，它是与责任相联系的，即是一种职责。因此相对应的，经理的职权有四层含义，首先，公司经理职权是具体的被董事会任命为经理的人，所取得的经营、管理公司而行使的权利，如人事任命权、资金运用权、资产处置权等，非经理不得行使经理职权；其次，由于公司经理与受其管理的人之间存在着上下级管理与服从的主体不平等的关系，因而，公司经理职权在经理内部职能职责分工时，是一种管理、经营权力，如工作任务分工、内部人事任免、内部行政管理等；再次，公司经理的职权有一定的限度，经理必须是在董事会授权之内为或不为一定行为，否则，就属于越权或滥权；最后，公司经理履职须承担相应的责任，如果公司经理未履行职权，或履行职权不当造成了过失，应当承担相应的民事和刑事责任。

根据我国《公司法》第四十九条规定："……。经理对董事会负责，行使下列职权，①主持公司的生产经营管理工作，组织实施董事会决议；②组织实施公司年度经营计划和投资方案；③拟订公司内部管理机构设置方案；④拟订公司的基本管理制度；⑤制定公司的具体规章；⑥提请聘任或者解聘公司副经理、财务负责人；⑦决定聘任或者解聘除应由董事会决定聘任或者解聘以外的负责管理人员；⑧董事会授予的其他职权。……"

195. 经理中心主义

在美国，以家庭色彩为特征的古典企业在 1840 年代以前占据了主导地位，即使公司，也带有古典企业的显著特征（梅慎实，1996）。家族资本主义发展到 19 世纪 90 年代末 20 世纪初的时候遇到了一个转折点，即随着股份公司规模的进一步扩大，股票发行高度分散化，由此导致了家族股东持股比例的大幅度下降，家族股东逐渐丧失了对公司的控股权。从 1929 年到 1976 年，在大约一半以上的公司中，私人家族的持股比例下降了约 75％以上，在 4/5 的公司中，私人家族的持股比例下降了 50％多。1929 年福特家族有福特汽车公司 100％的股份，1976 年持股比例降至 40.3％；1929 年梅隆家族持有海湾公司 80％的股份，1976 年降至 7.6％；1929 年洛克菲勒家族持有美孚石油公司 14.5％的股份，1976 年降至 0.9％；杜邦家族 1929 年持有通用汽车公司约 32.6％的股份，到 1976 年持股比例下降到 8％以下（何自力，2001）。1950 年代，在美国主要经济部门中，经理式企业压倒了家族式和金融式企业，占据主导地位，使美国经济表现出典型的经理式资本主义特征。那些既不是由家族控制、也不是由银行家控制的现代工商企业，由于其所有权变得极为分散，股东不具备参与高层管理的影响力、知识、经验和责任心，尽管作为董事会成员，他们有否决权，但很少能提出正面的方案，最终在董事会兼职的所有者和金融家也就等同于一般股东了。同时，董事会的规模也越来越庞大，由于其又是会议体制度，效率难免受到影响。公司只是董事们的收入来源，不是可管理的企业。而支薪经理既从事短期经营活动，又决定长远政策，他们占据了中低阶层和高阶层的关键位置。这种由经理人员控制的企业称为经理式企业，这种企业占支配地位的资本主义经济称为经理式资本主义（于桂兰，2000）。经理式资本主义在公司层面的体现便是经理中心主义（manager centralism），是股东大会中心主义向董事会中心主义转变过程中出现的一种权利配置模式。

经理中心主义出现时,在美国经济的一些主要部门中,经理式公司已经成为现代工商企业的标准形式。如 1963 年美国 200 家最大的非金融公司中,有 169 家即 84.5％是由经理控制的。这种经理式企业一般都是多单位工商企业,其内部的每个单位,从理论上说都是作为相对独立的企业而运转的。他们都有一套以专职支薪经理为核心的管理系统,都有一套自己的会计账簿,账目的检查与清算可以与总公司分开进行。在那些现代企业已经取得支配地位的部门中,经理式的资本主义已经压倒了家庭式的资本主义和金融资本主义。这种在当时美国经营管理上普遍性的现象,被 Chandler 称为经理式革命。1950 年中期以后,西方跨国公司因全球业务的拓展,公司内部的信息交流日渐繁忙,原有的决策层和执行层之间出现了信息传递阻滞和沟通障碍,进而影响了经理层对企业重大决策的快速反应和执行能力,美国一些公司开始对传统的董事会——董事长式的公司治理结构进行变革,经理机构渐渐从董事会的幕后走向前台,在保留原有的执行权的同时,新增了一些原属于董事会的决策权(刘继峰,2008)。1960 年代以来产生的 CEO[①](chief executive officer)制度便是经理式革命成果的专业化和实践化。在某种意义上,CEO 的出现代表着将原来董事会手中的一些决策权过渡到经理层手中:CEO 除了拥有传统意义上的总经理的全部权力外,还拥有董事长的较大部分的权力(40％～50％)。而后,CEO 就被认为是实现公司所有权和经营权分离的最佳工具。

在经理中心主义模式下,从权力结构看,也设有股东大会、董事会、总经理等机构,股东大会名义上依然是公司的最高权力机关。然而,公司运营的实际和真正的支配者和控制者是经理阶层。在公司股票持有高度分散化的情况下,单个股东的持股额不足以对公司运营施加有效影响,对参与公司决策缺乏兴趣和能力,即使个别股东试图联络别的股东共同参与决策,也会因为难以承受巨额联络成本而无法达到目的,而经理人员则可以凭借自己的职业优势来影响和左右公司的决策,在事实上成为公司的控制者。公司所有者已难以对公司进行有效的监督和控制了,只能通过用脚投票方式消极地表达自己的不满,而公司经理则成为公司的事实上的控制者(何自力,2001)。

我国公司实践中存在的事实上的经理中心主义,与西方国家自然演进的经理中心主义不同,有其独特的背景,在实践中还要纠正事实存在的经理中心主义现象(马振江,2009)。我国在公司实践中业已存在的经理中心主义,实为内部人控制的一种表现方式,与国外公司发展中形成的经理中心主义有着实质的不同。一是经理制的产生历程不同。国外公司大致经历了这样一个演变过程:经营权由股东大会转移到董事会;董事会的工作方式是会议制,这种方式对于公司经营决策的作出是可行的,但对公司具体业务的执行却明显不适宜。因此在实际运作中,具体业务的运作都无例外地委任个人展开,经理在此情况下应运而生,不断壮大,拥有董事会授权的业务执行权。相比之下,我国经理的产生有着深刻的时代烙印。公司法上的公司组织制度是在对传统的企业领导体制进行改革后发展起来的。经理的来源,多数是由原来实行厂长(经理)负责制的国有企业的厂长(经理)直接转变而来或由主管机关直接任命产生,而非市场化的产物。二是对经理的定位不同。国外将经理视为公司的代理人,而我国虽然理论上也持此观点,但立法中所体现的却是经理为公司必设机构,其职权是法定的。这说明,我国目前实际存在的经理中心主义与国外的经理中心主义仅是"貌合"实则"神离"。我国之所以会出现立法中的股东大会中心主义,而实际中的经理中心主义,原因在于我国是在

[①] 尽管 CEO 与传统意义上的总经理存在一定区别,但在后来我国治理实践中,这种区别越来越模糊,因此,如果没有加以特别说明的情况下,手册默认 CEO、总经理、总裁等的含义等同。

原有的国有企业体制的基础上进行公司制改革的,难免受到经济体制背景、价值取向、传统观念等的影响。实践中,又由于股东大会流于形式,董事会未成为权力核心而导致经理成为公司权力的实际中心。

196. 内部人控制

内部人控制(insider control)是在现代企业中的所有权与经营权(控制权)相分离的前提下形成的,由于所有者与经营者利益的不一致,由此导致了经营者控制公司。筹资权、投资权、人事权等都掌握在公司的经营者手中,即内部人手中,股东很难对其行为进行有效的监督。这一概念最早是由青木昌彦在1994年提出。

内部人控制问题就是代理问题(张承耀,1995)。因此,内部人通过对公司的控制,往往会追求自身利益,损害外部人利益。特别是在转轨国家,青木昌彦在1995年指出,在私有化的场合,大量的股权为内部人持有,在企业仍为国有的场合,在企业的重大决策中,内部人的利益得到有力的强调。

内部人控制有所谓的"法律上的"和"事实上的"之分。法律上的内部人控制是指企业内部人员通过持有企业的股权而获得了对企业的控制权;而事实上的内部人控制则是指企业内部人员不持有本企业股权,不是企业法律上的所有者,却通过其他途径掌握了企业的控制权(陈湘永,张剑文,张伟文,2000)。

内部人控制的主要表现:过分的在职消费;信息披露不规范,而且不及时,报喜不报忧,随时进行会计程序的技术处理;短期行为;过度投资和耗用资产;工资、奖金等收入增长过快,侵占利润;转移国有资产;置小股东利益和声誉于不顾;大量拖欠债务,甚至严重亏损等。

197. 非效率投资[①]

非效率投资(inefficient investment)通常是指在投资决策中不以企业价值最大化为目标或者不是按照最优投资规模而进行的投资行为,也称为投资行为的异化。企业非效率投资行为主要可分为投资不足与过度投资两大类:投资不足是指企业放弃净现值为正的项目(Myers,Majluf,1984),过度投资是指企业投资于净现值为负的项目(Jensen,1986)。经营者的非效率投资主要体现在以下几种情况。

(1) 投资短视倾向。这是指在经营者能力未知且股东能够根据投资项目的业绩推断经营者能力的情况下,经营者倾向于选择那些能够很快取得回报的项目,因为回报很快的项目才会迅速引起有关各方的关注,从而迅速建立起经营者的声誉。经营者通过短期投资和高现金流量可以使市场对自己能力的评价最大化,从而在损害股东长期利益的情形下使自己收益最大化。

---

① 马磊,徐向艺.公司治理若干重大理论问题述评[M].北京:经济科学出版社,2008.

（2）模仿倾向即羊群行为。这是指经营者在进行投资决策的时候，仅仅简单地跟从大多数经营者的投资行为，而不是基于自己拥有的信息去为企业进行决策。这样做可以使得投资失败时经营者免受过多的惩罚，从而可以维护已经建立起来的声誉。但这样做，却使企业易遭受过度投资的伤害，因为经营者们在整体上存有过度投资的倾向。

（3）偏爱增加人力资本投资倾向。这是指经营者偏爱投资那些能增加自己专用人力资本的长期项目，而不论这些项目是否对股东有利，因为这将增加他们稳固自己职位的机会。企业经营者任职时间越长，其企业专用性人力资本价值越高，越有可能实施长期投资决策，即使这种投资决策对于股东来说并非是价值最大化的。

（4）不愿撤回投资倾向。这是指企业的投资项目在实施过程中已经显示出其净现值肯定为负，但经营者为了给人以当初决策是正确的良好印象而不愿放弃，甚至继续追加投资。这种情形导致的非效率投资问题更显严重。管理者倾向继续经营业绩差的投资项目，而不是将其清算或退出，原因在于清算或退出表示了管理者的失败。

（5）过度自信倾向。这是指经营者决策时过于相信自己的判断能力，对不确定性事件过于狭窄的确定性预期心理。过度自信型经营者比风险厌恶型经营者愿意承担更大的风险，企业过度投资的危险被进一步放大。

（6）投资新项目倾向。这是指经营者倾向于通过不断的投资新项目以拥有更多可以控制的资源。例如经营者有动机对于负的净现值项目投资，这使经营者能够掌握更多的资源，获得更多的在职消费。

刘朝晖（2002）指出控股股东通过自身与上市公司之间的关联交易进行外部套利的行为动机来自于实现自身利益最大化，而控股股东对外部收益的追求将导致上市公司进行非效率投资。张功富和宋献中（2009）提出了一个企业非效率投资度量模型，并以沪深 301 家工业类上市公司为样本进行了实证度量。研究发现，2001—2006 年间，样本公司最优投资率平均为年初固定资产净值的 24.4%；但由于信息不对称和代理问题等的影响，39.26% 的公司投资过度，实际投资平均水平超出其最优投资的 100.66%；60.74% 的公司投资不足，实际投资平均水平仅达到其最优投资的 46.31%。我国上市公司一方面因代理问题存在着低效率的过度投资；另一方面又面临融资约束导致的投资不足，使得资源配置效率低下。徐晓东和张天西（2009）检验了我国资本市场上自由现金流与非效率投资之间的关系，以及代理问题和信息对称问题对两者关系的影响。发现在企业投资过度的情况下，与代理问题的解释一致，自由现金流越多、代理问题越大的企业过度投资的情况越严重；在企业投资不足的情况下，与融资约束的解释一致，外部融资的缺口越大，信息不对称程度越严重的企业呈现出更为严重的投资不足。方红星和金玉娜（2013）以 2007—2010 年度 A 股主板非金融类上市公司为研究对象，研究了公司治理、内部控制对非效率投资的抑制作用。发现公司治理和内部控制能够抑制公司的非效率投资，公司治理能够有效抑制意愿性非效率投资，内部控制能够有效抑制操作性非效率投资。两者在抑制非效率投资过程中存在分工效应。

198. 高管离职

高管离职（top management turnover）是指公司管理层，一般包括董事长以及董事会成员、监事会主席以及监事会成员、总经理及副总经理、董秘和财务负责人等，出于某种目的离开公司或者相关职务的行为。高管离职的原因有很多,譬如因年龄、换届、人才流动等正常人事变化导致的高管离职,便于减持公司股票也是部分高管离职的实际理由之一。

上市公司高管离职和高管套现关系紧密,证券市场对公司上市后高管抛售所持有的股票具有严格的时间限制,以创业板为例,高管在公司上市之日起 36 个月之内不得转让公司股票;而一旦高管离职,在离职后 6 个月之内不得转让公司股票,这大大缩短了高管持股的禁售期,因此很多高管为尽早套现不惜离职。

高管离职现象愈演愈烈,不利于公司正常稳定经营和长远发展。作为公司内部人的高管,对公司经营和发展的实际状况更为了解,因此高管不惜离职以期尽快套现是对公司发展严重缺乏信心的表现。如果高管离职是出于套现的目的,会对证券市场造成更大的伤害。从 1999 年 1 月 4 日至 2012 年 6 月 30 日我国上市公司高管离职原因分布如表 5-2 所示。

表 5-2　我国上市公司高管离职原因分布表　　　　单位:个

离职原因		主板	中小企业板	创业板	总计
正常离职原因	退休	223	12	1	236
	工作调动	2 851	141	11	3 003
	任期届满	1 593	84	17	1 694
	控制权变动	177	2	0	179
	辞职	1 518	106	5	1 629
	健康原因	188	21	3	212
	个人原因	205	39	7	251
	完善公司法人治理结构	222	26	8	256
	结束代理	248	25	2	275
	原因空缺	243	9	0	252
非正常离职原因	解聘	144	2	1	147
	涉案	30	3	0	33
其他原因		103	3	1	107
总计		7 745	473	56	8 274

(资料来源:CSMAR 数据库。)

199．高管套现

高管套现(top management cashing)是指公司管理层,一般包括董事长以及董事会成员、监事会主席以及监事会成员、总经理及副总经理、董秘和财务负责人等,将自己所持的所在公司股票等兑换成现金,落袋为安的行为。

高管套现问题本质上属于内部人交易的范畴。上市后高管人员频繁抛售股票套现的诱因包括风投撤离、职业董秘离职等合理因素,但是在政策法律相对不健全,市场定价机制和高管人员激励机制不够完善的背景下,"高市盈率、高发行价、高超募集资金"现象的存在使得高管人员的个人财富在公司上市之后急剧膨胀。

给予上市公司高管股权,本意是将管理团队与上市公司股东利益统一起来。但是在 A 股市场中,股权激励成为高管一夜暴富的工具。公司高管作为熟知公司信息的内部人,其大规模非正常的套现行为不利于公司成长,最终导致上市公司的股权激励变成了置股东利益于不顾的高管人员的独享盛宴。2012 年我国 A 股上市公司高管套现数额最大的高达 7.75 亿元。公司高管的能力和经验是投资者选择投资对象时重要的考察因素,因此高管团队稳定是上市公司高成长性的保证,上市公司高管团队在上市之后立刻大规模减持,背离了对投资者的承诺,也无法保证公司经营管理的水平。

200. 经理约束

约束,有束缚、限制、管束等意思,经理约束(manager restraint)即对经理行为进行限制以使其行为符合公司最佳利益,是对经理的负向激励。这些约束包括直接约束和间接约束。

一般来说,内部约束机制包括合同约束机制、章程约束机制、机构约束机制等多种机制。

(1)合同约束机制是指经理人在进入某个公司时,对公司在商业秘密、技术专利、竞争压力等方面应负有的责任都做出严格规定,从而成为对经理人的有效约束机制。通过聘任合同或授权合同来对公司经理权范围加以限制,是常见的一种公司经理内部约束机制。经理权合同约束机制是相当灵活的,如何约束、约束哪些内容,完全取决于公司自己的决定。例如公司可以通过合同规定经理权只能存在于特定业务、特定种类业务、特定情况、特定时间或特定地点。此外,公司通过授权合同将其经理权同时授予数人共同行使也是合同约束经理权的一种方式,不过这种方式不是直接约束,而是间接地通过共同经理权来约束单独经理权。在德国,授予共同经理权就被学者称为间接限制经理人的代理权。在美国,公司经理的合同约束,尤其是聘任合同的制定不是由公司及经理人中的任何一方,而是由中介机构按照有关法律来制定的,以此保证合同的公正性和约束性。对于公司经理的合同约束,大陆法系国家和地区的法律大都规定只能在公司内部生效,即只能对经理权的基础关系生效,而不能对抗第三人或善意第三人。如德国《商法典》第五十条第一款规定:"有关经理权范围之限制对第三人不生效。"这一规定以商事交往的便捷性为出发点,据此,第三人可以完全信任经理人在商事交易中的效率。

(2)公司章程被誉为公司的"宪法",任何参与公司这个契约网络的人都必须受这一"宪法"的约束,经理人也不例外。由公司内部确立对经理人员的专门约束机制,不仅可以将公司长期形成的、行之有效的经理约束机制通过章程固定下来,也可以避免公司经理控制公司后制定有利于其自身利益的公司管理制度而产生的制度腐败。同合同约束一样,大陆法系国家法律一般都规定公司章程对经理权和经理行为的限制只能在公司内部生效,而不能对抗第三人或善意第三人。如法国《商事公司法》规定,公司章程对经理权利的限制不得对抗第三者。在与第三者的关系中,公司甚至须对经理不属于公司宗旨范围内的行为负责,但公司举证证明第三者已经知道或根据当时情况不可能不知道该行为已经超越公司宗旨的情况除外,仅仅公布章程不足以构成此种证据。可见,法国《商事公司法》非但要求公司章程限制经理权之行为不得对抗的对象以"善意"为前提,而且还规定了在识别第三人是否为恶意时,公司负有举证责任,若公司举证不能或失败,则只能认定第三人为善意。在英美法系国家,任何与公司进行交易的人都被推定为知悉公开文件的内容。因此,若公司章程这一公开文件中的组织条款对经理的寻常权利有所限制,则经理权只能在该范围内行使,交易相对人不得主张经理有超越该范围的权利。可见,在英美法系国家刚好相反,其目的在于保护公司及股东的利益。

（3）所谓公司经理的机构约束，就是通过公司机关来监督制约公司经理，即由股东行使投票权产生公司机关，将股东对公司经理的约束转化为公司机关对公司经理的约束。在这里，股东与公司机关之间是信托关系，公司机关与经理之间是委托代理关系。股东基于信任将经营管理公司的事务托付于公司机关，公司机关又委托经理层负责公司业务的执行。由于法律传统和公司治理实践存在差异，国际上关于公司经理机构约束机制形成了美国模式、德国模式、法国模式三种典型模式。

公司经理的外部约束机制主要包括法律约束、市场约束、经理人协会约束和媒体约束等制度安排。

（1）对公司经理的法律约束是指通过法律直接为公司经理设定法律义务或者限制经理权的范围，这种法律控制一般是强制的，将其归于公司经理的外部约束制度是由于它具有普遍适用性，不取决于公司的意思自治，任何公司都不可能通过内部的制度安排来改变这种法律控制。法律约束的理论依据是公司经理对公司和公司参与者负有诚信义务和勤勉义务，也就是公司经理必须诚实守信、谨慎勤勉地执行公司业务。为了确保公司经理的诚信义务和勤勉义务不被逃避，有必要通过法律建立一种控制机制使其得到强制履行，这种控制机制就是公司经理的法律约束机制。经理法定义务是法律约束经理的核心内容，纵观各国现行公司法律制度，经理法定义务包括三个层次，即经理的基本义务、特定义务和独有义务。经理的基本义务是经理特定义务和独有义务产生的基础。诚信义务和勤勉义务是经理法定义务的第一个层次，是最基本的义务。经理的法定义务的第二个层次是特定义务，也就是由《公司法》特别加以规定的各类公司的经理的具体义务。主要包括禁止滥用公司财产义务、竞业禁止义务、禁止自我交易义务和保守秘密义务。经理法定义务的第三个层次是独有义务，之所以说是独有义务是因为这些义务不是针对所有公司的经理的，而是针对某一类公司的经理必须履行的义务。《上市公司治理准则》规定经理人员违反法律、法规和公司章程规定，致使公司遭受损失的，公司董事会应积极采取措施追究其法律责任。

（2）所谓市场约束，是指通过充分的市场机制，来弥补信息"非对称性"所造成的代理效率的损失，从公司外部对经理人员行为进行约束。经理人的市场约束机制包括产品市场约束、资本市场约束和经理市场约束。在成熟的市场经济国家尤其是英美法系国家，对经理的内部约束机制的不足在很大程度上被市场约束机制弥补，通过成熟的产品市场、资本市场和经理市场，对经理施加较强的外在压力，督促和鞭策经理兢兢业业工作。

（3）经理人协会是由经理人自发建立的一种民间团体组织，其目的就是对经理人形成自我保护和自我约束机制。社会团体是介于国家干预和市场调节之间的一种社会中间调节机制，它融合了"看得见的手"和"看不见的手"两方面的优点，不仅能够起到沟通国家与市场的作用，对团体成员而言也会具有较强的保护和监督功能。在西方发达国家，一旦某一社会阶层形成，就会建立一个相关的社会团体组织，经理人协会就是其中之一，例如美国的全美董事会联合会（Natinoal Association of Corporate Directors，NACD）实际上就是一种经理人协会，因为在美国董事已经高度职业化，相当于职业经理人。在对经理人的约束上，经理人协会除了直接制定约束经理人行为的规则外，还可以建立一套与经理市场约束机制相配合的经理人约束制度，主要包括经理人业绩记录制度和经理人业绩公开制度。

（4）所谓媒体约束就是通过新闻媒体对经理人行为的公开报道，达到利用社会舆论对经理人行为进行监督的目的。媒体约束在一个言论自由的国家对经理人是一种至关重要的约束机制，因为它将经理人的行为公诸于众，会直接影响到经理人的职业声誉。媒体约束的原理来自于"公开是最佳的防腐剂"理论,媒体的监督权则来自于宪法中的言论自由权。自 1980 年代后期,特别是 1990 年代以来,新闻媒体对我国的经济社会生活和民主法制建设发挥了极其重要的推动作用。这些年,很多经济、社会问题通过媒体的报道得到了圆满的解决。从某种意义上讲,新闻媒体监督已经成为彰显和维护社会正义的利器。

201. 内部审计^①

内部审计(internal audit)之父劳伦斯·索耶(Lawrence Sawyer)将内部审计定义为:"对组织中各类业务和控制进行独立评价,以确定是否遵循公认的方针和程序,是否符合规定和标准,是否有效和经济地使用了资源,是否在实现组织目标。"国际内部审计师协会在《内部审计实务标准》(2001)对内部审计的定义是"内部审计是一种独立、客观的保证工作和咨询活动,其目的在于为组织增加价值并提高组织的运作效率。它采用系统化、规范化的方法,来对风险管理、控制和治理程序进行评价和改善,从而帮助组织实现它的目标"。我国内部审计协会在《内部审计基本准则》中对内部审计的定义是"内部审计是指组织内部的一种独立客观的监督和评价活动,它通过审查和评价经营活动及内部控制的适当性、合法性和有效性来促进组织目标的实现"。这个定义明确了内部审计是由组织内设的机构所实施的一种独立、客观的活动,其目的是通过对组织的经营活动及内部控制的适当性、合法性和有效性进行审查和评价,使组织经营活动及内部控制中存在的问题得到认识和解决,以促进组织目标的实现。可见,内部审计机构在企业中必须是独立于被审计单位的,并被要求提出富有建设性的审计建议和意见,使被审计单位存在的问题能够及时、有效地得到解决,进而促进组织目标的实现。

审计标准是用以评价和衡量内部审计部门工作和用来阐明内部审计实务的标准。国际内部审计师协会于 1978 年颁布了第一部《内部审计实务标准》(以下简称《标准》),其后的十多年间先后对《标准》修订了 14 次。该标准是评价及衡量内部审计工作的准绳,应用于设置各种类型内部审计机构开展的所有审计业务,《标准》具有国际权威性,也是现代世界各国有关内部审计方面经验的总结。此外,国际内部审计师协会还颁布了《职业道德规范》,来规范审计人员的各种行为,它与协会公布的《标准》一起为内部审计师提供指导。该职业道德规范包括两个基本内容:一个是与内部审计职业和实务相关的原则,一个是描述内部审计师预期行为规范的行为规则。这些规则有助于将原则运用于实践中。

目前,我国已初步形成以审计准则为指导、以具体准则为主线、兼顾特定操作指南,适应我国内部控制发展进程,科学性、现实性和前瞻性相统一,能够独立施行的我国内部审计准则体系。

我国的内部审计具有双重性。内部审计人员既要严格遵守国家法律、法规(如《审计法》、《会计法》、《公司法》、《证券法》等)以及各项经济制度(如《会计制度》、《现金管理制度》、《国有企业成本管理条例》等),还要严格遵守企业内部的各项规章制度。2003 年 4 月 12 日我国内部审计协会发布《内部审计基本准则》、《内部审计规范》和内部审计的审计计划、审计通知书、审计证据、审计工作底稿、内部控制审计、舞弊的预防及检查与报告、审计报告、后续教育、内

---

① 本词条初稿由南开大学商学院程新生教授提供。

部审计督导、内部审计与外部审计的协调 10 个具体准则。2004 年初我国内部审计协会公布结果沟通、遵循性审计、评价外部审计工作质量、分析性复核、利用外部专家服务 5 个具体准则。2005 年 3 月,协会又发布了第三批分析性复核、风险管理审计、重要审计风险、审计抽样、内部审计质量控制、人际关系 6 个具体准则和建设项目审计、物资采购审计两个实务指南。

国外对公司治理中企业内部审计的研究取得了丰硕成果,提出通过风险导向内部审计实现公司治理与风险管理的整合,为公司治理与内部审计的发展指明了方向;国际内部审计师协会师(IIA)就内部审计对公司治理的评价内容、方法进行了概括性的论述,为实务工作提供了指导性意见。我国理论界、实务界充分认识到公司治理与内部审计关系密切。中国证监会在 2001 年 1 月颁布实施的《上市公司治理准则》中规定上市公司董事会可以按照股东大会的有关决议,设立审计委员会负责对内部审计工作进行指导。我国内部审计协会从 2003 年 4 月开始颁布实施的《中国内部审计准则》及《中国内部审计职业道德规范》强调内部审计对风险、治理机制及内部控制的关注。李维安和程新生(2002)提出公司治理必须考虑审计的作用,并区分内部治理审计和外部治理审计。国内近年来有关内部审计理论的研究在不断发展。李文泽(2002)指出内部审计目标的发展趋势是为企业创造价值。张庆龙(2005)指出内部审计的对象是财务收支活动、内部控制、管理活动和风险管理。国内对公司治理中企业内部审计进行了有益的探索,但研究领域主要集中在公司治理与内部审计关系;对内部审计理论展开了积极研究,但是很少从公司治理的角度进行系统研究;对公司治理中内部审计组织模式的探讨则集中于内部审计机构的隶属关系,关于内部审计成果向谁报告提及较少。

202. 内部控制[①]

内部控制(internal control)可以从不同角度进行概括,总体差异不大。目前公认最权威的概述是由 COSO 委员会在《内部控制——整体框架》(*Internal Control-Integrated Framework*)中指出的:内部控制是由董事会、经理阶层和其他员工共同实施,为营运的效率性、财务报告的可靠性、相关法令的遵循性等目标的达成而提供合理保证的过程。内部控制作为公司治理重要的组成部分,不仅是实现企业目标的途径,也是保护利益相关者的必要手段。

基于 COSO 框架理论的内部控制,是由公司经理层设计,董事会核准,董事会、经理层和公司全体员工共同实施,旨在为实现组织目标、为企业变动的频率和严重性减少到无害水平的目标提供一个合理保证的过程,内部控制包括控制环境、风险评估、控制活动、信息与沟通及监控 5 个要素。公司通过设置控制环境、进行风险识别与风险分析、实施控制活动、信息识别、获取与交流、监控,以及董事会、经理层和其他员工的努力,使企业处于一种受控状况,确保企业经营活动的效率和效果、经济信息和财务报告的可靠性、遵循适用的法律法规。

我国目前尚未提出完整的内部控制定义,对于内部控制的完整性、合理性及有效性更是缺乏一个公认的标准体系。《独立审计具体准则第 9 号——内部控制与审计风险》中对内部控制作了定义:"本准则所称内部控制,是指被审计单位为了保证业务活动的有效进行,保护资产的安全和完整,防止、发现、纠正错误与舞弊,保证会计资料的真实、合法、完整而制定和

---

① 本词条初稿由南开大学商学院程新生教授提供。

实施的政策与程序。内部控制包括控制环境、会计系统和控制程序。"

财政部联合证监会、审计署、银监会、保监会制定的《企业内部控制基本规范》(2008)对内部控制概念界定如下:"由企业董事会、监事会、经理层和全体员工实施的,旨在实现控制目标的过程。内部控制的目标是合理保证企业经营管理合法合规、资产安全、财务报告及相关信息真实完整,提高经营效率和效果,促进企业实现发展战略。"2006年我国沪深交易所出台了两个非强制性内部控制指引。2008年6月,财政部联合五部委出台了《企业内部控制基本规范》,要求自2009年7月1日开始,所有上市公司必须披露内部控制自我评估报告,并经审计师事务所出具鉴证意见。2010年4月出台了与《企业内部控制基本规范》相配套的三个相关指引。

国内对内部控制的研究主要集中于以下几个方面。①内部控制框架结构的构架。如阎达五和杨有红(2001)提出,建立和完善内部控制应该抓住关键因素,有步骤、分重点地构建内部控制体系;关键因素包括:健全管理机构,确定董事会在内部控制框架构建中的核心地位,内部审计机构设置与科学定位,单位内部控制可由三部分组成,强化预算管理等。②内部控制基础理论研究。张宜霞(2004)借鉴系统论和制度经济学的有关理论,对内部控制的内涵进行了全新的解释和拓展,提出了更全面、系统的内部控制框架体系,并提出内部控制系统局限性的克服不仅依靠系统本身的完善,还依赖于公司治理与内部控制间的"无缝"对接。韩东平(2004)以委托代理理论、公司治理结构和企业契约理论为背景,进行了签约者的行为因素分析,提出了内部控制的财务契约理论,以及在信息不对称条件下财务控制契约签订的相关问题,从一个新的角度研究了微观企业的财务控制问题。③国外相关理论与实务的介绍与借鉴。周勤业和王啸(2005)从萨班斯法案以及SEC出台的有关规则出发,研究了关于内部控制信息披露的几个重要问题,如披露性质、披露内容、审计验证、评价依据及责任主体等,并结合我国的公司治理环境和制度背景,提出了我国内部控制信息披露的系统建议。

203. 两职设置

两职设置(duality)主要指董事长和总经理两个职位安排问题。在公司治理实践和研究过程中,有两职合一和两职分离的争论。

在所有权和经营权分离的公司中,代理问题主要表现为以总经理为代表的高层管理人员与股东之间的利益冲突。在代理理论看来,人的有限理性和自利性使人具有天然的偷懒和机会主义的动机,为了防止代理人的败德行为或道德风险(moral hazard)和逆向选择(adverse selection),就需要一个有效的监督机制。Fama和Jensen(1983)认为,领导结构有助于解决公司中存在的剩余风险承担和控制分离带来的代理问题。更准确地说,他们认为公司决策管理和决策控制两项职能的分离降低了代理的成本并导致公司绩效的提高。公司利用董事会发挥监控总经理的功能,势必导致对董事会监督独立性的考察,因为两职合一意味着要总经理自己监督自己,这与总经理的自利性是相违背的。于是代理理论认为,董事长和总经理两职需分离,以维护董事会监督的独立性和有效性,加强董事会的监控能力。

Donaldson和Davis(1991)提出了一种与代理理论截然不同的理论——现代管家理论。他认为,代理理论对总经理内在机会主义和偷懒的假定是不合适的,而且总经理对自身尊严、信仰以及内在工作满足的追求,会促使他们努力经营公司,成为公司资产的"好管家"(Boyd,

1995)。现代管家理论认为,两职合一有利于提高公司的创新自由,有利于公司适应瞬息万变的市场环境,从而也有助于提高公司的经营绩效。

我国上市公司两职设置情况如表 5-3 和表 5-4 所示。在国有控股上市公司或者国有控股或独资公司中,实践中倾向于两职分离。

表 5-3　我国上市公司两职兼任情况数量统计　　　　　　　单位:家

年份	董事长和总经理 由一人兼任	副董事长和董事 兼任总经理	董事与总经理 完全分离	合计
1998	191	117	372	680
1999	163	128	501	792
2000	130	157	642	929
2001	120	167	744	1 031
2002	118	177	786	1 081
2003	129	182	852	1 163
2004	150	205	941	1 296
2005	155	198	968	1 321
2006	182	197	1 030	1 409
2007	228	219	1 073	1 520
2008	253	218	1 104	1 575
2009	317	229	1 186	1 732
2010	472	238	1 372	2 082
2011	504	236	1 437	2 177
2012	538	244	1 548	2 330

(资料来源:CCER 数据库。)

表 5-4　我国上市公司两职兼任情况比例统计　　　　　　　单位:%

年份	董事长和总经理 由一人兼任	副董事长和董事 兼任总经理	董事与总经理 完全分离	合计
1998	28.09	17.21	54.70	100.00
1999	20.58	16.16	63.26	100.00
2000	13.99	16.90	69.11	100.00
2001	11.64	16.20	72.16	100.00
2002	10.92	16.37	72.71	100.00
2003	11.09	15.65	73.26	100.00
2004	11.57	15.82	72.61	100.00
2005	11.73	14.99	73.28	100.00
2006	12.92	13.98	73.10	100.00
2007	15.00	14.41	70.59	100.00
2008	16.06	13.84	70.10	100.00
2009	18.30	13.22	68.48	100.00
2010	22.67	11.43	65.90	100.00
2011	23.15	10.84	66.01	100.00
2012	23.09	10.47	66.44	100.00

(资料来源:CCER 数据库。)

204. 经理激励

所谓经理激励(manager incentive)是指公司根据经理评价和绩效考评结果,设计科学的薪酬管理系统,以一定的行为规范和惩罚性措施,借助信息沟通,来激发、引导和规范经理的行为,以有效实现公司目标的系统活动。

经理的收益应该与公司经营业绩相适应,体现了风险收益的原则。激励经理的目的就是解决公司的绩效问题。在所有者自己经营管理、自己负责企业盈亏的单人业主制企业中是不需要激励的,而在实行委托代理经营的现代企业中就需要对公司的代理人即公司的经理实行有效激励,这主要是因为公司经理的行为决定着企业的业绩和股东的利润,而决定和影响公司经理行为决策的因素就是其行为所获得利益,当然,这种收益可能是物质上的,也可能是精神上的。如果经理人员的收益不与公司经营业绩挂钩,那么激励也就失去了它存在的意义[①]。包括经理在内的管理层激励的主要方式如表 5-5 所示。

表 5-5　我国公司管理层激励的主要方式

划分尺度	细分	具体方式
按激励内容划分	物质激励	奖金、分红、年薪制、股份
	精神激励	在职消费、提升、荣誉称号、资格、职称和证书、度假、进修
按激励时间划分	长期激励	年薪制、股份、股票期权
	短期激励	在职消费、提成、奖金

(资料来源:荆林波.经营者股票期权——长期激励的调和术,谁为企业老总造饭碗[M].北京:中国经济出版社,2000.)

《上市公司治理准则》规定上市公司应建立经理人员的薪酬与公司绩效和个人业绩相联系的激励机制,以吸引人才,保持经理人员的稳定。上市公司对经理人员的绩效评价应当成为确定经理人员薪酬以及其他激励方式的依据。经理人员的薪酬分配方案应获得董事会的批准,向股东大会说明,并予以披露。上市公司应在公司章程中明确经理人员的职责。我国上市公司经理人员薪酬总额情况如表 5-6 所示。

表 5-6　我国上市公司金额最高前三名经理人员薪酬总额统计　　　　单位:元

年份	平均值	中位数	标准差	极差	最小值	最大值
1998	97 514	72 600	86 188	435 937	10 080	446 017
1999	101 210	79 160	82 026	530 222	3 778	534 000
2000	131 714	106 800	111 279	579 400	8 000	587 400
2001	316 793	213 966	648 315	18 884 000	6 000	18 890 000

---

① 胡汝银等著《中国公司治理:当代视角》中指出中国企业的薪酬与激励机制存在"五大失衡"。第一大失衡:薪酬与公司业绩的失衡——与业绩脱钩问题。第二大失衡:薪酬决定与监管的失衡——自定薪酬问题。第三大失衡:短期与长期薪酬激励的失衡——行为短期化问题。第四大失衡:个人薪酬与团队薪酬的失衡——公平问题。第五大失衡:薪酬与所承担风险的失衡——风险对等问题。

年份	平均值	中位数	标准差	极差	最小值	最大值
2002	387 225	272 000	385 518	4 780 200	19 800	4 800 000
2003	503 393	360 800	525 649	8 417 470	20 400	8 437 870
2004	595 900	438 642	571 152	5 121 200	28 800	5 150 000
2005	648 078	470 100	815 854	18 460 800	10 800	18 471 600
2006	808 092	525 000	1 941 450	43 241 700	10 000	43 251 700
2007	997 869	665 400	1 438 259	30 565 200	14 800	30 580 000
2008	1 176 245	782 600	1 782 936	33 273 000	48 500	33 321 500
2009	1 277 724	866 400	1 940 677	49 293 300	24 200	49 317 500
2010	1 225 125	848 400	1 537 894	27 491 645	10 655	27 502 300
2011	1 632 117	1 203 050	1 755 269	28 991 930	32 070	29 024 000
2012	1 714 176	1 259 700	2 130 909	44 673 900	39 600	44 713 500
1998—2012	1 048 118	682 200	1 598 614	49 313 722	3 778	49 317 500

（资料来源：CCER 数据库。）

205. 激励相容原理

由于各利益主体存在自身利益，如果公司能将各利益主体在合作中产生的外在性内在化，克服合作成员的相互偷懒与"搭便车"的动机，就会提高每个成员的努力程度，提高经营绩效。如果管理者的监督程度会因为与被管理者的利益和动机相同而降低，一种有效的安排就是在管理者和被管理者之间形成利益制约关系，即管理者的收益决定于被管理者的努力程度，被管理者利益最大化的行为也实现了管理者利益最大化。被管理者越努力，管理者所得剩余收入越多，监督与管理动机也就越强，从而管理者加强对其他成员的监督，这就是激励相容原理（incentive compatibility principle）。

206. 股权激励[①]

股权激励（stock-based incentive compensation）是指公司管理层和职工通过持有公司股权的形式来分享公司剩余索取权的一种激励行为。

2006 年 1 月 1 日，中国证监会发布的《上市公司股权激励管理办法》（试行）正式施行 45 天后，中捷股份（002 021）于 2006 年 2 月 15 日成为首家依据该办法推行股权激励计划的上市公司，开创了内地上市真正意义上的公司股权激励的先河。《中捷缝纫机股份有限公司股票期权激励计划（草案）》确定，公司授予 10 名激励对象 510 万份股票期权，每份股票期权拥有在授权日起 5 年内的可行权日以行权价格 6.59 元购买一股中捷股份股票的权利。该计划规定，满足行权条件的激励对象在授权日后第二年的行权数量不得超过其获授股票期权总量的

---

① 高明华等.公司治理学[M].北京：中国经济出版社，2009；鲁桐，仲继银，孔杰.公司治理：董事与经理指南[M].北京：中国发展出版社，2008.

80%，当年未行权的股票期权可在以后年度行权；其余20%的股票期权可以在获授股票期权后的第三年开始行权。激励计划的股票来源于中捷股份向激励对象定向发行510万股中捷股份股票，占中捷股份股本总额3.71%。

　　为了使管理层和职工能够以股东的身份参与公司决策、分享利润、承担风险，从而勤勉尽责地为公司的长期发展服务，目前，我国已经有许多上市公司进行了股权激励方面的尝试与创新，特别是在2006年《上市公司股权激励管理办法》（试行）出台前，上市公司实行股权激励的具体方案如表5-7所示。

表5-7　我国上市公司股权激励的主要方案

方案类型	上市公司名称
股票期权	长源电力、中兴通讯、清华同方、东方电子
虚拟股票	上海贝岭、银河科技
经营者持股	中远发展、浙江创业、四川长虹、深南电、光明家具、新希望
业绩股票	泰达股份、天大天财、福地科技、佛山照明、广州控股、东阿阿胶
限制性股票	万科、宝钢股份
业绩单位	东方创业、天通股份
股票增值权	三毛派神、上海家化
延期支付计划	宝信软件、武汉中商、鄂武商、武汉中百、金地集团、三木集团
管理层收购	粤美的、宇通客车
员工持股计划	金地集团、张江高科、上海金陵、实达电脑、天通股份、深鸿基

（资料来源：邹宏秋.中国上市公司股权激励现状考察[J].北方经贸，2003(1)：55-56.）

　　我国目前实施的股权激励同国外相比，具有一些明显的特点：股权计划的股票来源主要采用变通方式获得；股权计划的激励程度较小，效果较弱；股权计划所体现的权利与义务不对等；股权计划的业绩衡量标准主观性因素较多。我国上市公司经理层持股数量与持股比例、总经理持股数量与持股比例如表5-8、表5-9、表5-10和表5-11所示。李维安和李汉军（2006）以1999—2003年的民营上市公司为研究对象，回避国有上市公司的非市场因素，研究股权结构、高管持股对绩效的影响，发现不同的股权结构对股权激励和绩效产生不同的影响。具体来说：第一大股东绝对控股时，其持股比例越高公司绩效越好，这时高管的股权激励无法发挥作用；当第一大股东持股比例低于20%时，高管的股权激励也无法发挥作用；当第一大股东持股比例在20%～40%之间时，其持股比例和绩效呈现倒U型关系，这时高管的股权激励发挥显著的作用。

表5-8　我国上市公司经理层持股数量统计　　　　　　　　　　单位：股

年份	平均值	中位数	标准差	极差	最小值	最大值
1998	54 987	21 000	204 956	4 721 047	0	4 721 047
1999	48 761	15 668	154 662	2 500 822	0	2 500 822
2000	40 624	8 800	127 256	2 179 515	0	2 179 515
2001	74 702	6 720	909 406	28 495 775	0	28 495 775
2002	193 146	3 301	2 038 868	45 459 000	0	45 459 000
2003	580 016	1 300	7 750 957	238 779 281	0	238 779 281
2004	810 966	553	8 154 616	247 448 304	0	247 448 304

续表

年份	平均值	中位数	标准差	极差	最小值	最大值
2005	876 937	390	8 620 260	253 022 013	0	253 022 013
2006	1 253 703	0	7 583 188	160 182 596	0	160 182 596
2007	2 463 745	0	11 143 979	139 579 341	0	139 579 341
2008	3 694 480	0	15 861 669	280 010 209	0	280 010 209
2009	5 628 007	0	19 803 680	336 012 251	0	336 012 251
2010	9 022 923	3 535	25 533 892	390 181 383	0	390 181 383
2011	12 623 084	6 200	42 412 611	1 045 344 300	0	1 045 344 300
2012	15 740 511	16 506	49 259 851	985 603 850	0	985 603 850
1998—2012	5 057 610	4 320	24 997 371	1 045 344 300	0	1 045 344 300

（资料来源：CCER 数据库。）

表 5-9　我国上市公司经理层持股比例统计　　　　　单位：%

年份	平均值	中位数	标准差	极差	最小值	最大值
1998	0.03	0.01	0.07	1.33	0.00	1.33
1999	0.02	0.01	0.08	1.50	0.00	1.50
2000	0.02	0.01	0.07	1.50	0.00	1.50
2001	0.04	0.00	0.46	12.42	0.00	12.42
2002	0.14	0.00	1.61	36.95	0.00	36.95
2003	0.29	0.00	2.63	52.70	0.00	52.70
2004	0.49	0.00	3.27	52.70	0.00	52.70
2005	0.45	0.00	3.05	52.70	0.00	52.70
2006	0.76	0.00	4.27	65.33	0.00	65.33
2007	1.67	0.00	7.59	92.50	0.00	92.50
2008	1.84	0.00	7.22	69.22	0.00	69.22
2009	3.44	0.00	11.09	91.42	0.00	91.42
2010	5.57	0.00	14.02	97.90	0.00	97.90
2011	5.82	0.00	13.63	89.68	0.00	89.68
2012	6.00	0.00	14.12	88.93	0.00	88.93
1998—2012	2.06	0.00	8.50	97.90	0.00	97.90

（资料来源：CCER 数据库；2010 年最大值 97.90％来自中化岩土工程股份有限公司,其董事长兼总经理吴延炜持股 71.90％,董事兼副总经理梁富华持股 6.00％,董事兼总工程师王亚凌持股 4.00％,副总经理王锡良持股 4.00％,董事会秘书兼总经济师持股 3.50％,总会计师兼财务负责人杨远红持股 3.50％,副总经理修伟持股 2.50％,董事兼副总工程师柴世忠持股 2.50％,合计 97.90％。）

表 5-10　我国上市公司总经理持股数量统计　　　　　单位：股

年份	平均值	中位数	标准差	极差	最小值	最大值
1998	16 675	3 600	86 236	1 652 643	0	1 652 643
1999	13 373	1 680	50 716	737 100	0	737 100
2000	11 116	0	51 310	1 105 650	0	1 105 650
2001	42 993	0	772 729	23 970 000	0	23 970 000

续表

年份	平均值	中位数	标准差	极差	最小值	最大值
2002	101 484	0	1 286 599	27 928 800	0	27 928 800
2003	302 023	0	4 594 769	144 521 730	0	144 521 730
2004	444 966	0	4 873 299	144 521 730	0	144 521 730
2005	505 875	0	5 190 139	144 521 730	0	144 521 730
2006	802 335	0	5 422 746	121 953 000	0	121 953 000
2007	1 654 167	0	8 730 137	129 677 590	0	129 677 590
2008	2 553 344	0	13 034 557	280 010 209	0	280 010 209
2009	3 912 922	0	16 627 713	336 012 251	0	336 012 251
2010	6 338 245	0	21 587 120	386 291 139	0	386 291 139
2011	8 930 827	0	33 597 317	681 450 000	0	681 450 000
2012	6 279 861	0	27 008 499	570 642 580	0	570 642 580
1998—2012	2 631 895	0	16 030 138	681 450 000	0	681 450 000

（资料来源：CCER 数据库。）

表 5-11　我国上市公司总经理持股比例统计　　　单位：%

年份	平均值	中位数	标准差	极差	最小值	最大值
1998	0.01	0.00	0.03	0.69	0.00	0.69
1999	0.01	0.00	0.02	0.50	0.00	0.50
2000	0.00	0.00	0.02	0.50	0.00	0.50
2001	0.02	0.00	0.39	10.45	0.00	10.45
2002	0.08	0.00	1.01	22.70	0.00	22.70
2003	0.14	0.00	1.42	29.15	0.00	29.15
2004	0.27	0.00	1.95	29.15	0.00	29.15
2005	0.27	0.00	1.94	25.23	0.00	25.23
2006	0.52	0.00	3.21	49.66	0.00	49.66
2007	1.17	0.00	6.14	92.35	0.00	92.35
2008	1.33	0.00	6.00	69.11	0.00	69.11
2009	2.37	0.00	8.42	69.11	0.00	69.11
2010	3.91	0.00	10.90	89.32	0.00	89.32
2011	4.00	0.00	10.66	84.71	0.00	84.71
2012	2.65	0.00	8.82	63.00	0.00	63.00
1998—2012	1.41	0.00	6.53	92.35	0.00	92.35

（资料来源：CCER 数据库。）

207．利益协同效应

Jensen 和 Mecking(1976)提出将股东分为内外两种类型,内部股东拥有外部股东所没有的对公司经营的决策权,由于股权分散造成外部股东的"搭便车"(free rider)行为和内部人的

"道德风险"(moral hazard)问题将影响公司绩效。考虑到代理成本的存在,他们提出,通过提高内部人的持股比例会形成利益协同效应(alignment or convergence effect),即降低代理成本,并使内外部股东的利益趋于一致,提高公司价值。也有学者将其称之为利益趋同效应等。廖理和方芳(2004)检验了管理层持股如何减少公司内部的代理冲突,发现管理层持股对于高代理成本公司的现金股利支付有着明显的提高作用。

208. 壕沟防御效应

随着管理层持股比例的继续增加并超过一定水平,管理层地位非常牢固,市场对其约束力降低,从而促使其追求自身利益最大化,此为管理层持股的壕沟防御效应(entrenchment effect)(Fama,Jensen,1983),也有学者翻译为壕沟效应、壕沟防守效应和堑壕效应等。Stulz(1988)在研究中首次以理论模型证明管理层持股与公司绩效呈非线性关系,公司绩效最初随着管理层持股比例的增加而增加,而后开始下降。他认为,随着管理层股权的增加,因经营不善而被接管的可能性也会降低,而接管难度的增加反过来会强化管理层的不思进取。也就是说,随着内部人持股比例的不断提高,在增强股东监控动力的同时也可能会阻碍公司控制市场机制的有效发挥,经理人会通过显性或隐性的方法侵占外部股东的利益,从而产生与协同效应相反的壕沟防御效应,降低公司绩效。

在国内,韩亮亮、李凯和宋力(2006)以深交所78家民营上市公司为样本,从利益协同效应和壕沟防御效应两方面研究了高管持股与企业价值的关系。在计量高管持股比例时包括了高管人员通过间接方式持有的公司股权。研究发现,当高管持股比例在8%～25%之间,高管持股的壕沟防御效应占主导,而小于8%或大于25%时,高管持股的利益协同效应占主导。李伟、周林洁和吴联生(2011)研究发现上市公司对盈余稳健性的需求与高管持股呈非线性的关系。在高管持股水平较低和较高的区间,高管持股具有利益协同效应,高管持股与盈余稳健性呈负相关关系;在高管持股的中间水平,高管持股具有堑壕效应,高管持股与盈余稳健性呈正相关关系。

209. 股票期权

股票期权(stock option)指公司给予被授予者,即股票期权受权人按约定价格(执行价格)和数量在授权以后的约定时间购买股票的权利。他可以在规定的时期内,以股票期权的行权价格购买本公司股票(即行权),也可以放弃(当公司股价低于行权价时)。在行权以前,股票期权持有人没有任何的现金收益,行权以后,个人收益为行权价与行权日市场价之间的差价。选择权的赋予和拥有,以业绩水平和在公司继续任职为前提,并对行权所获得的股票的出售加以条件限制,只有当达到成长、盈利目标或退休时,股票持有人才能出售股票获取现金回报。股票期权的内在机理是期权被授予对象为了尽可能获得这一利益,并使得这一利益最大化,通过努力工作,实现公司价值增长的最大化,从而推动公司股票价格的上升,在实现个人利益最大化时,实现公司股东利益最大化。按期权执行价格与授予日市场价格的关系,股票期权可分为:零值期权或平价期权,即执行价等于股票市场价;在值期权或折价期权,即执行价低于股票市场价；虚值期权或溢价期权，即执行价高于股票市场价。

股票期权制度最初产生于 1950 年代的美国，当时主要是为规避管理人员高额的个人所得税，1970 年代后股票期权的实践是由美国硅谷的高技术知识型创业公司大范围发起的。据有关资料统计，1996 年《财富》杂志评选出的全球 500 家大工业企业，有 89% 的公司在管理层中采取了股票期权制度。到 1999 年，美国几乎 100% 的高科技公司、大约 90% 的上市公司都实施了股票期权计划（蔡征云，2010）。

我国股票期权的试行是在 1990 年代初，1993 年深万科首先开始股票期权试点，随后流产。1997 年上海仪电控股集团公司率先实行股票期权制度。同年，四通利方公司从美国引进了 650 万美元风险投资的同时，也引进了股票期权制度。联想集团于 1998 年 9 月 30 日授予柳传志等六位执行董事在未来的 10 年内以每股 1.122 港元购买总共 820 万股认股期权，其中授予柳传志为 200 万股。方正（香港）有限公司 1998 年向王选等 6 名公司的董事授予认股权，这六位董事可以在 1998 年 12 月 6 日到 2005 年 12 月 6 日期间，以每股 1.39 港元的价格购买总数达 5 700 万股的公司普通股，其中王选获得的认股权为 1 080 万股。1999 年北京和深圳等地进行了多家公司的试点。1999 年 9 月 22 日，《中共中央关于国有企业改革和发展若干重大问题的决定》指出建立和健全国有企业经营者的激励和约束机制。2002 年 9 月 17 日，国务院办公厅转发了财政部、科技部制定了《关于国有高新技术企业开展股权激励试点工作的指导意见》，规定，对于按《中华人民共和国公司法》设立，并经省级以上科技主管部门认定为高新技术企业的国有独资公司和国有控股的有限责任公司、股份有限公司（上市公司除外），符合一定条件的，允许开展股权激励试点。2005 年 12 月 31 日中国证监会发布了《上市公司股权激励管理办法》（试行），于 2006 年 1 月 1 日开始施行，国务院国资委和财政部于 2006 年 1 月 27 日发布并施行《国有控股上市公司（境外）实施股权激励试行办法》，2006 年 9 月 30 日发布并施行《国有控股上市公司（境内）实施股权激励试行办法》。因此，2006 年可以认为是我国股权激励元年。截至 2009 年 10 月，A 股上市企业中已有 150 多家公布了股票激励计划，约占上市公司总数的 10%。

2001 年 5 月，长源电力（000 966）股东大会通过一项议案：公司将对董事、监事、高管人员及全资、控股电厂的党政负责人共计 28 人，授予股票期权。该公司是湖北省体改办批准的该省首家进行股票期权试点的上市公司。此次股票期权授予额度为不超过本次股东大会前公司社会公众股的千分之一，即本次可用额度为 9 万股，具体分配比例为：董事长、总经理人均 8 000 股；副董事长、副总经理（含财务负责人）人均 5 000 股。其余人员的分配数量根据有关决议确定。股票的行权价格不低于其发行价，建议为发行价的 110%（即 6.71 元）。长源电力对授予股票期权的考核指标为：公司年度净资产收益 9% 以上（不含 9%），总资产报酬率 3.87%。该股票期权计划从 2000 年开始施行，公司专门为此设立了有公司员工参与的薪酬与考核委员会，负责公司股票期权的实施与管理。依据新通过的《长源电力股票期权计划》，公司薪酬与考核委员会以审议年度报告的董事会会议前一周 5 个交易日内的市场价格，分别在授予对象开立的个人专用账户中从股票二级市场购得公司股票，作为实施股票期权的股票来源，薪酬与考核委员会购入股票后，将与期权授予人签订协议，就股票期权授予额度、行权价格、行权方式、股票托管、行权时间表、冻结期、不可转让性及股票期权持有人终止服务时如何行权作出详细规定。

210. 虚拟股票

虚拟股票(phantom stocks)是指公司授予激励对象一种"虚拟"的股票,即在不真正授予公司被授予对象股票的情况下,将公司被授予对象的部分收益与公司股价上升联系起来的一种激励制度。这种制度下,被授予对象除了拥有股票升值带来的收益之外,也可以享受分红;被授予对象没有所有权,所有不能参与表决和进行转让与出售;在离开企业时自动失效。虚拟股票在支付时可以用现金,相当于这个数量的股票在市场套现的金额,或者是赠与相当于这个数量的股票,或者是股票与现金两者的组合。

1990年代后期,上海贝岭(600 171)面临着人才流失的压力。行业内人才处于稀缺状态,而竞争对手则采取了较为有力的激励措施。公司原来的"基本工资+奖金"的激励机制,已经不能适应形势的需求。在这种情况下,1999年7月上海贝岭开始在企业内部试行"虚拟股票赠予与持有激励计划"。这套方案的总体构思是将每年员工奖励基金转换为公司的虚拟股票并由授予对象持有,持有人在规定的期限后按照公司的真实股票市场价格以现金分期兑现。公司每年从税后利润中提取一定数额的奖励基金,然后从奖励基金中拿出一部分来实施这一计划。上海贝岭的这种做法实际上并没有涉及公司股票的买卖运作,也不需要在公司内部形成库存股或回购股票来保证计划的实施,绕开了公司不得回购股票的障碍,从某种意义上解决了股票的来源问题(杨顺勇,雷鹏,蓝先德,2001)。

银河科技(000 806)在2000年通过了设立总经理基金,并实施以年薪制和股票期权为主要内容的长期激励约束计划。该基金主要用于奖励通过创造性工作来取得效益的技术、管理、业务部门骨干,并且在运用上绝不搞平均主义。总经理基金以300万元为基数,每年根据业务发展情况适当调整。为了更好地引进和留住人才,公司还将实行年薪制和虚拟股票期权奖励制度。其奖励办法是,公司把奖金数额按给予当日公司的股票市价折成一定的虚拟股票期权数额,记在持有人名下。受奖人在规定期限内,可以要求公司以按兑现日的市价把虚拟股票数折算成现金,分期按比例给予个人。

211. 经营者持股

在股票持有计划模式中,经营者持股(executive stock ownership)即公司要求管理层持有一定数量的本公司股票并进行一定期限的锁定。这些股票的来源有:公司无偿赠送给受益人;由公司补贴、受益人购买;公司强行要求受益人自行出资购买。受益人在拥有公司股票后,成为自身经营公司的股东。经营者持股是一种风险与收益共担的激励模式。

中远发展(600 641)2002年借公司增发新股之际,向三位主要的管理人员(董事和高级管理人员)定向增发了762 440股的股票。股票的增发价格是8.87元,低于当时的市场价格(10元左右)12%。可以说在公司管理人员持股计划当中,公司做了一定的补偿。浙江创业(600 840)的经营者持股计划规定,管理人员在限定的时间内,用个人的资金从二级市场上买入一定数量的本公司社会公众股,在任职期间内将被锁定,只能在离职6个月后才能抛出。

212. 业绩股票

业绩股票(performance stocks)是股权激励的一种典型模式,是指股票授予的数额与绩效指标挂钩,运作机理类似限制性股票。公司确定一个股票授予的目标数额,最终得到的数额随公司或个人达到、超过或未能达到的业绩目标而变。最终得到的价值取决于挣得的股票数额和当时的股票价格。业绩股票在我国上市公司中最先得到推广,因为其所受的政策限制较少,一般只要公司股东大会通过即可实施,方案的可操作性强,实施成本较低。但这种方式只能适用于经营业绩良好、现金流量充足的企业;较高的激励成本决定了激励对象难以扩大。

泰达股份(000 652)1998年度股东大会批准公司建立股权激励机制,并正式推出了《激励机制实施细则》。根据该实施细则,泰达股份将在每年年度财务报告公布后,根据年度业绩考核结果对有关人员实施奖罚。当考核合格时,公司将提取年度净利润的2%作为对公司董事会成员、高层管理人员及有重大贡献的业务骨干的激励基金,基金只能用于为激励对象购买泰达股份的流通股票并作相应冻结;达不到考核标准的要给予相应的处罚,并要求受罚人员以现金在6个月之内清偿处罚资金。奖惩由公司监事、财务顾问、法律顾问组成的激励管理委员会负责。

天大天财(000 836)是一家从事计算机应用服务业的企业,公司1999年度股东大会通过了股权激励计划,决定从每年的税后利润中提取8%作为激励基金,以激励公司技术、业务、管理骨干和优秀员工。公司在1999年度和2000年度实现业绩目标的前提下兑现了业绩股票计划,分别从当期的税后利润中提取了相应的激励基金,并按计划予以分配。

在2000年3月的董事会公告中,福地科技(000 828)披露了股权激励方案及奖励基金的分配方法:1999年度对董事、监事及高管人员进行奖励,奖励以年度计一次性奖励,经会计师审计的税后利润在提取法定公积金及公益金后按1.5%的比例提取,其中所提取金额的70%奖励董事及高级管理人员,30%奖励监事,其中奖金的80%用于购买福地科技股票,20%为现金发放。福地科技同时还披露了获得奖励的16位高管人员名单及其所获奖励数额。

自2001年起,佛山照明(000 541)建立了中高级管理人员股权激励制度。股权激励对象为高层、中层管理人员和技术骨干。基金确定标准以每年公司年度净资产收益率是否达到6%为授予股权激励基金的考核指标。凡低于6%(不含6%)的,不得提取股权激励基金;凡达到(或超过6%)的,即可按税后利润总值5%的比例计提股权激励基金。

213. 限制性股票

限制性股票(restricted stocks)也是股权激励的一种重要形式,是指公司按照预先确定的条件授予激励对象一定数量的本公司股票,但激励对象不得随意处置这些股票。限制主要体现在两个方面:一是获得条件,二是出售条件。对于获得条件来说,是存在预定的条件,只有满足这些条件,激励对象才能获得这些股票;对于出售条件来说,授予对象只有在规定的服务期限后或完成特定业绩目标时,才可出售限制性股票并从中获益;否则,公司有权将免费赠与的限制性股票收回或以激励对象购买时的价格回购。

国外多数公司是将一定的股份数量无偿或者收取象征性费用后授予激励对象,我国《上市公司股权激励管理办法(试行)》(以下简称《办法》)中指出上市公司授予激励对象限制性股票,应当在股权激励计划中规定激励对象获授股票的业绩条件、禁售期限。《办法》第十八条同时规定:“上市公司以股票市价为基准确定限制性股票授予价格的,在下列期间内不得向激励对象授予股票,定期报告公布前30日;重大交易或重大事项决定过程中至该事项公告后两个交易日;其他可能影响股价的重大事件发生之日起至公告后两个交易日。”

　　2006年4月,万科(000 002)公布了首期2006—2008年限制性股票激励计划。计划的基本操作模式为:公司采用预提方式提取激励基金奖励给激励对象,激励对象授权公司委托信托机构采用独立运作的方式在规定的期间内,用上述激励基金购入本公司上市流通A股股票,并在条件成就时过户给激励对象。如公司无法达到限制性股票激励计划的业绩条件或公司A股股价不符合指定股价条件或未满足本计划规定的其他条件,则相关年度计划将被终止,信托机构按本计划规定在规定的期限内卖出相关年度计划项下的全部股票,出售股票所获得的资金将由信托机构移交给公司。

　　2006年12月,宝钢股份(600 019)发布了《宝山钢铁股份有限公司A股限制性股票激励计划的议案》。激励计划规定授予激励对象股票的多少将由公司业绩指标和个人绩效双重考核结果决定。同时,每位激励对象的股权激励额度不得超过本人总薪酬(含股权激励收益)的一定比例,其中董事、高级管理人员的股权激励额度比例上限为30%。根据激励约束并重的原则,董事、高级管理人员需按50%的比例自筹资金参与计划,一并锁定和解锁。每期限制性股票计划设置了两年的锁定期和三年的解锁期,两年锁定期满后,需根据市值考核情况来决定解锁与否,以及解锁的进度和比例,这将使激励对象股权收益的大小与公司股价的长远表现直接相关,有效地协同了激励对象和股东的利益。

214. 业绩单位

　　业绩单位(performance units)是与业绩股票原理完全相同的一种股权激励模式,只是价值支付方式有差异。在业绩单位方案里,业绩单位支付的是现金,而且按考核期期初市盈率计算的股价折算的现金,除了有期初市盈率这一价格影响的痕迹外,不再受到股价的其他影响。受让人得到的是现金,而不是股票。例如,假定考察期为5年,每股收益年增长率为12%,5年后无偿支付的现金相当一万股股票按期初市盈率计算的价值。设期初每股收益为一元,市盈率为10倍,则每股市价为10元;若第5年每股收益为1.76元,仍按10倍市盈率计算的股价为17.6元,那么管理层可无偿获得现金为17.6万元,即17.6×10 000。倘若事先规定,每股收益增长率在10%～12%之间,可获75%的现金,那么当每股收益增长率为11%时,管理层的现金为收入为126 379元,即1.69×10×10 000×75%。相比而言,业绩单位减少了股价的影响。但是长期激励效果比业绩股票要差。在现有施行业绩股票激励模式的上市公司中,有部分企业由于对国内二级市场走势并不看好,将激励模式从业绩股票改为业绩单位。

　　2000年10月14日东方创业(600 278)临时股东大会通过的《东方国际创业股份有限公司经营者群体及主要业务骨干激励方案》,提取经营者群体及业务骨干奖励金6 819 600元。《方案》规定,实现经营目标(税后利润指标),提取税后利润的2%作为基本奖励金。超额完成指标,再按超额区间分段提取,作为超额奖励金。超额10%(含10%),提取超额部分的30%;

超额 10%～20%（含 20%），再提取此区段的 40%；超额 20%以上，再提取此区段的 50%（以 50%为限）。激励方案特别强调收益风险对等原则，在设置奖励金的同时，规定若实现的税后利润低于指标的 10%，则奖励金按上年度经营者收入扣减 30%。年度税后利润低于指标 10%～20%（含 20%），扣减比例为 40%；年度税后利润低于指标 20%～30%（包括 30%以上），扣减比例为 50%（以 50%为限）。奖励基金中，30%采用现金形式，分发给有关个人，70%为风险基金，由公司统一托管。

215. 股票增值权

　　股票增值权（stock appreciation rights，SARs）是指公司给予被授予者的这样一种权利：可以获得规定时间内规定数量股票股价上升所带来的收益，但是被授予者对这些股票没有所有权，自然也不拥有表决权和配股权。

　　2000 年 1 月 19 日，三毛实业（000 779）董事会通过决议，决定在公司建立长期激励机制，实行股票增值权激励方案。公司 2001 年 2 月 19 日召开的临时股东大会通过了公司董事会制定的长期激励机制方案。根据该方案，公司将对公司的董事、高级管理人员、中层管理骨干和技术骨干实行股票增值权（股票增值权不是真正意义上的股票，不具有所有权、表决权和配股权）激励机制。年初，对董事长和总经理分别赠与 20 万股，副总经理、三总师以及相当职务人员，人均 15 万股，总经理助理、副总师、未兼任上述职务的董事以及相当职务的人员，人均 10 万股，公司中层管理骨干、分厂副总师以及相当职务的技术骨干人均 5 万股。年度末了，在当年赠与数量范围内，按照年末每股净资产值乘以年末本人持有的股票增值权数量，减去年初赠与额，其差额高于年初赠与额的部分（包括转增、送股、发行等增减摊薄因素），作为股票增值权，第一年兑现 20%，第二年和第三年各兑现 30%，余 20%作为风险抵押金，高管人员按离职时本人持有的股票增值权数量乘以离职时的每股净资产值计算发放。公司实行长期激励机制所需的资金从奖励基金或工资基金中提取或支付。持有人兑现后的股票增值权数量每年年末暂维持在初始水平。公司从 2000 年开始对高管人员实施该方案。中层管理人员、技术骨干按赠与范围和考核办法成熟一个，实施一个。然而该公司的股票增值权计划首次尝试并没有取得成功，这使得境内上市公司对于股票增值权十分谨慎。

　　2014 年 4 月 10 日上海家化（600 315）披露了 2014 年董事长谢文坚长期奖励方案，方案采取股票增值权激励的方式，分三年三期授予，首期授予 48.465 3 万份股票增值权，第二期、第三期授予数量由董事会届时审议决定。方案有效期为自股票增值权的首期授权日起 6 年。方案在 2014—2016 年的三个会计年度中，分年度进行绩效考核，奖励对象达到绩效考核目标时其在对应年度中获得的股票增值权权益方可生效。首期权益生效以 2013 年度营业收入为基准，2014 年度的营业收入增长率不低于 16%。第二期权益生效以 2014 年度营业收入为基准，2015 年度的营业收入增长率不低于 18%；或以 2013 年度营业收入为基准，2015 年度的营业收入增长率不低于 37%。第三期权益生效以 2015 年度营业收入为基准，2016 年度的营业收入增长率不低于 20%；或以 2013 年度营业收入为基准，2016 年度的营业收入增长率不低于 64%。方案首期股票增值权的行权价格为董事会审议通过本方案之日前 30 个交易日的上海家化股票平均收盘价 34.4 元。第二期、第三期增值权的行权价格为授予第二期、第三期增值权的相关董事会召开日前 30 个交易日的上海家化股票平均收盘价。奖励对象未能达到绩效考核目标时,其未能达到绩效考核目标所对应的股票增值权由公司取消,但无论是否达到绩效考核目标,应至少保留奖励对象首期授予股票增值权的1/3,即16.1551万份股票增值权于审议2014年年度报告的董事会召开日生效。专门为董事长一人打造激励方案,在A股市场比较少见。谢文坚在4月10日召开的年度股东大会上表示,自己持有的是美国护照,不能持有A股,这可能是激励方案没有采用股权激励而使用增值权激励的原因。

与此同时,H股上市公司却较多地选择了这种激励模式,而且大部分是在首次公开发行时使用。截至2009年6月30日,我国境内外上市公司中共有24家推出了股票增值权激励计划,一共计划实施36次股票增值权计划,因为其中三家公司被叫停,三家公司股票增值权需要国资委重新审批,一家公司因股票增值权设计不合理董事会决定暂停(金巍锋和王静怡,2010)。中国石化(00386;600028)2000年向境外发行H股时,对高层管理人员采用股票增值权激励。根据上市时股票价格与行使时股价的差额,将股价上升部分作为奖励分配给增值权持有人。授予对象是480名在关键部门工作的中高级管理人员——包括董监事(不含独立董事)、总裁、副总裁、财务总监、各事业部负责人、各职能部门负责人和各分、子公司及附属公司负责人。这次股票增值权数量是2.517亿股H股,占总股本的0.3%。具体的行权方法是行权价为H股发行价,即1.61港元,两年后行权,自行权之日起第三年、第四年、第五年的行权比例分别为30%、30%和40%,有效期是五年。在股票增值权的考核指标上,中国石化专门设立了关键绩效指标(KPI)。关键绩效指标主要包括利润、回报率和成本降低额等三个方面。增值权持有人必须在考核指标达标后,才能行使权力。因此,股票增值权能否行使,不仅与公司的股价相连,还与个人的业绩密切相关。上市公司高级管理层的收入将分成三块,即工资、业绩奖金和股票增值权;后两部分是浮动的,占到了个人收入的65%~75%。

216. 延期支付计划

延期支付计划(deferred compensation plan)是将公司激励对象的部分年度奖金以及其他收入存入公司的延期支付账户,并以款项存入当日按公司股票公平市场价折算出的股票数量作为计量单位,然后在既定的期限(一般多为5年)后或公司激励对象退休后,以公司股票形式或者依据期满时股票市值以现金方式支付给公司激励对象。

宝信软件(600845)的延期支付方案主要思路是制定"双十方案",按照当年的业绩表现核算一定的股权累积金对公司核心骨干人员实施延期支付激励制度。"双十方案"是指公司业绩的目标下限为剔除非经常性因素的影响后净资产收益率达到10%,股权累积金比例的上限为当年利润的10%,该方案的授予对象为公司骨干人员,延期时限为三年。宝信软件的延期支付方案激励额度较大,是公司上年度净利润的10%。以2001年为例,这一金额达到380万元;激励范围广,2001年度受益人共有150人,占公司员工总数的20%;资金来源独特,是从营运成本中支出。

三木集团(000632)的延期支付方案主要思路是公司对完成考核指标的管理层进行"效益薪金"奖励,并进行一定时间的冻结,以任职期限为延期期限。在方案中,公司高层领导的薪酬结构由三部分组成:年薪、股票、福利。总裁除了拿年薪12万元,还根据上一年度的"综合业绩"——完成的利润指标及对公司长远发展的努力程度,来确定"效益薪金",而且70%的效益薪金要用于购买本公司股票。公司高级管理人员和下属公司经理人员实行按净利润5%提取效益薪金制度,效益薪金70％再用于购买本公司股票,并锁定用于企业风险抵押。

金地集团(600 383)按照公司制定的《长期激励制度管理办法》的规定,以净资产收益率达到"考核年度中国A股市场中按上市公司行业分类指引属于房地产开发与经营业(J01)的上市公司净资产收益率的算术平均值"与"银行同期贷款年利率"孰高者作为业绩目标,按照以下比例提取激励基金:0％<(净资产收益率－业绩目标)≤2％部分,按照该超过部分所对应净利润的30％提取激励基金,2％<(净资产收益率－业绩目标)≤4％部分,按照该超过部分所对应净利润的40％提取激励基金,4％<(净资产收益率－业绩目标)部分,按照该超过部分所对应净利润的50％提取激励基金。经测算,2002年度延期支付计划激励基金的提取金额为17 062 208元人民币。2002年度股份增值权按2002年年末总股本的10％授予,等待期3年,2004年年度报告披露后可以一次性行权。

在武汉市国有资产经营公司控股的上市公司中普遍采用一种模式,在业界通常被称为"武汉模式",其实质是用经营者年薪的一部分购买流通股,延迟兑现年薪,也称"延期支付"。武汉市国有资产经营公司对所属上市公司企业法定代表人实行年薪制,年薪由基薪收入、风险收入和年收入三部分组成。武汉的上市公司,例如武汉中商(000 785)、武汉中百(000 759)和鄂武商(000 501)等普遍采用过这种激励方式。

217. 管理层收购

管理层收购(management buy-out,MBO)是指公司的管理层利用借贷所融资本或股权交易收购本公司的一种行为,从而引起公司所有权、控制权、剩余索取权、资产等变化,以改变公司所有制结构。通过收购使公司的经营者变成了公司的所有者。由于管理层收购在激励内部人员积极性、降低代理成本、改善公司经营状况等方面起到了积极的作用,因而成为20世纪七八十年代流行于欧美国家的一种公司收购方式。国际上对管理层收购目标公司设立的条件是:公司具有比较强且稳定的现金流生产能力,公司经营管理层在公司管理岗位上工作年限较长、经验丰富,公司债务比较低,公司具有较大的降低成本、提高经营利润的潜力空间和能力。MBO最早出现在英国,我国MBO自1997年3月开始试验,大众科创(600 635)的管理层借助职工持股会间接实现了对公司的控制。当时MBO还是一个敏感得让人们回避的词汇,大众科创采用了过渡的手段,借助职工持股会实现对公司的控制,但未实现直接操作。1999年四通集团率先进行了大胆的探索。1999年5月,由四通职工持股会投资51.0％、四通集团投资49.0％的北京四通投资有限公司注册成立,迈出管理层收购的第一步;之后,被称为"新四通"的四通投资购买了四通集团持有的香港四通50.5％的股权,完成了我国第一例MBO。

1992年3月美的集团公司组建,1992年5月改制为股份有限公司,1993年粤美的(000 527)在深交所上市。随着公司发展,公司管理人员积极性低发展成为影响公司成长性的重要因素。2000年4月,由粤美的管理层和工会共同出资组建成立了美托投资公司。美托投资公司的注册资本为1 036.87万元,其经营范围包括对制造业、商业进行投资以及国内商业、物资供销业。美托投资公司法定代表人何享健为第一大股东,持股25％;美的集团执行董事陈大江持股10.3％,为第二大股东;其他管理层42.7％。美托投资公司全面实行员工持股制度,让粤美的管理层及下属企业的经营者、业务或技术骨干以现金方式有条件地认购该公司股份,并依法享有所有权和分配权。美托投资公司中,粤美的管理层持股比例为78%,剩下的22%为职工持股会所有。2000年4月10日,美托投资公司以每股2.95元的价格,协议受让了代表当地地方政府美的控股持有的9 243.03万股中的3 518万股(占总股本的7.25%),由此拉开了粤美的管理层收购的序幕。2000年12月20日美托投资公司与美的控股签定股权转让协议,美托投资公司以每股3元的价格受让美的控股7 243.033 1万股(占总股本的14.94%)。股权转让完成后,美托投资公司正式成为粤美的的第一大股东,所持股份比例上升到22.19%,而美的控股退居为第三大股东。到此,完成了我国上市公司第一例管理层收购。

国有企业探索实施管理层收购的案例最早在2001年出现。2001年3月,宇通客车(600 066)总经理汤玉祥与22个自然人共同设立上海宇通创业投资有限公司,并通过这家由汤玉祥任法人代表的公司间接控股了上市公司——宇通客车。这被认为是第一家国有企业管理者实施收购的案例,实际上是管理者和员工收购(management and employee buy-out,MEBO)。2002年12月1日正式施行的《上市公司收购管理办法》,首次对上市公司管理层收购和员工持股等问题做出规定。在政策导向下,国内A股上市公司MBO潜潮涌动。由于担心大规模实行管理层收购可能会导致过大的风险,2003年4月,财政部在给原国家经贸委企业司《关于国有企业改革有关问题的复函》中指出,相关法规未完善之前,暂停受理和审批上市和非上市公司的管理层收购,管理层收购被紧急叫停。

叫停后,很多上市公司管理层出于对自身利益的追求,纷纷将管理层收购由明转暗,采用股权信托、间接收购以及对子公司或者大股东收购等曲线管理层收购。到2003年底,全国1 600多家上市公司中已有160多家实行了MBO,约占10%。加上非上市公司,全国的国企和国有控股企业已实行MBO的有千万家之多。2003年年末及2004年年初,国务院国有资产监督管理委员会《关于规范国有企业改制工作的意见》(以下简称《意见》)、《企业国有产权转让管理暂行办法》和证监会《关于规范上市公司实际控制权转移行为有关问题的通知》等规定相继出台。各规定对管理层那个收购有不同程度涉及,《意见》还专门对管理层收购作出了规定。2004年下半年掀起了关于管理层收购是否带来国有资产流失问题的大讨论。2004年9月29日,国资委研究室透过《人民日报》刊登《坚持国企改革方向,规范推进国企改制》一文,代表国资委表态。文章指出,在我国目前情况下,国有及国有控股的大企业不宜实施管理层收购并控股。2005年4月14日,国务院国有资产监督管理委员会和财政部,公布了《企业国有产权向管理层转让暂行规定》(以下简称《暂行规定》),对企业国有产权向管理层转让提出了规范性要求,对管理层出资受让企业国有产权的条件、范围等进行了界定,并明确了相关各方的责任。《暂行规定》规定,中小型国有及国有控股企业的国有产权可以向管理层转让,而大型国有及国有控股企业的国有产权暂不向管理层转让,同时终结了曲线管理层收购。2006年1月,《关于进一步规范国有企业改制工作的实施意见》(以下简称《实施意见》)出台,主要着眼于三个方面:针对改制中存在的主要问题,从制度上堵塞漏洞,进一步防止改制过程中国有资产流失;细化有关规定,增强可操作性,维护职工合法权益;增强规范改制的全面性和完整性,新增加了规范企业管理层持有股权等内容。该《实施意见》规定,国有及国有控股大型企业实施改制,应严格控制管理层通过增资扩股以各种方式直接或间接持有本企业的股权。为探索实施激励与约束机制,经国有资产监督管理机构批准,凡通过公开招聘、企业内部竞争上岗等方式竞聘上岗或对企业发展作出重大贡献的管理层成员,可通过增资扩股持有本企业股权,但管理层的持股总量不得达到控股或相对控股数量。2008年10月通过的《国有资产法》规定,法律、行政法规及国务院国有资产监督管理机构规定可以向本企业的董事、监事、高级管理人员及其近亲属,或者这些人员所有或者实际控制的企业转让的国有资产,在转让时,上述人员或者企业参与受让的,应当与其他受让参与者平等竞买;转让方应当按照国家有关规定,如实披露有关信息;相关的董事、监事和高级管理人员不得参与转让方案的制定和组织实施的各项工作。

218. 员工持股计划

员工持股计划(employee stock ownership plan,ESOP)是 1970 年代起在西方发达国家兴起的公司所有权结构和公司治理的一场变革,也称员工持股制度,是指公司内部员工认购本公司的股份,委托某一法人机构托管运作,该法人机构代表员工进入董事会参与公司治理,并按所持股份享受公司利润分配的新型产权组织形式。员工持股计划的类型主要有:非杠杆型、杠杆型、福利型和风险型。我国一般称为"职工持股计划"。

1994 年,金地集团(600 383)实施员工内部持股。设计了 2 530 万股作为员工持股总额,每股面值为一元。员工持股总值不超过总股本的 30%。实行员工持股后,公司总股本中约 70%为国有股和法人股,约 30%为内部职工股。员工持股资金来源主要由个人出资、公司划出专项资金借给员工、工会从历年积累的公益金中划转三部分组成。员工委托工会以社团法人参股,成为公司第二大股东。

2006 年 3 月 25 日,张江高科(600 895)推出了上市公司首个"职工持股信托"计划,参与对象为张江集团及旗下子公司(含上市公司张江高科)员工,初始信托资金 1 371 万元,仅用于购买张江高科流通股,存续期长达 6 年。2007 年 2 月 1 日,张江高科发布公告称,两期信托计划分别新增资金 626 万元和 771 万元,也将用于在二级市场购入张江高科股票。该信托计划可发挥激励和监督双重机制,一方面,充分调动员工的积极性努力工作,提升上市公司的内在价值从而拉高公司的股价;另一方面,员工是通过信托持股,并不直接参与公司的重大决策和管理,但这个过程员工对公司的监督作用将被放大,对董事会和经营层具有一定的监督作用。

王晋斌和李振仲(1998)考察了我国上市公司及定向募集公司内部员工持股的背景材料,并对员工持股计划与企业绩效关系进行了实证研究,发现我国上市公司的员工持股计划与企业绩效之间不存在正相关关系,目前我国上市公司员工持股是一种短期福利措施,基于长期激励与福利双重机制的制度安排应是我国员工持股计划的改革方向。朱慈蕴(2001)认为我国的员工持股是进一步深化我国经济体制改革和企业制度创新的契机;为此,需要认真总结我国的员工持股实践经验,并对员工持股进行立法规范;员工持股立法应建立在人力资本理念基础之上,这是将员工持股引向深入的关键。

219. 经理层治理评价

经理层治理评价(appraisal of managers governance)是指对上市公司经理层治理状况进行的科学量化反映。经理层治理评价是从客观视角对上市公司经理层治理状况进行的评价。标准普尔公司治理服务系统、戴米诺公司治理评价系统、里昂证券公司治理评估系统等国际上大多数公司治理评价系统中都将经理层治理作为其重要的维度。ISS（Institutional Shareholder Services）、ICLCG（Institute of Corporate Law and Corporate Governance）、ICRA（Information and Credit Rating Agency）、GMI（Governance Metrics International）在对公司治理状况进行考察时，也将经理层治理作为其核心因素。

南开大学中国公司治理研究院在设置上市公司治理评价指标系统之初，就将经理层治理评价作为一个重要维度，主要从任免制度、执行保障和激励机制三个维度评价中国上市公司经理层治理状况。如表 5-12 所示。

表 5-12　中国上市公司经理层治理评价指标体系

主因素层	子因素层	说　明
任免制度	高管层行政度	考察经理层任免行政程度
	两职设置	考察总经理与董事长的兼职状况
	高管稳定性	考察经理层的变更状况
执行保障	高管构成	考察经理层资格学历状况
	双重任职	考察经理层成员的兼职状况
	CEO 设置	考察经理层中 CEO 设置状况
激励约束	薪酬水平	考察经理层薪酬激励水平
	薪酬结构	考察经理层激励的动态性
	持股比例	考察经理层长期激励状况

（资料来源：南开大学中国公司治理研究院"中国公司治理评价系统"。）

第一，任免制度。在经理层治理评价系统中，我们选择高管层行政度、两职设置及高管稳定性作为评价公司经理层任免制度的指标。随着上市公司高管人员选聘制度化程度提高以及高管变更频度的加大，我们强化了高管稳定性的指标评价。

第二，执行保障。经理层的执行保障评价包括高管构成、双重任职和 CEO 设置三个具体评价指标。

第三，激励约束。我们从薪酬水平、薪酬结构和持股比例三方面来评测经理层激励与约束程度。

2013 年上市公司的经理层治理指数最高值为 76.51，最低值为 38.65，平均值为 57.21，标准差为 5.97。从经理层评价的三个主因素层面来看，样本公司经理层任免制度指数平均值为 61.44，样本标准差为 5.27；执行保障指数的平均值为 63.33，样本标准差 9.46，极差最大；激励约束指数平均值为 48.07，样本标准差为 14.16，样本离散程度最大。如表 5-13、表 5-14 所示。

表 5-13　中国上市公司经理层治理状况描述性统计

项　目	平均值	中位数	标准差	极差	最小值	最大值
经理层治理指数	57.21	56.93	5.97	37.86	38.65	76.51
任免制度	61.44	61.25	5.27	36.67	43.33	80.00
执行保障	63.33	63.33	9.46	66.00	26.00	92.00
激励约束	48.07	44.29	14.16	64.29	20.00	84.29

（资料来源：南开大学中国公司治理研究院公司治理数据库。）

　　表 5-14 和图 5-1 列明了 2004—2013 年连续 10 年中国上市公司经理层治理状况与趋势特征。2004—2013 年连续 10 年经理层治理指数的发展趋势显示，中国上市公司经理层治理状况总体上有上升趋势，从 2004 年的 54.60 上升到 2013 年的 57.21。2010 年以后，经理层治理指数呈现出稳定的态势，一直在 57～58 区间波动。三个分指数中，任免制度和执行保障指数呈现一定的随机波动性，激励约束指数相对于任免指数和执行保障较低，但是呈现出逐年提高的趋势，2004 年仅为 38.89，2013 年激励约束指数平均值达 48.07。

表 5-14　中国上市公司经理层治理指数描述性统计 10 年比较

年份	经理层治理指数	任免制度	执行保障	激励约束
2004	54.60	65.23	61.46	38.89
2005	54.80	64.18	62.72	39.35
2006	55.22	63.99	63.84	39.74
2007	57.88	67.48	65.82	42.21
2008	57.40	65.65	65.49	42.84
2009	55.53	62.63	66.27	39.77
2010	57.21	62.90	64.60	45.64
2011	57.81	65.39	64.98	44.67
2012	57.27	61.84	64.50	46.85
2013	57.21	61.44	63.33	48.07

（资料来源：南开大学中国公司治理研究院公司治理数据库。）

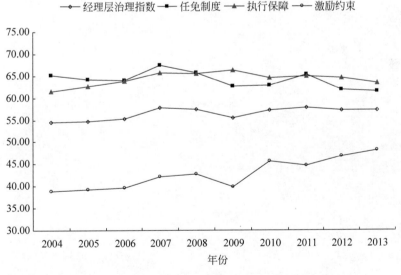

图 5-1　中国上市公司经理层治理指数平均值 10 年比较

（资料来源：南开大学中国公司治理研究院公司治理数据库。）

外部治理

Corporate Governance Handbook

Corporate governance involves a set of relationships between a company's management，its board，its shareholders and other stakeholders．Corporate governance also provides the structure through which the objectives of the company are set，and the means of attaining those objectives and monitoring performance are determined．Good corporate governance should provide proper incentives for the board and management to pursue objectives that are in the interests of the company and its shareholders and should facilitate effective monitoring．

The OECD Principles of Corporate Governance（2004）

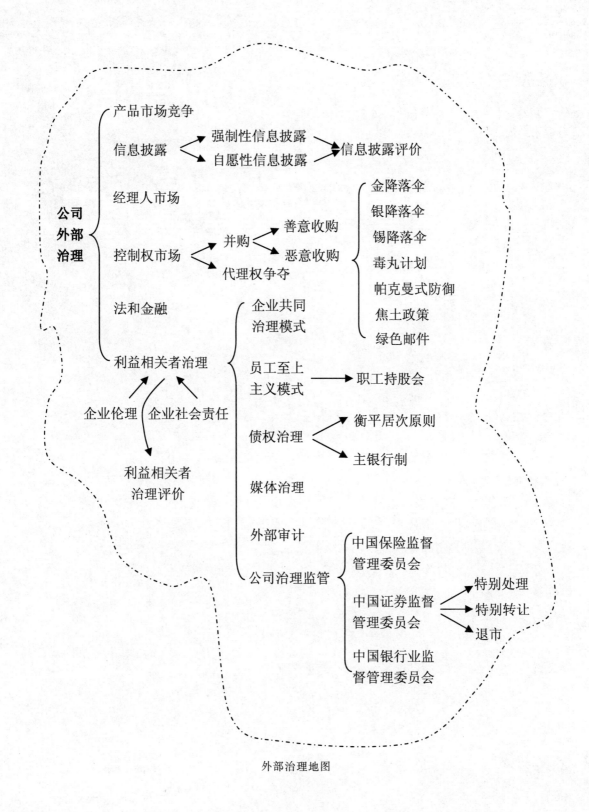

外部治理地图

264

220. 产品市场竞争

产品市场竞争(product market competition)是指通过产品市场的约束来解决股东和管理者之间的委托代理问题的一种机制,竞争性的产品市场是构成外部治理机制的重要组成部分[①]。如果产品市场竞争足够激烈的话,公司的经理就可能受到更大的约束。产品市场竞争对经理的约束主要来自两个方面。一方面,在充分竞争的市场上,只有最有效率的公司才能生存,只有好的产品才能被消费者接受从而占有市场,作为公司的经理自然也就面临更大的压力(Machlup,1967)。另一方面,产品市场竞争可以提供有关经理行为的更有价值的信息(张维迎,2005)。股东和董事会可以通过竞争的产品市场了解有关公司经营状况和绩效的有效信息,从而在一定程度上获取有关代理人的能力和努力程度的信息,并据此对代理人作出评价。产品市场竞争有利于降低委托人与代理人之间信息不对称的程度,有利于对代理人进行有效的监督和控制。

产品市场发挥作用的前提是必须维持产品市场的竞争性,杜绝不公平的竞争行为,而我国产品市场中存在相当严重的垄断现象,主要表现为行政垄断问题突出,经济垄断大量存在以及垄断与市场集中度低、规模不经济并存,从而削弱了产品市场作为外部监控机制的作用。

221. 信息披露

信息披露(information disclosure)主要是指公众公司以招股说明书、上市公告书以及定期报告和临时报告等形式,把公司及与公司相关的信息,向投资者和社会公众公开披露的行为,涉及的公司类型主要是上市公司。信息披露的基本内容包括:发行和上市新股的初次披露,主要是招股说明书、上市公告书;定期报告,主要包括年度报告、半年度报告和季度报告;临时报告,上市公司根据有关法规对某些可能给上市公司股票的市场价格产生较大影响的事件予以披露的报告称为临时报告,临时报告包括会议决议、重大事件公告和公司收购公告,具体包括公司董事会决议、公司监事会决议、公司股东大会决议、公司资产的收购与出售、关联交易、公司股票异常波动、公司的其他重大事项(比如重大担保、重大诉讼仲裁、重大投资行为、重大损失、重大行政处罚、募集资金的使用与变更、减资、合并、分立、解散或申请破产的决定、更换会计师事务所、经营方针和经营范围的重大变化等)。

《公司法》《证券法》里面均有对上市公司信息披露的法律规定,而2007年1月30日发布的《上市公司信息披露管理办法》(证监会第40号令)是我国迄今为止最权威最全面的上市

[①] Jensen在其著作《企业理论——治理、剩余索取权和组织形式》(*A Theory of the Firm:Governance, Residual Claims, and Organizational Forms*)指出,"虽然产品和要素市场作为组织管理的一个控制力量反应过慢,但无法以竞争价格提供客户满意商品的企业必将被淘汰,这一市场规则时刻都起着作用。然而不幸的是,当产品和要素市场对管理不善做出反应时,企业往往已无力回天。要避免这种资源的浪费,知道如何有效利用组织管理的另外三个控制力量非常重要。大量的数据都支持这样一种观点:即公众拥有的公司,其内部控制体系很难保证管理者最大化公司效率和价值。比这些统计资料更有说服力的是很少有企业重组自己或重新进行战略规划——除非受到资本市场、法律、政策、监管体系或产品和要素市场的冲击"。

公司信息披露法规。自《上市公司信息披露管理办法》施行后,其他的信息披露法规,如《公开发行股票公司信息披露实施细则》(试行)(证监上字[1993]43号)、《关于股票公开发行与上市公司信息披露有关事项的通知》(证监研字[1993]19号)、《关于加强对上市公司临时报告审查的通知》(证监上字[1996]26号)、《关于上市公司发布澄清公告若干问题的通知》(证监上字[1996]28号)、《上市公司披露信息电子存档事宜的通知》(证监信字[1998]50号)、《关于进一步加强ST、PT公司信息披露监管工作的通知》(证监公司字[2000]63号)、《关于拟发行新股的上市公司中期报告有关问题的通知》(证监公司字[2001]69号)、《关于上市公司临时公告及相关附件报送中国证监会派出机构备案的通知》(证监公司字[2003]7号)等同时废止。具体如图6-1所示。

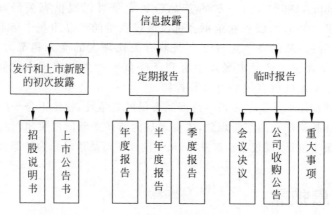

图6-1 我国上市公司信息披露主要内容

信息披露的原则包括公开性、全面性、真实性、及时性、持续性和易得性。

(1)公开性原则是指证券发行人必须依法向所有投资者和债权人公开和披露法律所规定的信息,禁止只向部分投资者或债权人透露信息而构成选择性信息,产生内幕交易和投机行为。

(2)全面性原则是指证券发行者必须全面披露和公开提供供投资人判断证券投资价值的有关资料。如果公开资料有隐瞒、遗漏情形,那么所公开的资料将不发生法律效力。

(3)真实性原则是指证券发行人向外公开的信息必须符合客观实际情况,严禁披露作假和失实的信息以误导投资者。

(4)及时性原则要求证券发行者向公众投资者公开的信息应当具有新颖性,即所公开资料必须反映公司当前的现实状况,并且一旦有重大事项发生或重大变动就要立即作出公告。

(5)持续性原则是指上市公司一旦发行证券以后,必须定期向公众投资者公开和披露有关财务状况、经营状况等报告,以使投资者对公司的发展状况有较为完整和准确的了解和把握。

(6)易得性原则是指上市公司所公开披露的资料容易为一般投资者所获得,以消除在信息披露过程中由于公开方式不当造成的公开性原则"名存实亡"的情形,保证证券市场的平等竞争。

　　《上市公司治理准则》①指出，持续信息披露是上市公司的责任。上市公司应严格按照法律、法规和公司章程的规定，真实、准确、完整、及时地披露信息。上市公司除按照强制性规定披露信息外，应主动、及时地披露所有可能对股东和其他利益相关者决策产生实质性影响的信息，并保证所有股东有平等的机会获得信息。上市公司披露的信息应当便于理解。上市公司应保证使用者能够通过经济、便捷的方式（如互联网）获得信息。上市公司董事会秘书负责信息披露事项，包括建立信息披露制度、接待来访、回答咨询、联系股东，向投资者提供公司公开披露的资料等。董事会及经理人员应对董事会秘书的工作予以积极支持。任何机构及个人不得干预董事会秘书的工作。

　　信息披露的方式有强制性披露和自愿性披露。信息披露的途径很多，如在交易网站上发布公告、在本公司网站上提供相关信息、在媒体上发布公告、与投资者和分析师举行现场会议（分为公司发行时的交易路演和上市后的非交易路演）和电话会议，接待投资者的来访，接听投资者的电话和传真，给投资者发送各种电子版或纸质版的信息等。强制信息披露的渠道和形式有年报、公告和股东大会。自愿信息披露的渠道还包括分析师会议或说明会、一对一沟通、网站、广告、公司调研、媒体报道、邮寄资料、现场参观、电话咨询、路演等。

　　相对于我国信息披露制度的不完善，美国纳斯达克（NASDAQ）市场作为全球最大的资本市场之一，拥有一套较为完善的、行之有效的信息披露制度。其信息披露制度主要分为三个层次。第一层次是美国国会颁布的有关法律，包括：1933年《证券法》、1934年《证券交易法》等。第二层次是美国证监会制定的关于证券市场信息披露的各种规则，主要包括：会计资料编制公告、财务报告编制制度、财务信息披露内容与格式条例、非财务信息披露内容与格式、C条例等。第三层次是美国证券交易商协会制定的有关市场规则。披露的形式来看，首先是初次披露，主要以登记说明书和初步招股说明书的形式披露。其次是持续披露，主要包括定期报告和临时报告两种形式，而定期报告又分为年度报告和季度报告。

222. 强制性信息披露

　　强制性信息披露（mandatory disclosure information）是指由相关法律、法规和章程所明确规定的公司必须披露信息的一种基本信息披露制度。强制性信息披露的内容一般包括公司概况及主营业务信息、基本财务信息、重大关联交易信息、审计意见、股东及董事人员信息等基本信息内容。

　　强制信息披露的形式包括公告、置备和网上推介三种形式。公告是指必须在中国证监会指定的报刊上或者专项出版的公报上刊登，并在中国证监会指定的网站上公告，公告的层次较高，具有较高的社会扩散效应。置备是有关重要信息文件存放在指定场所供公众查阅，置备的持续时间较长，但影响的范围和力度相对较小，只有主动性的投资者才能知晓有关信息。网上推介的强制性只适用于证券发行之前帮助证券发行人发行证券，其通过互联网宣传发行信息。

---

① 《上市公司治理准则》首次提出公司治理有关信息披露问题，包括但不限于：①董事会、监事会的人员及构成；②董事会、监事会的工作及评价；③独立董事工作情况及评价，包括独立董事出席董事会的情况、发表独立意见的情况及对关联交易、董事及高级管理人员的任免等事项的意见；④各专门委员会的组成及工作情况；⑤公司治理的实际状况及与本准则存在的差异及其原因；⑥改进公司治理的具体计划和措施。

　　强制性披露项目具体包括：①公司的财务和经营成果；②公司目标；③主要股份的所有权和投票权；④董事会成员和主要执行人员的薪酬政策，董事会成员同其他信息，包括资格、选择过程，就任其他公司董事职务、是否被董事会认为是独立董事；⑤关联交易情况（关联交易定价、关联交易协议、关联交易发生原因及对公司独立性影响、关联交易额、关联方债务债权往来及担保事项情况）；⑥可预见的风险因素（经营风险及应对措施、财务风险及应对措施）；⑦股东和高管以及员工信息；⑧治理结构和政策，尤其是其执行所依据的任何公司治理规则或政策及程序的内容；⑨未来发展的相关信息（新年度经营计划、战略资金需求与使用计划、未来投资预测、未来现金流量预测）；⑩独立董事意见；⑪审计意见类型；⑫资金状况；⑬行业背景信息、公司竞争环境分析；⑭内部控制情况；⑮年度报告披露时间等。

223. 自愿性信息披露

　　自愿性信息披露（voluntary information disclosure）是指除强制性披露的信息之外，基于维护投资者关系、降低资本成本、提高对投资者的吸引力、提升股票价格、回避诉讼风险等动机，公司主动披露信息的行为。这些信息包括如管理者对公司长期战略及竞争优势的评价、环境保护和社区责任、公司实际运作数据、前瞻性预测信息、公司治理效果等，管理人员自主性是自愿性信息披露制度的最大特点。公司信息披露主要受到市场和监管机构两大方面的影响，前一种力量促使公司管理当局自愿性地披露信息；后一种力量强制要求公司披露必要的信息，并通过改进公司治理，促进自愿性信息披露。

　　目前，我国的信息披露机制是强制性披露为主，自愿性披露为辅。在现实中，由于我国的资本市场不发达，公司治理不完善，会计信息披露监管不力，上市公司自愿性信息披露不论是内容还是质量，都远远不能满足监管部门、证券专业人士以及投资者的要求，绝大多数上市公司只愿意按照证券法规的最低要求披露信息，即使自愿披露也是一带而过，在上市公司日常经营过程中有许多是不确定性和容易产生理解偏差的信息。总之，上市公司多数选择定性的、边缘的、外围的、表面的信息予以披露，而回避那些核心的、关键的、定量的信息，从而极大地削弱了信息的相关性。

　　自愿性信息披露有如下三种动机。①信息披露的契约动机。内部人（管理者或大股东）可能最大化自身利益而不是全体股东的利益。信息披露的动机源自公司缔结的契约，为了满足契约的要求需要披露相关信息。为了达成契约或执行契约，公司有动机提高自愿性信息披露水平；或者新的控制人可能更换管理层并进行资产、债务重组，与管理层及外部债权人重新签订各种契约，自愿性信息披露水平可能高于未发生控制权转移的公司。②资本市场交易动机。信息披露将增强投资者对公司的信心，降低信息不对称，有利于增加股票流动性和需求量，从而促进股价上涨，在同等条件下，其资本成本下降。公司经理的市场价值也随之提高。发生控制权转移的公司，新的经理人容易受到外界更多的关注，新的经理人面临展示经营能力、提高自身声誉和市场价值的机会，愿意通过自愿性信息披露展示其工作能力、提高公司价值。③信息披露的信号传递动机。一些优质公司不愿自己公司的价值被低估，于是通过披露信息来显示自己的实力，与绩效差的公司区分开来，从而影响投资者的决策。投资者知道这种动机，通常认为业绩好的公司会充分披露信息，而业绩差的公司倾向于保持沉默，如果公司发出错误的信号将受到市场的惩罚。例如，如果公司经营绩效得到改善，公司就有动力通过信息的披露向外界投资者传递这种好消息。

自愿性披露内容具体包括但不限于以下项目：①盈利预测性信息，②公司战略说明（目标、公司战略资源信息），③拟开发新产品、新业务、新项目信息的披露情况，④行业政策披露情况，⑤公司对有竞争优势的无形资产的增加情况，⑥公司治理情况（公司治理不足以及改进的具体措施），⑦社会责任信息披露（员工权利、环境保护、产品质量等），⑧前5名供应商名称和采购金额，前5名客户名称和销售额等。

自愿性信息披露的主要特点包括以下几点。

（1）自主性。强制性信息是企业不得考虑成本效益而应公开披露的信息，无论是其内容还是形式，国家都有统一规范，企业只能遵照执行。而自愿性信息披露是企业的一种自主性行为，它是企业管理部门根据信息使用者的需要和企业自身实际情况自行确定披露的信息。对这些与信息使用者密切相关的重要信息，是选择披露还是不披露，以及选择何种披露形式，在很大程度上取决于企业管理部门对信息重要性的判断和成本效益的比较。可以说企业对自愿性信息披露拥有自由裁量权和决策权，是其与强制性信息披露的一个重要区别。

（2）内容多样性。自愿性信息的内容包含了影响企业财务状况、经营业绩及现金流量的所有重要信息。这些"重要信息"从空间范围看，既有内部环境信息，又有外部环境信息。从时间范围看，既有既定的历史信息，又有对未来的预测信息。从披露的形式看，既有定量信息，又有定性信息。从计量方式看，既有货币计量信息，又有非货币计量信息。自愿性信息的这种多元化特征，无疑表明它在内容上具有相对广泛性和多样化。

（3）形式灵活性。与自愿性信息内容的多样性相联系的是其披露形式的灵活性。从国内外实践来看，最常见的披露方式是文字和表格。为了说明有关项目的发展趋势，还常常使用坐标图和柱状图等。其披露的载体包括年报、中报、临时报告、新闻发布会等。自愿性信息的内容多样性与形式灵活性是相辅相成的：多样化的内容需要披露形式不拘一格，而形式灵活反过来又促进了内容的多样化。

（4）披露不确定性。这一特征具体表现在两个方面。一是内容的不确定性，即自愿性信息在内容上没有明确的制度规范或要求，它主要取决于自愿披露事项的存在或发生的情况，以及这些事项与企业财务的相关程度。二是方式的不确定性。自愿披露信息在内容上的不确定性决定了其披露的载体、格式、指标设置以及排列方式等方面具有不确定性，它或者由企业根据各自的实际情况自行确定，或者由提供者根据需要以不同方式予以说明。

中国证监会颁布的《公开发行股票公司信息披露的内容与格式准则》第一号到第六号中有关条款所标注的"不限于此"，就是给上市公司信息披露留有一定的余地。中国证监会于2002年1月9日发布《上市公司治理准则》中第八十八条规定："上市公司除按照强制性规定披露信息之外，应主动及时地披露所有可能对股东和其他利益相关者决策产生实质性影响的信息并保证所有股东有平等的机会获得信息。"第九十三条规定："上市公司应及时了解并披露公司股份变动的情况以及其他可能引起股份变动的重要事项。"第九十四条规定："当上市公司控股股东增持、减持或质押公司股份，或上市公司控制权发生转移时，上市公司及其控股股东应及时、准确地向全体股东披露有关信息。"

深圳证券交易所2003年11月11日发布的《深圳证券交易所上市公司投资者关系管理指引》，对自愿性信息披露提出了具体指引，第十四条提出："上市公司可以通过投资者关系管理的各种活动和方式，自愿地披露现行法律法规和规则规定应披露信息以外的信息。……"第十五条规定："上市公司进行自愿性信息披露应遵循公平原则，面向公司的所有股东及潜在投资者,使机构、专业和个人投资者能在同等条件下进行投资活动,避免进行选择性信息披露。"第十六条规定:"上市公司应遵循诚实信用原则,在投资者关系活动中就公司经营状况、经营计划、经营环境、战略规划及发展前景等持续进行自愿性信息披露,帮助投资者做出理性的投资判断和决策。"

上海证券交易所在 2004 年 1 月颁发的《上海证券交易所上市公司投资者关系管理自律公约》,明确指出上市公司要增强信息披露,增进投资者对上市公司的了解,建立上市公司与投资者之间及时、互信的良好沟通关系,确定投资者关系管理工作的第一责任和日常业务负责人。在条件许可的情况下,尽可能改进本公司信息网络平台建设,认真履行信息披露义务,依法及时、真实、准确、完整地披露公司所有的重大信息,遵循公平披露的原则,使所有投资者均有同等机会获得同质、同量的信息。

中国证监会在 2005 年 7 月颁发的《上市公司与投资者关系工作指引》鼓励上市公司进行自愿性信息披露,第一条指出:"……,加强上市公司与投资者之间的信息沟通,完善公司治理结构,切实保护投资者特别是社会公众投资者的合法权益,……。"第四条指出:"投资者关系工作的基本原则是,……充分披露信息原则,除强制的信息披露以外,公司可主动披露投资者关心的其他相关信息。……,公司应遵守国家法律、法规及证券监管部门、证券交易所对上市公司信息披露的规定,保证信息披露真实、准确、完整、及时。……。"

224. 信息披露评价

信息披露评价(appraisal of information disclosure)是由第三方机构实施的对公司信息披露进行定量或定性评价的过程。"阳光是最有效的消毒剂,电灯是最有效的警察"。一个资本市场的信息透明度越高,资本市场的有效性就越强,投资者就越容易做出有效的投资决策。如果信息是透明的,投资者就可以在事前进行合理地判断,在事后进行更好地监督,这样投资者可以选择到合适的投资或者融资项目,而管理者也可以得到他们所需的资金。但是投资者和管理者之间的信息不对称会使投资者的闲置资金与投资机会之间的配置无法实现,使资本市场的配置功能失效。由于信息的不完备,投资者往往根据市场的平均水平估计公司投资项目的投资收益,对于优质项目来说,融资成本过高,这将造成公司的融资约束。Myers 和 Majluf(1984)认为当投资者低估企业的融资证券价值,而管理者无法将一个好的投资机会正确传递给外部投资者时,投资项目将会被搁置。在更为极端的情况下,债券市场上还会出现"信贷配给",即借款人愿意以市场平均利率支付利息,但仍然无法筹集到所需要的全部资金(Stiglitz,Weiss,1981; Gale,Hellwig,1985)。通过信息披露缓解了信息不对称,投资者能够更加准确地估计证券价值和项目的风险,对于有良好投资机会的公司,投资者在购买证券时会要求一个较低的风险溢价,从而降低公司的融资成本;而对于项目风险较高的公司来说,投资者在购买证券时会要求一个较高的风险溢价来弥补其可能遭受的损失,从而提高公司的融资成本。信息的披露还有利于投资者在投资后对管理者进行监督。投资者所处的信息劣势使得一般投资者难以掌握企业内部充分而真实的信息或者无力支付了解这些信息所需的成本,从而难以实现对代理问题的有效监督。于是,当投资者不能对自己的投资做到完全的监督,而他们又意识到管理者会有代理问题时,他们对投资将保持谨慎的态度。这也会导致资本市场的运行低效。

南开大学中国公司治理研究院公司治理评价系统中的信息披露评价体系针对信息披露可靠性、相关性、及时性进行评价,在借鉴相关研究成果的基础上,以科学性、系统性和信息披露评价的可行性等原则为指导,以国际公认的公司治理原则、准则为基础,借鉴、综合考虑我国《公司法》、《证券法》、《上市公司治理指引》,比照《公开发行证券的公司信息披露内容与格式准则第 2 号(2011 年修订)》、《企业会计准则》、《公开发行股票公司信息披露实施细则》等有关上市公司的法律法规设计了包括三个主因素层,合计 17 个指标的中国上市公司信息披露评价指标体系,如表 6-1 所示。

表 6-1　中国上市公司信息披露评价指标体系

主因素层	子因素层	说　明
可靠性	是否被出具非标准无保留意见	考察公司财务报告的合法性和公允性
	违规行为	考察公司在近三年是否有违规行为
	无负面报道	考察是否有媒体对公司进行负面报道
及时性	年度报告是否及时披露	考察信息是否失在去影响决策功能之前提供给决策者
相关性	公司战略	考察是否充分披露了有关战略的信息
	公司治理结构	考察是否充分披露了有关治理结构的信息
	公司竞争环境分析	考察是否充分披露了有关竞争环境的信息
	产品和服务市场特征	考察是否充分披露了有关产品和服务市场特征的信息
	盈利预测的信息	考察是否充分披露了盈利预测的信息
	公司风险	考察是否充分披露了有关的经营和财务风险的信息
	公司社会责任	考察是否充分披露了有关社会责任的信息
	员工培训计划和费用	考察是否充分披露了有关员工培训计划和费用的信息
	对外投资项目	考察是否充分披露了有关对外投资项目的信息
	业务分布信息	考察是否充分披露了有关业务分布信息的信息
	控股及参股公司经营情况	考察是否充分披露了有关控股及参股经营情况信息
	关联交易	考察是否充分披露了有关关联交易的信息
	资产负债表日后事项	考察是否充分披露了有关资产负债表日后事项的信息

(资料来源:南开大学中国公司治理研究院"中国公司治理评价系统"。)

第一,可靠性。可靠性指一项计量或叙述与其所要表达的现象或状况的一致性。可靠性是信息的生命,要求公司所公开的信息能够准确反映客观事实或经济活动的发展趋势,而且能够按照一定标准予以检验。但信息的可靠性具有相对性和动态性,相对可靠性体现了历史性,而且相对可靠性向绝对可靠性接近。一般情况下,作为外部人仅通过公开信息是无法完全判断上市公司资料可靠性的,但是可以借助上市公司及其相关人员违规历史记录等评价信息的披露判断可靠性。从信息传递角度讲,监管机构和中介组织搜集、分析信息,并验证信息可靠性,这种检验结果用于评价信息披露可靠性是可行的、合理的。信息披露可靠性的评价指标主要包括:年度财务报告是否被出具非标准无保留意见;近三年公司是否有违规行为;公司是否有负面报道。

第二,及时性。信息披露的及时性是指信息在失去影响决策的功能之前提供给决策者。信息除了具备真实完整特征之外,还要有时效性。由于投资者、监管机构和社会公众与公司内部管理人员在掌握信息的时间上存在差异,为解决获取信息的时间不对称性可能产生的弊端,信息披露制度要求公司管理当局在规定的时期内依法披露信息,减少有关人员利用内幕信息进行内幕交易的可能性,增强公司透明度,降低监管难度,以规范公司管理层经营行为,保护投资者利益;从公众投资者来看,及时披露的信息可以使投资者做出理性的价值判断和投资决策;从上市公司本身来看,及时披露信息使公司股价及时调整,保证交易的连续和有效,减少市场盲动。信息披露及时性采用年度报告是否及时披露这一唯一评价指标。

第三,相关性。信息披露相关性则要求上市公司必须公开所有法定项目的信息,不得忽略、隐瞒重要信息,使信息使用者了解公司治理结构、财务状况、经营成果、现金流量、经营风险及风险程度等,从而了解公司全貌、事项的实质和结果。信息披露的相关性包括形式上的完整和内容上的齐全。信息披露相关性的评价指标主要包括:公司战略是否充分披露;公司治理结构是否充分披露;竞争环境是否充分披露;产品和服务市场特征是否充分披露;盈利预测的信息是否充分披露;经营风险和财务风险是否充分披露;公司社会责任方面是否充分披露;员工培训计划和费用是否充分披露;对外投资项目是否充分披露;业务分布是否充分披露;控股公司及参股公司经营情况是否充分披露;关联交易是否充分披露;资产负债表日后事项是否披露。

2013年中国上市公司样本量为2 470家,如表6-2所示,信息披露指数的平均值为63.18,标准差为9.27,信息披露指数基本服从正态分布。从标准差来看,信息披露总体水平较为集中,上市公司之间的信息披露差距较小,但极差为49.49,信息披露最好和最差的公司仍存在较大差距。从信息披露的三个主要因素来看,中国上市公司信息披露的可靠性、相关性和及时性指数的平均值依次为62.11、61.94、65.83,信息披露的可靠性表现最好,各指标之间的差异不大;从标准差来看,可靠性指数分散程度最大,上市公司信息披露的可靠程度存在较大差异;从极差来看,信息披露最好和最差的公司在可靠性、相关性和及时性方面都存在非常大的差距。

表6-2　中国上市公司信息披露状况描述性统计

统计指标	平均值	中位数	标准差	极差	最小值	最大值
信息披露指数	63.18	62.05	9.27	49.49	35.93	85.41
可靠性	62.11	59.99	17.89	54.60	34.98	89.98
相关性	61.94	59.92	10.09	61.57	23.34	84.91
及时性	65.83	65.92	10.59	62.73	24.60	87.33

(资料来源:南开大学中国公司治理研究院公司治理数据库。)

从2004—2013连续十年信息披露指数的发展趋势看,信息披露指数呈现出总体上升的趋势,从2004年的62.20上升到2013年的63.43,信息披露的可靠性和相关性指数也呈现出总体上升,但存在一定的波动性,及时性指数呈现出总体上的先下降后上升的趋势,见表6-3和图6-2。2013年信息披露水平较2012年有所提升,三个分指数中,可靠性指数和相关性指数较 2012 年有所提升,及时性指数有小幅度下降。

表 6-3　中国上市公司信息披露指数描述性统计 10 年比较

年份	信息披露指数	可靠性	相关性	及时性
2004	62.20	60.50	59.64	68.16
2005	62.25	63.20	58.99	64.25
2006	62.76	63.18	60.92	64.04
2007	61.66	62.66	59.97	62.02
2008	62.36	62.80	60.53	63.74
2009	61.85	62.66	60.14	62.48
2010	63.43	63.53	61.68	65.05
2011	63.02	61.99	61.84	65.58
2012	63.14	62.09	61.84	65.84
2013	63.18	62.11	61.94	65.83

（资料来源：南开大学中国公司治理研究院公司治理数据库。）

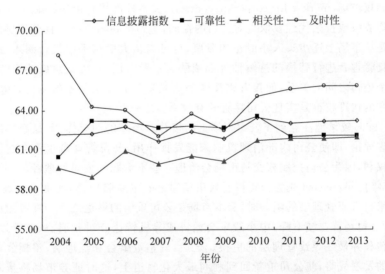

图 6-2　中国上市公司信息披露指数平均值 10 年比较

（资料来源：南开大学中国公司治理研究院公司治理数据库。）

225. 经理人市场

1999 年由国务院发展研究中心等多家单位联合发布的《中国企业经营者问卷调查报告》给出的结果表明,企业经营者对国有大中型企业扭亏的关键因素中,排在第一位重要的是"选聘优秀企业经营者"。企业已明确地意识到经理人在企业发展和改造过程中的关键作用。所谓经理人市场(manager market)就是企业选择经理人的市场,可以为企业提供合格的经理人员。

经理人市场与产品市场类似,主要通过竞争来发挥其外部治理机制作用。在竞争的经理人市场上,经理人与整个市场之间进行的是一个重复博弈;市场根据观察到的业绩给经理人不断重复定价；经理人如果不努力，其业绩表现就会不佳，人力资本的市场价值就会下降；经理人对自身声誉（决定其市场价值）的关心足以诱使他为股东努力工作（张维迎，2005）。

我国经理人市场仍处于发育成长的不成熟时期，市场环境和制度变迁在不断塑造适应未来发展的经理人市场。就我国上市公司而言，由于缺乏有效的外部经理人市场，经理人员通常由大股东委派，人才提拔的行政力往往高于市场力。其中的国家控股和参股企业一般都是在政府批准以后才由董事会任命，也就是说，董事会任命只是形式上的，实质上仍然由上级主管部门最终决定（高明华，2001）。

现代企业的发展，需要有一个完善、发达的经理人市场与之相匹配，完善、发达的经理人市场必须能够做到以下两点：一是给出较完备的经理候选人信息，二是形成合理的经理经营能力评价体系。

226. 控制权市场

公司控制权市场（market for corporate control），又指外部接管市场（takeover market），它是指通过收集股权或投票代理权取得对公司的控制，达到接管和更换不良管理层的目的。这种收集可能是从市场上逐步买入小股东的股票，也可以从大股东手中批量购入，通过接管市场形成对不良管理者进行替换的持续性外部威胁。一般来说，并购是达成接管的主要手段，主要涉及两个公司之间的关系，而接管则反映公司股东与管理层关系的变化。除并购之外，收集其他股东的代理权也是实现公司接管的有效手段之一。

Manne（1965）较早地注意到了资本市场上的接管对经理的约束作用，是经典的外部治理理论。根据该理论，即使公司内部治理机制未能发挥作用，公司管理者也不会在执行职务时过分滥用其权利，因为公司控制权交易市场会治理这些不称职的公司管理者。

自1980年代起，Jensen成为公司控制权市场理论的主要倡导者，其主要的观点是：当内部变化受到来自现职管理层的阻碍时，资本市场是公司重构的渠道之一。在有效的外部治理机制下，面对公司经营业绩下降，中小股东会抛售或寻机转让公司股票，从而导致股价下跌，控制权发生转移并最终导致管理层的更换。之后，调整董事会和经理层、整顿公司业务和重新制定公司的发展战略，使公司重新回到利润最大化轨道上，这时证券市场将重新对公司股票价格进行定位，股价上升，接管者便从中受益。

影响控制权市场有效性的重要因素之一是公司的股权结构。在奥地利，公司控制权交易市场几乎不存在。奥地利只有四家上市公司能够接受英美式的敌意收购，因为只有这些公司的股份，被充分分散在小股东的手中，这给予外部投资者提出收购意向的机会。与奥地利一样，德国的公司控制权交易市场几乎起不了监督企业管理者的作用。股权集中是德国公司的一个特征，许多股份都是由大型持股人如银行所持有，银行与公司之间密切联系。到2000年为止，法国只有几宗的敌意收购。因此，难以判断敌意收购在法国是否是一个有效的经营者治理机制。在意大利，过去很少存在公司控制权的交易，所以，敌意收购也是非常少的。大型持股人在意大利非常普遍，这削弱了公司控制权交易市场的治理效果。主银行制是日本公司治理的典型模式。几家银行买入一些公司的股票并同时向其提供贷款，银行集团为各家公司指定一个主银行，其他银行则将他们的监督权委托给主银行行使，这种情形下，控制权市场机制几乎不发挥作用。

公司控制权市场治理作用的发挥依赖于资本市场的效率：公司股票的价格要能够充分反映有关公司的各种信息；公司股票要具有良好的流动性，才能够使接管方在发起行动时以较低的交易成本获取所需的股票份额。我国资本市场的现状制约了控制权市场作用的发挥：股票市场炒作严重，市盈率普遍偏高，股票价格很难真实反映公司的经营管理情况，从而无法为潜在的接管方提供有用的价值信号；上市公司存在大量的非流通股，使得接管方较难仅仅通过流通市场就获取赢得控制权的足够股份，即使通过非流通股的交易市场进行收购，由于涉及谈判和定价等问题，造成交易成本升高，也增大了接管的难度。

沈艺峰(2000)首先阐述了现代公司控制权市场的主流理论，然后扼要介绍了以特拉华州、纽约州和宾夕法尼亚州为代表的美国35个州反收购立法的主要内容，最后再重点讨论美国第二次反收购立法浪潮对公司控制权市场主流理论的挑战。王刚义(2002)认为公司控制权市场作为证券市场重要的功能模块，其发展和规范程度从根本上决定了证券市场的效率。赵增耀和刘新权(2002)对国外关于公司控制权市场理论的相关争论进行了分析。崔宏和夏冬林(2006)通过对兴业房产的案例分析，发现其公司控制权市场机制表现出了与国外主流理论和国内普遍研究结论截然不同的特征。在外部，公司股权的全流通与分散性没有引发更多的市场接管行为；在内部，代理权结构表现出了异乎寻常的超稳定性特征，且持股比例相近的股东对大股东的监督机制也归于失效。在公司控制权市场双向失灵的状态下，公司股票的全流通条件使公司遭遇了另一种流动性风险。高愈湘、张秋生、杨航和张金鑫(2004)对我国上市公司控制权市场公司治理效应进行了实证分析，发现国内公司控制权市场对公司高管人员总体上无明显的更替作用，我国的公司控制权市场未能发挥相应的公司治理效应。具体来说，发生控制权转移的大多是绩效差的公司，且转移前后的高管变动与公司绩效无明显相关关系。二元经理人市场仍居于主导地位，控制权转移后，公司更处于超强的内部人控制状态。

227. 代理权争夺

代理权争夺(proxy contest or proxy fight)是指由某个公司的不同股东组成的不同利益集团，通过争夺股票委托表决权即投票权以获得对董事会的控制权，从而达到更换公司管理者或改变公司战略目的的行为，是持有异议的股东(往往是有影响力的大股东)与公司管理层或现公司实际控制者之间争夺公司控制权的一种方式。

2008年10月15日，据国外媒体报道，美国亿万富翁、激进投资者Carl Icahn周四在发给雅虎(Yahoo)的信中确认，他已经发动了旨在促成微软收购雅虎的代理权争夺战[①]。Icahn已经提名了10位雅虎董事候选人，希望用他们取代现有雅虎董事会，以推动雅虎接受微软每股33美元、总价值475亿美元的收购报价。Icahn还在写给雅虎董事会主席的信中披露，他本人和关联方已经收购了5 900万股雅虎股票。雅虎董事会回信内容："亲爱的Icahn，我们已收到了你的信，并获知你计划对雅虎董事会实施控制。但遗憾的是，从信中可以看出，你对微软

---

① 2008年1月31日，微软向雅虎董事会提交收购报价，希望以每股31美元的现金加股票收购雅虎全部股份。雅虎随后拒绝了这一请求，认为微软严重低估了该公司的价值。经过长达数月的接触，微软仍然未能同雅虎在价格上达成一致，最终只能放弃了收购。自微软放弃收购以来，一些雅虎股东一直向董事会施压，希望能恢复与微软的谈判。

的收购要约及雅虎董事会对该收购建议的审慎评估及回应等事实存在重大误解。对上述事实进行客观公正的评估之后,你会发现,雅虎的 10 名董事会成员,包括 9 名独立董事和 CEO 杨致远,在实现股东利益最大化方面的表现是最佳的,也是最称职的。"

龙勇光和张根明(2001)分析了代理权争夺的原因、过程和特点,并指出了它的财富效应与其对公司治理的积极意义。代理权争夺作为公司控制权市场上一种公司控制权转移方式,具有其独特的内涵与鲜明的特点。同时,它又是公司的一种外部治理机制,它通过增加公司的信息透明度、吸引广大中小股东积极参与公司治理并对管理者具有的惩罚与鞭策作用,有利于公司治理水平的提高。为了充分发挥代理权争夺对我国上市公司治理的积极作用,必须优化上市公司股权结构和完善相关的法律法规(周新德,2003)。高洁(2004)从代理权争夺功能的认识、代理权争夺的效应、代理权争夺与公司治理机构之影响等方面对相关理论研究进行了综述。

228. 并购

公司间的兼并和收购简称并购(merger and acquisition,M&A)。兼并,泛指两家或两家以上公司的合并,原公司的权利义务由存续(或新设)公司承担,一般是在双方经营者同意并得到股东支持的情况下,按法律程序进行合并。兼并有两种形式:吸收兼并和新设兼并。吸收兼并是指一家公司和另一家公司合并,其中一家公司从此消失,另一家公司则为存续公司,可概括表示为"A+B=A(B)"。新设合并是指两家或两家以上公司合并,另外成立一家新公司,成为新的法人实体,原有两家公司都不再继续保留其法人地位,可概括表示为"A+B=C"。收购,是指一家公司用现金、债券或股票等方式,购买另一家公司的股票或资产,以获得该公司控制权的行为。收购可进一步分为资产收购和股份收购。股份收购又可按收购方所获得的股权比例分为控股收购和全面收购。

兼并和收购之间的主要区别在于,兼并是指一家公司与其他公司合为一体,收购者通常保留被收购公司的法人地位。但是,在实际过程中,兼并、收购往往交织在一起,很难严格分开。譬如,收购可以是一个公司购买其他公司的全部资产,这实际上也就是吸收兼并。因此,除了从会计审计角度处理财务数据及在法律规章中有所区别外,一般情况下均不对两者作特别区分,而统称为"并购"。

从世界范围内公司并购的实际情况来看,公司并购多种多样,表现方式也不拘一格,我们可以按照一定的划分方法将其归结起来。

(1) 按照公司成长方式分类:横向并购,又称水平并购,是指生产相同产品或同一行业公司之间的并购,横向并购的过程是寻求最佳经济规模的过程,可以扩大同类产品的生产规模,降低单位成本,从而获取规模经济效益;纵向并购,又称垂直并购,是指具有现实或潜在客户关系的公司间的并购活动,如兼并公司的原材料供应商或产成品销售商和使用厂商,这种并购一般是因为公司力图打通原材料、加工业及销售渠道;混合并购,又称复合并购,是指产品和市场都不相关的公司间的并购活动,这种并购形式不是以巩固公司在原有行业的地位为目的,而是以扩大公司涉足的行业领域为目的。

(2) 按并购的支付方式分类:现金并购,是指以现金作为支付方式进行的并购,具体可以分为现金购买资产和现金购买股份两种;股票并购,是指以股票作为支付方式进行的并购,具体可以分成股票购买资产和股票交换股票,即换股并购;混合并购,是指将现金、股票或者其他支付工具(如认股权证、可转换债券、优先股等)混合在一起作为支付手段进行的并购。

(3) 按是否通过证券交易所分类:要约并购,也称标购,或公开并购,指并购公司通过证券交易所的证券交易,以高于市场的报价直接向小股东招标的收购行为;协议并购,指并购公司不通过证券交易所,直接与目标公司取得联系,通过谈判、协商达成协议,据以实现目标公司股权转移的并购方式。

(4) 按并购的意愿分类:善意并购,是指并购方开出合理的并购价格与目标公司股东和经营者协商并购条件,在征得其理解与配合之后进行的并购,协议并购多为善意并购;恶意并购[①],是指并购方在事先未取得目标公司股东或经营管理者的同意或配合的情况下,不顾被并购方的意愿而强行收购目标公司,夺取其控制权的并购行为,恶意并购往往会遭到目标公司反并购等措施的阻碍。

公司并购理论的发展与实务的发生紧密联系。以大规模的兼并收购为背景,财务学家从多个角度对公司的并购活动进行了诠释,进而形成了多种理论,这些理论从多个角度分析说明了公司并购的动力、方法、过程、形式和效应。这些理论具体包括以下几点。

(1) 效率理论。效率理论认为公司并购能给社会收益和公司收益带来一个潜在的增量,对于交易双方来说都能带来各自效率的提高。效率理论包括两个最主要的思想,即公司并购有利于改进管理者的经营业绩,有利于某种形式的协同效益的形成。效率理论主要包括差异效率理论和无效率的管理者理论。第一,差异效率理论认为,并购的原因在于交易双方的管理效率存在差异。通俗地说,如果 A 公司的管理层比 B 公司的管理层更有效率,在 A 公司收购了 B 公司之后,B 公司的管理效率将会被提高到 A 公司的水平,那么 A 公司过剩的管理资源便得以充分利用,B 公司的非管理性组织成本与 A 公司过剩的管理成本有机地组合在一起,A 公司和 B 公司的效率就通过并购活动都得到了提高。这种收益不仅是一种公司的收益或者私人的收益,同时也是一种社会的收益。因此,该理论可以形象地称之为"管理协同效应"。这一理论能较好地解释在相关行业的公司横向并购行为。第二,无效率的管理者理论认为现有的管理者未能充分利用既有的资源以达到潜在绩效,相对而言,其他外部公司管理者的介入能使该公司的管理更有效率。该理论为混合并购提供了理论依据,即不相关的行业间的并购活动的合理性,由于并购方的管理层具有在某一领域或行业所要求的特殊的经验而成为占优势的管理者,并致力于改进目标公司的管理,因此它更适用于解释混合并购。

(2) 协同效应理论。协同效应是指两个公司结合在一起的运营效果比两者独立运营的效果之和更为显著的综合效应,通俗地说就是"1+1>2"的现象。协同效应分为经营协同效应和财务协同效应。第一,经营协同效应理论侧重于规模经济、范围经济或削减成本方面的协同效应,即公司并购交易的动机在于实现规模经济和降低成本。规模经济指通过将产量提高到足以使固定成本充分分散的临界值之上所能实现的经济节约。范围经济指同时经营多项业务,使得一项业务的开展有助于另一项业务经营效率的提高。经营协同还反映在能力互补即优势互补方面。第二,财务协同效应理论指建立公司内部资本市场可能获得的效率提高,公司在融资过程中发生的固定费用与交易成本方面所能获得的规模经济,以及公司现金流更加稳定而导致负债能力的提高及税收的节省。

---

① 也称为敌意并购。由于善意并购和恶意并购主要发生在收购环节,对于兼并来讲并不存在区分善意还是恶意的必要,因此,善意并购和恶意并购往往也被成为善意收购和恶意收购。

（3）价值低估理论。价值低估理论认为当目标公司股票的市场价格因为某种原因而没能反映其真实价值或潜在价值，或者没有反映出公司在其他管理者手中的价值时，并购活动就会发生。简言之，相信目标公司价值被低估并会实现价值回归是驱动并购交易的因素。

（4）经营多样化理论。经营多样化理论是指通过并购实现公司经营业务的多样化，以减少公司经营的不确定性和避免破产风险，从而为公司管理者和雇员分散风险，也能保护公司的组织资本和声誉资本。

（5）代理问题理论。有关并购的代理问题理论认为，并购活动体现了一种市场自发的控制机制，使得效率低下或不合格的管理层难以保持其对公司的控制。根据这一理论，如果公司的管理层因为无效率或代理问题无法得到有效控制而损害股东利益最大化目标时，公司就面临着被收购的威胁。

（6）管理主义理论。与并购可以解决代理问题的观点相反，管理主义理论也称管理者效用最大化假说，认为并购只是代理问题的一种表现形式，而不是解决代理问题的办法。因为并不是所有管理者的动机都是为了实现最大化股东财富的目标，管理者可能从自身的利益或效用最大化出发作出并购的决策。通过并购使得公司获得多元化发展或规模的扩大，会使高层管理者获得更高的薪酬和地位，拥有更大权利和职业保障，从而提高了管理者的效用。

（7）市场力量理论。市场力量理论也称为市场垄断力理论，这种理论认为，公司收购同行业的其他公司的目的在于寻求占据市场支配地位，或者说兼并活动发生的原因是它会提高公司的市场占有份额。根据这一理论，公司在收购一个竞争对手后，即产生了将该竞争者挤出市场的效应，可能会在削减或降低现有竞争对手的市场份额的同时，提高其市场地位和控制能力，从而可以提高其产品的价格和市场的垄断程度，获得更多的超额利润即垄断利润。

（8）税收节约理论。税收节约理论认为公司并购活动是出于减少税收负担的目的，即为了避税效应或税收最小化的考虑。例如，当一家有累积税收损失和税收减免的公司（目标公司）与有正收益或具有应税利润的公司（并购公司）进行合并重组时，合并重组后的公司就可以进行合法避税。也就是说，在合并重组后的公司，有累积税收损失和税收减免的公司（即目标公司）的纳税属性得到了继承，可以利用损失递延的规定实现避税效应。

（9）并购战略理论。并购战略理论认为，驱动并购交易发生的真正动因不是为了降低成本，因为在许多情况下，最初成本削减所带来的利益并没有延续；从长期来看，规模经济也没有带来效率的不断提高；并购交易的更为普遍的动机源于追求公司长期持续的增长，而通过战略协同实现以增长为核心的战略优势，应该是每一笔并购交易的目标，也是蕴含在并购交易背后的一个潜在的、更加无形的驱动因素。扩张式的并购和收缩式的分立重组都代表了公司为了努力适应经济形势和市场环境的变化所采取的一种战略。

229. 善意收购

所谓善意收购（friendly takeover），也称为友好收购，是指收购人[①]与被收购公司之间（一般为董事会）通过双方协议，达成一致后，以此作为基础，由被收购公司主动出让或者配合出

---

① 又称为"白衣骑士"（white knight）。

售公司股份给收购人,或者由收购人通过其他途径收购股份而被收购公司不提出任何反对意见。

一般来说,两者商定的收购协议应该包括以下内容:收购方公司、目标公司各自的名称及简况,双方达成一致的收购条件,公司管理人员和职工的安置,收购后公司的发展方向和经营设想,收购价格和收购方支付方式的拟定,收购后目标公司的公司章程的修改等。收购协议议定后,要双方董事会批准,由参加股东大会2/3以上票数通过,最后到政府公司登记机构备案。这类收购由于收购公司通常能出比较公道的价格,提供较好的条件,所以成功率较高。

230. 恶意收购

恶意收购(hostile takeover),又称敌意收购,通常是指收购方[①]公司不顾目标公司的意愿而采取非协商性购买的手段,强行收购对方公司。强行收购主要表现在:一是收购方事先不与目标公司协商,突然发出公开收购要约;二是收购方公司在收购目标公司股权时,遭到目标公司抗拒而继续对该公司进行强行收购。

恶意收购的形式主要有以下几种。①在证券市场购买股票。收购公司先在证券市场上秘密收购目标公司的部分股票,通常略少于该上市公司股权的5%,然后,再向目标公司的股东报价,这样就形成进可攻、退可守之势。若要进行收购,则由于已经以较低的价格购买了近5%的目标公司的股票,降低了收购成本;若要退出收购,又由于"股票收购战"的爆发,使目标公司的股票价格迅速上涨,从而能以较高的价格出售已经购买的股票,获得巨大收益。②向目标公司施加压力。收购公司向目标公司的董事会发出公告,允诺高价收购该公司股票(一般比市价高20%~50%),并警告目标公司董事会以股东利益为重接受报价。目标公司的董事会出于责任要把收购方的公告通知全体股东,而分散的小股东往往受优惠价格的诱惑迫使董事会接受报价。③两步报价。在收购目标公司股票的过程中,目标公司股票价格的大幅度上涨会增加收购成本,为继续收购带来困难,收购公司可先以现金收购目标公司50%左右的股票实行控股,再以较低的比率用本公司的股票换取目标公司的股票,以降低收购成本。

231. 金降落伞

金降落伞(golden parachute)指目标公司与其高级管理人员订立雇佣合同,一旦目标公司控制权发生变动,高级管理人员失去职位,则公司必须立即支付其巨额退休金的一种反恶意收购的措施之一。如美国著名的克朗·塞勒巴克公司(Crown Zellerbach Corporation)就向其16名高级主管承诺,在他们因公司被兼并而离开之际,有权领取三年工资和全部退休保证金。该笔费用金额巨大,合计高达9 200万美元,足以令任何潜在的收购公司在发动袭击之前踌躇再三。

---

① 又称为"黑夜骑士"(black knight)。

232. 银降落伞

银降落伞(silver parachute)指目标公司承诺,如果公司落入收购者之手,则公司有义务向中级管理人员支付较金降落伞法稍为逊色的同类保证金。

233. 锡降落伞

锡降落伞(tin parachute)指目标公司承诺,在公司被收购后一段时间内为被解雇的目标公司普通员工提供一定生活保障,他们将获得员工遣散费。

234. 毒丸计划

毒丸计划(poison pill)是美国著名的并购律师马丁·利普顿(Martin Lipton)在1982年发明的,正式名称为"股权摊薄反收购措施",毒丸计划于1985年在美国特拉华法院(Delawance Court of Chancery)被判决合法化。在最常见的形式中,一旦未经认可的一方收购了目标公司一大笔股份(一般是10%~20%的股份)时,毒丸计划就会启动,导致新股充斥市场。一旦毒丸计划被触发,其他所有的股东都有机会以低价买进新股。这样就大大地稀释了收购方的股权,继而使收购变得代价高昂,从而达到抵制收购的目的。美国有超过2000家公司拥有这种财务工具。

1980年代,美国经济发生重大变化,公司易手率高,公司股权控制变化极大,毒丸计划是一种被广泛采用的反收购手段。但在公司治理越来越受重视的今天,毒丸计划的采用率已大幅度下降。公司董事会不愿给外界造成层层防护的印象。公司治理评估机构也往往给那些有毒丸计划的公司较低的评级。一般情况下,投资者也不愿意看到董事会人为设立一道阻碍资本自由流通的障碍。

毒丸计划在美国盛行的原因与美国的法律环境有关,根据美国公司法的规定,美国公司只要在其公司章程中有明确授权,即享有各种类别股份的发行权而无须其他审批,因此,毒丸计划在美国很有市场。但同为英美法系的英国却没有这样的土壤,因为在英国公司法中明确指出,采用毒丸计划作为反收购手段是不合法。

235. 帕克曼式防御

帕克曼式防御(packman defense)是目标公司先下手为强的反收购策略。当获悉收购方有意收购时,目标公司反守为攻,抢先向收购公司股东发出公开收购要约,使收购公司被迫转入防御。实施帕克曼防御使目标公司处于可进可退的主动位置:进可使收购方反过来被防御方收购,至少也能使收购方忙于守护自己而无力再向防御方进攻;退可使本公司拥有收购公司部分股权,即使后者收购成功,防御方也能分享部分收益。但是,帕克曼式防御要求目标公司本身具有较强的资金实力和相当的外部融资能力。同时,收购公司也应具备被收购的条件,否则目标公司股东将不会同意发出公开收购要约。这是所有策略中风险最高,争夺最为激烈的一种方式。

236. 焦土政策

焦土政策(scorched earth policy)指的是目标公司大量出售公司资产,或者破坏公司的特性,以挫败敌意收购人的收购意图,是公司的主动性反收购措施,是一种两败俱伤的策略。常用做法主要有两种。①出售"冠珠",公司可能将引起收购者兴趣的"皇冠上的珍珠"(crown jewels),即那些经营好的子公司或者资产出售,使得收购者的意图无法实现;或者增加大量资产,提高公司负债,最后迫使收购者放弃收购计划。②虚胖战术,公司购置大量与经营无关或盈利能力差的资产,使公司资产质量下降;或者是做一些长时间才能见效的投资,使公司在短时间内资产收益率大减。通过采用这些手段,使公司从精干变得臃肿,收购之后,买方将不堪负重。采取类似"自残"的方式,降低收购者的收购收益或增加收购者的风险也能够达到击退恶意收购的目的。

237. 绿色邮件

绿色邮件(green mail),也称"绿色铠甲"或"绿色勒索",是一种管理层采取的定向股份回购以阻挠其他公司接管他们所在的公司的策略,具体是指目标公司管理层安排定向回购活动,以溢价的方式从收购方公司购回公司股份的策略,收购方获得股票价格差额收益后会保证一定时间内不再收购目标公司。一般来说,回购价格不扩展到公司的其他股东。绿色邮件的目的多在于保护管理者利益,而对收购方支付的溢价却有损当前股东利益。由于绿色邮件直接以牺牲股东利益为代价来换取管理层的稳定,一般受到各国监管当局的严格禁止,基本上属于公司私下的行为。一旦发现,管理层通常被处以严重的惩罚。

238. 法和金融

法和金融(law and finance)领域关注的是法律环境对包括公司治理等内容在内的微观金融和宏观金融的影响。法和金融领域有四位杰出的学者,分别是 La Porta(拉波塔)、Lopez-de-Silanes(西拉内斯)、Shleifer(施莱佛)和 Vishny(维什尼)。LLSV 通过整理多国的政治、法律、宗教、文化和经济等方方面面的量化数据,第一次明确将法律因素引入到解释金融发展和经济增长的具体研究中。他们已经取得的理论成就可以分成两个领域:①法与金融宏观理论,即研究法律和金融的关系,法律起源与金融发展,法系与金融发展,司法效率与金融发展,投资者保护与金融发展等问题;②法与金融微观理论,即研究法律与公司融资能力、融资成本,法律体制的质量与公司所有权和公司规模,投资者保护与公司治理、公司价值等问题。

　　LLSV 的代表作包括：①LLSV（1998）发表在 *Journal of Political Economy* 上的 *Law and Finance* 一文，比较研究了 49 个国家有关公司股东和债权人保护的法律体系与金融发展。结果表明，普通法系国家通常对投资者有最强的保护，其资本市场的发展更为健全。法国法系国家通常最弱，德国法系国家和斯堪德纳维亚法系国家通常居中。②LLS（1999）发表在 *The Journal of Finance* 上的 *Corporate Ownership Around the World* 一文，通过提供 27 个发达经济体的所有权结构的数据，致力于辨别这些公司的最终控制股东。研究发现，除了对股东保护很好的经济体之外，相对比 Berle 和 Means 塑造的现代公司形象，较少的公司是分散持股的。相反，这些公司通常是由家族或国家控制的。股权由金融机构持有或其他广泛持股的公司是很少见的。控制权股东通常拥有超过了其现金支配权的权利，一般通过运用金字塔结构参与管理方式。③LLSV（2000）发表在 *Journal of Financial Economics* 上的 *Investor Protection and Corporate Governance* 一文，在对 49 个国家所有权集中情况进行调查的基础上，LLSV 指出，投资者法律保护的水平与所有权集中程度之间是呈显著负相关的。LLSV 认为，契约履行是需要成本的，当成本大到一定程度后，用法律制度对投资者的保护代替契约履行，并以此控制管理者，或许是公司治理中更有效的手段。④LLSV（2002）发表在 *The Journal of Finance* 上的 *Investor Protection and Corporate Valuation* 一文，利用世界上 27 个发达经济体国家数千家公司的数据，构造模型进行检验，用托宾 Q 测定公司的价值，研究了投资者保护和控股股东所有权对公司价值的影响。发现高价值的公司通常在对少数股股东保护好的国家。在委托代理问题中，约束控股股东对小股东的掠夺，比对经理无视股东利益醉心于建设自己的王国进行约束更重要。

　　他们的逻辑思路可以概括为：投资者保护程度源于不同的法源或法系，而投资者保护程度直接影响到一个国家金融体系模式的选择，融资模式和所有权结构又决定了公司治理的水平，公司治理水平影响公司价值、影响公司绩效和经济发展。目前这一方面研究，无论是在国外还是国内，均是公司治理领域的热点。

239．企业伦理

　　企业伦理（enterprise ethics）指企业经营本身的伦理，是商品经济高度发达的产物，是企业在频繁的商业活动中出现的一个社会问题。但对于企业伦理的含义和范围的理解，现实和理论存在着一定的差异，不过绝大多数人认可企业并不是一个"机械组织"，而是"人"的理念。所谓企业人是指作为社会的一个团体成员而存在，以人类的社会需要为动机，把本身的经营行为、运作模式和管理活动同所处社会的伦理道德规范、社会基本价值取向整合在一起，形成为社会和企业创造财富并同时承担一定社会责任的经济实体。企业人是企业的社会身份，就像自然人在社会中的身份是公民一样。在现实社会生活中，社会对公民会提出各种要求，同样，社会也会对企业人提出各种要求，使其遵循所处社会的伦理道德规范。伦理导向下的企业无论在企业获利还是损失的面前，都会优先想到企业对社会、对他人履行伦理责任。这种责任的承担是有成本的，这种成本有时还不低，但这是维护"正直人格"的代价，这也并不排斥企业追求正当的经济利益（李金轩，赵书华，娄梅，2008）。

　　企业伦理管理问题自 1960 年代以后就开始引起学术界和企业界的关注，但长期以来都缺乏一个完整的理论框架来指导企业伦理建设的实践；1990 年代之后利益相关者理论将伦理管理纳入其研究范畴,并将伦理管理看成是企业履行与利益相关者长期隐形契约的内在要求(陈宏辉,2003)。

240. 企业社会责任

企业社会责任(corporate social responsibility,CSR)这一概念是由欧利文·谢尔顿(Oliver Sheldon)在1924年著作《管理的哲学》(*The Philosophy of Management*)首次提出的,他认为企业社会责任是指企业在创造利润、对股东承担法律责任的同时,还要承担对员工、消费者、社区和环境的责任。也可以这样理解,如果一个企业不仅满足于获得利润以及履行法律职责,同时还承担了"追求对社会有利的长期目标"这样高于企业目标的社会义务,就可以说这样的企业是具有社会责任表现的。1953年,霍华德·博文(Howard Bowen)在著作《经营者的社会责任》(*Social Responsibilities of the Businessman*)中首次明确了企业社会责任的概念,即经营者根据社会标准和价值观制定政策、作出决策并采取行动的义务。Bowen也因此被誉为"企业社会责任之父"。不同的利益相关者所要求企业承担的社会责任是不同的,利益相关者的需求在企业承担社会责任时提供了一个方向的指引。企业在创造经济利益时,需要考虑是否直接或间接为利益相关者带来了利益,或者损害了其利益,并以此来规范企业行为。

2002年出台的《上市公司治理准则》第八十六条规定:"上市公司在保持公司持续发展、实现股东利益最大化的同时,应关注所在社区的福利、环境保护、公益事业等问题,重视公司的社会责任。"2005年修订2006年实施的《公司法》第五条规定:"公司从事经营活动,必须遵守法律、行政法规,遵守社会公德、商业道德,诚实守信,接受政府和社会公众的监督,承担社会责任。"这是我国首次将企业社会责任以法律形式明确下来。2006年修订的《合伙企业法》第七条规定:"合伙企业及其合伙人必须遵守法律、行政法规,遵守社会公德、商业道德,承担社会责任。"2006年9月,深交所发布《深圳证券交易所上市公司社会责任指引》,明确指出上市公司作为社会成员之一,应对职工、股东、债权人、供应商及消费者等利益相关方承担起应尽的责任。2006年12月,中国纺织工业协会率先建立了一套社会责任管理体系CSC9000T。2008年1月1日正式实施的《劳动合同法》则以前所未有的力度对企业的社会责任进行约束。此外《劳动法》、《职业病防护法》、《环境保护法》等法律法规均有反映企业社会责任的内容。有关法律、指引和体系的颁布,标志着我国企业社会责任已经从理念的倡导进入了企业社会责任实践阶段。

自1980年代以来,企业社会责任问题逐渐被人们所认识,到1990年代中期形成了企业社会责任运动,倡导企业社会责任理念无处不在。反观国内,2006年苏丹红、红心鸭蛋、塑化剂白酒等一系列事件的相继曝光,这突破了企业社会责任的最基本的底线,即向消费者提供安全可靠的产品或服务。企业社会责任成为社会各方面所关注的理论与实践问题。为什么要强调企业社会责任?企业作为现代社会最基本的经济组织,是推动整个社会发展的重要力量。一旦企业对各利益相关者没有承担包括经济责任、法律责任、道德责任、慈善责任在内的多项社会责任,必将影响整个社会的和谐发展。企业不承担社会责任,是以整个社会的不和谐发展为代价的个体发展,是不符合科学发展观的。

企业社会责任与企业办社会不一样,只受益于本企业的职工,企业社会责任强调的是所有利益相关者的利益。但同时又要避免行政干预,致使企业承担过多的社会责任。《OECD

公司治理原则》提出利益相关者都要参与公司治理。世界经济论坛（WFF）认为，作为企业公民的最重要的社会责任就是好的公司治理和道德标准。作为公司治理核心的董事会进行决策时，除了要考虑股东和职工的利益，而且还要关注与公司有利益关系的所有利益相关者的利益，在公司治理中两者得到了统一。企业社会责任的量化考评是企业社会责任进入实践阶段后摆在我们面前的一个刻不容缓的课题。SA8000 是 1997 年 10 月由美国经济优先权委员会认证委员会（CEPAA）制定的企业社会责任标准，每 4 年修订一次，新标准颁布两年后颁布认证指南。在理念与实践之间差距较大的今天，应尽快建立一套适合我国企业自己的企业社会责任标准，并将企业社会责任的量化考评落到实处，这事关企业社会责任的实践效果。

241. 利益相关者治理

利益相关者（stakeholder），包括股东、债权人、供应商、雇员、政府和社区等与公司有利益关系的集团。利益相关者治理（stakeholder governance）是通过一套包括正式或非正式的、内部的或外部的制度或机制来协调公司与所有利益相关者之间的利益关系，以保证公司决策的科学化，从而最终维护公司各方面的利益。

在认识到利益相关者对于公司成长的关键作用之后，如何处理好公司与利益相关者之间的关系就成为理论与实践所面临的一个重要课题。对此，理论界提出了利益相关者管理（stakeholder management）这一概念。简单地说，所谓利益相关者管理指的是，根据利益相关者的特性和利益来调整公司和利益相关者之间的关系。从利益相关者管理的特质来看，与一直以来把公司和利益相关者之间的关系限定在公司和股东之间关系的做法不同，利益相关者管理则是把股东视为公司诸多利益相关者之一，主张同等对待股东和其他利益相关者。利益相关者管理又可以分为一般利益相关者管理和战略利益相关者管理。一般利益相关者管理观将公司的诸利益相关者毫无区别地纳入了分析框架。可是，这种分析范式在实践中遇到的最大问题就是理论的实用性。战略利益相关者管理观则主张按照利益相关者的重要性进行区别对待，比较而言具有更强的适用性。但是，这一观点提出不久就有学者发现，长期以来，利益相关者的意见互动性一直被假设为能外在地通过战略计划和管理过程来处理，并没有促进利益相关者权益有效保护和公司业绩的明显改善。于是有学者提出了利益相关者治理的概念，意在通过利益相关者参与公司治理来实现公司和利益相关者的双赢。

但时至今日，理论上对于利益相关者当中"谁'能够'或者'应该'参与公司治理"这个问题，却仍存在很大的分歧。回顾相关文献，这种分歧主要表现为四种不同的治理观，它们分别是股东治理观、员工治理观、利益相关者共同治理观以及关键利益相关者治理观（李维安，王世权，2007）。对此，必须解决的关键理论问题是以下几个。

（1）利益相关者参与治理的理论基础。这其中的关键就是如何扬弃传统的基于静态资源观点的治理制度安排，而转向以创新为导向（或者以知识为导向）的治理理念，坚持从综合、历史和动态的视角来解答"谁应该参与公司治理"这一重要问题，使治理主体的界定有利于企业能力的培育与提升。

（2）利益相关者参与治理的机制设计。治理主体界定以后，需要解决的问题是应该按照既有的公司治理结构还是创新公司治理结构来实现利益相关者参与治理的目标。为此，如何设计一个既具有经济合理性又能够体现一国历史路径依赖特征的治理结构，进而为利益相关者参与公司治理提供路径选择的机会,是利益相关者治理理论不可回避的课题。

（3）对利益相关者参与治理效果的验证。由于引入新的治理主体是涉及公司治理结构和行为创新的一种制度安排,因此,实践中会缺乏相关数据来验证其参与后的效果。为了解决这一难题,可以尝试采用实验研究方法对引入新治理主体前后的治理效率差异进行测度,以检验治理主体界定的科学性。但是,如何设计出科学、合理的实验方案以及实验对象的选择等都是理论上的难点问题。

《上市公司治理准则》第八十一条规定:"上市公司应尊重银行及其他债权人、职工、消费者、供应商、社区等利益相关者的合法权利。"第八十二条规定:"上市公司应与利益相关者积极合作,共同推动公司持续、健康地发展。"第八十三条规定:"上市公司应为维护利益相关者的权益提供必要的条件,当其合法权益受到侵害时,利益相关者应有机会和途径获得赔偿。"第八十四条规定:"上市公司应向银行及其他债权人提供必要的信息,以便其对公司的经营状况和财务状况作出判断和进行决策。"第八十五条规定:"上市公司应鼓励职工通过与董事会、监事会和经理人员的直接沟通和交流,反映职工对公司经营、财务状况以及涉及职工利益的重大决策的意见。"

242. 企业共同治理模式

Freeman(1984)在著作《战略管理:利益相关者视角》(*Strategic Management*:*A Stakeholder Approach*)中挑战了传统的公司原则,认为股东的利益不应该被看作居于最高地位,而应是利益相关者网中的一员。使得公司治理目标更加注重多边利益主体的利益。无论是股东至上主义模式还是员工至上主义模式,它们强调的是资本所有者或者员工单方面享有企业所有权和剩余权,并认为这种制度安排是最优的。由于人力资本产权的受限制性和人力资本也存在部分可抵押性,企业治理主体应该呈现多样性,剩余索取权和剩余控制权分散对应的利益相关者共同治理的企业所有权安排是最优的,这种安排就是所谓的企业共同治理模式(common governance model),是以利益相关者理论为基础的双边治理模式,是对股东至上主义模式的挑战,也是资本和劳动混合逻辑的产物。

Coase(1937)提出了契约理论。随之,越来越多的学者开始将企业理解为物资资本所有者、人力资本所有者以及债权人等利益相关者间的一系列契约的组合。利益相关者治理就是要让所有通过专用性资产的投入而为企业的财富创造做出过贡献的产权主体参与到公司的治理中。例如,银行在公司监督和治理方面的作用表现在许多方面,相互持股、提供管理资源、董事的派遣、大宗贷款和信用、投资顾问、参与重组等。银行直接参与公司治理可以强有力地约束经理人员,积极地监察贷款的使用情况,银行的经营优势反过来也得以强化。双边治理模式与股东至上主义治理模式相比恰恰有助于保持投入企业各要素的主体的长期合作。但双边或共同模式意味着权力共享,利益相关者各方不应存在绝对的权力中心,因此有学者认为强调利益相关者将导致公司治理目标的多元化,易引导管理者失去追求目标。让高管对所有的利益相关者都负责,相当于他们对谁都不负责。而且缺乏一个主导的利益相关者,将抹煞企业产权分析的层次性,容易导致泛利益相关者。此外,利益相关者的概念界定还存在一定问题。自1963年斯坦福大学研究小组首次定义利益相关者算起,迄今经济学家已提了近30种利益相关者的定义。

243. 员工至上主义模式

员工至上主义模式(employee primacy model)是在以员工利益最大化为目标的分配下,公司分配是围绕着工资、奖金以及员工如何参与利润的分享来进行的,以劳动雇佣资本为基础的一种企业治理模式。该模式在世界上并不是十分流行,是劳动逻辑的。有人认为在高度统一的计划经济体制下,社会主义国家的公司治理模式类似于劳动雇佣资本的员工至上主义模式,最具典型意义的代表是前南斯拉夫,该国在20世纪六七十年代广泛推行了该种公司治理模式,如实行员工持股等加大对员工分配的倾斜。随着信息技术的快速发展,知识经济时代的确立,将预示着一场资本关系变革和公司治理革命。在知识经济背景下,应当构建一种不同于农业经济和工业经济时代的资本关系和公司治理模式。这种新型资本关系体现为知识经济时代某些产业或行业的劳动雇用资本,这种新型公司治理模式便是建立在这个逻辑基础之上的员工至上主义模式。

由农业经济、工业经济发展到知识经济,人的因素的地位得到极大的提升,因为知识经济是以人力资本为基础的经济。在公司投入中,首要的资本由物资资本转向人力资本,事实上,近年来在人力资本上的总投资有超过物资资本趋势。公司的经营者与广大员工向公司投入了大量的人力资本,但也不能因为此而一味地关注他们的利益而忽视其他利益相关者的利益。

244. 职工持股会

职工持股会(shareholding society of employees)是指公司工会下属从事内部职工持股管理,代表持有职工股的职工集中行使股东权利并以公司工会社团法人名义承担民事责任的组织,是我国在探索员工持股方面作出的有益探索。从其组织方式看,大体上有三种:一是直接登记注册为社团法人;二是挂靠在工会,作为工会内设或下属机构;三是直接依托工会而设立。近年来,职工持股会似雨后春笋,且备受推崇。应当说,设立职工持股会,对推动职工持股发挥了重要作用,在实践中不乏运作成功的范例。然而,到1999年,负责社团法人登记的民政部已经停止对职工持股会的审批。2000年7月,民政部办公厅发出《关于暂停对企业内部职工持股会进行社团法人登记的函》;同年12月,中国证监会明确规定:不受理以职工持股会和工会作为股东或者发起人的公司的上市申请。这意味着,职工持股会这种职工持股形式走不通。其主要原因在于职工持股会的营利目的同《工会法》和《社会团体登记管理条例》等法律法规相冲突。

职工持股问题是国内外公司治理实践中的一个重大问题,王保树(2001)指出,职工持股会采用何种形式直接涉及持股职工的利益,也涉及职工持股有效运作的问题;目前,国内实践尚未找到一个在法律框架中可行的形式;应结合我国的经验教训,比较国外已采用的合伙形式、有限公司形式和信托形式,择其善者而行之;并且,不必在法律中作出统一规定。

245. 债权治理

公司治理的逻辑起点是 Berle 和 Means 的经理人控制，股权治理主要表现为股东以"用手投票"和"用脚投票"的方式监督经理人的行为。债权是一种固定收益的要求权，正常情况下与公司经营业绩不直接挂钩；只有当公司无法支付当期的债务本息时，才会与公司经营业绩有关系。因此，债权人参与公司治理的权利往往被忽略了，债权治理（governance of creditors rights）也就没有引起足够的重视。已有的相关研究多数都是以资本结构为出发点，以股东财富最大化为导向来进行的，并没有把债权人作为一个利益的主体来考虑。

Williamson 以交易成本理论为基础，从资产专用性的角度分析了债权同股权相比对公司治理的效应。他把债权和股权看作是可以相互替代的治理方式，而不只是融资工具，其中，债权是通过"制约"的方法而股权则是通过更多的"自由裁量权"来发挥其各自的作用。Williamson 把债权第一次提升到治理层面。

利益相关者理论促进了该领域的发展，对债权人是否参与公司治理已经达成共识，要保护债权人利益；对债权人如何参与公司治理，正在实践探索中。

债权治理效应的规范体现在：减少经营者自由现金流量使用效应，例如抑制经理个人自由现金流量使用、抑制非效率投资；相机治理效应，即破产威胁效应；债权人介入公司治理效应，间接方式介入和直接方式介入[1]。当然，不同类型和不同期限的债权治理效应是不同的。

有效的债权治理有助于提高公司治理效率，最终将在公司治理效率的载体——公司绩效上体现出来，即债权的治理效应会对公司绩效产生正面影响（杜莹，刘立国，2002）。谭昌寿（2004）以深市和沪市的上市公司数据为基础，对我国上市公司的债权治理效率进行了实证分析，结果表明，资本结构中一定的负债率有利于提高公司治理效率。当前应采取积极措施为债权治理效率的提高提供良好的内外部环境，通过债权治理提高我国上市公司的治理水平。陈晓红、王小丁和曾江洪（2008）构建了我国中小上市公司债权治理评价指数，并借此从偿债能力、债务融资、资产期限、债务期限四个纬度对 205 家中小上市公司样本的治理状况进行分析评价，并从不同企业特征因素的视角，对债权治理状况进行分组研究，结果显示债权治理总体状况偏低，不同所有制下有较大差异，债权治理与公司成长性呈倒 U 形关系。

246. 衡平居次原则

衡平居次原则（equitable subordination rule），又称深石原则（deep rock doctrine），或者债权居次规则，是法人人格否认法理的引申，是美国判例法所确定的一条准则。具体来讲，是指为了保障从属公司债权人的正当利益免受控股公司的不法侵害，法律规定，在从属公司进行清算、和解和重整等程序中，控股公司对从属公司的某些债权，不论其有无别除权或优先权，均应次于从属公司的其他债权受清偿。其理念来源于著名的深石案件，1939 年，美国法院对

---

[1] 美国斯坦福大学的青木昌彦（Masahi ko Aoki）教授认为在转轨国家公司治理结构中，银行扮演着十分关键的角色。银行具有参与债权治理的动力和能力。

泰勒诉标准电气石油公司(Taylor V. Standard Gas and Electric Company)一案进行审理,其中涉及被告的子公司——深石公司(Deep Rock Oil Corporation)。审理中,法官认为,深石公司在成立之初资金投入就不足,被告完全控制了深石公司的业务经营,深石公司的存在完全是为被告的利益。也就是说,被告对其子公司有不当之行为,若允许被告与其他债权人以同样的顺序主张债权,对深石公司的其他债权人则有失公平。因此,法院判决被告对深石公司的债权应次于其他债权人受偿。

在该案中,控股公司为被告,深石公司为其从属公司,法院认为深石公司在成立之初即资本不足,且其业务经营完全受被告公司所控制,经营方式主要是为了被告的利益,因此,判决被告对深石公司的债权应次于深石公司其他债权受清偿。这个原则是要根据股东控股是否有不公平行为,而决定其债权是否应劣于其他债权人或优先股股东受偿。

我国最高人民法院曾于2003年公布《关于审理公司纠纷案件若干问题的规定(征求意见稿)》,其中第五十二条即对衡平居次原则做出了一般性规定:"控制公司滥用从属公司人格的,控制公司对从属公司的债权不享有抵消权;从属公司破产清算时,控制公司不享有别除权或者优先权,其债权分配顺序次于从属公司的其他债权人。"随后在2005年修订的《公司法》及其一系列司法解释、2006年颁行的《企业破产法》中均没有对衡平居次原则加以肯定,征求意见稿中的规定至今也尚未生效。

247. 主银行制

主银行一般是指对于某些企业来说在资金筹措和运用等方面容量最大的银行,并拥有与企业持股、人员派遣等综合性、长期性、固定性的交易关系。在企业发生财务危机时,主银行出面组织救援,例如允许企业延期还本付息或提供紧急融资等措施。企业重组时,银行拥有主导权。以上这些行为与机构安排上的总和就构成了人们通常所说的主银行制度,简称主银行制(main bank system)。

通常一个企业从许多银行获得贷款,有些国家还允许银行持有股份公司的股份。若其中有一个银行是企业的主要贷款行或持有公司最多股份的银行,主银行是企业最大的债权人和股东,该银行就会承担起监督企业的主要责任。主银行不仅为客户企业提供信贷、资产处理、购买的服务或监督,而且还向公司派遣董事,参与公司治理。日本的主银行制度有效回避了分业经营的管制,而且也使商业银行能够进入利润回报较高的非传统银行领域。同时,又在银行业务与非银行业务之间设立防火墙,缓解可能发生的风险对非银行业务的冲击。主银行制度利用以金融机构为代表的债权人对切身利益的关注,建立了以主银行为核心的外部监控体系,有效解决了公司治理过程中"信息不对称"和"内部人控制"问题;同时,主银行为企业治理提供了稳定的资金来源,在企业面临财务危机时及时予以援助,使企业避免破产与恶意收购,对银企双方的利益都起到了保障作用。

从本质上讲,主银行制是一种公司融资和治理的制度,该制度涉及企业、各类银行及其他各类金融机构和监管当局之间非正式的实践、制度安排和行为。主银行制度包括三个关系:一是企业与银行之间存在的金融、信息、经营等多元关系;二是银行之间的相互关系;三是监管当局与银行之间的关系。其核心是企业和主银行关系。

日本的主银行制并无法律依据,其形成之初的背景可追溯到1942年日本军需企业的指定金融制度以及战后美国人实际控制日本经济时实行的"道奇路线"(冯艾玲,1997)①。1942年,为了保证军需企业的资金供应,当时的日本军国主义政府颁布了《军需企业指定银行法》,在法律上规定重要的军需企业的资金需求,由政府指定的银行保证提供。因此,日本许多银行和企业界的人士普遍认为日本的主银行制是从政府指定军需银行开始的。此外,战后初期,在日美经济协作时期产生的"道奇路线"实施的结果,实质上也对主办银行制在日本的普遍实行起了极大的推动作用。"二战"后,美国人分析认为日本的大财阀是支持日本发动侵略战争的基础,因此,美国人道奇制定的"道奇路线"中的核心内容之一就是解散财阀。当时,日本共有 83 个财阀被迫解体。根据解散财阀的具体规定的内容,任何一个企业和个人持有另一企业的股份均不得超过该企业全部股份的 5%。这样,原来由大财阀控股的企业的大部分股份都被迫抛向市场。而银行当时也受每一持有者不超过 5%比例的制约,一部分股票需抛向市场,同时,置换出的资金恰好可以购买这些大公司的股份。当时,绝大部分银行均购买了企业不超过 5%的股份,而一部分企业也用置换出的资金购买了这些银行的股份。这就是日本的银行和企业在开始阶段的相互持股。同时,由于这些企业业绩较好,故银行宁愿长期持有这些股份而不愿轻易抛出,即使是不超过 5%的股份,银行仍是该企业最大的股东之一。在 20世纪六七十年代日本经济取得巨大成功时,主银行制度曾备受瞩目,广受赞誉。主银行制度也确实为日本战后的经济腾飞发挥过重要作用。但自 1980 年代中后期,主银行制度却开始走上下坡路,日渐式微(刘迎接,2005),这其中既有外部环境变化原因,也有制度本身的内在原因。

248. 媒体治理

所谓媒体治理(media governance)是指媒体通过信息采集、传播、影响、协调来影响公司治理中各个利益相关者以及相互关系的作用。从这个意义上来说,媒体是公司重要的外部治理机制之一。媒体在上市公司治理活动中的角色和功能主要包括几个方面:①解决信息不对称的角色和功能,②监管的角色和功能,③协调的角色和功能。

从揭露安然公司(Enron Corporation)欺诈的过程,也可以看到媒体的治理作用。美国的财经媒体早在 2000 年就对安然提出了各个方面的质疑。这些压力持续地施加影响,迫使安然公司的财务总监和总裁一个个辞职,并迫使安然公司在 2001 年 10 月决定对其以前的财务报表进行重审,最后,通过安然公司股票价格不断下跌的影响,担保所带来的风险一个个显现,使得安然公司最后不得不选择破产。

发动舆论监督,维护投资者的知情权和他们的言论自由,应该是受到宪法保障的权利,任何人不得压制。不能只把意见在"内部"汇报和讨论,只供决策者参考。在这种情况下,就没有监督,意见和言论听不听完全看主管领导。如果资本市场和公司运作不能受到公众的监督,不能得到公众的议论,它就永远没有希望②。严晓宁(2008)指出媒体介入已多次给上市公

---

① 为了更清楚地了解日本主银行制的形成和运作机制,在日本通产省和日中经济协会的协助下,中国经济体制改革考察团一行走访了日本通产省、大藏省、日本银行、日本东京银行、富士银行、大和银行以及 NKK 公司、丰田汽车公司等机构和企业,对与日本主银行制有关的问题进行了考察和了解。冯艾玲从日本主银行制的形成和背景、日本主银行制的定义和基本特征、对日本主银行制利弊的评价和关于日本主办银行制的思考四个方面撰写了考察报告。

② 宁向东.公司治理理论[M].北京:中国发展出版社,2005.

司带来了重大影响和变革,并在资本市场发展中的作用越来越重要,媒体具有降低信息不对称、监管、协调等治理功能。当前研究所关注的法律、管制及产权制度等投资者保护正式机制在我国作用有限,媒体在一定程度上可以作为保护投资者的补充机制。李常青和熊艳(2012)基于投资者保护视角对国外相关领域的研究进行了梳理,指出:媒体在投资者保护框架中以正式机制的补充角色出现;在信息传播机制和声誉机制及二者融合的作用下,媒体治理将使投资者、管理者以及监管者等市场参与主体无法"独善其身",以此达到投资者保护目的;媒体是把"双刃剑",在不同情形下会产生不同的治理效果,在肯定其正面效果的同时,也需要关注其带来的中性效果甚至是负面效果。目前国内对媒体治理的研究只是前瞻性的涉猎,需要进一步完善媒体治理的实证设计,拓展媒体偏差的研究,深化基于投资者保护视角和投资者保护机理的研究。

249. 外部审计①

　　外部审计(external audit)有广义和狭义之分。广义的外部审计是指独立于政府机关和企事业单位以外的国家审计机构所进行的审计,以及独立执行业务会计师事务所接受委托进行的审计。它包括国家审计和社会审计。国家审计是指由国家审计机关所实施的审计,是审计署以及各省、市、自治区、县设立的审计机关,对被审计单位的财务财政活动、执行财经法纪情况以及经济效益性进行审计监督。社会审计是指经由政府有关部门审核批准的社会中介机构进行的审计,其主体是注册会计师。我国内部审计协会 2003 年发布的《内部审计具体准则第 10 号——内部审计与外部审计的协调》明确指出,所谓"内部审计与外部审计的协调",就是指内部审计机构与会计师事务所、国家审计机关在审计工作中的沟通与合作。狭义的外部审计,又称为注册会计师审计或独立审计。我国注册会计师协会(CICPA)在《中国注册会计师审计准则第 1101 号——财务报表审计的目标和一般原则》中对外部审计的概念描述为:"财务报表审计的目标是注册会计师通过执行审计工作,对财务报表的下列方面发表审计意见,①财务报表是否按照适用的会计准则和相关会计制度的规定编制;②财务报表是否在所有重大方面公允反映被审计单位的财务状况、经营成果和现金流量。"

　　公司为了向外部利益相关者报告公司治理参与者履行受托经济责任的情况,于是就需要设立由独立审计师对公司所做出的报告进行鉴证,并向公众发表客观公允的评价意见,这就是外部审计的外部治理功能。外部审计通过财务报表审计对内部治理主体实施监控从而参与公司治理活动,并作为外部治理主体成为公司治理的重要基石。

　　我国外部审计的法律地位由《宪法》确定。《宪法》第九十一条规定:"国务院设立审计机关,对国务院各部门和地方各级政府的财政收支,对国家的财政金融机构和企业事业组织的财务收支进行审计监督。审计机关在国务院总理领导下,依照法律规定独立行使审计监督权,不受其他行政机关、社会团体和个人的干涉。"《宪法》第一〇九条规定:"县级以上的地方各级人民政府设立审计机关。地方各级审计机关依照法律规定独立行使审计监督权,……"从立法的角度而言,和公司治理相关的外部审计的其他相关外部审计制度只能见诸

---

　　① 本词条初稿由南开大学商学院程新生教授提供。

于各行各业行业主管部门制定的各类公司治理的规章制度中,比如《上市公司股东大会规范意见》、《上市公司治理准则》等。公司治理下的内部审计与外部审计区别,如表 6-4 所示。

表 6-4 公司治理下的内部审计与外部审计比较

项 目	内 部 审 计	外 部 审 计
审计目标	评价和改善风险管理、控制公司治理流程的有效性,帮助公司实现治理目标	对会计系统和控制环境进行初步的评估、对被审计单位财务报表的合法性、公允性做出评价
审计性质	内部审计只对本单位负责,由专职审计人员组成	由独立的外部机构以第三者身份提供的监督职能,其效力对国家权力部门或社会公众负责
审计标准	公认的方针和程序,比如中国内部审计协会制定的内部审计准则	国家审计准则或独立审计准则
审计对象	主要服务对象为本单位,通常包括本单位和所属单位财政收支、财务收支、经济活动	主要是国家权力机关或各相关利益方。国家审计以各级政府、事业单位及大型骨干企业的财政财务收支及资金运作情况为主;社会审计包括一切营利及非营利单位
审计范围	单位管理流程的所有方面,以公司财务活动为基础,拓展到以管理领域为主的审计活动	财务报表审计,并从财务报表审计拓展到代编财务信息,执行商定程序、财务咨询等其他活动
审计权限	审查处理权,但其内向服务性决定了其强制性和独立性较国家审计弱,其审查结论也没有社会审计的社会权威性高	国家审计代表国家利益,对被审计单位的违法违纪问题有审查权和处理权;社会审计只能对委托人指定的被审单位的有关经济活动进行审查、鉴证
审计方式	根据本单位的具体情况和安排,采取各种手法,同时包括所采取的外部审计程序等,在一定程度上具有任意性	多数为受委托施行,主要侧重报表审计程序
审计时间	定期与不定期结合	定期,一般以年度为依托
审计的独立性	强调内部审计机构和审计人员与被审计部门间的独立性,不强调审计机构和审计人员与领导间的独立性	具有较强的独立性,经济、组织和工作等方面都与被审计单位无关系
审计报告的作用	一般不向外部公开,不具有外部鉴证作用,只对本单位经营成效进行分析,给予本单位经营管理层决策参考	除涉及商业秘密或其他不宜公开的内容外,审计结果要对外公示;社会审计报告要向外界公开,对投资者、债权人及社会公众负责,具有社会鉴证的作用
审计监督的性质	单位自我监督	分属行政监督和社会监督。行政监督具有强制性,社会监督是审计企业与社会审计组织间双向自愿选择的结果
审计的自愿程度	必须接受内部审计监督	委托人自由选择会计师事务所
审计人员专业胜任能力	内部审计人员通常具备一定的管理知识与水平	外部审计人员必须具有专业的财务分析能力

目前国外对于外部审计在公司治理中作用的研究主要集中在发达国家,如美国、英国、澳大利亚等。1980 年 Balachangon 和 Ramakriaman 在 *Journal of Accounting Research* 上发表了《对激励报酬计划的内部控制和外部审计》(*Internal Control and External Auditing for Incentive Compensation Schedules*)一文,比较完整地阐述了审计代理理论的观点,把对该理论的研究推进到一个新的水平,证明了审计师是保持经理与股东利益最佳化的控制器。Hogan(1997)和 Willenborg(1999)经验研究表明:在股权主导的环境中,对审计作为公司治理机制的需求是审计质量以及审计公司所提供保证的一个函数。Choi 和 Wong(2005)在对特定法律环境下的审计选择问题进行了实证研究之后,发现在法律不健全、约束力不强的环境下,外部审计作为法律的替代机制,可以在公司治理中起到更好的监督作用。

在我国,虽然对于外部审计对公司治理作用方面的研究起步较晚,但研究成果呈逐年上升趋势。余玉苗(2001)从有效的公司治理结构的基本特征出发,分析了独立审计在完善上市公司治理中可以起到的作用,如保护股东权益、降低信息风险、增进代理人利益、约束控股股东的行为等,并在此基础上,进一步指出了这些作用得以切实发挥的几个重要条件,如注册会计师必须具备较高的执业技能和应有的职业谨慎,注册会计师必须保持较强的独立性等,以提高发现和报告公司财务信息不实、管理当局不当行为的概率。李连华和丁庭选(2004)认为,以委托代理关系为中心的公司治理、会计信息系统和独立审计三者之间形成了功能互补、共生互动的经济运行系统,共同维系着受托责任机制运行中的公平与效率。

我国的第一份审计报告准则是于 1995 年发布,并于 1996 年 1 月 1 日起开始执行《独立审计具体准则第 7 号——审计报告》。该《准则》对标准审计报告格式和内容作了明确规定。我国注册会计师协会发布了修订后的《独立审计具体准则第 7 号——审计报告》,并于 2003 年 7 月 1 日起实施。为进一步规范我国注册会计师出具审计报告的行为、明晰被审计单位管理当局和注册会计师的责任以及提高我国注册会计师执业质量,向国际审计准则靠拢,财政部于 2006 年 2 月 15 日颁布 48 项注册会计师审计准则,并定于 2007 年 1 月 1 日起施行。其中,对 2003 年 7 月 1 日起施行的《独立审计具体准则第 7 号——审计报告》进行了修订,形成了新的审计报告准则,即《中国注册会计师审计准则第 1501 号——审计报告》和《中国注册会计师审计准则第 1502 号——非标准审计报告》。通常所说的审计意见是指上市公司的年度会计报表被注册会计师出具的各种不同类型审计意见的审计报告的简称,可将其分为标准无保留意见和非标准无保留意见,非标准无保留意见又分为带强调事项段的无保留意见、保留意见、否定意见以及无法表示意见。我国上市公司审计意见情况如表 6-5 和表 6-6 所示。

表 6-5　我国上市公司年报审计意见情况:1997—2002 年　　　单位:家;%

年份	1997	1998	1999	2000	2001	2002
标准无保留意见	0	0	0	60	0	10
	0.00	0.00	0.00	5.67	0.00	0.83
无保留意见无解释性说明	12	721	905	976	979	1040
	1.97	88.36	98.16	92.16	86.26	86.67
无保留意见有解释性说明	1	0	9	8	92	89
	0.16	0.00	0.98	0.76	8.11	7.42
保留意见无解释性说明	0	81	1	2	17	18
	0.00	9.93	0.11	0.19	1.50	1.50

续表

年份	1997	1998	1999	2000	2001	2002
保留意见有解释性说明	3	3	4	4	26	23
	0.49	0.37	0.43	0.38	2.29	1.92
保留意见	9	0	0	0	0	2
	1.48	0.00	0.00	0.00	0.00	0.17
无保留意见	585	0	0	0	0	0
	95.90	0.00	0.00	0.00	0.00	0.00
无保留意见	0	10	3	5	12	8
	0.00	1.23	0.33	0.47	1.06	0.67
无法表示意见	0	0	0	3	9	10
	0.00	0.00	0.00	0.28	0.79	0.83
否定意见	0	1	0	1	0	0
	0.00	0.12	0.00	0.09	0.00	0.00

（资料来源：CCER 数据库。实际审计意见类型与审计准则规定类型略有差异。）

表 6-6　我国上市公司年报审计意见情况：2003—2012 年　　　　单位：家；%

年　　份	2003	2004	2005	2006	2007	2008	2009	2010	2011	2012
标准无保留意见	1169	1209	1185	1294	1428	1491	1640	1990	2240	2426
	92.34	89.29	87.71	90.24	92.31	93.07	93.71	94.45	95.85	96.35
带强调事项段的保留意见	17	25	8	12	3	6	12	7	5	0
	1.34	1.85	0.59	0.84	0.19	0.37	0.69	0.33	0.21	0.00
带强调事项段的无保留意见	49	61	76	73	90	78	79	82	83	71
	3.87	4.51	5.63	5.09	5.82	4.87	4.51	3.89	3.55	2.82
保留意见	11	29	51	25	11	10	0	15	6	15
	0.94	2.14	3.77	1.74	0.71	0.62	0.00	0.71	0.26	0.60
无法表示意见	20	27	31	30	15	17	0	8	3	3
	1.58	1.99	2.29	2.09	0.97	1.06	0.00	0.38	0.13	0.12
无保留意见	0	3	0	0	0	0	0	5	0	0
	0.00	0.22	0.00	0.00	0.00	0.00	0.00	0.24	0.00	0.00
拒绝表示意见	0	0	0	0	0	0	19	0	0	0
	0.00	0.00	0.00	0.00	0.00	0.00	1.09	0.00	0.00	0.00

（资料来源：CSMAR 数据库。其中，2003 年 7 月 1 日起实行《独立审计具体准则第 7 号——审计报告（修订）》，对原有审计意见类型做出了调整，因此分两个时间段进行统计分析。）

250. 公司治理监管

　　监管（regulation）在本质上是一种干预，而公司治理监管（corporate governance regulation）的实质是对公司治理行为和治理风险的外部干预，目的是从全社会范围视角来提高公司治理水平。基于此，由政府机构从公司外部形成和实施的监管行为属于公司外部治理的范畴。但和其他的外部治理行为相比，公司治理监管有其特殊性。公司治理监管以改善公司内部治理为直接目标,监管政策措施直接针对公司内部治理行为和内部治理风险。换言之,公司治理监管性质上属于外部治理,但与公司内部治理有着更为直接和迫近的关系。

对于金融机构来说,由于金融机构的外部性、脆弱性、风险的系统性和传染性等诸多特征,世界各国普遍对金融行业实施比一般行业更为严格的监管,对其公司治理的要求自然也更高。实践中,金融机构治理监管问题是治理和监管领域中的热点问题。因此以保险公司为例来分析公司治理监管。在现代社会,保险公司运作和保险经营活动被视为社会整体经济秩序的一部分,必然纳入政府的监控范畴。依据不同的干预方式和干预性质,保险公司治理所受外部干预可以分为市场干预和非市场干预两大类。其中,市场干预主要包括资本市场、产品市场、经理人市场对保险公司治理行为的反向制约,评级机构的评级影响,并购市场对公司冲击等。非市场干预包括立法干预、司法干预、行政干预、政治干预等几类。立法干预即国家通过制定《公司法》等法律制度,事先规范公司建制和公司行为,降低整个市场交易的不确定性。司法干预主要指司法机构基于司法能动主义的理念,通过司法判断的方式对公司治理行为实施的事后干预。政治干预则是国家基于政权目的或意识形态等原因而实施对公司治理行为的规制,如国有公司中党组织活动的要求。行政干预即由行政机构实施的公司治理的管理行为。保险公司治理监管实际是一种保险监管机构依法实施的居于合理区间的经济管理行为。

国际保险监督管理协会(International Association of Insurance Supervisors,IAIS)是一个类似巴塞尔银行监管委员会(Basel Committee on Banking Supervision,BCBS)的保险组织,成立于1994年,其宗旨为促进保险业监管人员的合作以及同其他金融部门的监管合作。目前有180多个国家和地区的保险监管机构成为其会员,另有100多个组织和专业人士成为其观察员。我国于2000年加入IAIS,并且于2006年承办其第十三届年会。IAIS为保险监管制定原则、标准和指引,并推动其实施。目前的监管规则体系主要由24个监管文件构成。其中2005年10月通过的《保险监管的架构》,用广义的偿付能力监管概括整个保险监管体系,这个体系由以下三个广泛定义的范畴所组成:①保险公司的财务方面,包括资本充足性和偿付能力、技术准备金的评估和充足性、资本形式、投资、财务报告和财务信息披露;②保险公司如何被治理,包括董事、高级管理人员的适宜性测试和责任体系、权力的运作流程和控制、内部控制、风险管理、合规、股东关系、透明度以及集团结构下所涉及的治理风险等;③保险公司如何运作和在市场中展示自己,即市场行为,包括销售和处理保单的客户、向市场和投保人公开相关信息等。这正是通常所说的三支柱监管框架的由来。

最近几年,我国在保险公司治理的法律建设和行政监管等方面取得了诸多进展,公司治理已经成为保险监管的三大支柱之一,这一点已经完全与国际接轨。修订后的《公司法》、《保险法》和颁布实施的《关于规范保险公司治理结构的指导意见(试行)》等多部法律法规和规范性文件,为中国保监会行使、优化保险公司治理的行政监管提供了法律依据和实施标准,使监管机构在规范保险公司股权结构、推进董事会和信息披露制度建设等方面发挥了积极作用。在保险公司治理监管研究方面,杨馥(2009)从两个方面探讨了我国保险公司治理监管的效应:以保险公司治理评价为基础建立多元回归模型,旨在考察保险公司治理监管与保险公司治理水平的相关关系;应用成本收益分析方法,从理论上探讨保险公司治理监管的效率和最优监管边界,并借鉴英国金融监管局(FSA)成本收益分析框架和方法,尝试对我国保险公司治理监管政策进行简要评价。

251. 特别处理

特别处理(special treatment,ST)是对财务状况或者其他状况出现异常的公司的一种提示制度。这些被特别处理的股票简称为 ST 股。沪深证券交易所在 1998 年 4 月 22 日宣布,根据 1998 年实施的股票上市规则,将对财务状况或其他状况出现异常的上市公司的股票交易进行特别处理。ST 股是指境内上市公司连续二年亏损,被进行特别处理的股票。* ST 股是指境内上市公司连续三年亏损的股票。

财务状况异常指:最近一个会计年度的审计结果显示股东权益为负值;扣除非经常性损益后的净利润为负值;最近一个会计年度的审计结果显示其股东权益低于注册资本,即每股净资产低于股票面值;注册会计师对最近一个会计年度的财务报告出具无法表示意见或否定意见的审计报告;最近一个会计年度经审计的股东权益扣除注册会计师、有关部门不予确认的部分,低于注册资本;最近一份经审计的财务报告对上年度利润进行调整,导致连续一个会计年度亏损;经交易所或中国证监会认定为财务状况异常的。

其他异常状况指:由于自然灾害、重大事故等导致上市公司主要经营设施遭受损失,公司生产经营活动基本中止,在三个月以内不能恢复的;公司涉及负有赔偿责任的诉讼或仲裁案件,按照法院或仲裁机构的法律文书,赔偿金额累计超过上市公司最近经审计的净资产值的 50% 的;公司主要银行账号被冻结,影响上市公司正常经营活动的;公司出现其他异常情况,董事会认为有必要对股票交易实行特别处理的;人民法院受理公司破产案件,可能依法宣告上市公司破产的;公司董事会无法正常召开会议并形成董事会决议的;公司的主要债务人被法院宣告进入破产程序,而公司相应债权未能计提足额坏账准备,公司面临重大财务风险的;中国证监会或交易所认定为状况异常的其他情形。

对于特别处理,学者目前主要关注其市场效应。陈劬(2001)运用超额收益法和多元回归分析法,研究了我国 A 股市场对股票交易实行特别处理的公告的反应;研究发现市场对该公告有显著的负反应,分年度的研究表明 1998 年市场对该公告的负反应比 1999 年显著。类似地,王震和刘力(2002)选取 1998 年到 2000 年被实施特别处理的公司作为样本,详细分析了被特别处理公司公告的信息含量,研究发现在 ST 公告的[-40,+40]事件窗口内的累计超额收益为负值,表明市场对 ST 公告作出了负面反应。吕长江和赵岩(2004)使用生存分析方法,分析了特别处理的上市公司之所以进入"戴帽"行列的主要因素,并对这种现象的形成建立了相关的预测模型;发现,企业的获利能力、成长性、营运能力、资产规模,以及前期利润等因素对于公司是否被特别处理具有决定和预测作用。

特别处理是我国证券市场上对出现异常状况的上市公司的特别标示制度,其设计初衷是要通过警示作用抑制二级市场对绩差股的过度投机。从理论上推断,特别处理制度应该对上市公司有一定的治理含义。宁向东和张海文(2001)通过逐一分析第一批被特别处理的 26 家上市公司的个案,研究在实际公司运行中特别处理制度是否发挥了治理作用,即检验了特别处理制度的治理效应。研究发现,只有 3~4 家公司在被 ST 期间通过资产置换和管理改造活动在原来的基础上有所发展,其他的公司几乎都没有业绩改善,有些甚至更差。因此,特别处理制度有较弱的治理含义。

252. 特别转让

特别转让（particular transfer，PT）是对于亏损时间较长公司的交易进行相关限制的一种制度。特别转让本质上是将特殊股票的交易从连续交易机制转为定期交易机制，该制度的实行代表着一种新的交易机制的产生，是对过去单一的交易机制的改进（吴林祥，1999）。PT 制度的出现最早开始于 1999 年 7 月公布实施的《股票暂停上市相关事宜的规则》当中，当时实施的背景是《证券法》的正式实施。其实，有关上市公司股票暂停及终止交易的规定远在《证券法》出台之前便已推出，1993 年 12 月颁布、1994 年 7 月实施的《公司法》第一百五十七条规定：上市公司连续三年亏损，由国务院证券管理部门决定暂停其股票上市，在期限内未能消除，由国务院管理部门决定终止其股票上市。由于其他方面配套工作的落后，实际上在长达 5 年的时间内这一制度并没有得到真正落实。1999 年 7 月正式实施的《证券法》并没有对退市制度作进一步阐述，只是在第四十九条规定：“上市公司丧失《公司法》规定的上市条件的，其股票依法暂停上市或终止上市。”在这个背景下，PT 制度出台，两市交易所对连续三年亏损的上市公司的股票进行特别转让处理，名为暂停交易，实际上并未完全摘牌，仍在每周五提供涨跌幅在 5％ 以内的转让服务。2000 年 6 月，鉴于 PT 类股票的投机猖獗，两市交易所又再次规定：PT 个股每次交易的涨幅仍限制在 5％，跌幅不限。2001 年 2 月，中国证监会发布了《亏损公司暂停上市和终止上市实施办法》，仍然保留了 PT 制度，但是提出了申请宽限期和延长暂停上市期限的新规定，在此之后，PT 水仙（600 625）和 PT 粤金曼（600 588）被摘牌终止上市。2001 年 12 月 4 日，中国证监会又对上述实施办法进行了修改，最终取消了现行的 PT 制度，规定连续三年亏损的公司将在第三年年报公布之后 10 日内直接暂停上市，不再继续提供特别转让服务。

253. 退市

退市（go private）是上市公司由于未满足交易所有关财务等其他上市标准而主动或被动终止上市的情形，即由一家上市公司变为非上市公司。退市可分主动性退市和被动性退市，并有复杂的退市的程序。主动性退市是指公司根据股东会和董事会决议主动向监管部门申请退市，一般有如下原因：营业期限届满，股东大会决定不再延续；股东大会决定解散；因合并或分立需要解散；破产；根据市场需要调整结构、布局。被动性退市是指上市公司被监管部门强行退市，一般因为有重大违法违规行为或因经营管理不善造成重大风险等原因。

中国证监会于 2001 年 2 月 23 日发布了《亏损公司暂停上市和终止上市实施办法》，之后又于 2001 年 11 月 30 日在原有办法基础上加以修订，规定连续三年亏损的上市公司将暂停上市。我国上市公司退市制度正式开始推行。退市制度的建立和实施对提高我国上市公司整体质量，初步形成优胜劣汰的市场机制发挥了积极作用。但是随着资本市场发展改革的逐步深化，原有退市制度在实际运行中逐渐暴露出了一些问题，其中主要表现在上市公司退市标准单一、退市程序相对冗长、退市效率较低和退市难现象突出。存在着上市公司通过各种手段调节利润以规避退市的现象，导致上市公司"停而不退"，并由此引发了"壳资源"的炒作，以及相关的内幕交易和市场操纵行为,在一定程度上影响了市场的正常秩序和理性投资理念。数据显示,自2001年4月PT水仙被终止上市起,沪深两市迄今共有退市公司75家。例如PT中浩、PT粤金曼、PT金田、ST中侨、PT南洋、ST九州、ST海洋、ST银山、ST宏业、ST生态、ST鞍一工等。其中,因连续亏损而退市的有49家,其余公司的退市则因为被吸收合并。退市比例占整个A股挂牌家数的1.8%,而美国纳斯达克每年大约有8%的公司退市,美国纽约证券交易所的退市率为6%;英国高增长市场(AIM)的退市率更高,大约12%,这表明英美证券市场退市机制所发挥的治理作用更有效。2012年6月28日,上交所、深交所公布新退市制度方案规定,连续三年净资产为负,或者连续三年营业收入低于1000万元,或连续20个交易日收盘价低于股票面值的公司应终止上市。2012年12月24日,*ST炎黄、*ST创智股票恢复上市申请事项未获得审议通过,将被终止上市。*ST长油(600 087)1997年6月在上交所挂牌上市,主要从事沿海和远洋原油及其制品的运输。2014年3月22日,*ST长油披露了经审计的2013年年度财务报告,2013年度归属于上市公司股东的净利润为-59.22亿元,2013年末归属于上市公司股东的净资产为-20.97亿元,信永中和会计师事务所对公司2013年度财务报表出具了无法表示意见的审计报告。2014年4月11日,*ST长油在连续亏损四年之后,上交所网站发布消息,宣布终止*ST长油股票上市交易,其不得不离开A股市场。*ST长油成为央企退市"第一股"。*ST长油这家隶属于中国外运长航集团的上市公司,是2012年退市制度改革以来,上交所第一家因财务指标不满足条件而退市的上市公司,成为A股市场首家退市央企;同时,退市整理板设立以来近两年的时间中,尚没有一家公司股票"进驻",*ST长油成为退市整理板迎来的首只股票。

《纽约证券交易所上市规则》在第八章"暂停上市及终止上市"中规定了上市公司"持续上市标准",具体如下。第一,资本或普通股的分布标准(802.01A)。包括:①股东人数少于400个;②股东人数少于1200个并且在最近12个月里月平均交易量低于10万股;③社会公众持有股票少于60万股。第二,资本或普通股的数量标准(802.01B)。上市公司需要满足《纽约证券交易所上市规则》第102.01C和103.01B条所规定的财务测试。第三,价格标准(802.01C)。若上市公司的股票连续30个交易日收盘价格低于一美元,将被视为低于标准。在收到通知后,公司必须在6个月内将股价和平均每股价格恢复到高于一美元的水平。第四,其他标准(802.01D)。出现下列情况的,交易所可以根据802.02和803.03规定的程序自主做出决定让公司摘牌。①经营资产或经营范围减少:经营资产由于被出售、租赁、没收、充公等原因而大幅度减少,或公司停止经营,或由于各种原因终止了其主要经营活动。②破产或清算:如果公司依据《破产法》提出破产申请或公司已开始清算,或者公司依据《破产法》申请重组,交易所会自行决定公司股票是否继续上市交易。③经证券交易所认可的权威意见认定证券失去投资价值。④证券注册不再生效,即根据1934年《证券交易法》的注册或豁免注册不再有效。⑤违反协议:公司违反与交易所签订的上市协议的。⑥因为回赎、支付或整体替换。⑦操作违反公共利益的。⑧其他可能导致摘牌的因素,包括:公司没有及时、准确、充分地向股东和公众披露信息,财务报告有虚假,没有依据公共政策行为,经营或财务状况不能令人满意,无条件地使用公司基金购买公司股票等。

长期以来,我国的证券市场缺少一个有效的上市公司退出机制。这样的制度设计造成了监管层面和上市公司治理层面各方激励约束的恶性循环,不利于激励上市公司提高质量。延伸到宏观层面,突出的表现为国内证券市场的低迷及其功能的削弱。尽管我国上市公司的整体质量在近几年来有所提高,但以贷款利率或债券收益率为标准衡量的整体投资价值仍旧不高;而且绩效差的上市公司比重过高,并且其数量仍在不断增加;为了解决制约证券市场发展的激励机制问题并实现其功能定位的调整,应完善上市公司的退市制度(李自然,成思危,2006)。冯芸和刘艳琴(2009)采用 Logistic 回归分析方法研究我国上市公司退市制度的实施效果,结果表明,被特别处理的上市公司资产质量的好坏和盈利能力的高低对其是否能争取到保留上市资格的机会并无显著影响,撤销特别处理后的公司也普遍出现业绩下滑。这说明上市公司对自身质量改进缺少足够的关注,最终导致退市制度所应产生的正面效应长期弱化。

254. 中国证券监督管理委员会

改革开放以来,随着我国证券市场的发展,建立集中统一的市场监管体制势在必行。1992年 10 月,国务院证券委员会(简称国务院证券委)和中国证券监督管理委员会(China Securities Regulatory Commission,CSRC,简称中国证监会)宣告成立,标志着我国证券市场统一监管体制开始形成。国务院证券委是国家对证券市场进行统一宏观管理的主管机构。中国证监会是国务院证券委的监管执行机构,依照法律法规对证券市场进行监管。1998 年根据国务院机构改革方案,决定将国务院证券委与中国证监会合并组成国务院直属正部级事业单位。

1998 年改革后,中国证监会为国务院直属正部级事业单位,依照法律、法规和国务院授权,统一监督管理全国证券期货市场,维护证券期货市场秩序,保障其合法运行。

中国证监会设在北京,现设主席一名,副主席四名,纪委书记一名(副部级),主席助理三名;会机关内设 18 个职能部门,一个稽查总队,三个中心;根据《证券法》第十四条规定,中国证监会还设有股票发行审核委员会,委员由中国证监会专业人员和所聘请的会外有关专家担任。中国证监会在省、自治区、直辖市和计划单列市设立 36 个证券监管局,以及上海、深圳证券监管专员办事处。

255. 中国保险监督管理委员会

中国保险监督管理委员会(China Insurance Regulatory Commission,CIRC,简称中国保监会)成立于 1998 年 11 月,其基本目的是为了深化金融体制改革,进一步防范和化解金融风险,根据国务院的授权履行行政管理职能,依照法律、法规统一监督和管理保险市场。

2003 年,国务院决定将中国保监会由国务院直属副部级事业单位改为国务院直属正部级事业单位,并相应增加职能部门、派出机构和人员编制。中国保险监督管理委员会内设 16个职能机构,并在全国各省、直辖市、自治区、计划单列市设有 35 个派出机构。

256. 中国银行业监督管理委员会

中国银行业监督管理委员会(China Banking Regulatory Commission,CBRC,简称中国银监会)于 2003 年 4 月成立,为国务院直属正部级事业单位。根据国务院的授权,统一监督管理银行、金融资产公司、信托投资公司及其他存款类金融机构,全系统参照公务员法管理。在全国 31 个省(直辖市、自治区)和 5 个计划单列市(大连、宁波、厦门、青岛、深圳)设立了 36 家银监局,在 306 个地(市)设立了银监分局,在 1730 个县(市)设立了监管办事处。

257. 利益相关者治理评价

　　所谓利益相关者治理评价(appraisal of stakeholders governance)是指对利益相关者治理状况做出的科学和量化的反映工作。1980 年代之前,企业的经营宗旨多被认为是股东利益最大化,公司治理研究的问题主要是围绕如何建立合理的激励和约束机制,将代理人的道德风险问题降至最低限度,最终达到公司价值最大化。1963 年,斯坦福大学一个研究小组(Stanford Research Institute,SRI)提出了 stakeholders(利益相关者),将其定义为那些没有其支持,组织就无法生存的群体(Freeman,Reed,1983)。但在当时管理学界并未引起足够的重视。1980 年代以后,随着企业经营环境的变化,股东、债权人、员工、消费者、供应商、政府、社区居民等利益相关者的权益受到企业经营者的关注,公司在经营管理中对利益相关者的关注日益提高,消费者维权运动、环境保护主义及其他社会活动产生了很大的影响,公司对员工、社区及公共事业关注力度大大提高,公司治理也由传统的股东至上的单边治理模式演化为利益相关者共同治理模式。Blair(1995)认为,公司应是一个社会责任的组织,公司的存在是为社会创造财富。公司治理改革的要点在于:不应把更多的权利和控制权交给股东,"公司管理层应从股东的压力中分离出来,将更多的权利交给其他的利益相关者"。目前,在公司治理中充分考虑利益相关者的权益,鼓励利益相关者适当参与公司治理已经成为广为接受的观点。

　　虽然目前利益相关者问题在公司治理研究中居于重要地位,但国内外涉及并强调利益相关者的公司治理评价体系并不多。标准普尔公司治理评价指标体系(Standards and Poor's Company)中涉及了金融相关者,但仅仅指股东,并未涉及其他利益相关者。亚洲里昂证券公司(CLSA Asia-Pacific Markets)的评价体系主要关注公司透明度、对管理层的约束、董事会的独立性和问责性、对中小股东的保护等方面,涉及债务规模的合理控制以及公司的社会责任,一定程度上注意到了利益相关者问题。而戴米诺公司(Deminor Company)和国内海通证券的公司治理评价体系则没有具体涉及利益相关者问题。南开大学中国公司治理原则研究课题组于 2001 年在《〈中国公司治理原则(草案)〉及其解说》一文中指出,我国公司必须构筑以股东、经营者、职工、债权人、供应商、客户、社区等利益相关者为主体的共同治理机制,保证各利益相关者作为平等的权利主体享受平等待遇,并在构建中国公司治理评价体系中,将利益相关者治理纳入进来。南开大学中国公司治理研究院根据利益相关者在公司治理中的地位与作用,并且考虑到评价指标的科学性、可行性、完整性,设计了包括利益相关者参与性指标和协调性指标两大部分的中国上市公司利益相关者评价指标体系。其中利益相关者参与性指标分为:公司员工参与程度,公司中小股东参与和权益保护程度,公司投资者关系管理。利益相关者协调性指标包括:公司社会责任履行,公司和监督管理部门的关系,公司诉讼与仲裁事项,如表 6-7 所示。

表 6-7　中国上市公司利益相关者治理评价指标体系

主因素层	子因素层	说　　明
参与程度	公司员工参与程度	考察职工的持股情况
	公司中小股东参与和权益保护程度	考察上市公司中小股东参与程度和权益保护程度
	公司投资者关系管理	考察公司网站的建立与更新状况和公司投资者关系管理制度建设情况
协调程度	公司社会责任履行	考察上市公司社会责任的履行和披露情况、上市公司对所处自然环境的关注与保护
	公司和监督管理部门的关系	考察上市公司和其所处的监督管理环境的和谐程度,涉及上市公司和一部分利益相关者的关系状况
	公司诉讼与仲裁事项	考察上市公司和股东、供应商、客户、消费者、债权人、员工、社区、政府等利益相关者的和谐程度

（资料来源：南开大学中国公司治理研究院"中国公司治理评价系统"。）

　　第一,参与程度。利益相关者参与性指标主要评价利益相关者参与公司治理的程度和能力,较高的利益相关者参与程度和能力意味着公司对利益相关者权益保护程度和决策科学化程度的提高。公司员工参与程度：员工是公司极其重要的利益相关者,在如今人力资本日益受到关注的情况下,为员工提供有效途径参与公司的重大决策和日常经营管理,有利于增强员工的归属感,提高员工忠诚度并激励员工不断实现更高的个人目标和企业目标。用职工持股比例这个指标来考察职工的持股情况,这是公司员工参与公司治理的货币资本和产权基础,员工持股计划也是对员工进行产权激励的重要举措。通过这个指标来考察公司员工参与公司治理的程度。公司中小股东参与和权益保护程度：在少数控股股东在公司中占有绝对的支配地位时,中小股东作为弱势群体,往往由于种种原因,如参与公司治理的成本高等,无法参与公司决策的公司治理实践,并且自身权益常常受到侵害。为考察公司对中小股东参与和权益保护的程度,设立以下三个指标：累积投票制度的采用,网上投票制度的采用,代理投票制度的采用,即是否采用征集投票权办法。公司投资者关系管理：投资者关系管理是指公司通过及时的信息披露,加强与投资者之间的沟通与交流,从而形成公司与投资者之间良好的关系,实现公司价值最大化。在我国,上市公司投资者关系管理体系还处于发展阶段。设置如下指标考察上市公司的投资者关系管理状况：公司网站的建立与更新,考察公司投资者关系管理信息的披露与交流渠道的建立与通畅状况;公司投资者关系管理制度及其执行,考察公司投资者关系管理制度建设以及是否由专人或专门的部门负责投资者关系管理,设有专门的投资者关系管理制度和投资者关系管理部门有利于促进投资者关系管理工作的持续有效开展。

　　第二,协调程度。利益相关者协调性指标考察公司与由各利益相关者构成的企业生存和成长环境的关系状况和协调程度,主要包括三个分指标。第一是公司社会责任履行状况,重视企业社会责任、关注自然环境的保护和正确处理与社区、社会的关系,是企业追求长远发展的必备条件。在此,主要通过如下两个指标考察公司社会责任的履行状况：公司公益性捐赠支出,可以考察上市公司对社会及所处社区的贡献;公司环境保护措施,反映上市公司对所处自然环境的关注与保护。第二是公司和监督管理部门的关系:企业从事合法经营,必须履行相应的法律责任,因此协调并正确处理公司和其监管部门的关系至关重要。通过对罚款支出和收入的量化处理,考察上市公司和其所处的监督管理环境及其中各主体要素的和谐程度。第三是公司诉讼与仲裁事项:通过考察公司诉讼、仲裁事项的数目及其性质,可以考察上市公司和股东、供应商、客户、消费者、债权人、员工、社区、政府等利益相关者的和谐程度。

2013 年我国上市公司样本量为 2 470 家,利益相关者治理指数的均值为 61.46,标准差为 10.46,利益相关者治理指数基本服从正态分布,如表 6-8 所示。从利益相关者治理指数的两个主要因素来看,样本公司利益相关者参与程度较低,平均值为 48.72;利益相关者协调程度较高,平均值为 77.05。

表 6-8　中国上市公司利益相关者治理状况描述性统计

项　　目	平均值	中位数	标准差	极差	最小值	最大值
利益相关者治理指数	61.46	60.84	10.46	63.05	29.20	92.25
参与程度	48.72	48.00	15.65	68.00	22.00	90.00
协调程度	77.05	78.00	10.88	65.00	35.00	100.00

(资料来源:南开大学中国公司治理研究院公司治理数据库。)

从 2004—2013 年连续多年的发展趋势看(如表 6-9 和图 6-3 所示),利益相关者治理指数前 5 年平均值总体上呈现逐年上升的趋势,2009 年拐点之后,逐年上升到 2012 年的 63.22,达到历史最高水平,2013 年与 2012 年相比有所下降。这表明一方面利益相关者参与机制日益完善,但仍有反复,没有形成常态。另一方面,上市公司越来越重视履行对利益相关者的社会责任,提高利益相关者协调程度。

表 6-9　中国上市公司利益相关者治理指数描述性统计 10 年比较

年份	利益相关者治理指数	参与程度	协调程度
2004	51.12	37.43	67.85
2005	50.95	38.88	65.72
2006	52.61	42.69	64.72
2007	53.08	43.01	65.40
2008	53.43	43.49	65.58
2009	52.94	43.95	63.93
2010	54.83	45.59	66.13
2011	56.47	47.68	67.22
2012	63.22	52.01	76.93
2013	61.46	48.72	77.05

(资料来源:南开大学中国公司治理研究院公司治理数据库。)

从利益相关者治理的两个分指数来看,参与程度 2004 年到 2012 年呈现逐年上升的态势,但 2013 年有所降低,这主要是由于上市公司健全网络投票、累积投票等投票机制,加强中小股东参与公司治理程度,同时通过完善投资者关系管理制度,向机构投资者等利益相关者披露了更多的信息,提高了利益相关者参与程度。同时也反映出这些机制虽然建立,但实施过程中仍有反复,没有形成常态。协调程度 10 年来均值都在 60 以上,2013 年达到 77.05。这表明我国上市公司在合规经营的基础上,能够充分重视与客户、供应商、政府和社区居民等利益相关者之间的关系,勇于承担社会责任,加强环保,与利益相关者的和谐程度较高。

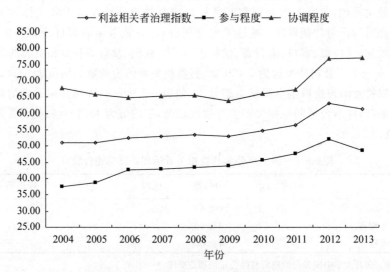

图 6-3　中国上市公司利益相关者治理指数平均值 10 年比较

(资料来源:南开大学中国公司治理研究院公司治理数据库。)

新型组织治理

Corporate Governance Handbook

A General Theory of Network Governance: Exchange Conditions and Social Mechanisms [J]. The Academy of Management Review, 1997, 22 (4): 911-945.

A phenomenon of the last 20 years has been the rapid rise of the network form of governance. This governance form has received significant scholarly attention, but to date, no comprehensive theory for it has been advanced, and no sufficiently detailed and theoretically consistent definition has appeared...the network governance form has advantages over both hierarchy and market solutions in simultaneously adapting, coordinating, and safeguarding exchanges.

Candace Jones, William S. Hesterly and Stephen P. Borgatti

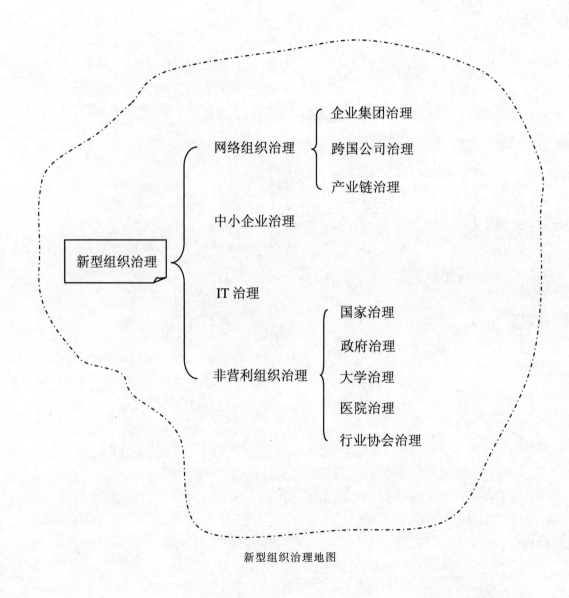

新型组织治理地图

258. 网络组织治理^①

关于网络组织(network organization)的内涵。Miles 和 Snow(1986)认为网络组织是由半自治组织集合而成,具备扁平、分权的结构,自组织的团队,非纵向的交流,并以知识为运作基础等新特征。Jarillo(1988)认为网络组织是随着企业内部的联邦分权的建立,以及企业之间合资经营、战略联盟、供应链以及其他合作关系的建立而发展起来的一种组织形态。Bruno(1993)从经济、历史、认知、规范等多维角度对网络组织进行了概括,认为网络组织是一种超越了传统的市场与企业两分法的复杂的社会经济组织形态,而且这一复杂的组织形态是一个动态的、按照一定路径依赖不断演进的历史过程。Robbins 和 Coultar(1996)将网络组织定义为无边界组织。Roget(1997)认为网络组织是由原来孤立交易的公司共同贡献资源而形成的动态链接组织,从而使企业进入一个动态的互联世界,成为灵捷竞争者。Alstyne(1997)认为这种组织形态也可将其扩展到一个企业内部联邦分权式的业务单元之间。除了边界的可渗透性之外,专业化资产的集中、联合控制和共同的目标这三个特征也可以将其与层级结构、组织间的偶然性交往和大规模的市场交易区别开来。Richard(1998)将典型组织分为人、群体部门、组织、跨组织集合或社区四个分析层次,认为由单个组织相互作用所形成的跨组织集合(onter-organization set)是组织本身集成的最高分析层级,它以自由市场模式组合替代传统的纵向层级组织,隐含地给出了网络组织的含义。Palmer 和 Richards(1999)甚至呼吁在 21 世纪,企业必须试图将它们的组织结构改变为网络的模式。

在国内,李新春(1998)就我国从计划经济向市场经济的转轨过程系统考察了企业网络的生成与市场发育过程。他认为网络组织是组织之间的合作联系,而这种联系的实质是企业之间的分工贸易,是组织行为而非个人行为。贾根良(1998)认为企业网络是经济网络的重要组成部分,而经济网络是借用计算机网络概念之隐喻,把经济活动看作是由各种经济行为者之间长期投资形成的资本要素所组成的联系之网。李维安和林润辉(2000)提出网络组织是一个由活性结点的网络连接构成的有机的组织系统,将其定义为介于传统(层级)组织与市场运作之间的一种组织形态,但并非一种简单的中间状态,它既有传统组织的明确目标,又引入了市场的灵活机制,该组织形式强调优势要素协作、创新和多赢目标。孙国强(2001)提出只要是企业之间或企业与其他社会组织之间的跨界经济联合,都应纳入网络组织的研究范畴,如虚拟企业、战略联盟、企业集团、企业集群、协会组织、供应链组织等都是网络组织的具体模式。

关于网络组织治理的内涵。在散见于诸多关于网络组织治理的文献中,有两个概念需要澄清:一是网络治理(network governance),二是网络组织治理(governance of network organization)。Jones 和 Hesterly(1997)在其著名论文《网络治理的一般理论》(*A General Theory of Network Governance*)中对前者作了界定,他们对理论界9种描述进行了综合分析,认为网络治理是一个有选择的、持久的和结构化的自治企业(包括非营利组织)的集合,这些企业以暗含(implicit)或开放(open-ended)契约为基础从事生产与服务,以适应多变的环境、协调和维护交易。进一步指出这些契约是社会性联结而非法律性联结。从其定义可以看出,

---

① 本词条初稿由山西财经大学管理科学与工程学院孙国强教授提供。

"网络治理"主要是对跨组织集合这一新型组织形态进行描述,并未涉及该组织的运作行为,其实质就是网络组织,即区别于市场与层级的网络规制。关于网络组织治理西方学者并未给出严格的定义,Bryson 和 Crosby(1992)认为网络组织治理是在单个组织无法独自完成各自使命的情况下,如何设计有效的制度。Messner(2000)等认为网络组织治理意味着在一定程度上相互作用的自治行为主体之间的谈判。Milward 和 Provan(2002)提出网络组织治理是一个与为管理规则及联合行动创造条件相关的较为宽泛的概念,通常包括企业、非营利组织以及公共部门的代理人。从所涉及的关键词来看,主要有战略伙伴管理(Forrest,1992)、管理网络(Campbell,Wilson,1996;Dyer,Singh,1998)、治理网络(Adobor,1999)、网络组织管理(Snow,1992)、治理网络组织(Milward,Wilson,2002)、网络组织治理(Rhodes,1996;Pierre,2000;Arcari,Pistoni,Spedale,2002);从研究的内容来看,主要涉及对网络组织及其具体模式如何进行治理或管理的问题。其实,治理与管理是有区别的,管理针对的是层级组织,更多地体现权威与权力的内涵,而治理则是权力的回归,更多地体现自组织式的自我做主的自然法则。在网络组织及其运作具有明显社会性的情况下,"管理"一词已无法揭示其中的丰富内涵。因此,网络组织治理是对网络组织的治理,治理的主体是网络合作的诸结点(共同治理),治理的客体是网络组织这一新型组织形态,治理过程是具有自组织特性的自我治理。正如 Kooiman 和 Vliet(1993)在界定治理概念时所指出的,它所要创造的结构或秩序不能由外部强加,它之所以发挥作用要靠多种进行统治的以及相互发生影响的行为者的互动。

李维安等(2003)在研究公司治理的未来发展时对网络治理作了精辟概括,认为网络治理有两条线路:利用网络进行公司治理(网络作为公司治理的工具)和对网络组织进行治理(网络组织成为治理行为的对象)。彭正银(2004)认为网络治理是网络组织治理的简称,并沿着 Jones 等人的研究思路总结网络治理理论。孙国强(2005)认为网络组织治理是以治理目标为导向、治理结构为框架、治理机制为核心、治理模式为路径、治理绩效为结果的复杂运作系统。网络组织治理是对网络组织的治理,治理行为的主体是合作诸结点,客体是网络组织这一新型组织形态,治理过程是具有自组织特性的自我治理。

关于网络组织治理的基本要素。国外学者对网络组织治理的必要性与重要性予以极大关注,但更多的学者集中于网络组织治理基本要素的研究,尽管多数学者并未直接指出其基本要素包括哪些。治理机制是学者们研究的一个焦点。Reidenberg(1996)提出全球网络化联系结构性地改变了传统的决策方式,网络规制范式是一种具有网络联邦意义的半自治实体。Jones 和 Hesterly(1997)从需求的不确定性、资产的专用性、任务的复杂性与交易频率等四重维度入手,并结合结构嵌入(structural embeddedness)理论,提出网络治理的社会机制。Stephenson 等(1999)指出,治理机制的作用在于保证组织的完整性,从而使组织行为与其战略目标相一致。Milward 和 Provan(2003)认为网络组织治理的核心问题是治理机制(承诺、契约、合同)。Terje 和 Hakansson(2003)在研究复杂课题中组织间冲突时提出,网络机制是以社会互动为基础。除此之外,还涉及的其他机制有信任机制、分配机制、协调机制、学习机制等。治理绩效方面的研究相对深入。Dunning(1998)将联盟称为折中范式,他认为联盟企业的成功与否要从三个方面来判断:每一合作方的创新成长能力、各方互动合作的范围与程度、产业层面的合作效果。Kale(2001)认为,联盟成功与价值创造的评估在企业层面包括长期联盟成功的管理评估、价值创造的股市测度两个方面。Uzzi(1996)研究了结构性嵌入与绩效之间的关系。网络组织的绩效与企业绩效相比存在明显的研究缺陷,其主要原因是存在明显的研究障碍,包括数据资料的收集、绩效的度量等(Anderson,Narus,1990)。Ahnja 和

Carley(2002)从任务特征、组织结构与绩效之间的关系入手,定量地研究了虚拟组织的绩效问题。还有些学者研究了网络组织或其模式的绩效评价,但深度有限,尚未对治理绩效作出客观评价。在治理结构方面,Johannisson(1987)将网络组织分为生产网、象征网和个人网,并指出网络结构的一个基本特征是结点的地位及其在联结特性中的表现方式。Messner 和 Meyer-Stamer(2000)概括了网络结构的三个特征:行为主体间的水平联结、跨组织关系和行为主体的互动。Baum 和 Ingram(2002)综合了 Granovetter 的弱联结理论与 Burt 的结构洞理论,从企业与网络的嵌入、探索性与开发性的行为模式两个方面将网络组织结构分为四种方式。Ahuja 和 Carley(2002)主张要从概念上澄清、实证上检验虚拟组织中网络结构的三个维度:层度、集中化和层级,并总结出关于网络结构的理论:资源依赖与关联交易理论、散播理论、认知理论和网络与组织的形成理论。在网络运作中,既缺少反映共同规范的模型,也缺乏网络内部的合作规则。

与国外相比,国内学者的研究相对滞后,而且主要集中在治理机制、绩效与模式等方面。李维安(2000;2003)是国内较早研究网络组织的学者之一,主张研究网络组织治理的结构、机制与应用。叶飞、孙东川和张红(2001)根据虚拟企业的特征,对其成员企业绩效进行研究,设计出一种动态的绩效考核方法。刘东(2003)对企业网络的运行特征、演化原因、发展条件等进行了系统解释。谢洪明、蓝海林、叶广宇和杜党勇(2003)以彩电企业供应链为例对战略网络中的企业行为和合作企业之间的关系特征进行了研究。林润辉(2004)将网络组织与企业高成长结合起来进行研究,也涉及网络组织的治理问题。李焕荣(2004)从理论框架建立、动态关系分析、动态过程管理、网络进化等方面设计出战略网络的未来研究方向。武志伟、茅宁和陈莹(2005)以 148 家企业为样本,利用结构方程模型对企业间合作绩效的影响机制进行了实证研究。卢福财和胡平波(2005)运用博弈论分析了网络合作中的声誉机制。孙国强(2011)定量地研究了治理机制与治理绩效之间的相关关系,且概括出网络组织治理的基本要素包括:治理目标、治理环境、治理成本、治理绩效、治理机制、治理风险、治理边界、治理结构、治理模式等,并试图分析这些要素之间的关联机理。

关于网络组织治理的系统思想。网络组织及其治理的复杂性、要素的多维性与环节的多样性,决定了需要将其作为一个整体来进行系统地研究,也需要系统性创新。Barley 和 Jarillo 是较早地将网络组织作为一个独立分析单元进行系统研究的学者。Barley,Freeman 和 Hybels(1992)提出,在网络组织中,企业不仅悬挂于多重的、复杂的、重叠的关系网中,而且网络可以表现为不同于单个企业的无形的结构模式,要探讨核心结构,就必须超越单个企业而分析系统整体。Jarillo(1993)将网络组织看作是一个系统,并指出"效率与弹性需要将(网络组织)系统作为一个整体来管理"。他通过对 Benetton 网络的分析得出,Benetton 的效率与弹性由以下特征来解释:它由许多单元所构成,而又属于一个大型的同质系统(Jarillo,1998)。复杂系统理论无疑为网络组织治理的研究提供了新的理论支点,西方许多学者从该理论出发对网络组织展开探索。Lipnack 和 Stamps(1997)长期从事虚拟团队的研究,指出系统原则有助于我们从新兴组织形态中找到其核心特征,为我们发展及测试近二十年的网络组织模型提供了强有力的基础结构。青木昌彦(Masahi ko Aoki)2001 年在研究美国硅谷产品开发方面的制度创新时指出,要将硅谷现象视为一种新出现的系统,构成该系统的是聚集在一起的创新企业与各种中介机构。他强调有必要从一种更广泛的观点看待硅谷现象,把它作为一个内在一致的系统进行研究。Ashmos,Duchon,McDaniei 和 Huonker(2002)用复杂适应系统理论解释关系网中的互动合作与参与决策问题。网络组织治理机制是在相互联结的关系框架内发挥作用,并通过彼此之间的互动实现整体大于部分之和的协同效应。当然,也有学者认为系统的概念已经是一种陈词滥调,试图另辟蹊径。例如,Mitchell(1969)指出,对网络化过程的理解需要从网络形态和互动关系两个角度入手。Johanson 和 Mattsson(1987)发展了 Mitchell 的研究,开创性地提出了一个关系与互动的模型,将网络结点间的联结关系与其相互作用行为有机地联系起来。Johanson 和 Mattsson 对关系与互动的研究具有先导性,其贡献在于率先将网络组织的治理实践引入到逻辑过程的新视角。然而,他们的研究却相对肤浅,不仅对关系与互动的描述深度有限,而且仅停留在上述两个逻辑环节,将互动的结果协同效应排除在外,未能构造出一个相对完整的治理逻辑平台。治理体系方面的文献大多仅仅表明了系统的思想,而且集中在网络组织系统,尚未构建出包括不同要素及其相互联系的网络组织治理整体框架。

259. 企业集团治理[①]

企业集团是由母公司(包括其分公司)、子公司、关联公司形成的一种中间型组织形式,既包括由股权关系形成的层级型母子公司形态,也包括由于拥有共同的母公司以及业务合作关系等形成的水平型关联公司形态。企业集团各成员企业具有法律上的独立性,彼此之间存在信息不对称,因而母子公司之间容易产生基于股权关系的"代理问题";在关联公司之间,各个成员企业独特的资源禀赋、各自独立目标的追求但又同属于同一企业集团的归属属性,使它们之间同时存在着信任和合作以及"搭便车"和"道德风险"等问题。所谓集团治理(group governance)就是指围绕集团这种特殊组织形态的企业而进行的制度安排设计。

作为多法人联合体,集团治理即随着企业法人边界的拓展,集团母公司通过正式的或非正式的,以及内部的或外部的制度或机制,进行母公司对子公司行为的约束和控制,集团内子公司、分公司和关联公司之间关系的协调,以及内外部利益相关者之间关系的整合,以激励和约束集团内外部各主体,促进集团决策制定的科学化,并最终保证集团整体利益的一系列制度安排;是为了企业集团和成员企业目标取向的一致性、关系的协调性、行为的协作性、效果的整体协同性而进行的制度设计和机制安排。集团治理包括集团内部治理和集团外部治理,内部治理包括集团母子公司关系治理以及关联公司关系治理;外部治理指企业集团与诸多外部利益相关者关系的治理。

集团治理具有"超法人边界"治理特征、网络治理特征以及分层治理特征。首先,集团治理的"超法人边界"特征来源于企业集团"有组织的市场"和"有市场的组织"这种复杂的企业间关系产生的复杂的组织形式,是单个企业治理基础上形成的旨在协调集团成员企业间关系、实现企业间协作的制度安排;集团治理的边界超越了法人边界,集团治理主体、客体都是法人,承担的是一种法人间的说明责任。其次,企业集团是由母公司(包括其分公司)、子公司、关联公司以及他们之间的股权联系、连锁董事、高管流动关系、业务关系等形成的网络,集团治理具有网络治理特征。最后,集团治理具有分层治理特征,包括母公司层的治理,即一级治理和子公司层的治理,即二级治理。

---

260. 跨国公司治理①

跨国公司是全球生产体系最重要的组织者和全球经济发展重要的推动力量，是跨越国家边界、全球经营的企业集团。

在单一企业公司治理和集团治理的基础上，跨越国家边界进行国际经营的跨国公司面临更多的治理挑战。国际市场的多样性、复杂性和不完全性，经理市场、证券市场和公司控制权市场在国家之间存在的重大差异，跨国公司在面临多重、多样的法律规制体系时既可能存在更高的治理风险，同时不同国家监管体系形成的制度差异、制度矛盾和制度漏洞，使不同东道国难以形成对跨国公司具有合力的外部监督和约束体系。因此，跨国公司治理（transnational corporation governance）是跨国企业集团在母国、东道国不同法律和规制体系下，不同文化、市场环境下，更多国际和区域利益相关者的参与下，在实现全球资源配置、全球组织设计、全球运营和全球风险管理过程中，涉及母国、东道国外部治理主体、母公司、东道国子公司、各国关联公司科学决策、整体协同以及控制权和剩余索取权分配的制度设计和机制安排。具体而言，跨国公司治理即随着企业跨越国界进行投资和经营，制度边界拓展，委托代理链条加长，利益相关者更加多元化和国际化，包含母国母公司、海外子公司以及集团企业三个层次的跨国分层结构出现，在此情形下，跨国公司通过一套正式的或非正式的、内部的或外部的制度或机制来协调国内母公司与利益相关者、海外子公司与利益相关者、国内母公司与海外子公司之间的利益关系，以保证企业跨国经营决策制定的科学化，并最终维护跨国企业集团整体利益的一种制度安排。

跨国公司治理既具有一般企业的公司治理特征，又具有企业集团的分层治理特征，更具有跨越国界和地域的更加突出各种利益相关者受托责任的新内涵，于是跨国公司治理便扩展为在东道国、母国不同制度环境下，更加复杂、多元、多层次的跨国公司治理主体的动态交互作用。跨国公司治理从根本上超越了单体国内企业的治理框架，与国内单体公司治理相比，其首先是企业集团的治理，需要考虑跨越法人边界的治理问题，其次更重要的是跨越制度边界的治理，需要在集团治理基础上更多地考虑国家之间制度落差和文化距离对跨国分层治理的影响。同时，跨国公司是跨越国家边界运营的企业集团，是一种网络组织，因此，跨国公司治理也具有网络治理属性和跨国分层治理属性，是由国内母公司对其国内外分公司、子公司、关联公司以及他们之间的股权联系、连锁董事、高管流动关系、业务关系等形成的网络的治理，也是国内母公司对自身的一级治理和国内外子公司的二级治理。

一个企业要跨国经营，不同国家的语言文化、宗教习俗、民族心理、法律规范等因素对企业跨国经营的治理机制提出了更高的要求（李麟，1999）。跨国公司组织边界的扩展引发了一系列公司治理问题。跨国公司日趋紧密的一体化，导致了母子公司界限的模糊化。这使得国际法律体系在确定跨国公司责任时面临种种冲突，其结果是公众舆论和公司信誉成为促进母公司承担子公司责任的驱动力量。跨国公司扩大了利益相关者群体，为了更好地处理与合资伙伴、联盟合作者、供应商以及东道国雇员之间的关系，跨国公司需要对组织结构进行谨慎抉

---

① 本词条初稿由南开大学商学院现代管理研究所林润辉教授提供。

择,并不断创新公司治理机制(吴先明,2002)。跨国公司治理的实质即为母子公司治理,但跨国公司治理的有效性并非仅仅在于一个基于母子公司的权力划分结构及旨在保证母子公司权责利制衡关系的刚性公司治理结构,而在于超越公司治理结构层面的一套完备有效的公司治理机制系统(徐伟,2005)。从国外大型跨国公司发展的历程来看,中国企业要想做强做大,"走出去"是必然趋势,完全没有必要因噎废食。目前出现的这些挫折原因也是多方面的,但其中最主要的因素之一是中国企业还缺乏一种"走出去"的制度平台,即公司治理。表面上看,很多企业失败的原因在于投资失误或者战略选择不当,如果从深层次观察,仍然可归结为是治理的问题。因此,构建跨国治理结构,完善治理机制是中国企业"走出去"进行全球化投资经营的重要的制度保证(周新军,2006)。

261. 产业链治理

1958 年,阿尔伯特·赫希曼(Albert Hirschman)在《经济发展战略》(*The Strategy of Economic Development*)一书中从产业前、后向联系的角度对产业链的内涵进行了阐述;在我国,产业链一词最早见于姚齐源和宋武生(1985)"有计划商品经济的实现模式——区域市场"一文,目前在实践中被广泛应用。全球化的发展使得产业链日益成为竞争的主要形式,公司治理已由企业治理、企业集团治理发展到了产业链的治理(governance of industry chain)。所谓产业链治理是指为了更好地配置资源,围绕产业链而进行的制度安排设计。从治理内容来看,可以分为内部治理和外部治理;从治理环节来看,有上游治理和下游治理之分。全球化背景下的产业链往往表现为全球商品链、全球价值链或全球生产网络,Gereffi(1994;1999)、Gereffi 和 Memedovic(2003)、Humphrey 和 Schmitz(2000;2003)、李海舰和魏恒(2007)、刘友金和罗发友(2004)、杜龙政、汪延明和李石(2010)、张小蒂和曾可昕(2012)、郭永辉(2013)等分别从不同角度对产业链治理问题进行了研究,大致可归为生产技术视角和价值创造视角两大类。其中,Humphrey 和 Schmitz(2000;2003)提出了产业链的 4 种治理模式(市场式、网络式、准等级制和等级制),Gereffi 和 Memedovic(2003)提出了产业链的 5 种治理模式(市场式、模块式、关系式、领导式和等级制)。

262. 中小企业治理

中小企业理论始于 18 世纪末斯密对分工和专业化的研究。之后关于中小企业的研究沿着中小企业存在理论(即关于中小企业为什么存在的理论)和中小企业成长理论(即关于哪些因素影响了中小企业成长的理论)两大分支得到了发展。其中,关于中小企业存在的理论,主要有以阿尔弗雷德·马歇尔(Alfred Marshall)和艾迪斯·潘罗斯(Edith Penrose)为代表的经济进化论、以罗宾逊夫人(Joan Robinson)和爱德华·张伯伦(Edward Chamberlain)为代表的不完全市场论、以奥斯汀·罗宾逊(Austin Robbinson)为代表的规模经济论、以阿瓦·施太莱和理查德·莫斯(Alvah E. Staley,Richard M. Morse)为代表的产业分工论、以中村秀一郎(Nakamura Hideichio)为代表的生产力本位论等观点。关于中小企业成长的理论形成了诸如企业成长的交易费用学说、产业学说、资源学说、能力学说、知识学说等,这些学说极大地丰富了企业成长理论的内容。但总体来说,西方的研究及得出的结论是基于成熟的市场经济体制,而关于转轨经济国家特别是我国的体制转轨及其释放出来的巨大生产力对于企业成长理论影响的研究较少(中国企业管理研究会,2005)。

在现实经济活动中,中小企业抵御风险的能力远远弱于大型企业,中小企业从一定意义上来说更需要治理,保证企业决策科学,公司治理决不是上市公司的"专利"。良好的公司治理结构与机制是中小企业持续、健康成长的基石。所谓中小企业治理(Small and medium-sized enterprise governance)就是指围绕中小企业这种特殊组织形态的企业而进行的制度安排设计。美国学者 Berle 和 Means(1932)在其著名的《现代公司与私有财产》(*The Modern Corporation and Private Property*)一书中提出,公司所有权与经营权出现了分离,现代公司已由受所有者控制转变为受经营者控制,引起了人们对公司治理问题的关注。所谓公司治理是指,通过一套包括正式或非正式的、内部的或外部的制度或机制来协调公司与所有利益相关者之间的利益关系,以保证公司决策的科学化,从而最终维护公司各方面的利益的一种制度安排(李维安,2006)。建立在委托代理理论基础上的经典公司治理理论体系,基本上忽视了对广大所有权与经营权没有分离或仅在一定程度上分离的中小企业治理问题的研究。自1980 年代以来,全球化的公司治理研究热潮已经持续二十多年,但是如果有人想要查寻中小企业治理研究方面的文献,他将难有所获并大失所望(聂正安,欧阳峣,2006),因为公司治理"市场"目前主要集中在上市公司(Clarke,2006)。

从科斯企业契约理论的观点看,无论是上市公司、还是所有权与经营权"若即若离"的众多中小企业,它们都是市场中的企业,在本质上都是一系列契约的有机结合。由于契约的不完备性,企业也就是一种不完备的契约,由此产生企业所有权的重要性。在这一点上,大公司与中小企业没有实质性区别。现代意义上的委托代理概念最早是由 Ross[①] 提出:"如果当事人双方,其中代理人一方代表委托人一方的利益行使某些决策权,则代理关系就随之产生了。"从委托代理理论的视角来看,即使是两权未分离或未完全分离的家族式中小企业也存在着委托代理关系,只不过是在委托代理关系的基础上多了一层血缘关系,既然存在委托代理关系,代理成本必然存在,治理问题便产生。弗里曼(Freeman)在《战略管理:利益相关者视角》(*A Study on Stakeholders:Theory and Application*)一书里挑战了传统的公司原则。在他看来,利益相关者就是影响企业经营活动或受企业经营活动影响的个人或团体。其中包括股东、管理层、雇员、消费者、债权人、客户、供应商、经销商、当地政府和社区等。认为股东的利益不应该被看作居于最高地位,而应是利益相关者网中的一员。中小企业不能因为其规模小就"忽视"甚至"藐视"这些利益相关者的利益。因此,依据公司治理的定义,以及企业的契约理论、委托代理理论和利益相关者理论,不难看出,治理问题不是上市公司的"专利",中小企业治理不仅是必要的,而且非常重要,尽管中小企业治理存在自身的特殊性。

已经有学者开始关注中小企业治理问题的研究。Yacuzzi(2005)以阿根廷中小企业为研究对象,探讨了公司绩效、公司治理及其相互关系,发现良好的公司治理有助于家族企业公司绩效水平的提高,即当公司治理水平较差时,企业的成长就会变得艰难,而当公司治理水平较好时,企业的运行良好。而国内关于中小企业治理状况的调查研究主要有三项。其中,李月娥和李宾(2005)采取走访与发放问卷相结合的方式收集数据调查中小企业的治理状况,结果

---

① Stephen A. Ross. The Economic Theory of Agency:The Principal's Problem[J]. American Economic Review, 1973, 63(2):134-139.

表明中小企业两权分离程度较低,大部分中小企业全部股东都在本公司任职,近一半(49%)的企业出资者代表和经营负责人由一人兼任,超过60%的企业没有设立董事会,超过70%的企业没有成立监事会。"湖南中小企业公司治理及其与欧盟企业的对接"项目调查数据揭示了中小企业治理的现状及其基本特征:外部治理的低效率,股权的高度集中,三权合一的治理结构,经营者激励的两难选择,利益相关者的虚拟化等(甘德健,2006)。作为全国首个全面反映中小企业治理状况的中国中小企业经济发展指数(SMEI)的分指数,即中小企业治理指数,其平均值仅为60.36(南开大学中国公司治理研究院SMEI课题组,2005)。郝臣(2008)设计了中小企业治理评价指标体系,并对100家县域中小企业的治理状况进行了评价,结果显示县域中小企业治理指数平均值仅为33.57,中小企业治理指数不能够显著解释净资产收益率等财务指标,同时也发现第一大股东持股比例、董事会是否设立、总经理薪酬结构对企业绩效也没有显著的影响。

263. IT 治理[①]

IT 治理也称为 IT 治理安排(IT governance arrangement)或 IT 治理结构(IT governance structure)。目前国内外对这一概念的理解还缺乏统一的认识,但其对企业发展的重要性却是众所周知的。如果信息技术使用的有效性只存在一个关键因素的话,这个因素就是广为人知的、由完善的治理过程支撑的 IT 治理结构。当高级管理团队对组织信息技术投入的回报不满意或不确切时,很可能就是由于 IT 治理结构没有有效发挥作用。IT 治理概念分析包含对诸多概念的理解,这些概念包括经营效率、风险管理、安全、业务的连续性、变革管理、系统完整性、成本管理、规章的依从性以及价值创造等。成立于 1969 年的国际信息系统审计与控制协会(ISACA)认为:IT 治理是一个内涵丰富的术语,包括信息系统、技术及连通性、商业活动、法律相关事宜以及所有利益相关者——公司董事、高级管理人员、业务流程的执行者、IT 供应商、IT 的使用者以及审计人员等。为推动 IT 治理的理论与实践,ISACA 于 1998 年成立了 IT 治理协会(IT Governance Institute),强调 IT 治理是董事会和高级管理层的责任,是企业治理的一部分。IT 治理包括领导、组织结构及业务流程以确保组织的信息技术能支持、扩展组织的战略和目标。他们强调:"IT 治理从本质上讲涉及两件事:信息技术对业务价值的贡献以及信息技术风险的规避。"基于此,Grembergen(2004)认为,IT 治理包括全部由利益相关者驱动的四个主要方面的内容,两个收益方面的内容即价值贡献和风险规避;另两个方面来源于其驱动力即战略的一致性和绩效评估。Oltsik(2003)认为,IT 治理是指支持组织信息技术活动的一系列政策、流程和程序。通过对非营利组织的分析,Harris, Mainelli 和 Critchley(2001)等人认为,IT 治理是指组织中信息系统应用和管理的控制系统,IT 治理应与组织治理完全融合,信息技术仅仅是组织需要治理的一部分。公司治理中对经营责任的规范同样适合于 IT 治理,IT 治理的主要目标是增加价值,规避风险。Sambamurthy 和 Zmud(1999)等人认为,IT 治理安排是指企业中关键信息技术活动的权力模式,关键信息技术活动包括 IT 基础设施、IT 的使用及项目管理。Weill 和 Ross(2004)在大量研究和实证分析的基

---

① 本词条初稿由天津商业大学商学院王德禄教授提供。

础上将 IT 治理定义为：在信息技术使用过程中确定决策权及责任框架以鼓励所希望行为的产生。

对 IT 治理概念的认识可以总结出以下几个方面。①IT 治理包括所有与组织信息技术活动有关的内容，也包括所有利益相关者的利益均衡——信息技术条件下的利益均衡。②IT 治理从制度的层面规范组织结构、业务流程、管理模式等，既做到在法律、规章方面的依从性（compliance），也可以做到信息技术与业务的一致性（alignment），为企业提高效率、实现战略目标、规避信息技术风险服务。③IT 治理是组织信息技术活动中决策权力、责任的配置以及相应机制的形成过程。不同的组织层次应拥有不同的决策权力和责任，并且通过机制建设保证决策权力和责任的适当归属。IT 治理决定谁做出决策、谁承担责任，IT 管理是制定决策和执行决策的过程。④IT 治理机制的形成是一个动态的过程，不存在最佳的机制，而应根据所处的组织环境及组织文化设计 IT 治理机制，如此才能够鼓励所希望行为的产生，这是 IT 治理的复杂性所在。

公司治理与 IT 治理在理论研究与实践过程中的路径不同，研究的侧重点也有所不同，但却反映出了其治理目标的殊途同归，如图 7-1 所示。公司治理为 IT 治理的科学化奠定制度基础，保证企业信息技术的科学利用以及有效地规避风险，实现企业的总体目标；IT 治理既可保证企业战略目标的正确实施，又可以推动公司治理机制的不断完善。这些体现出公司治理与 IT 治理之间相互依赖、相互交叉、相互融合以及相互促进的互动关系。公司治理与 IT 治理的关系由于实现治理目标路径的不同而形成了公平与效率、制度与技术的互动。与此同时，我们还应该注意到，由于信息技术在治理方面所具有的复杂性，也使公司治理与 IT 治理之间的关系变得更加多变和复杂。信息技术在治理方面所具有的复杂性主要表现为信息技术既是治理的对象也是治理的工具或手段，IT 治理既可以应用公司治理的基本理论和基本原则去加以分析，并成为公司治理的一部分，又使得公司治理的主体进一步多元化、公司治理主体与客体之间的界限更加模糊、公司治理的边界进一步扩展。信息技术使得更广泛的利益相关者能够以更经济、便捷的方式参与治理活动。另外，由于信息技术对组织的全面嵌入，使治理结构从垂直化进一步趋于扁平化，直至平面网络化治理。原有的过分强调等级制的、权力自上而下且过于集中的、上下级机构与同级职能部门之间缺乏有效沟通的治理机制已不适

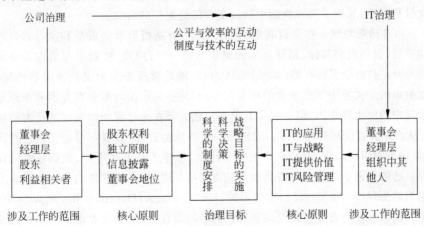

图 7-1　公司治理与 IT 治理关系图

（资料来源：李维安，王德禄.融合互动、殊途同归——谈 IT 治理与公司治理[J].中国计算机用户，2005(6)：36-42.）

应新形势的要求,取而代之的将是多层次、网络化的 IT 治理模式和治理机制。网络治理既是 IT 治理的基本特征,也是公司治理和 IT 治理相互融合的必要平台。虽然公司治理与 IT 治理在理论研究与实践过程中的路径不同,研究的侧重点也有所不同,但却反映出了其治理目标的殊途同归。公司治理为 IT 治理的科学化奠定制度基础,保证企业信息技术的科学利用以及有效地规避风险,实现企业的总体目标;IT 治理既可保证企业战略目标的正确实施,又可以推动公司治理机制的不断完善。这些体现出公司治理与 IT 治理之间相互依赖、相互交叉、相互融合以及相互促进的互动关系(李维安,2005)。

264. 非营利组织治理[①]

非营利组织治理(governance of non-profit organization)的概念应该涉及广泛的利益相关者,包括出资人(捐赠人)、债权人、理事会、管理层、组织员工、受益者、供应商、行业协会、政府和社区等与非营利组织有利益关系的主体,具体来说就是通过一套正式及非正式的制度来协调非营利组织与所有利益相关者之间的利益关系,确保非营利组织决策的科学化、权力的有效制衡,从而实现非营利组织的宗旨。

对于非营利组织治理的概念,国内外的许多学者都尝试着对其做进一步的阐释,其中较有影响并有助于我们理解非营利组织治理含义的包括如下几个。

(1)从机制角度。组织的治理已成为非营利组织能否有效运作的首要课题,非营利组织治理是其用以设定长期方向并维持组织整合的机制(Dennis,1993),治理者们负责组织发展的整体方向(Mark,2001)。这一观点并不考虑非营利组织具体的治理结构等组织问题,而关注于组织是否有相应的制度安排来实现组织长远发展方向的制定以及组织整体合作能力的提升。

(2)从外部治理角度。非营利组织治理是一种决策活动,是自下而上的决策参与过程,社会公众在非营利组织决策过程中应该扮演重要角色(Yu,2000),这一定义强调了社会公众在非营利组织治理中的重要角色与作用,但没有提及非常重要的内部治理功能,并且只是从决策角度进行界定,忽视了治理概念中所应蕴含的更宽广的含义。

(3)从内部治理角度。在非营利组织中,治理一般是指理事会成员和执行官发挥关键作用的行动领域,包括设定目标、领导基本的组织活动、进行决策、控制参与者以及环境等内容(Saidel,2000)。台湾学者官有垣(2003)也认为,治理是指理事会为组织所采取的集体行动。这一角度给出的定义集中于理事会的行为与作用,虽然揭示出理事会在非营利组织治理尤其是内部治理中的突出性作用,但忽视了其他利益相关者在此过程中所发生的行为和功能。

(4)从治理者责任和行为角度。治理是一种特殊的管理,治理不可避免地包括大量责任和判断,治理者对组织负责,他们负责组织干什么,怎样干和怎样干好,他们还负责保证组织依法履行自己的义务。尽管治理者负有如此重要的职责,但是通常他们是以志愿者身份参与非营利组织的治理(Mark,2001)。相类似的,Umbdenstock,Hageman 和 Amundson(1990)将治理界定为以负责任的态度履行组织所有托付者的责任。Hult 和 Walcott(1990)认为治理即

---

① 本词条初稿由天津师范大学管理学院刘宏鹏副教授提供。

是探讨在整个过程中,有谁参与,如何互动以及如何决策的问题。如果将非营利组织看作是开放系统,那么治理包含了内部和外部治理两类活动,包括诸如决定组织使命、从事目标规划、确保组织财务健全、内部冲突的协调等内部治理活动,筹资、提升公众形象、与政府部门建立良好合作关系等外部治理活动(Herman,Heimovics,1991)。

(5)从决策角度。David(2002)认为,非营利组织治理是指为组织提供战略领导的过程,它包括决定方向、制定政策和战略抉择、监督和控制组织绩效、确保整体问责制度有效等一系列职能,包含了多个职能在其中,也涉及多个利益相关者。Ding(2004)指出非营利组织治理就是事关组织发展的重大决策程序与机制,在此过程中需要法律环境的存在,因此法律环境也是治理的一个组成部分,由此可以看出 Ding 强调法律作为非营利组织治理的基础,这一观点对于我们理解非营利组织治理而言有所裨益。从上面两个定义中也可以看出某些学者更愿意选择决策作为分析非营利组织治理活动的关键切入点。

265. 国家治理

中共十八届三中全会通过的《中共中央关于全面深化改革若干重大问题的决定》(以下简称《决定》)指出,全面深化改革的总目标是完善和发展中国特色社会主义制度,推进国家治理体系和治理能力现代化,加快转变政府职能、实行科学的宏观调控和有效的政府治理,推进社会领域制度创新、加快形成科学有效的社会治理体制。《决定》首次提出国家治理体系和国家治理能力。

不仅如此,"治理"作为关键词在全会公报中共计出现了 11 次,成为改革(59 次)、市场(22次)、政府(11 次)等焦点词汇之外的重要亮点,充分反映了我们党和政府从"管理"国家到"治理"国家思维上的巨大跨越。可以预见,在新一轮深化改革的过程中,治理思维、治理理念必将受到前所未有的重视和运用。所谓"治理",即用规则和制度来协调利益相关者之间的关系,以达到决策科学化和促进组织发展的目的。国家治理(country governance)是指运用规则和制度来协调国家的利益相关者关系的过程,是在国家统治、国家管理基础上演变而来的,国家治理的范畴比政府治理更广一些,国家治理既有对内治理问题,也有对外治理问题,国家治理涵盖了政府治理。从营利性组织的公司治理、金融机构治理到非营利组织的大学治理、慈善机构治理、政府治理再到当前的国家治理,"治理"呈现普及的态势。

《决定》提出的国家治理体系囊括了社会治理、政府治理、市场与中介组织治理、公司治理等诸多内容,涉及经济、政治、文化、社会、生态文明和党建等领域的全方位制度安排,充分体现了党的智慧和"治理"思维的创新。国家治理的关键在于识别包括党、各政府机构、人民群众、市场以及社会组织在内的各类利益相关者及其在治理中的相应角色,以明确其在实现治理有效性中的权责和义务,并构建相应的治理结构和机制推动治理能力的提升。

《决定》强调"注重改革的系统性、整体性、协同性","让发展成果更多更公平惠及全体人民",反映了治理的民主性思维。全面深化改革过程中,通过构建治理权分享机制让包括人民群众、人大、政协在内的多元利益相关者真正参与到国家治理中,实现民主协商,使其享有利益表达与实现的通道,进而推动国家在治理层面成为一个事实上的利益相关者合作体。在这个体系中,多元的利益相关者可以根据自己的意愿选择是否参与国家治理以及参与国家治理的程度,从而实现治理的民主性。《决定》提出"加强顶层设计和摸着石头过河相结合,整体推进和重点突破相促进"，"有效的政府治理"，"转变政府职能"，"增强政府公信力和执行力，建设法治政府和服务型政府"，突出了治理的顶层设计思维。《决定》在部署构建国家治理体系的"经济制度"、"行政制度"、"财政制度"等制度规则的同时，特别提出建立相应的问责机制，强调"构建决策科学、执行坚决、监督有力的权力运行体系"，从而为国家治理体系的合理构建和治理能力的有效提升保驾护航，只有这样才能避免国家治理空洞化、流于形式，彰显了治理的务实性思维。

国家治理相关研究已经开始起步。杨光斌和郑伟铭（2007）从国家治理视角对苏联——俄罗斯转型经验进行了研究。徐湘林（2010）认为中国目前面临的社会危机是一种"转型的危机"，即在经济社会转型中由于各种利益冲突和治理能力滞后所产生的危机，是在特定历史背景下结构性转型的必然现象。在现实中，市场化和民主化与经济社会转型互为因果，经济社会转型不可避免地会引发国家治理层面不同程度的危机，进而推动了国家治理体制的改革和转型。中国国家治理体制的改革和转型是对经济社会转型的一种渐进式的、结构性的适应过程。以项目制为核心确立的新的国家治理体制，形成了中央与地方政府之间的分级治理机制，并对基层社会产生了诸多意外后果；项目制所引起的基层集体债务、部门利益化以及体制的系统风险，对于可持续的社会发展将产生重要影响（渠敬东，2012）。国家审计是国家政治制度的重要组成部分，是依法用权力监督制约权力的制度安排。国家审计的本质是国家治理这个大系统中内生的具有预防、揭示和抵御功能的"免疫系统"，核心是推动民主法治，实现国家良好治理，促进国家经济社会健康运行和科学发展，从而更好地保障人民的根本利益；国家治理的需求决定了国家审计的产生，国家治理的目标决定了国家审计的方向，国家治理的模式决定了国家审计的制度形态（刘家义，2012）。

266. 政府治理

所谓政府治理（government governance）是指以政府作为对象而进行的治理结构与机制的设计，是国家治理的重要内容之一。当今世界范围内掀起了一场新的政府治理变革运动。与以往相比，这一时期政府治理变革涉及政府与市场、政府与企业、政府与社会关系的根本形态变革，是在全球化以及公司治理的变革这一不同历史背景下展开的，政府治理所面临的挑战和任务相当艰巨。这使得这一时期政府治理无论在深度上还是在广度上，都远远超过以往任何时期的政府治理。这场政府治理变革是以 1979 年英国首相玛格丽特·撒切尔（Margaret H. Thatcher）上台为标志，在整个 1980 年代，英国采取了一系列改革措施：发起了反对低效和浪费、私有化、对地方政府的预算开支实行总量控制等。继英国之后，美国、澳大利亚、新西兰等西方国家，也开始了大刀阔斧的行政改革。这场运动自发起后，成为一种显著的国际性趋势，席卷了整个西方乃至全世界。从宏观上看，西方各国的行政改革在理论和实践层面均表现出了相当大的共性：在 1970 年代，主要问题是重新界定政府和市场的关系；1980 年代，普遍关注政府组织运行机制的有效性，提出了"再造政府"的口号；进入 1990 年代后，则重新探索政府机构的运作和公共事务的管理模式，打出了"政府治理"的旗帜（顾丽梅，2003）。

随着经济全球化的发展，变革已经成为永恒的主题。政府治理和公司治理是世界范围内的两股变革浪潮。在政府治理变革浪潮中强调的是改变政府职能，为市场、企业和社会提供更好的服务；而公司治理的变革趋势是利益相关者模式的趋同化,强调利益相关者的积极参与,这些变革涉及政府与市场、政府与企业、政府与社会关系的根本性、全方位的调整。变革的目的,是发挥治理的作用,促进企业成为真正的市场主体,促进政府成为真正推动市场经济发展的高效服务型政府。可以看出,政府治理与公司治理存在着紧密的相关性和互动性,政府作为企业一个关键的利益相关者,处于市场化和公司治理建设的中心,政府治理变革是经济市场化最为重要的内容之一,对公司治理产生着深刻的影响(柴中达,2008)。

267. 大学治理[①]

对大学本质进行认知是探讨大学治理的基点。从存续和成长过程来看,大学得以存在的前提就是各利益相关者与大学的缔约。缔约之后,大学将市场与社会中的部分决策原则与关系原则内化到联合网络内,进而为知识创造与知识传播提供了一个网络化组织平台。在这个平台中,受各利益相关者所衍生的"契约活动"和"学术活动"的交互影响,使大学兼备了"学术性"和"契约性"双重属性。据此而言,大学在本质上是融学术性与契约性为一体的一组契约联合网络。其中,"学术性"的深层次要义则在于解答"大学做什么以及怎么做","契约性"的理论蕴意在于明晰"大学为谁而做"。大学作为一个法律虚构,正是利益相关者基于自身的欲求而缔约的结果,但利益相关者权益的最终实现,必须要依赖大学以"学术活动"为依托所进行的知识创造与知识传播等生产活动。

就大学本质而言,利益相关者作为市场力量或社会力量的拥有者,在通过缔约将市场力量和社会力量内化到大学内部之后,形成了维系大学运作的,介于市场与社会之间的大学内部的行政权力(administrative power)和学术权力(academic power)。两种权力拥有者代表了不同利益相关者的力量与利益,但由于不同利益相关者利益取向的差异性,使得他们对大学有着不同的要求。大学治理作为一项制度安排也正是各利益相关者基于自身的谈判力与效用目标博弈均衡的结果,其本质是各利益相关者基于行政权力与学术权力的博弈均衡的概要表征。实践表明,大学治理中如果行政权力过于膨胀,可能会由于行政管理不得学术专业性的要领而出现外行领导内行的现象。而如果过度强调学术权力的作用,因为社会性组织的复杂性使得学术权力难以发挥作用。唯有将两者均衡匹配才是最佳选择。然而,由于个体理性所致,无论是行政权力还是学术权力的拥有者均有扩大自身权力影响的倾向,而每一种权力过于膨胀均不利于大学目标的实现。与此同时,两种权力拥有者的意志能否实现的关键在于大学决策权的配置,这又是两种权力博弈的结果。基于上述,大学治理(university governance)这一概念可以表述为在一定的制度环境下,围绕决策权的对行政权力与学术权力进行匹配的制度设计。另外,关于大学治理的提法,也有学者称之为高校治理,本手册默认它们具有等同的含义,尽管大学与高校的含义并不完全一致。

随着贯彻落实《国家中长期教育改革和发展规划纲要》,我国大学进入了现代大学制度建设的新阶段,正在进行构建和完善大学治理结构,制定大学章程等大学治理的改革。

孙天华(2004)把委托代理理论框架引入到对中国公立大学治理结构和管理绩效的分析

---

① 本词条初稿由东北大学工商管理学院王世权教授提供。

中,认为在公立大学多级委托代理关系的链条上,第一层级代理人的行为选择与委托代理关系中隐形的激励契约密切相关;公立大学的产权关系与它特殊的目标、功能和使命,对代理成本的度量产生十分重要的影响。解决我国公立大学中的委托代理问题,需要重新构建合理的委托代理关系,这方面有赖于大学治理结构的突破,也有赖于政府新的制度供给。焦笑南(2005)对美国、英国、澳大利亚的大学治理经验进行了分析总结。现代大学的目标可以表述为知识创造、知识传承与服务社会,但这个目标不是自动实现的,而是需要与之相匹配的大学治理结构,以给出各利益相关者的关系框架,约束其行为,使之与大学目标相容(赵成,陈通,2005)。大学治理除包含内部治理和外部治理两个方面正式制度安排外,文化理念在大学治理中占有至关重要的地位。席酉民、李怀祖和郭菊娥(2005)提出中国大学治理亟须政府明确大学的性质、定位、社会责任范围、投资体系、规范的资源配置模式,使大学在一种规范的政府管理和社会环境下按照大学自身的规律行使其独立法人权力;在大学内部,党委和校长要责任明确、各负其责、相互配合、共谋发展;作为提供高等教育资源的大学,其价值体现为独立的决断和独立的治理,根据自己学校的特点确定办学特色,建立适应自身生存和发展的办学治理机制。在历史的演进中,随着外部环境的变化和组织规模的扩张,大学的治理结构由简单变得复杂,其根本原因在于利益主体的多元和分化,利益主体对大学控制权力的诉求和现实可能性的矛盾冲突,造成了大学治理结构的不同历史样态(熊庆年,代林利,2006)。龚怡祖(2009)提出大学治理结构是现代大学制度的基石,是推动和完善高校依法自主办学的重要配套工程,其实质是建构能够应对"冲突和多元利益"需要的决策权结构。湛中乐和徐靖(2010)指出现代大学治理是法律维度下的治理,是以章程为制度载体的治理。章程乃大学之"宪法",其演绎着校内行政权力与学术权力的博弈,折射着高校与政府、社会、师生的良性秩序和谐。大学章程是"组织法",更是"权利法"与"程序法";通过章程的现代大学治理是"校长治校"与"教授治学"之耦合。内部审计就不能仅仅局限于服务大学管理的职能,而且要开始在大学的治理中发挥重要的作用。李维安(2012)认为内部审计在大学治理中主要发挥着以下作用。第一,评价与监督。评价与监督职能是大学内部审计最基本的职能,是基于现代大学制度的财经法规和制度规定为评价依据,对大学的财务收支和其他经济活动进行检查和评价,监督职能的核心是通过审核检查被审计事项的真相,然后对照一定的标准,做出被审计单位经济活动是否真实、合法、有效的结论。审计人员通过审核检查,评定被审计单位的方针政策是否贯彻执行教育部门和学校内部方针政策,评定被审计单位内部控制制度是否健全和有效,评定被审计单位各项会计资料及其他经济资料是否真实、可靠等。并根据评定的结果,提出改善内部治理和管理的建议。第二,咨询与服务。咨询职能是一种服务职能,旨在增加价值和改进学校风险管理和控制程序,其活动范围包括顾问、建议、流程设计协调和培训服务等,大学的内部审计工作应以为学校的中心工作服务为前提,把为被审计单位服务的思想贯穿于审计全过程,每一个审计项目的实施,都要围绕本学校的工作重心、群众反映强烈和领导最关心的问题开展工作,提出具有可行性的审计意见和建议,为决策层解决问题提供决策依据,服务大局,改善和加强学校的治理和管理。第三,促进大学制度建设。相对于企业以追求经济利益为价值目标的组织,内部审计在大学中除了上述作用外,还在促进大学制度建设中起着重要的作用。随着我国大学经济利益构成日趋复杂,经济规模日趋庞大,大学与社会各个产业和市场之间的利益关系越来越复杂,关于大学内部控制以及财务监督方面出现的问题也越来越多,因此大学需要加强治理水平,建立健全现代大学制度,大学内部审计恰好符合这一要求,共同参与大学治理,对大学与资源利用有关的业务活动合规性、内部控制的适当性等予以审查,并进行确认、评价、咨询,促进大学完善管理机制、防范风险,从而保障大学发展目标的实现。

268. 医院治理[①]

所谓医院治理(hospital governance)就是指围绕医院这种特殊组织形态的非企业组织而进行的制度安排设计。医院治理的概念相对不成熟,且偏向于内部治理范畴,主要原因在于医院治理的改革滞后于公司治理。由于存在多层委托代理链条,因此应该在医院出资者(捐赠者)、决策者、管理者角色上加以明确区分,建立起清晰而分工明确的治理结构,这是权力、责任、利益在不同治理主体之间进行配置的组织基础。

(1)医院股东治理。就出资者机构而言,对于民办非营利医院,因为存在明确的出资人主体,因此对于这一类非营利医院在建立出资者机构时并不存在较大障碍。问题较为突出的是公立医院和国有控股(参股)医院,因为这些医院中的国有资金并不归属于个体化的出资者,因此对于公立医院和国有控股(参股)医院的出资者机构如何建设是一个困扰非营利医院深化改革和发展的重要问题。

有研究者认为产权制度改革是建立现代医院治理结构的前提和基础。对于这一观点,可能需要持保留态度。产权制度改革的本质是强调国有资金的退出和民间资金的进入,寄希望于通过个体化的出资者角色的不断增强来解决传统政府部门作为出资者的一些弊端,如官僚主义、官员寻租等。产权制度改革在一定程度上的确可以吸引一部分民间资金进入非营利医院领域,弥补政府在此方面支出的不足。但对于非营利性质的医院,其宗旨在于实现社会性目标,而民间资金能否填补甚至替代国有资金的作用,存在很大的疑问。现在很多民间资金或者外国资金有着强烈的进入我国内地医疗市场的意愿,但绝大多数出于营利的冲动,即使冠以非营利组织的旗号,也在行营利之事。因此在慈善主义并不发达的我国,希望进行产权制度的改革来解决非营利医院的出资者机构问题,在相当长的时期内来看,是不现实的选择。因此,目前我国非营利医院的出资者主体依然是代表全国人民的国家。

对于公立和国有控股(参股)医院中的国有资金,是由政府作为全民的代理人履行出资行为所投入的,因此应该从政府的相关部门中选拔出对应的出资者机构。目前,存在如下几种改革意见:或者由国有资产管理委员会单独负责,或者由卫生行政部门单独负责,或者由上述二者共同负责。作为非营利性资金,从性质上与经营性国有资产有着根本区别,因此模仿国有企业改革中成立国有资产管理委员会作为出资者代表的做法在非营利医院领域中并不一定适合。卫生行政部门完全可以作为出资人代表来履行相应的权利和义务,同时卫生行政部门又是行业管理者,这种双重身份的合一有利于政府引导非营利医院实现社会性目标,防范多头领导局面的出现。也许会有言论担忧卫生行政部门既做"裁判员"又做"运动员"的身份合一会引发规则上的混乱和竞争中的不公平现象,这一观点在竞争性国有资产领域中的确成立。但对于非营利医院领域,社会性目标导向从根本上区别于通过市场竞争而获利的思维,如果严格用非营利身份来考察进入此领域的非国有资金,有着营利冲动的民间和外国资

---

①　本词条初稿由天津师范大学管理学院刘宏鹏副教授提供。

金将不会介入其中,因此即使存在竞争问题,也只是非营利民营医院与非营利公立医院的竞争。由于二者都以实现社会性宗旨为自身目标,不以获取利润为目的,因此它们之间的竞争必然是良性的,不会因为卫生行政部门的两重身份有所改变。而且,如果严格禁止以营利为目的的非国有资金进入,如上述所言,那么非营利医院中的非国有资金所占比重将会非常少,占据主导地位的依然是国有资金,因此此领域内的竞争主要是以公立医院之间竞争的形式展开,而并不是公立医院与民营(外资)医院之间的竞争。

(2)医院理事会治理。就医院理事会而言,理事会是受出资人之托付来行使决策权利的组织机构,其运行的功能无论是在理论上还是实践中都为西方非营利医院所证实。正如上面所言,在我国相当多数量的非营利医院和营利医院都没有相应的理事会机构,要么听命于上级主管部门,要么院长独自包揽所有事务而无监控制度,导致医院在其运营过程中不能实现有效的权力制衡和科学决策。

有研究者认为,政府设立的非营利性医院,其理事人选由代表产权的政府来决定,集体性质或者社区设立的非营利性医院,可以由地方或者社区来决定理事人选,再有就是由产权所有者委托中介机构来推荐人选,并由有关部门进行审批。非营利性医院理事会应该是由“具有完全独立意志、代表医院产权所有人、社会利益的”成员所组成。实际上,作为承载社会性宗旨的非营利医院,其理事会不能仅仅由出资者机构的代表所担任,需要从诸多有着利益关联的群体中进行选聘,以确保各方权益的平衡以及决策过程具有相当的民主性。公立医院的理事会成员组成必须具有公众代表性。因此,有研究者建议,理事会应该由卫生行政部门牵头,人事局、国有资产管理部门、医院代表、出资或捐赠者代表、法律及社会群众代表构成,这种提法反映了理事会应该由医院的利益相关者群体组建而成。

需要指出的是,非营利医院的理事作为负有受托义务的代理人,是不允许从组织领取报酬和津贴的,这是非营利组织社会性宗旨的必然逻辑推理结果,要求理事纯粹从社会公益的角度来思考问题并做出独立性的决策,而不能与自身利益存在任何关联,因此这一特征与企业中董事领取报酬甚至很高的津贴的做法完全不同。因此,对非营利医院理事的选聘除了一部分出资人代表外,其余社会代表应该从负有社会责任感的公益人群中选择。

(3)医院管理层治理。就管理层而言,一些研究者对非营利医院的管理者队伍建设提出了自己的观点。有人认为国有医院的委托人和代理人阶层都应该独立化、职业化。在政府举办的非营利医院,理事长和医院院长分设为宜。医院管理者应该职业化,现有的专家型管理队伍已经明显不适应现代管理的需要,应该逐步形成管理者职业队伍,这是建立现代治理体制的关键。对此,应该由医学专家构成的管理队伍转变为管理专家构成,把医学上有所造诣的专家从行政和管理事务中解脱出来,发挥人才的专业比较优势。

客观而言,非营利医院的管理者最好是复合型人才,既具有深厚的医学专业背景,又有着丰富的管理经验。在现实中这类人才数量甚少,因此现在绝大多数医院的院长等高级管理者皆由高级医师兼任,这样的传统做法造成了管理者负担的加重,同时承担业务和管理方面的事务,而且没有丰富管理技能的高级医师担任管理者,往往造成管理上的低效率和决策失误。因此从长期发展来看,建议从具有医学背景的中青年医师中选拔具有管理意识的后备力量作为管理人才储备加以培养;从短期发展来看,可以直接吸引职业管理者加入,充分利用其丰富的管理技能来提高医院的整体运营效率,必要之时,可以为职业管理者配备专门的医学顾问或者助手,来弥补其决策与管理中医学知识欠缺所造成的障碍。总之,要迫切改变现在医院管理者中“学而优则仕”的传统习惯,毕竟医院在这一职位上需要的是管理者而不是主任医师。

对于医院管理者与员工队伍,由于属于支薪阶层,与富有奉献精神的志愿性质的理事会成员不同。因此,理事会成员不允许领取报酬和津贴,而对医院管理者和员工,应该实行与其绩效紧密挂钩的弹性报酬制度,以有助于提升组织的整体绩效。当然,作为非营利医院,其绩效衡量标准应该是非营利导向的,比如说基本医疗服务的数量和质量、基础医疗研究的成果等,而不能一味效仿企业中所使用的财务指标,否则将背离非营利医院自身的宗旨。

许树强和和晋予(2003)、周海沙和李卫平(2005)先后对医院治理的概念进行了辨析,李卫平、刘能和阮云洲(2005)对浙江大学医学院附属邵逸夫医院治理进行了案例分析。李卫平等(2005)运用案例研究方法,深入分析了目前公立医院的主要问题,阐明了公立医院社会政策目标和实际行为目标相分离的主要原因,揭示出现行的治理结构是导致公立医院费用上涨、效率低下的重要原因之一,在缺乏良好的外部治理、相应的制度保证和文化价值认同的前提下,公立医院广泛实行公益法人治理结构的条件尚不成熟,目前应该全面规范公立医院自主化改革。在对医院性质按营利与否进行区分的基础上,划分出非营利医院与营利医院的构成及业务异同,刘宏鹏和陶峻(2006)针对非营利医院存在的商业化倾向、治理结构缺失或混乱、决策机制失效等一系列组织治理问题,从构建合理的治理结构和完善的治理机制两个方面给出了相应的解决对策。冯占春和熊占路(2007)分析了我国公立医院治理结构变革引入利益相关者理论的必要性:有利于公立医院内外部制衡的实现,对公立医院经营管理形成有效的监督;有利于保护利益相关者的利益,促进医院长远绩效的提高;有利于委托人职能统一,保障医院社会责任的实现。

269. 行业协会治理

所谓行业协会治理(industry associations governance)就是指围绕行业协会这种特殊组织形态的非企业组织而进行的制度安排设计。行业协会是市场经济关系深化发展和社会分工在市场领域细化的必然产物,是市场体系的一个重要组成部分,它的完善与否是市场体系成熟与否的一个重要标志。国际经验表明,行业协会既是企业走向市场的向导,也是企业权益和社会经济秩序的拥护者(吴宗祥,2003)。由同行业企业家组成的行业协会能够及时、准确地把握行业信息,拥有代表本行业的正式权威,可以代理政府行使行业管理,代表产业簇群处理国际贸易纠纷,在产业簇群危机应对、产业升级和国际竞争中发挥重要作用。郑风田、胡明和赵淑芳(2006)对浙江温州打火机簇群进行了个案分析,显现出行业协会在促进簇群成长,应对各种危机中的作用。近年来,非营利组织、非政府组织、民间组织等这些组织填补了市场失灵和政府失效所造成的治理空白,为培育公民意识,构建公民社会做出了重要的贡献,但也暴露出了很多问题,如管理不善、目标不明、定位不准、资源依赖等,引起了人们关于非营利组织治理的思考。由此,学者们对于这些组织的内部结构构建与运作外部环境等给予了更多的重视。

根据联合国全球治理委员会(Commission on Global Governance),治理具有四个方面的特征:治理不是一整套规则,也不是一种活动,而是一个过程;治理过程的基础不是控制,而是协调;治理既涉及公共部门,也包括私人部门;治理不是一种正式的制度,而是持续的互动。行业协会的治理至少涉及治理的两方面特征:协调与持续的互动。具体表现为:行业协会治理强调会员与会员之间、协会与会员之间的关系协调；强调协会与政府国家，非会员，消费者之间的持续互动和沟通。对应地，行业协会治理可以分为组织治理（内部治理）和行业治理（外部治理）两部分。协会的组织治理是指协会对会员之间的利益，协会与会员之间的关系的协调与安排，不仅包括内部各组织结构之间的静态设置，更应包括机构会员与协会的动态运作机制。

从机构设置和内部运作的角度可以将行业协会视为一个黑匣子，但这个黑匣子也不是孤立的，会员组建或参加行业协会的最终目的都是为了获利并建立获利所需的良好行业市场秩序和规范，因此不可避免地，协会在逐利过程中会涉及与外部利益相关者以及外部环境因素的互动，这就构成了协会的行业治理。行业治理就是指行业市场秩序和行为规范的建立和实施。

行业协会存在两大可能的控制权主体：政府和会员。二者围绕行业协会控制权展开博弈。同时，不同控制权配置会带来不同的组织目标、委托代理成本和组织效率，组织效率的高低反过来又会影响政府与会员控制权博弈的最终结果。政府控制型行业协会无法成为一个以会员利益为根本目标的组织，最终只会导致会员的退出或者行业协会的事实性失效（谭燕，王胥覃，谭劲松，2006）。

金融机构治理

Corporate Governance Handbook

A New System of Corporate Governance：The Quinquennial Election of Directors［J］．The University of Chicago Law Review，1991，58（1）：187-253．

Corporate governance is a means，not an end．Before we can speak intelligently about corporate governance，we must define its goals．In much of the recent academic literature on corporate governance，however，the goals are either ill-defined or assumed without examination．Academic writers commonly assume that a corporate governance system should be designed primarily to ensure that the actions of a corporation's managers and directors accurately reflect the wishes of its stockholders．

Martin Lipton and Steven A．Rosenblum

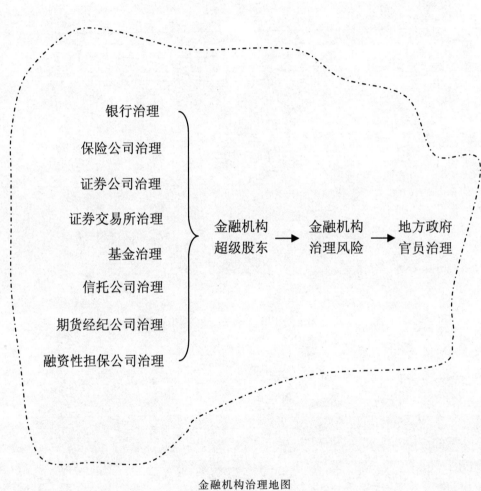

金融机构治理地图

324

270. 银行治理

　　我国金融机构改革发展的主体是国有商业银行,自 1949 年来我国银行金融机构发展大体上经历了大统一、二元体系、国有独资银行和银行股份制与上市四个阶段。如果以 1994 年开始的专业银行向商业银行转变作为我国银行改革的起跑线,银行业改革迄今为止已走过了 20 年的历程,改革的总体方向是市场化,将改革的"宝"押在了股份制改造上,改革的重点由外部监管体制向内部治理转移,2007 年以后我国银行改革步伐放缓,公司治理成为制约银行竞争力的重要因素。世界银行行长詹姆斯·沃尔芬森(James D. Wolfenson)在 1999 年曾经说过:对世界经济而言,完善的公司治理和健全的国家治理一样重要。具有良好的公司治理机制是国际先进企业的重要特征,建设良好的公司治理机制是从亚洲金融危机中得出的深刻教训,良好公司治理机制建设也是中国银行针对自身的历史积弊和面临的现实挑战作出的选择(刘明康,2002)。

　　所谓银行治理(bank governance)是指商业银行这一特殊企业的治理,是金融机构治理的重要内容之一。商业银行作为经营货币的特殊企业,因其高负债、网络化和风险承担机制的特殊性,其治理是不能简单套用一般企业治理中的"股东"逻辑理论的,因此有必要寻找一个全新的分析框架。罗开位和连建辉(2004)基于对商业银行契约性质的再认识,提出了商业银行治理的"契约型"逻辑,认为商业银行是一个关于组织准租的创造与分配的货币经营型市场契约,决定银行所有权配置的根本性条件是各签约人的"谈判实力"。因受到严格监管,商业银行的治理机制和激励契约设计与一般企业存在明显差异。近年来,我国银行治理机制得到了较大改善,但仍然存在激励约束机制不健全等诸多问题,蒋海、朱滔和李东辉(2010)从银行治理特征入手,归纳抽象出银行治理中两个最主要特征:多重委托代理和多任务性。并在 Holmstrom 和 Milgrom(1991)模型框架下,揭示商业银行最优激励契约均衡条件,同时进一步探讨了我国上市银行的最优激励契约设计问题。发现目前上市银行普遍建立起了与银行经营业绩相关联的薪酬激励制度,但监管当局尚未建立起与风险控制相联系的正向和负向激励约束机制,这样的薪酬契约安排可能导致高管将过多精力放在经营业绩上,而忽视对银行风险控制的努力。在银行治理实证研究方面,曹廷求、郑录军和于建霞(2006)在银行治理的理论架构下,对政府作为银行股东作用于银行风险的机制进行了理论分析,并采用山东、河南两省 29 家中小商业银行的调查数据进行了实证检验。实证结果表明,银行第一大股东的性质并没有对银行风险产生显著影响,政府以股东身份对银行(董事会)的控制起到了降低银行风险的明显效果,这表明政府股东对银行业影响的发展观点(而不是政治观点)对中国的中小银行更有解释力。

　　治理有效性不高是我国银行业发展面临的重要风险之一。2011 年我国银行业资产规模突破百万亿元,净利润突破万亿元,占全球银行业利润的 20%,我国 101 家银行步入全球银行 1000 强之列。我国银行业取得了不俗的成绩,但是除了银行利润结构不合理同时利润率畸高的显性风险之外,还蕴含莫测的风险。我国银行业中符合现代银行业发展需要的相关制度不足,特别是有效的公司治理制度,这是我国银行业发展所面临的隐性风险,也是最主要或者根本的风险(李维安,2012)。对比四大国有商业银行和其他上市银行的上市以来的数据,发现主要财务指标不如其他银行表现得好,原因在于四大国有商业银行治理有效性不足,尽管合规性较高。公司治理有效的基础在于股权结构,目前国有控股银行实际控制人多为财政部或者中央汇金公司等特殊性质的"超级股东"。在危机中,这些股东起到扶持之手的作用,在帮助银行度过金融危机的过程中显现出较高的治理效率。而从长远看来,超级股东容易超越银行边界、妨碍民营资本的进入和造成委托人虚位,进而增加治理风险。坚持银行业市场化改革方向,目前面临的主要问题或者困境是将出资人和监管机构混在一起,形成了多龙治水的局面,强化了行政型治理,降低治理的有效性。

从行政型治理向经济型治理的演进是我国商业银行治理改革的目标或者方向,降低行政干预程度,提高市场化、制度化、规范化水平。但由于银行业本身的特殊性,其在经营管理模式、风险控制、外部监管等方面都具有不同于一般公司的特点。因此,商业银行的公司治理转型具有独特的特征。相对于一般国有企业,我国国有商业银行的公司治理改革起步较晚,但进展较快。2003 年,中国银行和中国建设银行开始进行股份制改革,至 2010 年中国农业银行完成资本市场上市,中国的四大国有银行基本完成了现代法人治理结构构建和资本市场上市。同时,其他全国性和地方性商业银行的公司治理改革也在稳步推进,众多商业银行近年来实现了股份制改革和资本市场上市,我国商业银行的公司治理改革已经取得了初步成效。我国商业银行的公司治理转型具有一个鲜明的特征,即行政手段推动的经济型治理建设。以四大国有银行的公司治理转型为例,从划拨外汇储备进行资产重组,到引进战略投资者,再到资本市场上市的每一步,政府都进行了详细的策划并提供了有力的支持。可以说,是政府利用行政型治理的力量将国有商业银行推上了经济型治理的道路。同样地,各地方商业银行的重组、转置,也都伴随着各地方政府的推动和影响。我国商业银行行政手段推动的治理转型展现出了喜人的效率和成果。但是也形成了现阶段我国商业银行行政型治理和经济型治理并存的局面。现代公司治理架构虽然已经建立,但是在银行的业务经营、人事任免、绩效考核等许多方面依旧延续着行政型的治理模式,经济型治理机制还没有完全建立和有效发挥作用。我国商业银行的公司治理有效性依旧有待提高。

随着我国商业银行公司治理转型的推进,银行大多已经建立起现代公司治理结构,但是在实际运行的过程中,往往还会受到旧的管理理念和经营模式的影响,从而表现出各种各样的问题,现阶段,我国商业银行公司治理主要面临着以下几个突出问题。

(1) 行政型治理有回潮的趋势。国有控股银行公司治理的一个突出问题就是政府"超级股东"的存在,其可能利用自身实际控制权侵害其他股东和存款人的利益。从银行股东治理的独立性治理指数逐年下降也可以看出,后危机时期银行的行政型治理有强化的趋势,不能因为行政型治理在应对危机方面有一定的效果就进一步发展。

(2) 股东治理的相容性不高。在转型过程中,大部分银行引入了除国有股东之外的外部投资人股东,从而提高了股权的多样性。但是,由于不同性质的股东利益导向不同,我国商业银行公司治理中不可避免地存在国有股东与战略投资者或其他性质股东之间的矛盾冲突,隐含着股权的不相容性风险。国有股东延续以往的习惯,在人事任免、资源配置、经营目标等上过多地实施干预,以服务于其社会性或政治性利益目标,这势必会与战略投资者等其他性质的股东存在着根本性的利益冲突,并导致股东之间的矛盾与摩擦。

(3) 经理层代理风险缺乏制衡。虽然商业银行建立了现代公司治理结构。但是在日常的经营管理过程中,许多银行中延续着旧的行政管理模式。"一言堂"现象明显,并导致内部人控制的结果出现,管理人员利用其所控制的资本为自己谋取私利。进而导致商业银行做出高风险或错误的投融资决策,导致呆坏账比例提高,危及金融安全性。

（4）银行外部监管效率不高。目前我国商业银行的公司治理缺乏客观的第三方评价机构。商业银行的监督管理主要依靠政府。但是，政府对银行的监督存在着执行力问题。众多的监管部门没有形成有效的监督合力，监督资源使用效率偏低。同时，我国很多大型的国有商业银行在"行政级别"上并不低于监管机构本身，此时在监管者与被监管者之间围绕监管就存在着一个谈判过程，有时甚至被监管者能够影响监管者的政策及执行，所以即使监管者能够识别商业银行潜在的治理风险，但在实际执行中也往往会存在着一定程度的扭曲或滞后。

综合以上的问题可以看出，我国商业银行公司治理存在的核心问题是政府角色问题。由于政府在商业银行公司治理中扮演着多重角色，而不同角色拥有着不同的权利和诉求。一旦角色之间的边界出现模糊，那么就会产生角色之间权利和诉求的混淆，以一种角色的权利实现另一种角色的诉求，从而导致矛盾和冲突。举例来说，政府作为股东，履行国有出资人的职能，行使股东权利，具有收益诉求；政府作为监管者，履行监督职能，保证银行的合法运营，具有合规诉求；政府作为公共服务提供者，履行提供公共服务职能，促进经济发展和就业，具有发展和稳定诉求。如果政府为了促进经济发展和就业，通过行使股东权利，干预公司经营决策，促使银行过度放贷。这一方面会降低银行的经营绩效，伤害股东角色的利益，另一方面会提高银行违规经营的可能性，妨碍政府监督职能的履行。而银行方面，同样会面对诉求的尴尬，一方面要追求股东利益最大化，另一方面又要尽力使银行经营符合政府的规划和目标。可见，如何识别和协调政府不同角色之间权利和诉求的关系，是当前政府和银行都亟待解决的问题。

我国商业银行公司治理转型过程中依旧面临着种种问题。为了推动我国商业银行治理由行政型向经济型转变，提高商业银行治理的有效性，需要在以下几个方面做进一步完善。

（1）建立行政型治理和经济型治理联动机制。现阶段虽然行政型治理还具有不可替代的作用，但是已经与经济型治理的职能相接触和重合。在这种情况下可以寻求双方的配合和协调，以顺利完成过渡。例如，政府的日常监管和事务所的外部审计以及商业银行的内部监督可以形成有效配合，在此过程中逐渐形成各自的分工和正确定位。

（2）清晰政府在不同治理角色的权利和义务。明确履行不同角色的政府职能部门的责任，明晰权利。不同的部门在追寻诉求的同时做到到位而不越位，使不同部门之间形成有效制衡，保证政府作为不同治理角色的诉求都能得到有效的满足，而同时不影响其他角色诉求的实现。

（3）继续促进国有商业银行股权结构多元化。股权结构多元化有利于制约政府股东对商业银行可能的干预行为，提高商业银行的决策科学性。除了战略投资者，国家应该考虑引进更多种性质的股东，并提高这些股权相对于国有股权的谈判力。

（4）完善我国商业银行董事高管的激励机制。目前商业银行的董事高管激励仍然以短期薪酬激励为主，这容易造成董事高管的短视行为，增加商业银行的风险承担水平。在这方面，应尽快引入包括股权激励在内的长期激励机制，同时对股权激励相关方面，诸如股份的来源、股份的数量、套现限制等都应作详细规定。另外，对董事高管的激励还应区分机构的规模差异。

（5）提高外部监管这一外部治理机制的效率。由于商业银行资产和业务的特殊性，其经营管理必须建立在可问责和透明的基础上。各监管部门应当提高协调程度，加强交流、互助合作，从而最大限度地发挥监督资源的作用，形成监督合力。同时，监管部门需要与市场主体保持一定的距离，不能陷于"主管部门"，同时应拓宽监管部门的监管视角，更多地从保护中小投资者、保护储户的角度加强监管，进一步保证商业银行信息披露的完备性、及时性和透明性。

（6）导入商业银行公司治理第三方评价机制。为了及时、准确地掌握商业银行的治理状况，需要建立科学的治理评价体系和评价结果。对于监管部门而言，尽管其在治理评价方面有较强的专业性，但由于人力有限，难以进行大规模、大样本的评价。在这方面，可以建立独立的第三方评价机制，诸如聘请学术研究机构等作为合作伙伴，要求其提供独立、客观、科学的评价结果，从而为有效监管和公司治理建设提供支撑。

表 8-1 为我国上市银行公司治理指数。从总体上来看，2008—2012 年间，上市银行公司治理指数呈现上升趋势，特别是后金融危机时期，得到了较大的提升，但 2013 年出现一定程度的回落。2013 年的上市银行的公司治理指数为 62.67。从各上市银行的公司治理指数均值来看，各上市银行的公司治理指数历年均值基本在 62～65 区间，其中最高的是建设银行，为 65.91，最低的是中信银行，为 60.77，总体上各上市银行的公司治理指数均值相差不大，而且高于同期的非金融、保险业上市公司。

表 8-1　中国上市银行公司治理指数

公司简称	2008 年	2009 年	2010 年	2011 年	2012 年	2013 年	平均值
平安银行	64.16	60.40	65.17	67.99	69.63	65.26	65.44
宁波银行	58.55	63.96	65.14	64.55	62.73	62.18	62.85
浦发银行	69.72	64.19	—	61.54	62.20	56.83	62.90
华夏银行	61.00	63.08	64.93	62.60	62.81	68.71	63.86
民生银行	57.50	62.54	66.59	65.71	64.14	64.49	63.50
招商银行	63.57	61.86	63.48	65.41	64.71	60.36	63.23
南京银行	60.10	64.72	65.78	64.97	64.75	59.47	63.30
兴业银行	61.35	57.38	64.78	63.81	63.24	66.45	62.84
北京银行	63.79	59.01	65.65	64.13	64.24	63.12	63.32
农业银行	—	—	—	64.02	65.24	62.22	63.83
交通银行	61.65	63.01	62.46	61.64	65.90	63.09	62.96
工商银行	63.41	63.15	66.47	70.44	66.89	61.74	65.35
光大银行	—	—	—	61.07	64.16	62.08	62.44
建设银行	63.14	66.23	67.48	68.50	66.90	63.20	65.91
中国银行	62.66	64.26	64.38	67.55	66.75	64.79	65.07
中信银行	60.32	60.63	61.00	62.83	61.13	58.73	60.77
平均值	62.21	62.46	64.87	64.80	64.71	62.67	63.60

（资料来源：南开大学中国公司治理研究院公司治理数据库。）

271. 保险公司治理

自 1980 年开始，如何改善和提高公司治理水平无疑是最热门的话题之一，成为资本市场关注的焦点。世界各国纷纷出台了一系列措施来规范公司的治理，以此保障投资者的合法权益，提升公司的绩效。为了使保险公司稳健地经营，我国保险业监管部门和保险公司也十分重视保险公司治理。所谓保险公司治理（insurer governance）是指保险公司这一特殊行业企业的治理,也是金融机构治理的重要内容之一。完善保险公司的治理结构被广泛认同为保险业进一步深化体制改革和建立现代企业制度的核心内容,而且被认为是提升保险业竞争力的必由之路(李维安,曹廷求,2005)。吴定富(2006)指出,公司治理结构是公司制的核心,是提高公司核心竞争力的关键。2006 年,中国保监会借鉴国际保险监督官协会(International Association of Insurance Supervisors,IAIS)核心监管原则,引入保险公司治理监管,使得治理监管成为继偿付能力和市场行为之后的第三大监管支柱。公司治理风险是保险公司在经营管理活动过程中面临的诸多风险中的一个重要方面,它有别于以财务指标为导向的财务风险、市场风险等,具有基础性、根源性特征(袁力,2006)。实践中,公司治理风险表现形式很多,从监管的角度看,主要表现为四个方面:一是滥用控制权侵占公司利益的风险,二是公司僵局的风险,三是公司管控薄弱的风险,四是高管人员舞弊风险。在分析美国 2008 年金融危机爆发原因时,不难发现金融机构的治理面对过于复杂的委托代理关系和信息不对称,容易造成治理风险累积,各种治理风险累积到一定程度会爆发金融风险事故(李维安,2009)。在这种背景下,各个国家的保险公司治理得到进一步强化。2006 年,中国保监会出台了《关于规范保险公司治理结构的指导意见(试行)》,此后又相继出台了《保险公司董事会运作指引》、《关于规范保险公司章程的意见》和《保险公司董事及高级管理人员审计管理办法》等文件。

　　Berle 和 Means 在 1932 年出版的著作《现代公司与私有财产》(*The Modern Corporation and Private Property*)中,在对大量实证材料进行分析的基础上得出:现代公司的所有权和控制权实现了分离,管理者的利益经常偏离股东的利益,因此有必要设置合理的公司治理制度来保障所有者利益的结论。如果以该著作作为公司治理研究的开始,一般公司治理研究已经走过 80 年。那么保险公司治理研究的进展如何? Spiller(1972)对比研究了股份制保险公司和互助性保险公司,认为二者之间的差别来源于公司所有权的差异;这是国际上首次专门研究保险公司的治理问题,标志着保险公司治理研究的开始。

　　而我国关于保险公司治理的研究起步较晚,目前在中国学术期刊网中以题名方式检索到的关于保险公司治理研究的期刊论文始于 2001 年。国内对于保险公司治理问题的研究处于刚刚起步阶段,保险公司治理研究的基本理论框架还没有建立,保险公司治理的合规性(是否按照规定建立了基本的治理结构和机制)、保险公司治理的有效性(治理结构和机制是否发挥了应有的作用)、治理绩效等科学问题有待研究;研究方法也较为单一,研究样本也较少。国外对于保险公司治理问题的研究集中于股份制和互助制两种类型保险公司的治理要素、治理绩效的比较,研究方法上已经开始导入大样本的实证研究,其研究思路和方法对于研究我国保险公司治理具有很好的启示作用。与国外相比,国内保险公司治理研究内容和方法等方面存在较大的差距,我国保险公司治理研究亟待开展。国内外相关研究的比较内容如表 8-2所示。

表 8-2　国内外保险公司治理研究进展

比较内容	国　　内	国　　外
研究时点	起步阶段: 10 年时间	深入阶段: 30 年时间
研究主题	概念、特殊性、模式比较分析等	治理对绩效影响以及治理要素有效性等
研究对象	股份制,样本量较少,上市数量限制(三家)	股份制和互助制,有大样本调查数据
研究方法	规范研究为主	实证研究为主

　　(资料来源:郝臣,李慧聪,罗胜.保险公司治理研究:进展、框架与展望[J].保险研究,2011(11):119-127.)

刘美玉(2008)突破传统公司治理强调股东利益最大化的局限,以利益相关者理论为基础,针对我国保险公司治理的特殊性及存在的主要弊端,构建保险公司利益相关者的共同治理机制。陆渊(2009)采用数据包络分析法,使用 LINGO 和 MATLAB 两种软件对 2003—2007 年我国主要保险公司做了技术效率的对比研究。发现资本属性对保险公司的治理效率有一定的影响,保险公司体制改革在 2005 年后开始有了一定效果显现,中资保险公司的股权治理机制还没有完全发挥作用。李维安和郝臣(2009)在对一般公司治理问题和金融机构治理重要意义进行论述的基础上,分析了金融机构治理主体、结构、机制、目标、风险和评价方面的特殊性,结合国内外金融机构治理实践的情况,提出了包括理论基础、理论体系、治理实践、治理原则和治理绩效 5 个层次的金融机构治理一般框架体系。具体到保险公司这一形态的金融机构,综合一般公司治理研究和保险公司治理研究所取得的成果,可以发现保险公司经营的特殊性导致了保险公司治理的特殊性,而保险公司治理的特殊性是各类保险公司治理理论和应用研究的基础或依据,如果没有治理的特殊性,那么可以直接应用一般公司治理研究概念、理论和方法。郝臣、李慧聪和罗胜(2011)提出将保险公司治理的特殊性研究作为保险公司治理的研究主线,进而进行各方面的理论和应用研究的保险公司治理研究理论框架。整个理论框架包括研究主线、理论研究和应用研究三个方面;理论研究和应用研究均要围绕主线展开,体现保险公司治理的特殊性;理论研究是基础,更多侧重内部治理;应用研究是理论研究成果的应用,侧重外部治理,如表 8-3 所示。

表 8-3　保险公司治理研究理论框架

框架层次	研究内容		研究方法	研究对象
研究主线	保险公司治理的特殊性研究,这是保险公司治理理论研究和应用研究的主线。		规范研究为主,如逻辑推理等。	一般意义上保险公司,抽象概念。
理论研究	保险公司治理概念、模式与国际比较研究	内部治理	基础性问题以规范研究为主,深入研究以实证研究为主,个别采用案例研究的方法。	考虑具体类型保险公司,划分标准:中资与外资、国有与民营、股份制与非股份制、上市与非上市等。
	保险公司治理模式与治理环境研究			
	保险公司治理转型研究			
	保险公司治理要素和绩效关系研究			
	保险公司治理对公司经营行为的影响研究			
	保险公司的内部治理与外部监管关系研究	内外结合		
应用研究	完善保险公司治理对策研究	外部治理	通过实地调研、发放问卷、访谈等方式获得资料,然后利用规范或实证方法。	考虑下列保险公司的区别:产险与寿险保险公司、保险集团公司和保险中介机构等。
	保险公司治理合规性研究			
	保险公司治理评价研究			
	保险公司治理监管研究			
	保险公司风险管理研究			

(资料来源:郝臣,李慧聪,罗胜.保险公司治理研究:进展、框架与展望[J].保险研究,2011(11):119-127.)

保险公司治理研究主线:治理的特殊性。保险业是一个特殊的行业,作为一种社会化的制度安排,保险活动通过群体的确定性来抵消一部分个体的不确定性,通过风险防范和风险分担以少量的支出实现多量的补偿,从而在一定程度上降低个人未来福利状况的不确定性。保险公司在经营目标、资本结构、产品合约和政府监管等方面所表现出来的诸多特殊性对保险公司的治理产生了深远的影响,可以说经营上的特殊性导致或者决定了制度安排上的特殊性,因此,研究保险公司经营上的特殊性有利于准确把握保险公司治理的本质和特殊性。较早的研究将一般的公司治理研究成果直接应用于保险公司的治理,没有考虑保险公司经营上的特殊性,当然没有体现出保险公司治理的特殊性。保险公司治理是公司治理的一般理论在保险公司这一主要的金融中介的应用,既是公司治理理论和金融中介理论的有机结合,也是公司治理理论与保险业特殊性的统一,从这个意义上看,把握金融中介的特殊性质和保险公司自身的特殊性是研究保险公司治理的起点(李维安,曹廷求,2005),而保险公司治理的特殊性是贯穿于保险公司治理理论和应用研究的主线。

保险公司治理合规包括四个方面的内容:①公司章程、股权和"三会"运作等决策体系及监督制衡机制符合监管规定;②董事、监事、高管、关键岗位人员的资质管理以及考核激励机制符合监管规定;③内审、合规、风险管理、财务、投资、精算、信息技术等内控体系符合监管规定;④信息披露管理和关联交易控制等相关内容符合监管规定。李维安、李慧聪和罗胜(2012)经过研究发现,保险公司治理在以下几个方面有效发挥了作用:第一,保险公司治理合规性可以保护利益相关者利益;第二,国有控股保险公司更注重合规性建设,对利益相关者的保护程度更强;第三,保险公司董事会专业委员会和监事会规模起到了利益相关者保护效果;第四,从保险公司的股权结构来看,股权制衡度对利益相关者的保护具有正面影响。另外,发现我国保险公司治理还存在四个有待改进的问题:第一,保险公司治理的合规程度尽管有了较大提高,但仍然有个别公司存在不合规问题;第二,保险公司股权集中度对利益相关者保护具有负面影响;第三,保险公司经营的业务类型对利益相关者保护存在一定的影响,经营寿险的公司其治理合规性和利益相关者保护显著正相关,而经营产险的公司中治理合规性和利益相关者保护之间关系不显著;第四,董事会的规模和利益相关者保护之间显著负相关,董事会规模过大并不一定有利于其作用的发挥;第五,保险公司引入独立董事的效果需要进一步改善,利益相关者保护效果不显著。

针对上述研究发现我国保险公司治理存在的问题,为进一步提升我国保险公司治理水平,提出如下的具体建议。

(1)实现保险公司治理由强制向自发合规转变。保险公司治理的合规性可以提高对利益相关者的保护程度,而目前保险公司强制性合规做的比较好,自主性合规不足,可以适当考虑将某些自发指标提升为强制执行指标,或对自发性合规做的好的公司给予适当的激励,比如适当降低业务的限制或偿付能力比率要求等。

(2)推进保险公司治理由合规性向有效性转型。保险公司治理应在合规性的基础上,注重治理有效性建设。在治理合规性评价的基础上,开展对保险公司治理有效性的评价,并进一步细化相关的规则,推动保险公司治理机制的有效性建设,将公司治理改革落到实处。例如大部分保险公司都已经引入独立董事制度,但是对利益相关者保护的效果并没有显现,因而还需要进一步强化独立董事自身的履职能力,完善监事会的成员构成和监事会日常工作安排等制度、规则,提高监事会的监督能力。

(3)实施按照经营产品种类的差别化治理监管。不同保险产品的经营特点不同,其蕴含的风险爆发特点也不同,对治理安排也提出了不同的要求,例如寿险的风险和赔付符合一定的规律,风险波动性小,而产险的赔付往往具有不可预测、波动较大的特点,经营中管理者的自由裁量往往较大,治理风险更为突出。不同保险公司需要按照产品的特点,制定符合自身特点的治理安排。在监管机构制定治理合规与治理有效性考核标准时,应对于不同险种的公司给予一定的弹性或制定不同的标准,这样才能实现保护投保人利益和推动保险产业发展的平衡。

(4)建立我国保险公司治理的第三方评价机制。为及时、准确地掌握保险公司的治理状况,需要建立科学的治理评价体系和评价结果。对于监管部门而言,尽管其在治理评价方面有较强的专业性,但由于人力有限,难以进行大规模、大样本的评价。在这方面,可以建立独立的第三方评价机制,诸如聘请学术研究机构等作为合作伙伴,要求其提供独立、客观、科学的评价结果,从而为有效监管提供支撑。建立评价机制本身并不是目的所在,而是要将其作为一种重要的监管手段,强化治理监管的有效性。

表 8-4 为我国上市保险公司 2008—2013 年的公司治理指数。如表 8-4 所示,从总体上来看,2009—2011 年间,保险公司治理指数呈现逐年上升趋势,2012 年出现下降趋势,2013 年略有回升。就具体公司而言,中国平安的公司治理指数平均值达到 64.77,显著高于其他三家上市保险公司。上市保险公司治理指数均值高于同期的非金融上市公司。

表 8-4　中国上市保险公司治理指数

公司简称	2008 年	2009 年	2010 年	2011 年	2012 年	2013 年	平均值
中国人寿	70.07	61.80	60.66	62.47	61.01	60.06	62.68
中国平安	63.98	61.37	68.01	69.38	63.01	62.84	64.77
中国太保	66.86	60.07	64.83	65.37	61.96	64.36	63.91
新华保险	—	—	—	—	62.92	60.91	61.92
平均值	66.97	61.08	64.50	65.74	61.99	62.04	63.72

(资料来源:南开大学中国公司治理研究院公司治理数据库。)

272. 证券公司治理[①]

证券公司是专门从事有价证券买卖的法人企业。作为证券市场的主体,证券公司是生产金融产品、提供金融服务的现代金融企业,在证券市场上同时担任多重角色(发行中介、交易中介、投资者、融资者、信息提供者等)。它的主营业务有:证券承销业务,证券公司代理证券发行人发行证券的行为;证券经纪业务,证券公司接受投资者委托,代理其买卖证券的行为;证券自营业务,证券经营机构为本机构投资买卖证券、赚取买卖差价并承担相应风险的行为。我国主要的证券公司有中信证券、广发证券、招商证券、国金证券、宏源证券等。

证券公司治理(securities company governance)是指证券公司这一特殊行业企业的治理,是金融机构治理的主要内容。证券公司要按照现代企业制度来规范管理,建立健全激励机制、监督机制和决策机制,加强内部控制和外部控制,以使证券公司能够更好地完成经纪业务、自营业务和投资银行业务,成为具有一定规模的,产权清晰、风险自负、权责分明、管理科学的现代企业,担负起证券公司在证券发行与交易中的责任。

---

① 本词条初稿由南开大学商学院齐岳教授提供。

《证券公司监督管理条例》于 2008 年 4 月 23 日国务院第 6 次常务会议通过,自 2008 年 6 月 1 日起施行,其中第十八条指出:"证券公司应当依照《公司法》、《证券法》和本条例的规定,建立健全组织机构,明确决策、执行、监督机构的职权。"第十九条提出:"证券公司可以设独立董事,证券公司的独立董事,不得在本证券公司担任董事会外的职务,不得与本证券公司存在可能妨碍其做出独立、客观判断的关系。"再如第二十条规定:"证券公司经营证券经纪业务、证券资产管理业务、融资融券业务和证券承销与保荐业务中两种以上业务的,其董事会应当设薪酬与提名委员会、审计委员会和风险控制委员会,行使章程规定的职权。"

2012 年 12 月 11 日,中国证券会发布《证券公司治理准则》,指出证券公司应当按照《公司法》等法律、行政法规的规定,明确股东会、董事会、监事会、经理层之间的职责划分。证券公司与其股东、实际控制人或者其他关联方应当在业务、机构、资产、财务、办公场所等方面严格分开,各自独立经营、独立核算、独立承担责任和风险。第二十九条规定:"经营证券经纪业务、证券资产管理业务、融资融券业务和证券承销与保荐业务中两种以上业务的证券公司,应当建立独立董事制度。"

国内证券公司治理研究方面,周大兆(2010)提出我国证券公司内部治理结构存在的问题和完善的措施,不包括外部因素对公司治理的影响和完善。汪来喜(2011)以 5 家上市证券公司为例,尝试建立了操作性强的公司治理评价体系,得出了 5 家证券公司的公司治理评价分数,依据评价分数看出每个公司治理存在的弱项,进而提出改善其公司治理的对策。卢骏和曾敏丽(2011)选取 2009 年我国总资产前 10 名的证券公司作为样本,通过分析,得出我国证券公司治理结构存在股权高度集中、董事会董事均由股东单位委派、且外部董事比例过低等问题,并据此提出了证券公司混业经营的模式选择——金融控股公司模式(如中国中信控股公司)及其治理结构分析。

表 8-5 为我国上市证券公司 2008—2013 年的公司治理指数。如表 8-5 所示,上市证券公司治理指数在 2008 年最低,2010 年最高,上市证券公司治理指数呈现出较强的波动性。19 家公司中,就近几年指数平均值而言,兴业证券、中信证券、太平洋处于较高水平,山西证券、方正证券和华泰证券相对较低。

表 8-5　中国上市证券公司治理指数

公司简称	2008 年	2009 年	2010 年	2011 年	2012 年	2013 年	平均值
东北证券	58.05	63.05	63.46	63.33	64.65	62.21	62.40
东吴证券	—	—	—	—	64.23	64.16	63.63
方正证券					59.37	58.71	60.19
光大证券				62.09	63.49	63.10	62.37
广发证券				60.69	63.61	57.25	60.93
国海证券					60.80	62.42	61.89
国金证券	—	—	68.15	58.95	61.48	63.85	62.06
国元证券	60.23	61.70	61.61	63.53	65.34	62.19	62.83
海通证券	61.03	58.58	60.25	62.46	64.39	63.18	61.82
宏源证券	59.44	60.46	63.68	63.19	63.37	58.73	61.22
华泰证券	—	—	—	61.14	62.04	58.54	60.77
山西证券	—	—	—	54.37	61.39	59.18	59.50
太平洋	65.95	63.11	67.73	63.94	63.14	61.41	64.29

续表

公司简称	2008 年	2009 年	2010 年	2011 年	2012 年	2013 年	平均值
西南证券	—	—	—	—	59.67	66.91	64.20
兴业证券	—	—	—	64.80	67.25	62.79	64.77
长江证券	61.00	61.40	65.62	63.14	61.08	61.56	62.20
招商证券	—	—	—	63.32	62.76	58.86	61.93
中信证券	64.09	65.50	68.11	62.07	66.27	65.24	64.38
西部证券	—	—	—	—	—	60.94	60.94
平均值	61.40	61.97	64.83	61.93	63.02	61.64	62.23

（资料来源：南开大学中国公司治理研究院公司治理数据库。）

273. 证券交易所治理

世界上最早成立的证券交易所是 1613 年成立的荷兰的阿姆斯特丹证券交易所。证券交易所是依据国家有关法律,经政府证券主管机关批准设立的集中进行证券交易的有形场所。证券交易所的主要功能:证券交易、形成并公告价格、集中投资资金、制定交易规则、维护交易秩序、提供交易信息、降低交易成本和引导投资。2003 年纽约证券交易所(New York Stock Exchange,NYSE)爆发了董事长个人薪酬丑闻,从而将机构投资者、专家学者、监管人士等对其的批评推向了一个高潮。事情的起因是 NYSE 迫于美国证券交易所委员会(SEC)的压力,于 2003 年 8 月 27 日首次向外界披露交易所领导层的薪酬计划,其中向董事长兼首席执行官理查德·格拉索(Richard Grasso)个人支付的报酬高达 1.39 亿美元,另有 4 800 万美元额外福利补贴。这一数字一经公布,立即引起轩然大波,从场内交易员到养老基金、机构投资者协会等都对巨额薪酬提出强烈批评,并要求格拉索下台。由于 SEC 也紧盯 NYSE 的治理情况,格拉索无法承受巨大压力,于 9 月 18 日被迫向董事会提出辞职。数日后,NYSE 为格拉索找了一个临时的继任者——前花旗集团主席约翰·里德(John Reed)。里德临危受命,旨在最短时间内对 NYSE 进行改造,以平息外界舆论压力,并挽回投资者信心。随着薪酬丑闻的曝光,NYSE 已经到了治理改革的潮头,没有退路。

所谓证券交易所治理(stock exchange governance)是指对证券交易所这一特殊组织的治理,是金融机构治理的重要内容之一。对于证券交易所而言,公司治理的设计应当更加注重利益相关者利益的保护,包括对会员或股东之外的发行人、投资大众的保护,至少应该平衡利益相关者利益和会员利益或股东利益。尤其是随着越来越多的交易所由会员制组织变成营利性公司,交易所面临商业利益和公共利益的冲突,交易所公司治理的完善越显重要(谢增毅,2006)。证券交易所的治理可以分为会员制和公司制两种模式。

会员制是指证券交易所的治理结构围绕会员展开的一种治理模式,会员制交易所提供的产品和服务主要服务于会员,会员一般也仅限于交易所的客户(冯巍,2001)。会员制的商业互助组织形式的基本特点包括以下几点。①组织的所有权、控制权与其产品或服务的使用权相联系,交易所为会员利益而运作,只有拥有和控制交易所的会员才能利用交易所交易系统进行交易(屠光绍,2000)。会员制交易所的全部财产归全体会员所有、占有、使用和处置,会员采取自我监管的组织形式,实行自我监管。会员是交易所的主体,最高权力机构是会员大会,由会员大会选举产生的理事会在会员大会休会期间行使职权(上海证券交易所研究中心, 2002)。②组织通常不以营利为目的,限制向外分配任何利润或盈余(屠光绍,2000)。会员制交易所的支出实行预算制,收入支出由会员大会决定。如果取得利润,可用降低手续费等方式回馈给会员;但交易所发生亏损,则需由会员共同负担。会员所缴纳资金不是以分红为目的,而是以取得会员资格为目的(范抒,2003)。公司制是指证券交易所的治理结构完全按照公司形式展开。公司制交易所最主要的特征是以营利为目标,追求交易所利润最大化。公司制交易所的股东没有任何限制,可以是市场参与者,也可以是完全与市场没有任何联系的个人或机构(冯巍,2001)。其基本特点包括以下几点。①股东大会为最高权力机构,由股东大会选举产生的董事会是最高决策机构。由股东大会选举产生的监事会对董事会的决策进行监督。②交易所如以上市公司的形式组建,股东所持股份可以随意流通。③以营利为目的,股东按持股数量参与分红和承担风险,而且股票可以上市交易。④全部财产属于全体股东,与交易所会员缴纳的资格费分开。会员可以是交易所的股东,也可以不是交易所的股东,这是一种特殊形式的法人组织。⑤交易所实行自收自支、自负盈亏、照章纳税,实行企业化管理(范抒,2003)。

我国最早的是 1905 年设立的"上海众业公所"。1949 后,一度取消证券交易。上海证券交易所成立于 1990 年 11 月 26 日,同年 12 月 19 日开业,归属中国证监会直接管理。深圳证券交易所成立于 1990 年 12 月 1 日,归属中国证监会直接管理。两个交易所主要职能包括:提供证券交易的场所和设施;制定证券交易所的业务规则;接受上市申请,安排证券上市;组织、监督证券交易;对会员、上市公司进行监管;管理和公布市场信息。图 8-1 和图 8-2 为我国两个证券交易所治理结构示意图,目前两个交易所均采用会员制。

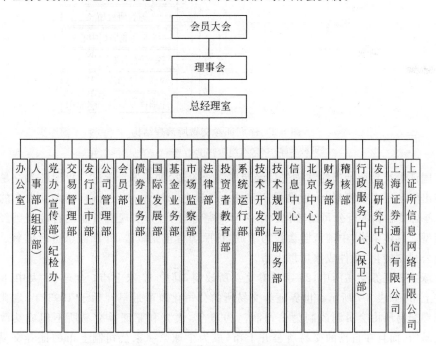

图 8-1 上海证券交易所治理结构

(资料来源:上交所网站 http://www.sse.com.cn/。)

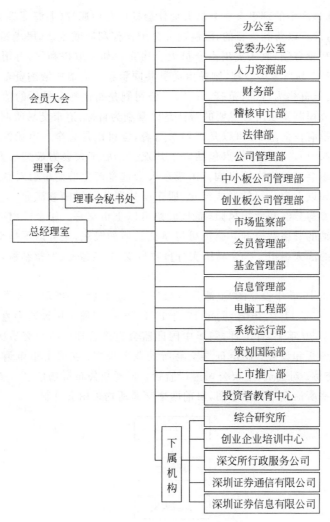

图 8-2　深圳证券交易所治理结构

（资料来源：深交所网站 http://www.szse.cn/。）

　　我国证券交易所治理的演进先后经历了三个阶段，如表 8-6 所示。我国证券交易所的治理的突出问题是定位模糊，治理结构不清晰；行政色彩浓厚，政府影响较大。未来的发展方向：完善会员制和进行公司制转化。第一步要完善会员制，实现会员制的行政型到经济型治理的转型。具体来说，中国证监会权力下放，仿照国有企业做法，外派监事进行监督。第二步要进行公司制转化，条件成熟可以上市。

　　全球主要证券交易所中，29 家证券交易所改制，其中 17 家上市；全球 10 大中，8 家完成改制并上市，如表 8-7 所示。世界证券交易所的公司化改革最早开始于 1993 年，瑞典斯德哥尔摩证券交易所由会员制改制为公司制。1998 年，澳大利亚证券交易所不但成功改制为公司制交易所，而且在自己的交易所公开上市，成为全球第一家公司制上市的证券交易所。特别值得关注的是，作为世界头号资本市场的纽约证券交易所，尽管具有悠久的历史和独占鳌头的地位，在坚守了 214 年的会员制组织后，最终也在 2006 年 3 月 8 日转变为营利性的公司，

表 8-6　我国证券交易所治理的演进

阶段	时间	所有权	组织形式	治理结构
地方政府管理	1990—1992 年	地方政府主导成立，政府所有	会员制、非营利性的事业法人——上交所《章程》、《证券交易所管理办法》(以下简称《办法》)	会员大会为最高权力机构，下设理事会，管理日常运营，理事长和高管由政府任命
地方政府与证监会共同管理	1993—1997 年	地方政府所有，沪深两市突破地方局限，开始走向全国	实行自律管理的会员制事业法人——上交所《章程》、《办法》	加强了政府的监管，所有高管由证监会任命
国家统一管理	1997 年至今	改变地方政府主导局面，将所有权由地方收归中央	实行自律管理的法人，模糊了非营利性、事业法人、会员制提法——《证券法》	继续保持了政府对交易所高管任命的态势

(资料来源：张佑任.我国证券交易所法人形态研究[D].中国政法大学，2008.)

表 8-7　全球重要交易所改制及上市情况

名　　称	改制时间	是否上市
斯德哥尔摩证券交易所	1993	1987
瑞典斯德哥尔摩证券交易所	1993	1993
芬兰赫尔辛基证券交易所	1995	否
丹麦哥本哈根证券交易所	1996	否
荷兰阿姆斯特丹证券交易所	1997	否
意大利证券交易所	1997	否
澳大利亚证券交易所	1998	否
冰岛证券交易所	1999	否
悉尼期货交易所	2000	2002
奥地利维也纳证券交易所	1999	否
希腊雅典证券交易所	1999	2000
新加坡证券交易所	1999	2000
香港联合证券交易所	2000	2000
加拿大多伦多证券交易所	2000	2002
伦敦证券交易所	2000	2001
德国证券交易所	2000	2001
泛欧证券交易所	2000	2000
纳斯达克证券市场	2000	2005
墨西哥证券交易所	2000	否
芝加哥期货交易所	2005	2005
加拿大蒙特利尔证券交易所	2000	否
日本东京证券交易所	2001	否
日本大阪证券交易所	2001	2004
菲律宾证券交易所	2001	2003
匈牙利布达佩斯证券交易所	2002	否
西班牙证券交易所	2002	2006
新西兰证券交易所	2002	否
马来西亚吉隆坡证券交易所	2004	2005
纽约证券交易所	2006	2006

(资料来源：世界交易所联合会网站 http://www.world-exchanges.org/。)

并且在自家交易所挂牌上市,这标志着证券交易所的公司化改革已成为一种潮流。证券交易所形式由会员制到公司制改变的原因:①外因,竞争加剧与网络技术的发展;②内因:协调各会员利益主体的关系。Hart 和 Moore(2005)借一个高尔夫球俱乐部的例子来阐释在会员目标不一致的情况下,会员集体决策机制可能产生的问题。例子中,俱乐部会员的利益取向是分散的,从喜爱高尔夫球运动到看重这种社交方式各不相同,因此在一项俱乐部的投资决定中,会员对于投资于球场、投资于会所或者按比例分配投资这几个选择持不同的意见,民主决策的结果不确定,甚至很可能产生违背经济效率的决定。因此,Hart 和 Moore 的结论是:在成员利益取向不一致的情况下,外部所有制将比会员所有制更具效率。

需要特别注意的两个改制过程中的问题是交易所职能定位和利益冲突控制。公司制过程中的主要的职能定位有:自律职能不变的模式,例如澳大利亚证券交易所;自律职能分拆的模式,例如纳斯达克股票市场;自律职能部分转移的模式,例如伦敦证券交易所。公司制过程中可能存在的利益冲突有:商业利益公众利益冲突,滋生金融风险、监管权力滥用和自我上市的利益冲突。

274. 基金治理[①]

基金是通过发行基金单位,集中基金投资者的资金,形成独立资产,由基金托管人托管,由基金管理人管理和运用,投资于股票、债券、产业等,并将投资收益按基金投资者所持的基金份额进行分配的一种集合投资方式。它是一种基金投资者利益共享、风险共担的间接投资方式。如果投资于股票等,便是证券投资基金;如果投资于产业,便是产业投资基金;如果投资于企业,便形成了风险投资基金或者私募股权投资基金。本词条以证券投资基金为例来进行其治理问题的分析。我国基金业始于 1991 年,近年来取得快速发展。据万得资讯(Wind资讯)数据库显示,截至 2012 年底,我国基金管理公司达 73 家,共有证券投资基金 1 649 只,管理的资产总额约 31 015.27 亿人民币,相当于同期我国 GDP 的 5.97%。这表明作为资本市场与投资者的纽带,证券投资基金在一国国民经济中占有举足轻重的地位,基金业在我国资本市场上可以发挥更为重要的作用。

证券投资基金治理功能的发挥是资本市场上一种重要的市场激励和约束力量(赵雄凯,2000),是上市公司治理的主要参与主体之一,股权分置改革为基金治理功能合法地位的确立及其作用发挥提供了难得的机遇(季冬生,2007),基金在股权分置改革过程中也充分展现了其影响上市公司治理的潜能,也有学者研究了基金参与公司治理的可行性分析(徐亚沁,2009)。我国的投资基金起步于 1990 年代的初期,经过十多年的发展,已经成为一支不可忽视的力量,在金融业中的地位也越来越高。但是我国基金业的发展并非一帆风顺,"老鼠仓"、内幕交易、关联交易等基金丑闻的存在成为困扰基金业发展的一大顽疾,也充分暴露了我国契约型证券投资基金治理结构中所存在的严重问题。深究这些基金丑闻发生背后的制度根源,我们会发现归根结底是我国契约型基金治理结构不完善造成的,基金持有人、托管人和管理人之间的权利义务约定不明,三者之间并没有形成有效的激励和制约机制(徐振,2010)。

---

① 本词条初稿由澳大利亚皇家墨尔本理工大学于萍博士提供。

2000 年中国基金黑幕、2003 年美国基金丑闻的发生,促使理论界与实践界对投资基金治理进行深入反思,使得基金从公司治理参与主体转向了被治理的对象。

处于发展初期的我国基金业不可避免地在基金投资者利益保护上存在诸多问题。但只有从根本上保护基金投资者即基金持有人的权益,证券市场才能持续健康发展,真正为十八届三中全会提出的完善我国金融体系迈出根本的一步。贝政新(2006)指出,如何使基金持有人在一定的成本下得到较高的投资回报,构成了证券投资基金运作的核心——基金治理问题。所谓基金治理(fund governance)是指基金这一特殊契约或者公司的治理,目标是保护基金持有人的权益。在证券投资基金的治理结构中,剩余控制权与剩余索取权基本上是分离的,容易导致基金管理人的道德风险与机会主义行为的发生。引入内部治理机制对基金管理人进行约束与激励,将降低其道德风险的程度,减少基金剩余收益的损失。基金外部治理主要依靠信息的传递来揭示基金管理人的业绩和道德风险的程度,并且通过监管与市场竞争的手段来规范基金管理人的行为,在一定程度上可以提高基金内部治理的效率。

按组织形态的不同,基金主要可分为公司型和契约型两种类型。公司型基金起源于美国,并在美国发扬光大。而契约型基金发起于英国,现主要流行于德国、日本和我国。在我国的基金市场中契约型基金占据着绝对主导地位。美国证监会基金监管部于 1994 年 5 月发表了一份报告,对美国半个世纪以来的在基金治理与投资人保护机制方面的经验进行了回顾和总结,并提出了相应的改革措施。其他各国也在这一领域内不断进行完善和发展。我国证券投资基金属于契约型,与美国的公司型存在很大不同,这里的基金治理是更广义的概念,并非单纯的基金管理公司的治理。基金管理公司只是基金当事人之一,其治理与一般的公司治理没有本质差别(袁康,2005)。契约型组织形式下,基金管理公司治理不能等同于基金治理。

我国基金管理公司的股东是基金管理公司的发起人,而基金份额持有人(也称投资者或基民)是基金管理公司的客户。我国现有的基金治理架构缺少投资者利益的有效载体或投资者的直接代表,只能依赖基金管理公司的董事会和证券监管机构,所以基金治理尤为重要。如图 8-3 所示,基金治理结构由三个相关主体构成:发起人、托管人和管理人。如果说还有一个主体,那就是持有人,组成了一个金三角。三个主体分别行使所有权、监督权和经营权,三权相互制衡。发起人或持有人选聘托管人,而托管人监督管理人,管理人向发起人或持有人负责。这也就是最初设计契约型基金治理结构

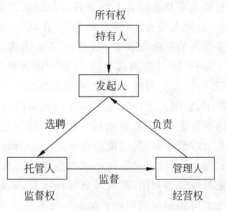

图 8-3 基金治理金三角结构

(资料来源:郝臣.反思基金公司的危机化生存[J].资本市场,2009(11):48-51.)

的设想或者理念。依据公司治理理论,这是没有任何问题的,是有效的。但是这个治理结构中的每一个主体,只要是其中一个环节出现问题,整个治理链条就会松动甚至断裂。

(1)对发起人代表性的质疑。根据《证券投资基金管理暂行办法》[①],基金的主要发起人

---

① 自 1997 年 11 月颁布《证券投资基金管理暂行办法》以来,我国针对证券投资基金相继出台了一系列的法律法规,2003 年 10 月颁布了《证券投资基金法》。这些法律法规相互补充、自成体系,为我国投资基金的治理安排构筑了法律框架。

为按照国家有关规定设立的证券公司、信托投资公司和基金管理公司。基金发起人要代表基金持有人与基金管理人、基金托管人签订基金契约,约定基金各方当事人的权利与义务。同时,基金发起人还需要制作管理机关要求的其他相关文件,如招募说明书等。发起人能否代表基金持有人的利益受到广泛质疑。很显然不能,特别是在发起人又是管理人的情况下,发起人的独立性较差,关联交易、不重视其他基金持有人利益的问题不可避免。虽然《证券投资基金法》规定了持有人大会制度,在基金持有人人数众多且分散的现实情况下,基金持有人参加大会的兴趣并不是很浓厚。一次差旅费的成本远高于参与治理能够增加的收益,这一制度不能充分发挥其应有的作用。结果必然是,基金持有人大会往往流于形式。只有当基金管理人出现重大问题时,基金持有人大会才能得以有效发挥作用。

(2) 对托管人监督效果的质疑。《证券投资基金法》第二十九条明确了托管人监督管理人的职责,以期通过法律实现对基金管理人的制衡。在监督过程中,托管人是否积极和主动受到了质疑。按照有关规定,基金托管人和管理人必须先行设立,管理人发起人重叠的情况下,这一程序的直接结果是管理人成为了自己发起设立基金的管理人。基金托管人都是由基金发起人即基金管理人指定的,因此无法开展监督,甚至还得听命于或受制于管理人,否则将会被更换掉,因为发起人有权决定基金托管人的选聘,并且经中国证监会和中国人民银行批准后,还有权撤换基金托管人。此外,基金托管业务目前已成为商业银行一项新的表外业务和利润增长点。在激烈的竞争下,托管人为抢占市场份额,有可能纵容、迁就基金管理人的违法违规行为,这使得托管人的监督效果更加受到置疑。

(3) 对管理人忠实履职的质疑。管理人是整个治理链条中最核心的环节,管理人的好坏直接关系基金持有人的利益,因此,关于管理人或基金管理公司的质疑声音也是最多的。例如,管理人能否"一碗水端平"。在我国,发起人与基金管理人重叠现象严重。作为基金主要发起人的基金管理公司,同时又被选聘为基金管理人。据有关统计数据结果显示,在截至2003 年 12 月我国成立的 54 家封闭式基金中,基金发起人与管理人为同一基金管理公司的占75.9%,而在另外 24.1%的基金的发起人中,至少有一家是基金管理人的大股东。在这种情况下,管理人是向发起人负责还是向持有人负责可想而知。高度重叠使得对管理人的激励问题更加迫切,否则其他基金持有人的利益缺乏保障。实践当中,对于管理人重要的激励机制是收取管理费用。《证券投资基金法》和《证券投资基金管理暂行办法》并未就提取比例及方式做出规定,只是笼统地说明费用的提取要符合国家有关规定。操作中,往往采用固定比例来提取管理费用,没有考虑其他因素,不利于调动管理人的积极性。在业绩好的时候,管理人没有得到相应的回报;在业绩较差的时候,管理人并没有因为决策不科学而受到惩罚。此外也缺乏长期的激励机制。在这种激励状况下,面对外部监督弱化的环境,必然催生"老鼠仓"事件。在发起人和管理人重叠度比较大的情况下,费用比例的形式及其决定与审查能否体现持有人的利益等,受到一定程度的质疑。

与一般上市公司的治理相比,基金管理公司的委托代理问题更为复杂。基金管理公司和基金投资者的潜在利益不一致。基金管理公司的收入主要来源于管理服务费,按管理资产总额的一定比例提取。为追求自身利益的最大化,基金管理公司会尽可能扩大资产管理规模。而基金投资者的利益在于基金净值的增长,基金管理公司收取的管理费及其他费用会减少投资者的收益。因此,利益上的冲突很可能导致基金管理公司为了自身利益的最大化而牺牲投资者利益。目前,我国资本市场和市场经济体制尚不完善和发达,整个金融发展与治理体制仍处于初级阶段。由于基金管理公司和基金投资者之间潜在的利益冲突,加上投资者缺少利益的实际载体或直接代表,使我国基金业的代理问题更为复杂。在这种背景下,基金投资者利益的保护更具挑战性,我国基金管理公司的治理问题也尤其重要。各个国家的证券监管机构和重要研究文献都把董事会看成是投资者利益保护的核心机制。在我国基金管理公司的治理机制中,董事会的作用就更为重要。这不仅因为董事会是传统的核心治理机制,还因为它是基金投资者利益的唯一载体。因此,如何提高董事会的有效性,也是基金业健康发展的关键。

有关公司治理的相关研究已有大量文献和研究成果,而关于基金治理的探讨和研究并不太多,特别是对于我国基金治理的研究更是并不多见。相对于国外基金治理研究来说,我国基金治理研究还主要集中在基金治理内涵、基金治理存在的主要问题和对策研究、法律视角优化基金治理结构以及基金治理的国际比较研究等基础性问题,在研究方法上多以规范研究和案例研究为主。发达国家的基金比我国起步更早,因此基金治理相关方面的发展也相对更加成熟一些,其所做的研究也相对具有参考性。针对基金公司内部治理方面,Kong 和 Tang (2008)的研究指出,相对于独立董事会而言,小规模的单一董事会对基金持有者更为有利,同时他们将单一董事会的结构视为一种有效的内部治理机制。然而,Adams,Mansi 和 Nishikawa (2009)则持不同的意见,他们将基金发起人的性质考虑在内研究董事会规模与基金业绩之间的关系,研究发现事实上可能并不存在一种能够适用于所有基金的最优的董事会结构,因此当试图规定某种董事会结构的属性时应当谨慎考虑。Cremers,Driessen,Maenhout 和 Weinbaum(2009)研究发现,独立董事和非独立董事的所有权股份在经济意义和统计意义上都扮演着重要的角色,董事所有权占比低的基金会显著地表现不良,他们认为其原因在于所有权的缺失使董事与基金投资者的利益不一致。Dangl,Wu 和 Zechner (2006)设计了一个关于管理公司雇佣投资组合经理的连续时间模型,他们的分析表明触发解雇的关键表现指标随着经理人的任期显著提高。当一名年轻的经理被更换时,这种管理替代伴随着资本流入,但一名任期很长的经理被开除时,这种管理替代则可能伴随着资本流出。从公司整体的角度来讲,Chou 和 Hardin Ⅲ(2012)认为偏好强公司治理的基金与偏好弱公司治理的基金有着类似的性能,整体上基金的公司治理偏好与公司治理溢价之间有直接关系。而且他们发现基金的投资偏好可以预测公司治理溢价的变化,机构投资者的投资活动会影响股票的表现,因而机构投资者在公司治理偏好方面的变化会影响公司治理溢价的表现。Ferris 和 Yan (2010)研究了基金管理公司组织形式对基金代理成本水平的影响,发现公共基金公司管理的基金代理成本更高,他们认为这是由于公共基金公司更关注短期业绩导致基金管理公司与基金投资者之间的代理冲突更为严重。另一方面,Wilson(2010)利用理论模型研究发现,由于外国基金管理者的管理成本高于国内基金,外国基金管理者会适时降低治理不善的股票的权重。Evans 和 Fahlenbrach (2012)指出,理财顾问通常会将具有相同经理人和高度相关收益的一份基金演化成不同的版本,但这些"双胞胎"基金却作为单独的投资组合出售给选择和监控经理人能力不同的投资者,因此,对于这种分别销售给散户和机构的双胞胎基金而言,来自不同投资人的更强的监控导致代理问题的减少,进而使得成本费用大大降低。与一般公司股东不同,基金股东不通过出售其股份变现,而是通过发行基金的方式变现,Morley 和 Curtis (2010)认为这种独特的退出方式几乎完全消除了使用投票权、董事会和费用责任对基金投资者的激励,这就导致投资者缺乏积极性。他们认为这种退出方式虽然给投资者提供了一种保护自身利益的强有力的工具,但这种退出方式对投资者的净影响是不确定的,还导致了投票权、董事会以及费用责任的价值变得十分有限,甚至最终可能会损害投资者的利益。Ferris 和 Yan

(2007)使用 2002 年的基金大样本数据研究发现,主席或者董事的独立性既不与基金丑闻发生的概率相关,也不与整体基金的表现相关,他们的研究结果对美国证券交易委员会为了应对基金丑闻提出的要求董事会增加独立性的举措提出了质疑。这也可以为我国基金治理及证券交易委员会采取相应举措提供借鉴。许多研究人员、从业人员和监管人员都把基金业治理混乱归咎于基金董事缺乏独立性,而 Calluzzo 和 Dong(2014)则提出了一个不同的解释,他们发现基金的治理是会传染的,研究结果表明,这种具有传染性的治理对商业舞弊行为在基金业中的传播起到了一定的作用。这些不同学者从不同角度对基金的研究给人带来新的思考,同时对我国国内基金公司治理有一定的借鉴作用。

275. 信托公司治理[①]

信托公司是专营信托业务的非银行性金融机构,它以信任委托为基础,以货币资金和实物财产的经营管理为形式,以融资和融物相结合的多边信用行为提供"服务"。信托业务主要包括委托和代理两个方面的内容,前者是指财产的所有者为自己或其指定人的利益,将其财产委托给他人,要求按照一定的目的,代为妥善管理和有利经营;后者是指一方授权另一方,代为办理的一定经济事项。我国主要的信托公司有中融国际信托有限公司、中信信托有限责任公司、平安信托有限责任公司、中诚信托有限责任公司、中国对外经济贸易信托有限公司、新华信托股份有限公司等。

信托公司治理(trust company governance)是指信托公司这一特殊行业企业的伦理。信托公司要按照健全的法人治理原则,构建股东大会、董事会、监事会和高级管理层各司其职、协调运转和相互制衡的组织架构;完善"三会"及高级管理层的议事制度和决策程序;加强董事会建设,下设风险控制委员会、审计委员会、提名与薪酬委员会;扩大非执行董事在董事会中的比例,推行独立董事制度;成立经营层业务决策委员会。

中国银监会于 2007 年印发《信托公司治理指引》,指出各信托公司要根据公司实际情况完善公司治理结构,提升公司治理成效,并依照有关法律法规的规定和本指引的要求,于 2007 年 12 月 31 日前修订公司章程。信托公司治理应当体现受益人利益最大化的基本原则。股东(大)会、董事会、监事会、高级管理层等组织架构的建立和运作,应当以受益人利益为根本出发点。公司、股东以及公司员工的利益与受益人利益发生冲突时,应当优先保障受益人的利益。信托公司治理应当遵循以下原则:①认真履行受托职责,遵循诚实、信用、谨慎、有效管理的原则,恪尽职守,为受益人的最大利益处理信托事务;②明确股东、董事、监事、高级管理人员的职责和权利义务,完善股东(大)会、董事会、监事会、高级管理层的议事制度和决策程序;③建立完备的内部控制、风险管理和信息披露体系,以及合理的绩效评估和薪酬制度;④树立风险管理理念,确定有效的风险管理政策,制定详实的风险管理制度,建立全面的风险管理程序,及时识别、计量、监测和控制各类风险;⑤积极鼓励引进合格战略投资者、优秀的管理团队和专业管理人才,优化治理结构。信托公司应当建立合规管理机制,督促公司董事会、监事会、高级管理层等各个层面在各自职责范围内履行合规职责,使信托公司的经营活动

---

① 本词条初稿由南开大学商学院齐岳教授提供。

与法律、规则和准则相一致,促使公司合规经营。

《信托公司管理办法》于 2006 年 12 月 28 日经中国银监会第 55 次主席会议通过,自 2007 年 3 月 1 日起施行,其中第四十三条规定:"信托公司应当建立以股东(大)会、董事会、监事会、高级管理层等为主体的组织架构,明确各自的职责划分,保证相互之间独立运行、有效制衡,形成科学高效的决策、激励与约束机制。"第四十四条规定:"信托公司应当按照职责分离的原则设立相应的工作岗位,保证公司对风险能够进行事前防范、事中控制、事后监督和纠正,形成健全的内部约束机制和监督机制。"第四十五条规定:"信托公司应当按规定制订本公司的信托业务及其他业务规则,建立、健全本公司的各项业务管理制度和内部控制制度,并报中国银行业监督管理委员会备案。"第四十六条规定:"信托公司应当按照国家有关规定建立、健全本公司的财务会计制度,真实记录并全面反映其业务活动和财务状况,公司年度财务会计报表应当经具有良好资质的中介机构审计。"

对于信托公司治理研究方面还处于起步阶段,周汉(2006)指出现行法律环境和监管政策对信托公司加强公司治理提出了客观要求;信托公司存在股权结构不合理、激励机制不健全、内部控制不完备等治理问题;信托公司加强治理应将股权改革和加强信息披露、建立问责制结合起来;当前的首要任务是加强公司董事会建设,维护各方利益均衡。赵亚奎(2012)指出我国信托公司的现状是公司治理结构在表面上看来已经稳定成型,风险管理制度基本建立;最后指出信托公司治理结构所存在的问题是公司控制权市场发展较为落后,公司风险控制仍属于初级阶段等。彭中仁和万昕(2012)基于决策体系的视角,从信托公司决策体系存在的问题出发,探讨如何规范信托公司的治理问题。

276. 期货经纪公司治理[①]

期货经纪公司是指依法设立的、接受客户委托、按照客户的指令、以自己的名义为客户进行期货交易并收取交易手续费的中介组织,它至少应该成为一家期货交易所的会员。期货经纪公司作为交易者与期货交易所之间的桥梁,具有如下主营业务:根据客户指令代理买卖期货合约、办理结算和交割手续;对客户账户进行管理,控制客户交易风险;为客户提供期货市场信息,进行期货交易咨询,充当客户的交易顾问。我国主要期货经纪公司有中国国际期货经纪有限公司、河南万达期货经纪有限公司、浙江省永安期货经纪有限公司、长城伟业期货经纪有限公司、上海中期期货经纪有限公司等。

期货经纪公司治理(commission merchant governance)是指期货经纪公司这一特殊行业企业的治理。期货经纪公司要制定明确的、成文的决策程序,建立完善的客户保证金和公司自有资金的管理办法、结算制度、信息发布和信息管理制度和严密的会计控制系统,从而建立一个运作规范、经营高效、内部控制严密的经营运作实体,确保公司自身发展战略和经营目标实现。

中国证监会发布的《期货经纪公司管理办法》(以下简称《办法》)自 2002 年 7 月 1 日起施行,《办法》指出期货经纪公司应当建立健全投资者投诉处理制度,并将投资者的投诉及处理

---

① 本词条初稿由南开大学商学院齐岳教授提供。

结果存档。期货经纪公司可以在期货经纪合同中约定交易风险控制条件及处置措施。期货经纪公司应当在期货交易所指定结算银行开立投资者保证金账户专门存放投资者保证金,与自有资金分户存放。期货经纪公司划转投资者保证金,必须符合下列条件:①依照投资者的指示支付保证金余额;②为投资者向期货交易所交存保证金或者结算差额;③投资者应当向期货经纪公司支付的交易手续费、税款及其他费用;④双方约定的且不违反法律法规规定的条件;⑤中国证监会认可的其他条件。为推动期货经纪公司进一步完善公司治理,建立健全现代企业制度,促进期货经纪公司依法规范、稳健高效地运营,维护投资者和社会公众利益,促进期货市场规范发展,根据《公司法》、《期货交易管理暂行条例》和其他相关法律、法规的规定,中国证监会于 2004 年 3 月推出《期货经纪公司治理准则》,指出期货经纪公司完善公司治理应遵循以下基本原则。①强化制衡机制。期货经纪公司应进一步完善股东会、董事会、监事会(监事)和经理层议事制度和决策程序,使之更加明确、详尽并具备可操作性,确保上述组织机构充分发挥各自职能作用。②加强对期货经纪业务的风险控制。期货经纪公司应在遵循《公司法》基本要求的基础上,围绕期货经纪业务这一核心环节,合理细化股东会、董事会、监事会(监事)和经理层的职权,完善内部管理制度,以增强期货经纪公司的内部控制和风险防范能力。③维护所有股东的平等地位和权利,强调股东的诚信义务。期货经纪公司应为维护非控股股东的合法权益提供制度性保证,强调所有股东的诚信义务,限制控股股东损害期货经纪公司和其他股东利益的行为。④完善激励约束机制。期货经纪公司应建立更加合理的激励约束机制,营造规范经营、积极进取的企业文化,促进期货经纪公司的高效稳健运营。

《期货公司管理办法》[①]于 2007 年 3 月 28 日由中国证监会第 203 次主席办公会议审议通过,自 2007 年 4 月 15 日起施行。《期货公司管理办法》是对原《期货经纪公司管理办法》的全面修改,其中第四十八条规定:"期货公司应当按照审慎经营的原则,建立并有效执行风险管理、内部控制、期货保证金存管等业务制度和流程,保持财务稳健并持续符合中国证监会规定的风险监管指标标准,确保客户的交易安全和资产安全。"第四十九条规定:"期货公司应当遵循诚实信用原则,以专业的技能,勤勉尽责地执行客户的委托,维护客户的合法权益。期货公司应当避免与客户的利益冲突,当无法避免时,应当确保客户利益优先。"

近年来,我国期货市场不断发展,但有关期货公司或期货经纪公司治理的研究仍处于初步阶段,相关成果鲜有。

277. 融资性担保公司治理[②]

融资性担保公司以提供担保作为一种盈利的手段,承担项目的风险并收取担保服务费用。融资担保性公司提供的担保服务是担保项目投资者在项目中或者项目融资中所必须承担的义务。这类担保人一般为商业银行、投资公司和一些专业化的金融机构,所提供的担保

---

① 新的《期货公司管理办法》中将"期货经纪公司"里面的"经纪"二字去掉了,所以现在都称为"××期货公司"。这样做的目的之一可能是为了将来恢复期货公司的自营资格做准备。国内期货市场开始的初期,期货公司是可以做自营的,但由于管理制度的不健全,期货公司存在一定的"违规"经营现象。因此在 1999 年的《期货经纪公司管理暂行条例》中取消了期货公司的自营资格,只能做代理业务。

② 本词条初稿由南开大学商学院齐岳教授提供。

一般为银行信用证或银行担保。融资担保性公司的主营业务是经营融资性担保业务。融资性担保是指担保人与银行业金融机构等债权人约定,当被担保人不履行对债权人负有的融资性债务时,由担保人依法承担合同约定的担保责任的行为。融资性担保公司可以经营以下部分或全部融资性担保业务:贷款担保,票据承兑担保,贸易融资担保,项目融资担保,信用证担保,其他融资性担保业务。我国主要融资性担保公司有中国投资担保有限公司、北京首创投资担保有限责任公司、中商信联信用担保有限公司、中投国泰投资担保有限公司、中金信诺投资担保有限公司等。

融资性担保公司治理(financing guarantee company governance)是指融资性担保公司这一特殊行业的治理,是基本股东大会、董事会、监事会和高级管理层为主体的组织架构,并对各主体之间相互制衡的责、权、利关系作出的制度安排。

中国银监会、国家发改委、工信部、财政部、商务部、中国人民银行、国家工商总局制定了《融资性担保公司管理暂行办法》(以下简称《办法》)。该《办法》自 2010 年 3 月 8 日起施行,其中指出融资性担保公司应当依法建立健全公司治理结构,完善议事规则、决策程序和内审制度,保持公司治理的有效性。融资性担保公司应当建立符合审慎经营原则的担保评估制度、决策程序、事后追偿和处置制度、风险预警机制和突发事件应急机制,并制定严格规范的业务操作规程,加强对担保项目的风险评估和管理。融资性担保公司应当按照金融企业财务规则和企业会计准则等要求,建立健全财务会计制度,真实地记录和反映企业的财务状况、经营成果和现金流量。

中国银监会印发的《融资性担保公司公司治理指引》(以下简称《指引》)已经于 2010 年 7 月 23 日由融资性担保业务监管部际联席会议审议通过,该《指引》提出融资性担保公司要建立明晰的治理结构、科学的决策机制、合理的激励机制和有效的约束机制。融资性担保公司股东(大)会职权依据法律、法规和公司章程确定。股东(大)会决定公司的重大事项,至少应当包括决定融资性担保公司的经营方针和重大投资计划,选举和更换董事、监事,审议批准董事会、监事会报告,审议批准公司年度财务预决算方案,对公司增资、减资等重大事项作出决议等。董事会向股东(大)会负责,董事会职权依据法律、法规和公司章程确定。董事会的职权至少应当包括负责召集股东(大)会会议,执行股东(大)会决议,向股东(大)会报告工作,决定公司的经营计划,制定年度财务预决算方案,决定内部管理机构设置,聘任或解聘总经理,制定公司基本管理制度等。

对于融资性担保公司治理的研究状况类似于期货经纪公司治理,也处于初步阶段。

278. 金融机构超级股东

中国的金融机构除外资控股和股份制金融机构外,其余全部为国有独资或控股金融机构,虽然表面明确了出资人的权利与责任界限,建立了董事会、监事会等治理机构,但由于金融机构对于辖下企业、行业乃至区域经济的发展至关重要,各级政府及其代理人仍有动机隐性地干预金融机构的经营目标与资金配置。政府作为金融机构的股东倾向于在全社会范围内政治性地谋划金融资源的配置,从而在实质上突破了其作为股东的有限权利,形成了金融机构的超级股东(super shareholder of financial institution)。

自改革开放以来,国有金融机构的公司治理机制经历了一个从无到有、从建立到逐步完善的过程。其中股权结构的演变是国有银行公司治理发展的重中之重。依据国有银行股权结构发展变化过程,可以将我国国有银行的治理演进划分为两个阶段。第一阶段(1978年至2003年):股权单一治理阶段。在商业银行改革中,国有大型商业银行从政府的一个机构独立出来,先是成为专业的银行,后为国家全资控股的银行企业。在这一过程中,商业银行的所有人只有国家,也就是说股权治理的主体只有国家。对于城市商业银行而言,股权治理的主体在形式上表现为多个治理主体共存,这些主体包括政府、政府控制的地方国有企业以及民营企业和自然人股东等。表面上看,城商行的治理主体在结构上是多元化的,但是政府和政府控制的地方国有企业合计持股比例占有绝对的控股地位,而民营股东和自然人股东不仅持股比例小,而且不能自由转让所持股权,因此后者基本不能对政府股东行为形成实质性的制约。从这个角度来看,第一阶段改革之后,国有大型银行与城市商业银行的股权治理主体仍然为单一的政府股东,并没有发生实质性的变化。政府作为唯一治理主体存在诸多弊端,使得商业银行很难实现独立运营的目标。第二阶段(2003年至今):股权多元化治理阶段。第二阶段的改革中,针对上述问题,国有大型商业银行进行了如下三个重要的改革:一是政府不再直接持有国有大型商业银行的股权,而是成立中央汇金公司,由其代为持有,并且明确规定中央汇金公司不开展其他任何商业性经营活动,不干预其控股的国有重点金融机构的日常经营活动;二是引入境外战略投资者;三是公开发行股票。这些举措在治理主体多元化方面发挥了一定的作用,中央汇金公司代为持有股权,将国家与银行在一定程度上分割开来,在一定程度上实现了政企分离,引入了境外战略投资者和境内战略投资者,使得股权更加分散,而且战略投资者的持股比例相对较高,具有一定的谈判能力。

然而,尽管我国国有银行的股权治理主体由单一的政府股权逐步向多元化的股权治理主体转变,但由于中央汇金公司是国家全资控股,因此国有银行中政府仍处于绝对控股地位。而且政府的行政性干预,使得政府往往突破其股东的有限权利,倾向于在全社会范围内政治性地谋划金融资源的配置,成为了国有银行的"超级股东"。国有银行治理正处于从"行政型治理"向"经济型治理"的转型过程中,政府作为超级股东对国有银行的经营范围、贷款规模以及经营流程都保持了相对严格的控制。这种控制,一方面,为国有银行的平稳发展提供了保障;另一方面,也将其经营风险控制在了较低的水平,从而规避了金融海啸的冲击。

然而,在后金融危机时期,行政型治理有回潮的趋势,此时,应更关注超级股东对国有银行的负面效应。具体来说包括以下几点。

(1)经营目标行政化带来了股权不相容性风险。由于政府股东的多维目标,"超级股东"往往突破股东的有限权力,以服务于其社会性或政治性目标,这势必会与战略投资者等其他性质的股东存在着根本性的利益冲突,并导致股东之间的矛盾与摩擦,隐含着股权的不相容性风险。

(2)资源配置行政化使资源配置偏离最优状态。作为股东的政府会利用自身的强势地位要求国有银行为指定的项目或企业提供金融支持,扭曲了银行的正常运作,超级股东的干预很多时候会导致国有银行选择高风险或低效率的投资项目,从而增加了银行的成本,造成经营风险累积。最终会阻碍金融体系的健康发展。

(3)人事任免行政化导致了预算软约束问题。国有银行高管的行政性任免,为政府超级股东进一步干预资源配置和经营目标提供了一定的便利条件。在我国的国有银行中,高管人员通常是先由上级或股东指定,然后象征性地通过董事会的专业委员会进行提名。这样会使得经营者无法以公司价值最大化的取向来代替上级政府的价值取向,结果便会产生预算软约束等问题。

完善国有银行超级股东治理的政策建议包括以下几点。

(1) 实现银行治理从行政型到经济型转变。国有控股银行的现代公司治理架构虽然已经建立,但是在银行的业务经营、人事任免、绩效考核等许多方面依旧延续着行政型的治理模式,存在一定隐性的治理风险。因此,由行政型治理向经济型治理转型是我国商业银行治理演进的主线,尽管行政型治理与经济型治理并存是现阶段以及未来相当一段时间我国商业银行公司治理的主要特征。

(2) 继续推进国有银行股权结构多元化。在保持国有控股的条件下,应继续推进国有银行的股权多元化,以制约政府"超级股东"的干预行为。除了战略投资者,国家应该考虑引进更多种性质的股东,并提高这些股东的相对于国有股东的谈判力。

(3) 构建科学的国有控股银行治理流程。改变我国国有银行目前"自上而下"、由政府股东任命高管、董事会象征性通过提名委员会提名的公司治理流程。构建一个规范和完善的"自下而上"的公司治理流程,先由董事会下属的专业委员会提名高管人选,然后交由董事会选举任命。

(4) 约束国有控股银行政府股东的行为。这方面的突出表现就是关联交易及高管兼职的问题,特别是在上市银行中。一方面,作为股东的政府会利用自身的强势地位要求银行为指定的项目或企业提供金融支持;另一方面,股东派出的高管通常会在股东单位任职,这更为干预银行经营提供了便利。对于前者,需要进一步规范关联交易行为,可以考虑制定适用于银行关联交易的专门规定,对于后者则可以对银行的高管任职资格进行严格的限制。

(5) 探索党组织参与银行决策的机制。作为一种中国特色的问题,党组织在公司治理中的作用和影响是我国企业必须面对的,因为我国的党章规定,党组织需要参与企业的重大决策,而这又没有相应的国际经验可供借鉴。与一般国有企业不同,国有银行党组织参与决策的程度更高,党组织与董事会并存是目前面临的一个现实问题。针对目前国有银行党委会与董事会"双向进入,交叉任职"的问题,建议金融机构可以采用治理联席会的形式来解决这一问题,治理联席会由党组成员、公司董事、高管人员、中层干部及员工代表组成,实行集体决策。上市国有银行则需要倚重独立董事,保证重大决策的科学性。

(6) 完善以外部监管为核心的外部治理。在关注金融机构内部治理机制的完善的同时,更要注重外部治理机制的构建。国际上大量的对比研究已经表明,公司的内部治理受外部治理的影响,一国的政治结构、法律与监管体系系统地决定公司的股权结构、董事会特征和高管激励措施等。对于我国的国有银行来说,"超级股东"的影响无所不在,总是能够隐性地绕过国有银行表面的治理机制,因而应将改革的重点放在完善外部治理机制上,提高监管体系和其他性质股东的相对谈判力,制衡"超级股东"的负面效应。

279. 金融机构治理风险

仔细研究不同国家、不同时期金融危机的历史,不难发现那些当时显赫一时、堪称国际一流的金融机构在一夜之间突然垮台的根本原因并不是我们习惯上所认为的金融风险,而是在于公司治理的缺陷所导致的治理风险,即金融机构治理风险(governance risk of financial institution)。这些金融机构也基本上都建立了金融风险预警与控制制度,但往往在对这些制度进行控制和完善的公司治理结构与机制上存在着重大问题和不足。

如果说 1990 年代中期之前,公司治理还主要是针对非金融机构的话,那么在 20 世纪 90 年代中期之后,公司治理的研究和实践无疑已经进入了非金融机构和金融机构并重的新阶段。1997 年开始的东亚金融危机,以及美国发生包括安然、安达信等在内的一系列大公司财务丑闻,都进一步引起了人们对银行和非银行类金融机构自身治理问题的重视。与非金融机构相比较,商业银行、证券公司等金融机构具有许多与生俱来的特殊性质,并由此决定了金融机构治理并不是公司治理理论在金融机构领域的简单运用,而是结合其特殊性进行的治理结构与机制的创新。

金融机构首先要接受来自其股东的治理。金融机构也拥有自己的股东,不论是国有股东、民营股东,还是本国股东、境外股东,他们都有权行使自己作为金融机构股东的权力,有权合法地参与金融机构的治理。对于我国的一些国有金融机构而言,首先,由于没有相应的机构代表国有股东行使作为股东的权力,金融机构来自股东的治理便会被虚化。其次,鉴于金融机构运营的对象是资金或有价证券等重要社会资源,鉴于它们在整个社会中的重要地位,金融机构还会受来自银监会、保监会等政府有关部门的相应管制和治理。这两个方面结合起来就是金融机构的自身治理问题。

金融机构本身在充当被治理者角色的同时,还需要对自己的业务对象发挥治理者的角色。主要体现为商业银行的专家式债权监督和非银行金融机构的市场评价式监督。股东的"搭便车"行为使管理人员的机会主义行为缺乏必要的监督,结果往往是股东的利益遭受损失。而债务的硬预算约束特点和独特的破产制度可以给金融机构经理人员不同于股权的压力,从而赋予金融机构在公司治理中的独特和重要角色。公司治理的市场评价式监督主要依赖证券公司、各类基金公司等机构客观公正的评价和相应的信息发布活动而对经理人员产生监督效果,进而降低代理成本,提高治理绩效。

正是由于金融机构自身治理和对业务对象治理的双重问题,如果金融机构的治理不善,必将使得其治理风险日积月累,达到阀值并最终以风险事故的形式爆发,进而导致其自身陷入经营困境,甚至破产倒闭。从这个意义上来讲,金融机构最大、最根本的风险是治理风险。将着力点放在治理风险,是金融机构治理研究的明确选择和指导各类金融机构改革和发展的主要方向。

美国金融系统发生多米诺骨牌效应,五大投资银行和十几家商业银行相继陷入危机,在全球引发蝴蝶效应。诚然,美国次债危机是引发此次金融海啸的导火索,但问题绝不仅限于此。此次众多金融机构皆因次债问题而陷入困境,显然不再是单纯的金融风险处置不当所致,而必须从更深层次进行反思。必要的金融创新对于促进经济发展的重要推动作用是不言而喻的。但华尔街金融机构在明知存在巨大风险的情况下,将问题资产层层打包,并通过隐瞒欺诈的手段将这些衍生产品推向全球市场,造成市场的"虚胀"。而有关监管机构在对"问题"产品的监控上存在缺位,从而造成市场"繁荣"背后巨大风险的累积。金融机构治理的特性决定了这些风险已不是一般意义上的金融风险,而是金融机构治理风险;也正是治理风险的引爆,最终直接导致了这场金融海啸。从这个意义上讲,此次危机与几年前的安然事件如出一辙,再一次凸显了"繁荣"背后的治理风险问题。这也进一步表明,越是在"繁荣"时期,越要注重治理风险的防范。

目前国有控股金融机构的治理风险主要体现在以下几个方面。

(1) 股权的不相容性风险。由于不同性质的股东利益导向不同,我国国有控股金融机构公司治理中不可避免地存在国有股东与战略投资者或其他性质股东之间的矛盾冲突,隐含着股权的不相容性风险。国有"超级股东"有动机在人事任免、资源配置、经营目标等层次上相机性地干预金融机构,以服务于其社会性或政治性目标,这势必会与战略投资者等其他性质的股东存在着利益冲突,导致股东之间的矛盾与摩擦。同时这些控制和干预也使得经营者无法以金融机构价值最大化的趋向来代替上级政府的价值取向,结果使金融机构的董事会治理"形似而神不似"。

(2)经理层缺乏制衡的风险。虽然商业银行建立了现代公司治理结构。但是在日常的经营管理过程中,许多银行仍延续着旧的行政管理模式。"一言堂"现象明显,并导致内部人控制的结果出现,管理人员利用其所控制的资本为自己谋取私利。进而导致商业银行做出高风险或错误的投融资决策,导致呆坏账比例提高,危及金融安全性。

(3)客户参与治理不到位风险。由于金融合约的不透明性,金融机构的客户资产经常会面临着暴露的风险。金融机构可以较为容易地侵害客户的利益。客户作为金融机构的利益相关者,对于金融机构的治理状况、经营状况、财务状况,并没有法定的发言权、参与权和必要的知情权,只有接受或不接受这种"用脚投票"的选择权。这种管理层与客户之间的代理风险还没有足够有效的治理机制去约束。

(4)外部监管力度不够风险。我国国有控股金融机构除上述内部治理风险外,其外部风险也较为突出,主要表现在监管的执行力不足上。我国很多大型的国有控股金融机构在"行政级别"上并不低于监管机构本身,此时在监管者与被监管者之间围绕监管就存在着一个谈判过程,有时甚至被监管者能够影响监管者的政策及执行。因此,即使监管者能够识别金融机构潜在的治理风险,在实际执行中也往往会存在着一定程度的扭曲或滞后。

防范国有控股金融机构治理风险具体建议包括以下几点。

(1)防范后危机时期行政型治理负面影响。后金融危机时期,国有控股上市公司行政型治理有所回潮。谨防行政型治理下的潜在治理风险,合理界定金融机构治理和金融机构管理的边界,构建自下而上的治理流程,逐步实现金融机构董事会"自下而上"任免、监督高管人员的经济型治理,减少官员董事派出。

(2)继续促进金融机构股权结构的多元化。在保持国有控股的条件下,应该继续推进金融机构的股权多元化,用来制约政府"超级股东"的干预行为。除了战略投资者,国家应该考虑引进更多类型的股东,并提高这些股东相对于国有股东的谈判力。股权结构不合理会导致内部人与外部分散股东之间的代理冲突,造成内部人控制等问题。具体而言,首先,在确保国家经济安全的前提下,有步骤、有计划地推动金融机构国有股减持,推进股权结构多元化。其次,大力培养机构投资者。最后,积极引入外资战略投资者,进一步增大外资在国内金融业的持股比例。

(3)建立金融机构治理风险的预警机制。现实中,金融机构往往建立了较为完善的以财务指标为基础的金融风险预警机制,然而对治理风险的预警涉及较少。实践证明,金融风险事故是治理风险的最终爆发。加强公司治理风险预警机制的建设可以引导金融治理风险的"事后治理"到"预防治理",实现前馈控制。金融机构可以通过治理风险诱因、治理风险评价、治理风险预警、治理风险预控等一系列措施完善其治理预警机制。

(4)完善国有控股金融机构的外部监管。金融市场必须受到适当而充分的监管或监控,金融体系必须建立在可问责和透明的基础上。完善金融监管,改革监管模式,强化区域金融监管协调统一,尽快形成以央行为主导、"一行三会"为主体的监管协调机制,以减少信息垄断、监管真空和重复监管等现象。监管机构应通过更加全面的信息系统来确保金融交易透明；还需要与市场主体保持一定的距离，不能陷于"主管部门"；加强与利益相关者的协调，更多地从保护中小投资者、保护储户的角度加强监管；保持金融创新与金融监管的同步性。

（5）强化国有控股金融机构内部治理机制。内部治理中，首当其冲的是完善董事会制度建设，提高董事会治理水平。具体来说，优化董事会结构，引入债权人董事和职工董事；强化董事会决策机制，建立有效的协调机制，健全董事会议议事制度；完善董事选聘机制，多聘用财务和法律专家等真正"懂事"的独董；加大对独董不履行职责的处罚，更好地维护包括存款人在内的全体利益相关者的利益。完善高管的激励约束机制，改革目前只与业绩挂钩而和风险无关的薪酬制度，建立与长期目标相一致的绩效评价与激励约束机制；加强问责制度建设，设立不当收入追回条款，加大对高管经济、行政和刑事责任的处罚力度。

（6）导入金融机构公司治理第三方评价机制。为了及时、准确地掌握金融机构的治理状况，需要建立科学的治理评价体系和评价结果。对于监管部门而言，尽管其在治理评价方面有较强的专业性，但由于人力有限，难以进行大规模、大样本的评价。在这方面，可以建立独立的第三方评价机制，诸如聘请学术研究机构等作为合作伙伴，要求其提供独立、客观、科学的评价结果，从而为有效监管和公司治理建设提供支撑。

280. 地方政府官员治理

政府官员治理（government officials governance）是一项庞大而复杂的系统工程，涉及政治学、管理学、法学、心理学等多学科领域，既包括"反腐"、"行政问责"、"治庸"，也包括"官"的选拔、考核、奖惩、培训、退休等环节（于利梅，2013）。而地方政府官员治理（local government officials governance）是政府官员治理在地方政府的具体应用。传统意义上的官员治理模式主要有两种：第一，制度官员治理，即依靠制度制约官场及官员行为，发挥制度和法律的约束作用，利用制度预防和惩治官员腐败，督促官员廉洁从政；第二，德治教化，即强调道德教化的作用，加强官员的官德建设，希望通过官员的廉洁自律来实现吏治清明。

在我国的金融体系中，地方金融机构一直被视为弱势群体，但近年来已成长为一股不可忽视的力量。特别是伴随着国有大型金融机构的垂直化管理，地方金融机构越发成为地方经济发展的重要推动力。以城市商业银行为例，自1995年第一家城市合作银行（城商行的前身）成立以来，城商行取得了跨越式的发展。根据中国人民银行和中国银监会的统计，截至2011年末，我国共有城商行144家，总资产为99 845亿元，占银行业金融机构的9%。但长期以来，地方金融机构一直受困于地方政府的干预，累积了大量的风险；在服务实体经济方面也饱受诟病，特别是近来民间金融及地方融资平台等问题更是引发了社会对地方金融体制改革的关切。地方政府干预地方金融机构的根源在于地方官员围绕GDP增长所展开的晋升锦标赛，地方政府官员治理会对辖内城商行贷款行为产生重要的影响，因此要实现地方金融机构的健康发展，完善地方政府官员治理将是关键所在。

基于此，理论界和实务界都强调，要实现地方金融机构的健康发展，弱化地方政府的干预将是重中之重。然而政府只是一个整体的、抽象的概念，泛泛地强调减少地方政府干预缺乏实际的落脚点，也无法为我们提供一个可观察的深入视角。因为尽管相关的研究指出政府干预会影响企业行为，但作为一个虚拟的、抽象的整体，我们并不知道政府究竟在哪，它又是如何来干预企业运行的,其动力何在,又是谁在代表或影响着政府的行为,实际上,政府本身是一个"黑箱",是由具体的官员组成的,政府的各种行为实质上是作为载体的官员动机的体现。因此,从官员身上找寻政府干预的根源更具本质意义,具体到地方官员与地方金融机构的关系上,现实中地方官员有能力也有动力来干预其资源配置。

地方金融机构的控股股东通常为地方政府,且地方政府掌控着地方金融机构的人事任免权,因此地方官员能够将自身动机很好地融入作为股东的政府之中。①地方政府拥有对地方金融机构的实际控制权。地方金融机构的第一大股东通常是地方财政部门或政府投资公司。以城商行为例,纵观其发展历程可以看出,我国的城商行从一开始就从法律上确立了地方政府的控股地位。1995年国务院发布的《城市商业银行暂行管理办法》明确规定,城商行股东由当地企业、个体工商户、城市居民和地方财政入股组成,其中地方财政为最大股东,持股比例约为30%,而单个法人股东持股不得超过10%,单个自然人持股不得超过2%,由此导致了地方政府处于事实上的"一股独大"地位,为政府干预银行经营提供了可能。如贵阳银行,其在1997年发起成立时共有26个股东,全部为法人股,其中第一大股东为贵阳市财政局,持股比例30%,而其他25个股东全部为地方信用社,最大持股为8.04%,经历了历史上的四次增资扩股之后,截至2010年底,贵阳银行的第一大股东为贵阳市国有资产投资管理公司,持股为21.04%,而第二大股东持股只有6.01%,地方政府仍然处于事实上的"一股独大"地位。②地方政府掌控着地方金融机构的人事任免权。由于地方政府的控股地位以及行政型治理模式的存在,有相当数量地方金融机构的董事长、行长都是由地方组织部门任命的,这种高管任命的行政化使得地方政府能够直接影响地方金融机构的经营,其日常运行和管理机制难免会烙上行政化的印记,进一步利于地方政府干预其资源配置。一个典型案例就是齐鲁银行案件发生后政府任免银行高管人员。2011年3月2日,济南市委组织部发布《齐鲁银行股份有限公司领导人员职务任免公告》,直接罢免了董事长、行长和监事长,同时任命了四位新高管,这种行政化的任免机制显然并不符合《公司法》和《股份制商业银行公司治理指引》等公司治理法律、政策和法规的相关规定。

金融资源是官员拉动经济、实现晋升的工具,使得地方官员有动力干预资源配置。自改革开放以来,地方官员之间的"晋升锦标赛"使得GDP被空前重视,而作为推动投资的关键因素,金融资源的重要性更加凸显。特别是始于1994年开始的分税制改革使得中央政府与地方政府在财权和事权上出现一定程度上的不匹配,财政收入更多集中于中央政府,而财政支出则更多由地方政府承担,地方政府的财政赤字开始增加,也难以支持地方建设和经济发展。在这种情况下,作为财政替代的金融资源成为地方政府获得资金的重要渠道,因此地方政府开始通过干预地方金融机构资金的流向来弥补财政资金的不足,依靠金融功能的财政化来替代弱化的财政功能。而1995年《预算法》及《商业银行法》的颁布更进一步地限制了地方政府的融资渠道,前者关于地方政府不得发行政府债券的规定使得地方政府难以通过发债获得融资,后者对国有银行的市场化改革也弱化了地方政府对国有银行地方分行的控制。此时地方官员必然有强烈的动机来利用地方金融机构这一金融平台,以支持地方投资,而最重要的就是基于政治考虑引导其资源的配置,由此引发其风险的增加。根据国务院发展研究中心金融研究所《中国城市商业银行研究》课题组2004年对全国112家城市商业银行的调查,城商行的经营活动受到地方政府的大量干预,城商行向国有企业贷款占到贷款总额的17%,且各地城商行都为地方政府预留了很大份额的授信额度,用于支持地方基础设施建设。此外,地方官员的晋升压力会影响包括贷款量、期限结构、行业分布及贷款风险等在内的贷款行为(李维安,钱先航,2012)。

综上所述,地方金融机构的行为与地方政府官员治理息息相关。地方政府官员治理会对地方金融机构行为产生重要而显著的影响,因此,要实现地方金融机构的健康发展,完善地方政府官员治理将是关键所在。而地方官员干预其行为的原因主要在于其有能力也有动力对地方金融机构进行干预,因而目前的改革应主要从增加地方官员干预难度和弱化干预动力两方面着手。

(1)推进治理由行政型向经济型转型。地方官员能够直接干预金融机构的原因在于,行政型治理背景下,地方金融机构的高管主要由地方组织部门"自上而下"的任命,因此,实现董事会"自下而上"的任免、监督高管人员的经济型治理能够增加官员干预金融机构的难度。近期中央和监管部门主要通过设立金融综合改革实验区、重组地方金融机构等途径推进地方金融改革,这对于地方金融机构的发展具有战略性的意义。

(2)完善地方官员的选拔与考核机制。践行科学发展观,修正单纯关注经济增长的官员考核机制,代之以综合性考评体系,实现从"为增长而竞争"到"为和谐而竞争"的转变。事实上,对城市商业银行的研究表明,在官员考核中增加环境、民生指标的比重的确能够抑制城商行的不良贷款。显然,弱化地方官员的干预动力能够从源头上解决政府的过度干预问题,从这个意义上讲,完善地方官员的晋升、考核等治理机制将是实现地方金融机构可持续发展的治本之策。

(3)增加专业和非官员董事的派出。正是通过官员董事,地方政府才能实现对金融机构的直接控制;即使是政府控股的情况下,派出专业的、非官员董事也将有助于地方金融机构的稳健经营,这也符合党和国家领导人多次强调的"减少政府对微观经济活动干预"的精神。

(4)加强银行内部控制机制建设。除了需要做好公司治理工作外,还需要完善内部控制机制。公司治理是内部控制的制度基础,而内部控制是银行经营层面最基础的防火墙。应构建较为完备的贷款审核发放、风险控制等机制,进一步避免或弱化地方政府特别是官员的直接干预能力。

中国公司治理

Corporate Governance Handbook

Corporate Governance，Competition，and Performance［J］．Journal of Law and Society，1997，24（1）：152-76.

Corporate governance has become a subject of active academic and policy debate throughout the world．In the United Kingdom and the United States of America，there is much discussion of the deficiencies of the market system in delivering effective governance．In continental Europe，there is a concern that existing systems of governance are stifling innovation and growth．In Eastern Europe，privatization has given way to questions about the form in which private enterprises should be governed．China is experimenting with methods of corporate governance which attempt to blend some of the features of market systems with state ownership of enterprises．

Colin Mayer

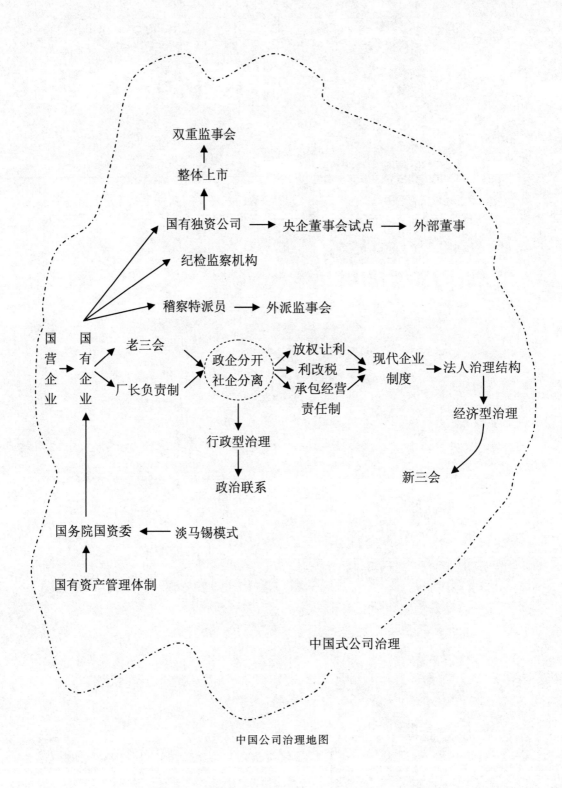

双重监事会

↑

整体上市

↑

国有独资公司 → 央企董事会试点 → 外部董事

纪检监察机构

稽察特派员 → 外派监事会

国营企业 → 国有企业

老三会

厂长负责制

政企分开 社企分离 → 放权让利 利改税 承包经营责任制 → 现代企业制度 → 法人治理结构

行政型治理

↓

政治联系

经济型治理

新三会

国务院国资委 ← 淡马锡模式

↑

国有资产管理体制

中国式公司治理

中国公司治理地图

281. 国营企业

国营企业(state enterprise),从字面理解,即由国家经营和管理的企业,其所有权和经营权均属于国家和政府,是我国国有企业早期的一种特殊形态。企业的资源配置、经营决策、人事任免均由国家和政府掌握。

国营企业作为一种经济组织方式古已有之。而现代国营企业作为一种社会生产经营形式,是在工业革命之后发展起来的,特别是在第二次世界大战之后几乎波及了所有的国家,成为世界各国社会经济的重要组成部分。

在资本主义国家,国营企业是政府发挥社会职能、调控社会经济的重要手段之一。一方面,在公共基础设施、交通运输、供水供电、邮电通信等领域,所需要的资本投入巨大、回收周期长,民间资本无力或者不愿进行投入,或者建设投入不合理,难以全面满足社会需求。政府作为社会管理者和公共服务提供者,有义务和能力以国家财政为保障对这些领域进行合理规划和投资建设,以确保公共事业的稳定和发展。另一方面,能源、原材料等国民经济命脉部门对国民经济具有重大影响,政府往往通过全部或部分地控制这些生产部门来作为影响和调控国民经济的手段。

在社会主义国家,由于国民经济的性质,国营企业可以理解为全民所有制的企业。针对我国来说,从新中国社会主义改造完成至改革开放之前,我国几乎全部的工业、交通经济部门采用的是计划经济体制下的国有工厂制度。工厂依据国家的计划和指令进行生产和管理,对其经营的结果不负经济责任。严格来说,这一时期的国有工厂并非真正意义上的企业。

1979年,国务院颁发了《关于扩大国营工业企业经营管理自主权的若干规定》,国营企业开始拥有一定的经营自主权并部分地承担经营结果。1988年,国家颁布了《全民所有制工业企业法》,第一次以法律的形式对国营企业进行了界定。其第二条规定全民所有制工业企业是依法自主经营、自负盈亏、独立核算的社会主义商品生产和经营单位。企业的财产属于全民所有,国家依照所有权和经营权分离的原则授予企业经营管理。企业对国家授予其经营管理的财产享有占有、使用和依法处分的权利。企业依法取得法人资格,以国家授予其经营管理的财产承担民事责任。企业根据政府主管部门的决定,可以采取承包、租赁等经营责任制形式。其中所述的"全民所有制工业企业"也即我们所说的国营企业。

在1992年,原国家体改委就颁布了《股份有限公司规范意见》和《有限责任公司规范意见》。这两个文件首次以部门规章形式,确定了我国现代企业制度下的公司组织形式。随着我国经济体制改革的深化,1993年,中共十四届三中全会通过了《关于建立社会主义市场经济体制若干问题的决定》(以下简称《决定》),《决定》指出,要进一步转换国有企业经营机制,建立适应市场经济要求,产权清晰、权责明确、政企分开、管理科学的现代企业制度。《决定》还明确了我国国有资产管理实行"国家统一所有、政府分级监管、企业自主经营"的管理体制。1993年12月,第八届全国人大常委会第五次会议通过了《中华人民共和国公司法》,以法律的形式对公司治理做了规定。1994年,国务院颁布了《国有企业财产监管条例》,进一步为国有资产的使用、监督与管理提供了法律依据。自此,"国营企业"的概念较少地出现在法律、法规和文件中,而逐步地被"国有企业"所代替。

第九篇

282. 国有企业

国有企业（state-owned enterprise，SOE），即所有权归属于国家的企业。在大多数国家中，国有企业仅指由中央政府或者联邦政府投资或者控股的企业，其含义与"国营企业"并没有明显的区别。我国的情况有所不同。在我国，地方政府投资和控股的企业也属于国有企业。准确来讲，最终控制人为中央或各级地方政府的企业均为国有企业。一方面，国有企业具有一般企业的特征，利用其资产进行经营活动，并承担其经营活动的经济结果。另一方面，由于我国国有资产全民所有制的经济性质，国有企业还承担着国有资产保值增值的责任。此外，对于通信、交通、资源和原材料等领域的国有企业，他们还承担着提供公共服务、调控国民经济等不同的任务。

在改革开放之前，我国的国有企业和国营企业总体上具有同一性。在计划经济体制下，企业的所有权和经营权均归属国家，国家对企业的生产经营采用行政式的管理手段，通过计划和指令制订企业的生产计划，企业基本不享有自主经营权。1979年，国务院颁发的《关于扩大国营工业企业经营管理自主权的若干规定》中，首次明确了企业的经营自主权，国有企业的经营权开始部分地下放到企业中。同时，该《规定》指出企业应"维护全民所有制的财产不受侵犯"。这奠定了我国国有企业全民所有、自主经营的政策基调。1988年出台的《全民所有制工业企业法》确定了国有企业所有权和经营权相分离的原则。但是，此时我国的绝大多数企业均为国家完全所有，同时，以股份制和有限责任为特征的现代企业制度尚未建立，因此，此时的所有权和经营权分离缺乏实施的土壤。

1993年《公司法》的通过和实施不但为我国建立现代企业制度奠定了法律基础，也为企业所有权和经营权分离的实现提供了法律依据。同时，随着非公有制经济的发展，企业的所有权表现出多元化的趋势。众多的国有控股、参股企业不断出现。一般认为，国有独资企业、国有独资公司和国有资本控股公司属于国有企业的范畴，而国有资本参股公司不在其列。

1998年以后，我国国有企业的改革重组进入崭新阶段，大量的国有企业进行了兼并、重组。电信、能源、民航等领域实现了行政、企业的分离。同时，众多国有企业进行了股份制改造和重组。随着2003年国务院国有资产监督管理委员会的成立和《企业国有资产监督管理暂行条例》的颁布实施，国家出资人的出资人权责以及履行出资人义务的方式更加明确，国家出资人的监督管理职责由国有企业扩展到更广泛的企业国有资产范围。

中央企业和地方国有企业是我国国有企业的两种组织形式。两者的共同点在于其所有权均属于国家，均由政府行使出资人职能。两者的区别一方面在于行使出资人职能的政府层级不同，另一方面在于所涵盖的行业和经济部门不同。

《企业国有资产监督管理暂行条例》第五条规定："国务院代表国家对关系国民经济命脉和国家安全的大型国有及国有控股、国有参股企业，重要基础设施和重要自然资源等领域的国有及国有控股、国有参股企业，履行出资人职责。国务院履行出资人职责的企业，由国务院确定、公布。省、自治区、直辖市人民政府和设区的市、自治州级人民政府分别代表国家对由国务院履行出资人职责以外的国有及国有控股、国有参股企业，履行出资人职责。其中，省、自治区、直辖市人民政府履行出资人职责的国有及国有控股、国有参股企业，由省、自治区、直辖市人民政府确定、公布,并报国务院国有资产监督管理机构备案;其他由设区的市、自治州级人民政府履行出资人职责的国有及国有控股、国有参股企业,由设区的市、自治州级人民政府确定、公布,并报省、自治区、直辖市人民政府国有资产监督管理机构备案。"

《企业国有资产法》第四条规定:"国务院和地方人民政府依照法律、行政法规的规定,分别代表国家对国家出资企业履行出资人职责,享有出资人权益。国务院确定的关系国民经济命脉和国家安全的大型国家出资企业,重要基础设施和重要自然资源等领域的国家出资企业,由国务院代表国家履行出资人职责。其他的国家出资企业,由地方人民政府代表国家履行出资人职责。"

上述法律规定中,由国务院负责履行国家出资人职能的企业就是中央企业。由地方政府履行出资人职能的企业称为地方国有企业。至2014年4月,由国务院负责履行出资人职能的企业(集团)共113家,如见表9-1所示。

表9-1　中央企业名录

1	中国核工业集团公司	30	中国机械工业集团有限公司
2	中国核工业建设集团公司	31	哈尔滨电气集团公司
3	中国航天科技集团公司	32	中国东方电气集团有限公司
4	中国航天科工集团公司	33	鞍钢集团公司
5	中国航空工业集团公司	34	宝钢集团有限公司
6	中国船舶工业集团公司	35	武汉钢铁(集团)公司
7	中国船舶重工集团公司	36	中国铝业公司
8	中国兵器工业集团公司	37	中国远洋运输(集团)总公司
9	中国兵器装备集团公司	38	中国海运(集团)总公司
10	中国电子科技集团公司	39	中国航空集团公司
11	中国石油天然气集团公司	40	中国东方航空集团公司
12	中国石油化工集团公司	41	中国南方航空集团公司
13	中国海洋石油总公司	42	中国中化集团公司
14	国家电网公司	43	中粮集团有限公司
15	中国南方电网有限责任公司	44	中国五矿集团公司
16	中国华能集团公司	45	中国通用技术(集团)控股有限责任公司
17	中国大唐集团公司	46	中国建筑工程总公司
18	中国华电集团公司	47	中国储备粮管理总公司
19	中国国电集团公司	48	国家开发投资公司
20	中国电力投资集团公司	49	招商局集团有限公司
21	中国长江三峡集团公司	50	华润(集团)有限公司
22	神华集团有限责任公司	51	中国港中旅集团公司
23	中国电信集团公司	52	国家核电技术有限公司
24	中国联合网络通信集团有限公司	53	中国商用飞机有限责任公司
25	中国移动通信集团公司	54	中国节能环保集团公司
26	中国电子信息产业集团有限公司	55	中国国际工程咨询公司
27	中国第一汽车集团公司	56	中国华孚贸易发展集团公司
28	东风汽车公司	57	中国诚通控股集团有限公司
29	中国第一重型机械集团公司	58	中国中煤能源集团公司

续表

59	中国煤炭科工集团有限公司	87	中国外运长航集团有限公司
60	机械科学研究总院	88	中国中丝集团公司
61	中国中钢集团公司	89	中国林业集团公司
62	中国冶金科工集团有限公司	90	中国医药集团总公司
63	中国钢研科技集团公司	91	中国国旅集团有限公司
64	中国化工集团公司	92	中国保利集团公司
65	中国化学工程集团公司	93	珠海振戎公司
66	中国轻工集团公司	94	中国建筑设计研究院
67	中国工艺(集团)公司	95	中国冶金地质总局
68	中国盐业总公司	96	中国煤炭地质总局
69	中国恒天集团有限公司	97	新兴际华集团有限公司
70	中国中材集团有限公司	98	中国民航信息集团公司
71	中国建筑材料集团有限公司	99	中国航空油料集团公司
72	中国有色矿业集团有限公司	100	中国航空器材集团公司
73	北京有色金属研究总院	101	中国电力建设集团有限公司
74	北京矿冶研究总院	102	中国能源建设集团有限公司
75	中国国际技术智力合作公司	103	中国黄金集团公司
76	中国建筑科学研究院	104	中国储备棉管理总公司
77	中国北方机车车辆工业集团公司	105	中国广核集团有限公司
78	中国南车集团公司	106	中国华录集团有限公司
79	中国铁路通信信号集团公司	107	上海贝尔股份有限公司
80	中国铁路工程总公司	108	武汉邮电科学研究院
81	中国铁道建筑总公司	109	华侨城集团公司
82	中国交通建设集团有限公司	110	南光(集团)有限公司
83	中国普天信息产业集团公司	111	中国西电集团公司
84	电信科学技术研究院	112	中国铁路物资总公司
85	中国农业发展集团总公司	113	中国国新控股有限责任公司
86	中国中纺集团公司		

(资料来源：国务院国有资产监督管理委员会网站 http://www.sasac.gov.cn/，截至 2014 年 4 月 15 日。)

可以看出，中央企业涵盖了石油、电力、通信、煤炭、冶金、交通等关系国民经济命脉的产业中的龙头企业。这一方面保证了公有制经济在国民经济中的主导地位，另一方面有利于国家对宏观经济进行监控。事实上，中央企业近年来为我国经济的快速发展和稳定运行做出了重要的贡献，一方面，中央企业的健康运行为我国的经济发展保驾护航，另一方面，中央企业经济效益的提高为国家上缴了可观的利税，提高了政府的财政收入。可以说，中央企业在我国国民经济中起到了支柱作用。

地方国有企业由地方政府履行出资人职能，其涵盖的范围更广。地方国有企业也是社会主义市场经济的重要组成部分，一方面，地方国有企业参与市场竞争，是公有制经济参与社会经济活动的重要形式，另一方面，地方国有企业通过生产经营活动创造社会财富，有利于提高地方财政收入，创造地方就业岗位，为地方经济的发展提供了强大动力。

283. 国有独资公司

国有独资公司(wholly state-owned company)是指国家单独出资、由国务院或者地方人民政府授权本级人民政府国有资产监督管理机构履行出资人职责的有限责任公司。

国有独资公司具有一般有限责任公司的特征,如公司股东依据其出资额对公司承担责任,公司依据其全部法人资产对公司债务承担有限责任。同时,国有独资公司具有其特殊性。首先,国有独资公司的全部资本由国家投入,国家是其唯一股东。虽然有些国有独资公司的资产由两个或多个国家机构、部门共同投入,但是依据法律,其资产属于全民所有,属于国有企业。其次,国有独资公司的组织机构与一般有限责任公司不同,依据《公司法》的规定,国有独资公司不设股东会,股东会的权利由国有资产监督管理部门执行。此外,《公司法》还针对国有独资公司重大事项的决定和批准、监事会的规模和构成等方面进行了详细规定。

1994 年《公司法》施行之后,在国有企业改革的过程中,国有独资公司呈现出数量逐渐减少、规模逐渐增大的趋势。1999 年,中共十五届四中全会通过了《中共中央关于国企改革和发展若干重大问题的决定》,其中提出"推进国有企业战略性重组",坚持"抓大放小"。要着力培育实力雄厚、竞争力强的大型企业和企业集团,有的可以成为跨地区、跨行业、跨所有制和跨国经营的大企业集团,同时"要积极发展多元投资主体的公司"。在该《决定》精神的指导下,煤炭、钢铁、纺织等领域的国企进行了大规模的兼并重组,建立了一批具有雄厚实力和先进产能的企业集团。同时,2006 年实施的新《公司法》取消了原先国务院确定的生产特殊产品的公司或者属于特定行业的公司应当采取国有独资公司形式的规定,这就放开了对电力、通信、金融等领域公司的约束,允许非国有资本进入相应领域的公司中。之后,随着越来越多的国有企业进行改制和上市,国有独资公司的数量进一步减少。目前,除少量特殊行业的国有企业以及部分分拆上市的国有企业的母公司之外,大部分国有企业采取的是国有资本控股公司的形式。

284. 国有资产管理体制

国有资产管理是国家以产权为基础,以提高国有资产营运的经济效益和社会效益为目标,以资产的占有者和使用者为对象开展的管理活动。国有资产管理的主体是国家(政府),但它是以产权所有为基础的,资产所有者与资产经营者的身份是平等的,不具有超经济的强制性。国有资产管理体制(state-owned asset management system)是关于国有资产管理机构设置、管理权限划分和确定调控管理方式等方面的基本制度体系,是国民经济管理体制的有机组成部分,是国民经济管理过程中产权关系的具体表现形式,也是国家所有制的具体实现形式。建立和完善国有资产管理体制的目的是为了形成健全有效的国有资产管理运行机制。根据国民经济协调、快速、健康发展的客观要求和加强国有资产管理的需要,正确地划分各级政府和各级、各类国有资产管理机构的职责权限,是国有资产管理体制的核心内容,也是完善国有资产管理体制的重要目标。组织机构的设置,为国有资产管理提供了基本的物质技术基础和手段,它使管理职责权限的划分得以落实。调控方式是国有资产管理体制活的灵魂,它不仅为体制的运行输入动力,而且不断地矫正体制的运行方向,决定着体制运行的效率。可见,国有资产管理体制是由职责权限划分、组织机构设置和调控管理方式等方面的法律、法规和规章制度共同构成的有机整体。

国民经济管理体制的调控对象,是全社会的所有经济资源及其配置运营过程。而国有资产管理体制调控的对象,则是产权为国家所有的经济资源及其配置运营过程。在我国,国有经济资源是全社会经济资源中最重要、最基础的部分。所以,国有资产管理体制是国民经济管理体制的有机组成部分。国有资产管理体制与整个国民经济管理体制一样,运行中都需要规范和协调国民经济发展中涉及的复杂的社会经济关系,其中一些最基本的经济关系,如政府与企业之间的关系,企业内部所有者之间的关系,所有者与经营者之间的关系,所有者内部各个监管主体之间的关系等,都必须经过国有资产管理体制的规范和协调,才能保证经济和社会的健康发展。这说明,国有资产管理体制是国民经济管理过程中产权关系的具体表现形式。从总体上看,国有资产管理体制是全民所有制生产关系的具体化;同时,它又直接与上层建筑相联系,是一个复杂的社会系统。实质上是正确处理国有经济内部各种经济关系以及国有经济与非国有经济之间各种经济关系的问题,同时涉及国家、地方、政府、国有资产管理机构、各经济主管部门、中介机构、经营单位和职工之间关于国有资产管理中的责、权、利的协调和处理问题,本质上体现了国家作为国有资产终极所有者对国有资产运营全过程的组织、协调、监管的一系列活动。

我国国有资产管理体制改革发展的历程。我国国有资产管理体制的改革探索自 1978 年改革开放以来,大体上可以分为四个阶段,①对企业放权让利阶段(1979—1984 年)。为了提高国有资产的营运效益,扩大国有企业经营自主权,国务院发布了一系列有关"扩权"、"让利"的重要文件,并于 1983 年和 1984 年分别实行了两步"利改税"。②实行所有权与经营权和政企职责初步分离阶段(1984—1986 年)。1984 年 10 月 20 日召开的中共十二届三中全会,会议通过的《中共中央关于经济体制改革的决定》,一是确认了企业的所有权和经营权可以适当分开,二是确认了政府和企业的职责也是应分开的。在这次会议精神的指导下,以"两权分离"和"政企分开"为特征的多种经营方式,如承包经营责任制、租赁经营责任制等应运而生。③开始触及产权的改革阶段(1986—2003 年)。从 1986 年开始兴起的企业拍卖、转让,到1987 年下半年出现的企业之间的合并、兼并、收购等,都标志着产权转移在我国已经出现。为了有效地进行国有资产所有权管理,从 1988 年开始,全国陆续组建国有资产专职管理部门,对国有产权实施专职管理。这标志着我国的国有资产管理体制改革进入了一个新的发展阶段。④有重大突破阶段(2003 年至今)。从 2003 年的十六大召开,明确提出了国有资产管理体制改革的方向。党的十六大依据我国国情和国有资产管理的现状,描述了社会主义市场经济下新型国有资产管理体制的基本框架。继续调整国有经济的布局和结构,改革国有资产管理体制,是深化经济体制改革的重大任务。在坚持国家所有的前提下,充分发挥中央和地方两个积极性。国家要制定法律法规,建立中央政府和地方政府分别代表国家履行出资人职责,享有所有者权益,权利、义务和责任相统一,管资产和管人、管事相结合的国有资产管理体制。关系国民经济命脉和国家安全的大型国有企业、基础设施和重要自然资源等,由中央政府代表国家履行出资人职责。其他国有资产由地方政府代表国家履行出资人职责。中央政府和省、市(地)两级地方政府设立国有资产管理机构,继续探索有效的国有资产经营体制和方式。各级政府要严格执行国有资产管理法律法规,坚持政企分开,实行所有权和经营权分离,使企业自主经营、自负盈亏,实现国有资产保值增值。2013 年中共十八届三中全会提出要完善国有资产管理体制,以管资本为主加强国有资产监管,改革国有资本授权经营体制,组建若干国有资本运营公司,支持有条件的国有企业改组为国有资本投资公司。国有资本投资运营要服务于国家战略目标,更多投向关系国家安全、国民经济命脉的重要行业和关键领域,重点提供公共服务、发展重要前瞻性战略性产业、保护生态环境、支持科技进步、保障国家安全。划转部分国有资本充实社会保障基金。完善国有资本经营预算制度,提高国有资本收益上缴公共财政比例,2020年提到30%,更多用于保障和改善民生。

285. 厂长负责制

厂长负责制(system under which the factory director assumes full responsibility)指的是我国国有企业特殊背景下的一种企业领导体制,在这种体制下,厂长统一领导和全面负责企业工作,是一种首长负责制,主要实践于新中国成立之后,之前在解放区实行过"三人团"、"厂务会"和"工管会"等制度。国企"厂长负责制"的理论和实践都是来自苏联,"厂长负责制"在我国最早的法律实践是1934年4月10日江西红色政权颁布的《苏维埃国有工厂管理条例》。

1956年初,国际上发生了对我国有深刻影响的事件,党的领导人在如何吸取斯大林的个人崇拜错误的教训时,严厉批判了一长制,认为我们的企业不能照搬苏联的一套管理制度,主张在企业中建立以党为核心的集体领导和个人负责相结合的领导制度(李恒灵,2012)。1956年9月召开的党的第八次全国代表大会决定实行党委领导下的厂长负责制的领导制度,在企业中,应当建立以党为核心的集体领导和个人负责相结合的领导制度。凡是重大的问题都应当经过集体讨论和共同决定,凡是日常的工作都应当由专人分工负责。1961年9月,中共中央颁发《国营工业企业工作条例(草案)》(简称"工业七十条")。其主要内容:国家与企业之间实行"五定"、"五保"。"五定"是:定产品方向和生产规模;定人员、机构;定主要的原料、材料、燃料、动力、工具的消耗定额和供应来源;定固定资产和流动资金;定协作关系。"五保"是:企业对国家保证产品的品种、数量和质量;保证不超过工资总额;保证完成成本计划,并且力求降低成本;保证完成上缴利润;保证主要设备的使用期限。限制企业党组织对企业生产行政工作干预过多,禁止把党委领导下的厂长负责制引申到车间、工段和科室;建立严格的责任制度等。《国营工业企业工作条例(草案)》中明确提出,在国营工业企业中,实行党委领导下的行政管理上的厂长负责制,这是我国企业管理的根本制度。1965年《国营工业企业工作条例(修正草案)》提出,企业中一切重要工作和重大问题,必须由党委集体讨论决定,企业在生产行政上实行党委领导下的厂长负责制。

从1950年代中期到1960年代中期,强调"党委领导下厂长负责制";从1960年代中期的文化大革命到1970年代末,工厂实行"三结合的革命委员会"或者"党委书记拍板"的领导体制,不存在厂长负责制问题。1970年代末开始改革国企之后,对党组织和经理班子何者应在国企中居主导地位一直存在争议。1978年中共中央在《关于加快工业发展若干问题的决定(草案)》文件中,明确提出建立和健全党委领导下的厂长分工负责制,重新任命了厂长或经理,基本上改变了"革命委员会"党政主要领导由一人兼任的畸形体制,初步确立了党委领导下的厂长分工负责制。

邓小平1980年8月18日在中共中央政治局扩大会议上的讲话《党和国家领导制度的改革》提出,"改变党委领导下的厂长负责制,分别实行工厂管理委员会,公司董事会,经济联合体的联合委员会领导和监督下的厂长负责制、经理负责制"。邓小平讲话是日后恢复厂长负责制的政策依据。1984年5月15日，全国人大六届二次会议决定，逐步实行厂长（经理）负责制。企业的生产指挥、经营管理由国家委托厂长（经理）全权负责。会后，中央确定在辽宁省大连市和江苏省常州市的国有企业普遍推行厂长（经理）负责制。同是在北京、天津、上海、沈阳等四市选择一批企业进行试点。1984年10月20日，中共十二届三中全会《中共中央关于经济体制改革的决定》指出现代企业分工细密，生产具有高度的连续性，技术要求严格，协作关系复杂，必须建立统一的、强有力的、高效率的生产指挥和经营管理系统；只有实行厂长（经理）负责制，才能适应这种要求；企业中党的组织要积极支持厂长行使统一指挥生产经营活动的职权，保证和监督党和国家各项方针政策的贯彻执行，加强企业党的思想建设和组织建设，加强对企业工会、共青团组织的领导，做好职工思想政治工作。1986年9月国家颁布了《全民所有制工业企业厂长工作条例》，把国有企业的领导体制，由原来的党委集体领导下的厂长负责制，改为厂长负责制。1986年11月11日，中共中央、国务院联合颁发的《关于认真贯彻执行全民所有制工业企业三个条例的补充通知》中，1986年12月5日，国务院颁发的《关于深化企业改革增强企业活力的若干规定》中，更进一步具体规定企业必须全面推行厂长负责制，厂长是企业法人的代表，对企业负有全面责任，处于中心地位，起中心作用。1987年8月25日—29日，国家经委、中共中央组织部、全国总工会在北京联合召开全面推行厂长负责制工作会议，会议提出全国所有的大中型工业企业1987年内要普遍实行厂长负责制，全民所有制工业企业中全面实行厂长负责制要在1988年底前完成；会议要求，今后各地要把厂长负责制作为企业的根本制度，加快改革的步伐，以完成企业领导制度改革这一历史任务。1988年制定的《全民所有制工业企业法》第七条明确提出企业实行厂长（经理）负责制，以法律形式固定下来，厂长依法行使职权，受法律保护。而没有加以"党委领导下的"定语限制，这被认为是一个变革。

　　1980年代后期，在扩大企业自主权的改革思路之下，国企法定代表人的权力日益扩张，而企业效益每况愈下。在决策效率方面，厂长负责制有着不可比拟的优势。但是，厂长负责制的弊端也逐渐呈现。厂长的权力失去制约，在这种机制下，厂长"人、财、物"权在握，用人一人定，签字一支笔，容易造成决策一言堂。因此，如何通过党委限制法定代表人的权力，在1990年代再次受到关注。1997年，《中共中央关于进一步加强和改进国有企业党的建设工作的通知》中强调党对国有企业的领导，坚持党管干部的原则，国企负责人和国有资产产权代表必须按照人事任免权限选派和推荐，国有企业党的工作要贯穿于生产经营的全过程。厂长（经理）、董事会在对重大问题决策前，应听取、尊重党委的意见；重大决策的执行情况，应向党委通报。当党组织发现重大问题决策脱离实际，不符合党和国家的方针政策、法律法规时，应及时提出意见；如得不到纠正，党组织要负责向政府有关部门反映并向上级党组织报告。2004年9月26日中共十六届四中全会通过的《中共中央关于加强党的执政能力建设的决定》提出，国有企业党组织要适应建立现代企业制度的要求，完善工作机制，充分发挥政治核心作用。2004年10月31日中共中央办公厅转发《中央组织部、国务院国资委党委关于加强和改进中央企业党建工作的意见》的通知，提出正确认识及把握加强和改进中央企业党建工作的重要意义、指导思想、目标任务，内容涉及建立健全企业党组织发挥政治核心作用、参与企业重大问题决策的体制和机制，切实加强企业领导班子的思想政治建设，不断加强企业人才队伍建设，积极推进企业党风建设和反腐倡廉工作，着力提高企业思想政治工作和精神文明建设水平，探索现代企业制度下发挥职工民主管理作用、维护职工合法权益的有效途径，以改革的精神加强和改进企业党组织自身建设,进一步加强对中央企业党建工作的领导等几个方面内容,共计 29 条。2009 年 8 月,全国国有企业党的建设工作会议指出,党建工作始终是国有企业的独特政治资源,是企业核心竞争力的有机组成部分,是实现企业科学发展的关键因素,也是建立中国特色现代企业制度的一个本质特征;加强和改进新形势下国有企业党的建设,要坚持解放思想、实事求是、与时俱进,主动适应深化公司制股份制改革和建立现代企业制度的新要求,主动适应参与国际化竞争和扩大对外开放的新特点,主动适应企业党员职工队伍思想观念和利益诉求发生的新变化,不断提高国有企业党建工作水平,为实现国有企业科学发展提供有力保证;要确立党组织在公司治理结构中的政治核心地位,构建中国特色现代国有企业制度,充分发挥企业党组织的政治核心作用。2013 年 3 月 4 日中共中央办公厅转发《中央组织部、国务院国资委党委关于中央企业党委在现代企业制度下充分发挥政治核心作用的意见》(以下简称《意见》)的通知,首次对国企党组织参与企业重大决策的程序作出具体规定,并明确了其发挥政治核心作用的表现形式[①]。党组织发挥政治核心作用表现在三个方面,即领导层架构、参与决策的领域和程序。在领导层架构方面,该《意见》延续了此前双向交叉任职的规定,即党组织的主要领导成员要参与经营层面的运作,作为董事、董事长,或者总经理、副总经理。董事长、总经理等也可以进入企业党组织的领导层。《意见》还明确党组织参与企业重大决策的情形共分为三类:一是干部的选拔、考核;二是企业的经营方针和重大改革重组问题;三是贯彻落实党和国家的方针政策。此外还包括关系到职工群众重大切身利益的措施。《意见》值得关注的地方在于,它首次统一和明确了企业党组织参与重大决策的程序问题。《意见》规定,在做出重大决策前,党委或党组应首先开会,然后由党组织的主要负责人与董事会和经理层的非党委成员沟通;在开总经理办公会和董事会的时候,参加的党委成员要充分表达党委的意见;党委成员在总经理办公会和董事会后,要向党委反馈决策结果;如果党委发现有不符合国企责任的行为,要向上一级党委报告。

286. 放权让利

我国新中国成立后基本复制了苏联的计划经济运行模式,形成并逐步固化了国营企业制度。在国营企业制度下,全民所有制企业被称作是国营企业,即由国家或者说政府来直接经营的企业。在大一统的计划经济体制下,分散在全国的各个国营企业只是全国这个大工厂里的一个个车间或班组,自身没有经营自主权。它不是一个独立生产、自主经营、自负盈亏的真正意义上的企业,只是国家政府机关的一个附属物。改革开放后,为增强国有企业的活力,首要的问题就是要打破高度集权的国营企业制度,赋予企业一定的自主权。为此,我国国有企业当时进行了以放权让利(decentralization of power and transfer of profits)为重点的各种改革,其实质是调整国家和企业的责权利关系,解决政企不分、以政代企问题。

1978 年中央采取了两项实施放权让利改革的措施。一是在 1978 年 10 月四川省率先进行放权让利试点;二是在 11 月 25 日,国务院同意财政部的报告,决定从当年起,国有企业试行企业基金制度。该制度规定,凡全面完成国家 8 项年度指标及供货合同的工业企业,可按

[①] 参考资料来源:南方都市报 http://epaper.oeeee.com/A/html/2013-06/22/content_1880346.htm。

职工全年工资总额的 5％提取企业基金；只完成产量、品种、质量、利润指标的企业，可按 3％提取。企业基金主要用于集体福利事业。改革一开始采取了自下而上的试探方式，在中央的支持下，1978 年 10 月，中共四川省委选择了宁江机床厂等不同行业的 6 家有代表性的企业进行扩大企业自主权的改革试点，逐户核定利润指标，规定当年增产增收目标，允许在年终完成计划以后提留少量利润用作企业基金和给职工发放奖金。

1979 年 2 月，中共四川省委决定将扩权试点的范围扩大到 100 家企业。中央认真总结了四川等省下放企业自主权的经验，国务院于 1979 年 7 月下发了《关于扩大国营工业企业经营管理自主权的若干规定》、《关于国营企业实行利润留成的规定》、《关于提高国营工业企业固定资产折旧率和改进折旧费使用办法的规定》、《关于国营工业企业实行流动资金全额信贷的暂行规定》以及《关于征收固定资产税的规定》五个文件，以指导扩大企业自主权试点。文件下发各省、市、自治区和有关部门，向全国企业推广扩大企业自主权和实行利润留成的改革措施，从而使得对国有企业的放权让利改革以中央文件的形式确立下来。文件的主要内容是放权让利：允许企业实行利润留成；提高固定资产折旧率；在保证完成国家计划的前提下，企业可制订补充计划，自行销售产品；有权设置内部机构，任免中层以下干部等。到 1979 年年底，据四川、北京、上海等 22 个省、自治区、直辖市 2 963 个试点企业的统计，全年完成的工业总产值比上年增长 12.2％，实现利润增长 20.0％，上缴利润增长 13.4％。到 1979 年底，全国企业扩权试点发展到 4 200 个。

1984 年，是中国企业改革的重要一年。1984 年 3 月，福州二化厂厂长汪建华等福建省 55 位国有企业厂长在《福建日报》上发出《请给我们松绑》的呼吁，其基本内容是要扩大企业的自主权。两个月后，国务院又下发了《关于进一步扩大国营工业企业自主权的暂行规定》，从生产计划、产品销售、产品价格、物资选购、资金使用、资产处置、机构设置、劳动人事、工资奖金、联合经营等 10 个方面进一步扩大了企业自主权，赋予了企业自主经营、自负盈亏必要的权利。

中共十一届三中全会定下改革开放大计后，我国经济体制改革首先在农村进行。与此同时，城市中也进行了扩大企业自主权的探索性改革。1984 年 10 月中共十二届三中全会通过了《中共中央关于经济体制改革的决定》，该决定突破了计划经济与商品经济对立的传统观念，提出了有计划的商品经济的理论，是改革由农村改革和企业局部试点转变为城市和整个经济领域全面改革的标志。全会明确了增强国有企业，特别是国有大中型企业的活力是经济体制改革的中心环节，认为政企不分是传统国有企业制度的根本弊端，改革的基本思路是沿着所有权和经营权分离的原则逐步推进政企分开，使企业成为独立经营、自负盈亏的商品生产者和经营者。

1978—1984 年间，国家主要是采取扩大企业自主权，即自上而下的向企业放权让利的方式单向地调整国家与企业的权利分配关系[①]。但放权让利仍带有浓厚的行政色彩，国家与企

[①] 放权让利改革思路的余绪在 20 世纪 90 年代以后一直若隐若现于国有企业改革政策之中（吴敬琏和黄少卿，2008）。1986 年 12 月发布了《国务院关于深化企业改革增强企业活力的若干规定》，提出推行多种形式的经营承包责任制，给经营者以充分的经营自主权。1988 年 4 月，国务院颁发了《全民所有制工业企业法》，明确赋予企业 13 项经营自主权。1992 年，国务院颁发了《全民所有制工业企业转换经营机制暂行条例》，将《企业法》规定的 13 项自主权细化为 14 项自主权。即生产经营决策权，产品、劳务定价权，产品销售权，物资采购权，进出口权，投资决策权，留用资金支配权，资产处置权，联营、兼并权，劳动用工权，人事管理权，工资、奖金分配权，内部机构设置权和拒绝摊派权等。

业之间的权利分配格局仍不规范,这既不能充分保证国家的权利,又不能充分保证企业的权利,不能真正赋予企业商品生产者的独立地位。这种情况促使人们认识到,必须运用经济手段将国家与企业的关系,特别是分配关系规范化,将企业的责、权、利规范化。

对于扩大企业自主权改革未能取得预期效果的原因分析观点并不统一(吴敬琏,黄少卿,2008)。薛暮桥(1980)明确地指出了这种放权让利改革的局限性,认为应该把改革重点放到物价管理体制改革和流通渠道的改革上去,逐步取消行政定价,建立商品市场和金融市场。然而,国有企业改革领导部门的主流意见则认为对企业放权让利不够,应该让企业拥有更大的自主权。

287. 利改税

在城市国有企业改革举步不前之际,农村家庭联产承包制取得了成功,人们由此认为可以考虑把承包制作为一种有效的改革手段引入到国有企业改革中(吴敬琏,黄少卿,2008)。1983 年初,中共中央书记处要求在城市工商业中全面推行企业承包制。随后两三个月的时间内,全国国有企业普遍实行了承包制。然而,它很快导致了经济秩序的混乱和物价上涨,中央不得不停止推行承包制,转而加快利改税改革,并在 1983—1984 年进行了两步利改税改革。

利改税(substitution of tax payment for profit delivery)是我国改革开放初期经济转型时期实施的一项针对国营企业收入分配制度额的改革,其主要内容为由原先的国营企业上交经营利润改为缴纳税金,税后利润归属企业。利改税的核心精神在于使企业负担起其经营的经济结果,同时为不同所有制的经济个体提供公平的竞争环境。

我国的利改税经历了两步走的过程。第一步利改税从 1983 年开始实施,当年,财政部发布了《关于国营企业征收所得税的暂行规定》,其主要内容为:有盈利的国营大中型企业,其利润按 55% 的比例税率缴纳所得税,所得税后利润,一部分上交国家,一部分按国家核定的留利水平留给企业自行支配;上交国家的部分,根据企业的不同情况,分别采取递增包干上交、固定比例上交、用调节税形式上交和定额包干上交等四种形式;有盈利的国营小型企业,其利润则按八级超额累进税率缴纳所得税,最低一档的税率为 7%,最高一档的税率为 55%,所得税后利润一般留给企业运用,国家只对少数所得税后利润较多的企业收取一定的承包费。1983 年底,全国实行利改税的工业、交通、商业企业共有 107 145 户,共实现利润 633 亿元,比 1982 年增长了 11.1%。

第二步利改税开始于 1984 年,在总结第一次利改税经验的基础上,第二次利改税的内容更加全面和具体。第二次利改税按照我国的实际情况,在取消工商税税种的基础上,将原工商税分解为产品税、增值税、营业税、盐税,对工业产品除列出 12 个税目的产品实行增值税外,其他工业产品和规定的农产品实行产品税,商业经营和服务业实行营业税,并设立了资源税、城市维护建设税、房产税、城镇土地使用税、车船使用税等新税种。此外,对国有大中型企业征收所得税,税率为 55%,对于税后利润过高的企业征收调节税,调节税率按企业的不同情况分别核定,一户企业一个税率,企业在执行中增长的利润减征 70% 的调节税,税后利润不再上交,全部留在企业运用。国营小型企业的所得税,改按新的八级超额累进税率征收,最低一档税率为 10%,最高一档税率仍为 55%,对少数所得税后利润较多的企业仍收取一定的承包费。

两步利改税的成功完成对于我国改革开放战略的实施和市场经济体系的建设具有重要意义。一方面,利改税改变了过去国有企业"大锅饭"的格局,极大地调动了企业及其员工的生产、经营积极性,推动了我国经济的快速恢复和发展;另一方面,利改税为日后我国统一税制的重新构建打下了基础,为我国开放、公平的市场经济体系的构建创造了条件。但是,仅仅利改税仍然无法实现企业的自主决策、自负盈亏和企业间的平等竞争。不进行价格、财政、税收和金融的配套改革,从而建立起公平竞争的市场环境和由市场竞争决定的自由价格体系,就无法真正实现企业的自负盈亏(吴敬琏,黄少卿,2008)。

288. 承包经营责任制

全民所有制工业企业的承包经营早在 1980 年代初就开始了试点。但是各方面反应不一,考虑到我国经济体制改革的特殊情况,并没有实现大面积推广。1986 年末,我国改革重新回到以企业改革为中心的轨道上来。国务院最初考虑将股份制作为企业改革的方向,然而发现不具备基本的经济条件和法制环境,随后便再次选择了承包制(吴敬琏和黄少卿,2008)。1986 年 12 月,国务院提出要"推行多种形式的经济承包责任制,给经营者以充分的经营自主权",从而在 1987 年中掀起了全面推广企业承包的高潮。经过 1980 年代初实施的企业基金、利润留成、两步利改税等改革措施后,至 1987 年,我国的宏观经济形势又出现了紧张。为了巩固改革成果、进一步深化国有企业改革,1987 年 3 月召开的六届人大五次会议,第一次明确肯定了承包制并决定在全国范围大规模推广承包经营责任制。1987 年 8 月 31 日,原国家经委和国家体改委印发了《关于深化企业改革、完善承包经营责任制的意见》,提出坚持"包死基数、确保上交、超收多留、欠收自补"的原则,合理确定承包要素,招标选聘经营者,投资主体逐步转向企业,控制工资奖金过快增长等要求。到 1987 年年底,78% 的全国预算内全民所有制企业实行了承包制。

国务院于 1988 年 2 月 27 日颁布的《全民所有制工业企业承包经营责任制暂行条例》(以下简称《条约》)规定,承包经营责任制(contractual management responsibility system),是在坚持企业的社会主义全民所有制的基础上,按照所有权与经营权分离的原则,以承包经营合同形式,确定国家与企业的责权利关系,使企业做到自主经营、自负盈亏的经营管理制度。《条例》规定,承包经营责任制的主要内容是:包上交国家利润,包完成技术改造任务,实行工资总额与经济效益挂钩。承包上交国家利润的形式有:上交利润递增包干;上交利润基数包干,超收分成;微利企业上交利润定额包干;亏损企业减亏(或补贴)包干;国家批准的其他形式。为保障企业承包经营责任制规范运行提供了法律依据。《条例》经过 1990 年和 2011年两次修订,已经成为我国国有企业经营管理机制的主要指导依据之一。

承包经营责任制作为实现国有企业所有权与经营权分离的一种形式,也是放权让利改革的一种特殊形式。厘清了企业所有者、经营者之间的关系,增强了企业完善经营管理水平、提升企业绩效的积极性,促进了社会主义经济的发展和国家财政收入的提高。然而,由于固有的缺陷,承包制并没有实现让企业既负盈也负亏的目标,更没有实现政企分开和企业间的公平竞争；到 1980 年代末和 1990 年代初，以企业承包的方式进行放权让利，已不再被认为是国有企业改革的好办法（吴敬琏，黄少卿，2008）。实际上，之后我国国有企业改革进入了现代企业制度阶段。

289. 现代企业制度

企业是由人和财产等资源依照一定的规则组织起来的营利性组织。作为一种组织，它是由各种机构和制度联结起来的。不同企业的组织是不同的，从而其制度也是有差异的。正是这些制度的差异，才形成不同的企业，并给企业的经营与管理带来诸多的课题。研究企业的制度安排，熟悉不同企业的组织与制度，是正确管理企业的前提。企业制度是随着企业的发展不断进化的。企业制度的形成与发展是非常复杂的过程，不仅涉及企业内部的所有者与所有者之间、所有者与经营管理者之间、管理者与普通员工之间等方面复杂的关系，还与国家机构、债权人、客户以及法律有着重要的关系。一般而言，企业的制度安排包括企业的法律形态、企业的产权关系和企业的治理等基本内容。而所谓现代企业制度（modern enterprise system），也就是指现代公司制度（林毅夫，蔡昉，李周，1997），二者含义相同。也就是说，建立现代企业制度就是要把现有的企业形式改造成股份有限公司和有限责任公司（吴敬琏，1993）。现代公司制度是在 16 世纪末 17 世纪初诞生的西欧特许贸易公司的基础上，经过几百年的发展才逐渐形成的（吴敬琏，1994）。

现代公司的组织结构及其制度与自然人企业有根本性的区别。自然人企业的所有权与经营权统一于业主，企业没有独立的法人身份，所以企业组织机构的设置是业主自己的事情，不需要法律作出统一规定。而现代公司则不然，所有权与经营权相分离，企业具有独立的法人地位，股东的所有权与公司法人财产权之间、股东与经营者之间、股东与债权人之间可能发生的对立，需要由法律作出规定。如果说公司的组织形式是现代企业制度的外壳，产权安排则是现代企业制度的内核。公司制度的产生不仅实现了企业组织形态的创新，更重要的是实现了企业产权的革命。公司治理是现代企业制度内核中的核，重中之重。

1993 年 11 月 14 日中共十四届三中全会通过的《中共中央关于建立社会主义市场经济体制若干问题的决定》指出，要"进一步转换国有企业经营机制，建立适应市场经济要求，产权清晰、权责明确、政企分开、管理科学的现代企业制度"。依据该《决定》的精神，"现代企业制度"主要包括四个方面的含义。①产权清晰。改革开放以来，我国国有企业长期面临的一个重要问题就是产权归属不清晰。全民所有制企业的所有权属于国家，而企业作为国有资产的经营载体，对国有资产的使用、经营、处置的权力一直缺乏一个明确的界定，在此基础上也就难以建立起有效的所有权经营权分离的管理机制。《全民所有制工业企业法》规定："企业的财产属于全民所有，国家依照所有权和经营权分离的原则授予企业经营管理。企业对国家授予其经营管理的财产享有占有、使用和依法处分的权利。"这赋予了企业对其经营的资产进行使用和处置的权力，但是依旧规定企业财产属全民所有。1993 年颁布的《公司法》规定："有限责任公司和股份有限公司是企业法人"，"公司享有由股东投资形成的全部法人财产权，依法享有民事权利，承担民事责任。公司中的国有资产所有权属于国家"。1993 年以法律的形式规定了公司的法人地位，规定了公司法人的财产权。但是限于当时的政治环境，依旧保留了国有资产属于国家的规定，至 2005 年《公司法》修订时才取消了这一表述。2003 年颁布的《企业国有资产监督管理暂行条例》以及 2008 年颁布的《企业国有资产法》规定了国务院和各级人民政府成立的国有资产监管机构代表政府对国有及国有控股、国有参股企业，履行出资人职责。从法理上理清了国有企业的产权关系。相对于国有企业，民营企业的产权关系更加清晰。自从与各挂靠单位"脱钩"之后，我国的民营企业依据相关的法律、法规的规定都建立了明晰的产权结构。②权责明确。企业中的权与责的主体主要包括所有者、经营者和劳动者。企业要进行有效的经营管理，就必须厘清三者之间的权责关系。企业所有者按其出资额，享有资产受益、重大决策和选择管理者的权利，企业破产时则对企业债务承担相应的有限责任。企业在其存续期间，对由各个投资者投资形成的企业法人财产拥有占有、使用、处置和收益的权利，并以企业全部法人财产对其债务承担责任。企业经营者受所有者的委托在一定时期和范围内拥有经营企业资产及其他生产要素并获取相应收益的权利。同时经营者基于委托代理关系对企业及其所有者应当履行忠诚勤勉的义务，应当在其职责范围内使用其权利才能为企业服务。劳动者按照与企业的合约拥有就业和获取相应收益的权利，同时劳动者依据合约应当对企业履行劳动义务。③政企分开。一方面，政企分开要求政府将原来与政府职能合一的企业经营职能分开后还给企业；另一方面，政企分开还要求企业将原来承担的社会职能分离后交还给政府和社会，如住房、医疗、养老、社区服务等。只有使政府和企业各司其职、相互配合又互不干扰，才能保证社会主义市场经济的正常运行。④管理科学。现代企业制度之中的管理科学是一个宽泛的概念。在市场经济体制中，企业摆脱了行政管理模式的局限，有利于企业在管理模式中进行改革创新，引进先进的管理思路和管理经验。其内容涵盖企业经营管理的各个方面。至于对管理科学的判断，可以以企业的经营绩效为标准。

为实现国有企业改革目标，1994 年底，国务院确定和部署了现代企业制度的试点工作，选择不同类型、不同地区、基本能代表国有企业整个状况的 100 家企业进行试点。1998 年初，原国家体改委现代企业制度试点企业信息跟踪调查系统对该委负责联系的 30 家试点企业进行了问卷调查。调查结果表明，总体而言，国有企业传统体制正在打破，适应市场经济要求的企业体制框架初步形成，以公司制为主要形式的制度创新效应逐步显现。试点工作达到了预期的目的，取得了较明显的成效。之后，我国国有企业在建立和完善现代企业制度方面进行了一系列的探索。

中共十八届三中全会《中共中央关于全面深化改革若干重大问题的决定》提出要推动国有企业完善现代企业制度。国有企业属于全民所有，是推进国家现代化、保障人民共同利益的重要力量。国有企业总体上已经同市场经济相融合，必须适应市场化、国际化新形势，以规范经营决策、资产保值增值、公平参与竞争、提高企业效率、增强企业活力、承担社会责任为重点，进一步深化国有企业改革。准确界定不同国有企业功能。国有资本加大对公益性企业的投入，在提供公共服务方面作出更大贡献。国有资本继续控股经营的自然垄断行业，实行以政企分开、政资分开、特许经营、政府监管为主要内容的改革，根据不同行业特点实行网运分开、放开竞争性业务，推进公共资源配置市场化。进一步破除各种形式的行政垄断。健全协调运转、有效制衡的公司法人治理结构。建立职业经理人制度，更好发挥企业家作用。深化企业内部管理人员能上能下、员工能进能出、收入能增能减的制度改革。建立长效激励约束机制，强化国有企业经营投资责任追究。探索推进国有企业财务预算等重大信息公开。国有企业要合理增加市场化选聘比例，合理确定并严格规范国有企业管理人员薪酬水平、职务待遇、职务消费和业务消费。

290. 整体上市

回顾我国国有企业的改革,先后经历了放权让利、利改税、承包经营责任制、现代企业制度和上市等阶段。通过境内外上市,不仅使企业筹集大量发展资金,而且实现了企业内部制度安排的调整和优化,促进了公司治理的完善,深化了公司制和多元投资主体的股份制改革,推动了现代企业制度的建设。

截至 2006 年底,159 家央企资产总额已经超过 12 万亿元,但在 A 股上市的仅三万多亿元,央企整体上市潜力非常大。国务院国资委 2006 年 12 月颁发了《关于推进国有资本调整和国有企业重组的指导意见》(以下简称《指导意见》),鼓励已经上市的国有控股公司通过增资扩股、收购资产等方式,把主营业务资产全部注入上市公司。《指导意见》将央企间重组方式、保持绝对控制力的 7 大行业、鼓励整体改制、整体上市等内容予以强化。目前,经过多年探索,国有控股上市公司已是股市上的"半壁江山"。国务院国资委在 2007 年将央企整体上市作为做大做强央企的一个战略举措,继而出台了"两个阶段、四种模式"央企整体上市的初步框架。"两个阶段"是指先剥离托管,后整体上市。"四种模式"分别为境内加境外模式、上市子公司反向收购母公司模式、换股吸收合并模式和换股 IPO 模式。2010 年 12 月 22 日,中国国新控股有限责任公司成立。这是国务院国资委旗下进行企业重组和资产整合的平台。该公司主要承担两项职能:一是作为央企重组和资产整合平台,按照成熟一家进行一家的思路,吸收排名靠后、资产质量不高的央企;二是作为央企整体上市平台,以货币出资作为发起人之一,推动改制集团整体上市。宝钢集团原董事长谢企华出任国新公司的董事长,现任国有重点大型企业监事会主席刘东生担任总经理。

整体上市(overall listing)是相对于分拆上市而言的,所谓分拆上市,即将企业部分资产剥离出来,通过重组改制到资本市场上市,也可称为部分上市。而整体上市可从广义和狭义两个方面来看。广义而言,包括主业整体上市和法人整体上市,是指母公司将其主要经营业务的资产或全部资产注入现有上市公司的一种行为,如宝钢集团以及其他更多国有企业选择的是主业整体上市。狭义而言,仅指法人整体上市,是指母公司将其全部资产注入现有上市公司的一种行为,如上港集团和 TCL 集团就是法人整体上市。现行已有的企业整体上市的具体方式大致有以下几种。

(1) 境内加境外模式属于法人整体上市。它是指集团公司完成股份制改制后直接 IPO同时发行 A 股、H 股实现整体上市。这种模式需要在不同市场同时上市,公司所面对的市场更为规范、所受到的监管更为严格,对公司治理水平的提升有巨大的推动作用。但这种模式对集团公司提出了要求,集团公司主业要明确集中、资产状况良好。IPO 直接上市之前需要先对集团部分非经营性资产或不良资产进行适当处置,进而再对其按照投资主体多元化进行股份制改造来实现上市的目的。2007 年中钢集团成首家 A+H 模式整体上市中央企业。

(2) 换股 IPO 模式。这种模式是指集团与所属上市公司公众股东以一定比例换股,吸收合并所属上市公司,并发行新股。主要可分为集团改造、吸收合并以及首发三个阶段来完成具体的整体上市操作。但有时候吸收合并可以同首发一起同时进行。它的好处在于不单单能够满足集团公司在快速发展过程中遇到的资金短缺问题,也能充分整合集团公司各种资源,进而完成对资源使用效率的提升作用,这种模式可较多的运用在集团业务处于快速发展时期的集团公司身上。TCL就是选用的这种模式,2004年1月,TCL集团通过对上市子公司TCL通讯进行换股合并与IPO的方式实现集团的整体上市。换股合并与IPO模式适用条件:首先,母公司具有较强的经营业务和较大的经营规模,且企业集团结构相对简单;其次,母公司符合证券市场发行上市的条件。上港集团于2006年6月也选择这种模式上市,只是增加了子公司流通股股东换股或现金的选择权。中铝集团也是通过这种模式完成整体上市的。

(3)换股吸收合并模式。换股并购模式是指通过换股的方式将同一控制下的各上市公司进行吸收合并,完成公司的整体上市。该模式比较适用于一家集团公司内拥有两家(或两家以上)兄弟上市公司,兄弟上市公司之间的横向业务相同或者上下游产业链业务关系颇为密切的情况。这种模式的特点是没有新融资的增加,而主要是在于集团内部资源的整合利用,好处是可以较为充分的完善集团内部的管理流程梳理,帮助其厘清产业链关系,可以为集团的长远发展打下一定的基础。如在2004年11月第一百货通过向华联商厦股东定向发行股份进行换股,吸收合并华联商厦,并更名为百联股份。

(4)上市子公司反向收购母公司模式。也称增发与资产收购模式,是指集团所属上市公司向大股东定向增发或向公众股东增发股份融资,收购大股东资产,以实现整体上市。这其中按照集团公司主业和辅业的资产情况又作了一个更细致的区分即定向增发反向收购模式和自有资金反向收购模式两种类型。如果集团公司发展前景清晰、资产质量较好,则可选择自有资金反向收购模式。将集团公司较小部分的不良资产和非经营性资产适当处置,由上市子公司方吸收合并集团公司进而实现集团整体上市。一般情况,原上市子公司的名字改为集团公司的名字,集团公司注销。例如中软集团的整体上市就是由子公司中软股份用自有资金收购母公司中软总公司的股权,完成后注销中软总公司。而对主业资产和辅业资产都较为复杂庞杂的集团公司来说,则可选择定向增发反向收购模式。上市子公司对集团公司定向增发来实现反向吸收合并母公司主业资产与集团公司借壳整体上市。如武钢股份、中国联通、中国移动等都是运用这一模式实现整体上市。

整体上市的动因包括以下几点。①整合企业资源,优化企业资产配置效率。通过整体上市,集团公司与上市公司之间的关联交易绝大部分转为上市公司内部的资源配置。上市公司通过对主营业务的产业链的纵向扩张或横向扩张,扩大其经营规模,大大提高其资产完整性、业务独立性,有效降低了整个集团的交易费用,有利于实现集团公司资产配置效率最优化。②规范上市公司经营活动,提高上市公司质量。通过整体上市,上市公司的规模会更大、产业链更加完整,能够提高上市公司质量。实现整体上市后,集团公司与上市公司通过整合企业资源,能够更加集中、明确上市公司的业务,产业链更加全面、完整,从而可以有效避免集团公司与上市公司之间的竞争,大幅减少上市公司与大股东之间的关联交易、调控上市公司利润等问题,为上市公司规范经营提供有利的环境。③减少管理机构和层次,提高管理效率和加强监管。通过整体上市,可减少管理机构和层次。如TCL在整体上市以前,有三级管理层次和管理机构:从集团公司股东到集团公司,再到上市公司。整体上市后,管理层次和管理机构压缩为两级:集团公司股东和集团上市公司。这样,较大幅度提高了上市公司的经营质量和经营效率,同时,由于上市公司管理机构和管理层次的减少,便于管理层加强对上市公司监管。

291．法人治理结构

1999 年 9 月 22 日,中共十五届四中全会通过的《关于国有企业改革和发展若干重大问题的决定》,对国有企业改革的目标、方针政策和主要措施作出了全面部署,提出公司制是现代企业制度的一种有效的组织形式。公司法人治理结构是公司制的核心。这是党中央第一次在文件中提到法人治理结构的概念。这里所讲的法人治理结构概念与现在所讲的"公司治理"并无二致,称呼习惯而已。直至现在,很多政府文件依然沿用法人治理结构一词。

292．新三会

新三会(three new committees)是指按《公司法》注册成立的公司设立的股东大会(股东会)、董事会和监事会。改制后,老三会(党委会、职工代表大会和工会)需要有机地渗透到新三会中发挥作用。在同一个企业里,这六个会不能互相替代,各自按自己的章程办事,但六个会的目标是一致的,就是把企业的各项工作干得更好。处理好新老三会关系的一个重要思路是老三会要按现代企业制度的要求转变工作职能和领导方式。党组织、职代会、工会可选派代表通过法定程序进入董事会、监事会,在董事会、监事会中参与重大问题决策。同时,董事会在对重大问题做出决策前,涉及重要干部问题,事先要听取党委的意见,公司党委对董事会要聘任的经理人员人选进行考察,提出建议,然后分别由董事会和总经理聘任。涉及职工切身利益的问题,总经理事先要征求职工代表大会、工会的意见,这些都体现了新三会和老三会的结合。

293．老三会

老三会(three old committees)是指国有企业和集体企业中的党委会、职工代表大会和工会。老三会是在党委负责制、党委领导下的厂长经理负责制以及厂长经理负责制时期企业中发挥重要作用的领导部门。自从国企进行改革后,这老三会的行政领导作用逐步向新三会转移。我国《公司法》第九条规定:"在公司中,根据中国共产党章程的规定,设立中国共产党的组织,开展党的活动。公司应当为党组织的活动提供必要条件。"公司的法定权力组织机构是股东大会、董事会及经理机构、监事会,它们分别行使公司股东的所有权、公司经营管理权、公司经营管理监督权。《公司法》规定国有独资公司和两个以上的国有企业或者其他两个以上的国有投资主体投资设立的有限责任公司,依照宪法和有关法律规定,通过职工代表大会和其他形式,实行民主管理。除此之外,公司还有非权力性的组织机构,即作为职工代表大会工作机构的工会。工会是代表和维护劳动者合法权益的群众性组织,依法独立自主地开展活动。我国《公司法》中第十八条规定:"……。公司应为本公司工会提供必要的活动条件。……"公司在研究有关职工工资、福利、安全生产以及劳动保护、劳动保险等涉及职工切身利益的问题,应当事先听取公司工会的意见,并邀请工会或职代表列席有关会议;公司研究决定生产经营的重大问题,制定重要的规章制度时,也应当听取公司工会和职工的意见和建议。

294. 政企分开

改革开放以前,在计划经济体制下,我国国有企业的生产经营完全服从政府的计划和安排,企业采取行政的管理体制,更像是政府职能的延伸,于是形成了政府企业职责边界的模糊化。所谓政企分开(separation of enterprise from administration)就是将政府和企业职责边界明晰化、合理化的过程。

1984年,《中共中央关于经济体制改革的决定》提出了"政企职责分开",指出过去由于长期政企职责不分,企业实际上成了行政机构的附属物,中央和地方政府包揽了许多本来不应由他们管的事,而许多必须由他们管的事又未能管好。加上条块分割,互相扯皮,使企业工作更加困难。这种状况不改变,就不可能发挥基层和企业的积极性,不可能有效地促进企业之间的合作、联合和竞争,不可能发展社会主义的统一市场,而且势必严重削弱政府机构管理经济的应有作用。因此,按照政企职责分开、简政放权的原则进行改革,是搞活企业和整个国民经济的迫切需要。同时,这一文件在原则上梳理了企业和政府之间的关系和各自的职能,并指出今后各级政府部门原则上不再直接经营管理企业。

1988年颁布实施的《全民所有制工业企业转换经营机制条例》(以下简称《条例》)第一次以法规的形式明确规定"坚持政企职责分开,保障国家对企业财产的所有权,实现企业财产保值、增值,落实企业的经营权"。同时,《条例》还详细规定了政府和企业之间的关系,明确了两者的权利和责任,以及违反上述规定的法律后果。在法律上为政企分开的实施提供了依据。

1993年,《关于建立社会主义市场经济体制若干问题的决定》提出,进一步转换国有企业经营机制,建立适应市场经济要求,产权清晰、权责明确、政企分开、管理科学的现代企业制度。继续强调了政企分开在国有企业改革过程中的重要性。

1994年颁布的《国有企业财产监督管理条例》除进一步明确"政企职责分开"外,还提出"政府的社会经济管理职能和国有资产所有者职能分开"。明确了政府对国有企业实施监督管理和履行出资人权责的不同角色。

虽然各种法律、法规都做了明确的规定,但是,由于各中央、地方的不同行业的国有企业隶属于不同的部门,监督管理主体并不统一,往往同一个企业受到多个部门的监督和管理。为了改变这一状况,2003年,国务院出台《企业国有资产监督管理暂行条例》(以下简称《暂行条例》)。《暂行条例》规定,国务院,省、自治区、直辖市人民政府,设区的市、自治州级人民政府,分别设立国有资产监督管理机构。国有资产监督管理机构根据授权,依法履行出资人职责,依法对企业国有资产进行监督管理,确定了政府对企业实施监管的部门和方式。并规定各级人民政府应当严格执行国有资产管理法律、法规,坚持政府的社会公共管理职能与国有资产出资人职能分开,坚持政企分开,实行所有权与经营权分离。国有资产监督管理机构不行使政府的社会公共管理职能,政府其他机构、部门不履行企业国有资产出资人职责。进一步界定了国有资产监督管理部门的角色和权责。

在众多法律、法规的指引下,我国的大多数国有企业建立起了现代企业制度,政府明晰了不同角色、不同部门的权利和责任。同时,通信、石油等行业的生产部门从原先的管理部门脱钩,成立了具有现代企业制度的自主经营、自负盈亏、自我发展、自我约束的国有企业。

295. 社企分离

国有企业承担一定的社会职能是计划经济时代的遗留问题,它存在并依托的基础是计划经济体制。随着我国市场经济体制的建立和逐渐完善,企业承担社会职能的体制基础已经不复存在,企业为了获得市场竞争力,必须分离这些社会职能。所谓社企分离(depriving social function from enterprise)是指将教育职能、卫生保健职能、社会保障职能、后勤部门及公益型社会职能等办社会职能从国有企业分离出去。

1995 年,国家经贸委、财政部、教委、卫生部、劳动部联合下发《关于若干城市分离企业办社会职能分流富余人员的意见》,决定在"优化资本结构"试点城市率先开展分离工作,并对分离的原则、范围、方式及相关政策作了原则性规定。中共十五届四中全会通过的《中共中央关于国有企业改革和发展若干重大问题的决定》,提出的国有企业历史负担包括不良债务负担、富余人员负担、退休金负担、企业办社会负担等。解决这些历史负担不仅要创造出合适的条件,而且还要选择正确的途径。这其中的关键问题是需要大量资金,该《决定》提出了债转股、加快国企上市、变现部分国有资产、财政拨款等方式。

分离企业办社会职能,切实减轻国有企业的社会负担,是深化国有企业改革,实现政企分开,提高国有企业竞争力,完善社会主义市场经济体制的一项重大举措。近年来,企业办社会职能的分离工作取得了一定进展,但任务仍相当艰巨。为积极稳妥地推进中央企业分离办社会职能工作,国务院办公厅《关于中央企业分离办社会职能试点工作有关问题的通知》选择中国石油天然气集团公司、中国石油化工集团公司、东风汽车公司进行分离企业办社会职能的试点。之后,按照《国务院办公厅关于第二批中央企业分离办社会职能工作有关问题的通知》规定,从 2005 年 1 月 1 日起,中国核工业集团公司等 74 家中央企业所属的全日制普通中小学和公检法等职能单位,一次性全部分离移交所在地人民政府管理。各地方国有企业也在有序开展企业办社会职能的分离工作。

另外,在我国社企分离还有一层特殊含义,社企分离中的"社"指供销合作社,"企"则指供销合作社下属的企业,社企分离指的是供销合作社与企业的相关职能的分离,供销合作社行使出资人权利,不干预企业经营。供销合作社始于 1950 年代初,是以农民为主体的劳动群众集体所有制的合作经济组织,由基层供销合作社、县级供销合作社联合社、地市级供销合作社联合社、省级供销合作社联合社和中华全国供销合作总社组成。供销合作社作为集体经济的一种表现形式,是我国公有制经济的重要组成部分。当时,供销合作社社员达 1.6 亿户,占全国农户总数近 80%。由于历史原因,供销合作社除了行使经济职能外,还行使着部分社会职能。在改革开放初期,许多地方的供销合作社甚至是作为政府职能部门存在的。政企不分、社企不分的状况在很大程度上制约了供销合作社经济职能的发挥和我国农村经济的发展。1995 年,中共中央、国务院发布了《关于深化供销合作社改革的决定》。该《决定》指出,按照社企分开的原则,理顺各级供销合作社理事会与其所属企业的关系。各级供销合作社理事会是本社集体财产(包括所属企事业财产)的所有权代表和管理者,拥有对所属企业主要负责人的聘任和解聘权,企业重大经营、投资活动的审批权,企业经营管理的监督检查权,享有财产受益权,但不干预企业的具体业务活动。各级供销合作社所属企业是独立的企业法人,拥有经营、用工、分配等自主权,实行自主经营、自负盈亏、自我发展、自我约束。也就是把供销合作社的经济职能和社会职能剥离开来,供销合作社一方面继续在教育、人事、住房、医疗、保险、治安、环境等方面行使其社会职能;另一方面理顺与企业的关系,作为企业的所有者行使职能,而不直接参与企业经营。

296. 国务院国资委

在 1998 年的国务院机构改革中,出于机构精简的需要,原国有资产管理局被并入财政部,国有资产的管理职能分散于中央政府的多个部门之中。在随后的两三年间,这种"多龙治水"的管理体制的弊端迅速显现出来。各个部门之间对国有资产的监督管理难以协调一致,增加了国有资产的管理成本,同时降低了国有资产的管理效率。

2002 年,中共十六大确定了国有资产"国家所有,分级行使产权"的管理方针。2003 年 3 月 24 日,国有资产监督管理委员会(State-owned Asset Supervision and Administration Commission of the State Council,SASAC)挂牌成立,简称国务院国资委。国务院国有资产监督管理委员会由国务院授权,代表国家行使出资人职责。国务院国资委的成立改变了一段时间以来国有企业和国有资产出资人缺位的情况,作为行使出资人权利的主体,在以后的几年中极大地推动了我国国有企业和国有资产的管理机制改革,通过推进现代企业制度改革、优化企业公司治理结构、推动企业重组和上市等方式,极大地增强了国有企业特别是中央企业的活力和竞争力,实现了国有资产的保值增值。

根据国务院办公厅 2003 年印发的《国务院国有资产监督管理委员会主要职责内设机构和人员编制规定》,国务院国资委承担了原国家经济贸易委员会、原中共中央企业工作委员会、财政部、劳动和社会保障部等部门之前关于国有资产管理的相关职责,其主要职责为:根据国务院授权,依照《公司法》等法律和行政法规履行出资人职责,指导推进国有企业改革和重组;对所监管企业国有资产的保值增值进行监督,加强国有资产的管理工作;推进国有企业的现代企业制度建设,完善公司治理结构;推动国有经济结构和布局的战略性调整;代表国家向部分大型企业派出监事会;负责监事会的日常管理工作;通过法定程序对企业负责人进行任免、考核并根据其经营业绩进行奖惩;建立符合社会主义市场经济体制和现代企业制度要求的选人、用人机制,完善经营者激励和约束制度;通过统计、稽核对所监管国有资产的保值增值情况进行监管;建立和完善国有资产保值增值指标体系,拟订考核标准;维护国有资产出资人的权益;起草国有资产管理的法律、行政法规,制定有关规章制度;依法对地方国有资产管理进行指导和监督;承办国务院交办的其他事项。

此外,2003 年颁布的《企业国有资产监督管理暂行条例》和 2009 年实行的《企业国有资产法》均对国务院国资委对中央企业行使出资人职能的职责做出了明确规定,为国务院国资委行使相关职能提供了法律保障。

297. 淡马锡模式

淡马锡控股公司(Tema-sek Holdings)是新加坡政府管理和运营新加坡国有资产的主要载体。新加坡财政部通过淡马锡公司间接对其下属的国有公司和国有资产进行监督管理,这种国有资产监督管理模式称为淡马锡模式(Tema-Sek model)。

淡马锡公司多年以来的成功经营为新加坡的国民经济创造了巨大的财富,同时淡马锡模式也为其他国家的国有资产监督管理提供了可借鉴的经验。在董事和高管人员任免、企业的日常监管、与控股和管理企业的关系等方面的成功经验为许多国家所模仿和借鉴。

淡马锡控股公司是由新加坡政府财政部持有 100% 股权的一家国有独资公司。该公司成立于 1974 年,目前,公司以控股方式管理着 23 家淡联企业,其中 14 家为独资公司、7 家上市公司和两家有限责任公司,下属各类大小企业约 2 000 多家,职工总人数达 14 万人,总资产超过 420 亿美元,占全国 GDP 的 8% 左右。淡马锡控股的上市公司的总市值超过 1 000 亿新元,约占新加坡股市总市值的 30%。

在新加坡,国有资产采用国有控股公司体制管理与运营。设在财政部内的财长公司是国有资产所有者的最高代表机构,财长公司通过董事任命委员会具体履行所有者职能,董事任命委员会由各部的部长和专家组成,财政部长任主席。新加坡政府主要通过对淡马锡公司董事会的人事任免体现所有者意志,财政部对淡马锡公司的日常经营并不直接干预。淡马锡公司的董事会是公司的最高决策机构,因此董事的任免具有重大意义。依据淡马锡公司的公司章程,董事的任免具有如下规定:①董事的任命必须符合新加坡宪法第 22C 条的规定,并要征得共和国总统的同意,否则任命无效;②在董事人数不超过公司章程规定的最高限额以内,董事会有权任命新增董事;③每年应有 1/3 的董事退休,退休的董事为任职年限最长者,在任职年限相同的情况下,将通过抽签方式决定;④董事在征得董事会大多数成员同意后,可以指定任何人为他的代理董事,也可以随时解除这一代理关系;⑤董事会可根据需要任命一名或多名常务董事。但是,在该董事任职期满时,也与其他董事一样退休,其常务董事资格也随其董事资格一起被取消;⑥董事会关于公司主要经理人员的任命或辞退也与董事任命一样,必须符合新加坡宪法第 22C 条的规定,并经共和国总统的同意。

除对董事会人员的任命外,新加坡政府对淡马锡公司还拥有严密的监督机制。政府作为所有者可以随时对国有企业进行检查,淡马锡定期向财政部报送财务报表,使其随时了解经营状况。财政部不定期审查股息发放政策,在现金回报和再投资之间寻求最优组合。通过讨论公司经营绩效和投资计划等,把握企业发展方向,并通过直接投资、管理投资以及割让投资等方式,确保国有资产保值增值。同时,董事会下设的审计委员会负责审核淡马锡的系统和流程,以确保公司业务的恰当执行。包括:财务报告、内部和外部审计、内部控制、遵守所有适用法律和条例、淡马锡品行规范和执业标准、估价政策和程序。在法定审计会计报告提交董事会批准之前,审计委员会须先进行检查,并针对审计师的委任或重新委任,向董事会推荐人选。经董事会授权后,审计委员会可以向公司任何职员寻求其所需信息,也可以向外部获取法律性或其他专业性的建议,以便适当履行其职责。

淡马锡作为控股公司,对其下属的各控股、参股公司也实施了有效的控制和监管。对其所投资的公司,淡马锡允许各自的管理层自行经营管理,并由其各自的董事会引导及监管。淡马锡不指导其投资组合公司的商业或营运决定,但将确保每间公司各自的董事会必须为该公司的财务表现负责。淡马锡行使作为股东的权利(包括投票权),以保障淡马锡的商业利益。通过运用淡马锡强大的关系网络,淡马锡可以向各董事会推荐合适的人选,进而通过支持组建由高素质、具有丰富商业经验及来自多元领域的人才所组成的董事会,以协助提升管理层的领导能力。旗下公司董事会的构成,基本上是政府公务员与民间企业家各一半或者 4∶6 的比例,4～5 位为公务员,代表政府出资人的利益。

298. 央企董事会试点

我国企业改革进入公司治理改革的新阶段,这已成为人们的共识。而国企治理改革最关键,其中最难治理的就是掌握国家经济命脉的大型国有企业集团的母公司。它们分布于国防军工、石油石化、通信、电力、冶金、电子、交通运输等重要领域,2005 年 166 家中央企业年实现销售收入 6.7 万亿元,利润 6 276 亿元,分别占全国国有企业销售收入的 58.3%,利润的 69.4%。这些央企大部分以国有独资形态存在,对于国有独资公司这种特殊法人治理改革有没有必要建立董事会这个问题有不少争论。

虽然我们不能期望国有独资公司达到多元化投资者公司的治理水平,但是治理改革仍有必要导入规范的董事会,建总比不建好。①央企建立规范董事会,是实现出资人职责真正到位的需要。目前央企数量多、行业分布广、资产规模大,采取国资委直接管理方式将要求国资委熟悉和了解每一户企业的具体情况。从公司治理效率的角度来看,在国有独资公司内部建立一个对国有资产负责的"载体",即董事会,不仅有利于实现对公司的个性化管理,而且益于划清政府行为与企业行为的边界,形成以管理公司董事为主的管人、以行使出资人权利为核心的管事和以国有资产保值增值为核心的管资产相结合的国有资产管理体制。②央企建立规范董事会,是实现科学决策的需要。通过建立董事会,理顺了监督(国资委)、决策(董事会)、执行(经理层)之间的分权制衡关系,可以一定程度上避免内部人控制,为进行科学决策提供了体制保障。董事会负责作为公司治理与公司管理的连接点的公司重大决策,而经理层充当的是决策执行者的角色,使得董事会能够集中精力对企业重大问题进行深入研究,进而保证决策的科学化。③央企建立规范董事会,是走向国际化的需要。近年来,良好的公司治理,越来越被国际资本市场和全球出资人看作是改善经营业绩、提高投资回报的一个重点。许多央企子公司已实现海外上市,并建立了较为完善的董事会制度。母公司要想有效地对子公司进行有效治理,首先需要规范自己的治理结构,尽快建立并完善董事会制度,进而在治理结构上与子公司实现有效对接,降低子公司跨国经营中的治理风险,少交治理学费。

按照现代企业制度要求,公司的股东会、董事会、监事会和经营管理者的权责要明确,要形成权力机构、决策机构、监督机构和经营管理者之间的制衡机制。而在 2004 年以前,相当一批国有大型独资企业是按照 1988 年的《全民所有制工业企业法》设立的,没有董事会;即使是按《公司法》设立的国有独资公司,其董事会成员与经理人员高度重合,企业的决策权与执行权没有分开,董事会也不能很好地发挥作用。2004 年 2 月,国资委向国务院提出在央企进行国有独资公司建立和完善董事会试点,即央企董事会试点(the pilot program on board of directors in a central enterprise)的建议,得到了国务院的同意,之后相关工作陆续启动。

2004 年 6 月 7 日,国资委印发了《国有资产监督管理委员会关于中央企业建立和完善国有独资公司董事会试点工作的通知》(以下简称《通知》),明确了试点的主要思路和措施,并确定了第一批试点企业。试点工作的主要内容包括:建立和完善国有独资公司董事会、建立外部董事制度,选聘职工董事、建立董事会专门委员会等。同时《通知》规定由国资委向国有独资公司派出监事会,依照《公司法》、《国有企业监事会暂行条例》的规定履行监督职责。国资委陆续印发了《国务院国有资产监督管理委员会关于国有独资公司董事会建设的指导意见(试行)》、《国有独资公司董事会试点企业外部董事管理办法(试行)》、《国有独资公司董事会试点企业职工董事管理办法（试行）》等相关文件。中央企业董事会试点工作拉开了序幕。2005 年 10 月 17 日，宝钢集团依照《公司法》改建为规范的国有独资公司，成为第一家外部董事全部到位且超过董事会成员半数的中央企业。此后，除首批试点企业外，央企董事会试点企业范围进一步扩大。2009 年，在总结几年央企董事会试点工作经验的基础上，国资委印发了《董事会试点中央企业董事会规范运作暂行办法》（以下简称《办法》）。《办法》详细地规定了国资委、董事会、董事会专门委员会、董事长、总经理、董事会秘书等主体各自的职责和权力。此外，《办法》还就董事会及其专门委员会的会议流程和沟通协调机制、董事会与国资委的协调沟通机制、董事会运作的支持与服务等具体问题进行了规定和指导。《办法》的实施标志着我国央企董事会试点工作已经积累了成熟的经验，拥有了详细的工作方法指导，我国的央企董事会试点工作进入了新的阶段。

央企董事会试点的目的：第一，对于可以实行有效的产权多元化的企业，通过建立和完善国有独资公司董事会，促进企业加快股份改革和重组步伐，并为多元股东结构公司董事会的组建和运转奠定基础。第二，对于难以实行有效的产权多元化的企业和确需采取国有独资形式的大型集团公司，按照《公司法》的规定，通过建立和完善董事会，形成符合现代企业制度要求的公司法人治理结构。第三，将国资委对国有独资公司履行出资人职责的重点放在对董事会和监事会的管理，既实现出资人职责到位，又确保企业依法享有经营自主权。

试点工作的基本思路：第一，将忠实代表所有者利益、对出资人负责、增强公司市场竞争力作为董事会建设的根本宗旨；第二，建立外部董事制度，使董事会能够作出独立于经理层的客观判断，充分发挥非外部董事和经理层在制定重大投融资方案和日常经营管理中的作用，董事会中应有经职工民主选举产生的职工代表；第三，以发展战略、重大投融资、内部改革决策和选聘、评价、考核、奖惩总经理为重点，以建立董事会专门委员会、完善董事会运作制度为支撑，确保董事会对公司进行有效的战略控制和监督；第四，出资人、董事会、监事会、经理层各负其责，协调运转，有效制衡。国资委代表国务院向国有独资公司派出监事会，监事会依照《公司法》《国有企业监事会暂行条例》的规定履行监督职责；第五，按照建设完善的董事会的方向，从目前的实际情况出发，平稳过渡，逐步推进，总结经验，不断完善。

试点工作的推进：第一，选择若干户企业启动试点工作，再逐步增加试点企业户数。2007 年底前，除主要执行国家下达任务等决策事项较少的企业外，中央企业中的国有独资公司和国有独资企业均应建立董事会。第二，试点初期外部董事不少于两人。根据外部董事人力资源开发情况，在平稳过渡的前提下，逐步提高外部董事在董事会成员中的比例。第三，优先考虑对试点企业授权经营，即将出资人的部分权利授予试点企业董事会行使。第四，对拟股权多元化的试点企业，选聘董事要为建立多元股东结构的公司董事会创造条件。集团公司主业资产若全部或者绝大部分注入其控股的上市公司的，选聘试点企业董事要与上市公司国有股东提名的董事相协调。第五，国资委将逐步建立健全对董事会和董事的管理制度，积极开发外部董事人力资源，加强对试点工作的指导，及时调查研究、总结经验。

试点面临的困难：通过央企董事会试点，试点企业初步建立起一套科学决策的体制，形成了企业内部制衡机制。国务院国资委现在已经制定了董事会试点中央企业的董事会运作规范、外部董事履职行为规范、职工董事管理等一系列文件。上述都是央企董事会试点工作取得的成绩，但还面临一些困难，需要进一步突破，使董事会运作程序化、规范化、制度化。例如，出资人权力的不完整性。在 138 家央企中，有 50 多家重点企业的董事任免权力并不完全属于国务院国资委。因此，导致今后这部分董事的评价和管理具有一定的难度。还有，关于总经理或高管的任免和薪酬问题。试点央企高管任免和考核权利还没有落实到董事会的手中,董事会的权力不够完整,无法保证有效监督高管。2009 年 6 月 29 日,与新华网友"面对面"交流时,时任国务院国资委主任李荣融在谈到央企高管薪酬问题,透露今后高管薪酬等权利将交给董事会来管,董事要履行自己的职责。关于如何更好发挥职工董事作用问题,时任国资委副主任王瑞祥在 14 家董事会试点企业职工董事座谈会上表示,自推行董事会试点工作以来,试点企业的职工董事工作取得了很好的效果,但是仍存在四大不足:试点企业的职工董事要能够深入基层一线,多方面、多渠道收集职工意见;要主动进入角色,在董事会决策时独立充分发表意见;要注重协调沟通,切实维护职工合法权益;要积极调查研究,探索实现职工董事依法履职的有效途径。还有董事会、董事评价办法的制定,党组织作用的发挥,董事人才库的建设等,都是试点中所面临的困难。

至 2013 年 3 月,建设规范董事会试点的央企达到 52 家,而央企董事会试点工作依旧在探索和推动过程中。

299. 外部董事

外部董事(outside director)是相对于内部董事或执行董事的概念,外部董事除担任公司董事以外,不在公司内担任其他职务。外部董事制度起源于英美治理模式的国家。引入外部人担任公司董事的主要目的在于避免董事会与公司管理层人员上的高度重合,防止内部人控制,保证董事会决策的独立性,以更好地维护股东和其他关联方的利益。

外部董事的身份具有鲜明的特征。外部董事与内部董事一样是董事会的成员,由股东选举进入董事会,参与董事会的决策,与其他董事一样对公司具有法律和公司章程规定的权利和义务。但是,外部董事与内部董事工作的侧重点有所不同,外部董事并不参与公司的日常经营管理,更多地对公司的重大事项决策进行考量和监督。外部董事更多地扮演着咨询者和监督者的角色。

Black(2001)在《外部董事的核心信义义务》(*The Core Fiduciary Duties of Outside Directors*)[①]一文中列出了外部董事最重要的四项义务,即:忠实义务、注意义务、信息披露义务、当公司成为被收购目标时的董事特别注意义务。可以看出,外部董事的责任更多地趋向于对公司的决策进行监督和披露,以保证公司决策合理性,维护公司股东的利益。

我国的央企董事会试点工作中,一个重要的内容就是引入外部董事,在 2009 年发布的《董事会试点中央企业董事会规范运作暂行办法》中,要求试点企业外部的董事的比例要超过 1/2。并要求"推进外部董事担任董事长、总经理担任公司法定代表人的试点工作。非外部董事担任董事长的,可以由外部董事担任副董事长,协助董事长组织董事会的运作。外部董事未担任公司董事长、副董事长的,可以由外部董事轮流担任外部董事召集人,一年轮换一次;也可以由全体外部董事共同推选一名外部董事召集人,但最多不超过三年应当重新推选"。可见在我国央企改革的过程中,外部董事的作用被放在了十分重要的地位,其目的在于改变以前内部人控制严重、"一把手"、"一言堂"的情况,为更有效地对国有资产实施监督管理提供

---

① Bernard S. Black. The Core Fiduciary Duties of Outside Directors[J]. Asia Business Law Review, 2001, 33: 3-16.其原文在 2006 年第 2 期《商事法论集》被黄辉全文翻译成中文。

保障和途径。

外部董事与独立董事的范畴有所交叉但不完全相同。独立董事指的是不在公司担任职务,同时与公司的股东和其他关联方不存在任何利益关系的董事。独立董事最重要的特征是其独立性,即能够不受公司及其各关联方的影响独立就公司事务发表意见、提供咨询。而外部董事包括独立董事,同时也可能来自公司的股东方或者其他关联方,从而代表某一方的利益。两者的概念不可混淆。

300. 外派监事会

1993 年《公司法》的颁布,标志着市场经济体制下现代企业法律规范的进一步完善,也意味着今后我国的企业制度的法律规范将从《全民所有制工业企业法》逐渐过渡到《公司法》上来。从此,我国企业内部监事会制度正式以国家大法的形式确立下来。实际上,1993 年《公司法》把国有独资公司监督体制的设计交给了国务院。1994 年 7 月 24 日,国务院发布《国有企业财产监督管理条例》,并在第四十六条中明确规定:"本条例原则适用于国有独资公司和国有金融企业"。该《条例》首次以行政法规的形式明确了我国企业国有资产管理和监督体制的基本架构,明确国有企业财产全民所有即国家所有,企业对国家授予其经营管理的财产依法自主经营,享有占有、使用和依法处分的权利。该《条例》分别在第五条和第六条中提出,"国务院代表国家统一行使对企业财产的所有权","在国务院统一领导下,国有资产实行分级行政管理",并在第七条中提出,"国务院授权有关部门或者有关机构,对指定的或者其所属的企业财产的经营管理实施监督。根据国务院的授权,省、自治区、直辖市人民政府可以确定有关部门或者有关机构,对指定的或者其所属的企业财产的经营管理实施监督"。在第十三条规定的国务院有关部门对国务院指定由其监督的企业和企业集团履行的监督职责中,明确提出"向企业派出监事会"。因此,这种由国务院有关部门向国有企业派出的行使监督职能的监事会就是外派监事会(external board of supervisors),是我国国有独资公司特有的一种外部监督机制。

《国有企业财产监督管理条例》的发布,在我国企业国有资产监督史上具有开创性意义。首先,它设计了国有独资公司监事会体制,为国有企业监事会制度的形成奠定了基础。其次,它首次以行政法规的形式明确了在我国企业国有资产监督中引入监事会体制,体现了推进国有企业建立现代企业制度、规范公司治理的思想。最后,与当时我国国情、企情相结合,规定监事会由外部向企业派出,首创了外派监事会模式,标志着外派监事会制度开始在我国国有独资公司中产生。

为了明确国有企业监事会的组成、职责和议事规则,规范监事的权责,保证监事会工作的有效进行,实现国有资产保值增值,防止国有资产流失,建立和完善国有企业财产监管体系,国家经贸委按照《国有企业财产监督管理条例》的规定,于 1995 年 4 月 18 日下发了《关于印发〈关于监督机构对国有企业派出的监事会工作规范意见〉的通知》(以下简称《意见》)。这份文件是对《国有企业财产监督管理条例》的进一步细化,主要体现在以下几个方面。①《意见》明确指出了监事会的外派性质且经费独立。第三条指出,"本规范意见所指监事会是监督机构根据需要派出的对企业财产保值增值状况实施监督的组织,不同于《公司法》规定的公司监事会"。"按照《国有企业财产监督管理条例》规定的监督范围,监事会与企业的关系是监督与被监督的关系"。第二十六条规定,"监事会履行职责所必要的开支,由派出的监督机构支付"。②《意见》充实了监事会的职责。将《国有企业财产监督管理条例》中规定的监事会履行的四项职责进一步归纳为五项,增加了"对侵犯企业经营权的行为进行监督"。③《意见》对监事的任职资格提出了更为具体的要求。第十三条规定,"政府或者监督机构选派的监事必须是在职的正式工作人员,一人可同时担任若干户企业的监事"。第十四条规定,"监督机构聘请的经济、金融、法律、技术和企业经营管理等方面的专家一般应具有高级职称资格,一人可同时担任不同行业2～3户企业的监事"。④《意见》增加了对监事奖励的内容。第二十八条规定,"监督机构要对认真履行职责、作出突出贡献的监事进行表彰,并可给予一定的物质奖励,奖金由监督机构支付"。⑤《意见》补充了有关监事会会议的具体内容。内容包括:审查企业的财务报表和资料,评价企业资产保值增值状况;评价厂长(经理)的经营业绩,向监督机构提出任免(聘任、解聘)及奖惩的建议;研究通过给监督机构的工作报告;就厂长(经理)的要求,提出咨询意见;其他需要讨论决定的事项。为进一步规范国有企业监事会工作运行程序,国家经贸委于1996年9月5日下发了《国家经贸委关于印发〈关于监督机构对国有企业派出的监事会议事规程〉(试行)》,详细规定了监事会会议的次数、会前的各项准备工作、议题、会后的报告、会议记录等事项,使监事会会议制度更趋规范。

《意见》发布后,同年7月,在国务院授权的31个监督机构内,选择了20个部门和机构所属的20家企业作为首批派出监事会试点企业,国有企业外派监事会工作开始开展起来。但由于当时人们对企业国有资产监督管理的体制机制、国有企业改革等问题的认识还不尽一致,因此国有企业外派监事会虽然在形式上产生了,但并没有达到预期的效果和作用。

301. 双重监事会

双重监事会(dual board of supervisors)是指我国国有企业按《公司法》内设的监事会与按国资监管相关规定而外派而形成的监事会的两个监事会。

截止到2010年2月,共有25家央企实现主业整体上市。央企整体上市后,其主要资产和业务已转移到上市公司,集团"空壳化"趋势凸显,上市公司已按照《公司法》设立企业内部监事会,这对外派监事会的监督工作提出了新课题。两种监督方式各有优缺点,如何整合两个监事会的力量便是问题之关键所在。

整体上市后,上市公司成为资产运营的主体和利润的主要来源,如果出资人仍然把监督重点放在集团这个空壳上,而不能跟进到集团所属上市公司层面,出资人权益难以保障。从上市公司层面来说,尽管他们已按照《公司法》等的要求建立了相对规范的公司治理框架,但一个很重要的问题就是上市公司监事会流于形式,这导致了监事会运行的低效甚至失效,不利于出资人对整体上市企业进行有效监督。因此,监督模式的创新也是促进上市公司完善治理结构和机制的需要。

目前实践中形成了几种典型的监事会监督模式。"外派监事会＋内部监事会"模式:目前国务院国资委采用的模式,即外派监事会监督企业集团,并对集团在上市公司的投资以股东身份进行延伸检查,内部监事会正常履职。"外派监事会→内部监事会"模式:目前国内金融企业采用的模式,整体上市后,撤销了外派监事会,并依法设立内部监事会,部分外派监事会主席和专职监事转为内部监事。"外派监事＋其他监事＝内部监事会"模式:目前一些地方国资委采用的模式,国资委提名专职监事通过股东大会选举进入上市公司监事会。这些监督模式的探索,遇到了监督的法律障碍、监督独立性的降低和管理制度不规范等问题。

基于上述分析,对于存续资产占集团总资产的比重还能达到一定比例,集团本身还有一定监督价值的,建议导入"外派内联"模式。这种模式的实质是外派监事会与内部监事会联合监督,两个监事会各自行使法律法规赋予的职权并承担相应责任,但外派监事对出资人在上市公司的国有股权投资状况进行延伸检查,履职重点是上市公司。而对于存续资产比较少的甚至完全空壳的,"外派内设"模式更加适合。这种模式的实质是出资人提名派出监事人选经股东大会选举等程序进入企业内设监事会履行职责,改制上市后集团的董事会成员或经理等下沉到上市公司任职,派驻集团的监事会成员同步下沉到上市公司担任相应职务,实现监督的及时跟进。当然,监事会监督模式的改革,离不开组织、制度和人员等层面的保障,还需要试点。从这个意义上来说,监事会监督模式改革任重道远。

302. 稽察特派员

根据中共十五届二中全会和九届全国人大一次会议通过的《国务院机构改革方案》中的规定,国务院向国有重点大型企业派出稽察特派员,负责监督企业的资产运营和盈亏情况;由人事部承办国务院监管的大型企业领导人员的任免事宜,承办国务院向国有重点大型企业派出稽察特派员的管理工作。1998 年 5 月 7 日,国务院发出《关于印发国务院向国有重点大型企业派出稽察特派员方案的通知》,指出"国务院向国有重点大型企业派出稽察特派员,是国家对国有企业财务监管、对企业领导人员管理制度的重大改革"。1998 年 7 月 3 日,国务院发布《国务院稽察特派员条例》(以下简称《条例》),标志着稽察特派员制度(the accredited inspector system in the supervision of state-owned enterprise)的建立。

根据该《条例》的规定,稽察特派员(the accredited inspector)是由国务院派出,向国务院负责,代表国家对国有重点大型企业行使监督权力的队伍。《条例》同时还规定了稽察特派员的工作性质、职责、资格条件、监督的具体内容、稽察特派员办事处的组成、稽察工作的方式和程序、稽察特派员的管理、稽察报告以及稽察特派员的奖惩条件等。与 1994 年出台的《国有企业财产监督管理条例》相比,该《条例》在以下几个方面比较突出。

(1) 为形成外派的专职监督队伍奠定了法律基础。根据《条例》的规定,稽察特派员由国务院派出,对国务院负责,代表国家对国有重点大型企业行使监督权力。稽察特派员"一般由部级、副部级国家工作人员担任",其助理"一般由司(局)、处级国家工作人员担任"。"稽察特派员开展工作,设稽察特派员办事处。稽察特派员办事处由稽察特派员一名和稽察特派员助理若干名组成,实行稽察特派员负责制"。这些规定,从体制上保证了稽察特派员的权威性、独立性,为形成外派的专职监督队伍奠定了法律基础,与《国有企业财产监督管理条例》规定的"监事均为兼职"有根本区别。

(2) 明确规定了监督工作的各项具体要求,体现了国家对企业国有资产监督工作有了更深入的认识。《条例》第十二条规定,"一名稽察特派员一般负责 5 个企业的稽察工作,一般每年到被稽察企业稽察两次。稽察特派员或者其指派的稽察特派员助理,也可以不定期地到被稽察企业进行专项稽察"。第十三条、第十六条、第十七条及第十八条详细规定了稽察工作的方式、稽察报告的内容要求以及稽察报告的审核、审订程序。这些规定使得稽察工作具有较强的可操作性,这也是《国有企业财产监督管理条例》无法相比的。

（3）稽察工作的费用列入了国家财政预算。第八条规定,"稽察特派员履行职责所需经费,列入国家财政预算"。结合稽察特派员的派出机构来看,表明了稽察特派员对企业国有资产的监督工作是定位在国家监督的层次上,显然是为了提高监督的独立性和有效性。

303. 纪检监察机构

纪检监察机构(discipline inspection and supervision office)实际上是国有企业党组织的纪委和行政序列的监察部门的总称,两者往往合署办公。

纪委作为党的纪律检查机关,是党组织的重要组成部分。按照《党章》第四十四条规定,纪委主要承担教育、对党员干部进行监督、查办案件、受理控告和申诉、保障权利等职能。监察部门虽然也是国有企业内部行使监督职能的部门,但是区别于监事会,是行政部门,在总经理的授权和领导下开展工作。监察部门的法律地位问题,目前在我国没有相关的法律依据,只能靠企业章程加以规定。从企业实际情况来看,有的企业设立纪检监察部(室),行使纪检监察职能;有的企业设立纪检监察审计部,行使纪检监察和审计职能;有的企业由纪委书记分管纪委、监察、审计及对二级公司派出的监事会工作等。以央企为例,在集团公司层面,都设有纪委和监察机构,下面二级公司一般也设有纪委和监察机构。除了国家电网(中纪委监察部对外派出 51 个纪检组,央企只有国家电网一家),央企的纪委和监察机构都归属企业内部,纪委归企业党委或党组管理,监察机构一般与审计、党群等部门合在一起。

央企集团公司的纪委书记一般由国务院国资委党委任命。中央直接管理的五十多家央企纪委书记由中央纪委、中组部、国资委共同考察,其他企业纪委书记由国务院国资委考察。纪委对公司治理的作用,至少在现阶段,党管干部在国有企业治理中可以发挥比较重要的作用,国有企业的领导人员大多数是中共党员,他们除了要受到公司法等法律和企业规章制度等的约束,还要受党纪约束,事关自己的政治前途,在法律约束较弱或不到的地方,在党纪下,这些领导干部被禁止私自从事营利性活动、禁止利用职权为亲友谋利等,自身更检点,使得决策更符合程序,一定程度上保障了决策科学。

304. 政治联系[①]

政治联系(political connection)是企业为寻求某种利益或出于其他目的,采取一定方法,主动与政府建立关系的一种状态或者行为,也称之为政治关联。近年来,政治联系相关领域的研究受到国内外学者的广泛关注。

1990 年美国学者 Robert 研究了美国参议院军事委员会的参议员 Jackson 的突然死亡对于美国各方利益相关者的影响,并发现 Jackson 的突然死亡,导致了与其具有紧密联系的企业的股价明显下跌,而与他的继任者紧密联系的企业的股价却明显上升。通过此研究,Robert

---

① 本词条初稿由南开大学商学院李莉教授提供。

提出了政治联系一词,认为企业与参议员 Jackson 之间的这种紧密关系,即为政治联系。其后,一些国外学者将政治联系定义为企业与政府前任或现任首脑之间的关系,如 Fisman (2001)将企业与印尼前总统苏哈托之间的关系定义为政治联系,Johnson 和 Mitton(2003)也认为企业与首相、副首相、财政部部长之间的密切关系是政治联系。

此后,国内外众多学者纷纷在此领域进行了更加深入的探索,公司治理领域最具代表性的人物是 Faccio。Faccio(2007)将政治联系定义为只要公司的控股股东或任何一个高管是议员、大臣、政府首脑或者与政府高官有密切关系的,都认为是有政治联系。这是目前应用最普遍的一种定义。国内学者对于政治联系的定义,主要是借鉴了这种方法,将企业总经理、董事长、董事或者最终控制人是前任政府官员,或现任或曾任人大代表或政协委员,或与现任或前任政府官员、人大代表、政协委员具有的一种紧密关系定义为政治联系。此外,由于国外政治制度选举的特殊性,还有一些学者将政治联系定义为企业通过在政治竞选中对候选人进行政治捐赠这一方式所建立起来的与政府及候选人之间的密切关系。针对我国公司,Fan,Wong 和 Zhang(2007)他们认为如果公司的 CEO 任职于或者曾经就职于中央政府、地方政府或者军队,那么这家公司就是有政治联系的。

政治联系不同于腐败和贿赂(Faccio,Masulis,McConnell,2006),政治联系在法律层面上是完全合法的,企业通过政治联系的高管影响政府部门以获取其他企业所不具有的优势。另外,政治联系不同于政治干预,它们的作用机理完全不同(赵峰,马光明,2011)。政治干预是政府为了达到公共目的和社会目标或者官员出于私人利益,通过各种方式和途径影响企业,利用企业资源服务于自身利益,政治干预的发起者是政府;而政治联系则是企业为寻求某种利益或出于其他目的而主动与政府建立政治关系纽带,进而来影响政府和市场,政治联系的发起者是企业。

尽管企业建立政治联系将花费大量的时间成本与金钱成本,然而其对企业的生存和发展具有十分重要的意义。第一,具有政治联系的企业更容易获得银行贷款,尤其是来自国有银行的贷款,且贷款利率更加优惠,债务期限结构更长。第二,企业建立政治联系能为其带来税收减免、税收返还等优惠,从而降低其实际税率。第三,企业构建政治联系,方便了企业与政府之间的沟通,有利于企业获取更多的政府资源和更有效的资源配置。比如说,罗党论(2008)研究了 2002—2005 年间我国民营上市公司的政治联系情况,发现具有政治联系的民营企业更容易获得政府补贴。再比如,沈艺峰和肖珉(2009)研究发现,具有政治联系的上市公司在全球金融危机期间更容易得到政府保护,从而对上市公司股票的持有期收益率起到积极作用。第四,在一国法律保护较弱的情况下,政治联系可以作为一种替代机制,保护企业的产权免受政府损害。Allen,Qian 和 Qian(2005)曾提出"中国之谜"的命题,认为中国目前的法律制度和金融发展水平不能有效地解释我国经济快速增长的现状,既然现实与理论不相符,那么一种合理的解释就是在我国存在一种合理的替代机制。白重恩、刘俏、陆洲、宋敏和张俊喜(2005)也认为,尽管民营企业产权得不到有效保护并面临政策歧视,但其在我国的蓬勃发展说明它们有一套自我保护的机制,使它们能营造出适合自身发展的小环境。余明桂和潘红波(2008),罗党论和唐清泉(2009)先后证实了,政治联系就是一种合理的替代机制。第五,企业通过建立政治联系,有利于获得政府管制下垄断资源的经营权,进入管制行业。罗党论和刘晓龙(2009)发现,民营企业与政府的政治关系越好,其进入高壁垒行业的可能性越大,如能源设备与服务、金属与非金融采矿、汽车、交通基础设施等,进而促进企业经济绩效的提高。

国内外学者在政治联系这一领域进行研究的方向主要集中于以下几个方面:政治联系

的建立动因、政治联系对企业行为的影响、政治联系对企业经济后果的影响。目前,理论界对于企业每年花费大量的时间成本和金钱成本建立政治联系的动因,主要可以从以下两方面解释:一是提升个人经济地位与社会地位;二是实现企业生存发展的根本目标。第二个动因又可进一步分为三个子动因,建立政治联系有助于企业规避国家的制度风险,保护自己合法权益不受到政府和其他企业的损害;建立政治联系能够使企业从政府手中获取到更多的资源;建立政治联系作为企业的一种重要的无形资产,能够对外传递企业具有良好声誉的信号;这三个子动因无疑都有助于企业的不断壮大。

政治联系对企业行为的影响,主要是其对企业融资行为、投资行为、公司治理行为与慈善行为的影响。第一,政治联系对融资行为的影响。政治联系可以使企业更容易获取国有银行贷款,更不愿意进行海外融资。因为具有政治联系的企业可以以较低的贷款利率,较长的贷款期限进行国内融资,而海外融资却要接受严格的审查和较高的信息透明度,这将会导致较高的机会成本。第二,政治联系对投资行为的影响。国内外学者普遍认同政治联系可以促进企业进行多元化经营,尤其是非相关多元化;而且政治联系对高新技术企业的研发投入,也具有显著的正向促进作用。第三,政治联系对公司治理行为的影响。国内学者发现,政治联系成为了高管构筑职位壕沟的资本,从而弱化了公司治理对高管应有的监督和约束机制,遏制了公司治理效率的提高;而且如果董事会成员具有政府背景,其在指定企业高管薪酬方案时存在不合理行为,进一步增加了股东与管理层之间的利益冲突,不利于公司治理。第四,政治联系对慈善行为的影响。具有政治联系的企业比无政治联系的企业参与捐赠的可能性更大、捐赠水平更高,而且在市场化进程比较慢、政府干预严重、法制水平较低的地区,政治联系对企业捐款水平的正向影响更为显著。

国内外学者普遍认同政治联系能够对企业绩效与企业价值产生影响,但这种影响是积极的促进作用,还是消极的损害作用,现有文献尚未得出一致的结论。一些学者认为,由于政治联系给企业带来融资便利、税收优惠、财政补贴、市场进入等好处,会提高企业绩效,增加企业价值;然而另外一些学者认为"天下没有免费的午餐",企业为获取政治资源,会形成前置成本,这部分成本的投入会影响企业的绩效。

近年来,政治联系这一跨学科领域的研究,已取得了很大突破,但仍存在以下几个方面有待进一步深入研究。第一,国内外学者们关于企业政治联系经济后果的结论不一致,除了所选样本不同以外,对政治联系的模糊定义致使度量方法上的差异也是主要原因之一。要使研究结论具有可信性,将政治联系清晰定义、合理量化至关重要。第二,加强对构建、维持和利用政治关系过程的动态研究。第三,加强政治联系与公司治理的研究,尤其是行为公司治理方面。

305. 行政型治理

行政型治理(administrative governance model)又称政治型治理,是指在处理政治不确定性方面具有比较优势,以等级制为基础,以政治联系为导向,以高管任免行政化为要素,注重自上而下权力运行的治理方式。行政型治理注重是以政治联系(或关联、关系)为导向,即通过与政府的亲密关系或自身的政治参与行为,获取政府提供的优惠待遇,如优惠融资、特许经营、垄断模式等,通过该导向进而塑造企业的政治优势。行政型治理的决策程序是自上而下的，即在等级制的环境中，政府的意志是占据主导地位的，而后施加给董事会，董事会下达到经理层，在这个过程中，董事会专业委员会和股东大会的"功能"和"话语权"被剥夺[①]。

在计划经济体制下，传统的国有企业并不是独立核算的经济组织，只是一个生产单位性质的工厂。政府作为治理主体代表全体人民行使所有者的职责，委派官员担任经营者，其治理表现为来自政府对其代理人的监督制衡，这种治理模式属于计划经济体制下的典型的行政型企业治理模式，其最大特点就是由政企不分导致的企业治理行为的行政化。在这种典型的企业治理模式中，国家作为国有资产的代表者，不仅拥有对国有资产的所有权，还掌握着国有资产的经营权。这种两权不分强化了政企不分，从而使政府作为国家管理者的职能与国有资产所有者的职能并存，国家管理的行政职能与企业治理的经济职能合一，导致企业治理行为的行政化（李维安，2001）。企业治理行为的行政化主要表现为资源配置的行政化、经营目标的行政化、经营者人事任免的行政化，概括地说就是"内部治理外部化，外部治理内部化"。其直接后果就是企业治理边界模糊和责任主体的空位，使得企业失去应有的活力，并产生高昂的治理成本。

1970年代末，在计划经济体制总框架未作变动的情况下，我国就开始进行以对企业放权让利和强化物质激励为主线的改革试验。扩大企业自主权和强化利润刺激并未使国营企业具有充分的活力，因为它只是在管理层面上赋予企业更多的管理手段，并没有触及行政型治理模式的实质。这种改革思路没有突破计划经济的思维定式，企图在原有模式的基础上，通过加强经济核算、放权让利和增强物质刺激的办法来调动积极性，以达到存利去弊，使之具有活力。结果不但没有找到根本的出路，反而由于制度安排的不合理和激励的不兼容，陷入了放权不足则企业仍然缺乏能够行使优化配置资源的充分自主权，放权太多又导致内部人控制使所有者失去最终控制权的困境。

在放权让利的改革没有收到预期的效果而人们又迫切希望找到一种能够"搞活"的企业制度的情况下，企业承包制受到了人们的青睐。1987年底，大约80%的国有大中型企业都实行了承包制。到1989年，几乎所有的国有企业都实行了承包制。但承包制并没有给人们带来预期的效果，尽管从推行承包制的最初阶段起，人们就采取各种兴利除弊的措施，如风险抵押承包、科学确定承包条件、招揽承包等，但都不能弥补其存在的缺陷。虽然它在增强企业活力、塑造独立的市场竞争主体方面向前迈进了一步，但仍没有从根本上改变行政型治理模式的本质。

从放权让利到承包制的实施，都没有从根本上使国有企业走上良性成长之路，其原因关键在于没有形成一个有效的治理机制，企业仍然保持着行政型治理模式。但这一时期的行政型治理模式与典型的行政型治理模式还是有所区别的。在这一时期企业的所有权与经营权通过契约所维系的代理关系而得到了分离，但这种契约是一种行政化的契约，这一时期的企业治理模式可称之为转型时期的行政型治理模式。转型时期的行政型治理模式是建立在政府主导型产权制度基础之上，通过行政型契约所维系的治理模式，它是尚存的行政治理，主要表现为政府控制企业的人事权、考核企业的经营状况、评价企业经营者的经营业绩。在这种模式下，国家作为企业的所有者，拥有对企业的剩余索取权，通过对企业的监督来实施其外部治理。所以，它的外部治理，就是各级政府主管部门对企业进行监督、评价并控制企业经营者的任免权。它的内部治理则是在企业内部形成的三权制衡的治理结构：厂长（经理）负责企

---

① 李维安（1998）在日文专著《中国のコーポレートガバナンス》首次提出中国行政型治理的三个维度，即资源配置行政化、经营目标行政化、高管任免行政化，中国公司治理应由行政型治理向经济型治理转变。

业的日常经营管理；书记(党委)负责组织人事工作，并对企业的经营状况进行监督；职工代表大会行使职工参与企业民主管理的职能。

　　由上述分析可以看出，企业治理模式的缺陷是内生的，是由其产权制度决定的。必须对这种产权制度进行改革，建立经济型企业治理模式，来重塑国有企业治理机制。在公司治理学术领域，行政联系视角下的公司治理侧重于研究行政型治理的背景下，行政联系与公司治理行为、治理绩效、治理风险的互动性研究，重点通过发现具备行政联系的大股东、董事会、经理层的治理行为，及其对治理绩效、公司绩效的影响。这里的行政型治理框架下的行政联系(李维安，1998；李维安，郝臣，2009)与Faccio(2008)提出的政治联系没有本质区别，如图9-1所示。

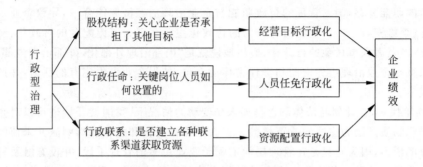

图 9-1　行政型治理研究框架

（资料来源：李维安，郝臣.中国公司治理转型：从行政型到经济型[J].资本市场，2009(9)：112-114.）

306. 经济型治理

　　经济型治理(economic governance model)又称为市场型治理，是在处理市场不确定性方面具有比较优势，以现代公司制度为前提，以股东主导型产权制度为基础，以资本市场为导向，注重自下而上运行的治理方式，与行政型治理的区别如表9-2所示。经济型治理注重的是以资本市场为导向，即通过完善的资本市场、成熟的控制权市场、发达的经理人市场，来获取自身在市场经营方面的收益，如市场化运营、市场化竞争、市场化资源分配等，进而塑造企业的市场优势。经济型治理的决策程序是自下而上的，即通过董事会专业委员会的决策，提交给董事会，董事会决议后，交由股东大会投票表决。比如，对于董事的选聘议案，应由董事会下属委员会的提名委员会进行提名，而后交给董事会进行决议，最后由股东大会投票表决。

表 9-2　行政型治理与经济型治理的主要区别

比 较 内 容	行政型治理	经济型治理
治理设计	外生于企业成长	内生于企业成长
治理主体	主体模糊	主体清晰
治理有效性	忽略有效性	导入治理成本
治理目标	目标单一	考虑治理风险
治理客体行为	忽略客体行为	行为导向治理设计
治理流程	自上而下	自下而上

第九篇

从我国企业制度的变革历史看,国有企业股份制改造后,形式上建立起了以公司制为前提,以股东主导型产权制度为基础的现代企业制度。国有企业从整体上看,公司治理的模式从以往的所有权和经营权高度统一,各级政府部门直接监管企业运营的政企合一式的"行政型治理",逐步向内外治理机制协同作用、监管部门等机构对企业充分监管的"经济型治理"方向转型。但是,政府作为国民经济的管理者与企业国有股东权利行使者这一双重身份所形成的"治理困境",易造成集团治理"漂亮的外衣"与"经济型治理"外壳下的"行政型治理"或其变形,造成行政型治理实质上的残存。随着国有企业产权改革的开展和深化,学术界对其中的一些热点难点问题展开了激烈的争论,形成了一些富有启发性的观点,有力地推动了国有企业改革实践的深入①。林毅夫(1997)最为关注的是产权变革过程中严重的国有资产流失和企业亏损。认为造成这种后果的首要原因是国有企业在不公平的市场环境下仍然存在预算软约束。因此,改革应从解除企业目前面临的各种政策性负担入手,以此硬化其预算约束,进入到竞争性市场,使企业的利润率成为能够真正反映其经营绩效的充分信息指标。史正富(1997)认为,国企产权改革的内容不是将国有资产出售,而是进行转型。陈钊(2004)指出,不否认产权改革对经济转轨中的企业重构具有重要作用,但我国的经济转轨却是始于产权改革严重滞后的状况。当时背景下,国有企业联合与重组的突出困难在于相当多的企业所有者主体缺位,企业法人财产制度没有确立起来,"内部治理外部化、外部治理内部化"的问题没有根本转变,政企分开的行政化问题还没有真正彻底解决。因此,关键在于继续加快现代企业制度建设,现代企业制度的构建与完善可以有效地指导企业的治理实践与治理转型。回顾国有企业制度改革三十多年的发展历程,伴随着经济体制变化,国有企业治理的模式发生了深刻的变化,企业控制效果也有显著改变,如表 9-3 所示。

表 9-3　我国国有企业治理的转型过程

比较内容	1978 年以前	1978—1992 年	1992—2003 年	2003 年至今
管理体制	政府直接管理阶段	厂长(经理)负责制阶段	形式法人治理结构建立阶段	实质法人治理结构建立阶段
经济体制	计划经济	社会主义有计划商品经济	社会主义市场经济初级阶段	较完善的社会主义市场经济
管控效果	过死	放松	部分失控	有效控制
企业治理模式	完全行政型治理	行政型治理为主	经济型治理初步	经济型治理
董事会建设	没有董事会,政府机构管理	企业法人注册,没有董事会	公司制改造,导入董事会	高度重视董事会,开始试点

(资料来源:李维安,郝臣.中国公司治理转型:从行政型到经济型[J].资本市场,2009(9):112-114.)

民营企业的发展同样经历了从"行政型治理"向"经济型治理"逐步演进的过程,表现为非正规公司"红帽子"阶段的"官商结合",行政联系依赖阶段的"亲密资本",以及市场化、制度化和规范化阶段,如图 9-2 所示。针对民营企业发展中遇到的问题,张军(2002)认为私人企业家主要是通过结交"政府企业家"来完成对本企业的融资。这种融资行为虽然带有"腐败"和"寻租"的性质,但在私人企业缺乏正常融资渠道的前提下,该融资行为的成本是最低的,在目前

---

①　李维安等在《现代公司治理研究——资本结构、公司治理和国有企业股份制改造》一书中指出:政企分开、党企分工、社企分离是企业实现独立自主经营,根据外部环境和企业实际选择具体治理模式的三个基础性体制平台。

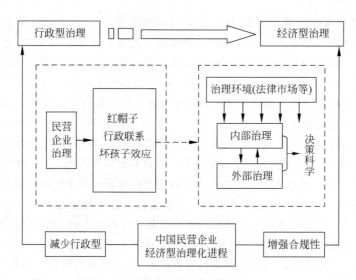

图 9-2　我国民营企业的治理转型过程

（资料来源：李维安，郝臣.中国公司治理转型：从行政型到经济型[J].资本市场,2009(9)：112-114.）

的社会中普遍存在。其实质是对公司"行政联系"的描述。民营企业发展壮大的同时，当前阶段依然表现出一定的行政型治理色彩，"倒一个民营企业，倒一批官员"现象在我国依然突出，国有企业"一股独大"、"坏孩子效应"在民营企业也得到了体现。

综上所述，无论国有企业还是民营企业的治理，都在经历着行政型向经济型转型的过程。然而，当前我国企业行政型治理放松的同时，经济型治理却未及时确立。由此，行政型治理一放松，企业常陷入内部人控制状态，而企业一旦出现问题，在很大程度上又依赖于强有力的行政型治理。由于经济型治理体系的缺失，企业常在内部人控制与强有力的行政型治理之间摇摆。因此，以制度改革为背景的中国情境下的主要公司治理问题是行政干预过多，但是经济型治理尚未确立，二者之间应该形成高度的相机性与互补性。

307. 中国式公司治理[①]

中国式公司治理（Chinese corporate governance model），是指我国公司（包括国有企业、民营企业和在华外资企业）在中国特定的制度与市场环境中结合自身发展所探索出的行之有效的公司治理模式或做法的概括。并非所有的我国企业的公司治理方面的实践探索都可以归为我国式公司治理概念范畴，这个概念应该更多的是指我国企业在制度环境和市场环境变迁大背景下结合自身特征进行积极探索，结晶出的公司治理机制或结构等方面的"创新物"，而不是简单引进或模仿中构建的"衍生物"。

公司治理模式，是企业制度体系中的重要内容，受到国家的基本的经济法律制度的深刻影响。在市场经济体系发育相对滞后的我国，1970 年代以来的经济改革和对外开放，使得包

---

① 本词条初稿由南开大学商学院袁庆宏教授提供，主要参考了李维安，陈小洪，袁庆宏.中国公司治理：转型与完善之路[M].北京：机械工业出版社,2012.

括公司治理体系在内的企业制度发生深刻变化。企业制度改革、市场体系发育与宏观经济体制改革的相互结合与促进，是中国式公司治理形成的最重要的社会背景。

中国式公司治理经过漫长的演进和形成过程，受到多种因素的影响，可以追溯到我国儒道文化传统对治理理念的浸润、近代的西风东渐过程中对于西方的公司法律规则的吸收。而1970年代后期我国改革开放以来国有企业制度改革和非国有企业迅速发展的时期，是中国式公司治理形成与完善的重要阶段。

我国公司治理概念及有关基本规则的引入，从企业改革开始的1980年代初算起，大致可分为以下三个时期。①从1980年代初到1990年代初的公司治理研究准备时期。这个时期我国开始出现与治理理论有关的理论介绍和研究，有学者开始介绍和初步研究国外的Coase和Williamson等人的企业理论。②从概念提出到影响政策的公司治理研究发展时期。1980年代我国国有企业承包制"负盈不负亏"的教训、1990年代初沪深证券交易所的设立和发展，以及中共十四大明确提出建立社会主义市场经济体制和中共十四届三中全会明确建立现代企业制度作为国有企业改革方向等背景下，现实性非常强的公司治理结构及有关的理论研究在我国开始真正起步。③2000年以后的公司治理研究深入时期。公司治理渐成我国政府及实务界关注的重要的制度建设和实践课题。许多学术和专业机构日益重视通过有关规则的研究及制定的参与，通过对我国公司治理的评估及有关研究，更直接地参与我国公司治理改进的实践。如2001年南开大学"中国公司治理原则研究课题组"和国家体改研究会联合发布的《中国公司治理原则（草案）》以及从2003年开始每年发布的《中国公司治理评价报告》，上海证券交易所从2002年开始每年持续出版的《上市公司治理报告》，专业机构的持续研究和报告对我国治理实践的改进发挥了单纯学术研究不能起到的重要的社会作用。李维安等在南开大学等高校在公司治理问题研究基础上开设出公司治理学课程，逐渐形成颇具特色的公司治理学科和教学体系，为规范而持续的公司治理研究与应用人才培养提供了保障。

国有企业是我国国民经济的重要组成部分，国有独资公司和国有控股公司是国有企业的主要形态，公司的国有资本归属于数以亿计的、难以行使自然人股东权利的全体国民，政府是国有资本的出资人，代表国家履行出资人职责，享受所有者权益；政府设立国有资产监督管理机构，并授权其代表政府行使国有资产出资人职责。多层的委托代理链条是国有企业公司治理的重要特征。国有企业更需要通过公司治理，健全决策、执行和监督体系，使企业成为自主经营、自负盈亏的法人实体和市场主体。我国国有企业公司治理制度的转型和机制的完善是中国式公司治理探索的最重要的内容之一。

民营企业的公司治理主要是随着企业逐渐成长而不断地变化，从最初的个人企业到引入不同股份和职业经理人，甚至成为比较现代的上市公司法人治理结构。民营企业发展及其公司治理演进有着自身的不同特征：在制度环境不利背景下民营企业重视寻求与政府建立紧密的联系，在经理人市场缺失及外部治理机制约束较弱的背景下家族企业面临的代际传递及控制权转移，在资本市场机制不健全和投资者保护较弱的背景下民营企业的特殊的资本控制模式等。在中国特色公司治理体系探索与形成过程中，民营企业扮演着重要角色。

1990年代以来我国上市公司治理的出现和发展，成为中国式公司治理转型与完善的重要部分，南开大学中国公司治理研究院、上海证券交易所等探索的中国上市公司治理评价系统对于反映上市公司治理体系的发展与完善过程的特征描述起到积极作用。

中国式公司治理是一个发展与完善中的事物，其内涵与成效还需要更多的实践检验与更长的时间检验。提炼和总结中国式公司治理的研究主线和分析框架，揭示复杂背景下中国公司治理的演进逻辑与研究方向,是促进我国企业成长与推动经济发展的迫切需要。改革开放以来,我国公司治理改革取得重大进展,治理模式逐步从以往的"资源配置行政化、企业目标行政化、人事任免行政化"等高行政型公司治理模式逐步向高经济型治理模式演进。早期的我国公司治理制度呈现出"内部治理外部化,外部治理内部化"的特征,随着市场化、制度化、规范化程度不断提高,公司治理结构不断得到优化,治理质量逐年提高。通过梳理我国不同企业形态的公司治理的发展路径,可以看出不管是从新中国成立六十余年来看,还是从改革开放三十余年来看,可以发现行政型治理向经济型治理的演进是一条鲜明的主线。中国式公司治理是在外部制度环境不断完善条件下从行政型治理向经济型治理转型的过程。在这一过程中,围绕公司治理的规则、合规和问责等基础性工作的完善,我国公司治理经历着从结构到机制的规则转型,从强制性治理到自主性治理的合规转型,以及从不明确责任到承担相应责任的问责转型。在公司治理三要素转型过程中,公司治理水平不断得到提升。

我国的公司治理系统既不同于以外部监管为长的英美式市场导向型公司治理,也不同于以关系治理为主的德日式银行导向型公司治理,更不同于东南亚的家族式公司治理,而是具有自己所独有的一系列本土特征。李维安(1996;2009)将其概括为"以政府行政干预为特色的治理模式,正在逐步实现从'行政型治理'向'经济型治理'的转型"。在这一转型过程中,由政府主导的行政型治理并不是迅速退出的,各级政府及官员时常会根据自身在行政收益和经济收益方面的综合核算和权衡,突破其作为国有股东的有限权利或者仅仅凭借其"超级"利益相关者的身份,选择性地在人事任免、资源配置和经营目标三个维度上行政化地干预国有控股、甚至国有参股和民营企业的运营,以达到某些超越公司边界的社会性或政治性目标。

自1990年代初,我国开始引入并尝试建立现代企业制度起,关于公司治理理论的探索之路至今已走过了近三十多年的历程。但是,与公司中频发的治理事件相比,公司治理命题在我国的正式提出却至少落后治理实践十余载。如今重新审视转型背景下公司治理理论的研究脉络不难发现,在我国最初对公司治理某一问题研究的展开,大都是对国外经验或理论的比较和介绍,之后不断地将转轨因素纳入到相关课题的研究框架中,实现公司治理理论在我国的创新和发展。国外公司治理理论的"枝繁叶茂"为我国公司治理理论的发展提供了参考。然而,我国的现实背景,决定了我们不能简单地借鉴甚至是"复制"国外发达国家的公司治理理论来解决中国式公司治理的问题。

伴随治理转型,国家的企业制度、企业的治理实践、学界的理论研究也都在经历从探索到完善的渐进过程。我国转型经济的实践为我国乃至世界管理学范式变革提供了前所未有的新鲜土壤(谭劲松,2007)。作为最大的转型经济国家,我国企业从计划经济向市场经济的转型(樊纲,王小鲁,2004)为我国公司治理的研究提供了特殊的研究样本。我国改革开放以来的成就举世瞩目,回顾公司治理改革历史,揭示现象背后的逻辑,进行理论创新,把握发展趋势,是时代赋予我们的机遇和责任。我国公司治理从行政型治理向经济型治理的转型是"中国式公司治理理论"的提炼与升华。中国情境下所形成的行政型治理,是公司经营目标行政化、人员任免行政化和资源配置行政化的总结归纳。行政型治理到经济型治理的转型虽然给我国企业提供了成长机会和动力,带来了绩效的提高;但是另一方面却带来了一定程度的治理风险和治理成本,即经济型治理没有完全确立下的行政型治理消除造成的治理"真空"。如何进一步研究治理转型中的行政联系程度、渠道,形成"行政联系指数"及其对公司绩效的影响,以及多元化、技术创新、财务决策行为等方面的影响,进而对我国企业竞争力的影响,是下一步重要的研究课题。

公司治理绩效

Corporate Governance Handbook

The Modern Industrial Revolution，Exit，and the Failure of Internal Control Systems ［J］. The Journal of Finance，1993，48（3）：831-880.

Financial economists have a unique advantage in working on these control and organizational problems because we understand what determines value，and we know how to think about uncertainty and objective functions. To do this we have to understand even better than we do now the factors leading to organizational past failures（and successes）：we have to break open the black box called the firm，and this means understanding how organizations and the people in them work. In short，we're facing the problem of developing a viable theory of organizations.

Michael C. Jensen

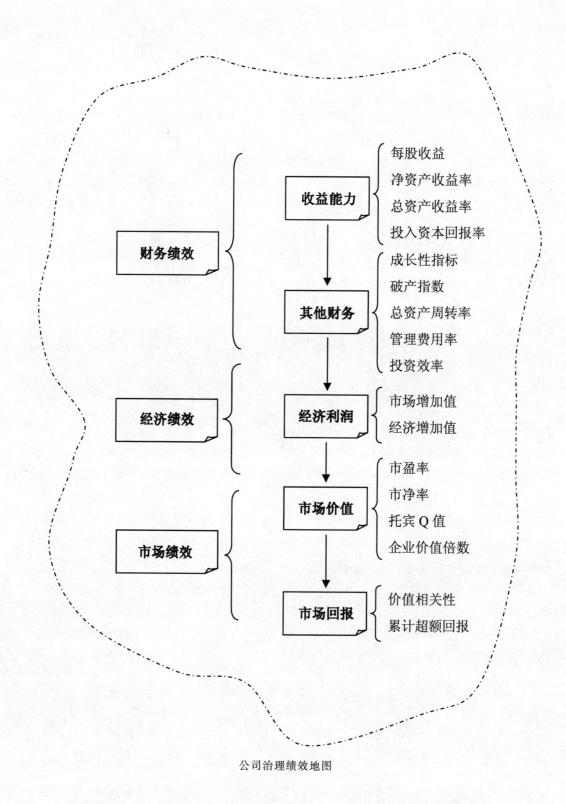

财务绩效 {
　　收益能力 { 每股收益
　　　　　　　净资产收益率
　　　　　　　总资产收益率
　　　　　　　投入资本回报率
　　其他财务 { 成长性指标
　　　　　　　破产指数
　　　　　　　总资产周转率
　　　　　　　管理费用率
　　　　　　　投资效率

经济绩效 {
　　经济利润 { 市场增加值
　　　　　　　经济增加值

市场绩效 {
　　市场价值 { 市盈率
　　　　　　　市净率
　　　　　　　托宾 Q 值
　　　　　　　企业价值倍数
　　市场回报 { 价值相关性
　　　　　　　累计超额回报

公司治理绩效地图

308. 每股收益

每股收益(earnings per share,EPS)是指分配给普通股股东的净利润与流通在外的普通股加权平均数的比率,反映每只普通股当年创造的净利润。对于仅有普通股的公司,每股收益计算比较简单;如果公司还有优先股,则每股收益为扣除当年宣告或累积的优先股股利的净利润除以流通在外普通股加权平均数。

在 2006 年新会计准则颁布之前,会计准则和制度没有具体规定每股收益的计算以及每股收益信息的披露,只有证监会在《公开发行股票公司信息披露的内容与格式准则第 2 号——年度报告的内容与格式》、《公开发行股票公司信息披露的内容与格式准则第 3 号——中期报告的内容与格式》等文件中涉及每股收益的披露问题。《公开发行证券公司信息披露编报规则第 9 号——净资产收益率和每股收益的计算及披露》规定,每股收益的计算有两种方法,即全面摊薄法和加权平均法。对于上市公司的定期报告披露,证监会要求在主要财务指标计算中应按照全面摊薄法计算每股收益,同时应在报表补充资料中披露按加权平均法计算的每股收益。因此,之前投资者较为熟悉和广泛运用的是全面摊薄每股收益,即直接用报告期的利润除以期末的股份数得出。

全面摊薄每股收益是指计算时取年度末的普通股份总数,理由是新发行的股份一般是溢价发行的,新老股东共同分享公司发行新股前的收益。加权平均每股收益是指计算时股份数用按月对总股数加权计算的数据,理由是由于公司投入的资本和资产不同,收益产生的基础也不同。

2006 年 2 月 15 日颁布的新准则《企业会计准则第 34 号——每股收益》对每股收益的计算进行了详细规定,每股收益指标的计算方法发生了重大变化。首先,要求在计算每股收益时需充分考虑股份变动的时间影响因素后加权计算得出基本每股收益;另外,除了基本每股收益,为了与国际准则相接轨,还要考虑潜在的稀释性股权计算稀释每股收益。根据《企业会计准则第 34 号——每股收益》的规定,证监会对《公开发行证券公司信息披露编报规则第 9 号——净资产收益率和每股收益的计算及披露》进行了修订,要求上市公司在招股说明书、年度财务报告、中期财务报告等公开披露信息中应同时披露基本每股收益和稀释每股收益。在新会计准则下,定期报告中将不再出现原来为投资者所熟悉的按全面摊薄法计算的每股收益,取而代之的是基本每股收益,它将成为衡量上市公司每股收益的基本指标。相对于全面摊薄每股收益,基本每股收益进一步考虑了股份变动的时间因素及其对全年净利润的贡献程度。

基本每股收益的计算,按照归属于普通股股东的当期净利润除以当期实际发行在外普通股的加权平均数计算确定,考虑的是当期实际发行在外的普通股股份,反映目前的股本结构下的盈利水平。以公式来表示,基本每股收益$=P/S$,即按照归属于普通股股东的当期净利润,除以发行在外普通股的加权平均数。就上述公式而言,归属于普通股股东的当期净利润的计算较为简单,但发行在外普通股的加权平均数计算比较复杂,投资者应该充分关注。在报告期内如果因增资、回购等原因造成股本发生变化时,要按照当年实际增加的时间进行加权计算。需要注意的是,并不是所有的股本变动都要按照当年实际增加的时间进行加权计算。如当期发生利润分配而引起的股本变动,由于并不影响所有者权益金额,也不改变企业的盈利能力,在计算发行在外普通股的加权平均数时无须考虑该新增股份的时间因素。按加权平均法计算基本每股收益,是基于当年新增股份所贡献的效益和其存续的时间长短成正比的假设,以及新增资产在年度内均匀地为上市公司贡献利润的假设。2007 年到 2013 年我国上市公司基本每股收益统计见表 10-1。

表 10-1　我国上市公司基本每股收益统计　　　　　单位:元

年份	平均值	中位数	标准差	极差	最小值	最大值
2007	0.35	0.26	0.56	8.68	−3.15	5.53
2008	0.22	0.17	0.78	28.14	−21.86	6.28
2009	0.31	0.23	0.55	8.78	−4.21	4.57
2010	0.46	0.34	0.54	8.23	−2.88	5.35
2011	0.44	0.34	0.59	10.87	−2.43	8.44
2012	0.35	0.27	0.60	16.19	−3.37	12.82
2013	0.35	0.25	0.67	21.27	−6.69	14.58

(资料来源:CSMAR 数据库。)

　　以某公司 2013 年度的基本每股收益计算为例:该公司 2013 年度归属于普通股股东的净利润为 25 000 万元。2012 年末的股本为 8 000 万股,2013 年 2 月 8 日,经公司 2012 年度股东大会决议,以截至 2012 年末公司总股本为基础,向全体股东每 10 股送红股 10 股,工商注册登记变更完成后本公司总股本变为 16 000 万股。2013 年 11 月 29 日发行新股 6 000 万股。按照新会计准则计算该公司 2013 年度基本每股收益:基本每股收益=25 000/(8 000+8 000+6 000×1/12)=1.52(元/股)。在上例的计算中,公司 2012 年度分配 10 送 10 导致股本增加 8 000 万股,由于送红股是将公司以前年度的未分配利润对投资者进行分配,并不影响公司的所有者权益,因此新增的这 8 000 万股不需要按照实际增加的月份加权计算,直接计入分母;而公司发行新股 6 000 万股,这部分股份由于在 11 月底增加,对全年的利润贡献只有一个月,因此应该按照 1/12 的权数进行加权计算(注:该部分股份也可按照实际增加的天数进行加权计算)。上述案例如果按照旧会计准则的全面摊薄法计算,则其每股收益为 25 000/(8 000+8 000+6 000)=1.14(元/股)。从以上案例数据来看,在净利润指标没有发生变化的情况下,通过新会计准则计算的基本每股收益较旧会计准则计算的每股收益要高出 33%。

　　实践中上市公司常常存在一些潜在的可能转化成上市公司股权的工具,如可转债、认股期权或股票期权等,这些工具有可能在将来的某一时点转化成普通股,从而减少上市公司的每股收益。自 1996 年我国政府才开始决定选择有条件的公司进行可转换债券的试点,1997 年颁布了《可转换公司债券管理暂行办法》,2001 年 4 月中国证监会发布了《上市公司发行可转换公司债券实施办法》,极大地规范、促进了可转换债券的发展。稀释每股收益,即假设公司存在的上述可能转化为上市公司股权的工具都在当期全部转换为普通股股份后计算的每股收益。相对于基本每股收益,稀释每股收益充分考虑了潜在普通股对每股收益的稀释作用,以反映公司在未来股本结构下的资本盈利水平。稀释每股收益的计算需要在基本每股收益的基础上,假设企业所有发行在外的稀释性潜在普通股在当期均已转换为普通股,从而分别调整归属于普通股股东的当期净利润(分子)以及发行在外普通股的加权平均数(分母)计算而得的每股收益。2007 年到 2013 年我国上市公司稀释每股收益统计见表 10-2。

表 10-2　我国上市公司稀释每股收益统计　　　　　单位：元

年份	平均值	中位数	标准差	极差	最小值	最大值
2007	0.33	0.23	0.57	8.68	−3.15	5.53
2008	0.22	0.16	0.78	28.14	−21.86	6.28
2009	0.31	0.21	0.55	8.78	−4.21	4.57
2010	0.45	0.34	0.54	8.23	−2.88	5.35
2011	0.43	0.33	0.59	10.87	−2.43	8.44
2012	0.35	0.26	0.60	16.19	−3.37	12.82
2013	0.35	0.24	0.66	21.27	−6.69	14.58

（资料来源：CSMAR 数据库。）

某公司 2013 年归属于普通股股东的净利润为 4 500 万元，期初发行在外普通股股数 4 000 万股，年内普通股股数未发生变化。2013 年 1 月 2 日公司按面值发行 800 万元的可转换公司债券，票面利率为 4%，每 100 元债券可转换为 90 股面值为 1 元的普通股。所得税税率为 25%。假设不考虑可转换公司债券在负债和权益成分之间的分拆。那么，2013 年度每股收益计算如下：基本每股收益 = 4 500/4 000 = 1.125（元）；增加的净利润 = 800×4%× (1−25%) = 24.00（万元）；增加的普通股股数 = 800/100×90 = 720（万股）；稀释的每股收益 = (4 500+24.00)/(4 000+720) = 0.96（元）。

309. 净资产收益率

净资产收益率（return on equity，ROE）又称股东权益收益率，是净利润与平均股东权益的百分比。该指标反映股东权益的收益水平，指标值越高，说明投资带来的收益越高。

根据 2001 年中国证监会发布的《公开发行证券公司信息披露编报规则》第 9 号通知的规定，净资产收益率有两种计算方法：一种是全面摊薄净资产收益率，另一种是加权平均净资产收益率。不同的计算方法得出不同净资产收益率指标结果。两种计算方法得出的净资产收益率指标的性质不同，其含义也有所不同。

全面摊薄净资产收益率 = 报告期净利润 ÷ 期末净资产　　　　　　　　　　(10.1)

加权平均净资产收益率 = $P/(E_0 + N_P \div 2 + E_i \times M_i \div M_0 - E_j \times M_j \div M_0)$　　(10.2)

其中，P 为报告期利润，N_P 为报告期净利润，E_0 为期初净资产，E_i 为报告期发行新股或债转股等新增净资产，E_j 为报告期回购或现金分红等减少净资产，M_0 为报告期月份数，M_i 为新增净资产下一月份起至报告期期末的月份数，M_j 为减少净资产下一月份起至报告期期末的月份数。2003 年到 2008 年我国上市公司全面摊薄净资产收益率统计见表 10-3。

在全面摊薄净资产收益率计算公式 10.1 中，分子是时期数列，分母是时点数列。很显然分子分母是两个性质不同但有一定联系的总量指标，比较得出的净资产收益率指标应该是个强度指标，用来反映现象的强度，说明期末单位净资产对经营净利润的分享。在全面摊薄净资产收益率计算公式 10.1 中计算出的指标含义是强调年末状况，是一个静态指标，说明期末单位净资产对经营净利润的分享，能够很好地说明未来股票价值的状况，所以当公司发行股票或进行股票交易时对股票价格的确定至关重要。另外全面摊薄计算出的净资产收益率是影响公司价值指标的一个重要因素,常常用来分析每股收益指标。2003 年到 2013 年我国上市公司加权平均净资产收益率统计见表 10-4。

表 10-3　我国上市公司全面摊薄净资产收益率统计　　　　　单位:%

年份	平均值	中位数	标准差	极差	最小值	最大值
2003	3.42	5.91	15.82	196.48	−145.87	50.61
2004	3.48	6.01	18.78	256.48	−161.85	94.63
2005	1.07	5.00	22.85	245.78	−157.69	88.09
2006	4.44	6.20	18.92	256.50	−173.29	83.21
2007	8.43	8.46	16.42	248.52	−150.67	97.85
2008	4.30	6.18	19.02	254.01	−165.89	88.12

(资料来源:CSMAR 数据库。)

表 10-4　我国上市公司加权平均净资产收益率统计　　　　　单位:%

年份	平均值	中位数	标准差	极差	最小值	最大值
2003	4.49	6.13	14.89	211.89	−141.76	70.13
2004	3.54	6.22	20.59	246.08	−168.68	77.40
2005	1.10	5.01	23.03	221.64	−162.72	58.92
2006	5.27	6.34	19.40	234.29	−144.45	89.84
2007	9.90	9.37	16.33	233.82	−158.84	74.98
2008	4.88	6.25	19.73	258.86	−163.45	95.41
2009	8.49	8.49	17.80	266.41	−169.62	96.79
2010	10.89	9.80	14.10	229.63	−131.12	98.51
2011	8.99	8.67	15.73	247.18	−162.51	84.67
2012	7.01	7.19	12.60	256.55	−165.39	91.16
2013	6.27	6.73	14.78	222.85	−161.25	61.60

(资料来源:CSMAR 数据库。)

在加权平均净资产收益率计算公式 10.2 中,分子净利润是由分母净资产提供,净资产的增加或减少将引起净利润的增加或减少。根据平均指标的特征可以判断通过加权平均净资产收益率计算公式 10.2 中计算出的结果是个平均指标,说明单位净资产创造净利润的一般水平。在加权平均净资产收益率计算公式 10.2 中计算出的指标含义是强调经营期间净资产赚取利润的结果,是一个动态的指标,说明经营者在经营期间利用单位净资产为公司新创造利润的多少,该指标有助于公司相关利益人对公司未来的盈利能力作出正确判断。

净资产收益率指标是一个综合性很强的指标。从企业外部的相关利益人股东看,应使用全面摊薄净资产收益率计算公式 10.1 中计算出的净资产收益率指标,这是基于股份制企业的特殊性:在增加股份时新股东要超面值缴入资本并获得同股同权的地位,期末的股东对本年利润拥有同等权利。正因为如此,在中国证监会 1999 年发布的《公开发行股票公司信息披露的内容与格式准则第 2 号:年度报告的内容与格式》中规定了采用全面摊薄法计算净资产收益率。全面摊薄法计算出的净资产收益率更适用于股东对于公司股票交易价格的判断,所以对于向股东披露的会计信息,应采用该方法计算出的指标。从经营者使用会计信息的角度看,应使用加权平均净资产收益率计算公式 10.2 中计算出的净资产收益率指标,该指标反映了过去一年的综合管理水平,对于经营者总结过去、制定经营决策来说意义重大。因此,企业在利用杜邦财务分析体系分析企业财务情况时应该采用加权平均净资产收益率。另外在对经营者业绩评价时也可以采用该指标。

　　2009 年中国证监会发布《公开发行证券的公司信息披露编报规则第 15 号——财务报告的一般规定》(2009 年修订)和《公开发行证券的公司信息披露编报规则第 9 号——净资产收益率和每股收益的计算及披露》(2009 年修订)(以下简称《规则》第 9 号),修订了净资产收益率和每股收益计算规则,对报告期发生同一控制下企业合并、发行股份购买资产等方式实现非上市公司借壳上市且构成反向购买等事项的财务处理做了进一步明确,以进一步提高上市公司 2009 年度财务报告信息披露质量。《规则第 9 号》要求公司编制招股说明书、年度财务报告、中期财务报告时,列示按加权平均法计算的净资产收益率,而不再分别列示按全面摊薄法和加权平均法计算的净资产收益率。

310.　总资产收益率

　　总资产收益率(return on assets,ROA),也叫总资产报酬率,它是用来衡量每单位资产创造多少净利润的指标。其基本计算公式为:资产收益率＝净利润/平均资产总额。平均资产总额是期初资产总额与期末资产总额的平均数。

　　资产收益率是用来衡量盈利能力的指标之一,它将资产负债表、利润表中的相关信息有机结合起来,集中体现了获取利润能力的高低。该指标越高,表明企业资产利用效果越好,说明企业在增加收入和节约资金使用等方面取得了良好的效果,否则相反。我国上市公司总资产收益率统计如表 10-5 所示。

表 10-5　我国上市公司总资产收益率统计　　　　　　单位：%

年份	平均值	中位数	标准差	极差	最小值	最大值
1991	3.48	1.47	5.04	14.64	0.04	14.68
1992	4.65	4.65	0.24	0.34	4.48	4.83
1993	8.09	5.81	6.40	14.28	3.24	17.52
1994	8.38	7.62	4.58	25.17	−2.90	22.26
1995	5.62	4.93	5.35	41.53	−13.99	27.54
1996	4.30	4.49	6.17	53.14	−27.67	25.46
1997	5.41	5.76	7.16	64.11	−36.94	27.17
1998	4.35	5.65	8.63	77.53	−40.48	37.05
1999	4.04	5.23	8.24	92.92	−55.53	37.39
2000	3.29	4.68	9.15	128.40	−98.23	30.17
2001	0.79	3.29	17.09	309.12	−286.87	22.25
2002	0.38	2.67	15.21	206.74	−174.92	31.82
2003	1.03	2.61	12.70	195.19	−170.30	24.88
2004	0.66	2.46	15.29	258.25	−207.23	51.02
2005	0.19	2.18	13.00	252.10	−168.06	84.04

续表

年份	平均值	中位数	标准差	极差	最小值	最大值
2006	1.59	2.62	13.37	261.03	−172.15	88.87
2007	10.24	4.29	168.15	6 562.81	−87.35	6 475.46
2008	2.57	2.84	24.98	884.89	−377.47	507.43
2009	−0.69	3.44	157.97	6 681.62	−6 481.92	199.71
2010	4.03	4.36	33.58	1 021.81	−728.51	293.30
2011	6.74	4.33	63.30	2 278.50	−199.74	2 078.76
2012	4.24	3.58	12.60	543.80	−134.70	409.10
2013	5.08	3.38	32.29	1 159.35	−156.13	1 003.22

（资料来源：CSMAR 数据库。）

311. 投入资本回报率

投入资本回报率（return on invested capital，ROIC）是用来评估一个公司或其事业部门历史绩效的指标。贴现现金流决定着任何公司的最终价值，它也是对公司进行评估的一个最主要的指标。然而，在短期范围内，现金流对于评估公司绩效就显得不那么有用了，因为现金流很容易受人为操控。例如，延迟现金支付，推迟广告活动，或者削减研发费用等。投入资本回报率是一个落后指标，就是说它所提供的信息反映的是公司的历史绩效。投入资本回报率通常用来直观地评估一个公司的价值创造能力。相对较高 ROIC 值，往往被视为是公司强健或者管理有方的有力证据。但是，必须注意，投入资本回报率值过高，也可能是管理不善的表现，比如过分强调营收，忽略成长机会，牺牲长期价值。

投入资本回报率的计算公式为：投入资本回报率（ROIC）＝投入资本回报/投入资本＝息税前营业利润（EBIT）×（1－所得税税率）/（总资产－过剩现金－无息流动负债）。1990 年到 2013 年我国上市公司投入资本回报率统计见表 10-6。

表 10-6 我国上市公司投入资本回报率统计 单位：%

年份	平均值	中位数	标准差	极差	最小值	最大值
1990	22.74	6.38	43.06	134.00	0.00	134.00
1991	4.48	2.40	5.65	20.87	0.00	20.87
1992	1.14	0.00	9.37	64.19	−9.89	54.29
1993	0.73	0.94	14.47	185.47	−113.60	71.87
1994	15.33	12.10	13.31	139.80	−3.85	135.95
1995	11.70	9.55	12.03	124.28	−16.42	107.87
1996	13.31	10.55	14.97	167.11	−27.45	139.66
1997	13.61	11.46	13.89	144.45	−41.37	103.08
1998	10.19	9.87	14.24	167.81	−54.48	113.32
1999	9.36	8.92	13.76	220.40	−79.87	140.53
2000	8.65	8.51	14.08	241.75	−128.38	113.37

续表

年份	平均值	中位数	标准差	极差	最小值	最大值
2001	4.09	6.36	33.53	1 062.17	−925.10	137.08
2002	3.92	5.37	23.37	499.81	−383.44	116.37
2003	5.74	5.16	26.49	883.05	−322.24	560.81
2004	4.81	5.19	36.83	1 599.93	−786.19	813.74
2005	3.24	4.65	24.16	710.71	−510.97	199.74
2006	6.31	5.87	22.09	576.65	−446.53	130.12
2007	13.36	8.01	39.43	952.46	−171.85	780.62
2008	9.17	6.38	57.68	2 488.41	−1 670.59	817.81
2009	13.74	7.51	45.24	1 486.38	−717.47	768.91
2010	18.01	10.29	89.04	3 655.34	−2 756.84	898.50
2011	16.79	10.02	44.34	1 825.10	−873.20	951.90
2012	11.88	8.02	115.34	5 442.92	−4 449.23	993.69
2013	12.60	7.60	29.67	1 059.04	−201.18	857.86

（资料来源：CSMAR 数据库。需要说明的是 CSMAR 数据库的计算公式略有不同，投入资本回报率＝（净利润＋财务费用）/（资产总计−流动负债＋应付票据＋短期借款＋一年内到期的长期负债），但原理相同。）

312. 成长性指标

成长性指标（growth index），亦称为成长性比率，是用来衡量公司发展速度的重要指标，也是比率分析法中经常使用的重要比率，常见成长性指标主要有以下几种。

（1）总资产增长率，即期末总资产减去期初总资产之差除以期初总资产的比值。公司所拥有的资产是公司赖以生存与发展的物质基础，处于扩张时期公司的基本表现就是其规模的扩大。这种扩大一般来自于两方面的原因：一是所有者权益的增加，二是公司负债规模的扩大。对于前者，如果是由于公司发行股票而导致所有者权益大幅增加，投资者需关注募集资金的使用情况，如果募集资金还处于货币形态或作为委托理财等使用，这样的总资产增长率反映出的成长性将大打折扣；对于后者，公司往往是在资金紧缺时向银行贷款或发行债券，资金闲置的情况会比较少，但它受到资本结构的限制，当公司资产负债率较高时，负债规模的扩大空间有限。表 10-7 给出了我国上市公司总资产增长率情况。

表 10-7　我国上市公司总资产增长率统计　　　　　　单位：%

年份	平均值	中位数	标准差	极差	最小值	最大值
1991	198.27	74.13	327.22	1 099.46	−8.87	1 090.59
1992	128.35	81.31	150.45	539.50	17.99	557.49
1993	70.25	48.43	56.80	243.77	−25.58	218.19
1994	30.44	23.76	29.23	203.64	−9.60	194.04
1995	19.34	15.07	22.07	239.56	−28.07	211.50
1996	15.06	9.15	23.05	208.42	−49.84	158.58

续表

年份	平均值	中位数	标准差	极差	最小值	最大值
1997	21.15	12.95	35.31	389.49	−49.52	339.98
1998	21.36	12.72	44.49	529.61	−54.57	475.04
1999	13.50	7.95	30.87	329.99	−76.00	253.99
2000	19.88	11.14	48.99	1 026.35	−80.40	945.95
2001	10.52	6.22	31.08	384.39	−90.48	293.90
2002	10.06	6.50	27.61	509.59	−94.73	414.86
2003	14.75	9.91	33.38	609.95	−86.63	523.31
2004	11.75	7.80	28.53	407.48	−95.56	311.91
2005	6.76	4.93	26.60	555.90	−90.34	465.56
2006	11.83	5.89	51.80	1 498.13	−99.97	1 398.16
2007	37.32	13.14	241.84	8 006.70	−100.00	7 906.70
2008	19.67	5.95	130.77	3 418.58	−99.99	3 318.59
2009	29.31	10.48	213.30	7 060.07	−100.00	6 960.07
2010	33.26	14.26	163.61	5 503.60	−100.00	5 403.60
2011	45.77	11.12	347.79	7 914.63	−76.35	7 838.28
2012	23.56	9.39	175.40	7 169.46	−87.74	7 081.72
2013	21.74	9.74	123.17	3 426.91	−96.61	3 330.30

（资料来源：CSMAR 数据库。）

（2）固定资产增长率，即期末固定资产总额减去期初固定资产总额之差除以期初固定资产总额的比值。对于生产性企业而言，固定资产的增长反映了公司产能的扩张，特别是供给存在缺口的行业，产能的扩张直接意味着公司未来业绩的增长。在分析固定资产增长时，投资者需分析增长部分固定资产的构成，对于增长的固定资产大部分还处于在建工程状态，投资者需关注其预计竣工时间，待其竣工，必将对竣工当期利润产生重大影响；如果增长的固定资产在本年度较早月份已竣工，则其效应已基本反映在本期报表中，投资者希望其未来收益在此基础上再有大幅增长已不太现实。

（3）主营业务收入增长率，即本期的主营业务收入减去上期的主营业务收入之差再除以上期主营业务收入的比值。通常具有成长性的公司多数都是主营业务突出、经营比较单一的公司。主营业务收入增长率高，表明公司产品的市场需求大，业务扩张能力强。如果一家公司能连续几年保持30％以上的主营业务收入增长率，基本上可以认为这家公司具备成长性。

（4）主营利润增长率，即本期主营业务利润减去上期主营利润之差再除以上期主营业务利润的比值。一般来说，主营利润稳定增长且占利润总额的比例呈增长趋势的公司正处在成长期。一些公司尽管年度利润总额有较大幅度的增加，但主营业务利润却未相应增加，甚至大幅下降，这样的公司质量不高，投资这样的公司，尤其需要警惕。这里可能蕴藏着巨大的风险，也可能存在资产管理费用居高不下等问题。

（5）净利润增长率，即本年净利润减去上年净利润之差再除以上年净利润的比值。净利润是公司经营业绩的最终结果。净利润的连续增长是公司成长性的基本特征，如其增幅较大，表明公司经营业绩突出，市场竞争能力强。反之，净利润增幅小甚至出现负增长也就谈不上具有成长性。

313. 破产指数

破产指数(Z-score),亦称为破产系数或 Z 值或 Z 评分,是美国学者 Altman(1968)[1]发明的一种衡量企业破产风险的方法,推动了财务预警系统的发展,目前被学者广泛应用。Altman(1968)认为,影响借款人违约概率的因素主要有 5 个:流动性(liquidity)、盈利性(profitability)、杠杆比率(leverage)、偿债能力(solvency)和活跃性(activity)。Altman 以 33 家破产公司和相对应的 33 家非破产公司为样本进行检验之后发现,破产指数正确预测了这66 家公司中 63 家的命运。破产指数是一个多变量财务公式,用以衡量一个公司的财务健康状况,并对公司在两年内破产的可能性进行诊断与预测。相关研究表明该公式的预测准确率高达 72%～80%。

在经过大量的实证考察和分析研究的基础上,从上市公司财务报告中计算出一组反映公司财务危机程度的财务比率,然后根据这些比率对财务危机警示作用的大小给予不同的权重,最后进行加权计算得到一个公司的综合风险分,即 Z 值。

将其与临界值对比就可知公司财务危机的严重程度。

Z 值模型判别函数为 10.3 或者 10.4。

$$Z = 0.012X_1 + 0.014X_2 + 0.033X_3 + 0.006X_4 + 0.00\,999X_5 \tag{10.3}$$

$$Z = 1.2X_1 + 1.4X_2 + 3.3X_3 + 0.6X_4 + 0.999X_5 \tag{10.4}$$

这两个公式是相等的,只不过权重的表达形式不同,前者用的是小数,后者用的是百分比。其中 X_1＝营运资本/资产,它反映了公司资产的变现能力和规模特征。一个公司营运资本如果持续减少,往往预示着公司资金周转不灵或出现短期偿债危机。X_2＝留存收益/资产,反映了公司的累积获利能力。对于上市公司,留存收益是指净利润减去全部股利的余额。留存收益越多,表明公司支付股利的剩余能力越强。X_3＝息税前利润/资产,即 EBIT/资产。可称为总资产息税前利润率,而通常所用的总资产息税前利润率为 EBIT/平均资产,分母间的区别在于平均资产总额。避免了期末大量购进资产时使 X_3 降低,不能客观反映一年中资产的获利能力,衡量上市公司运用全部资产获利的能力。X_4＝股东权益的市场价值/负债。测定的是财务结构,分母为流动负债和长期负债的账面价值之和。分子以股东权益的市场价值取代了账面价值,使分子能客观地反映公司价值的大小。X_5＝销售收入/资产总额,即总资产周转率,企业总资产的营运能力集中反映在总资产的经营水平上。如果企业总资产周转率高,说明企业利用全部资产进行经营的成果好;反之,如果总资产周转率低,则说明企业利用全部资产进行经营活动的成果差,最终将影响企业的获利能力。

如果 Z 值大于等于 3.0,企业不可能破产。如果小于 1.8,企业很可能破产。比分在1.8～3.0 之间为灰色区域,企业 Z 得分在此范围的话,则一年内破产可能性为 95%,两年内的破产可能性为 70%。很显然,Z 值越高,企业越不可能破产。

该公式最初的应用对象是公开上市制造业企业(publicly traded manufacturer),后经过一定的调整,可派生出模型 A 与模型 B 两个模型。

---

① Edward I. Altman. Financial Ratios, Discriminant Analysis and the Prediction of Corporate Bankruptcy[J]. The Journal of Finance, 1968, 23(4): 589-609.

模型 A 是非公开上市制造业企业(private firms)的破产指数模型:

$$Z' = 0.717X_1 + 0.847X_2 + 3.107X_3 + 0.420X_4 + 0.998X_5 \qquad (10.5)$$

上述模型中,X_1=营运资本/资产。营运资本等于流动资产与流动负债的差额,反映一个公司的短期偿债能力。X_2=留存收益/资产,反映了公司的累积获利能力。对于非上市公司,留存收益是指净利润减去利润分配的余额。留存收益越多,表明公司利润分配的剩余能力越强。X_3=息税前利润/资产,即 EBIT/资产。可称为总资产息税前利润率,而通常所用的总资产息税前利润率为 EBIT/平均资产,分母间的区别在于平均资产。避免了期末大量购进资产时使 X_3 降低,不能客观反映一年中资产的获利能力,衡量公司运用全部资产获利的能力。X_4=股东权益的账面价值/负债。测定的是公司财务结构。X_5=销售收入/资产,即总资产周转率,企业总资产的营运能力集中反映在总资产的经营水平上。如果企业总资产周转率高,说明企业利用全部资产进行经营的成果好;反之,如果总资产周转率低,则说明企业利用全部资产进行经营活动的成果差,最终将影响企业的获利能力。也就是说,在 10.5 中,除了 X_4 之外,X_1、X_2、X_3 和 X_5 与 10.3 或 10.4 完全相同,在 X_4 的计算公式中,用股东权益的账面价值代替股东权益的市场价值。

模型 A 的 Z 值主要适用非公开上市制造企业,而不能应用于其他类型的公司。如果 Z 值大于 2.90,企业则不可能破产。如果小于或低于 1.23,企业则很可能破产。在 1.23～2.90 之间的企业,一年内破产的可能性为 95%,两年内破产的可能性是 70%。很显然,Z 值越高,企业越不可能破产。

模型 B 针对非制造业企业(non-manufacturing companies)给出的修正模型。

$$Z' = 6.56X_1 + 3.26X_2 + 6.72X_3 + 1.05X_4 \qquad (10.6)$$

模型 B 的 Z 值主要用来预测非制造企业在 1～2 年内破产的可能性。如果大于 2.60,企业则不可能破产。如果小于等于 1.10,企业则很有可能破产。1.10～2.60 之间为灰色区域,Z 值在该区间的企业,一年内破产的可能性为 95%,两年内破产的可能性是 70%。模型 B 同样说明,对于企业来说,Z 值越高,企业越不可能破产。

1977 年,Altman,Hardeman 和 Narayanan 又提出了第二代 Z 计分模型——ZETA 模型[1],主要用于上市或非上市的非金融类公司,其适应范围更广。ZETA 模型将模型考察指标由 5 个增加到 7 个,分别为:X_1,资产收益率指标,等于息税前利润/总资产;X_2,收益稳定性指标,指企业资产收益率在 5～10 年变动趋势的标准差;X_3,偿债能力指标,等于息税前利润/总利息支出;X_4,盈利积累能力指标,等于留存收益/总资产;X_5,流动性指标,即流动比率,等于流动资产/流动负债;X_6,资本化程度指标,等于普通股/总资本。该比率越大,说明企业资本实力越强,违约概率越小;X_7,规模指标,用企业总资产的对数表示。

314. 总资产周转率

总资产周转率(total assets turnover,TAT)反映的是全部资产的周转速度。它是衡量企业资产管理效率的重要财务比率,在财务分析指标体系中具有重要地位。这一指标通常被定

① Edward I Altman, Robert G Haldeman, P Narayanan. ZETATM Analysis A New Model to Identify Bankruptcy Risk of Corporations [J]. Journal of Banking & Finance,1977,1(1):29-54.

义为销售收入与平均资产总额之比。其计算公式为：总资产周转率＝销售收入/平均资产总额。同时，资产周转率也是考察企业资产运营效率的一项重要指标，它体现了企业经营期间全部资产从投入到产出的流转速度，反映了企业全部资产的管理质量和利用效率。通过该指标的对比分析，可以反映企业本年度以及以前年度总资产的运营效率和变化，发现企业与同类企业在资产利用上的差距，促进企业挖掘潜力、积极创收、提高产品市场占有率、提高资产利用效率。一般情况下，该数值越高，说明企业总资产周转速度越快，销售能力越强，资产利用效率越高。2000 年到 2013 年我国上市公司资产用转率统计见表 10-8。

表 10-8　我国上市公司资产周转率统计　　　　　　　　单位：次

年份	平均值	中位数	标准差	极差	最小值	最大值
2000	0.55	0.44	0.44	5.28	0.00	5.28
2001	0.54	0.44	0.45	4.52	0.00	4.53
2002	0.58	0.46	0.50	5.57	0.00	5.57
2003	0.63	0.50	0.56	7.04	0.00	7.04
2004	0.70	0.56	0.61	7.41	0.00	7.41
2005	0.71	0.56	0.67	10.12	−0.01	10.11
2006	0.75	0.60	0.69	10.18	0.00	10.18
2007	0.78	0.64	0.67	8.87	0.00	8.87
2008	0.76	0.63	0.65	7.91	0.00	7.91
2009	0.70	0.59	0.61	8.92	0.00	8.92
2010	0.75	0.63	0.61	8.24	0.00	8.25
2011	0.75	0.62	0.65	9.38	0.00	9.38
2012	0.69	0.56	0.61	9.10	0.01	9.10
2013	0.68	0.56	0.61	8.72	0.00	8.72

（资料来源：CSMAR 数据库。）

315. 管理费用率

管理费用率（management expense ratio，MER），即管理费用占主营业务收入的比重，是一个反映公司财务状况与管理效率的指标，用公式可以表示为：管理费用率＝管理费用/主营业务收入。其中，管理费用是指企业的行政管理部门为管理和组织经营而发生的各项费用，属于期间费用的一种，它主要是指企业行政管理部门为组织和管理生产经营活动而发生的各种费用，包括企业在筹建期间发生的开办费、董事会和行政管理部门在企业经营管理中发生的或者应由企业统一负担的公司经费。包括行政管理部门职工薪酬、物资消耗、低值易耗品摊销、办公费和差旅费等，工会经费、董事会费（包括董事会成员津贴、会议费和差旅费等）、聘请中介机构费、咨询费（含顾问费）、诉讼费、业务招待费、房产税、车船使用税、土地使用税、印花费、技术转让费、破产资源补偿费、研究费用、排污费等。企业生产车间部门和行政管理部门等发生的固定资源修理费用等后续支出，应在发生时计入管理费用。主营业务收入是指企业经常性的、主要业务所产生的收入，如制造业的销售产品、半成品和提供工业性劳务作业的收入；商品流通企业的销售商品收入；旅游服务业的门票收入、客户收入、餐饮收入等。

基于管理费用率衍生出来的相关指标有财务费用率、营业费用率等，表 10-9 显示的是我国上市公司管理费用率情况。

表 10-9　我国上市公司管理费用率统计　　　　　单位：%

年份	平均值	中位数	标准差	极差	最小值	最大值
1991	6.08	6.44	4.77	12.87	0.54	13.42
1992	6.08	5.33	3.99	19.06	0.28	19.34
1993	7.57	5.70	6.77	41.14	0.05	41.18
1994	8.56	7.36	5.87	36.14	0.19	36.33
1995	10.34	8.68	11.24	169.11	0.19	169.30
1996	9.96	7.78	9.87	137.15	0.27	137.43
1997	10.16	6.77	17.35	221.37	0.28	221.65
1998	18.45	7.40	113.05	3 102.79	0.36	3 103.15
1999	19.77	8.12	120.50	3 466.80	0.10	3 466.90
2000	17.99	7.64	125.59	3 947.48	−0.95	3 946.53
2001	27.66	8.70	173.42	3 615.32	0.01	3 615.33
2002	29.89	8.58	170.18	3 318.77	0.14	3 318.91
2003	38.03	8.47	410.50	11 669.03	−4 182.31	7 486.72
2004	21.11	7.93	117.20	2 976.19	−262.65	2 713.55
2005	14.71	8.16	489.55	22 090.68	−17 024.89	5 065.79
2006	20.05	7.35	243.20	9 559.73	−840.97	8 718.76
2007	19.62	6.26	189.34	5 463.43	−0.71	5 462.71
2008	13.23	6.97	43.08	1 217.30	0.22	1 217.53
2009	19.92	7.38	146.36	3 825.89	0.22	3 826.11
2010	22.20	7.18	254.21	8 745.01	0.28	8 745.29
2011	19.22	7.40	202.65	6 560.40	0.22	6 560.63
2012	11.25	8.09	26.91	1 163.07	0.22	1 163.28
2013	12.28	8.19	42.89	1 818.84	0.23	1 819.07

（资料来源：CSMAR 数据库。）

316. 投资效率

投资效率（investment efficiency）是指公司投资所得与投资所费的对比关系，不同于投资收益概念。

关于投资理论，包括宏观层面传统的加速器投资理论以及发展的加速器投资理论，凯恩斯主义投资理论；微观层面的乔根森的新古典投资理论和托宾的 Q 理论等。近年来，探讨公司层面的投资决策问题，即存在股东与经理人之间委托代理问题下的投资决策受到越来越多的关注。大量的文献开始研究公司投资行为的规律特征，寻找提高投资效率的途径。例如，Fazzari，Hubbard 和 Petersen（1988）研究发现融资约束与公司投资现金流量敏感性之间呈正向关系；Bulan（2003）以 1964—1999 年间 2 901 家美国制造业公司作为研究样本，以公司股票收益率的波动性度量公司总体的不确定性,发现行业不确定性和公司特有不确定性与投资之间呈现负相关关系。唐雪松、周晓苏和马如静(2007)利用 2000—2002 年上市公司数据,发现上市公司存在过度投资行为,现金股利、举借债务是过度投资行为的有效制约机制。陆瑶、何平和吴边(2011)研究发现当国有股权处于非控股地位时,管理层受到的监督与约束少于国有控股的公司,因此过度投资的症状更加严重。

公司治理通过一套制度或机制来协调公司与利益相关者之间的利益关系,从而保证公司各项决策的科学化,特别是保证投资决策的科学性以及投资决策的有效实施,最终促进公司的经营业绩。如果公司适度地投资于项目,通过生产满足市场需求的产品,产生较高的经营收入以及经营现金流量,就能够不断地扩大公司规模和促进经营业绩;然而,由于各种因素的影响,公司通常出现投资过度或者投资不足等的低效率投资,这将有损于公司业绩。具体来说,有效的公司治理可能通过一系列结构设计和制度安排以实现股东、债权人、董事会和经理层之间的相互制衡,保证公司投资决策的科学化和有效的执行,防范和约束过度投资以及投资不足等行为,并且最终提高公司的经营业绩。基于上述对公司治理、投资决策与公司经营业绩之间关系进行的分析,可以构建公司治理──→投资决策──→公司绩效关系模型,如图 10-1 所示。

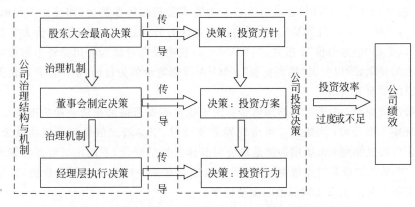

图 10-1 公司治理──投资决策──公司绩效关系机理
(资料来源:作者自制。)

投资决策包括决策程序和决策规则:投资决策程序是指公司投资决策的生成机制,即如何通过股东大会、董事会等公司治理机构和机制产生投资决策;投资决策规则是指公司股东大会、董事会依据什么原则、采取什么手段做出投资决策。具体投资多少是经理层执行投资决策的结果表现。目前学术界一般多用投资规模的适度性来反映投资效率。投资规模,主要指公司实物投资中的资本性投资支出的规模,即机器、厂房、设备等固定资产支出的规模,同时要考虑公司多元化投资固定资产的差异,考虑公司由于并购投资等所导致的固定资产增加与公司直接购买行为导致的固定资产增加之间的差异。Richardson(2006)提出将公司的投资分为两部分,即为保持公司规模必须的合理投资支出以及投资过度或投资不足的无效率投资支出,应用以下模型计算出残差项(NINVE),来表示无效率投资的大小。

$$\frac{\text{INVE}_{i,t}}{K_{i,t-1}} = \alpha_0 + \alpha_1 \frac{\text{CASH}_{i,t}}{K_{i,t-1}} + \alpha_2 \frac{\text{SALE}_{i,t-1}}{K_{i,t-1}} + \alpha_3 Q_{i,t-1} + \alpha_4 \text{Beta}_{i,t-1} + \alpha_5 \text{Indu} + \alpha_6 \text{Year} + \varepsilon$$

(10.7)

关于模型的因变量,INVE$_{i,t}$/$K_{i,t-1}$表示的是公司在t时请的投资总额除以公司$t-1$时期末总资产,其中投资总额可参照魏锋和刘星(2004)、黄福广(2005)等人研究方法,以t时期固定资产原值的变化量来表示。

在模型的在模型自变量中,CASH$_{i,t}$/$K_{i,t-1}$表示公司i在t时期的经营活动现金流量除以公司$t-1$时期末总资产,SALE$_{i,t-1}$/$K_{i,t-1}$表示公司i在$t-1$时期的销售收入除以公司$t-1$时期末总资产,$Q_{i,t-1}$是公司i在$t-1$时期末的托宾Q值,表示投资机会,Beta$_{i,t-1}$即股票收益的 Beta 系数,表示公司i在$t-1$时期末面临的系统风险,Indu 表示行业虚拟变量,Year 表示年度虚拟变量。应用该模型计算出残差项,表示公司i在t时期的无效率投资 NINVE$_{i,t}$,该值越大,说明投资效率越低,反之,越高。

317. 市场增加值

股东价值最大化等于公司资本的市场价值最大化,但公司资本的市场价值最大化未必等于公司为股东创造了价值。市场增加值(market value added,MVA)是总资本数量(权益资本＋债务资本)的市场价值(MV)与股东和债权人投资于公司的资本数量(即公司占用的资本 C)之差。MVA＝MV－C。当 MVA＞0,说明投资者认为公司总资本的市场价值大于投入资本的价值,所以公司"创造价值";反之,当 MVA＜0,说明投资者认为公司总资本的市场价值小于投入资本的价值,所以公司"损害价值"。MVA 以创造价值为目标,是对以公司价值最大化为目标提出的质疑和挑战。

市场增加值缺点:由于市场增加值指标需要通过股票市值来衡量企业的市场价值,因此只适用于观察上市公司;当股票市场出现异常波动时,市场增加值受到的扭曲就无法避免,对业绩的评价必受影响;市场增加值是对公司整体价值的评价,不能用于对部门管理者业绩进行评价;市场增加值是时点数据,如果要反映公司在某一时期是否创造价值,必须观察一段时期以来各个时点上市场增加值的变动情况。

318. 经济增加值

经济增加值(economic value added,EVA),是由美国著名的思腾思特咨询公司(Stern Stewart & Co.)在 1982 年开发的一种绩效评价体系或者方法,表示一个公司的资本收益与资本成本之间的差额,即税后净营业利润减去企业的资本成本(包括债务和权益资本成本),是扣除所有投入资本成本后的剩余收益。其核心思想是,一个公司只有在其资本收益超过为获得该收益所投入的资本的全部成本时才能为股东带来价值,起源于 Smith 的剩余收益理论。EVA 可以用下列数学公式简单表示,EVA＝税后净营业利润－资本成本＝税后净营业利润－加权平均资本成本×资本总额,即,

$$EVA = EBIT(1-T) - C \times WACC \tag{10.8}$$

$$EVA = C\left[\frac{EBIT(1-T)}{C} - WACC\right] = C(ROIC - WACC) \tag{10.9}$$

其中,ROIC＝税后净营业利润(NOPAT)/C,税后净营业利润(NOPAT)＝息税前利润

(EBIT)×(1−所得税率);加权平均资本成本(WACC)=债务资本成本率×(债务资本市值/总市值)×(1−税率)+股本资本成本率×(股本资本市值/总市值)。C 表示投入资本总量,同 MVA 计算公式,ROIC 表示投入资本回报率。

经济增加值改变了会计报表没有全面考虑资本成本的缺陷,它可以帮助管理者明确了解公司的运营情况,从而向管理者提出了更高的要求。它具有强大的经济功能和实际应用价值,归纳起来,主要表现在以下几个方面。

(1)激励性功能。这是经济增加值的首要功能,也是关键性功能。以经济增加值为核心设计经营者激励机制有利于规范经营者行为,维护所有者和股东的合法权益。与传统的激励机制相比,更有利于克服经营者行为短期化;更有利于加强监督力度,减少做假账的可能性;强化风险承担意识,更有利于经营者目标与所有者目标趋于一致。

(2)全面性功能。经济增加值理论提出了全面成本管理的理念,成本不仅包括在账面上已经发生的经营成本,而且还包括极易被忽视的账面上并未全部反映的资本成本。忽视权益资本成本就容易忽视股东利益,忽视资本成本就容易忽视资本的使用效率。当一项营运业务的变革会增加经营成本,但如果它会减少资金占用从而以更大数额降低资本成本时,这一变革会增加会计利润。

(3)系统性功能。以经济增加值为核心构建的公司综合财务分析系统可与至今广为流传的杜邦财务分析系统媲美。其中所显示的目的手段关系链可以帮助经营管理者理清思路,全面地指出为增加 EVA 可采用的对策和途径。

(4)文化性功能。经济增加值不仅是一种计量方法,更重要的它是一种管理理念和企业文化。根据国外实践经验,经济增加值要力求简便易行,培训应渗透到每一员工,其考评至少要落实到每一位部门经理。考评期不是一年一度,而是每季每月,只有经过长期不懈的艰苦努力,形成全体员工认同的经济增加值企业文化和组织氛围,企业才能与 EVA 与时俱进,可以说,EVA 是企业成功的标志。

其实,我国央企已于 2009 年底推出了经济增加值考核方案,取代了原先以利润为核心的考核办法。往年央企业绩考核以利润总量排名,但利润总量高、利润率高未必带给股东的回报就多,经济增加值考核将把给股东带来的回报,作为央企业绩考核的最核心指标。这一新概念的引入,将引领央企以更小的投入换取更高的回报,而不是单纯做大规模,做大利润总量。

MVA=企业投资的未来各期的 EVA,以 WACC 为折现率折现后的累计现值。

$$MVA = \frac{EVA}{WACC - g} = \frac{C(ROIC - WACC)}{WACC - g} \tag{10.10}$$

当 WACC>固定增长率,MVA>0,说明创造价值;当 WACC<固定增长率,MVA<0,说明损害价值。当 ROIC>WACC 时,MVA>0,说明创造价值;当 ROIC<WACC,MVA<0,说明损害价值。因为企业投入资本所产生的 EVA 的累计现值等于 MVA,因此在理论上,EVA 的最大化也是 MVA 的最大化。

当然经济增加值也存在一定的缺点:它是一个绝对值指标;计算时要进行的会计调整项目太多;它是历史性的而非前瞻性的;它反映的是企业所有要素的综合生产率,无助于发现运营无效的根本原因等;由于代理问题的存在,难免会出现短期行为等。

319. 市盈率

市盈率(price to earnings ratio,P/E),股票市场价格(price per share)与每股收益(earnings per share)的比率。市盈率是最常用来评估股价水平是否合理的指标之一,容易理解且数据容易获得。一般认为该比率保持在 15～30 之间是正常的,过小说明股价低,风险小,值得购买;过大则说明股价高,风险大,购买时应谨慎。该指标也有不少缺点。比如,市盈率容易受到会计的影响。作为分母的每股收益,公司往往可以进行调整,因此理论上两家现金流量一样的公司,所公布的每股收益可能有显著差异。因此即使是严格按照会计准则计算得出的盈利数字反映公司获利能力的准确性也大打折扣。因此,实际应用中往往根据需要可以对公司利润加以调整。再如,市盈率无法顾及远期盈利,对于周期性和亏损企业来说估值较困难。最后,市盈率也容易忽视公司财务风险。

市盈率根据计算原理不同可以分为静态和动态的市盈率,静态市盈率被广泛谈及也是人们通常所指的市盈率,即每股市价与每股收益的比率,表 10-10 是我国上市公司静态市盈率情况。动态市盈率是以静态市盈率为基数,乘以动态系数,该系数为 $1/(1+i)^n$,i 为公司每股收益的增长性比率,n 为公司的可持续发展的存续期。动态市盈率理论告诉我们投资股市一定要选择有持续成长性的公司。

表 10-10 我国上市公司市盈率统计 单位:倍

年份	平均值	中位数	标准差	极差	最小值	最大值
1991	668.24	36.08	1 212.42	2 794.97	18.67	2 813.64
1992	51.27	37.23	95.77	808.37	1.29	809.66
1993	34.33	26.37	34.20	231.35	0.50	231.84
1994	25.73	17.47	46.12	751.25	0.75	752.00
1995	57.93	20.15	200.06	2 454.87	0.68	2 455.56
1996	88.86	33.45	248.45	2 658.54	0.28	2 658.82
1997	68.17	34.53	174.98	2 464.71	0.51	2 465.22
1998	81.18	34.19	218.77	2 672.88	0.46	2 673.33
1999	90.46	41.55	189.15	2 158.04	0.59	2 158.62
2000	137.12	66.50	276.33	2 826.18	1.32	2 827.50
2001	139.89	60.03	270.48	2 737.84	2.16	2 740.00
2002	119.90	50.29	212.47	2 279.65	1.60	2 281.25
2003	97.28	39.70	178.69	2 064.59	1.41	2 066.00
2004	74.06	31.32	145.80	2 064.14	0.86	2 065.00
2005	59.38	26.18	108.97	1 819.49	0.51	1 820.00
2006	78.49	34.39	163.48	2 553.64	0.90	2 554.55
2007	117.76	56.00	220.32	2 659.60	0.40	2 660.00
2008	66.98	26.19	146.90	2 272.04	0.18	2 272.22
2009	124.03	49.32	251.13	2 854.10	1.71	2 855.81
2010	101.85	48.47	221.27	3 089.19	0.81	3 090.00
2011	63.69	29.16	146.09	2 759.93	0.67	2 760.61
2012	73.39	30.46	168.86	2 814.36	0.64	2 815.00
2013	85.21	38.26	173.44	2 882.76	0.57	2 883.33

(资料来源:CSMAR 数据库。)

320. 市净率

市净率(price to book ratio,P/B),也称市账率,是每股市价(price per share)与每股净资产(book value per share)的比率。一般来说市净率应保持在 2~3 倍,较低的股票,投资价值较高,相反,则投资价值较低。市盈率往往随行业周期性波动而产生较大波动,而且在亏损时计算市盈率实际意义不大,这种情况下,市净率成为一个较好的补充分析指标。1991 年到 2013 年我国上市公司市净率统计结果如表 10-11 所示。

表 10-11 我国上市公司市净率统计   单位:倍

年份	平均值	中位数	标准差	极差	最小值	最大值
1991	327.03	327.03	12.18	17.22	318.42	335.64
1992	132.74	25.42	256.42	806.22	3.70	809.91
1993	6.83	5.89	6.90	57.51	0.19	57.69
1994	3.96	3.75	2.13	14.94	0.10	15.04
1995	2.45	2.03	1.84	16.58	0.00	16.58
1996	1.98	1.74	1.34	10.07	0.05	10.12
1997	3.66	3.50	1.84	11.12	0.06	11.18
1998	4.15	3.79	3.08	61.47	0.03	61.51
1999	4.09	3.68	4.45	111.48	−18.35	93.13
2000	4.77	3.74	10.03	331.33	−88.00	243.33
2001	7.04	5.50	10.21	204.92	−31.34	173.57
2002	6.18	3.97	27.51	970.34	−77.00	893.33
2003	3.97	2.95	18.74	636.00	−365.00	271.00
2004	2.91	2.40	18.32	830.99	−572.65	258.33
2005	2.42	1.97	12.62	650.00	−278.00	372.00
2006	1.86	1.55	5.37	177.08	−69.20	107.88
2007	3.22	2.21	20.71	901.22	−482.86	418.37
2008	8.75	5.42	34.89	944.17	−137.50	806.67
2009	3.70	2.01	32.58	1 139.00	−251.00	888.00
2010	5.84	4.32	29.30	1 236.00	−348.00	888.00
2011	5.25	4.14	15.22	658.31	−289.81	368.50
2012	3.85	2.43	16.76	480.33	−57.33	423.00
2013	2.68	2.30	1.96	35.00	0.18	35.18

(资料来源:CSMAR 数据库。)

321. 托宾 Q

Tobin(1969)提出托宾 Q,其基本公式为托宾 Q=公司年末市场价值/公司重置成本。在实际计算中,公司年末市场价值=股价平均值×总股本+负债合计;公司重置成本=账面总资产。

在我国由于存在非流通股,对托宾 Q 有以下几种的不同的处理方法。

(1)非流通股价值全部按流通股计算。年末市场价值＝总股本×年末 A 股收盘价＋年末负债总额;重置成本＝年末总资产。表 10-12 即为按照这种方法计算所得到的托宾 Q。

表 10-12　我国上市公司托宾 Q(1)统计　　　　　　单位:倍

年份	平均值	中位数	标准差	极差	最小值	最大值
1990	3.31	1.93	4.00	10.46	0.85	11.32
1991	2.51	2.30	2.00	7.05	0.39	7.44
1992	1.67	1.37	0.83	4.46	0.47	4.93
1993	1.48	1.28	0.83	7.53	0.85	8.38
1994	1.18	1.09	0.33	3.10	0.77	3.86
1995	1.04	1.00	0.23	2.44	0.64	3.08
1996	1.36	1.29	0.37	2.89	0.72	3.61
1997	1.46	1.37	0.48	3.59	0.72	4.31
1998	1.40	1.30	0.45	4.51	0.62	5.13
1999	1.50	1.38	0.57	6.28	0.67	6.96
2000	1.90	1.74	0.78	7.51	0.79	8.29
2001	1.66	1.50	0.81	16.21	0.38	16.59
2002	1.43	1.27	0.65	13.50	0.75	14.25
2003	1.27	1.16	0.52	11.32	0.56	11.88
2004	1.17	1.06	0.84	22.09	0.18	22.27
2005	1.07	1.00	0.52	13.33	0.40	13.73
2006	1.33	1.14	1.60	57.08	0.57	57.64
2007	2.36	1.85	2.41	57.22	0.05	57.27
2008	1.48	1.15	2.74	69.10	0.48	69.58
2009	2.52	1.86	3.10	68.39	0.25	68.64
2010	2.57	1.82	3.11	56.76	0.76	57.52
2011	1.88	1.36	3.19	65.22	0.67	65.89
2012	1.72	1.25	3.47	96.09	0.28	96.37
2013	1.79	1.39	1.51	24.00	0.33	24.32

(资料来源:CSMAR 数据库。)

(2)非流通股价值按流通股价值 45％折价。年末市场价值＝年末流通股市场价值＋年末非流通股份×年末 A 股收盘价×0.45＋年末负债总额;重置成本＝年末总资产。

(3)非流通股价值按流通股价值 30％折价。年末市场价值＝年末流通股市场价值＋年末非流通股份×年末 A 股收盘价×0.3＋年末负债总额;重置成本＝年末总资产。

(4)非流通股价值按流通股价值 20％折价。年末市场价值＝年末流通股市场价值＋年末非流通股份×年末 A 股收盘价×0.2＋年末负债总额;重置成本＝年末总资产。

(5)非流通股价值通过每股净资产乘以非流通股份获得。年末市场价值＝年末流通股市场价值＋年末非流通股份×每股净资产＋年末负债总额;重置成本＝年末总资产。表 10-13 是按照这种计算方法所得到的我国上市公司托宾 Q。

托宾 Q 反映的是一个公司两种不同价值估计的比值。分子上的价值是金融市场上所说的公司值多少钱,分母中的价值是公司的重置成本。当 $Q>1$ 时,购买新生产的资本产品更有利,这会增加投资的需求;当 $Q<1$ 时,购买现成的资本产品比新生成的资本产品更便宜,这样就会减少资本需求。所以,只要公司的资产负债的市场价值相对于其重置成本来说有所提高,那么,已计划资本的形成就会有所增加。表 10-13 即为按照这种计算所得到的托宾 Q。

表 10-13 我国上市公司托宾 Q(5)统计 单位:倍

年份	平均值	中位数	标准差	极差	最小值	最大值
1990	3.32	1.57	4.03	11.05	1.34	12.39
1991	2.69	2.73	1.36	4.29	0.62	4.92
1992	4.83	3.13	6.88	43.71	0.82	44.53
1993	2.86	2.51	1.22	7.29	1.09	8.38
1994	1.90	1.61	1.14	15.20	0.78	15.97
1995	1.48	1.34	0.62	5.80	0.68	6.48
1996	2.45	2.17	1.04	5.80	1.00	6.80
1997	2.78	2.42	1.40	10.62	0.91	11.52
1998	2.59	2.32	1.25	9.85	0.91	10.76
1999	2.78	2.47	1.39	12.68	0.90	13.57
2000	3.87	3.44	2.05	17.25	1.10	18.35
2001	3.02	2.53	2.25	42.51	1.01	43.52
2002	2.40	1.96	2.03	48.71	0.87	49.58
2003	1.95	1.61	1.79	47.87	0.87	48.74
2004	1.63	1.36	1.50	38.19	0.72	38.91
2005	1.41	1.16	1.59	48.33	0.54	48.87
2006	1.89	1.45	2.35	76.91	0.64	77.56
2007	3.83	2.89	4.24	85.39	0.66	86.05
2008	1.85	1.36	2.85	76.01	0.54	76.55
2009	3.36	2.43	4.57	85.86	0.79	86.65
2010	3.47	2.64	4.07	88.76	0.76	89.52
2011	2.31	1.72	3.70	75.43	0.68	76.11
2012	2.13	1.59	3.48	91.52	0.59	92.11
2013	2.26	1.72	1.88	25.18	0.60	25.78

(资料来源:CSMAR 数据库。)

托宾 Q 理论提供了一种有关股票价格和投资支出相互关联的理论。如果 Q 高,那么公司的市场价值要高于资本的重置成本,新厂房设备的资本要低于公司的市场价值。这种情况下,公司可发行较少的股票而买到较多的投资品,投资支出便会增加。如果 Q 低,即公司市场价值低于资本的重置成本,公司将不会购买新的投资品。如果公司想获得资本,它将购买其他较便宜的公司而获得旧的资本品,这样投资支出将会降低。反映在货币政策上的影响就是:当货币供应量上升,股票价格上升,托宾 Q 上升,公司投资扩张,从而国民收入也扩张。

322. 企业价值倍数

企业价值倍数(EV/EBITDA),同 P/E 相对估值指标一样,也是反映企业市场估值状况的重要指标,用企业价值(enterprise value,EV)除以未计利息、税、分摊、折旧前的利润(earn before interest tax depreciation amortization,EBITDA),计算公式为 EV/EBITDA。企业价值倍数不仅是对股票价值的评估,而且是对企业价值的评估。优点:首先,由于不受所得税率不同的影响,使得不同国家和市场的上市公司估值更具可比性;其次,不受资本结构不同的影响,公司对资本结构的改变都不会影响估值,同样有利于比较不同公司估值水平;最后,排除了折旧摊销这些非现金成本的影响(现金比账面利润重要),可以更准确地反映公司价值。EV/EBITDA 更适用于单一业务或子公司较少的公司估值,如果业务或合并子公司数量众多,需要做复杂调整,有可能会降低其准确性。

323. 价值相关性

关于价值相关性(value relevance),学术界一直都未有明确的界定,一般认为价值相关性一词兴起于 20 世纪的八九十年代,最初的价值相关性研究主要受计价观的影响,重点是分析会计数字与股票价格水平的相关关系,采用的方法多为关联研究。后来这一概念逐渐被广泛使用,大多数学者都从广义上理解价值相关性,如 Holthausen 和 Watts(2001)将价值相关性研究分为三类:一类是相对关联(relative association)研究,即不同会计准则下的会计数字与股票价格关联程度的比较;一类是增量管理研究,即在其他条件给定的情况下,在回归方程的右方增加某一会计信息是否能提高会计数字对股票价格的解释能力;一类是信息含量研究。其中,信息含量是早期资本市场研究中就已经提出的一个概念,代表性的研究包括Beaver(1968)、Ball 和 Brown(1968)。Beaver(1968)指出,如果盈余报告导致投资者对公司未来报酬(或价格)概率分布的评价发生了变化,如现行市场价格发生变化,他们就可以说一个公司的盈余报告有信息含量。可见,会计信息在公布时能否引起股价的变动是衡量信息含量的标准。

对于价值相关性的研究一直是学术界的热点问题,特别是 Feltham-Ohlson(1995)[1]价格模型(见 10.11)提出之后,基于计价观的价值相关性研究自 1980 年代中后期开始不断深入、细化。具体而言,相关研究深入到对价值相关性研究方法的优化、对不同信息项目的价值相关性的比较以及对会计盈余价值相关性变化趋势的分析等内容。价值相关性的研究内容已经包括了基于信息观的信息含量研究;因为计价观不但能够回答某一信息是否影响股价,同时能够给出是如何影响的。基于计价观的价值相关性研究在后期也遇到一些问题,例如模型的解释力度呈现出下降趋势,于是学者开始关注被经典模型所忽略的非盈余信息。非财务信

---

[1] James A. Ohlson. Earnings, Book Values, and Dividends in Equity Valuation [J]. Contemporary Accounting Research,1995,11(1):661-687; Gerald A. Feltham, James A. Ohlson. Valuation and Clean Surplus Accounting for Operating and Financial Activities [J]. Contemporary Accounting Research,1995,11(2):689-731.

息的价值相关性研究始于 1990 年代,研究对象最先关注企业无形资产,之后公司治理等非传统会计数据被提上议程。

$$P_{it} = \alpha + \beta \text{eps}_{it} + \gamma bv_{it} + \varepsilon_{it} \qquad (10.11)$$

其中 P_{it} 为第 i 股票第 t 期价格,eps_{it} 为第 i 股票第 t 期每股盈余,bv_{it} 为第 i 股票第 t 期每股净资产。

我国关于价值相关性的研究起步较晚,从研究范式来看,目前已经由基于信息观的信息含量研究转型到基于计价观的价值相关性研究;从研究内容来看,以会计信息的价值相关性研究为起点,逐步拓展到对非会计信息的价值相关性研究,但目前的主要研究对象仍然是财务报表项目,并通过实证研究法来检验相关信息的价值相关性。已有学者开始研究公司治理的价值相关性,郝臣(2009)的研究指出,当期公司治理指数具有相对价值相关性和较低的增量价值相关性,而前一期的公司治理指数只具有相对价值相关性,不具有增量价值相关性,进而得出我国上市公司治理相对价值相关性呈现总体提高的趋势。

324. 累计超额回报

累计超额回报(cumulative abnormal return,CAR),亦称为累计超额收益,是每只股票在形成期内超额回报的简单加总。超额回报是指超过正常(预期)回报的回报,它等于某日的回报减去投资者(或市场)当日要求的正常(预期)回报,也就是说,超额回报是股票的实际回报与其正常回报的差,其中正常收益率是在该事件不发生时的预期回报。

经过学者们数十年的努力,事件研究法(event study)已逐渐在学术领域成为研究股价变化与信息披露之间关系的一个成熟方法,该方法的核心就在计算代表市场反应的超额回报(Mackinlay,1997)。事件研究方法的有效性体现于这样的事实:如果市场是理性的,那么事件是否产生影响将立即通过价格反映出来,并可以通过对较短时间内价格的变化进行分析来加以测量,其原理是若某项公告具有信息含量,则应该观察到在公告日附近 CAR 有一明显波动;若市场对信息的反应是无偏的(不存在系统性的高估或低估),则 CAR 应在公告日后基本保持在一定水平上。事件研究方法的普遍适用性导致它具有广泛的用途。自从 Ball 和 Brown(1968)采用这种方法成功地检验了年报的信息含量后,直到今天还一直被使用着。事件研究一般可以分为如下几个步骤。

(1)定义事件。事件研究法的一个首要步骤是确定事件和事件发生的日期,也就是重要信息开始干扰价格形成机制的时点,然后就事件对公司证券价格的影响,确定对其进行检验的时间区间。这个时间区间称为事件窗口。在实际分析中,事件窗经常被扩展为三天,如公布日的前日、公布日和公布日的次日,这样可以较全面地把握盈利公布对股价的影响。扩展事件窗时,事件窗越大越可以捕捉该事件对股票价格的全部影响,但这种估计容易受到不相干因素的干扰,即窗口不干净。

(2)模型选择。为了评价事件的影响,需要对超额回报进行度量。假设事件没有发生或没有这个事件,那么其回报称为正常回报(normal returns),一般用事件没有发生时的预期回报来表示。而超额回报(abnormal returns)是事件窗中的事后回报(实际回报)减去正常回报。计量正常回报的常用模型主要有三种:第一种,均值调整回报模型(mean adjusted return model)。均值调整回报模型假定某种证券的事前期望回报等于一个常量,该常量在各个证券之间是不同的。异常回报等于观察到的实际回报与预期回报之间的差额。均值调整回报对特定证券的历史信息赋予了较大的权重,在该证券的变动与市场总体变动关联性不大的情况下,用均值调整回报模型来计算异常回报可能比较合适。第二种,市场调整回报模型(maket-adjusted return model)。该模型假定公司间的事前预期回报是相等的,但对特定的证券来说,回报则不一定是恒定的。因为风险资本的市场组合是所有证券的线性复合,该方法具有较强的时序性特征。如果特定证券的价格反应模型与市场组合的反应模式具有很高相关性,市场调整回报模型可能对事件的价格反应更为敏感。第三种,市场模型(maket model)[①]。在实证研究中,市场模型被广泛使用来计量正常回报,该模型为 $R_{it}=\alpha_i+\beta_i R_{mt}+\varepsilon_i$,先用估计窗中的数据估计出相应的 α 和 β 值,然后用 α 和 β 的估计值去计算该股票的正常回报。

(3)参数估计。一旦确定正常回报的模型被选定,必须要利用估计窗口的数据对模型的参数进行估计。"估计窗"往往以事件发生前的一段时期来主观确定,这同时也是学术研究中讨论较多的一个问题,由于"估计窗"的长度和选取时段都是主观确定的,对结果产生的最终影响也较难预料。通常情况下,估计窗口选为事件窗之前的时间区间。事件窗一般不包含在估计窗口中,以避免事件对估计参数的影响。

(4)计算超额回报。模型参数估计完毕后,就可以计算超额回报。为了检验事件是否对股价产生显著影响,需要设计检验方案,其中需要重点考虑的是如何确定零假设以及确定对样本公司的超额回报进行累计的方法。

第 i 种股票在第 t 日的超额回报为 AR_{it},所有股票在第 t 日的平均超额回报为 AAR(average abnormal return),按以下公式计算:

$$AR_{it}=R_{it}-E(R_{it}) \tag{10.12}$$

$$AAR_i=\frac{1}{N}\sum_{i=1}^{N}AR_{it} \tag{10.13}$$

其中,N 为样本数。需要说明的是累计超额回报 CAR(cumulative abnormal return)应为平均累计超额回报 ACAR(average cumulative abnormal Return),即在时间窗口的每一日所有样本公司累计超额回报的平均值。但为方便起见,在不引起误解的情况下,一般仍采用 CAR 来表示平均累计超额回报,假设事件窗口为 $[-10,10]$,计算公式如下:

$$CAR_t=\frac{1}{N}\sum_{t=-10}^{t}\sum_{i=1}^{N}AR_{it}=\sum_{t=-10}^{t}AAR_t \tag{10.14}$$

(5)结论及其解释。根据研究设计方案,进行有关的统计检验或计量检验,得出关于事件对股票价格影响情况的有关结论,并进行结论的解释。如果事件发生对股价无影响,那么由模型可知,AAR 和 CAR 均服从均值为 0 的正态分布。这样可以通过事件日和时间窗口 AAR 和 CAR 是否为 0 检验确定事件的发生对股价是否产生影响。

---

① 陈汉文和陈向民(2002)的实证研究结果表明,在新兴证券市场上,运用一些简单的模型也可以较为可靠地测度股价受事件影响的程度。沪深证券市场作为新兴市场,从短期来看其股价行为极不稳定,由此 α 和 β 也极不稳定,且得出的回归方程的拟合度较低。

公司治理事件

Corporate Governance Handbook

Corporate Governance: Some Theory and Implications[J]. The Economic Journal, 1995 105(430): 678-703.

Corporate governance issues arise in an organisation whenever two conditions are present. First there is an agency problem, or conflict of interest, involving members of the organisation—these might be owners, managers, workers or consumers. Second, transaction costs are such that this agency problem cannot be dealt with through a contract.

Oliver Hart

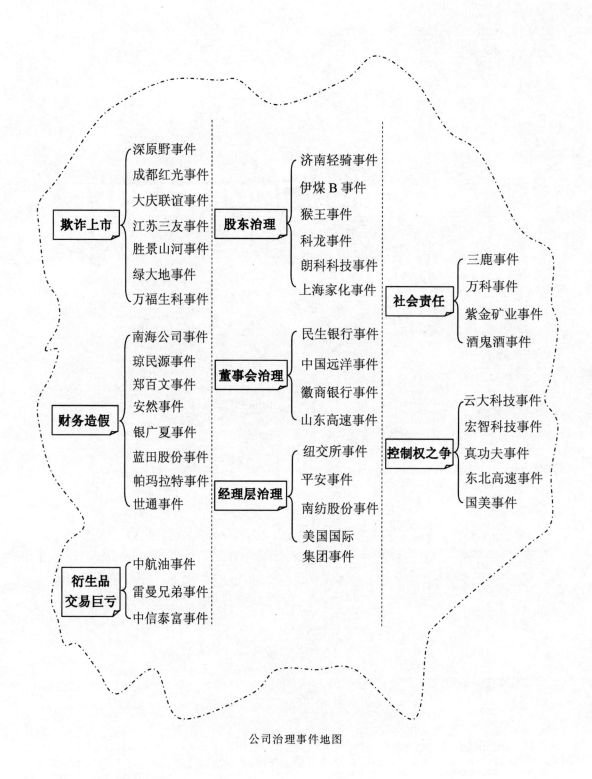

公司治理事件地图

〈公司治理事件——欺诈上市〉

325. 深原野事件^①

深原野事件，指的是 1992 年深圳原野股份有限公司欺诈上市的案件，该案件开了我国市场违规的先河。

1990 年 2 月"深原野 A"在特区证券公司挂牌上市（当时深交所尚未正式成立，深圳老五股之一，其他股票包括深发展、深万科、深金田和深安达，在深圳证券交易所成立之前也同样均在深圳特区产易公司公开柜台上交易）。深原野上市后，从 1990 年 5 月 25 日至 6 月 27 日，在这短短的一个多月时间内，股价就上涨了 210%。到 10 月 24 日，股价已升到 135.09 元，深原野成为当时股市上疯涨的"大黑马"，被当时深港两地媒体封为"深圳股王"。

1991 年上半年，深圳 5 家老上市公司当中，唯独"原野"没有分红扩股。1992 年 4 月 7 日，中国人民银行深圳分行发布公告：采取冻结原野财务等相关措施。之后的调查发现，原野公司严重违法，大股东香港润涛公司将折合一亿多元人民币的原野公司外汇转至润涛公司及其海外的关联公司之下，并有折合两亿多元人民币的银行贷款逾期未还。1992 年 7 月 7 日原野股票在深圳证券交易所停牌，成为我国股市上第一只因为财务欺诈而被停牌的股票。

深原野事件实际上是虚假上市的结果，反映了我国证券市场建立初期监督机制不到位的缺陷。深原野在上市前已经连续亏损三年，通过层层包装在证券市场闪亮登场，上市之后被大股东掏空上市公司财产。原野公司从上市之初就是董事长彭建东圈钱的工具，其创始的 5 个股东中，实际出资的仅有两家国营企业（即新业公司与深海公司）。彭建东私人名下的 15 万元股本，由深海公司"代垫"；而香港开生公司名下的 30 万元股本和"私人股东"李坤谋的 15 万元，也均由新业公司"代垫"。随后，彭建东开始以注入资本（或他人代垫）成立公司——获取贷款搞基建——换股权转走资金——评估资产将升值收益分配汇出并扩大账面投资额——转让法人股获利、增大年度经营业绩等一系列手段，逐渐掏空了深原野。

深原野事件表明，外部监管机构对于规范上市公司的正常运作具有至关重要的作用。深原野事件敲响了大股东占用上市公司资产和上市公司管理层贪污腐败问题的警钟。对于股民来说，也是第一次意识到股市的风险不仅仅来自股价的涨跌，更巨大的风险是上市公司的欺诈行为。深原野事件在一定程度上促成了包括随后中国证监会在内的监管机构的诞生和一系列对资本市场规范监督的法律法规的出台。

326. 成都红光事件^②

成都红光事件，指的是 1997 年成都红光实业股份有限公司的欺诈上市事件。

成都红光实业股份有限公司，其前身是国营红光电子管厂，始建于 1958 年，是一家全民

①　参考资料来源：http://finance.qq.com/a/20101110/005802.htm.

②　参考资料来源：http://www.guosen.com.cn/webd/eBook/redandblack/hongguan.html.

所有制工业企业,也是我国第一支彩色显像管的诞生地。1997 年 6 月,红光实业隐瞒关键生产设备不能维持正常生产的重大事项,欺诈上市成功。但当年年报即爆出 1.98 亿元的巨额亏损,开我国股票市场上市当年即告亏损之先河。

中国证监会 1998 年 10 月 26 日关于成都红光实业股份有限公司违反证券法规行为的处罚决定指出,红光实业(600 083)1996 年通过虚构产品销售、虚增产品库存和违规账务处理等手段,虚增利润 15 700 万元,实际亏损 10 300 万元;1997 年中报虚增利润 8 147 万元,实际亏损 6 500 万元;1997 年报隐瞒亏损 3 152 万元,实际亏损 22 952 万元。中国证监会对红光公司原董事长、原总经理、原财务部副部长,以及与此有关的会计师事务所、律师事务所、资产评估师事务所以及上市推荐人等中介机构及责任人员均进行了处罚,其中成都蜀都会计师事务所被暂停从事证券业务 3 年,就此退出了上市公司发行与年度审计市场。

在红光事件中,其公司内部的治理结构缺陷是事件发业的主要原因。公司董事会形同虚设。红光实业的不少董事向记者反映,公司的许多重要决议董事们都看不到正文,这些需要董事签字的决议往往在被告之时已经通过,只需一一签字即可,这种签字多是送上门来而非在会议上进行。而有些重大问题则根本不经过董事,比如运用募集资金炒股一事,几乎所有董事都被蒙在鼓里,他们在公司的运行机制中只是扮演着一种被动角色。红光实业动用募集资金投入股市买卖股票,如此违规行为未曾经过董事会讨论。

中介机构为了利益丧失职业操守,使得外部审计机制失效。其中成都蜀都会计师事务所在得到 30 万元收入后,为红光公司编造了一连串的虚构利润,这些虚构的和预期的利润数字为红光实业筹得 4.1 亿元。四川经济律师事务所和北京市国方律师事务所在分别收取 23 万元和 20 万元律师咨询费后,先后为红光发行上市出具了含有严重误导内容的法律意见书。中介机构的失职对红光事件负有不可推卸的责任。

红光事件表明,为了遏制财务舞弊事件的发生,必须建立有效的公司治理结构,加强公司的内部控制,提交上市公司及中介机构的违规成本。

327. 大庆联谊事件①

大庆联谊事件,指的是 1999 年爆发的大庆联谊石化股份有限公司财务舞弊、欺诈上市的案件。

1996 年下半年,为了能够在改制后尽早上市敛财,大庆联谊石油化工总厂与大庆市体制改革委员会恶意串通,将大庆联谊石油股份有限公司请示时间和成立时间整整提前了三年。与此同时,大庆市工商行政管理局也为大庆联谊公司的造假行为大开方便之门,于 1997 年 1 月向大庆联谊公司颁发了签发时间为 1993 年 12 月 20 日的营业执照。为满足"近三年连续盈利"的要求,大庆联谊在有关政府职能部门的策应和配合下,在其编制的所谓的股份公司 1994 年、1995 年、1996 年的会计记录中虚增利润 16 176 万元。此外,大庆联谊还将大庆市国税局开出的一张 400 余万元的缓交税款批准书涂改为 4 400 余万元,以满足证监会对其申报材料的要求。1997 年 5 月联谊公司"包装"上市,开始上网发行股票。

① 参考资料来源:http://bbs.hexun.com/stock/post_5_2638663_1_d.html。

1998 年 6 月,中国证监会接到群众举报,调查大庆联谊(600 065)公司股票上市内幕。1999 年 1 月 25 日,由中央纪律检查委员会、最高人民检察院、国家审计署和中国证监会调查人员联合调查大庆联谊石化股份有限公司股票案。1999 年 11 月,39 名中央、黑龙江省及大庆市党政干部和企业领导干部被追究党纪、政纪和法律责任。2000 年 2 月 18 日,涉案的大庆市国税局局长那凤歧被判处无期徒刑。2000 年 3 月,中国证监会对虚假陈述欺骗上市的大庆联谊做出行政处罚。

大庆联谊事件的主要原因是从公司管理层到政府官员,再到中介机构的相关人员利欲熏心、道德沦丧。

公司管理层在上市前不惜成本贿赂政府官员,上市后大肆侵占公司资产。它所募集到的 4.3 亿资金没有投入到其向广大投资者所承诺的项目上,而是被大量地挪作了他用。地方政府官员为了自己的政绩,与企业合谋造假。

从事中介服务的专业机构利欲熏心,违背职业道德的行为也是大庆联谊公司得以凭借欺诈手段上市的重要原因。据查,为大庆联谊股份有限公司谋求上市出具虚假的审计意见书和法律意见书的哈尔滨会计师事务所、黑龙江万邦律师事务所,都是在知情的情况下,为了一己之利而昧着良心为其提供审计和法律意见书的。1997 年 3 月,黑龙江证券登记有限公司也在经济利益的驱使下,在大庆联谊股份有限公司欺诈上市过程中,向中国证券监督管理委员会提供了虚假的股权托管证明和虚拟法人股金、资本公积金、虚假企业的报告。另外,公司股票上市的主承销商申银万国更是明知故犯,不仅为其隐瞒实情,向证券监督管理委员会报送了含有虚假信息的文件,还违规与之进行了大量的资金拆借活动,违法占用大庆联谊股份有限公司募集款 5 000 万元。

大庆联谊事件说明,为了遏制公司欺诈上市、财务舞弊事件的发生,必须加大对公司上市的审查力度,加强对中介机构监管,提高中介机构的违规成本。

328. 江苏三友事件[①]

江苏三友事件,指的是 2010 年曝出的江苏三友集团股份有限公司虚假上市及虚假陈述事件。

江苏三友的前身南通三友时装有限公司成立于 1990 年,1994 年更名为江苏三友时装集团。到 2003 年,南通市纺织工业联社持有友谊实业 82.9%的股份,友谊实业持有江苏三友 53.1%的股份,因此联社是江苏三友的实际控制人。2004 年 6 月,联社将持有的友谊实业 53.1%的股权转让给江苏三友的几位高管。算上此前已持有的友谊实业股份,张璞持有友谊实业 30%的股份,比联社的持股比例恰好多 0.225%,因此成为了友谊实业的最大股东和江苏三友的实际控制人。2005 年 5 月,江苏三友上市。根据有关规定,上市前三年不得有控制人变更,而江苏三友(002 044)的招股说明书显示,南通市纺织工业联社持有友谊实业 82.9%的股份,张璞等 8 名公司高管持有 17.1%的股份。因此,江苏三友涉嫌欺诈上市。2010 年 3 月 26 日,江苏三友突然发布公告称,公司高管层已间接收购大股东股权,成为实际控制人。

---

① 参考资料来源:http://money.163.com/special/002549R8/jiangsusanyou.html.

此时,控制人变更的信息已经被江苏三友瞒报了5年。

另外,从2005年8月18日上市后首份半年报起,江苏三友在历年公布的半年报、年报中提到公司实际控制人时,均写明是联社,显然是虚假陈述。2010年4月,证监会江苏监管局立案调查。2010年6月,深交所对江苏三友给予公开谴责处分;对南通友谊实业有限公司、南通市纺织工业联社、张璞给予公开谴责处分;对盛东林、葛秋、沈永炎、成建良、帅建、谢金华、周静雯给予通报批评处分,一场严重的隐瞒重大信息的违规事件就这样草草收场。

根据友谊实业2003年的净资产评估,当时张璞等人受让的53.1%股权价值9 030万元。然而在南通市政府的优惠下,友谊实业上述公有股权的实际转让价格仅为7 922万元。另外,高管们收购股权所需的7 922万元资金中,有6 100万来自银行贷款,占比77%。上市5年后,公司IPO募资竟仍有70%滞留于银行账上,募投项目大多已名存实亡。更凑巧的是,2005年的募资专储银行即是向张璞发放贷款用于MBO的银行。

重新梳理一下可以发现,张璞等人首先从银行贷款,低价收购公有股权,然后欺诈上市,募集1.46亿元资金。上市后,江苏三友的IPO募资仅使用了30%,剩下的70%滞留在向张璞等人发放贷款的银行账上。公司募投的项目中,IPO的最主要项目——高档仿真面料生产线技术改造进度不到18%,公司已于2009年终止了项目实施;另外三个项目有两个至今仍未实施。如此一来,这些高管们"空手套白狼",靠资本运作赚取低价收购股权的收益和公司上市的股票溢价,而国有资产却白白流失,投资于江苏三友的股东们的权益也受到了严重的损害。

从公司治理的角度来看,外部监管机制的缺失是造成江苏三友事件的主要原因。中介机构未能尽到监督职责,外部监管机制缺失。中介机构未能揭露江苏三友欺诈上市和上市后的虚假陈述情况,要么是失职,要么是知情不报,都没有尽到自己的监督责任。

根据我国证券法的规定,对欺诈上市者"处以非法所募资金金额1%以上5%以下的罚款"。另外,"对直接负责的主管人员和其他直接责任人员处以三万元以上三十万元以下的罚款"。相对于违法者上市成功后获得的实际收益,有关法律法规对信息披露违法行为的处罚,在违法者眼中是无所谓的,而在法律的执行过程中,又可能会因这样或那样的问题而打折扣,这导致了上市公司和中介机构的违规成本太低,是上市欺诈事件频发的主要诱因。此类欺诈事件不仅损害了中小投资者的利益,还可能对整个市场的信用体系造成伤害。

为了遏制欺诈上市事件的频繁发生,相关监管部门应当加强对此类违规行为的处罚力度,比如没收责任人的全部个人财产,追究其刑事责任。同时,应当加强对中介机构的监管力度,从重处罚具有失职行为和知情不报行为的相关责任人。

329. 胜景山河事件[①]

胜景山河事件,指2010年湖南胜景山河生物科技股份有限公司上市时涉嫌IPO材料造假的事件。

2010年10月27日,胜景山河获得中国证监会发审委审核通过。11月26日,证监会核准

---

① 参考资料来源:http://money.163.com/special/sjshzj/.

该公司发行不超过 1 700 万股新股。12 月 8 日,该公司成功发行 1 700 万股,发行价 34.2 元。12 月 16 日,胜景山河(002 525)因涉嫌虚增收入、虚构存货、隐瞒关联方、自然人股东身份存在问题遭媒体质疑。12 月 17 日,胜景山河在上市前半小时被叫停,公司暂缓上市。随后,证监会要求胜景山河的保荐机构平安证券、会计师事务所中审国际会计师事务所对胜景山河进行核查。

2011 年 4 月 6 日,胜景山河未能通过证监会的二次上会审核。4 月 8 日,公司被证监会撤销 IPO 的行政许可。4 月 11 日,公司返还投资者本金及利息 5.82 亿元。

从公司治理的角度来看,胜景山河事件的主要原因同样是外部监管机制的缺失,特别是保荐人责任缺失,以及违规成本过低。招股说明书存在明显漏洞的胜景山河,却被平安证券的明星保荐代表人林辉堂而皇之地送入了 IPO 直通车。如果不是媒体偶然发现并实地调查,这家公司就要从二级市场骗走 5.82 亿元,后果相当严重。如果保荐人林辉没有履行职责,去指导完成招股书,那么就涉嫌渎职;如果他履行职责完成了招股书,那么就涉嫌协助造假。事后,证监会对平安证券出具警示函,并撤销了林辉的保荐资格,相关责任人得到了应有的处罚。

胜景山河事件表明,为了遏制欺诈上市事件的频繁发生,应当加强对此类事件的惩罚力度以及对相关责任人的问责。一旦造假被公开,应当能通过法律的手段让造假者血本无归、倾家荡产,同时使投资者的利益得到保护。只有当造假的后果让企业感到无法承担并且使其道德良心受到极大的谴责之时,铤而走险的造假者也许才会慢慢销声匿迹。

330. 绿大地事件①

绿大地事件,指爆发于 2011 年的云南绿大地生物科技股份有限公司欺诈上市、财务造假的案件。

公司成立于 1996 年,2001 年完成股份制改造。绿大地通过伪造合同、发票、工商登记资料等手段,少付多列、将款项支付给其控制的公司组成员,虚构交易业务、虚增资产、虚增收入,于 2007 年在中小板上市成功,是国内绿化行业第一家上市公司。

2007 年上市至 2010 年被证监会立案调查期间,绿大地(002 200)三次更换会计师事务所,财务总监也变换多任。2009 年 10 月至 2010 年 4 月间,绿大地通过伪造合同和会计资料虚增资产,并五度反复变更业绩预报、快报。种种异常行为使得绿大地在 2010 年 3 月被证监会立案调查。随后,绿大地出现了公司高管频频离职的现象。2010 年 12 月,绿大地控股股东何学葵持有的限售流通股被公安机关冻结,其中 2 300 万股此前已质押。公安机关通知绿大地因涉嫌违规披露、未披露重要信息接受调查。2011 年 3 月,在被中国证监会立案调查一周年后,绿大地控股股东、前董事长何学葵因涉嫌欺诈发行股票罪被公安机关逮捕。

上市公司违规成本低而违规收益巨大,是绿大地欺诈上市的重要原因。根据刑法有关规定,绿大地及其董事长何学葵最多被罚 1 731 万元,最多获刑 5 年,而她持有的股票市值超过八亿元。面对如此高额的收益和如此低的风险,企业高管难免会心存侥幸,铤而走险。

---

① 参考资料来源:http://stock.hexun.com/2013-03-28/152581216.html.

中介机构的失职也促使绿大地得以欺诈上市成功。2006 年 11 月,绿大地首度闯关 IPO,曾被证监会发审委否决。2007 年绿大地却成功上市,保荐机构及相关保荐人显然没有做到恪尽职守,证监会发审委也没有把好关。数据显示,绿大地的保荐机构、会计师事务所、律师事务所在其上市之后分别收取了 1 200 万元、110 万元和 80 万元的中介费用。事后的调查表明,这些中介机构对绿大地的欺诈上市负有不可推卸的责任。

内部治理结构存在缺陷同样是一个重要原因。2009 年以前,公司一直未实现董事长和总经理的职务分离,董事长何学葵兼任总经理。从 2010 年 4 月起,董事会秘书一职也由董事长兼任。事实上,绿大地的公司高管频繁更换、辞职,原始股东忙于套现。

绿大地事件表明,为了遏制企业欺诈上市、财务舞弊事件的发生,必须加大对企业上市的审查力度,加强对中介机构监管,提高中介机构的违规成本。同时,需要有关部门完善相关的法律法规,以杜绝中小板、创业板市场上高管纷纷辞职套现的现象。

331. 万福生科事件[①]

万福生科事件,指爆发于 2012 年下半年的万福生科(湖南)农业开发股份有限公司财务造假的案件。

万福生科于 2011 年 9 月 27 日正式登陆创业板,代码为 300 268,但上市不到一年即被发现其业绩虚构,被称为"创业板造假第一股"。2012 年 9 月 14 日,湖南证监局对万福生科立案稽查;2012 年 9 月 18 日,立案稽查升级为中国证监会立案调查。

历时一个多月的调查后,万福生科于 2012 年 10 月 26 日承认其造假行为:公司在 2012 年半年报中存在虚增营业收入 1.88 亿元、虚增营业成本 1.46 亿元、虚增利润 4 023 万元。此外,2012 年上半年万福生科循环经济型稻米精深加工生产线项目因技改出现长时间停产,对其业务造成重大影响,但公司对该重大事项未及时履行临时报告义务,也未在 2012 年半年度报告中披露。

根据更改后的中报,万福生科 2012 年上半年营业收入 8 217 万元,同比下降 64.61%;净利润亏损 1 368 万元,同比下降 143.87%。公司前三季度实现营业收入 1.81 亿元,同比下降 54.23%;净利润亏损 93.41 万元,同比下降 101.55%。

2013 年 3 月 1 日,万福生科再次发布公告承认,经自查,公司 2008 年至 2011 年累计虚增收入 7.4 亿元左右,虚增营业利润 1.8 亿元左右,虚增净利润 1.6 亿元左右,虚增净利润近 90%。公告显示,造假最为严重的是 2011 年,就在上市的这一年,万福生科虚增了收入 2.8 亿元,虚增营业利润 6 541 万元,虚增净利润 5 913 万元。

万福生科披露的公开信息显示,这家公司的造假主要通过虚增"在建工程"和"预付账款"项目来实现,比一般的造假行为更为隐蔽。

早在万福生科上市挂牌之前,《第一财经日报》就对这家公司进行过深入调查,并对其业绩虚高等疑点进行了报道。遗憾的是,这样一家披着高科技外衣、实则以大米加工为绝对主业的公司最终顺利挂牌上市,直至最终爆出惊天造假大案。

---

①　参考资料来源:http://finance.ifeng.com/stock/special/wfskzj/.

万福生科发布的业绩快报还显示,公司 2012 年度净利润亏损 337.98 万元。并提示,可能存在因涉嫌欺诈发行股票等重大违法违规行为、财务数据调整后出现连续三年亏损或净资产为负等情形而导致公司股票被暂停上市的风险。同时,公司可能会因涉及财务会计报告存在重要差错和虚假记载,再次被深交所给予公开谴责处分。根据《创业板股票上市规则》"连续公开谴责三次将终止上市"的规定,公司可能存在被终止上市的风险。

万福生科事件发生的原因主要有以下几个方面。

内控形同虚设。上至公司负责人龚永福,下至主管会计工作负责人覃学军及会计机构负责人(会计主管人员)鲁小清都需要对这份存在"虚假记载和重大遗漏"的报告直接负责。

董事长独裁。龚永福与其妻子杨荣华并列公司第一大股东,为公司实际控制人,两人合计持有公司 59.98% 的股份。公司基本就是董事长龚永福一个人说了算。而财务负责人覃学军也是在公司创立之初便负责财务,与龚永福关系匪浅。

保荐机构难辞其咎。在万福生科被湖南监管局立案稽查的前夕,9 月 11 日,保荐公司上市的平安证券保代吴文浩和何涛还出具了对万福生科 2012 年 1—6 月规范运作情况的跟踪报告,结果显示:公司较好地执行了《公司章程》《股东大会议事规则》《董事会议事规则》《关联交易决策制度》等规章制度。与此同时,平安证券还宣称公司的募投项目"循环经济型稻米精深加工生产线技改项目"并没有发生重大变化。如今看来,平安证券所谓的督导只是流于形式而已,没有尽到应尽的督导责任,在万福生科此次业绩造假事件中,难辞其咎。

事件表明,为了遏制企业财务造假事件的发生,一方面,必须加大对企业上市的审查力度,加强对中介机构监管,提高中介机构的违规成本;另一方面,也要对公司的内控机制及公司的管理层进行监督,坚决杜绝只手遮天的现象。

〈公司治理事件——财务造假〉

332. 南海公司事件[①]

英国南海公司(South Sea Company)事件,指的是英国在 1720 年春天到秋天之间发生的一次经济泡沫(bubble),它与"密西西比泡沫事件"及"郁金香狂热"并称欧洲早期的三大经济泡沫,"经济泡沫"一语即源于此事件。

南海公司成立于 1711 年,表面上是一家专营英国与南美洲等地贸易的特许公司,但实际上是一所协助政府融资的私人机构,分担政府因战争而欠下的债务。南海公司在夸大业务前景及进行舞弊的情况下被外界看好,到 1720 年,南海公司更透过贿赂政府,向国会推出以南海股票换取国债的计划,促使南海公司股票大受追捧,股价由 1720 年年初的 120 英镑急升至同年 7 月的 1 000 英镑以上,全民疯狂炒股。在南海公司股票示范效应的带动下,全英所有股份公司的股票都成了投机对象。市场上随即出现不少"泡沫公司"浑水摸鱼,试图趁南海股价上升的同时分一杯羹。为规范管理这些公司,国会在 6 月通过《泡沫法案》,炒股热潮随之减

---

① 参考资料来源:http://zh.wikipedia.org/wiki/%E5%8D%97%E6%B5%B7%E5%85%AC%E5%8F%B8.

退,并连带触发南海公司股价急挫,至 9 月暴跌回 190 英镑以下的水平,泡沫破裂,不少人血本无归。

从公司治理的角度来看,监督机制的缺失是南海泡沫事件的重要原因之一。代理理论的分析中,股份公司存在的首要问题是所有者和经营者之间的代理关系,保证代理关系的核心内容就是建立严格的激励机制、监督机制和约束机制。由于交通不便、信息不畅,南海公司的董事们并没有受到股东的监督,而国家对证券经纪商的监督也仅限于书面誓约,对董事的监督就更加缺乏操作性。缺乏监督和约束的董事是难以保证他能切实代表股东利益的。泡沫破裂后审计师查尔斯斯奈尔对南海公司分公司会计账目的审计表明该公司确实存在舞弊行为,而二级市场博取差价的盈利模式使得人们常常忽略财务信息。即使人们重视财务信息,如果没有第三方审计制度和强制性信息披露的法律法规,上市公司的内部人也没有动力及时、准确地披露公司的财务信息。

南海泡沫事件促进了《公司法》的制定与完善,促使公司治理中引入第三方审计,进而对股份制的发展起到了不可磨灭的作用。英国"南海公司"破产审计案例的发生,说明建立在所有权与经营权分离基础上的股份公司,其经营具有委托性质。由于受种种原因和条件的限制,投资者即公司股东和债权人要了解公司经营的详细情况必须借助于其会计报告。但是股东和债权人要得到公司真实、准确、客观的会计信息绝非易事,这在客观上要求与公司无利益关系的熟悉会计语言的第三者就公司会计报告的真实性和准确性提出证明,以便将客观、可信的会计信息提供给公司股东及债权人。这样一方面可控制经营者为所欲为,损害投资者利益的行为;另一方面可以使股东及债权人正确决策。否则,投资者与经营者的经济责任关系难以维系,股份公司难以存在和发展。

333. 琼民源事件①

琼民源事件,指的是 1997 年股市最大黑马海南民源现代农业发展股份有限公司虚构财务报表的信息欺诈案件。

海南民源现代农业发展股份有限公司成立于 1988 年 7 月,1993 年 4 月以琼民源 A 股的名义在深圳上市,代码为 000 508。由于控股股东的操纵股价及虚报利润行为,琼民源的股价从 1996 年 4 月 1 日的 2.08 元涨至 1997 年 1 月的 26.18 元,升幅高达 13 倍。1997 年 3 月,琼民源公司的全部董事在讨论琼民源利润分配的股东大会上集体辞职,导致琼民源无人申请复牌。为此,国务院证券委员会同审计署、中国人民银行、中国证监会组成联合调查组,对琼民源公布的 1996 年公司业绩进行了调查。调查结果显示,琼民源 1996 年年报和补充公告虚构利润 5.4 亿元,虚增资本公积金 6.57 亿元。

调查组发现琼民源的控股股东民源海南公司与深圳有色金属财务公司联手,先大量买进琼民源股票,再虚构利润粉饰报表,使股价大幅上升,并于 1997 年 3 月前抛出,牟取暴利。在这次操纵股市的违法行为中,两家公司分别非法获利 6 651 万元和 6 630 万元。这两家公司的行为严重违反了有关金融、证券法规,构成了操纵市场行为。1997 年 3 月 1 日琼民源停牌,经

---

① 参考资料来源:http://finance.ifeng.com/news/history/jjsh/20080926/167341.shtml。

过重组,北京住总(北京住宅开发建设集团总公司的简称)入主琼民源,1999年中关村上市,琼民源终止上市资格。

琼民源事件中,控股股东无视中小股东利益,通过操纵股价、虚构利润等行为牟取暴利。而对琼民源年报进行审计的海南中华会计师事务所也公开站出来,在媒体上表示报表的真实性不容置疑,公然与上市公司合谋欺骗广大投资者。

琼民源公司中,总经理马玉和兼任董事长,董事会其他人员亦大多由企业内部人员兼任,使得董事会难以发挥监督和控制经理人员的作用。作为公司治理结构中的一项重要制度的独立审计,由于我国部分注册会计师在专业技术与职业道德及其他方面的原因,使得作为"经济警察"的审计难以发挥作用。琼民源一案中,注册会计师负有不可推卸的责任。

这样的公司治理结构,使得经理人员并没有受到必须提供真实的对外会计信息的太多压力。提供虚假会计信息可以带来大量的好处,相应的事件被揭露后的处罚却偏轻。因此,公司治理结构方面的缺陷是导致琼民源财务舞弊的重要原因。

琼民源事件说明,为了遏制财务舞弊事件的发生,必须建立有效的公司治理结构,加强公司的内部控制,提高上市公司及中介机构的违规成本。

334. 郑百文事件[①]

郑百文事件,指的是1998年郑州百文股份有限公欺诈上市的财务舞弊案件,也指针对郑百文的重组方案。

郑州百文股份有限公司的前身是郑州一家国有百货文化批发站,于1996年4月获准上市,1997年其主营规模和资本收益率在沪市上市公司中排序第一,进入国内上市企业100强,从1996年9月到1998年2月,17个月中郑百文(600 898)股价涨幅高达228%。然而还是在1998年,郑百文却创造了每股净亏损2.54元的我国股市最差业绩的"奇迹"。郑州百文股份有限公司1999年以来濒临关门歇业,有效资产不足6亿元,而亏损超过15亿元,拖欠银行债务高达25亿元。

经调查,郑百文上市前采取虚提返利、少计费用、费用跨期入账等手段,虚增利润1908万元,并据此制作了虚假的上市申报材料。上市后三年,采取虚提返利、费用挂账、无依据冲减成本及费用、费用跨期入账等手段,累计虚增利润14 390万元,且存在股本金不实、上市公告书重大遗漏、年报信息披露有虚假记载、误导性陈述或重大遗漏。

2000年12月1日,郑百文宣布山东三联集团将作为战略投资人,使郑百文起死回生。这个创造性的重组方案是,郑百文将其现有全部资产、债务从上市公司退出,转入母公司进行整顿调整;三联集团以其下属的全资企业三联商社的部分优质资产和主要零售业务注入郑百文,并以3亿元的价格购买郑百文所欠中国信达公司的15亿元债务,包括郑州市政府在内的郑百文全体股东将所持股份的约50%过户给三联集团,三联集团由此实现借壳上市。

郑百文事件的主要原因是内部管理混乱,激励与约束机制失调。1996年起,郑百文开始

---

① 参考资料来源:http://finance.qq.com/zt2010/zbw/.

盲目扩张,在全国各地设立几十家分公司。公司规定,凡完成销售额 1 亿元者,可享受集团公司副总待遇,自行购进小汽车一部。仅仅一年间,郑百文的销售额便从 20 亿元一路飙升到 70 多亿元。为完成指标,各分公司不惜采用购销价格倒挂的办法,商品大量高进低出,形成恶性循环。急速、盲目的扩张直接导致公司总部对外地分支机构的监管乏力,郑百文遍及全国的分支机构如同一盘散沙。1998 年下半年起,郑百文设在全国各地的几十家分公司在弹尽粮绝之后相继关门歇业。数以亿计的货款要么直接装进了个人的腰包,要么成为无法回收的呆坏账。但与企业严重资不抵债形成鲜明对比的是,郑百文养肥了一批腰缠百万甚至千万元的富翁。

另一方面,政企不分也是郑百文事件发生的重要原因之一。有学者认为一些领导总是乐于树典型,给企业披上浓厚的政治色彩,作为炫耀政绩的资本,最后企业垮了,谁也不负责任,这应是郑百文的更大悲剧。改革开放之初,我国就提出了"政企分开"的改革目标,然而郑百文事件表明,国有企业改革任重道远。此外,郑百文的重组方案在当时也造成了巨大影响,反映了我国证券市场还不完善。可喜的是,中国证监会于 2001 年发布了有关上市公司退市的制度,完善了公司治理的外部机制。

335. 安然事件①

安然事件,指的是 2001 年爆发于美国的一起严重的上市公司,即安然公司(Enron Corporation)财务舞弊事件。

安然公司曾是一家位于美国得克萨斯州休斯敦市的能源类公司,2001 年宣告破产之前,安然是世界上最大的电力、天然气以及电信公司之一,名列《财富》杂志"美国 500 强"的第 7 名,在世界 500 强中位列第 16 位。1990 年代,由于美国经济的衰退,安然公司的能源业务和金融衍生产品交易及电子商务都受到重大影响。面临困境,安然公司利用资本重组,形成庞大而复杂的企业组织,通过错综复杂的关联交易虚构利润,利用财务制度上的漏洞隐藏债务,继续维持安然的高增长神话。

2001 年 10 月 16 日,安然公司公布该年度第三季度的财务报告,宣布公司亏损总计达 6.18 亿美元,引起投资者、媒体和管理层的广泛关注,从此,拉开了安然事件的序幕。2001 年 12 月 2 日,安然公司正式向破产法院申请破产保护,破产清单所列资产达 498 亿美元,成为当时美国历史上最大的破产企业。2002 年 1 月 15 日,纽约证券交易所正式宣布,将安然公司股票从道·琼斯工业平均指数成分股中除名,并停止安然股票的相关交易。至此,安然大厦在短短几个月的时间里完全崩溃。

安然事件发生后,美国社会对企业制度作了反思,意识到公司治理问题是导致公司舞弊的根本原因。以下制度安排存在的缺陷,才是导致安然事件等发生的深层次原因所在。

股票期权制激励了造假动机。向公司高层管理人员乃至员工发放公司股票期权,被认为是美国公司治理中十分成功的激励机制。但是,安然和环球电讯等破产事件使股票期权成为了公司陋习和治理混乱的象征。股票期权使一些公司的管理者在几年内成为亿万富翁,也鼓

---

① 参考资料来源:http://baike.baidu.com/view/159250.htm.

励一些人不顾一切地炒作股市,把公司变成个人的"摇钱树"。为了从公司股票的升值上获利,一些公司的管理者运用包括财务造假在内的各种方法,制造"题材",创造利润,抬高股价,忽视公司的长远发展,损害了投资者的利益。

公司独立董事形同虚设。为了防止公司高级管理层利用股权分散滥用"代理人"职权,侵犯中小股东利益,美国十分注重独立董事制度。但安然公司的独立董事却形同虚设,根本没有履行应尽的职责。该公司 17 名董事会成员中独立董事达 15 名,审计委员会 7 名委员也都是独立董事,而且这些独立董事都是政界、学界、商界的知名人士。即使有这些德高望重的独立董事,也未能为安然公司的股东把好监督关。

审计委员会未发挥应有的作用。虽然,美国纽约证券交易所早在 1978 年就要求所有上市公司都要设立由独立董事组成的审计委员会,负责监督外部审计师的审计质量。但是,安然事件充分暴露出美国公司的审计委员会没有发挥应有的作用。

企业内部控制机制存在缺陷。上述种种问题表明,美国企业的内部控制也不是完美无缺的,特别是公司高管部门及高管人员有疏于控制的问题。

安然公司的独立董事制度、审计委员会制度都未能发挥应有的作用,而之前认为有效的股票期权制度反而成了高管层侵害股东利益的巨大动机。这说明公司治理的过程中,仅仅靠治理结构的完善还不足以实现治理的有效性。

336. 银广夏事件[①]

银广夏事件,指的是 2001 年爆发的广夏(银川)实业股份有限公司财务舞弊事件。

1994 年,广夏(银川)实业股份有限责任公司以"银广夏 A"的名字在深圳交易所上市。银广夏(000 557)上市之初的主营业务是软磁盘制造,1994 年之后寻求战略转型,但是业绩平平。2000 年,银广夏从资本公积金中拨款,对全体股东每 10 股转增 10 股,其总股本扩大了 1 倍,但这一年的每股收益却没有出现稀释,相反出现了强劲上升,达到 0.827 元,升幅 62.16%,而其资产收益率则从 1999 年的第 154 位上升到了第 6 位,银广夏因其骄人的业绩和诱人的前景而被称为"中国第一蓝筹股"。

银广夏的这种异常表现引起了媒体的高度关注,2001 年 8 月,《财经》杂志发表"银广夏陷阱"一文,银广夏虚构财务报表事件被曝光。中国证监会随即展开了调查,并于 9 月 5 日以发言人谈话的形式公布了初步的调查结果。发言人说,已经查明银广夏通过伪造购销合同、伪造出口报关单、虚开增值税专用发票、伪造免税文件和伪造金融票据等手段,虚构主营业务收入,虚构巨额利润达 7.45 亿元。银广夏的"第一蓝筹股"神话随之破灭。

之后,银广夏董事局副主席、总裁李有强,董事局秘书、财务总监、总会计师丁功民等人被宁夏回族自治区公安厅刑事拘留,后被判刑。2002 年 5 月,中国证监会正式做出对银广夏的行政处罚,对公司罚款 60 万元。负责审计的会计师事务所被财政部吊销执业资格,注册会计师刘加荣、徐林文也被吊销注册会计师资格,并被判刑。

银广夏事件中,高管层的道德沦丧是财务舞弊的重要原因,同时,公司治理结构的缺陷也

---

① 参考资料来源:http://baike.baidu.com/view/1320425.htm.

对事件的发生产生了重要影响。

董事会监事会形同虚设，内部监督机制失效。公司治理结构中，董事会应当代表股东的利益做决策，监督经理层，而银广夏的治理结构不健全，各个部门没有相互制衡，而且董事会成员大多是机关要员。这些没有生产经营管理专业知识和经验的官僚很难行使董事会、监事会的职能，不可能维护股东的权益、代表股东的利益。即使有违规行为，对其处罚的力度不够大使得高管们的违规成本过低。

外部审计机制失效。银广夏事件中，注册会计师的失职是财务舞弊发生的温床。负责审计工作的注册会计师刘加荣、徐林文等人没有进行基本的询证、核查工作，就连续多年为银广夏出具了无保留意见的审计报告，对财务造假起到了推波助澜的作用。

银广夏事件表明，为了遏制财务舞弊事件的发生，必须建立有效的公司治理结构，加强公司的内部控制，提高上市公司及中介机构的违规成本。

337. 蓝田股份事件[①]

蓝田股份事件，指的是 2002 年爆发的蓝田股份有限公司虚构业绩的财务造假案件。

蓝田股份有限公司成立于 1992 年，最初几年，公司的主营业务并不突出。1994 年 8 月，农业部成为蓝田股份的第二大股东。凭借农业部的背景，蓝田股份于 1996 年 6 月成功上市，号称"中国农业第一股"。之后 5 年间，蓝田股份（600 709）的股本扩张 360 倍，创造了中国股市神话。其中，1997 年和 1998 年，蓝田股份连续两年以 1∶1 的比例实施送股。截至 1999 年，蓝田的总股本由上市时的 9 696 万股猛增到 4.46 亿股。令人惊奇的是，1997 年蓝田股份以 1∶1 的比例送股后，每股收益为 0.64 元，比 1996 年高出 0.03 元，这就意味着 1997 年蓝田股份的收益比上年增长一倍多。1998 年蓝田股份再次以 1∶1 的比例送股后，每股收益竟高达 0.81 元，又比上年增长一倍多。1999 年和 2000 年的主营业务收入高达 18 亿以上，净利润分别是五亿多元和四亿多元。

2001 年 10 月 26 日，中央财经大学研究员刘姝威在《金融内参》上发表一篇 600 字的文章，指出蓝田股份已成为一个空壳，完全依靠银行贷款维持运转。2002 年 1 月，蓝田股份的 10 名中高层管理人员被拘调查。2002 年 3 月，公司实行特别处理，股票简称"ST 生态"。ST 生态的 2001 年年报显示，1999 年到 2001 年蓝田股份连续三年亏损，蓝田股份被暂停上市。

调查显示，蓝田股份公司通过虚构收入与利润、虚增固定资产、虚造存货价值等手段维持其高股价，并通过多次配股和以利吸贷的方式搞资本运营，以达到为少数人牟利的目的。在蓝田股份上市、配股的过程中，创始人瞿兆玉涉嫌贿赂农业部、中组部及当地政府官员，以贿赂换取巨额利益。

内部审计机制缺失，外部审计机制失效。蓝田股份公司为达到造假目的，根本没有建立应有的财会人员管理与奖惩、准入和退出实施机制。而外部财会审计人员或审计部门受制于地方经济发展的需要，也未能及时发现问题，反映了会计师独立性不足。

---

① 参考资料来源：http://baike.baidu.com/view/3365718.htm.

外部治理机制失效。我国的资本市场不完善是上市公司财务造假的温床。许多公司的高管把上市作为圈钱的手段,上市后不是着眼于实业经营,提高自身的盈利能力,而是期望通过炒作股价一夜暴富。个人投资者和机构投资者大多是投机性投资,很少去分析上市公司的财务报表的真实性,资本市场的约束机制失效。

蓝田股份事件说明,为了遏制财务舞弊事件的发生,必须建立有效的公司治理结构,加强公司的内部控制,提高上市公司及中介机构的违规成本。

338. 帕玛拉特事件[①]

帕玛拉特事件,指的是 2003 年爆发于意大利的帕玛拉特(Parmalat)公司财务舞弊事件,被称为欧洲的安然事件。

帕玛拉特公司成立于 1960 年代,是由卡利斯托·坦齐(Calisto Tanzi)创立并发展的典型的意大利家族式企业集团。依靠不断的创新,帕玛拉特从 1980 年代到 1990 年代逐步实现了产品多元化和行业多元化,逐渐发展成意大利最大的乳品巨头。自 1974 年进入巴西以来,帕玛拉特不断在世界各地进行疯狂的并购与扩张。到 2002 年,帕玛拉特集团拥有 36 356 名员工,营业额高达 76 亿欧元。2002 年全球知名商标特许权调查中,帕玛拉特在最有名的 23 个世界食品品牌中名列第二。

为了满足不断的跨地区、跨行业扩张和并购的现金需求,帕玛拉特的管理层自从 1990 年上市以后,一方面通过将资金转移至其家族企业来掏空上市公司;另一方面通过构造复杂的关联交易粉饰报表,以保持繁荣的表象,维持上市公司的融资能力。2003 年 12 月 8 日至 2003 年 12 月 19 日,帕玛拉特受到了一系列关于其公司财务方面的质疑,帕玛拉特股票被迫停牌,最终的审计表明,该公司欠下的债务高达 143 亿欧元。

内部治理机制失效是该事件的重要原因。家族型上市公司使内部治理无法发挥制衡作用。帕玛拉特属于家族型公众公司,家族集团在企业中占有绝对数额的股份。而意大利股票市场规模小、不活跃,又没有强有力的机构投资者向董事会派驻董事以制约大股东,再加上意大利证券监管机构监管不力,使得股票市场上非控股股东力量无法对控股股东形成有效制约。坦齐既是家族企业的首领,也是上市公司的首领,董事会为大股东所控制,为其掏空上市公司、向家族公司转移资产、操纵财务报表大开方便之门。

各种外部治理机制失效也是不容忽视的重要原因之一。①在欧洲大陆国家,公司治理主要以银行为主。在这种模式下,公司控制权市场不发达,很少发生恶意并购。②家族企业的高层一般都是家庭成员,因而另一种外部治理机制——经理市场无法在家族企业中发挥作用。③意大利属德日公司治理模式,允许作为上市公司债权人的银行持有公司股份,从而影响上市公司的行为。由于很多贷款是关系贷款,那些贷款给帕玛拉特的银行没有积极地发挥作用制约公司的行为。④除向银行贷款,帕玛拉特还发行了巨额的债券。为帕玛拉特发行债券的都是国际上有名的投资银行,其中包括花旗银行(Citibank)、JP 摩根(J. P. Morgan)等,他们都是利用自己的影响为赚取手续费而唯利是图,并没有对帕玛拉特形成有效的监督。

---

① 参考资料来源: http://baike.baidu.com/view/867059.htm.

第十一篇

帕玛拉特事件表明,在家族集团控股的上市企业中,需要重点防护控股股东侵害中小股东的利益。我国目前也有很多上市的民营企业,与帕玛拉特公司类似,这些企业大多是家族集团的一部分。如何才能保证上市公司董事会不被大股东(家族集团)控制,做出违背中小股东利益的决策?吴敬琏提出让民营企业整体上市的观点,也有学者提出在上市公司推行"董事问责制"、"揭开公司面纱"等措施。同时,应加强对注册会计师行业的监管,促使注册会计师发挥监督作用。

339. 世通事件①

世通事件,指的是 2003 年美国世通公司(WorldCom)的财务造假事件。

世通公司是一家美国的通信公司,成立于 1983 年,2003 年破产。1990 年代,公司规模通过一系列的收购迅速膨胀,并在 1998 年收购美国微波通讯公司(MCI)后达到顶峰。世通公司一度成为仅次于美国电话电报公司(AT&T)的美国第二大长途电话公司、全球第一大互联网供应商。

1999 年开始,直到 2002 年 5 月,公司采用虚假记账手段掩盖不断恶化的财务状况,虚构盈利增长以操纵股价。2002 年 6 月,公司内部审计部门发现了 38.52 亿美元的财务造假,随即通知了外部审计机构毕马威,丑闻迅即被揭开。2002 年 7 月,世通公司申请破产保护,成为美国历史上最大的破产保护案。随后证券交易委员会(SEC)的调查发现,1999 年到 2001 年年间,世通公司虚构营业收入 90 多亿美元,截至 2003 年底,公司总资产被虚增 110 亿美元。

企业制度的缺陷是世通公司财务造假的根本原因。

股票期权造成的过度激励。与安然公司类似,世通公司的高管们同样持有大量的股票期权。向公司高层管理人员乃至员工发放公司股票期权,被认为是美国公司治理中十分成功的激励机制。然而,股票期权使公司的管理者为了在资本市场获得巨额利益,片面追求高成长率及高股价,甚至不惜与会计师事务所合谋,通过财务造假虚构利润,抬高股价,进而套现获利,损害投资者利益。

内部控制机制失效。1999 年到 2002 年间,世通公司内部审计部门没有发挥应有的作用,内部审计人员都未能尽到应尽的责任,而审计官甚至与财务总监和总会计师合谋进行财务造假,公司董事会有义务审核年度计划,但是也对公司的会计问题视而不见,说明世通公司的内部控制机制已经失效。

外部审计机制失效。在世通财务舞弊案中,会计师事务所也有着不可推卸的责任。世通财务造假期间的外部审计单位是安达信,作为专业的审计机构,安达信收取了相应的费用,却没有履行相应的责任,甚至与上市公司合谋造假,丧失了应有的职业素养,最终导致投资者的巨大损失。

世通公司的舞弊案件显示了首席执行官、会计师事务所的不可信,主要原因是世通公司高层、会计师事务所等一系列人通过做假账虚夸公司业绩,不惜牺牲投资者利益来达到自己的利益目标。为了减少上市公司与事务所的串通舞弊行为,应当完善外部审计制度,加强对

---

①　参考资料来源: http://baike.baidu.com/view/1916800.htm.

第十一篇

企业家、会计师、审计师的责任追究。

〈公司治理事件——衍生品交易巨亏〉

340. 中航油事件[①]

中航油事件,指的是 2004 年中国航油公司(新加坡)在石油期权交易中巨亏 5.5 亿美元导致破产的事件。

2003 年下半年,中国航油公司(新加坡)开始交易石油期权,最初涉及 200 万桶,中航油在交易中获利。2004 年一季度,油价攀升导致公司潜亏 580 万美元,之后中航油并没有及时止损,退出交易,而是期望油价能回跌,并加大了交易量。二季度中航油账面亏损额达到 3000 万美元左右;到 2004 年 10 月 10 日,账面亏损高达 1.8 亿美元;11 月 25 日的衍生商品合同实际亏损达到 3.81 亿美元;12 月 1 日,在亏损 5.5 亿美元之后,中航油宣布向法院申请破产保护。

在此事件中,中国航油公司涉及严重的违规操作,因为其从事的石油期权投机在当时是我国政府明令禁止的。1999 年 6 月,国务院发布的《期货交易管理暂行条例》规定:"国有企业从事期货交易,限于从事套期保值业务,期货交易总量应当与其同期现货交易量总量相适应。"2001 年 10 月,证监会发布的《国有企业境外期货套期保值业务管理制度指导意见》规定:"获得境外期货业务许可证的企业在境外期货市场只能从事套期保值交易,不得进行投机交易。"中航油的期权交易远远超过远期套期保值的需要,属于纯粹的博弈投机行为。

中航油事件与它的内部控制制度不健全,高层管理者严重越权违规操作,公司内部监管和审查机制都没有发挥应有的作用不无关系。

内部监管机制失控。中航油总裁陈久霖的权力过大,缺乏有效的约束机制。陈久霖绕过交易员私自操盘,发生损失也不向上级报告,长期投机违规操作酿成苦果。中航油新加坡公司有内部风险管理委员会,其风险控制的基本结构是:实施交易员→风险控制委员会→审计部→CEO→董事会,层层上报,交叉控制,亏损达 50 万美元时,必须平仓,抽身退出。中航油(新加坡)的风险管理系统从表面上看确实非常科学,可事实并非如此,公司风险管理体系的虚设导致对陈久霖的权力缺乏有效的制约机制。

信息披露机制失效。中航油集团没有向投资者及时披露公司所面临的真实的财务风险。实际操作中,损失直达 5 亿多美元时,中航油(新加坡)才向集团报告,而批准中航油(新加坡)套期保值业务的集团,在事发后私下将 15% 股权折价配售给机构投资者,名义是购买新加坡石油公司的股权,事实上这笔 1.08 亿美元的资金却贷给了中航油(新加坡)用于补仓。

外部监管失效。1998 年国务院曾颁布《国有企业境外期货套期保值业务管理办法》,其中规定相关企业不但需要申请套期保值的资金额度以及头寸,每月还必须向证监会以及外管局详细汇报期货交易的头寸、方向以及资金情况。显然,中航油并没有这样做。在内控制度缺失的情况下,中国证监会对中航油连续数月进行的投机业务竟然没有任何监管和警示,也暴

---

① 参考资料来源:http://finance.sina.com.cn/roll/20041214/110048326t.shtml.

露出当时国内金融衍生工具交易监管的空白。

中航油事件表明,建立一个全面有效的内控机制、加强政府外部监督监管措施,对于保证金融衍生交易市场正常运作、防范个体风险影响整个市场是十分必要的。

341. 雷曼兄弟事件[①]

雷曼兄弟事件,是指 2008 年美国当时第四大投资银行雷曼兄弟公司(Lehman Brother Holdings)由于投资失利而破产的事件。

雷曼兄弟公司成立于 1850 年,从棉花期货开始,雷曼兄弟逐渐涉足金融业,并于 1906 年正式转变为证券发行公司。历经百年发展,雷曼兄弟逐渐成为一家全方位、多元化的投资银行。

美国次贷危机发生前,雷曼兄弟深度涉入次级按揭贷款业务。2006 年雷曼的次贷证券产品占有 11% 的市场份额,被称为"债券之王"。但是由于杠杆率太高、业务过度集中等因素,雷曼兄弟受美国次贷危机连锁效应的影响遭到重大打击。2008 年 9 月 15 日,在美国财政部、美国银行以及英国巴克莱银行相继放弃收购谈判后,雷曼兄弟公司宣布申请破产保护,负债达 6130 亿美元,成为华尔街历史上最严重的破产案例之一。

从公司治理的角度来看,雷曼兄弟事件反映了将股东财富最大化设为财务目标的缺陷。

雷曼兄弟自 1984 年上市以来,公司的所有权和经营权实现了分离,所有者与经营者之间形成委托代理关系。同时,在公司中形成了股东阶层(所有者)与职业经理阶层(经营者)。股东委托职业经理人代为经营企业,其财务管理目标是为达到股东财富最大化,并通过会计报表获取相关信息,了解受托者的受托责任履行情况以及理财目标的实现程度。上市之后的雷曼兄弟公司,实现了 14 年连续盈利的显著经营业绩和 10 年间高达 1103% 的股东回报率。为了使本公司的股票在一个比较高的价位上运行,雷曼兄弟公司自 2000 年始连续 7 年将公司税后利润的 92% 用于购买自己的股票,此举虽然对抬高公司的股价有所帮助,但同时也减少了公司的现金持有量,降低了其应对风险的能力。另外,将税后利润的 92% 全部用于购买自己公司而不是其他公司的股票,无疑是选择了"把鸡蛋放在同一个篮子里"的投资决策,不利于分散公司的投资风险。

雷曼兄弟公司破产的原因,从表面上看是美国过度的金融创新和乏力的金融监管所导致的全球性的金融危机,但从实质上看,则是由于公司一味地追求股东财富最大化,而忽视了对经营风险进行有效控制的结果。对合成 CDO(担保债务凭证)和 CDS(信用违约互换)市场的深度参与,而忽视了 CDS 市场相当于 4 倍美国 GDP 的巨大风险,是雷曼轰然倒塌的直接原因。

雷曼兄弟作为美国第四大投行,一度认为自己属于"大而不倒"的金融机构,享有美联储的隐性保险,从而肆无忌惮地从事高风险的投资策略。而美联储为了截断市场"道德风险"不断加剧的情形,选择放弃雷曼兄弟,也是雷曼兄弟破产的原因之一。

雷曼兄弟公司破产案件表明,公司的经营必须建立在坚实的经济基础上。如果公司只追

---

① 参考资料来源:http://baike.baidu.com/view/2160505.htm.

求股东财富的最大化而不注意控制经营风险,再大的公司也有可能倒闭。另一方面,经营风险的控制还是要靠企业自己去执行,政府的隐性保险并不总是有效的。

342. 中信泰富事件[①]

中信泰富事件,指的是 2008 年香港上市公司中信泰富有限公司因炒外汇期货巨亏上百亿元的事件。

中信泰富的前身泰富发展有限公司成立于 1985 年,1986 年通过新景丰公司上市。同年 2 月,泰富发行 2.7 亿个新股予中国国际信托投资(香港集团)有限公司,使之持有泰富 64.7%股权。自此,泰富成为中信子公司。2006 年 3 月底,中信泰富(港交所:00 267)与澳大利亚的一个采矿企业签订了一个铁矿石项目。为了降低公司在该项目中面对的货币风险,从 2007 年起,中信泰富开始购买澳元的累计外汇期权合约进行对冲。

2008 年 10 月 20 日,中信泰富发布公告称,该澳元远期合约因澳元大幅贬值亏损 155 亿港元,并称早在 9 月 7 日已经察觉其潜在风险。主席荣智健声称对有关投资决定不知情,而集团财务董事张立宪和集团财务总监周至贤随即辞职。到 10 月 29 日,由于澳元的进一步贬值,该合约亏损已接近 200 亿港元。截至 2008 年 12 月 5 日,中信泰富股价收于 5.80 港元,在一个多月内市值缩水超过 210 亿港元。2008 年 11 月 12 日,母公司中信集团向中信泰富注资 15 亿美元,并接手一批潜在亏损的澳元合约。2009 年 3 月 25 日,中信泰富公布 2008 年度业绩,净利润亏损 126.62 亿元,其中澳元外汇合约亏损 146.32 亿元。2009 年 4 月,香港证监会开始调查中信泰富巨额亏损案,以确认是否存在内幕交易。同时,公司董事局主席荣智健和总经理范鸿龄辞职。

2012 年 8 月 27 日,中信泰富内幕交易案开审。香港证监会的调查显示,时任中信泰富财务部助理董事崔永年在中信泰富发布亏损公告前,合计卖出 8.1 万股中信泰富股份,因而避免遭受约 136 万港元的损失。崔永年被判 15 个月监禁,罚款约 100 万港元,三年内不得担任香港公司的董事。

从公司治理的角度来看,中信泰富事件反映出了以下问题。

风险监管和内部治理机制存在问题。事实上,在中信泰富事件之前,累计期权因为高风险在业内早已声名狼藉。面对如此高风险的金融衍生品,中信泰富还投入如此巨资,人们不禁要怀疑其风险识别能力和应对能力。作为中信泰富董事局主席的荣智健自己也承认"有关外汇合同的签订未经过恰当的审批,而且其潜在的风险也未得到正确的评估"。风险控制关系到公司的治理结构,治理机制若不健全,本身就是企业的一大风险源。

信息披露不够及时。香港证监会的调查显示,中信泰富在 2008 年 8 月 28 日便知道出现亏损,9 月 7 日则发现有关合约有所不妥,10 月 20 日才发布公告。自获悉亏损之日起,中信泰富对投资者和中小股东隐瞒了 54 天。这种做法给投资者带来了巨大损失,并给内部人利用此消息进行内幕交易留下了空间。

一家被认为是稳健经营的公司,因为一个外汇合约,带来灾难性的损失,引发了一场持续

---

① 参考资料来源:http://news.163.com/09/0409/09/56ERJEU0000120GR.html.

地震。中信泰富事件表明,针对金融衍生品交易,应当建立专门的风险控制机制,完善工作程序,严格控制投机性交易,从而降低企业运营风险。

〈公司治理事件——股东治理〉

343. 济南轻骑事件[①]

济南轻骑事件,指的是 2000 年济南轻骑摩托车股份有限公司被大股东轻骑集团掏空的案件。

济南轻骑的前身是济南机动脚踏车厂。1984 年,张家岭调任该厂厂长,上任后马上赴日本考察。1985 年,轻骑与日本铃木公司签署协议,引进 K 系列摩托车技术,1986 年开始生产,轻骑的发展从此起步。1992 年,轻骑集团独家发起成立济南轻骑,并于 1993 年 12 月在上海证交所上市,时间之早甚至超过后来享有大名的青岛海尔和青岛啤酒。1996 年,济南轻骑(600 698)又被确定为全国首批 33 家 B 股预选企业之一,并于 1997 年 5 月成功发行 B 股。

B 股上市后,济南轻骑披露出大股东对上市公司的欠款总额达到 10.7 亿元。此后,上市公司对大股东的应收账款就居高不下,有增无减。1998 年升至 16.7 亿元,到了 2000 年,欠款已高达 25.89 亿元。其间大股东曾以资产置换形式还债 1.44 亿元,如果将此计算在内,2000 年底欠款额曾一度高达 27 亿元以上。据统计,济南轻骑自上市以后,通过上市招股、配股和发行 B 股等,共从证券市场上募集资金 16 亿多元,8 年经营实现近 11 亿元的净利润。这两项相加,也只和大股东占用上市公司资金最高时持平。

2000 年 6 月底,大股东的欠款额为 19.87 亿元。9 月,济南轻骑公告称,在 2000 年底之前,公司计划减少 5 亿元到 6 亿元轻骑集团所欠的应收款项。但是 2000 年报显示,到了年底,大股东对上市公司的欠款额不但没有减少,反而增至 25.89 亿元,加上大股东中间曾偿还的 1.44 亿元,这半年之中上市公司又新增 7 亿多元的欠款。

大股东的欠款拖垮了曾经的绩优股,济南轻骑于 2006 年被兵装集团收购。2009 年 2 月,轻骑集团董事长张家岭因涉嫌信用证诈骗、偷逃税款、贪污受贿、私分国有资产等罪名被判处无期徒刑,同时落马的还有包括集团副总在内的企业高管和工作人员 40 余人。

从公司治理的角度来看,济南轻骑事件发生的主要原因有以下几点。

国企改制不彻底,导致上市公司的运营过度依赖集团母公司。1992 年,轻骑集团进行股份制改造时,只是将其下属的三个核心分厂——发动机厂、第一总装厂和第二总装厂进行重组改制后上市。其他如原材料采购、产品销售等仍然保留在轻骑集团手中,因此济南轻骑上市后与大股东的关联交易极为频繁。巨额债务的大致形成过程是,上市公司生产产品,交给大股东销售,但是销售款却没有回笼给上市公司。上市公司再将产品交给大股东,如此反复,使得济南轻骑对大股东的应收账款越积越多。

一股独大的股权结构使得公司治理结构形同虚设,监督制衡机制缺失。济南轻骑上市后,很长时间上市公司与大股东之间都是两块牌子一套人马。直到 1998 年,张家岭一直兼任

---

① 参考资料来源:http://news.qq.com/a/20080725/001638.htm。

集团和上市公司的董事长,权力过于集中。虽然后来因为轻骑集团违规炒股,张家岭辞去在上市公司的职务,但是济南轻骑的董事长和总经理任命权仍然操控在集团手里。直到2000年,这种集团与上市公司之间的交叉任职关系仍然没有多大改观。上市公司董事会中,7席之中轻骑集团占了5席。董事会的意志实际上就体现了大股东的意志,所以虽然欠款已十分巨大,上市公司并不忙于追讨,仍然将产品交给集团销售,导致欠款额进一步增大。

济南轻骑事件绝不是个案,它所反映的问题不仅仅存在于国企改制,在民营企业上市的过程中也同样存在。济南轻骑事件表明,企业不完全上市使得上市公司在业务上太过依赖母公司,加剧"一股独大"带来的大股东掏空问题。因此,应当加强对企业部分上市的监管,督促其建立相互制衡的股权结构,提高公司治理效率。

344. 伊煤 B 事件[①]

伊煤 B 事件,指的是2000年内蒙古伊泰煤炭股份有限公司只有一个股东出席股东大会的事件。

股东大会是公司的最高权力机关,它由全体股东组成,对公司重大事项进行决策,有权选任和解除董事,并对公司的经营管理有广泛的决定权。股东大会既是一种定期或临时举行的由全体股东出席的会议,又是一种非常设的由全体股东所组成的公司制企业的最高权力机关。2000年9月11日,一家叫"伊煤 B"(900 948)的上市公司,其举行的股东大会出席的股东就只有1人,创下我国股市(恐怕也是世界股市)股东大会人数的最低纪录。

别看股东只有一个,代表的股权却不少,原来出席者就是公司国有股股东伊煤集团,代表股权20 000万股,占总股本的54.64%,因此会议"总表决票数"超过了出席会议股份总数的1/2,"符合《公司法》及《公司章程》的有关规定,合法有效"。当然,参加股东大会的自然人远不止一人,包括9名董事、7名监事,还有鉴证律师,全部到会,因此,会议还是开得像模像样。在唯一的一名股东,也就是现任董事长代表国有股投票时,照样有"一致推举"的一名股东代表(又是董事长,因为除他之外谁也没有资格)、两名监事担任投票表决的监票和清理工作,自己投票,自己监票,相信又是世界会议史的吉尼斯纪录。当然,所有议程都是"一言堂"、"一致通过"。闭起眼睛一想这一切就像是一部讽刺小说。

伊煤 B 的这次"股东大会",共有两项议程:一项是给予董事每人每月1 000元津贴,给予监事每人每月600元津贴,自己开会给自己津贴,当然无异议;第二项是审议董事会及高管人员年薪报酬的议案,包括基础报酬的效益报酬,也有具体的计算公式和发放方式,毫无疑问,也是百分之百股权一致同意。相信这两项议程在一个月前董事会开会时已作过认真的讨论,递交股东大会审议只是走走形式而已,一切形式都摆好了,内容只是重复一遍,真可谓"形式"到家了。

伊煤 B 自1997年8月上市以来,出席股东大会的股东及股东代理人从来就没有超过10人,尽管据年报披露股东人数也有4 000多人。如1998年股东年会出席股东5人,1999年股东年会出席股东3人,这次干脆少到不能再少的1人! 显然,公众股东明知一切都由大股东

---

① 参考资料来源:http://finance.sina.com.cn/2000-09-18/12761.html.

说了算,自己只是充当摆设的角色,已彻底不感兴趣了。事实上,公司 1997 年上市时,当年净利润还有 1.13 亿元,上市后的第二年,便迅速滑落到 2 112 万元,下降 81%,第三年,再降61%,滑落至 650 万元,第四年,又同比下降 58%,每股收益从上市那年的 0.31 元,如自由落体般地跌至 0.01 元。所有这一切,在股东大会公告中从未见股东们说过什么,说到底,公众股东除了出资之外,压根没有任何权利;这样的股东大会,还要自己掏钱到内蒙古"一切自理",一般股东都没有动力参加;如果伊煤 B 的股东大会议题涉及关联交易,而按规定大股东也必须回避表决,这个股东大会估计还不能够顺利召开。股权结构是保证股东治理有效性的基础,也是公司治理有效的基础,因此,对于我国上市公司来说,优化股权结构是公司治理改革的先行工作。

345. 猴王事件[①]

猴王事件,指的是 2001 年猴王集团通过关联交易掏空旗下上市公司猴王股份有限公司的案件。

猴王股份有限公司由原猴王焊接公司改组而成,于 1992 年 11 月成立,1993 年 10 月在深圳证券交易所挂牌交易。上市之初,猴王股份(000 535)募集资金 1.1 亿元,净资产达到 3 亿多元,当年的主营业务收入快速翻番,达到 3.94 亿元。

控股股东猴王集团利用与上市公司的"三不分",通过合伙炒股、资产套现、往来挂账、借款担保乃至直接盗用上市公司名义向银行借款等手段,累计从猴王公司手中套走约 10 亿元巨资。截至 2000 年底,资产总额才 3.7 亿元的猴王集团贷款本息已经高达 14.18 亿元。2001年 2 月,第一大股东猴王集团公司突然宣告破产,使得猴王股份 11 亿元的债权化为乌有。猴王股份 2000 年的年报显示,公司净资产为负,亏损 6.89 亿元。2001 年 3 月 7 日猴王股份被实施特别处理,股票成为 ST 猴王。2005 年 9 月 ST 猴王退市。

从公司治理的角度来看,猴王事件反映了集团公司治理的问题,其中关键是集团公司的治理结构不完善,导致母公司通过关联交易掏空上市子公司。

由于受上市额度的限制和《公司法》对公司股票上市财务标准的严格要求,公司上市之前需要进行一系列的资产剥离、包装,最后将核心企业或核心资产拿来上市,更有甚者将一个车间或整套装置拿来上市。这个国有企业就成了上市公司无可争辩的控股母公司,决定了我国上市公司的股权结构是"一股独大"。由于上市公司不完全具备独立完整的生产、供应、销售系统和直接面向市场独立经营的能力,对集团公司存在原材料供应、产品销售等方面的依赖性,不能独立面对市场,必然存在较为严重的关联交易。

猴王集团和猴王股份的董事长、总经理、甚至党委书记都是由同一个人担任,集团和公司的人财物都是搅在一起的,子公司的股权过多地集中于母公司手中。由于缺乏其他股权的有效制衡,这种治理结构极易导致母公司权力的滥用和决策的随意性,不仅会损害其他股东的利益,而且势必扰乱集团的运行秩序,降低资源配置效率,甚至诱发各种无法预料的危机。结局是企业集团整体效率低下,再融资来源日渐萎缩以至完全枯竭。

---

① 参考资料来源: http://finance.sina.com.cn/roll/20041214/101548247t.shtml。

猴王事件表明，能否确立一种具有内在制衡约束机制的股权控制结构，实现市场或集团治理的高效率性，是母公司对子公司在股权结构安排上必须考虑的核心问题之一。

346. 科龙事件[①]

科龙事件，指的是 2005 年广东科龙电器股份有限公司因虚假陈述而遭律师维权团起诉事件。

广东科龙电器股份有限公司继 1996 年发行 H 股并在香港挂牌上市（代码为 00 921）后，1999 年科龙又成功在深圳发行 A 股，代码为 000 921。2005 年 2 月科龙电器因涉嫌违法违规被立案稽查。在中国证监会结束对科龙电器、德勤（Deloitte）的行政处罚听证后，2005 年 4 月 10 日，由全国 12 个省市的 22 家律师事务所及其 30 名律师共同组成"科龙、德勤虚假陈述民事赔偿案全国律师维权团"，并向社会公开发布《行动宣言》。该《行动宣言》声称将通过遍布全国 12 个省市的律师事务所帮助因虚假的会计信息而投资科龙，造成巨大损失的投资者起诉虚假会计信息的制造者——德勤，希望通过这一途径能够挽回投资者在金钱和精神上的损失。2006 年 7 月 16 日，中国证监会对广东科龙电器股份有限公司及其责任人的证券违法违规行为作出行政处罚与市场永久性禁入决定。这是《证券市场禁入规定》自 2006 年 7 月 10 日施行以来，中国证监会作出的第一个市场禁入处罚。

在我国目前的法律制度环境下，组织如此规模的律师团帮助中小投资者，无论从法理还是实践上来看都是一次相当大胆的尝试。

众所周知，我国属于大陆法系，以"成文法"作为基本的法律规范，即对案件的审判主要依赖于已有法律条文的规定，倘若现有法律条文未能对当前出现的情况作出判定，那么即使现状明显不合理，也无法作出合理的审判；而与大陆法系相对应的主要是英美法系，该法系以"案例法"而著称。与成文法相反，案例法追求的不是现成法律的约束，而是对案例的合理判定，在审判过程中注重发挥陪审团的作用。

从根本上讲，这两种法律体系本身各有注重，并无孰优孰劣之分。只是在实践过程中，成文法的适应速度略慢，但是其法律条文经过反复推敲，合理性与准确性更胜一筹。此次组织大型律师团在我国公司治理法律历史上尚属首次，无疑是一个重大的创新。虽然现有的法律条文并未对此作出明确的规定，但是不妨可以从此次实践中积累更多的经验和认识，并在将来的法律修订过程加入相应的章节，从而使现有的保护中小股东的法律制度不断完善丰满起来。

此次律师团的成立为形成"集体诉讼"创造了有利条件。该律师团的《行动宣言》公开宣称：律师团具有开放式特征，竭诚欢迎已经或者有志于为相关权益受损的投资者提供维权服务的律师事务所及其律师参加，进行相互切磋、交流和协商、协同。这实际上鼓励了更多有志于公司治理法规完善的法律工作者参与进来，并以此形成相应的交流平台。

从实践的角度来看，组织跨地区、大规模的律师团对于解决目前中小流通股股东分散、无法形成有效的中小股东诉讼机制的问题，是一个极具现实意义的工作。事实上，能够积极行

---

① 参考资料来源：http://news.163.com/05/0801/11/1Q2MLRKN00011211.html。

第十一篇

动起来保护中小投资者的不是监管部门，更不是上市公司，而是那些中小投资者本身。监管和立法部门在制定保护性法规时最重要的是遵循有利于中小投资者实施保护自身措施的原则，也即是相关法规的规定应能够使中小投资者有动力、有能力行动起来保护自身的利益。这一点在我国以往的立法过程中往往受制于种种外部条件而未能达到，但的确是我们努力的方向。

此次大规模、跨区域律师团的成立，无疑为在中小股东分散的情况下形成"集体诉讼"创造了有利条件。相信基于如此的机构平台，中小股东诉讼将不再是"单兵作战"，而是采取"集体诉讼"的形式。其收集证据提供证词等一系列实践工作的实际难度将大大降低，随之而来的是诉讼的成功率也将大大提升。一旦中小股东权益保护集体诉讼成功的案例不断增加，则越来越多的中小股东将有更强的信心参与进来。届时我国证券市场上的治理状况必然会得到巨大的改善。

347．朗科科技事件[①]

朗科科技事件，指的是公开于 2010 年的深圳市朗科科技股份有限公司大股东之间的矛盾问题。

深圳朗科科技成立于 1999 年，是全球闪存盘及闪存应用领域产品与解决方案的领导企业，产品系列涵盖移动存储、网络云存储、安全存储解决方案、固态硬盘和电脑周边设备等。2010 年 1 月 8 日，朗科科技（300 042）登陆深交所创业板，发行 1680 万股，每股发行价 39 元，实际募集资金 6.1 亿元，超募 3.5 亿元。

根据其招股说明书，朗科科技共计有四项募投项目：闪存应用及移动存储技术研究平台扩建项目，闪存应用及移动存储产品开发平台扩建项目，专利申请、维护、运营项目，营销网络扩展及品牌运营项目。合计拟使用募投资金 2.13 亿元，预计达到完成状态的时间为 2012 年 12 月 1 日。

然而，根据朗科科技募集资金使用报告，截至 2012 年 11 月 30 日，四大项目进展最快的为闪存应用及移动存储产品开发平台扩建项目，预计投入资金 6 689 万元，实际投入 1 770.42 万元，投入进度为 26.47%；最慢的则为闪存应用及移动存储技术研究平台扩建项目，计划投入 2 116 万元，实际投入 315.99 万元，进度仅为 14.93%。

综合来看，朗科科技截至目前的募投项目累计投入资金 4 248.4 万元，历时三年，仅仅完成 19.91%。朗科科技募投项目进行的如此不顺利，在很大程度上与公司股东治理有关。

朗科科技上市以来，高管离职时有发生，股东内斗更是不断。包括邓国顺在内，共计离职中高级管理人员 12 位，涉及 19 个主要职位。以原董事长邓国顺为首的大股东减持计划，更是将公司内部的尖锐矛盾公之于众。

2013 年 1 月 8 日，邓国顺通过朗科科技，向投资者披露了自己的减持计划。邓国顺当时共持有朗科科技 3 090 万股，占总股本 23.13%，这部分限售股于 2013 年 1 月 9 日起陆续解禁。根据朗科科技相关公司章程，第一批解禁股为 772.5 万股，占总股本的 5.782 2%。现任

---

① 参考资料来源：http://finance.sina.com.cn/stock/s/20121013/000513356628.shtml.

董事长成晓华的持股总数为 2 205.04 万股,占总股本 16.5%,也就是说,邓国顺全部减持后,与成晓华所持股份份额非常接近,差额小于 5%,成晓华随时可能取代邓国顺而成为朗科科技的大股东。这让原本已经倾向于成晓华的朗科科技董事会的力量对比更加悬殊。

成晓华、邓国顺同为该公司的创办者、发起人,正是由于这层关系,尽管他们持股数量有别,却并列成为了朗科科技的实际控制人。之前,邓国顺一直担任朗科科技的董事长兼总经理,成晓华担任董事及副总经理。直到 2010 年 9 月,即朗科科技上市 8 个月时,邓国顺突然宣布辞去上述两项职务,仅担任董事;成晓华即迅速接替,成为新任掌门人。对于这次变动,投资者当时或许还以为是正常的人事变动。直到在后来的董事会上,大股东邓国顺多次带领其他董事对董事长成晓华提出的各种议案投出反对及弃权票,并要求公司在公告显著位置标注"董事邓国顺……无法保证内容的真实性、准确性和完整性",外界才知道两人"兄弟阋于墙"。

随着朗科科技两位创始人邓国顺、成晓华的严重分歧在董事会上公开化,由此导致公司高层间的内讧扰攘了一年多的时间。而高层间的"火焰"也祸及公司的业绩以及二级市场表现。专利失效、业绩跳水、股价破发、高管接连辞职、清一色地减持以及成、邓二者的矛盾,都让投资者对该企业从失望演变成绝望。两名实际控制人日益加重的分歧,使得公司在决策上隐忧不断。

在盈利模式遭遇瓶颈,且难以开发新增长点的困难时期,管理层当务之急应安定管理层、集中权力做好执行,在转型期尽快明确未来发展路径。否则,企业最终将难逃"散架"的命运。

朗科科技事件告诉我们,公司的股权结构不能过于松散,过于松散的股权结构与一股独大的股权结构同样会带来公司治理问题。这种问题突出表现为,作为公司高管层的董事会无法保持统一意见,很大程度上影响了公司治理效率。上市公司应该在"股权松散"与"一股独大"之间寻求一种相对稳定的股权结构。

348. 上海家化事件①

上海家化事件,指的是 2012 年发生并公开化的上海家化联合股份有限公司新入主的大股东和原管理层意见分歧事件。

2011 年 11 月 7 日,上海联合产权交易所发布上海家化(集团)有限公司 100% 股权转让竞价结果通知,上海平浦投资有限公司以 51.09 亿元的代价获得上海家化(集团)有限公司 100% 股权,从而成为上海家化(600 315)的控股股东。平浦投资为平安信托旗下平安创新资本全资子公司。

然而在上海家化成功改制一年之后,公司管理层与大股东平安集团之间隐藏良久的分歧浮出水面。2012 年 12 月 18 日举行的上海家化股东大会上,双方矛盾完全公开化。以董事长葛文耀为首的公司管理层将心中积攒的抱怨倾泻而出,频频炮轰平安。葛文耀声称,平安入主以来,"在具体业务上,没有帮助,也没有干扰"。并且,他指责平安态度飘忽不定,"前后意

---

① 参考资料来源:http://finance.sina.com.cn/column/stock/20130514/132315457018.shtml。

见常常不一"。

在外界看来,双方矛盾源自海鸥手表项目。葛文耀一直希冀能投资海鸥手表,将其打造成为奢侈手表品牌。而平安方面却并不认同。实际上平安并不是不看好项目,也不是不信任葛文耀本人的能力。本质上,平安就是想夺得公司的控制权,实现"去葛文耀化"的目的。

在本次股东大会上,平安信托董事长童恺成功当选新一届的董事。同时值得关注的是,童恺的名字后面还附着一张反对票。这也被看作是双方矛盾公开化的一个直接证据。此次股东大会上,上海家化董事会也进行了人事更替。董事会成员从6名扩至8名,独立董事由2名扩至3名,董事由4名扩至5名,并取消副董事长职位。童恺作为平安方面的代表进驻董事会其实并不值得惊奇。但在双方如此微妙的关系之下,这一信号被外界普遍认为是平安试图掌控上海家化的开端。另外,副总经理王茁首次进入董事会,接替曲建宁担任总经理一职。葛文耀对此解释道:"总经理的更换完全是家化的业务需要,曲建宁是技术出身,王茁更擅长市场营销。"他还强调说这次人事调整完全由自己主导,平安没有进行过干涉。

根据决议,董事会将授权总经理明年年底前批准累计不超过2亿元的投资项目,其中单项超过5000万元(含)须书面报告董事,单项超过1亿元(含)报董事会审议。

在平安入主上海家化一年来,上海家化业绩取得不小进展。但存在的矛盾也同样不容忽视。在此情况之下,上海家化由低端日化向高端时尚产业转型的计划也不由得蒙上一层阴影。

实际上,海鸥项目之争只是分歧的具体表象之一,并非是双方矛盾产生的主因。向来以敢言著称的葛文耀多次对外表达过对平安的不满。他曾连发多条微博痛陈平安不是,"平安进来前,在'权益变动书'中向证监会保证要尊重上市公司的独立性,你收购的是集团,只是间接拥有上市公司27.5%的股份,我这董事长代表广大股东利益"。另外一条微博的用词则更为激烈,"三月份开始,面对平安的无理和压力,激发我只有把上市公司业务做得更好"。葛文耀的此番表态也进一步激化了双方的矛盾。

葛文耀也曾正面回应,在海鸥表项目上,平安与家化确实意见不太统一。一开始平安非常支持,后来又反复了多次,称应该减少投资,必须让家化跟投。"家化希望去做这个项目,不仅仅是赚钱,对国企改革也有意义。"

上海家化的案例说明,公司管理层不仅要顾及中小股东的利益,还要与大股东常交流沟通。如果管理层与大股东之间出现矛盾,应该增进沟通,适当退让,尽可能解决矛盾,而不是各执己见,互不相让,激化矛盾。

〈公司治理事件——董事会治理〉

349. 民生银行事件①

民生银行事件,指的是2006年发生的中国民生银行股份有限公司董事会"越位"事件。

如果以深交所、上交所的成立作为建立现代企业制度、正式开始公司治理改革实践的标

---

① 参考资料来源:http://gegu.stock.cnfol.com/090911/125,1332,6503056,00.shtml。

志,我国关于公司治理改革的理论与实践探索已经走过了将近二十年的历程。在公司治理发展的过程中,作为中国公司治理指数(CCGI^{NK})的分指数,董事会治理指数在2004—2007年的平均值分别为52.60、53.15、55.35和55.67,董事会治理水平体现出逐步提高的趋势。

众所周知,董事会是公司治理的核心。董事会对股东大会负责,执行股东大会的决策,同时又进行一些重要问题的决策以及监督高管层的工作。在公司治理架构中,处于非常重要的核心位置。过去,董事会由于独立性不足、运作经验缺乏等原因,存在着职能的"虚化"现象。随着独立董事制度的导入、公司治理原则的推出以及其他制度法规的出台,这种局面得以扭转。上市公司的治理安排越来越"合规"。然而,在强化董事会职能使其"合规"的过程中,出现了新的"违规"现象,即"越位"问题。

民生银行是一家以发起设立方式组建的全国性股份制商业银行。1996年成立于北京,2000年A股股票(600 016)上市,截至2007年12月31日,中国民生银行总资产规模达9 198亿元,实现净利润63亿元,存款总额6 530亿元,贷款总额5 203亿元,不良贷款率1.22%,保持国内领先水平。在民生银行的快速发展过程中,公司治理因素发挥了根本性的作用。正如其董事长所言"董事会有多强,商业银行就有多强"。

2006年7月16日,民生银行董事会换届选举完成,新一届董事会提出"高效"和"透明"的董事会运作主题。董事成员18名,其中董事长一名,副董事长两名,股东董事9名,独立董事6名,执行董事三名。董事会下设6个专业委员会。除了战略发展委员会,其他5个专门委员会都是由独立董事担任主席。自2007年3月份开始实施独立董事到行内上班制度。董事会6个专门委员会2007年合计召开33次会议,共讨论审议57项提案。可见,其董事会职能落到实处,没有虚化的"迹象"。

然而,在监管部门的现场调查中发现,董事会一会独大下存在很多问题,例如提名委员会行使分行行长、副行长提名与任免权利;董事长、监事长在本行领取薪酬,金额为行长薪酬的1.5倍;通过了超出了银行经营范围的提案,接收运营炎黄艺术馆暨组建民生现代艺术馆;《股份制商业银行公司治理指引》规定,同一股东不得向股东大会同时提名董事和监事的人选,股东单位东方集团向董事会和监事会均派出了成员。

民生银行的案例给我国公司治理实践敲响了警钟。对处于公司治理核心的董事会,公司不仅要防止其虚化的现象,还要保证在董事会职能得到强化的情况下,不会产生"越位"问题。换言之,要防止董事会在"合规"中的"违规",保证其高效运作。

350. 中国远洋事件[①]

中国远洋事件,指的是2008年金融危机时期中国远洋控股股份有限公司董事会盲目投资决策而给公司带来巨亏的事件。

由盈利近70亿元至遭遇巨亏面临被ST的命运,这一轮回,中国远洋(H股:01 919;A股:601 919)只用了不到三年时间,在我国经济转型大局下,魏家福带领的中国远洋扭亏之路颇为艰辛。

① 参考资料来源:http://www.topcj.com/html/0/GSXW/20130207/1473145.shtml。

中国远洋的业务主要有干散货、集装箱、物流、码头四个板块。事实上,2012年第三季度,中远的集装箱业务、码头业务、物流业务都是盈利的,只是这些盈利与干散货的亏损数额相比,显得微不足道。

据悉,中国远洋拥有世界上最庞大的干散货运输船队,主要运输铁矿石、煤炭和其他大宗商品。干散货业务在营业收入中所占比重最高。

有业内人士表示,中国远洋现时的尴尬,本质源于上一经济周期不合时宜的业务扩张和风险意识的淡漠,令其财务状况遭到了破坏,制约了其发展新业务和订购更多船只的能力。

由于大举押注中国经济持续增长,中国远洋的干散货船(运载煤炭等原材料的船只)数量从2007年的约400艘增至2010年的约450艘。截至2012年6月30日,中国远洋经营的干散货船舶共有357艘,其中自拥有船舶227艘,1 893.36万载重吨,租入船舶130艘,1 349.47万载重吨。此外还拥有干散货船舶新船订单18艘,167.4万载重吨。

中国远洋敢于大举扩张源于当时市场的欣欣向荣。2008年,波罗的海航运指数(BDI指数)在当年5月20日创下了11 793的高点,当时最大的好望角型船日租价格曾高达21.16万美元,并在相当长时期保持在8万美元左右的水平。

中国远洋2008年上半年年报显示,在航运市场处于高位的形势下,公司在自有干散货船舶204艘的基础上,租入船舶228艘,以扩充运力。这些租船协议分为3年期和5年期两种,前者的日租金为8万美元,后者为5.7万美元。

由于国际航运业在2003年至2008年上半年间一直保持向上增长的态势,当时整个行业对市场前景都很乐观,签订固定租金合同的情况十分常见。

不料,2008年9月,全球金融危机爆发,作为全球经济风向标的国际航运市场,影响首当其冲。BDI指数从当年5月的高峰一路狂泻,到当年12月12日已跌去万点,只剩零头764点。虽然中间有反弹,但直到2012年上半年,BDI指数平均值仍只有943点。

这一事件表明,董事会的科学决策至关重要,只有正确判断投资时机并及时调整业务结构才能够应对整个经济形势及全行业的低迷情况。

351. 徽商银行事件①

徽商银行事件,指的是2009年发生的组织部门对徽商银行股份有限公司行长进行行政型任免的事件。

徽商银行于2005年12月28日正式挂牌成立,总部设在安徽合肥。截至2009年9月,徽商银行拥有机构网点163个,在职员工4 200多人,注册资本为人民币81.75亿元。

"6+7=1"模式是指安徽省内6家城市商业银行和7家城市信用社联合组建而成徽商银行。首先将合肥市商业银行翻牌为徽商银行,继而吸纳芜湖、蚌埠等5家城市商业银行和六安、阜阳等7家城市信用社,故而该方案被称之为"6+7=1"。徽商银行的成立标志着我国城市商业银行进入重组时代,也因此成为城市商业银行改革的范本。

徽商银行2009年6月再次入选英国《银行家》杂志"全球1 000家大银行",位列第351位,

---

① 参考资料来源:http://business.sohu.com/20091215/n268960148.shtml.

位列我国银行业第 18 位。

2009 年 11 月 28 日,徽商银行董事会会议审议通过相关换届事宜,现任行长李和未进入董事候选名单。据参加当天会议的该行独立董事吴晓求介绍,当地组织部门在会上宣布李和"停职"。作为独立董事的吴晓求对此次人事安排的程序颇有异议,认为徽商银行此举不符合银监会颁布的《股份制商业银行公司治理指引》的相关规定——解聘高管层成员应由董事会2/3 以上董事通过。但事实上,"我们独立董事也不知道"。

据知情人士介绍,在此次人事调整之前,徽商银行由副厅级单位提升为厅级单位。按照惯例,银行的党政主要领导将分别升为省管的正厅级干部。因此,省委组织部很重视,要提拔一批干部,而提拔的主要依据就来自民主测评。在此次董事会会议之前,安徽省委组织部针对性地进行了一次民主测评。参加测评投票的人员据悉均为徽商银行分行行长级别以上高层人员,测评结果直接影响新一届董事候选资格,最终李和等几名原董事会成员未入选。

徽商银行事件给我们的启示是,在我国人事调整的行政化现象时有发生,会严重影响到公司治理效率。因此,公司在考虑人事调整问题时,应尽可能避免受到行政因素的影响,从提高公司的管理效率角度出发,任人唯贤,保证人事的调整始终以公司整体价值最大化为出发点与落脚点。

352. 山东高速事件[①]

山东高速事件,指的是在 2012—2013 年间,山东高速公路股份有限公司在董事会决议上数次将反对票记为赞同票对外披露的事件。

山东高速(600 350)是一家主营高速公路建设的上市公司。近年来,山东高速在主业经营之余开始走向多元化,将精力投向了房地产及其他业务。2013 年 4 月 13 日,山东高速公告称,全资子公司山东高速投资发展有限公司的控股子公司山东高速盛轩房地产开发有限公司,在济南市国土资源管理部门举办的国有建设用地公开挂牌出让活动中,获得三宗土地使用权,成交总价为 5.09 亿元。

此外,公司业务还扩展到了矿产。2012 年 3 月 6 日,公司又以全资子公司山东高速投资发展有限公司为主体与北京地缘金都矿业投资管理有限公司合作成立矿业公司山东高速吉泰矿业投资有限公司,以介入矿业项目。此前公司曾出资 1.248 亿元收购了锡林浩特鲁矿60% 的股权。

涉房、涉矿都有了,山东高速也没有忘记在主业上再添筹码。不过,公司引入的并不是"强兵强将",而是一个亏损公路资产。2012 年 12 月 26 日,山东高速决定收购亏损的湖南衡邵高速公路有限公司 70% 股权,收购总价格不高于 4.55 亿元。在公告中,公司并没有透露衡邵公司的财务数据以及具体亏损金额。

山东高速上述一系列投资遭到了来自二股东招商局华建公路投资有限公司两名董事(即副董事长郑海军、董事杜渐)的反对。郑海军、杜渐为招商局公路派驻山东高速董事,郑海军

---

① 参考资料来源:http://news.xinhuanet.com/fortune/2013-03/08/c_124431646.htm.

系招商局公路党委书记、常务副总经理,杜渐系招商局公路投资发展部副总经理。知情人士透露,招商局公路并不是反对高速公路上市公司多元化经营,而是对山东高速的方案不认同。以收购衡邵公司股权为例,2012 年 12 月下旬,山东高速董事会开会审议该议案,而在会议中,11 位董事中,有两位董事在表决中投了反对票。郑海军、杜渐认为:"湖南衡邵高速公路项目短期收益不理想"。不过,由于反对票数没有达到 1/3 以上,所以上述反对无效。在投资房地产、涉矿上,郑海军、杜渐也一样投下反对票。3 月 23 日,山东高速收购一房地产资产,再次遭到上述两董事的反对。根据收购方案,山东高速计划以不高于 6.85 亿元从利嘉实业收购其持有的云南正林实业集团有限公司 44.9% 的股权和账面价值 41 730 万元的债权。投出反对票的两董事认为:"从投资收益角度考虑,该项目具有一定的投资价值;但该项目整体上存在潜在的投资风险"。上述 3 月 6 日山东高速涉矿议案也遭到了郑海军、杜渐的反对,反对理由是"从审慎角度,考虑到该项目存在较大投资风险"。

然而令人啼笑皆非的是,就在郑海军、杜渐投反对票时,山东高速多次在公告中将他们的反对票错记成赞同票,而后又进行更正。2012 年 12 月收购衡邵公司一事,山东高速在信披中将两董事的反对票错披露为"0"。2012 年 12 月 27 日,公司对信披上的错误进行了更正,反对票由"0"票改为"2"票。对于出错的原因,公司仅解释为"工作失误"。如果说"第一次"将敏感数据弄错,公司求得投资者原谅或许勉强可以说的过去,但完全相同的错误再次上演,便实难让人相信这是无意的行为。距离公司将反对票错披露成"0"过去仅仅三个月,2013 年 3 月,有关两董事反对公司收购云南正林股权一事,公司又在信披中将两董事的反对票"隐去"。3 月 23 日,公司就此发更正公告,理由依然是"由于工作人员失误"。

两次错披露信息完全一致,而且错披露数据都是董事的反对票,山东高速这种行为侧面体现了我国上市公司信息披露方面存在的问题。当公司决策与董事观点之间存在分歧时,有些企业会选择通过隐瞒反对信息的方式进行决策,这也反映了我国某些企业对待问题的态度并不严谨认真,信息披露错误仅仅用"工作失误"就可以作为合理理由,尚未披露的"工作失误"可以想见其规模。真实完整披露公司治理信息可以使得股东、投资者等相关人士全面了解公司决策的信息,保护投资者利益;同时也为公司决策层、管理层敲响警钟,对投资决策可能产生的结果作出多方预期。因此,我国应加强对上市公司信息披露监管制度,尽可能减少上市公司虚假披露公司治理信息的行为。

〈公司治理事件——经理层治理〉

353. 南纺股份事件[①]

南纺股份事件,指的是 2001 年福建南纺股份有限公司上市以来因两职合一带来的治理失控事件。

南纺股份(600 483)自 2001 年 3 月上市后,单晓钟就一直出任南纺股份的董事长兼总经理,直到 2011 年 1 月辞职为止,其执掌上市公司大权的 10 年时间里,南纺股份由盛转衰,从

---

① 参考资料来源:http://www.sjfzxm.com/news/caijing/20130427/339704_3.html。

一家优质的国有控股上市企业沦为 ST 股。

董事长绝对权力过大是南纺乱治的最重要祸因。纵观南纺股份上市十余年的年报可以发现，自上市到"东窗事发"，单晓钟一直身兼两个极重要的角色，即董事长和总经理，可谓独揽南纺股份的决策大权，实际凌驾于董事会之上，呈现出典型的内部人控制。从南纺公司上市以来，单晓钟任内不断演变的四个版本的董事会议事规则显示出，单晓钟逐渐将南纺公司经营成为个人王国。在 2002 年 3 月 29 日版的董事会议事规则中便隐藏着单晓钟个人王国的影子。单晓钟作为董事长，拥有特别处置权，对于董事会会议，单晓钟有权决定会议时间、内容和通知对象，对于董事、监事和高管的提案，有权决定是否提交董事会会议议程，极大地限制了其他董事的知情权和决策权。此外，该议事规则还不忘给单晓钟设立一个小金库——董事会基金，该小金库的用途美其名曰：会议经费、董事会和董事长组织的与公司业务有关的活动、董事培训经费。而在 2005 年 4 月 23 日版的董事会议事规则中，单晓钟作为董事长享有了更大的权力。该议事规则直接创设了"董事会会议闭会期间董事长的职权"这一概念。这一权力让单晓钟得以完全撇开南纺公司董事会和股东会，控制南纺公司旗下所有的子公司。

而作为国企干部的单晓钟还拿公家的利益惠泽亲属。东湖丽岛花园会所属于南纺股份旗下资产，但在单晓钟的干预下，被长期承包给其亲属王静平等人，后者还无偿使用南纺名下三处房产，无偿占用南纺及南泰流动资金显示为借款 1 066.024 万元。南京审计局的审计报告显示，在 2007 年 1 月至 2011 年 5 月的 3 年间，单晓钟的个人家庭水电煤气费开支共计 87 754.20 元全部计入东湖丽岛花园会所费用中；违规专门安排一辆小汽车为其家属子女所用，相关汽车的费用、司机的工资奖金则在会所管理费用中列支 50.03 万元。

南纺股份的乱治，虽然有自身的问题，但产权人缺位、国有资产管理体制的扭曲，导致其长期游离于当地国有资产监管体系之外，这是一个必须引起高度重视的沉痛教训。与其他国有企业一样，南纺公司面临着国有产权所有者虚位的问题。根据 2009 年 5 月 1 日施行的《企业国有资产法》，在国有企业名义所有人与国有企业实际经营管理层之间，隔着一系列委托代理关系链条，中间存在多层委托代理关系。链条越长，最终代理人可以钻的空子就越多，监督的难度也越大。实践中，由于条块分割等历史原因，在《企业国有资产法》施行前，除了国资委，还有许多政府部门可以借国有资产所有者代表的身份，对国有资产进行管理和干预。譬如，南纺公司的老东家就是南京市经贸委，单晓钟即出身于南京市经贸委进出口处处长、办公室主任。南纺股份控股权虽在南京市国资委，但此前长期属于南京市经贸委监管。直至 2010 年南京撤销外经贸局，南京市国资委才强势介入。另外，即使是国资委作为出资人的国有企业，国资委也往往通过控股公司进行间接控制。譬如，南纺公司的第一大股早前为南京市国有资产经营（控股）有限公司，后相继更名为南京国资商贸有限公司、南京商旅集团；而南京市国有资产经营（控股）有限公司又是南京市国有资产投资管理控股（集团）有限公司的全资子公司，南京市国资委持有后者 100％的股权。也就是说，在南纺公司与南京市国资委之间还有三层委托代理关系。上述诸般因素进一步拉长了委托代理关系链条，进一步恶化了国有产权所有者虚位造成的治理缺失问题。2013 年 1 月 4 日，*ST 南纺发布 2012 年年度业绩预盈公告，与上年同期相比，将实现扭亏为盈，实现归属于上市公司股东的净利润约 500 万～2 000 万元。不过，这一报表盈利依靠的是出售旗下资产，并不具有可持续性。*ST 南纺可谓历尽劫波，尽管公司领导班子进行了更替，新老得以划断，但体制的沉疴、思想的旧疾是否真的得以清除？无论怎样，这样一家国有企业再也经不起折腾，治理悲剧已不容重演！

354. 纽交所事件①

纽交所事件,指的是 2003 年纽约证券交易所(New York Stock Exchange,NYSE)主席理查德·格拉索(Richard Grasso)由于上亿美元巨额薪酬方案披露而被迫辞职的事件。

格拉索 1968 年退役后进入纽约证券交易所,成为一名小职员。1983 年出任副总裁,1988 年升至总裁,1995 年起担任纽约证交所董事长兼首席执行官。格拉索非凡的领导才能帮助他领导纽约证交所面对激烈竞争仍稳稳把握住市场份额,且交易席位价格不断攀升。他在恢复金融市场信心方面起到了不可替代的关键作用。

2003 年 8 月 27 号,纽约证交所对外披露了其董事和高级主管人员的薪酬情况,纽约证交所董事长兼首席执行官格拉索巨额薪酬由此曝光。按照格拉索在 2003 年 8 月份所获得的新合同,到 2007 年退休之际,他将获得将近 1.4 亿美元的退休福利金。天文数字般的薪酬一经公布,四面八方的指责之声便铺天盖地而来,美国的投资界根本无法容忍市场监管者的这种贪婪,从而点燃了他们的怒火,纷纷要求格拉索下台。2003 年 9 月 18 日,格拉索在一次董事会紧急会议上辞职。

纽交所天价薪酬事件反映了交易所内部的治理机制存在很大的问题,其中最重要的就是董事会的内部结构不合理导致董事会独立性的不足。

董事长与首席执行官两职合一导致格拉索手中的权力集中,缺乏相应的约束机制。美国证券交易委员会主席威廉·唐纳森(William Donaldson)一针见血地指出,纽约证交所董事会之所以能够同意格拉索的薪酬合同,表明其现行的治理结构存在着很多的问题。而最直接地体现为纽约证交所董事会构成。纽约交易所董事会共 27 个席位,其中 12 人来自华尔街金融机构,12 人是所谓的外部董事,但其中多为纽约证交所上市公司首席执行官或高级管理人员。所有这些机构与上市公司,或在纽约证交所上市,或为纽约证交所的会员,其业务均受纽约证交所监管。简而言之,操有格拉索薪酬决定权者,大多是被格拉索监管的人,且多数是由格拉索推荐进入纽约证交所董事会的。纽约证交所的这种内部管理结构,必然导致其自我监管的约束力不足,当发生利益冲突时也影响董事会决策的独立性。

纽交所天价薪酬事件表明,作为市场管理者和组织者的证券交易所,不但其自我监管需要一定的透明度,而且在透明的市场环境中建立更为合理的内部治理结构更是关键。董事长与首席执行官两职合一容易导致个人权力过于集中,不利于董事会的科学决策。另外,董事会的结构对于董事会的独立性至关重要。事件发生后,新管理层实施的改革方案中,增强董事会的独立性被作为第一要求。

355. 平安事件②

平安事件,指的是 2007 年中国平安保险(集团)股份有限公司董事长马明哲薪酬超过 4 000 万元的事件。

---

① 参考资料来源:http://finance.sina.com.cn/nz/grasso/index.shtml.
② 参考资料来源:http://finance.sina.com.cn/focus/paggxcfb/.

　　2008年4月,中国平安(H股:02 318;A股:601 318)发布了2007年年报,实现归属母公司净利润150.86亿元,该公司有3名董事及高管2007年的税前薪酬超过4 000万元,董事长马明哲税前报酬为4 616.1万元,另有2 000万元奖金直接捐赠给中国宋庆龄基金会,累计6 616.1万元,刷新A股上市公司高管的薪酬最高纪录,这在当时引起一阵舆论哗然。对于保险业高薪的解释,学者们众说纷纭,有学者分析,保险业内部专业人才稀缺成为高管薪酬过高的一个重要因素,我国的保险业尚处于起步阶段,行业的迅速发展导致专业人才的比例失衡,而这种专业人才又不能在短期内培训出来,所以各保险公司只能通过高薪方式吸引高层管理人员。也有的学者认为,保险业高管高薪是由于相关部门监管不力,从而造成内部人控制的局面,应该从监管层面着手,制定相应的政策;还有的学者认为,高管薪酬过高是由于正常的股价上涨导致股权激励部分过高导致的。

　　表11-1列举的是2007年中国平安薪酬超过1 000万元的高管的持股信息及其薪酬的构成结构①。

表11-1　中国平安2007年高管薪酬构成　　　　单位:股,万元

高管名称	所持股份(股)	税前工资津贴和其他福利	税前奖金	保险	税前报酬总额
马明哲	0	481.9	4 132.0	2.2	4 616.1
张子欣	H股248 000	1 000.5	3 769.8	0.1	4 770.4
孙建一	0	242.7	2 298.8	2.2	2 543.7
梁家驹	0	833.7	3 979.2	0.1	4 813.0
Richard Jackson	0	1 992.7	0	0	1 992.7
顾敏慎	H股177 500	592.6	965.4	0.1	1 558.1
John Pearce	0	774.8	388.2	0	1 163.0
罗世礼	0	401.7	689.5	0.1	1 091.3
总计	—	6 320.6	16 223.0	4.8	22 548.3
比重	—	28.03%	71.95%	0.02%	—

(资料来源:根据公司网站信息和相关年报整理而得。)

　　由表11-1可以看出,年薪超过1 000万元的高管,其薪酬由三部分构成,分别是:税前工资津贴和其他福利、税前奖金(包含年度奖金和长期奖励支付)和保险三部分。三者所占比重分别是28.03%、71.95%和0.02%,其中税前奖金部分占比重最高,而税前奖金又由两部分构成,包括年度奖金和长期奖励支付,二者成为高管薪酬的最主要构成部分。年度奖金和公司业绩挂钩,而长期奖励支付和公司在H股的股价挂钩,2007年由于金融危机的影响,中国平安净利润大幅度下滑,公司业绩惨淡,因此2007年年度奖金在薪酬中所占比重不大。但是,虽然中国平安业绩下滑导致A股股价大跌,但是公司的H股股价却并未下跌,在2007年年底股权奖励支付行权日附近,公司股价维持在52.74港元。因此,中国平安2007年长期奖励支付金额巨大,成为中国平安2007年薪酬构成中最主要的部分。

　　经2004年公司第一次临时股东大会批准,建立了虚拟股票增值权形式的长期奖励计划

---

　　① 薪酬总额超过1 000万元的高管集中在中国平安,总共12位高管,其中8位高管都是2007年薪酬超过1 000万元,2008年和2010年各有一位,2009年有两位。由于2008—2010年薪酬总额的构成未予以详细披露,因此表格中只选取了2007年的高管对其薪酬构成进行分析。

制度,对绩效优秀的高级管理人员实施长期奖励计划,即长期股权激励计划。股权激励行权是指在股票期权激励方案中,授予激励对象在将来某一时期内以一定价格购买一定数量股权的权利,被授予该权利的人到期及之后的一段时间内可以行使这一权利。股票授予价一般按照股权的现行价格确定,行权价则按照行权时的市场价格确定。企业在实施股权激励时,行权价是指经理层在未来某个时间有权以这个价格买进公司股票,而这个价格一般都是公司努力达到的公司目标,实施股权激励可以促使公司管理人员努力工作,使得公司股价上升超过行权价格,这时候管理人员行权才能够达到股价升值有利可图的目的。

中国平安 2004 年开始实施的股权激励计划主要根据员工的绩效和贡献每年度都进行评比,确定人选和授予份数。表 11-2 表示的是中国平安 2004 年至 2006 年股票的授予价及授予份数,以及 2007 年至 2009 年股票的行权价及行权份数。

表 11-2　中国平安 2007—2009 年股票行权价及行权份数

年份 项目	2004	2005	2006	2007	2008	2009
授予价(港币)	10.33	12.47	21.50	—	—	—
授出股份数(万股)	4 192	1 572	1 572			
行使股份数(万股)	—	—	—	1 397.33	2 969.33	2 969.33
行使时股价(港币)	—	—	—	52.74		

(资料来源:根据公司网站信息和历年年报整理出而得。)

由表 11-2 可知,2004 年授出的 4192 万份股份于 2007 年到期,2007 年为长期奖励计划的首次到期机制,行权的股份数为 4192 万股的 1/3,授出时的股价是 10.33 港币,行使时的股价为 52.74 港币,因 2007 年长期奖励计划支付的金额总和为:1 397.33×(52.74−10.33)=5.93(亿港币),实际发放的金额为 4.93 亿港币。这一项奖金支付总额也是构成 2007 年中国平安高管薪酬暴涨的主要原因[①]。

中国平安董事长马明哲在 2007 年因其高薪问题受到市场的极大关注,从 2007 年年报中可以得知马明哲的 4 616 万元薪酬由以下几部分构成,如表 11-3 所示。

表 11-3　中国平安董事长马明哲 2007 年薪酬构成　　　　　　　单位:万元

税前报酬总额	税前工资津贴和其他福利	税前奖金	保险
4 616.1	481.9	4 132.0	2.2
100%	10.440%	89.512%	0.048%

(资料来源:根据公司网站信息和历年年报整理而得。)

由表 11-3 可以得知,税前奖金占据税前薪酬总额的 89.512%,是马明哲"天价薪酬"的最主要原因,由于税前奖金包括年度奖金和长期奖励支付,其中长期奖励支付几乎占税前报酬总额的 80%。马明哲之所以薪酬如此之高,主要得益于中国平安的长期奖励计划,相对于 2004 年授权价 10.33 港币,2006 年至 2007 年中国平安股价大幅攀升,直至 2007 年行权时股

---

① 每年授予的长期奖励,在授予日的第三周年日开始支付,比如,2004 年授出的 4 192 股可以自 2007 年起分三次行使,2005 年的股权 2008 年行使,2006 年的股权在 2009 年行使,其中 2007 年的行权价格是按 2007 年第四季度交易价格的最高价和最低价取平均值获得的。长期股权激励计划对于行使的股权设置了一定的上限,即公司在长期奖励计划到期时向在职参与者支付的奖励总额不得超过当年预估净利润(国际财务报告准则)的 4%。

价已经上升到 52.72 港币,高管人员因股价行权得到了高额薪酬。

356. 美国国际集团事件[①]

美国国际集团事件,指的是 2009 年金融危机背景下美国国际集团(American International Group,AIG)高管发放巨额奖金事件。

2009 年 3 月,刚刚遭受了次贷金融危机,濒临破产的美国国际集团(AIG)向高管发放巨额"花红"事件,激起轩然大波。AIG 敢于冒天下之大不韪,发放巨额奖金这一事件具有其内部深层次原因。

AIG 是在特拉华州注册的公司,根据该州的普通公司法以及公司章程,AIG 在公司董事会之下设有专门负责员工奖金事宜的"奖金与管理资源委员会"。根据委员会章程,该委员会由 5 名(根据纽约证券交易所规则所定义的)"独立"董事组成,并决定公司首席执行官和其他高管的奖金发放。根据公司治理的规则,该委员会应当对董事会和股东大会负责。

在 AIG 高管看来,发放奖金是公司按照合约,完成激励必然要履行的过程。如果没有"铁打不动"的合约保证,人才和员工就无法安心长期为公司尽力或无法尽最大的能力为公司效劳。这是生产的"成本",而不属于目前处于亏损的"财务利润"。所以,崇尚完全自由市场的人士会坚持认为:公司不是员工的,所以无法让他们跟老板一样来承担"资不抵债"的责任。

问题是,由于经济危机的突袭,AIG 接受政府援助,而使美国政府成为了它的大老板。这个时候公司的治理结构就发生了一个巨大而且急切的变化。如果 AIG 仍然是私人老板,那他给高管的奖金无人能干涉。但现在的实际情况是,大老板美国政府今天拿的是全体纳税人的钱来履行其维护公司发展的承诺。

从本质上来看,华尔街现有的激励体系属于"非对称性的薪酬系统"。这种薪酬体系让一些人在表现好的时候得到奖励,但在造成亏损的时候却并不要求他们退还这些奖励。应该说,这一体系对社会有很大的危害。

2009 年 3 月 19 日,美国众议院以 328 票对 93 票的压倒性多数票通过了一项税收法案。根据这项法案,凡是已接受了 50 亿美元及以上政府援助资金的企业,其家庭年收入高于 25 万美元的员工需要对自 2008 年 12 月 31 日以后所受的奖金缴纳 90% 的税款。当天晚些时候,奥巴马对众议院投票结果发表声明称,"我期待着最终结果可以让受政府资助的公司的高管们清楚一点:发放高额薪金不能被容许"。

分析来看,AIG 这次"奖金门"事件实际上涉及两层关系:一是在 AIG 是否以及如何给员工发放奖金上,是公司与员工之间的合约问题;二是在美国政府是否同意 AIG 的做法上,属于股东与企业之间的公司治理问题。对它们的解决都属于司法的范畴。显然,作为拥有 AIG 将近 80% 股份的美国政府,是公司的超级大股东。可以想象,对于自己控股公司滥发奖金的行为,根据公司治理的规则,美国政府完全可以通过司法渠道谋求纠正。而且,相对于大动干戈的立法而言,大股东对企业的控制成本低了很多。

---

① 参考资料来源:http://finance.ifeng.com/news/opinion/20090515/667462.shtml.

可以看出，AIG的"奖金门"事件，以及此前美国发生的大量公司财务丑闻，都暴露出西方公司过分依赖公司治理，忽视管理和控制机制建设，导致无法有效地对危机进行预警以及在应对危机时进退失据的重大问题。完善的管控体系，应该是"治理＋控制＋宏观管理"的综合体。科学的治理结构是实现管控的基础。在AIG这个案例中，美国政府作为其最大股东，完全可以在董事会中发挥影响力，通过修订公司章程，改革"奖金与管理资源委员会"，以治理文件的形式来取得对薪酬问题的控制权。必须注意的是，这样权力虽然具有法律效力，但仍然属于"纸面上的权力"，在实际执行过程中会存在困难。并且，修订章程必须通过召开股东大会、董事会大会等程序，工作效率上会大打折扣。这也是奥巴马政府弃用治理途径的原因之所在。其实，从长期来看，只要在科学治理的基础上辅以"控制"与"管理"的手段，在公司内部形成强大的管控能力，在碰到此类问题时，就完全可以达到与"限薪令"同样的效果。"控制"是指建立一整套可复制的制度、规则等，通过控制战略输入、监测业绩输出，以实现对公司的非接触式的管理。而"宏观管理"则是指建立控股方对公司重大或突发事件的管理机制，如公司的并购、重组、高管人事变动等。有了"控制＋管理"就将通过治理结构取得的权力进一步实体化。

华尔街过度强调短期回报的文化以及由此设计的激励机制也是此次危机的诱因之一。高管们的薪酬和激励机制没能真正与机构的风险管理、长期业绩相挂钩，形成较高的"道德风险"，促成管理层短期行为倾向较重，为追求利润，不断设计复杂产品以至于其自身都难以对这些产品的风险加以判断，也就难以进行风险控制了。而在完善的管控体系下，应该更加重视短期绩效与长期绩效的均衡，高层管理人员薪资模式设计应引导其以企业长期利益为奋斗目标，通过建立对等激励约束等管控机制，体现管理与要素价值，以充分调动高管员工的工作积极性。一方面，要避免短期导向的激励机制，可以通过诸如长期股权激励等方面来建立长期激励机制。另一方面，风险和收益要挂钩和匹配起来，建立长期的损失责任追究制度。

这次AIG"奖金门"及美国政府的应对方式，也为我国带来了很大的启示。对于我国的国企而言，因为出资人是国家，政府完全可以采取与"限薪令"类似的措施。像国泰君安这种国有成分占一定股权比例的金融机构，只要不是国有控股，那么政府在这里扮演的角色就应该是股东而非监管者，所以，对高管薪酬的控制手段就应该是通过"治理＋控制＋管理"的综合管控手段来进行更灵活的调整。

〈公司治理事件——社会责任〉

357. 三鹿事件[①]

三鹿事件，指的是2008年爆发的石家庄三鹿集团股份有限公司生产含三聚氰胺的毒奶粉而最终破产事件。

三鹿集团位于我国河北省石家庄市，是一家中外合资企业，控股方是石家庄三鹿有限公司，持股56％；合资方新西兰恒天然集团持股43％。毒奶粉事件曝光前，三鹿集团是我国最

---

① 参考资料来源：http://www.zsnews.cn/ZT/2008sanlunaifen/index.asp?Category_id=3826.

大的奶粉制造商,其产品包括 9 大系列 278 个品种,产销量连续十五年居全国第一,市场份额达 18%。2007 年,三鹿集团实现销售收入 100.16 亿元。同年 9 月 2 日中央电视台《每周质量报告》播出了特别节目"中国制造"首集《1100 道检测关的背后》,报道了三鹿奶粉出厂前要经过 1100 道检测检验。在 2008 年 1 月 8 日举行的国家科学技术奖励大会上,三鹿集团股份有限公司"新一代婴幼儿配方奶粉研究及其配套技术的创新与集成项目"一举夺得 2007 年度国家科学技术进步奖二等奖,打破了我国乳业界 20 年来空缺国家科技大奖的局面。

2007 年 12 月开始,三鹿集团就已陆续收到消费者投诉,反映有部分婴幼儿食用该集团生产的婴幼儿系列奶粉后尿液中出现红色沉淀物等症状,但没有引起重视。2008 年 5 月,病例逐渐增多,但是三鹿高层虽然明白是质量出了问题,为了减少不利影响,没有及时停产并召回相关产品。2008 年 8 月 1 日,三鹿集团拿到外部检疫机构的报告,确认产品中含有三聚氰胺,但是三鹿集团高管层决定隐瞒真相,以换货形式用不含三聚氰胺产品召回问题产品。之后由于市场需求较大,三鹿集团十几名高层决定用三聚氰胺含量较低产品换较高产品,知毒卖毒。据事后调查,全国大约有 30 万名婴幼儿深受其害。

2008 年 9 月毒奶粉事件曝光,国务院责成河北省对三鹿作出停产的命令,国家全面调查三鹿奶粉污染事件。2009 年 2 月 12 日,石家庄市中级人民法院发出民事裁定书,正式宣布三鹿集团破产。

从公司治理的角度来看,三鹿奶粉事件发生的原因主要是企业的社会责任感缺失,单纯逐利,经营中缺乏诚信。

利益相关者理论认为,企业不仅仅是股东的企业,不能只考虑股东利益,还应该考虑债权人、员工、消费者、供货商等各个利益群体的利益。据报道,汶川地震发生后,三鹿集团和各地的代理商加工厂向灾区捐款 500 多万元,捐赠乳制品价值 980 万元。然而,三鹿集团高管层在发现产品有质量问题后,为了企业的名誉和收入,掩盖事实真相,知毒卖毒,严重损害了消费者利益,也使得曾经的乳业巨头走向了灭亡。

三鹿奶粉事件表明,企业不能以单纯地追求利润为目标,还要主动承担起社会责任,诚信经营才是正道。

358. 万科事件[①]

万科事件,指的是 2008 年汶川地震后,万科企业股份有限公司由于捐款数额,以及董事长王石的言论引发社会关注的捐款门事件。

2008 年 5 月 12 日,四川省汶川县发生 8 级地震,政府及各界总动员,踊跃为灾区捐款捐物。当天,房地产龙头企业万科宣布为地震灾区捐款 200 万元,该捐款数额受到网友的广泛质疑。据万科(A 股 000 002；B 股 200 002)的年报显示,2007 年,万科销售额超过 523 亿元,在内地房地产企业排名第一,净利超过 48 亿元,而此次捐赠的善款不足其净利润的万分之四。

针对网民的质疑,5 月 15 日,万科董事长王石在博客中撰文回应称,"200 万元不仅是董

---

① 参考资料来源：http://money.163.com/special/00252KHO/vankewangshi.html.

事会授权的最大单项捐款数额,即使授权大过这个金额,我仍认为200万元是个适当的数额"、"每次募捐,普通员工的捐款以10元为限,不要让慈善成为负担,影响个人的生活质量"。此番"慈善负担论"言论将万科带进了更深的舆论旋涡,不少网民开始自发组织"抵制购买万科住宅、抵制持有万科股票"的活动。5月15日至5月23日的六个交易日中,万科股价连续下跌,市值蒸发了204亿元。

在舆论的高压下,5月20日,万科决定出资1亿元参与四川灾后重建。5月21日,王石向网友道歉。5月24日,万科声明,无偿参与灾区重建,不回收任何成本。据世界品牌实验室2008年6月发布的《中国500最具价值品牌排行榜》,万科的品牌价值为181.23亿元,比2007年缩水了12.31亿元。

从公司治理的角度来看,万科董事长王石的言论值得质疑,但是他在第一时间宣布捐款200万元的行为是适当的。从万科公开披露的股东大会决议上看,其2008年度授权董事会用于慈善公益方面的预算是1 000万元。据王石讲,在当年雪灾等方面,已经用掉了800万元,王石宣布捐出的200万元,是万科当年1 000万元额度的最后部分。在这次地震捐款过程中,许多跨国企业在第一时间宣布的捐款额度多集中在300万元左右,其情况均和万科类似,因为追加捐款要有严格的程序,需要较长的时间。在未重新召开股东大会的情况下,董事长没有贸然承诺捐出超出董事会预算的捐款,这是对公司全体股东的尊重。相比某些企业的领导人,在未与公司其他股东沟通的情况下,就临时承诺捐出巨额款项,万科的公司治理结构更值得称道。

我国的企业捐赠管理水平需要提高。万科授权董事会用于慈善公益方面的预算额度反映出,目前我国企业参与慈善事业的观念和水平还比较低。万科事后的补救措施表明,我国的企业捐赠大多是迫于外部因素的驱动,而非自主、自觉的行为。从公司层面来看,企业应当更主动地承担社会责任,考虑利益相关者的利益。另外,为应对类似汶川大地震这种突如其来的巨大灾难,应当事先设计一些紧急捐赠措施,授予董事会在这种危急时刻行使较大数额捐赠的权利,避免企业因捐赠力度大大低于公众预期而出现公众危机。从政府的角度来看,应当对企业捐赠给予积极引导——对从事慈善事业的企业给予各种帮助和免税优惠政策等。调动企业捐赠的积极性而非"逼捐",才有利于慈善事业的长久发展和社会福利的提高。

359. 紫金矿业事件[①]

紫金矿业事件,是指2010年紫金矿业集团股份有限公司因污水泄漏导致汀江部分水域严重污染的事件。

福建紫金矿业集团股份有限公司成立于1993年,是我国最大的黄金生产企业。2003年12月,紫金矿业在香港H股上市(股票代码:02 899);2008年4月回归国内A股上市(股票代码:601 899)紫金矿业创始人陈景河发明了用氰化钠溶液成功提炼黄金的方法,这使得金矿开采成本急剧降低,并且让原本没有开采价值的低品位矿具备了开采价值。但是氰化钠有剧毒,如果处理不好,很容易造成污染。

---

① 参考资料来源:http://baike.baidu.com/view/3956201.htm。

2010 年 7 月 3 日 15 时 50 分左右,福建省上杭县紫金山(金)铜矿由于连续降雨造成厂区溶液池区底部黏土层掏空,污水池防渗膜多处开裂,渗漏事故由此发生。9 100 立方米废水外渗引发福建汀江流域污染,造成沿江上杭、永定鱼类大面积死亡和水质污染。7 月 12 日,紫金矿业才正式对外发布公告,引起人们普遍质疑。

事实上,环保部曾对紫金矿业组织 A 股上市前环保核查和上市后的环保督察,对其环保隐患和违法违规行为多次提出警告。但这些警告并未对紫金矿业起到应有的作用。事后,上杭县环保局局长、副局长分别获刑 19 年半和 9 年,紫金矿业被处罚款 900 多万元,其董事长、副总裁分别被罚 70 万元和 44 万元左右。

公司治理中的利益相关者理论认为,企业不能只考虑股东的利益,还要考虑利益相关者的利益。利益相关者包括员工、债权人、供货商、消费者、政府和工厂所在地的居民等。紫金矿业污染事件对当地的生态环境、居民健康来说,都是一场不容忽视的灾难。

从公司治理的角度看,紫金矿业事件的根本原因是官商勾结造成外部监管机制缺失。紫金矿业为了降低成本,在环保上的投入比较低,环保设施存在较大的安全隐患,这也是其多次发生环保事故的直接原因。相反,紫金矿业在疏通政企关系上则不遗余力。据媒体报道,当地有多位政府官员前往紫金矿业挂职或任职,还有一些官员或多或少通过各种渠道拥有紫金矿业股份。最典型的是公司监事郑锦兴。2006 年 8 月,郑锦兴辞职下海,到紫金矿业作监事,2009 年 6 月 17 日,紫金矿业发布公告称,公司监事郑锦兴因工作变动请辞,武平县人大常委会任命郑锦兴为武平县副县长。另外,2006 年紫金矿业对上杭全部税收的贡献,达到近 70%。这些数据说明,这家龙头企业对于一个县级政府有着何等的重要性。在这样的监管环境中,政府的监管失效就不难理解了。

紫金矿业事件表明,要想从源头上遏制此类事故的发生,不能只从环保制度的建设上入手,最根本的是转变地方政府的激励方式,转变经济的发展模式。另外,值得深思的是,在有关部门对紫金矿业作出限产的处罚后,紫金矿业的股票不降反升,反映了我国环保事业任重而道远。

360. 酒鬼酒事件[①]

酒鬼酒事件,指的是 2012 年酒鬼酒股份有限公司被曝出塑化剂含量超标的事件,是白酒行业的三鹿事件。

塑化剂即常说的增塑剂,塑化剂是 2011 年 5 月台湾重大食品安全事件的主角,食品中塑化剂超标将对人体有严重的危害,台湾大学食品研究所教授孙璐西认为塑化剂毒性比三聚氰胺毒 20 倍。长期食用塑化剂超标的食品,会损害男性生殖能力,促使女性性早熟以及对免疫系统和消化系统造成伤害,甚至会毒害人类基因。

酒鬼酒股份有限公司前身为始建于 1956 年的吉首酒厂,1997 年 7 月上市,公司股票上市地为深圳证券交易所,代码为 000 799。2012 年 11 月 19 日,21 世纪网刊登了名为《致命危机:酒鬼酒塑化剂超标 260%》的文章,酒鬼酒随即陷入塑化剂风波。11 月 19 日,酒鬼酒停牌。

---

① 参考资料来源:http://baike.baidu.com/view/9630922.htm。

我国酒业协会发表声明,称白酒产品中的塑化剂属于特定迁移,即源于生产过程中白酒与塑料制品的接触。11月20日,湖南省质量技术监督局在其官网发布消息称,没有发现人为添加塑化剂行为。11月21日下午,国家质检总局在官网上公布了湖南省质监局对50度酒鬼酒样品的初检报告,其中DBP塑化剂最高检出值为1.04mg/kg,超标246%。针对此结果,酒鬼酒公司却声称"可以放心饮用"。湖南省质量技术监督局已经督促企业查明产出邻苯二甲酸酯类物质的原因,并认真进行整改。

2012年11月21日晚间,酒鬼酒在其官方微博上发布了《声明》,声明指出,由于国际食品法典委员会、我国及其他国家均未制定酒类中DBP的限量标准,故不存在所谓"塑化剂"超标的问题。11月23日,酒鬼酒公司发表声明,对酒鬼酒"塑化剂事件"给大家造成的困惑和质疑表示诚挚的歉意,并承诺在11月30日前完成整改。复牌后,酒鬼酒连续四个交易日跌停。12月2日,酒鬼酒发布公告称,已对有可能导致酒类中塑化剂感染、迁移的包装材料、设备等进行了彻底更换,12月3日恢复包装生产。与此同时,再次送检也在按计划展开。12月6日,酒鬼酒宣布,整改后送检的产品中不含塑化剂。

酒鬼酒事件的主要原因是企业社会责任感的缺失。利益相关者理论认为,企业不仅仅是股东的企业,不能只考虑股东利益,还应该考虑债权人、员工、消费者、供货商等各个利益群体的利益。白酒与消费者的健康息息相关,作为白酒生产厂家的酒鬼酒,应当把消费者的利益放在第一位。然而,在国家质检总局公布复检报告后,酒鬼酒还在为自己辩解,称按照我国人均预期寿命,每天饮用1斤,其中的DBP不会对健康造成损害。这样不负责任的言论引发了网民的进一步质疑,反映出酒鬼酒公司社会责任感的缺失。

酒鬼酒事件表明,企业不能以单纯地追求利润为目标,还要主动承担起社会责任,重视利益相关者的利益。

〈公司治理事件——控制权之争〉

361. "真功夫"事件[①]

"真功夫"事件,指的是2009年"真功夫"全球华人餐饮连锁由家族企业向现代企业制度转型之际爆出的创始股东内讧事件。

1990年,潘宇海在东莞长安设立了"168甜品屋",独自经营,在当地渐有名气。1994年,"168甜品屋"更名为"168蒸品店",由蔡达标、潘宇海共同经营,各占50%股份。1997年,"168蒸品店"攻克了中餐工业化生产的标准化难题,更名为"东莞市双种子饮食有限公司",开始走上连锁扩张之路。2004年,双种子公司确定了企业的总体发展战略,并正式确定品牌名称为"真功夫",企业开始面向全国发展。

2007年,蔡达标引入中山联动和今日资本投资,两方各占"真功夫"3%股权,蔡达标和潘宇海则各占47%股权。同时蔡达标借机以"去家族化"为名,逐渐将潘宇海系人马全部铲除,改由其妹夫、妹妹和弟弟等掌控公司的采购、供应和财务大权。2008年到2009年,蔡达标秘

---

① 参考资料来源:http://baike.baidu.com/view/9285917.htm。

密制订"脱壳计划",开始有计划地通过转移公司资产和关联交易方式,大肆侵吞公司财产。2009—2010年,蔡达标通过设立个人独资公司东莞赢天投资公司,利用从公司窃取的资金以一亿元人民币价格反向收购风投所持公司股份,企图绝对控股。

2006年,蔡达标与潘敏峰秘密离婚,骗取潘敏峰全部股权。2009年3月,在"真功夫"上市冲刺之际,蔡达标婚外情曝光。4月,潘敏峰状告蔡达标,欲索回25％的股权。随后,潘宇海起诉"真功夫",要求公开2007年7月至2008年12月财务报告、财务账册及会计凭证。2010年2月,广州天河法院对于股东要求履行公司知情权诉讼作出判决,要求蔡达标将财务资料提供给股东进行审计,蔡达标不服上诉。2010年8月,广州中院终审判决维持原判,司法审计开始。审计人员发现大量违法犯罪事实,并向司法机关报案。2011年3月17日,广州市公安局正式对蔡达标等人涉嫌职务侵占罪、挪用资金罪的涉案人员采取强制措施,蔡达标袭警潜逃,其他涉案人员归案。2011年4月22日,蔡达标在厦门落入法网,被依法逮捕。

从公司治理的角度来看,"真功夫"内讧事件的主要原因有两点。

股权结构不合理。"真功夫"从创立伊始就埋下了不稳定的种子,在随后的发展中,两大股东的股权也一直保持均衡。"真功夫"最初制定的《合作框架协议》约定由潘宇海和蔡达标分别委派总经理和副总经理人选,这种做法本身就与现代公司管理理念相背离。按照现代公司管理理念,应该由董事长任命总经理、副总经理,而《合作框架协议》与董事会章程存在冲突。这种股权结构导致大股东意见产生分歧时,必然对企业的发展带来危害。

内部治理机制不健全。"真功夫"虽然建立了相应的公司治理结构,但是并没有发挥出应有的作用。"真功夫"的控股股东对企业进行了过多的干预,董事会形同虚设。

我国民营企业中,家族企业占的比重较大。家族企业在做大做强的过程中,往往会暴露公司治理方面存在的问题。"真功夫"事件表明,家族企业要想做大做强,必须正视和规范公司治理结构。

362. 东北高速事件[①]

东北高速事件,指的是2010年东北高速公路股份有限公司因股东关系恶化分立上市的事件。

1998年,黑龙江省高速公路公司(现更名为黑龙江省高速公路集团公司)、吉林省高速公路公司(现更名为吉林省高速公路集团有限公司)、华建交通经济开发中心三家企业共同发起设立东北高速,之后公司顺利公开发行股票上市。东北高速(600 003)上市之初,三大股东的股权比例分别是:黑龙江高速26.90％、吉林高速22.29％、华建交通17.92％,其背后的控制方分别是黑龙江省交通厅、吉林省交通厅和招商局集团。这样的股权结构曾被誉为公司治理结构的完美典范。然而由于地理位置等原因,吉林境内的资产盈利能力明显强于黑龙江省境内的资产,但是黑龙江项目的投资占大头。虽然公司由两大股东"轮流坐庄",但是龃龉由此产生。

2002年11月至2003年初,东北高速陆续爆出挪用4亿元信贷资金炒期货事件。2005年

---

① 参考资料来源:http://guba.eastmoney.com/look,600003,10000301281.html.

1月,东北高速爆出 2.9 亿元资金丢失,随后董事长张晓光被捕,并于 2007 年 12 月被判死缓。2006 年 3 月,东北高速起诉第一大股东黑龙江高速 6 000 万元欠款。2007 年 5 月,三家股东一起否决了管理层作出的公司 2006 年报,财务预、决算和利润分配等报告,同时催收东北高速 9 亿元欠款,认为经营层存在铺张浪费等 10 项问题。7 月,因公司治理混乱,上交所发布公告,东北高速被实施特别处理,股票简称改为"ST 东北高",成为 A 股首家因公司治理而被戴帽的上市公司。2008 年 7 月 1 日,东北高速公告董事会"不完全换届"。7 月 8 日,原经营层"请"走新高管,第二大股东举报东北高速逾 23 亿元财务问题。2009 年 3 月,东北高速停牌。数月后,由中金公司作为财务顾问,国浩律师事务所作为法律顾问,以及其他各方工作人员组成项目组,启动分立上市项目。2010 年 3 月,由东北高速分立的两家公司吉林高速(601 518)、龙江交通(601 188)挂牌上市。

从公司治理的角度来看,东北高速事件反映了该公司的治理结构存在缺陷。

国有股的股权制衡机制失效。第二大股东吉林高速只享有收益权,而公司董事由吉林省国资委委派,使得吉林高速对董事的控制能力大为减弱。第三大股东华建中心是以交通部的名义履行出资责任,监督意愿较弱。第二、第三大股东的不作为为第一大股东损害上市公司利益创造了条件,使得相互制衡的作用失效。

公司的内部运作不规范。东北高速虽然建立了较为完善的法人治理结构,但是实际运作中存在一些不规范行为。首先是人事任免制度,总经理以行政方式委派,破坏了公司法人治理结构之间层层产生、层层制衡负责的机制,不利于经营管理层的更换。其次,制度执行方面,到 2007 年底,东北高速的董事会、监事会已经超期服役两年,仍未完成换届工作。

东北高速事件表明,股权制衡的公司治理结构未必有效,而股东产权属性会影响公司治理。如果股东均为国有公司或部门,那么可能因为多个部门的过度干预、相互掣肘,影响到公司的正常运作,进而损害公司价值。

363. 国美事件[①]

国美事件,指的是 2010 年国美电器集团大股东黄光裕与职业经理人陈晓争夺公司控制权的事件。

黄光裕于 1987 年创办了国美电器,2004 年在香港借壳上市(代码为 00 493),是国内家电零售业的老大。陈晓 1996 年在上海一家国有企业改制的基础上创办了永乐电器,在国内家电零售业中排名第三。

2006 年 7 月,国美收购永乐,黄光裕出任董事局主席,陈晓担任国美行政总裁。2008 年 11 月,黄光裕因涉嫌经济犯罪,被羁押调查,陈晓被任命为国美的代理董事局主席。

2009 年 1 月,黄光裕正式辞职,陈晓正式担任董事局主席,明确了他在国美处理事务的大权。2009 年 6 月,国美债台高筑,面临破产。困境之中,陈晓成功引入战略投资者贝恩资本,贝恩资本以 32 亿港元的代价进入国美成为仅次于黄光裕家族的第二大股东。2009 年 7 月,陈晓对包括自己在内的 105 位国美管理层实施了价值 7.3 亿港元的股票期权激励,黄光裕得

①　参考资料来源:http://baike.baidu.com/view/4416690.htm。

知后,对国美董事会不满,要求取消激励计划,但是未被采纳。股权激励计划使得国美的大多数董事支持陈晓,其中包括黄光裕的旧部。

2010 年 5 月,在国美股东大会上,大股东黄光裕连续五项否决票,否决委任贝恩投资董事总经理等三人为非执行董事的议案。根据国美之前与贝恩的协议,如果议案不能通过,国美面临 24 亿元人民币的违约金。当晚,陈晓动用之前黄光裕赋予董事会的超级权力,否决了股东大会的决议,引入贝恩资本稀释了黄光裕的股权。2010 年 8 月,黄光裕要求召开股东大会罢免陈晓等人的职位。2010 年 9 月 28 日,在国美特别股东大会上,大股东黄光裕罢免陈晓董事会主席的动议未获通过,其提名的胞妹黄燕红和私人律师邹晓春也未能当选董事,陈晓留任。

2010 年 12 月,国美召开特别股东大会,决定将国美董事会从 11 人扩至 13 人,黄光裕胞妹黄艳红和私人律师邹晓春作为新董事进入董事局,贝恩资本高调支持了大股东的动议。

2011 年 3 月,陈晓离职。2011 年 6 月,国美电器在股东大会上通过决议,董事会成员由 13 人制重回 11 人制,董事会里除了贝恩资本,全是"亲黄派";同时通过的议案中还有两项涉及资本和股权,一是董事会增发新股授权比例将从过去占已发行股本 20%降至仅 5%,不致过度损害股东利益。二是董事会获得回购股票授权,回购比例不超过已发行股本的 10%。

从公司治理的角度来看,国美事件带来了如下启示。

大股东的思维需要转变,民营企业上市后应当规范治理结构。现代企业制度要求上市公司实行决策权、经营权、监督权三权分立,而 2006 年作为大股东和实际控制人的黄光裕为自己把控权力,将股东大会的大部分权力授予了董事会。黄光裕没有料到的是,这些反而成为其他董事驱逐创始股东的武器。如果黄光裕没有入狱,那么这些条款赋予了控股股东的超级权力,实际上损害了国美其他股东的利益。

控制权的争夺不利于企业的发展,在民营企业从家族式治理向现代企业治理转变的过程中,需要完善相关的制度,以保障创始股东权益在一定范围内不受侵害。对于职业经理人,要在合理激励和适当防范之间把握好尺度,力图创建一种授权、制衡和激励相结合的治理模式,避免出现控制权争夺。

364. 云大科技事件[①]

云大科技事件,指的是始于 2003 年的云大科技股份有限公司因控制权争夺而退市事件。

云大科技(600 181)曾经是我国最具潜力上市公司 50 强之一,曾经被寄予厚望,但令人遗憾的是,由于公司控制权之争,云大科技在其上市 10 年后黯然退市了。

作为云南第一家高校上市企业,云大科技曾因产业基础坚实和业绩优良被寄予厚望。然而,公司上市头三年业绩畸高、上市三年后的业绩大幅下滑以及公司管理层发展思路的前后不一致使得股东之间发生重大分歧。从 2003 年开始,天津经济技术开发区投资有限公司和中国和平投资公司对云大开始了长达三年之久的控股权之争。整个公司陷入混乱。自 2003 年开始,云大首次出现亏损,随后四年,云大再也未能扭转亏损。云大的倒下完全是利益集团恶性争夺控股权的结果。

云大科技的前身为云南大学南亚生物化工厂,1998年8月正式在上证所挂牌上市。发起股东为云南大学科工贸总公司(后更名为"云大投资控股有限公司")、云南龙泰农业资源开发公司、云南省农垦供销公司、深圳市捷发信息咨询服务公司、深圳市蛇口大赢工贸有限公司、云南正通经贸有限公司等,其中云南大学科工贸总公司持股22.89%,为控股股东。

云大科技创立之初,凭着云南大学的专利技术"云大－120"植物生长调节剂起家。据当时的媒体报道,"云大－120"是当时最新型的广谱、高效、安全、抗逆性强的植物生长调节剂。上市头三年,云大科技依靠这个高科技产品取得了良好的业绩,1998年至2000年连续三个年度每股收益均保持在0.30元以上,并始终保持主营业务收入和净利润的同步快速增长。这一阶段,公司销售利润率不断创出新高。1998年公司主营业务收入为9 102万元,净利润高达4 517万元。1999年公司主营业务收入为1.4亿元,净利润高达5 271万元。同年,云大科技还被评为"亚商中国最具发展潜力上市公司50强",云大科技名列第37位。

然而,好景不长,云大科技随后的发展却因为引进的战略投资者间无休止的股权之争而日渐陷入经营困境。2003年10月15日,大股东云大控股公司的控股股东云南大学(持有云大控股80%股权),将其所持云大控股51%的股权作价8 870万元,转让给天津经济技术开发区投资有限公司。这样,天津经开通过云大控股取得了云大科技的控制权。随后不久,中国和平(北京)投资公司也通过一次股权拍卖进入云大科技。

天津经开与和平投资同时表现出对获得云大科技控股权的浓厚兴趣,云大科技长达三年之久的控股权之争由此开始。在双方的争夺中,上市公司董事长、副董事长、董事纷纷请辞,上市公司陷入一场空前的管理危机。这场股权之争,与其说是天津经开与和平投资之间关于云大科技控制权的争夺战,不如说是云大科技原二、四、五股东联合发起的针对天津经开的反收购阻击战,从更深层次看,似乎更是股东之间关于云大科技发展路线的争执。从2003年开始,云大科技首次出现亏损,亏损额达2.62亿元。以后的四年,云大科技再也没能从亏损的阴影中走出来。经过2003年、2004年以及2005年连续三年的亏损后,云大科技被推到了濒临退市的边缘。

为了挽救云大科技,在云南省国资公司的主导下成立了云大重组小组。据知情人士介绍,由于债务繁重,重组方与相关银行一直没能达成协议,资产重组工作举步维艰。2007年4月30日是云大科技的"大限",因为这天将要公布云大科技2006年年报,如果继续亏损则云大科技将终止上市。当然,年报亏损早已在意料之中。重组无望,而退市的"大限"也即将到来。就在这时,太平洋证券,这家当时在业内并不知名的证券公司挺身而出,决定以流通股4∶1的换股形式(即每四股云大科技流通股换一股太平洋证券)收购云大科技100%的股权。最终,历经十年风雨的云大科技于2007年6月黯然宣布退市。

云大科技事件给我们的启示:控制权就是股东通过其一定的地位,来实现其对公司重要决策的表决权和董事会成员的任免权,可以把自己的意志贯穿于公司的运营过程中,进而获益。通过云大科技诞生到衰落直至退市的完整过程,特别是股东对控制权争夺过程的分析,我们不难发现以下几点。

第一,股权结构分散不一定有利于完善公司治理。过去,我国上市公司治理面临的一个主要问题就是股权结构过于集中,一股独大是其显著的特征。于是,开始强调股权结构的分散化,发挥其他股东对大股东的制衡作用。就云大科技股权结构而言,是相对分散的,这也为爆发股权之争提供了可能性。

第二，控制权的争夺会导致公司难以实现其战略目标，进而业绩下滑。云大科技是靠"云大-120"这个单一产品起家的，但公司上市三年后，公司的发展思路膨胀为"113"战略：即一个高水平的研发体系，一个全国性的营销网络，农化、医药及保健品、花卉三大产业。为了支持这一发展战略，公司前后动用 IPO 及配股资金 3.3 亿元建设"千县万点营销与技术服务网络工程"。在 2002 年初，一直担任董事长职务的付文明也在年末辞去了董事长职务。戴晓畅继任董事长后，提出调整产业结构，目标是在公司利润构成中，医药及功能食品占 2/3、农化产品占 1/3，逐渐退出花卉产业，随后公司又介入房地产行业。公司发展战略目标几年中已有较大的波动，其实现的难度可想而知。

第三，在公司各大股东对公司控制权的争夺中，中小股东无疑损失最大。云大科技上市前三年的辉煌业绩，到后面连续四年的亏损，股价连续下跌。中小股东在控制权的争夺中，是无辜的，无收益的，因此损失最大。

365. 宏智科技事件[①]

宏智科技事件，指的是宏智科技股份有限公司因 2004 年控制权争夺而出现的两个董事会并存事件。

宏智科技是福建省一家从事信息技术的高新技术企业，其前身系 1996 年 10 月组建的福建省宏智科技发展有限公司，后经多次的增资扩股，于 2002 年 7 月在上海证券交易所挂牌上市，宏智科技（600 503）股权结构以自然人为主要股东，股权相对分散，这种股权结构为公司以后控制权的激烈争夺埋下了伏笔。

2003 年 6 月 6 日，王栋、大乾公司、林起泰和泉州市闽发物业发展有限公司签订《合作框架协议书》。该协议书约定：王栋将所持有的宏智科技的 1 983.8 万股的股份以 8 100 万元人民币的价格转让给闽发物业，林起泰代表大乾公司 6 名自然人股东将所持有的大乾公司 100％的股权以承担债务方式全部转让给闽发物业或由闽发物业指定的法人或自然人。同日，王栋与胡海仁签订《股权托管协议》，王栋将所持有的宏智科技的 1 983.8 万股的股份交与胡海仁托管，托管期限为自托管协议签订之日起至 2008 年 6 月 6 日。当然，维持股权托管双方关系的只是托管合同，是一种基于委托合同而建立的委托代理关系，委托双方的法律约束力很弱，托管的效力相对不稳定，面临的风险也很大。王栋随后即取消与胡仁海的股权托管协议，就体现了这种不稳定性与风险性。

2003 年 6 月 25 日，宏智科技董事会换届，王栋提名的 6 人当选为公司新的董事，黄曼民任董事长，各董事都有比较强的资本运作背景。王栋和宏智科技的其他创业元老没有进入新一届董事会，王栋只出任公司的总经理，此后不久也被免去了总经理的职务。

2003 年 11 月，王栋以邮政特快专递的方式向宏智科技董事会递交提议召开 2004 年第一次临时股东大会的相关材料。宏智科技工作人员拒绝签收该邮件，董事会方面未通知王栋是否决定召开临时股东大会，也未发布公告召集临时股东大会。

2003 年 12 月，王栋在《中国证券报》等媒体上发布了于 2004 年 1 月 11 日自行召开临时

① 参考资料来源：http://www.chinaacc.com/new/429/430/431/2006/4/wm3435205958174600212150-0.htm.

第十一篇

股东大会的公告,并公布了改选公司董事会和监事会的议案。王栋召开临时股东大会的意图就是要罢免董事会,董事会及其背后的股东也深知王栋的用意,因此极力阻止临时股东大会的召开,以继续控制公司。宏智科技在任董事会首先拒绝签收王栋寄来的提议召开临时股东大会的材料,也未发布召集临时股东大会的公告。王栋发布了自行召开临时股东大会的公告后,在任董事会随之马上发布公告称,只收到王栋提出的关于自行召开临时股东大会的函件,但未收到王栋的任何提案,因此认为在未收到提案的前提下王栋提议自行召开临时股东大会的行为违反了《公司法》、《上市公司股东大会规范意见》和公司章程的有关规定,对临时股东大会的有效性将不予认可。在向法院起诉请求暂缓召开临时股东大会未果后,公司董事会才发布决定出席并负责主持会议的公告。

临时股东大会召开之时,双方就大会的主持人之争无法达成一致,在任董事会当场发布大会地点变更的通知,以致出现了双份临时股东大会。两会议就董事会改选和监事会改选的议案的表决结果截然相反,并各自发布公告进行披露,公司出现了以黄曼民为董事长的董事会和以姚雄杰为董事长的董事会并存的局面,公司的控制权争夺达到了高潮。

宏智科技两个董事会各自就临时股东大会发布了内容截然相反的公告,2004 年 2 月 5日,因公司治理存在混乱、管理和运作失控,信息无法正常披露,投资者难以判断公司前景,权益可能因此受到损害,上海证券交易所对宏智科技实行特别处理。这是我国交易所首次因上市公司治理混乱、管理和运作失控而对上市公司实行特别处理。

2004 年 3 月份,王栋和黄曼民分别就临时股东大会法律效力的确认之事向法院提起诉讼。

2004 年 4 月底,福州市中级人民法院作出一审判决:由王栋、黄曼民分别主持召开的临时股东大会所产生的决议均无效;公司应当立即结束法人治理的混乱状态,以黄曼民为董事长的董事会继续行使对公司的法定职权,恢复公司的正常秩序。另裁定:自裁定送达之日起,以姚雄杰为董事长的董事会停止对公司的管理,公司由以黄曼民为董事长的董事会管理;由法院保全的公司的营业执照、公章、财务专用章及黄曼民私章继续由法院监管使用。

王栋不服法院的一审判决,上诉至福建省高级人民法院,在 2005 年 5 月 30 日的二审中,以王栋和黄曼民为代表的诉讼双方,最后均出人意料地表示愿意接受法院的庭外调解。但种种迹象表明,交锋双方并未真正善罢甘休,ST 宏智的控制权之争仍在持续。

2005 年 7 月 23 日上午,由 ST 宏智第二大股东李少林提议召开的股东会顺利通过决议,罢免了黄曼民为首的第二届全体董事,李少林提名的李曙、张念民等人取而代之,组成了第三届董事会。

宏智科技的公司控制权之争至此暂告一段落,但它已经元气大伤,未来之路仍然充满了变数。宏智科技事件给我们的启示包含以下几点。

第一,公司控制权可以带来控制权收益。当占有公司较大比例的股份达到对公司的控制时,这些处于控制地位的股份就具有一般股份所不具有的价值,即控制权价值。这对占有这些股份的股东来说无疑是一种利益,这种利益被称之为控制权收益。控制价值来源于公司可以不经过全体股东的同意,而只要所必需的多数批准,就可以执行这一决策制度。当某些股票被有效地联合起来时,公司的机制便把这种价值赋予了这些股票,而其他的股票却不占有这些价值。由于公司控制权能够带来控制权收益,为了获得这种收益,各方会采取企业并购、争夺投票代理权等方式获得公司的控制权。控制人可以利用控制公司之机,使公司目标与自身目标一致,以获得控制权带来的收益。在公司的现金流量充足时,如果控制人利用控制所带来的便利,在某种程度上,更容易获得额外的收益。宏智科技刚上市不久,募集资金还有很多,争夺控制权的主要目的是通过控制公司进而支配这些募集资金。

第二,长时间的控制权争夺会损害股东利益,特别是中小股东的合法权益。宏智科技各方长期争夺公司的控制权,造成了公司法人治理混乱,管理和运作失控,高层管理人员更换频繁,财产安全隐患增多,人才流失严重,经营活动受到极大影响,出现严重亏损,持续经营能力受到置疑,公司声誉受到损害,导致公司股票价格严重下挫,中小股东遭受巨大的损失。

第三,股权结构相对分散不一定有利于公司治理。股权相对分散,几个大股东持股相当并不一定就能解决我国上市公司一股独大的股权结构所带来的公司治理弊病。我国上市公司的股权结构的一个主要特征就是最大股东一股独大,由此给公司的法人治理带来诸多弊病。针对这种情况,有关人士提出了很多的解决方法,其中一种解决之道就是最大股东减少持股比例,增加大股东的数量,并且各大股东持股数量相当,从而使大股东之间互相制约,完善公司的治理。通过宏智科技控制权争夺战,可以看到,几位大股东持股相当,对公司的法人治理并不一定就有利。

第四,应加强上市公司信息披露的监管。上市公司的各种信息对投资者的投资决策影响重大,及时有效地披露信息,投资者在进行投资决策时可以根据自身的风险偏好有效地回避投资风险。从宏智科技公布的公告来看,公司和股东都没有很好地履行信息披露的义务。宏智科技进行对外担保以及多次募集资金丢失,公司没有及时地披露这些信息;股东进行多次的股权转让和托管,相关股东没有按法律法规的要求及时通知公司,履行信息披露义务。这些信息没有及时披露,严重影响了投资者的利益。证监会和交易所是证券市场的直接监管者,负有监管上市公司信息披露及时和完整的责任,有权对没有及时和完整披露信息的相关当事人进行处罚。面对宏智科技及其股东有意不披露重要信息,严重影响投资者利益的行为,证监会和交易所应当对相关当事人进行处罚。

第五,应健全证券市场监管法律法规。我国监管证券市场的法律法规不健全,可执行性差。随着我国证券市场的发展,出现了很多新的情况,现有法律法规有不完全适应之处,需要作出调整,如制定出切实可行的规章制度,健全监管的法律法规;修改《上市公司股东大会规范意见》等监管法规。

第六,引进第三方接管制度。公司控制权争夺无法及时解决时,可对公司实行第三方接管。公司经营管理混乱时,业绩受影响,最终损坏股东的权益。为尽快解决控制权之争,恢复公司生产经营的稳定,维护股东、员工、客户和供应商的利益,可对公司实行第三方接管。

公司治理法律、政策和法规

Corporate Governance Handbook

Corporate Governance and Economic Efficiency：When Do Institutions Matter？［J］. Washington University Law Review，1996，74（2）：327-345.

Until the 1980s，corporate governance was largely the province of lawyers. It was a world of specific rules-more or less precise statutory requirements governing shareholder meetings，the election of directors，notice requirements and the like-that were essentially unrelated to what corporations actually do. From this perspective，the corporation's productive activity was simply a black box onto which standard governance structures were superimposed with little effect on what took place within.

Ronald J. Gilson

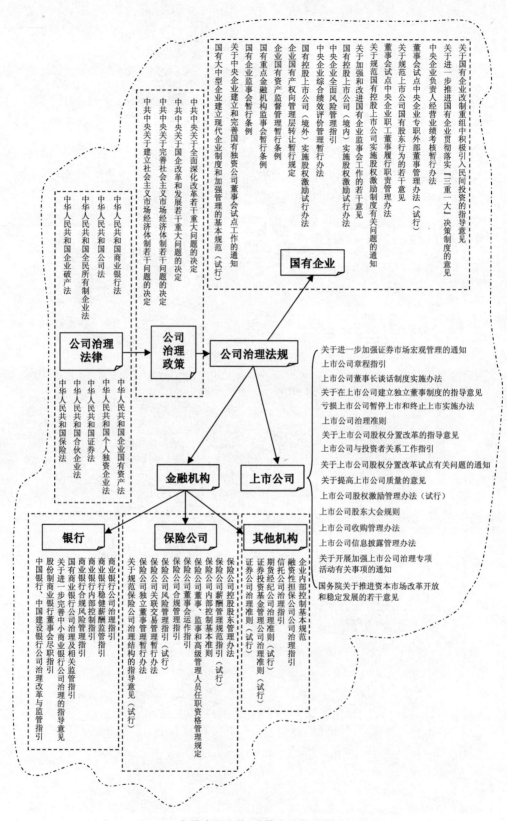

公司治理法律、政策和法规地图

〈公司治理法律——治理基础法〉

366.《中华人民共和国企业破产法》

发布时间：1986 年 12 月
首次生效：1988 年 11 月 1 日
修订时间：2006 年 8 月
发布主体：全国人民代表大会常务委员会
重要意义：完善破产程序这一公司治理的重要机制

破产是公司治理重要的机制。公司破产，是指公司不能清偿到期债务时，为保护债权人的利益，依法定程序，将公司的财产依法在全体债权人之间按比例公平分配的制度。是否宣告破产事关股东和债权人的利益，所以公司破产法的颁布对于企业的公司治理起到促进作用。颁布破产法的目的在于规范企业破产程序，公平清理债权债务，保护债权人和债务人的合法权益，维护社会主义市场经济秩序。

我国的第一部破产法是 1986 年 12 月颁布的《企业破产法（试行）》，这部法律仅适用于全民所有制企业。按照当时的立法计划，这部法律在短暂试行后，应该被正式的法律所取代。但是由于当时中国正在从社会主义计划经济向市场经济转型，关于企业应当如何破产，企业应承担的社会责任等问题存在着非常多的争议。直到 20 年后，2006 年 8 月，全国人大才通过了新的《企业破产法》，并于次年 6 月 1 日起取代 1986 年版的破产法。

2006 年版的破产法，将使用范围扩大到了所有形式的企业法人，增加了破产重整的规定，职工福利、工资等债务不再优先于企业的其他债务，比 1986 年的试行法律有了很大的发展。在破产流程上，完善了企业市场退出机制，为市场经济提供了一个较好的法律保障。在实体上，进一步明确了破产条件、破产财产的范围，引入了共益债务等新的概念；在程序上，在理顺、完善了旧破产法破产程序的基础上，导入了破产管理人、债权人委员会等新的制度，使破产法更便于操作。

该法在破产原因上也作出了改变。旧破产法规定企业破产原因为"因经营管理不善造成严重亏损，不能清偿到期债务的"，但是司法实践证明这一标准很难认定和操作，实践中多依赖于法官的"自由"裁量。因此一些地方企业的破产往往因地方保护等诸多人为因素得不到受理，或者虽然受理但是耗时几年都不能清算。此外，旧破产法还给予一些国有企业特殊待遇，规定"公用企业和与国计民生有重大关系的企业，政府有关部门给予资助或者采取其他措施帮助清偿债务的"不予宣告破产。因此，对于债权人来说不到万不得已，一般很少选择通过申请债务人破产来实现自己的债权，因为大家都知道这将是一条漫长的道路，并且尽头不一定有自己希望的收获。新破产法取消了对国有企业的特殊照顾，统一把企业破产的标准定为"不能清偿到期债务，并且资产不足以清偿全部债务或者明显缺乏清偿能力"，使企业破产原因的认定更加明确和具有操作性。并且，企业出现破产情形时，新破产法给予债权人与债务人更多的选择机会，其除了可以申请企业破产外，还可以向人民法院提出企业重整申请。从而在破产清算之外，为企业解决经营困难提出了另一条途径。

另外，管理人制度也发生变化。旧破产法规定"人民法院应当自宣告企业破产之日起十五日内成立清算组,接管破产企业。清算组负责破产财产的保管、清理、估价、处理和分配"。但是由于清算组成员多是由人民法院从企业的上级主管部门、政府财政部门等有关部门中指定,因此清算组成员基本上听命于法院,很难根据市场原则来处理破产企业的财产,具有极大的主观性。在新破产法立法过程中清算组制度也一度得以保留,破产法草案规定负责破产企业清算的清算组主要由企业的有关政府上级主管部门派人组成。

新破产法一改以往的清算组制度,引入企业管理人制度,规定人民法院裁定受理破产申请的同时应当指定管理人。管理人本着勤勉尽责,忠实执行以下职务:①接管债务人的财产、印章和账簿、文书等资料;②调查债务人财产状况,制作财产状况报告;③决定债务人的内部管理事务;④决定债务人的日常开支和其他必要开支;⑤在第一次债权人会议召开之前,决定继续或者停止债务人的营业;⑥管理和处分债务人的财产;⑦代表债务人参加诉讼、仲裁或者其他法律程序;⑧提议召开债权人会议;⑨人民法院认为管理人应当履行的其他职责。关于管理人的资质新破产法仅进行了原则性的规定,明确了管理人除可以由有关部门、机构的人员组成的清算组,还可由依法设立的律师事务所、会计师事务所、破产清算事务所等社会中介机构担任。而关于管理人的具体任职资格以及报酬等新破产法则将权力赋予了最高人民法院。

367.《中华人民共和国全民所有制工业企业法》

发布时间:1988 年 4 月 13 日
首次生效:1988 年 8 月 1 日
修订时间:2009 年 8 月 27 日
发布主体:全国人民代表大会常务委员会
重要意义:确立国有企业的法人实体地位和国有企业厂长负责制

为保障全民所有制经济的巩固和发展,明确全民所有制工业企业的权利和义务,保障其合法权益,增强其活力,促进社会主义现代化建设,全国人民代表大会于 1988 年 4 月 13 日通过该法。该法包括企业的设立、变更和终止,企业的权利和义务,厂长的职责,职工和职工代表大会的职责以及企业和政府的关系等内容。2009 年 8 月,全国人民代表大会常务委员会修订该法,删除了明显不适应社会主义市场经济和社会发展要求的条款。

该法规定了企业依法取得法人资格,以国家授予其经营管理的财产承担民事责任。

企业享有下列权利:在国家计划指导下,企业有权自行安排生产社会需要的产品或者为社会提供服务;企业有权要求调整没有必需的计划供应物资或者产品销售安排的指令性计划;企业有权接受或者拒绝任何部门和单位在指令性计划外安排的生产任务(2009 年修订时本条删除);企业有权自行销售本企业的产品,国务院另有规定的除外;承担指令性计划的企业,有权自行销售计划外超产的产品和计划内分成的产品;企业有权自行选择供货单位,购进生产需要的物资;除国务院规定由物价部门和有关主管部门控制价格的以外,企业有权自行确定产品价格、劳务价格;企业有权依照国务院规定与外商谈判并签订合同;企业有权依照国务院规定提取和使用分成的外汇收入;企业有权依照国务院规定支配使用留用资金;企业有权依照国务院规定出租或者有偿转让国家授予其经营管理的固定资产,所得的收益必须用于设备更新和技术改造;企业有权确定适合本企业情况的工资形式和奖金分配办法;企业有权依照法律和国务院规定录用、辞退职工;企业有权决定机构设置及其人员编制;企业有权拒绝任何机关和单位向企业摊派人力、物力、财力,除法律、法规另有规定外,任何机关和单位以任何方式要求企业提供人力、物力、财力的,都属于摊派;企业有权依照法律和国务院规定与其他企业、事业单位联营,向其他企业、事业单位投资,持有其他企业的股份;企业有权依照国务院规定发行债券。

该法进一步明确了国有企业领导体制,即厂长(经理)负责制,不同于以前的党委领导下的厂长(经理)负责制。同时该法对厂长的产生办法以及职权作出了规定。该法规定厂长是企业的法定代表人。厂长的产生,除国务院另有规定外,由政府主管部门根据企业的情况决定采取企业职工代表大会选举或政府主管部门委任招聘的其中一种方式。厂长领导企业的生产经营管理工作,行使下列职权:依照法律和国务院规定,决定或者报请审查批准企业的各项计划;决定企业行政机构的设置;提请政府主管部门任免或者聘任、解聘副厂级行政领导干部,法律和国务院另有规定的除外;任免或者聘任、解聘企业中层行政领导干部,法律另有规定的除外;提出工资调整方案、奖金分配方案和重要的规章制度,提请职工代表大会审查同意,提出福利基金使用方案和其他有关职工生活福利的重大事项的建议,提请职工代表大会审议决定;依法奖惩职工、提请政府主管部门奖惩副厂级行政领导干部。

368.《中华人民共和国公司法》

发布时间:1993 年 12 月 29 日

首次生效:1994 年 7 月 1 日

修订时间:1999 年 12 月 25 日;2004 年 8 月 28 日;2005 年 10 月 27 日;2013 年 12 月 28 日

发布主体:全国人民代表大会常务委员会

重要意义:我国公司治理的最核心法律

1993 年 12 月 29 日全国人民代表大会常务委员会制定该法以规范公司的组织和行为,保护公司、股东和债权人的合法权益,维护社会经济秩序,促进社会主义市场经济的发展。该法于 1999 年、2004 年、2005 年和 2013 年进行了修订。该法规定了有限责任公司的设立和组织机构、有限责任公司的股权转让、股份有限公司的设立和组织机构、股份有限公司的股份发行和转让、公司董事、监事、高级管理人员的资格和义务等内容。该法是我国各种类型公司制企业治理实践的根本大法。

2013 年 12 月 28 日,第十二届全国人民代表大会常务委员会第六次会议通过对《中华人民共和国公司法》所作的合计 12 个条款的修改,自 2014 年 3 月 1 日起施行。本次修改主要是将公司注册资本由实缴登记制改为认缴登记制,放宽注册资本登记条件,降低了公司设立门槛,为我国推行注册资本登记制度改革提供了法律保障。

369.《中华人民共和国商业银行法》

发布时间:1995 年 5 月 10 日

首次生效:1995 年 7 月 1 日

修订时间:2003 年 12 月 27 日

发布主体：全国人民代表大会常务委员会

重要意义：银行治理基础法

全国人民代表大会常务委员会于 1995 年 5 月 10 日通过该法以保护商业银行、存款人和其他客户的合法权益，规范商业银行的行为，加强监督管理，维护金融秩序，并于 2003 年 12 月 27 日修订该法。

该法对于商业银行的设立和组织机构、业务的基本规则、对存款人的保护、监督管理、接管和终止作出了具体的规定。

该法规定设立商业银行，应当具备的条件之一：有符合该法和《公司法》规定的章程；有具备任职专业知识和业务工作经验的董事、高级管理人员；有健全的组织机构和管理制度；有符合要求的营业场所、安全防范措施和与业务有关的其他设施；符合规定注册资本。

该法规定商业银行有下列变更事项之一的，应当经国务院银行业监督管理机构批准：①变更名称；②变更注册资本；③变更总行或者分支行所在地；④调整业务范围；⑤变更持有资本总额或者股份总额 5％以上的股东；⑥修改章程；⑦国务院银行业监督管理机构规定的其他变更事项。另外，更换董事、高级管理人员时，应当报经国务院银行业监督管理机构审查其任职资格。

另外该法规定国有独资商业银行应设立监事会。监事会对国有独资商业银行的信贷资产质量、资产负债比例、国有资产保值增值等情况以及高级管理人员违反法律、行政法规或者章程的行为和损害银行利益的行为进行监督。

370.《中华人民共和国保险法》

发布时间：1995 年 6 月 30 日

首次生效：1995 年 10 月 1 日

修订时间：2002 年 10 月 28 日；2009 年 2 月 28 日

发布主体：全国人民代表大会常务委员会

重要意义：保险公司治理基础法

为了规范保险活动，保护保险活动当事人的合法权益，加强对保险业的监督管理，维护社会经济秩序和社会公共利益，促进保险事业的健康发展，全国人民代表大会常务委员会于 1995 年 6 月 30 日通过该法；并于 2002 年 10 月 28 日及 2009 年 2 月 28 日做了修订。该法对保险合同、人身保险合同、财产保险合同、保险公司、保险经营规则、保险代理人和保险经纪人、保险业监督管理、法律责任等进行了规定。新《保险法》对"保险公司"部分进行了系统修订，着力完善了保险行业基本制度。修订主要内容包括保险市场的准入制度、退出制度以及保险公司治理结构三个方面。过去只是出现在行业规章制度里的治理监管条例首次被纳入该法，因此该法的实施给我国保险公司治理的完善带来深远影响。

最后一次的修订严格了设立保险公司的要求：增加了主要股东具有持续盈利能力，信誉良好，最近三年内无重大违法违规记录，净资产不低于人民币两亿元的要求；将"具有任职专业和业务工作经验的高级管理人员"修订为"有具备任职专业知识和业务工作经验的董事、监事和高级管理人员"。另外，该法规定保险公司的董事、监事和高级管理人员应当品行良好，熟悉与保险相关的法律、行政法规，具有履行职责所需的经营管理能力，并在任职前取得保险监督管理机构核准的任职资格。

完善的法人治理结构是建立现代金融企业的必要条件之一。针对目前大部分保险公司法人治理结构不够完善的状况,新《保险法》从公司股东、董事会、经理层等几个方面进行了严格规范。由于股权分散使董事会成为经营决策的核心,以及由于高度专业性导致公司对职业经理人依赖程度高,是金融行业的基本特征。正是这些特征决定了能否任用勤勉尽责、专业正直的董事、监事和高级管理层,是金融行业能否健康发展的关键因素之一。因此,首先,新《保险法》明确规定了董事及高管在品行、熟悉规则以及经营管理能力方面的要求;其次,参照《证券法》增加了保险公司董事、监事和高管人员任职资格的限制性规定,明确规定被金融监管机构取消任职资格未逾 5 年的,不得担任保险公司董事、监事及高管;最后,参照《公司法》的相关规定,新增了保险公司董事、监事及高管违反忠实义务应承担的法律责任,规定当董事、监事及高管人员执行公司职务时违反法律、行政法规或者公司章程的规定,给公司造成损失的,应当承担赔偿责任。对于公司治理中股东的相关规定除了上述市场准入方面的限制外,新法在"经营规则"和"监管管理"部分也作了其他相配套的规定。

与原法相比,新修订的《保险法》不仅突出维护治理机制中的弱势方——投保人和被保险人的产权利益,对优化保险资源配置效率和治理结构具有深刻影响,而且从治理机制的内部和外部两个方面,加强了对我国保险企业治理机制风险的监管,对完善我国保险公司治理机制、防范金融风险和促进我国保险业又好又快发展具有深远意义(张艳,丁江萍,刘循循,2010)。

371.《中华人民共和国合伙企业法》

发布时间:1997 年 2 月 23 日
首次生效:1997 年 8 月 1 日
修订时间:2006 年 8 月 27 日
发布主体:全国人民代表大会常务委员会
重要意义:规范了合伙企业治理和管理问题

1997 年 2 月 23 日,全国人民代表大会常务委员会制定该法以规范合伙企业的行为,保护合伙企业及其合伙人、债权人的合法权益,维护社会经济秩序,促进社会主义市场经济的发展,并于 2006 年 8 月 27 日对该法做了修订。修订后的合伙企业法保持了原合伙企业法关于确认合伙企业的团体性的规定,扩大了合伙人的范围。

该法所称合伙企业,是指自然人、法人和其他组织依照本法在我国境内设立的普通合伙企业和有限合伙企业。普通合伙企业由普通合伙人组成,合伙人对合伙企业债务承担无限连带责任。该法对普通合伙人承担责任的形式有特别规定的,从其规定。有限合伙企业由普通合伙人和有限合伙人组成,普通合伙人对合伙企业债务承担无限连带责任,有限合伙人以其认缴的出资额为限对合伙企业债务承担责任。

合伙企业虽然不是按照公司法注册,但是同样存在治理问题。例如该法规定有限合伙企业由普通合伙人执行合伙事务。执行事务合伙人可以要求在合伙协议中确定执行事务的报酬及报酬提取方式。有限合伙人不执行合伙事务,不得对外代表有限合伙企业。有限合伙人有行使以下行为的权利:①参与决定普通合伙人入伙、退伙;②对企业的经营管理提出建议;③参与选择承办有限合伙企业审计业务的会计师事务所;④获取经审计的有限合伙企业财务会计报告;⑤对涉及自身利益的情况,查阅有限合伙企业财务会计账簿等财务资料;⑥在有限合伙企业中的利益受到侵害时,向有责任的合伙人主张权利或者提起诉讼;⑦执行事务合伙人怠于行使权利时,督促其行使权利或者为了该企业的利益以自己的名义提起诉讼;⑧依法为该企业提供担保。

同时该法对于普通合伙企业与有限合伙企业的入伙、退伙作出了规定。

在普通合伙企业中新合伙人入伙,除合伙协议另有约定外,应当经全体合伙人一致同意,并依法订立书面入伙协议。订立入伙协议时,原合伙人应当向新合伙人如实告知原合伙企业的经营状况和财务状况。入伙的新合伙人与原合伙人享有同等权利,承担同等责任。入伙协议另有约定的,从其约定。新合伙人对入伙前合伙企业的债务承担无限连带责任。合伙协议约定合伙期限的,在合伙企业存续期间,有下列情形之一的,合伙人可以退伙:①合伙协议约定的退伙事由出现;②经全体合伙人一致同意;③发生合伙人难以继续参加合伙的事由;④其他合伙人严重违反合伙协议约定的义务。

在有限合伙企业中,新入伙的有限合伙人对入伙前有限合伙企业的债务,以其认缴的出资额为限承担责任。有限合伙人退伙后,对基于其退伙前的原因发生的有限合伙企业债务,以其退伙时从有限合伙企业中取回的财产为限承担责任。

372.《中华人民共和国证券法》

发布时间:1998 年 12 月 29 日
首次生效:1999 年 7 月 1 日
修订时间:2004 年 8 月 28 日;2005 年 10 月 27 日
发布主体:全国人民代表大会常务委员会
重要意义:推动上市公司治理质量进一步提高

为了规范证券发行和交易行为,保护投资者的合法权益,维护社会经济秩序和社会公共利益,促进社会主义市场经济的发展,全国人民代表大会常务委员会于 1998 年 12 月 29 日制定该法,之后有过两次修订,最新的修订时间为 2005 年 10 月 27 日。该法规定了证券发行、交易、上市公司的收购等行为。最新一次的修订将公司实际控制人的信息纳入上市公司信息披露的范围。增加了持有公司 5% 以上股份的其董事、监事、高级管理人员,公司的实际控制人及其董事、监事、高级管理人员以及发行人控股的公司的董事、监事、高级管理人员作为证券交易内幕信息的知情人。

该法第六十六条规定上市公司和公司债券上市交易的公司,应当在每一会计年度结束之日起四个月内,向国务院证券监督管理机构和证券交易所报送记载以下内容的年度报告,并予公告:①公司概况;②公司财务会计报告和经营情况;③董事、监事、高级管理人员简介及其持股情况;④已发行的股票、公司债券情况,包括持有公司股份最多的前十名股东的名单和持股数额;⑤公司的实际控制人;⑥国务院证券监督管理机构规定的其他事项。

发生可能对上市公司股票交易价格产生较大影响的重大事件,投资者尚未得知时,上市公司应当立即将有关该重大事件的情况向国务院证券监督管理机构和证券交易所报送临时报告,并予公告,说明事件的起因、目前的状态和可能产生的法律后果。重大事件内容如下:①公司的经营方针和经营范围的重大变化;②公司的重大投资行为和重大的购置财产的决定；③公司订立重要合同，可能对公司的资产、负债、权益和经营成果产生重要影响；④公司发生重大债务和未能清偿到期重大债务的违约情况；⑤公司发生重大亏损或者重大损失；⑥公司生产经营的外部条件发生的重大变化；⑦公司的董事、1/3 以上监事或者经理发生变动；⑧持有公司 5％以上股份的股东或者实际控制人，其持有股份或者控制公司的情况发生较大变化；⑨公司减资、合并、分立、解散及申请破产的决定；⑩涉及公司的重大诉讼，股东大会、董事会决议被依法撤销或者宣告无效；⑪公司涉嫌犯罪被司法机关立案调查，公司董事、监事、高级管理人员涉嫌犯罪被司法机关采取强制措施；⑫国务院证券监督管理机构规定的其他事项。

373.《中华人民共和国个人独资企业法》

发布时间：1999 年 8 月 30 日
生效时间：2000 年 1 月 1 日
发布主体：全国人民代表大会常务委员会
重要意义：规范了个人独资企业治理和管理问题

为了规范个人独资企业的行为，保护个人独资企业投资人和债权人的合法权益，维护社会经济秩序，促进社会主义市场经济的发展，全国人民代表大会常务委员会于 1999 年 8 月 30 日通过该法。该法所称个人独资企业，是指依照该法在我国境内设立，由一个自然人投资，财产为投资人个人所有，投资人以其个人财产对企业债务承担无限责任的经营实体。

该法对个人独资企业的投资人及事务管理进行了规定。该法规定个人独资企业投资人对本企业的财产依法享有所有权，其有关权利可以依法进行转让或继承。个人独资企业投资人可以自行管理企业事务，也可以委托或者聘用其他具有民事行为能力的人负责企业的事务管理。投资人委托或者聘用他人管理个人独资企业事务，应当与受托人或者被聘用的人签订书面合同，明确委托的具体内容和授予的权利范围。受托人或者被聘用的人员应当履行诚信、勤勉义务，按照与投资人签订的合同负责个人独资企业的事务管理。投资人对受托人或者被聘用的人员职权的限制，不得对抗善意第三人。

所有人与委托人是个人独资企业的治理问题所在。该法规定投资人委托或者聘用的管理个人独资企业事务的人员不得有下列行为：①利用职务上的便利，索取或者收受贿赂；②利用职务或者工作上的便利侵占企业财产；③挪用企业的资金归个人使用或者借贷给他人；④未经投资人同意，从事与本企业相竞争的业务或同本企业订立合同或者进行交易或擅自将企业商标或者其他知识产权转让给他人使用；⑤泄露本企业的商业秘密。

374.《中华人民共和国企业国有资产法》

发布时间：2008 年 10 月 28 日
生效时间：2009 年 5 月 1 日
发布主体：全国人民代表大会常务委员会
重要意义：国有企业治理基础法

全国人民代表大会常务委员会于 2008 年 10 月 28 日通过该法，2009 年 5 月 1 日起施行，目的是维护国家基本经济制度，巩固和发展国有经济，加强对国有资产的保护，发挥国有经济在国民经济中的主导作用，促进社会主义市场经济发展。

该法对于履行出资人职责的机构、国家出资企业、国家出资企业管理者的选择与考核、关系国有资产出资人权益的重大事项、国有资本经营预算、国有资产监督作出了具体的规定。

该法所称企业国有资产，是指国家对企业各种形式的出资所形成的权益。该法规定国有资产属于国家所有即全民所有。国务院代表国家行使国有资产所有权。国家出资企业，是指国家出资的国有独资企业、国有独资公司，以及国有资本控股公司、国有资本参股公司。国务院和地方人民政府应当按照政企分开、社会公共管理职能与国有资产出资人职能分开、不干预企业依法自主经营的原则，依法履行出资人职责。

该法规定国家建立国家出资企业管理者经营业绩考核制度。履行出资人职责的机构应当对其任命的企业管理者进行年度和任期考核，并依据考核结果决定对企业管理者的奖惩。

该法提出国家出资企业的董事、监事、高级管理人员，应当遵守法律、行政法规以及企业章程，对企业负有忠实义务和勤勉义务，不得利用职权收受贿赂或者取得其他非法收入和不当利益，不得侵占、挪用企业资产，不得超越职权或者违反程序决定企业重大事项，不得有其他侵害国有资产出资人权益的行为。

〈公司治理政策——治理顶层设计〉

375.《中共中央关于建立社会主义市场经济体制若干问题的决定》

发布时间：1993 年 11 月 14 日
生效时间：1993 年 11 月 14 日
发布主体：中国共产党第十四届中央委员会第三次全体会议
重要意义：提出建立现代企业制度是我国国有企业改革的方向

以邓小平同志 1992 年年初重要谈话和党的十四大为标志，我国改革开放和现代化建设事业进入了一个新的发展阶段。十四大明确提出的建立社会主义市场经济体制，这是建设有中国特色社会主义理论的重要组成部分，对于我国现代化建设事业具有重大而深远的意义。在 20 世纪末初步建立起新的经济体制，是全党和全国各族人民在新时期的伟大历史任务。为贯彻落实党的第十四次全国代表大会提出的经济体制改革的任务，加快改革开放和社会主义现代化建设步伐，十四届中央委员会第三次全体会议于 1993 年 11 月 14 日通过了该决定。决定的内容包括 6 个方面，分别为我国经济体制改革面临的新形势和新任务，转换国有企业经营机制、建立现代企业制度，培育和发展市场体系，转变政府职能，建立健全宏观经济调控体系，建立合理的个人收入分配和社会保障制度，以及深化农村经济体制改革。

在第二方面"转换国有企业经营机制，建立现代企业制度"中，该《决定》提出以公有制为主体的现代企业制度是社会主义市场经济体制的基础。建立现代企业制度，是发展社会化大生产和市场经济的必然要求，是我国国有企业改革的方向。其基本特征，一是产权关系明晰，企业中的国有资产所有权属于国家，企业拥有包括国家在内的出资者投资形成的全部法人财产权,成为享有民事权利、承担民事责任的法人实体。二是企业以其全部法人财产,依法自主经营,自负盈亏,照章纳税,对出资者承担资产保值增值的责任。三是出资者按投入企业的资本额享有所有者的权益,即资产受益、重大决策和选择管理者等权利。企业破产时,出资者只以投入企业的资本额对企业债务负有限责任。四是企业按照市场需求组织生产经营,以提高劳动生产率和经济效益为目的,政府不直接干预企业的生产经营活动。企业在市场竞争中优胜劣汰,长期亏损、资不抵债的应依法破产。五是建立科学的企业领导体制和组织管理制度,调节所有者、经营者和职工之间的关系,形成激励和约束相结合的经营机制。所有企业都要向这个方向努力。

国有大中型企业是国民经济的支柱,推行现代企业制度,对于提高经营管理水平和竞争能力,更好地发挥主导作用,具有重要意义。现代企业按照财产构成可以有多种组织形式。国有企业实行公司制,是建立现代企业制度的有益探索。规范的公司,能够有效地实现出资者所有权与企业法人财产权的分离,有利于政企分开、转换经营机制,企业摆脱对行政机关的依赖,国家解除对企业承担的无限责任;也有利于筹集资金、分散风险。公司可以有不同的类型。具备条件的国有大中型企业,单一投资主体的可依法改组为独资公司,多个投资主体的可依法改组为有限责任公司或股份有限公司。上市的股份有限公司,只能是少数,必须经过严格审定。国有股权在公司中占有多少份额比较合适,可按不同产业和股权分散程度区别处理。生产某些特殊产品的公司和军工企业应由国家独资经营,支柱产业和基础产业中的骨干企业,国家要控股并吸收非国有资金入股,以扩大国有经济的主导作用和影响范围。实行公司制不是简单更换名称,也不是单纯为了筹集资金,而要着重于转换机制。要通过试点,逐步推行,绝不能搞形式主义,一哄而起。要防止把不具备条件的企业硬行改为公司。现有公司要按规范的要求加以整顿。

376.《中共中央关于国企改革和发展若干重大问题的决定》

发布时间：1999 年 9 月 22 日
生效时间：1999 年 9 月 22 日
发布主体：中国共产党第十五届中央委员会第四次全体会议
重要意义：提出法人治理结构是公司制核心

十一届三中全会以来,在邓小平理论指导下,我们党开辟了建设有中国特色社会主义的新道路。为克服传统计划经济体制的弊端,我们坚持解放思想,实事求是,积极探索,循序渐进,不断深化国有企业改革和整个经济体制改革,推进现代化建设。国有企业管理体制和经营机制发生了深刻变化,一批企业在市场竞争中成长壮大,技术装备水平明显提高,以国有企业为主生产的一些重要产品的产量跃居世界前列。在公有制为主体、多种所有制经济共同发展的新格局下,国有经济的总体实力进一步增强,在国民经济中继续发挥着主导作用,并且一直是财政收入的主要来源,有力地支持了国家的改革和建设。经过多年的努力,国有企业朝着建立社会主义市场经济体制的改革目标,迈出了前所未有的重大步伐。但是由于传统体制的长期影响以及市场环境的急剧变化,相当一部分国有企业还不适应市场经济的要求,经营机制不活,生产经营艰难。为实现党的十五大提出的我国改革开放和现代化建设跨世纪发展的宏伟目标,1999年9月22日中国共产党第十五届中央委员会第四次全体会议通过此项《决定》。

《决定》的内容包括以下方面:国有企业改革和发展的主要目标与指导方针、从战略上调整国有经济布局、推进国有企业战略性改组、建立和完善现代企业制度、加强和改善企业管理、改善国有企业资产负债结构和减轻企业社会负担、做好减员增效、再就业和社会保障工作、加快国有企业技术进步和产业升级、为国有企业改革和发展创造良好的外部环境、建设高素质的经营管理者队伍、加强党对国有企业改革和发展工作的领导。

《决定》指出国有企业是我国国民经济的支柱。国有企业改革是整个经济体制改革的中心环节,搞好国有企业的改革和发展,是实现国家长治久安和保持社会稳定的重要基础。推进国有企业改革和发展,必须坚持10条指导方针,其中第四条与公司治理密切相关,内容为:建立现代企业制度,实现产权清晰、权责明确、政企分开、管理科学,健全决策、执行和监督体系,使企业成为自主经营、自负盈亏的法人实体和市场主体。

对于如何建立现代企业制度,决定提出要从我国国情出发,总结实践经验,按照十四届三中全会决定和十五大报告关于建立现代企业制度的论述,全面理解和把握产权清晰、权责明确、政企分开、管理科学的要求,抓好对国有大中型企业实行规范的公司制改革的环节。公司制是现代企业制度的一种有效组织形式。公司法人治理结构是公司制的核心。要明确股东会、董事会、监事会和经理层的职责,形成各负其责、协调运转、有效制衡的公司法人治理结构。所有者对企业拥有最终控制权。董事会要维护出资人权益,对股东会负责。董事会对公司的发展目标和重大经营活动作出决策,聘任经营者,并对经营者的业绩进行考核和评价。发挥监事会对企业财务和董事、经营者行为的监督作用。国有独资和国有控股公司的党委负责人可以通过法定程序进入董事会、监事会,董事会和监事会都要有职工代表参加;董事会、监事会、经理层及工会中的党员负责人,可依照党章及有关规定进入党委会;党委书记和董事长可由一人担任,董事长、总经理原则上分设。充分发挥董事会对重大问题统一决策、监事会有效监督的作用。党组织按照党章、工会和职代会按照有关法律法规履行职责。股权多元化有利于形成规范的公司法人治理结构,除极少数必须由国家垄断经营的企业外,要积极发展多元投资主体的公司。

377.《中共中央关于完善社会主义市场经济体制若干问题的决定》

发布时间:2003年10月14日
发布主体:中国共产党第十六届中央委员会第三次全体会议
重要意义:提出要完善公司法人治理结构

十一届三中全会开始改革开放、十四大确定社会主义市场经济体制改革目标以及十四届三中全会作出相关决定以来,我国经济体制改革在理论和实践上取得重大进展。社会主义市场经济体制初步建立,公有制为主体、多种所有制经济共同发展的基本经济制度已经确立,全方位、宽领域、多层次的对外开放格局基本形成。改革的不断深化,极大地促进了社会生产力、综合国力和人民生活水平的提高,使我国经受住了国际经济金融动荡和国内严重自然灾害、重大疫情等严峻考验。同时也存在经济结构不合理、分配关系尚未理顺、农民收入增长缓慢、就业矛盾突出、资源环境压力加大、经济整体竞争力不强等问题,其重要原因是我国处于社会主义初级阶段,经济体制还不完善,生产力发展仍面临诸多体制性障碍。为适应经济全球化和科技进步加快的国际环境,适应全面建设小康社会的新形势,必须加快推进改革,进一步解放和发展生产力,为经济发展和社会全面进步注入强大动力。

为贯彻落实党的十六大提出的建成完善的社会主义市场经济体制和更具活力、更加开放的经济体系的战略部署,深化经济体制改革,促进经济社会全面发展,2003 年 10 月 14 日中国共产党召开第十六届中央委员会第三次全体会议,讨论了关于完善社会主义市场经济体制的若干重大问题。

会议提出完善国有资产管理体制,深化国有企业改革。在公司治理方面,完善公司法人治理结构。按照现代企业制度要求,规范公司股东会、董事会、监事会和经营管理者的权责,完善企业领导人员的聘任制度。股东会决定董事和监事会成员,董事会选择经营管理者,经营管理者行使用人权,并形成权力机构、决策机构、监督机构和经营管理者之间的制衡机制。企业党组织要发挥政治核心作用,并适应公司法人治理结构的要求,改进发挥作用的方式,支持股东会、董事会、监事会和经营管理者依法行使职权,参与企业重大问题的决策。要坚持党管干部原则,并同市场化选聘企业经营管理者的机制相结合。中央和地方党委要加强和改进对国有重要骨干企业领导班子的管理。要全心全意依靠职工群众,探索现代企业制度下职工民主管理的有效途径,维护职工合法权益。继续推进企业转换经营机制,深化劳动用工、人事和收入分配制度改革,分流安置富余人员,分离企业办社会职能,创造企业改革发展的良好环境。

378.《中共中央关于全面深化改革若干重大问题的决定》

发布时间:2013 年 11 月 12 日
发布主体:中国共产党第十八届中央委员会第三次全体会议
重要意义:提出推动国有企业完善现代企业制度

《决定》指出全面深化改革的总目标是完善和发展中国特色社会主义制度,推进国家治理体系和治理能力现代化。国有企业属于全民所有,是推进国家现代化、保障人民共同利益的重要力量。国有企业总体上已经同市场经济相融合,必须适应市场化、国际化新形势,以规范经营决策、资产保值增值、公平参与竞争、提高企业效率、增强企业活力、承担社会责任为重点,进一步深化国有企业改革。

宏观层面上包括以下几点。第一,积极发展混合所有制经济。国有资本、集体资本、非公有资本等交叉持股、相互融合的混合所有制经济,是基本经济制度的重要实现形式,有利于国有资本放大功能、保值增值、提高竞争力,有利于各种所有制资本取长补短、相互促进、共同发展。允许更多国有经济和其他所有制经济发展成为混合所有制经济。国有资本投资项目允许非国有资本参股。允许混合所有制经济实行企业员工持股,形成资本所有者和劳动者利益共同体。第二,完善国有资产管理体制,以管资本为主加强国有资产监管,改革国有资本授权经营体制,组建若干国有资本运营公司,支持有条件的国有企业改组为国有资本投资公司。国有资本投资运营要服务于国家战略目标,更多投向关系国家安全、国民经济命脉的重要行业和关键领域,重点提供公共服务、发展重要前瞻性战略性产业、保护生态环境、支持科技进步、保障国家安全。

微观层面上,推动国有企业完善现代企业制度。第一,准确界定不同国有企业功能。国有资本加大对公益性企业的投入,在提供公共服务方面作出更大贡献。国有资本继续控股经营的自然垄断行业,实行以政企分开、政资分开、特许经营、政府监管为主要内容的改革,根据不同行业特点实行网运分开、放开竞争性业务,推进公共资源配置市场化。进一步破除各种形式的行政垄断。第二,健全协调运转、有效制衡的公司法人治理结构。建立职业经理人制度,更好发挥企业家作用。深化企业内部管理人员能上能下、员工能进能出、收入能增能减的制度改革。建立长效激励约束机制,强化国有企业经营投资责任追究。探索推进国有企业财务预算等重大信息公开。第三,国有企业要合理增加市场化选聘比例,合理确定并严格规范国有企业管理人员薪酬水平、职务待遇、职务消费、业务消费。

〈公司治理法规——上市公司〉

379.《关于进一步加强证券市场宏观管理的通知》

发布时间:1992 年 12 月 17 日
生效时间:1992 年 12 月 17 日
发布主体:国务院
重要意义:明确了中央政府对证券市场的统一管理体制

证券市场的建立和发展,对于筹集资金,优化资源配置,调整产业结构,转换企业经营机制,促进社会主义市场经济发展有积极的作用。我国的证券市场在改革开放中得到恢复并有了较快发展,在邓小平同志视察南方时的重要谈话和中央政治局全体会议精神的指导下,又有了进一步发展。但由于当时我国有关证券市场的法律、法规和监管体系还不健全,证券市场的操作经验不足,投资者缺乏必要风险意识,一些地方推行股份制改革和发展证券市场存在着一哄而上的倾向,加之证券市场管理政出多门、力量分散和管理薄弱,使证券市场出现了一些混乱现象。

为了加强证券市场的宏观管理,统一协调有关政策,建立健全证券监管工作制度,保护广大投资者的利益,促进我国证券市场健康发展,国务院第一次出台了关于资本市场发展的有关文件。在该《通知》中国务院提出决定成立国务院证券委员会(简称证券委)和中国证券监督管理委员会(简称证监会)。该《通知》提出理顺和完善证券市场管理机制,包括四个方面,内容如下。

(1)证券委是国家对全国证券市场进行统一宏观管理的主管机构,主要职责是:负责组织拟订有关证券市场的法律、法规草案;研究制定有关证券市场的方针政策和规章,制订证券市场发展规划和提出计划建议;指导、协调、监督和检查各地区、各有关部门与证券市场有关的各项工作;归口管理证监会。

(2)证监会是证券委监管执行机构,由有证券专业知识和实践经验的专家组成,按事业单位管理,主要职责是:根据证券委的授权,拟订有关证券市场管理的规则;对证券经营机构从事证券业务,特别是股票自营业务进行监管;依法对有价证券的发行和交易以及对向社会公开发行股票的公司实施监管;对境内企业向境外发行股票实施监管;会同有关部门进行证券统计,研究分析证券市场形势并及时向证券委报告工作,提出建议。

（3）国务院有关部门和地方人民政府关于证券工作的职责分工是：国家计委根据证券委的计划建议进行综合平衡，编制证券计划；中国人民银行负责审批归口管理证券机构，同时报证券委备案；财政部归口管理注册会计师和会计师事务所，对其从事证券业有关的会计事务的资格由证监会审定；国家体改委负责拟订股份制试点的法规并组织协调有关试点工作；上海、深圳证券交易所由当地政府归口管理，由证监会实施监督，设立新的证券交易所必须由证券委审核，报国务院批准；现有企业的股份制试点，地方企业由省级或计划单列市人民政府授权的部门会同企业主管部门负责审批，中央企业由国家体改委会同企业主管部门负责审批。新建和在建项目的股份制试点审批办法另行下达。

（4）要充分发挥证券行业自律性组织的作用，逐步建立起有中国特色的，分层次的，各司其职、各负其责、协调配合的证券市场监督管理体系。

380.《上市公司章程指引》

发布时间：1997 年 12 月 16 日
首次生效：1997 年 12 月 16 日
修订时间：2006 年 12 月 13 日
发布主体：中国证监会
重要意义：明确规范了作为上市公司根本大法的章程

为促进上市公司规范运作，2006 年 3 月 16 日，证监会对 1997 年颁布的《上市公司章程指引》（以下简称《章程指引》）进行修订。《章程指引》规定的是上市公司章程的基本内容，包括经营宗旨和范围、股份、股东和股东大会、董事会、监事会、财务会计制度、利润分配和审计通知和公告等。

该《章程指引》规定在不违反法律、法规的前提下，上市公司可以根据具体情况，在其章程中增加《章程指引》包含内容以外的、适合本公司实际需要的其他内容，也可以对《章程指引》规定的内容做文字和顺序的调整或变动。上市公司根据需要，增加或修改《章程指引》规定的必备内容的，应当在董事会公告章程修改议案时进行特别提示。

同时，该《章程指引》对于控股股东、实际控制人、关联关系作出了具体界定，具体如下。

（1）控股股东，是指其持有的股份占公司股本总额 50% 以上的股东；或持有股份的比例虽然不足 50%，但依其持有的股份所享有的表决权已足以对股东大会的决议产生重大影响的股东。

（2）实际控制人，是指虽不是公司的股东，但通过投资关系、协议或者其他安排，能够实际支配公司行为的人。

（3）关联关系，是指公司控股股东、实际控制人、董事、监事、高级管理人员与其直接或者间接控制的企业之间的关系，以及可能导致公司利益转移的其他关系。但是，国家控股的企业之间不仅因为同受国家控股而具有关联关系。

381.《上市公司董事长谈话制度实施办法》

发布时间：2001 年 3 月 19 日
生效时间：2001 年 3 月 19 日
发布主体：中国证监会
重要意义：提出约见上市公司董事长谈话制度，加强上市公司监管

中国证监会于 2001 年 3 月 19 日发布该实施办法以加强上市公司监管，促进上市公司依法规范运作。

为保护投资者权益，该《办法》规定上市公司存在下列情形之一的，应当约见上市公司董事长谈话：严重资不抵债或主要资产被查封、冻结、拍卖导致公司失去持续经营能力的；控制权发生重大变动的；未履行招股说明书承诺事项的；公司或其董事会成员存在不当行为，但不构成违反国家证券法律、法规及中国证监会有关规定的。

382.《关于在上市公司建立独立董事制度的指导意见》

发布时间：2001 年 8 月 16 日
生效时间：2001 年 8 月 16 日
发布主体：中国证监会
重要意义：正式引入独立董事制度

为进一步完善上市公司治理结构，促进上市公司规范运作，证监会于 2001 年 8 月 16 日颁布该指导意见。该指导意见对上市公司建立独立董事制度、独立董事的独立性、独立董事的任职条件、独立董事的提名选举和更换、上市公司独立董事的作用、独立董事对上市公司重大事项发表独立意见、上市公司为独立董事提供必要的条件作出了具体规定。

该指导意见提出上市公司应当建立独立董事制度，具体规定如下。

(1) 上市公司独立董事是指不在公司担任除董事外的其他职务，并与其所受聘的上市公司及其主要股东不存在可能妨碍其进行独立客观判断的关系的董事。

(2) 独立董事对上市公司及全体股东负有诚信与勤勉义务。独立董事应当按照相关法律法规、本指导意见和公司章程的要求，认真履行职责，维护公司整体利益，尤其要关注中小股东的合法权益不受损害。独立董事应当独立履行职责，不受上市公司主要股东、实际控制人或者其他与上市公司存在利害关系的单位或个人的影响。独立董事原则上最多在 5 家上市公司兼任独立董事，并确保有足够的时间和精力有效地履行独立董事的职责。

(3) 各境内上市公司应当按照本指导意见的要求修改公司章程，聘任适当人员担任独立董事，其中至少包括一名会计专业人士（会计专业人士是指具有高级职称或注册会计师资格的人士）。在 2002 年 6 月 30 日前，董事会成员中应当至少包括两名独立董事；在 2003 年 6 月 30 日前，上市公司董事会成员中应当至少包括 1/3 独立董事。

(4) 独立董事出现不符合独立性条件或其他不适宜履行独立董事职责的情形，由此造成

上市公司独立董事达不到本《指导意见》要求的人数时，上市公司应按规定补足独立董事人数。

独立董事应当具备与其行使职权相适应的任职条件：根据法律、行政法规及其他有关规定，具备担任上市公司董事的资格；具有本《指导意见》所要求的独立性；具备上市公司运作的基本知识，熟悉相关法律、行政法规、规章及规则；具有5年以上法律、经济或者其他履行独立董事职责所必需的工作经验；公司章程规定的其他条件。

独立董事必须具有独立性。下列人员不得担任独立董事：①在上市公司或者其附属企业任职的人员及其直系亲属、主要社会关系（直系亲属是指配偶、父母、子女等；主要社会关系是指兄弟姐妹、岳父母、儿媳女婿、兄弟姐妹的配偶、配偶的兄弟姐妹等）；②直接或间接持有上市公司已发行股份1％以上或者是上市公司前10名股东中的自然人股东及其直系亲属；③在直接或间接持有上市公司已发行股份5％以上的股东单位或者在上市公司前5名股东单位任职的人员及其直系亲属；④最近一年内曾经具有前三项所列举情形的人员；⑤为上市公司或者其附属企业提供财务、法律、咨询等服务的人员；⑥公司章程规定的其他人员；⑦中国证监会认定的其他人员。

独立董事的提名、选举和更换应当依法、规范地进行。①上市公司董事会、监事会、单独或者合并持有上市公司已发行股份1％以上的股东可以提出独立董事候选人，并经股东大会选举决定。②独立董事的提名人在提名前应当征得被提名人的同意。提名人应当充分了解被提名人职业、学历、职称、详细的工作经历、全部兼职等情况，并对其担任独立董事的资格和独立性发表意见，被提名人应当就其本人与上市公司之间不存在任何影响其独立客观判断的关系发表公开声明。在选举独立董事的股东大会召开前，上市公司董事会应当按照规定公布上述内容。③在选举独立董事的股东大会召开前，上市公司应将所有被提名人的有关材料同时报送中国证监会、公司所在地中国证监会派出机构和公司股票挂牌交易的证券交易所。上市公司董事会对被提名人的有关情况有异议的，应同时报送董事会的书面意见。中国证监会在15个工作日内对独立董事的任职资格和独立性进行审核。对中国证监会持有异议的被提名人，可作为公司董事候选人，但不作为独立董事候选人。在召开股东大会选举独立董事时，上市公司董事会应对独立董事候选人是否被中国证监会提出异议的情况进行说明。对于本《指导意见》发布前已担任上市公司独立董事的人士，上市公司应将前述材料在本《指导意见》发布实施起一个月内报送中国证监会、公司所在地中国证监会派出机构和公司股票挂牌交易的证券交易所。④独立董事每届任期与该上市公司其他董事任期相同，任期届满，连选可以连任，但是连任时间不得超过6年。⑤独立董事连续三次未亲自出席董事会会议的，由董事会提请股东大会予以撤换。除出现上述情况及《公司法》中规定的不得担任董事的情形外，独立董事任期届满前不得无故被免职。提前免职的，上市公司应将其作为特别披露事项予以披露，被免职的独立董事认为公司的免职理由不当的，可以作出公开的声明。⑥独立董事在任期届满前可以提出辞职。独立董事辞职应向董事会提交书面辞职报告，对任何与其辞职有关或其认为有必要引起公司股东和债权人注意的情况进行说明。如因独立董事辞职导致公司董事会中独立董事所占的比例低于本《指导意见》规定的最低要求时，该独立董事的辞职报告应当在下任独立董事填补其缺额后生效。

上市公司应当充分发挥独立董事的作用。①为了充分发挥独立董事的作用，独立董事除应当具有公司法和其他相关法律、法规赋予董事的职权外，上市公司还应当赋予独立董事以下特别职权：重大关联交易（指上市公司拟与关联人达成的总额高于300万元或高于上市公司最近经审计净资产值的 5% 的关联交易)应由独立董事认可后,提交董事会讨论;独立董事作出判断前,可以聘请中介机构出具独立财务顾问报告,作为其判断的依据。向董事会提议聘用或解聘会计师事务所;向董事会提请召开临时股东大会;提议召开董事会;独立聘请外部审计机构和咨询机构;可以在股东大会召开前公开向股东征集投票权。②独立董事行使上述职权应当取得全体独立董事的 1/2 以上同意。③如上述提议未被采纳或上述职权不能正常行使,上市公司应将有关情况予以披露。④如果上市公司董事会下设薪酬、审计、提名等委员会的,独立董事应当在委员会成员中占有 1/2 以上的比例。

　　独立董事应当对上市公司重大事项发表独立意见。①独立董事除履行上述职责外,还应当对以下事项向董事会或股东大会发表独立意见:提名、任免董事;聘任或解聘高级管理人员;公司董事、高级管理人员的薪酬;上市公司的股东、实际控制人及其关联企业对上市公司现有或新发生的总额高于 300 万元或高于上市公司最近经审计净资产值的 5% 的借款或其他资金往来,以及公司是否采取有效措施回收欠款;独立董事认为可能损害中小股东权益的事项;公司章程规定的其他事项。②独立董事应当就上述事项发表以下几类意见之一:同意,保留意见及其理由,反对意见及其理由,无法发表意见及其障碍。③如有关事项属于需要披露的事项,上市公司应当将独立董事的意见予以公告,独立董事出现意见分歧无法达成一致时,董事会应将各独立董事的意见分别披露。

　　为了保证独立董事有效行使职权,上市公司应当为独立董事提供必要的条件。①上市公司应当保证独立董事享有与其他董事同等的知情权。凡须经董事会决策的事项,上市公司必须按法定的时间提前通知独立董事并同时提供足够的资料,独立董事认为资料不充分的,可以要求补充。当两名或两名以上独立董事认为资料不充分或论证不明确时,可联名书面向董事会提出延期召开董事会会议或延期审议该事项,董事会应予以采纳。上市公司向独立董事提供的资料,上市公司及独立董事本人应当至少保存 5 年。②上市公司应提供独立董事履行职责所必需的工作条件。上市公司董事会秘书应积极为独立董事履行职责提供协助,如介绍情况、提供材料等。独立董事发表的独立意见、提案及书面说明应当公告的,董事会秘书应及时到证券交易所办理公告事宜。③独立董事行使职权时,上市公司有关人员应当积极配合,不得拒绝、阻碍或隐瞒,不得干预其独立行使职权。④独立董事聘请中介机构的费用及其他行使职权时所需的费用由上市公司承担。⑤上市公司应当给予独立董事适当的津贴。津贴的标准应当由董事会制订预案,股东大会审议通过,并在公司年报中进行披露。除上述津贴外,独立董事不应从该上市公司及其主要股东或有利害关系的机构和人员取得额外的、未予披露的其他利益。⑥上市公司可以建立必要的独立董事责任保险制度,以降低独立董事正常履行职责可能引致的风险。

383. 《亏损上市公司暂停上市和终止上市实施办法》

发布时间:2001 年 11 月 30 日
生效时间:2001 年 11 月 30 日
发布主体:中国证监会
重要意义:提出上市公司暂停、恢复、终止上市的具体规定
2001 年 11 月 30 日证监会发布该《办法》以促进证券市场的健康发展,保护投资者的合法

权益。

《办法》对于上市公司暂停上市、恢复上市、终止上市作出了具体规定。

《办法》规定上市公司最近两年连续亏损后，董事会预计第三年度将连续亏损的，应当及时作出风险提示公告，并在披露年度报告前至少发布三次风险提示公告，提醒投资者注意。上市公司第三年度连续亏损的，自公布第三年度报告之日起（如公司未公布年度报告，则自《证券法》规定的年度报告披露最后期限到期之日起），证券交易所应对其股票实施停牌，并在停牌后 5 个工作日内就该公司股票是否暂停上市作出决定。证券交易所作出暂停上市决定的，应当通知该公司并公告，同时报中国证监会备案。

暂停上市的公司在宽限期内第一个会计年度盈利的，可以在年度报告公布后，向中国证监会提出恢复上市的申请。

暂停上市的公司在宽限期内第一个会计年度继续亏损的，或者其财务报告被注册会计师出具否定意见或拒绝表示意见审计报告的，由中国证监会作出其股票终止上市的决定。

384. 《上市公司治理准则》

发布时间：2002 年 1 月 7 日

生效时间：2002 年 1 月 7 日

发布主体：中国证监会、国家经贸委

重要意义：给出了我国上市公司治理质量的衡量标准

世界上最具有代表性的公司治理准则是经济合作与发展组织（OECD）于 1999 年推出的《OECD 公司治理原则》。该《原则》包括 5 个部分：①公司治理框架应保护股东权利；②应平等对待所有股东，包括中小股东和外国股东，当权利受到侵害时，所有股东应有机会得到赔偿；③应确认公司利益相关者的合法权利，鼓励公司与他们开展积极的合作；④应确保及时、准确地披露所有与公司有关的实质性事项的信息，包括财务状况、经营状况、所有者结构，以及公司治理状况；⑤董事会应确保对公司的战略指导，对管理层的有效控制；董事会应对公司和股东负责。

2002 年 1 月 7 日，为推动上市公司建立和完善现代企业制度，规范上市公司运作，促进我国证券市场健康发展，中国证监会、国家经贸委联合发布实施《上市公司治理准则》。该《准则》阐明了我国上市公司治理的基本原则、投资者权利保护的实现方式，以及上市公司董事、监事、经理等高级管理人员所应当遵循的基本的行为准则和职业道德等内容。

该《准则》规定控股股东对上市公司及其他股东负有诚信义务。控股股东对其所控股的上市公司应严格依法行使出资人的权利，控股股东不得利用资产重组等方式损害上市公司和其他股东的合法权益，不得利用其特殊地位谋取额外的利益。控股股东对上市公司董事、监事候选人的提名，应严格遵循法律、法规和公司章程规定的条件和程序。控股股东提名的董事、监事候选人应当具备相关专业知识和决策、监督能力。控股股东不得对股东大会人事选举决议和董事会人事聘任决议履行任何批准手续；不得越过股东大会、董事会任免上市公司的高级管理人员。

对于董事与董事会的要求中，该《准则》规定在董事的选举过程中，应充分反映中小股东的意见。股东大会在董事选举中应积极推行累积投票制度。控股股东控股比例在 30% 以上的上市公司,应当采用累积投票制。采用累积投票制度的上市公司应在公司章程里规定该制度的实施细则。同时,上市公司董事会可以按照股东大会的有关决议,设立战略、审计、提名、薪酬与考核等专门委员会。专门委员会成员全部由董事组成,其中审计委员会、提名委员会、薪酬与考核委员会中独立董事应占多数并担任召集人,审计委员会中至少应有一名独立董事是会计专业人士。

该《准则》对于公司治理信息的披露也做了具体的规定。准则提到上市公司应按照法律、法规及其他有关规定,披露公司治理的有关信息,包括但不限于:①董事会、监事会的人员及构成;②董事会、监事会的工作及评价;③独立董事工作情况及评价,包括独立董事出席董事会的情况、发表独立意见的情况及对关联交易、董事及高级管理人员的任免等事项的意见;④各专门委员会的组成及工作情况;⑤公司治理的实际状况,及与该《准则》存在的差异及其原因;⑥改进公司治理的具体计划和措施。

385.《国务院关于推进资本市场改革开放和稳定发展的若干意见》

发布时间:2004 年 1 月 31 日
生效时间:2004 年 1 月 31 日
发布主体:国务院
重要意义:指明了我国上市公司治理改革发展的方向

2004 年 1 月 31 日,国务院提出推进资本市场改革开放和稳定发展的若干意见以积极推进资本市场改革开放和稳定发展。《若干意见》的内容包括 9 个方面:充分认识大力发展资本市场的重要意义、推进资本市场改革开放和稳定发展的指导思想和任务、进一步完善相关政策,促进资本市场稳定发展、健全资本市场体系,丰富证券投资品种、进一步提高上市公司质量,推进上市公司规范运作、促进资本市场中介服务机构规范发展,提高执业水平、加强法制和诚信建设,提高资本市场监管水平、加强协调配合,防范和化解市场风险、认真总结经验,积极稳妥地推进对外开放,因此也被称为"国九条",这是国务院继《关于进一步加强证券市场宏观管理的通知》之后第二次出台有关我国资本市场发展方面的重要文件。

其中"进一步提高上市公司质量,推进上市公司规范运作"具有重要地位。具体措施有三个方面,内容如下。

(1) 提高上市公司质量。上市公司的质量是证券市场投资价值的源泉。上市公司董事和高级管理人员要把股东利益最大化和不断提高盈利水平作为工作的出发点和落脚点。要进一步完善股票发行管理体制,推行证券发行上市保荐制度,支持竞争力强、运作规范、效益良好的公司发行上市,从源头上提高上市公司质量。鼓励已上市公司进行以市场为主导的、有利于公司持续发展的并购重组。进一步完善再融资政策,支持优质上市公司利用资本市场加快发展,做优做强。

(2) 规范上市公司运作。完善上市公司法人治理结构,按照现代企业制度要求,真正形成权力机构、决策机构、监督机构和经营管理者之间的制衡机制。强化董事和高管人员的诚信责任,进一步完善独立董事制度。规范控股股东行为,对损害上市公司和中小股东利益的控股股东进行责任追究。强化上市公司及其他信息披露义务人的责任,切实保证信息披露的真实性、准确性、完整性和及时性。建立健全上市公司高管人员的激励约束机制。

（3）完善市场退出机制。要采取有效措施，结合多层次市场体系建设，进一步完善市场退出机制。在实现上市公司优胜劣汰的同时，建立对退市公司高管人员失职的责任追究机制，切实保护投资者的合法权益。

386.《关于上市公司股权分置改革的指导意见》

发布时间：2004 年 8 月 24 日
生效时间：2004 年 8 月 24 日
发布主体：中国证监会、国务院国资委、财政部、中国人民银行、商务部
重要意义：积极稳妥地实施股权分置改革工作的指引性文件

《国务院关于推进资本市场改革开放和稳定发展的若干意见》（以下简称《若干意见》）发布以来，资本市场各项改革和制度建设取得重要进展，市场运行机制和运行环境正在得到改善，一些制约资本市场功能充分发挥的基础性、制度性问题逐步得到解决。按照国务院关于"积极稳妥解决股权分置问题"的要求，在国务院的正确领导和有关部门、地方人民政府的大力支持下，股权分置改革试点工作已经顺利完成，改革的操作原则和基本做法得到了市场认同，改革的政策预期和市场预期逐渐趋于稳定，总体上具备了转入积极稳妥推进的基础和条件。经国务院同意，中国证监会、国务院国资委、财政部、中国人民银行、商务部联合就下一步上市公司股权分置改革提出具体指导意见。

第一，正确认识股权分置改革。①全面落实《若干意见》，完善资本市场运行机制，要从解决基础性、制度性问题入手，重视完善和发挥资本市场功能，改善资本市场投资回报水平，逐步提高直接融资能力和资源配置效率。既要通过健全资本市场体系，丰富证券投资品种，提高上市公司质量，规范证券公司经营和加强证券市场法制建设，解决新兴市场要素缺失、制度不完善、运行不规范、监管不到位等问题，又要不失时机地解决好体制转轨背景下遗留下来的股权分置等诸多问题，妥善化解风险隐患，为资本市场长期稳定发展创造条件。②股权分置是指 A 股市场的上市公司股份按能否在证券交易所上市交易被区分为非流通股和流通股，这是我国经济体制转轨过程中形成的特殊问题。股权分置扭曲资本市场定价机制，制约资源配置功能的有效发挥；公司股价难以对大股东、管理层形成市场化的激励和约束，公司治理缺乏共同的利益基础；资本流动存在非流通股协议转让和流通股竞价交易两种价格，资本运营缺乏市场化操作基础。股权分置不能适应当前资本市场改革开放和稳定发展的要求，必须通过股权分置改革，消除非流通股和流通股的流通制度差异。③股权分置改革是一项完善市场基础制度和运行机制的改革，其意义不仅在于解决历史问题，更在于为资本市场其他各项改革和制度创新创造条件，是全面落实《若干意见》的重要举措。为此，要将股权分置改革、维护市场稳定、促进资本市场功能发挥和积极稳妥推进资本市场对外开放统筹考虑。改革要积极稳妥、循序渐进，成熟一家，推出一家，实现相关各方利益关系的合理调整，同时要以改革为契机，调动多种积极因素，维护市场稳定，提高上市公司质量，规范证券公司经营，配套推进各项基础性制度建设、完善市场体系和促进证券产品创新，形成资本市场良性循环、健康发展的新局面。④股权分置改革是为非流通股可上市交易作出的制度安排，并不以通过资本市场减持国有股份为目的，当前国家也没有通过境内资本市场减持上市公司国有股份筹集资金的考

虑。非流通股可上市交易后,国有控股上市公司控股股东应根据国家关于国有经济布局和结构性调整的战略性要求,合理确定在所控股上市公司的最低持股比例,对关系国计民生及国家经济命脉的重要行业和关键领域,以及国民经济基础性和支柱性行业中的国有控股上市公司,国家要保证国有资本的控制力、影响力和带动力,必要时国有股股东可通过证券市场增持股份。其他上市公司的控股股东,也要保证公司的稳定发展和持续经营。证券监管部门要通过必要的制度安排和技术创新,有效控制可流通股份进入流通的规模和节奏。

第二,股权分置改革的指导思想。①积极稳妥推进股权分置改革的指导思想是,坚持股权分置改革与维护市场稳定发展相结合的总体原则,进一步明确改革预期,改进和加强协调指导,调动多种积极因素,抓紧落实《若干意见》提出的各项任务,制定、修改和完善相关法规和政策措施,加强市场基础性建设,完善改革和发展的市场环境,实现资本市场发展的重要转折,使市场进入良性发展的轨道。②贯彻落实《若干意见》提出的"尊重市场规律,有利于市场的稳定和发展,切实保护投资者特别是公众投资者的合法权益"的总体要求。尊重市场规律,就是要坚持市场化的决策机制和价格形成机制,完善改革的推动机制,通过政策扶持和市场引导,形成上市公司改革的持续稳定动力。有利于市场稳定和发展,就是按照改革的力度、发展的速度和市场可承受程度相统一的原则,注重发挥改革所形成的机制优势和良好的市场效应,使资本市场各项改革协调推进,各项政策措施综合配套,以改革促进市场稳定发展,以市场稳定发展保障改革的顺利进行。保护投资者特别是公众投资者合法权益,就是要通过相关程序规则和必要的政策指导,保障投资者的知情权、参与权和表决权,使改革方案有利于形成流通股股东和非流通股股东的共同利益基础,并形成改革后公司稳定的价格预期。

第三,股权分置改革的总体要求。①股权分置改革要坚持统一组织。中国证监会要制定《上市公司股权分置改革管理办法》,以"公开、公平、公正"的操作程序和监管要求,规范股权分置改革工作,保障投资者特别是公众投资者的合法权益。国务院有关部门要加强协调配合,按照有利于推进股权分置改革的原则,完善促进资本市场稳定发展的相关政策,调整和完善国资管理、企业考核、会计核算、信贷政策、外商投资等方面的规定,使股权分置改革相关政策衔接配套。地方人民政府要加强对本地区上市公司股权分置改革的组织领导工作,充分发挥本地区综合资源优势,把股权分置改革与优化上市公司结构、促进区域经济发展和维护社会稳定结合起来,统筹安排适合当地情况的改革工作。②股权分置改革方案要实行分散决策。上市公司非流通股股东依据现行法律、法规和股权分置改革的管理办法,广泛征求A股市场相关流通股股东意见,协商确定切合本公司实际情况的股权分置改革方案,参照股东大会的程序,由A股市场相关股东召开会议分类表决。非流通股股东与流通股股东之间以对价方式平衡股东利益,是股权分置改革的有益尝试,要在改革实践中不断加以完善。③上市公司股权分置改革方案要有利于市场稳定和上市公司的长远发展。鼓励公司或大股东采取稳定价格预期的相关措施;鼓励在股权分置改革方案中作出提高上市公司业绩和价值增长能力的组合安排。监管部门和证券交易所在不干预改革主体自主协商决定改革方案的前提下,加强对方案实现形式及相关配套安排的协调指导。④坚持改革的市场化导向,注重营造有利于积极稳妥解决股权分置问题的市场机制。根据股权分置改革进程和市场整体情况,择机实行"新老划断",对首次公开发行公司不再区分流通股和非流通股。完成股权分置改革的上市公司优先安排再融资,可以实施管理层股权激励,同时改革再融资监管方式,提高再融资效率。上市公司管理层股权激励的具体实施和考核办法,以及配套的监督制度由证券监管部门会同有关部门另行制定。涉及A股股权的拟境外上市公司,以及A股上市公司分拆下属企业拟境外上市的,应在完成股权分置改革后实施。上市公司非流通股协议转让,要对股权分置改革作出相应安排,或与公司股权分置改革组合运作。⑤妥善处理存在特殊情况的上市公司股权分置改革问题。股权分置改革是解决 A 股市场相关股东之间的利益平衡问题,对于同时存在 H 股或 B 股的 A 股上市公司,由 A 股市场相关股东协商解决股权分置问题。对于持有外商投资企业批准证书及含有外资股份的银行类 A 股上市公司,其股权分置改革方案在相关股东会议表决通过后,由国务院有关部门按照法律法规办理审批手续。股权分置改革方案中外资股比例变化原则上不影响该上市公司已有的相关优惠政策,股份限售期满后外资股东减持股份的,按国家有关规定办理,具体办法由国务院商务主管部门和证券监管部门会同有关部门另行规定。对于绩差公司,鼓励以注入优质资产、承担债务等作为对价解决股权分置问题。

第四,严格规范股权分置改革秩序。①上市公司及其董事会要严格按照管理办法规定的程序进行股权分置改革,认真履行信息披露义务,切实维护投资者特别是公众投资者的知情权、参与权和表决权。鼓励公众投资者积极参与股权分置改革,依法行使股东权利。非流通股股东要严格履行在股权分置改革中作出的承诺,并对违约行为承担相应的责任。②保荐机构及其保荐代表人应当诚实守信、公正客观、勤勉尽责,深入了解公司可能存在的各种情况,充分发挥协调平衡作用,认真履行核查义务,协助上市公司及其股东制定切合公司实际的股权分置改革方案,督促做好信息披露工作,督导相关当事人履行改革方案中有关承诺义务。对于未能尽到保荐责任的,要采取必要的监管措施。③基金管理公司、证券公司、保险公司及其资产管理公司等机构投资者,要积极参与股权分置改革,自觉维护投资者特别是公众投资者合法权益和市场稳定发展的长远利益。对于干扰其他投资者正常决策,操纵相关股东会议表决结果,或者以持股优势进行利益交换的,监管机构要予以严肃查处。④证券交易所要发挥作为自律组织贴近市场的灵活性,以及在组织市场和产品创新方面的功能优势,加强对上市公司改革方案实现形式和组合措施的协调指导,会同证券登记结算机构为改革方案创新及改革后的市场制度和产品创新提供技术支持。⑤加强对上市公司及其控股股东、保荐机构、基金管理公司,以及上述机构的关联人、高管人员的监管,防范和打击利用股权分置改革进行欺诈、内幕交易和市场操纵的违法犯罪行为。⑥新闻媒体要坚持正确的舆论导向,积极宣传股权分置改革的重要意义,客观真实报道改革进程和相关信息,遵守新闻纪律,做好正面引导工作。

第五,调动积极因素,促进资本市场稳定发展。①以股权分置改革为契机,推动上市公司完善法人治理结构,提高治理水平,切实解决控股股东或实际控制人占用上市公司资金问题,遏制上市公司违规对外担保,禁止利用非公允关联交易侵占上市公司利益的行为。在解决股权分置问题后,支持绩优大型企业通过其控股的上市公司定向发行股份实现整体上市;支持上市公司以股份等多样化支付手段,通过吸收合并、换股收购等方式进行兼并重组,推动上市公司做优做强。②通过大股东股份质押贷款、发行短期融资券、债券等商业化方式,为上市公司大股东增持股份提供资金支持。将股权分置改革、证券公司优化重组和拓宽证券公司融资渠道相结合,积极支持证券公司综合利用各种可行的市场化融资方式,有效改善流动性状况,加强公司治理和内部风险控制机制建设,强化监管,推进行业资源整合,妥善处理好高风险证券公司的重组或退出问题,鼓励优质证券公司壮大发展。③鼓励证券交易机制和产品创新,推出以改革后公司股票作为样本的独立股价指数,研究开发指数衍生产品。完善协议转让和大宗交易制度,在首次公开发行和再融资中引入权证等产品,平衡市场供求。④继续完善鼓励社会公众投资的税收政策。推动企业年金入市,扩大社会保障基金、合格境外机构投资者入市规模,放宽保险公司等大型机构投资者股票投资比例限制。对于股权分置改革后境外投资者对上市公司进行战略性投资问题,国务院证券监管部门和商务主管部门应会同有关部门研究出台相关规定。⑤积极推动《证券法》、《公司法》和《刑法》等法律的修订。研究、拟定《证券公司监管条例》、《证券公司风险处置条例》和《上市公司监管条例》等行政法规。调整和完善与积极稳妥推进股权分置改革不相适应的政策法规。针对改革后出现的新情况、新问题,及时制定和完善相应的管理办法。要完善监管手段、提高执法效力,拓展市场发展和创新空间,为资本市场改革开放和稳定发展创造良好的法制环境。

387.《关于上市公司股权分置改革试点有关问题的通知》

发布时间：2005 年 4 月 29 日

生效时间：2005 年 4 月 29 日

发布主体：中国证监会

重要意义：正式启动股权分置改革工作

为了落实国务院《关于推进资本市场改革开放和稳定发展的若干意见》,积极稳妥解决股权分置问题,2005 年 4 月 29 日,证监会发布了《关于上市公司股权分置改革试点有关问题的通知》(以下简称《通知》),宣布启动股权分置改革试点工作。

《通知》规定试点上市公司应当及时履行信息披露义务,真实、准确、完整地披露信息,并做好申请股票停复牌工作；试点上市公司召开临时股东大会,应当为流通股股东参加股东大会行使权利作出相关安排；试点上市公司董事会应当聘请保荐机构协助制订股权分置改革方案,对相关事宜进行尽职调查,对相关文件进行核查,出具保荐意见,并协助实施股权分置改革方案；试点上市公司非流通股股份处置需经有关部门批准的,应当在临时股东大会召开前取得批准文件并公告；试点上市公司董事及其股东应当诚实守信,保证所披露的信息不存在虚假记载、误导性陈述或者重大遗漏；上市公司不得擅自进行股权分置改革试点或者发布与此相关的误导性信息；对新闻媒体的不实报道,应当及时澄清。

388.《上市公司与投资者关系工作指引》

发布时间：2005 年 7 月 11 日

生效时间：2005 年 7 月 11 日

发布主体：中国证监会

重要意义：我国上市公司投资者关系工作的行为指南

2003 年以来,中国证监会将上市公司与投资者关系作为完善公司治理结构的一项重点工作,并于当年 7 月下发了《关于推动上市公司加强投资者关系管理工作的通知》,在市场上产生了积极反响,使投资者关系工作成为公司治理的一项重要内容。2004 年 12 月 7 日,中国证监会又发布了《关于加强社会公众股股东权益保护的若干规定》,将建立健全投资者关系工作制度作为保护投资者特别是社会公众投资者合法权益的一项重要措施加以明确规定。

为进一步贯彻落实《国务院关于推进资本市场改革开放和稳定发展的若干意见》，加强对上市公司开展投资者关系工作的指导，保障当前股权分置改革工作的顺利推进，把保护投资者特别是社会公众投资者的合法权益落在实处，中国证监会于 2005 年 7 月制定了《上市公司与投资者关系工作指引》(以下简称《工作指引》)。《工作指引》共四章二十九条，全面阐述了投资者关系工作的定义、目的、原则、工作内容、工作方式、组织设置、工作机制、人员培训等内容。

指引提出投资者关系的工作的目的是共有 5 个方面，分别为：①促进公司与投资者之间的良性关系，增进投资者对公司的进一步了解和熟悉；②建立稳定和优质的投资者基础，获得长期的市场支持；③形成服务投资者、尊重投资者的企业文化；④促进公司整体利益最大化和股东财富增长并举的投资理念；⑤增加公司信息披露透明度，改善公司治理。

该《工作指引》规定需遵循的投资者关系工作的基本原则是包括以下几点。①充分披露信息原则。除强制的信息披露以外，公司可主动披露投资者关心的其他相关信息。②合规披露信息原则。公司应遵守国家法律、法规及证券监管部门、证券交易所对上市公司信息披露的规定，保证信息披露真实、准确、完整、及时。在开展投资者关系工作时应注意尚未公布信息及其他内部信息的保密，一旦出现泄密的情形，公司应当按有关规定及时予以披露。③投资者机会均等原则。公司应公平对待公司的所有股东及潜在投资者，避免进行选择性信息披露。④诚实守信原则。公司的投资者关系工作应客观、真实和准确，避免过度宣传和误导。⑤高效低耗原则。选择投资者关系工作方式时，公司应充分考虑提高沟通效率，降低沟通成本。⑥互动沟通原则。公司应主动听取投资者的意见、建议，实现公司与投资者之间的双向沟通，形成良性互动。

投资者关系工作中公司与投资者沟通的内容主要包括以下几点。①公司的发展战略，包括公司的发展方向、发展规划、竞争战略和经营方针等。②法定信息披露及其说明，包括定期报告和临时公告等。③公司依法可以披露的经营管理信息，包括生产经营状况、财务状况、新产品或新技术的研究开发、经营业绩、股利分配等。④公司依法可以披露的重大事项，包括公司的重大投资及其变化、资产重组、收购兼并、对外合作、对外担保、重大合同、关联交易、重大诉讼或仲裁、管理层变动以及大股东变化等信息。⑤企业文化建设。

同时该《工作指引》规定公司应确定由董事会秘书负责投资者关系工作，可视情况指定或设立投资者关系工作专职部门，负责公司投资者关系工作事务，另外公司可结合本公司实际制订投资者关系工作制度和工作规范。

考虑到股权分置改革是上市公司的一项涉及股东权益的重大事项，投资者关系工作在非流通股股东和流通股股东的沟通过程中扮演着非常重要的角色，《工作指引》对此也作出了相应规定："鼓励公司在遵守信息披露规则的前提下，建立与投资者的重大事项沟通机制，在制定涉及股东权益的重大方案时，通过多种方式与投资者进行充分沟通和协商"。《工作指引》的颁布施行，是中国证监会贯彻落实《国务院关于推进资本市场改革开放和稳定发展的若干意见》的一项重要举措，是上市公司开展投资者关系工作的基本行为指南，充分体现了监管部门正采取措施不断强化保护投资者特别是社会公众投资者合法权益的坚定决心，将进一步推动上市公司与投资者关系工作的深入开展，对于促进我国证券市场股权文化的建设和市场诚信的塑造，形成保护投资者利益的市场环境具有重要和积极的意义。

389.《关于提高上市公司质量的意见》

发布时间： 2005 年 11 月 1 日

生效时间： 2005 年 11 月 1 日

发布主体： 中国证监会

重要意义： 给出了我国上市公司治理改革具体路径

提高上市公司质量具有重要意义。上市公司是我国经济运行中最具发展优势的群体，是资本市场投资价值的源泉。提高上市公司质量，是强化上市公司竞争优势、实现可持续发展的内在要求；是夯实资本市场基础，促进资本市场健康稳定发展的根本；是增强资本市场吸引力和活力，充分发挥资本市场优化资源配置功能的关键。提高上市公司质量，就是要立足于全体股东利益的最大化，不断提高公司治理和经营管理水平，不断提高诚信度和透明度，不断提高公司盈利能力和持续发展能力。提高上市公司质量是推进资本市场改革发展的一项重要任务。经过十多年的培育，上市公司不断发展壮大、运作日趋规范、质量逐步提高，已经成为推动企业改革和带动行业成长的中坚力量。

但是，由于受体制、机制、环境等多种因素的影响，相当一批上市公司在法人治理结构、规范运作等方面还存在一些问题，盈利能力不强，对投资者回报不高，严重影响了投资者的信心，制约了资本市场的健康稳定发展。随着社会主义市场经济体制的不断完善和资本市场改革的不断深入，提高上市公司质量已经成为当前和今后一个时期推进资本市场健康发展的一项重要任务。提高上市公司质量，关键在于公司董事会、监事会和经理层要诚实守信、勤勉尽责，努力提高公司竞争能力、盈利能力和规范运作水平；同时，各有关方面要营造有利于上市公司规范发展的环境，支持和督促上市公司全面提高质量。通过切实的努力，使上市公司法人治理结构更加完善，内部控制制度合理健全，激励约束机制规范有效，公司透明度、竞争力和盈利能力显著提高。

2005 年 11 月 1 日，证监会发布《关于提高上市公司质量的意见》（以下简称《意见》）以切实保护投资者的合法权益，促进资本市场持续健康发展。

为了贯彻落实"国九条"，《意见》包括 5 个大方面，分别为：提高认识，高度重视提高上市公司质量工作、完善公司治理，提高上市公司经营管理和规范运作水平、注重标本兼治，着力解决影响上市公司质量的突出问题、采取有效措施，支持上市公司做优做强、完善上市公司监督管理机制，强化监管协作，共 26 条意见。其中第二方面"完善公司治理，提高上市公司经营管理和规范运作水平"中提出以下内容。

（1）完善法人治理结构。上市公司要严格按照《公司法》、外商投资相关法律法规和现代企业制度的要求，完善股东大会、董事会、监事会制度，形成权力机构、决策机构、监督机构与经理层之间权责分明、各司其职、有效制衡、科学决策、协调运作的法人治理结构。股东大会要认真行使法定职权，严格遵守表决事项和表决程序的有关规定，科学民主决策，维护上市公司和股东的合法权益。董事会要对全体股东负责，严格按照法律和公司章程的规定履行职责，把好决策关，加强对公司经理层的激励、监督和约束。要设立以独立董事为主的审计委员会、薪酬与考核委员会并充分发挥其作用。公司全体董事必须勤勉尽责，依法行使职权。监事会要认真发挥好对董事会和经理层的监督作用。经理层要严格执行股东大会和董事会的决定,不断提高公司管理水平和经营业绩。

(2)建立健全公司内部控制制度。上市公司要加强内部控制制度建设,强化内部管理,对内部控制制度的完整性、合理性及其实施的有效性进行定期检查和评估,同时要通过外部审计对公司的内部控制制度以及公司的自我评估报告进行核实评价,并披露相关信息。通过自查和外部审计,及时发现内部控制制度的薄弱环节,认真整改,堵塞漏洞,有效提高风险防范能力。

(3)提高公司运营的透明度。上市公司要切实履行作为公众公司的信息披露义务,严格遵守信息披露规则,保证信息披露内容的真实性、准确性、完整性和及时性,增强信息披露的有效性。要制定并严格执行信息披露管理制度和重要信息的内部报告制度,明确公司及相关人员的信息披露职责和保密责任,保障投资者平等获取信息的权利。公司股东及其他信息披露义务人,要积极配合和协助上市公司履行相应的信息披露义务。上市公司要积极做好投资者关系管理工作,拓宽与投资者的沟通渠道,培育有利于上市公司健康发展的股权文化。

(4)加强对高级管理人员及员工的激励和约束。上市公司要探索并规范激励机制,通过股权激励等多种方式,充分调动上市公司高级管理人员及员工的积极性。要强化上市公司高级管理人员、公司股东之间的共同利益基础,提高上市公司经营业绩。要健全上市公司高级管理人员的工作绩效考核和优胜劣汰机制,强化责任目标约束,不断提高上市公司高级管理人员的进取精神和责任意识。

(5)增强上市公司核心竞争力和盈利能力。上市公司要优化产品结构,努力提高创新能力,提升技术优势和人才优势,不断提高企业竞争力。要大力提高管理效率和管理水平,努力开拓市场,不断增强盈利能力。上市公司要高度重视对股东的现金分红,努力为股东提供良好的投资回报。

390.《上市公司股权激励管理办法(试行)》

发布时间:2005 年 12 月 31 日
生效时间:2006 年 1 月 1 日
发布主体:中国证监会
重要意义:建立、健全上市公司激励与约束机制

为进一步促进上市公司建立、健全激励与约束机制,证监会于 2005 年 12 月 31 日发布该管理办法。股权激励是指上市公司以本公司股票为标的,对其董事、监事、高级管理人员及其他员工进行的长期性激励。

该《办法》规定股权激励计划的激励对象可以包括上市公司的董事、监事、高级管理人员、核心技术(业务)人员,以及公司认为应当激励的其他员工,但不应当包括独立董事。股权激励计划经董事会审议通过后,上市公司监事会应当对激励对象名单予以核实,并将核实情况在股东大会上予以说明。

另外,激励对象为董事、监事、高级管理人员的,上市公司应当建立绩效考核体系和考核办法,以绩效考核指标为实施股权激励计划的条件。上市公司不得为激励对象依股权激励计划获取有关权益提供贷款以及其他任何形式的财务资助,包括为其贷款提供担保。

该《办法》规定拟实行股权激励计划的上市公司,可以根据本公司实际情况,通过以下方

式解决标的股票来源：①向激励对象发行股份；②回购本公司股份；③法律、行政法规允许的其他方式。

该《办法》规定上市公司董事会下设的薪酬与考核委员会负责拟定股权激励计划草案。薪酬与考核委员会应当建立完善的议事规则，其拟订的股权激励计划草案应当提交董事会审议。独立董事应当就股权激励计划是否有利于上市公司的持续发展，是否存在明显损害上市公司及全体股东利益发表独立意见。上市公司应当在董事会审议通过股权激励计划草案后的两个交易日内，公告董事会决议、股权激励计划草案摘要、独立董事意见。

391.《上市公司股东大会规则》

发布时间：2006 年 3 月 16 日
生效时间：2006 年 3 月 16 日
发布主体：中国证监会
重要意义：规范了上市公司股东大会运作

2006 年 3 月 16 日，证监会制定该规则以规范上市公司行为，保证股东大会依法行使职权。该规则对于股东大会的召集、股东大会的提案与通知、股东大会的召开、监管等作出了具体规定。

在董事会不履行召集和主持股东大会职责的情况下，过去的规定并没有明确其他的股东大会召开方式，新规则则按照召集和主持主体的不同，分董事会、监事会、单独或合并持有10％以上股份股东三个主体分别予以了规定。对监事会提议召开的股东大会，要求董事会在收到有关提议后 10 日内提出同意或不同意召开临时股东大会的书面反馈意见，如果同意，要在作出董事会决议后 5 日内发出股东大会通知；如果不同意，或者 10 日内未作出反馈的，视为董事会不能履行或不履行召集股东大会职责，监事会可以自行召集和主持。

持有 10％以上股份股东提议召开股东大会的，如果董事会不同意或者未按时反馈，他们还可以向监事会提议召开，监事会未在收到股东提议后 5 日内发出召开股东大会通知的，视为监事会不召集和主持股东大会。连续 90 日以上单独或者合计持有公司 10％以上股份的股东才可以自行召集和主持股东大会。

最新一次的修订还赋予独立董事向董事会提议召开临时股东大会的权力。

针对实践中上市公司股东大会通知的内容过于简单，新规则规定，股东大会通知和补充通知中应当充分、完整地披露所有提案的具体内容，以及为使股东对拟讨论的事项作出合理判断所需的全部资料或解释。

规则还规定，发出股东大会通知后，无正当理由，股东大会不得延期或取消，股东大会通知中列明的提案不得取消。

规则还首次明确，董事、监事、高级管理人员在股东大会上应就股东的质询作出解释和说明。股东与股东大会拟审议事项有关联关系时，应当回避表决，其所持有表决权的股份不计入出席股东大会有表决权的股份总数。

392.《上市公司收购管理办法》

发布时间：2006 年 7 月 31 日

首次生效：2006 年 9 月 1 日

修订时间：2008 年 8 月 27 日；2012 年 2 月 14 日

发布主体：中国证监会

重要意义：认可了管理层收购，强化了公司治理机制

中国证监会 2006 年发布实施的《上市公司收购管理办法》的前身是中国证监会 2002 年发布实施的《上市公司收购管理办法》。2002 年 12 月 1 日施行的《上市公司收购管理办法》规范了上市公司的收购活动，有利于促进证券市场资源的优化配置，保护投资者的合法权益。例如，2002 年施行的《上市公司收购管理办法》第十五条规定："……。管理层、员工进行上市公司收购的，被收购公司的独立董事应当就收购可能对公司产生的影响发表意见。独立董事应当要求公司聘请独立财务顾问等专业机构提供咨询意见，咨询意见与独立董事意见一并予以公告。财务顾问费用由被收购公司承担。"该条文在当时被认为是管理层收购的唯一法律规范依据。但随着《公司法》和《证券法》的相继修订，2002 年的《上市公司收购管理办法》已经不能满足现有法律和实践的要求。因此中国证监会在 2006 年发布了新的《上市公司收购管理办法》，并将 2002 年的《上市公司收购管理办法》废止。

2006 年 7 月 31 日，中国证监会正式发布《上市公司收购管理办法》（以下简称《办法》），9 月 1 日起正式实施。《办法》的出台，标志着资本市场在完善上市公司收购制度，促进资源优化配置方面又迈出重要一步。以市场化为导向的上市公司收购制度，将有利于推进上市公司并购重组活动，有利于形成证券市场对上市公司的优胜劣汰机制，使上市公司收购向积极的方向发展，从而大大提高证券市场的效率。

2012 年 2 月 14 日中国证监会据 2008 年《关于修改〈上市公司收购管理办法〉第六十三条的决定》、2012 年《关于修改〈上市公司收购管理办法〉第六十二条及第六十三条的决定》修订该《办法》以规范上市公司的收购及相关股份权益变动活动，保护上市公司和投资者的合法权益，维护证券市场秩序和社会公共利益，促进证券市场资源的优化配置。

该《办法》的内容包括权益披露、要约收购、协议收购、间接收购、豁免申请、财务顾问、持续监管、监管措施与法律责任的相关规定。该《办法》规定被收购公司的控股股东或者实际控制人不得滥用股东权利损害被收购公司或者其他股东的合法权益。被收购公司的控股股东、实际控制人及其关联方有损害被收购公司及其他股东合法权益的，上述控股股东、实际控制人在转让被收购公司控制权之前，应当主动消除损害；未能消除损害的，应当就其出让相关股份所得收入用于消除全部损害作出安排，对不足以消除损害的部分应当提供充分有效的履约担保或安排，并依照公司章程取得被收购公司股东大会的批准。另外，被收购公司的董事、监事、高级管理人员对公司负有忠实义务和勤勉义务，应当公平对待收购本公司的所有收购人。被收购公司董事会针对收购所作出的决策及采取的措施，应当有利于维护公司及其股东的利益，不得滥用职权对收购设置不适当的障碍，不得利用公司资源向收购人提供任何形式

的财务资助,不得损害公司及其股东的合法权益。

393.《上市公司信息披露管理办法》

发布时间:2006 年 12 月 13 日

生效时间:2006 年 12 月 13 日

发布主体:中国证监会

重要意义:规范了上市公司信息披露行为

2006 年 12 月 13 日,为了规范发行人、上市公司及其他信息披露义务人的信息披露行为,加强信息披露事务管理,保护投资者合法权益,证监会根据《公司法》《证券法》等法律、行政法规,制定该《办法》。该《办法》对招股说明书、募集说明书、上市公告书、定期报告、临时报告的内容、信息披露事务管理以及监督管理与法律责任作出了具体的规定。

《办法》规定信息披露义务人应当真实、准确、完整、及时地披露信息,不得有虚假记载、误导性陈述或者重大遗漏。信息披露义务人应当同时向所有投资者公开披露信息。在境内、外市场发行证券及其衍生品种并上市的公司在境外市场披露的信息,应当同时在境内市场披露。发行人、上市公司的董事、监事、高级管理人员应当忠实、勤勉地履行职责,保证披露信息的真实、准确、完整、及时、公平。在内幕信息依法披露前,任何知情人不得公开或者泄露该信息,不得利用该信息进行内幕交易。信息披露文件主要包括招股说明书、募集说明书、上市公告书、定期报告和临时报告等。

该《办法》规定上市公司的股东、实际控制人发生以下事件时,应当主动告知上市公司董事会,并配合上市公司履行信息披露义务:①持有公司 5% 以上股份的股东或者实际控制人,其持有股份或者控制公司的情况发生较大变化;②法院裁决禁止控股股东转让其所持股份,任一股东所持公司 5% 以上股份被质押、冻结、司法拍卖、托管、设定信托或者被依法限制表决权;③拟对上市公司进行重大资产或者业务重组;④中国证监会规定的其他情形。

另外该《办法》还对内幕信息的监督管理和法律责任作出规定。中国证监会可以要求上市公司及其他信息披露义务人或者其董事、监事、高级管理人员对有关信息披露问题作出解释、说明或者提供相关资料,并要求上市公司提供保荐人或者证券服务机构的专业意见。中国证监会对保荐人和证券服务机构出具的文件的真实性、准确性、完整性有异议的,可以要求相关机构作出解释、补充,并调阅其工作底稿。上市公司及其他信息披露义务人、保荐人和证券服务机构应当及时作出回复,并配合中国证监会的检查、调查。

上市公司董事、监事、高级管理人员应当对公司信息披露的真实性、准确性、完整性、及时性、公平性负责,但有充分证据表明其已经履行勤勉尽责义务的除外。上市公司董事长、经理、董事会秘书,应当对公司临时报告信息披露的真实性、准确性、完整性、及时性、公平性承担主要责任。上市公司董事长、经理、财务负责人应对公司财务报告的真实性、准确性、完整性、及时性、公平性承担主要责任。

394.《关于开展加强上市公司治理专项活动有关事项的通知》

发布时间：2007 年 3 月 9 日

生效时间：2007 年 3 月 9 日

发布主体：中国证监会

重要意义：监管部门开展的我国上市公司治理状况第一次全面评价

2002 年 1 月《上市公司治理准则》颁布后，经过各方持续的努力，上市公司治理结构的基本框架和原则基本确立，上市公司治理走上了规范化的发展轨道，上市公司成为公司治理改革的先行者和排头兵。但在实际运作中，上市公司治理结构中还存在一些亟待解决的薄弱环节，公司治理"形似而神不至"的问题仍然存在，距离真正意义上的现代企业制度还有很大的差距，在一定程度上对资本市场基础性制度建设造成了影响。因此，在当时开展加强上市公司治理专项活动是促进上市公司规范运作、提高上市公司质量的重要举措，也是固本强基、促进资本市场持续健康发展的重要举措。

为切实贯彻落实全国金融工作会议和全国证券期货监管工作会议精神，加强资本市场基础性制度建设，推进上市公司适应新修订的《公司法》、《证券法》实施和股权分置改革后新的形势和要求，提高上市公司质量，证监会为顺利推进开展加强上市公司治理专项活动，于 2007 年 3 月 9 日发布此《通知》。《通知》中说明了加强上市公司治理专项活动的重要意义、主要目标、基本原则、总体安排。

该《通知》中提到专项活动的总目标为上市公司独立性显著增强，日常运作的规范程度明显改善，透明度明显提高，投资者和社会公众对上市公司的治理水平广泛认同。具体目标为：①上市公司能依据《公司法》、《上市公司治理准则》、《上市公司股东大会规范意见》、《上市公司章程指引》等法律法规以及《关于提高上市公司质量的意见》等文件建立完善的治理结构并规范运作，实际运作中没有违反相关规定或与相关规定不一致的情况；②上市公司控股股东行为较为规范，依法行使出资人权利，杜绝同业竞争，建立了控股股东行为约束的长效机制；③上市公司股东大会职责清晰，有明确的议事规则并得到切实执行，有方便社会公众投资者参与决策的制度安排，在重大事项上采取网络投票制；④上市公司董事会职责清晰，有明确的议事规则并得到切实执行，全体董事（包括独立董事）切实履行职责；⑤上市公司监事会职责清晰，有明确的议事规则并得到切实执行，全体监事切实履行职责；⑥上市公司经理及其他高级管理人员职责清晰并正确履行职责；⑦上市公司建立了完善的内部控制制度，财务管理制度、重大投资决策、关联交易决策和其他内部工作程序严格、规范，定期对内部控制制度进行检查和评估，并披露相关信息；⑧上市公司建立了完善的内部约束机制和责任追究机制，各个事项有明确的责任人，杜绝越权决策或不履行内部决策程序的事项；⑨上市公司制定并严格执行信息披露管理制度，明确信息披露责任人，信息披露真实、准确、完整、及时、公平。

加强上市公司治理专项活动的总体安排分为三个阶段。第一阶段为自查阶段，各上市公司要对照公司治理有关规定以及自查事项，认真查找本公司治理结构方面存在的问题和不足，深入分析产生问题的深层次原因，自查应全面客观、实事求是。对查找出的问题要制订明确的整改措施和整改时间表。自查报告和整改计划经董事会讨论通过后,报送当地证监局和证券交易所,并在中国证监会指定的互联网网站上予以公布。第二阶段为公众评议阶段,投资者和社会公众对各公司的治理情况和整改计划进行分析评议,上市公司要设立专门的电话和网络平台听取投资者和社会公众的意见和建议,也可以聘请中介机构协助公司改进治理工作。上市公司接受评议时间不少于 15 天。证监局对上市公司治理情况进行全面检查。证监局和证券交易所公布邮箱收集投资者和社会公众对上市公司治理情况的评议,同时根据日常监管情况、公司自查情况、检查情况和社会公众评议情况对各上市公司的治理状况进行综合评价,并提出整改建议。第三阶段为整改提高阶段,各上市公司根据当地证监局、证券交易所提出的整改建议和投资者、社会公众提出的意见建议落实整改责任,切实进行整改,提高治理水平。整改报告经董事会讨论通过后,报送当地证监局和证券交易所,并在中国证监会指定的互联网网站上予以公布。

该《通知》对自查阶段的自查事项予以规定,内容共 5 大方面,共 100 个问题。具体内容如下。

(1)公司基本情况、股东状况。公司的发展沿革、目前基本情况;公司控制关系和控制链条,请用方框图说明,列示到最终实际控制人;公司的股权结构情况,控股股东或实际控制人的情况及对公司的影响;公司控股股东或实际控制人是否存在"一控多"现象,如存在,请说明对公司治理和稳定经营的影响或风险,多家上市公司之间是否存在同业竞争、关联交易等情况;机构投资者情况及对公司的影响;《公司章程》是否严格按照我会发布的《上市公司章程指引(2006 年修订)》予以修改完善。

(2)公司规范运作情况。包括股东大会、董事会、监事会、经理层和公司内部控制情况几个方面。

① 股东大会:股东大会的召集、召开程序是否符合相关规定;股东大会的通知时间、授权委托等是否符合相关规定;股东大会提案审议是否符合程序,是否能够确保中小股东的话语权;有无应单独或合并持有公司有表决权股份总数 10% 以上的股东请求召开的临时股东大会,有无应监事会提议召开股东大会,如有,请说明其原因;是否有单独或合计持有 3% 以上股份的股东提出临时提案的情况,如有,请说明其原因;股东大会会议记录是否完整、保存是否安全;会议决议是否充分及时披露;公司是否有重大事项绕过股东大会的情况,是否有先实施后审议的情况,如有,请说明原因;公司召开股东大会是否存在违反《上市公司股东大会规则》的其他情形。

② 董事会:公司是否制定有《董事会议事规则》、《独立董事制度》等相关内部规则;公司董事会的构成与来源情况;董事长的简历及其主要职责,是否存在兼职情况,是否存在缺乏制约监督的情形;各董事的任职资格、任免情况,特别是国有控股的上市公司任免董事是否符合法定程序;各董事的勤勉尽责情况,包括参加董事会会议以及其他履行职责情况;各董事专业水平如何,是否有明确分工,在公司重大决策以及投资方面发挥的专业作用如何;兼职董事的数量及比例,董事的兼职及对公司运作的影响,董事与公司是否存在利益冲突,存在利益冲突时其处理方式是否恰当;董事会的召集、召开程序是否符合相关规定;董事会的通知时间、授权委托等是否符合相关规定;董事会是否设立了下属委员会,如提名委员会、薪酬委员会、审计委员会、投资战略委员会等专门委员会,各委员会职责分工及运作情况;董事会会议记录是否完整、保存是否安全,会议决议是否充分及时披露;董事会决议是否存在他人代为签字的情况;董事会决议是否存在篡改表决结果的情况;独立董事对公司重大生产经营

决策、对外投资、高管人员的提名及其薪酬与考核、内部审计等方面是否起到了监督咨询作用；独立董事履行职责是否受到上市公司主要股东、实际控制人等的影响；独立董事履行职责是否能得到充分保障，是否得到公司相关机构、人员的配合；是否存在独立董事任期届满前，无正当理由被免职的情形，是否得到恰当处理；独立董事的工作时间安排是否适当，是否存在连续三次未亲自参会的情况；董事会秘书是否为公司高管人员，其工作情况如何；股东大会是否对董事会有授权投资权限，该授权是否合理合法，是否得到有效监督。

③ 监事会：公司是否制定有《监事会议事规则》或类似制度；监事会的构成与来源，职工监事是否符合有关规定；监事的任职资格、任免情况；监事会的召集、召开程序是否符合相关规定；监事会的通知时间、授权委托等是否符合相关规定；监事会近三年是否有对董事会决议否决的情况，是否发现并纠正了公司财务报告的不实之处，是否发现并纠正了董事、总经理履行职务时的违法违规行为；监事会会议记录是否完整、保存是否安全，会议决议是否充分及时披露；在日常工作中，监事会是否勤勉尽责，如何行使其监督职责。

④ 经理层：公司是否制定有《经理议事规则》或类似制度；经理层特别是总经理人选的产生、招聘，是否通过竞争方式选出，是否形成合理的选聘机制；总经理的简历，是否来自控股股东单位；经理层是否能够对公司日常生产经营实施有效控制；经理层在任期内是否能保持稳定性；经理层是否有任期经营目标责任制，在最近任期内其目标完成情况如何，是否有一定的奖惩措施；经理层是否有越权行使职权的行为，董事会与监事会是否能对公司经理层实施有效的监督和制约，是否存在"内部人控制"倾向；经理层是否建立内部问责机制，管理人员的责权是否明确；经理层等高级管理人员是否忠实履行职务，维护公司和全体股东的最大利益，未能忠实履行职务、违背诚信义务的，其行为是否得到惩处；过去三年是否存在董事、监事、高管人员违规买卖本公司股票的情况，如果存在，公司是否采取了相应措施。

⑤ 公司内部控制情况：公司内部管理制度主要包括哪些方面，是否完善和健全，是否得到有效地贯彻执行；公司会计核算体系是否按照有关规定建立健全；公司财务管理是否符合有关规定，授权、签章等内部控制环节是否有效执行；公司公章、印鉴管理制度是否完善，以及执行情况；公司内部管理制度是否与控股股东趋同，公司是否能在制度建设上保持独立性；公司是否存在注册地、主要资产地和办公地不在同一地区情况，对公司经营有何影响；公司如何实现对分支机构，特别是异地分子公司有效管理和控制，是否存在失控风险；公司是否建立有效的风险防范机制，是否能抵御突发性风险；公司是否设立审计部门，内部稽核、内控体制是否完备、有效；公司是否设立专职法律事务部门，所有合同是否经过内部法律审查，对保障公司合法经营发挥效用如何；审计师是否出具过《管理建议书》，对公司内部管理控制制度如何评价，公司整改情况如何；公司是否制定募集资金的管理制度；公司的前次募集资金使用效果如何，是否达到计划效益；公司的前次募集资金是否有投向变更的情况，程序是否符合相关规定，理由是否合理、恰当；公司是否建立防止大股东及其附属企业占用上市公司资金、侵害上市公司利益的长效机制。

(3) 公司独立性情况。公司董事长、经理、副经理、董事会秘书、财务负责人等人员在股东及其关联企业中有无兼职；公司是否能够自主招聘经营管理人员和职工；公司的生产经营管理部门、采购销售部门、人事等机构是否具有独立性，是否存在与控股股东人员任职重叠的情形；公司发起人投入股份公司的资产的权属是否明确，是否存在资产未过户的情况；公司主要生产经营场所及土地使用权情况如何，是否独立于大股东；公司的辅助生产系统和配套设施是否相对完整、独立；公司商标注册与使用情况如何，工业产权、非专利技术等无形资产是否独立于大股东；公司财务会计部门、公司财务核算的独立性如何；公司采购和销售的独立性如何；公司与控股股东或其关联单位是否有资产委托经营，对公司生产经营的独立性产生何种影响；公司对控股股东或其他关联单位是否存在某种依赖性，对公司生产经营的独立性影响如何；公司与控股股东或其控股的其他关联单位是否存在同业竞争；公司与控股股东或其控股的其他关联单位是否有关联交易，主要是哪些方式；关联交易是否履行必要的决策程序；关联交易所带来利润占利润总额的比例是多少，对公司生产经营的独立性有何种影响；公司业务是否存在对主要交易对象即重大经营伙伴的依赖，公司如何防范其风险；公司内部各项决策是否独立于控股股东。

（4）公司透明度情况。公司是否按照《上市公司信息披露管理办法》建立信息披露事务管理制度，是否得到执行；公司是否制定了定期报告的编制、审议、披露程序，执行情况，公司近年来定期报告是否及时披露，有无推迟的情况，年度财务报告是否有被出具非标准无保留意见，其涉及事项影响是否消除；上市公司是否制定了重大事件的报告、传递、审核、披露程序，落实情况如何；董事会秘书权限如何，其知情权和信息披露建议权是否得到保障；信息披露工作保密机制是否完善，是否发生泄露事件或发现内幕交易行为；是否发生过信息披露"打补丁"情况，原因是什么，如何防止类似情况；公司近年来是否接受过监管部门的现场检查，或其他因信息披露不规范而被处理的情形，如存在信息披露不规范、不充分等情况，公司是否按整改意见进行了相应的整改；公司是否存在因信息披露问题被交易所实施批评、谴责等惩戒措施；公司主动信息披露的意识如何。

（5）公司治理创新情况及综合评价。公司召开股东大会时，是否采取过网络投票形式，其参与程度如何（不包括股权分置改革过程中召开的相关股东会议）；公司召开股东大会时，是否发生过征集投票权的情形（不包括股权分置改革过程中召开的相关股东会议）；公司在选举董事、监事时是否采用了累积投票制；公司是否积极开展投资者关系管理工作，是否制定投资者关系管理工作制度，具体措施有哪些；公司是否注重企业文化建设，主要有哪些措施；公司是否建立合理的绩效评价体系，是否实施股权激励机制，公司实施股权激励机制是否符合法律、法规要求，股权激励的效果如何；公司是否采取其他公司治理创新措施，实施效果如何，对完善公司治理制度有何启示；公司对完善公司治理结构和相关法规建设有何意见建议。

〈公司治理法规——国有企业〉

395.《国有企业监事会暂行条例》

发布时间：2000 年 3 月 15 日
生效时间：2000 年 3 月 15 日
发布主体：国务院
重要意义：创立外派监事会制度，强化国有企业监督机制

2000 年 3 月 15 日国务院制定此暂行条例以健全国有企业监督机制，加强对国有企业的监督，建立外派监事会制度。条例规定国有重点大型企业监事会由国务院派出，对国务院负责，代表国家对国有重点大型企业的国有资产保值增值状况实施监督。监事会以财务监督为

核心,根据有关法律、行政法规和财政部的有关规定,对企业的财务活动及企业负责人的经营管理行为进行监督,确保国有资产及其权益不受侵犯。

监事会的职责包括:①检查企业贯彻执行有关法律、行政法规和规章制度的情况;②检查企业财务,查阅企业的财务会计资料及与企业经营管理活动有关的其他资料,验证企业财务会计报告的真实性、合法性;③检查企业的经营效益、利润分配、国有资产保值增值、资产运营等情况;④检查企业负责人的经营行为,并对其经营管理业绩进行评价,提出奖惩、任免建议。

监事会开展监督检查,可以采取下列方式:①听取企业负责人有关财务、资产状况和经营管理情况的汇报,在企业召开与监督检查事项有关的会议;②查阅企业的财务会计报告、会计凭证、会计账簿等财务会计资料以及与经营管理活动有关的其他资料;③核查企业的财务、资产状况,向职工了解情况、听取意见,必要时要求企业负责人作出说明;④向财政、工商、税务、审计、海关等有关部门和银行调查了解企业的财务状况和经营管理情况。

该《条例》对于监事会成员也作出了规定。条例规定监事会主席人选按照规定程序确定,由国务院任命。监事会主席由副部级国家工作人员担任,为专职,年龄一般在 60 周岁以下。监事会成员每届任期三年,其中监事会主席和专职监事、派出监事不得在同一企业连任。监事会主席履行的职责包括召集、主持监事会会议、负责监事会的日常工作、审定、签署监事会的报告和其他重要文件等。监事应当具备下列条件包括:①熟悉并能够贯彻执行国家有关法律、行政法规和规章制度;②具有财务、会计、审计或者宏观经济等方面的专业知识,比较熟悉企业经营管理工作;③坚持原则,廉洁自持,忠于职守;④具有较强的综合分析、判断和文字撰写能力,并具备独立工作能力。

另外,该《条例》规定国务院向国有重点金融机构派出的监事会,依照 2000 年《国有重点金融机构监事会暂行条例》执行。

396.《国有重点金融机构监事会暂行条例》

发布时间:2000 年 3 月 15 日

生效时间:2000 年 3 月 15 日

发布主体:国务院

重要意义:健全国有重点金融机构监督机制

为了健全国有重点金融机构监督机制,加强对国有重点金融机构的监督,国务院于 2000 年 3 月 15 日发布该《暂行条例》。该《暂行条例》对派出监事会的构成、职责义务等作出规定。国有重点金融机构是指国务院派出监事会的国有政策性银行、商业银行、金融资产管理公司、证券公司、保险公司等。

2000 年 7 月,国有重点金融机构监事会人员经过一个月培训班培训后,由国务院向国家开发银行、中国进出口银行、中国农业发展银行、中国工商银行、中国农业银行、中国银行、中国建设银行、交通银行、中国华融资产管理公司、中国长城资产管理公司、中国东方资产管理公司、中国信达资产管理公司、中国人民保险公司、中国人寿保险公司、中国再保险公司、中国银河证券有限责任公司 16 家金融机构进行派出,监事会对有关金融机构正式开展监督检查。

该《暂行条例》规定国有金融机构监事会由国务院派出,对国务院负责,代表国家对国有金融机构的资产质量及国有资产保值增值状况实施监督。监事会以财务监督为核心,根据有关法律、行政法规和财政部的有关规定,对国有金融机构的财务活动及董事、行长(经理)等主要负责人的经营管理行为进行监督,确保国有资产及其权益不受侵犯。监事会与国有金融机构是监督与被监督的关系,不参与、不干预国有金融机构的经营决策和经营管理活动。

该《暂行条例》规定了监事会履行的职责:①检查国有金融机构贯彻执行国家有关金融、经济的法律、行政法规和规章制度的情况;②检查国有金融机构的财务,查阅其财务会计资料及与其经营管理活动有关的其他资料,验证其财务报告、资金营运报告的真实性、合法性;③检查国有金融机构的经营效益、利润分配、国有资产保值增值、资金营运等情况;④检查国有金融机构的董事、行长(经理)等主要负责人的经营行为,并对其经营管理业绩进行评价,提出奖惩、任免建议。

另外,该《暂行条例》规定监事会主席人选按照规定程序确定,由国务院任命。监事会主席由副部级国家工作人员担任,为专职,年龄一般在60周岁以下。专职监事由监事会管理机构任命。专职监事由司(局)、处级国家工作人员担任,年龄一般在55周岁以下。监事会成员每届任期三年,其中监事会主席和专职监事、派出监事不得在同一国有金融机构监事会连任。

397.《国有大中型企业建立现代企业制度和加强管理的基本规范(试行)》

发布时间: 2000年9月28日
生效时间: 2000年9月28日
发布主体: 国务院
重要意义: 加快了建立现代企业制度和加强科学管理的步伐

2009年9月28日,根据党的十五届四中全会《关于国有企业改革和发展若干重大问题的决定》的要求,为推动国有及国有控股大中型企业建立现代企业制度和加强管理,制定该《基本规范》。主要内容有:政企分开与法人治理结构、发展战略、技术创新、成本核算与成本管理、资金管理与财务会计报表管理、质量管理、营销管理、安全生产与环境保护、职工培训、加强党的建设和组织实施。

该《基本规范》对于政企分开与法人治理结构作出具体规定,内容如下。

(1)政企分开。政府通过出资人代表对国家出资兴办和拥有股份的企业行使所有者职能,不干预企业的日常经营活动,并努力为企业创造良好的外部环境。

(2)明确政府与企业的责任。企业依法自主经营、照章纳税、自负盈亏,以其全部法人财产独立承担民事责任。政府以投入企业的资本额为限对企业的债务承担有限责任。

(3)取消企业行政级别。企业不再套用党政机关的行政级别,也不再比照党政机关干部的行政级别确定企业经营管理者的待遇,实行适应现代企业制度要求的企业经营管理者管理办法。

(4)分离企业办社会的职能。位于城市的企业,要逐步把所办的学校、医院和其他社会服务机构移交地方政府统筹管理,所需费用可在一定期限内由企业和政府共同承担,并逐步过渡到由政府承担,有些可以转为企业化经营。独立工矿区也要努力创造条件,实现社会服务机构与企业分离。各级政府要采取措施积极推进这项工作。

(5) 国有资产实行授权经营。国有资产规模较大、公司制改革规范、内部管理制度健全、经营状况好的国有大型企业或企业集团公司,经政府授权,对其全资、控股或参股企业的国有资产行使所有者职能。中央管理的企业由国务院授权,地方管理的企业由各省、自治区、直辖市及计划单列市人民政府授权。其他企业中的国有资产,允许和鼓励地方试点,探索和建立国有资产管理的具体方式。政府与被授权的大型企业、企业集团公司或国有资产经营公司等(以下统称被授权企业)签订授权经营协议,建立国有资产经营责任制度。被授权企业应当有健全的资产管理、股权代表管理、全面预算管理、审计和监督管理制度,对授权范围内的国有资产依法行使资产收益、重大决策和选择管理者权利,并承担国有净资产保值增值责任。

(6) 实行股份制改造。除必须由国家垄断经营的企业外,其他国有大中型企业应依照《公司法》逐步改制为多元股东结构的有限责任公司或股份有限公司。

(7) 建立规范的法人治理结构。依照《公司法》明确股东会或股东大会、董事会、监事会和经理层的职责,并规范运作。充分发挥董事会对重大问题统一决策和选聘经营者的作用,建立集体决策及可追溯个人责任的董事会议事制度。董事会中可设独立于公司股东且不在公司内部任职的独立董事。董事会与经理层要减少交叉任职,董事长和总经理原则上不得由一人兼任。

(8) 强化监事会的监督作用。依照国务院发布的《国有企业监事会暂行条例》,国有重点大型企业监事会由国务院派出,对国务院不派出监事会的国有企业,由省级人民政府决定派出,监事会依法履行监督职责。国有控股的公司制企业,监事会中的国有股东代表半数以上应由不在企业内部任职的人员担任。

(9) 建立母子公司体制。企业集团应按照《公司法》的要求建立母子公司体制,母公司对子公司依法行使出资人权利并承担相应责任。子公司应依法改制,建立规范的法人治理结构。大型企业内部管理层次要科学、合理,除极少数特大型企业集团外,企业集团的母子公司结构一般应在三个层次以内。

398. 《企业国有资产监督管理暂行条例》

发布时间：2003 年 5 月 27 日
生效时间：2003 年 5 月 27 日
发布主体：国务院
重要意义：明确了我国国有企业的监管模式

为建立适应社会主义市场经济需要的国有资产监督管理体制,进一步搞好国有企业,推动国有经济布局和结构的战略性调整,发展和壮大国有经济,实现国有资产保值增值,国务院于 2003 年 5 月 27 日制定该《条例》。

该《条例》共 8 章 47 条,包括总则、国有资产监督管理机构、企业负责人管理、企业重大事项管理、企业国有资产管理、企业国有资产监督、法律责任和附则。

《企业国有资产监督管理暂行条例》(以下简称《条例》),对"管人、管事、管资产"的监管模式提出了明确的、可实施的细则。①在管人方面,《条例》规定,国有资产监督管理机构任免国有独资企业的总经理、副总经理、总会计师及其他企业负责人;任免国有独资公司的董事长、副董事长、董事,并向其提出总经理、副总经理、总会计师等的任免建议;推荐国有控股的公司的董事长、副董事长和监事会主席人选,并向其提出总经理、副总经理、总会计师人选的建议。②在管事方面,《条例》规定,国有资产监督管理机构对所出资企业重大事项实施管理,决定所出资企业中的国有独资企业、国有独资公司的分立、合并、破产、解散、增减资本、发行公司债券等重大事项;作为出资人,决定国有股权转让等。③在管资产方面,《条例》规定,对所出资企业的企业国有资产收益依法履行出资人职责,为防止企业国有资产流失,加强对企业国有资产产权交易的监督管理;所出资企业中的重大资产处置,需由国有资产监督管理机构批准。

为了防止国有资产监督管理机构既做"老板"又做"婆婆",把企业管死,《条例》规定,国资监管机构除履行出资人职责以外,不得干预企业的生产经营活动。根据《条例》,国资监管机构可任免或建议任免所出资企业的负责人,可根据业绩合同对其进行年度考核和任期考核,并依据考核结果给予奖惩;国资监管机构还可以对所出资企业的重大事项实施管理,对企业国有资产实施监督管理。但是,为了保证国资监管机构既能履行出资人职责,又不致影响企业经营自主权。《条例》同时规定,所出资企业及其投资设立的企业,享有有关法律、行政法规规定的企业经营自主权。国资监管机构应当支持企业依法自主经营,除了履行出资人职责以外,国资监管机构不得干预企业的生产经营活动。

399.《关于中央企业建立和完善国有独资公司董事会试点工作的通知》

发布时间:2004 年 6 月 7 日

生效时间:2004 年 6 月 7 日

发布主体:国务院国资委

重要意义:开创我国国有独资公司董事会建设工作

2004 年 6 月 7 日,国资委发布该《通知》,旨在贯彻党的十六大、十六届三中全会精神,推进股份制改革,完善公司法人治理结构,加快建立现代企业制度,适应新的国有资产管理体制的要求,依法规范地行使出资人权利。治理的重点是董事会,董事会的重点是独立性。

该《通知》指出试点的目的有四点,分别包括以下几点。①对于可以实行有效的产权多元化的企业,通过建立和完善国有独资公司董事会,促进企业加快股份改革和重组步伐,并为多元股东结构公司董事会的组建和运转奠定基础。②对于难以实行有效的产权多元化的企业和确需采取国有独资形式的大型集团公司,按照《公司法》的规定,通过建立和完善董事会,形成符合现代企业制度要求的公司法人治理结构。③将国资委对国有独资公司履行出资人职责的重点放在对董事会和监事会的管理,既实现出资人职责到位,又确保企业依法享有经营自主权。

该《通知》试点工作的基本思路如下,①将忠实代表所有者利益、对出资人负责、增强公司市场竞争力作为董事会建设的根本宗旨。②建立外部董事制度,使董事会能够作出独立于经理层的客观判断。充分发挥非外部董事和经理层在制定重大投融资方案和日常经营管理中的作用。董事会中应有经职工民主选举产生的职工代表。③以发展战略、重大投融资、内部改革决策和选聘、评价、考核、奖惩总经理为重点,以建立董事会专门委员会、完善董事会运作制度为支撑,确保董事会对公司进行有效的战略控制和监督。④出资人、董事会、监事会、经理层各负其责,协调运转,有效制衡。国资委代表国务院向国有独资公司派出监事会,监事会依照《公司法》、《国有企业监事会暂行条例》的规定履行监督职责。⑤按照建设完善的董事会的方向,从目前的实际情况出发,平稳过渡,逐步推进,总结经验,不断完善。

试点工作的推进工作包括5个方面,内容如下,①选择若干户企业启动试点工作,再逐步增加试点企业户数。2007年底前,除主要执行国家下达任务等决策事项较少的企业外,中央企业中的国有独资公司和国有独资企业均应建立董事会。②试点初期外部董事不少于两人。根据外部董事人力资源开发情况,在平稳过渡的前提下,逐步提高外部董事在董事会成员中的比例。③优先考虑对试点企业授权经营,即将出资人的部分权利授予试点企业董事会行使。④对拟股权多元化的试点企业,选聘董事要为建立多元股东结构的公司董事会创造条件。集团公司主业资产若全部或者绝大部分注入其控股的上市公司的,选聘试点企业董事要与上市公司国有股东提名的董事相协调。⑤国资委将逐步建立健全对董事会和董事的管理制度,积极开发外部董事人力资源,加强对试点工作的指导,及时调查研究、总结经验。

第一批试点企业名单为:神华集团有限责任公司、上海宝钢集团公司、中国高新投资集团公司、中国诚通控股公司、中国医药集团总公司、中国国旅集团公司和中国铁通集团有限公司。

400.《企业国有产权向管理层转让暂行规定》

发布时间:2005年4月11日
生效时间:2005年4月11日
发布主体:国务院、国资委、财政部
重要意义:规范企业国有产权转让,进一步推进国有企业改革

为进一步推进国有企业改革,规范企业国有产权转让,保障国有产权有序流转,国务院国有资产监督管理委员会、财政部于2005年4月11日公布了《企业国有产权向管理层转让暂行规定》(以下简称《规定》)。

该《规定》对企业国有产权向管理层转让提出了规范性要求,对管理层出资受让企业国有产权的条件、范围等进行了界定,并明确了相关各方的责任。《规定》规定,国有资产监督管理机构已经建立或政府已经明确国有资产保值增值的行为主体和责任主体的地区,可以探索中小型国有及国有控股企业的国有产权向管理层转让。同时规定,大型国有及国有控股企业的国有产权不向管理层转让,大型国有及国有控股企业所属从事该大型企业主营业务的重要全资或控股企业的国有产权也不得向管理层转让。

401.《国有控股上市公司(境外)实施股权激励试行办法》

发布时间:2006年1月27日
生效时间:2006年3月1日
发布主体:国务院国资委

重要意义：明确提出了国有控股上市公司(境外)股权激励办法

为深化国有控股上市公司(境外)薪酬制度改革,构建上市公司中长期激励机制,充分调动上市公司高级管理人员和科技人员的积极性,指导和规范上市公司拟订和实施股权激励计划,国资委于2006年1月27日发布该《试行方法》。该《试行办法》所称股权激励主要指股票期权、股票增值权等股权激励方式。该《试行办法》的主要内容包括股权激励计划的拟订、股权激励计划的审核、股权激励计划的管理。

该《试行办法》提出实施股权激励应具备以下条件。①公司治理结构规范,股东会、董事会、监事会、经理层各负其责,协调运转,有效制衡。董事会中有三名以上独立董事并能有效履行职责。②公司发展战略目标和实施计划明确,持续发展能力良好。③公司业绩考核体系健全、基础管理制度规范,进行了劳动、用工、薪酬制度改革。

该《试行办法》提出实施股权激励应遵循以下原则：①坚持股东利益、公司利益和管理层利益相一致,有利于促进国有资本保值增值和上市公司的可持续发展；②坚持激励与约束相结合,风险与收益相对称,适度强化对管理层的激励力度；③坚持依法规范,公开透明,遵循境内外相关法律法规和境外上市地上市规则要求；④坚持从实际出发,循序渐进,逐步完善。

402.《中央企业综合绩效评价管理暂行办法》

发布时间：2006年4月7日

生效时间：2006年5月7日

发布主体：国务院国资委

重要意义：提出企业综合绩效评价问题,正确引导企业科学发展

开展企业绩效评价是国际上一些国家加强国有企业管理的普遍做法,只是方法不尽相同。三年前国资委成立时,国务院在"三定规定"和《企业国有资产监督管理暂行条例》中明确,要建立企业绩效评价体系,开展所出资企业综合评价工作。经过三年的实践,国有资产监管体系框架已初步建立,各项基础管理制度日益完善。但是对国有企业包括中央企业经营行为的引导力度依然不够,一些企业只重视当期利润目标,忽视持续发展能力和市场竞争力的培养,短期行为比较严重。为了发展具有自主知识产权和国际竞争力的大公司大企业集团,引导国有企业尤其是中央企业的健康发展,需要建立一套全面评判企业盈利能力和资产运营质量,诊断企业经营管理中存在的问题,引导企业正确经营的综合绩效评价体系。基于这样的背景,国资委2006年4月7日出台了该《办法》。该《办法》所称综合绩效评价,是指以投入产出分析为基本方法,通过建立综合评价指标体系,对照相应行业评价标准,对企业特定经营期间的盈利能力、资产质量、债务风险、经营增长以及管理状况等进行的综合评判。

该《办法》提出开展企业评价内容与评价指标综合绩效评价工作应当遵循以下原则。①全面性原则。企业综合绩效评价应当通过建立综合的指标体系,对影响企业绩效水平的各种因素进行多层次、多角度的分析和综合评判。②客观性原则。企业综合绩效评价应当充分体现市场竞争环境特征,依据统一测算的、同一期间的国内行业标准或者国际行业标准,客观公正地评判企业经营成果及管理状况。③效益性原则。企业综合绩效评价应当以考察投资回报水平为重点,运用投入产出分析基本方法,真实反映企业资产运营效率和资本保值增值

水平。④发展性原则。企业综合绩效评价应当在综合反映企业年度财务状况和经营成果的基础上，客观分析企业年度之间的增长状况及发展水平，科学预测企业的未来发展能力。

企业综合绩效评价体系具有综合评判、分析诊断和行为引导三大功能，充分体现了全面性、综合性与客观公正性的特点：一是以投入产出分析为核心，分析出资人资本的回报水平和盈利质量，这是出资人资本属性的内在规定。二是多角度综合评价，其中财务绩效的评价包括了企业盈利能力、资产质量、债务风险和经营增长四个方面，以综合反映企业的财务状况；管理绩效的评价包括了企业战略执行能力、经营决策水平、风险控制能力等 8 个方面，以全面反映企业的管理水平。三是定量评价与定性评价相结合，评价体系将企业经营绩效分为财务绩效和管理绩效两个方面，分别设置定量财务指标和定性评议指标予以反映，以克服单纯定量评价的不足。四是运用行业标准进行评价，包括国内标准和国际标准，这一方面可以增强评价结果的客观公正性；另一方面有利于引导企业开展对标活动，寻找自身差距，并向国内、国际先进标准看齐。

该《办法》对评价内容与评价指标、评价标准与评价方法、评价工作组织、评价结果与评价报告做了详细的规定。企业综合绩效评价根据经济责任审计及财务监督工作需要，分为任期绩效评价和年度绩效评价。任期绩效评价是指对企业负责人任职期间的经营成果及管理状况进行综合评判。年度绩效评价是指对企业一个会计年度的经营成果进行综合评价。

403.《中央企业全面风险管理指引》

发布时间：2006 年 6 月 6 日
生效时间：2006 年 6 月 6 日
发布主体：国务院国资委
重要意义：确立了央企全面风险管理制度

企业全面风险管理是一项十分重要的工作，关系到国有资产保值增值和企业持续、健康、稳定发展。为了指导企业开展全面风险管理工作，进一步提高企业管理水平，增强企业竞争力，促进企业稳步发展，根据《企业国有资产监督管理暂行条例》（国务院令第 378 号）关于"国有及国有控股企业应当加强内部监督和风险控制"的要求，国资委于 2006 年 6 月 6 日制定了该《指引》。

该《指引》所称企业风险，指未来的不确定性对企业实现其经营目标的影响。企业风险一般可分为战略风险、财务风险、市场风险、运营风险、法律风险等；也可以能否为企业带来盈利等机会为标志，将风险分为纯粹风险（只有带来损失一种可能性）和机会风险（带来损失和盈利的可能性并存）。该《指引》所称全面风险管理，指企业围绕总体经营目标，通过在企业管理的各个环节和经营过程中执行风险管理的基本流程，培育良好的风险管理文化，建立健全全面风险管理体系，包括风险管理策略、风险理财措施、风险管理的组织职能体系、风险管理信息系统和内部控制系统，从而为实现风险管理的总体目标提供合理保证的过程和方法。

该《指引》提出风险管理基本流程包括以下主要工作：收集风险管理初始信息，进行风险评估，制定风险管理策略、提出和实施风险管理解决方案，风险管理的监督与改进。另外，企业开展全面风险管理要努力实现以下风险管理总体目标：①确保将风险控制在与总体目标相适应并可承受的范围内；②确保内外部，尤其是企业与股东之间实现真实、可靠的信息沟通，包括编制和提供真实、可靠的财务报告；③确保遵守有关法律法规；④确保企业有关规章制度和为实现经营目标而采取重大措施的贯彻执行,保障经营管理的有效性,提高经营活动的效率和效果,降低实现经营目标的不确定性;⑤确保企业建立针对各项重大风险发生后的危机处理计划,保护企业不因灾害性风险或人为失误而遭受重大损失。

该《指引》对于董事会在全面风险管理方面履行的职责作出规定:①审议并向股东(大)会提交企业全面风险管理年度工作报告;②确定企业风险管理总体目标、风险偏好、风险承受度,批准风险管理策略和重大风险管理解决方案;③了解和掌握企业面临的各项重大风险及其风险管理现状,作出有效控制风险的决策;④批准重大决策、重大风险、重大事件和重要业务流程的判断标准或判断机制;⑤批准重大决策的风险评估报告;⑥批准内部审计部门提交的风险管理监督评价审计报告;⑦批准风险管理组织机构设置及其职责方案;⑧批准风险管理措施,纠正和处理任何组织或个人超越风险管理制度作出的风险性决定的行为;⑨督导企业风险管理文化的培育;⑩全面风险管理其他重大事项。

该《指引》规定具备条件的企业,董事会可下设风险管理委员会。该委员会的召集人应由不兼任总经理的董事长担任;董事长兼任总经理的,召集人应由外部董事或独立董事担任。该委员会成员中需有熟悉企业重要管理及业务流程的董事,以及具备风险管理监管知识或经验、具有一定法律知识的董事。风险管理委员会对董事会负责,主要履行的职责为:提交全面风险管理年度报告;审议风险管理策略和重大风险管理解决方案;审议重大决策、重大风险、重大事件和重要业务流程的判断标准或判断机制,以及重大决策的风险评估报告;审议内部审计部门提交的风险管理监督评价审计综合报告;审议风险管理组织机构设置及其职责方案;办理董事会授权的有关全面风险管理的其他事项。

404. 《国有控股上市公司(境内)实施股权激励试行办法》

发布时间:2006 年 9 月 30 日
生效时间:2006 年 9 月 30 日
发布主体:国务院国资委、财政部
重要意义:明确提出了国有控股上市公司(境内)股权激励办法

国资委与财政部于 2006 年 9 月 30 日发布该试行方法以指导国有控股上市公司(境内)规范实施股权激励制度,建立健全激励与约束相结合的中长期激励机制,进一步完善公司法人治理结构,充分调动上市公司高级管理人员和科技人员的积极性、创造性,规范上市公司拟订和实施股权激励计划。

该《办法》的主要内容包括股权激励计划的拟订、股权激励计划的审核、股权激励计划的管理。该《办法》所称股权激励,主要是指上市公司以本公司股票为标的,对公司高级管理等人员实施的中长期激励。

该《办法》规定实施股权激励的上市公司应具备以下条件:①公司治理结构规范,股东会、董事会、经理层组织健全,职责明确,外部董事(含独立董事)占董事会成员半数以上;②薪酬委员会由外部董事构成,且薪酬委员会制度健全,议事规则完善,运行规范;③内部控制制度和绩效考核体系健全,基础管理制度规范,建立了符合市场经济和现代企业制度要求的劳动用工、薪酬福利制度及绩效考核体系;④发展战略明确,资产质量和财务状况良好,经营业绩稳健;近三年无财务违法违规行为和不良记录;⑤证券监管部门规定的其他条件。

《办法》规定实施股权激励应遵循以下原则：①坚持激励与约束相结合，风险与收益相对称，强化对上市公司管理层的激励力度；②坚持股东利益、公司利益和管理层利益相一致，有利于促进国有资本保值增值，有利于维护中小股东利益，有利于上市公司的可持续发展；③坚持依法规范，公开透明，遵循相关法律法规和公司章程规定；④坚持从实际出发，审慎起步，循序渐进，不断完善。

405.《关于加强和改进国有企业监事会工作的若干意见》

发布时间：2007年4月27日
生效时间：2007年4月27日
发布主体：国务院国资委
重要意义：完善与改进了国有企业外派监事会制度

对国有企业实行外派监事会制度，是党中央、国务院作出的重大决策。实行这一制度以来，监事会认真履行《国有企业监事会暂行条例》赋予的职责，做了大量富有成效的工作，对维护国有资产安全，促进企业改善经营管理，发挥了不可替代的作用。实践证明，外派监事会制度是符合我国国情的行之有效的国有企业监督制度。

2007年4月27日国资委发布该《意见》，旨在为进一步完善监事会监督职责，改进监督工作方法，不断增强监督的权威性和有效性，促进中央企业深化改革，规范管理，防范风险，确保国有资产保值增值。该《意见》对国有企业监事会要求包括6大方面。①切实履行职责，增强监督功能，发挥监事会作用要作出明确的制度性安排。在考核调整企业领导班子，拟订制定国有资产监管的政策法规和规章制度，研究决定企业改制重组、产权变动和业绩考核等重大事项时，要征求监事会或监事会主席意见并适时通报结果。要健全监事会监督检查成果运用机制，加大处理落实和参考利用的力度。②加强当期监督，提高监督时效。从2007年开始，监事会由当年检查企业上年度情况逐步调整为监督检查当年情况，次年上半年提交年度监督检查报告。③探索分类监督，突出检查重点。按照企业地位作用、资产规模和管理状况等，确定一批重点监督检查企业，在检查力量、检查时间和检查资产比例上予以保证，重点企业名单动态调整。对其他企业也要保持监督的连续性和有效性，年度监督检查报告内容可以适当简化，重点反映企业资产和效益的真实性，揭示事关国有资产安全的重大事项，评价企业负责人。④利用审计结果，形成监督合力。坚持以财务监督为核心，把对企业的财务检查和会计师事务所对企业的年报审计结合起来，充分参考和利用会计师事务所的审计结果，重点分析和复核审计报告中披露的重大事项和重大问题。对会计师事务所受审计手段限制难以查清的问题线索，进行重点检查，必要时可另行聘请会计师事务所开展专项审计。⑤深入开展检查，提高报告质量。要切实加强监督检查报告的综合汇总，做好每年一次向国务院常务会议汇报工作。要组织研究企业改革发展中存在的普遍性、倾向性问题，特别是国有资产流失方面的共性问题，深入分析其形式、特点和根源，提出治理对策，提供决策参考。⑥加强队伍建设，提高监督能力。恪守"六要六不"行为规范，经常对照检查，做到警钟长鸣，维护监事会队伍清正廉洁的形象。"六要"的具体内容是：一要认真学习邓小平理论，以"三个代表"的重要思想为指导，贯彻党的基本路线，与党中央保持一致；二要坚持原则，清正廉洁，严于律己，公道正派，光明磊落；三要依法办事，敢于讲真话，不怕得罪人，勇于同违反国家法律、法规、政策、财经纪律和弄虚作假的行为作斗争,自觉维护国家利益;四要努力学习,不断提高政治素养、政策水平、业务能力;五要正确行使监督权力,实事求是,全面准确地评价和反映企业的经营、财务状况和领导人员工作业绩;六要严格履行公务员义务,恪尽职守,埋头苦干,深入群众,注意听取各方面意见,提高工作质量和工作效率。"六不"的具体内容是:不得泄露检查结果和企业商业秘密;不得参与和干预企业的经营决策和经营管理活动;不得直接向所监督企业发表结论性意见;不得接受企业的馈赠、报酬、福利待遇和在企业报销费用;不得去吃请受礼、借机游山玩水和参加有可能影响公正履行公务的活动;不得在企业兼职、购买股票和为自己、亲友及他人谋取私利。

406.《关于规范国有控股上市公司实施股权激励制度有关问题的通知》

发布时间:2008 年 10 月 21 日

生效时间:2008 年 10 月 21 日

发布主体:国务院

重要意义:规范了国有控股上市公司股权激励

由于上市公司外部市场环境和内部运行机制尚不健全,公司治理结构有待完善,股权激励制度尚处于试点阶段,为进一步规范实施股权激励,国务院于 2008 年 10 月 21 日作出该《通知》。该《通知》指出上市公司应严格股权激励的实施条件,加快完善公司法人治理结构。

该《通知》的内容包括四大方面:①严格股权激励的实施条件,加快完善公司法人治理结构;②完善股权激励业绩考核体系,科学设置业绩指标和水平;③合理控制股权激励收益水平,实行股权激励收益与业绩指标增长挂钩浮动;④进一步强化股权激励计划的管理,科学规范实施股权激励。

在第一方面严格股权激励的实施条件,加快完善公司法人治理结构中,该《通知》规定上市公司国有控股股东必须切实履行出资人职责,建立规范的法人治理结构。上市公司在达到外部董事(包括独立董事)占董事会成员一半以上、薪酬委员会全部由外部董事组成的要求之后,要进一步优化董事会的结构,健全通过股东大会选举和更换董事的制度,按专业化、职业化、市场化的原则确定董事会成员人选,逐步减少国有控股股东的负责人、高级管理人员及其他人员担任上市公司董事的数量,增加董事会中由国有资产出资人代表提名的、由公司控股股东以外人员任职的外部董事或独立董事数量,督促董事提高履职能力,恪守职业操守,使董事会真正成为各类股东利益的代表和重大决策的主体,董事会选聘、考核、激励高级管理人员的职能必须到位。

407.《董事会试点中央企业职工董事履行职责管理办法》

发布时间:2009 年 3 月 13 日

生效时间:2009 年 3 月 13 日

发布主体:国务院国资委

重要意义：有效发挥了职工董事在董事会中的作用

为有效发挥职工董事在董事会中的作用，保障职工民主权利，促进企业和谐发展，国资委于 2009 年 3 月 13 日发布该《管理办法》。该《管理办法》所称职工董事，是指由公司职工通过职工代表大会选举产生，作为职工代表出任的公司董事。职工董事享有与其他董事同等的权利，承担相应的义务。

与此同时，职工董事还应履行关注和反映职工合理诉求、代表职工利益和维护职工合法利益的特别职责。职工董事特别职责涉及的事项一般可以分为董事会决议事项和向董事会通报事项两类。决议事项主要包括公司劳动用工、薪酬制度、劳动保护、休息休假、安全生产、培训教育和生活福利等涉及职工切身利益的基本管理制度的制定及修改。通报事项主要包括职工民主管理和民主监督方面的诉求、意见与建议，以及涉及职工利益的有关诉求意见或倾向性问题。

《管理办法》规定了职工董事履行特别职责的基本方法，①职工董事就履行特别职责的相关事宜听取职代会、工会等方面的意见。开展各种形式的调查研究活动，直接听取职工意见和建议。②职工董事就职工利益诉求方面的情况与董事会其他成员保持经常性沟通和交流，并可通过会议等形式，听取外部董事的意见和建议。③职工董事可参与决议事项的议案拟定，将征集的职工有关意见或合理诉求在议案形成过程中得以体现，或在董事会会议决议过程中反映、说明或提出建议意见。④在董事会会议研究决定涉及职工切身利益的决议程序中，职工董事可提供该决议事项需要特别说明的调查材料或资料，并就该事项的决议发表意见。⑤董事会会议可听取职工董事关于职工对公司经营管理的建议、职工相关利益诉求和倾向性问题等方面的通报性事项专题报告。

职工董事履行特别职责应承担相应义务，①遵照国家法律法规和公司章程的有关规定，对公司负有忠实勤勉和保守商业秘密等义务，对公司职工负有忠实代表和维护其合法权益的义务。②积极参加有关培训和学习，不断提高履职能力和专业知识水平。③全面准确地反映职工诉求和意愿，在反映诉求、发表专项意见和参与董事会决策中，应充分考虑出资人、公司和职工的利益关系，依法维护职工的合法权益。④自觉接受出资人和职工的监督和评价。⑤职工董事独立在董事会上表决，个人负责。⑥依法接受监事会的监督。

408.《关于规范上市公司国有股东行为的若干意见》

发布时间：2009 年 6 月 16 日

生效时间：2009 年 6 月 16 日

发布主体：国务院国资委

重要意义：进一步规范了上市公司国有股东的行为责任

为维护证券市场健康发展，保护各类投资者合法权益，促进国有资产的合理配置和有序流转，国资委于 2009 年 6 月 16 日就规范上市公司国有股东行为有关问题提出若干意见。意见的具体内容如下。

（1）做维护资本市场健康发展的表率。国有股东要坚持守法诚信，规范运作，切实履行企业社会责任，积极支持上市公司做强做优，维护资本市场健康发展。

（2）切实强化信息披露责任。因自身行为可能引起上市公司证券及其衍生产品价格异动的重要信息,国有股东应当及时书面通知上市公司,并保证相关信息公开的及时与公平,信息内容的真实、准确、完整,无虚假记载、误导性陈述或者重大遗漏。在相关信息依法披露前,严禁国有股东相关人员以内部讲话、接受访谈、发表文章等形式违规披露。

（3）依法行使股东权利,严格履行股东义务。在涉及上市公司事项的相关行为决策或实施过程中,国有股东要依法处理与上市公司的关系,切实维护上市公司在人员、资产、财务、机构和业务方面的独立性。同时,应当按照相关法律法规和公司治理规则要求,严格履行内部决策、信息披露、申请报告等程序,不得暗箱操作、违规运作。

（4）积极推进国有企业整体上市,有序推动现有上市公司资源整合。国有股东应当按照企业发展规划,因企、因地制宜,选择适当时机,以适当方式,实现公司整体业务上市或按业务板块整体上市,做到主营业务突出;要按照加强产业集中度以及主业发展的要求,推动现有上市公司资源优化整合,不断提高资源配置效益。

（5）促进提高上市公司质量,增强上市公司核心竞争力。国有股东应当支持上市公司通过技术创新、资产重组、引进战略投资者等多种途径,不断做强做优;要严格规范与上市公司间的关联交易,推动解决同业竞争问题;要支持有退市风险及业绩较差的上市公司研究解决经营发展中存在的问题。

（6）规范国有股东所持上市公司股份变动行为。国有股东应当严格按照相关证券监管法律法规,以及《国有股东转让上市公司股份管理暂行办法》、《关于印发〈国有单位受让上市公司股份管理暂行规定〉的通知》的有关要求,规范所持上市公司股份变动行为,防止内幕交易、操纵股价、损害其他投资者合法权益等行为的发生。国有股东拟通过证券交易系统出售超过规定比例股份的,应当将包括出售股份数量、价格下限、出售时限等情况的出售股份方案报经国有资产监督管理机构批准。国有股东转让全部或部分股份致使国家对该上市公司不再具有控股地位的,国有资产监督管理机构应当报经本级人民政府批准。

（7）合理确定在上市公司的持股比例。对于关系国家安全和国民经济命脉的重要行业和关键领域中的上市公司,具有实际控制力的国有股东应当采取有效措施,切实保持在上市公司中的控制力。必要时,可通过资本市场增持股份,增持行为须遵守证券市场法律法规,符合中国证监会及证券交易所关于增持行为时间"窗口期"和信息披露的相关规定。

（8）规范股份质押行为。国有股东将其持有的上市公司股份用于质押的,要做好可行性论证,明确资金用途,制订还款计划,并严格按照内部决策程序进行审议。国有股东用于质押的股份数量不得超过其所持上市公司股份总额的50%,且仅限于为本单位及其全资或控股子公司提供质押,质押股份的价值应以上市公司股票价格为基础合理确定。

（9）切实加强国有股东账户监管。国有股东应当按照《关于印发〈上市公司国有股东标识管理暂行规定〉的通知》的有关要求,加强对本企业及所控股企业证券账户的清理和监管工作。对于因业务开展需要,确需在证券交易机构新开证券账户或多头开设证券账户的,须得到有权批准机构的批准;要通过建立健全证券账户监测系统,构建对所持上市公司股份的动态监管体系。

（10）支持上市公司分配股利。国有股东要按照证券监管的有关法律法规要求,鼓励、支持上市公司在具备条件的前提下,通过包括现金分红在内的多种分配方式回报投资者。

409.《董事会试点中央企业专职外部董事管理办法（试行）》

发布时间：2009 年 10 月 13 日
生效时间：2009 年 10 月 13 日
发布主体：国务院国资委
重要意义：加强了对试点企业专职外部董事的管理

2009 年 10 月 13 日，国资委发布该《管理办法》以适应深化国有资产管理体制改革和中央企业改革发展的要求，建立规范的公司治理结构，加强对董事会试点中央企业专职外部董事的管理。该《管理办法》提出专职外部董事管理应该遵循社会认可、出资人认可原则、专业、专管、专职、专用原则、权利与责任统一、激励与约束并重原则；依法管理原则。

专职外部董事的管理方式包括 5 大方面：①专职外部董事职务列入国资委党委管理的企业领导人员职务名称表，按照现职中央企业负责人进行管理；②专职外部董事在阅读文件、参加相关会议和活动等方面享有与中央企业负责人相同的政治待遇；③专职外部董事的选聘、评价、激励、培训等由国资委负责；④专职外部董事的日常管理和服务，由国资委委托有关机构负责受委托机构设立专职外部董事工作部门，负责保障专职外部董事的办公条件、建立履职台账、管理工作档案、发放薪酬、办理社会保险、传递文件、组织党员活动等事项，并协助国资委有关厅局做好相关工作；⑤建立专职外部董事报告工作制度，专职外部董事每半年向国资委报告一次工作，重大事项及时报告。

专职外部董事的任职条件为：具有较高的政治素质，遵纪守法，诚信勤勉，职业信誉良好；具有履行岗位职责所必需的专业知识，熟悉国家宏观经济政策及相关法律法规，熟悉国内外市场和相关行业情况；具有较强的决策判断能力、风险管理能力、识人用人能力和开拓创新能力；具有 10 年以上企业经营管理或相关工作经验，或具有战略管理、资本运营、法律等某一方面的专长，并取得良好工作业绩；初次任职年龄一般不超过 55 周岁；一般具有大学本科及以上学历或相关专业高级职称；具有良好的心理素质，身体健康；公司法和公司章程规定的其他条件。

另外，该《管理办法》对于专职外部董事的选拔和聘用作出了具体规定。《管理办法》规定专职外部董事的选拔通过组织推荐等方式选择符合条件的人员，由国资委任命或聘任为专职外部董事。专职外部董事的聘用是根据董事会试点企业董事会结构需求，从专职外部董事中选择合适人员，由国资委聘用为董事会试点企业的外部董事。

410.《中央企业负责人经营业绩考核暂行办法》

发布时间：2009 年 12 月 28 日
生效时间：2009 年 12 月 28 日
发布主体：国务院国资委
重要意义：导入 EVA 等企业负责人经营业绩考核指标

2003 年以来,国资委先后颁布了《中央企业负责人经营业绩考核暂行办法》(国务院国资委令第 2 号〔2003 年〕、第 17 号〔2006 年〕)、《中央企业负责人年度经营业绩考核补充规定》和《中央企业负责人年度经营业绩考核补充规定》,并对中央企业负责人实施了 6 个年度和两个任期的经营业绩考核。《中央企业负责人经营业绩考核暂行办法》及其配套文件的出台和实施,对完善国资监管,推动中央企业改革发展发挥了重要作用。当前,面对日益变化的新形势、新挑战,中央企业业绩考核工作面临着不少难点和问题,业绩考核的导向作用还有待于进一步加强,价值创造的理念还有待于进一步强化,促进企业科学发展的考核机制还有待于进一步形成,董事会的业绩考核工作还有待于进一步探索,全员业绩考核体系建设还有待于进一步推进,分类考核、任期激励还有待于进一步完善。因此,进一步完善中央企业经营业绩考核制度,充分发挥业绩考核的导向作用,既是深入落实科学发展观、推动企业实现可持续发展的需要,也是应对后危机时代挑战、提高发展质量的重要举措。基于上述背景,2009 年 12 月28 日,国资委制定该《办法》,以切实履行企业国有资产出资人职责,维护所有者权益,落实国有资产保值增值责任,建立有效的激励和约束机制。该《办法》包括年度经营业绩考核、任期经营业绩考核、奖惩。

本次修改完善的重点是在总结第二任期经济增加值考核试点工作的基础上,从第三任期开始,对所有中央企业实施经济增加值考核。新的《办法》继续坚持目标管理、考核指标"少而精"、"分类考核"、"短板考核"、"对标考核"等 6 年来考核工作实践证明行之有效的做法;突出企业价值创造,不断提升股东回报和投资效益,确保国有资产保值增值;加强对企业自主创新、做强主业和控制风险的考核,引导企业关注长期、稳定和可持续发展;推动企业建立健全全员业绩考核体系,增强企业管控力和执行力,确保国有资产保值增值责任层层落实;强化考核结果运用,完善激励约束机制。新的《办法》出台,对于引导企业全面贯彻落实科学发展观,转变发展方式,增强市场竞争力,实现可持续发展,将发挥重要作用。

该《办法》提出企业负责人经营业绩考核工作应当遵循以下原则:①按照国有资产保值增值和股东价值最大化以及可持续发展的要求,依法考核企业负责人经营业绩;②按照企业所处的不同行业、资产经营的不同水平和主营业务等不同特点,实事求是,公开公正,实行科学的分类考核;③按照权责利相统一的要求,建立企业负责人经营业绩同激励约束机制相结合的考核制度,即业绩上、薪酬上,业绩下、薪酬下,并作为职务任免的重要依据,建立健全科学合理、可追溯的资产经营责任制;④按照科学发展观的要求,推动企业提高战略管理、价值创造、自主创新、资源节约、环境保护和安全发展水平,不断增强企业核心竞争能力和可持续发展能力;⑤按照全面落实责任的要求,推动企业建立健全全员业绩考核体系,增强企业管控力和执行力,确保国有资产保值增值责任层层落实。

该《办法》提出年度经营业绩考核指标包括基本指标与分类指标。基本指标包括利润总额和经济增加值指标。利润总额是指经核定的企业合并报表利润总额。利润总额计算可以加上经核准的当期企业消化以前年度潜亏,并扣除通过变卖企业主业优质资产等取得的非经常性收益。经济增加值是指经核定的企业税后净营业利润减去资本成本后的余额。分类指标由国资委根据企业所处行业特点,针对企业管理"短板",综合考虑企业经营管理水平、技术创新投入及风险控制能力等因素确定。

411.《关于进一步推进国有企业贯彻落实"三重一大" 决策制度的意见》

发布时间：2010 年 7 月 15 日

生效时间：2010 年 7 月 15 日

发布主体：国务院

重要意义：提高国有企业决策水平，保证其科学发展

近年来，各级党委、政府，各有关部门和国有企业按照中央的要求，结合工作实际，积极探索贯彻落实"三重一大"决策制度的有效途径和方法，对于防范决策风险，维护国有资产安全，推进国有企业反腐倡廉建设，促进国有企业改革发展的顺利进行，发挥了重要作用。同时也要看到，在贯彻落实"三重一大"决策制度方面还存在一些问题：有的企业还存在违规决策、个人或少数人说了算的现象；有的企业"三重一大"决策制度不健全，或者缺乏可操作性；有的地区、部门和企业对"三重一大"决策制度执行情况的监督检查和责任追究不到位；一些企业违反"三重一大"决策制度原则，经常发生重大违纪违法案件。同时，2009 年颁布的《国有企业领导人员廉洁从业若干规定》对违反"三重一大"决策制度的情况提出原则性要求，需要相关的配套制度予以明确和细化。因此，有必要出台专门针对"三重一大"决策问题进行规范的文件。

该《意见》明确了进一步推进国有企业贯彻落实"三重一大"决策制度的指导思想，提出"三重一大"事项坚持集体决策原则；规定了"三重一大"事项的主要范围，分别对重大决策事项、重要人事任免事项、重大项目安排事项和大额度资金运作事项进行了解释并列举了具体内容；规定了"三重一大"事项决策的基本程序，对"三重一大"事项提交会议集体决策前的调查研究、听取意见，提前告知决策事项并提供相关材料，党委（党组）、董事会、未设董事会的经理班子的集体决策，决策会议召开、发表意见及作出决定，会议记录和存档，决策作出后的执行问题，企业党组织的作用，回避制度，考核评价和后评估制度，决策失误纠错改正机制和责任追究制度等内容进行了细化；从实施该《意见》的主要负责人、国有企业制定实施办法、履行国有资产出资人职责的机构进行审查并监督实施、纪检监察机构加强监督检查、将执行"三重一大"决策制度的情况作为监督检查重点内容、"三重一大"决策制度的执行情况作为各项党内监督的重要内容、"三重一大"决策制度的执行情况作为考察考核和任免以及经济责任履行情况审计评价的重要依据、违反《意见》的处理措施等方面明确了组织实施和监督检查的内容。2010 年 7 月 15 日国务院就进一步推进国有企业贯彻落实"三重一大"决策制度提出该《意见》。该《意见》对"三重一大"的具体内容作出规定，内容如下。

（1）重大决策事项，是指依照《公司法》、《全民所有制工业企业法》、《企业国有资产法》、《商业银行法》、《证券法》、《保险法》以及其他有关法律法规和党内法规规定的应当由股东大会（股东会）、董事会、未设董事会的经理班子、职工代表大会和党委（党组）决定的事项。主要包括企业贯彻执行党和国家的路线方针政策、法律法规和上级重要决定的重大措施，企业发展战略、破产、改制、兼并重组、资产调整、产权转让、对外投资、利益调配、机构调整等方面的重大决策，企业党的建设和安全稳定的重大决策，以及其他重大决策事项。

（2）重要人事任免事项，是指企业直接管理的领导人员以及其他经营管理人员的职务调

整事项。主要包括企业中层以上经营管理人员和下属企业、单位领导班子成员的任免、聘用、解除聘用和后备人选的确定，向控股和参股企业委派股东代表，推荐董事会、监事会成员和经理、财务负责人，以及其他重要人事任免事项。

（3）重大项目安排事项，是指对企业资产规模、资本结构、盈利能力以及生产装备、技术状况等产生重要影响的项目的设立和安排。主要包括年度投资计划，融资、担保项目，期权、期货等金融衍生业务，重要设备和技术引进，采购大宗物资和购买服务，重大工程建设项目，以及其他重大项目安排事项。

（4）大额度资金运作事项，是指超过由企业或者履行国有资产出资人职责的机构所规定的企业领导人员有权调动、使用的资金限额的资金调动和使用。主要包括年度预算内大额度资金调动和使用，超预算的资金调动和使用，对外大额捐赠、赞助，以及其他大额度资金运作事项。

412.《关于国有企业改制重组中积极引入民间投资的指导意见》

发布时间：2012 年 5 月 23 日
生效时间：2012 年 5 月 23 日
发布主体：国务院国资委
重要意义：提出积极引进民间投资，推动国有企业改制重组

2012 年 5 月 23 日，国务院国有资产监督管理委员会为了积极引导和鼓励民间投资参与国有企业改制重组，研究制定该《意见》。

该《意见》提出积极引入民间投资参与国有企业改制重组，发展混合所有制经济，建立现代产权制度，进一步推动国有企业转换经营机制、转变发展方式。国有企业改制重组中引入民间投资，应当符合国家对国有经济布局与结构调整的总体要求和相关规定，遵循市场规律，尊重企业意愿，平等保护各类相关利益主体的合法权益。国有企业在改制重组中引入民间投资时，应当通过产权市场、媒体和互联网广泛发布拟引入民间投资项目的相关信息。国有企业改制重组引入民间投资，应当优先引入业绩优秀、信誉良好和具有共同目标追求的民间投资主体。民间投资主体参与国有企业改制重组可以用货币出资，也可以用实物、知识产权、土地使用权等法律、行政法规允许的方式出资。民间投资主体可以通过出资入股、收购股权、认购可转债、融资租赁等多种形式参与国有企业改制重组。

〈公司治理法规——银行〉

413.《中国银行、中国建设银行公司治理改革与监管指引》

发布时间：2004 年 3 月 11 日
生效时间：2004 年 3 月 11 日
发布主体：中国银监会

重要意义：开启我国国有银行公司治理改革之路

国有商业银行股份制改革是我国金融业的一次全新改革实践，意义重大。为确保中国银行、中国建设银行股份制改革试点成功，中国银监会于 2004 年 3 月 11 日制定该《指引》。《指引》提出两家试点银行股份制改革的总目标是：紧紧抓住改革管理体制、完善治理结构、转换经营机制、改善经营绩效这几个中心环节，用三年左右的时间将两家试点银行改造成资本充足、内控严密、运营安全、服务和效益良好、具有国际竞争力的现代化股份制商业银行。该《指引》对两家银行的公司治理改革作出具体规定，内容如下。

(1) 两家试点银行应建立规范的股东大会、董事会、监事会和高级管理层制度。两家试点银行应根据现代公司治理结构要求，按照"三会分设、三权分开、有效制约、协调发展"的原则设立股东大会、董事会、监事会、高级管理层。按照《公司法》等法律法规的有关规定，建立规范的股份制商业银行组织机构，以科学、高效的决策、执行和监督机制，确保各方独立运作、有效制衡。

(2) 两家试点银行应公平、公正地选择境内外战略投资者，改变单一的股权结构，实现投资主体多元化。两家试点银行通过引进战略投资者特别是境外战略投资者，不仅要增强资本实力，改善资本结构，还应借鉴国际先进管理经验、技术和方法，促进管理模式和经营理念与国际先进银行接轨，优化公司治理机制。

(3) 两家试点银行应制定清晰明确的发展战略，实现银行价值最大化。两家试点银行应从自身条件出发，以市场为导向，研究核心竞争优势和市场竞争优势，制定与发展目标相适应的综合发展战略，并分年度落实，确保实现。

(4) 两家试点银行应建立科学的决策体系、内部控制机制和风险管理体制。两家试点银行应建立和完善包括信用风险、市场风险、操作风险等在内的风险管理体系，有效地识别、计量、监测、控制风险。

(5) 两家试点银行应按照集约化经营原则，实行机构扁平化和业务垂直化管理，整合业务流程和管理流程，优化组织结构体系，完善资源配置，提高业务运作效率。

(6) 两家试点银行应按照现代金融企业人力资源管理的要求，深化劳动用工人事制度改革，建立市场化人力资源管理体制和有效的激励约束机制。

(7) 两家试点银行应按照现代金融企业和上市银行的标准和要求，实行审慎的会计制度和严格的信息披露制度，加强财务管理，做好信息披露工作。

(8) 两家试点银行应加强信息科技建设，全面提升综合管理与服务功能。

(9) 两家试点银行应落实金融人才战略，有针对性地加大培训力度和做好关键岗位人才引进工作，同时注重人力资源的有效使用和合理配置，发挥现有人力资源的积极性和创造性。

(10) 两家试点银行应发挥中介机构的专业优势，稳步推进股份制改革进程。

在人们普遍关注的多元化的股权结构问题上，《指引》要求，国有商业银行应建立多元化的股权结构，引进战略投资者应立足于提升银行自身公司治理及经营管理水平。国有商业银行引进战略投资者应遵循长期持股、优化治理、业务合作和竞争回避的原则，并坚持以下 5 项标准。①战略投资者的持股比例原则上不低于 5％。②从交割之日起，战略投资者的股权持有期应当在三年以上。③战略投资者原则上应当向银行派出董事，同时鼓励有经验的战略投资者派出高级管理人才，直接传播管理经验。④战略投资者应当有丰富的金融业管理背景，同时要有成熟的金融业管理经验、技术和良好的合作意愿。⑤商业银行性质的战略投资者，投资国有商业银行不宜超过两家。

414.《股份制商业银行董事会尽职指引》

发布时间：2005 年 9 月 12 日
生效时间：2005 年 9 月 12 日
发布主体：中国银监会
重要意义：提高了股份制商业银行董事会运作水平

2005 年 9 月 12 日银监会发布该《指引》，旨在规范股份制商业银行董事会的运作，有效发挥董事会的决策和监督功能，维护商业银行安全、稳健运行。该《指引》的主要内容包括：董事会的职责、董事会会议的规则与程序、董事会专门委员会、董事、董事会尽职工作的监督。

董事会承担商业银行经营和管理的最终责任，依法履行以下职责：①确定商业银行的经营发展战略；②聘任和解聘商业银行的高级管理层成员；③制订商业银行的年度财务预算方案、决算方案、风险资本分配方案、利润分配方案和弥补亏损方案；④决定商业银行的风险管理和内部控制政策；⑤监督高级管理层的履职情况，确保高级管理层有效履行管理职责；⑥负责商业银行的信息披露，并对商业银行的会计和财务报告体系的完整性、准确性承担最终责任；⑦定期评估并完善商业银行的公司治理状况。

另外，《指引》规定董事会和高级管理层的权力和责任应当以书面形式清晰界定，并作为董事会和高级管理层有效履行职责的依据。董事会应当确保商业银行制定发展战略，并据此指导商业银行的长期经营活动。商业银行发展战略应当充分考虑商业银行的发展目标、经营与风险现状、风险承受能力、市场状况和宏观经济状况，满足商业银行的长期发展需要，并对商业银行可能面临的风险作出合理的估计。在确定商业银行发展战略时，董事会应当与高级管理层密切配合。发展战略确定后，董事会应当确保其传达至商业银行全行范围。董事会应当监督商业银行发展战略的贯彻实施，定期对商业银行发展战略进行重新审议，确保商业银行发展战略与经营情况和市场环境的变化相一致。董事会负责审议商业银行的年度经营计划和投资方案。除一般银行业务范围内的投资外，重大投资应当获得董事会的批准。董事会承担商业银行资本充足率管理的最终责任，确保商业银行在测算、衡量资本与业务发展匹配状况的基础上，制订合理的业务发展计划。商业银行的资本不能满足经营发展的需要或不能达到监管要求时，董事会应当制订资本补充计划并监督执行。

415.《关于进一步完善中小商业银行公司治理的指导意见》

发布时间：2006 年 1 月 5 日
生效时间：2006 年 1 月 5 日
发布主体：中国银监会
重要意义：完善中小商业银行公司治理，促进商业银行健康发展

2009 年 1 月 19 日，银监会发布该《指导意见》，旨在促使中小商业银行进一步完善公司治理并以此促进商业银行健康发展。该《指导意见》的主要内容如下。

（1）商业银行应清晰界定股东大会、董事会、监事会及高级管理层的职责边界，做到各负其责、各尽其职、相互配合，不越位、不缺位。商业银行应明确"三会一层"的职责范围，建立和完善"三会一层"的议事规则和决策程序，以有效制衡和确保效率为原则，重点明确股东大会与董事会、董事会与高级管理层、董事长与行长、监事会与独立董事以及董事会专门委员会的责权划分，确保决策机构、执行机构和监督机构三者的有效制衡和配合，提高决策效率。商业银行应完善公司治理信息报告制度，明确高级管理层或有关部门向董事会、监事会及其专门委员会报告信息的种类、内容、时间和方式等，确保银行董事、监事及其专门委员会能够及时、准确地获取各类信息。

（2）商业银行应根据银行资产规模、业务复杂程度和股东结构等情况，合理确定董事会及其专门委员会的人数、结构，并为其配备必要的履职资源，提高董事会决策的科学性和有效性。董事会应重点关注和审定银行发展战略、风险管理战略、资本管理战略和中长期发展规划，并监督上述战略和规划的落实；同时督促高级管理层及时制定重大风险管理制度和风险管控流程，动态了解和把控银行的总体风险及主要风险。董事会应明确各专门委员会的职责分工，专门委员会应建立高效的工作机制，增强董事会内部的协同性。

（3）商业银行应严格董事的选聘条件，加强对董事的培训，提高董事的专业素质和决策能力。董事应认真履行职责，每年至少亲自出席2/3的董事会会议。如不能出席会议，应审慎选择受托人。董事连续两次未能亲自出席会议，也不委托其他董事出席董事会会议的，视为不能履职，并对董事会决议承担相应的法律责任。商业银行应规定董事在银行的最低工作时间，并建立董事履职档案，完整记录董事参加董事会会议的次数、独立发表的意见、建议及其被采纳情况等，作为对董事定期评价的依据。对于不能按照规定履职的董事，董事会应向其问责，必要时要求其辞去董事职务并上报监管部门。

（4）商业银行应完善独立董事制度，适当增加独立董事在董事会中的比例，优化独立董事的专业结构。规范独立董事提名机制，独立董事应由董事会提名委员会提名，提高小股东在独立董事选聘过程中的发言权。已经提名董事的股东不得再提名独立董事。细化独立董事的选聘标准和程序，被提名的独立董事应由董事会提名委员会进行资质审查，重点从独立性、学识、经验、能力和年龄等方面进行审查。独立董事如在商业银行之外的其他金融机构任职，应事先告知商业银行，并承诺其拟任职务与在商业银行的任职不存在利益冲突。

（5）商业银行应进一步强化监事会的监督评价职能。监事会应制定工作制度和年度工作计划，每年至少组织一次专项检查活动，并就所发现问题责成高级管理层提出整改意见并贯彻落实。商业银行应为监事会配备必要的履职资源，保证监事会正常行使监督权。监事会可以聘请会计师事务所等中介机构协助开展对重大问题的审计。监事应积极参加监事会组织的监督检查活动，独立调查、取证，不受内外部因素干扰，实事求是提出问题和监督意见。监事应每年至少亲自出席2/3的监事会会议。如不能出席会议，应审慎选择受托人。监事连续两次未能亲自出席会议，也不委托其他监事出席监事会会议的，视为不能履职。对于不能按照规定履职的监事，监事会应向其问责，必要时要求其辞去监事职务并上报监管部门。监事会未有效履行监督职能，未能发现、制止或披露董事、高级管理层成员的违法违规行为，导致商业银行出现重大风险或损失，监管部门应向监事会问责。

（6）商业银行应建立董事、监事和高级管理层成员的履职评价体系，明确董事、监事和高级管理层成员的尽职标准。商业银行应建立董事、监事和高级管理层成员尽职档案和诚信档案,加强对上述人员履职情况的过程评价。监事会应在董事会对董事评价的基础上,定期对董事作出履职评价,并向股东大会报告。董事会应定期对高级管理层成员进行履职评价,并将评价结果与高级管理层成员的薪酬挂钩。各履职评价主体应建立问责机制,明确问责范围、程序和办法。商业银行应定期向监管部门提交对董事、监事和高级管理层成员的履职评价报告。

(7) 商业银行应建立与银行发展战略、风险管理、整体效益及岗位职责相联系的科学激励机制。商业银行的激励机制应兼顾银行的长短期利益,薪酬激励政策要与宏观经济形势、银行经营状况、风险状况及进步度等相匹配。董事的薪酬方案由董事会提出并报请股东大会审定;监事的薪酬方案由监事会提出并报请股东大会审定。高级管理层的薪酬方案由董事会下设的薪酬委员会制订,并由董事会 2/3 以上成员通过。商业银行应建立高级管理层成员薪酬风险准备金,要求高级管理层成员承担其任职期间的风险和损失。完善薪酬信息披露机制,商业银行应在年报中披露银行薪酬制度,并逐一披露当年董事、监事和高级管理人员的全部薪酬所得。

416.《国有商业银行公司治理及相关监管指引》

发布时间：2006 年 4 月 18 日
生效时间：2006 年 4 月 24 日
发布主体：中国银监会
重要意义：国有商业银行公司治理改革全面展开

商业银行公司治理有效性是商业银行健康、可持续发展的基石,也是银监会对法人监管的重点。反思本次国际金融危机,金融机构公司治理机制缺陷、风险管控失效以及制衡、激励机制不科学是造成危机的重要原因。金融危机后,加强银行公司治理和强化对银行公司治理的监管成为世界各国银行业金融机构和监管当局的共同选择。近年来,银监会牢牢把握公司治理监管在整个银行业监管中的核心地位,持续通过制度建设和国际国内最佳做法的推广引领,使银行业金融机构从上到下充分认识到公司治理的重要意义并付诸实践,银行业公司治理建设取得了显著成效。

2002 年以来,银行业监督管理部门先后颁布了《股份制商业银行公司治理指引》、《股份制商业银行独立董事和外部监事制度指引》、《股份制商业银行董事会尽职指引》、《国有商业银行公司治理及相关监管指引》、《信托公司治理指引》和《加强外资转制法人银行公司治理指导意见》等一系列针对公司治理不同领域和不同类型金融机构的公司治理法律文件,对我国银行业金融机构逐步构建公司治理框架、完善治理机制发挥了重要作用。随着金融体制改革的不断深化和各类银行业金融机构股份制改革的推进,原有的公司治理指引和指导文件在实践中显示出了一些不足,如对公司治理的一些重点领域如激励约束机制、对董事和监事的履职评价以及信息披露问题没有涉及,部分银行业金融机构近年来改革发展速度较快,需要以法规或指引的形式加强对其公司治理的监管。同时,在国际金融危机中显现出来的公司治理的部分缺陷在我国银行业机构中也不同程度地存在。因此,迫切需要进一步梳理现有的相关指引,出台统一的适用于各类银行业金融机构的公司治理指引,完善公司治理要求,指导各类银行业金融机构不断提高治理水平。

为加强国有商业银行公司治理改革、确保股份制改造真正取得实效,2006年4月18日中国银监会制定该《监管指引》。该《监管指引》提出公司治理改革的总体目标是:以改革管理体制、完善治理结构、转换经营机制、提高经营绩效为中心,将国有商业银行逐步建设成为资本充足、内控严密、运营安全、服务和效益良好、具有国际竞争力的现代化股份制商业银行。国有商业银行应通过股份制改革,提高经营管理水平,增强财务实力,在国际通行的财务指标方面,达到并保持国际排名前100家大银行中等以上的水平。完善公司治理是改革的核心和关键。国有商业银行应通过建立健全公司治理机制,提升核心竞争力,促进可持续健康发展。

该《监管指引》提出国有商业银行应根据现代金融企业制度的要求,建立规范的股东大会、董事会、监事会和高级管理层制度,建立科学的权力制衡、责任约束和利益激励机制,内容如下:

(1)国有商业银行应根据《公司法》等法律法规的规定,设立股东大会、董事会、监事会和高级管理层,制定体现现代金融企业制度要求的银行章程,明确股东大会、董事会、监事会与高级管理层,以及董事、监事、高级管理人员的职责权限,实现权、责、利的有机结合,建立科学高效的决策、执行和监督机制,确保各方独立运作、有效制衡。

(2)股东大会是国有商业银行的权力机构。国有商业银行股东应当通过股东大会合法行使权利,遵守法律法规和银行章程的规定,不得干预董事会和高级管理层履行职责;股东滥用股东权利给银行或者其他股东造成损失的,应当依法承担赔偿责任。

(3)国有商业银行董事会对股东大会负责。董事会应设立专门委员会,并制定各专门委员会议事规则及工作细则。各专门委员会根据董事会的授权履行职责,向董事会提供专业意见。各专门委员会有权直接与高级管理人员及其他工作人员进行交流,获得足够的银行经营管理信息。国有商业银行董事会原则上应设立战略规划委员会、薪酬与提名委员会、审计(稽核)委员会、风险管理委员会和关联交易控制委员会等专门委员会。各专门委员会成员不得少于三人。其中,薪酬与提名委员会、审计(稽核)委员会、关联交易控制委员会的主席原则上由独立董事担任;薪酬与提名委员会、审计(稽核)委员会、关联交易控制委员会成员中的独立董事人数应占其所在委员会成员总数的半数以上。

(4)国有商业银行高级管理层对董事会负责,接受监事会监督。高级管理层依法在其职权范围内独立履行职责。

(5)监事会是国有商业银行的监督机构,对股东大会负责。监事会负责对董事、高级管理人员履行职责的行为进行监督,对违反法律法规、银行章程或者股东大会决议的董事、高级管理人员提出罢免的建议;当董事、高级管理人员的行为损害银行的利益时,要求董事、高级管理人员加以纠正;对银行经营决策、风险管理和内部控制等经营管理行为进行监督。

(6)国有商业银行应制定详细的股东大会、董事会、监事会的议事、决事规则,以及高级管理层的工作细则和规程,明确组织机构之间的职责边界,建立明晰的汇报路线和信息沟通机制。

(7)国有商业银行应建立董事、监事及高级管理人员的忠实和勤勉尽责履职制度。董事应以个人身份承担相应的法律责任,忠实履行受托人职责和看管职责;监事应严格履行监督职责,对银行运营情况以及董事、高级管理人员和其他工作人员的尽职行为进行监督;高级管理人员应具备良好的职业素质和操守,对银行进行专业化的管理运作。

(8)国有商业银行应建立完备的董事、监事及高级管理人员的提名、聘任、辞职以及解聘制度,并依照有关规定履行相应程序。国有商业银行应建立健全董事、监事及高级管理人员市场化的绩效评价方法和激励约束机制,建立健全常规化、多层次的问责制度。

（9）国有商业银行应充分尊重董事、监事的意见和建议,保证董事、监事能够独立开展工作,充分发挥其在公司治理中的作用。股权董事应在公司治理中积极发挥作用,推动国有商业银行完善公司治理,加强风险控制及内部管理。

（10）国有商业银行应规范关联交易。关联交易应遵循诚实信用及公允的原则,依法合规进行,并全面、客观、真实地披露。

417. 《商业银行合规风险管理指引》

发布时间：2006 年 10 月 25 日
生效时间：2006 年 10 月 25 日
发布主体：中国银监会
重要意义：加强了商业银行合规风险管理

2006 年 10 月 25 日中国银监会发布该《指引》以加强商业银行合规风险管理,维护商业银行安全稳健运行。该《指引》所称合规,是指使商业银行的经营活动与法律、规则和准则相一致。合规风险,是指商业银行因没有遵循法律、规则和准则可能遭受法律制裁、监管处罚、重大财务损失和声誉损失的风险。全球银行业普遍实施风险为本的合规管理做法,并把合规管理作为银行业金融机构一项核心的风险管理活动。目前,国内已有多家银行业金融机构建立了合规管理部门,加强机构自身的合规风险管理已成共识,但合规管理尚处于起步阶段,迫切需要监管部门明确相应的原则和要求。为此,银监会根据银行业监督管理法和商业银行法,在广泛吸收和借鉴国内外银行业金融机构合规风险管理的良好做法,以及国外银行业监管机构相关规定的基础上,2006 年 10 月 25 日制定了《商业银行合规风险管理指引》。

该《指引》对合规管理职责、合规管理部门职责、合规风险监管进行了规定。该《指引》规定商业银行应建立与其经营范围、组织结构和业务规模相适应的合规风险管理体系。合规风险管理体系应包括以下基本要素：①合规政策,②合规管理部门的组织结构和资源,③合规风险管理计划,④合规风险识别和管理流程,⑤合规培训与教育制度。

另外,指引规定董事会应对商业银行经营活动的合规性负最终责任,履行以下合规管理职责：①审议批准商业银行的合规政策,并监督合规政策的实施；②审议批准高级管理层提交的合规风险管理报告,并对商业银行管理合规风险的有效性作出评价,以使合规缺陷得到及时有效的解决；③授权董事会下设的风险管理委员会、审计委员会或专门设立的合规管理委员会对商业银行合规风险管理进行日常监督；④商业银行章程规定的其他合规管理职责。负责日常监督商业银行合规风险管理的董事会下设委员会应通过与合规负责人单独面谈和其他有效途径,了解合规政策的实施情况和存在的问题,及时向董事会或高级管理层提出相应的意见和建议,监督合规政策的有效实施。同时,监事会应监督董事会和高级管理层合规管理职责的履行情况。

418.《商业银行内部控制指引》

发布时间：2007 年 7 月 3 日

生效时间：2007 年 7 月 3 日

发布主体：中国银监会

重要意义：建立、健全了商业银行内部控制

内部控制是商业银行为实现经营目标，通过制定和实施一系列制度、程序和方法，对风险进行事前防范、事中控制、事后监督和纠正的动态过程和机制。为促进商业银行建立和健全内部控制，防范金融风险，保障银行体系安全稳健运行，2007 年 7 月 3 日银监会制定该《指引》，《指引》包括 10 章 142 条。该《指引》提出商业银行内部控制的目标：①确保国家法律规定和商业银行内部规章制度的贯彻执行；②确保商业银行发展战略和经营目标的全面实施和充分实现；③确保风险管理体系的有效性；④确保业务记录、财务信息和其他管理信息的及时、真实和完整。

商业银行内部控制应当贯彻全面、审慎、有效、独立的原则，包括以下几点。①内部控制应当渗透商业银行的各项业务过程和各个操作环节，覆盖所有的部门和岗位，并由全体人员参与，任何决策或操作均应当有案可查；②内部控制应当以防范风险、审慎经营为出发点，商业银行的经营管理，尤其是设立新的机构或开办新的业务，均应当体现"内控优先"的要求；③内部控制应当具有高度的权威性，任何人不得拥有不受内部控制约束的权力，内部控制存在的问题应当能够得到及时反馈和纠正；④内部控制的监督、评价部门应当独立于内部控制的建设、执行部门，并有直接向董事会、监事会和高级管理层报告的渠道。

另外，《指引》规定商业银行应当建立良好的公司治理以及分工合理、职责明确、相互制衡、报告关系清晰的组织结构，为内部控制的有效性提供必要的前提条件。商业银行董事会、监事会和高级管理层应当充分认识自身对内部控制所承担的责任：董事会负责保证商业银行建立并实施充分而有效的内部控制体系；负责审批整体经营战略和重大政策并定期检查、评价执行情况；负责确保商业银行在法律和政策的框架内审慎经营，明确设定可接受的风险程度，确保高级管理层采取必要措施识别、计量、监测并控制风险；负责审批组织机构；负责保证高级管理层对内部控制体系的充分性与有效性进行监测和评估。监事会负责监督董事会、高级管理层完善内部控制体系；负责监督董事会及董事、高级管理层及高级管理人员履行内部控制职责；负责要求董事、董事长及高级管理人员纠正其损害商业银行利益的行为并监督执行。高级管理层负责制定内部控制政策，对内部控制体系的充分性与有效性进行监测和评估；负责执行董事会决策；负责建立识别、计量、监测并控制风险的程序和措施；负责建立和完善内部组织机构，保证内部控制的各项职责得到有效履行。

该《指引》提出商业银行应当建立科学、有效的激励约束机制，培育良好的企业精神和内部控制文化，从而创造全体员工均充分了解且能履行职责的环境；商业银行应当设立履行风险管理职能的专门部门，负责具体制定并实施识别、计量、监测和控制风险的制度、程度和方法，以确保风险管理和经营目标的实现；商业银行应当建立涵盖各项业务、全行范围的风险管理系统，开发和运用风险量化评估的方法和模型，对信用风险、市场风险、流动性风险、操作风险等各类风险进行持续的监控；商业银行应当对各项业务制定全面、系统、成文的政策、制

度和程序,在全行范围内保持统一的业务标准和操作要求,并保证其连续性和稳定性。同时,该《指引》还要求商业银行应当建立内部控制的评价制度,对内部控制的制度建设、执行情况定期进行回顾和检讨,并根据国家法律规定、银行组织结构、经营状况、市场环境的变化进行修订和完善。

419.《商业银行稳健薪酬监管指引》

发布时间:2010 年 2 月 21 日
生效时间:2010 年 3 月 1 日
发布主体:中国银监会
重要意义:不断完善商业银行激励机制

2010 年 2 月 21 日,银监会为充分发挥薪酬在商业银行公司治理和风险管控中的导向作用,建立健全科学有效的公司治理机制,促进银行业稳健经营和可持续发展发布该《指引》。该《指引》对薪酬结构、薪酬支付、薪酬管理、薪酬监管作了具体的规定,共 6 章 30 条。

该《指引》提出商业银行应制定有利于本行战略目标实施和竞争力提升与人才培养、风险控制相适应的薪酬机制,并作为公司治理的主要组成部分之一。薪酬机制一般应坚持以下原则:①薪酬机制与银行公司治理要求相统一;②薪酬激励与银行竞争能力及银行持续能力建设相兼顾;③薪酬水平与风险成本调整后的经营业绩相适应;④短期激励与长期激励相协调。

该《指引》规定董事会应按照国家有关法律和政策规定负责本行的薪酬管理制度和政策设计,并对薪酬管理负最终责任;董事会应设立相对独立的薪酬管理委员会(小组),组成人员中至少要有 1/3 以上的财务专业人员,且薪酬管理委员会(小组)应熟悉各产品线风险、成本及演变情况,以有效和负责地审议有关薪酬制度和政策。管理层组织实施董事会薪酬管理方面的决议,人力资源部门负责具体事项的落实,风险控制、合规、计划财务等部门参与并监督薪酬机制的执行和完善性反馈工作。

420.《商业银行公司治理指引》

发布时间:2013 年 7 月 19 日
生效时间:2013 年 7 月 19 日
发布主体:中国银监会
重要意义:提出了我国商业银行总体治理指引

2013 年 7 月 19 日,中国银监会印发《商业银行公司治理指引》(以下简称《指引》),进一步明确今后银行业金融机构公司治理的发展方向和路径。有效的公司治理是商业银行健康、可持续发展的基石,也是银监会对商业银行法人监管的重点。国际上因金融机构公司治理机制缺陷、风险管控失效和激励机制不科学而造成的金融机构风险时有发生,加强银行公司治理和强化公司治理监管成为世界各国银行业金融机构和监管当局的共同选择。

近年来,在监管部门推动下,我国银行业金融机构树立了公司治理理念,普遍建立了"三会一层"为主体的公司治理组织架构,形成了多元化的股权结构,初步建立了独立运作、有效制衡、协调发展的公司治理运作机制,公司治理水平显著提高,有效性逐步增强。当前,新的形势和行业的不断发展对商业银行公司治理提出了更高要求,从前期探索建立具有中国特色的银行业现代企业制度、构建"三会一层"架构和推进股份制改革,向现阶段进一步优化公司治理运行机制,着重提升决策科学性和制衡有效性转进。

自 2010 年以来,银监会经过充分酝酿,针对我国银行业金融机构公司治理存在的问题,借鉴国际金融危机以来国际监管改革经验,全面考虑国内各类银行业金融机构在公司治理方面的异同,制定了适用于我国各类银行业金融机构的《指引》。《指引》分为 9 章,共计 136 条。第一章至第三章的重点内容为规范公司治理架构和各治理主体职责边界等制衡机制,第四章至第八章主要涉及商业银行发展战略和价值准则及社会责任、风险管理与内部控制、激励约束机制、信息披露等公司治理运行机制的主要内容,并增加了监督管理部分。根据我国的实践情况,《指引》明确提出了良好银行公司治理应包括的主要内容,即健全的组织架构、清晰的职责边界、科学的发展战略、良好的价值准则与社会责任、有效的风险管理与内部控制、合理的激励约束机制、完善的信息披露制度。这既是对近年来各类银行业金融机构监管实践的经验总结,也为今后银行业公司治理建设和进一步完善明确了方向。

《指引》的新内容主要包括:规范董事会运作及董事履职要求,做实监事会职责,加强主要股东行为约束,强化商业银行战略规划和资本管理,增加对风险管理与内部控制的具体规定,对建立科学的激励机制、有效的问责机制和透明度建设提出明确要求,明确监管部门对商业银行公司治理的评估、指导与干预职能,确保《指引》与国际最佳实践同步,使用新的公司治理定义,提出了利益相关者的概念,即银行的公司治理应履行对存款人、雇员等的权利保护责任等。

《指引》施行前颁布的《国有商业银行公司治理及相关监管指引》(银监发〔2006〕22 号)、《外资银行法人机构公司治理指引》(银监发〔2005〕21 号)和《中国银监会办公厅关于进一步完善中小商业银行公司治理的指导意见》(银监办发〔2009〕15 号)同时废止,《股份制商业银行公司治理指引》(中国人民银行公告〔2002〕第 15 号)不再适用。

〈公司治理法规——保险公司〉

421.《关于规范保险公司治理结构的指导意见(试行)》

发布时间:2006 年 1 月 5 日
生效时间:2006 年 1 月 5 日
发布主体:中国保监会
重要意义:我国保险公司治理建设总体指导性文件

2006 年 1 月 5 日,保监会以规范性文件的形式下发了《关于规范保险公司治理结构的指导意见(试行)》(以下简称《意见》),是完善保险公司治理结构的总体指导性文件。《意见》的制定坚持了以下三个原则:一是体现保险行业特点,以保护被保险人利益、加强监管、防范风险,促进保险业快速健康发展为目的;二是立足我国实际,并积极借鉴国外保险公司治理结构的先进经验;三是从监管职能出发,抓住关键,突出重点,积极创新,注重实效,旨在建立对全行业具有可操作性的制度框架。

《意见》的主要内容包括强化股东义务、加强董事会建设、发挥监事会作用、规范管理层运作、加强关联交易和信息披露管理、治理结构监管等7个部分。为规范保险公司股东行为，《意见》作了两方面的规定：一是对保险公司经营管理能够产生较大影响的主要股东应当具有良好的财务状况和较强的持续出资能力，支持保险公司改善偿付能力，不得利用其特殊地位损害保险公司、被保险人、中小股东和其他利益相关者的合法权益；二是股东之间形成关联关系的，应当主动向董事会申报。同时，保险公司要及时将这方面的情况报告中国保监会，以加强对关联控制和关联交易的监管。《意见》从四个方面加强了董事会建设：一是明确董事会职责；二是强化董事责任；三是建立独立董事制度；四是在董事会下设审计委员会和提名薪酬委员会。《意见》从三个方面对管理层进行规范：一是健全运作机制，制定详细具体的工作规则，界定董事会与管理层之间的关系；二是强化关键岗位职责；三是要求保险公司设立合规负责人职位。此外，在公司治理结构监管方面，《意见》初步确定了治理结构监管的框架体系：一是资格审查和培训；二是非现场检查；三是现场检查；四是沟通机制。

422.《保险公司独立董事管理暂行办法》

发布时间：2007年4月6日

生效时间：2007年4月6日

发布主体：中国保监会

重要意义：进一步明确了保险公司独立董事制度

为健全保险公司独立董事制度，加强保险监管，提高风险防范能力，保监会已于2007年4月6日正式发布实施该《办法》。该《办法》所称的独立董事是指在所任职的保险公司不担任除董事外的其他职务，并与保险公司及其控股股东、实际控制人不存在可能影响对公司事务进行独立客观判断关系的董事。

《办法》从程序性上对独立董事的提名、选举和罢免等进行了规范，明确了独立董事的职责、义务和保障，并制定了相应的监督和处罚措施。如规定总资产超过50亿元的保险公司，独董占董事会成员的比例应达到1/3以上。独立董事不得同时在四家以上的企业担任独董。《办法》强调独立董事的"独立性"，排斥影响独立判断的人担任独董，比如包括"近三年内在持有保险公司5%以上股份的股东单位或保险公司前10名股东单位任职的人员及其近亲属"，"在与保险公司有业务往来的银行、法律、咨询、审计等机构担任合伙人、控股股东或高级管理人员"等。

另外，该《办法》规定独立董事除应当具有《公司法》和其他相关法律、法规规定的董事职责外，还应当对下列事项进行认真审查：①重大关联交易；②董事的提名、任免以及总公司高级管理人员的聘任和解聘；③董事和总公司高级管理人员薪酬；④利润分配方案；⑤非经营计划内的投资、租赁、资产买卖、担保等重大交易事项；⑥其他可能对保险公司、被保险人和中小股东权益产生重大影响的事项。

423.《保险公司关联交易管理暂行办法》

发布时间：2007 年 4 月 6 日
生效时间：2007 年 4 月 6 日
发布主体：中国保监会
重要意义：规范了保险公司关联交易行为

为强化保险公司关联交易管理,加强保险监管,提高风险防范能力,保监会于 2007 年 4 月 6 日制定该《暂行办法》。该《暂行办法》对关联方及关联交易、关联交易管理、关联交易监管作出了具体的规定。

该《暂行办法》规定以股权关系为基础的关联方包括：①保险公司股东及其董事长、总经理；②保险公司股东直接、间接、共同控制的法人或者其他组织及其董事长、总经理；③保险公司股东的控股股东及其董事长、总经理；④保险公司直接、间接、共同控制的法人或者其他组织及其董事长、总经理。其中所称保险公司股东,是指能够直接、间接、共同持有或者控制保险公司 5% 以上股份或表决权的股东。

以经营管理权为基础的关联方包括：①保险公司董事、监事和总公司高级管理人员及其近亲属；②保险公司董事、监事和总公司高级管理人员及其近亲属直接、间接、共同控制或者可施加重大影响的法人或者其他组织。

该《办法》规定保险公司应当采取有效措施,防止股东、董事、监事、高级管理人员及其他关联方利用其特殊地位,通过关联交易或者其他方式侵害公司或者被保险人利益。例如保险公司董事会在审议关联交易时,关联董事不得行使表决权,也不得代理其他董事行使表决权。该董事会会议由过半数的非关联董事出席即可举行,董事会会议所作决议须经非关联董事过半数通过。出席董事会会议的非关联董事人数不足三人的,保险公司应当将交易提交股东大会审议。

424.《保险公司风险管理指引（试行）》

发布时间：2007 年 4 月 6 日
生效时间：2007 年 7 月 1 日
发布主体：中国保监会
重要意义：明确了保险公司风险管理制度

2007 年 4 月 6 日,保监会为强化保险公司风险管理,加强保险监管,提高风险防范能力,制定了该《指引》。该《指引》对风险管理组织、风险评估、风险控制、风险管理的监督与改进作出了具体规定。

该《指引》规定保险公司应当建立由董事会负最终责任、管理层直接领导,以风险管理机构为依托,相关职能部门密切配合,覆盖所有业务单位的风险管理组织体系。保险公司可以在董事会下设立风险管理委员会负责风险管理工作。风险管理委员会成员应当熟悉保险公司业务和管理流程,对保险经营风险及其识别、评估和控制等具备足够的知识和经验。没有设立风险管理委员会的,由审计委员会承担相应职责。

同时,保险公司董事会风险管理委员会应当全面了解公司面临的各项重大风险及其管理状况,监督风险管理体系运行的有效性,对以下事项进行审议并向董事会提出意见和建议:①风险管理的总体目标、基本政策和工作制度;②风险管理机构设置及其职责;③重大决策的风险评估和重大风险的解决方案;④年度风险评估报告。

另外,保险公司可以设立由相关高级管理人员或者部门负责人组成的综合协调机构,由总经理或者总经理指定的高级管理人员担任负责人。风险管理协调机构主要职责如下:①研究制定与保险公司发展战略、整体风险承受能力相匹配的风险管理政策和制度;②研究制定重大事件、重大决策和重要业务流程的风险评估报告以及重大风险的解决方案;③向董事会风险管理委员会和管理层提交年度风险评估报告;④指导、协调和监督各职能部门和各业务单位开展风险管理工作。

425.《保险公司合规管理指引》

发布时间:2007 年 9 月 7 日

生效时间:2008 年 1 月 1 日

发布主体:中国保监会

重要意义:建立了保险公司合规管理制度

2007 年 9 月 7 日,保监会为了规范保险公司治理结构,加强保险公司风险管理,实现有效的内部控制,制定了该《指引》。《指引》对董事会、监事会和总经理的合规职责、合规负责人和合规管理部门、合规管理的外部监管等作出规定。该《指引》所称的合规是指保险公司及其员工和营销员的保险经营管理行为应当符合法律法规、监管机构规定、行业自律规则、公司内部管理制度以及诚实守信的道德准则。该《指引》所称的合规风险是指保险公司及其员工和营销人员因不合规的保险经营管理行为引发法律责任、监管处罚、财务损失或者声誉损失的风险。

该《指引》规定保险公司董事会对公司的合规管理承担最终责任,履行以下合规职责:①审议批准合规政策,监督合规政策的实施,并对实施情况进行年度评估;②审议批准并向中国保监会提交公司年度合规报告,对年度合规报告中反映出的问题,采取措施解决;③根据总经理提名决定合规负责人的聘任、解聘及报酬事项;④决定公司合规管理部门的设置及其职能;⑤保证合规负责人独立与董事会、董事会审计委员会或者其他专业委员会沟通。

另外,指引规定保险公司应当按照该《指引》的要求,建立健全合规管理制度,完善合规管理组织架构,明确合规管理责任,构建合规管理体系,有效识别并积极主动防范化解合规风险,确保公司稳健运营。保险公司董事会和高级管理人员应当在公司倡导诚实守信的道德准则和价值观念,推行主动合规、合规创造价值等合规理念,促进保险公司内部合规管理与外部监管的有效互动。

426.《保险公司董事会运作指引》

发布时间:2008 年 7 月 8 日

生效时间:2008 年 10 月 1 日

发布主体：中国保监会

重要意义：规范了保险公司董事会运作

董事会是公司治理结构的核心，也是保监会开展保险公司治理监管的着力点。针对当时不少保险公司董事会运作不够规范、决策质量不高、职能发挥不够充分的问题，保监会于 2008 年 7 月 8 日下发的《保险公司董事会运作指引》（以下简称《指引》），对保险公司董事会的构成、运作和监管作了较为系统、全面的规定。在董事会规模上，《指引》鼓励保险公司建立 7～13 人组成的董事会。《指引》提出"董事每届任期不得超过三年，可以连选连任"，并明确了董事会改选的相关程序。为了加强保险公司董事和高管考核，《指引》要求董事会每年向股东大会和监事会提交董事尽职报告。同时，为加强董事会对公司高管人员薪酬的监督，《指引》要求保险公司在公司治理报告中向保监会披露薪酬及行权收益等。

427.《保险公司董事、监事和高级管理人员任职资格管理规定》

发布时间：2009 年 12 月 29 日

生效时间：2010 年 4 月 1 日

发布主体：中国保监会

重要意义：建立了保险公司相关人员任职资格制度

为贯彻落实《保险法》，加强和完善对保险公司董事、监事和高级管理人员的管理，促进保险公司稳健经营，推动保险业健康发展，保监会于 2009 年 12 月 29 日发布《保险公司董事、监事和高级管理人员任职资格管理规定》（以下简称《规定》）。《规定》从任职资格条件、任职资格核准、监督管理、法律责任四个方面进行了具体规定。

为了避免人员监管容易出现的"重审批、轻监管"问题，《规定》完善和细化了董事、监事和高管的持续监管制度。主要体现在以下几个方面：一是对董事长和高管人员离任审计作出了原则规定；二是要求董事、监事和高管人员应当按保监会规定参加培训；三是明确高管人员管理信息系统记录内容，并将其作为任职核准的重要依据；四是加强对机构频繁变更高管以及高管个人频繁跳槽的监管；五是根据《保险法》完善了适用暂停职务等各项监管措施的情形；六是明确了保险机构可以指定临时负责人的特殊情形，并规定了临时负责人的条件。

428.《保险公司内部控制基本准则》

发布时间：2010 年 8 月 10 日

生效时间：2011 年 1 月 1 日

发布主体：中国保监会

重要意义：明确了保险公司内部控制体系建设对公司治理的重要作用

内控严密是现代企业制度的基本特征和内在要求，也是保险公司改革的根本方向。加强保险公司内控建设是深化保险改革、完善保险监管、转变行业增长方式的重要内容。从国际上来看，各国对公司内控建设的重视程度越来越高。美国 COSO 委员会等国际组织自 1990

年起,开始组织专业力量制定不断完善企业内控建设的指导文件,在提升企业内控地位和统一内控框架方面影响越来越大。许多跨国金融机构都把完善内控作为最重要的管理工作来抓,加强和改进内控成为近年来企业管理变革的重要主题。从保险业来看,随着部分公司改制上市或引入国外先进管理方式以及公司内部改革的深化,全行业的内部控制水平得到很大提高。但总体来说,保险公司内控建设还存在内控制度不完备、内控执行力不强甚至形同虚设等问题。当前,保险业正在加快转变增长方式,加强内部控制对于保险公司防止"跑冒滴漏"、加强管理、走内涵式发展道路具有重要意义。从保险监管来看,保监会确立了市场行为、偿付能力和公司治理三支柱的现代保险监管体系。健全的内控是公司治理机制有效发挥作用的重要保障。内控不健全,公司治理只能是"空中楼阁",必须把治理监管和内控监管有机结合起来,才能做深做实公司治理监管,提高保险监管水平。基于上述背景,保监会于2010年8月10日制定该《基本准则》。

该《基本准则》规定保险公司内部控制的目标包括以下几点。①行为合规性目标。保证保险公司的经营管理行为遵守法律法规、监管规定、行业规范、公司内部管理制度和诚信准则。②资产安全性目标。保证保险公司资产安全可靠,防止公司资产被非法使用、处置和侵占。③信息真实性目标。保证保险公司财务报告、偿付能力报告等业务、财务及管理信息的真实、准确、完整。④经营有效性目标。增强保险公司决策执行力,提高管理效率,改善经营效益。⑤战略保障性目标。保障保险公司实现发展战略,促进稳健经营和可持续发展,保护股东、被保险人及其他利益相关者的合法权益。

另外,保险公司建立和实施内部控制,应当遵循以下原则。①全面和重点相统一。保险公司应当建立全面、系统、规范化的内部控制体系,覆盖所有业务流程和操作环节,贯穿经营管理全过程。在全面管理的基础上,对公司重要业务事项和高风险领域实施重点控制。②制衡和协作相统一。保险公司内部控制应当在组织架构、岗位设置、权责分配、业务流程等方面,通过适当的职责分离、授权和层级审批等机制,形成合理制约和有效监督。在制衡的基础上,各职能部门和业务单位之间应当相互配合,密切协作,提高效率,避免相互推诿或工作遗漏。③权威性和适应性相统一。保险公司内部控制应当与绩效考核和问责相挂钩,任何人不得拥有不受内部控制约束的权力,未经授权不得更改内部控制程序。在确保内部控制权威性的基础上,公司应当及时调整和定期优化内部控制流程,使之不断适应经营环境和管理要求的变化。④有效控制和合理成本相统一。保险公司内部控制应当与公司实际风险状况相匹配,确保内部控制措施满足管理需求,风险得到有效防范。在有效控制的前提下,合理配置资源,尽可能降低内部控制成本。

该《基本准则》规定保险公司内部控制体系包括以下三个组成部分。①内部控制基础。包括公司治理、组织架构、人力资源、信息系统和企业文化等。②内部控制程序。包括识别评估风险、设计实施控制措施等。③内部控制保证。包括信息沟通、内控管理、内部审计应急机制和风险问责等。

429.《保险公司薪酬管理规范指引(试行)》

发布时间:2012年7月19日
生效时间:2012年7月19日

发布主体：中国保监会

重要意义：规范了保险公司薪酬激励机制

为加强保险公司治理监管,健全激励约束机制,规范保险公司薪酬管理行为,发挥薪酬在风险管理中的作用,促进保险公司稳健经营和可持续发展,保监会于 2012 年 7 月 19 日制定此《指引》。

该《指引》规范了保险公司薪酬激励机制,其具体内容包括薪酬结构、薪酬支付等。《指引》规定保险公司应当按照公司治理的要求,制定规范的薪酬管理程序,确保薪酬管理过程合规、严谨;应当根据公司财务状况、经营结果、风险控制等多种因素,合理确定董事、监事和高管人员薪酬水平;董事、监事和高管人员薪酬应当根据保监会分类监管确定的风险类别进行调整。

保险公司薪酬管理应当遵循以下原则。①科学合理。保险公司应当根据公司发展战略和实际情况,以提高市场竞争力和实现可持续发展为导向,制定科学的绩效考核机制和合理的薪酬基准。②规范严谨。保险公司应当按照公司治理的要求,制定规范的薪酬管理程序,确保薪酬管理过程合规、严谨。③稳健有效。保险公司薪酬体系应当既能有效激励工作人员,又与合规和风险管理相衔接,有利于防范风险和提高合规水平。④公平适当。保险公司薪酬政策应当平衡股东、管理层、员工、被保险人及其他利益相关者的利益,符合我国国情和保险业发展实际。

430.《保险公司控股股东管理办法》

发布时间：2012 年 7 月 25 日

生效时间：2012 年 10 月 1 日

发布主体：中国保监会

重要意义：规范了保险公司控股股东行为

为了加强保险公司治理监管,规范保险公司控股股东行为,保护保险公司、投保人、被保险人和受益人的合法权益,中国保监会于 2012 年 7 月 25 日制定了《保险公司控股股东管理办法》(以下简称《管理办法》)。

该《管理办法》所称保险公司控股股东,是指其出资额占保险公司资本总额 50% 以上或者其持有的股份占保险公司股本总额 50% 以上的股东;出资额或者持有股份的比例虽然不足 50%,但依其出资额或者持有的股份所享有的表决权已足以对股东会、股东大会的决议产生重大影响的股东。该《管理办法》明确规定了中国保监会有权采取的监管措施,有利于规范保险公司控股股东行为。

《管理办法》以保险公司控股股东与保险公司之间的管控和业务联系为基础,在控制行为、交易行为、信息披露和保密等方面作出了规定,主要包括：①保险公司控股股东应当善意行使对保险公司的控制权,审慎行使对保险公司董事、监事的提名权;②保险公司控股股东应当确保与保险公司进行交易的透明性和公允性,不得利用关联交易、利润分配、资产重组、对外投资等任何方式损害保险公司的合法权益;③保险公司控股股东应当建立信息披露管理制度,恪守对保险公司的保密义务。

第十二篇

〈公司治理法规——其他金融机构〉

431. 《证券公司治理准则(试行)》

发布时间：2003 年 12 月 5 日

生效时间：2004 年 1 月 15 日

发布主体：中国证监会

重要意义：明确了我国证券公司治理标准

为推动证券公司按照现代企业制度规范运作,保障证券公司股东、客户及其他利益相关者的合法权益,维护证券公司资产的独立和完整,证监会于 2003 年 12 月 5 日制定了该《准则》。

《准则》的主要内容包括股东和股东(大)会、董事和董事会、监事和监事会、经理层人员激励与约束机制。《准则》对证券公司股东行为作出具体规定,并从两个方面规范了董事会的运作:一方面是对董事会的构成提出了明确要求,内部董事不得超过董事人数的 1/2;另一方面是要求证券公司在董事会下设立专门委员会。准则除了对经理层的任职资格、职责作出明确规定外,特别强调证券公司要建立有效的经理层人员激励与约束机制,加强对经理层人员考核与监督的力度。保证对经理层人员行为、绩效评估、监督的持续性和公正性,有利于最大限度地调动经理人员的积极性和创造性,使经理层人员的利益与股东利益相统一,实现证券公司的可持续发展。

432. 《证券投资基金管理公司治理准则(试行)》

发布时间：2006 年 6 月 15 日

生效时间：2006 年 6 月 15 日

发布主体：中国证监会

重要意义：明确了我国证券投资基金管理公司治理标准

2006 年 6 月 15 日,中国证监会为推动基金管理公司完善公司治理,规范经营运作,保护基金份额持有人、公司及股东合法权益,制定了该《准则》。该《准则》明确了我国证券投资基金管理公司治理标准,对股东和股东(大)会、董事和董事会、监事和监事会、经理层人员、督察长的具体内容作出规定。

《准则》明确了独立董事的地位,规定公司必须设独立董事,独立董事一要保证独立性,不受其他股东或管理人员的影响;二要以基金份额持有人利益最大化为出发点来进行工作。《准则》要求股东尊重公司的独立性,不得干预公司的人员安排、经营运作等具体事务。《准则》细化了股东的义务。比如,股东不得要求公司为其提供融资或担保,这就是防止出现关联交易,明确划清基金公司的业务与股东的业务;股东应当直接持有公司股权,不得为其他机构和个人代为持有股权,不得委托其他机构和个人代为持有公司股权。

433.《期货经纪公司治理准则（试行）》

发布时间：2006 年 6 月 15 日

生效时间：2006 年 6 月 15 日

发布主体：中国证监会

重要意义：明确了我国期货经纪公司治理标准

2006 年 6 月 15 日,证监会制定了《准则》以推动基金管理公司完善公司治理,规范经营运作,保护基金份额持有人、公司及股东合法权益。

《准则》的主要内容包括股东和股东(大)会、董事和董事会、监事和监事会、高级管理绩效评价与激励约束机制。该《准则》提出了经纪公司完善公司治理应遵循的基本原则。①强化制衡机制。期货经纪公司应进一步完善股东会、董事会、监事会(监事)和经理层议事制度和决策程序,使之更加明确、详尽并具备可操作性,确保上述组织机构充分发挥各自职能作用。②加强对期货经纪业务的风险控制。期货经纪公司应在遵循《公司法》基本要求的基础上,围绕期货经纪业务这一核心环节,合理细化股东会、董事会、监事会(监事)和经理层的职权,完善内部管理制度,以增强期货经纪公司的内部控制和风险防范能力。③维护所有股东的平等地位和权利,强调股东的诚信义务。期货经纪公司应为维护非控股股东的合法权益提供制度性保证,强调所有股东的诚信义务,限制控股股东损害期货经纪公司和其他股东利益的行为。④完善激励约束机制。期货经纪公司应建立更加合理的激励约束机制,营造规范经营、积极进取的企业文化,促进期货经纪公司的高效稳健运营。

另外,《准则》规定期货公司的保证金管理制度、风险控制制度和期货公司业务创新计划应经董事会审议并通过;公司章程中应明确规定经理层有权抵制股东会或董事会违反公司制度的要求。

434.《信托公司治理指引》

发布时间：2007 年 1 月 22 日

生效时间：2007 年 3 月 1 日

发布主体：中国银监会

重要意义：明确了我国信托公司治理标准

2007 年 1 月 22 日,中国银监会制定该《指引》以推动信托投资公司从"融资平台"真正转变为"受人之托、代人理财"的专业化机构,促进信托投资公司根据市场需要和自身实际进行业务调整和创新,力争在 3～5 年内,使信托投资公司发展成为风险可控、守法合规、创新不断、具有核心竞争力的专业化金融机构。

《指引》对信托公司的股东和股东(大)会、董事和董事会、监事和监事会、高级管理层、激励与约束机制作出具体规定。

该《指引》规定信托公司治理应当遵循以下原则：①认真履行受托职责,遵循诚实、信用、谨慎、有效管理的原则,恪尽职守,为受益人的最大利益处理信托事务；②明确股东、董事、监事、高级管理人员的职责和权利义务,完善股东(大)会、董事会、监事会、高级管理层的议事制度和决策程序;③建立完备的内部控制、风险管理和信息披露体系,以及合理的绩效评估和薪酬制度;④树立风险管理理念,确定有效的风险管理政策,制定翔实的风险管理制度,建立全面的风险管理程序,及时识别、计量、监测和控制各类风险;⑤积极鼓励引进合格战略投资者、优秀的管理团队和专业管理人才,优化治理结构。

另外,《指引》对信托公司股东作出严格规定,如除上市信托公司外持股未满三年的股东不得转让所持股份,股东不可质押所持有的信托公司股权,不得虚假出资、出资不实、抽逃出资或变相抽逃出资,不得直接或间接干涉信托公司的日常经营管理,不得挪用信托公司固有财产或信托财产等。另外,《指引》规定信托公司股东单独或与关联方合并持有公司50%以上股权的,股东大会选举董事、监事应当实行累积投票制。信托公司应设立独立董事且人数应不少于董事会成员总数的1/4。

435.《融资性担保公司治理指引》

发布时间:2010年11月25日
生效时间:2010年11月25日
发布主体:中国银监会
重要意义:明确建立健全了我国融资性担保公司治理标准

为建立健全融资性担保公司治理机制,防范融资性担保业务风险,促进融资性担保行业稳定健康发展,中国银监会于2010年11月25日发布该《指引》。

该《指引》对股东和股东(大)会、董事和董事会、监事会、高管、首席风险官、首席合规官的具体内容作出规定。

该《指引》所称公司治理包括建立以股东(大)会、董事会、监事会、高级管理层为主体的组织架构,并对各主体之间相互制衡的责、权、利关系作出制度安排,保障融资性担保公司建立明晰的治理结构、科学的决策机制、合理的激励机制和有效的约束机制。

其中以董事会为例,该《指引》规定董事会向股东(大)会负责,董事会职权依据法律、法规和公司章程确定。董事会的职权至少应当包括负责召集股东(大)会议,执行股东(大)会决议,向股东(大)会报告工作,决定公司的经营计划,制订年度财务预决算方案,决定内部管理机构设置,聘任或解聘总经理,制定公司基本管理制度等。董事会应当及时了解、提示、控制和处置公司总体风险和主要风险。另外,董事会可以根据实际需要设立风险管理、关联交易控制、审计、法律、薪酬等专门委员会。各专门委员会应当就公司业务合规情况、风险状况、内控制度的有效性及执行情况、经营业绩等向董事会提供专业意见,并依据董事会授权对相关情况进行监督和检查。同时,董事会应当建立规范的会议制度,明确董事会会议的召开方式、频率、议事规则和表决程序,并应当保存完整的董事会会议记录。董事会会议由董事长或董事长指定的其他董事会成员召集并主持。经1/3以上董事提议可以召开董事会临时会议。

〈公司治理法规——其他方面法规〉

436.《企业内部控制基本规范》

发布时间：2008 年 5 月 22 日

生效时间：2009 年 7 月 1 日

发布主体：财政部、中国证监会、审计署、中国银监会、中国保监会

重要意义：建立了我国统一的企业内部控制制度

为了加强和规范企业内部控制，提高企业经营管理水平和风险防范能力，促进企业可持续发展，维护社会主义市场经济秩序和社会公众利益，根据《公司法》《证券法》《会计法》和其他有关法律法规，财政部会同证监会、审计署、银监会、保监会制定该《规范》。

该《规范》所称内部控制，是由企业董事会、监事会、经理层和全体员工实施的、旨在实现控制目标的过程。内部控制的目标是合理保证企业经营管理合法合规、资产安全、财务报告及相关信息真实完整，提高经营效率和效果，促进企业实现发展战略。

该《规范》提出企业建立与实施内部控制，应当遵循下列原则。

（1）全面性原则。内部控制应当贯穿决策、执行和监督全过程，覆盖企业及其所属单位的各种业务和事项。

（2）重要性原则。内部控制应当在全面控制的基础上，关注重要业务事项和高风险领域。

（3）制衡性原则。内部控制应当在治理结构、机构设置及权责分配、业务流程等方面形成相互制约、相互监督，同时兼顾运营效率。

（4）适应性原则。内部控制应当与企业经营规模、业务范围、竞争状况和风险水平等相适应，并随着情况的变化及时加以调整。

（5）成本效益原则。内部控制应当权衡实施成本与预期效益，以适当的成本实现有效控制。

同时，企业建立与实施有效的内部控制，应当包括下列要素。

（1）内部环境。内部环境是企业实施内部控制的基础，一般包括治理结构、机构设置及权责分配、内部审计、人力资源政策、企业文化等。

（2）风险评估。风险评估是企业及时识别、系统分析经营活动中与实现内部控制目标相关的风险，合理确定风险应对策略。

（3）控制活动。控制活动是企业根据风险评估结果，采用相应的控制措施，将风险控制在可承受度之内。

（4）信息与沟通。信息与沟通是企业及时、准确地收集、传递与内部控制相关的信息，确保信息在企业内部、企业与外部之间进行有效沟通。

（5）内部监督。内部监督是企业对内部控制建立与实施情况进行监督检查，评价内部控制的有效性，发现内部控制缺陷，并及时加以改进。

参 考 文 献

著作类：

[1] 阿道夫·伯利,加德纳·米恩斯.现代公司与私有财产[M].北京：商务印书馆,2007.

[2] 贝政新等.基金治理研究[M].上海：复旦大学出版社,2006.

[3] 布莱恩·柴芬斯.公司法：理论、结构与运作[M].北京：法律出版社,2001.

[4] 陈清泰.重塑企业制度——30年企业制度变迁[M].北京：中国发展出版社,2008.

[5] 陈小洪等.共生共长：中国环境演变对企业管理的影响[M].北京：机械工业出版社,2011.

[6] 陈信元,朱红军.转型经济中的公司治理——基于中国上市公司的案例[M].北京：清华大学出版社,2007.

[7] 陈钊.经济转轨中的企业重构：产权改革与放松管制[M].上海：上海三联书店,2004.

[8] 成思危.成思危论金融改革[M].北京：中国人民大学出版社,2006.

[9] 成思危.成思危谈企业与管理科学[M].北京：企业管理出版社,2002.

[10] 成思危.东亚金融危机的分析与启示[M].北京：民主与建设出版社,1999.

[11] 成思危.美国金融危机的分析与启示[M].北京：科学出版社,2012.

[12] 成思危.诊断与治疗：揭示中国的股票市场[M].北京：经济科学出版社,2003.

[13] 成思危.中国企业管理面临的问题和对策[M].北京：民主与建设出版社,1999.

[14] 道格拉斯·诺思.制度、制度变迁与经济绩效[M].上海：上海三联书店,1994.

[15] 费方域.企业的产权分析[M].上海：上海人民出版社,1998.

[16] 冯根福.中国公司治理前沿问题研究[M].北京：经济科学出版社,2009.

[17] 高闯等.公司治理：原理与前沿问题[M].北京：经济管理出版社,2009.

[18] 高明华.公司治理：理论演进与实证分析——兼论中国公司治理改革[M].北京：经济科学出版社,2001.

[19] 高明华等.公司治理学[M].北京：中国经济出版社,2009.

[20] 郝臣.中国保险公司治理研究[M].北京：清华大学出版社,2015.

[21] 郝臣.中国上市公司治理案例[M].北京：中国发展出版社,2009.

[22] 胡汝银等.中国公司治理：当代视角[M].上海：上海人民出版社,2010.

[23] 经济合作与发展组织.公司治理：对OECD各国的调查[M].北京：中国财政经济出版社,2006.

[24] 郎咸平.公司治理[M].北京：中国社会科学文献出版社,2004.

[25] 李金轩,赵书华,娄梅.企业伦理与道德[M].北京：高等教育出版社,2008.

[26] 李维安,陈小洪,袁庆宏.中国公司治理：转型与完善之路[M].北京：机械工业出版社,2013.

[27] 李维安,王世权.大学治理[M].北京：机械工业出版社,2013.

[28] 李维安,武立东.公司治理教程[M].上海：上海人民出版社,2001.

[29] 李维安.公司治理学(第二版)[M].北京：高等教育出版社,2009.

[30] 李维安.公司治理学(第一版)[M].北京：高等教育出版社,2005.

[31] 李维安.中国のコーポレートガバナンス[M].税务经理协会,1998.

[32] 李维安.中国公司治理原则与国际比较[M].北京：中国财政经济出版社,2001.

[33] 李维安等.公司治理[M].天津：南开大学出版社,2001.

[34] 李维安等.现代公司治理研究——资本结构、公司治理和国有企业股份制改造[M].北京：中国

人民大学出版社,2001.

[35]　林润辉.网络组织与企业高成长[M].天津：南开大学出版社,2004.

[36]　林毅夫,蔡昉,李周.充分信息与国有企业改革[M].上海：上海三联书店,1997.

[37]　卢昌崇.企业治理结构[M].大连：东北财经大学出版社,1999.

[38]　鲁桐,仲继银,孔杰.公司治理：董事与经理指南[M].北京：中国发展出版社,2008.

[39]　罗伯特·麦基.转轨经济体的公司治理[M].大连：东北财经大学出版社,2010.

[40]　罗崇敏.天鉴[M].北京：人民出版社,2009.

[41]　马磊,徐向艺.公司治理若干重大理论问题述评[M].北京：经济科学出版社,2008.

[42]　迈克尔·詹森.企业理论——治理、剩余索取权和组织形式[M].上海：上海财经大学出版社,2008.

[43]　宁向东.公司治理理论[M].北京：中国发展出版社,2005.

[44]　彭正银.企业网络组织的异变与治理模式的适应性研究[M].北京：经济科学出版社,2009.

[45]　青木昌彦,钱颖一.转轨经济中的公司治理结构——内部人控制和银行的作用[M].北京：中国经济出版社,2005.

[46]　青木昌彦.比较制度分析[M].上海：上海远东出版社,2001.

[47]　芮明杰,袁安照.现代公司理论与运行[M].上海：上海财经大学出版社,2005.

[48]　沈四宝.西方国家公司法原理[M].北京：法律出版社,2006.

[49]　史漫飞,柯武刚.告诫经济学——社会秩序与公共政策[M].北京：商务印书馆,2002.

[50]　史正富.现代企业的结构与管理[M].上海：上海人民出版社,1993.

[51]　史正富等.国有企业产权改革中的股东问题[M].北京：经济科学出版社,1997.

[52]　谭安杰.企业督导机制与现代企业部门的发展[M].上海：上海社会科学院出版社,2000.

[53]　屠光绍.证券交易体制：原理与变革[M].上海：上海人民出版社,2000.

[54]　吴敬琏.现代公司与企业改革[M].天津：天津人民出版社,1994.

[55]　吴敬琏等.大中型企业改革：建立现代企业制度[M].天津：天津人民出版社,1993.

[56]　武立东.中国民营上市公司治理及其评价研究[M].天津：南开大学出版社,2007.

[57]　习龙生.控制股东的义务和责任研究[M].北京：法律出版社,2006.

[58]　小艾尔弗雷德·钱德勒.看得见的手——美国企业的管理革命[M].北京：商务印书馆,2004.

[59]　徐向艺等.公司治理制度安排与组织设计[M].北京：经济科学出版社,2006.

[60]　闫长乐.公司治理[M].北京：人民邮电出版社,2008.

[61]　杨海坤,章志远.中国特色政府法治论研究[M].北京：法律出版社,2008.

[62]　杨浩.现代企业理论教程[M].上海：上海财经大学出版社,2001.

[63]　杨桦.公司再造：中国上市公司治理的新途径[M].北京：中信出版社,2011.

[64]　于东智.公司治理[M].北京：中国人民大学出版社,2005.

[65]　张军.中国企业的转型道路[M].上海：格致出版社、上海人民出版社,2008.

[66]　张仁德,王昭凤.企业理论[M].北京：高等教育出版社,2003.

[67]　张维迎.产权激励与公司治理[M].北京：经济科学出版社,2005.

[68]　张维迎.企业理论与中国企业改革[M].北京：北京大学出版社,1999.

[69]　朱武祥,蒋殿春,张新.中国公司金融学[M].上海：上海三联书店,2005.

[70]　Alfred Dupont Chandler. The Visible Hand：The Managerial Revolution in American Business[M]. Cambridge：Harvard University Press，1977.

[71]　Andrei Sheleifer, Robert W. Vishny. The Grabbing Hand, Government Pathologies and Their Cures [M]. Cambridge：Harvard University Press，1998.

[72]　Brian R. Cheffins. Company Law：Theory, Structure and Operation [M]. Oxford：Clarendon Press，1997.

[73] Dennis R. Young, Robert M. Hollister, Virginia Ann Hodgkinson. Governing, Leading and Managing Nonprofit Organizations: New Insights from Research and Practice [M]. Hoboken: Jossey-Bass Publishers, 1993.

[74] Elaine Sternberg. Corporate Governance: Accountability in the Marketplace [M]. London: Institute of Economic Affairs, 1998.

[75] Eric Brousseau, Jean-Michel Glachant. The Economics of Contracts: Theories and Applications [M]. Cambridge: Cambridge University Press, 2002.

[76] Eric Rhenman. Företagsdemokrati och Företagsorganisation(企业民主和商业组织)[M]. Barcelona: Thule, 1964.

[77] Freeman R. Edward. Strategic Management: A Stakeholder Approach [M]. Cambridge: Cambridge University Press, 2010.

[78] Gary Gereffi, Miguel Korzeniewicz. Commodity Chains and Global Capitalism [M]. Santa Barbara: Praeger Publishers, 1994.

[79] Gary Gereffi, Olga Memedovic. The Global Apparel Value Chain: What Prospects for Upgrading by Developing Countries? [M]. Vienna: United Nations Industrial Development Organization, 2003.

[80] Geoff De Lacy. How to Review and Assess the Value of Board Subcommittees [M]. Australia: Aicd, 2005.

[81] Gregory Francesco Maassen. An International Comparison of Corporate Governance Models [M]. Chicago: Spencer Stuart, 2002.

[82] H. Igor Ansoff. Corporate Strategy: Business Policy for Growth and Expansion [M]. Chicago: McGraw-Hill Book, 1965.

[83] Herbert A. Simon. Administrative Behavior: A Study of Decision-Making Processes in Administrative Organization [M]. New York: Free Press, 1947.

[84] Herbert A. Simon. Models of Bounded Rationality [M]. Cambridge: MIT Press, 1982.

[85] Herman Robert, Heimovics Richard. Executive Leadership in Nonprofit Organizations: New Strategies for Shaping Executive-board Dynamics [M]. San Francisco: Jossey-Bass, 1991.

[86] James Clyde Mitchell. Social Networks in Urban Situations: Analyses of Personal Relationships in Central African Towns [M]. Manchester: Manchester University Press, 1969.

[87] Jeffrey Pfeffer, Gerald R. Salancik. The External Control of Organizations: A Resource Dependence Perspective [M]. New York: Harper and Row, 1978.

[88] Jessica Lipnack, Jeff Stamps. Virtual Teams: Reaching Across Space, Time and Organizations with Technology [M]. Hoboken: John Wiley and Sons, 1997.

[89] John E. Parkinson. Corporate Power and Responsibility: Issues in the Theory of Company Law [M]. Oxford: Clarendon Press, 1995.

[90] John Frederick Weston, Mark L. Mitchell, John Harold Mulherin. Takeovers, Restructuring and Corporate Governance [M]. New Jersey: Pearson Prentice Hall, 2004.

[91] John Moore Bryson, Barbara C. Crosby. Leadership for the Common Good: Tackling Public Problems in A Shared-power World [M]. San Francisco: Jossey-Bass, 1992.

[92] Jonathan P. Charkham. Keeping Good Company: A Study of Corporate Governance in Five Countries [M]. Oxford: Oxford University Press, 1994.

[93] Jose Carlos Jarillo. Strategic Networks: Creating the Borderless Organization [M]. Oxford: Butterworth-Heinemann, 1993.

[94] Karen Marie Hult, Charles Eliot Walcott. Governing Public Organizations: Politics, Structures

and Institutional Design[M]. Boston：Brooks/Cole Pub. Co. ，1990.

[95] Kevin Keasey, Michael Wright. Corporate Governance：Responsibilities，Risks and Remuneration [M]. Hoboken：John Wiley，1997.

[96] Lawrence E. Mitchell. Corporate Governance [M]. Farnham：Ashgate Publisher，1994.

[97] Margaret Blair. Ownership and Control：Rethinking Corporate Governance for the Twenty-first-Century [M]. Washington D. C. ：Brookings Institution Press，1995.

[98] Mark Lyons. Third Sector：The Contribution of Nonprofit and Cooperative Enterprises in Australia [M]. Crows Nest：Allen & Unwin，2001.

[99] Masahiko Aoki. Economic Analysis of the Japanese Firms [M]. Amsterdam：Elsevier，1984.

[100] Max Clarkson. The Corporation and Its Stakeholders：Classic and Contemporary Readings [M]. Toronto：University of Toronto Press，1998.

[101] Michael Useem. Corporate Restructuring and the Restructured World of Senior Management [M]. Oxford：Oxford University Press，1996.

[102] Michael Useem. Executive Defense：Shareholder Power and Corporate Reorganization [M]. Cambridge：Havard University Press，1993.

[103] Myles Mace. Directors：Myth and Reality[M]. Boston：Harvard Business School Press，1971.

[104] Nigel Graham Maw, Peter Lane, Michael Craig-Cooper, Alison Alsbury. Maw on Corporate Governance[M]. Farnham：Ashgate Publisher,1994.

[105] Oliver E. Williamson. Markets and Hierarchies：Analysis and Antitrust Implications [M]. New York：Free Press，1975.

[106] Oliver E. Williamson. The Economic Institutions of Capitalism：Firms，Markets，Relational Contracting [M]. New York：Free Press，1985.

[107] Oliver E. Williamson. The Economics of Discretionary Behavior：Managerial Objectives in A Theory of the Firm [M]. Markham：Markham Pub. Co. ，1964.

[108] Oliver E. Williamson. The Mechanisms of Governance [M]. Oxford：Oxford University Press，1996.

[109] Paul Milgrom, John Roberts. Economics，Organization and Management [M]. Upper Saddle River：Prentice Hall，1992.

[110] Peter Weill, Jeanne W. Ross. IT Governance [M]. Boston：Harvard Business School Press，2004.

[111] Philip L. Cochran, Steven L. Wartick. Corporate Governance：A Review of the Literature [M]. Morristown：Financial Executives Research Foundation，1988.

[112] R. Edward Freeman. Strategic Management：A Stakeholder Approach [M]. Cambridge：Cambridge University Press，1984.

[113] Robert A. G. Monks, Nell Minow. Corporate Governance [M]. Hoboken：Blackwell Publishing Ltd,1995.

[114] Richard A. Brealey, Stewart C Myers. Principles of Corporate Finance [M]. Chicago：McGraw-Hill and McGraw-Hill Irwin，2003.

[115] Richard Eells. The Meaning of Modern Business：An Introduction to the Philosophy of Large Corporate Enterprise [M]. New York：Columbia University Press，1960.

[116] Robert F. Bruner. Applied Mergers and Acquisitions [M]. Hoboken：John Wiley and Sons，2004.

[117] Robert Ian Tricker. Corporate Governance：Practices，Procedures and Powers in British Companies and Their Boards of Directors [M]. Farnham：Gower Pub. Co. ，1984.

[118] Robin Lapthorn Marris. The Economic Theory of Managerial Capitalism [M]. New York：Basic Books，1964.

[119] Roger N. Nagel，Steven L. Goldman，Kenneth Preiss. Cooperate to Compete：Building Agile Business Relationships [M]. Hoboken：John Wiley and Sons，1997.

[120] Ronald C. Lease，Kose John，Avner Kalay，Uri Loewenstein，Oded H. Sarig. Dividend Policy：Its Impact on Firm Value [M]. Boston：Harvard Business School Press，2000.

[121] Saleem Sheikh，William Rees. Corporate Governance and Corporate Control [M]. London：Cavendish Publishing，1995.

[122] Stephen P. Robbins，Mary K. Coulter. Management [M]. Chicago：McGraw-Hill，1996.

[123] Thomas Sheridan，Nigel Kendall. Corporate Governance：An Action Plan for Profitability and Business Success [M]. London：Pitman Publishing，1992.

[124] William J. Baumol. Business Behavior，Value and Growth [M]. London：Macmillan，1959.

[125] Wim Van Grembergen. Strategies for Information Technology Governance [M]. Hershey：Idea Group Publishing，2004.

[126] Yu Keping. Civil Organizations and Changes of Governance in Rural China，Emerging of Civil Society and its Significance to Governance in Reform China [M]. Beijing：The Publishing House of Social Science Literature，2000.

[127] Yu Keping. Globalization and Changes in China's Governance [M]. Leiden：Brill，2008.

[128] Yuanzhu Ding，Tingzhong Chen，Xin Qi. Asia's Third Sector：Governance for Accountability and Performance：How Do People inChina Look at "Governance" of Third Sector? [M]. Beijing：Peking University Press，2004.

[129] Yuanzhu Ding. Third Sector Governance in China：Structure，Process and Relationships [M]. New York：Springer，2008.

期刊类：

[130] 巴曙松，赵勇.基金治理：如何在发展中保持内外平衡[J].武汉金融，2010(5)：4-9.

[131] 白重恩，刘俏，陆洲，宋敏，张俊喜.中国上市公司治理结构的实证研究[J].经济研究，2005(2)：81-91.

[132] 鲍为民.美国法上的公司僵局处理制度及其启示[J].法商研究，2005(3)：130-136.

[133] 贝政新，刘亮.上市公司财务失败预测的实证研究[J].开发研究，2006(2)：120-122.

[134] 伯纳德 S.布莱克，黄辉.外部董事的核心信义义务[J].商事法论集，2006(2)：213-244.

[135] 曹兰英.美国投资者关系建设的经验及对我国的启示[J].经济师，2004(4)：77-78.

[136] 曹廷求，刘呼声.大股东治理与公司治理效率[J].改革，2003(1)：33-37.

[137] 曹廷求，于建霞.公司治理研究的深化与拓展：对近期文献的回顾[J].产业经济评论，2007(1)：71-90.

[138] 曹廷求，郑录军，于建霞.政府股东、银行治理与中小商业银行风险控制——以山东、河南两省为例的实证分析[J].金融研究，2006(6)：99-108.

[139] 曾颖，陆正飞.信息披露质量与股权融资成本[J].经济研究，2006(2)：69-79.

[140] 陈耿，周军.企业债务融资结构研究——一个基于代理成本的理论分析[J].财经研究，2004(2)：58-65.

[141] 陈汉文，陈向民.证券价格的事件性反应——方法、背景和基于中国证券市场的应用[J].经济研究，2002(1)：40-47.

[142] 陈汉文，刘启亮，余劲松.国家、股权结构、诚信与公司治理——以宏智科技为例[J].管理世界，2005(8)：134-142.

[143]　陈宏辉,贾生华.企业利益相关者三维分类的实证分析[J].经济研究,2004(4)：80-90.

[144]　陈宏辉.利益相关者管理：企业伦理管理的时代要求[J].经济问题探索,2003(2)：68-71.

[145]　陈劭.中国 A 股市场对股票交易实行特别处理(ST)的公告的反应[J].当代经济科学,2001(4)：27-31.

[146]　陈湘永,张剑文,张伟文.我国上市公司"内部人控制"研究[J].管理世界,2000(4)：103-109.

[147]　陈晓红,王小丁,曾江洪.中小企业债权治理评价与成长性研究——来自中国中小上市公司的经验证据[J].中国管理科学,2008(1)：163-171.

[148]　陈信元,陈冬华,时旭.公司治理与现金股利：基于佛山照明的案例研究[J].管理世界,2003(8)：118-126.

[149]　崔宏,夏冬林.全流通条件下的股东分散持股结构与公司控制权市场失灵——基于上海兴业房产股份有限公司的案例分析[J].管理世界,2006(10)：114-127.

[150]　邓建平,曾勇.政治关联能改善民营企业绩效吗？[J].中国工业经济,2009(2)：98-108.

[151]　邓新明.我国民营企业政治关联、多元化战略与公司绩效[J].南开管理评论,2011(4)：4-15.

[152]　杜龙政,汪延明,李石.产业链治理架构及其基本模式研究[J].中国工业经济,2010(3)：108-117.

[153]　杜莹,刘立国.中国上市公司债权治理效率的实证分析[J].证券市场导报,2002(12)：66-69.

[154]　段学平.公司治理危机与公司治理评价[J].经济导刊,2004(9)：81-83.

[155]　樊纲,王小鲁.消费条件模型和各地区消费条件指数[J].经济研究,2004(5)：13-21.

[156]　范抒.期货交易所组织体制的国际比较[J].求索,2003(4)：56-58.

[157]　方红星,金玉娜.公司治理、内部控制与非效率投资：理论分析与经验证据[J].会计研究,2013(7)：63-69.

[158]　费方域.控制内部人控制——国企改革中的治理机制研究[J].经济研究,1996(6)：31-39.

[159]　费方域.什么是公司治理？[J].上海经济研究,1996(5)：36-39.

[160]　封思贤,蒋伏心,肖泽磊.企业政治关联行为研究述评与展望[J].外国经济与管理,2012(12)：63-70.

[161]　冯艾玲.关于日本主银行制的考察与思考[J].财贸经济,1997(1)：54-57.

[162]　冯根福,闫冰.公司股权的"市场结构"类型与股东治理行为[J].中国工业经济,2004(6)：85-92.

[163]　冯根福,赵健.现代公司治理结构新分析——兼评国内外现代公司治理结构研究的新进展[J].中国工业经济,2002(11)：75-83.

[164]　冯根福.双重委托代理理论：上市公司治理的另一种分析框架——兼论进一步完善中国上市公司治理的新思路[J].经济研究,2004(12)：16-25.

[165]　冯根福.中国公司治理基本理论研究的回顾与反思[J].经济学家,2006(3)：13-20.

[166]　冯果,李安安.投资者革命、股东积极主义与公司法的结构性变革[J].法律科学,2012(2)：112-121.

[167]　冯芸,刘艳琴.上市公司退市制度实施效果的实证分析[J].财经研究,2009(1)：133-143.

[168]　冯占春,熊占路.公立医院治理结构变革引入利益相关者理论的必要性分析[J].中国医院管理,2007(3)：11-12.

[169]　高洁.公司代理权争夺问题讨论综述[J].当代财经,2004(3)：72-75.

[170]　高雷,李芬香,张杰.公司治理与代理成本——来自上市公司的经验证据[J].财会通讯：学术版,2007(4)：29-34.

[171]　高愈湘,张秋生,杨航,张金鑫.中国上市公司控制权市场公司治理效应的实证分析[J].北京交通大学学报,2004(2)：36-41.

[172]　高玥,张晓明.女性董事与公司治理[J].人力资源管理,2011(4)：33-34.

[173]　龚怡祖.大学治理结构：现代大学制度的基石[J].教育研究,2009(6)：22-26.

[174]　谷书堂,李维安,高明华.中国上市公司内部治理的实证分析——中国上市公司内部治理问卷调查报告[J].管理世界,1999(6):144-151.

[175]　顾丽梅.规制与放松规制——西方四国放松规制的比较研究[J].南京社会科学,2003(5):48-55.

[176]　郭永辉.中国生态产业链治理模式及演变路径分析[J].中国科技论坛,2013(10):138-145.

[177]　韩东平.论经营者业绩评价指标的选择[J].管理科学,2004(2):82-85.

[178]　韩亮亮,李凯,宋力.高管持股与企业价值——基于利益趋同效应与壕沟防守效应的经验研究[J].南开管理评论,2006(4):35-41.

[179]　郝臣,宫永建,孙凌霞.公司治理要素对代理成本影响的实证研究——来自我国上市公司的证据(2000—2007)[J].软科学,2009(10):123-127.

[180]　郝臣,李慧聪,罗胜.保险公司治理研究:进展、框架与展望[J]保险研究,2011(11):119-127.

[181]　郝臣,李礼.公司治理模式的多维度比较研究:构建公司治理权变模式[J].南开管理评论,2006(2):84-89.

[182]　郝臣.公司治理、股票估值与资产定价[J].经济管理,2008(13):32-37.

[183]　郝臣.中小企业成长:外部环境、内部治理与企业绩效——基于23个省市300家中小企业的经验数据[J].南方经济,2009(9):3-12.

[184]　郝臣.中小企业治理、治理指数与企业绩效[J].财经论丛,2008(4):97-102.

[185]　何自力.家族资本主义、经理资本主义与机构资本主义——对股份公司所有权与控制权关系演进和变化的分析[J].南开经济研究,2001(1):9-14.

[186]　胡新文,颜光华.现代公司治理理论述评及民营企业的治理观[J].财贸研究,2003(5):91-95.

[187]　胡一帆,宋敏,张俊喜.竞争、产权、公司治理三大理论的相对重要性及交互关系[J].经济研究,2005(9):44-57.

[188]　胡奕明,谢诗蕾.银行监督效应与贷款定价——来自上市公司的一项经验研究[J].管理世界,2005(5):27-36.

[189]　华锦阳.论公司治理的功能体系及对我国上市公司的实证分析[J].管理世界,2003(1):127-132.

[190]　黄福广,周杰,刘建.上市公司股权结构对投资决策的影响实证研究[J].现代财经,2005(10):23-27.

[191]　季冬生.证券投资基金治理功能的新篇章[J].中国金融,2007(4):59-60.

[192]　贾根良.网络组织:超越市场与企业两分法[J].经济社会体制比较,1998(4):14-20.

[193]　贾生华,陈宏辉.利益相关者的界定方法述评[J].外国经济与管理,2002(5):13-18.

[194]　姜付秀,支晓强,张敏.投资者利益保护与股权融资成本——以中国上市公司为例的研究[J].管理世界,2008(2):117-125.

[195]　姜国华,徐信忠,赵龙凯.公司治理和投资者保护研究综述[J].管理世界,2006(6):161-170.

[196]　蒋海,朱滔,李东辉.监管、多重代理与商业银行治理的最优激励契约设计[J].经济研究,2010(4):40-53.

[197]　焦笑南.美国、英国、澳大利亚的大学治理及对我们的启示[J].中国高教研究,2005(1):52-54.

[198]　靳明,王娟.风险投资介入中小企业公司治理的机理与效果研究[J].财经论丛,2010(6):84-90.

[199]　李常青,熊艳.媒体治理:角色、作用机理及效果——基于投资者保护框架的文献述评[J].厦门大学学报,2012(2):9-16.

[200]　李海舰,魏恒.新型产业组织分析范式构建研究——从SCP到DIM[J].中国工业经济,2007(7):29-39.

[201]　李建伟.论我国上市公司监事会制度的完善——兼及独立董事与监事会的关系[J].法学,2004(2):75-84.

[202]　李连华,丁庭选.环境会计信息披露问题研究[J].经济经纬,2004(1)：58-61.

[203]　李麟.跨国公司治理结构研究[J].财经科学,1999(3)：89-92.

[204]　李明辉.股权结构、公司治理对股权代理成本的影响——基于中国上市公司 2001—2006 年数据的研究[J].金融研究,2009(2)：149-168.

[205]　李爽,吴溪.盈余管理、审计意见与监事会态度——评监事会在我国公司治理中的作用[J].审计研究,2003(1)：8-13.

[206]　李四海.制度环境、政治关系与企业捐赠[J].中国会计评论,2010(6)：161-178.

[207]　李维安,曹廷求.股权结构、治理机制与城市银行绩效——来自山东、河南两省的调查证据[J].经济研究,2004(12)：4-15.

[208]　李维安,程新生.公司治理审计探讨(上)[J].中国审计,2002(1)：44-45.

[209]　李维安,程新生.公司治理审计探讨(下)[J].中国审计,2002(2)：41-42.

[210]　李维安,郝臣.中国上市公司监事会治理评价实证研究[J].上海财经大学学报,2006(3)：78-84.

[211]　李维安,李汉军.股权结构、高管持股与公司绩效——来自民营上市公司的证据[J].南开管理评论,2006(5)：4-10.

[212]　李维安,李慧聪,郝臣.保险公司治理、偿付能力与利益相关者保护[J].中国软科学,2012(8)：35-44.

[213]　李维安,牛建波.中国上市公司经理层治理评价与实证研究[J].中国工业经济,2004(9)：57-64.

[214]　李维安,钱先航.地方官员治理与城市商业银行的信贷投放[J].经济学季刊,2012(4)：1241-1262.

[215]　李维安,邱艾超,牛建波,徐业坤.公司治理研究的新进展：国际趋势与中国模式[J].南开管理评论,2010(6)：13-25.

[216]　李维安,唐跃军.公司治理评价、治理指数与公司业绩——来自 2003 年中国上市公司的证据[J].中国工业经济,2006(4)：98-107.

[217]　李维安,王德禄.融合互动、殊途同归——谈 IT 治理与公司治理[J].中国计算机用户,2005(6)：36-42.

[218]　李维安,王世权.利益相关者治理理论研究脉络及其进展探析[J].外国经济与管理,2007(4)：10-17.

[219]　李维安,王世权.中国上市公司监事会治理绩效评价与实证研究[J].南开管理评论,2005(1)：4-9.

[220]　李维安,张国萍.经理层治理评价指数与相关绩效的实证研究——基于中国上市公司治理评价的研究[J].经济研究,2005(11)：87-98.

[221]　李维安."中国公司治理原则"问题笔谈中国公司治理原则——世界潮流与企业改革的呼唤[J].南开学报(哲学社会科学版),2001(1)：1-5.

[222]　李维安.日本公司治理：变革与启示[J].南开管理评论,1998(3)：4-13.

[223]　李维安.融资结构优化与我国公司治理模式的构建[J].开放导报,2003(5)：28-29.

[224]　李伟,周林洁,吴联生.高管持股与盈余稳健性：协同效应与堑壕效应[J].财经论丛,2011(6)：72-78.

[225]　李卫平,刘能,阮云洲.浙江大学医学院附属邵逸夫医院治理结构分析[J].卫生经济研究,2005(4)：3-10.

[226]　李卫平,周海沙,刘能,阮云洲,李亚青,侯振刚.我国公立医院治理结构研究总报告[J].中国医院管理,2005(8)：5-8.

[227]　李心丹,肖斌卿,王树华,刘玉灿.中国上市公司投资者关系管理评价指标及其应用研究[J].管理世界,2006(9)：117-128.

[228]　李心丹,肖斌卿,张兵,朱洪亮.投资者关系管理能提升上市公司价值吗？——基于中国 A 股上

市公司投资者关系管理调查的实证研究[J].管理世界,2007(9):117-128.

[229] 李新春.企业战略网络的生成发展与市场转型[J].经济研究,1998(4):70-78.

[230] 李永生.浅析市场经济条件下我国政府治理的转型[J].行政与法,2010(1):10-12.

[231] 李远鹏,牛建军.退市监管与应计异象[J].管理世界,2007(5):125-132.

[232] 李月娥,李宾.我国中小企业治理状况实证分析[J].统计与决策,2005(7):55-56.

[233] 李云鹤,李湛,唐松莲.企业生命周期、公司治理与公司资本配置效率[J].南开管理评论,2011(3):110-121.

[234] 李自然,成思危.完善我国上市公司的退市制度[J].金融研究,2006(11):17-32.

[235] 廖理,方芳.管理层持股、股利政策与上市公司代理成本[J].统计研究,2004(12):27-30.

[236] 林健,李焕荣.企业在战略网络中的学习策略研究[J].系统工程,2004(1):39-42.

[237] 林润辉,李维安.网络组织——更具环境适应能力的新型组织模式[J].南开管理评论,2000(3):4-7.

[238] 林润辉,张红娟,范建红,帅艳霞.企业集团网络治理评价研究——基于宏碁的案例分析[J].公司治理评论,2009(4):29-44.

[239] 林毅夫,李周.现代企业制度的内涵与国有企业改革方向[J].经济研究,1997(3):3-10.

[240] 刘朝晖.外部套利、市场反应与控股股东的非效率投资决策[J].世界经济,2002(7):71-79.

[241] 刘东.回应企业网络对经济学的挑战[J].南京社会科学,2003(1):6-9.

[242] 刘凤委,孙铮,李增泉.政府干预、行业竞争与薪酬契约——来自国有上市公司的经验证据[J].管理世界,2007(9):76-84.

[243] 刘贵富,赵英才.产业链的分类研究[J].学术交流,2006(8):102-106.

[244] 刘汉民.所有制、制度环境与公司治理效率[J].经济研究,2002(6):63-68.

[245] 刘红霞,韩嫄.中国上市公司董事会治理风险研究[J].当代财经,2007(6):115-120.

[246] 刘宏鹏,陶峻.非营利医院治理体系的构建与完善[J].中国医院管理,2006(2):5-10.

[247] 刘继峰.论"经理革命"与价格卡特尔的法律规制[J].北京化工大学学报(社会科学版),2008(4):15-19.

[248] 刘家义.论国家治理与国家审计[J].中国社会科学,2012(6):60-72.

[249] 刘俊海.公司法[J].法律适用,2005(3):2-6.

[250] 刘美玉.基于利益相关者共同治理的保险公司治理研究[J].保险研究,2008(9):7-12.

[251] 刘明康.为何要重视银行治理机制[J].国际金融研究,2002(4):9-12.

[252] 刘苹,陈维政.企业生命周期与治理机制的不同模式选择[J].财经科学,2003(5):73-76.

[253] 刘少波.控制权收益悖论与超控制权收益——对大股东侵害小股东利益的一个新的理论解释[J].经济研究,2007(2):85-96.

[254] 刘腾.股东层治理风险与公司绩效的相关性研究[J].财经界,2007(1):12-65.

[255] 刘迎接.日本主银行制衰落原因及其启示[J].世界经济研究,2005(6):85-89.

[256] 刘友金,罗发友.企业技术创新集群行为的行为生态学研究——一个分析框架的提出与构思[J].中国软科学,2004(1):68-72.

[257] 刘有贵,蒋年云.委托代理理论述评[J].学术界,2006(1):69-78.

[258] 龙勇光,张根明.论公司控制权市场的代理权争夺[J].财经科学,2001(1):28-31.

[259] 卢昌崇,陈仕华,Joachim Schwalbach.连锁董事理论:来自中国企业的实证检验[J].中国工业经济,2006(1):113-119.

[260] 卢昌崇.公司治理机构及新、老三会关系论[J].经济研究,1994(11):10-17.

[261] 卢福财,胡平波.网络组织成员合作的声誉模型分析[J].中国工业经济,2005(2):73-79.

[262] 卢骏,曾敏丽.证券公司混业经营的模式选择分析[J].南方农村,2011(2):39-43.

[263] 陆瑶,何平,吴边.非控股国有股权、投资效率与公司业绩[J].清华大学学报(自然科学版),2011(4):

513-520.

[264] 陆渊.基于数据包络分析法的中国保险公司治理研究[J].保险研究,2009(4):24-29.

[265] 罗党论,刘晓龙.政治关系、进入壁垒与企业绩效——来自中国民营上市公司的经验证据[J].管理世界,2009(5):97-106.

[266] 罗党论,唐清泉.中国民营上市公司制度环境与绩效问题研究[J].经济研究,2009(2):106-118.

[267] 罗开位,连建辉.商业银行治理:一个新的解释框架——商业银行"契约型"治理的经济学分析[J].金融研究,2004(1):105-116.

[268] 吕长江,王克敏.上市公司股利政策的实证分析[J].经济研究,1999(12):31-39.

[269] 吕长江,肖成民.民营上市公司所有权安排与掏空行为——基于阳光集团的案例研究[J].管理世界,2006(10):128-138.

[270] 吕长江,赵岩.中国上市公司特别处理的生存分析[J].中国会计评论,2004(2):311-338.

[271] 吕长江,郑慧莲,严明珠,许静静.上市公司股权激励制度设计:是激励还是福利?[J].管理世界,2009(9):133-147.

[272] 马磊,徐向艺.中国上市公司控制权私有收益实证研究[J].中国工业经济,2007(5):56-63.

[273] 马连福,卞娜,刘丽颖.中国上市公司投资者关系水平及对公司绩效影响的实证研究[J].管理评论,2011(10):19-24.

[274] 马连福,赵颖.基于公司治理的投资者关系文献评述与研究展望[J].南开管理评论,2006(1):21-27.

[275] 马振江.构建董事会中心主义的公司法人治理结构[J].东北师大学报(哲学社会科学版),2009(2):75-80.

[276] 南开大学公司治理评价课题组.中国上市公司治理状况评价研究——来自 2008 年 1127 家上市公司的数据[J].管理世界,2010(1):142-151.

[277] 聂辉华,杨其静.产权理论遭遇的挑战及其演变——基于 2000 年以来的最新文献[J].南开经济研究,2007(4):3-13.

[278] 聂辉华.新制度经济学中不完全契约理论的分歧与融合——以威廉姆森和哈特为代表的两种进路[J].中国人民大学学报,2005(1):81-87.

[279] 宁向东,张海文.关于上市公司"特别处理"作用的研究[J].会计研究,2001(8):15-21.

[280] 宁向东.公司治理研究的均衡观及其意义[J].南开管理评论,2003(5):42-45.

[281] 潘海生,张宇.利益相关者与现代大学治理结构的构建[J].教育评论,2007(1):15-17.

[282] 潘敏.商业银行公司治理:一个基于银行业特征的理论分析[J].金融研究,2006(3):37-47.

[283] 彭真明,江华.美国独立董事制度与德国监事会制度之比较——也论中国公司治理结构模式的选择[J].法学评论,2003(1):36-42.

[284] 彭正银.网络治理:理论的发展与实践的效用[J].经济管理,2002(8):23-27.

[285] 彭中仁,万昕.基于决策体系的视角规范信托公司的治理[J].企业导报,2012(17):57-57.

[286] 钱颖一.企业的治理结构改革和融资结构改革[J].经济研究,1995(1):20-29.

[287] 钱玉林.股东大会中心主义与董事会中心主义——公司权力结构的变迁及其评价[J].学术交流,2002(1):46-50.

[288] 青木昌彦.对内部人控制的控制:转轨经济中公司治理的若干问题[J].改革,1994(6):11-24.

[289] 渠敬东.项目制:一种新的国家治理体制[J].中国社会科学,2012(5):113-130.

[290] 任兵,区玉辉,林自强.企业连锁董事在中国[J].管理世界,2001(6):132-142.

[291] 任启哲,李婉丽,贾钢.上市公司超额派现的利益转移功能解析[J].开发研究,2008(5):149-153.

[292] 上官婉约.投资者关系官——中国上市公司虚缺的席位[J].银行家,2002(9):104-105.

[293] 沈艺峰,况学文,聂亚娟.终极控股股东超额控制与现金持有量价值的实证研究[J].南开管理评

论,2008(1)：15-23.

[294] 沈艺峰,肖珉,林涛.投资者保护与上市公司资本结构[J].经济研究,2009(7)：131-142.

[295] 沈艺峰.公司控制权市场理论的现代演变(上)——美国三十五个州反收购立法的理论意义[J].中国经济问题,2000(2)：16-25.

[296] 沈艺峰.公司控制权市场理论的现代演变(下)——美国三十五个州反收购立法的理论意义[J].中国经济问题,2000(3)：20-35.

[297] 宋光磊,刘红霞.董事会治理风险预警研究——COX模型的构建[J].山西财经大学学报,2010(4)：76-84.

[298] 宋敏,张俊喜,李春涛.股权结构的陷阱[J].南开管理评论,2004(1)：9-23.

[299] 苏冬蔚,林大庞.股权激励、盈余管理与公司治理[J].经济研究,2010(11)：88-100.

[300] 苏启林,申明浩.不完全契约理论与应用研究最新进展[J].外国经济与管理,2005,27(9)：16-23.

[301] 孙国强,范建红.网络组织治理机制与绩效的典型相关分析[J].经济管理,2005(12)：50-55.

[302] 孙国强,石海瑞.网络组织负效应的实证分析[J].科学学与科学技术管理,2011(32)：24-30.

[303] 孙国强.网络组织的内涵、特征与构成要素[J].南开管理评论,2001(4)：38-40.

[304] 孙天华.大学治理结构中的委托—代理问题——当前中国公立大学委托代理关系若干特点分析[J].北京大学教育评论,2004(4)：29-33.

[305] 覃家琦.战略委员会与上市公司过度投资行为[J].金融研究,2010(6)：124-142.

[306] 谭昌寿.债权治理效率的理论与实证[J].求索,2004(6)：10-12.

[307] 谭劲松.独立董事激励和约束机制研究[J].中山大学学报(社会科学版),2003(4)：83-89.

[308] 谭劲松.关于中国管理学科发展的讨论[J].管理世界,2007(1)：81-91.

[309] 谭燕,王胥翠,谭劲松.行业协会治理：组织目标、组织效率与控制权博弈——以中足协和中超杯"资本革命"为例[J].管理世界,2006(10)：27-38.

[310] 唐雪松,周晓苏,马如静.上市公司过度投资行为及其制约机制的实证研究[J].会计研究,2007(7)：44-52.

[311] 唐跃军,李维安.公司和谐、利益相关者治理与公司业绩[J].中国工业经济,2008(6)：86-98.

[312] 唐跃军,宋渊洋,金立印,左晶晶.控股股东卷入、两权偏离与营销战略风格——基于第二类代理问题和终极控制权理论的视角[J].管理世界,2012(2)：82-95.

[313] 唐跃军,谢仍明.大股东制衡机制与现金股利的隧道效应——来自1999—2003年中国上市公司的证据[J].南开经济研究,2006(1)：60-78.

[314] 唐跃军.审计收费、审计委员会与意见购买——来自2004—2005年中国上市公司的证据[J].金融研究,2007(4)：114-128.

[315] 田志龙,杨辉,李玉清.我国股份公司治理结构的一些基本特征研究——对我国百家股份公司的实证分析[J].管理世界,1998(2)：135-142.

[316] 万国华,原俊婧.论破解公司僵局之路径选择及其对公司治理的影响——兼论新《公司法》第75条和第183条之公司治理解读[J].河北法学,2007(4)：120-125.

[317] 汪昌云,孙艳梅,郑志刚,罗凯.股权分置改革是否改善了上市公司治理机制的有效性[J].金融研究,2010(12)：131-145.

[318] 汪来喜.证券公司公司治理评价的实证分析[J].金融理论与实践,2011(3)：35-37.

[319] 汪炜,蒋高峰.信息披露、透明度与资本成本[J].经济研究,2004(7)：107-114.

[320] 王保树.职工持股会的法构造与立法选择[J].法商研究,2001(4)：3-10.

[321] 王刚义.公司控制权市场与证券市场效率[J].财经科学,2002(4)：27-31.

[322] 王会娟,张然.私募股权投资与被投资企业高管薪酬契约——基于公司治理视角的研究[J].管理世界,2012(9)：156-167.

[323] 王晋斌,李振仲.内部职工持股计划与企业绩效——对西方和我国企业案例的考察[J].经济研究,1998(5):66-73.

[324] 王世权,李维安.监事会治理理论的研究脉络及进展[J].产业经济评论,2009(1):24-38.

[325] 王天习.独立董事领域几个相关术语的界定[J].河北法学,2003(4):104-108.

[326] 王雄元,管考磊.关于审计委员会特征与信息披露质量的实证研究[J].审计研究,2006(6):42-49.

[327] 王跃堂,涂建明.上市公司审计委员会治理有效性的实证研究——来自沪深两市的经验证据[J].管理世界,2006(11):135-143.

[328] 王珍义,苏丽,陈璐.中小高新技术企业政治关联与技术创新:以外部融资为中介效应[J].科学学与科学技术管理,2011(5):48-54.

[329] 王震,刘力,陈超.上市公司被特别处理(ST)公告的信息含量与影响因素[J].金融研究,2002(9):61-71.

[330] 王志芳,油晓峰.我国上市公司债务代理成本的实证分析[J].财政研究,2009(7):74-77.

[331] 王子成,张建武.西方薪酬委员会制度研究综述[J].外国经济与管理,2006(9):16-23.

[332] 魏锋,刘星.融资约束、不确定性对公司投资行为的影响[J].经济科学,2004(2):35-43.

[333] 魏刚,肖泽忠,Nick Travlos,邹宏.独立董事背景与公司经营绩效[J].经济研究,2007(3):92-105.

[334] 吴定富.我国保险公司治理结构建设的理论与实践[J].中国保险,2006(6):8-11.

[335] 吴敬琏.建立有效的公司治理结构[J].天津社会科学,1996(1):16-18.

[336] 吴敬琏.论现代企业制度[J].财经研究,1994(2):3-13.

[337] 吴敬琏.什么是现代企业制度[J].改革,1994(1):17-34.

[338] 吴联生,林景艺,王亚平.薪酬外部公平性、股权性质与公司业绩[J].管理世界,2010(3):117-126.

[339] 吴林祥.我国"特别转让"证券交易制度的理论分析[J].证券市场导报,1999(11):4-9.

[340] 吴淑琨,柏杰,席酉民.董事长与总经理两职的分离与合———中国上市公司实证分析[J].经济研究,1998(8):21-28.

[341] 吴文峰,吴冲锋,芮萌.中国上市公司高管的政府背景与税收优惠[J].管理世界,2009(3):134-142.

[342] 吴先明.跨国公司治理:一个扩展的公司治理边界[J].经济管理,2002(24):31-36.

[343] 吴育辉,吴世农.企业高管自利行为及其影响因素研究——基于我国上市公司股权激励草案的证据[J].管理世界,2010(5):141-149.

[344] 吴宗祥.行业协会的组建模式与转型发展[J].学会,2003(11):38-41.

[345] 吴宗祥.行业协会治理:地位、权力与驱动机制试析[J].学会,2004(6):37-39.

[346] 武志伟,茅宁,陈莹.企业间合作绩效影响机制的实证研究——基于148家国内企业的分析[J].管理世界,2005(9):99-106.

[347] 席酉民,李怀祖,郭菊娥.我国大学治理面临的问题及改善思路[J].西安交通大学学报,2005(1):78-83.

[348] 夏立军,陈信元.市场化进程、国企改革策略与公司治理结构的内生决定[J].经济研究,2007(7):82-96.

[349] 夏立军,方轶强.政府控制、治理环境与公司价值[J].经济研究,2005(5):40-51.

[350] 肖斌卿,李心丹,顾妍,王树华.中国上市公司投资者关系与公司治理——来自A股公司投资者关系调查的证据[J].南开管理评论,2007(3):51-60.

[351] 肖作平,陈德胜.公司治理结构对代理成本的影响[J].财贸经济,2006(10):29-35.

[352] 谢德仁,林乐,陈运森.薪酬委员会独立性与更高的经理人报酬—业绩敏感度——基于薪酬辩护

假说的分析和检验[J].管理世界,2012(1):121-140.

[353] 谢洪明,蓝海林,叶广宇,杜党勇.动态竞争:中国主要彩电企业的实证研究[J].管理世界,2003(4):77-86.

[354] 谢永珍,徐业坤.公司治理风险相关研究述评[J].山东大学学报(哲学社会科学版),2009(3):38-44.

[355] 谢永珍.董事会约束与企业信用实证研究[J].南开管理评论,2004(1):74-77.

[356] 谢增毅.我国证券交易所的组织结构与公司治理:现状与未来[J].财贸经济,2006(6):17-22.

[357] 谢增毅.证券交易所组织结构和公司治理的最新发展[J].环球法律评论,2006(2):226-235.

[358] 熊锦秋.华海药业治理之殇[J].董事会,2012(9):78-80.

[359] 熊庆年,代林利.大学治理结构的历史演进与文化变异[J].高教探索,2006(1):40-43.

[360] 徐崇勇,李鲁.医院治理结构改革与医院管理职业化[J].卫生经济研究,2003(12):6-8.

[361] 徐刚.国外上市公司投资者关系管理研究综述[J].外国经济与管理,2006(4):21-26.

[362] 徐金发,刘翌.论我国公司治理文化及其建设[J].中国软科学,2001(12):45-49.

[363] 徐伟.跨国公司治理机制与中国跨国企业改制[J].云南社会科学,2005(5):69-72.

[364] 徐湘林.转型危机与国家治理:中国的经验[J].经济社会体制比较,2010(5):1-14.

[365] 徐向艺,卞江.公司治理中的中小股东权益保护机制研究[J].中国工业经济,2004(9):65-71.

[366] 徐晓东,张天西.公司治理、自由现金流与非效率投资[J].财经研究,2009(10):47-58.

[367] 徐亚沁.案例六我国私募基金参与公司治理的可行性分析——对"宝银投资"进入"赛马实业"一案的思考[J].公司法律评论,2009(1):421-429.

[368] 许树强,和晋予.现代医院治理结构探索[J].中国卫生经济,2003(11):42-43.

[369] 许小年.以法人机构为主体建立公司治理机制和资本市场[J].改革,1997(5):27-33.

[370] 薛祖云,黄彤.董事会、监事会制度特征与会计信息质量——来自中国资本市场的经验分析[J].财经理论与实践,2004(4):84-89.

[371] 严晓宁.媒体在上市公司治理中的角色和功能[J].经济管理,2008(9):72-76.

[372] 阎达五,杨有红.内部控制框架的构建[J].会计研究,2001(2):9-14.

[373] 阎庆民.银行业公司治理与外部监管[J].金融研究,2005(9):84-95.

[374] 杨德明,王彦超,辛清泉.投资者关系管理、公司治理与企业业绩[J].南开管理评论,2007(3):43-50.

[375] 杨馥.中国保险公司治理监管制度研究[D].西南财经大学,2009.

[376] 杨光斌,郑伟铭.国家形态与国家治理——苏联—俄罗斯转型经验研究[J].中国社会科学,2007(4):31-44.

[377] 杨其静.财富,企业家才能与最优融资契约安排[J].经济研究,2003(4):41-50.

[378] 杨瑞龙,周业安.论利益相关者合作逻辑下的企业共同治理机制[J].中国工业经济,1998(1):38-45.

[379] 姚伟,黄卓,郭磊.公司治理理论前沿综述[J].经济研究,2003(5):83-91.

[380] 叶飞,孙东川,张红.虚拟企业的复杂性研究[J].经济管理,2001(14):10-15.

[381] 叶康涛,陆正飞,张志华.独立董事能否抑制大股东的"掏空"?[J].经济研究,2007(4):101-111.

[382] 叶康涛,祝继高,陆正飞,张然.独立董事的独立性:基于董事会投票的证据[J].经济研究,2011(1):126-139.

[383] 游家兴,徐盼盼,陈淑敏.政治关联、职位壕沟与高管变更——来自中国财务困境上市公司的经验证据[J].金融研究,2010(4):128-143.

[384] 于桂兰.美国经理式资本主义的三个特征及其成因分析[J].工业技术经济,2000(3):60-61.

[385] 于利梅.新形势下官员治理模式创新[J].攀登,2013(2):83-87.

[386] 余明桂,潘红波.政治关系、制度环境与民营企业银行贷款[J].管理世界,2008(8):9-21.

[387] 余明桂,夏新平,潘红波.控股股东与小股东之间的代理问题:来自中国上市公司的经验证据[J].管理评论,2007(4):3-13.

[388] 余玉苗.论独立审计在上市公司治理结构中的作用[J].审计研究,2001(6):28-31.

[389] 俞雷.现代公司经营权与控制权的内涵界定及区别[J].商业时代,2010(1):46-48.

[390] 袁力.保险公司治理:风险与监管[J].中国金融,2010(2):13-15.

[391] 袁萍,刘士余,高峰.关于中国上市公司董事会、监事会与公司业绩的研究[J].金融研究,2006(6):23-32.

[392] 湛中乐,徐靖.通过章程的现代大学治理[J].法制与社会发展,2010(3):106-124.

[393] 张承耀."内部人控制"问题与中国企业改革[J].改革,1995(3):29-33.

[394] 张功富,宋献中.我国上市公司投资:过度还是不足?——基于沪深工业类上市公司非效率投资的实证度量[J].会计研究,2009(5):69-77.

[395] 张军.企业家的性质[J].企业家信息,2005(2):94.

[396] 张军.资本形成、工业化与经济增长:中国的转轨特征[J].经济研究,2002(6):3-13.

[397] 张开平.有限责任公司设立人的出资义务与责任分析[J].中国社会科学院研究生院学报,1998(3):49-55.

[398] 张庆龙.商业银行风险管理的挑战与内部审计[J].财会月刊,2005(17):26-27.

[399] 张曙光.控制内部人控制[J].经济研究,1996(6):21-30.

[400] 张维迎.所有制、治理结构及委托—代理关系——兼评崔之元和周其仁的一些观点[J].经济研究,1996(9):3-16.

[401] 张小蒂,曾可昕.基于产业链治理的集群外部经济增进研究——以浙江绍兴纺织集群为例[J].中国工业经济,2012(10):148-160.

[402] 张晓瑜.内部审计在高校治理中发挥重要的作用——访东北财经大学李维安校长[J].中国内部审计,2012(9):4-7.

[403] 张阳,张立民.独立性威胁、审计委员会制约有效性:理论分析与实证研究[J].会计研究,2007(10):87-94.

[404] 张宜霞.企业内部控制:内涵与框架体系[J].东北财经大学学报,2004(1):74-76.

[405] 张兆国,宋丽梦,张庆.我国上市公司资本结构影响股权代理成本的实证分析[J].会计研究,2005(8):44-49.

[406] 张忠军.论公司有限责任制[J].宁夏社会科学,1995(4):78-84.

[407] 赵成,陈通.现代大学治理结构解析[J].天津大学学报,2005(6):470-474.

[408] 赵峰,马光明.政治关联研究脉络述评与展望[J].经济评论,2011(3):151-160.

[409] 赵金龙.英国法上影子董事制度评述[J].北方法学,2010(1):136-143.

[410] 赵雄凯."基金革命":投资基金对上市公司治理结构的优化[J].经济问题探索,2000(4):106-108.

[411] 赵亚奎.信托公司的治理结构:现状及问题[J].国际金融,2012(2):74-77.

[412] 赵增耀,刘新权.西方关于公司控制权市场的争论及启示[J].经济学动态,2002(5):69-73.

[413] 郑风田,胡明,赵淑芳.全球化竞争、行业协会治理与中小企业簇群成长——温州打火机产业簇群个案研究[J].中国人民大学学报,2006(1):78-85.

[414] 郑红亮,王凤彬.中国公司治理结构改革研究:一个理论综述[J].管理世界,2000(3):119-125.

[415] 郑红亮.公司治理理论与中国国有企业改革[J].经济研究,1998(10):20-27.

[416] 郑志刚,范建军.国有商业银行公司治理机制的有效性评估[J].金融研究,2007(6):53-62.

[417] 郑志刚,孙娟娟.我国上市公司治理发展历史与现状评估[J].金融研究,2009(10):118-132.

[418] 郑志刚,孙艳梅,谭松涛,姜德增.股权分置改革对价确定与我国上市公司治理机制有效性的检验[J].经济研究,2007(7):96-109.

[419] 郑志刚.对公司治理内涵的重新认识[J].金融研究,2010(8):184-198.

[420] 郑志刚.法律外制度的公司治理角色———一个文献综述[J].管理世界,2007(9):136-148.

[421] 郑志刚.公司治理机制理论研究文献综述[J].南开经济研究,2004(5):26-33.

[422] 周大兆.浅谈我国证券公司内部治理结构的完善措施[J].金融经济,2010(16):84-85.

[423] 周海沙,李卫平.公立医院治理研究的相关概念阐释[J].中国医院管理,2005(8):24-27.

[424] 周汉.加强信托投资公司治理的探讨[J].华东经济管理,2006(4):62-64.

[425] 周开国,李涛,张燕.董事会秘书与信息披露质量[J].金融研究,2011(7):167-181.

[426] 周其仁."控制权回报"和"企业家控制的企业"———"公有制经济"中企业家人力资本产权的案例研究[J].经济研究,1997(5):31-42.

[427] 周勤业,王啸.美国内部控制信息披露的发展及其借鉴[J].会计研究,2005(2):24-31.

[428] 周新德.论代理权争夺与公司治理的完善[J].学术交流,2003(2):48-50.

[429] 周新军.中国跨国公司治理:模式比较与路径选择[J].经济研究参考,2006(37):2-10.

[430] 朱慈蕴.职工持股立法应注重人力资本理念的导入[J].法学评论,2001(5):125-132.

[431] 朱瑜,凌文辁.投资者关系管理的理念与实践[J].求实,2004(2):38-40.

[432] 邹东涛,张晓文.30家现代企业制度试点企业的调查与分析[J].管理世界,1999(1):154-161.

[433] A Craig MacKinlay. Event Studies in Economics and Finance [J]. Journal of Economic Literature, 1997, 35(1):13-39.

[434] Ajay Adhikari, Chek Derashid, Hao Zhang. Public Policy, Political Connections and Effective Tax Rates:Longitudinal Evidence from Malaysia [J]. Journal of Accounting and Public Policy, 2006, 78(25):574-595.

[435] Ajay Khorana, Henri Servaes. The Determinants of Mutual Fond Starts [J]. Review of Financial Studies, 2004, 12(5):1043-1074.

[436] Ajay Khorana, Lei Wedge,Peter Tufano. Board Structure, Mergers and Shareholder Wealth:A Study of the Mutual Fund Industry [J]. Journal of Financial Economics, 2007, 85(2):571-598.

[437] Alexander Dyck, Luigi Zingales. Private Benefit of Control:An International Comparison [J]. The Journal of Finance, 2004, 59(2):537-600.

[438] Alexander Dyck, Natalya Volchkova, Luigi Zingales. The Corporate Governance Role of the Media:Evidence fromRussia [J]. The Journal of Finance, 2008, 63(3):1093-1135.

[439] Alexandre Di Miceli Da Silveira, Ricardo P. C. Leal, Andre Carvalhal da Silva,Lucas Agres B. de,C. Barros. Evolution and Determinants of Firm-Level Corporate Governance Quality in Brazil [J]. R Adm, São Paulo, 2009, 44(3):173-189.

[440] Allen Sykes. Proposals for Internationally Competitive Corporate Governance in Britain and America [J]. Corporate Governance, 1994, 2(4):187-195.

[441] Amy J. Hillman, Thomas Dalziel. Boards of Directors and Firm Performance:Integrating Agency and Resource Dependence Perspectives [J]. Academy of Management Review, 2003, 28(3):383-396.

[442] Anderson Gavin, Matt Orsagh. The Corporate Governance Risk [J]. Electric Perspectives, 2004, 29(1):68-71.

[443] Andrei Sheleifer, Robert W. Vishny. Politicians and Firms [J]. The Quarterly Journal of Economics, 1994, 109(4):995-1025.

[444] Andrei Shleifer, Robert W. Vishny. A Survey of Corporate Governance [J]. The Journal of Finance, 1997, 52(2):737-783.

[445] Andrei Shleifer, Robert W. Vishny. Large Shareholders and Corporate Control [J]. Journal of Political Economy, 1986, 94(3):461-488.

[446] Andrei Shleifer, Robert W. Vishny. The Limits of Arbitrage [J]. The Journal of Finance, 1997, 52(1): 35-55.

[447] Angela G. Morgan, Annette B Poulsen. Linking Pay to Performance—Compensation Proposals in the S&P 500[J]. Journal of Financial Economics, 2001, 62 (3): 489-523.

[448] Anita Anand, Frank Milne, Lynnette Purda. Voluntary Adoption of Corporate Governance Mechanism [J]. Journal of International Accounting, Auditing and Taxation, 2006, 11(10): 139-156.

[449] Anne T. Coughlan, Ronald M. Schmidt. Executive Compensation, Management Turnover and Firm Performance [J]. Journal of Accounting and Economics, 1985, 7(1-3): 43-66.

[450] Anup Agrawal, Sahiba Chadha. Corporate Governance and Accounting Scandals [J]. Journal of Law and Economics, 2006, 48(2): 371-406.

[451] Armen A. Alchian, Harold Demsetz. Production, Information Costs and Economic Organization[J]. The American Economic Review, 1972, 62(5): 777-795.

[452] Bala V. Balachandran, Ram T. S. Ramakrishnan. Internal Control and External Auditing for Incentive Compensation Schedules [J]. Journal of Accounting Research, 1980(18): 140-171.

[453] Bebchuk Lucian, Alma Cohen, Allen Ferrell. What Matters in Corporate Governance? [J]. Review of Financial Studies, 2009, 22(2): 783-827.

[454] Bengt Holmstrom, Steven N. Kaplan. Corporate Governance and Merger Activity in the United States: Making Sense of the 1980s and 1990s [J]. Journal of Economic Perspectives, 2001, 15(2): 121-144.

[455] Bengt Holmstrom. Moral Hazard and Observability [J]. The Bell Journal of Economics, 1979, 10(1): 74-91.

[456] Bengt Holmstrom. Moral Hazard in Teams [J]. The Bell Journal of Economics, 1982, 13(2): 324-340.

[457] Bernard S. Black. The Corporate Governance Behavior and Market Value of Russian Firms [J]. Emerging Market Review, 2001(2): 89-108.

[458] Brian E. Roberts. A Dead Senator Tells No Lies: Seniority and the Distribution of Federal Benefits [J]. American Journal of Political Science, 1990, 34(1): 31-58.

[459] Brian K. Boyd. CEO Duality and Firm Performance: A Contingency Model [J]. Strategic Management Journal, 1995, 16(4): 301- 312.

[460] Brian Uzzi. The Sources and Consequences of Embeddedness for the Economic Performance of Organizations: The Network Effect [J]. American Sociological Review, 1996, 61(4): 674-698.

[461] C. N. V. Krishnan, Vladimir I. Ivanov, Ronald W. Masulis, Aiai K. Singh. Venture Capital Reputation, Post-IPO Performance and Corporate Governance[J]. Journal of Financial and Quantitative Analysis, 2011, 46(5): 1295-1333.

[462] Candace Jones, William S. Hesterly. A General Theory of Network Governance: Exchange Conditions and Social Mechanisms [J]. Academy of Management Review, 1997, 22 (4): 911-945.

[463] Charles W. L. Hill, Thomas M. Jones. Stakeholders Agency Theory [J]. Journal of Management Studies, 1992, 29(2): 131-154.

[464] Chong-En Bai, Qiao Liu, Joe Lu, Frank M. Song, Junxi Zhang. Corporate Governance and Market Valuation in China [J]. Journal of Comparative Economics, 2004, 32(4): 599-616.

[465] Chris E. Hogan. Costs and Benefits of Audit Quality in the IPO Market: A Self-Selection Analysis [J]. The Accounting Review. 72(1): 67-86.

[466] Christian Leuz, Felix Oberholzer Gee. Political Relationships, Global Financing and Corporate Transparency: Evidence from Indonesia [J]. Journal of Financial Economics, 2006, 81(2): 411-439.

[467] Claire Marston, Michelle Straker. Investor Relations: A European Survey [J]. Corporate Communications: An International Journal, 2001, 6(2): 82-93.

[468] Colin Mayer. Corporate Governance, Competition and Performance [J]. Journal of Law and Society, 1997, 24(1): 152-176.

[469] Curtis P. Armstrong, V. Sambamurthy. Information Technology Assimilation in Firm: the Influence of Leadership and IT Infrastructure [J]. Information System Research, 1999, 10(4): 304-327.

[470] David F. Larcker, Scott A. Richardson, A. Irem Tuna. Corporate Governance, Accounting Outcomes and Organizational Performance [J]. Accounting Review, 2007, 82(4): 963-1008.

[471] David F. Larcker, Scott A. Richardson. Fees Paid to Audit Firms, Accrual Choice and Corporate Governance [J]. Journal of Accounting Research, 2004, 42(3): 625-658.

[472] David J. Denis, Paul Hanouna, Atulya Sarin. Is there A Dark Side to Incentive Compensation? [J]. Journal of Corporate Finance, 2006, 12(3): 467-488.

[473] David Scharfstein. Product Market Competition and Managerial Slack [J]. Rand Journal of Economics, 1988, 19(1): 147-155.

[474] David W. Blackwell, Drew B. Winters. Banking Relationships and the Effect of Monitoring on Loan Pricing [J]. Journal of Financial Research, 1997, 20(2): 275-289.

[475] Dennis Leech, John Leahy. Ownership Structure, Control Type Classifications and the Performance of Large British Companies [J]. The Economic Journal, 1991, 101(409): 1418-1437.

[476] Diane K. Denis, John J. Mcconnell. International Corporate Governance [J]. Journal of Financial and Quantitative Analysis, 2003, 38(1): 98-155.

[477] Diane K. Denis. Twenty-five Years of Corporate Governance Research and Counting [J]. Review of Financial Economics, 2001, 10(3): 191-212.

[478] Donald Hambrick, Phyllis Mason. Upper Echelons: The Organization as a Reflection of Its Top Managers [J]. The Academy of Management Review, 1984, 9(2): 193-206.

[479] Donaldson Davis. Stewardship Theory or Agency Theory: CEO Governance and Shareholder Return [J]. Australian Journal of Management, 1991, 16(1): 49-64.

[480] Donde P. Ashmos, Dennis Duchon, Reuben R. McDaniei, John W. Huonker. What a Mess! Participation as a Simple Managerial Rule to "Complexity" Organizations [J]. Journal of Management Studies, 2002, 39(2): 189-205.

[481] Douglas Gale, Martin Hellwig. Incentive-compatible Debt Contracts: the One-Period Problem [J]. The Review of Economic Studies, 1985, 52(4): 647-663.

[482] E. Norman Veasey. The Emergence of Corporate Governance as a New Legal Discipline [J]. Business Lawyer, 1992(48): 1267-1303.

[483] Eric Friedman, Simon Johnson, Todd Mitton. Propping and Tunneling [J]. Journal of Comparative Economics, 2003, 31(4): 732-750.

[484] Eugene F. Fama, Michael C. Jensen. Separation of Ownership and Control [J]. Journal of Law and Economics, 1983, 26(2): 301-325.

[485] Eugene F. Fama. Agency Problems and the Theory of the Firm [J]. The Journal of Political Economy, 1980, 88(2): 288-307.

[486] Eugene F. Fama, Michael C. Jensen. Agency Problems and Residual Claims [J]. Journal of Law and Economics, 1983, 26(2): 327-349.

[487] Fatsal Yatim, Philippe Ruiz,Christophe Bredillet. Project Management Deployment: The Role of Cultural Factors [J]. International Journal of Project Management, 2010, 28(2): 183-193.

[488] Fischer Black. The Dividend Puzzle [J]. The Journal of Portfolio Management, 1976, 2(2): 5-8.

[489] Francesca Cornelli, Zbigniew Kominek, Alexander Ljungqvist. Monitoring Managers: Does It Matter? [J]. The Journal of Finance, 2013, 68(2): 431-481.

[490] Francis Bloch, Ulrich Hege. Multiple Shareholders and Control Contests [J]. Journal of Banking & Finance, 2001, 29(1): 1813-1134.

[491] Franklin Allen, Jun Qian, Meijun Qian. Law, Finance and Economic Growth in China [J]. Journal of Financial Economics, 2005, 77(1): 57-116.

[492] Freeman R. Edward, David L. Reed. Stockholders and Stakeholders: A New Perspective on Corporate Governance [J]. California Management Review, 1983, 25(3): 93-104.

[493] Fritz Machlup. Theories of the Firm: Marginalist, Behavioral, Managerial [J]. The American Economic Review, 1967, 57(1): 1-33.

[494] Gary Gereffi. International Trade and Industrial Upgrading in the Apparel Commodity Chain [J]. Journal of International Economics, 1999, 48(1): 37-70.

[495] Geoff Moore. Tinged Shareholders Theory: or What's So Special about Stakeholders? [J]. Business Ethics: A European Review, 1999, 8(2): 117-127.

[496] George J. Stigler. Public Regulation of the Securities Markets [J]. The Business Lawyer, 1964, 19(3): 721-753.

[497] Gerald A. Feltham, James A. Ohlson. Valuation and Clean Surplus Accounting for Operating and Financial Activities [J]. Contemporary Accounting Research, 1995, 11(2): 689-731.

[498] Sanford J. Grossman,Merton H. Miller. Liquidity and Market Structure [J]. The Journal of Finance, 1988, 43(3): 617-633.

[499] H. Brinton Milward, Keith G. Provan. Managing the Hollow State: Collaboration and Contracting [J]. Public Management Review, 2003, 5(1): 1-18.

[500] Harald M. Fischer, Timothy G. Pollock. Effects of Social Capital and Power on Surviving Transformational Change: The Case of Initial Public Offerings [J]. Academy of Management Journal, 2004, 47(4): 463-481.

[501] Harold Demsetz, Kenneth Lehn. The Structure of Corporate Ownership: Causes and Consequences [J]. Journal of Political Economy, 1985, 93 (6): 1155-1177.

[502] Harold Demsetz. The Structure of Equity Ownership and the Theory of the Firm [J]. Journal of Law and Economics, 1983, 26(2): 375-390.

[503] Hayagreeva Rao, Kumar Sivakumar. Institutional Sources of Boundary-Spanning Structures: The Establishment of Investor Relations Departments in the Fortune 500 Industrials [J]. Organization Science, 1999, 10(1): 27-42.

[504] Hayne E. Leland, David H. Pyle. Informational Asymmetries, Financial Structure and Financial Intermediation [J]. The Journal of Finance, 1977, 32(1): 372-389.

[505] Henry G. Manne. Mergers and the Market for Corporate Control [J]. Journal of Political Economy. 1965, 73(2): 110-120.

[506] Herbert A. Simon. A Behavioral Model of Rational Choice [J]. The Quarterly Journal of Economics, 1955, 69(1): 99-188.

[507] Hiroshi Osano. Intercorporate Shareholdings and Corporate Control in the Japanese Firm [J].

Journal of Banking & Finance, 1996, 20(6): 1047-1068.

[508] I. Vaaland Terje, Hakan Hakansson. Exploring Interorganizational Conflict in Complex Project [J]. Industrial Marketing Management, 2003, 32(2): 127-138.

[509] J. Carlos Jarillo. On Strategic Networks [J]. Strategic Management Journal, 1988(9): 31-41.

[510] James A. Mirrlees. The Optimal Structure of Incentives and Authority within an Organization [J]. The Bell Journal of Economics, 1976, 7(1): 105-131.

[511] James A. Ohlson. Earnings, Book Values and Dividends in Equity Valuation [J]. Contemporary Accounting Research, 1995, 11(1): 661-687.

[512] James A. Ohlson. Earnings, Book Values and Dividends in Equity Valuation: An Empirical Perspective [J]. Contemporary Accounting Research, 2001, 18(1): 107-120.

[513] James A. Ohlson. On Transitory Earnings [J]. Review of Accounting Studies December, 1999, 4(3-4): 145-162.

[514] James A. Ohlson. The Theory of Value and Earnings, and an Introduction to the Ball-Brown Analysis [J]. Contemporary Accounting Research, 1991, 8(1): 1-19.

[515] James C. Anderson, James A. Narus. A Model of Distributor Firm and Manufacturer Firm Working Partnership [J]. The Journal of Marketing, 1990, 54(1): 42-58.

[516] James Coleman. Social Capital in the Creation of Human Capital [J]. The American Journal of Sociology, 1988, 94(1): 95-120.

[517] James Jianxin Gong, Steve Yuching Wu. CEO Turnover in Private Equity Sponsored Leveraged Buyouts [J]. Corporate Governance: An International Review, 2011, 19(3): 195-209.

[518] James S. Ang, Rebel A. Cole, James Wuh Lin. Agency Cost and Ownership Structure [J]. The Journal of Finance, 2000, 55(1): 81-106.

[519] James S. Linck, Jeffry M. Netter, Tina Yang. The Determinants of Board Structure [J]. Journal of Financial Economics. 2008, 87(2): 308-328.

[520] James Tobin. A General Equilibrium Approach to Monetary Theory [J]. Journal of Money, Credit and Banking, 1969, 1(1): 15-29.

[521] Jan Johanson, Lars-Gunnar Mattsson. Interorganizational Relations in Industrial Systems: A Network Approach Compared with The Transaction-cost Approach [J]. International Studies of Management & Organization, 1987, 17(1): 34-38.

[522] Janet E. Forrest. Management Aspects of Strategic Partnering [J]. Journal of General Management, 1992, 17(4): 25-40.

[523] Janine Nahapiet, Sumantra Ghoshal. Social Capital, Intellectual Capital and the Organizational Advantage [J]. Academy of Management Review, 1998, 23(2): 242-266.

[524] Jay C. Hartzell, Laura T. Starks. Institutional Investors and Executive Compensation [J]. Journal of Finance, 2003, 58(6): 2351-2374.

[525] Jayne W. Barnard. Who Is Minding Your Business? Preliminary Observations on Data and Anecdotes Collected on the Role of Institutional Investors in Corporate Governance [J]. Hofstra Labor LJ, 1992, 45(23): 31-42.

[526] Jean C. Bedard, Karla M. Johnstone. Earnings Manipulation Risk, Corporate Governance Risk and Auditors' Planning and Pricing Decisions [J]. The Accounting Review, 2004, 79(2): 277-304.

[527] Jeffrey H. Dyer, Harbir Singh. The Relational View: Cooperative Strategies and Sources of Interorganizational Competitive Advantage [J]. Academy of Management Review, 1998, 23(4): 669-679.

[528] Jeffrey L. Coles, Chun-Keung Hoi. New Evidence on the Market for Directors: Board Membership and Pennsylvania Senate Bill 1310 [J]. Journal of Finance, 2004, 58(1): 197-230.

[529] Jen Baggs, Jean-Etienne de Bettignies. Product Market Competition and Agency Costs [J]. The Journal of Industrial Economics, 2007, 55(2): 289-323.

[530] Jerold B. Warner, Ross L. Watts, Karen H. Wruck. Stock Prices and Top Management Changes [J]. Journal of Financial Economics, 1988(20): 461-492.

[531] Jill Solomon, Niamh M. Brennan. Corporate Governance, Accountability and Mechanisms of Accountability: An Overview [J]. Accounting, Auditing & Accountability Journal, 2000, 21 (7): 885-906.

[532] Joel Reidenbery. Governing Networks and Rule-Making in Cyberspace [J]. Emory Law Journal, 1996, 45(3): 912-930.

[533] John C. Adams, Sattar A. Mansi, Takeshi Nishikawa. Internal Governance Mechanisms and Operational Performance: Evidence from Index Mutual Funds [J]. Review of Financial Studies, 2010, 23(3): 1261-1286.

[534] John Core, Wayne Guay, Tjomme Rusticus. Does Weak Governance Cause Weak Stock Returns? An Examination of Firm Operating Performance and Investors' Expectations [J]. The Journal of finance, 2006, 61(2): 655-687.

[535] John D. Morley, Quinn Curtis. Taking Exit Rights Seriously: Why Governance and Fee Litigation Don't Work in Mutual Funds [J]. Yale Law Journal, 2010, 12(1): 84-142.

[536] John H. Dunning, Sarianna M. Lundan. The Geographical Sources of Competitiveness of Multinational Enterprises: An Econometric Analysis [J]. International Business Review, 1998, 7(2): 115-133.

[537] John Humphrey, Hubert Schmitz. How Does Insertion in Global Value Chains Affect Upgrading in Industrial Clusters? [J]. Regional Studies, 2003, 36(9): 1017-1027.

[538] John McConnell, Henri Servaes. Additional Evidence on Equity Ownership and Corporate Value [J]. Journal of Financial Economics, 1990, 27(5): 595-612.

[539] John Pound. Beyond Takeovers: Politics Comes to Corporate Control [J]. Harvard Business Review, 1992, 70(2): 83-93.

[540] John Pound. The Rise of the Political Model of Corporate Governance and Corporate Control [J]. New York University Law Review, 1993, 68(5): 1003-1071.

[541] John Wild. Managerial Account Ability to Shareholders: Audit Committees and the Explanatory Power of Earnings for Returns [J]. British Accounting Review, 1994, 26(4): 353-374.

[542] Johnston Denis, Gabriel Rudney. Characteristics of Workers in Nonprofit Organizations [J]. Monthly Labor Review, 1987, 110(28): 28-33.

[543] Jon Pierre. Developments in Intergovernmental Relations: Towards Multi-level Governance [J]. Policy & Politics, 2000, 29(2): 131-135.

[544] Jonason Karpoff, Paul Malatesta, Ralph Walking. Corporate Governance and Shareholder Initiatives: Empirical Evidence [J]. Journal of Financial Economics, 1996, 42(3): 365-395.

[545] Jonathan B. Cohn, Uday Rajan. Optimal Corporate Governance in the Presence of an Activist Investor [J]. Review of Financial Studies, 2013, 26(6): 985-1020.

[546] Jone Coffee. Liquidity versus Control: The Institutional Investor as Corporate Monitor [J]. Columbia Law Review, 1991, 91(6): 1277-1368.

[547] Jong-Hag Choi, T. J. Wong. Auditors' Governance Functions and Legal Environments: An International Investigation[J]. Contemporary Accounting Research, 2010, 24(1): 13-46.

[548] Joseph Stiglitz, Andrew Weiss. Credit Rationing in Markets with Imperfect Information [J]. The American Economics Review, 1981, 71(3): 393-410.

[549] Joy Palmer, Ian Richards. Get Knetted: Network Behaviour in the New Economy [J]. Journal of Knowledge Management, 1999, 3(3): 191-202.

[550] Judith R. Saidel. Expanding the Governance Construct: Functions and Contributions of Nonprofit Advisory Groups [J]. Nonprofit and Voluntary Sector Quarterly, 1998, 27(4): 421-436.

[551] Julia Chou, William G. Hardin III. The Corporate Governance Premium, Returns and Mutual Funds [J]. Financial Review, 2012, 47(2): 299-326.

[552] K. J. Martijn Cremers, Vinay B. Nair. Governance Mechanisms and Equity Prices [J]. The Journal of Finance, 2005, 60 (6): 2859-2894.

[553] Katalin Takacs Haynes, Amy Hillman. The Effect of Board Capital and CEO Power on Strategic Change [J]. Strategic Management Journal, 2010, 31(11): 1145-1163.

[554] Kee H. Chung, Hoje Jo. The Impact of Security Analyst's Monitoring and Marketing Functions on the Market Value of Firms [J]. Journal of Financial and Quantitative Analysis, 1996, 31 (4): 493-512.

[555] Kee-Hong Bae, Jun-Koo Kang, Jin-Mo Kim. Tunneling or Value Added? Evidence from Mergers by Korean Business Groups [J]. The Journal of Finance, 2002, 57(6): 2695-2740.

[556] Keith G. Provan, H. Brinton Milward. A Preliminary Theory of Interorganizational Network Effectiveness: A Comparative Study of Four Community Metal Health Systems [J]. Administrative Science Quarterly, 1995, 40(1): 1-33.

[557] Keith G. Provan, H. Brinton Milward. Do Networks Really Work? A Framework for Evaluating Public-Sector Organizational Networks [J]. Public Administration Review, 2001, 61 (4): 414-423.

[558] Kevin Murphy. Executive Stock Options and IPO Underpricing [J]. Journal of Financial Economics, 1999, 85(1): 39-65.

[559] Kumar Kuldeep, Van Hillegersberg. ERP Experiences and Evolution [J]. Communications of the ACM, 2000, 43(4): 23-26.

[560] Leora Klapper, Inessa Love. What Drives Corporate Governance Reform? Firm-level Evidence from Eastern Europe [J]. Journal of Financial Economics, 2005, 36(5): 43-78.

[561] Lilli Gordon, John Pound. Information, Ownership Structure and Shareholder Voting: Evidence from Shareholder Sponsored Corporate Governance Proposals [J]. The Journal of Finance, 1993, 48(2): 697-718.

[562] Linus Wilson. The Weight of Bad Governance in Foreign Mutual Funds [J]. Applied Economics Letters, 2010, 17(10-12): 1189-1192.

[563] Lucian Bebchuk, Alma Cohen, Allen Ferrell. What Matters in Corporate Governance? [J]. Review of Financial Studies, 2009, 22(2): 783-827.

[564] Lucian Bebchuk, Michael Weisbach. The State of Corporate Governance Research [J]. The Review of Financial Studies, 2010, 23(3): 939-961.

[565] Mahmoud Ezzamel, Robert Watson. Market Compensation Earnings and Bidding-up of Executive Cash Compensation: Evidence from the UK [J]. Academy of Management Journal, 1998, 41(2): 221-231.

[566] Manju Ahuja, Kathleen Carley. Network Structure in Virtual Organizations [J]. Journal of Computer-Mediated Communication, 1999, 10(6): 741-757.

［567］ Manohar Singh，Wallace N. Davidson Ⅲ. Agency Costs，Ownership Structure and Corporate Governance Mechanisms ［J］. Journal of Banking & Finance, 2003, 27(5)：793-816.

［568］ Mara Faccio，David Parsley. Sudden deaths：Taking Stock of Geographic Ties ［J］. Journal of Financial and Quantitative Analysis, 2009, 44(3)：683-718.

［569］ Mara Faccio，Larry H. P. Lang，Leslie Young. Dividends and Expropriation ［J］. The American Economic Review, 2001, 91(1)：54-78.

［570］ Marco Pagano，Ailsa Roell. The Choice of Stock Ownership Structure：Agency Costs, Monitoring and the Decision to Go Public ［J］. The Quarterly Journal of Economics, 1998, 113(1)：187-225.

［571］ Margaret M. Blair. For Whom Should Corporations Be Run? An Economic Rationale for Stakeholder Management ［J］. International Journal of Strategic Management：Long Range Planning, 1995, 31(2)：195-200.

［572］ Marianne Bertrand，Paras Mehta，Sendhil Mullainathan. Ferreting out Tunneling：An Application to Indian Business Groups ［J］. The Quarterly Journal of Economics, 2002, 117(1)：121-148.

［573］ Mariko Watanabe. Holding Company Risk in China：A Final Step of State-Owned Enterprises Reform and an Emerging Problem of Corporate Governance ［J］. China Economic Review, 2002, 13(4)：373-381.

［574］ Mark Granovetter. Economic Action and Social Structure：The Problem of Embeddedness ［J］. American Journal of Sociology, 1985, 91(3)：481-510.

［575］ Mark J. Roe. A Theory of Path Dependence in Corporate Ownership and Governance ［J］. Stanford Law Review, 1999, 52(1)：127-170.

［576］ Mark L. DeFond，Chul W Park. The Effect of Competition on CEO Turnover ［J］. Journal of Accounting and Economics, 1999, 27(1)：35-56.

［577］ Mark S. Mizruchi，Linda Brewster Stearns. A Longitudinal Study of Borrowing by Large American Corporations ［J］. Administrative Science Quarterly, 1994, 39(1)：118-140.

［578］ Martijn Cremers，Joost Driessen，Pascal Maenhout，David Weinbaum. Does Skin in the Game Matter? Director Incentives and Governance in the Mutual Fund Industry ［J］. Journal of Financial and Quantitative Analysis, 2009, 44(6)：1345-1373.

［579］ Martin Lipton，Jay W. Lorsch. A Modest Proposal for Improved Corporate Governance ［J］. Business Lawyer, 1992, 48(1)：59-77.

［580］ Martin Lipton，Steven A. Rosenblum. A New System of Corporate Governance：The Quinquennial Election of Directors ［J］. The University of Chicago Law Review, 1991, 58(1)：187-253.

［581］ Martin Lipton. Corporate Governance：Does It Make a Difference? ［J］. Fordham Journal of Corporate & Financial Law, 1997, 2(1)：1-19.

［582］ Michael C. Jensen，William H. Meckling. Theory of the Firm：Managerial Behavior, Agency Costs and Ownership Structure ［J］. Journal of Financial Economics, 1976, 3(4)：305-360.

［583］ Michael C. Jensen. Agency Costs of Free Cash Flow, Corporate Finance and Takeovers ［J］. The American Economic Review, 1986, 76(2)：323-329.

［584］ Michael C. Jensen. Organization Theory and Methodology ［J］. Accounting Review, 1983, 58(2)：319-339.

［585］ Michael C. Jensen. Self Interest, Altruism, Incentives and Agency Theory ［J］. Journal of Applied Corporate Finance, 1994, 7(2)：40-45.

[586] Michael C. Jensen. The Modern Industrial Revolution, Exit and the Failure of Internal Control Systems [J]. The Journal of Finance, 1993, 48(3): 831-880.

[587] Michael E. Porter. Capital Disadvantage: America's Failing Capital Investment System [J]. Harvard Business Review, 1992, 70(5): 65-82.

[588] Michael L. Lemmon, Karl V. Lins. Ownership Structure, Corporate Governance and Firm Value: Evidence from The East Asian Financial Crisis [J]. The Journal of Finance, 2003, 58 (4): 1445-1468.

[589] Michael Spence, Richard Zeckhauser. Insurance, Information and Individual Action [J]. The American Economic Review, 1971, 61(2): 380-387.

[590] Michael Willenborg. Empirical Analysis of the Economic Demand for Auditing in the Initial Public Offerings Market [J]. Journal of Accounting Research, 1999, 37(1): 225-239.

[591] Miriam Schwartz-Ziv, Michael S Weisbach. What Do Boards Really Do? Evidence from Minutes of Board Meetings [J]. Journal of Financial Studies, 2013, 108(2): 349-366.

[592] Myles Mace. Directors: Myth and Reality—Ten Years Later [J]. Rutgers Law Review, 1979, 32: 293-299.

[593] Oliver E. Williamson. Corporate Finance and Corporate Governance [J]. The Journal of Finance, 1988, 43(3): 567-591.

[594] Oliver E. Williamson. Corporate Governance [J]. Yale Law Journal, 1984, 93(7): 1197-1230.

[595] Oliver E. Williamson. Managerial Discretion and Business Behavior [J]. The American Economic Review, 1963, 55(5): 1032-1057.

[596] Oliver E. Williamson. On the Governance of the Modern Corporation [J]. Hofstra Law Review, 1979, 8(1): 63-78.

[597] Oliver E. Williamson. Strategy Research: Governance and Competence Perspectives [J]. Strategic Management Journal, 1999, 20(12): 1087-1108.

[598] Oliver E. Williamson. The Economics of Governance: Framework and Implications [J]. Journal of Institutional and Theoretical Economics, 1984, 140(1): 195-223.

[599] Oliver E. Williamson. The Theory of the Firm as Governance Structure: From Choice to Contract [J]. Journal of Educational Psychology, 2002, 16(3): 171-195.

[600] Oliver E. Williamson. The Vertical Integration of Production: Market Failure Considerations [J]. The American Economic Review, 1971, 61(2): 112-123.

[601] Oliver E. Williamson. Transaction Cost Economics: The Governance of Contractual Relations [J]. Journal of Law and Economics, 1979, 22(2): 233-261.

[602] Oliver Hart, John Moore. Property Rights and the Nature of the Firm [J]. Journal of Political Economy, 1990, 98(6): 1119-1158.

[603] Oliver Hart. Corporate Governance: Some Theory and Implications [J]. The Economic Journal, 1995, 105(5): 678-689.

[604] Paul A. Gompers, Joy Ishii Andrew Metrick. Corporate Governance and Equity Prices [J]. The Quarterly Journal of Economics, 2003, 118(1): 107-155.

[605] Paul A. Gompers, Joy Ishii, Andrew Metrick. Extreme Governance: An Analysis of Dual-class Firms in the United States [J]. Review of Financial Studies, 2010, 23(3): 1051-1088.

[606] Paul Calluzzo, Gang Nathan Dong. Fund Governance Contagion: New Evidence on the Mutual Fund Governance Paradox [J]. Journal of Corporate Finance, 2014, 28(5): 83-101.

[607] Paul Sheard. The Main Bank System and Corporate Monitoring and Control in Japan [J]. Journal of Economic Behavior and Organization, 1994, 11(3): 399-422.

［608］ Paul Yatim. Board Structures and the Establishment of a Risk Management Committee by Malaysian Listed Firms ［J］. Journal of Management &. Governance, 2010, 14(1): 17-36.

［609］ Peter Tufano, Matthew Sevick. Board Structure and Fee-setting in the U. S. Mutual Fund Industry ［J］. Journal of Financial Economics, 1997, 46(3): 321-355.

［610］ Philippe Aghion, Patrick Bolton. An Incomplete Contracts Approach to Financial Contracting ［J］. The Review of Economic Studies, 1992, 59(3): 473-494.

［611］ Pieter W Moerland. Alternative Disciplinary Mechanisms in Different Corporate Systems ［J］. Journal of Economic Behavior &. Organization, 1995, 26(1): 17-34.

［612］ Prashant Kale. Value Creation and Success in Strategic Alliances: Alliancing Skill and the Role of Alliance Structure and System ［J］. European Management Journal, 2001, 19(5): 463-471.

［613］ Robert H. Hayes, William J. Abernathy. Managing Our Way to Economic Decline ［J］. Harvard Business Review, 1980(58): 67-77.

［614］ R. J. Umbdenstock, W. M. Hageman, B. Amundson. The Five Critical Areas for Effective Governance of Not-for-Profit Hospitals ［J］. Hospital &. Health Services Administration, 1990, 35 (4): 481-492.

［615］ Rafael La Porta, Florencio Lopez-de-Silanes, Andrei Shleifer, Robert W. Vishny. Investor Protection and Corporate Valuation ［J］. The Journal of Finance, 2002, 57(3): 1147-1170.

［616］ Rafael La Porta, Florencio Lopez-de-Silanes, Andrei Shleifer. Corporate Ownership around the World ［J］. The Journal of Finance, 1999, 54(2): 471-517.

［617］ Rafael La Porta, Florencio Lopez-de-Silanes, Andrei Shleifer, Robert W. Vishny. Law and Finance ［J］. Journal of Political Economy, 1998,106 (6): 1113-1155.

［618］ Rafael La Porta, Florencio Lopez-de-Silanes, Andrei Shleifer, Robert W. Vishny. Investor Protection and Corporate Governance ［J］. Journal of Financial Economics, 2000, 58(2): 3-27.

［619］ Rafael La Porta, Florencio Lopez-de-Silanes, Andrei Shleifer. Agency Problems and Dividend Policies around the World ［J］. The Journal of Finance, 2000, 55(1): 1-33.

［620］ Raghuram G. Rajan, Luigi Zingales. Financial Systems, Industrial Structure and Growth ［J］. Oxford Review of Economic Policy, 2001, 17(4): 467-482.

［621］ Randall Morck, Masao Nakamura. Banks and Corporate Control in Japan ［J］. The Journal of Finance, 1999, 54(1): 319-339.

［622］ Randall Morck, Masao Nakamura. Banks, Ownership Structure and Firm Value in Japan ［J］. The Journal of Business, 1999, 73(4): 114-156.

［623］ Ray Ball, Philip Brown. An Empirical Evaluation of Accounting Income Numbers ［J］. Journal of Accounting Research, 1968, 6(2): 159-178.

［624］ Raymond E. Miles, Charles C. Snow. Causes for Failure in Network Organizations ［J］. California Management Review, 1992, 34(4): 53-74.

［625］ Raymond E. Miles, Charles C. Snow. Network Organizations: New Concepts for New Forms ［J］. California Management Review, 1986, 28(3): 62-73.

［626］ Raymond Fisman. Estimating the Value of Political Connections ［J］. The American Economic Review, 2001, 91(4): 1095-1102.

［627］ Rene M. Stulz. Managerial Control of Voting Rights: Financing Policies and the Market for Corporate Control ［J］. Journal of Financial Economics, 1988, 20(1): 25-54.

［628］ Richard B. Evans, Rüdiger Fahlenbrach. Institutional Investors and Mutual Fund Governance: Evidence from Retail-Institutional Fund Twins ［J］. Review of Financial Studies, 2012, 25(12): 3530-3571.

[629] Richard M. Frankel, Marilyn F. Johnson, Karen K. Nelson. The Relationship between Auditors' Fees for Non-Audit Services and Earnings Quality [J]. Accounting Review, 2002, 77 (4): 71-105.

[630] Richard Spiller. Ownership and Performance: Stock and Mutual Life Insurance Companies [J]. Journal of Risk and Insurance, 1972, 39(1): 17-25.

[631] Rob Bauer, Nadja Guenster, Rogér Otten. Empirical Evidence on Corporate Governance in Europe: The Effect on Stock Returns, Firm Value and Performance [J]. Journal of Asset Management, 2004, 5(2): 91-104.

[632] Robert Bostrom. Corporate Governance: Developments and Best Practices One Year after Sarbanes-Oxley [J]. International Financial Law Review, 2003, 22(10): 189-204.

[633] Robert H. Litzenberger, Krishna Ramaswamy. The Effects of Dividends on Common Stock Prices Tax Effects or Information Effects [J]. The Journal of Finance, 1982, 37(2): 429-443.

[634] Robert J. Larner. Ownership and Control in the 200 Largest Nonfinancial Corporations, 1929 and 1963 [J]. The American Economic Review, 1966, 56 (4): 777-787.

[635] Robert W. Holthausena, Ross L. Watts. The Relevance of the Value-Relevance Literature for Financial Accounting Standard Setting [J]. Journal of Accounting and Economics, 2001, 31(1-3): 3-75.

[636] Robert Webb, Matthias Beck, Roddy Mckinnon. Problems and Limitations of Institutional Investor Participation in Corporate Governance, Institutional Investor Participation [J]. Corporate Governance: An International Review, 2003, 11 (1): 65-70.

[637] Robin Marris. A Model of the Managerial Enterprise [J]. The Quarterly Journal of Economics, 1963, 77(2): 185-209.

[638] Roderick A. W. Rhodes. The New Governance: Governing Without Government [J]. Political Studies, 1996, 44(4): 652-667.

[639] Ronald C. Anderson, David M. Reeb. Founding-Family Ownership and Firm Performance: Evidence from the S&P 500[J]. The Journal of Finance, 2003, 58(3): 1301-1327.

[640] Ronald C. Anderson, Sattar A. Mansi, David M. Reeb. Founding Family Ownership and the Agency Cost of Debt [J]. Journal of Financial Economics, 2003, 68(2): 263-285.

[641] Ronald Francis, Anona Armstrong. Ethics as a Risk Management Strategy: The Australian Experience [J]. Journal of Business Ethics, 2003, 45(4): 375-385.

[642] Ronald H. Coase. The Nature of the Firm [J]. Economica, 1937, 4(16): 386-405.

[643] Ronald J. Gilson, Mark J. Roe. Understanding the Japanese Keiretsu: Overlaps between Corporate Governance and Industrial Organization [J]. The Yale Law Journal, 1993, 102(1): 871-906.

[644] Ronald K. Mitchell, Bradley R. Agle, Donna J. Wood. Toward A Theory of Stakeholder Identification and Salience: Defining the Principle of Who and What Really Counts [J]. Academy of Management Review, 1997, 22(4): 853-858.

[645] Samuel Szewczyk, George Tsetsekos. State Intervention in the Market for Corporate Control: The Case of Pennsylvania Senate Bill 1310 [J]. Journal of Financial Economics, 1992, 31(1): 3-23.

[646] Sanford J. Grossman, Oliver D. Hart. An Analysis of the Principal-Agent Problem [J]. Econometrica, 1983, 51(1): 7-46.

[647] Sanjai Bhagat, James A. Brickley, Jeffrey L Coles. Managerial Indemnification and Liability Insurance: The Effect on Shareholder Wealth [J]. Journal of Risk and Insurance, 1987, 54(4):

722-736.

[648] Sanjai Bhagat, John Bizjak, Jeffrey L. Coles. The Shareholder Wealth Implications of Corporate Lawsuits [J]. Financial Management, 1998, 27(4): 5-27.

[649] Scott Richardson. Over-investment of Free Cash Flow [J]. Review of Accounting Studies, 2006, 11(2-3): 159-189.

[650] Simon Johnson, Rafael La Porta, Florencio Lopez-de-Silanes, Andrei Shleifer. Tunneling [J]. The American Economic Review, 2000, 90(2): 22-27.

[651] Simon Johnson, Todd Mitton. Cronyism and Capital Controls: Evidence from Malaysia [J]. Journal of Financial Economics, 2003, 67(2): 351-382.

[652] Sophie Xiaofei Kong, Dragon Yongjun Tang. Unitary Boards and Mutual Fund Governance [J]. Journal of Financial Research, 2008, 31(3): 193-224.

[653] Stacey Kole, Kenneth Lehn. Deregulation, the Evolution of Corporate Governance Structure, and Survival [J]. American Economic Review Papers and Proceedings, 1997, 87(2): 421-425.

[654] Stephen A. Ross. The Arbitrage Theory of Capital Asset Pricing [J]. Journal of Economic Theory, 1976, 13(3): 341-360.

[655] Stephen A. Ross. The Economic Theory of Agency: The Principal's Problem [J]. The American Economic Review, 1973(63): 134-139.

[656] Stephen D. Prowse. Corporate Governance in an International Perspective: A Survey of Corporate Control Mechanisms among Large Firms in the U S, U K, Japan and Germany [J]. Financial Markets, Institutions and Instruments, 1995, 4(1): 1-63.

[657] Stephen D. Prowse. Institutional Investment Patterns and Corporate Financial Behavior in the United States and Japan [J]. Journal of Financial Economics, 1990, 27(1): 43-66.

[658] Stephen L. Nesbitt. Long-term Rewards from Shareholder Activism [J]. Journal of Applied Corporate Finance, 1994, 6(4): 75-80.

[659] Stephen P. Ferris, Xuemin (Sterling) Yan. Agency Costs, Governance and Organizational Forms: Evidence from the Mutual Fund Industry [J]. Review of Financial Studies, 2010, 23(3): 1261-1286.

[660] Stephen P. Ferris, Xuemin (Sterling) Yan. Do Independent Directors and Chairmen Matter? The Role of Boards of Directors in Mutual Fund Governance [J]. Journal of Corporate Finance, 2007, 13(2-3): 392-420.

[661] Stewart Myers, Nicholas Majluf. Corporate Financing and Investment Decisions When Firms Have Information That Investors Do Not Have [J]. Journal of Financial Economics, 1984, 13(2): 187-221.

[662] Stijn Claessens, Erik Feijen, Luc Laeven. Political Connections and Preferential Access to Finance [J]. Journal of Financial Economics, 2008, 88(3): 554-580.

[663] Stijn Claessens, Simeon Djankov, Joseph P. H. Fan, Larry H. P. Lang. Disentangling the Incentive and Entrenchment Effects of Large Shareholdings [J]. The Journal of Finance, 2002, 57(6): 2741-2771.

[664] Stijn Claessens, Simeon Djankov, Larry H. P. Lang. The Separation of Ownership and Control in East Asian Corporations [J]. Journal of Financial Economics, 2000, 58(1): 81-112.

[665] Stijn Claessens, Valentina Bruno. The Separation of Ownership and Control in East Asian Corporations [J]. Journal of Financial Economics, 2007, 58(1): 81-112.

[666] Stuart L. Gillan, Jennifer E. Bethel. The Impact of the Institutional and Regulatory Environment on Shareholder Voting [J]. Financial Management, 2002, 31 (4): 29-54.

[667] Stuart L. Gillan. Recent Developments in Corporate Governance: An Overview [J]. Journal of Corporate Finance, 2006, 12(3): 381-402.

[668] Sung Wook Joh. Corporate Governance and Firm Profitability: Evidence from Korea before the Economic Crisis [J]. Journal of Financial Economics, 2003, 68(2): 287-322.

[669] Sunil Wahal. Pension Fund Activism and Firm Performance [J]. Journal of Financial and Quantitative Analysis, 1996, 31(1): 1-23.

[670] Sydney Finlelstein, Brian Boyd. How Much Does the CEO Matter? The Role of Managerial Discretion in the Setting of CEO Compensation [J]. Academy of Management Journal, 1998, 41 (2): 179-199.

[671] Takashi Hatakeda, Nobuyuki Isagawa. Stock Price Behavior Surrounding Stock Repurchase Announcements: Evidence from Japan [J]. Pacific-Basin Finance Journal, 2002, 12(3): 271-290.

[672] Thomas Dangl, Youchang Wu, Josef Zechner. Market Discipline and Internal Governance in the Mutual Fund Industry [J]. Review of Financial Studies, 2008, 21(5): 2307-2343.

[673] Thomas Donaldson, Thomas W. Dunfee. Toward A Unified Conception of Business Ethics: Integrative Social Contacts Theory [J]. Academy of Management Review, 1994, 19 (2): 252-284.

[674] Thomas J. Chemmanur, Yawen Jiao. Dual Class IPOs: A Theoretical Analysis [J]. Journal of Banking & Finance, 2012, 36(1): 305-319.

[675] Thomas J. Chennanur, Shan He, Gang Hu. The Role of Institutional Investors in Seasoned Equity Offerings [J]. Journal of Financial Economics, 2004, 94(33): 384-411.

[676] Tim Jenkinson, Colin Mayer. The Assessment: Corporate Governance and Corporate Control [J]. Oxford Review of Economic Policy, 1992, 8(3): 1-10.

[677] Tracie Woidtke. Agents Watching Agents? Evidence from Pension Fund Ownership and Firms Value [J]. Journal of Financial Economics, 2002, 63 (1): 99-131.

[678] V. Sambamurthy, Robert W. Zmud. Arrangements for Information Technology Governance: A Theory of Multiple Contingencies [J]. MIS Quarterly. 1999, 23(2): 261-290.

[679] Valentina Bruno, Stijn Claessens. Corporate Governance and Regulation: Can There be too Much of A Good Thing? [J]. Journal of Financial Intermediation, 2010, 19(4): 461-482.

[680] Van Alstyne Marshall. The State of Network Organization: A Survey in Three Frameworks [J]. Journal of Organizational Computing and Electronic Commerce, 1997, 7(2): 83-151.

[681] Vidhi Chhaochharia, Luc Laeven. Corporate Governance Norms and Practices [J]. Journal of Financial Intermediation, 2009, 18(3): 405-431.

[682] Viral Acharya, Oliver Gottschalg, Moritz Hahn, Conor kehon. Corporate Governance and Value Creation: Evidence from Private Equity [J]. Review of Financial Studies, 2013, 26(2): 368-367.

[683] Wilbur G. Lewellen, Kenneth L. Stanley, Ronald C. Lease, Gary G. Schlarbaum. Some Direct Evidence on the Dividend Clientele Phenomenon [J]. The Journal of Finance, 1978, 33(5): 1385-1399.

[684] William H. Beaver. The Information Content of Annual Earnings Announcements [J]. Journal of Accounting Research, 1968(6): 67-92.

[685] Wolfgang Drobetz, Andreas Schillhofer, Heinz Zimmermann. Corporate Governance and Expected Stock Returns: Evidence from Germany [J]. European Financial Management, 2004, 10(1): 267-293.

参考文献

［686］ Yangmin Kim，Albert A. Cannella. Toward A Social Capital Theory of Director Selection ［J］. Corporate Governance：An International Review，2008，16(4)：282-293.

［687］ Yin-Hua Yeh，Tsun-Siou Lee. Corporate Governance and Financial Distress：Evidence from Taiwan ［J］. Corporate Governance：An International Review，2004，12(3)：378-388.

其他类：

［688］ 科斯,阿尔钦,诺斯等.财产权利与制度变迁——产权学派与新制度学派译文集[C].上海：上海三联书店、上海人民出版社,1994.

［689］ 崔蓉.上市公司治理风险的预警机制研究[D].山东大学,2006.

［690］ 李文泽.我国企业内部审计的产生发展过程及趋势研究[D].沈阳工业大学,2002.

［691］ 刘新辉.论中国上市公司治理模式的选择与建立[D].对外经济贸易大学,2006.

［692］ 石碧涛.转型时期中国行业协会治理研究[D].暨南大学,2011.

［693］ 史英语.我国类别股份制度研究[D].江西财经大学,2009.

［694］ 徐振.我国契约型基金治理结构的法律研究[D].华东政法大学,2010.

［695］ 袁康.基金治理结构研究与我国契约型基金治理结构完善初探[D].西南财经大学,2005.

［696］ 冯巍.海外证券交易所公司制改革研究[R].深圳证券交易所综合研究所研究报告,2001.

［697］ 冯巍.新股发行定价方式研究[N].中国证券报,2001-05-19(16).

［698］ 熊锦秋.上市公司董事提名机制不能再模糊下去了[N].上海证券报,2012-06-01(F07).

［699］ Alexandra J. Campbell，David T. Wilson. Managed Networks Creating Strategic Advantage ［C］. In：Dawn Iacobucci. Networks in Marketing. Sage Publications，1996.

［700］ George Bittlingmayer. The Market for Corporate Control (Including Takeovers). In：Boudewijn Bouckaert，Gerrit De Geest. Encyclopedia of Law and Economics[C]. Edward Elgar Publishing Limited，2000.

［701］ H. Brinton Milward，Keith G. Provan. How Networks Are Governed. In：Laurence E Lynn，Carolyn J Hill，Carolyn J Heinrich. The Empirical Study of Governance：Theories，Models and Methods[C].Washington D. C. ：Georgetown University Press，2002.

［702］ Iwao Nakatani. The Economic Role of Financial Corporate Grouping. In：Masahiko Aoki. The Economic Analysis of the Japanese Firm[C]. North-Holland：Amsterdam，1984.

［703］ J. Kooiman，M. Van Vliet. Governance and Public Management. In：J Kooiman，K Eliassen. Managing Public Organisations (2nd) ［C］. London：Sage，1993.

［704］ James A. Mirrlees. Notes on Welfare Economics，Information and Uncertainty. In：McFadden Balch，Wu. Essays on Economic Behavior under Uncertainty[C].Amsterdam：North Holland Publishing Co. ，1974.

［705］ Joel A. C. Baum，Paul Ingram. Interorganizational Learning and Network Organizations：Toward A Behavioral Theory of the "Interfirm". In：Mie Augier，James G March. The Economics of Choice，Change and Organization[C]. Cheltenham UK：Edward Elgar，2002；In：Joel A. C. Baum. Companion to Organizations. New York：Blackwell，2002.

［706］ K. Keasey，S. Thompson，M. Wright. Introduction：the Corporate Governance Problem-Competing Diagnoses and Solutions. In：K. Keasey，S. Thompson，M. Wright. Corporate Governance：Economic and Financial Issues[C]. Oxford：Oxford University Press，1997.

［707］ Max Clarkson. A Risk Based Model of Stakeholder Theory ［C］. Proceedings of the Second Toronto Conference on Stakeholder Theory，1994.

［708］ Robert B. Wilson. The Structure of Incentives for Decentralization under Uncertainty. In：G.

Guilbaud. La Decision: Agregation et Dynamique des Ordres de Preference[C]. Paris: Centre National de la Recherche Scientifique, 1969.

[709] Stephen Barley, John Freeman, Ralph Hybels. Strategic Alliances in Commercial Biotechnology. In: Nitin Nohria and Robert G. Eccles. Networks and Organizations [C]. Boston: Harvard Business School Press, 1992.

[710] Henry Adobor. Governing Exchange in Strategic Alliances: The Dynamics of Interfirm Trust [D]. Concordia University, 1999.

[711] Lynn Cobb. An Investigation into the Effect of Selected Audit Committee Characteristics on Fraudulent Financial Reporting [D]. University of South Florida, 1993.

[712] Jon Oltsik. IT Governance: Is It Governance the Answer? [N]. Tech Republic, CNET Networks, January 13, 2003.

[713] Alexander Dyck, Luigi Zingales. The Corporate Governance Role of the Media[R]. Working Paper, 2002.

[714] Andrew Clarke. SMEs and Corporate Governance: Politics, Resources and Trickle-Down Effects[R]. Working Paper, 2006.

[715] Anna Arcari, Anna Pistoni, Simona Spedale. The Governance of Network Organizations: Assessing the Role of Traditional Management Control Systems[R]. Working Paper, 2002.

[716] Armando Gomes, Walter Novae. Sharing of Control as a Corporate Governance Mechanism[R]. Working Paper, 2005.

[717] Bill Ding, Russell Wermers. Mutual Fund Performance and Governance Structure: The Role of Portfolio Managers and Boards of Directors[R]. Working Paper, 2005.

[718] Chong-En Bai, Qiao Liu, Frank M. Song. The Value of Corporate Control: Evidence from China's Distressed Firms[R]. Working Paper, 2002.

[719] Christian Leuz, Alexander J. Triantis, Tracy Yue Wang. Why Do Firms Go Dark? Causes and Consequences of Voluntary SEC Deregistrations [R]. Working Paper, 2005.

[720] Christo Karuna. Industry Product Market Competition and Managerial Incentives[R]. Working Paper, 2005.

[721] Colin Mayer. Corporate Governance in Market and Transition Economics[R]. Working Paper, 1995.

[722] David Crichton-Miller, Philip B. Worman. Seeking a Structured Approach to Assessing Corporate Governance Risk in Emerging Markets[R]. Working Paper, 1999.

[723] David F. Larcker, Scott A. Richardson, A. Irem Tuna. How Important Is Corporate Governance? [R]. Working Paper, 2005.

[724] Dirk Messner, Jorg Meyer-Stamer. Governance and Networks: Tool to Study the Dynamics of Clusters and Global Value Chains[R]. Working Paper, 2000.

[725] Enrique Yacuzzi. A Primer on Governance and Performance in Small and Medium-Sized Enterprises[R]. Working Paper, 2005.

[726] Hideaki Inoue. The Accelerating Dissolution of Stock Cross-holding[R]. Working Paper, 1999.

[727] Ian Harris, Michael Mainelli, Sarah-Jane Critchley. Information Technology Governance in the Not-for profit Sector: An ICSA Best Practice Guide[R]. Working Paper, 2001.

[728] James D. Cox, Randall S. Thomas. SEC Enforcement Actions for Financial Fraud and Private Litigation: An Empirical Enquiry[R]. Working Paper, 2003.

[729] James S. Linck, Jeffry M. Netter, Tina Yang. Effects and Unintended Consequences of the Sarbanes Oxley Act on Corporate Boards[R]. Working Paper, 2005.

[730] Jonathan Karpoff, D. Scott Lee, Arvind Mahajan, Gerald S. Martin. Penalizing Corporate Misconduct: Empirical Evidence[R]. Working Paper, 2005.

[731] Karen Stephenson, Stephan Haeckel. Makinga Virtual Organization Work[R]. Working Paper, 1999.

[732] Manju K. Ahuja, Kathleen M. Carley. Network Structure in Virtual Organization [R]. Working Paper, 2002.

[733] Mara Faccio. Characteristics of Politically Connected Firms[R]. Vanderbilt University, 2007.

[734] Saumya Mohan. Corporate Governance, Monitoring and Litigation as Substitutes to Solve Agency Problems[R]. Working Paper, 2005.

[735] Si Li. Corporate Fraud and Costly Monitoring: An Empirical Analysis of A Simultaneous System with Partial Observability[R]. Working Paper, 2005.

[736] Simi Kedia. Product Market Competition and Top Management Compensation[R]. Working Paper, 1998.

[737] Stijn Claessens, Joseph P. H. Fan, Simeon Djankov, Larry H. P. Lang On Expropriation of Minority Shareholders: Evidence from East Asia[R]. Working Paper, 1999.

[738] Tracy Yue Wang. Investment, Shareholder Monitoring and the Economics of Securities Fraud[R]. Working Paper, 2004.

[739] Tracy Yue Wang. Securities Fraud: An Economic Analysis[R]. Working Paper, 2004.

[740] Ulrike Malmendier, Geoffrey Tate. Superstar CEOs[R]. Working Paper, 2005.

[741] Vidhi Chhaochharia, Yaniv Grinstein. Corporate Governance and Firm Value: The Impact of the 2002 Governance Rules[R]. Working Paper, 2005.

[742] Vidhi Chhaochharia, Yaniv Grinstein. The Transformation of US Corporate Boards: 1997—2003[R]. Working Paper, 2005.

附录 A　公司治理法律、政策和法规原文[①]

1. 中华人民共和国企业破产法

《中华人民共和国企业破产法(试行)》由 1986 年 12 月 2 日第六届全国人民代表大会常务委员会第十八次会议通过。1986 年 12 月 2 日中华人民共和国主席令第四十五号公布。自全民所有制工业企业法实施满三个月之日起试行。制定机关为全国人民代表大会常务委员会。新修订的破产法即《中华人民共和国企业破产法》已被 2006 年 8 月 27 日第十届全国人民代表大会常务委员会第二十三次会议通过、2006 年 8 月 27 日中华人民共和国主席令第五十四号公布、自 2007 年 6 月 1 日起施行。

第一章　总　　则

第一条　为规范企业破产程序,公平清理债权债务,保护债权人和债务人的合法权益,维护社会主义市场经济秩序,制定本法。

第二条　企业法人不能清偿到期债务,并且资产不足以清偿全部债务或者明显缺乏清偿能力的,依照本法规定清理债务。

企业法人有前款规定情形,或者有明显丧失清偿能力可能的,可以依照本法规定进行重整。

第三条　破产案件由债务人住所地人民法院管辖。

第四条　破产案件审理程序,本法没有规定的,适用民事诉讼法的有关规定。

第五条　依照本法开始的破产程序,对债务人在中华人民共和国领域外的财产发生效力。

对外国法院作出的发生法律效力的破产案件的判决、裁定,涉及债务人在中华人民共和国领域内的财产,申请或者请求人民法院承认和执行的,人民法院依照中华人民共和国缔结或者参加的国际条约,或者按照互惠原则进行审查,认为不违反中华人民共和国法律的基本原则,不损害国家主权、安全和社会公共利益,不损害中华人民共和国领域内债权人的合法权

<hr>

[①]　附录 A 收录了与我国公司治理最直接相关的或者说是最重要的 20 部法律、政策和法规原文,其中相关法律涉及《中华人民共和国企业破产法》、《中华人民共和国全民所有制工业企业法》、《中华人民共和国公司法》、《中华人民共和国合伙企业法》、《中华人民共和国个人独资企业法》5 部,而且均已经更新至最近的一次修订;相关政策涉及《中共中央关于建立社会主义市场经济体制若干问题的决定》、《中共中央关于国有企业改革和发展若干重大问题的决定》、《中共中央关于完善社会主义市场经济体制若干问题的决定》3 部;相关法规涉及《国务院关于进一步加强证券市场宏观管理的通知》、《关于在上市公司建立独立董事制度的指导意见》、《上市公司治理准则》、《国务院关于推进资本市场改革开放和稳定发展的若干意见》、《关于上市公司股权分置改革的指导意见》、《关于提高上市公司质量意见的通知》、《国有企业监事会暂行条例》、《关于中央企业建立和完善国有独资公司董事会试点工作的通知》、《中国银行、中国建设银行公司治理改革与监管指引》、《商业银行公司治理指引》、《关于规范保险公司治理结构的指导意见(试行)》、《企业内部控制基本规范》12 部。

益的,裁定承认和执行。

第六条 人民法院审理破产案件,应当依法保障企业职工的合法权益,依法追究破产企业经营管理人员的法律责任。

第二章 申请和受理

第一节 申 请

第七条 债务人有本法第二条规定的情形,可以向人民法院提出重整、和解或者破产清算申请。

债务人不能清偿到期债务,债权人可以向人民法院提出对债务人进行重整或者破产清算的申请。

企业法人已解散但未清算或者未清算完毕,资产不足以清偿债务的,依法负有清算责任的人应当向人民法院申请破产清算。

第八条 向人民法院提出破产申请,应当提交破产申请书和有关证据。

破产申请书应当载明下列事项:

(一)申请人、被申请人的基本情况;

(二)申请目的;

(三)申请的事实和理由;

(四)人民法院认为应当载明的其他事项。

债务人提出申请的,还应当向人民法院提交财产状况说明、债务清册、债权清册、有关财务会计报告、职工安置预案以及职工工资的支付和社会保险费用的缴纳情况。

第九条 人民法院受理破产申请前,申请人可以请求撤回申请。

第二节 受 理

第十条 债权人提出破产申请的,人民法院应当自收到申请之日起五日内通知债务人。债务人对申请有异议的,应当自收到人民法院的通知之日起七日内向人民法院提出。人民法院应当自异议期满之日起十日内裁定是否受理。

除前款规定的情形外,人民法院应当自收到破产申请之日起十五日内裁定是否受理。

有特殊情况需要延长前两款规定的裁定受理期限的,经上一级人民法院批准,可以延长十五日。

第十一条 人民法院受理破产申请的,应当自裁定作出之日起五日内送达申请人。

债权人提出申请的,人民法院应当自裁定作出之日起五日内送达债务人。债务人应当自裁定送达之日起十五日内,向人民法院提交财产状况说明、债务清册、债权清册、有关财务会计报告以及职工工资的支付和社会保险费用的缴纳情况。

第十二条 人民法院裁定不受理破产申请的,应当自裁定作出之日起五日内送达申请人并说明理由。申请人对裁定不服的,可以自裁定送达之日起十日内向上一级人民法院提起上诉。

人民法院受理破产申请后至破产宣告前,经审查发现债务人不符合本法第二条规定情形的,可以裁定驳回申请。申请人对裁定不服的,可以自裁定送达之日起十日内向上一级人民法院提起上诉。

第十三条 人民法院裁定受理破产申请的,应当同时指定管理人。

第十四条　人民法院应当自裁定受理破产申请之日起二十五日内通知已知债权人,并予以公告。

通知和公告应当载明下列事项:

(一)申请人、被申请人的名称或者姓名;

(二)人民法院受理破产申请的时间;

(三)申报债权的期限、地点和注意事项;

(四)管理人的名称或者姓名及其处理事务的地址;

(五)债务人的债务人或者财产持有人应当向管理人清偿债务或者交付财产的要求;

(六)第一次债权人会议召开的时间和地点;

(七)人民法院认为应当通知和公告的其他事项。

第十五条　自人民法院受理破产申请的裁定送达债务人之日起至破产程序终结之日,债务人的有关人员承担下列义务:

(一)妥善保管其占有和管理的财产、印章和账簿、文书等资料;

(二)根据人民法院、管理人的要求进行工作,并如实回答询问;

(三)列席债权人会议并如实回答债权人的询问;

(四)未经人民法院许可,不得离开住所地;

(五)不得新任其他企业的董事、监事、高级管理人员。

前款所称有关人员,是指企业的法定代表人;经人民法院决定,可以包括企业的财务管理人员和其他经营管理人员。

第十六条　人民法院受理破产申请后,债务人对个别债权人的债务清偿无效。

第十七条　人民法院受理破产申请后,债务人的债务人或者财产持有人应当向管理人清偿债务或者交付财产。

债务人的债务人或者财产持有人故意违反前款规定向债务人清偿债务或者交付财产,使债权人受到损失的,不免除其清偿债务或者交付财产的义务。

第十八条　人民法院受理破产申请后,管理人对破产申请受理前成立而债务人和对方当事人均未履行完毕的合同有权决定解除或者继续履行,并通知对方当事人。管理人自破产申请受理之日起二个月内未通知对方当事人,或者自收到对方当事人催告之日起三十日内未答复的,视为解除合同。

管理人决定继续履行合同的,对方当事人应当履行;但是,对方当事人有权要求管理人提供担保。管理人不提供担保的,视为解除合同。

第十九条　人民法院受理破产申请后,有关债务人财产的保全措施应当解除,执行程序应当中止。

第二十条　人民法院受理破产申请后,已经开始而尚未终结的有关债务人的民事诉讼或者仲裁应当中止;在管理人接管债务人的财产后,该诉讼或者仲裁继续进行。

第二十一条　人民法院受理破产申请后,有关债务人的民事诉讼,只能向受理破产申请的人民法院提起。

第三章　管　理　人

第二十二条　管理人由人民法院指定。

债权人会议认为管理人不能依法、公正执行职务或者有其他不能胜任职务情形的,可以申请人民法院予以更换。

指定管理人和确定管理人报酬的办法,由最高人民法院规定。

第二十三条 管理人依照本法规定执行职务,向人民法院报告工作,并接受债权人会议和债权人委员会的监督。

管理人应当列席债权人会议,向债权人会议报告职务执行情况,并回答询问。

第二十四条 管理人可以由有关部门、机构的人员组成的清算组或者依法设立的律师事务所、会计师事务所、破产清算事务所等社会中介机构担任。

人民法院根据债务人的实际情况,可以在征询有关社会中介机构的意见后,指定该机构具备相关专业知识并取得执业资格的人员担任管理人。

有下列情形之一的,不得担任管理人:

(一)因故意犯罪受过刑事处罚;

(二)曾被吊销相关专业执业证书;

(三)与本案有利害关系;

(四)人民法院认为不宜担任管理人的其他情形。

个人担任管理人的,应当参加执业责任保险。

第二十五条 管理人履行下列职责:

(一)接管债务人的财产、印章和账簿、文书等资料;

(二)调查债务人财产状况,制作财产状况报告;

(三)决定债务人的内部管理事务;

(四)决定债务人的日常开支和其他必要开支;

(五)在第一次债权人会议召开之前,决定继续或者停止债务人的营业;

(六)管理和处分债务人的财产;

(七)代表债务人参加诉讼、仲裁或者其他法律程序;

(八)提议召开债权人会议;

(九)人民法院认为管理人应当履行的其他职责。

本法对管理人的职责另有规定的,适用其规定。

第二十六条 在第一次债权人会议召开之前,管理人决定继续或者停止债务人的营业或者有本法第六十九条规定行为之一的,应当经人民法院许可。

第二十七条 管理人应当勤勉尽责,忠实执行职务。

第二十八条 管理人经人民法院许可,可以聘用必要的工作人员。

管理人的报酬由人民法院确定。债权人会议对管理人的报酬有异议的,有权向人民法院提出。

第二十九条 管理人没有正当理由不得辞去职务。管理人辞去职务应当经人民法院许可。

第四章 债务人财产

第三十条 破产申请受理时属于债务人的全部财产,以及破产申请受理后至破产程序终结前债务人取得的财产,为债务人财产。

第三十一条 人民法院受理破产申请前一年内,涉及债务人财产的下列行为,管理人有权请求人民法院予以撤销:

（一）无偿转让财产的；

（二）以明显不合理的价格进行交易的；

（三）对没有财产担保的债务提供财产担保的；

（四）对未到期的债务提前清偿的；

（五）放弃债权的。

第三十二条　人民法院受理破产申请前六个月内，债务人有本法第二条第一款规定的情形，仍对个别债权人进行清偿的，管理人有权请求人民法院予以撤销。但是，个别清偿使债务人财产受益的除外。

第三十三条　涉及债务人财产的下列行为无效：

（一）为逃避债务而隐匿、转移财产的；

（二）虚构债务或者承认不真实的债务的。

第三十四条　因本法第三十一条、第三十二条或者第三十三条规定的行为而取得的债务人的财产，管理人有权追回。

第三十五条　人民法院受理破产申请后，债务人的出资人尚未完全履行出资义务的，管理人应当要求该出资人缴纳所认缴的出资，而不受出资期限的限制。

第三十六条　债务人的董事、监事和高级管理人员利用职权从企业获取的非正常收入和侵占的企业财产，管理人应当追回。

第三十七条　人民法院受理破产申请后，管理人可以通过清偿债务或者提供为债权人接受的担保，取回质物、留置物。

前款规定的债务清偿或者替代担保，在质物或者留置物的价值低于被担保的债权额时，以该质物或者留置物当时的市场价值为限。

第三十八条　人民法院受理破产申请后，债务人占有的不属于债务人的财产，该财产的权利人可以通过管理人取回。但是，本法另有规定的除外。

第三十九条　人民法院受理破产申请时，出卖人已将买卖标的物向作为买受人的债务人发运，债务人尚未收到且未付清全部价款的，出卖人可以取回在运途中的标的物。但是，管理人可以支付全部价款，请求出卖人交付标的物。

第四十条　债权人在破产申请受理前对债务人负有债务的，可以向管理人主张抵销。但是，有下列情形之一的，不得抵销：

（一）债务人的债务人在破产申请受理后取得他人对债务人的债权的；

（二）债权人已知债务人有不能清偿到期债务或者破产申请的事实，对债务人负担债务的；但是，债权人因为法律规定或者有破产申请一年前所发生的原因而负担债务的除外；

（三）债务人的债务人已知债务人有不能清偿到期债务或者破产申请的事实，对债务人取得债权的；但是，债务人的债务人因为法律规定或者有破产申请一年前所发生的原因而取得债权的除外。

第五章　破产费用和共益债务

第四十一条　人民法院受理破产申请后发生的下列费用，为破产费用：

（一）破产案件的诉讼费用；

（二）管理、变价和分配债务人财产的费用；

（三）管理人执行职务的费用、报酬和聘用工作人员的费用。

第四十二条　人民法院受理破产申请后发生的下列债务，为共益债务：

（一）因管理人或者债务人请求对方当事人履行双方均未履行完毕的合同所产生的债务；

（二）债务人财产受无因管理所产生的债务；

（三）因债务人不当得利所产生的债务；

（四）为债务人继续营业而应支付的劳动报酬和社会保险费用以及由此产生的其他债务；

（五）管理人或者相关人员执行职务致人损害所产生的债务；

（六）债务人财产致人损害所产生的债务。

第四十三条　破产费用和共益债务由债务人财产随时清偿。

债务人财产不足以清偿所有破产费用和共益债务的，先行清偿破产费用。

债务人财产不足以清偿所有破产费用或者共益债务的，按照比例清偿。

债务人财产不足以清偿破产费用的，管理人应当提请人民法院终结破产程序。人民法院应当自收到请求之日起十五日内裁定终结破产程序，并予以公告。

第六章　债　权　申　报

第四十四条　人民法院受理破产申请时对债务人享有债权的债权人，依照本法规定的程序行使权利。

第四十五条　人民法院受理破产申请后，应当确定债权人申报债权的期限。债权申报期限自人民法院发布受理破产申请公告之日起计算，最短不得少于三十日，最长不得超过三个月。

第四十六条　未到期的债权，在破产申请受理时视为到期。

附利息的债权自破产申请受理时起停止计息。

第四十七条　附条件、附期限的债权和诉讼、仲裁未决的债权，债权人可以申报。

第四十八条　债权人应当在人民法院确定的债权申报期限内向管理人申报债权。

债务人所欠职工的工资和医疗、伤残补助、抚恤费用，所欠的应当划入职工个人账户的基本养老保险、基本医疗保险费用，以及法律、行政法规规定应当支付给职工的补偿金，不必申报，由管理人调查后列出清单并予以公示。职工对清单记载有异议的，可以要求管理人更正；管理人不予更正的，职工可以向人民法院提起诉讼。

第四十九条　债权人申报债权时，应当书面说明债权的数额和有无财产担保，并提交有关证据。申报的债权是连带债权的，应当说明。

第五十条　连带债权人可以由其中一人代表全体连带债权人申报债权，也可以共同申报债权。

第五十一条　债务人的保证人或者其他连带债务人已经代替债务人清偿债务的，以其对债务人的求偿权申报债权。

债务人的保证人或者其他连带债务人尚未代替债务人清偿债务的，以其对债务人的将来求偿权申报债权。但是，债权人已经向管理人申报全部债权的除外。

第五十二条　连带债务人数人被裁定适用本法规定的程序的，其债权人有权就全部债权分别在各破产案件中申报债权。

第五十三条　管理人或者债务人依照本法规定解除合同的，对方当事人以因合同解除所产生的损害赔偿请求权申报债权。

第五十四条 债务人是委托合同的委托人,被裁定适用本法规定的程序,受托人不知该事实,继续处理委托事务的,受托人以由此产生的请求权申报债权。

第五十五条 债务人是票据的出票人,被裁定适用本法规定的程序,该票据的付款人继续付款或者承兑的,付款人以由此产生的请求权申报债权。

第五十六条 在人民法院确定的债权申报期限内,债权人未申报债权的,可以在破产财产最后分配前补充申报;但是,此前已进行的分配,不再对其补充分配。为审查和确认补充申报债权的费用,由补充申报人承担。

债权人未依照本法规定申报债权的,不得依照本法规定的程序行使权利。

第五十七条 管理人收到债权申报材料后,应当登记造册,对申报的债权进行审查,并编制债权表。

债权表和债权申报材料由管理人保存,供利害关系人查阅。

第五十八条 依照本法第五十七条规定编制的债权表,应当提交第一次债权人会议核查。

债务人、债权人对债权表记载的债权无异议的,由人民法院裁定确认。

债务人、债权人对债权表记载的债权有异议的,可以向受理破产申请的人民法院提起诉讼。

第七章 债权人会议

第一节 一般规定

第五十九条 依法申报债权的债权人为债权人会议的成员,有权参加债权人会议,享有表决权。

债权尚未确定的债权人,除人民法院能够为其行使表决权而临时确定债权额的外,不得行使表决权。

对债务人的特定财产享有担保权的债权人,未放弃优先受偿权利的,对于本法第六十一条第一款第(七)项、第(十)项规定的事项不享有表决权。

债权人可以委托代理人出席债权人会议,行使表决权。代理人出席债权人会议,应当向人民法院或者债权人会议主席提交债权人的授权委托书。

债权人会议应当有债务人的职工和工会的代表参加,对有关事项发表意见。

第六十条 债权人会议设主席一人,由人民法院从有表决权的债权人中指定。

债权人会议主席主持债权人会议。

第六十一条 债权人会议行使下列职权:

(一)核查债权;

(二)申请人民法院更换管理人,审查管理人的费用和报酬;

(三)监督管理人;

(四)选任和更换债权人委员会成员;

(五)决定继续或者停止债务人的营业;

(六)通过重整计划;

(七)通过和解协议;

(八)通过债务人财产的管理方案;

（九）通过破产财产的变价方案；

（十）通过破产财产的分配方案；

（十一）人民法院认为应当由债权人会议行使的其他职权。

债权人会议应当对所议事项的决议作成会议记录。

第六十二条　第一次债权人会议由人民法院召集，自债权申报期限届满之日起十五日内召开。

以后的债权人会议，在人民法院认为必要时，或者管理人、债权人委员会、占债权总额四分之一以上的债权人向债权人会议主席提议时召开。

第六十三条　召开债权人会议，管理人应当提前十五日通知已知的债权人。

第六十四条　债权人会议的决议，由出席会议的有表决权的债权人过半数通过，并且其所代表的债权额占无财产担保债权总额的二分之一以上。但是，本法另有规定的除外。

债权人认为债权人会议的决议违反法律规定，损害其利益的，可以自债权人会议作出决议之日起十五日内，请求人民法院裁定撤销该决议，责令债权人会议依法重新作出决议。

债权人会议的决议，对于全体债权人均有约束力。

第六十五条　本法第六十一条第一款第（八）项、第（九）项所列事项，经债权人会议表决未通过的，由人民法院裁定。

本法第六十一条第一款第（十）项所列事项，经债权人会议二次表决仍未通过的，由人民法院裁定。

对前两款规定的裁定，人民法院可以在债权人会议上宣布或者另行通知债权人。

第六十六条　债权人对人民法院依照本法第六十五条第一款作出的裁定不服的，债权额占无财产担保债权总额二分之一以上的债权人对人民法院依照本法第六十五条第二款作出的裁定不服的，可以自裁定宣布之日或者收到通知之日起十五日内向该人民法院申请复议。复议期间不停止裁定的执行。

第二节　债权人委员会

第六十七条　债权人会议可以决定设立债权人委员会。债权人委员会由债权人会议选任的债权人代表和一名债务人的职工代表或者工会代表组成。债权人委员会成员不得超过九人。

债权人委员会成员应当经人民法院书面决定认可。

第六十八条　债权人委员会行使下列职权：

（一）监督债务人财产的管理和处分；

（二）监督破产财产分配；

（三）提议召开债权人会议；

（四）债权人会议委托的其他职权。

债权人委员会执行职务时，有权要求管理人、债务人的有关人员对其职权范围内的事务作出说明或者提供有关文件。

管理人、债务人的有关人员违反本法规定拒绝接受监督的，债权人委员会有权就监督事项请求人民法院作出决定；人民法院应当在五日内作出决定。

第六十九条　管理人实施下列行为，应当及时报告债权人委员会：

（一）涉及土地、房屋等不动产权益的转让；

（二）探矿权、采矿权、知识产权等财产权的转让；

（三）全部库存或者营业的转让；

（四）借款；

（五）设定财产担保；

（六）债权和有价证券的转让；

（七）履行债务人和对方当事人均未履行完毕的合同；

（八）放弃权利；

（九）担保物的取回；

（十）对债权人利益有重大影响的其他财产处分行为。

未设立债权人委员会的，管理人实施前款规定的行为应当及时报告人民法院。

第八章 重 整

第一节 重整申请和重整期间

第七十条 债务人或者债权人可以依照本法规定，直接向人民法院申请对债务人进行重整。

债权人申请对债务人进行破产清算的，在人民法院受理破产申请后、宣告债务人破产前，债务人或者出资额占债务人注册资本十分之一以上的出资人，可以向人民法院申请重整。

第七十一条 人民法院经审查认为重整申请符合本法规定的，应当裁定债务人重整，并予以公告。

第七十二条 自人民法院裁定债务人重整之日起至重整程序终止，为重整期间。

第七十三条 在重整期间，经债务人申请，人民法院批准，债务人可以在管理人的监督下自行管理财产和营业事务。

有前款规定情形的，依照本法规定已接管债务人财产和营业事务的管理人应当向债务人移交财产和营业事务，本法规定的管理人的职权由债务人行使。

第七十四条 管理人负责管理财产和营业事务的，可以聘任债务人的经营管理人员负责营业事务。

第七十五条 在重整期间，对债务人的特定财产享有的担保权暂停行使。但是，担保物有损坏或者价值明显减少的可能，足以危害担保权人权利的，担保权人可以向人民法院请求恢复行使担保权。

在重整期间，债务人或者管理人为继续营业而借款的，可以为该借款设定担保。

第七十六条 债务人合法占有的他人财产，该财产的权利人在重整期间要求取回的，应当符合事先约定的条件。

第七十七条 在重整期间，债务人的出资人不得请求投资收益分配。

在重整期间，债务人的董事、监事、高级管理人员不得向第三人转让其持有的债务人的股权。但是，经人民法院同意的除外。

第七十八条 在重整期间，有下列情形之一的，经管理人或者利害关系人请求，人民法院应当裁定终止重整程序，并宣告债务人破产：

（一）债务人的经营状况和财产状况继续恶化，缺乏挽救的可能性；

（二）债务人有欺诈、恶意减少债务人财产或者其他显著不利于债权人的行为；

（三）由于债务人的行为致使管理人无法执行职务。

第二节　重整计划的制定和批准

第七十九条　债务人或者管理人应当自人民法院裁定债务人重整之日起六个月内,同时向人民法院和债权人会议提交重整计划草案。

前款规定的期限届满,经债务人或者管理人请求,有正当理由的,人民法院可以裁定延期三个月。

债务人或者管理人未按期提出重整计划草案的,人民法院应当裁定终止重整程序,并宣告债务人破产。

第八十条　债务人自行管理财产和营业事务的,由债务人制作重整计划草案。

管理人负责管理财产和营业事务的,由管理人制作重整计划草案。

第八十一条　重整计划草案应当包括下列内容:

(一)债务人的经营方案;

(二)债权分类;

(三)债权调整方案;

(四)债权受偿方案;

(五)重整计划的执行期限;

(六)重整计划执行的监督期限;

(七)有利于债务人重整的其他方案。

第八十二条　下列各类债权的债权人参加讨论重整计划草案的债权人会议,依照下列债权分类,分组对重整计划草案进行表决:

(一)对债务人的特定财产享有担保权的债权;

(二)债务人所欠职工的工资和医疗、伤残补助、抚恤费用,所欠的应当划入职工个人账户的基本养老保险、基本医疗保险费用,以及法律、行政法规规定应当支付给职工的补偿金;

(三)债务人所欠税款;

(四)普通债权。

人民法院在必要时可以决定在普通债权组中设小额债权组对重整计划草案进行表决。

第八十三条　重整计划不得规定减免债务人欠缴的本法第八十二条第一款第(二)项规定以外的社会保险费用;该项费用的债权人不参加重整计划草案的表决。

第八十四条　人民法院应当自收到重整计划草案之日起三十日内召开债权人会议,对重整计划草案进行表决。

出席会议的同一表决组的债权人过半数同意重整计划草案,并且其所代表的债权额占该组债权总额的三分之二以上的,即为该组通过重整计划草案。

债务人或者管理人应当向债权人会议就重整计划草案作出说明,并回答询问。

第八十五条　债务人的出资人代表可以列席讨论重整计划草案的债权人会议。

重整计划草案涉及出资人权益调整事项的,应当设出资人组,对该事项进行表决。

第八十六条　各表决组均通过重整计划草案时,重整计划即为通过。

自重整计划通过之日起十日内,债务人或者管理人应当向人民法院提出批准重整计划的申请。人民法院经审查认为符合本法规定的,应当自收到申请之日起三十日内裁定批准,终止重整程序,并予以公告。

第八十七条　部分表决组未通过重整计划草案的,债务人或者管理人可以同未通过重整计划草案的表决组协商。该表决组可以在协商后再表决一次。双方协商的结果不得损害其他表决组的利益。

未通过重整计划草案的表决组拒绝再次表决或者再次表决仍未通过重整计划草案,但重整计划草案符合下列条件的,债务人或者管理人可以申请人民法院批准重整计划草案:

(一)按照重整计划草案,本法第八十二条第一款第(一)项所列债权就该特定财产将获得全额清偿,其因延期清偿所受的损失将得到公平补偿,并且其担保权未受到实质性损害,或者该表决组已经通过重整计划草案;

(二)按照重整计划草案,本法第八十二条第一款第(二)项、第(三)项所列债权将获得全额清偿,或者相应表决组已经通过重整计划草案;

(三)按照重整计划草案,普通债权所获得的清偿比例,不低于其在重整计划草案被提请批准时依照破产清算程序所能获得的清偿比例,或者该表决组已经通过重整计划草案;

(四)重整计划草案对出资人权益的调整公平、公正,或者出资人组已经通过重整计划草案;

(五)重整计划草案公平对待同一表决组的成员,并且所规定的债权清偿顺序不违反本法第一百一十三条的规定;

(六)债务人的经营方案具有可行性。

人民法院经审查认为重整计划草案符合前款规定的,应当自收到申请之日起三十日内裁定批准,终止重整程序,并予以公告。

第八十八条 重整计划草案未获得通过且未依照本法第八十七条的规定获得批准,或者已通过的重整计划未获得批准的,人民法院应当裁定终止重整程序,并宣告债务人破产。

第三节 重整计划的执行

第八十九条 重整计划由债务人负责执行。

人民法院裁定批准重整计划后,已接管财产和营业事务的管理人应当向债务人移交财产和营业事务。

第九十条 自人民法院裁定批准重整计划之日起,在重整计划规定的监督期内,由管理人监督重整计划的执行。

在监督期内,债务人应当向管理人报告重整计划执行情况和债务人财务状况。

第九十一条 监督期届满时,管理人应当向人民法院提交监督报告。自监督报告提交之日起,管理人的监督职责终止。

管理人向人民法院提交的监督报告,重整计划的利害关系人有权查阅。

经管理人申请,人民法院可以裁定延长重整计划执行的监督期限。

第九十二条 经人民法院裁定批准的重整计划,对债务人和全体债权人均有约束力。

债权人未依照本法规定申报债权的,在重整计划执行期间不得行使权利;在重整计划执行完毕后,可以按照重整计划规定的同类债权的清偿条件行使权利。

债权人对债务人的保证人和其他连带债务人所享有的权利,不受重整计划的影响。

第九十三条 债务人不能执行或者不执行重整计划的,人民法院经管理人或者利害关系人请求,应当裁定终止重整计划的执行,并宣告债务人破产。

人民法院裁定终止重整计划执行的,债权人在重整计划中作出的债权调整的承诺失去效力。债权人因执行重整计划所受的清偿仍然有效,债权未受清偿的部分作为破产债权。

前款规定的债权人,只有在其他同顺位债权人同自己所受的清偿达到同一比例时,才能继续接受分配。

有本条第一款规定情形的,为重整计划的执行提供的担保继续有效。

第九十四条 按照重整计划减免的债务,自重整计划执行完毕时起,债务人不再承担清偿责任。

第九章 和 解

第九十五条 债务人可以依照本法规定,直接向人民法院申请和解;也可以在人民法院受理破产申请后、宣告债务人破产前,向人民法院申请和解。

债务人申请和解,应当提出和解协议草案。

第九十六条 人民法院经审查认为和解申请符合本法规定的,应当裁定和解,予以公告,并召集债权人会议讨论和解协议草案。

对债务人的特定财产享有担保权的权利人,自人民法院裁定和解之日起可以行使权利。

第九十七条 债权人会议通过和解协议的决议,由出席会议的有表决权的债权人过半数同意,并且其所代表的债权额占无财产担保债权总额的三分之二以上。

第九十八条 债权人会议通过和解协议的,由人民法院裁定认可,终止和解程序,并予以公告。管理人应当向债务人移交财产和营业事务,并向人民法院提交执行职务的报告。

第九十九条 和解协议草案经债权人会议表决未获得通过,或者已经债权人会议通过的和解协议未获得人民法院认可的,人民法院应当裁定终止和解程序,并宣告债务人破产。

第一百条 经人民法院裁定认可的和解协议,对债务人和全体和解债权人均有约束力。

和解债权人是指人民法院受理破产申请时对债务人享有无财产担保债权的人。

和解债权人未依照本法规定申报债权的,在和解协议执行期间不得行使权利;在和解协议执行完毕后,可以按照和解协议规定的清偿条件行使权利。

第一百零一条 和解债权人对债务人的保证人和其他连带债务人所享有的权利,不受和解协议的影响。

第一百零二条 债务人应当按照和解协议规定的条件清偿债务。

第一百零三条 因债务人的欺诈或者其他违法行为而成立的和解协议,人民法院应当裁定无效,并宣告债务人破产。

有前款规定情形的,和解债权人因执行和解协议所受的清偿,在其他债权人所受清偿同等比例的范围内,不予返还。

第一百零四条 债务人不能执行或者不执行和解协议的,人民法院经和解债权人请求,应当裁定终止和解协议的执行,并宣告债务人破产。

人民法院裁定终止和解协议执行的,和解债权人在和解协议中作出的债权调整的承诺失去效力。和解债权人因执行和解协议所受的清偿仍然有效,和解债权未受清偿的部分作为破产债权。

前款规定的债权人,只有在其他债权人同自己所受的清偿达到同一比例时,才能继续接受分配。

有本条第一款规定情形的,为和解协议的执行提供的担保继续有效。

第一百零五条 人民法院受理破产申请后,债务人与全体债权人就债权债务的处理自行达成协议的,可以请求人民法院裁定认可,并终结破产程序。

第一百零六条 按照和解协议减免的债务,自和解协议执行完毕时起,债务人不再承担清偿责任。

第十章 破 产 清 算
第一节 破 产 宣 告

第一百零七条 人民法院依照本法规定宣告债务人破产的,应当自裁定作出之日起五日内送达债务人和管理人,自裁定作出之日起十日内通知已知债权人,并予以公告。

债务人被宣告破产后,债务人称为破产人,债务人财产称为破产财产,人民法院受理破产申请时对债务人享有的债权称为破产债权。

第一百零八条 破产宣告前,有下列情形之一的,人民法院应当裁定终结破产程序,并予以公告:

(一)第三人为债务人提供足额担保或者为债务人清偿全部到期债务的;

(二)债务人已清偿全部到期债务的。

第一百零九条 对破产人的特定财产享有担保权的权利人,对该特定财产享有优先受偿的权利。

第一百一十条 享有本法第一百零九条规定权利的债权人行使优先受偿权利未能完全受偿的,其未受偿的债权作为普通债权;放弃优先受偿权利的,其债权作为普通债权。

第二节 变价和分配

第一百一十一条 管理人应当及时拟订破产财产变价方案,提交债权人会议讨论。

管理人应当按照债权人会议通过的或者人民法院依照本法第六十五条第一款规定裁定的破产财产变价方案,适时变价出售破产财产。

第一百一十二条 变价出售破产财产应当通过拍卖进行。但是,债权人会议另有决议的除外。

破产企业可以全部或者部分变价出售。企业变价出售时,可以将其中的无形资产和其他财产单独变价出售。

按照国家规定不能拍卖或者限制转让的财产,应当按照国家规定的方式处理。

第一百一十三条 破产财产在优先清偿破产费用和共益债务后,依照下列顺序清偿:

(一)破产人所欠职工的工资和医疗、伤残补助、抚恤费用,所欠的应当划入职工个人账户的基本养老保险、基本医疗保险费用,以及法律、行政法规规定应当支付给职工的补偿金;

(二)破产人欠缴的除前项规定以外的社会保险费用和破产人所欠税款;

(三)普通破产债权。

破产财产不足以清偿同一顺序的清偿要求的,按照比例分配。

破产企业的董事、监事和高级管理人员的工资按照该企业职工的平均工资计算。

第一百一十四条 破产财产的分配应当以货币分配方式进行。但是,债权人会议另有决议的除外。

第一百一十五条 管理人应当及时拟订破产财产分配方案,提交债权人会议讨论。

破产财产分配方案应当载明下列事项:

(一)参加破产财产分配的债权人名称或者姓名、住所;

(二)参加破产财产分配的债权额;

（三）可供分配的破产财产数额；

（四）破产财产分配的顺序、比例及数额；

（五）实施破产财产分配的方法。

债权人会议通过破产财产分配方案后，由管理人将该方案提请人民法院裁定认可。

第一百一十六条　破产财产分配方案经人民法院裁定认可后，由管理人执行。

管理人按照破产财产分配方案实施多次分配的，应当公告本次分配的财产额和债权额。管理人实施最后分配的，应当在公告中指明，并载明本法第一百一十七条第二款规定的事项。

第一百一十七条　对于附生效条件或者解除条件的债权，管理人应当将其分配额提存。

管理人依照前款规定提存的分配额，在最后分配公告日，生效条件未成就或者解除条件成就的，应当分配给其他债权人；在最后分配公告日，生效条件成就或者解除条件未成就的，应当交付给债权人。

第一百一十八条　债权人未受领的破产财产分配额，管理人应当提存。债权人自最后分配公告之日起满二个月仍不领取的，视为放弃受领分配的权利，管理人或者人民法院应当将提存的分配额分配给其他债权人。

第一百一十九条　破产财产分配时，对于诉讼或者仲裁未决的债权，管理人应当将其分配额提存。自破产程序终结之日起满二年仍不能受领分配的，人民法院应当将提存的分配额分配给其他债权人。

第三节　破产程序的终结

第一百二十条　破产人无财产可供分配的，管理人应当请求人民法院裁定终结破产程序。

管理人在最后分配完结后，应当及时向人民法院提交破产财产分配报告，并提请人民法院裁定终结破产程序。

人民法院应当自收到管理人终结破产程序的请求之日起十五日内作出是否终结破产程序的裁定。裁定终结的，应当予以公告。

第一百二十一条　管理人应当自破产程序终结之日起十日内，持人民法院终结破产程序的裁定，向破产人的原登记机关办理注销登记。

第一百二十二条　管理人于办理注销登记完毕的次日终止执行职务。但是，存在诉讼或者仲裁未决情况的除外。

第一百二十三条　自破产程序依照本法第四十三条第四款或者第一百二十条的规定终结之日起二年内，有下列情形之一的，债权人可以请求人民法院按照破产财产分配方案进行追加分配：

（一）发现有依照本法第三十一条、第三十二条、第三十三条、第三十六条规定应当追回的财产的；

（二）发现破产人有应当供分配的其他财产的。

有前款规定情形，但财产数量不足以支付分配费用的，不再进行追加分配，由人民法院将其上交国库。

第一百二十四条　破产人的保证人和其他连带债务人，在破产程序终结后，对债权人依照破产清算程序未受清偿的债权，依法继续承担清偿责任。

第十一章 法律责任

第一百二十五条 企业董事、监事或者高级管理人员违反忠实义务、勤勉义务,致使所在企业破产的,依法承担民事责任。

有前款规定情形的人员,自破产程序终结之日起三年内不得担任任何企业的董事、监事、高级管理人员。

第一百二十六条 有义务列席债权人会议的债务人的有关人员,经人民法院传唤,无正当理由拒不列席债权人会议的,人民法院可以拘传,并依法处以罚款。债务人的有关人员违反本法规定,拒不陈述、回答,或者作虚假陈述、回答的,人民法院可以依法处以罚款。

第一百二十七条 债务人违反本法规定,拒不向人民法院提交或者提交不真实的财产状况说明、债务清册、债权清册、有关财务会计报告以及职工工资的支付情况和社会保险费用的缴纳情况的,人民法院可以对直接责任人员依法处以罚款。

债务人违反本法规定,拒不向管理人移交财产、印章和账簿、文书等资料的,或者伪造、销毁有关财产证据材料而使财产状况不明的,人民法院可以对直接责任人员依法处以罚款。

第一百二十八条 债务人有本法第三十一条、第三十二条、第三十三条规定的行为,损害债权人利益的,债务人的法定代表人和其他直接责任人员依法承担赔偿责任。

第一百二十九条 债务人的有关人员违反本法规定,擅自离开住所地的,人民法院可以予以训诫、拘留,可以依法并处罚款。

第一百三十条 管理人未依照本法规定勤勉尽责,忠实执行职务的,人民法院可以依法处以罚款;给债权人、债务人或者第三人造成损失的,依法承担赔偿责任。

第一百三十一条 违反本法规定,构成犯罪的,依法追究刑事责任。

第十二章 附 则

第一百三十二条 本法施行后,破产人在本法公布之日前所欠职工的工资和医疗、伤残补助、抚恤费用,所欠的应当划入职工个人账户的基本养老保险、基本医疗保险费用,以及法律、行政法规规定应当支付给职工的补偿金,依照本法第一百一十三条的规定清偿后不足以清偿的部分,以本法第一百零九条规定的特定财产优先于对该特定财产享有担保权的权利人受偿。

第一百三十三条 在本法施行前国务院规定的期限和范围内的国有企业实施破产的特殊事宜,按照国务院有关规定办理。

第一百三十四条 商业银行、证券公司、保险公司等金融机构有本法第二条规定情形的,国务院金融监督管理机构可以向人民法院提出对该金融机构进行重整或者破产清算的申请。国务院金融监督管理机构依法对出现重大经营风险的金融机构采取接管、托管等措施的,可以向人民法院申请中止以该金融机构为被告或者被执行人的民事诉讼程序或者执行程序。

金融机构实施破产的,国务院可以依据本法和其他有关法律的规定制定实施办法。

第一百三十五条 其他法律规定企业法人以外的组织的清算,属于破产清算的,参照适用本法规定的程序。

第一百三十六条 本法自 2007 年 6 月 1 日起施行,《中华人民共和国企业破产法(试行)》同时废止。

2.中华人民共和国全民所有制工业企业法

1988年4月13日第七届全国人民代表大会第一次会议通过。1988年4月13日中华人民共和国主席令第三号公布,2009年8月27日修订,新修订的企业法自修订之日施行。

第一章　总　　则

第一条　为保障全民所有制经济的巩固和发展,明确全民所有制工业企业的权利和义务,保障其合法权益,增强其活力,促进社会主义现代化建设,根据《中华人民共和国宪法》,制定本法。

第二条　全民所有制工业企业(以下简称企业)是依法自主经营、自负盈亏、独立核算的社会主义商品生产的经营单位。

企业的财产属于全民所有,国家依照所有权和经营权分离的原则授予企业经营管理。企业对国家授予其经营管理的财产享有占有、使用和依法处分的权利。

企业依法取得法人资格,以国家授予其经营管理的财产承担民事责任。

第三条　企业的根本任务是:根据国家计划和市场需求,发展商品生产,创造财富,增加积累,满足社会日益增长的物质和文化生活需要。

第四条　企业必须坚持在建设社会主义物质文明的同时,建设社会主义精神文明,建设有理想、有道德、有文化、有纪律的职工队伍。

第五条　企业必须遵守法律、法规,坚持社会主义方向。

第六条　企业必须有效地利用国家授予其经营管理的财产,实现资产增殖;依法缴纳税金、费用、利润。

第七条　企业实行厂长(经理)负责制。

厂长依法行使职权,受法律保护。

第八条　中国共产党在企业中的基层组织,对党和国家的方针、政策在本企业的贯彻执行实行保证监督。

第九条　国家保障职工的主人翁地位,职工的合法权益受法律保护。

第十条　企业通过职工代表大会和其他形式,实行民主管理。

第十一条　企业工会代表和维护职工利益,依法独立自主地开展工作。企业工会组织职工参加民主管理和民主监督。

企业应当充分发挥青年职工、女职工和科学技术人员的作用。

第十二条　企业必须加强和改善经营管理,实行经济责任制,推进科学技术进步,厉行节约,反对浪费,提高经济效益,促进企业的改造和发展。

第十三条　企业贯彻按劳分配原则。在法律规定的范围内,企业可以采取其他分配方式。

第十四条　国家授予企业经营管理的财产受法律保护,不受侵犯。

第十五条　企业的合法权益受法律保护,不受侵犯。

第二章　企业的设立、变更和终止

第十六条　设立企业,必须依照法律和国务院规定,报请政府或者政府主管部门审核批

准。经工商行政管理部门核准登记、发给营业执照,企业取得法人资格。

企业应当在核准登记的经营范围内从事生产经营活动。

第十七条 设立企业必须具备以下条件:

(一)产品为社会所需要。

(二)有能源、原材料、交通运输的必要条件。

(三)有自己的名称和生产经营场所。

(四)有符合国家规定的资金。

(五)有自己的组织机构。

(六)有明确的经营范围。

(七)法律、法规规定的其他条件。

第十八条 企业合并或者分立,依照法律、行政法规的规定,由政府或者政府主管部门批准。

第十九条 企业由于下列原因之一终止:

(一)违反法律、法规被责令撤销。

(二)政府主管部门依照法律、法规的规定决定解散。

(三)依法被宣告破产。

(四)其他原因。

第二十条 企业合并、分立或者终止时,必须保护其财产,依法清理债权、债务。

第二十一条 企业的合并、分立、终止,以及经营范围等登记事项的变更,须经工商行政管理部门核准登记。

第三章 企业的权利和义务

第二十二条 在国家计划指导下,企业有权自行安排生产社会需要的产品或者为社会提供服务。

第二十三条 企业有权自行销售本企业的产品,国务院另有规定的除外。

承担指令性计划的企业,有权自行销售计划外超产的产品和计划内分成的产品。

第二十四条 企业有权自行选择供货单位,购进生产需要的物资。

第二十五条 除国务院规定由物价部门和有关主管部门控制价格的以外,企业有权自行确定产品价格、劳务价格。

第二十六条 企业有权依照国务院规定与外商谈判并签订合同。

企业有权依照国务院规定提取和使用分成的外汇收入。

第二十七条 企业有权依照国务院规定支配使用留用资金。

第二十八条 企业有权依照国务院规定出租或者有偿转让国家授予其经营管理的固定资产,所得的收益必须用于设备更新和技术改造。

第二十九条 企业有权确定适合本企业情况的工资形式和奖金分配办法。

第三十条 企业有权依照法律和国务院规定录用、辞退职工。

第三十一条 企业有权决定机构设置及其人员编制。

第三十二条 企业有权拒绝任何机关和单位向企业摊派人力、物力、财力。除法律、法规另有规定外,任何机关和单位以任何方式要求企业提供人力、物力、财力的,都属于摊派。

第三十三条 企业有权依照法律和国务院规定与其他企业、事业单位联营,向其他企业、事业单位投资,持有其他企业的股份。

企业有权依照国务院规定发行债券。

第三十四条　企业必须履行依法订立的合同。

第三十五条　企业必须保障固定资产的正常维修、改进和更新设备。

第三十六条　企业必须遵守国家关于财务、劳动工资和物价管理等方面的规定,接受财政、审计、劳动工资和物价等机关的监督。

第三十七条　企业必须保证产品质量和服务质量,对用户和消费者负责。

第三十八条　企业必须提高劳动效率,节约能源和原材料,努力降低成本。

第三十九条　企业必须加强保卫工作,维护生产秩序,保护国家财产。

第四十条　企业必须贯彻安全生产制度,改善劳动条件,做好劳动保护环境保护工作,做到安全生产和文明生产。

第四十一条　企业应当加强思想政治教育、法制教育、国防教育、科学文化教育和技术业务培训,提高职工队伍的素质。

第四十二条　企业应当支持和奖励职工进行科学研究、发明创造,开展技术革新、合理化建议和社会主义劳动竞赛活动。

第四章　厂　　长

第四十三条　厂长的产生,除国务院另有规定外,由政府主管部门根据企业的情况决定采取下列一种方式:

(一)政府主管部门委任或者招聘。

(二)企业职工代表大会选举。

政府主管部门委任或者招聘的厂长人选,须征求职工代表的意见;企业职工代表大会选举的厂长,须报政府主管部门批准。

政府主管部门委任或者招聘的厂长,由政府主管部门免职或者解聘,并须征求职工代表的意见;企业职工代表大会选举的厂长,由职工代表大会罢免,并须报政府主管部门批准。

第四十四条　厂长是企业的法定代表人。

企业建立以厂长为首的生产经营管理系统。厂长在企业中处于中心地位,对企业的物质文明建设和精神文明建设负有全面责任。

厂长领导企业的生产经营管理工作,行使下列职权:

(一)依照法律和国务院规定,决定或者报请审查批准企业的各项计划。

(二)决定企业行政机构的设置。

(三)提请政府主管部门任免或者聘任、解聘副厂级行政领导干部。法律和国务院另有规定的除外。

(四)任免或者聘任、解聘企业中层行政领导干部。法律另有规定的除外。

(五)提出工资调整方案、奖金分配方案和重要的规章制度,提请职工代表大会审查同意。提出福利基金使用方案和其他有关职工生活福利的重大事项的建议,提请职工代表大会审议决定。

(六)依法奖惩职工;提请政府主管部门奖惩副厂级行政领导干部。

第四十五条　厂长必须依靠职工群众履行本法规定的企业的各项义务,支持职工代表大会、工会和其他群众组织的工作,执行职工代表大会依法作出的决定。

第四十六条 企业设立管理委员会或者通过其他形式,协助厂长决定企业的重大问题。管理委员会由企业各方面的负责人和职工代表组成。厂长任管理委员会主任。

前款所称重大问题:

(一)经营方针、长远规划和年度计划、基本建设方案和重大技术改造方案,职工培训计划,工资调整方案,留用资金分配和使用方案,承包和租赁经营责任制方案。

(二)工资列入企业成本开支的企业人员编制和行政机构的设置和调整。

(三)制订、修改和废除重要规章制度的方案。

上述重大问题的讨论方案,均由厂长提出。

第四十七条 厂长在领导企业完成计划、提高产品质量和服务质量、提高经济效益和加强精神文明建设等方面成绩显著的,由政府主管部门给予奖励。

第五章 职工和职工代表大会

第四十八条 职工有参加企业民主管理的权利,有对企业的生产和工作提出意见和建设的权利;有依法享受劳动保护、劳动保险、休息、休假的权利;有向国家机关反映真实情况,对企业领导干部提出批评和控告的权利。女职工有依照国家规定享受特殊劳动保护和劳动保险的权利。

第四十九条 职工应当以国家主人翁的态度从事劳动,遵守劳动纪律和规章制度,完成生产和工作任务。

第五十条 职工代表大会是企业实行民主管理的基本形式,是职工行使民主管理权力的机构。

职工代表大会的工作机构是企业的工会委员会。企业工会委员会负责职工代表大会日常工作。

第五十一条 职工代表大会行使下列职权:

(一)听取和审议厂长关于企业的经营方针、长远规划、年度计划、基本建设方案、重大技术改造方案、职工培训计划、留用资金分配和使用方案、承包和租赁经营责任制方案的报告,提出意见和建议。

(二)审查同意或者否决企业的工资调整方案、奖金分配方案、劳动保护措施、奖惩办法以及其他重要的规章制度。

(三)审议决定职工福利基金使用方案、职工住宅分配方案和其他有关职工生活福利的重大事项。

(四)评议、监督企业各级行政领导干部,提出奖惩和任免的建议。

(五)根据政府主管部门的决定选举厂长,报政府主管部门批准。

第五十二条 车间通过职工大会,职工代表组或者其他形式实行民主管理。工人直接参加班组的民主管理。

第五十三条 职工代表大会应当支持厂长依法行使职权,教育职工履行本法规定的义务。

第六章 企业和政府的关系

第五十四条 政府有关部门按照国家调节市场、市场引导企业的目标,为企业提供服务,并根据各自的职责,依照法律、法规的规定,对企业实行管理和监督。

（一）制定、调整产业政策，指导企业制定发展规划。

（二）为企业的经营决策提供咨询、信息。

（三）协调企业与其他单位之间的关系。

（四）维护企业正常的生产秩序，保护企业经营管理的国家财产不受侵犯。

（五）逐步完善与企业有关的公共设施。

第五十五条 企业所在地的县级以上地方政府应当提供企业所需的由地方计划管理的物资，协调企业与当地其他单位之间的关系，努力办好与企业有关的公共福利事业。

第五十六条 任何机关和单位不得侵犯企业依法享有的经营管理自主权；不得向企业摊派人力、物力、财力；不得要求企业设置机构或者规定机构的编制人数。

第七章 法 律 责 任

第五十七条 违反本法第十六条规定，未经政府或者政府主管部门审核批准和工商行政管理部门核准登记，以企业名义进行生产经营活动的，责令停业，没收违法所得。

企业向登记机关弄虚作假、隐瞒真实情况的，给予警告或者处以罚款；情节严重的，吊销营业执照。

本条规定的行政处罚，由县级以上工商行政管理部门决定。当事人对罚款、责令停业、没收违法所得、吊销营业执照的处罚决定不服的，可以在接到处罚通知之日起十五日内向法院起诉；逾期不起诉又不履行的，由作出处罚决定的机关申请法院强制执行。

第五十八条 企业因生产、销售质量不合格的产品，给用户和消费者造成财产、人身损害的，应当承担赔偿责任；构成犯罪的，对直接责任人员依法追究刑事责任。

产品质量不符合经济合同约定的条件的，应当承担违约责任。

第五十九条 政府和政府有关部门的决定违反本法第五十六条规定的，企业有权向作出决定的机关申请撤销；不予撤销的，企业有权向作出决定的机关的上一级机关或者政府监察部门申诉。接受申诉的机关应于接到申诉之日起三十日内作出裁决并通知企业。

第六十条 企业领导干部滥用职权，侵犯职工合法权益，情节严重的，由政府主管部门给予行政处分；滥用职权、假公济私，对职工实行报复陷害的，依照刑法有关规定追究刑事责任。

第六十一条 企业和政府有关部门的领导干部，因工作过失给企业和国家造成较大损失的，由政府主管部门或者有关上级机关给予行政处分。

企业和政府有关部门的领导干部玩忽职守，致使企业财产、国家和人民利益遭受重大损失的，依照刑法有关规定追究刑事责任。

第六十二条 扰乱企业的秩序，致使生产、营业、工作不能正常进行，尚未造成严重损失的，由企业所在地公安机关依照《中华人民共和国治安管理处罚法》的规定处罚。

第八章 附 则

第六十三条 本法的原则适用于全民所有制交通运输、邮电、地质勘探、建筑安装、商业、外贸、物资、农林、水利企业。

第六十四条 企业实行承包、租赁经营责任制的，除遵守本法规定外，发包方和承包方、出租方和承租方的权利、义务依照国务院有关规定执行。

联营企业、大型联合企业和股份企业，其领导体制依照国务院有关规定执行。

第六十五条　国务院根据本法制定实施条例。

第六十六条　自治区人民代表大会常务委员会可以根据本法和《中华人民共和国民族区域自治法》的原则,结合当地的特点,制定实施办法,报全国人民代表大会常务委员会备案。

第六十七条　本法自 2009 年 8 月 27 日起施行。

3. 中华人民共和国公司法

《中华人民共和国公司法》由第八届全国人民代表大会常务委员会第五次会议于 1993 年 12 月 29 日通过,1993 年 12 月 29 日中华人民共和国主席令第十六号公布,自 1994 年 7 月 1 日起施行。根据 1999 年 12 月 25 日第九届全国人民代表大会常务委员会第十三次会议《关于修改〈中华人民共和国公司法〉的决定》第一次修正,根据 2004 年 8 月 28 日第十届全国人民代表大会常务委员会第十一次会议《关于修改〈中华人民共和国公司法〉的决定》第二次修正。中华人民共和国第十届全国人民代表大会常务委员会第十八次会议于 2005 年 10 月 27 日通过第三次修订后的《中华人民共和国公司法》,修订后的《中华人民共和国公司法》自 2006 年 1 月 1 日起施行。2013 年 12 月 28 日,第十二届全国人民代表大会常务委员会第六次会议通过对《中华人民共和国公司法》所作的第四次修改,自 2014 年 3 月 1 日起施行。第四次修订主要是降低了设立公司和门槛。

第一章　总　　则

第一条　为了规范公司的组织和行为,保护公司、股东和债权人的合法权益,维护社会经济秩序,促进社会主义市场经济的发展,制定本法。

第二条　本法所称公司是指依照本法在中国境内设立的有限责任公司和股份有限公司。

第三条　公司是企业法人,有独立的法人财产,享有法人财产权。公司以其全部财产对公司的债务承担责任。

有限责任公司的股东以其认缴的出资额为限对公司承担责任;股份有限公司的股东以其认购的股份为限对公司承担责任。

第四条　公司股东依法享有资产收益、参与重大决策和选择管理者等权利。

第五条　公司从事经营活动,必须遵守法律、行政法规,遵守社会公德、商业道德,诚实守信,接受政府和社会公众的监督,承担社会责任。

公司的合法权益受法律保护,不受侵犯。

第六条　设立公司,应当依法向公司登记机关申请设立登记。符合本法规定的设立条件的,由公司登记机关分别登记为有限责任公司或者股份有限公司;不符合本法规定的设立条件的,不得登记为有限责任公司或者股份有限公司。

法律、行政法规规定设立公司必须报经批准的,应当在公司登记前依法办理批准手续。

公众可以向公司登记机关申请查询公司登记事项,公司登记机关应当提供查询服务。

第七条　依法设立的公司,由公司登记机关发给公司营业执照。公司营业执照签发日期为公司成立日期。

公司营业执照应当载明公司的名称、住所、注册资本、经营范围、法定代表人姓名等事项。

公司营业执照记载的事项发生变更的,公司应当依法办理变更登记,由公司登记机关换发营业执照。

第八条　依照本法设立的有限责任公司,必须在公司名称中标明有限责任公司或者有限公司字样。

依照本法设立的股份有限公司,必须在公司名称中标明股份有限公司或者股份公司字样。

第九条　有限责任公司变更为股份有限公司,应当符合本法规定的股份有限公司的条件。股份有限公司变更为有限责任公司,应当符合本法规定的有限责任公司的条件。

有限责任公司变更为股份有限公司的,或者股份有限公司变更为有限责任公司的,公司变更前的债权、债务由变更后的公司承继。

第十条　公司以其主要办事机构所在地为住所。

第十一条　设立公司必须依法制定公司章程。公司章程对公司、股东、董事、监事、高级管理人员具有约束力。

第十二条　公司的经营范围由公司章程规定,并依法登记。公司可以修改公司章程,改变经营范围,但是应当办理变更登记。

公司的经营范围中属于法律、行政法规规定须经批准的项目,应当依法经过批准。

第十三条　公司法定代表人依照公司章程的规定,由董事长、执行董事或者经理担任,并依法登记。公司法定代表人变更,应当办理变更登记。

第十四条　公司可以设立分公司。设立分公司,应当向公司登记机关申请登记,领取营业执照。分公司不具有法人资格,其民事责任由公司承担。

公司可以设立子公司,子公司具有法人资格,依法独立承担民事责任。

第十五条　公司可以向其他企业投资;但是,除法律另有规定外,不得成为对所投资企业的债务承担连带责任的出资人。

第十六条　公司向其他企业投资或者为他人提供担保,依照公司章程的规定,由董事会或者股东会、股东大会决议;公司章程对投资或者担保的总额及单项投资或者担保的数额有限额规定的,不得超过规定的限额。

公司为公司股东或者实际控制人提供担保的,必须经股东会或者股东大会决议。

前款规定的股东或者受前款规定的实际控制人支配的股东,不得参加前款规定事项的表决。该项表决由出席会议的其他股东所持表决权的过半数通过。

第十七条　公司必须保护职工的合法权益,依法与职工签订劳动合同,参加社会保险,加强劳动保护,实现安全生产。

公司应当采用多种形式,加强公司职工的职业教育和岗位培训,提高职工素质。

第十八条　公司职工依照《中华人民共和国工会法》组织工会,开展工会活动,维护职工合法权益。公司应当为本公司工会提供必要的活动条件。公司工会代表职工就职工的劳动报酬、工作时间、福利、保险和劳动安全卫生等事项依法与公司签订集体合同。

公司依照宪法和有关法律的规定,通过职工代表大会或者其他形式,实行民主管理。

公司研究决定改制以及经营方面的重大问题、制定重要的规章制度时,应当听取公司工会的意见,并通过职工代表大会或者其他形式听取职工的意见和建议。

第十九条　在公司中,根据中国共产党章程的规定,设立中国共产党的组织,开展党的活动。公司应当为党组织的活动提供必要条件。

第二十条　公司股东应当遵守法律、行政法规和公司章程,依法行使股东权利,不得滥用股东权利损害公司或者其他股东的利益;不得滥用公司法人独立地位和股东有限责任损害公司债权人的利益。

公司股东滥用股东权利给公司或者其他股东造成损失的,应当依法承担赔偿责任。

公司股东滥用公司法人独立地位和股东有限责任,逃避债务,严重损害公司债权人利益的,应当对公司债务承担连带责任。

第二十一条　公司的控股股东、实际控制人、董事、监事、高级管理人员不得利用其关联关系损害公司利益。

违反前款规定,给公司造成损失的,应当承担赔偿责任。

第二十二条　公司股东会或者股东大会、董事会的决议内容违反法律、行政法规的无效。

股东会或者股东大会、董事会的会议召集程序、表决方式违反法律、行政法规或者公司章程,或者决议内容违反公司章程的,股东可以自决议作出之日起六十日内,请求人民法院撤销。

股东依照前款规定提起诉讼的,人民法院可以应公司的请求,要求股东提供相应担保。

公司根据股东会或者股东大会、董事会决议已办理变更登记的,人民法院宣告该决议无效或者撤销该决议后,公司应当向公司登记机关申请撤销变更登记。

第二章　有限责任公司的设立和组织机构

第一节　设　立

第二十三条　设立有限责任公司,应当具备下列条件:

(一)股东符合法定人数;

(二)有符合公司章程规定的全体股东认缴的出资额;

(三)股东共同制定公司章程;

(四)有公司名称,建立符合有限责任公司要求的组织机构;

(五)有公司住所。

第二十四条　有限责任公司由五十个以下股东出资设立。

第二十五条　有限责任公司章程应当载明下列事项:

(一)公司名称和住所;

(二)公司经营范围;

(三)公司注册资本;

(四)股东的姓名或者名称;

(五)股东的出资方式、出资额和出资时间;

(六)公司的机构及其产生办法、职权、议事规则;

(七)公司法定代表人;

(八)股东会会议认为需要规定的其他事项。

股东应当在公司章程上签名、盖章。

第二十六条　有限责任公司的注册资本为在公司登记机关登记的全体股东认缴的出资额。

法律、行政法规以及国务院决定对有限责任公司注册资本实缴、注册资本最低限额另有规定的,从其规定。

第二十七条　股东可以用货币出资,也可以用实物、知识产权、土地使用权等可以用货币估价并可以依法转让的非货币财产作价出资;但是,法律、行政法规规定不得作为出资的财产除外。

对作为出资的非货币财产应当评估作价,核实财产,不得高估或者低估作价。法律、行政法规对评估作价有规定的,从其规定。

全体股东的货币出资金额不得低于有限责任公司注册资本的百分之三十。

第二十八条 股东应当按期足额缴纳公司章程中规定的各自所认缴的出资额。股东以货币出资的,应当将货币出资足额存入有限责任公司在银行开设的账户;以非货币财产出资的,应当依法办理其财产权的转移手续。

股东不按照前款规定缴纳出资的,除应当向公司足额缴纳外,还应当向已按期足额缴纳出资的股东承担违约责任。

第二十九条 股东的首次出资经依法设立的验资机构验资后,由全体股东指定的代表或者共同委托的代理人向公司登记机关报送公司登记申请书、公司章程、验资证明等文件,申请设立登记。

第三十条 有限责任公司成立后,发现作为设立公司出资的非货币财产的实际价额显著低于公司章程所定价额的,应当由交付该出资的股东补足其差额;公司设立时的其他股东承担连带责任。

第三十一条 有限责任公司成立后,应当向股东签发出资证明书。

出资证明书应当载明下列事项:

(一)公司名称;

(二)公司成立日期;

(三)公司注册资本;

(四)股东的姓名或者名称、缴纳的出资额和出资日期;

(五)出资证明书的编号和核发日期。

出资证明书由公司盖章。

第三十二条 有限责任公司应当置备股东名册,记载下列事项:

(一)股东的姓名或者名称及住所;

(二)股东的出资额;

(三)出资证明书编号。

记载于股东名册的股东,可以依股东名册主张行使股东权利。

公司应当将股东的姓名或者名称向公司登记机关登记;登记事项发生变更的,应当办理变更登记。未经登记或者变更登记的,不得对抗第三人。

第三十三条 股东有权查阅、复制公司章程、股东会会议记录、董事会会议决议、监事会会议决议和财务会计报告。

股东可以要求查阅公司会计账簿。股东要求查阅公司会计账簿的,应当向公司提出书面请求,说明目的。公司有合理根据认为股东查阅会计账簿有不正当目的,可能损害公司合法利益的,可以拒绝提供查阅,并应当自股东提出书面请求之日起十五日内书面答复股东并说明理由。公司拒绝提供查阅的,股东可以请求人民法院要求公司提供查阅。

第三十四条 股东按照实缴的出资比例分取红利;公司新增资本时,股东有权优先按照实缴的出资比例认缴出资。但是,全体股东约定不按照出资比例分取红利或者不按照出资比例优先认缴出资的除外。

第三十五条 公司成立后,股东不得抽逃出资。

第二节 组 织 机 构

第三十六条 有限责任公司股东会由全体股东组成。股东会是公司的权力机构,依照本法行使职权。

第三十七条 股东会行使下列职权:

(一)决定公司的经营方针和投资计划;

(二)选举和更换非由职工代表担任的董事、监事,决定有关董事、监事的报酬事项;

(三)审议批准董事会的报告;

(四)审议批准监事会或者监事的报告;

(五)审议批准公司的年度财务预算方案、决算方案;

(六)审议批准公司的利润分配方案和弥补亏损方案;

(七)对公司增加或者减少注册资本作出决议;

(八)对发行公司债券作出决议;

(九)对公司合并、分立、解散、清算或者变更公司形式作出决议;

(十)修改公司章程;

(十一)公司章程规定的其他职权。

对前款所列事项股东以书面形式一致表示同意的,可以不召开股东会会议,直接作出决定,并由全体股东在决定文件上签名、盖章。

第三十八条 首次股东会会议由出资最多的股东召集和主持,依照本法规定行使职权。

第三十九条 股东会会议分为定期会议和临时会议。

定期会议应当依照公司章程的规定按时召开。代表十分之一以上表决权的股东,三分之一以上的董事,监事会或者不设监事会的公司的监事提议召开临时会议的,应当召开临时会议。

第四十条 有限责任公司设立董事会的,股东会会议由董事会召集,董事长主持;董事长不能履行职务或者不履行职务的,由副董事长主持;副董事长不能履行职务或者不履行职务的,由半数以上董事共同推举一名董事主持。

有限责任公司不设董事会的,股东会会议由执行董事召集和主持。

董事会或者执行董事不能履行或者不履行召集股东会会议职责的,由监事会或者不设监事会的公司的监事召集和主持;监事会或者监事不召集和主持的,代表十分之一以上表决权的股东可以自行召集和主持。

第四十一条 召开股东会会议,应当于会议召开十五日前通知全体股东;但是,公司章程另有规定或者全体股东另有约定的除外。

股东会应当对所议事项的决定作成会议记录,出席会议的股东应当在会议记录上签名。

第四十二条 股东会会议由股东按照出资比例行使表决权;但是,公司章程另有规定的除外。

第四十三条 股东会的议事方式和表决程序,除本法有规定的外,由公司章程规定。

股东会会议作出修改公司章程、增加或者减少注册资本的决议,以及公司合并、分立、解散或者变更公司形式的决议,必须经代表三分之二以上表决权的股东通过。

第四十四条 有限责任公司设董事会,其成员为三人至十三人;但是,本法第五十条另有规定的除外。

两个以上的国有企业或者两个以上的其他国有投资主体投资设立的有限责任公司,其董事会成员中应当有公司职工代表;其他有限责任公司董事会成员中可以有公司职工代表。董事会中的职工代表由公司职工通过职工代表大会、职工大会或者其他形式民主选举产生。

董事会设董事长一人,可以设副董事长。董事长、副董事长的产生办法由公司章程规定。

第四十五条 董事任期由公司章程规定,但每届任期不得超过三年。董事任期届满,连选可以连任。

董事任期届满未及时改选,或者董事在任期内辞职导致董事会成员低于法定人数的,在改选出的董事就任前,原董事仍应当依照法律、行政法规和公司章程的规定,履行董事职务。

第四十六条 董事会对股东会负责,行使下列职权:

(一)召集股东会会议,并向股东会报告工作;

(二)执行股东会的决议;

(三)决定公司的经营计划和投资方案;

(四)制订公司的年度财务预算方案、决算方案;

(五)制订公司的利润分配方案和弥补亏损方案;

(六)制订公司增加或者减少注册资本以及发行公司债券的方案;

(七)制订公司合并、分立、解散或者变更公司形式的方案;

(八)决定公司内部管理机构的设置;

(九)决定聘任或者解聘公司经理及其报酬事项,并根据经理的提名决定聘任或者解聘公司副经理、财务负责人及其报酬事项;

(十)制定公司的基本管理制度;

(十一)公司章程规定的其他职权。

第四十七条 董事会会议由董事长召集和主持;董事长不能履行职务或者不履行职务的,由副董事长召集和主持;副董事长不能履行职务或者不履行职务的,由半数以上董事共同推举一名董事召集和主持。

第四十八条 董事会的议事方式和表决程序,除本法有规定的外,由公司章程规定。

董事会应当对所议事项的决定作成会议记录,出席会议的董事应当在会议记录上签名。

董事会决议的表决,实行一人一票。

第四十九条 有限责任公司可以设经理,由董事会决定聘任或者解聘。经理对董事会负责,行使下列职权:

(一)主持公司的生产经营管理工作,组织实施董事会决议;

(二)组织实施公司年度经营计划和投资方案;

(三)拟订公司内部管理机构设置方案;

(四)拟订公司的基本管理制度;

(五)制定公司的具体规章;

(六)提请聘任或者解聘公司副经理、财务负责人;

(七)决定聘任或者解聘除应由董事会决定聘任或者解聘以外的负责管理人员;

(八)董事会授予的其他职权。

公司章程对经理职权另有规定的,从其规定。

经理列席董事会会议。

第五十条 股东人数较少或者规模较小的有限责任公司,可以设一名执行董事,不设董事会。执行董事可以兼任公司经理。

执行董事的职权由公司章程规定。

第五十一条 有限责任公司设监事会,其成员不得少于三人。股东人数较少或者规模较小的有限责任公司,可以设一至二名监事,不设监事会。

监事会应当包括股东代表和适当比例的公司职工代表,其中职工代表的比例不得低于三分之一,具体比例由公司章程规定。监事会中的职工代表由公司职工通过职工代表大会、职工大会或者其他形式民主选举产生。

监事会设主席一人,由全体监事过半数选举产生。监事会主席召集和主持监事会会议;监事会主席不能履行职务或者不履行职务的,由半数以上监事共同推举一名监事召集和主持监事会会议。

董事、高级管理人员不得兼任监事。

第五十二条 监事的任期每届为三年。监事任期届满,连选可以连任。

监事任期届满未及时改选,或者监事在任期内辞职导致监事会成员低于法定人数的,在改选出的监事就任前,原监事仍应当依照法律、行政法规和公司章程的规定,履行监事职务。

第五十三条 监事会、不设监事会的公司的监事行使下列职权:

(一)检查公司财务;

(二)对董事、高级管理人员执行公司职务的行为进行监督,对违反法律、行政法规、公司章程或者股东会决议的董事、高级管理人员提出罢免的建议;

(三)当董事、高级管理人员的行为损害公司的利益时,要求董事、高级管理人员予以纠正;

(四)提议召开临时股东会会议,在董事会不履行本法规定的召集和主持股东会会议职责时召集和主持股东会会议;

(五)向股东会会议提出提案;

(六)依照本法第一百五十一条的规定,对董事、高级管理人员提起诉讼;

(七)公司章程规定的其他职权。

第五十四条 监事可以列席董事会会议,并对董事会决议事项提出质询或者建议。

监事会、不设监事会的公司的监事发现公司经营情况异常,可以进行调查;必要时,可以聘请会计师事务所等协助其工作,费用由公司承担。

第五十五条 监事会每年度至少召开一次会议,监事可以提议召开临时监事会会议。

监事会的议事方式和表决程序,除本法有规定的外,由公司章程规定。

监事会决议应当经半数以上监事通过。

监事会应当对所议事项的决定作成会议记录,出席会议的监事应当在会议记录上签名。

第五十六条 监事会、不设监事会的公司的监事行使职权所必需的费用,由公司承担。

第三节 一人有限责任公司的特别规定

第五十七条 一人有限责任公司的设立和组织机构,适用本节规定;本节没有规定的,适用本章第一节、第二节的规定。

本法所称一人有限责任公司,是指只有一个自然人股东或者一个法人股东的有限责任公司。

第五十八条 一个自然人只能投资设立一个一人有限责任公司。该一人有限责任公司不能投资设立新的一人有限责任公司。

第五十九条　一人有限责任公司应当在公司登记中注明自然人独资或者法人独资，并在公司营业执照中载明。

第六十条　一人有限责任公司章程由股东制定。

第六十一条　一人有限责任公司不设股东会。股东作出本法第三十七条第一款所列决定时，应当采用书面形式，并由股东签名后置备于公司。

第六十二条　一人有限责任公司应当在每一会计年度终了时编制财务会计报告，并经会计师事务所审计。

第六十三条　一人有限责任公司的股东不能证明公司财产独立于股东自己的财产的，应当对公司债务承担连带责任。

第四节　国有独资公司的特别规定

第六十四条　国有独资公司的设立和组织机构，适用本节规定；本节没有规定的，适用本章第一节、第二节的规定。

本法所称国有独资公司，是指国家单独出资、由国务院或者地方人民政府授权本级人民政府国有资产监督管理机构履行出资人职责的有限责任公司。

第六十五条　国有独资公司章程由国有资产监督管理机构制定，或者由董事会制订报国有资产监督管理机构批准。

第六十六条　国有独资公司不设股东会，由国有资产监督管理机构行使股东会职权。国有资产监督管理机构可以授权公司董事会行使股东会的部分职权，决定公司的重大事项，但公司的合并、分立、解散、增加或者减少注册资本和发行公司债券，必须由国有资产监督管理机构决定；其中，重要的国有独资公司合并、分立、解散、申请破产的，应当由国有资产监督管理机构审核后，报本级人民政府批准。

前款所称重要的国有独资公司，按照国务院的规定确定。

第六十七条　国有独资公司设董事会，依照本法第四十六条、第六十六条的规定行使职权。董事每届任期不得超过三年。董事会成员中应当有公司职工代表。

董事会成员由国有资产监督管理机构委派；但是，董事会成员中的职工代表由公司职工代表大会选举产生。

董事会设董事长一人，可以设副董事长。董事长、副董事长由国有资产监督管理机构从董事会成员中指定。

第六十八条　国有独资公司设经理，由董事会聘任或者解聘。经理依照本法第四十九条规定行使职权。

经国有资产监督管理机构同意，董事会成员可以兼任经理。

第六十九条　国有独资公司的董事长、副董事长、董事、高级管理人员，未经国有资产监督管理机构同意，不得在其他有限责任公司、股份有限公司或者其他经济组织兼职。

第七十条　国有独资公司监事会成员不得少于五人，其中职工代表的比例不得低于三分之一，具体比例由公司章程规定。

监事会成员由国有资产监督管理机构委派；但是，监事会成员中的职工代表由公司职工代表大会选举产生。监事会主席由国有资产监督管理机构从监事会成员中指定。

监事会行使本法第五十三条第（一）项至第（三）项规定的职权和国务院规定的其他职权。

第三章　有限责任公司的股权转让

第七十一条　有限责任公司的股东之间可以相互转让其全部或者部分股权。

股东向股东以外的人转让股权，应当经其他股东过半数同意。股东应就其股权转让事项书面通知其他股东征求同意，其他股东自接到书面通知之日起满三十日未答复的，视为同意转让。其他股东半数以上不同意转让的，不同意的股东应当购买该转让的股权；不购买的，视为同意转让。

经股东同意转让的股权，在同等条件下，其他股东有优先购买权。两个以上股东主张行使优先购买权的，协商确定各自的购买比例；协商不成的，按照转让时各自的出资比例行使优先购买权。

公司章程对股权转让另有规定的，从其规定。

第七十二条　人民法院依照法律规定的强制执行程序转让股东的股权时，应当通知公司及全体股东，其他股东在同等条件下有优先购买权。其他股东自人民法院通知之日起满二十日不行使优先购买权的，视为放弃优先购买权。

第七十三条　依照本法第七十一条、第七十二条转让股权后，公司应当注销原股东的出资证明书，向新股东签发出资证明书，并相应修改公司章程和股东名册中有关股东及其出资额的记载。对公司章程的该项修改不需再由股东会表决。

第七十四条　有下列情形之一的，对股东会该项决议投反对票的股东可以请求公司按照合理的价格收购其股权：

（一）公司连续五年不向股东分配利润，而公司该五年连续盈利，并且符合本法规定的分配利润条件的；

（二）公司合并、分立、转让主要财产的；

（三）公司章程规定的营业期限届满或者章程规定的其他解散事由出现，股东会会议通过决议修改章程使公司存续的。

自股东会会议决议通过之日起六十日内，股东与公司不能达成股权收购协议的，股东可以自股东会会议决议通过之日起九十日内向人民法院提起诉讼。

第七十五条　自然人股东死亡后，其合法继承人可以继承股东资格；但是，公司章程另有规定的除外。

第四章　股份有限公司的设立和组织机构

第一节　设　立

第七十六条　设立股份有限公司，应当具备下列条件：

（一）发起人符合法定人数；

（二）有符合公司章程规定的全体发起人认购的股本总额或者募集的实收股本总额；

（三）股份发行、筹办事项符合法律规定；

（四）发起人制订公司章程，采用募集方式设立的经创立大会通过；

（五）有公司名称，建立符合股份有限公司要求的组织机构；

（六）有公司住所。

第七十七条　股份有限公司的设立，可以采取发起设立或者募集设立的方式。

发起设立，是指由发起人认购公司应发行的全部股份而设立公司。

募集设立,是指由发起人认购公司应发行股份的一部分,其余股份向社会公开募集或者向特定对象募集而设立公司。

第七十八条 设立股份有限公司,应当有二人以上二百人以下为发起人,其中须有半数以上的发起人在中国境内有住所。

第七十九条 股份有限公司发起人承担公司筹办事务。

发起人应当签订发起人协议,明确各自在公司设立过程中的权利和义务。

第八十条 股份有限公司采取发起设立方式设立的,注册资本为在公司登记机关登记的全体发起人认购的股本总额。在发起人认购的股份缴足前,不得向他人募集股份。

股份有限公司采取募集方式设立的,注册资本为在公司登记机关登记的实收股本总额。

法律、行政法规以及国务院决定对股份有限公司注册资本实缴、注册资本最低限额另有规定的,从其规定。

第八十一条 股份有限公司章程应当载明下列事项:

(一)公司名称和住所;

(二)公司经营范围;

(三)公司设立方式;

(四)公司股份总数、每股金额和注册资本;

(五)发起人的姓名或者名称、认购的股份数、出资方式和出资时间;

(六)董事会的组成、职权和议事规则;

(七)公司法定代表人;

(八)监事会的组成、职权和议事规则;

(九)公司利润分配办法;

(十)公司的解散事由与清算办法;

(十一)公司的通知和公告办法;

(十二)股东大会会议认为需要规定的其他事项。

第八十二条 发起人的出资方式,适用本法第二十七条的规定。

第八十三条 以发起设立方式设立股份有限公司的,发起人应当书面认足公司章程规定其认购的股份,并按照公司章程规定缴纳出资。以非货币财产出资的,应当依法办理其财产权的转移手续。

发起人不依照前款规定缴纳出资的,应当按照发起人协议承担违约责任。

发起人认足公司章程规定的出资后,应当选举董事会和监事会,由董事会向公司登记机关报送公司章程以及法律、行政法规规定的其他文件,申请设立登记。

第八十四条 以募集设立方式设立股份有限公司的,发起人认购的股份不得少于公司股份总数的百分之三十五;但是,法律、行政法规另有规定的,从其规定。

第八十五条 发起人向社会公开募集股份,必须公告招股说明书,并制作认股书。认股书应当载明本法第八十六条所列事项,由认股人填写认购股数、金额、住所,并签名、盖章。认股人按照所认购股数缴纳股款。

第八十六条 招股说明书应当附有发起人制订的公司章程,并载明下列事项:

(一)发起人认购的股份数;

(二)每股的票面金额和发行价格;

(三)无记名股票的发行总数;

（四）募集资金的用途；

（五）认股人的权利、义务；

（六）本次募股的起止期限及逾期未募足时认股人可以撤回所认股份的说明。

第八十七条　发起人向社会公开募集股份，应当由依法设立的证券公司承销，签订承销协议。

第八十八条　发起人向社会公开募集股份，应当同银行签订代收股款协议。

代收股款的银行应当按照协议代收和保存股款，向缴纳股款的认股人出具收款单据，并负有向有关部门出具收款证明的义务。

第八十九条　发行股份的股款缴足后，必须经依法设立的验资机构验资并出具证明。发起人应当自股款缴足之日起三十日内主持召开公司创立大会。创立大会由发起人、认股人组成。

发行的股份超过招股说明书规定的截止期限尚未募足的，或者发行股份的股款缴足后，发起人在三十日内未召开创立大会的，认股人可以按照所缴股款并加算银行同期存款利息，要求发起人返还。

第九十条　发起人应当在创立大会召开十五日前将会议日期通知各认股人或者予以公告。创立大会应有代表股份总数过半数的发起人、认股人出席，方可举行。

创立大会行使下列职权：

（一）审议发起人关于公司筹办情况的报告；

（二）通过公司章程；

（三）选举董事会成员；

（四）选举监事会成员；

（五）对公司的设立费用进行审核；

（六）对发起人用于抵作股款的财产的作价进行审核；

（七）发生不可抗力或者经营条件发生重大变化直接影响公司设立的，可以作出不设立公司的决议。

创立大会对前款所列事项作出决议，必须经出席会议的认股人所持表决权过半数通过。

第九十一条　发起人、认股人缴纳股款或者交付抵作股款的出资后，除未按期募足股份、发起人未按期召开创立大会或者创立大会决议不设立公司的情形外，不得抽回其股本。

第九十二条　董事会应于创立大会结束后三十日内，向公司登记机关报送下列文件，申请设立登记：

（一）公司登记申请书；

（二）创立大会的会议记录；

（三）公司章程；

（四）验资证明；

（五）法定代表人、董事、监事的任职文件及其身份证明；

（六）发起人的法人资格证明或者自然人身份证明；

（七）公司住所证明。

以募集方式设立股份有限公司公开发行股票的，还应当向公司登记机关报送国务院证券监督管理机构的核准文件。

第九十三条　股份有限公司成立后，发起人未按照公司章程的规定缴足出资的，应当补缴;其他发起人承担连带责任。

股份有限公司成立后,发现作为设立公司出资的非货币财产的实际价额显著低于公司章程所定价额的,应当由交付该出资的发起人补足其差额;其他发起人承担连带责任。

第九十四条 股份有限公司的发起人应当承担下列责任:

(一)公司不能成立时,对设立行为所产生的债务和费用负连带责任;

(二)公司不能成立时,对认股人已缴纳的股款,负返还股款并加算银行同期存款利息的连带责任;

(三)在公司设立过程中,由于发起人的过失致使公司利益受到损害的,应当对公司承担赔偿责任。

第九十五条 有限责任公司变更为股份有限公司时,折合的实收股本总额不得高于公司净资产额。有限责任公司变更为股份有限公司,为增加资本公开发行股份时,应当依法办理。

第九十六条 股份有限公司应当将公司章程、股东名册、公司债券存根、股东大会会议记录、董事会会议记录、监事会会议记录、财务会计报告置备于本公司。

第九十七条 股东有权查阅公司章程、股东名册、公司债券存根、股东大会会议记录、董事会会议决议、监事会会议决议、财务会计报告,对公司的经营提出建议或者质询。

第二节 股 东 大 会

第九十八条 股份有限公司股东大会由全体股东组成。股东大会是公司的权力机构,依照本法行使职权。

第九十九条 本法第三十七条第一款关于有限责任公司股东会职权的规定,适用于股份有限公司股东大会。

第一百条 股东大会应当每年召开一次年会。有下列情形之一的,应当在两个月内召开临时股东大会:

(一)董事人数不足本法规定人数或者公司章程所定人数的三分之二时;

(二)公司未弥补的亏损达实收股本总额三分之一时;

(三)单独或者合计持有公司百分之十以上股份的股东请求时;

(四)董事会认为必要时;

(五)监事会提议召开时;

(六)公司章程规定的其他情形。

第一百零一条 股东大会会议由董事会召集,董事长主持;董事长不能履行职务或者不履行职务的,由副董事长主持;副董事长不能履行职务或者不履行职务的,由半数以上董事共同推举一名董事主持。

董事会不能履行或者不履行召集股东大会会议职责的,监事会应当及时召集和主持;监事会不召集和主持的,连续九十日以上单独或者合计持有公司百分之十以上股份的股东可以自行召集和主持。

第一百零二条 召开股东大会会议,应当将会议召开的时间、地点和审议的事项于会议召开二十日前通知各股东;临时股东大会应当于会议召开十五日前通知各股东;发行无记名股票的,应当于会议召开三十日前公告会议召开的时间、地点和审议事项。

单独或者合计持有公司百分之三以上股份的股东,可以在股东大会召开十日前提出临时提案并书面提交董事会;董事会应当在收到提案后二日内通知其他股东,并将该临时提案提交股东大会审议。临时提案的内容应当属于股东大会职权范围,并有明确议题和具体决议事项。

股东大会不得对前两款通知中未列明的事项作出决议。

无记名股票持有人出席股东大会会议的,应当于会议召开五日前至股东大会闭会时将股票交存于公司。

第一百零三条　股东出席股东大会会议,所持每一股份有一表决权。但是,公司持有的本公司股份没有表决权。

股东大会作出决议,必须经出席会议的股东所持表决权过半数通过。但是,股东大会作出修改公司章程、增加或者减少注册资本的决议,以及公司合并、分立、解散或者变更公司形式的决议,必须经出席会议的股东所持表决权的三分之二以上通过。

第一百零四条　本法和公司章程规定公司转让、受让重大资产或者对外提供担保等事项必须经股东大会作出决议的,董事会应当及时召集股东大会会议,由股东大会就上述事项进行表决。

第一百零五条　股东大会选举董事、监事,可以依照公司章程的规定或者股东大会的决议,实行累积投票制。

本法所称累积投票制,是指股东大会选举董事或者监事时,每一股份拥有与应选董事或者监事人数相同的表决权,股东拥有的表决权可以集中使用。

第一百零六条　股东可以委托代理人出席股东大会会议,代理人应当向公司提交股东授权委托书,并在授权范围内行使表决权。

第一百零七条　股东大会应当对所议事项的决定作成会议记录,主持人、出席会议的董事应当在会议记录上签名。会议记录应当与出席股东的签名册及代理出席的委托书一并保存。

第三节　董事会、经理

第一百零八条　股份有限公司设董事会,其成员为五人至十九人。

董事会成员中可以有公司职工代表。董事会中的职工代表由公司职工通过职工代表大会、职工大会或者其他形式民主选举产生。

本法第四十五条关于有限责任公司董事任期的规定,适用于股份有限公司董事。

本法第四十六条关于有限责任公司董事会职权的规定,适用于股份有限公司董事会。

第一百零九条　董事会设董事长一人,可以设副董事长。董事长和副董事长由董事会以全体董事的过半数选举产生。

董事长召集和主持董事会会议,检查董事会决议的实施情况。副董事长协助董事长工作,董事长不能履行职务或者不履行职务的,由副董事长履行职务;副董事长不能履行职务或者不履行职务的,由半数以上董事共同推举一名董事履行职务。

第一百一十条　董事会每年度至少召开两次会议,每次会议应当于会议召开十日前通知全体董事和监事。

代表十分之一以上表决权的股东、三分之一以上董事或者监事会,可以提议召开董事会临时会议。董事长应当自接到提议后十日内,召集和主持董事会会议。

董事会召开临时会议,可以另定召集董事会的通知方式和通知时限。

第一百一十一条　董事会会议应有过半数的董事出席方可举行。董事会作出决议,必须经全体董事的过半数通过。

董事会决议的表决,实行一人一票。

第一百一十二条 董事会会议,应由董事本人出席;董事因故不能出席,可以书面委托其他董事代为出席,委托书中应载明授权范围。

董事会应当对会议所议事项的决定作成会议记录,出席会议的董事应当在会议记录上签名。

董事应当对董事会的决议承担责任。董事会的决议违反法律、行政法规或者公司章程、股东大会决议,致使公司遭受严重损失的,参与决议的董事对公司负赔偿责任。但经证明在表决时曾表明异议并记载于会议记录的,该董事可以免除责任。

第一百一十三条 股份有限公司设经理,由董事会决定聘任或者解聘。

本法第四十九条关于有限责任公司经理职权的规定,适用于股份有限公司经理。

第一百一十四条 公司董事会可以决定由董事会成员兼任经理。

第一百一十五条 公司不得直接或者通过子公司向董事、监事、高级管理人员提供借款。

第一百一十六条 公司应当定期向股东披露董事、监事、高级管理人员从公司获得报酬的情况。

第四节 监 事 会

第一百一十七条 股份有限公司设监事会,其成员不得少于三人。

监事会应当包括股东代表和适当比例的公司职工代表,其中职工代表的比例不得低于三分之一,具体比例由公司章程规定。监事会中的职工代表由公司职工通过职工代表大会、职工大会或者其他形式民主选举产生。

监事会设主席一人,可以设副主席。监事会主席和副主席由全体监事过半数选举产生。监事会主席召集和主持监事会会议;监事会主席不能履行职务或者不履行职务的,由监事会副主席召集和主持监事会会议;监事会副主席不能履行职务或者不履行职务的,由半数以上监事共同推举一名监事召集和主持监事会会议。

董事、高级管理人员不得兼任监事。

本法第五十二条关于有限责任公司监事任期的规定,适用于股份有限公司监事。

第一百一十八条 本法第五十三条、第五十四条关于有限责任公司监事会职权的规定,适用于股份有限公司监事会。

监事会行使职权所必需的费用,由公司承担。

第一百一十九条 监事会每六个月至少召开一次会议。监事可以提议召开临时监事会会议。

监事会的议事方式和表决程序,除本法有规定的外,由公司章程规定。

监事会决议应当经半数以上监事通过。

监事会应当对所议事项的决定作成会议记录,出席会议的监事应当在会议记录上签名。

第五节 上市公司组织机构的特别规定

第一百二十条 本法所称上市公司,是指其股票在证券交易所上市交易的股份有限公司。

第一百二十一条 上市公司在一年内购买、出售重大资产或者担保金额超过公司资产总额百分之三十的,应当由股东大会作出决议,并经出席会议的股东所持表决权的三分之二以上通过。

第一百二十二条　上市公司设立独立董事,具体办法由国务院规定。

第一百二十三条　上市公司设董事会秘书,负责公司股东大会和董事会会议的筹备、文件保管以及公司股东资料的管理,办理信息披露事务等事宜。

第一百二十四条　上市公司董事与董事会会议决议事项所涉及的企业有关联关系的,不得对该项决议行使表决权,也不得代理其他董事行使表决权。该董事会会议由过半数的无关联关系董事出席即可举行,董事会会议所作决议须经无关联关系董事过半数通过。出席董事会的无关联关系董事人数不足三人的,应将该事项提交上市公司股东大会审议。

第五章　股份有限公司的股份发行和转让

第一节　股　份　发　行

第一百二十五条　股份有限公司的资本划分为股份,每一股的金额相等。

公司的股份采取股票的形式。股票是公司签发的证明股东所持股份的凭证。

第一百二十六条　股份的发行,实行公平、公正的原则,同种类的每一股份应当具有同等权利。

同次发行的同种类股票,每股的发行条件和价格应当相同;任何单位或者个人所认购的股份,每股应当支付相同价额。

第一百二十七条　股票发行价格可以按票面金额,也可以超过票面金额,但不得低于票面金额。

第一百二十八条　股票采用纸面形式或者国务院证券监督管理机构规定的其他形式。

股票应当载明下列主要事项:

(一)公司名称;

(二)公司成立日期;

(三)股票种类、票面金额及代表的股份数;

(四)股票的编号。

股票由法定代表人签名,公司盖章。

发起人的股票,应当标明发起人股票字样。

第一百二十九条　公司发行的股票,可以为记名股票,也可以为无记名股票。

公司向发起人、法人发行的股票,应当为记名股票,并应当记载该发起人、法人的名称或者姓名,不得另立户名或者以代表人姓名记名。

第一百三十条　公司发行记名股票的,应当置备股东名册,记载下列事项:

(一)股东的姓名或者名称及住所;

(二)各股东所持股份数;

(三)各股东所持股票的编号;

(四)各股东取得股份的日期。

发行无记名股票的,公司应当记载其股票数量、编号及发行日期。

第一百三十一条　国务院可以对公司发行本法规定以外的其他种类的股份,另行作出规定。

第一百三十二条　股份有限公司成立后,即向股东正式交付股票。公司成立前不得向股东交付股票。

第一百三十三条　公司发行新股,股东大会应当对下列事项作出决议:

(一)新股种类及数额;

(二)新股发行价格;

(三)新股发行的起止日期;

(四)向原有股东发行新股的种类及数额。

第一百三十四条　公司经国务院证券监督管理机构核准公开发行新股时,必须公告新股招股说明书和财务会计报告,并制作认股书。

本法第八十七条、第八十八条的规定适用于公司公开发行新股。

第一百三十五条　公司发行新股,可以根据公司经营情况和财务状况,确定其作价方案。

第一百三十六条　公司发行新股募足股款后,必须向公司登记机关办理变更登记,并公告。

第二节　股　份　转　让

第一百三十七条　股东持有的股份可以依法转让。

第一百三十八条　股东转让其股份,应当在依法设立的证券交易场所进行或者按照国务院规定的其他方式进行。

第一百三十九条　记名股票,由股东以背书方式或者法律、行政法规规定的其他方式转让;转让后由公司将受让人的姓名或者名称及住所记载于股东名册。

股东大会召开前二十日内或者公司决定分配股利的基准日前五日内,不得进行前款规定的股东名册的变更登记。但是,法律对上市公司股东名册变更登记另有规定的,从其规定。

第一百四十条　无记名股票的转让,由股东将该股票交付给受让人后即发生转让的效力。

第一百四十一条　发起人持有的本公司股份,自公司成立之日起一年内不得转让。公司公开发行股份前已发行的股份,自公司股票在证券交易所上市交易之日起一年内不得转让。

公司董事、监事、高级管理人员应当向公司申报所持有的本公司的股份及其变动情况,在任职期间每年转让的股份不得超过其所持有本公司股份总数的百分之二十五;所持本公司股份自公司股票上市交易之日起一年内不得转让。上述人员离职后半年内,不得转让其所持有的本公司股份。公司章程可以对公司董事、监事、高级管理人员转让其所持有的本公司股份作出其他限制性规定。

第一百四十二条　公司不得收购本公司股份。但是,有下列情形之一的除外:

(一)减少公司注册资本;

(二)与持有本公司股份的其他公司合并;

(三)将股份奖励给本公司职工;

(四)股东因对股东大会作出的公司合并、分立决议持异议,要求公司收购其股份的。

公司因前款第(一)项至第(三)项的原因收购本公司股份的,应当经股东大会决议。公司依照前款规定收购本公司股份后,属于第(一)项情形的,应当自收购之日起十日内注销;属于第(二)项、第(四)项情形的,应当在六个月内转让或者注销。

公司依照第一款第(三)项规定收购的本公司股份,不得超过本公司已发行股份总额的百分之五;用于收购的资金应当从公司的税后利润中支出;所收购的股份应当在一年内转让给职工。

公司不得接受本公司的股票作为质押权的标的。

第一百四十三条　记名股票被盗、遗失或者灭失,股东可以依照《中华人民共和国民事诉讼法》规定的公示催告程序,请求人民法院宣告该股票失效。人民法院宣告该股票失效后,股东可以向公司申请补发股票。

第一百四十四条　上市公司的股票,依照有关法律、行政法规及证券交易所交易规则上市交易。

第一百四十五条　上市公司必须依照法律、行政法规的规定,公开其财务状况、经营情况及重大诉讼,在每会计年度内半年公布一次财务会计报告。

第六章　公司董事、监事、高级管理人员的资格和义务

第一百四十六条　有下列情形之一的,不得担任公司的董事、监事、高级管理人员:

(一)无民事行为能力或者限制民事行为能力;

(二)因贪污、贿赂、侵占财产、挪用财产或者破坏社会主义市场经济秩序,被判处刑罚,执行期满未逾五年,或者因犯罪被剥夺政治权利,执行期满未逾五年;

(三)担任破产清算的公司、企业的董事或者厂长、经理,对该公司、企业的破产负有个人责任的,自该公司、企业破产清算完结之日起未逾三年;

(四)担任因违法被吊销营业执照、责令关闭的公司、企业的法定代表人,并负有个人责任的,自该公司、企业被吊销营业执照之日起未逾三年;

(五)个人所负数额较大的债务到期未清偿。

公司违反前款规定选举、委派董事、监事或者聘任高级管理人员的,该选举、委派或者聘任无效。

董事、监事、高级管理人员在任职期间出现本条第一款所列情形的,公司应当解除其职务。

第一百四十七条　董事、监事、高级管理人员应当遵守法律、行政法规和公司章程,对公司负有忠实义务和勤勉义务。

董事、监事、高级管理人员不得利用职权收受贿赂或者其他非法收入,不得侵占公司的财产。

第一百四十八条　董事、高级管理人员不得有下列行为:

(一)挪用公司资金;

(二)将公司资金以其个人名义或者以其他个人名义开立账户存储;

(三)违反公司章程的规定,未经股东会、股东大会或者董事会同意,将公司资金借贷给他人或者以公司财产为他人提供担保;

(四)违反公司章程的规定或者未经股东会、股东大会同意,与本公司订立合同或者进行交易;

(五)未经股东会或者股东大会同意,利用职务便利为自己或者他人谋取属于公司的商业机会,自营或者为他人经营与所任职公司同类的业务;

(六)接受他人与公司交易的佣金归为己有;

(七)擅自披露公司秘密;

(八)违反对公司忠实义务的其他行为。

董事、高级管理人员违反前款规定所得的收入应当归公司所有。

第一百四十九条　董事、监事、高级管理人员执行公司职务时违反法律、行政法规或者公司章程的规定,给公司造成损失的,应当承担赔偿责任。

第一百五十条　股东会或者股东大会要求董事、监事、高级管理人员列席会议的,董事、监事、高级管理人员应当列席并接受股东的质询。

董事、高级管理人员应当如实向监事会或者不设监事会的有限责任公司的监事提供有关情况和资料,不得妨碍监事会或者监事行使职权。

第一百五十一条　董事、高级管理人员有本法第一百四十九条规定的情形的,有限责任公司的股东、股份有限公司连续一百八十日以上单独或者合计持有公司百分之一以上股份的股东,可以书面请求监事会或者不设监事会的有限责任公司的监事向人民法院提起诉讼;监事有本法第一百四十九条规定的情形的,前述股东可以书面请求董事会或者不设董事会的有限责任公司的执行董事向人民法院提起诉讼。

监事会、不设监事会的有限责任公司的监事,或者董事会、执行董事收到前款规定的股东书面请求后拒绝提起诉讼,或者自收到请求之日起三十日内未提起诉讼,或者情况紧急、不立即提起诉讼将会使公司利益受到难以弥补的损害的,前款规定的股东有权为了公司的利益以自己的名义直接向人民法院提起诉讼。

他人侵犯公司合法权益,给公司造成损失的,本条第一款规定的股东可以依照前两款的规定向人民法院提起诉讼。

第一百五十二条　董事、高级管理人员违反法律、行政法规或者公司章程的规定,损害股东利益的,股东可以向人民法院提起诉讼。

第七章　公司债券

第一百五十三条　本法所称公司债券,是指公司依照法定程序发行、约定在一定期限还本付息的有价证券。

公司发行公司债券应当符合《中华人民共和国证券法》规定的发行条件。

第一百五十四条　发行公司债券的申请经国务院授权的部门核准后,应当公告公司债券募集办法。

公司债券募集办法中应当载明下列主要事项:

(一)公司名称;

(二)债券募集资金的用途;

(三)债券总额和债券的票面金额;

(四)债券利率的确定方式;

(五)还本付息的期限和方式;

(六)债券担保情况;

(七)债券的发行价格、发行的起止日期;

(八)公司净资产额;

(九)已发行的尚未到期的公司债券总额;

(十)公司债券的承销机构。

第一百五十五条　公司以实物券方式发行公司债券的,必须在债券上载明公司名称、债券票面金额、利率、偿还期限等事项,并由法定代表人签名,公司盖章。

第一百五十六条　公司债券,可以为记名债券,也可以为无记名债券。

第一百五十七条　公司发行公司债券应当置备公司债券存根簿。

发行记名公司债券的，应当在公司债券存根簿上载明下列事项：

（一）债券持有人的姓名或者名称及住所；

（二）债券持有人取得债券的日期及债券的编号；

（三）债券总额，债券的票面金额、利率、还本付息的期限和方式；

（四）债券的发行日期。

发行无记名公司债券的，应当在公司债券存根簿上载明债券总额、利率、偿还期限和方式、发行日期及债券的编号。

第一百五十八条　记名公司债券的登记结算机构应当建立债券登记、存管、付息、兑付等相关制度。

第一百五十九条　公司债券可以转让，转让价格由转让人与受让人约定。

公司债券在证券交易所上市交易的，按照证券交易所的交易规则转让。

第一百六十条　记名公司债券，由债券持有人以背书方式或者法律、行政法规规定的其他方式转让；转让后由公司将受让人的姓名或者名称及住所记载于公司债券存根簿。

无记名公司债券的转让，由债券持有人将该债券交付给受让人后即发生转让的效力。

第一百六十一条　上市公司经股东大会决议可以发行可转换为股票的公司债券，并在公司债券募集办法中规定具体的转换办法。上市公司发行可转换为股票的公司债券，应当报国务院证券监督管理机构核准。

发行可转换为股票的公司债券，应当在债券上标明可转换公司债券字样，并在公司债券存根簿上载明可转换公司债券的数额。

第一百六十二条　发行可转换为股票的公司债券的，公司应当按照其转换办法向债券持有人换发股票，但债券持有人对转换股票或者不转换股票有选择权。

第八章　公司财务、会计

第一百六十三条　公司应当依照法律、行政法规和国务院财政部门的规定建立本公司的财务、会计制度。

第一百六十四条　公司应当在每一会计年度终了时编制财务会计报告，并依法经会计师事务所审计。

财务会计报告应当依照法律、行政法规和国务院财政部门的规定制作。

第一百六十五条　有限责任公司应当依照公司章程规定的期限将财务会计报告送交各股东。

股份有限公司的财务会计报告应当在召开股东大会年会的二十日前置备于本公司，供股东查阅；公开发行股票的股份有限公司必须公告其财务会计报告。

第一百六十六条　公司分配当年税后利润时，应当提取利润的百分之十列入公司法定公积金。公司法定公积金累计额为公司注册资本的百分之五十以上的，可以不再提取。

公司的法定公积金不足以弥补以前年度亏损的，在依照前款规定提取法定公积金之前，应当先用当年利润弥补亏损。

公司从税后利润中提取法定公积金后，经股东会或者股东大会决议，还可以从税后利润中提取任意公积金。

公司弥补亏损和提取公积金后所余税后利润，有限责任公司依照本法第三十四条的规定分配;股份有限公司按照股东持有的股份比例分配,但股份有限公司章程规定不按持股比例分配的除外。

股东会、股东大会或者董事会违反前款规定,在公司弥补亏损和提取法定公积金之前向股东分配利润的,股东必须将违反规定分配的利润退还公司。

公司持有的本公司股份不得分配利润。

第一百六十七条　股份有限公司以超过股票票面金额的发行价格发行股份所得的溢价款以及国务院财政部门规定列入资本公积金的其他收入,应当列为公司资本公积金。

第一百六十八条　公司的公积金用于弥补公司的亏损、扩大公司生产经营或者转为增加公司资本。但是,资本公积金不得用于弥补公司的亏损。

法定公积金转为资本时,所留存的该项公积金不得少于转增前公司注册资本的百分之二十五。

第一百六十九条　公司聘用、解聘承办公司审计业务的会计师事务所,依照公司章程的规定,由股东会、股东大会或者董事会决定。

公司股东会、股东大会或者董事会就解聘会计师事务所进行表决时,应当允许会计师事务所陈述意见。

第一百七十条　公司应当向聘用的会计师事务所提供真实、完整的会计凭证、会计账簿、财务会计报告及其他会计资料,不得拒绝、隐匿、谎报。

第一百七十一条　公司除法定的会计账簿外,不得另立会计账簿。

对公司资产,不得以任何个人名义开立账户存储。

第九章　公司合并、分立、增资、减资

第一百七十二条　公司合并可以采取吸收合并或者新设合并。

一个公司吸收其他公司为吸收合并,被吸收的公司解散。两个以上公司合并设立一个新的公司为新设合并,合并各方解散。

第一百七十三条　公司合并,应当由合并各方签订合并协议,并编制资产负债表及财产清单。公司应当自作出合并决议之日起十日内通知债权人,并于三十日内在报纸上公告。债权人自接到通知书之日起三十日内,未接到通知书的自公告之日起四十五日内,可以要求公司清偿债务或者提供相应的担保。

第一百七十四条　公司合并时,合并各方的债权、债务,应当由合并后存续的公司或者新设的公司承继。

第一百七十五条　公司分立,其财产作相应的分割。

公司分立,应当编制资产负债表及财产清单。公司应当自作出分立决议之日起十日内通知债权人,并于三十日内在报纸上公告。

第一百七十六条　公司分立前的债务由分立后的公司承担连带责任。但是,公司在分立前与债权人就债务清偿达成的书面协议另有约定的除外。

第一百七十七条　公司需要减少注册资本时,必须编制资产负债表及财产清单。

公司应当自作出减少注册资本决议之日起十日内通知债权人,并于三十日内在报纸上公告。债权人自接到通知书之日起三十日内,未接到通知书的自公告之日起四十五日内,有权要求公司清偿债务或者提供相应的担保。

第一百七十八条　有限责任公司增加注册资本时,股东认缴新增资本的出资,依照本法

设立有限责任公司缴纳出资的有关规定执行。

股份有限公司为增加注册资本发行新股时,股东认购新股,依照本法设立股份有限公司缴纳股款的有关规定执行。

第一百七十九条 公司合并或者分立,登记事项发生变更的,应当依法向公司登记机关办理变更登记;公司解散的,应当依法办理公司注销登记;设立新公司的,应当依法办理公司设立登记。

公司增加或者减少注册资本,应当依法向公司登记机关办理变更登记。

第十章 公司解散和清算

第一百八十条 公司因下列原因解散:

(一)公司章程规定的营业期限届满或者公司章程规定的其他解散事由出现;

(二)股东会或者股东大会决议解散;

(三)因公司合并或者分立需要解散;

(四)依法被吊销营业执照、责令关闭或者被撤销;

(五)人民法院依照本法第一百八十二条的规定予以解散。

第一百八十一条 公司有本法第一百八十条第(一)项情形的,可以通过修改公司章程而存续。

依照前款规定修改公司章程,有限责任公司须经持有三分之二以上表决权的股东通过,股份有限公司须经出席股东大会会议的股东所持表决权的三分之二以上通过。

第一百八十二条 公司经营管理发生严重困难,继续存续会使股东利益受到重大损失,通过其他途径不能解决的,持有公司全部股东表决权百分之十以上的股东,可以请求人民法院解散公司。

第一百八十三条 公司因本法第一百八十条第(一)项、第(二)项、第(四)项、第(五)项规定而解散的,应当在解散事由出现之日起十五日内成立清算组,开始清算。有限责任公司的清算组由股东组成,股份有限公司的清算组由董事或者股东大会确定的人员组成。逾期不成立清算组进行清算的,债权人可以申请人民法院指定有关人员组成清算组进行清算。人民法院应当受理该申请,并及时组织清算组进行清算。

第一百八十四条 清算组在清算期间行使下列职权:

(一)清理公司财产,分别编制资产负债表和财产清单;

(二)通知、公告债权人;

(三)处理与清算有关的公司未了结的业务;

(四)清缴所欠税款以及清算过程中产生的税款;

(五)清理债权、债务;

(六)处理公司清偿债务后的剩余财产;

(七)代表公司参与民事诉讼活动。

第一百八十五条 清算组应当自成立之日起十日内通知债权人,并于六十日内在报纸上公告。债权人应当自接到通知书之日起三十日内,未接到通知书的自公告之日起四十五日内,向清算组申报其债权。

债权人申报债权,应当说明债权的有关事项,并提供证明材料。清算组应当对债权进行登记。

在申报债权期间,清算组不得对债权人进行清偿。

第一百八十六条 清算组在清理公司财产、编制资产负债表和财产清单后,应当制定清算方案,并报股东会、股东大会或者人民法院确认。

公司财产在分别支付清算费用、职工的工资、社会保险费用和法定补偿金,缴纳所欠税款,清偿公司债务后的剩余财产,有限责任公司按照股东的出资比例分配,股份有限公司按照股东持有的股份比例分配。

清算期间,公司存续,但不得开展与清算无关的经营活动。公司财产在未依照前款规定清偿前,不得分配给股东。

第一百八十七条 清算组在清理公司财产、编制资产负债表和财产清单后,发现公司财产不足清偿债务的,应当依法向人民法院申请宣告破产。

公司经人民法院裁定宣告破产后,清算组应当将清算事务移交给人民法院。

第一百八十八条 公司清算结束后,清算组应当制作清算报告,报股东会、股东大会或者人民法院确认,并报送公司登记机关,申请注销公司登记,公告公司终止。

第一百八十九条 清算组成员应当忠于职守,依法履行清算义务。

清算组成员不得利用职权收受贿赂或者其他非法收入,不得侵占公司财产。

清算组成员因故意或者重大过失给公司或者债权人造成损失的,应当承担赔偿责任。

第一百九十条 公司被依法宣告破产的,依照有关企业破产的法律实施破产清算。

第十一章 外国公司的分支机构

第一百九十一条 本法所称外国公司是指依照外国法律在中国境外设立的公司。

第一百九十二条 外国公司在中国境内设立分支机构,必须向中国主管机关提出申请,并提交其公司章程、所属国的公司登记证书等有关文件,经批准后,向公司登记机关依法办理登记,领取营业执照。

外国公司分支机构的审批办法由国务院另行规定。

第一百九十三条 外国公司在中国境内设立分支机构,必须在中国境内指定负责该分支机构的代表人或者代理人,并向该分支机构拨付与其所从事的经营活动相适应的资金。

对外国公司分支机构的经营资金需要规定最低限额的,由国务院另行规定。

第一百九十四条 外国公司的分支机构应当在其名称中标明该外国公司的国籍及责任形式。

外国公司的分支机构应当在本机构中置备该外国公司章程。

第一百九十五条 外国公司在中国境内设立的分支机构不具有中国法人资格。

外国公司对其分支机构在中国境内进行经营活动承担民事责任。

第一百九十六条 经批准设立的外国公司分支机构,在中国境内从事业务活动,必须遵守中国的法律,不得损害中国的社会公共利益,其合法权益受中国法律保护。

第一百九十七条 外国公司撤销其在中国境内的分支机构时,必须依法清偿债务,依照本法有关公司清算程序的规定进行清算。未清偿债务之前,不得将其分支机构的财产移至中国境外。

第十二章 法 律 责 任

第一百九十八条 违反本法规定,虚报注册资本、提交虚假材料或者采取其他欺诈手段隐瞒重要事实取得公司登记的,由公司登记机关责令改正,对虚报注册资本的公司,处以虚报注册资本金额百分之五以上百分之十五以下的罚款;对提交虚假材料或者采取其他欺诈手段隐瞒重要事实的公司,处以五万元以上五十万元以下的罚款;情节严重的,撤销公司登记或者吊销营业执照。

第一百九十九条　公司的发起人、股东虚假出资,未交付或者未按期交付作为出资的货币或者非货币财产的,由公司登记机关责令改正,处以虚假出资金额百分之五以上百分之十五以下的罚款。

第二百条　公司的发起人、股东在公司成立后,抽逃其出资的,由公司登记机关责令改正,处以所抽逃出资金额百分之五以上百分之十五以下的罚款。

第二百零一条　公司违反本法规定,在法定的会计账簿以外另立会计账簿的,由县级以上人民政府财政部门责令改正,处以五万元以上五十万元以下的罚款。

第二百零二条　公司在依法向有关主管部门提供的财务会计报告等材料上作虚假记载或者隐瞒重要事实的,由有关主管部门对直接负责的主管人员和其他直接责任人员处以三万元以上三十万元以下的罚款。

第二百零三条　公司不依照本法规定提取法定公积金的,由县级以上人民政府财政部门责令如数补足应当提取的金额,可以对公司处以二十万元以下的罚款。

第二百零四条　公司在合并、分立、减少注册资本或者进行清算时,不依照本法规定通知或者公告债权人的,由公司登记机关责令改正,对公司处以一万元以上十万元以下的罚款。

公司在进行清算时,隐匿财产,对资产负债表或者财产清单作虚假记载或者在未清偿债务前分配公司财产的,由公司登记机关责令改正,对公司处以隐匿财产或者未清偿债务前分配公司财产金额百分之五以上百分之十以下的罚款;对直接负责的主管人员和其他直接责任人员处以一万元以上十万元以下的罚款。

第二百零五条　公司在清算期间开展与清算无关的经营活动的,由公司登记机关予以警告,没收违法所得。

第二百零六条　清算组不依照本法规定向公司登记机关报送清算报告,或者报送清算报告隐瞒重要事实或者有重大遗漏的,由公司登记机关责令改正。

清算组成员利用职权徇私舞弊、谋取非法收入或者侵占公司财产的,由公司登记机关责令退还公司财产,没收违法所得,并可以处以违法所得一倍以上五倍以下的罚款。

第二百零七条　承担资产评估、验资或者验证的机构提供虚假材料的,由公司登记机关没收违法所得,处以违法所得一倍以上五倍以下的罚款,并可以由有关主管部门依法责令该机构停业、吊销直接责任人员的资格证书,吊销营业执照。

承担资产评估、验资或者验证的机构因过失提供有重大遗漏的报告的,由公司登记机关责令改正,情节较重的,处以所得收入一倍以上五倍以下的罚款,并可以由有关主管部门依法责令该机构停业、吊销直接责任人员的资格证书,吊销营业执照。

承担资产评估、验资或者验证的机构因其出具的评估结果、验资或者验证证明不实,给公司债权人造成损失的,除能够证明自己没有过错的外,在其评估或者证明不实的金额范围内承担赔偿责任。

第二百零八条　公司登记机关对不符合本法规定条件的登记申请予以登记,或者对符合本法规定条件的登记申请不予登记的,对直接负责的主管人员和其他直接责任人员,依法给予行政处分。

第二百零九条 公司登记机关的上级部门强令公司登记机关对不符合本法规定条件的登记申请予以登记,或者对符合本法规定条件的登记申请不予登记的,或者对违法登记进行包庇的,对直接负责的主管人员和其他直接责任人员依法给予行政处分。

第二百一十条 未依法登记为有限责任公司或者股份有限公司,而冒用有限责任公司或者股份有限公司名义的,或者未依法登记为有限责任公司或者股份有限公司的分公司,而冒用有限责任公司或者股份有限公司的分公司名义的,由公司登记机关责令改正或者予以取缔,可以并处十万元以下的罚款。

第二百一十一条 公司成立后无正当理由超过六个月未开业的,或者开业后自行停业连续六个月以上的,可以由公司登记机关吊销营业执照。

公司登记事项发生变更时,未依照本法规定办理有关变更登记的,由公司登记机关责令限期登记;逾期不登记的,处以一万元以上十万元以下的罚款。

第二百一十二条 外国公司违反本法规定,擅自在中国境内设立分支机构的,由公司登记机关责令改正或者关闭,可以并处五万元以上二十万元以下的罚款。

第二百一十三条 利用公司名义从事危害国家安全、社会公共利益的严重违法行为的,吊销营业执照。

第二百一十四条 公司违反本法规定,应当承担民事赔偿责任和缴纳罚款、罚金的,其财产不足以支付时,先承担民事赔偿责任。

第二百一十五条 违反本法规定,构成犯罪的,依法追究刑事责任。

第十三章 附 则

第二百一十六条 本法下列用语的含义:

(一)高级管理人员,是指公司的经理、副经理、财务负责人,上市公司董事会秘书和公司章程规定的其他人员。

(二)控股股东,是指其出资额占有限责任公司资本总额百分之五十以上或者其持有的股份占股份有限公司股本总额百分之五十以上的股东;出资额或者持有股份的比例虽然不足百分之五十,但依其出资额或者持有的股份所享有的表决权已足以对股东会、股东大会的决议产生重大影响的股东。

(三)实际控制人,是指虽不是公司的股东,但通过投资关系、协议或者其他安排,能够实际支配公司行为的人。

(四)关联关系,是指公司控股股东、实际控制人、董事、监事、高级管理人员与其直接或者间接控制的企业之间的关系,以及可能导致公司利益转移的其他关系。但是,国家控股的企业之间不仅因为同受国家控股而具有关联关系。

第二百一十七条 外商投资的有限责任公司和股份有限公司适用本法;有关外商投资的法律另有规定的,适用其规定。

第二百一十八条 本法自2014年3月1日起施行。

4. 中华人民共和国合伙企业法

1997年2月23日第八届全国人民代表大会常务委员会第二十四次会议通过,中华人民共和国主席令第八十二号公布;2006年8月27日第十届全国人民代表大会常务委员会第二十三次会议通过修订,2006年8月27日公布中华人民共和国主席令五十五号,自2007年6月1日起施行。

第一章 总 则

第一条 为了规范合伙企业的行为,保护合伙企业及其合伙人、债权人的合法权益,维护社会经济秩序,促进社会主义市场经济的发展,制定本法。

第二条 本法所称合伙企业,是指自然人、法人和其他组织依照本法在中国境内设立的普通合伙企业和有限合伙企业。

普通合伙企业由普通合伙人组成,合伙人对合伙企业债务承担无限连带责任。本法对普通合伙人承担责任的形式有特别规定的,从其规定。

有限合伙企业由普通合伙人和有限合伙人组成,普通合伙人对合伙企业债务承担无限连带责任,有限合伙人以其认缴的出资额为限对合伙企业债务承担责任。

第三条 国有独资公司、国有企业、上市公司以及公益性的事业单位、社会团体不得成为普通合伙人。

第四条 合伙协议依法由全体合伙人协商一致、以书面形式订立。

第五条 订立合伙协议、设立合伙企业,应当遵循自愿、平等、公平、诚实信用原则。

第六条 合伙企业的生产经营所得和其他所得,按照国家有关税收规定,由合伙人分别缴纳所得税。

第七条 合伙企业及其合伙人必须遵守法律、行政法规,遵守社会公德、商业道德,承担社会责任。

第八条 合伙企业及其合伙人的合法财产及其权益受法律保护。

第九条 申请设立合伙企业,应当向企业登记机关提交登记申请书、合伙协议书、合伙人身份证明等文件;

合伙企业的经营范围中有属于法律、行政法规规定在登记前须经批准的项目的,该项经营业务应当依法经过批准,并在登记时提交批准文件。

第十条 申请人提交的登记申请材料齐全、符合法定形式,企业登记机关能够当场登记的,应予当场登记,发给营业执照。

除前款规定情形外,企业登记机关应当自受理申请之日起二十日内,作出是否登记的决定。予以登记的,发给营业执照;不予登记的,应当给予书面答复,并说明理由。

第十一条 合伙企业的营业执照签发日期,为合伙企业成立日期。

合伙企业领取营业执照前,合伙人不得以合伙企业名义从事合伙业务。

第十二条 合伙企业设立分支机构,应当向分支机构所在地的企业登记机关申请登记,领取营业执照。

第十三条 合伙企业登记事项发生变更的,执行合伙事务的合伙人应当自作出变更决定或者发生变更事由之日起十五日内,向企业登记机关申请办理变更登记。

第二章 普通合伙企业

第一节 合伙企业设立

第十四条 设立合伙企业,应当具备下列条件:

（一）有二个以上合伙人。合伙人为自然人的，应当具有完全民事行为能力；

（二）有书面合伙协议；

（三）有合伙人认缴或者实际缴付的出资；

（四）有合伙企业的名称和生产经营场所；

（五）法律、行政法规规定的其他条件。

第十五条 合伙企业名称中应当标明"普通合伙"字样。

第十六条 合伙人可以用货币、实物、知识产权、土地使用权或者其他财产权利出资，也可以用劳务出资。

合伙人以实物、知识产权、土地使用权或者其他财产权利出资，需要评估作价的，可以由全体合伙人协商确定，也可以由全体合伙人委托法定评估机构评估。

合伙人以劳务出资的，其评估办法由全体合伙人协商确定，并在合伙协议中载明。

第十七条 合伙人应当按照合伙协议约定的出资方式、数额和缴付期限，履行出资义务。

以非货币财产出资的，依照法律、行政法规的规定，需要办理财产权转移手续的，应当依法办理。

第十八条 合伙协议应当载明下列事项：

（一）合伙企业的名称和主要经营场所的地点；

（二）合伙目的和合伙经营范围；

（三）合伙人的姓名或者名称、住所；

（四）合伙人的出资方式、数额和缴付期限；

（五）利润分配、亏损分担方式；

（六）合伙事务的执行；

（七）入伙与退伙；

（八）争议解决办法；

（九）合伙企业的解散与清算；

（十）违约责任。

第十九条 合伙协议经全体合伙人签名、盖章后生效。合伙人按照合伙协议享有权利，履行义务。

修改或者补充合伙协议，应当经全体合伙人一致同意；但是，合伙协议另有约定的除外。

合伙协议未约定或者约定不明确的事项，由合伙人协商决定；协商不成的，依照本法和其他有关法律、行政法规的规定处理。

第二节 合伙企业财产

第二十条 合伙人的出资、以合伙企业名义取得的收益和依法取得的其他财产，均为合伙企业的财产。

第二十一条 合伙人在合伙企业清算前，不得请求分割合伙企业的财产；但是，本法另有规定的除外。

合伙人在合伙企业清算前私自转移或者处分合伙企业财产的，合伙企业不得以此对抗善意第三人。

第二十二条 除合伙协议另有约定外，合伙人向合伙人以外的人转让其在合伙企业中的全部或者部分财产份额时，须经其他合伙人一致同意。

合伙人之间转让在合伙企业中的全部或者部分财产份额时,应当通知其他合伙人。

第二十三条　合伙人向合伙人以外的人转让其在合伙企业中的财产份额的,在同等条件下,其他合伙人有优先购买权;但是,合伙协议另有约定的除外。

第二十四条　合伙人以外的人依法受让合伙人在合伙企业中的财产份额的,经修改合伙协议即成为合伙企业的合伙人,依照本法和修改后的合伙协议享有权利,履行义务。

第二十五条　合伙人以其在合伙企业中的财产份额出质的,须经其他合伙人一致同意;未经其他合伙人一致同意,其行为无效,由此给善意第三人造成损失的,由行为人依法承担赔偿责任。

第三节　合伙事务执行

第二十六条　合伙人对执行合伙事务享有同等的权利。

按照合伙协议的约定或者经全体合伙人决定,可以委托一个或者数个合伙人对外代表合伙企业,执行合伙事务;

作为合伙人的法人、其他组织执行合伙事务的,由其委派的代表执行。

第二十七条　依照本法第二十六条第二款规定委托一个或者数个合伙人执行合伙事务的,其他合伙人不再执行合伙事务;

不执行合伙事务的合伙人有权监督执行事务合伙人执行合伙事务的情况。

第二十八条　由一个或者数个合伙人执行合伙事务的,执行事务合伙人应当定期向其他合伙人报告事务执行情况以及合伙企业的经营和财务状况,其执行合伙事务所产生的收益归合伙企业,所产生的费用和亏损由合伙企业承担。

合伙人为了解合伙企业的经营状况和财务状况,有权查阅合伙企业会计账簿等财务资料。

第二十九条　合伙人分别执行合伙事务的,执行事务合伙人可以对其他合伙人执行的事务提出异议。提出异议时,应当暂停该项事务的执行。如果发生争议,依照本法第三十条规定作出决定。

受委托执行合伙事务的合伙人不按照合伙协议或者全体合伙人的决定执行事务的,其他合伙人可以决定撤销该委托。

第三十条　合伙人对合伙企业有关事项作出决议,按照合伙协议约定的表决办法办理。合伙协议未约定或者约定不明确的,实行合伙人一人一票并经全体合伙人过半数通过的表决办法。

本法对合伙企业的表决办法另有规定的,从其规定。

第三十一条　除合伙协议另有约定外,合伙企业的下列事项应当经全体合伙人一致同意:

（一）改变合伙企业的名称;

（二）改变合伙企业的经营范围、主要经营场所的地点;

（三）处分合伙企业的不动产;

（四）转让或者处分合伙企业的知识产权和其他财产权利;

（五）以合伙企业名义为他人提供担保;

（六）聘任合伙人以外的人担任合伙企业的经营管理人员。

第三十二条　合伙人不得自营或者同他人合作经营与本合伙企业相竞争的业务。

除合伙协议另有约定或者经全体合伙人一致同意外,合伙人不得同本合伙企业进行交易。

合伙人不得从事损害本合伙企业利益的活动。

第三十三条　合伙企业的利润分配、亏损分担,按照合伙协议的约定办理;合伙协议未约定或者约定不明确的,由合伙人协商决定;协商不成的,由合伙人按照实缴出资比例分配、分担;无法确定出资比例的,由合伙人平均分配、分担。

合伙协议不得约定将全部利润分配给部分合伙人或者由部分合伙人承担全部亏损。

第三十四条　合伙人按照合伙协议的约定或者经全体合伙人决定,可以增加或者减少对合伙企业的出资。

第三十五条　被聘任的合伙企业的经营管理人员应当在合伙企业授权范围内履行职务。

被聘任的合伙企业的经营管理人员,超越合伙企业授权范围履行职务,或者在履行职务过程中因故意或者重大过失给合伙企业造成损失的,依法承担赔偿责任。

第三十六条　合伙企业应当依照法律、行政法规的规定建立企业财务、会计制度。

第四节　合伙企业与第三人关系

第三十七条　合伙企业对合伙人执行合伙事务以及对外代表合伙企业权利的限制,不得对抗善意第三人。

第三十八条　合伙企业对其债务,应先以其全部财产进行清偿。

第三十九条　合伙企业不能清偿到期债务的,合伙人承担无限连带责任。

第四十条　合伙人由于承担无限连带责任,清偿数额超过本法第三十三条第一款规定的其亏损分担比例的,有权向其他合伙人追偿。

第四十一条　合伙人发生与合伙企业无关的债务,相关债权人不得以其债权抵销其对合伙企业的债务;也不得代位行使合伙人在合伙企业中的权利。

第四十二条　合伙人的自有财产不足清偿其与合伙企业无关的债务的,该合伙人可以以其从合伙企业中分取的收益用于清偿;债权人也可以依法请求人民法院强制执行该合伙人在合伙企业中的财产份额用于清偿。

人民法院强制执行合伙人的财产份额时,应当通知全体合伙人,其他合伙人有优先购买权;其他合伙人未购买,又不同意将该财产份额转让给他人的,依照本法第五十一条的规定为该合伙人办理退伙结算,或者办理削减该合伙人相应财产份额的结算。

第五节　入伙、退伙

第四十三条　新合伙人入伙,除合伙协议另有约定外,应当经全体合伙人一致同意,并依法订立书面入伙协议。

订立入伙协议时,原合伙人应当向新合伙人如实告知原合伙企业的经营状况和财务状况。

第四十四条　入伙的新合伙人与原合伙人享有同等权利,承担同等责任。入伙协议另有约定的,从其约定。

新合伙人对入伙前合伙企业的债务承担无限连带责任。

第四十五条　合伙协议约定合伙期限的,在合伙企业存续期间,有下列情形之一的,合伙人可以退伙:

(一)合伙协议约定的退伙事由出现;

（二）经全体合伙人一致同意；

（三）发生合伙人难以继续参加合伙的事由；

（四）其他合伙人严重违反合伙协议约定的义务。

第四十六条 合伙协议未约定合伙期限的，合伙人在不给合伙企业事务执行造成不利影响的情况下，可以退伙，但应当提前三十日通知其他合伙人。

第四十七条 合伙人违反本法第四十五条、第四十六条的规定退伙的，应当赔偿由此给合伙企业造成的损失。

第四十八条 合伙人有下列情形之一的，当然退伙：

（一）作为合伙人的自然人死亡或者被依法宣告死亡；

（二）个人丧失偿债能力；

（三）作为合伙人的法人或者其他组织依法被吊销营业执照、责令关闭、撤销，或者被宣告破产；

（四）法律规定或者合伙协议约定合伙人必须具有相关资格而丧失该资格；

（五）合伙人在合伙企业中的全部财产份额被人民法院强制执行。

合伙人被依法认定为无民事行为能力人或者限制民事行为能力人的，经其他合伙人一致同意，可以依法转为有限合伙人，普通合伙企业依法转为有限合伙企业。其他合伙人未能一致同意的，该无民事行为能力或者限制民事行为能力的合伙人退伙。

退伙事由实际发生之日为退伙生效日。

第四十九条 合伙人有下列情形之一的，经其他合伙人一致同意，可以决议将其除名：

（一）未履行出资义务；

（二）因故意或者重大过失给合伙企业造成损失；

（三）执行合伙事务时有不正当行为；

（四）发生合伙协议约定的事由。

对合伙人的除名决议应当书面通知被除名人。被除名人接到除名通知之日，除名生效，被除名人退伙。

被除名人对除名决议有异议的，可以自接到除名通知之日起三十日内，向人民法院起诉。

第五十条 合伙人死亡或者被依法宣告死亡的，对该合伙人在合伙企业中的财产份额享有合法继承权的继承人，按照合伙协议的约定或者经全体合伙人一致同意，从继承开始之日起，取得该合伙企业的合伙人资格。

有下列情形之一的，合伙企业应当向合伙人的继承人退还被继承合伙人的财产份额：

（一）继承人不愿意成为合伙人；

（二）法律规定或者合伙协议约定合伙人必须具有相关资格，而该继承人未取得该资格；

（三）合伙协议约定不能成为合伙人的其他情形。

合伙人的继承人为无民事行为能力人或者限制民事行为能力人的，经全体合伙人一致同意，可以依法成为有限合伙人，普通合伙企业依法转为有限合伙企业。全体合伙人未能一致同意的，合伙企业应当将被继承合伙人的财产份额退还该继承人。

第五十一条 合伙人退伙，其他合伙人应当与该退伙人按照退伙时的合伙企业财产状况进行结算，退还退伙人的财产份额。退伙人对给合伙企业造成的损失负有赔偿责任的，相应扣减其应当赔偿的数额。

退伙时有未了结的合伙企业事务的，待该事务了结后进行结算。

第五十二条　退伙人在合伙企业中财产份额的退还办法,由合伙协议约定或者由全体合伙人决定,可以退还货币,也可以退还实物。

第五十三条　退伙人对基于其退伙前的原因发生的合伙企业债务,承担无限连带责任。

第五十四条　合伙人退伙时,合伙企业财产少于合伙企业债务的,退伙人应当依照本法第三十三条第一款的规定分担亏损。

第六节　特殊的普通合伙企业

第五十五条　以专业知识和专门技能为客户提供有偿服务的专业服务机构,可以设立为特殊的普通合伙企业。

特殊的普通合伙企业是指合伙人依照本法第五十七条的规定承担责任的普通合伙企业。

特殊的普通合伙企业适用本节规定;本节未作规定的,适用本章第一节至第五节的规定。

第五十六条　特殊的普通合伙企业名称中应当标明"特殊普通合伙"字样。

第五十七条　一个合伙人或者数个合伙人在执业活动中因故意或者重大过失造成合伙企业债务的,应当承担无限责任或者无限连带责任,其他合伙人以其在合伙企业中的财产份额为限承担责任。

合伙人在执业活动中非因故意或者重大过失造成的合伙企业债务以及合伙企业的其他债务,由全体合伙人承担无限连带责任。

第五十八条　合伙人执业活动中因故意或者重大过失造成的合伙企业债务,以合伙企业财产对外承担责任后,该合伙人应当按照合伙协议的约定对给合伙企业造成的损失承担赔偿责任。

第五十九条　特殊的普通合伙企业应当建立执业风险基金、办理职业保险。

执业风险基金用于偿付合伙人执业活动造成的债务。执业风险基金应当单独立户管理。具体管理办法由国务院规定。

第三章　有限合伙企业

第六十条　有限合伙企业及其合伙人适用本章规定;本章未作规定的,适用本法第二章第一节至第五节关于普通合伙企业及其合伙人的规定。

第六十一条　有限合伙企业由二个以上五十个以下合伙人设立;但是,法律另有规定的除外。

有限合伙企业至少应当有一个普通合伙人。

第六十二条　有限合伙企业名称中应当标明"有限合伙"字样。

第六十三条　合伙协议除符合本法第十八条的规定外,还应当载明下列事项:

(一)普通合伙人和有限合伙人的姓名或者名称、住所;

(二)执行事务合伙人应具备的条件和选择程序;

(三)执行事务合伙人权限与违约处理办法;

(四)执行事务合伙人的除名条件和更换程序;

(五)有限合伙人入伙、退伙的条件、程序以及相关责任;

(六)有限合伙人和普通合伙人相互转变程序。

第六十四条　有限合伙人可以用货币、实物、知识产权、土地使用权或者其他财产权利作价出资。

有限合伙人不得以劳务出资。

第六十五条 有限合伙人应当按照合伙协议的约定按期足额缴纳出资；未按期足额缴纳的，应当承担补缴义务，并对其他合伙人承担违约责任。

第六十六条 有限合伙企业登记事项中应当载明有限合伙人的姓名或者名称及认缴的出资数额。

第六十七条 有限合伙企业由普通合伙人执行合伙事务。执行事务合伙人可以要求在合伙协议中确定执行事务的报酬及报酬提取方式。

第六十八条 有限合伙人不执行合伙事务，不得对外代表有限合伙企业。

有限合伙人的下列行为，不视为执行合伙事务：

（一）参与决定普通合伙人入伙、退伙；

（二）对企业的经营管理提出建议；

（三）参与选择承办有限合伙企业审计业务的会计师事务所；

（四）获取经审计的有限合伙企业财务会计报告；

（五）对涉及自身利益的情况，查阅有限合伙企业财务会计账簿等财务资料；

（六）在有限合伙企业中的利益受到侵害时，向有责任的合伙人主张权利或者提起诉讼；

（七）执行事务合伙人怠于行使权利时，督促其行使权利或者为了该企业的利益以自己的名义提起诉讼；

（八）依法为该企业提供担保。

第六十九条 有限合伙企业不得将全部利润分配给部分合伙人；但是，合伙协议另有约定的除外。

第七十条 有限合伙人可以同本有限合伙企业进行交易；但是，合伙协议另有约定的除外。

第七十一条 有限合伙人可以自营或者同他人合作经营与本有限合伙企业相竞争的业务；但是，合伙协议另有约定的除外。

第七十二条 有限合伙人可以将其在有限合伙企业中的财产份额出质；但是，合伙协议另有约定的除外。

第七十三条 有限合伙人可以按照合伙协议的约定向合伙人以外的人转让其在有限合伙企业中的财产份额，但应当提前三十日通知其他合伙人。

第七十四条 有限合伙人的自有财产不足清偿其与合伙企业无关的债务的，该合伙人可以以其从有限合伙企业中分取的收益用于清偿；债权人也可以依法请求人民法院强制执行该合伙人在有限合伙企业中的财产份额用于清偿。

人民法院强制执行有限合伙人的财产份额时，应当通知全体合伙人。在同等条件下，其他合伙人有优先购买权。

第七十五条 有限合伙企业仅剩有限合伙人的，应当解散；有限合伙企业仅剩普通合伙人的，转为普通合伙企业。

第七十六条 第三人有理由相信有限合伙人为普通合伙人并与其交易的，该有限合伙人对该笔交易承担与普通合伙人同样的责任。

有限合伙人未经授权以有限合伙企业名义与他人进行交易，给有限合伙企业或者其他合伙人造成损失的，该有限合伙人应当承担赔偿责任。

第七十七条 新入伙的有限合伙人对入伙前有限合伙企业的债务,以其认缴的出资额为限承担责任。

第七十八条 有限合伙人有本法第四十八条第一款第(一)项、第(三)项至第(五)项所列情形之一的,当然退伙。

第七十九条 作为有限合伙人的自然人在有限合伙企业存续期间丧失民事行为能力的,其他合伙人不得因此要求其退伙。

第八十条 作为有限合伙人的自然人死亡、被依法宣告死亡或者作为有限合伙人的法人及其他组织终止时,其继承人或者权利承受人可以依法取得该有限合伙人在有限合伙企业中的资格。

第八十一条 有限合伙人退伙后,对基于其退伙前的原因发生的有限合伙企业债务,以其退伙时从有限合伙企业中取回的财产承担责任。

第八十二条 除合伙协议另有约定外,普通合伙人转变为有限合伙人,或者有限合伙人转变为普通合伙人,应当经全体合伙人一致同意。

第八十三条 有限合伙人转变为普通合伙人的,对其作为有限合伙人期间有限合伙企业发生的债务承担无限连带责任。

第八十四条 普通合伙人转变为有限合伙人的,对其作为普通合伙人期间合伙企业发生的债务承担无限连带责任。

第四章 解散、清算

第八十五条 合伙企业有下列情形之一的,应当解散:

(一)合伙期限届满,合伙人决定不再经营;

(二)合伙协议约定的解散事由出现;

(三)全体合伙人决定解散;

(四)合伙人已不具备法定人数满三十天;

(五)合伙协议约定的合伙目的已经实现或者无法实现;

(六)依法被吊销营业执照、责令关闭或者被撤销;

(七)法律、行政法规规定的其他原因。

第八十六条 合伙企业解散,应当由清算人进行清算。

清算人由全体合伙人担任;经全体合伙人过半数同意,可以自合伙企业解散事由出现后十五日内指定一个或者数个合伙人,或者委托第三人,担任清算人。

自合伙企业解散事由出现之日起十五日内未确定清算人的,合伙人或者其他利害关系人可以申请人民法院指定清算人。

第八十七条 清算人在清算期间执行下列事务:

(一)清理合伙企业财产,分别编制资产负债表和财产清单;

(二)处理与清算有关的合伙企业未了结事务;

(三)清缴所欠税款;

(四)清理债权、债务;

(五)处理合伙企业清偿债务后的剩余财产;

(六)代表合伙企业参加诉讼或者仲裁活动。

第八十八条 清算人自被确定之日起十日内将合伙企业解散事项通知债权人,并于六十日内在报纸上公告。债权人应当自接到通知书之日起三十日内,未接到通知书的自公告之日起四十五日内,向清算人申报债权。

债权人申报债权,应当说明债权的有关事项,并提供证明材料。清算人应当对债权进行登记。

清算期间,合伙企业存续,但不得开展与清算无关的经营活动。

第八十九条　合伙企业财产在支付清算费用和职工工资、社会保险费用、法定补偿金以及缴纳所欠税款、清偿债务后的剩余财产,依照本法第三十三条第一款的规定进行分配。

第九十条　清算结束,清算人应当编制清算报告,经全体合伙人签名、盖章后,在十五日内向企业登记机关报送清算报告,申请办理合伙企业注销登记。

第九十一条　合伙企业注销后,原普通合伙人对合伙企业存续期间的债务仍应承担无限连带责任。

第九十二条　合伙企业不能清偿到期债务的,债权人可以依法向人民法院提出破产清算申请,也可以要求普通合伙人清偿。

合伙企业依法被宣告破产的,普通合伙人对合伙企业债务仍应承担无限连带责任。

第五章　法 律 责 任

第九十三条　违反本法规定,提交虚假文件或者采取其他欺骗手段,取得合伙企业登记的,由企业登记机关责令改正,处以五千元以上五万元以下的罚款;情节严重的,撤销企业登记,并处以五万元以上二十万元以下的罚款。

第九十四条　违反本法规定,合伙企业未在其名称中标明"普通合伙"、"特殊普通合伙"或者"有限合伙"字样的,由企业登记机关责令限期改正,处以二千元以上一万元以下的罚款。

第九十五条　违反本法规定,未领取营业执照,而以合伙企业或者合伙企业分支机构名义从事合伙业务的,由企业登记机关责令停止,处以五千元以上五万元以下的罚款。

合伙企业登记事项发生变更时,未依照本法规定办理变更登记的,由企业登记机关责令限期登记;逾期不登记的,处以二千元以上二万元以下的罚款。

合伙企业登记事项发生变更,执行合伙事务的合伙人未按期申请办理变更登记的,应当赔偿由此给合伙企业、其他合伙人或者善意第三人造成的损失。

第九十六条　合伙人执行合伙事务,或者合伙企业从业人员利用职务上的便利,将应当归合伙企业的利益据为己有的,或者采取其他手段侵占合伙企业财产的,应当将该利益和财产退还合伙企业;给合伙企业或者其他合伙人造成损失的,依法承担赔偿责任。

第九十七条　合伙人对本法规定或者合伙协议约定必须经全体合伙人一致同意始得执行的事务擅自处理,给合伙企业或者其他合伙人造成损失的,依法承担赔偿责任。

第九十八条　不具有事务执行权的合伙人擅自执行合伙事务,给合伙企业或者其他合伙人造成损失的,依法承担赔偿责任。

第九十九条　合伙人违反本法规定或者合伙协议的约定,从事与本合伙企业相竞争的业务或者与本合伙企业进行交易的,该收益归合伙企业所有;给合伙企业或者其他合伙人造成损失的,依法承担赔偿责任。

第一百条　清算人未依照本法规定向企业登记机关报送清算报告,或者报送清算报告隐瞒重要事实,或者有重大遗漏的,由企业登记机关责令改正。由此产生的费用和损失,由清算人承担和赔偿。

第一百零一条 清算人执行清算事务，牟取非法收入或者侵占合伙企业财产的，应当将该收入和侵占的财产退还合伙企业；给合伙企业或者其他合伙人造成损失的，依法承担赔偿责任。

第一百零二条 清算人违反本法规定，隐匿、转移合伙企业财产，对资产负债表或者财产清单作虚假记载，或者在未清偿债务前分配财产，损害债权人利益的，依法承担赔偿责任。

第一百零三条 合伙人违反合伙协议的，应当依法承担违约责任。

合伙人履行合伙协议发生争议的，合伙人可以通过协商或者调解解决。不愿通过协商、调解解决或者协商、调解不成的，可以按照合伙协议约定的仲裁条款或者事后达成的书面仲裁协议，向仲裁机构申请仲裁。合伙协议中未订立仲裁条款，事后又没有达成书面仲裁协议的，可以向人民法院起诉。

第一百零四条 有关行政管理机关的工作人员违反本法规定，滥用职权、徇私舞弊、收受贿赂、侵害合伙企业合法权益的，依法给予行政处分。

第一百零五条 违反本法规定，构成犯罪的，依法追究刑事责任。

第一百零六条 违反本法规定，应当承担民事赔偿责任和缴纳罚款、罚金，其财产不足以同时支付的，先承担民事赔偿责任。

第六章 附 则

第一百零七条 非企业专业服务机构依据有关法律采取合伙制的，其合伙人承担责任的形式可以适用本法关于特殊的普通合伙企业合伙人承担责任的规定。

第一百零八条 外国企业或者个人在中国境内设立合伙企业的管理办法由国务院规定。

第一百零九条 本法自 2007 年 6 月 1 日起施行。

5. 中华人民共和国个人独资企业法

1999 年 8 月 30 日第九届全国人民代表大会常务委员会第十一次会议通过，中华人民共和国主席令第二十号发布，自 2000 年 1 月 1 日起施行。

第一章 总 则

第一条 为了规范个人独资企业的行为，保护个人独资企业投资人和债权人的合法权益，维护社会经济秩序，促进社会主义市场经济的发展，根据宪法，制定本法。

第二条 本法所称个人独资企业，是指依照本法在中国境内设立，由一个自然人投资，财产为投资人个人所有，投资人以其个人财产对企业债务承担无限责任的经营实体。

第三条 个人独资企业以其主要办事机构所在地为住所。

第四条 个人独资企业从事经营活动必须遵守法律、行政法规，遵守诚实信用原则，不得损害社会公共利益。

个人独资企业应当依法履行纳税义务。

第五条 国家依法保护个人独资企业的财产和其他合法权益。

第六条 个人独资企业应当依法招用职工。职工的合法权益受法律保护。

个人独资企业职工依法建立工会，工会依法开展活动。

第七条 在个人独资企业中的中国共产党党员依照中国共产党章程进行活动。

第二章　个人独资企业的设立

第八条　设立个人独资企业应当具备下列条件：

（一）投资人为一个自然人；

（二）有合法的企业名称；

（三）有投资人申报的出资；

（四）有固定的生产经营场所和必要的生产经营条件；

（五）有必要的从业人员。

第九条　申请设立个人独资企业，应当由投资人或者其委托的代理人向个人独资企业所在地的登记机关提交设立申请书、投资人身份证明、生产经营场所使用证明等文件。委托代理人申请设立登记时，应当出具投资人的委托书和代理人的合法证明。

个人独资企业不得从事法律、行政法规禁止经营的业务；从事法律、行政法规规定须报经有关部门审批的业务，应当在申请设立登记时提交有关部门的批准文件。

第十条　个人独资企业设立申请书应当载明下列事项：

（一）企业的名称和住所；

（二）投资人的姓名和居所；

（三）投资人的出资额和出资方式；

（四）经营范围。

第十一条　个人独资企业的名称应当与其责任形式及从事的营业相符合。

第十二条　登记机关应当在收到设立申请文件之日起十五日内，对符合本法规定条件的，予以登记，发给营业执照；对不符合本法规定条件的，不予登记，并应当给予书面答复，说明理由。

第十三条　个人独资企业的营业执照的签发日期，为个人独资企业成立日期。

在领取个人独资企业营业执照前，投资人不得以个人独资企业名义从事经营活动。

第十四条　个人独资企业设立分支机构，应当由投资人或者其委托的代理人向分支机构所在地的登记机关申请登记，领取营业执照。

分支机构经核准登记后，应将登记情况报该分支机构隶属的个人独资企业的登记机关备案。

分支机构的民事责任由设立该分支机构的个人独资企业承担。

第十五条　个人独资企业存续期间登记事项发生变更的，应当在作出变更决定之日起的十五日内依法向登记机关申请办理变更登记。

第三章　个人独资企业的投资人及事务管理

第十六条　法律、行政法规禁止从事营利性活动的人，不得作为投资人申请设立个人独资企业。

第十七条　个人独资企业投资人对本企业的财产依法享有所有权，其有关权利可以依法进行转让或继承。

第十八条　个人独资企业投资人在申请企业设立登记时明确以其家庭共有财产作为个人出资的，应当依法以家庭共有财产对企业债务承担无限责任。

第十九条　个人独资企业投资人可以自行管理企业事务，也可以委托或者聘用其他具有民事行为能力的人负责企业的事务管理。

投资人委托或者聘用他人管理个人独资企业事务,应当与受托人或者被聘用的人签订书面合同,明确委托的具体内容和授予的权利范围。

受托人或者被聘用的人员应当履行诚信、勤勉义务,按照与投资人签订的合同负责个人独资企业的事务管理。

投资人对受托人或者被聘用的人员职权的限制,不得对抗善意第三人。

第二十条 投资人委托或者聘用的管理个人独资企业事务的人员不得有下列行为:

(一)利用职务上的便利,索取或者收受贿赂;

(二)利用职务或者工作上的便利侵占企业财产;

(三)挪用企业的资金归个人使用或者借贷给他人;

(四)擅自将企业资金以个人名义或者以他人名义开立账户储存;

(五)擅自以企业财产提供担保;

(六)未经投资人同意,从事与本企业相竞争的业务;

(七)未经投资人同意,同本企业订立合同或者进行交易;

(八)未经投资人同意,擅自将企业商标或者其他知识产权转让给他人使用;

(九)泄露本企业的商业秘密;

(十)法律、行政法规禁止的其他行为。

第二十一条 个人独资企业应当依法设置会计账簿,进行会计核算。

第二十二条 个人独资企业招用职工的,应当依法与职工签订劳动合同,保障职工的劳动安全,按时、足额发放职工工资。

第二十三条 个人独资企业应当按照国家规定参加社会保险,为职工缴纳社会保险费。

第二十四条 个人独资企业可以依法申请贷款、取得土地使用权,并享有法律、行政法规规定的其他权利。

第二十五条 任何单位和个人不得违反法律、行政法规的规定,以任何方式强制个人独资企业提供财力、物力、人力;对于违法强制提供财力、物力、人力的行为,个人独资企业有权拒绝。

第四章 个人独资企业的解散和清算

第二十六条 个人独资企业有下列情形之一时,应当解散;

(一)投资人决定解散;

(二)投资人死亡或者被宣告死亡,无继承人或者继承人决定放弃继承;

(三)被依法吊销营业执照;

(四)法律、行政法规规定的其他情形。

第二十七条 个人独资企业解散,由投资人自行清算或者由债权人申请人民法院指定清算人进行清算。

投资人自行清算的,应当在清算前十五日内书面通知债权人,无法通知的,应当予以公告。债权人应当在接到通知之日起三十日内,未接到通知的应当在公告之日起六十日内,向投资人申报其债权。

第二十八条 个人独资企业解散后,原投资人对个人独资企业存续期间的债务仍应承担偿还责任,但债权人在五年内未向债务人提出偿债请求的,该责任消灭。

第二十九条　个人独资企业解散的,财产应当按照下列顺序清偿:

(一)所欠职工工资和社会保险费用;

(二)所欠税款;

(三)其他债务。

第三十条　清算期间,个人独资企业不得开展与清算目的无关的经营活动。在按前条规定清偿债务前,投资人不得转移、隐匿财产。

第三十一条　个人独资企业财产不足以清偿债务的,投资人应当以其个人的其他财产予以清偿。

第三十二条　个人独资企业清算结束后,投资人或者人民法院指定的清算人应当编制清算报告,并于十五日内到登记机关办理注销登记。

第五章　法律责任

第三十三条　违反本法规定,提交虚假文件或采取其他欺骗手段,取得企业登记的,责令改正,处以五千元以下的罚款;情节严重的,并处吊销营业执照。

第三十四条　违反本法规定,个人独资企业使用的名称与其在登记机关登记的名称不相符合的,责令限期改正,处以二千元以下的罚款。

第三十五条　涂改、出租、转让营业执照的,责令改正,没收违法所得,处以三千元以下的罚款;情节严重的,吊销营业执照。

伪造营业执照的,责令停业,没收违法所得,处以五千元以下的罚款。构成犯罪的,依法追究刑事责任。

第三十六条　个人独资企业成立后无正当理由超过六个月未开业的,或者开业后自行停业连续六个月以上的,吊销营业执照。

第三十七条　违反本法规定,未领取营业执照,以个人独资企业名义从事经营活动的,责令停止经营活动,处以三千元以下的罚款。

个人独资企业登记事项发生变更时,未按本法规定办理有关变更登记的,责令限期办理变更登记;逾期不办理的,处以二千元以下的罚款。

第三十八条　投资人委托或者聘用的人员管理个人独资企业事务时违反双方订立的合同,给投资人造成损害的,承担民事赔偿责任。

第三十九条　个人独资企业违反本法规定,侵犯职工合法权益,未保障职工劳动安全,不缴纳社会保险费用的,按照有关法律、行政法规予以处罚,并追究有关责任人员的责任。

第四十条　投资人委托或者聘用的人员违反本法第二十条规定,侵犯个人独资企业财产权益的,责令退还侵占的财产;给企业造成损失的,依法承担赔偿责任;有违法所得的,没收违法所得;构成犯罪的,依法追究刑事责任。

第四十一条　违反法律、行政法规的规定强制个人独资企业提供财力、物力、人力的,按照有关法律、行政法规予以处罚,并追究有关责任人员的责任。

第四十二条　个人独资企业及其投资人在清算前或清算期间隐匿或转移财产,逃避债务的,依法追回其财产,并按照有关规定予以处罚;构成犯罪的,依法追究刑事责任。

第四十三条　投资人违反本法规定,应当承担民事赔偿责任和缴纳罚款、罚金,其财产不足以支付的,或者被判处没收财产的,应当先承担民事赔偿责任。

第四十四条　登记机关对不符合本法规定条件的个人独资企业予以登记,或者对符合本法规定条件的企业不予登记的,对直接责任人员依法给予行政处分;构成犯罪的,依法追究刑事责任。

第四十五条　登记机关的上级部门的有关主管人员强令登记机关对不符合本法规定条件的企业予以登记,或者对符合本法规定条件的企业不予登记的,或者对登记机关的违法登记行为进行包庇的,对直接责任人员依法给予行政处分;构成犯罪的,依法追究刑事责任。

第四十六条　登记机关对符合法定条件的申请不予登记或者超过法定时限不予答复的,当事人可依法申请行政复议或提起行政诉讼。

第六章　附　　则

第四十七条　外商独资企业不适用本法。

第四十八条　本法自 2000 年 1 月 1 日起施行。

6. 中共中央关于建立社会主义市场经济体制若干问题的决定

1993 年 11 月 14 日中国共产党第十四届中央委员会第三次全体会议通过。

为贯彻落实党的第十四次全国代表大会提出的经济体制改革的任务,加快改革开放和社会主义现代化建设步伐,十四届中央委员会第三次全体会议讨论了关于建立社会主义市场经济体制的若干重大问题,并作出如下决定。

一、我国经济体制改革面临的新形势和新任务

(1) 在邓小平同志建设有中国特色社会主义的理论指导下,经过十多年改革,我国经济体制发生了巨大变化。以公有制为主体的多种经济成分共同发展的格局初步形成,农村经济体制改革不断深入,国有企业经营机制正在转换,市场在资源配置中的作用迅速扩大,对外经济技术交流与合作广泛展开,计划经济体制逐步向社会主义市场经济体制过渡。改革解放和发展了社会生产力,推动我国经济建设、人民生活和综合国力上了一个大台阶。在国际风云急剧变幻的情况下,中国的社会主义制度显示了强大的生命力。改革开放是党和人民在认真总结历史经验的基础上,作出的符合社会经济发展规律的战略决策,是我国实现现代化的必由之路。

以邓小平同志 1992 年年初重要谈话和党的十四大为标志,我国改革开放和现代化建设事业进入了一个新的发展阶段。十四大明确提出的建立社会主义市场经济体制,这是建设有中国特色社会主义理论的重要组成部分,对于我国现代化建设事业具有重大而深远的意义。在本世纪末初步建立起新的经济体制,是全党和全国各族人民在新时期的伟大历史任务。

(2) 社会主义市场经济体制是同社会主义基本制度结合在一起的。建立社会主义市场经济体制,就是要使市场在国家宏观调控下对资源配置起基础性作用。为实现这个目标,必须坚持以公有制为主体、多种经济成分共同发展的方针,进一步转换国有企业经营机制,建立适应市场经济要求,产权清晰、权责明确、政企分开、管理科学的现代企业制度;建立全国统一开放的市场体系,实现城乡市场紧密结合,国内市场与国际市场相互衔接,促进资源的优化配置;转变政府管理经济的职能,建立以间接手段为主的完善的宏观调控体系,保证国民经济的健康运行;建立以按劳分配为主体,效率优先、兼顾公平的收入分配制度,鼓励一部分地区一部分人先富起来,走共同富裕的道路;建立多层次的社会保障制度,为城乡居民提供同我国国情相适应的社会保障,促进经济发展和社会稳定。这些主要环节是相互联系和相互制

约的有机整体,构成社会主义市场经济体制的基本框架。必须围绕这些主要环节,建立相应的法律体系,采取切实措施,积极而有步骤地全面推进改革,促进社会生产力的发展。

(3)建立社会主义市场经济体制是一项前无古人的开创性事业,需要解决许多极其复杂的问题。十五年来,我们已经走出一条卓有成效的改革之路,积累了丰富经验。实践证明,毫不动摇地坚持邓小平同志建设有中国特色社会主义的理论,坚持党在社会主义初级阶段的基本路线,我们就能够经受各种考验,顺利实现改革开放和现代化建设的宏伟目标。

在建立社会主义市场经济体制的进程中,我们应当在党的基本理论和基本路线指引下,始终坚持以是否有利于发展社会主义社会的生产力,是否有利于增强社会主义国家的综合国力,是否有利于提高人民的生活水平,作为决定各项改革措施取舍和检验其得失的根本标准,注意把握好以下几点。

——解放思想,实事求是。要转变计划经济的传统观念,提倡积极探索,敢于试验。既继承优良传统,又勇于突破陈规,从中国国情出发,借鉴世界各国包括资本主义发达国家一切反映社会化生产和市场经济一般规律的经验。要警惕右,主要是防止"左"。

——以经济建设为中心,改革开放、经济发展和社会稳定相互促进,相互统一。发展是硬道理。只有抓住有利时机,深化改革,扩大开放,加快发展,才能巩固安定团结的政治局面。只有坚持四项基本原则,坚持两手抓,保持社会政治稳定,才能有力地保证改革开放和经济发展的顺利推进。在积极发展经济和改革开放的过程中,注意稳妥,避免大的损失和社会震动。

——尊重群众首创精神,重视群众切身利益。及时总结群众创造出来的实践经验,尊重群众意愿,把群众的积极性引导好、保护好、发挥好。在深化改革和发展经济的过程中,妥善处理积累和消费、全局和局部、长期利益和近期利益的关系,不断提高群众生活水平,使改革赢得广泛而深厚的群众基础。

——整体推进和重点突破相结合。改革从农村起步逐渐向城市拓展,实现城乡改革结合,微观改革与宏观改革相配套,对内搞活和对外开放紧密联系、相互促进,是符合中国国情的正确决策。重大的改革举措,根据不同情况,有的先制订方案,在经济体制的相关方面配套展开;有的先在局部试验,取得经验后再推广。既注意改革的循序渐进,又不失时机地在重要环节取得突破,带动改革全局。

二、转换国有企业经营机制,建立现代企业制度

(4)以公有制为主体的现代企业制度是社会主义市场经济体制的基础。十几年来,采取扩大国有企业经营自主权、改革经营方式等措施,增强了企业活力,为企业进入市场奠定了初步基础。继续深化企业改革,必须解决深层次矛盾,着力进行企业制度的创新,进一步解放和发展生产力,充分发挥社会主义制度的优越性。

建立现代企业制度,是发展社会化大生产和市场经济的必然要求,是我国国有企业改革的方向。其基本特征,一是产权关系明晰,企业中的国有资产所有权属于国家,企业拥有包括国家在内的出资者投资形成的全部法人财产权,成为享有民事权利、承担民事责任的法人实体。二是企业以其全部法人财产,依法自主经营,自负盈亏,照章纳税,对出资者承担资产保值增值的责任。三是出资者按投入企业的资本额享有所有者的权益,即资产受益、重大决策和选择管理者等权利。企业破产时,出资者只以投入企业的资本额对企业债务负有限责任。四是企业按照市场需求组织生产经营,以提高劳动生产率和经济效益为目的,政府不直接干预企业的生产经营活动。企业在市场竞争中优胜劣汰,长期亏损、资不抵债的应依法破产。五是建立科学的企业领导体制和组织管理制度,调节所有者、经营者和职工之间的关系,形成激励和约束相结合的经营机制。所有企业都要向这个方向努力。

（5）建立现代企业制度是一项艰巨复杂的任务，必须积累经验，创造条件，逐步推进。当前，要继续贯彻《全民所有制工业企业法》和《全民所有制工业企业转换经营机制条例》，把企业的各项权利和责任不折不扣地落到实处。加强国有企业财产的监督管理，实现企业国有资产保值增值。加快转换国有企业经营机制和企业组织结构调整的步伐。坚决制止向企业乱集资、乱摊派、乱收费。减轻企业办社会的负担。有步骤地清产核资，界定产权，清理债权债务，评估资产，核实企业法人财产占用量。从各方面为国有企业稳步地向现代企业制度转变创造条件。

（6）国有大中型企业是国民经济的支柱，推行现代企业制度，对于提高经营管理水平和竞争能力，更好地发挥主导作用，具有重要意义。现代企业按照财产构成可以有多种组织形式。国有企业实行公司制，是建立现代企业制度的有益探索。规范的公司，能够有效地实现出资者所有权与企业法人财产权的分离，有利于政企分开、转换经营机制，企业摆脱对行政机关的依赖，国家解除对企业承担的无限责任；也有利于筹集资金、分散风险。公司可以有不同的类型。具备条件的国有大中型企业，单一投资主体的可依法改组为独资公司，多个投资主体的可依法改组为有限责任公司或股份有限公司。上市的股份有限公司，只能是少数，必须经过严格审定。国有股权在公司中占有多少份额比较合适，可按不同产业和股权分散程度区别处理。生产某些特殊产品的公司和军工企业应由国家独资经营，支柱产业和基础产业中的骨干企业，国家要控股并吸收非国有资金入股，以扩大国有经济的主导作用和影响范围。实行公司制不是简单更换名称，也不是单纯为了筹集资金，而要着重于转换机制。要通过试点，逐步推行，绝不能搞形式主义，一哄而起。要防止把不具备条件的企业硬行改为公司。现有公司要按规范的要求加以整顿。

按照现代企业制度的要求，现有全国性行业总公司要逐步改组为控股公司。发展一批以公有制为主体，以产权联结为主要纽带的跨地区、跨行业的大型企业集团，发挥其在促进结构调整，提高规模效益，加快新技术、新产品开发，增强国际竞争能力等方面的重要作用。

一般小型国有企业，有的可以实行承包经营、租赁经营，有的可以改组为股份合作制，也可以出售给集体或个人。出售企业和股权的收入，由国家转投于急需发展的产业。

（7）改革和完善企业领导体制和组织管理制度。坚持和完善厂长（经理）负责制，保证厂长（经理）依法行使职权。实行公司制的企业，要按照有关法规建立内部组织机构。企业中的党组织要发挥政治核心作用，保证监督党和国家方针政策的贯彻执行。全心全意依靠工人阶级。工会与职工代表大会要组织职工参加企业的民主管理，维护职工的合法权益。要加强职工队伍建设，造就企业家队伍。形成企业内部权责分明、团结合作、相互制约的机制，调动各方面的积极性。企业要按照市场经济的要求，完善和严格内部经营管理，严肃劳动纪律，加强技术开发、质量管理以及营销、财务和信息工作，提高决策水平、企业素质和经济效益。加强企业文化建设，培育优良的职业道德，树立敬业爱厂、遵法守信、开拓创新的精神。

（8）加强企业中的国有资产管理。对国有资产实行国家统一所有、政府分级监管、企业自主经营的体制。按照政府的社会经济管理职能和国有资产所有者职能分开的原则，积极探索国有资产管理和经营的合理形式和途径。加强中央和省、自治区、直辖市两级政府专司国有资产管理的机构。当前国有资产管理不善和严重流失的情况，必须引起高度重视。有关部门对其分工监管的企业国有资产要负起监督职责，根据需要可派出监事会，对企业的国有资产保值增值实行监督。严禁将国有资产低价折股，低价出售，甚至无偿分给个人。要健全制度,从各方面堵塞漏洞,确保国有资产及其权益不受侵犯。

(9)坚持以公有制为主体、多种经济成分共同发展的方针。在积极促进国有经济和集体经济发展的同时,鼓励个体、私营、外资经济发展,并依法加强管理。随着产权的流动和重组,财产混合所有的经济单位越来越多,将会形成新的财产所有结构。就全国来说,公有制在国民经济中应占主体地位,有的地方、有的产业可以有所差别。公有制的主体地位主要体现在国家和集体所有的资产在社会总资产中占优势,国有经济控制国民经济命脉及其对经济发展的主导作用等方面。公有制经济特别是国有经济,要积极参与市场竞争,在市场竞争中壮大和发展。国家要为各种所有制经济平等参与市场竞争创造条件,对各类企业一视同仁。现有城镇集体企业,也要理顺产权关系,区别不同情况可改组为股份合作制企业或合伙企业。有条件的也可以组建为有限责任公司。少数规模大、效益好的,也可以组建为股份有限公司或企业集团。

三、培育和发展市场体系

(10)发挥市场机制在资源配置中的基础性作用,必须培育和发展市场体系。当前要着重发展生产要素市场,规范市场行为,打破地区、部门的分割和封锁,反对不正当竞争,创造平等竞争的环境,形成统一、开放、竞争、有序的大市场。

(11)推进价格改革,建立主要由市场形成价格的机制。现在大部分商品价格已经放开,但少数生产资料价格双轨制仍然存在,生产要素价格的市场化程度还比较低,价格形成和调节机制还不健全。深化价格改革的主要任务是:在保持价格总水平相对稳定的前提下,放开竞争性商品和服务的价格,调顺少数由政府定价的商品和服务的价格;尽快取消生产资料价格双轨制;加速生产要素价格市场化进程;建立和完善少数关系国计民生的重要商品的储备制度,平抑市场价格。

(12)改革现有商品流通体系,进一步发展商品市场。在重要商品的产地、销地或集散地,建立大宗农产品、工业消费品和生产资料的批发市场。严格规范少数商品期货市场试点。国有流通企业要转换经营机制,积极参与市场竞争,提高经济效益,并在完善和发展批发市场中发挥主导作用。根据商品流通的需要,构造大中小相结合、各种经济形式和经营方式并存、功能完备的商品市场网络,推动流通现代化。

(13)当前培育市场体系的重点是,发展金融市场、劳动力市场、房地产市场、技术市场和信息市场等。

发展和完善以银行融资为主的金融市场。资本市场要积极稳妥地发展债券、股票融资。建立发债机构和债券信用评级制度,促进债券市场健康发展。规范股票的发行和上市,并逐步扩大规模。货币市场要发展规范的银行同业拆借和票据贴现,中央银行开展国债买卖。坚决制止和纠正违法违章的集资、拆借等融资活动。

改革劳动制度,逐步形成劳动力市场。我国劳动力充裕是经济发展的优势,同时也存在着就业的压力,要把开发利用和合理配置人力资源作为发展劳动力市场的出发点。广开就业门路,更多地吸纳城镇劳动力就业。鼓励和引导农村剩余劳动力逐步向非农产业转移和地区间的有序流动。发展多种就业形式,运用经济手段调节就业结构,形成用人单位和劳动者双向选择、合理流动的就业机制。

规范和发展房地产市场。我国地少人多,必须十分珍惜和合理使用土地资源,加强土地管理。切实保护耕地,严格控制农业用地转为非农业用地。国家垄断城镇土地一级市场。实行土地使用权有偿有限期出让制度,对商业性用地使用权的出让,要改变协议批租方式,实行招标、拍卖。同时加强土地二级市场的管理,建立正常的土地使用权价格的市场形成机制。通过开征和调整房地产税费等措施,防止在房地产交易中获取暴利和国家收益的流失。控制高档房屋和高消费游乐设施的过快增长。加快城镇住房制度改革,控制住房用地价格,促进住房商品化和住房建设的发展。

进一步发展技术、信息市场。引入竞争机制,保护知识产权,实行技术成果有偿转让,实现技术产品和信息商品化、产业化。

(14) 发展市场中介组织,发挥其服务、沟通、公证、监督作用。当前要着重发展会计师、审计师和律师事务所,公证和仲裁机构,计量和质量检验认证机构,信息咨询机构,资产和资信评估机构等。发挥行业协会、商会等组织的作用。中介组织要依法通过资格认定,依据市场规则,建立自律性运行机制,承担相应的法律和经济责任,并接受政府有关部门的管理和监督。

(15) 改善和加强对市场的管理和监督。建立正常的市场进入、市场竞争和市场交易秩序,保证公平交易,平等竞争,保护经营者和消费者的合法权益。坚决依法惩处生产和销售假冒伪劣产品、欺行霸市等违法行为。提高市场交易的公开化程度,建立有权威的市场执法和监督机构,加强对市场的管理,发挥社会舆论对市场的监督作用。

四、转变政府职能,建立健全宏观经济调控体系

(16) 转变政府职能,改革政府机构,是建立社会主义市场经济体制的迫切要求。政府管理经济的职能,主要是制订和执行宏观调控政策,搞好基础设施建设,创造良好的经济发展环境。同时,要培育市场体系、监督市场运行和维护平等竞争,调节社会分配和组织社会保障,控制人口增长,保护自然资源和生态环境,管理国有资产和监督国有资产经营,实现国家的经济和社会发展目标。政府运用经济手段、法律手段和必要的行政手段管理国民经济,不直接干预企业的生产经营活动。

目前各级政府普遍存在机构臃肿,人浮于事,职能交叉,效率低下的问题,严重障碍企业经营机制的转换和新体制的建立进程,要按照政企分开,精简、统一、效能的原则,继续并尽早完成政府机构改革。政府经济管理部门要转变职能,专业经济部门要逐步减少,综合经济部门要做好综合协调工作,同时加强政府的社会管理职能,保证国民经济正常运行和良好的社会秩序。

(17) 社会主义市场经济必须有健全的宏观调控体系。宏观调控的主要任务是:保持经济总量的基本平衡,促进经济结构的优化,引导国民经济持续、快速、健康发展,推动社会全面进步。宏观调控主要采取经济办法,近期要在财税、金融、投资和计划体制的改革方面迈出重大步伐,建立计划、金融、财政之间相互配合和制约的机制,加强对经济运行的综合协调。计划提出国民经济和社会发展的目标、任务,以及需要配套实施的经济政策;中央银行以稳定币值为首要目标,调节货币供应总量,并保持国际收支平衡;财政运用预算和税收手段,着重调节经济结构和社会分配。运用货币政策与财政政策,调节社会总需求与总供给的基本平衡,并与产业政策相配合,促进国民经济和社会的协调发展。

(18) 积极推进财税体制改革。近期改革的重点,一是把现行地方财政包干制改为在合理划分中央与地方事权基础上的分税制,建立中央税收和地方税收体系。维护国家权益和实施宏观调控所必需的税种列为中央税;同经济发展直接相关的主要税种列为共享税;充实地方税税种,增加地方税收收入。通过发展经济,提高效益,扩大财源,逐步提高财政收入在国民生产总值中的比重,合理确定中央财政收入和地方财政收入的比例。实行中央财政对地方

的返还和转移支付的制度,以调节分配结构和地区结构,特别是扶持经济不发达地区的发展和老工业基地的改造。二是按照统一税法、公平税负、简化税制和合理分权的原则,改革和完善税收制度。推行以增值税为主体的流转税制度,对少数商品征收消费税,对大部分非商品经营继续征收营业税。在降低国有企业所得税税率,取消能源交通重点建设基金和预算调节基金的基础上,企业依法纳税,理顺国家和国有企业的利润分配关系。统一企业所得税和个人所得税,规范税率,扩大税基。开征和调整某些税种,清理税收减免,严格税收征管,堵塞税收流失。三是改进和规范复式预算制度。建立政府公共预算和国有资产经营预算,并可以根据需要建立社会保障预算和其他预算。要严格控制财政赤字。中央财政赤字不再向银行透支,而靠发行长短期国债解决。统一管理政府的国内外债务。

(19)加快金融体制改革。中国人民银行作为中央银行,在国务院领导下独立执行货币政策,从主要依靠信贷规模管理,转变为运用存款准备金率、中央银行贷款利率和公开市场业务等手段,调控货币供应量,保持币值稳定;监管各类金融机构,维护金融秩序,不再对非金融机构办理业务。银行业与证券业实行分业管理。组建货币政策委员会,及时调整货币和信贷政策。按照货币在全国范围流通和需要集中统一调节的要求,中国人民银行的分支机构为总行的派出机构,应积极创造条件跨行政区设置。建立政策性银行,实行政策性业务与商业性业务分离。组建国家开发银行和进出口信贷银行,改组中国农业银行,承担严格界定的政策性业务。发展商业性银行。现有的专业银行要逐步转变为商业银行,并根据需要有步骤地组建农村合作银行和城市合作银行。商业银行要实行资产负债比例管理和风险管理。规范与发展非银行金融机构。中央银行按照资金供求状况及时调整基准利率,并允许商业银行存贷款利率在规定幅度内自由浮动。改革外汇管理体制,建立以市场为基础的有管理的浮动汇率制度和统一规范的外汇市场。逐步使人民币成为可兑换的货币。实现银行系统计算机网络化,扩大商业汇票和支票等结算工具的使用面,严格结算纪律,提高结算效率,积极推行信用卡,减少现金流通量。

(20)深化投资体制改革。逐步建立法人投资和银行信贷的风险责任。竞争性项目投资由企业自主决策,自担风险,所需贷款由商业银行自主决定,自负盈亏。用项目登记备案制代替现行的行政审批制,把这方面的投融资活动推向市场,国家用产业政策予以引导。基础性项目建设要鼓励和吸引各方投资参与。地方政府负责地区性的基础设施建设。国家重大建设项目,按照统一规划,由国家开发银行等政策性银行,通过财政投融资和金融债券等渠道筹资,采取控股、参股和政策性优惠贷款等多种形式进行;企业法人对筹划、筹资、建设直至生产经营、归还贷款本息以及资产保值增值全过程负责。社会公益性项目建设,要广泛吸收社会各界资金,根据中央和地方事权划分,由政府通过财政统筹安排。

(21)加快计划体制改革,进一步转变计划管理职能。国家计划要以市场为基础,总体上应当是指导性的计划。计划工作的任务,是合理确定国民经济和社会发展的战略、宏观调控目标和产业政策,搞好经济预测,规划重大经济结构、生产力布局、国土整治和重点建设。计划工作要突出宏观性、战略性、政策性,把重点放到中长期计划上,综合协调宏观经济政策和经济杠杆的运用。建立新的国民经济核算体系,完善宏观经济监测预警系统。

(22)合理划分中央与地方经济管理权限,发挥中央和地方两个积极性。宏观经济调控权,包括货币的发行、基准利率的确定、汇率的调节和重要税种税率的调整等,必须集中在中央。这是保证经济总量平衡、经济结构优化和全国市场统一的需要。我国国家大,人口多,必须赋予省、自治区和直辖市必要的权力,使其能够按照国家法律、法规和宏观政策,制订地区性的法规、政策和规划；通过地方税收和预算，调节本地区的经济活动；充分运用地方资源，促进本地区的经济和社会发展。

五、建立合理的个人收入分配和社会保障制度

（23）个人收入分配要坚持以按劳分配为主体、多种分配方式并存的制度，体现效率优先、兼顾公平的原则。劳动者的个人劳动报酬要引入竞争机制，打破平均主义，实行多劳多得，合理拉开差距。坚持鼓励一部分地区一部分人通过诚实劳动和合法经营先富起来的政策，提倡先富带动和帮助后富，逐步实现共同富裕。

（24）建立适应企业、事业单位和行政机关各自特点的工资制度与正常的工资增长机制。国有企业在职工工资总额增长率低于企业经济效益增长率，职工平均工资增长率低于本企业劳动生产率增长的前提下，根据劳动就业供求变化和国家有关政策规定，自主决定工资水平和内部分配方式。行政机关实行国家公务员制度，公务员的工资由国家根据经济发展状况并参照企业平均工资水平确定和调整，形成正常的晋级和工资增长机制。事业单位实行不同的工资制度和分配方式，有条件的可以实行企业工资制度。国家制订最低工资标准，各类企事业单位必须严格执行。积极推进个人收入的货币化和规范化。

（25）国家依法保护法人和居民的一切合法收入和财产，鼓励城乡居民储蓄和投资，允许属于个人的资本等生产要素参与收益分配。逐步建立个人收入应税申报制度，依法强化征管个人所得税，适时开征遗产税和赠与税。要通过分配政策和税收调节，避免由于少数人收入畸高形成两极分化。对侵吞公有财产和采取偷税抗税、行贿受贿、贪赃枉法等非法手段牟取收入的，要依法惩处。

（26）建立多层次的社会保障体系，对于深化企业和事业单位改革，保持社会稳定，顺利建立社会主义市场经济体制具有重大意义。社会保障体系包括社会保险、社会救济、社会福利、优抚安置和社会互助、个人储蓄积累保障。社会保障政策要统一，管理要法制化。社会保障水平要与我国社会生产力发展水平以及各方面的承受能力相适应。城乡居民的社会保障办法应有区别。提倡社会互助。发展商业性保险业，作为社会保险的补充。

（27）按照社会保障的不同类型确定其资金来源和保障方式。重点完善企业养老和失业保险制度，强化社会服务功能以减轻企业负担，促进企业组织结构调整，提高企业经济效益和竞争能力。城镇职工养老和医疗保险金由单位和个人共同负担，实行社会统筹和个人账户相结合。进一步健全失业保险制度，保险费由企业按职工工资总额一定比例统一筹交。普遍建立企业工伤保险制度。农民养老以家庭保障为主，与社区扶持相结合。有条件的地方，根据农民自愿，也可以实行个人储蓄积累养老保险。发展和完善农村合作医疗制度。

（28）建立统一的社会保障管理机构。提高社会保障事业的管理水平，形成社会保险基金筹集、运营的良性循环机制。社会保障行政管理和社会保险基金经营要分开。社会保障管理机构主要是行使行政管理职能。建立由政府有关部门和社会公众代表参加的社会保险基金监督组织，监督社会保险基金的收支和管理。社会保险基金经办机构，在保证基金正常支付和安全性流动性的前提下，可依法把社会保险基金主要用于购买国家债券，确保社会保险基金的保值增值。

六、深化农村经济体制改革

（29）农业、农村和农民问题，是我国经济发展和现代化建设的根本问题。我国农村十多年来的改革，使农村社会经济面貌发生了历史性的变化，也为整个国民经济的改革和发展奠定了基础。近年来，农村面临着一些亟待解决的新问题，主要是农业特别是粮棉生产的比较

效益下降,工农业产品价格剪刀差扩大,农民收入增长缓慢。必须稳定党在农村的基本政策,深化农村改革,加快农村经济发展,增加农民收入,进一步增强农业的基础地位,保证到本世纪末农业再上一个新台阶,广大农民的生活由温饱达到小康水平。

(30)我国农村经济的发展,开始进入以调整结构、提高效益为主要特征的新阶段。要适应市场对农产品消费需求的变化,优化品种结构,使农业朝着高产、优质、高效的方向发展。在保持粮棉等基本农产品稳定增长的前提下,调整农村的产业结构,加快乡镇企业和其他非农产业的发展,为农村剩余劳动力提供更多的就业机会。实现农业产品结构和农村产业结构调整,必须积极培育农村市场,打破地区封锁、城乡分割的状况,进一步搞活流通,增强农村经济发展的开放性,使各种经济资源在更大的范围内流动和组合。这是加快农村经济发展,提高农民收入的根本途径。

(31)以家庭联产承包为主的责任制和统分结合的双层经营体制,是农村的一项基本经济制度,必须长期稳定,并不断完善。在坚持土地集体所有的前提下,延长耕地承包期,允许继承开发性生产项目的承包经营权,允许土地使用权依法有偿转让。少数经济比较发达的地方,本着群众自愿原则,可以采取转包、入股等多种形式发展适度规模经营,提高农业劳动生产率和土地生产率。乡村集体经济组织,要积极兴办服务性的经济实体,为家庭经营提供服务,逐步积累集体资产,壮大集体经济实力。

(32)发展农村社会化服务体系,促进农业专业化、商品化、社会化。从农民实际需要出发,发展多样化的服务组织,形成乡村集体经济组织、国家经济技术部门和各种专业技术协会等农民联合组织相结合的服务网络。各级供销社要继续深化改革,真正办成农民的合作经济组织,积极探索向综合性服务组织发展的新路子。逐步全面放开农产品经营,改变部门分割、产销脱节的状况,发展各种形式的贸工农一体化经营,把生产、加工、销售环节紧密结合起来。加快农村教育的改革和发展。积极推进农科教结合,加强农业科学技术的研究和先进适用技术的推广,用现代科学技术改造传统农业。要积极面向国际市场,大力发展高附加值产品和出口创汇农业。

(33)乡镇企业是农村经济的重要支柱。要完善承包经营责任制,发展股份合作制,进行产权制度和经营方式的创新,进一步增强乡镇企业的活力。在明晰产权的基础上,促进生产要素跨社区流动和组合,形成更合理的企业布局。加强规划,引导乡镇企业适当集中,充分利用和改造现有小城镇,建设新的小城镇。逐步改革小城镇的户籍管理制度,允许农民进入小城镇务工经商,发展农村第三产业,促进农村剩余劳动力的转移。

(34)加强政府对农业生产的支持和对农民利益的保护。各级政府要逐步增加对农业的投入,积极鼓励农民和集体增加劳动和资金投入,不断改善农业生产条件,增强农业的物质技术基础。要抓紧建立和健全粮食等基本农产品的储备调节体系和市场风险基金,实行保护价收购制度,防止市场价格过大波动。扶持农用工业发展。对农民负担的费用和劳务实行规范化、法制化管理,切实保护农民的经济利益。

(35)扶持贫困地区特别是革命老区、少数民族地区、边远地区发展经济。中央和地方都要关心和支持这些地区的社会经济发展,进一步加强扶贫开发工作,重点搞好农业基本建设,改善交通通信状况。扩大发达地区与贫困地区的干部交流和经济技术协作。增强群众的市场经济意识,充分利用当地的资源优势,逐步形成主要靠自己力量脱贫致富的机制。

七、深化对外经济体制改革,进一步扩大对外开放

(36)坚定不移地实行对外开放政策,加快对外开放步伐,充分利用国际国内两个市场、

两种资源,优化资源配置。积极参与国际竞争与国际经济合作,发挥我国经济的比较优势,发展开放型经济,使国内经济与国际经济实现互接互补。依照我国国情和国际经济活动的一般准则,规范对外经济活动,正确处理对外经济关系,不断提高国际竞争能力。

(37) 实行全方位开放。继续推进经济特区、沿海开放城市、沿海开放地带,以及沿边、沿江和内陆中心城市的对外开放,充分发挥开放地区的辐射和带动作用;加快主要交通干线沿线地带的开发开放;鼓励中、西部地区吸收外资开发和利用自然资源,促进经济振兴;统筹规划,认真办好经济技术开发区、保税区,形成既有层次又各具特点的全方位开放格局。拓宽对外开放的领域,扩大生产要素的流动和交换,在注重工业和贸易领域国际联系的基础上,加快其他产业的对外开放,促进服务贸易的发展。改进海关、商检、运输等各项口岸工作。加强对境外中资企业的管理。认真总结经验,不断提高对外开放程度,引导对外开放向高层次、宽领域、纵深化方向发展。

(38) 进一步改革对外经济贸易体制,建立适应国际经济通行规则的运行机制。坚持统一政策、放开经营、平等竞争、自负盈亏、工贸结合、推行代理制的改革方向。加速转换各类企业的对外经营机制,按照现代企业制度改组国有对外经贸企业,赋予具备条件的生产和科技企业对外经营权,发展一批国际化、实业化、集团化的综合贸易公司。国家主要运用汇率、税收和信贷等经济手段调节对外经济活动。改革进出口管理制度,取消指令性计划,减少行政干预;对少数实行数量限制的进出口商品的管理,按照效益、公正和公开的原则,实行配额招标、拍卖或规则化分配。发挥进出口商会协调指导、咨询服务的作用。积极推进以质取胜和市场多元化战略。进一步搞好边境贸易。完善出口退税制度。降低关税总水平,合理调整关税结构,严格征管,打击走私。深化对外经济技术合作体制改革,提高综合经营能力和整体效益。统一和健全对外经济法规,维护国家利益。

(39) 积极引进外来资金、技术、人才和管理经验。改善投资环境和管理办法,扩大引进规模,拓宽投资领域,进一步开放国内市场。创造条件对外商投资企业实行国民待遇,依法完善对外商投资企业的管理。引导外资重点投向基础设施、基础产业、高新技术产业和老企业的技术改造,鼓励兴办出口型企业。发挥我国资源和市场的比较优势,吸引外来资金和技术,促进经济发展。

八、进一步改革科技体制和教育体制

(40) 科学技术是第一生产力,经济建设必须依靠科学技术,科学技术工作必须面向经济建设。科技体制改革的目标,是建立适应社会主义市场经济发展,符合科技自身发展规律,科技与经济密切结合的新型体制,促进科技进步,攀登科技高峰,以实现经济、科技和社会的综合协调发展。中央、地方和企业都要加大科技投入,逐步形成结构优化、布局合理、精干高效的研究开发体系,推动开发研究、高新技术及其产业和基础性研究的发展,促进科技成果向现实生产力的转化。要改变部门分割的状况,推进科技系统的结构调整和人才的合理分流。实行"稳住一头,放开一片"的方针,加强基础性研究,发展高新技术研究,放开技术开发和科技服务机构的研究开发经营活动。积极发展各种所有制形式和经营方式的科技企业。应用研究和开发研究机构以及科技咨询和信息服务机构要面向市场,逐步实行企业化经营,增强自我发展和市场竞争能力。

(41) 积极促进科技经济一体化。一是选择国民经济中重大和关键技术领域,统一协调组织科研力量进行科技攻关。二是建立自主开发与技术引进相互促进的新机制,搞好技术引进和技术创新。办好高新技术产业开发区,促进高新技术成果商品化和产业化。三是鼓励科研机构、高等院校和企业合作进行技术开发，支持技术开发研究机构与大型企业或企业集团联合创办新产品、新工艺的研究开发机构，加快用高新技术改造传统产业的步伐。在企业内部建立起市场、科研、生产一体化的技术进步机制，使企业成为技术开发的主体。四是发展促进技术转让的中介机构、中间试验和工业试验，建立地区和行业的技术创新组织和技术推广网络。五是国防军工科研单位要继续贯彻军民结合的方针，进一步深化改革，转换机制，在保障国防建设的前提下，加强军民两用技术研究开发，积极推进军工技术向民用领域转移。

（42）社会主义市场经济体制的建立和现代化的实现，最终取决于国民素质的提高和人才的培养。各级党委和政府要把优先发展教育事业作为战略任务来抓，加强对教育工作的领导。切实落实《中国教育改革和发展纲要》，加快教育体制改革的步伐。确保教育投入，提高教学质量和办学效益。改变政府包揽办学的状况，形成政府办学为主与社会各界参与办学相结合的新体制。强化义务教育，大力发展职业教育和成人教育，优化教育结构。义务教育主要由政府投资办学，同时鼓励多渠道、多形式社会集资办学和民间办学；职业教育、成人教育以及各种社会教育要更多地面向市场需求，发挥社会各方面的作用。高等教育要改革办学体制，改变条块分割的状况，除特殊行业外，区别不同情况分步过渡到中央和地方两级管理的体制，扩大地方和院校的办学自主权。高等院校要在招生、专业设置、教材内容、教学方法以及毕业生就业等环节进一步改革。各类学校都要加强教师队伍建设，改善德育教育。

（43）尊重知识，尊重人才，进一步创造人尽其才、人才辈出的环境和条件。要采取多种形式和途径，培养大量的熟练劳动者和各种专业人才，同时要造就一批进入世界科技前沿的跨世纪的学术和技术带头人。要把人才培养和合理使用结合起来，配套改革劳动人事与干部选拔制度。要制订各种职业的资格标准和录用标准，实行学历文凭和职业资格两种证书制度，逐步实行公开招聘，平等竞争，促进人才合理流动。实行"支持留学、鼓励回国、来去自由"的方针，采取多种形式，鼓励海外人才为祖国服务。

九、加强法律制度建设

（44）社会主义市场经济体制的建立和完善，必须有完备的法制来规范和保障。要高度重视法制建设，做到改革开放与法制建设的统一，学会运用法律手段管理经济。法制建设的目标是：遵循宪法规定的原则，加快经济立法，进一步完善民商法律、刑事法律、有关国家机构和行政管理方面的法律，本世纪末初步建立适应社会主义市场经济的法律体系；改革、完善司法制度和行政执法机制，提高司法和行政执法水平；建立健全执法监督机制和法律服务机构，深入开展法制教育，提高全社会的法律意识和法制观念。

（45）坚持社会主义法制的统一，改革决策要与立法决策紧密结合，立法要体现改革精神，用法律引导、推进和保障改革顺利进行。要搞好立法规划，抓紧制订关于规范市场主体、维护市场秩序、加强宏观调控、完善社会保障、促进对外开放等方面的法律。要适时修改和废止与建立社会主义市场经济体制不相适应的法律和法规。加强党对立法工作领导，完善立法体制，改进立法程序，加快立法步伐，为社会主义市场经济提供法律规范。

加强和改善司、行政执法和执法监督，维护社会稳定，保障经济发展和公民的合法权益。依法惩处刑事犯罪和经济犯罪，及时处理经济和民事纠纷。各级政府都要依法行政，依法办事。坚决纠正经济活动以及其他活动中有法不依，执法不严，违法不究，滥用职权，以及为谋求部门和地区利益而违反法律等现象。加强执法队伍建设，提高人员素质和执法水平。建立对执法违法的追究制度和赔偿制度。

（46）加强廉政建设、反对腐败是建立社会主义市场经济体制的必要条件和重要保证，也是关系改革事业成败,关系党和国家命运的大事,必须切实抓紧抓好。反腐败斗争是长期的、艰巨的任务,要坚持不懈地进行。要加强廉政法制建设,完善党和国家机关及其工作人员特别是领导干部的廉洁自律和监督机制。执法、司法、经济管理等部门,要建立有效的约束机制,防范以权谋私,纠正部门和行业不正之风。绝不允许将商品交换原则引入党的政治生活和国家机关的政务活动,搞权钱交易。要依法严肃查处包括法人违法犯罪在内的大案要案,坚决惩处腐败分子。加强党的纪律检查机关和司法、监察、审计部门的工作,发挥法律监督、组织监督、群众监督和舆论监督的作用。

十、加强和改善党的领导,为本世纪末初步建立社会主义市场经济体制而奋斗

(47)建立社会主义市场经济体制,加快现代化建设步伐,必须加强和改善党的领导。党要肩负起新时期的伟大历史任务,必须加强自身建设。当前,党的建设要着重抓好以下工作:一是坚持用邓小平同志建设有中国特色社会主义的理论武装全党。要学习马克思列宁主义毛泽东思想,中心内容是学习建设有中国特色社会主义的理论,提高贯彻执行党的基本路线和发展社会主义市场经济方针政策的坚定性和自觉性,保持思想上政治上的高度一致。二是坚持全心全意为人民服务的宗旨,继承和发扬党的优良传统和作风,进一步密切党同人民群众的联系。三是严格执行党的民主集中制,健全党内政治生活,维护党的团结,严肃党的纪律,增强全局观念,使全党在行动上做到步调一致,令行禁止。四是加强各级领导班子的建设,深入实际,调查研究,坚决克服官僚主义和形式主义,认真学习社会主义市场经济基本知识和现代科技知识,努力提高领导现代化建设的水平。五是切实加强党的基层组织建设,努力改变一部分党组织软弱涣散的状况,充分发挥基层党组织战斗堡垒和广大党员的先锋模范作用。

(48)同建立社会主义市场经济体制和经济发展相适应,积极推进政治体制改革,加强社会主义民主政治建设。坚持和完善人民代表大会制度和共产党领导的多种合作与政治协商制度。发挥工会、共青团、妇联等群众组织作为党联系群众的桥梁和纽带的作用。加快建立健全民主的科学的决策制度,提高决策水平。全面贯彻党的民族政策,完善民族区域自治制度,促进民族地区经济文化发展,巩固和发展平等、互助、团结、合作的社会主义民族关系,实现各民族的共同繁荣和团结进步。认真贯彻党的宗教政策、侨务政策,为社会主义现代化建设服务。加强基层民主建设,完善各种监督制度,切实保障人民群众依法管理国家事务、经济事务和社会事务的民主权利。

(49)坚持两手抓、两手都要硬的方针,加强以培养有理想、有道德、有文化、有纪律的新人为目标的社会主义精神文明建设。各级党委和政府要发挥思想政治工作优势,加强对宣传思想和文化工作的领导。要加强对邓小平同志建设有中国特色社会主义理论的研究工作,加强以马克思主义为指导的哲学社会科学研究工作。要广泛深入生动地开展爱国主义、集体主义、社会主义教育,开展中国历史特别是近代史现代史和中华民族优良传统的教育,提高民族自尊心、自信心和自豪感,发扬艰苦奋斗精神,把亿万群众的巨大创造力凝聚到建设有中国特色社会主义的伟大事业上来。积极倡导在社会主义市场经济条件下坚持正确的人生观和文明健康的生活方式,加强社会公德和职业道德的建设,反对拜金主义、极端个人主义和腐朽的生活方式。坚持不懈地进行"扫黄"和扫除各种丑恶现象的斗争,加强社会治安综合治理。坚持为人民服务、为社会主义服务和百花齐放、百家争鸣的方针,鼓励创作积极向上、人民群众喜闻乐见的文化艺术作品,丰富人民的精神生活。深化文化体制改革,完善文化经济政策,依法加强文化市场管理。要把社会效益放在首位,正确处理精神产品社会效益与经济效益的关系。对需要扶持的文化艺术精粹,国家要有重点地给予必要的资助。

(50)经济体制改革是一场涉及经济基础和上层建筑许多领域的深刻革命,必然要改变旧体制固有的和体制转变过程中形成的各种不合理的利益格局,不可避免地会遇到这样或那样的困难和阻力。必须从总体上处理好改革、发展和稳定的关系,处理好各方面的利益关系,调动一切积极因素,为国民经济健康发展创造有利条件。当前我国经济在高速增长过程中遇到的一些矛盾和问题,从根本上讲,是由于旧体制的弊病没有完全克服,新体制还没有完全形成,因此,各级党委和政府必须把更大的精力集中到加快改革上来。要紧紧抓住重点领域的改革,制订具体方案,大胆探索,勇于实践,认真总结经验,不断开拓前进。

十四届三中全会号召全党同志和全国各族人民,更加紧密地团结在以江泽民同志为核心的党中央周围,在邓小平同志建设有中国特色社会主义的理论和党的十四大精神指引下,同心同德,锐意改革,自力更生,艰苦创业,为在本世纪末初步建立起社会主义市场经济体制,实现国民经济和社会发展第二步战略目标而努力奋斗!

7. 中共中央关于国有企业改革和发展若干重大问题的决定

1999年9月22日中国共产党第十五届中央委员会第四次全体会议通过。

为实现党的十五大提出的我国改革开放和现代化建设跨世纪发展的宏伟目标,中国共产党第十五届中央委员会第四次全体会议讨论了国有企业改革和发展的若干重大问题,并作如下决定。

一、推进国有企业改革和发展是一项重要而紧迫的任务

新中国成立50年来,我们党领导各族人民不懈奋斗,取得了社会主义建设的巨大成就。我国由一个贫穷落后的农业国,发展成为即将进入小康社会、向工业化和现代化目标大步迈进的社会主义国家。这是中华民族发展进程中一次伟大的历史性跨越。国有企业和工人阶级为此作出了不可磨灭的重大贡献。

国有企业改革是一场广泛而深刻的变革。当前,国有企业的体制转换和结构调整进入攻坚阶段,一些深层次矛盾和问题集中暴露出来。由于传统体制的长期影响、历史形成的诸多问题、多年来的重复建设以及市场环境的急剧变化,相当一部分国有企业还不适应市场经济的要求,经营机制不活,技术创新能力不强,债务和社会负担沉重,富余人员过多,生产经营艰难,经济效益下降,一些职工生活困难。必须采取切实有效的措施解决这些问题。这不仅关系到国有企业改革的成败,也关系到整个经济体制改革的成败。全党既要充分认识推进国有企业改革和发展的重要性和紧迫性,又要清醒地看到这项工作的艰巨性和长期性,锲而不舍地努力,不断取得新的突破。

世纪之交,和平和发展依然是时代的主题,但霸权主义和强权政治有新的发展。综合国力越来越成为决定一个国家前途命运的主导因素。我们要增强国家的经济实力、国防实力和民族凝聚力,就必须不断促进国有经济的发展壮大。包括国有经济在内的公有制经济,是我国社会主义制度的经济基础,是国家引导、推动、调控经济和社会发展的基本力量,是实现广大人民群众根本利益和共同富裕的重要保证。坚定不移地贯彻十五大精神,推进国有企业的改革和发展,从总体上增强国有企业的活力和国有经济的控制力,对于建立社会主义市场经济体制,促进经济持续快速健康发展,提高人民生活水平,保持安定团结的政治局面,巩固社会主义制度,都具有十分重要的意义。

国有企业是我国国民经济的支柱。发展社会主义社会的生产力,实现国家的工业化和现代化,始终要依靠和发挥国有企业的重要作用。在经济全球化和科技进步不断加快的形势下,国有企业面临着日趋激烈的市场竞争。发展是硬道理。必须敏锐地把握国内外经济发展趋势,切实转变经济增长方式,拓展发展空间,尽快形成国有企业的新优势。

国有企业改革是整个经济体制改革的中心环节。建立和完善社会主义市场经济体制,实现公有制与市场经济的有效结合,最重要的是使国有企业形成适应市场经济要求的管理体制和经营机制。必须继续解放思想,实事求是,以有利于发展社会主义社会的生产力、有利于增强社会主义国家的综合国力、有利于提高人民的生活水平为根本标准,大胆利用一切反映现代社会化生产规律的经营方式和组织形式,努力探索能够极大促进生产力发展的公有制多种实现形式,在深化国有企业的改革上迈出新步伐。

搞好国有企业的改革和发展,是实现国家长治久安和保持社会稳定的重要基础。必须正确处理改革、发展、稳定的关系,改革的力度、发展的速度要同国力和社会承受能力相适应,努力开创改革、发展、稳定相互促进的新局面。

我们党和我国工人阶级历来勇于面对并善于战胜任何艰难险阻。我们有马克思列宁主义、毛泽东思想、邓小平理论和党的基本路线的指导,有比过去更加雄厚的综合国力,有多年积累的实践经验,有广大职工的积极参与,只要全党坚定信心,团结奋斗,就一定能够夺取国有企业改革和发展的新胜利。

二、国有企业改革和发展的主要目标与指导方针

党的十五大和十五届一中全会提出,用三年左右的时间,使大多数国有大中型亏损企业摆脱困境,力争到本世纪末大多数国有大中型骨干企业初步建立现代企业制度。推进国有企业改革和发展,首先要尽最大努力实现这一目标。要从不同行业和地区的实际出发,根据不平衡发展的客观进程,着力抓好重点行业、重点企业和老工业基地,把解决当前的突出问题与长远发展结合起来,为国有企业跨世纪发展创造有利条件。

到2010年,国有企业改革和发展的目标是:适应经济体制与经济增长方式两个根本性转变和扩大对外开放的要求,基本完成战略性调整和改组,形成比较合理的国有经济布局和结构,建立比较完善的现代企业制度,经济效益明显提高,科技开发能力、市场竞争能力和抗御风险能力明显增强,使国有经济在国民经济中更好地发挥主导作用。

推进国有企业改革和发展,必须坚持以下指导方针。

(一)以公有制为主体,多种所有制经济共同发展。调整和完善所有制结构,积极探索公有制多种实现形式,增强国有经济在国民经济中的控制力,促进各种所有制经济公平竞争和共同发展。

(二)从战略上调整国有经济布局和改组国有企业。着眼于搞好整个国有经济,推进国有资产合理流动和重组,调整国有经济布局和结构,积极发展大型企业和企业集团,放开搞活中小企业。

(三)改革同改组、改造、加强管理相结合。适应市场经济的要求,着力转换企业经营机制,提高企业整体素质,构造产业结构优化和经济高效运行的微观基础。

(四)建立现代企业制度。实现产权清晰、权责明确、政企分开、管理科学,健全决策、执行和监督体系,使企业成为自主经营、自负盈亏的法人实体和市场主体。

(五)推动企业科技进步。加强企业的科研开发和技术改造,重视科技人才,促进产学研结合,形成技术创新机制,走集约型和可持续发展道路。

（六）全面加强企业管理。推行科学管理，强化基础工作，改善经营，提高效益，实行以按劳分配为主体的多种分配方式，形成有效的激励和约束机制。

（七）建立企业优胜劣汰的竞争机制。实行鼓励兼并、规范破产、下岗分流、减员增效和再就业工程。依靠各方面力量，扩大就业门路，确保国有企业下岗职工基本生活。

（八）协调推进各项配套改革。转变政府职能，建立权责明确的国有资产管理、监督和营运体系，保证国有资产保值增值。加强法制建设，维护市场经济秩序。健全社会保障体系。帮助企业增资减债、减轻负担。

（九）全心全意依靠工人阶级，发挥企业党组织的政治核心作用。加强企业党组织建设和思想政治工作，提高企业经营管理者队伍素质，坚持和完善以职工代表大会为基本形式的企业民主管理，切实维护职工合法权益。

（十）推进企业精神文明建设。加强思想道德教育和技术业务培训，全面提高职工队伍素质，培育积极向上的企业文化，推动物质文明和精神文明建设协调发展。

三、从战略上调整国有经济布局

在社会主义市场经济条件下，国有经济在国民经济中的主导作用主要体现在控制力上。

（一）国有经济的作用既要通过国有独资企业来实现，更要大力发展股份制，探索通过国有控股和参股企业来实现。

（二）国有经济在关系国民经济命脉的重要行业和关键领域占支配地位，支撑、引导和带动整个社会经济的发展，在实现国家宏观调控目标中发挥重要作用。

（三）国有经济应保持必要的数量，更要有分布的优化和质的提高；在经济发展的不同阶段，国有经济在不同产业和地区的比重可以有所差别，其布局要相应调整。

从战略上调整国有经济布局，要同产业结构的优化升级和所有制结构的调整完善结合起来，坚持有进有退，有所为有所不为。目前，国有经济分布过宽，整体素质不高，资源配置不尽合理，必须着力加以解决。国有经济需要控制的行业和领域主要包括：涉及国家安全的行业，自然垄断的行业，提供重要公共产品和服务的行业，以及支柱产业和高新技术产业中的重要骨干企业。其他行业和领域，可以通过资产重组和结构调整，集中力量，加强重点，提高国有经济的整体素质。在坚持国有、集体等公有制经济为主体的前提下，鼓励和引导个体、私营等非公有制经济的发展。随着国民经济的不断发展，国有经济有着广阔的发展空间，总量将会继续增加，整体素质进一步提高，分布更加合理，但在整个国民经济中的比重还会有所减少。只要坚持公有制为主体，国家控制国民经济命脉，国有经济的控制力和竞争力得到增强，这种减少不会影响我国的社会主义性质。

积极探索公有制的多种有效实现形式。国有资本通过股份制可以吸引和组织更多的社会资本，放大国有资本的功能，提高国有经济的控制力、影响力和带动力。国有大中型企业尤其是优势企业，宜于实行股份制的，要通过规范上市、中外合资和企业互相参股等形式，改为股份制企业，发展混合所有制经济，重要的企业由国家控股。

统筹规划，采取有效的政策措施，加快老工业基地和中西部地区国有经济布局的调整。对困难较大的老工业基地，国家要在技术改造、资产重组、结构调整以及国有企业下岗职工安置和社会保障资金等方面，加大支持力度。国家要通过优先安排基础设施建设、增加财政转移支付等措施，支持中西部地区和少数民族地区加快发展。国家要实施西部大开发战略。中西部地区要从自身条件出发，发展有比较优势的产业和技术先进的企业，促进产业结构的优化升级。东部地区要在加快改革和发展的同时，本着互惠互利、优势互补、共同发展的原则，通过产业转移、技术转让、对口支援、联合开发等方式,支持和促进中西部地区的经济发展。

四、推进国有企业战略性改组

改革开放以来,国有企业组织结构发生了积极的变化,但目前仍不合理。主要是重复建设严重,企业大而全、小而全,没有形成专业化生产、社会化协作体系和规模经济,缺乏市场竞争能力。要区别不同情况,继续对国有企业实施战略性改组。极少数必须由国家垄断经营的企业,在努力适应市场经济要求的同时,国家给予必要支持,使其更好地发挥应有的功能;竞争性领域中具有一定实力的企业,要吸引多方投资加快发展;对产品有市场但负担过重、经营困难的企业,通过兼并、联合等形式进行资产重组和结构调整,盘活存量资产;产品没有市场、长期亏损、扭亏无望和资源枯竭的企业,以及浪费资源、技术落后、质量低劣、污染严重的小煤矿、小炼油、小水泥、小玻璃、小火电等,要实行破产、关闭。

坚持"抓大放小"。要着力培育实力雄厚、竞争力强的大型企业和企业集团,有的可以成为跨地区、跨行业、跨所有制和跨国经营的大企业集团。要发挥这些企业在资本营运、技术创新、市场开拓等方面的优势,使之成为国民经济的支柱和参与国际竞争的主要力量。发展企业集团,要遵循客观经济规律,以企业为主体,以资本为纽带,通过市场来形成,不能靠行政手段勉强撮合,不能盲目求大求全。要在突出主业、增强竞争优势上下功夫。

放开搞活国有中小企业。要积极扶持中小企业特别是科技型企业,使它们向"专、精、特、新"的方向发展,同大企业建立密切的协作关系,提高生产的社会化水平。要从实际出发,继续采取改组、联合、兼并、租赁、承包经营和股份合作制、出售等多种形式,放开搞活国有小企业,不搞一个模式。对这几年大量涌现的股份合作制企业,要支持和引导,不断总结经验,使之逐步完善。出售要严格按照国家有关规定进行。无论采取哪种放开搞活的形式,都必须听取职工意见,规范操作,注重实效。重视发挥各种所有制中小企业在活跃城乡经济、满足社会多方面需要、吸收劳动力就业、开发新产品、促进国民经济发展等方面的重要作用。培育中小企业服务体系,为中小企业提供信息咨询、市场开拓、筹资融资、贷款担保、技术支持、人才培训等服务。

在国有企业战略性改组过程中,要充分发挥市场机制作用,综合运用经济、法律和必要的行政手段。在涉及产权变动的企业并购中要规范资产评估,防止国有资产流失,防止逃废银行债务及国家税款,妥善安置职工,保护职工合法权益。

五、建立和完善现代企业制度

建立现代企业制度,是发展社会化大生产和市场经济的必然要求,是公有制与市场经济相结合的有效途径,是国有企业改革的方向。要从我国国情出发,总结实践经验,按照十四届三中全会决定和十五大报告关于建立现代企业制度的论述,全面理解和把握产权清晰、权责明确、政企分开、管理科学的要求,突出抓好以下几个环节。

(一)继续推进政企分开。政府对国家出资兴办和拥有股份的企业,通过出资人代表行使所有者职能,按出资额享有资产受益、重大决策和选择经营管理者等权利,对企业的债务承担有限责任,不干预企业日常经营活动。企业依法自主经营,照章纳税,对所有者的净资产承担保值增值责任,不得损害所有者权益。各级党政机关都要同所办的经济实体和直接管理的企业在人财物等方面彻底脱钩。

(二)积极探索国有资产管理的有效形式。要按照国家所有、分级管理、授权经营、分工监督的原则,逐步建立国有资产管理、监督、营运体系和机制,建立与健全严格的责任制度。国务院代表国家统一行使国有资产所有权,中央和地方政府分级管理国有资产,授权大型企业、企业集团和控股公司经营国有资产。要确保出资人到位。允许和鼓励地方试点,探索建立国有资产管理的具体方式。继续试行稽察特派员制度,同时要积极贯彻十五大精神,健全和规范监事会制度,过渡到从体制上、机制上加强对国有企业的监督,确保国有资产及其权益不受侵犯。

(三)对国有大中型企业实行规范的公司制改革。公司制是现代企业制度的一种有效组织形式。公司法人治理结构是公司制的核心。要明确股东会、董事会、监事会和经理层的职责,形成各负其责、协调运转、有效制衡的公司法人治理结构。所有者对企业拥有最终控制权。董事会要维护出资人权益,对股东会负责。董事会对公司的发展目标和重大经营活动作出决策,聘任经营者,并对经营者的业绩进行考核和评价。发挥监事会对企业财务和董事、经营者行为的监督作用。国有独资和国有控股公司的党委负责人可以通过法定程序进入董事会、监事会,董事会和监事会都要有职工代表参加;董事会、监事会、经理层及工会中的党员负责人,可依照党章及有关规定进入党委会;党委书记和董事长可由一人担任,董事长、总经理原则上分设。充分发挥董事会对重大问题统一决策、监事会有效监督的作用。党组织按照党章、工会和职代会按照有关法律法规履行职责。股权多元化有利于形成规范的公司法人治理结构,除极少数必须由国家垄断经营的企业外,要积极发展多元投资主体的公司。

(四)面向市场着力转换企业经营机制。要逐步形成企业优胜劣汰、经营者能上能下、人员能进能出、收入能增能减、技术不断创新、国有资产保值增值等机制。建立与现代企业制度相适应的收入分配制度,在国家政策指导下,实行董事会、经理层等成员按照各自职责和贡献取得报酬的办法;企业职工工资水平,由企业根据当地社会平均工资和本企业经济效益决定;企业内部实行按劳分配原则,适当拉开差距,允许和鼓励资本、技术等生产要素参与收益分配。要采取切实措施,解决目前某些垄断行业个人收入过高的问题。

六、加强和改善企业管理

强化企业管理,提高科学管理水平,是建立现代企业制度的内在要求,也是国有企业扭亏增盈、提高竞争能力的重要途径。必须高度重视和切实加强企业管理工作,从严管理企业,实现管理创新,尽快改变相当一部分企业决策随意、制度不严、纪律松弛、管理水平低下的状况。

加强企业发展战略研究。企业要适应市场,制定和实施明确的发展战略、技术创新战略和市场营销战略,并根据市场变化适时调整。实行科学决策、民主决策,提高决策水平。搞好风险管理,避免出现大的失误。

健全和完善各项规章制度。强化基础工作,彻底改变无章可循、有章不循、违章不究的现象。建立各级、各个环节的严格责任制度,加强考核和督促检查,确保各项工作有人负责。完善劳动合同制,推行职工全员竞争上岗,严格劳动纪律,严明奖惩,充分发挥职工的积极性和创造性。增强法制意识,依法经营管理。

狠抓管理薄弱环节。重点搞好成本管理、资金管理、质量管理。建立健全全国统一的会计制度。要及时编制资产负债表、损益表和现金流量表,真实反映企业经营状况。切实改进和加强经济核算,堵塞各种漏洞。坚持质量第一,采用先进标准,搞好全员全过程的质量管理。坚持预防为主,落实安全措施,确保安全生产。重视企业无形资产的管理、保护和合理利用。要把加强管理和反腐倡廉结合起来,加强对企业经济活动的审计和监督,坚决制止和严肃查处做假账、违反财经纪律、营私舞弊、挥霍浪费等行为。

广泛采用现代管理技术、方法和手段。总结过去行之有效的管理经验,不断赋予新的内涵。推广先进企业的管理经验,引进国外智力,借鉴国外企业现代管理方法。发挥管理专家的作用,为企业改进经营管理提供咨询服务。加强现代信息技术的运用,建立灵敏、准确的信息系统。合理设置企业内部机构,改变管理机构庞大、管理人员过多的状况。

七、改善国有企业资产负债结构和减轻企业社会负担

逐步解决国有企业负债率过高、资本金不足、社会负担重等问题,对于实现国有企业改革发展目标至关重要。要根据宏观经济环境和国家财力,区别不同情况,有步骤地分类加以解决。

(一)增加银行核销呆坏账准备金,主要用于国有大中型企业的兼并破产和资源枯竭矿山的关闭,并向重点行业倾斜。国有和集体企业兼并国有企业可以享受有关鼓励政策。所有兼并破产和关闭的企业,都要按国家有关规定,妥善安置职工。

(二)结合国有银行集中处理不良资产的改革,通过金融资产管理公司等方式,对一部分产品有市场、发展有前景,由于负债过重而陷入困境的重点国有企业实行债转股,解决企业负债率过高的问题。实行债转股的企业,必须转换经营机制,实行规范的公司制改革,并经过金融资产管理公司独立评审。要按照市场经济的原则和有关规定规范操作,防止一哄而起和国有资产流失。

(三)提高直接融资比重。符合股票上市条件的国有企业,可通过境内外资本市场筹集资本金,并适当提高公众流通股的比重。有些企业可以通过债务重组,具备条件后上市。允许国有及国有控股企业按规定参与股票配售。选择一些信誉好、发展潜力大的国有控股上市公司,在不影响国家控股的前提下,适当减持部分国有股,所得资金由国家用于国有企业的改革和发展。要完善股票发行、上市制度,进一步推动证券市场健康发展。

(四)非上市企业经批准,可将国家划拨给企业的土地使用权有偿转让及企业资产变现,其所得用于增资减债或结构调整。要严格按照国家的法律法规操作,坚持公开、公平、公正的原则,维护国家所有者权益和银行及其他债权人权益。

(五)严格执行国家利率政策,切实减轻企业利息负担。银行要合理确定贷款期限,支持企业合理的资金需求,对不合理的贷款期限,要及时纠正;不得超过规定擅自提高或以各种名义变相提高贷款利率;对信用等级较高、符合国家产业政策、贷款风险较低的企业,贷款利率可适当下浮。

(六)具备偿债能力的国有大型企业,经过符合资质的中介机构评估,可在国家批准的额度内发行企业债券,有的经批准可在境外发债。严格禁止各种形式的非法集资。

(七)分离企业办社会的职能,切实减轻国有企业的社会负担。位于城市的企业,要逐步把所办的学校、医院和其他社会服务机构移交地方政府统筹管理,所需费用可在一定期限内由企业和政府共同承担,并逐步过渡到由政府承担,有些可以转为企业化经营。独立工矿区也要努力创造条件,实现社会服务机构与企业分离。各级政府要采取措施积极推进这项工作。改善国有企业资产负债结构和减轻企业社会负担,一定要同防范和化解金融风险相结合,一定要同深化企业内部改革、建立新机制和加强科学管理相结合,防止卸了原有包袱,又重复出现老的问题。

八、做好减员增效、再就业和社会保障工作

下岗分流、减员增效和再就业,是国有企业改革的重要内容。要把减员与增效有机结合起来,达到降低企业成本、提高效率和效益的目的。鼓励有条件的国有企业实行主辅分离、转岗分流,创办独立核算、自负盈亏的经济实体,安置企业富余人员,减轻社会就业压力。要规范职工下岗程序,认真办好企业再就业服务中心,切实做好下岗职工基本生活保障工作,维护

社会稳定。下岗分流要同国家财力和社会承受能力相适应。要调整财政支出结构,坚持实行企业、社会、政府各方负担的办法落实资金,亏损企业和社会筹集费用不足的部分,财政要给予保证。地方财政确有困难的,中央财政通过转移支付给予一定的支持。要进一步完善下岗职工基本生活保障、失业保险和城市居民最低生活保障制度,搞好这三条保障线的相互衔接,把保障下岗职工和失业人员基本生活的政策措施落到实处。

大力做好再就业工作。采取有效的政策措施,广开就业门路,增加就业岗位。积极发展第三产业,吸纳更多的下岗职工。引导职工转变择业观念,下大力气搞好下岗职工培训,提高他们的再就业能力。进一步完善促进下岗职工再就业的优惠政策,鼓励下岗职工到非公有制经济单位就业、自己组织起来就业或从事个体经营,使需要再就业的下岗职工尽快走上新的岗位。对自谋职业的,要在工商登记、场地安排、税费减免、资金信贷等方面,给予更多的扶持。要积极发展和规范劳动力市场,形成市场导向的就业机制。

加快社会保障体系建设,是顺利推进国有企业改革的重要条件。要依法扩大养老、失业、医疗等社会保险的覆盖范围,城镇国有、集体、外商投资、私营等各类企业及其职工都要参加社会保险,缴纳社会保险费。强化社会保险费的征缴,提高收缴率,清理追缴企业拖欠的社会保险费,确保养老金的按时足额支付。进一步完善基本养老保险省级统筹制度,增强基金调剂能力。要采取多种措施,包括变现部分国有资产、合理调整财政支出结构等,开拓社会保障新的筹资渠道,充实社会保障基金。严格管理各项社会保障基金,加强监督,严禁挤占挪用,确保基金的安全和增值。逐步推进社会保障的社会化管理,实行退休人员与原企业相分离,养老金由社会服务机构发放,人员由社区管理。认真落实企业离休干部的政治、生活待遇,做好管理和服务工作。

九、加快国有企业技术进步和产业升级

要实现国民经济持续快速健康发展,必须适应全球产业结构调整的大趋势和国内外市场需求的变化,加快技术进步和产业升级。国有经济在国民经济中的重要地位,决定了国有企业必须在技术进步和产业升级中走在前列,积极拓展新的发展空间,发挥关键性作用。

国有企业技术进步和产业升级的方向与重点是:以市场为导向,用先进技术改造传统产业,围绕增加品种、改进质量、提高效益和扩大出口,加强现有企业的技术改造;在电子信息、生物工程、新能源、新材料、航空航天、环境保护等新兴产业和高技术产业占据重要地位,掌握核心技术,占领技术制高点,发挥先导作用。处理好提高质量和增加产量、发展技术密集型产业和劳动密集型产业、自主创新和引进技术、经济发展和环境保护的关系。

通过技术进步和产业升级,少数大型企业和企业集团要在产品质量、工艺技术、生产装备、劳动生产率等方面达到或接近世界先进水平,在国际市场上占有一定的份额;一批企业和企业集团要具有较高技术水平,能够生产高附加值产品,在国内外市场有较强竞争力;多数企业要不断进行技术改造和产品更新,并充分发挥我国劳动力充裕的优势,积极参与国内外市场竞争。

采取积极有效的政策措施,支持企业技术进步和产业升级。特别要利用当前国家实行积极财政政策、扩大内需的有利时机,集中必要力量,对重点行业、重点企业、重点产品和重大先进装备制造加大技术改造投入,并向老工业基地倾斜,在企业技术进步和产业升级方面取得明显成效。对于有市场、有效益、符合国家产业政策的技术改造项目,给予贷款贴息支持;对这类技术改造项目的国产设备投资,实行税收鼓励政策。培育和发展产业投资基金和风险投资基金。充分利用国内外资本市场筹集资金,支持企业技术改造、结构调整和高新技术产业

发展。实施促进科技成果转化的鼓励政策,积极发展技术市场。继续采取加速折旧、加大新产品开发费提取、减免进口先进技术与设备的关税和进口环节税等政策措施,鼓励企业进行技术改造。

技术进步和产业升级的主体是企业,要形成以企业为中心的技术创新体系。企业要加强技术开发力量和加大资金投入,大型企业都要建立技术开发中心,研究开发有自主知识产权的主导产品,增加技术储备,搞好技术人才培训。推进产学研结合,鼓励科研机构和大专院校的科研力量进入企业和企业集团,强化应用技术的开发和推广,增加中间试验投入,促进科技成果向现实生产力的转化。对重大技术难题组织联合攻关,重视发挥科技专家的作用。要形成吸引人才和调动科技人员积极性的激励机制,保护知识产权。

十、为国有企业改革和发展创造良好的外部环境

国有企业改革和发展是一个复杂的社会系统工程,需要搞好宏观调控和相关的配套改革。

(一)保持经济总量基本平衡。扩大内需,开拓城乡市场,增加就业,促进国民经济持续快速健康发展,防止经济增长的大幅度波动,为国有企业发展创造有利的宏观经济环境。

(二)继续扩大对外开放。推进和完善全方位、多层次、宽领域的对外开放格局。鼓励国有企业合理利用国内外两个市场、两种资源,提高国际竞争力。积极引进先进技术,注重消化、吸收和创新。优化进出口商品结构,实施市场多元化,拓展对外贸易。改善投资环境,扩大利用外资,提高利用外资水平。确有条件的国有企业发挥比较优势到国外设立企业,开拓国际市场,国家要给予必要的政策支持,并加强监管。

(三)制止不合理的重复建设。加快投融资体制改革,建立投资风险约束机制,严格执行项目资本金制度和项目法人责任制,做到谁决策谁承担责任和风险。政府要通过制定产业政策和发布信息等方式进行引导,鼓励资金投向提高技术水平、产品有市场有效益的项目,对国内生产能力已经明显超过市场需求的新上项目必须严格控制。

(四)发展各类市场,维护正常经济秩序。继续完善商品市场,培育和发展要素市场,建立有利于商品、资金、技术、劳动力合理流动的全国统一的市场体系。健全市场规则,规范市场行为,加强市场监管,清除分割、封锁市场的行政性壁垒,营造公平竞争的市场环境。采取有力措施,抓紧解决企业互相拖欠款项的问题,强化信用观念,严格结算纪律。依法严厉打击走私贩私、制售假冒伪劣商品以及其他经济违法犯罪行为。推进税费改革,清理整治乱收费、乱罚款和各种摊派,切实减轻企业负担。

(五)健全中介服务体系。社会中介服务机构要与政府部门彻底脱钩。规范会计、律师、公证、资产评估、咨询等社会中介机构的行为,真正做到客观、真实、公正。对弄虚作假的要追究责任,依法惩处。整顿和规范各类行业协会,加强行业自律。

(六)建立健全社会主义市场经济的法律制度。要抓紧制定和完善有关维护市场秩序、实施宏观调控、规范市场主体、健全社会保障等方面的法律法规。加强和改善司法、行政执法和执法监督。依法惩处侵犯企业合法权益的违法犯罪行为。加强社会治安综合治理,为企业生产经营创造良好的社会环境。

十一、建设高素质的经营管理者队伍

国有企业要适应建立现代企业制度的要求,在激烈的市场竞争中生存发展,必须建设高素质的经营管理者队伍,培育一大批优秀企业家。国有企业的经营管理者队伍总体是好的,为企业改革和发展作出了重要贡献。发展社会主义市场经济对国有企业经营管理者提出了

更高要求。他们应该是：思想政治素质好，认真执行党和国家的方针政策与法律法规，具有强烈的事业心和责任感；经营管理能力强，熟悉本行业务，系统掌握现代管理知识，具有金融、科技和法律等方面基本知识，善于根据市场变化作出科学决策；遵纪守法，廉洁自律，求真务实，联系群众。

深化国有企业人事制度改革。坚持党管干部原则，改进管理方法。中央和地方党委对关系国家安全和国民经济命脉的重要骨干企业领导班子要加强管理。要按照企业的特点建立对经营管理者培养、选拔、管理、考核、监督的办法，并逐步实现制度化、规范化。积极探索适应现代企业制度要求的选人用人新机制，把组织考核推荐和引入市场机制、公开向社会招聘结合起来，把党管干部原则和董事会依法选择经营管理者以及经营管理者依法行使用人权结合起来。进一步完善对国有企业领导人员管理的具体办法，避免一个班子多头管理。对企业及企业领导人不再确定行政级别。加快培育企业经营管理者人才市场，建立企业经营管理人才库。按照公开、平等、竞争、择优原则，优化人才资源配置，打破人才部门所有、条块分割，促进人才合理流动。采取多种形式加强教育培训，全面提高经营管理者素质。继续举办和规范工商管理培训，改进培训内容和方法，提高培训质量。努力创造条件，营造经营管理者和企业家队伍健康成长的社会环境。

建立和健全国有企业经营管理者的激励和约束机制。实行经营管理者收入与企业的经营业绩挂钩。把物质鼓励同精神鼓励结合起来，既要使经营管理者获得与其责任和贡献相符的报酬，又要提倡奉献精神，宣传和表彰有突出贡献者，保护经营管理者的合法权益。少数企业试行经理（厂长）年薪制、持有股权等分配方式，可以继续探索，及时总结经验，但不要刮风。要规范经营管理者的报酬，增加透明度。加强和完善监督机制，把外部监督和内部监督结合起来。健全法人治理结构，发挥党内监督和职工民主监督的作用，加强对企业及经营管理者在资金运作、生产经营、收入分配、用人决策和廉洁自律等重大问题上的监督。建立企业经营业绩考核制度和决策失误追究制度，实行企业领导人员任期经济责任审计，凡是由于违法违规等人为因素给企业造成重大损失的，要依法追究其责任，并不得继续担任或易地担任领导职务。

十二、加强党对国有企业改革和发展工作的领导

加强和改善党的领导是加快国有企业改革和发展的根本保证。要搞好国有企业，必须建立符合市场经济规律和我国国情的国有企业领导体制与组织管理制度，加强企业领导班子建设，发挥企业党组织的政治核心作用，坚持全心全意依靠工人阶级的方针。要把发挥党的政治优势同运用市场机制结合起来，调动各方面的积极性，形成合力，确保国有企业改革和发展任务的顺利完成。

坚持党的领导，发挥国有企业党组织的政治核心作用，是一个重大原则，任何时候都不能动摇。企业党组织的政治核心作用主要体现在：保证、监督党和国家方针政策在本企业的贯彻执行；参与企业重大问题决策，支持股东会、董事会、监事会和经理（厂长）依法行使职权；全心全意依靠职工群众，领导和支持工会、共青团等群众组织及职工代表大会依照法律和各自章程独立自主地开展工作；领导企业思想政治工作和精神文明建设，努力建设有理想、有道德、有文化、有纪律的职工队伍；加强党组织自身建设，搞好党性党风教育，发挥党支部的战斗堡垒作用和党员的先锋模范作用。企业党组织要认真贯彻党的基本路线，围绕生产经营开展工作，为实现党的任务和企业改革发展服务。要不断改进企业党组织的工作内容和活动方式，进一步探索发挥政治核心作用的途径和方法。加强和改进思想政治工作，用建设有中

国特色社会主义的共同理想凝聚群众,引导广大职工积极支持和参与改革,满腔热情地帮助他们解决实际困难。困难企业和实行兼并破产企业的党组织尤其要深入细致地做好群众工作。

搞好国有企业的改革和发展,必须切实尊重职工的主人翁地位,充分发挥职工群众的积极性、主动性和创造性。坚决维护职工的经济利益,保障职工的民主权利。进一步理顺劳动关系,依法进行平等协商,认真执行劳动合同和集体合同制度。发挥工会和职工代表大会在民主决策、民主管理、民主监督中的作用。坚持和完善以职工代表大会为基本形式的企业民主管理制度,实行民主评议企业领导人和厂务公开。加强职工队伍建设。坚持用邓小平理论和党的基本路线武装广大职工,大力弘扬爱国主义、集体主义、社会主义和艰苦创业精神,深入进行形势任务和民主法制教育,引导职工树立正确的世界观、人生观、价值观。加强职工业务技术和劳动技能培训。加强企业精神文明建设,发展企业文化,广泛开展创建文明行业、文明企业、文明班组和争当文明职工活动,树立爱岗敬业、诚实守信、奉献社会的良好职业道德和职业风尚,提倡科学精神,反对封建迷信,不断提高职工的思想道德和科学文化素质。

各级党委和政府要坚定地站在国有企业改革的前列,解放思想,实事求是,遵循客观经济规律,尊重群众首创精神。要认真改进领导作风,从工交、商贸、金融等各行各业国有企业的实际出发,深入调查研究,总结新经验,研究新情况,解决新问题,团结和带领广大干部群众迎难而上,开拓前进。

全会号召,全党紧密地团结在以江泽民同志为核心的党中央周围,高举邓小平理论伟大旗帜,深入贯彻党的十五大精神,按照中央的统一部署,同心同德,奋力拼搏,扎实工作,坚定不移地实现国有企业改革和脱困目标,努力开创国有企业改革和发展的新局面,把建设有中国特色社会主义的伟大事业全面推向二十一世纪!

8. 中共中央关于完善社会主义市场经济体制若干问题的决定

2003 年 10 月 14 日中国共产党第十六届中央委员会第三次全体会议通过。

为贯彻落实党的十六大提出的建成完善的社会主义市场经济体制和更具活力、更加开放的经济体系的战略部署,深化经济体制改革,促进经济社会全面发展,十六届中央委员会第三次全体会议讨论了关于完善社会主义市场经济体制的若干重大问题,并作出如下决定。

一、我国经济体制改革面临的形势和任务

(1)深化经济体制改革的重要性和紧迫性。十一届三中全会开始改革开放、十四大确定社会主义市场经济体制改革目标以及十四届三中全会作出相关决定以来,我国经济体制改革在理论和实践上取得重大进展。社会主义市场经济体制初步建立,公有制为主体、多种所有制经济共同发展的基本经济制度已经确立,全方位、宽领域、多层次的对外开放格局基本形成。改革的不断深化,极大地促进了社会生产力、综合国力和人民生活水平的提高,使我国经受住了国际经济金融动荡和国内严重自然灾害、重大疫情等严峻考验。同时也存在经济结构不合理、分配关系尚未理顺、农民收入增长缓慢、就业矛盾突出、资源环境压力加大、经济整体竞争力不强等问题,其重要原因是我国处于社会主义初级阶段,经济体制还不完善,生产力发展仍面临诸多体制性障碍。为适应经济全球化和科技进步加快的国际环境,适应全面建设小康社会的新形势,必须加快推进改革,进一步解放和发展生产力,为经济发展和社会全面进步注入强大动力。

（2）完善社会主义市场经济体制的目标和任务。按照统筹城乡发展、统筹区域发展、统筹经济社会发展、统筹人与自然和谐发展、统筹国内发展和对外开放的要求，更大程度地发挥市场在资源配置中的基础性作用，增强企业活力和竞争力，健全国家宏观调控，完善政府社会管理和公共服务职能，为全面建设小康社会提供强有力的体制保障。主要任务是：完善公有制为主体、多种所有制经济共同发展的基本经济制度；建立有利于逐步改变城乡二元经济结构的体制；形成促进区域经济协调发展的机制；建设统一开放竞争有序的现代市场体系；完善宏观调控体系、行政管理体制和经济法律制度；健全就业、收入分配和社会保障制度；建立促进经济社会可持续发展的机制。

（3）深化经济体制改革的指导思想和原则。以邓小平理论和"三个代表"重要思想为指导，贯彻党的基本路线、基本纲领、基本经验，全面落实十六大精神，解放思想、实事求是、与时俱进。坚持社会主义市场经济的改革方向，注重制度建设和体制创新。坚持尊重群众的首创精神，充分发挥中央和地方两个积极性。坚持正确处理改革发展稳定的关系，有重点、有步骤地推进改革。坚持统筹兼顾，协调好改革进程中的各种利益关系。坚持以人为本，树立全面、协调、可持续的发展观，促进经济社会和人的全面发展。

二、进一步巩固和发展公有制经济，鼓励、支持和引导非公有制经济发展

（4）推行公有制的多种有效实现形式。坚持公有制的主体地位，发挥国有经济的主导作用。积极推行公有制的多种有效实现形式，加快调整国有经济布局和结构。要适应经济市场化不断发展的趋势，进一步增强公有制经济的活力，大力发展国有资本、集体资本和非公有资本等参股的混合所有制经济，实现投资主体多元化，使股份制成为公有制的主要实现形式。需要由国有资本控股的企业，应区别不同情况实行绝对控股或相对控股。完善国有资本有进有退、合理流动的机制，进一步推动国有资本更多地投向关系国家安全和国民经济命脉的重要行业和关键领域，增强国有经济的控制力。其他行业和领域的国有企业，通过资产重组和结构调整，在市场公平竞争中优胜劣汰。发展具有国际竞争力的大公司大企业集团。继续放开搞活国有中小企业。以明晰产权为重点深化集体企业改革，发展多种形式的集体经济。

（5）大力发展和积极引导非公有制经济。个体、私营等非公有制经济是促进我国社会生产力发展的重要力量。清理和修订限制非公有制经济发展的法律法规和政策，消除体制性障碍。放宽市场准入，允许非公有资本进入法律法规未禁入的基础设施、公用事业及其他行业和领域。非公有制企业在投融资、税收、土地使用和对外贸易等方面，与其他企业享受同等待遇。支持非公有制中小企业的发展，鼓励有条件的企业做强做大。非公有制企业要依法经营，照章纳税，保障职工合法权益。改进对非公有制企业的服务和监管。

（6）建立健全现代产权制度。产权是所有制的核心和主要内容，包括物权、债权、股权和知识产权等各类财产权。建立归属清晰、权责明确、保护严格、流转顺畅的现代产权制度，有利于维护公有财产权，巩固公有制经济的主体地位；有利于保护私有财产权，促进非公有制经济发展；有利于各类资本的流动和重组，推动混合所有制经济发展；有利于增强企业和公众创业创新的动力，形成良好的信用基础和市场秩序。这是完善基本经济制度的内在要求，是构建现代企业制度的重要基础。要依法保护各类产权，健全产权交易规则和监管制度，推动产权有序流转，保障所有市场主体的平等法律地位和发展权利。

三、完善国有资产管理体制，深化国有企业改革

（7）建立健全国有资产管理和监督体制。坚持政府公共管理职能和国有资产出资人职能分开。国有资产管理机构对授权监管的国有资本依法履行出资人职责，维护所有者权益，

维护企业作为市场主体依法享有的各项权利,督促企业实现国有资本保值增值,防止国有资产流失。建立国有资本经营预算制度和企业经营业绩考核体系。积极探索国有资产监管和经营的有效形式,完善授权经营制度。建立健全国有金融资产、非经营性资产和自然资源资产等的监管制度。

　　(8)完善公司法人治理结构。按照现代企业制度要求,规范公司股东会、董事会、监事会和经营管理者的权责,完善企业领导人员的聘任制度。股东会决定董事会和监事会成员,董事会选择经营管理者,经营管理者行使用人权,并形成权力机构、决策机构、监督机构和经营管理者之间的制衡机制。企业党组织要发挥政治核心作用,并适应公司法人治理结构的要求,改进发挥作用的方式,支持股东会、董事会、监事会和经营管理者依法行使职权,参与企业重大问题的决策。要坚持党管干部原则,并同市场化选聘企业经营管理者的机制相结合。中央和地方党委要加强和改进对国有重要骨干企业领导班子的管理。要全心全意依靠职工群众,探索现代企业制度下职工民主管理的有效途径,维护职工合法权益。继续推进企业转换经营机制,深化劳动用工、人事和收入分配制度改革,分流安置富余人员,分离企业办社会职能,创造企业改革发展的良好环境。

　　(9)加快推进和完善垄断行业改革。对垄断行业要放宽市场准入,引入竞争机制。有条件的企业要积极推行投资主体多元化。继续推进和完善电信、电力、民航等行业的改革重组。加快推进铁道、邮政和城市公用事业等改革,实行政企分开、政资分开、政事分开。对自然垄断业务要进行有效监管。

四、深化农村改革,完善农村经济体制

　　(10)完善农村土地制度。土地家庭承包经营是农村基本经营制度的核心,要长期稳定并不断完善以家庭承包经营为基础、统分结合的双层经营体制,依法保障农民对土地承包经营的各项权利。农户在承包期内可依法、自愿、有偿流转土地承包经营权,完善流转办法,逐步发展适度规模经营。实行最严格的耕地保护制度,保证国家粮食安全。按照保障农民权益、控制征地规模的原则,改革征地制度,完善征地程序。严格界定公益性和经营性建设用地,征地时必须符合土地利用总体规划和用途管制,及时给予农民合理补偿。

　　(11)健全农业社会化服务、农产品市场和对农业的支持保护体系。农村集体经济组织要推进制度创新,增强服务功能。支持农民按照自愿、民主的原则,发展多种形式的农村专业合作组织。鼓励工商企业投资发展农产品加工和营销,积极推进农业产业化经营,形成科研、生产、加工、销售一体化的产业链。深化农业科技推广体制和供销社改革,形成社会力量广泛参与的农业社会化服务体系。完善农产品市场体系,放开粮食收购市场,把通过流通环节的间接补贴改为对农民的直接补贴,切实保护种粮农民的利益。加大国家对农业的支持保护,增加各级财政对农业和农村的投入。加强粮食综合生产能力建设。完善扶贫开发机制。国家新增教育、卫生、文化等公共事业支出主要用于农村。探索建立政策性农业保险制度。

　　(12)深化农村税费改革。农村税费改革是减轻农民负担和深化农村改革的重大举措。完善农村税费改革试点的各项政策,取消农业特产税,加快推进县乡机构和农村义务教育体制等综合配套改革。在完成试点工作的基础上,逐步降低农业税率,切实减轻农民负担。

　　(13)改善农村富余劳动力转移就业的环境。农村富余劳动力在城乡之间双向流动就业,是增加农民收入和推进城镇化的重要途径。建立健全农村劳动力的培训机制,推进乡镇企业改革和调整,大力发展县域经济,积极拓展农村就业空间,取消对农民进城就业的限制性规定,为农民创造更多就业机会。逐步统一城乡劳动力市场,加强引导和管理,形成城乡劳动

者平等就业的制度。深化户籍制度改革,完善流动人口管理,引导农村富余劳动力平稳有序转移。加快城镇化进程,在城市有稳定职业和住所的农业人口,可按当地规定在就业地或居住地登记户籍,并依法享有当地居民应有的权利,承担应尽的义务。

五、完善市场体系,规范市场秩序

(14)加快建设全国统一市场。强化市场的统一性,是建设现代市场体系的重要任务。大力推进市场对内对外开放,加快要素价格市场化,发展电子商务、连锁经营、物流配送等现代流通方式,促进商品和各种要素在全国范围自由流动和充分竞争。废止妨碍公平竞争、设置行政壁垒、排斥外地产品和服务的各种分割市场的规定,打破行业垄断和地区封锁。积极发展独立公正、规范运作的专业化市场中介服务机构,按市场化原则规范和发展各类行业协会、商会等自律性组织。完善行政执法、行业自律、舆论监督、群众参与相结合的市场监管体系,健全产品质量监管机制,严厉打击制假售假、商业欺诈等违法行为,维护和健全市场秩序。

(15)大力发展资本和其他要素市场。积极推进资本市场的改革开放和稳定发展,扩大直接融资。建立多层次资本市场体系,完善资本市场结构,丰富资本市场产品。规范和发展主板市场,推进风险投资和创业板市场建设。积极拓展债券市场,完善和规范发行程序,扩大公司债券发行规模。大力发展机构投资者,拓宽合规资金入市渠道。建立统一互联的证券市场,完善交易、登记和结算体系。加快发展土地、技术、劳动力等要素市场。规范发展产权交易。积极发展财产、人身保险和再保险市场。稳步发展期货市场。

(16)建立健全社会信用体系。形成以道德为支撑、产权为基础、法律为保障的社会信用制度,是建设现代市场体系的必要条件,也是规范市场经济秩序的治本之策。增强全社会的信用意识,政府、企事业单位和个人都要把诚实守信作为基本行为准则。按照完善法规、特许经营、商业运作、专业服务的方向,加快建设企业和个人信用服务体系。建立信用监督和失信惩戒制度。逐步开放信用服务市场。

六、继续改善宏观调控,加快转变政府职能

(17)完善国家宏观调控体系。进一步健全国家计划和财政政策、货币政策等相互配合的宏观调控体系。国家计划明确的宏观调控目标和总体要求,是制定财政政策和货币政策的主要依据。财政政策要在促进经济增长、优化结构和调节收入方面发挥重要功能,完善财政政策的有效实施方式。货币政策要在保持币值稳定和总量平衡方面发挥重要作用,健全货币政策的传导机制。重视人口老龄化趋势等因素对社会供求的影响。完善统计体制,健全经济运行监测体系,加强各宏观经济调控部门的功能互补和信息共享,提高宏观调控水平。

(18)转变政府经济管理职能。深化行政审批制度改革,切实把政府经济管理职能转到主要为市场主体服务和创造良好发展环境上来。加强国民经济和社会发展中长期规划的研究和制定,提出发展的重大战略、基本任务和产业政策,促进国民经济和社会全面发展,实现经济增长与人口资源环境相协调。加强对区域发展的协调和指导,积极推进西部大开发,有效发挥中部地区综合优势,支持中西部地区加快改革发展,振兴东北地区等老工业基地,鼓励东部有条件地区率先基本实现现代化。完善政府重大经济社会问题的科学化、民主化、规范化决策程序,充分利用社会智力资源和现代信息技术,增强透明度和公众参与度。

(19)深化投资体制改革。进一步确立企业的投资主体地位,实行谁投资、谁决策、谁收益、谁承担风险。国家只审批关系经济安全、影响环境资源、涉及整体布局的重大项目和政府投资项目及限制类项目,其他项目由审批制改为备案制,由投资主体自行决策,依法办理用

地、资源、环保、安全等许可手续。对必须审批的项目,要合理划分中央和地方权限,扩大大型企业集团投资决策权,完善咨询论证制度,减少环节,提高效率。健全政府投资决策和项目法人约束机制。国家主要通过规划和政策指导、信息发布以及规范市场准入,引导社会投资方向,抑制无序竞争和盲目重复建设。

七、完善财税体制,深化金融改革

(20) 分步实施税收制度改革。按照简税制、宽税基、低税率、严征管的原则,稳步推进税收改革。改革出口退税制度。统一各类企业税收制度。增值税由生产型改为消费型,将设备投资纳入增值税抵扣范围。完善消费税,适当扩大税基。改进个人所得税,实行综合和分类相结合的个人所得税制。实施城镇建设费税改革,条件具备时对不动产开征统一规范的物业税,相应取消有关收费。在统一税政前提下,赋予地方适当的税政管理权。创造条件逐步实现城乡税制统一。

(21) 推进财政管理体制改革。健全公共财政体制,明确各级政府的财政支出责任。进一步完善转移支付制度,加大对中西部地区和民族地区的财政支持。深化部门预算、国库集中收付、政府采购和收支两条线管理改革。清理和规范行政事业性收费,凡能纳入预算的都要纳入预算管理。改革预算编制制度,完善预算编制、执行的制衡机制,加强审计监督。建立预算绩效评价体系。实行全口径预算管理和对或有负债的有效监控。加强各级人民代表大会对本级政府预算的审查和监督。

(22) 深化金融企业改革。商业银行和证券公司、保险公司、信托投资公司等要成为资本充足、内控严密、运营安全、服务和效益良好的现代金融企业。选择有条件的国有商业银行实行股份制改造,加快处置不良资产,充实资本金,创造条件上市。深化政策性银行改革。完善金融资产管理公司运行机制。鼓励社会资金参与中小金融机构的重组改造。在加强监管和保持资本金充足的前提下,稳步发展各种所有制金融企业。完善农村金融服务体系,国家给予适当政策支持。通过试点取得经验,逐步把农村信用社改造成为农村社区服务的地方性金融企业。

(23) 健全金融调控机制。稳步推进利率市场化,建立健全由市场供求决定的利率形成机制,中央银行通过运用货币政策工具引导市场利率。完善人民币汇率形成机制,保持人民币汇率在合理、均衡水平上的基本稳定。在有效防范风险前提下,有选择、分步骤放宽对跨境资本交易活动的限制,逐步实现资本项目可兑换。建立和完善统一、高效、安全的支付清算系统。改进中央银行的金融调控,建立健全货币市场、资本市场、保险市场有机结合、协调发展的机制,维护金融运行和金融市场的整体稳定,防范系统性风险。

(24) 完善金融监管体制。依法维护金融市场公开、公平、有序竞争,有效防范和化解金融风险,保护存款人、投资者和被保险人的合法权益。健全金融风险监控、预警和处置机制,依法严格实行市场退出制度。强化金融监管手段,防范和打击金融犯罪。增强监管信息透明度并接受社会监督。处理好监管和支持金融创新的关系,鼓励金融企业探索金融经营的有效方式。建立健全银行、证券、保险监管机构之间以及同中央银行、财政部门的协调机制,提高金融监管水平。

八、深化涉外经济体制改革,全面提高对外开放水平

(25) 完善对外开放的制度保障。按照市场经济和世贸组织规则的要求,加快内外贸一体化进程。形成稳定、透明的涉外经济管理体制,创造公平和可预见的法制环境,确保各类企业在对外经济贸易活动中的自主权和平等地位。依法管理涉外经济活动,强化服务和监管职

能,进一步提高贸易和投资的自由、便利程度。建立健全外贸运行监控体系和国际收支预警机制,维护国家经济安全。

(26)更好地发挥外资的作用。抓住新一轮全球生产要素优化重组和产业转移的重大机遇,扩大利用外资规模,提高利用外资水平。结合国内产业结构调整升级,更多地引进先进技术、管理经验和高素质人才,注重引进技术的消化吸收和创新提高。继续发展加工贸易,着力吸引跨国公司把更高技术水平、更大增值含量的加工制造环节和研发机构转移到我国,引导加工贸易转型升级。进一步改善投资环境,拓宽投资领域,吸引外资加快向有条件的地区和符合国家产业政策的领域扩展,力争再形成若干外资密集、内外结合、带动力强的经济增长带。

(27)增强参与国际合作和竞争的能力。鼓励国内企业充分利用扩大开放的有利时机,增强开拓市场、技术创新和培育自主品牌的能力。提高出口商品质量、档次和附加值,扩大高新技术产品出口,发展服务贸易,全面提高出口竞争力。继续实施"走出去"战略,完善对外投资服务体系,赋予企业更大的境外经营管理自主权,健全对境外投资企业的监管机制,促进我国跨国公司的发展。积极参与和推动区域经济合作。

九、推进就业和分配体制改革,完善社会保障体系

(28)深化劳动就业体制改革。把扩大就业放在经济社会发展更加突出的位置,实施积极的就业政策,努力改善创业和就业环境。坚持劳动者自主择业、市场调节就业和政府促进就业的方针。鼓励企业创造更多的就业岗位。改革发展和结构调整都要与扩大就业紧密结合。从扩大就业再就业的要求出发,在产业类型上,注重发展劳动密集型产业;在企业规模上,注重扶持中小企业;在经济类型上,注重发展非公有制经济;在就业方式上,注重采用灵活多样的形式。完善就业服务体系,加强职业教育和技能培训,帮助特殊困难群体就业。规范企业用工行为,保障劳动者合法权益。

(29)推进收入分配制度改革。完善按劳分配为主体、多种分配方式并存的分配制度,坚持效率优先、兼顾公平,各种生产要素按贡献参与分配。整顿和规范分配秩序,加大收入分配调节力度,重视解决部分社会成员收入差距过分扩大问题。以共同富裕为目标,扩大中等收入者比重,提高低收入者收入水平,调节过高收入,取缔非法收入。加强对垄断行业收入分配的监管。健全个人收入监测办法,强化个人所得税征管。完善和规范国家公务员工资制度,推进事业单位分配制度改革。规范职务消费,加快福利待遇货币化。

(30)加快建设与经济发展水平相适应的社会保障体系。完善企业职工基本养老保险制度,坚持社会统筹与个人账户相结合,逐步做实个人账户。将城镇从业人员纳入基本养老保险。建立健全省级养老保险调剂基金,在完善市级统筹基础上,逐步实行省级统筹,条件具备时实行基本养老金的基础部分全国统筹。健全失业保险制度,实现国有企业下岗职工基本生活保障向失业保险并轨。继续完善城镇职工基本医疗保险制度、医疗卫生和药品生产流通体制的同步改革,扩大基本医疗保险覆盖面,健全社会医疗救助和多层次的医疗保障体系。继续推行职工工伤和生育保险。积极探索机关和事业单位社会保障制度改革。完善城市居民最低生活保障制度,合理确定保障标准和方式。采取多种方式包括依法划转部分国有资产充实社会保障基金。强化社会保险基金征缴,扩大征缴覆盖面,规范基金监管,确保基金安全。鼓励有条件的企业建立补充保险,积极发展商业养老、医疗保险。农村养老保障以家庭为主,同社区保障、国家救济相结合。有条件的地方探索建立农村最低生活保障制度。

十、深化科技教育文化卫生体制改革，提高国家创新能力和国民整体素质

（31）营造实施人才强国战略的体制环境。创新人才工作机制，培养、吸引和用好各类人才。以党政人才、企业经营管理人才和专业技术人才为主体，建设规模宏大、结构合理、素质较高的人才队伍。多层次、多渠道、大规模地开展人才培训，重点培养一批高层次和高技能人才。加强西部和民族地区人才开发，建立促进优秀人才到西部、基层和艰苦地方工作的机制。尊重知识，鼓励创新，实行公平竞争，完善激励制度，形成优秀人才脱颖而出和人尽其才的良好环境。建立和完善人才市场体系，进一步促进人才流动。积极引进现代化建设急需的各类人才。

（32）深化科技体制改革。改革科技管理体制，加快国家创新体系建设，促进全社会科技资源高效配置和综合集成，提高科技创新能力，实现科技和经济社会发展紧密结合。确立企业技术创新和科技投入的主体地位，为各类企业创新活动提供平等竞争条件。必须由国家支持的从事基础研究、战略高技术、重要公益研究领域创新活动的研究机构，要按照职责明确、评价科学、开放有序、管理规范的原则建立现代科研院所制度。面向市场的应用技术研究开发机构，要坚持向企业化转制，加快建立现代企业制度。积极推动高等教育和科技创新紧密结合。建立军民结合、寓军于民的创新机制，实现国防科技和民用科技相互促进和协调发展。建设哲学社会科学理论创新体系，促进社会科学和自然科学协调发展。

（33）深化教育体制改革。构建现代国民教育体系和终身教育体系，建设学习型社会，全面推进素质教育，增强国民的就业能力、创新能力、创业能力，努力把人口压力转变为人力资源优势。推进教育创新，优化教育结构，改革培养模式，提高教育质量，形成同经济社会发展要求相适应的教育体制。巩固和完善以县级政府管理为主的农村义务教育管理体制。实施全员聘用和教师资格准入制度。完善和规范以政府投入为主、多渠道筹措经费的教育投入体制，形成公办学校和民办学校共同发展的格局。完善国家和社会资助家庭经济困难学生的制度。

（34）深化文化体制改革。按照社会主义精神文明建设的特点和规律，适应社会主义市场经济发展的要求，逐步建立党委领导、政府管理、行业自律、企事业单位依法运营的文化管理体制。转变文化行政管理部门的职能，促进文化事业和文化产业协调发展。坚持把社会效益放在首位，努力实现社会效益和经济效益的统一。公益性文化事业单位要深化劳动人事、收入分配和社会保障制度改革，加大国家投入，增强活力，改善服务。经营性文化产业单位要创新体制，转换机制，面向市场，壮大实力。健全文化市场体系，建立富有活力的文化产品生产经营体制。完善文化产业政策，鼓励多渠道资金投入，促进各类文化产业共同发展，形成一批大型文化企业集团，增强文化产业的整体实力和国际竞争力。依法规范文化市场秩序。深化体育改革，构建群众体育服务体系，健全竞技体育体制，促进体育产业健康发展，增强全民体质。

（35）深化公共卫生体制改革。强化政府公共卫生管理职能，建立与社会主义市场经济体制相适应的卫生医疗体系。加强公共卫生设施建设，充分利用、整合现有资源，建立健全疾病信息网络体系、疾病预防控制体系和医疗救治体系，提高公共卫生服务水平和突发性公共卫生事件应急能力。加快城镇医疗卫生体制改革。改善乡村卫生医疗条件，积极建立新型农村合作医疗制度，实行对贫困农民的医疗救助。发挥中西医结合的优势。搞好环境卫生建设，树立全民卫生意识。健全卫生监管体系，保证群众的食品、药品和医疗安全。

十一、深化行政管理体制改革，完善经济法律制度

（36）继续改革行政管理体制。加快形成行为规范、运转协调、公正透明、廉洁高效的行政管理体制。进一步调整各级政府机构设置，理顺职能分工，实现政府职责、机构和编制的法定化。完善国家公务员制度。推进依法行政，严格按照法定权限和程序行使权力、履行职责。发展电子政务，提高服务和管理水平。建立健全各种预警和应急机制，提高政府应对突发事件和风险的能力。完善安全生产监管体系。深化地方行政管理体制改革，大力精简机构和人员。继续推进事业单位改革。完善基层群众性自治组织，发挥城乡社区自我管理、自我服务的功能。

（37）合理划分中央和地方经济社会事务的管理责权。按照中央统一领导、充分发挥地方主动性积极性的原则，明确中央和地方对经济调节、市场监管、社会管理、公共服务方面的管理责权。属于全国性和跨省（自治区、直辖市）的事务，由中央管理，以保证国家法制统一、政令统一和市场统一。属于面向本行政区域的地方性事务，由地方管理，以提高工作效率、降低管理成本、增强行政活力。属于中央和地方共同管理的事务，要区别不同情况，明确各自的管理范围，分清主次责任。根据经济社会事务管理责权的划分，逐步理顺中央和地方在财税、金融、投资和社会保障等领域的分工和职责。

（38）全面推进经济法制建设。按照依法治国的基本方略，着眼于确立制度、规范权责、保障权益，加强经济立法。完善市场主体和中介组织法律制度，使各类市场主体真正具有完全的行为能力和责任能力。完善产权法律制度，规范和理顺产权关系，保护各类产权权益。完善市场交易法律制度，保障合同自由和交易安全，维护公平竞争。完善预算、税收、金融和投资等法律法规，规范经济调节和市场监管。完善劳动、就业和社会保障等方面的法律法规，切实保护劳动者和公民的合法权益。完善社会领域和可持续发展等方面的法律法规，促进经济发展和社会全面进步。

（39）加强执法和监督。加强对法律法规的解释工作，加大执法力度，提高行政执法、司法审判和检察的能力和水平，确保法律法规的有效实施，维护法制的统一和尊严。按照权力与责任挂钩、权力与利益脱钩的要求，建立权责明确、行为规范、监督有效、保障有力的执法体制，防止和纠正地方保护主义和部门本位主义。改革行政执法体制，相对集中行政处罚权，推进综合执法试点。推进司法体制改革，维护司法公正。实行执法责任制和执法过错追究制，做到严格执法、公正执法、文明执法。

十二、加强和改善党的领导，为完善社会主义市场经济体制而奋斗

（40）党的领导是顺利推进改革的根本保证。建成完善的社会主义市场经济体制，是我们党在新世纪新阶段作出的具有重大现实意义和深远历史意义的决策，是对全党新的重大考验。全党同志要充分认识肩负的历史责任，不断学习新知识、研究新情况、解决新问题，继续探索社会主义制度和市场经济有机结合的途径和方式。要自觉适应社会主义市场经济发展的新形势，改革和完善党的领导方式和执政方式，坚持谋全局、把方向、管大事，进一步提高科学判断形势的能力、驾驭市场经济的能力、应对复杂局面的能力、依法执政的能力和总揽全局的能力。要坚持党管人才原则，培养和造就大批适应现代化建设需要的各类人才，加强各级领导班子和基层党组织建设，为改革和发展提供强有力的组织保证。要着眼于我国基本国情，坚持一切从实际出发，因地制宜，把改革的力度、发展的速度和社会可承受的程度统一起来，及时化解各种矛盾，确保社会稳定和工作有序进行。要统筹推进各项改革，努力实现宏观经济改革和微观经济改革相协调，经济领域改革和社会领域改革相协调，城市改革和农村改

附录 A

革相协调,经济体制改革和政治体制改革相协调。

（41）加强和改进党风廉政建设。加强党风廉政建设、反对和防止腐败,是建立和完善社会主义市场经济体制的重要保证,必须贯穿于改革开放和现代化建设的全过程。要进一步抓好党和国家机关工作人员特别是领导干部的廉洁自律,坚决查处各种违纪违法案件,切实纠正损害群众利益的不正之风。要坚持标本兼治、综合治理,注重思想道德教育,加强廉政法制建设,完善监督制约机制,建立健全与社会主义市场经济体制相适应的教育、制度、监督并重的惩治和预防腐败体系。坚持立党为公、执政为民,务必继续保持谦虚谨慎、不骄不躁的作风,务必继续保持艰苦奋斗的作风,坚决抵制各种不良风气的侵蚀,为完善社会主义市场经济体制营造良好的社会氛围。

（42）坚持社会主义物质文明、政治文明和精神文明协调发展。中国特色社会主义是社会主义市场经济、社会主义民主政治和社会主义先进文化协调发展的伟大事业。要积极稳妥地推进政治体制改革,扩大社会主义民主,健全社会主义法制,巩固和壮大爱国统一战线,加强思想政治工作,为发展社会主义市场经济提供强有力的政治保证。要大力加强社会主义文化建设,着力建立与社会主义市场经济相适应、与社会主义法律规范相协调、与中华民族传统美德相承接的社会主义思想道德体系,弘扬和培育民族精神,不断提高全民族的思想道德素质和科学文化素质,为改革和发展提供强大的精神动力和智力支持。

全党同志和全国各族人民,在马克思列宁主义、毛泽东思想、邓小平理论和"三个代表"重要思想指引下,全面贯彻十六大精神,紧密团结在以胡锦涛同志为总书记的党中央周围,开拓进取,扎实工作,为建成完善的社会主义市场经济体制、实现全面建设小康社会的宏伟目标而努力奋斗!

9. 国务院关于进一步加强证券市场宏观管理的通知

1992年12月17日,国务院国发〔1992〕68号文件《国务院关于进一步加强证券市场宏观管理的通知》发布。

各省、自治区、直辖市人民政府,国务院各部委、各直属机构:

证券市场的建立和发展,对于筹集资金,优化资源配置,调整产业结构,转换企业经营机制,促进社会主义市场经济发展有积极的作用。我国的证券市场在改革开放中得到恢复并有了较快发展,今年以来,在邓小平同志视察南方时的重要谈话和中央政治局全体会议精神的指导下,又有了进一步发展。但由于我国有关证券市场的法律、法规和监督体系还不健全,证券市场的操作经验不足,投资者缺乏必要风险意识,一些地方推行股份制改革和发展证券市场存在着一哄而上的倾向,加之证券市场管理政出多门、力量分散和管理薄弱,使证券市场出现了一些混乱现象。为了加强证券市场的宏观管理,统一协调有关政策,建立健全证券监管工作制度,保护广大投资者的利益,促进我国证券市场健康发展,国务院已决定成立国务院证券委员会(简称证券委)和中国证券监督管理委员会(简称证监会)。这是深化改革,完善证券管理体制的一项重要决策,对于保障证券市场健康发展有着重要意义。现就进一步加强证券市场宏观管理的有关问题通知如下。

一、理顺和完善证券市场管理体制

（一）证券委是国家对全国证券市场进行统一宏观管理的主管机构,主要职责是:负责组织拟订有关证券市场的法律、法规草案;研究制定有关证券市场的方针政策和规章,制定证券市场发展规划和提出计划建议；指导、协调、监督和检查各地区、各有关部门与证券市场有关的各项工作；归口管理证监会。

（二）证监会是证券委监管执行机构，由有证券专业知识和实践经验的专家组成，按事业单位管理，主要职责是：根据证券委的授权，拟订有关证券市场管理的规则；对证券经营机构从事证券业务，特别是股票自营业务进行监管；依法对有价证券的发行和交易以及对向社会公开发行股票的公司实施监管；对境内企业向境外发行股票实施监管；会同有关部门进行证券统计，研究分析证券市场形势并及时向证券委报告工作，提出建议。

（三）国务院有关部门和地方人民政府关于证券工作的职责分工是：国家计委根据证券委的计划建议进行综合平衡，编制证券计划；中国人民银行负责审批归口管理证券机构，同时报证券委备案；财政部归口管理注册会计师和会计师事务所，对其从事证券业有关的会计事务的资格由证监会审定；国家体改委负责拟订股份制试点的法规并组织协调有关试点工作；上海、深圳证券交易所由当地政府归口管理，由证监会实施监督，设立新的证券交易所必须由证券委审核，报国务院批准；现有企业的股份制试点，地方企业由省级或计划单列市人民政府授权的部门会同企业主管部门负责审批，中央企业由国家体改委会同企业主管部门负责审批。新建和在建项目的股份制试点审批办法另行下达。

（四）要充分发挥证券行业自律性组织的作用，逐步建立起有中国特色的、分层次的、各司其职、各负其责、协调配合的证券市场监督管理体系。

二、严格规范证券发行上市程序

为了确保证券发行与上市的质量，体现"公开、公正、公平"的原则，对证券的发行程序作如下规范。

（一）股票发行、上市的程序是：经过批准的股份制试点企业，经证监会认可的资产评估机构和会计师事务所进行资产评估和财务审核后，向企业所在地的省级或计划单列市人民政府提出公开发行上市股票的申请，地方企业由省级或计划单列市人民政府在国家下达给该地的规模内审批；中央企业由其主管部门商企业所在地的省级或计划单列市人民政府在国家下达给该部门的规模内审批；被批准的发行申请送证监会进行资格复审后，由上海、深圳证券交易所发行上市委员会审核批准，报证监会备案（同时抄报证券委），15日内异议即可发行。何时上市，由证券交易所发行上市委员会确定。

股票发行要借鉴境外成功经验。目前，可试行在每一个公司股票发行之前，无限量发售只收工本费的一次性认购表，在公证机关监督下公开抽签，中签后再交款购买股票的办法，或者试用国际上通用的其他办法。

证券委及各有关部门要密切注意研究解决股票发行、上市中出现的，不断总结经验，逐步完善有关的管理办法，把试点工作做得更好。

（二）其他证券发行的管理职责分工如下：国债由财政部负责；金融机构债券、投资基金证券由中国人民银行负责审批；国家投资债券、国家投资公司债券由国家计委负责审批；中央企业债券由中国人民银行和国家计委负责审批；地方企业债券、地方投资公司债券由省级或计划单列市人民政府负责审批。

证券的发行必须按上述程序和职责分工，在国家下达的规模内，经过严格财务审核，信用评级，按照产业政策的要求从严掌握。任何地区和部门不得越权审批、突破规模。在遵守国家有关规定的前提下，发行主体和代理单位可自主签订合同，并承担相应的责任，各地区、各部门不得干预其正常业务活动。

三、关于一九九三年的证券发行问题

一九九三年证券的发行规模,由证券委根据有关部门提出的计划,结合全国经济发展情况提出计划建议,经国家计委综合平衡后,报国务院审批。分地区、分部门的年度规模,由国家计委会同证券委下达。各省、自治区、直辖市及计划单列市和国务院有关部门可在国家下达的规模内,各选择一两个经过批准的股份制企业,进行公开发行股票的试点(广东、福建、海南三省经批准可以适当增加试点企业数目);对一九九二年未经国家批准擅自公开发行股票、信托受益证券和超出国家规定范围发行内部股权证的地区,必须进行清理整顿并写出报告,经证券委审查合格后,再下达规模。债券的利率政策应当统一,对少数部门和企业违反国家规定高利率发行企业债券的现象,必须坚决制止。

四、进一步开放证券市场

为了更多更好地筹集资金,促进经济建设发展,我国的证券市场要逐步加快开放步伐,在加强统一管理的基础上,积极组织投资基金证券、可转换证券、信托受益证券等新品种的试点,丰富、活跃证券市场。要进一步放开搞活债券二级市场。要继续做人民币特种股票(B股)的试点工作。目前,我国证券市场有关法规尚不完善,各有关部门在制定与证券市场有关的对外开放政策时,要事先与证券委研究。选择若干企业到海外公开发行股票和上市,必须在证券委统一安排下进行,并经证券委审批,各地方、各部门不得自行其是。

五、抓紧证券市场的法制建设

健全法规是证券市场健康发展的法律保障。近期,证券委要组织有关方面抓紧完成《股票发行与交易暂行规定》(国家体改委和证监会牵头),《证券经营机构管理办法》、《投资基金管理办法》(中国人民银行牵头),《证券从业人员行为规范》(证监会和证券业协会牵头),《股票发行资格审查管理办法》(证监会牵头)等法规的起草修改工作;国家体改委要组织有关部门抓紧《证券法》的起草工作。上述法规,按规定程序批准后发布实施。

六、研究制订证券市场发展战略和规划,加强证券市场基础建设

证券市场是社会主义市场经济体系的重组成部分,我国的证券市场经过多年的发展,虽已初具规模,但与社会主义市场经济发展的要求还有很大距离。证券委要组织各有关方面,根据建立社会主义市场经济体制的要求和证券市场发展的规律,在充分调查研究的基础上,研究制订证券市场的发展战略和规划,不断加强和改善国家对证券市场的宏观调控,积极发挥证券市场对资金配置所具有的积极作用,努力克服并限制其自身弱点和消极面,指导证券市场健康发展。要加强证券经营机构和证券交易所、证券业协会等机构以及全国证券交易系统的自身建设。要采取多种方式,大力培养证券专业人才。要建立证券市场的分析、预测和信息发布系统。积极开展对外交往与合作,学习借鉴境外的成功经验。

七、加强证券市场管理,保障证券市场健康发展

证券市场的稳定与健康发展,影响到国家金融秩序、人民群众的切身利益和社会的安定,各地区、各部门要严格执行国家关于证券市场的有关规定,对突破国家计划规模或违反规定擅自发行股票、债券的,要严肃处理。要坚持两手抓,加强廉政建设,坚决查处在股份制企业设立和股票、债券发行上市等工作中的腐败行为和证券从业人员及会计、律师等人员利用职权违法违纪、营私舞弊的行为。对证券市场上出现的经济犯罪分子要坚决予以打击。

为了防止出现管理工作的脱节,各地区、各部门要按照证券委的统一部署和上述分工,各司其职,切实加强证券市场管理。各省、自治区、直辖市和计划单列市人民政府要指定一名负责同志分管证券工作,并将名单报证券委,抄送证监会。

10. 关于在上市公司建立独立董事制度的指导意见

2001 年 8 月 16 日,中国证监会〔2001〕102 号文件《关于在上市公司建立独立董事制度的指导意见》发布。

为进一步完善上市公司治理结构,促进上市公司规范运作,现就上市公司建立独立的外部董事(以下简称独立董事)制度提出以下指导意见。

一、上市公司应当建立独立董事制度

(一)上市公司独立董事是指不在公司担任除董事外的其他职务,并与其所受聘的上市公司及其主要股东不存在可能妨碍其进行独立客观判断的关系的董事。

(二)独立董事对上市公司及全体股东负有诚信与勤勉义务。独立董事应当按照相关法律法规、本指导意见和公司章程的要求,认真履行职责,维护公司整体利益,尤其要关注中小股东的合法权益不受损害。独立董事应当独立履行职责,不受上市公司主要股东、实际控制人、或者其他与上市公司存在利害关系的单位或个人的影响。

独立董事原则上最多在 5 家上市公司兼任独立董事,并确保有足够的时间和精力有效地履行独立董事的职责。

(三)各境内上市公司应当按照本指导意见的要求修改公司章程,聘任适当人员担任独立董事,其中至少包括一名会计专业人士(会计专业人士是指具有高级职称或注册会计师资格的人士)。在二○○二年六月三十日前,董事会成员中应当至少包括两名独立董事;在二○○三年六月三十日前,上市公司董事会成员中应当至少包括三分之一独立董事。

(四)独立董事出现不符合独立性条件或其他不适宜履行独立董事职责的情形,由此造成上市公司独立董事达不到本《指导意见》要求的人数时,上市公司应按规定补足独立董事人数。

(五)独立董事及拟担任独立董事的人士应当按照中国证监会的要求,参加中国证监会及其授权机构所组织的培训。

二、独立董事应当具备与其行使职权相适应的任职条件

担任独立董事应当符合下列基本条件:

(一)根据法律、行政法规及其他有关规定,具备担任上市公司董事的资格;

(二)具有本《指导意见》所要求的独立性;

(三)具备上市公司运作的基本知识,熟悉相关法律、行政法规、规章及规则;

(四)具有五年以上法律、经济或者其他履行独立董事职责所必需的工作经验;

(五)公司章程规定的其他条件。

三、独立董事必须具有独立性

下列人员不得担任独立董事:

(一)在上市公司或者其附属企业任职的人员及其直系亲属、主要社会关系(直系亲属是指配偶、父母、子女等;主要社会关系是指兄弟姐妹、岳父母、儿媳女婿、兄弟姐妹的配偶、配偶的兄弟姐妹等);

(二)直接或间接持有上市公司已发行股份 1% 以上或者是上市公司前十名股东中的自然人股东及其直系亲属;

(三)在直接或间接持有上市公司已发行股份 5% 以上的股东单位或者在上市公司前五

名股东单位任职的人员及其直系亲属；

（四）最近一年内曾经具有前三项所列举情形的人员；

（五）为上市公司或者其附属企业提供财务、法律、咨询等服务的人员；

（六）公司章程规定的其他人员；

（七）中国证监会认定的其他人员。

四、独立董事的提名、选举和更换应当依法、规范地进行

（一）上市公司董事会、监事会、单独或者合并持有上市公司已发行股份1％以上的股东可以提出独立董事候选人，并经股东大会选举决定。

（二）独立董事的提名人在提名前应当征得被提名人的同意。提名人应当充分了解被提名人职业、学历、职称、详细的工作经历、全部兼职等情况，并对其担任独立董事的资格和独立性发表意见，被提名人应当就其本人与上市公司之间不存在任何影响其独立客观判断的关系发表公开声明。

在选举独立董事的股东大会召开前，上市公司董事会应当按照规定公布上述内容。

（三）在选举独立董事的股东大会召开前，上市公司应将所有被提名人的有关材料同时报送中国证监会、公司所在地中国证监会派出机构和公司股票挂牌交易的证券交易所。上市公司董事会对被提名人的有关情况有异议的，应同时报送董事会的书面意见。

中国证监会在15个工作日内对独立董事的任职资格和独立性进行审核。对中国证监会持有异议的被提名人，可作为公司董事候选人，但不作为独立董事候选人。在召开股东大会选举独立董事时，上市公司董事会应对独立董事候选人是否被中国证监会提出异议的情况进行说明。

对于本《指导意见》发布前已担任上市公司独立董事的人士，上市公司应将前述材料在本《指导意见》发布实施起一个月内报送中国证监会、公司所在地中国证监会派出机构和公司股票挂牌交易的证券交易所。

（四）独立董事每届任期与该上市公司其他董事任期相同，任期届满，连选可以连任，但是连任时间不得超过六年。

（五）独立董事连续3次未亲自出席董事会会议的，由董事会提请股东大会予以撤换。

除出现上述情况及《公司法》中规定的不得担任董事的情形外，独立董事任期届满前不得无故被免职。提前免职的，上市公司应将其作为特别披露事项予以披露，被免职的独立董事认为公司的免职理由不当的，可以作出公开的声明。

（六）独立董事在任期届满前可以提出辞职。独立董事辞职应向董事会提交书面辞职报告，对任何与其辞职有关或其认为有必要引起公司股东和债权人注意的情况进行说明。如因独立董事辞职导致公司董事会中独立董事所占的比例低于本《指导意见》规定的最低要求时，该独立董事的辞职报告应当在下任独立董事填补其缺额后生效。

五、上市公司应当充分发挥独立董事的作用

（一）为了充分发挥独立董事的作用，独立董事除应当具有公司法和其他相关法律、法规赋予董事的职权外，上市公司还应当赋予独立董事以下特别职权：

（1）重大关联交易（指上市公司拟与关联人达成的总额高于300万元或高于上市公司最近经审计净资产值的5％的关联交易）应由独立董事认可后，提交董事会讨论；

独立董事作出判断前，可以聘请中介机构出具独立财务顾问报告，作为其判断的依据。

（2）向董事会提议聘用或解聘会计师事务所；

　　（3）向董事会提请召开临时股东大会；

　　（4）提议召开董事会；

　　（5）独立聘请外部审计机构和咨询机构；

　　（6）可以在股东大会召开前公开向股东征集投票权。

　　（二）独立董事行使上述职权应当取得全体独立董事的1/2以上同意。

　　（三）如上述提议未被采纳或上述职权不能正常行使，上市公司应将有关情况予以披露。

　　（四）如果上市公司董事会下设薪酬、审计、提名等委员会的，独立董事应当在委员会成员中占有1/2以上的比例。

六、独立董事应当对上市公司重大事项发表独立意见

　　（一）独立董事除履行上述职责外，还应当对以下事项向董事会或股东大会发表独立意见：

　　（1）提名、任免董事；

　　（2）聘任或解聘高级管理人员；

　　（3）公司董事、高级管理人员的薪酬；

　　（4）上市公司的股东、实际控制人及其关联企业对上市公司现有或新发生的总额高于300万元或高于上市公司最近经审计净资产值的5%的借款或其他资金往来，以及公司是否采取有效措施回收欠款。

　　（5）独立董事认为可能损害中小股东权益的事项；

　　（6）公司章程规定的其他事项。

　　（二）独立董事应当就上述事项发表以下几类意见之一：同意，保留意见及其理由，反对意见及其理由，无法发表意见及其障碍。

　　（三）如有关事项属于需要披露的事项，上市公司应当将独立董事的意见予以公告，独立董事出现意见分歧无法达成一致时，董事会应将各独立董事的意见分别披露。

七、为了保证独立董事有效行使职权，上市公司应当为独立董事提供必要的条件

　　（一）上市公司应当保证独立董事享有与其他董事同等的知情权。凡须经董事会决策的事项，上市公司必须按法定的时间提前通知独立董事并同时提供足够的资料，独立董事认为资料不充分的，可以要求补充。当两名或两名以上独立董事认为资料不充分或论证不明确时，可联名书面向董事会提出延期召开董事会会议或延期审议该事项，董事会应予以采纳。

　　上市公司向独立董事提供的资料，上市公司及独立董事本人应当至少保存5年。

　　（二）上市公司应提供独立董事履行职责所必需的工作条件。上市公司董事会秘书应积极为独立董事履行职责提供协助，如介绍情况、提供材料等。独立董事发表的独立意见、提案及书面说明应当公告的，董事会秘书应及时到证券交易所办理公告事宜。

　　（三）独立董事行使职权时，上市公司有关人员应当积极配合，不得拒绝、阻碍或隐瞒，不得干预其独立行使职权。

　　（四）独立董事聘请中介机构的费用及其他行使职权时所需的费用由上市公司承担。

　　（五）上市公司应当给予独立董事适当的津贴。津贴的标准应当由董事会制订预案，股东大会审议通过，并在公司年报中进行披露。

　　除上述津贴外，独立董事不应从该上市公司及其主要股东或有利害关系的机构和人员取得额外的、未予披露的其他利益。

　　（六）上市公司可以建立必要的独立董事责任保险制度，以降低独立董事正常履行职责

可能引致的风险。

11. 上市公司治理准则

2002年1月7日,中国证件会和国家经贸委发布证监发〔2002〕1号文件《上市公司治理准则》,自发布之日起实施。

为推动上市公司建立和完善现代企业制度,规范上市公司运作,促进我国证券市场健康发展,根据《公司法》、《证券法》及其他相关法律、法规确定的基本原则,并参照国外公司治理实践中普遍认同的标准,制订本准则。本准则阐明了我国上市公司治理的基本原则、投资者权利保护的实现方式,以及上市公司董事、监事、经理等高级管理人员所应当遵循的基本的行为准则和职业道德等内容。本准则适用于中国境内的上市公司。上市公司改善公司治理,应当贯彻本准则所阐述的精神。上市公司制定或者修改公司章程及治理细则,应当体现本准则所列明的内容。本准则是评判上市公司是否具有良好的公司治理结构的主要衡量标准,对公司治理存在重大问题的上市公司,证券监管机构将责令其按照本准则的要求进行整改。

第一章　股东与股东大会

第一节　股东权利

第一条　股东作为公司的所有者,享有法律、行政法规和公司章程规定的合法权利。上市公司应建立能够确保股东充分行使权利的公司治理结构。

第二条　上市公司的治理结构应确保所有股东,特别是中小股东享有平等地位。股东按其持有的股份享有平等的权利,并承担相应的义务。

第三条　股东对法律、行政法规和公司章程规定的公司重大事项,享有知情权和参与权。上市公司应建立和股东沟通的有效渠道。

第四条　股东有权按照法律、行政法规的规定,通过民事诉讼或其他法律手段保护其合法权利。股东大会、董事会的决议违反法律、行政法规的规定,侵犯股东合法权益,股东有权依法提起要求停止上述违法行为或侵害行为的诉讼。董事、监事、经理执行职务时违反法律、行政法规或者公司章程的规定,给公司造成损害的,应承担赔偿责任。股东有权要求公司依法提起要求赔偿的诉讼。

第二节　股东大会的规范

第五条　上市公司应在公司章程中规定股东大会的召开和表决程序,包括通知、登记、提案的审议、投票、计票、表决结果的宣布、会议决议的形成、会议记录及其签署、公告等。

第六条　董事会应认真审议并安排股东大会审议事项。股东大会应给予每个提案合理的讨论时间。

第七条　上市公司应在公司章程中规定股东大会对董事会的授权原则,授权内容应明确具体。

第八条　上市公司应在保证股东大会合法、有效的前提下,通过各种方式和途径,包括充分运用现代信息技术手段,扩大股东参与股东大会的比例。股东大会时间、地点的选择应有利于让尽可能多的股东参加会议。

第九条　股东既可以亲自到股东大会现场投票,也可以委托代理人代为投票,两者具有同样的法律效力。

　　第十条　上市公司董事会、独立董事和符合有关条件的股东可向上市公司股东征集其在股东大会上的投票权。投票权征集应采取无偿的方式进行，并应向被征集人充分披露信息。

　　第十一条　机构投资者应在公司董事选任、经营者激励与监督、重大事项决策等方面发挥作用。

第三节　关联交易

　　第十二条　上市公司与关联人之间的关联交易应签订书面协议。协议的签订应当遵循平等、自愿、等价、有偿的原则，协议内容应明确、具体。公司应将该协议的订立、变更、终止及履行情况等事项按照有关规定予以披露。

　　第十三条　上市公司应采取有效措施防止关联人以垄断采购和销售业务渠道等方式干预公司的经营，损害公司利益。关联交易活动应遵循商业原则，关联交易的价格原则上应不偏离市场独立第三方的价格或收费的标准。公司应对关联交易的定价依据予以充分披露。

　　第十四条　上市公司的资产属于公司所有。上市公司应采取有效措施防止股东及其关联方以各种形式占用或转移公司的资金、资产及其他资源。上市公司不得为股东及其关联方提供担保。

第二章　控股股东与上市公司

第一节　控股股东行为的规范

　　第十五条　控股股东对拟上市公司改制重组时应遵循先改制、后上市的原则，并注重建立合理制衡的股权结构。

　　第十六条　控股股东对拟上市公司改制重组时应分离其社会职能，剥离非经营性资产，非经营性机构、福利性机构及其设施不得进入上市公司。

　　第十七条　控股股东为上市公司主业服务的存续企业或机构可以按照专业化、市场化的原则改组为专业化公司，并根据商业原则与上市公司签订有关协议。从事其他业务的存续企业应增强其独立发展的能力。无继续经营能力的存续企业，应按有关法律、法规的规定，通过实施破产等途径退出市场。企业重组时具备一定条件的，可以一次性分离其社会职能及分流富余人员，不保留存续企业。

　　第十八条　控股股东应支持上市公司深化劳动、人事、分配制度改革，转换经营管理机制，建立管理人员竞聘上岗、能上能下，职工择优录用、能进能出，收入分配能增能减、有效激励的各项制度。

　　第十九条　控股股东对上市公司及其他股东负有诚信义务。控股股东对其所控股的上市公司应严格依法行使出资人的权利，控股股东不得利用资产重组等方式损害上市公司和其他股东的合法权益，不得利用其特殊地位谋取额外的利益。

　　第二十条　控股股东对上市公司董事、监事候选人的提名，应严格遵循法律、法规和公司章程规定的条件和程序。控股股东提名的董事、监事候选人应当具备相关专业知识和决策、监督能力。控股股东不得对股东大会人事选举决议和董事会人事聘任决议履行任何批准手续；不得越过股东大会、董事会任免上市公司的高级管理人员。

　　第二十一条　上市公司的重大决策应由股东大会和董事会依法作出。控股股东不得直接或间接干预公司的决策及依法开展的生产经营活动，损害公司及其他股东的权益。

第二节 上市公司的独立性

第二十二条 控股股东与上市公司应实行人员、资产、财务分开,机构、业务独立,各自独立核算、独立承担责任和风险。

第二十三条 上市公司人员应独立于控股股东。上市公司的经理人员、财务负责人、营销负责人和董事会秘书在控股股东单位不得担任除董事以外的其他职务。控股股东高级管理人员兼任上市公司董事的,应保证有足够的时间和精力承担上市公司的工作。

第二十四条 控股股东投入上市公司的资产应独立完整、权属清晰。控股股东以非货币性资产出资的,应办理产权变更手续,明确界定该资产的范围。上市公司应当对该资产独立登记、建账、核算、管理。控股股东不得占用、支配该资产或干预上市公司对该资产的经营管理。

第二十五条 上市公司应按照有关法律、法规的要求建立健全的财务、会计管理制度,独立核算。控股股东应尊重公司财务的独立性,不得干预公司的财务、会计活动。

第二十六条 上市公司的董事会、监事会及其他内部机构应独立运作。控股股东及其职能部门与上市公司及其职能部门之间没有上下级关系。控股股东及其下属机构不得向上市公司及其下属机构下达任何有关上市公司经营的计划和指令,也不得以其他任何形式影响其经营管理的独立性。

第二十七条 上市公司业务应完全独立于控股股东。控股股东及其下属的其他单位不应从事与上市公司相同或相近的业务。控股股东应采取有效措施避免同业竞争。

第三章 董事与董事会

第一节 董事的选聘程序

第二十八条 上市公司应在公司章程中规定规范、透明的董事选聘程序,保证董事选聘公开、公平、公正、独立。

第二十九条 上市公司应在股东大会召开前披露董事候选人的详细资料,保证股东在投票时对候选人有足够的了解。

第三十条 董事候选人应在股东大会召开之前作出书面承诺,同意接受提名,承诺公开披露的董事候选人的资料真实、完整并保证当选后切实履行董事职责。

第三十一条 在董事的选举过程中,应充分反映中小股东的意见。股东大会在董事选举中应积极推行累积投票制度。控股股东控股比例在30%以上的上市公司,应当采用累积投票制。采用累积投票制度的上市公司应在公司章程里规定该制度的实施细则。

第三十二条 上市公司应和董事签订聘任合同,明确公司和董事之间的权利义务、董事的任期、董事违反法律法规和公司章程的责任以及公司因故提前解除合同的补偿等内容。

第二节 董事的义务

第三十三条 董事应根据公司和全体股东的最大利益,忠实、诚信、勤勉地履行职责。

第三十四条 董事应保证有足够的时间和精力履行其应尽的职责。

第三十五条 董事应以认真负责的态度出席董事会,对所议事项表达明确的意见。董事确实无法亲自出席董事会的,可以书面形式委托其他董事按委托人的意愿代为投票,委托人应独立承担法律责任。

第三十六条 董事应遵守有关法律、法规及公司章程的规定,严格遵守其公开作出的承诺。

第三十七条　董事应积极参加有关培训,以了解作为董事的权利、义务和责任,熟悉有关法律法规,掌握作为董事应具备的相关知识。

第三十八条　董事会决议违反法律、法规和公司章程的规定,致使公司遭受损失的,参与决议的董事对公司承担赔偿责任。但经证明在表决时曾表明异议并记载于会议记录的董事除外。

第三十九条　经股东大会批准,上市公司可以为董事购买责任保险。但董事因违反法律法规和公司章程规定而导致的责任除外。

第三节　董事会的构成和职责

第四十条　董事会的人数及人员构成应符合有关法律、法规的要求,确保董事会能够进行富有成效的讨论,作出科学、迅速和谨慎的决策。

第四十一条　董事会应具备合理的专业结构,其成员应具备履行职务所必需的知识、技能和素质。

第四十二条　董事会向股东大会负责。上市公司治理结构应确保董事会能够按照法律、法规和公司章程的规定行使职权。

第四十三条　董事会应认真履行有关法律、法规和公司章程规定的职责,确保公司遵守法律、法规和公司章程的规定,公平对待所有股东,并关注其他利益相关者的利益。

第四节　董事会议事规则

第四十四条　上市公司应在公司章程中规定规范的董事会议事规则,确保董事会高效运作和科学决策。

第四十五条　董事会应定期召开会议,并根据需要及时召开临时会议。董事会会议应有事先拟定的议题。

第四十六条　上市公司董事会会议应严格按照规定的程序进行。董事会应按规定的时间事先通知所有董事,并提供足够的资料,包括会议议题的相关背景材料和有助于董事理解公司业务进展的信息和数据。当两名或两名以上独立董事认为资料不充分或论证不明确时,可联名以书面形式向董事会提出延期召开董事会会议或延期审议该事项,董事会应予以采纳。

第四十七条　董事会会议记录应完整、真实。董事会秘书对会议所议事项要认真组织记录和整理。出席会议的董事、董事会秘书和记录人应在会议记录上签名。董事会会议记录应作为公司重要档案妥善保存,以作为日后明确董事责任的重要依据。

第四十八条　董事会授权董事长在董事会闭会期间行使董事会部分职权的,上市公司应在公司章程中明确规定授权原则和授权内容,授权内容应当明确、具体。凡涉及公司重大利益的事项应由董事会集体决策。

第五节　独立董事制度

第四十九条　上市公司应按照有关规定建立独立董事制度。独立董事应独立于所受聘的公司及其主要股东。独立董事不得在上市公司担任除独立董事外的其他任何职务。

第五十条　独立董事对公司及全体股东负有诚信与勤勉义务。独立董事应按照相关法律、法规、公司章程的要求,认真履行职责,维护公司整体利益,尤其要关注中小股东的合法权益不受损害。独立董事应独立履行职责,不受公司主要股东、实际控制人以及其他与上市公司存在利害关系的单位或个人的影响。

第五十一条　独立董事的任职条件、选举更换程序、职责等,应符合有关规定。

第六节　董事会专门委员会

第五十二条　上市公司董事会可以按照股东大会的有关决议,设立战略、审计、提名、薪酬与考核等专门委员会。专门委员会成员全部由董事组成,其中审计委员会、提名委员会、薪酬与考核委员会中独立董事应占多数并担任召集人,审计委员会中至少应有一名独立董事是会计专业人士。

第五十三条　战略委员会的主要职责是对公司长期发展战略和重大投资决策进行研究并提出建议。

第五十四条　审计委员会的主要职责是:①提议聘请或更换外部审计机构;②监督公司的内部审计制度及其实施;③负责内部审计与外部审计之间的沟通;④审核公司的财务信息及其披露;⑤审查公司的内控制度。

第五十五条　提名委员会的主要职责是:①研究董事、经理人员的选择标准和程序并提出建议;②广泛搜寻合格的董事和经理人员的人选;③对董事候选人和经理人选进行审查并提出建议。

第五十六条　薪酬与考核委员会的主要职责是:①研究董事与经理人员考核的标准,进行考核并提出建议;②研究和审查董事、高级管理人员的薪酬政策与方案。

第五十七条　各专门委员会可以聘请中介机构提供专业意见,有关费用由公司承担。

第五十八条　各专门委员会对董事会负责,各专门委员会的提案应提交董事会审查决定。

第四章　监事与监事会

第一节　监事会的职责

第五十九条　上市公司监事会应向全体股东负责,对公司财务以及公司董事、经理和其他高级管理人员履行职责的合法合规性进行监督,维护公司及股东的合法权益。

第六十条　监事有了解公司经营情况的权利,并承担相应的保密义务。监事会可以独立聘请中介机构提供专业意见。

第六十一条　上市公司应采取措施保障监事的知情权,为监事正常履行职责提供必要的协助,任何人不得干预、阻挠。监事履行职责所需的合理费用应由公司承担。

第六十二条　监事会的监督记录以及进行财务或专项检查的结果应成为对董事、经理和其他高级管理人员绩效评价的重要依据。

第六十三条　监事会发现董事、经理和其他高级管理人员存在违反法律、法规或公司章程的行为,可以向董事会、股东大会反映,也可以直接向证券监管机构及其他有关部门报告。

第二节　监事会的构成和议事规则

第六十四条　监事应具有法律、会计等方面的专业知识或工作经验。监事会的人员和结构应确保监事会能够独立有效地行使对董事、经理和其他高级管理人员及公司财务的监督和检查。

第六十五条　上市公司应在公司章程中规定规范的监事会议事规则。监事会会议应严格按规定程序进行。

第六十六条　监事会应定期召开会议,并根据需要及时召开临时会议。监事会会议因故不能如期召开,应公告说明原因。

第六十七条　监事会可要求公司董事、经理及其他高级管理人员、内部及外部审计人员出席监事会会议,回答所关注的问题。

第六十八条　监事会会议应有记录,出席会议的监事和记录人应当在会议记录上签字。监事有权要求在记录上对其在会议上的发言作出某种说明性记载。监事会会议记录应作为公司重要档案妥善保存。

第五章　绩效评价与激励约束机制

第一节　董事、监事、经理人员的绩效评价

第六十九条　上市公司应建立公正透明的董事、监事和经理人员的绩效评价标准和程序。

第七十条　董事和经理人员的绩效评价由董事会或其下设的薪酬与考核委员会负责组织。独立董事、监事的评价应采取自我评价与相互评价相结合的方式进行。

第七十一条　董事报酬的数额和方式由董事会提出方案报请股东大会决定。在董事会或薪酬与考核委员会对董事个人进行评价或讨论其报酬时,该董事应当回避。

第七十二条　董事会、监事会应当向股东大会报告董事、监事履行职责的情况、绩效评价结果及其薪酬情况,并予以披露。

第二节　经理人员的聘任

第七十三条　上市公司经理人员的聘任,应严格按照有关法律、法规和公司章程的规定进行。任何组织和个人不得干预公司经理人员的正常选聘程序。

第七十四条　上市公司应尽可能采取公开、透明的方式,从境内外人才市场选聘经理人员,并充分发挥中介机构的作用。

第七十五条　上市公司应和经理人员签订聘任合同,明确双方的权利义务关系。

第七十六条　经理的任免应履行法定的程序,并向社会公告。

第三节　经理人员的激励与约束机制

第七十七条　上市公司应建立经理人员的薪酬与公司绩效和个人业绩相联系的激励机制,以吸引人才,保持经理人员的稳定。

第七十八条　上市公司对经理人员的绩效评价应当成为确定经理人员薪酬以及其他激励方式的依据。

第七十九条　经理人员的薪酬分配方案应获得董事会的批准,向股东大会说明,并予以披露。

第八十条　上市公司应在公司章程中明确经理人员的职责。经理人员违反法律、法规和公司章程规定,致使公司遭受损失的,公司董事会应积极采取措施追究其法律责任。

第六章　利益相关者

第八十一条　上市公司应尊重银行及其他债权人、职工、消费者、供应商、社区等利益相关者的合法权利。

第八十二条　上市公司应与利益相关者积极合作,共同推动公司持续、健康地发展。

第八十三条　上市公司应为维护利益相关者的权益提供必要的条件,当其合法权益受到侵害时,利益相关者应有机会和途径获得赔偿。

第八十四条　上市公司应向银行及其他债权人提供必要的信息，以便其对公司的经营状况和财务状况作出判断和进行决策。

第八十五条　上市公司应鼓励职工通过与董事会、监事会和经理人员的直接沟通和交流，反映职工对公司经营、财务状况以及涉及职工利益的重大决策的意见。

第八十六条　上市公司在保持公司持续发展、实现股东利益最大化的同时，应关注所在社区的福利、环境保护、公益事业等问题，重视公司的社会责任。

第七章　信息披露与透明度

第一节　上市公司的持续信息披露

第八十七条　持续信息披露是上市公司的责任。上市公司应严格按照法律、法规和公司章程的规定，真实、准确、完整、及时地披露信息。

第八十八条　上市公司除按照强制性规定披露信息外，应主动、及时地披露所有可能对股东和其它利益相关者决策产生实质性影响的信息，并保证所有股东有平等的机会获得信息。

第八十九条　上市公司披露的信息应当便于理解。上市公司应保证使用者能够通过经济、便捷的方式（如互联网）获得信息。

第九十条　上市公司董事会秘书负责信息披露事项，包括建立信息披露制度、接待来访、回答咨询、联系股东，向投资者提供公司公开披露的资料等。董事会及经理人员应对董事会秘书的工作予以积极支持。任何机构及个人不得干预董事会秘书的工作。

第二节　公司治理信息的披露

第九十一条　上市公司应按照法律、法规及其他有关规定，披露公司治理的有关信息，包括但不限于：①董事会、监事会的人员及构成；②董事会、监事会的工作及评价；③独立董事工作情况及评价，包括独立董事出席董事会的情况、发表独立意见的情况及对关联交易、董事及高级管理人员的任免等事项的意见；④各专门委员会的组成及工作情况；⑤公司治理的实际状况，及与本准则存在的差异及其原因；⑥改进公司治理的具体计划和措施。

第三节　股东权益的披露

第九十二条　上市公司应按照有关规定，及时披露持有公司股份比例较大的股东以及一致行动时可以实际控制公司的股东或实际控制人的详细资料。

第九十三条　上市公司应及时了解并披露公司股份变动的情况以及其他可能引起股份变动的重要事项。

第九十四条　当上市公司控股股东增持、减持或质押公司股份，或上市公司控制权发生转移时，上市公司及其控股股东应及时、准确地向全体股东披露有关信息。

第八章　附　　则

第九十五条　本准则自发布之日起施行。

12. 国务院关于推进资本市场改革开放和稳定发展的若干意见

2004年2月1日，国务院国发〔2004〕3号文件《国务院关于推进资本市场改革开放和稳定发展的若干意见》发布。

各省、自治区、直辖市人民政府，国务院各部委、各直属机构：

《国务院关于进一步加强证券市场宏观管理的通知》（国发〔1992〕68号）下发以来，我国资本市场发展迅速，取得了举世瞩目的成就。资本市场初具规模，市场基础设施不断改善，法律法规体系逐步健全，市场规范化程度进一步提高，已经成为社会主义市场经济体系的重要组成部分，为国有企业、金融市场改革和发展，优化资源配置，促进经济结构调整和经济发展，作出了重要贡献。为贯彻落实党的十六大和十六届三中全会精神，围绕全面建设小康社会的战略目标，积极推进资本市场改革开放和稳定发展，现提出如下意见。

一、充分认识大力发展资本市场的重要意义

大力发展资本市场是一项重要的战略任务，对我国实现21世纪头20年国民经济翻两番的战略目标具有重要意义。一是有利于完善社会主义市场经济体制，更大程度地发挥资本市场优化资源配置的功能，将社会资金有效转化为长期投资。二是有利于国有经济的结构调整和战略性改组，加快非国有经济发展。三是有利于提高直接融资比例，完善金融市场结构，提高金融市场效率，维护金融安全。

我国资本市场是伴随着经济体制改革的进程逐步发展起来的。由于建立初期改革不配套和制度设计上的局限，资本市场还存在一些深层次问题和结构性矛盾，制约了市场功能的有效发挥。这些问题是资本市场发展中遇到的问题，也只有在发展中逐步加以解决。党的十六大提出了全面建设小康社会的战略目标，十六届三中全会通过了《中共中央关于完善社会主义市场经济体制若干问题的决定》，对资本市场发展作出了部署，为我国资本市场改革开放和稳定发展指明了方向。要认清形势，抓住机遇，转变观念，大力发展资本市场，提高直接融资比例，创造和培育良好的投资环境，充分发挥资本市场在促进资本形成、优化资源配置、推动经济结构调整、完善公司治理结构等方面的作用，为国民经济持续快速协调健康发展和全面建设小康社会作出新的贡献。

二、推进资本市场改革开放和稳定发展的指导思想和任务

推进资本市场改革开放和稳定发展的指导思想是：以邓小平理论和"三个代表"重要思想为指导，全面落实党的十六大和十六届三中全会精神，遵循"公开、公平、公正"原则和"法制、监管、自律、规范"的方针，坚持服务于国民经济全局，实现与国民经济协调发展；坚持依法治市，保护投资者特别是社会公众投资者的合法权益；坚持资本市场改革的市场化取向，充分发挥市场机制的作用；坚持改革的力度、发展的速度与市场可承受程度的统一，处理好改革、发展、稳定的关系；坚持用发展的办法解决前进中的问题，处理好加快资本市场发展与防范市场风险的关系；坚持循序渐进，不断提高对外开放水平。

推进资本市场改革开放和稳定发展的任务是：以扩大直接融资、完善现代市场体系、更大程度地发挥市场在资源配置中的基础性作用为目标，建设透明高效、结构合理、机制健全、功能完善、运行安全的资本市场。要围绕这一目标，建立有利于各类企业筹集资金、满足多种投资需求和富有效率的资本市场体系；完善以市场为主导的产品创新机制，形成价格发现和风险管理并举、股票融资与债券融资相协调的资本市场产品结构；培育诚实守信、运作规范、治理机制健全的上市公司和市场中介群体，强化市场主体约束和优胜劣汰机制；健全职责定位明确、风险控制有效、协调配合到位的市场监管体制，切实保护投资者合法权益。

三、进一步完善相关政策，促进资本市场稳定发展

资本市场的稳定发展需要相应的政策引导和支持。各部门要进一步完善相关政策，为资本市场稳定发展营造良好环境。

完善证券发行上市核准制度。健全有利于各类优质企业平等利用资本市场的机制,提高资源配置效率。

重视资本市场的投资回报。要采取切实措施,改变部分上市公司重上市、轻转制、重筹资、轻回报的状况,提高上市公司的整体质量,为投资者提供分享经济增长成果、增加财富的机会。

鼓励合规资金入市。继续大力发展证券投资基金。支持保险资金以多种方式直接投资资本市场,逐步提高社会保障基金、企业补充养老基金、商业保险资金等投入资本市场的资金比例。要培养一批诚信、守法、专业的机构投资者,使基金管理公司和保险公司为主的机构投资者成为资本市场的主导力量。

拓宽证券公司融资渠道。继续支持符合条件的证券公司公开发行股票或发行债券筹集长期资金。完善证券公司质押贷款及进入银行间同业市场管理办法,制定证券公司收购兼并和证券承销业务贷款的审核标准,在健全风险控制机制的前提下,为证券公司使用贷款融通资金创造有利条件。稳步开展基金管理公司融资试点。

积极稳妥解决股权分置问题。规范上市公司非流通股份的转让行为,防止国有资产流失。稳步解决目前上市公司股份中尚不能上市流通股份的流通问题。在解决这一问题时要尊重市场规律,有利于市场的稳定和发展,切实保护投资者特别是公众投资者的合法权益。

完善资本市场税收政策。研究制定鼓励社会公众投资的税收政策,完善证券、期货公司的流转税和所得税征收管理办法,对具备条件的证券、期货公司实行所得税集中征管。

四、健全资本市场体系,丰富证券投资品种

建立多层次股票市场体系。在统筹考虑资本市场合理布局和功能定位的基础上,逐步建立满足不同类型企业融资需求的多层次资本市场体系,研究提出相应的证券发行上市条件并建立配套的公司选择机制。继续规范和发展主板市场,逐步改善主板市场上市公司结构。分步推进创业板市场建设,完善风险投资机制,拓展中小企业融资渠道。积极探索和完善统一监管下的股份转让制度。

积极稳妥发展债券市场。在严格控制风险的基础上,鼓励符合条件的企业通过发行公司债券筹集资金,改变债券融资发展相对滞后的状况,丰富债券市场品种,促进资本市场协调发展。制定和完善公司债券发行、交易、信息披露、信用评级等规章制度,建立健全资产抵押、信用担保等偿债保障机制。逐步建立集中监管、统一互联的债券市场。

稳步发展期货市场。在严格控制风险的前提下,逐步推出为大宗商品生产者和消费者提供发现价格和套期保值功能的商品期货品种。

建立以市场为主导的品种创新机制。研究开发与股票和债券相关的新品种及其衍生产品。加大风险较低的固定收益类证券产品的开发力度,为投资者提供储蓄替代型证券投资品种。积极探索并开发资产证券化品种。

五、进一步提高上市公司质量,推进上市公司规范运作

提高上市公司质量。上市公司的质量是证券市场投资价值的源泉。上市公司董事和高级管理人员要把股东利益最大化和不断提高盈利水平作为工作的出发点和落脚点。要进一步完善股票发行管理体制,推行证券发行上市保荐制度,支持竞争力强、运作规范、效益良好的公司发行上市,从源头上提高上市公司质量。鼓励已上市公司进行以市场为主导的、有利

于公司持续发展的并购重组。进一步完善再融资政策,支持优质上市公司利用资本市场加快发展,做优做强。

规范上市公司运作。完善上市公司法人治理结构,按照现代企业制度要求,真正形成权力机构、决策机构、监督机构和经营管理者之间的制衡机制。强化董事和高管人员的诚信责任,进一步完善独立董事制度。规范控股股东行为,对损害上市公司和中小股东利益的控股股东进行责任追究。强化上市公司及其他信息披露义务人的责任,切实保证信息披露的真实性、准确性、完整性和及时性。建立健全上市公司高管人员的激励约束机制。

完善市场退出机制。要采取有效措施,结合多层次市场体系建设,进一步完善市场退出机制。在实现上市公司优胜劣汰的同时,建立对退市公司高管人员失职的责任追究机制,切实保护投资者的合法权益。

六、促进资本市场中介服务机构规范发展,提高执业水平

把证券、期货公司建设成为具有竞争力的现代金融企业。根据审慎监管原则,健全证券、期货公司的市场准入制度。督促证券、期货公司完善治理结构,规范其股东行为,强化董事会和经理人员的诚信责任。改革证券、期货客户交易结算资金管理制度,研究健全客户交易结算资金存管机制。严禁挪用客户资产,切实维护投资者合法权益。证券、期货公司要完善内控机制,加强对分支机构的集中统一管理。完善以净资本为核心的风险监控指标体系,督促证券、期货公司实施稳健的财务政策。鼓励证券、期货公司通过兼并重组、优化整合做优做强。建立健全证券、期货公司市场退出机制。

加强对其他中介服务机构的管理。规范发展证券期货投资咨询机构、证券资信评级机构,加强对会计师事务所、律师事务所和资产评估机构的管理,提高中介机构的专业化服务水平。

七、加强法制和诚信建设,提高资本市场监管水平

健全资本市场法规体系,加强诚信建设。按照大力发展资本市场的总体部署,健全有利于资本市场稳定发展和投资者权益保护的法规体系。要清理阻碍市场发展的行政法规、地方性法规、部门规章以及政策性文件,为大力发展资本市场创建良好的法制环境。要按照健全现代市场经济社会信用体系的要求,制定资本市场诚信准则,维护诚信秩序,对严重违法违规、严重失信的机构和个人坚决实施市场禁入措施。

推进依法行政,加强资本市场监管。按照深化行政审批制度改革和贯彻实施《行政许可法》的要求,提高执法人员的自身素质和执法水平。树立与时俱进的监管理念,建立健全与资本市场发展阶段相适应的监管方式,完善监管手段,提高监管效率。进一步充实监管力量,整合监管资源,培养一支政治素质和专业素质过硬的监管队伍。通过实施有效的市场监管,努力提高市场的公正性、透明度和效率,降低市场系统风险,保障市场参与者的合法权益。

发挥行业自律和舆论监督作用。要发挥证券期货交易所、登记结算公司、证券期货业协会、律师、会计师、资产评估等行业协会的自律管理作用。要引导和加强新闻媒体对证券期货市场的宣传和监督。

八、加强协调配合,防范和化解市场风险

营造良好的资本市场发展环境。资本市场的风险防范关系到国家的金融安全和国民经济的健康发展。各地区、各部门都要关心和支持资本市场的规范发展,在出台涉及资本市场的政策措施时,要充分考虑资本市场的敏感性、复杂性和特殊性,并建立信息共享、沟通便捷、

职责明确的协调配合机制,为市场稳定发展创造良好的环境和条件。

共同防范和化解市场风险。各地区、各部门要切实履行《公司法》等有关法律法规规定的职责,采取有效措施防止和及时纠正发起人虚假出资、大股东或实际控制人侵占上市公司资产的行为;各地区和有关主管部门要依法加强对退市公司的管理,确保退市工作平稳顺利。对有重大经营风险必须退出资本市场或采取其他行政处置措施的证券、期货公司,地方人民政府、金融监管部门以及公安、司法等部门,要加强协调配合,按照法律法规和有关政策规定,采取积极有效措施做好风险处置工作。各地区、各部门必须建立应对资本市场突发事件的快速反应机制和防范化解风险的长效机制。

严厉打击证券期货市场违法活动。各地区要贯彻落实国务院关于整顿和规范市场经济秩序的有关精神,严格禁止本地区非法发行证券、非法设立证券期货经营机构、非法代理证券期货买卖、非法或变相设立证券期货交易场所及其他证券期货违法活动。财政、公安、审计、工商等政府部门和国有资产监督管理机构要加强协调配合,加大打击力度,维护资本市场秩序。

九、认真总结经验,积极稳妥地推进对外开放

严格履行我国加入世贸组织关于证券服务业对外开放的承诺。鼓励具备条件的境外证券机构参股证券公司和基金管理公司,继续试行合格的境外机构投资者制度。

积极利用境外资本市场。遵循市场规律和国际惯例,支持符合条件的内地企业到境外发行证券并上市。支持符合条件的内地机构和人员到境外从事与资本市场投资相关的服务业务和期货套期保值业务。认真研究合格的境内机构投资者制度。

加强交流与合作。落实与香港、澳门更紧密经贸合作安排。进一步加强与相关国际组织及境外证券监管机构的联系与合作。

大力发展资本市场是党中央、国务院从全局和战略出发作出的重要决策,各地区、各部门务必高度重视,树立全局观念,充分认识发展资本市场的重要性,坚定信心、抓住机遇、开拓创新,共同为资本市场发展创造条件,积极推动我国资本市场的改革开放和稳定发展,为实现全面建设小康社会的宏伟目标作出贡献。

13. 关于上市公司股权分置改革的指导意见

2005年8月24日,经国务院同意,中国证监会、国务院国资委、财政部、中国人民银行、商务部五个部门联合颁布了股改纲领性文件证监发〔2005〕80号《关于上市公司股权分置改革的指导意见》。

《国务院关于推进资本市场改革开放和稳定发展的若干意见》(国发〔2004〕3号)发布以来,资本市场各项改革和制度建设取得重要进展,市场运行机制和运行环境正在得到改善,一些制约资本市场功能充分发挥的基础性、制度性问题逐步得到解决。按照国务院关于"积极稳妥解决股权分置问题"的要求,在国务院的正确领导和有关部门、地方人民政府的大力支持下,股权分置改革试点工作已经顺利完成,改革的操作原则和基本做法得到了市场认同,改革的政策预期和市场预期逐渐趋于稳定,总体上具备了转入积极稳妥推进的基础和条件。经国务院同意,现就下一步上市公司股权分置改革提出如下指导意见。

一、正确认识股权分置改革

(1)全面落实《若干意见》,完善资本市场运行机制,要从解决基础性、制度性问题入手,

重视完善和发挥资本市场功能,改善资本市场投资回报水平,逐步提高直接融资能力和资源配置效率。既要通过健全资本市场体系,丰富证券投资品种,提高上市公司质量,规范证券公司经营和加强证券市场法制建设,解决新兴市场要素缺失、制度不完善、运行不规范、监管不到位等问题,又要不失时机地解决好体制转轨背景下遗留下来的股权分置等诸多问题,妥善化解风险隐患,为资本市场长期稳定发展创造条件。

(2) 股权分置是指 A 股市场的上市公司股份按能否在证券交易所上市交易被区分为非流通股和流通股,这是我国经济体制转轨过程中形成的特殊问题。股权分置扭曲资本市场定价机制,制约资源配置功能的有效发挥;公司股价难以对大股东、管理层形成市场化的激励和约束,公司治理缺乏共同的利益基础;资本流动存在非流通股协议转让和流通股竞价交易两种价格,资本运营缺乏市场化操作基础。股权分置不能适应当前资本市场改革开放和稳定发展的要求,必须通过股权分置改革,消除非流通股和流通股的流通制度差异。

(3) 股权分置改革是一项完善市场基础制度和运行机制的改革,其意义不仅在于解决历史问题,更在于为资本市场其他各项改革和制度创新创造条件,是全面落实《若干意见》的重要举措。为此,要将股权分置改革、维护市场稳定、促进资本市场功能发挥和积极稳妥推进资本市场对外开放统筹考虑。改革要积极稳妥、循序渐进,成熟一家,推出一家,实现相关各方利益关系的合理调整,同时要以改革为契机,调动多种积极因素,维护市场稳定,提高上市公司质量,规范证券公司经营,配套推进各项基础性制度建设、完善市场体系和促进证券产品创新,形成资本市场良性循环、健康发展的新局面。

(4) 股权分置改革是为非流通股可上市交易作出的制度安排,并不以通过资本市场减持国有股份为目的,当前国家也没有通过境内资本市场减持上市公司国有股份筹集资金的考虑。非流通股可上市交易后,国有控股上市公司控股股东应根据国家关于国有经济布局和结构性调整的战略性要求,合理确定在所控股上市公司的最低持股比例,对关系国计民生及国家经济命脉的重要行业和关键领域,以及国民经济基础性和支柱性行业中的国有控股上市公司,国家要保证国有资本的控制力、影响力和带动力,必要时国有股股东可通过证券市场增持股份。其他上市公司的控股股东,也要保证公司的稳定发展和持续经营。证券监管部门要通过必要的制度安排和技术创新,有效控制可流通股份进入流通的规模和节奏。

二、股权分置改革的指导思想

(5) 积极稳妥推进股权分置改革的指导思想是,坚持股权分置改革与维护市场稳定发展相结合的总体原则,进一步明确改革预期,改进和加强协调指导,调动多种积极因素,抓紧落实《若干意见》提出的各项任务,制定、修改和完善相关法规和政策措施,加强市场基础性建设,完善改革和发展的市场环境,实现资本市场发展的重要转折,使市场进入良性发展的轨道。

(6) 贯彻落实《若干意见》提出的"尊重市场规律,有利于市场的稳定和发展,切实保护投资者特别是公众投资者的合法权益"的总体要求。尊重市场规律,就是要坚持市场化的决策机制和价格形成机制,完善改革的推动机制,通过政策扶持和市场引导,形成上市公司改革的持续稳定动力。有利于市场稳定和发展,就是按照改革的力度、发展的速度和市场可承受程度相统一的原则,注重发挥改革所形成的机制优势和良好的市场效应,使资本市场各项改革协调推进,各项政策措施综合配套,以改革促进市场稳定发展,以市场稳定发展保障改革的顺利进行。保护投资者特别是公众投资者合法权益,就是要通过相关程序规则和必要的政策指导,保障投资者的知情权、参与权和表决权,使改革方案有利于形成流通股股东和非流通股股东的共同利益基础,并形成改革后公司稳定的价格预期。

三、股权分置改革的总体要求

(7) 股权分置改革要坚持统一组织。中国证监会要制定《上市公司股权分置改革管理办法》,以"公开、公平、公正"的操作程序和监管要求,规范股权分置改革工作,保障投资者特别是公众投资者的合法权益。国务院有关部门要加强协调配合,按照有利于推进股权分置改革的原则,完善促进资本市场稳定发展的相关政策,调整和完善国资管理、企业考核、会计核算、信贷政策、外商投资等方面的规定,使股权分置改革相关政策衔接配套。地方人民政府要加强对本地区上市公司股权分置改革的组织领导工作,充分发挥本地区综合资源优势,把股权分置改革与优化上市公司结构、促进区域经济发展和维护社会稳定结合起来,统筹安排适合当地情况的改革工作。

(8) 股权分置改革方案要实行分散决策。上市公司非流通股股东依据现行法律、法规和股权分置改革的管理办法,广泛征求 A 股市场相关流通股股东意见,协商确定切合本公司实际情况的股权分置改革方案,参照股东大会的程序,由 A 股市场相关股东召开会议分类表决。非流通股股东与流通股股东之间以对价方式平衡股东利益,是股权分置改革的有益尝试,要在改革实践中不断加以完善。

(9) 上市公司股权分置改革方案要有利于市场稳定和上市公司的长远发展。鼓励公司或大股东采取稳定价格预期的相关措施;鼓励在股权分置改革方案中作出提高上市公司业绩和价值增长能力的组合安排。监管部门和证券交易所在不干预改革主体自主协商决定改革方案的前提下,加强对方案实现形式及相关配套安排的协调指导。

(10) 坚持改革的市场化导向,注重营造有利于积极稳妥解决股权分置问题的市场机制。根据股权分置改革进程和市场整体情况,择机实行"新老划断",对首次公开发行公司不再区分流通股和非流通股。完成股权分置改革的上市公司优先安排再融资,可以实施管理层股权激励,同时改革再融资监管方式,提高再融资效率。上市公司管理层股权激励的具体实施和考核办法,以及配套的监督制度由证券监管部门会同有关部门另行制定。涉及 A 股股权的拟境外上市公司,以及 A 股上市公司分拆下属企业拟境外上市的,应在完成股权分置改革后实施。上市公司非流通股协议转让,要对股权分置改革作出相应安排,或与公司股权分置改革组合运作。

(11) 妥善处理存在特殊情况的上市公司股权分置改革问题。股权分置改革是解决 A 股市场相关股东之间的利益平衡问题,对于同时存在 H 股或 B 股的 A 股上市公司,由 A 股市场相关股东协商解决股权分置问题。对于持有外商投资企业批准证书及含有外资股份的银行类 A 股上市公司,其股权分置改革方案在相关股东会议表决通过后,由国务院有关部门按照法律法规办理审批手续。股权分置改革方案中外资股比例变化原则上不影响该上市公司已有的相关优惠政策,股份限售期满后外资股东减持股份的,按国家有关规定办理,具体办法由国务院商务主管部门和证券监管部门会同有关部门另行规定。对于绩差公司,鼓励以注入优质资产、承担债务等作为对价解决股权分置问题。

四、严格规范股权分置改革秩序

(12) 上市公司及其董事会要严格按照管理办法规定的程序进行股权分置改革,认真履行信息披露义务,切实维护投资者特别是公众投资者的知情权、参与权和表决权。鼓励公众投资者积极参与股权分置改革,依法行使股东权利。非流通股股东要严格履行在股权分置改革中作出的承诺,并对违约行为承担相应的责任。

（13）保荐机构及其保荐代表人应当诚实守信、公正客观、勤勉尽责,深入了解公司存在的各种情况,充分发挥协调平衡作用,认真履行核查义务,协助上市公司及其股东制定切合公司实际的股权分置改革方案,督促做好信息披露工作,督导相关当事人履行改革方案中有关承诺义务。对于未能尽到保荐责任的,要采取必要的监管措施。

（14）基金管理公司、证券公司、保险公司及其资产管理公司等机构投资者,要积极参与股权分置改革,自觉维护投资者特别是公众投资者合法权益和市场稳定发展的长远利益。对于干扰其他投资者正常决策,操纵相关股东会议表决结果,或者以持股优势进行利益交换的,监管机构要予以严肃查处。

（15）证券交易所要发挥作为自律组织贴近市场的灵活性,以及在组织市场和产品创新方面的功能优势,加强对上市公司改革方案实现形式和组合措施的协调指导,会同证券登记结算机构为改革方案创新及改革后的市场制度和产品创新提供技术支持。

（16）加强对上市公司及其控股股东、保荐机构、基金管理公司,以及上述机构的关联人、高管人员的监管,防范和打击利用股权分置改革进行欺诈、内幕交易和市场操纵的违法犯罪行为。

（17）新闻媒体要坚持正确的舆论导向,积极宣传股权分置改革的重要意义,客观真实报道改革进程和相关信息,遵守新闻纪律,做好正面引导工作。

五、调动积极因素,促进资本市场稳定发展

（18）以股权分置改革为契机,推动上市公司完善法人治理结构,提高治理水平,切实解决控股股东或实际控制人占用上市公司资金问题,遏制上市公司违规对外担保,禁止利用非公允关联交易侵占上市公司利益的行为。在解决股权分置问题后,支持绩优大型企业通过其控股的上市公司定向发行股份实现整体上市;支持上市公司以股份等多样化支付手段,通过吸收合并、换股收购等方式进行兼并重组,推动上市公司做优做强。

（19）通过大股东股份质押贷款、发行短期融资券、债券等商业化方式,为上市公司大股东增持股份提供资金支持。将股权分置改革、证券公司优化重组和拓宽证券公司融资渠道相结合,积极支持证券公司综合利用各种可行的市场化融资方式,有效改善流动性状况,加强公司治理和内部风险控制机制建设,强化监管,推进行业资源整合,妥善处理好高风险证券公司的重组或退出问题,鼓励优质证券公司壮大发展。

（20）鼓励证券交易机制和产品创新,推出以改革后公司股票作为样本的独立股价指数,研究开发指数衍生产品。完善协议转让和大宗交易制度,在首次公开发行和再融资中引入权证等产品,平衡市场供求。

（21）继续完善鼓励社会公众投资的税收政策。推动企业年金入市,扩大社会保障基金、合格境外机构投资者入市规模,放宽保险公司等大型机构投资者股票投资比例限制。对于股权分置改革后境外投资者对上市公司进行战略性投资问题,国务院证券监管部门和商务主管部门应会同有关部门研究出台相关规定。

（22）积极推动《证券法》、《公司法》和《刑法》等法律的修订。研究、拟定《证券公司监管条例》、《证券公司风险处置条例》和《上市公司监管条例》等行政法规。调整和完善与积极稳妥推进股权分置改革不相适应的政策法规。针对改革后出现的新情况、新问题,及时制定和完善相应的管理办法。要完善监管手段、提高执法效力,拓展市场发展和创新空间,为资本市场改革开放和稳定发展创造良好的法制环境。

14. 关于提高上市公司质量意见的通知

2005年11月1日,国务院批转中国证监会国发〔2005〕34号文件《关于提高上市公司质量意见的通知》发布。

为全面深入贯彻落实《国务院关于推进资本市场改革开放和稳定发展的若干意见》(国发〔2004〕3号),切实保护投资者的合法权益,促进资本市场持续健康发展,现就提高上市公司质量有关问题提出以下意见。

一、提高认识,高度重视提高上市公司质量工作

(一)充分认识提高上市公司质量的重要意义。上市公司是我国经济运行中最具发展优势的群体,是资本市场投资价值的源泉。提高上市公司质量,是强化上市公司竞争优势,实现可持续发展的内在要求;是夯实资本市场基础,促进资本市场健康稳定发展的根本;是增强资本市场吸引力和活力,充分发挥资本市场优化资源配置功能的关键。提高上市公司质量,就是要立足于全体股东利益的最大化,不断提高公司治理和经营管理水平,不断提高诚信度和透明度,不断提高公司盈利能力和持续发展能力。

(二)提高上市公司质量是推进资本市场改革发展的一项重要任务。经过十多年的培育,上市公司不断发展壮大、运作日趋规范、质量逐步提高,已经成为推动企业改革和带动行业成长的中坚力量。但是,由于受体制、机制、环境等多种因素的影响,相当一批上市公司在法人治理结构、规范运作等方面还存在一些问题,盈利能力不强,对投资者回报不高,严重影响了投资者的信心,制约了资本市场的健康稳定发展。随着社会主义市场经济体制的不断完善和资本市场改革的不断深入,提高上市公司质量已经成为当前和今后一个时期推进资本市场健康发展的一项重要任务。提高上市公司质量,关键在于公司董事会、监事会和经理层要诚实守信、勤勉尽责,努力提高公司竞争能力、盈利能力和规范运作水平;同时,各有关方面要营造有利于上市公司规范发展的环境,支持和督促上市公司全面提高质量。通过切实的努力,使上市公司法人治理结构更加完善,内部控制制度合理健全,激励约束机制规范有效,公司透明度、竞争力和盈利能力显著提高。

二、完善公司治理,提高上市公司经营管理和规范运作水平

(三)完善法人治理结构。上市公司要严格按照《公司法》、外商投资相关法律法规和现代企业制度的要求,完善股东大会、董事会、监事会制度,形成权力机构、决策机构、监督机构与经理层之间权责分明、各司其职、有效制衡、科学决策、协调运作的法人治理结构。股东大会要认真行使法定职权,严格遵守表决事项和表决程序的有关规定,科学民主决策,维护上市公司和股东的合法权益。董事会要对全体股东负责,严格按照法律和公司章程的规定履行职责,把好决策关,加强对公司经理层的激励、监督和约束。要设立以独立董事为主的审计委员会、薪酬与考核委员会并充分发挥其作用。公司全体董事必须勤勉尽责,依法行使职权。监事会要认真发挥好对董事会和经理层的监督作用。经理层要严格执行股东大会和董事会的决定,不断提高公司管理水平和经营业绩。

(四)建立健全公司内部控制制度。上市公司要加强内部控制制度建设,强化内部管理,对内部控制制度的完整性、合理性及其实施的有效性进行定期检查和评估,同时要通过外部审计对公司的内部控制制度以及公司的自我评估报告进行核实评价,并披露相关信息。通过自查和外部审计,及时发现内部控制制度的薄弱环节,认真整改,堵塞漏洞,有效提高风险防范能力。

（五）提高公司运营的透明度。上市公司要切实履行作为公众公司的信息披露义务，严格遵守信息披露规则，保证信息披露内容的真实性、准确性、完整性和及时性，增强信息披露的有效性。要制定并严格执行信息披露管理制度和重要信息的内部报告制度，明确公司及相关人员的信息披露职责和保密责任，保障投资者平等获取信息的权利。公司股东及其他信息披露义务人，要积极配合和协助上市公司履行相应的信息披露义务。上市公司要积极做好投资者关系管理工作，拓宽与投资者的沟通渠道，培育有利于上市公司健康发展的股权文化。

（六）加强对高级管理人员及员工的激励和约束。上市公司要探索并规范激励机制，通过股权激励等多种方式，充分调动上市公司高级管理人员及员工的积极性。要强化上市公司高级管理人员、公司股东之间的共同利益基础，提高上市公司经营业绩。要健全上市公司高级管理人员的工作绩效考核和优胜劣汰机制，强化责任目标约束，不断提高上市公司高级管理人员的进取精神和责任意识。

（七）增强上市公司核心竞争力和盈利能力。上市公司要优化产品结构，努力提高创新能力，提升技术优势和人才优势，不断提高企业竞争力。要大力提高管理效率和管理水平，努力开拓市场，不断增强盈利能力。上市公司要高度重视对股东的现金分红，努力为股东提供良好的投资回报。

三、注重标本兼治，着力解决影响上市公司质量的突出问题

（八）切实维护上市公司的独立性。上市公司必须做到机构独立、业务独立，与股东特别是控股股东在人员、资产、财务方面全面分开。控股股东要依法行使出资人权利，不得侵犯上市公司享有的由全体股东出资形成的法人财产权。控股股东或实际控制人不得利用控制权，违反上市公司规范运作程序，插手上市公司内部管理，干预上市公司经营决策，损害上市公司和其他股东的合法权益。

（九）规范募集资金的运用。上市公司要加强对募集资金的管理。对募集资金投资项目必须进行认真的可行性分析，有效防范投资风险，提高募集资金使用效益。经由股东大会决定的投资项目，公司董事会或经理层不得随意变更。确需变更募集资金用途的，投资项目应符合国家产业政策和固定资产投资管理的有关规定，并经股东大会审议批准后公开披露。

（十）严禁侵占上市公司资金。控股股东或实际控制人不得以向上市公司借款、由上市公司提供担保、代偿债务、代垫款项等各种名目侵占上市公司资金。对已经侵占的资金，控股股东尤其是国有控股股东或实际控制人要针对不同情况，采取现金清偿、红利抵债、以股抵债、以资抵债等方式，加快偿还速度，务必在 2006 年底前偿还完毕。

（十一）坚决遏制违规对外担保。上市公司要根据有关法规明确对外担保的审批权限，严格执行对外担保审议程序。上市公司任何人员不得违背公司章程规定，未经董事会或股东大会批准或授权，以上市公司名义对外提供担保。上市公司要认真履行对外担保情况的信息披露义务，严格控制对外担保风险，采取有效措施化解已形成的违规担保、连环担保风险。

（十二）规范关联交易行为。上市公司在履行关联交易的决策程序时要严格执行关联方回避制度，并履行相应的信息披露义务，保证关联交易的公允性和交易行为的透明度。要充分发挥独立董事在关联交易决策和信息披露程序中的职责和作用。公司董事、监事和高级管理人员不得通过隐瞒甚至虚假披露关联方信息等手段，规避关联交易决策程序和信息披露要求。对因非公允关联交易造成上市公司利益损失的，上市公司有关人员应承担责任。

（十三）禁止编报虚假财务会计信息。上市公司应严格执行有关会计法规、会计准则和会计制度,加强会计核算和会计监督,真实、公允地反映公司的财务状况、经营成果及现金流量。不得伪造会计凭证等会计资料、提供虚假财务报表;不得利用会计政策、会计估计变更和会计差错更正等手段粉饰资产、收入、成本、利润等财务指标;不得阻碍审计机构正常开展工作,限制其审计范围;不得要求审计机构出具失真或不当的审计报告。上市公司董事会及其董事、总经理、财务负责人对公司财务报告的真实性、完整性承担主要责任。

四、采取有效措施,支持上市公司做优做强

(十四)支持优质企业利用资本市场做优做强。地方政府要积极支持优质企业改制上市,推动国有企业依托资本市场进行改组改制,使优质资源向上市公司集中,支持具备条件的优质大型企业实现整体上市。有关部门要优化公司股票发行上市制度,规范企业改制行为,支持优质大型企业和高成长的中小企业在证券市场融资,逐步改善上市公司整体结构。积极推出市场化创新工具,支持上市公司通过多样化的支付手段进行收购兼并,提升公司的核心竞争力,实现可持续发展。

(十五)提高上市公司再融资效率。要进一步调整和完善上市公司再融资的相关制度,增加融资品种,简化核准程序,充分发挥市场发现价格和合理配置资源的功能,提高上市公司再融资效率。积极培育公司债券市场,制订和完善公司债券发行、交易、信息披露和信用评级等规章制度。鼓励符合条件的上市公司发行公司债券。

(十六)建立多层次市场体系。在加强主板市场建设的同时,积极推动中小企业板块制度创新,为适时推出创业板创造条件。要进一步完善股份代办转让系统,健全多层次资本市场体系和不同层次市场间的准入、退出机制,发挥资本市场优胜劣汰功能,满足不同企业的融资需求。

(十七)积极稳妥地推进股权分置改革。通过股权分置改革消除非流通股和流通股的流通制度差异,有利于形成流通股股东和非流通股股东的共同利益基础,对提高上市公司质量具有重要作用。有关方面要按照总体安排、分类指导、完善制度的要求,加强对改革的组织领导,积极稳妥地推进股权分置改革。

五、完善上市公司监督管理机制,强化监管协作

(十八)强化上市公司监管。有关部门要完善相关法律法规体系,抓紧制订上市公司监管条例,积极推进相关法律的修改,为广大投资者维护自身权益和上市公司规范运作提供法律保障。要进一步加强上市公司监管制度建设,建立累积投票制度和征集投票权制度,完善股东大会网络投票制度、独立董事制度及信息披露相关规则,规范上市公司运作。要落实和完善监管责任制,不断改进监管方式和监管手段,完善上市公司风险监控体系。进一步健全证券监督管理机构与公安、司法部门的协作机制,及时将涉嫌犯罪人员移送公安、司法机关,严肃查处违法犯罪行为,增强上市公司监管的威慑力,提高监管的有效性和权威性,切实维护市场和社会稳定。

(十九)加强上市公司诚信建设。有关部门要建立上市公司及其控股股东或实际控制人的信贷、担保、信用证、商业票据等信用信息及监管信息的共享机制;完善上市公司控股股东、实际控制人、上市公司及其高级管理人员的监管信息系统,对严重失信和违规者予以公开曝光;督促商业银行严格审查上市公司董事会或股东大会批准对外担保的文件和信息披露资料,严格审查上市公司对外担保的合规性和担保能力,切实防范上市公司违规对外担保的风险。

(二十)规范上市公司控股股东或实际控制人的行为。有关方面要督促控股股东或实际

控制人加快偿还侵占上市公司的资金,国有控股股东限期内未偿清或出现新增侵占上市公司资金问题的,对相关负责人和直接责任人要给予纪律处分,直至撤销职务;非国有控股股东或实际控制人限期内未偿清或出现新增侵占上市公司资金问题的,有关部门对其融资活动应依法进行必要的限制。要依法查处上市公司股东、实际控制人利用非公允的关联交易侵占上市公司利益、掏空上市公司的行为。加大对侵犯上市公司利益的控股股东或实际控制人的责任追究力度,对构成犯罪的,依法追究刑事责任。

（二十一）加强对上市公司高级管理人员的监管。要制定上市公司高级管理人员行为准则,对违背行为准则并被证券监督管理机构认定为不适当人选的上市公司高级管理人员,要责成上市公司及时按照法定程序予以撤换。对严重违规的上市公司高级管理人员,要实行严格的市场禁入;对构成犯罪的,依法追究刑事责任。

（二十二）加强对证券经营中介机构的监管。要严格保荐机构、保荐代表人的资质管理,督促其忠实履行尽职推荐、持续督导的职责。有关部门要加强对会计师事务所、资产评估机构、律师事务所等中介机构执业行为的监管,完善执业标准体系,督促其勤勉尽责,规范执业行为,提高执业质量。要建立和完善市场禁入制度,加大对中介机构及其责任人违法违规行为的责任追究力度,及时公布其失信和违规记录,强化社会监督。

（二十三）充分发挥自律监管的作用。充分发挥自律组织在促进上市公司提高公司治理、规范运作水平等方面的积极作用。加强对上市公司高级管理人员的培训和持续教育,培养诚信文化,提高高级管理人员的法制意识、责任意识和诚信意识,增强上市公司高级管理人员规范经营的自觉性。

六、加强组织领导,营造促进上市公司健康发展的良好环境

（二十四）加强对提高上市公司质量工作的组织领导。各省（区、市）人民政府要加强组织领导,建立有效的协调机制,统筹研究解决工作中遇到的重大问题,切实采取有效措施,促进上市公司质量全面提高。当前,要着重督促和帮助上市公司切实解决控股股东或实际控制人侵占资金、违规担保等突出问题,研究建立上市公司突发重大风险的处置机制,积极稳妥地推进上市公司股权分置改革。

（二十五）防范和化解上市公司风险。地方各级人民政府要切实承担起处置本地区上市公司风险的责任,建立健全上市公司风险处置应急机制,及时采取有效措施,维护上市公司的经营秩序、财产安全和社会稳定,必要时可对陷入危机、可能对社会稳定造成重大影响的上市公司组织实施托管。支持绩差上市公司特别是国有控股上市公司按照市场化原则进行资产重组和债务重组,改善经营状况。要做好退市公司的风险防范工作,依法追究因严重违法违规行为导致上市公司退市的相关责任人的责任。

（二十六）营造有利于上市公司规范发展的舆论氛围。有关方面要加强对涉及上市公司新闻报道的管理,引导媒体客观、真实、全面地报道上市公司情况,切实防范并及时纠正对上市公司的失实报道,严肃惩处违背事实、蓄意美化或诋毁上市公司的行为,避免误导投资者。切实发挥好媒体的舆论引导和监督作用。

15. 国有企业监事会暂行条例

《国有企业监事会暂行条例》于 2000 年 2 月 1 日国务院第 26 次常务会议通过,2000 年 3 月 15 日中华人民共和国国务院令第 283 号《国有企业监事会暂行条例》发布。

第一条　为了健全国有企业监督机制,加强对国有企业的监督,制定本条例。

第二条　国有重点大型企业监事会(以下简称监事会)由国务院派出,对国务院负责,代表国家对国有重点大型企业(以下简称企业)的国有资产保值增值状况实施监督。

国务院派出监事会的企业名单,由国有企业监事会管理机构(以下简称监事会管理机构)提出建议,报国务院决定。

第三条　监事会以财务监督为核心,根据有关法律、行政法规和财政部的有关规定,对企业的财务活动及企业负责人的经营管理行为进行监督,确保国有资产及其权益不受侵犯。

监事会与企业是监督与被监督的关系,监事会不参与、不干预企业的经营决策和经营管理活动。

第四条　监事会管理机构负责监事会的日常管理工作,协调监事会与国务院有关部门和有关地方的联系,承办国务院交办的事项。

第五条　监事会履行下列职责:

(一)检查企业贯彻执行有关法律、行政法规和规章制度的情况;

(二)检查企业财务,查阅企业的财务会计资料及与企业经营管理活动有关的其他资料,验证企业财务会计报告的真实性、合法性;

(三)检查企业的经营效益、利润分配、国有资产保值增值、资产运营等情况;

(四)检查企业负责人的经营行为,并对其经营管理业绩进行评价,提出奖惩、任免建议。

第六条　监事会一般每年对企业定期检查1～2次,并可以根据实际需要不定期地对企业进行专项检查。

第七条　监事会开展监督检查,可以采取下列方式:

(一)听取企业负责人有关财务、资产状况和经营管理情况的汇报,在企业召开与监督检查事项有关的会议;

(二)查阅企业的财务会计报告、会计凭证、会计账簿等财务会计资料以及与经营管理活动有关的其他资料;

(三)核查企业的财务、资产状况,向职工了解情况、听取意见,必要时要求企业负责人作出说明;

(四)向财政、工商、税务、审计、海关等有关部门和银行调查了解企业的财务状况和经营管理情况。

监事会主席根据监督检查的需要,可以列席或者委派监事会其他成员列席企业有关会议。

第八条　国务院有关部门和地方人民政府有关部门应当支持、配合监事会的工作,向监事会提供有关情况和资料。

第九条　监事会每次对企业进行检查结束后,应当及时作出检查报告。

检查报告的内容包括:企业财务以及经营管理情况评价;企业负责人的经营管理业绩评价以及奖惩、任免建议;企业存在问题的处理建议;国务院要求报告或者监事会认为需要报告的其他事项。

监事会不得向企业透露前款所列检查报告内容。

第十条　检查报告经监事会成员讨论,由监事会主席签署,经监事会管理机构报国务院;检查报告经国务院批复后,抄送国家经济贸易委员会、财政部等有关部门。

监事对检查报告有原则性不同意见的,应当在检查报告中说明。

第十一条 监事会在监督检查中发现企业经营行为有可能危及国有资产安全、造成国有资产流失或者侵害国有资产所有者权益以及监事会认为应当立即报告的其他紧急情况，应当及时向监事会管理机构提出专项报告，也可以直接向国务院报告。

监事会管理机构应当加强同国家经济贸易委员会、财政部等有关部门的联系，相互通报有关情况。

第十二条 企业应当定期、如实向监事会报送财务会计报告，并及时报告重大经营管理活动情况，不得拒绝、隐匿、伪报。

第十三条 监事会根据对企业实施监督检查的需要，必要时，经监事会管理机构同意，可以聘请注册会计师事务所对企业进行审计。

监事会根据对企业进行监督检查的情况，可以建议国务院责成国家审计机关依法对企业进行审计。

第十四条 监事会由主席一人、监事若干人组成。监事会成员不少于三人。

监事分为专职监事和兼职监事：从有关部门和单位选任的监事，为专职；监事会中国务院有关部门、单位派出代表和企业职工代表担任的监事，为兼职。

监事会可以聘请必要的工作人员。

第十五条 监事会主席人选按照规定程序确定，由国务院任命。监事会主席由副部级国家工作人员担任，为专职，年龄一般在 60 周岁以下。

专职监事由监事会管理机构任命。专职监事由司（局）、处级国家工作人员担任，年龄一般在 55 周岁以下。

监事会中的企业职工代表由企业职工代表大会民主选举产生，报监事会管理机构批准。企业负责人不得担任监事会中的企业职工代表。

第十六条 监事会成员每届任期三年，其中监事会主席和专职监事、派出监事不得在同一企业连任。

监事会主席和专职监事、派出监事可以担任 1～3 家企业监事会的相应职务。

第十七条 监事会主席应当具有较高的政策水平，坚持原则，廉洁自持，熟悉经济工作。

监事会主席履行下列职责：

（一）召集、主持监事会会议；

（二）负责监事会的日常工作；

（三）审定、签署监事会的报告和其他重要文件；

（四）应当由监事会主席履行的其他职责。

第十八条 监事应当具备下列条件：

（一）熟悉并能够贯彻执行国家有关法律、行政法规和规章制度；

（二）具有财务、会计、审计或者宏观经济等方面的专业知识，比较熟悉企业经营管理工作；

（三）坚持原则，廉洁自持，忠于职守；

（四）具有较强的综合分析、判断和文字撰写能力，并具备独立工作能力。

第十九条 监事会主席和专职监事、派出监事实行回避原则，不得在其曾经管辖的行业、曾经工作过的企业或者其近亲属担任高级管理职务的企业的监事会中任职。

第二十条 监事会开展监督检查工作所需费用由国家财政拨付，由监事会管理机构统一列支。

第二十一条 监事会成员不得接受企业的任何馈赠,不得参加由企业安排、组织或者支付费用的宴请、娱乐、旅游、出访等活动,不得在企业中为自己、亲友或者其他人谋取私利。

监事会主席和专职监事、派出监事不得接受企业的任何报酬、福利待遇,不得在企业报销任何费用。

第二十二条 监事会成员必须对检查报告内容保密,并不得泄露企业的商业秘密。

第二十三条 监事会成员在监督检查中成绩突出,为维护国家利益做出重要贡献的,给予奖励。

第二十四条 监事会成员有下列行为之一的,依法给予行政处分或者纪律处分,直至撤销监事职务;构成犯罪的,依法追究刑事责任:

(一)对企业的重大违法违纪问题隐匿不报或者严重失职的;

(二)与企业串通编造虚假检查报告的;

(三)有违反本条例第二十一条、第二十二条所列行为的。

第二十五条 企业有下列行为之一的,对直接负责的主管人员和其他直接责任人员,依法给予纪律处分,直至撤销职务;构成犯罪的,依法追究刑事责任:

(一)拒绝、阻碍监事会依法履行职责的;

(二)拒绝、无故拖延向监事会提供财务状况和经营管理情况等有关资料的;

(三)隐匿、篡改、伪报重要情况和有关资料的;

(四)有阻碍监事会监督检查的其他行为的。

第二十六条 企业发现监事会成员有违反本条例第二十一条、第二十二条所列行为时,有权向监事会管理机构报告,也可以直接向国务院报告。

第二十七条 对国务院不派出监事会的国有企业,由省、自治区、直辖市人民政府参照本条例的规定,决定派出监事会。

第二十八条 国务院向国有重点金融机构派出的监事会,依照《国有重点金融机构监事会暂行条例》执行。

第二十九条 本条例自发布之日起施行。1994年7月24日国务院发布的《国有企业财产监督管理条例》同时废止。

16. 关于中央企业建立和完善国有独资公司董事会试点工作的通知

2004年6月7日,国务院国资委国资发改革〔2004〕229号文件《关于中央企业建立和完善国有独资公司董事会试点工作的通知》发布。

为了贯彻党的十六大、十六届三中全会精神,推进股份制改革,完善公司法人治理结构,加快建立现代企业制度,适应新的国有资产管理体制的要求,依法规范地行使出资人权利,国务院国有资产监督管理委员会(以下简称国资委)决定选择部分中央企业进行建立和完善国有独资公司董事会试点工作。现就有关事项通知如下。

一、试点的目的

(一)对于可以实行有效的产权多元化的企业,通过建立和完善国有独资公司董事会,促进企业加快股份改革和重组步伐,并为多元股东结构公司董事会的组建和运转奠定基础。

(二)对于难以实行有效的产权多元化的企业和确需采取国有独资形式的大型集团公司,按照《中华人民共和国公司法》(以下简称《公司法》)的规定,通过建立和完善董事会,形成符合现代企业制度要求的公司法人治理结构。

（三）将国资委对国有独资公司履行出资人职责的重点放在对董事会和监事会的管理，既实现出资人职责到位，又确保企业依法享有经营自主权。

二、试点工作的基本思路

（一）将忠实代表所有者利益、对出资人负责、增强公司市场竞争力作为董事会建设的根本宗旨。

（二）建立外部董事制度，使董事会能够作出独立于经理层的客观判断。充分发挥非外部董事和经理层在制定重大投融资方案和日常经营管理中的作用。董事会中应有经职工民主选举产生的职工代表。

（三）以发展战略、重大投融资、内部改革决策和选聘、评价、考核、奖惩总经理为重点，以建立董事会专门委员会、完善董事会运作制度为支撑，确保董事会对公司进行有效的战略控制和监督。

（四）出资人、董事会、监事会、经理层各负其责，协调运转，有效制衡。国资委代表国务院向国有独资公司派出监事会，监事会依照《公司法》、《国有企业监事会暂行条例》的规定履行监督职责。

（五）按照建设完善的董事会的方向，从目前的实际情况出发，平稳过渡，逐步推进，总结经验，不断完善。

三、试点工作的推进

（一）选择若干户企业启动试点工作，再逐步增加试点企业户数。2007年底前，除主要执行国家下达任务等决策事项较少的企业外，中央企业中的国有独资公司和国有独资企业均应建立董事会。

（二）试点初期外部董事不少于两人。根据外部董事人力资源开发情况，在平稳过渡的前提下，逐步提高外部董事在董事会成员中的比例。

（三）优先考虑对试点企业授权经营，即将出资人的部分权利授予试点企业董事会行使。

（四）对拟股权多元化的试点企业，选聘董事要为建立多元股东结构的公司董事会创造条件。集团公司主业资产若全部或者绝大部分注入其控股的上市公司的，选聘试点企业董事要与上市公司国有股东提名的董事相协调。

（五）国资委将逐步建立健全对董事会和董事的管理制度，积极开发外部董事人力资源，加强对试点工作的指导，及时调查研究、总结经验。

四、试点企业的选择

试点企业选择的基本条件是：属于国有经济应控制的大型企业，企业投融资等重大决策事项较多，企业经营状况较好。符合上述条件且企业有意愿或现国有独资公司董事会将换届的，可重点考虑作为试点企业。

五、试点企业的主要工作

（一）依照《公司法》、《企业国有资产监督管理暂行条例》等法律法规，制定或修改公司章程，报国资委审批。

（二）按照本通知的有关要求，参考《国务院国有资产监督管理委员会关于国有独资公司董事会建设的指导意见（试行）》（以下简称《指导意见》，见附件1），结合本企业实际，制定有关董事会建设的各项规章制度，其中有关董事会的职责、组成、下设专门委员会和办公室、重大事项决策制度、会议制度，董事的权利与义务、责任，董事会秘书的职责，董事会与出资人的关系、与总经理的关系等内容要纳入公司章程。

（三）依照有关规定民主选举职工董事，并由国资委聘任。

（四）召开董事会会议，任命董事会秘书，设立董事会办公室，组建各专门委员会。

（五）自第一次董事会会议起满1年后，对董事会运作情况和效果进行总结，提出完善董事会的意见和建议，并将总结报告报国资委。

（六）对于董事会建设中需要解决的问题，要及时向国资委报告。

六、组织领导 为了加强对试点工作的组织领导，国资委成立建立和完善国有独资公司董事会试点工作领导小组。领导小组办公室设在企业改革局。

附件1：关于国有独资公司董事会建设的指导意见（试行）

为指导大型中央企业开展国有独资公司（以下简称公司）建立和完善董事会试点工作，加强董事会建设，依据《中华人民共和国公司法》（以下简称《公司法》）、《企业国有资产监督管理暂行条例》（以下简称《条例》）等法律法规，提出以下指导意见。

一、董事会的职责

（一）董事会依照《公司法》第四十六条的规定行使以下职权：

（1）选聘或者解聘公司总经理（中央管理主要领导人员的企业，按照有关规定执行，下同），并根据总经理的提名，聘任或者解聘公司副总经理、财务负责人；负责对总经理的考核，决定其报酬事项，并根据总经理建议决定副总经理、财务负责人的报酬；

（2）决定公司的经营计划、投资方案（含投资设立企业、收购股权和实物资产投资方案），以及公司对外担保；

（3）制订公司的年度财务预算方案、决算方案；

（4）制订公司的利润分配方案和弥补亏损方案；

（5）制订公司增加或者减少注册资本的方案以及发行公司债券的方案；

（6）拟订公司合并、分立、变更公司形式、解散的方案；

（7）决定公司内部管理机构的设置，决定公司分支机构的设立或者撤销；

（8）制定公司的基本管理制度。

（二）根据公司具体情况，董事会可以行使以下职权：

（1）审核公司的发展战略和中长期发展规划，并对其实施进行监督；

（2）决定公司的年度经营目标；

（3）决定公司的风险管理体制，包括风险评估、财务控制、内部审计、法律风险控制，并对实施进行监控；

（4）制订公司主营业务资产的股份制改造方案（包括各类股权多元化方案和转让国有产权方案）、与其他企业重组方案；

（5）除依照《条例》规定须由国务院国有资产监督管理委员会（以下简称国资委）批准外，决定公司内部业务重组和改革事项；

（6）除依照《条例》规定须由国资委批准的重要子企业的重大事项外，依照法定程序决定或参与决定公司所投资的全资、控股、参股企业的有关事项；

（7）制订公司章程草案和公司章程的修改方案。

（三）国资委依照《公司法》第六十六条和《条例》第二十八条规定，授予董事会行使出资人的部分职权（另行制定）。

（四）董事会应对以下有关决策制度作出全面、明确、具体的规定，并将其纳入公司章程：

（1）应由董事会决定的重大事项的范围和数量界限（指可量化的标准，下同），其中重大投融资应有具体金额或占公司净资产比重的规定。公司累计投资额占公司净资产比重应符合法律法规的规定；

（2）公司发展战略、中长期发展规划、重大投融资项目等决策的程序、方法，并确定投资收益的内部控制指标；

（3）对决策所需信息的管理。其中提供信息的部门及有关人员对来自于公司内部且可客观描述的信息的真实性、准确性应承担责任；对来自于公司外部且不可控的信息的可靠性应进行评估；

（4）董事会表决前必须对决策的风险进行讨论，出席董事会会议的董事应作出自己的判断；

（5）董事会对董事长、董事的授权事项应有具体的范围、数量和时间界限。

（五）董事会履行以下义务：

（1）执行国资委的决定，对国资委负责，最大限度地追求所有者的投资回报，完成国家交给的任务；

（2）向国资委提交年度经营业绩考核指标和资产经营责任制目标完成情况的报告；

（3）向国资委提供董事会的重大投融资决策信息；

（4）向国资委提供真实、准确、全面的财务和运营信息；

（5）向国资委提供董事和经理人员的实际薪酬以及经理人员的提名、聘任或解聘的程序和方法等信息；

（6）维护公司职工、债权人和用户的合法权益；

（7）确保国家有关法律法规和国资委规章在公司的贯彻执行。

二、董事及外部董事制度

（六）董事通过出席董事会会议、参加董事会的有关活动行使权利。

（七）董事履行以下义务：

（1）讲求诚信，严格遵守法律、法规和公司章程的规定，依法承担保守商业秘密和竞业禁止义务；

（2）忠实履行职责，最大限度维护所有者的利益，追求国有资产的保值增值；

（3）勤勉工作，投入足够的时间和精力行使职权；

（4）关注董事会的事务，了解和掌握足够的信息，深入细致地研究和分析，独立、谨慎地表决；

（5）努力提高履行职务所需的技能。

（八）董事对行使职权的结果负责，对失职、失察、重大决策失误等过失承担责任，违反《公司法》《条例》等法律、法规规定的，追究其法律责任。

董事会决议违反法律、法规或公司章程规定，致使公司遭受损失，投赞成票和弃权票的董事个人承担直接责任（包括赔偿责任），对经证明在表决时曾表明异议并载于会议记录的投反对票的董事，可免除个人责任。

（九）外部董事指由非本公司员工的外部人员担任的董事。外部董事不在公司担任除董事和董事会专门委员会有关职务外的其他职务，不负责执行层的事务。

外部董事与其担任董事的公司不应存在任何可能影响其公正履行外部董事职务的关系。

本人及其直系亲属近两年内未曾在公司和公司的全资、控股子企业任职,未曾从事与公司有关的商业活动,不持有公司所投资企业的股权,不在与公司同行业的企业或与公司有业务关系的单位兼职等。

(十)专门在若干户中央企业担任外部董事职务的为专职外部董事。除外部董事职务外,在中央企业或其他单位还担任其他职务的为兼职外部董事,该单位应出具同意其兼任外部董事职务并在工作时间上予以支持的有效文件。外部董事本人应保证有足够的时间和精力履行该职务。

(十一)国资委选聘外部董事,可以特别邀请国内外知名专家、学者、企业家;可以从中央企业有关人员中挑选;可以面向社会公开选聘。逐步建立外部董事人才库制度,向全社会、国内外公开信息,自愿申请入库,经审核符合条件的予以入库,国资委从人才库中选聘外部董事。

(十二)除特别邀请的外部董事外,外部董事任职前需参加国资委或国资委委托有关单位举办的任职培训。

(十三)外部董事应是公司主营业务投资、企业经营管理、财务会计、金融、法律、人力资源管理等某一方面的专家或具有实践经验的人士。

(十四)除专职外部董事外,外部董事任期结束后不再续聘的为自动解聘,国资委不承担为其另行安排职务的义务。

(十五)确定外部董事的薪酬应充分考虑其担任的职务和承担的责任。外部董事薪酬由国资委确定,由所任职公司支付。外部董事在履行职务时的出差、办公等有关待遇比照本公司非外部董事待遇执行。除此以外,外部董事不得在公司获得任何形式的其他收入或福利。

三、董事会的组成和专门委员会

(十六)董事会成员原则上不少于9人,其中至少有一名由公司职工民主选举产生的职工代表。试点初期外部董事不少于两人。根据外部董事人力资源开发情况,在平稳过渡的前提下,逐步提高外部董事在董事会成员中的比例。

(十七)董事会设董事长一人,可视需要设副董事长一人。董事长、副董事长由国资委指定。

(十八)董事长行使以下职权:

(1)召集和主持董事会会议;

(2)检查董事会决议的实施情况;

(3)组织制订董事会运作的各项制度,协调董事会的运作;

(4)签署董事会重要文件和法律法规规定的其他文件;

(5)在重大决策、参加对外活动等方面对外代表公司;

(6)《公司法》等法律法规赋予的其他职权;

(7)董事会授予的其他职权,但应由董事会集体决策的重大事项不得授权董事长决定。

(十九)董事会每届任期为三年。董事任期届满,经国资委聘任可以连任。外部董事在一家公司连任董事不得超过两届。

(二十)建立董事会的同时,要加强党的建设。公司党委(党组)主要负责人应当进入董事会;非外部董事中的党员可依照《中国共产党党章》有关规定进入党委(党组);党委(党组)书记和董事长可由一人担任。

(二十一)董事会应下设战略委员会、提名委员会、薪酬与考核委员会,也可设立法律风险监控委员会等董事会认为需要的其他专门委员会。专门委员会要充分发挥董事长和外部董事的作用。

（二十二）战略委员会的主要职责是研究公司发展战略、中长期发展规划、投融资、重组、转让公司所持股权、企业改革等重大决策，并向董事会提交建议草案。该委员会由董事长担任召集人，若干董事为成员。

（二十三）提名委员会的主要职责是研究经理人员的选择标准、程序和方法以及总经理继任计划（包括人选）并向董事会提出建议；对总经理提出的副总经理、财务负责人等人选进行考察，并向董事会提出考察意见。该委员会由不兼任总经理的董事长担任召集人，由该董事长和外部董事组成。董事长兼任总经理的，由外部董事担任召集人。

（二十四）薪酬与考核委员会的主要职责是拟订经理人员的薪酬方案以及对总经理的考核与奖惩建议并提交董事会；拟订非外部董事的薪酬方案以及对其考核与奖惩、续聘或解聘的建议，并提交国资委。该委员会由外部董事担任召集人，外部董事为成员。非外部董事担任董事长但不兼任总经理的，可作为该委员会的成员，并可担任召集人。

（二十五）各专门委员会履行职权时应尽量使其成员达成一致意见；确实难以达成一致意见时，应向董事会提交各项不同意见并作说明。各专门委员会经董事会授权可聘请中介机构为其提供专业意见，费用由公司承担。

（二十六）公司各业务部门有义务为董事会及其下设的各专门委员会提供工作服务。经董事会同意，公司业务部门负责人可参加专门委员会的有关工作。

（二十七）拟提交董事会表决的公司发展战略、中长期发展规划、投融资、重组、转让公司所持股权等重大决策草案，聘请咨询机构咨询的，外部董事应当阅研咨询报告、听取有关咨询人员关于决策的风险评估，并就该风险在董事会发表意见。

（二十八）设立董事会办公室作为董事会常设工作机构，负责筹备董事会会议，办理董事会日常事务，与董事、外部董事沟通信息，为董事工作提供服务等事项。

（二十九）董事会秘书负责董事会办公室的工作，并列席董事会，负责作董事会会议记录。

（三十）董事会秘书应当具备企业管理、法律等方面专业知识和经验。董事会秘书由董事长提名，董事会决定聘任或解聘。

四、董事会会议

（三十一）董事会会议分为定期董事会会议和临时董事会会议。公司章程应对定期董事会会议的内容、次数、召开的时间作出具体的规定。有以下情况之一时，董事长应在7个工作日内签发召开临时董事会会议的通知：

（1）三分之一以上董事提议时；

（2）监事会提议时；

（3）董事长认为有必要时；

（4）国资委认为有必要时。

（三十二）公司章程应对董事必须亲自出席的董事会会议的性质、内容等作出规定。董事会会议原则上应以现场会形式举行，只有在时间紧急和讨论一般性议题时才可采用可视电话会或制成书面材料分别审议方式开会及对议案作出决议。

（三十三）定期董事会会议应在会议召开10日以前通知全体董事、监事及其他列席人员。临时董事会会议可以在章程中另定通知时限。会议通知的内容至少应包括时间、地点、期限、议程、事由、议题及有关资料、通知发出的日期等。对董事会会议审议的重大决策事项,必须事先向董事提供充分的资料,公司章程应对资料的充分性和提前的时限作出规定,以确保董事有足够的时间阅研材料。

(三十四)当四分之一以上董事或两名以上(含两名)外部董事认为资料不充分或论证不明确时,可联名提出缓开董事会会议或缓议董事会议所议议题,董事会应予采纳。

(三十五)董事会会议应由二分之一以上的董事出席方可举行。公司章程应对必须由全体董事三分之二以上表决同意方可通过的决议作出具体规定;其余决议可由全体董事过半数表决同意即为有效。

(三十六)董事会会议表决,各董事会成员均为一票。各董事应按自己的判断独立投票。

(三十七)董事会会议应对所议事项做成详细的会议记录。该记录至少应包括会议召开的日期、地点、主持人姓名、出席董事姓名、会议议程、董事发言要点、决议的表决方式和结果(赞成、反对或弃权的票数及投票人姓名)。出席会议的董事和列席会议的董事会秘书应在会议记录上签名。会议记录应妥善保存于公司。

五、董事会与总经理的关系

(三十八)总经理负责执行董事会决议,依照《公司法》和公司章程的规定行使职权,向董事会报告工作,对董事会负责,接受董事会的聘任或解聘、评价、考核、奖惩。

(三十九)董事会根据总经理的提名或建议,聘任或解聘、考核和奖惩副总经理、财务负责人。

(四十)按谨慎与效率相结合的决策原则,在确保有效监控的前提下,董事会可将其职权范围内的有关具体事项有条件地授权总经理处理。

(四十一)不兼任总经理的董事长不承担执行性事务。在公司执行性事务中实行总经理负责的领导体制。

六、国资委对董事会和董事的职权

(四十二)国资委依照《公司法》、《条例》等法律法规行使以下职权:

(1)批准公司章程和章程修改方案;

(2)批准董事会提交的增加或减少注册资本和发行公司债券方案以及公司合并、分立、变更公司形式、解散和清算方案;

(3)审核董事会提交的公司财务预算、决策和利润分配方案;

(4)批准董事会提交的公司经营方针、重大投资计划以及重要子企业的有关重大事项;

(5)批准董事会提交的公司重组、股份制改造方案;

(6)向董事会下达年度经营业绩考核指标和资产经营责任制目标,并进行考核、评价;

(7)选聘或解聘董事,决定董事的薪酬与奖惩;

(8)对董事会重大投融资决策的实施效果进行跟踪监督,要求董事会对决策失误作出专项报告;

(9)法律法规规定的其他职权。

七、中央企业可参考本意见管理其所投资的国有独资公司、国有独资企业

附件2:第一批试点企业名单

(1)神华集团有限责任公司;

(2)上海宝钢集团公司;

（3）中国高新投资集团公司；

（4）中国诚通控股公司；

（5）中国医药集团总公司；

（6）中国国旅集团公司；

（7）中国铁通集团有限公司。

17. 中国银行、中国建设银行公司治理改革与监管指引

2004 年 3 月 11 日中国银监会发布银监发〔2004〕12 号《中国银行、中国建设银行公司治理改革与监管指引》文件，并于 3 月 11 日开始实行。

第一章 总　则

第一条　国有商业银行股份制改革是我国金融业的一次全新改革实践，意义重大。为确保中国银行、中国建设银行（以下简称两家试点银行）股份制改革试点成功，制定本指引。

第二条　两家试点银行股份制改革的总目标是：紧紧抓住改革管理体制、完善治理结构、转换经营机制、改善经营绩效这几个中心环节，用 3 年左右的时间将两家试点银行改造成资本充足、内控严密、运营安全、服务和效益良好、具有国际竞争力的现代化股份制商业银行。

第三条　两家试点银行通过改革，在公司治理和国际通行的财务指标方面，应达到并保持国际排名前 100 家大银行中等以上的水平。

第二章 公司治理改革

第四条　两家试点银行应建立规范的股东大会、董事会、监事会和高级管理层制度。

两家试点银行应根据现代公司治理结构要求，按照"三会分设、三权分开、有效制约、协调发展"的原则设立股东大会、董事会、监事会、高级管理层。按照《公司法》等法律法规的有关规定，建立规范的股份制商业银行组织机构，以科学、高效的决策、执行和监督机制，确保各方独立运作、有效制衡。

第五条　两家试点银行应公平、公正地选择境内外战略投资者，改变单一的股权结构，实现投资主体多元化。

两家试点银行通过引进战略投资者特别是境外战略投资者，不仅要增强资本实力，改善资本结构，还应借鉴国际先进管理经验、技术和方法，促进管理模式和经营理念与国际先进银行接轨，优化公司治理机制。

第六条　两家试点银行应制定清晰明确的发展战略，实现银行价值最大化。

两家试点银行应从自身条件出发，以市场为导向，研究核心竞争优势和市场竞争优势，制定与发展目标相适应的综合发展战略，并分年度落实，确保实现。

第七条　两家试点银行应建立科学的决策体系、内部控制机制和风险管理体制。

两家试点银行应建立和完善包括信用风险、市场风险、操作风险等在内的风险管理体系，有效地识别、计量、监测、控制风险。

第八条　两家试点银行应按照集约化经营原则，实行机构扁平化和业务垂直化管理，整合业务流程和管理流程，优化组织结构体系，完善资源配置，提高业务运作效率。

第九条　两家试点银行应按照现代金融企业人力资源管理的要求，深化劳动用工人事制

度改革,建立市场化人力资源管理体制和有效的激励约束机制。

第十条　两家试点银行应按照现代金融企业和上市银行的标准和要求,实行审慎的会计制度和严格的信息披露制度,加强财务管理,做好信息披露工作。

第十一条　两家试点银行应加强信息科技建设,全面提升综合管理与服务功能。

第十二条　两家试点银行应落实金融人才战略,有针对性地加大培训力度和做好关键岗位人才引进工作,同时注重人力资源的有效使用和合理配置,发挥现有人力资源的积极性和创造性。

第十三条　两家试点银行应发挥中介机构的专业优势,稳步推进股份制改革进程。

第三章　考 核 指 标

第十四条　两家试点银行股份制改革的考核指标包括总资产净回报率、股本净回报率、成本收入比、不良资产比率、资本充足率、大额风险集中度和不良贷款拨备覆盖率等项指标。

第十五条　两家试点银行总资产净回报率 2005 年度应达到 0.6％;2007 年度应达到国际良好水准。

第十六条　两家试点银行股本净回报率 2005 年度应达到 11％,2007 年度应进一步提高到 13％以上,确保注资的效果和获得良好回报。

第十七条　两家试点银行从 2005 年起成本收入比应控制在 35％～45％之内。

第十八条　两家试点银行应从 2004 年起对非信贷类资产实行五级分类,并按五级分类口径对全部资产的质量进行考核,将不良资产比率持续控制在 3％～5％。

第十九条　两家试点银行从 2004 年起应严格按照《商业银行资本充足率管理办法》的有关规定进行资本管理,资本充足率应在任何时点上保持 8％以上。

第二十条　两家试点银行应采取有效措施,严格控制对同一借款人授信的集中风险,从 2005 年起对同一借款人的贷款余额与商业银行资本余额的比例不得超过 10％的风险指标。

第二十一条　两家试点银行 2005 年底不良贷款拨备覆盖率,中国银行应达到 60％,建设银行应达到 80％;2007 年底应继续有所增长。

第四章　检查报告制度

第二十二条　两家试点银行应抓紧进行不良资产的处置工作。

两家试点银行在处置历史损失的同时,应依法查处违法、违规案件,严肃追究违法、违规、违纪人员。认真做好资产保全工作,防止少数企业借改革之机逃废银行债务,切实防范道德风险。整个查处工作应在 2004 年底前提交初步报告。

第二十三条　两家试点银行改革应实行严格的责任制,按照国务院确定的国有商业银行改革目标和任务的要求,落实责任。两家试点银行的董事长应承担第一责任人的责任。

两家试点银行应实行严格的目标管理,通过严格的考评验收做出每个阶段的工作评价,按季上报国务院国有独资商业银行股份制改革试点工作领导小组,按年进行全面、严格的检查验收。并将改革进展情况以适当的方式予以披露,接受社会监督。

第二十四条　中国银行业监督管理委员会将通过总体和分年度考核、分季监测报告的方法,对两家试点银行的公司治理改革和各项财务指标进行监督考核。并将监督考核情况分年、分季报告国务院国有独资商业银行股份制改革试点工作领导小组。

第五章 附 则

第二十五条 本指引由中国银行业监督管理委员会负责解释。

第二十六条 本指引自 2004 年 3 月 11 日起施行。

18. 商业银行公司治理指引

2013 年 7 月 19 日,中国银监会印发银监发〔2013〕34 号文件《商业银行公司治理指引》,自发布之日起施行,以前分类监管有关指引废止。

第一章 总 则

第一条 为完善商业银行公司治理,促进商业银行稳健经营和健康发展,保护存款人和其他利益相关者的合法权益,根据《中华人民共和国公司法》(以下简称《公司法》)、《中华人民共和国银行业监督管理法》、《中华人民共和国商业银行法》和其他相关法律法规,制定本指引。

第二条 中华人民共和国境内经银行业监督管理机构批准设立的商业银行适用本指引。

第三条 本指引所称的商业银行公司治理是指股东大会、董事会、监事会、高级管理层、股东及其他利益相关者之间的相互关系,包括组织架构、职责边界、履职要求等治理制衡机制,以及决策、执行、监督、激励约束等治理运行机制。

第四条 商业银行公司治理应当遵循各治理主体独立运作、有效制衡、相互合作、协调运转的原则,建立合理的激励、约束机制,科学、高效地决策、执行和监督。

第五条 商业银行董事会、监事会、高级管理层应当由具备良好专业背景、业务技能、职业操守和从业经验的人员组成,并在以下方面得到充分体现:

(一)确保商业银行依法合规经营;

(二)确保商业银行培育审慎的风险文化;

(三)确保商业银行履行良好的社会责任;

(四)确保商业银行保护金融消费者的合法权益。

第六条 各治理主体及其成员依法享有权利和承担义务,共同维护商业银行整体利益,不得损害商业银行利益或将自身利益置于商业银行利益之上。

第七条 商业银行良好公司治理应当包括但不限于以下内容:

(一)健全的组织架构;

(二)清晰的职责边界;

(三)科学的发展战略、价值准则与良好的社会责任;

(四)有效的风险管理与内部控制;

(五)合理的激励约束机制;

(六)完善的信息披露制度。

第八条 商业银行章程是商业银行公司治理的基本文件,对股东大会、董事会、监事会、高级管理层的组成、职责和议事规则等作出制度安排,并载明有关法律法规要求在章程中明确规定的其他事项。

商业银行应当制定章程并根据自身发展及相关法律法规要求及时修改完善。

第二章　公司治理组织架构

第一节　股东和股东大会

第九条　股东应当依法对商业银行履行诚信义务,确保提交的股东资格资料真实、完整、有效。主要股东应当真实、准确、完整地向董事会披露关联方情况,并承诺当关联关系发生变化时及时向董事会报告。

本指引所称主要股东是指能够直接、间接、共同持有或控制商业银行百分之五以上股份或表决权以及对商业银行决策有重大影响的股东。

第十条　股东特别是主要股东应当严格按照法律法规及商业银行章程行使出资人权利,不得谋取不当利益,不得干预董事会、高级管理层根据章程享有的决策权和管理权,不得越过董事会和高级管理层直接干预商业银行经营管理,不得损害商业银行利益和其他利益相关者的合法权益。

第十一条　股东特别是主要股东应当支持商业银行董事会制定合理的资本规划,使商业银行资本持续满足监管要求。当商业银行资本不能满足监管要求时,应当制定资本补充计划使资本充足率在限期内达到监管要求,并通过增加核心资本等方式补充资本,主要股东不得阻碍其他股东对商业银行补充资本或合格的新股东进入。

第十二条　商业银行应当在章程中规定,主要股东应当以书面形式向商业银行作出资本补充的长期承诺,并作为商业银行资本规划的一部分。

第十三条　股东获得本行授信的条件不得优于其他客户同类授信的条件。

第十四条　商业银行应当制定关联交易管理制度,并在章程中规定以下事项:

(一)商业银行不得接受本行股票为质押权标的;

(二)股东以本行股票为自己或他人担保的,应当严格遵守法律法规和监管部门的要求,并事前告知本行董事会;非上市银行股东特别是主要股东转让本行股份的,应当事前告知本行董事会;

(三)股东在本行借款余额超过其持有经审计的上一年度股权净值,不得将本行股票进行质押;

(四)股东特别是主要股东在本行授信逾期时,应当对其在股东大会和派出董事在董事会上的表决权进行限制。

第十五条　股东应当严格按照法律法规及商业银行章程规定的程序提名董事、监事候选人。

商业银行应当在章程中规定,同一股东及其关联人不得同时提名董事和监事人选;同一股东及其关联人提名的董事(监事)人选已担任董事(监事)职务,在其任职期届满或更换前,该股东不得再提名监事(董事)候选人;同一股东及其关联人提名的董事原则上不得超过董事会成员总数的三分之一。国家另有规定的除外。

第十六条　股东大会依据《公司法》等法律法规和商业银行章程行使职权。

第十七条　股东大会会议包括年度会议和临时会议。

股东大会年会应当由董事会在每一会计年度结束后六个月内召集和召开。因特殊情况需延期召开的,应当向银行业监督管理机构报告,并说明延期召开的事由。

股东大会会议应当实行律师见证制度,并由律师出具法律意见书。法律意见书应当对股东大会召开程序、出席股东大会的股东资格、股东大会决议内容等事项的合法性发表意见。

股东大会的会议议程和议案应当由董事会依法、公正、合理地进行安排,确保股东大会能够对每个议案进行充分的讨论。

第十八条 股东大会议事规则由商业银行董事会负责拟定,并经股东大会审议通过后执行。

股东大会议事规则包括会议通知、召开方式、文件准备、表决形式、提案机制、会议记录及其签署、关联股东的回避等。

第二节 董 事 会

第十九条 董事会对股东大会负责,对商业银行经营和管理承担最终责任。除依据《公司法》等法律法规和商业银行章程履行职责外,还应当重点关注以下事项:

(一)制定商业银行经营发展战略并监督战略实施;

(二)制定商业银行风险容忍度、风险管理和内部控制政策;

(三)制定资本规划,承担资本管理最终责任;

(四)定期评估并完善商业银行公司治理;

(五)负责商业银行信息披露,并对商业银行会计和财务报告的真实性、准确性、完整性和及时性承担最终责任;

(六)监督并确保高级管理层有效履行管理职责;

(七)维护存款人和其他利益相关者合法权益;

(八)建立商业银行与股东特别是主要股东之间利益冲突的识别、审查和管理机制等。

第二十条 商业银行应当根据自身规模和业务状况,确定合理的董事会人数及构成。

第二十一条 董事会由执行董事和非执行董事(含独立董事)组成。

执行董事是指在商业银行担任除董事职务外的其他高级经营管理职务的董事。

非执行董事是指在商业银行不担任经营管理职务的董事。

独立董事是指不在商业银行担任除董事以外的其他职务,并与所聘商业银行及其主要股东不存在任何可能影响其进行独立、客观判断关系的董事。

第二十二条 董事会应当根据商业银行情况单独或合并设立其专门委员会,如战略委员会、审计委员会、风险管理委员会、关联交易控制委员会、提名委员会、薪酬委员会等。

战略委员会主要负责制定商业银行经营管理目标和长期发展战略,监督、检查年度经营计划、投资方案的执行情况。

审计委员会主要负责检查商业银行风险及合规状况、会计政策、财务报告程序和财务状况;负责商业银行年度审计工作,提出外部审计机构的聘请与更换建议,并就审计后的财务报告信息真实性、准确性、完整性和及时性作出判断性报告,提交董事会审议。

风险管理委员会主要负责监督高级管理层关于信用风险、流动性风险、市场风险、操作风险、合规风险和声誉风险等风险的控制情况,对商业银行风险政策、管理状况及风险承受能力进行定期评估,提出完善商业银行风险管理和内部控制的意见。

关联交易控制委员会主要负责关联交易的管理、审查和批准,控制关联交易风险。

提名委员会主要负责拟定董事和高级管理层成员的选任程序和标准,对董事和高级管理层成员的任职资格进行初步审核,并向董事会提出建议。

薪酬委员会主要负责审议全行薪酬管理制度和政策,拟定董事和高级管理层成员的薪酬方案,向董事会提出薪酬方案建议,并监督方案实施。

第二十三条 董事会专门委员会向董事会提供专业意见或根据董事会授权就专业事项进行决策。

各相关专门委员会应当定期与高级管理层及部门交流商业银行经营和风险状况,并提出意见和建议。

第二十四条 各专门委员会成员应当是具有与专门委员会职责相适应的专业知识和工作经验的董事。各专门委员会负责人原则上不宜兼任。

审计委员会、关联交易控制委员会、提名委员会、薪酬委员会原则上应当由独立董事担任负责人,其中审计委员会、关联交易控制委员会中独立董事应当占适当比例。

审计委员会成员应当具有财务、审计和会计等某一方面的专业知识和工作经验。风险管理委员会负责人应当具有对各类风险进行判断与管理的经验。

第二十五条 董事会设董事长一人,可以设副董事长。董事长和副董事长由董事会以全体董事的过半数选举产生。商业银行董事长和行长应当分设。

第二十六条 董事会例会每季度至少应当召开一次。董事会临时会议的召开程序由商业银行章程规定。

第二十七条 董事会应当制定内容完备的董事会议事规则并在章程中予以明确,包括会议通知、召开方式、文件准备、表决形式、提案机制、会议记录及其签署、董事会授权规则等,并报股东大会审议通过。

董事会议事规则中应当包括各项议案的提案机制和程序,明确各治理主体在提案中的权利和义务。在会议记录中明确记载各项议案的提案方。

第二十八条 董事会各专门委员会议事规则和工作程序由董事会制定。各专门委员会应当制定年度工作计划并定期召开会议。

第二十九条 董事会会议应当有商业银行全体董事过半数出席方可举行。董事会作出决议,必须经商业银行全体董事过半数通过。

董事会会议可以采用会议表决(包括视频会议)和通讯表决两种表决方式,实行一人一票。采用通讯表决形式的,至少在表决前三日内应当将通讯表决事项及相关背景资料送达全体董事。

商业银行章程或董事会议事规则应当对董事会采取通讯表决的条件和程序进行规定。董事会会议采取通讯表决方式时应当说明理由。

商业银行章程应当规定,利润分配方案、重大投资、重大资产处置方案、聘任或解聘高级管理人员、资本补充方案、重大股权变动以及财务重组等重大事项不得采取通讯表决方式,应当由董事会三分之二以上董事通过方可有效。

第三十条 董事会召开董事会会议,应当事先通知监事会派员列席。

董事会在履行职责时,应当充分考虑外部审计机构的意见。

第三十一条 银行业监督管理机构对商业银行的监管意见及商业银行整改情况应当在董事会上予以通报。

第三节 监 事 会

第三十二条 监事会是商业银行的内部监督机构,对股东大会负责,除依据《公司法》等法律法规和商业银行章程履行职责外,还应当重点关注以下事项:

（一）监督董事会确立稳健的经营理念、价值准则和制定符合本行实际的发展战略；

（二）定期对董事会制定的发展战略的科学性、合理性和有效性进行评估，形成评估报告；

（三）对本行经营决策、风险管理和内部控制等进行监督检查并督促整改；

（四）对董事的选聘程序进行监督；

（五）对董事、监事和高级管理人员履职情况进行综合评价；

（六）对全行薪酬管理制度和政策及高级管理人员薪酬方案的科学性、合理性进行监督；

（七）定期与银行业监督管理机构沟通商业银行情况等。

第三十三条　监事会由职工代表出任的监事、股东大会选举的外部监事和股东监事组成。

外部监事与商业银行及其主要股东之间不得存在影响其独立判断的关系。

第三十四条　监事会可根据情况设立提名委员会和监督委员会。

提名委员会负责拟订监事的选任程序和标准，对监事候选人的任职资格进行初步审核，并向监事会提出建议；对董事的选聘程序进行监督；对董事、监事和高级管理人员履职情况进行综合评价并向监事会报告；对全行薪酬管理制度和政策及高级管理人员薪酬方案的科学性、合理性进行监督。

提名委员会原则上应当由外部监事担任负责人。

监督委员会负责拟订对本行财务活动的监督方案并实施相关检查，监督董事会确立稳健的经营理念、价值准则和制定符合本行实际的发展战略，对本行经营决策、风险管理和内部控制等进行监督检查。

第三十五条　监事长（监事会主席）应当由专职人员担任，且至少应当具有财务、审计、金融、法律等某一方面专业知识和工作经验。

第三十六条　监事会应当制定内容完备的监事会议事规则并在章程中予以明确，包括会议通知、召开方式、文件准备、表决形式、提案机制、会议记录及其签署等。监事会例会每季度至少应当召开一次。监事会临时会议召开程序由商业银行章程规定。

第三十七条　监事会在履职过程中有权要求董事会和高级管理层提供信息披露、审计等方面的必要信息。监事会认为必要时，可以指派监事列席高级管理层会议。

第三十八条　监事会可以独立聘请外部机构就相关工作提供专业协助。

第四节　高级管理层

第三十九条　高级管理层由商业银行总行行长、副行长、财务负责人及监管部门认定的其他高级管理人员组成。

第四十条　高级管理层根据商业银行章程及董事会授权开展经营管理活动，确保银行经营与董事会所制定批准的发展战略、风险偏好及其他各项政策相一致。

高级管理层对董事会负责，同时接受监事会监督。高级管理层依法在其职权范围内的经营管理活动不受干预。

第四十一条　高级管理层应当建立向董事会及其专门委员会、监事会及其专门委员会的信息报告制度，明确报告信息的种类、内容、时间和方式等，确保董事、监事能够及时、准确地获取各类信息。

第四十二条　高级管理层应当建立和完善各项会议制度，并制定相应议事规则。

第四十三条 行长依照法律、法规、商业银行章程及董事会授权,行使有关职权。

第三章 董事、监事、高级管理人员

第一节 董 事

第四十四条 商业银行应当制定规范、公开的董事选任程序,经股东大会批准后实施。

第四十五条 商业银行应当在章程中规定,董事提名及选举的一般程序为:

(一)在商业银行章程规定的董事会人数范围内,按照拟选任人数,可以由董事会提名委员会提出董事候选人名单;单独或者合计持有商业银行发行的有表决权股份总数百分之三以上股东亦可以向董事会提出董事候选人;

(二)董事会提名委员会对董事候选人的任职资格和条件进行初步审核,合格人选提交董事会审议;经董事会审议通过后,以书面提案方式向股东大会提出董事候选人;

(三)董事候选人应当在股东大会召开之前作出书面承诺,同意接受提名,承诺公开披露的资料真实、完整并保证当选后切实履行董事义务;

(四)董事会应当在股东大会召开前依照法律法规和商业银行章程规定向股东披露董事候选人详细资料,保证股东在投票时对候选人有足够的了解;

(五)股东大会对每位董事候选人逐一进行表决;

(六)遇有临时增补董事,由董事会提名委员会或符合提名条件的股东提出并提交董事会审议,股东大会予以选举或更换。

第四十六条 独立董事提名及选举程序应当遵循以下原则:

(一)商业银行应当在章程中规定,董事会提名委员会、单独或者合计持有商业银行发行的有表决权股份总数百分之一以上股东可以向董事会提出独立董事候选人,已经提名董事的股东不得再提名独立董事;

(二)被提名的独立董事候选人应当由董事会提名委员会进行资质审查,审查重点包括独立性、专业知识、经验和能力等;

(三)独立董事的选聘应当主要遵循市场原则。

第四十七条 董事应当符合银行业监督管理机构规定的任职条件,并应当通过银行业监督管理机构的任职资格审查。

董事任期由商业银行章程规定,但每届任期不得超过三年。董事任期届满,连选可以连任。独立董事在同一家商业银行任职时间累计不得超过六年。

董事任期届满未及时改选,或者董事在任期内辞职影响银行正常经营或导致董事会成员低于法定人数的,在改选出的董事就任前,原董事仍应当依照法律法规的规定,履行董事职责。

第四十八条 董事依法有权了解商业银行的各项业务经营情况和财务状况,并对其他董事和高级管理层成员履行职责情况实施监督。

第四十九条 董事对商业银行负有忠实和勤勉义务。

董事应当按照相关法律法规及商业银行章程的要求,认真履行职责。

第五十条 商业银行应当在章程中规定,独立董事不得在超过两家商业银行同时任职。

第五十一条 董事应当投入足够的时间履行职责,每年至少亲自出席三分之二以上的董事会会议;因故不能出席的,可以书面委托同类别其他董事代为出席。

董事在董事会会议上应当独立、专业、客观地发表意见。

第五十二条　董事个人直接或者间接与商业银行已有或者计划中的合同、交易、安排有关联关系时,应当将关联关系的性质和程度及时告知董事会关联交易控制委员会,并在审议相关事项时做必要的回避。

第五十三条　非执行董事应当依法合规地积极履行股东与商业银行之间的沟通职责,重点关注股东与商业银行关联交易情况并支持商业银行制定资本补充规划。

第五十四条　独立董事履行职责时应当独立对董事会审议事项发表客观、公正的意见,并重点关注以下事项:

(一)重大关联交易的合法性和公允性;

(二)利润分配方案;

(三)高级管理人员的聘任和解聘;

(四)可能造成商业银行重大损失的事项;

(五)可能损害存款人、中小股东和其他利益相关者合法权益的事项;

(六)外部审计师的聘任等。

第五十五条　商业银行应当在章程中规定,独立董事每年在商业银行工作的时间不得少于十五个工作日。

担任审计委员会、关联交易控制委员会及风险管理委员会负责人的董事每年在商业银行工作的时间不得少于二十五个工作日。

第五十六条　董事应当按要求参加培训,了解董事的权利和义务,熟悉有关法律法规,掌握应具备的相关知识。

第五十七条　商业银行应当规定董事在商业银行的最低工作时间,并建立董事履职档案,完整记录董事参加董事会会议次数、独立发表意见和建议及被采纳情况等,作为对董事评价的依据。

第二节　监　事

第五十八条　监事应当依照法律法规及商业银行章程规定,忠实履行监督职责。

第五十九条　股东监事和外部监事的提名及选举程序参照董事和独立董事的提名及选举程序。

股东监事和外部监事由股东大会选举、罢免和更换;职工代表出任的监事由银行职工民主选举、罢免和更换。

第六十条　监事任期每届三年,任期届满,连选可以连任。外部监事在同一家商业银行的任职时间累计不得超过六年。

第六十一条　监事应当积极参加监事会组织的监督检查活动,有权依法进行独立调查、取证,实事求是提出问题和监督意见。

第六十二条　监事连续两次未能亲自出席、也不委托其他监事代为出席监事会会议,或每年未能亲自出席至少三分之二的监事会会议的,视为不能履职,监事会应当建议股东大会或股东会、职工代表大会等予以罢免。

股东监事和外部监事每年在商业银行工作的时间不得少于十五个工作日。

职工监事享有参与制定涉及员工切身利益的规章制度的权利,并应当积极参与制度执行情况的监督检查。

第六十三条　监事可以列席董事会会议,对董事会决议事项提出质询或者建议,但不享有表决权。列席董事会会议的监事应当将会议情况报告监事会。

第六十四条　监事的薪酬应当由股东大会审议确定,董事会不得干预监事薪酬标准。

第三节　高级管理人员

第六十五条　高级管理人员应当通过银行业监督管理机构的任职资格审查。

第六十六条　高级管理人员应当遵循诚信原则,审慎、勤勉地履行职责,不得为自己或他人谋取属于本行的商业机会,不得接受与本行交易有关的利益。

第六十七条　高级管理人员应当按照董事会要求,及时、准确、完整地向董事会报告有关本行经营业绩、重要合同、财务状况、风险状况和经营前景等情况。

第六十八条　高级管理人员应当接受监事会监督,定期向监事会提供有关本行经营业绩、重要合同、财务状况、风险状况和经营前景等情况,不得阻挠、妨碍监事会依照职权进行的检查、监督等活动。

第六十九条　高级管理人员对董事会违反规定干预经营管理活动的行为,有权请求监事会提出异议,并向银行业监督管理机构报告。

第四章　发展战略、价值准则和社会责任

第七十条　商业银行应当兼顾股东、存款人和其他利益相关者合法权益,制定清晰的发展战略和良好的价值准则,并确保在全行得到有效贯彻。

第七十一条　商业银行发展战略应当重点涵盖中长期发展规划、战略目标、经营理念、市场定位、资本管理和风险管理等方面的内容。

商业银行在关注总体发展战略基础上,应重点关注人才战略和信息科技战略等配套战略。

第七十二条　商业银行发展战略由董事会负责制定并向股东大会报告。董事会在制定发展战略时应当充分考虑商业银行所处的宏观经济形势、市场环境、风险承受能力和自身比较优势等因素,明确市场定位,突出差异化和特色化,不断提高商业银行核心竞争力。

第七十三条　董事会在制定资本管理战略时应当充分考虑商业银行风险及其发展趋势、风险管理水平及承受能力、资本结构、资本质量、资本补充渠道以及长期补充资本的能力等因素,并督促高级管理层具体执行。

第七十四条　商业银行应当制定中长期信息科技战略,建立健全组织架构和技术成熟、运行安全稳定、应用丰富灵活、管理科学高效的信息科技体系,确保信息科技建设对商业银行经营和风险管控的有效支持。

第七十五条　商业银行应当建立健全人才招聘、培养、评估、激励、使用和规划的科学机制,逐步实现人力资源配置市场化,推动商业银行实现可持续发展。

第七十六条　商业银行董事会应当定期对发展战略进行评估与审议,确保商业银行发展战略与经营情况和市场环境变化相适应。

监事会应当对商业银行发展战略的制定与实施进行监督。

高级管理层应当在商业银行发展战略框架下制定科学合理的年度经营管理目标与计划。

第七十七条　商业银行应当树立具有社会责任感的价值准则、企业文化和经营理念,以此激励全体员工更好地履职。

第七十八条　商业银行董事会负责制定董事会自身和高级管理层应当遵循的职业规范

与价值准则。

高级管理层负责制定全行各部门管理人员和业务人员的职业规范,明确具体的问责条款,建立相应处理机制。

第七十九条　商业银行应当鼓励员工通过合法渠道对有关违法、违规和违反职业道德的行为予以报告,并充分保护员工合法权益。

第八十条　商业银行应当在经济、环境和社会公益事业等方面履行社会责任,并在制定发展战略时予以体现,同时定期向公众披露社会责任报告。

商业银行应当保护和节约资源,促进社会可持续发展。

第八十一条　商业银行应当遵守公平、安全、有序的行业竞争秩序,提升专业化经营水平,不断改进金融服务,保护金融消费者合法权益,持续为股东、员工、客户和社会公众创造价值。

第五章　风险管理与内部控制

第一节　风 险 管 理

第八十二条　商业银行董事会对银行风险管理承担最终责任。

商业银行董事会应当根据银行风险状况、发展规模和速度,建立全面的风险管理战略、政策和程序,判断银行面临的主要风险,确定适当的风险容忍度和风险偏好,督促高级管理层有效地识别、计量、监测、控制并及时处置商业银行面临的各种风险。

第八十三条　商业银行董事会及其风险管理委员会应当定期听取高级管理层关于商业银行风险状况的专题报告,对商业银行风险水平、风险管理状况、风险承受能力进行评估,并提出全面风险管理意见。

第八十四条　商业银行应当建立独立的风险管理部门,并确保该部门具备足够的职权、资源以及与董事会进行直接沟通的渠道。

商业银行应当在人员数量和资质、薪酬和其他激励政策、信息科技系统访问权限、专门的信息系统建设以及商业银行内部信息渠道等方面给予风险管理部门足够的支持。

第八十五条　商业银行风险管理部门应当承担但不限于以下职责:

(一)对各项业务及各类风险进行持续、统一的监测、分析与报告;

(二)持续监控风险并测算与风险相关的资本需求,及时向高级管理层和董事会报告;

(三)了解银行股东特别是主要股东的风险状况、集团架构对商业银行风险状况的影响和传导,定期进行压力测试,并制定应急预案;

(四)评估业务和产品创新、进入新市场以及市场环境发生显著变化时,给商业银行带来的风险。

第八十六条　商业银行可以设立独立于操作和经营条线的首席风险官。

首席风险官负责商业银行的全面风险管理,并可以直接向董事会及其风险管理委员会报告。

首席风险官应当具有完整、可靠、独立的信息来源,具备判断商业银行整体风险状况的能力,及时提出改进方案。

首席风险官的聘任和解聘由董事会负责并及时向公众披露。

第八十七条　商业银行应当在集团层面和单体层面分别对风险进行持续识别和监控,风险管理的复杂程度应当与自身风险状况变化和外部风险环境改变相一致。

商业银行应当强化并表管理,董事会和高级管理层应当做好商业银行整体及其子公司的全面风险管理的设计和实施工作,指导子公司做好风险管理工作,并在集团内部建立必要的防火墙制度。

第八十八条　商业银行被集团控股或作为子公司时,董事会和高级管理层应当及时提示与要求集团或母公司,在制定全公司全面发展战略和风险政策时充分考虑商业银行的特殊性。

第二节　内部控制

第八十九条　商业银行董事会应当持续关注商业银行内部控制状况,建立良好的内部控制文化,监督高级管理层制定相关政策、程序和措施,对风险进行全过程管理。

第九十条　商业银行应当建立健全内部控制责任制,确保董事会、监事会和高级管理层充分认识自身对内部控制所承担的责任。

董事会、高级管理层对内部控制的有效性分级负责,并对内部控制失效造成的重大损失承担责任。

监事会负责监督董事会、高级管理层完善内部控制体系和制度,履行内部控制监督职责。

第九十一条　商业银行应当有效建立各部门之间的横向信息传递机制,以及董事会、监事会、高级管理层和各职能部门之间的纵向信息传递机制,确保董事会、监事会、高级管理层及时了解银行经营和风险状况,同时确保内部控制政策及信息向相关部门和员工的有效传递与实施。

第九十二条　商业银行应当设立相对独立的内部控制监督与评价部门,该部门应当对内部控制制度建设和执行情况进行有效监督与评价,并可以直接向董事会、监事会和高级管理层报告。

第九十三条　商业银行应当建立独立垂直的内部审计管理体系和与之相适应的内部审计报告制度和报告路线。

商业银行可以设立首席审计官。首席审计官和内部审计部门应当定期向董事会及其审计委员会和监事会报告审计工作情况,及时报送项目审计报告,并通报高级管理层。

首席审计官和审计部门负责人的聘任和解聘应当由董事会负责。

第九十四条　商业银行应当建立外聘审计机构制度。

商业银行应当外聘审计机构进行财务审计,对商业银行的公司治理、内部控制及经营管理状况进行定期评估。商业银行应将相关审计报告和管理建议书及时报送银行业监督管理机构。

第九十五条　董事会、监事会和高级管理层应当有效利用内部审计部门、外部审计机构和内部控制部门的工作成果,及时采取相应纠正措施。

第六章　激励约束机制

第一节　董事和监事履职评价

第九十六条　商业银行应当建立健全对董事和监事的履职评价体系,明确董事和监事的履职标准,建立并完善董事和监事履职与诚信档案。

第九十七条　商业银行对董事和监事的履职评价应当包括董事和监事自评、董事会评价和监事会评价及外部评价等多个维度。

第九十八条　监事会负责对商业银行董事和监事履职的综合评价,向银行业监督管理机构报告最终评价结果并通报股东大会。

第九十九条　董事会、监事会应当分别根据董事和监事的履职情况提出董事和监事合理的薪酬安排并报股东大会审议通过。

第一百条　董事和监事除履职评价的自评环节外,不得参与本人履职评价和薪酬的决定过程。

第一百零一条　董事和监事违反法律法规或者商业银行章程,给商业银行造成损失的,在依照法律法规进行处理的同时,商业银行应当按规定进行问责。

第一百零二条　对于不能按规定履职的董事和监事,商业银行董事会和监事会应当及时提出处理意见并采取相应措施。

第一百零三条　商业银行进行董事和监事履职评价时,应当充分考虑外部审计机构的意见。

第二节　高级管理人员薪酬机制

第一百零四条　商业银行应当建立与银行发展战略、风险管理、整体效益、岗位职责、社会责任、企业文化相联系的科学合理的高级管理人员薪酬机制。

第一百零五条　商业银行应当建立公正透明的高级管理人员绩效考核标准、程序等激励约束机制。绩效考核的标准应当体现保护存款人和其他利益相关者合法权益的原则,确保银行短期利益与长期发展相一致。

第一百零六条　高级管理人员不得参与本人绩效考核标准和薪酬的决定过程。

第一百零七条　商业银行出现以下情形之一的,应当严格限定高级管理人员绩效考核结果及其薪酬:

（一）主要监管指标没有达到监管要求的;

（二）资产质量或盈利水平明显恶化的;

（三）出现其他重大风险的。

第一百零八条　高级管理人员违反法律、法规或者商业银行章程,给商业银行造成损失的,在依照法律法规进行处理的同时,商业银行应当按规定进行问责。

第三节　员工绩效考核机制

第一百零九条　商业银行的绩效考核机制应当充分体现兼顾收益与风险、长期与短期激励相协调,人才培养和风险控制相适应的原则,并有利于本行战略目标实施和竞争力提升。

第一百一十条　商业银行应当建立科学的绩效考核指标体系,并分解落实到具体部门和岗位,作为绩效薪酬发放的依据。

商业银行绩效考核指标应当包括经济效益指标、风险管理指标和社会责任指标等。

第一百一十一条　商业银行薪酬支付期限应当与相应业务的风险持续时期保持一致,引入绩效薪酬延期支付和追索扣回制度,并提高主要高级管理人员绩效薪酬延期支付比例。

第一百一十二条　商业银行可以根据国家有关规定制定本行中长期激励计划。

第一百一十三条　商业银行内部审计部门应当每年对绩效考核及薪酬机制和执行情况进行专项审计,审计结果向董事会和监事会报告,并报送银行业监督管理机构。

外部审计机构应当将商业银行薪酬制度的设计和执行情况纳入审计范围。

第七章 信息披露

第一百一十四条 商业银行应当建立本行的信息披露管理制度,按照有关法律法规、会计制度和监管规定进行信息披露。

第一百一十五条 商业银行应当遵循真实性、准确性、完整性和及时性原则,规范披露信息,不得存在虚假报告、误导和重大遗漏等。

商业银行的信息披露应当使用通俗易懂的语言。

第一百一十六条 商业银行董事会负责本行的信息披露,信息披露文件包括定期报告、临时报告以及其他相关资料。

第一百一十七条 商业银行年度披露的信息应当包括:基本信息、财务会计报告、风险管理信息、公司治理信息、年度重大事项等。商业银行半年度、季度定期报告应当参照年度报告要求披露。

第一百一十八条 商业银行披露的基本信息应当包括但不限于以下内容:法定名称、注册资本、注册地、成立时间、经营范围、法定代表人、主要股东及其持股情况、客服和投诉电话、各分支机构营业场所等。

第一百一十九条 商业银行披露的财务会计报告由会计报表、会计报表附注等组成。

商业银行披露的年度财务会计报告须经具有相应资质的会计师事务所审计。

第一百二十条 商业银行披露的风险管理信息应当包括但不限于以下内容:

(一)信用风险、流动性风险、市场风险、操作风险、声誉风险和国别风险等各类风险状况;

(二)风险控制情况,包括董事会、高级管理层对风险的监控能力,风险管理的政策和程序,风险计量、监测和管理信息系统,内部控制和全面审计情况等;

(三)采用的风险评估及计量方法。

商业银行应当与外部审计机构就风险管理信息披露的充分性进行讨论。

第一百二十一条 商业银行披露的公司治理信息应当包括:

(一)年度内召开股东大会情况;

(二)董事会构成及其工作情况;

(三)独立董事工作情况;

(四)监事会构成及其工作情况;

(五)外部监事工作情况;

(六)高级管理层构成及其基本情况;

(七)商业银行薪酬制度及当年董事、监事和高级管理人员薪酬;

(八)商业银行部门设置和分支机构设臵情况;

(九)银行对本行公司治理的整体评价;

(十)银行业监督管理机构规定的其他信息。

第一百二十二条 商业银行披露的年度重大事项应当包括但不限于以下内容:

(一)最大十名股东及报告期内变动情况;

(二)增加或减少注册资本、分立或合并事项;

(三)其他重要信息。

第一百二十三条 商业银行发生以下事项之一的,应当自事项发生之日起十个工作日内

编制临时信息披露报告,并通过公开渠道发布,因特殊原因不能按时披露的,应当提前向银行业监督管理机构提出申请:

（一）控股股东或者实际控制人发生变更的;

（二）更换董事长或者行长的;

（三）当年董事会累计变更人数超过董事会成员人数三分之一的;

（四）商业银行名称、注册资本或者注册地发生变更的;

（五）经营范围发生重大变化的;

（六）合并或分立的;

（七）重大投资、重大资产处置事项;

（八）重大诉讼或者重大仲裁事项;

（九）聘任、更换或者提前解聘会计师事务所的;

（十）银行业监督管理机构规定的其他事项。

第一百二十四条　商业银行应当通过年报、互联网站等方式披露信息,方便股东和其他利益相关者及时获取所披露的信息。上市银行在信息披露方面应同时满足证券监督管理机构的相关规定。

第一百二十五条　商业银行董事、高级管理人员应当对年度报告签署书面确认意见;监事会应当提出书面审核意见,说明报告的编制和审核程序是否符合法律法规和监管规定,报告的内容是否能够真实、准确、完整地反映商业银行的实际情况。董事、监事、高级管理人员对定期报告内容的真实性、准确性、完整性无法保证或者存在异议的,应当陈述理由和发表意见,上市银行应当按照相关规定予以披露。

第一百二十六条　商业银行监事会应当对董事、高级管理人员履行信息披露职责的行为进行监督;关注公司信息披露情况,发现存在违法违规问题的,应当进行调查和提出处理建议,并将相关情况及时向银行业监督管理机构报告。

第八章　监　督　管　理

第一百二十七条　银行业监督管理机构应当将商业银行公司治理纳入法人监管体系中,并根据本指引全面评估商业银行公司治理的健全性和有效性,提出监管意见,督促商业银行持续加以完善。

第一百二十八条　银行业监督管理机构通过非现场监管和现场检查等实施对商业银行公司治理的持续监管,具体方式包括风险提示、现场检查、监管通报、约见会谈、与内外部审计师会谈、任职资格审查和任前谈话、与政府部门及其他监管当局进行协作等。

第一百二十九条　银行业监督管理机构可以派员列席商业银行董事会、监事会和年度经营管理工作会等会议。商业银行召开上述会议时,应当至少提前三个工作日通知银行业监督管理机构。

商业银行应当将股东大会、董事会和监事会的会议记录和决议等文件及时报送银行业监督管理机构备案。

银行业监督管理机构应当对商业银行董事和监事的履职评价进行监督。

第一百三十条　银行业监督管理机构应当就公司治理监督检查评估结果与商业银行董事会、监事会、高级管理层进行充分沟通,并视情况将评价结果在银行董事会、监事会会议上通报。

第一百三十一条　对不能满足本指引及其他相关法律法规关于公司治理要求的商业银行，银行业监督管理机构可以要求其制定整改计划，并视情况采取相应的监管措施。

第九章　附　则

第一百三十二条　有限责任公司制商业银行应当参照本指引关于股东大会、监事会和监事的规定在银行章程中对股东会、监事的权利和责任作出规定。

本指引关于董事长、副董事长、董事（包括独立董事）提名和选举的相关规定不适用于独资银行。

第一百三十三条　本指引中"以上"均含本数。

第一百三十四条　中国银行业监督管理委员会负责监管的其他金融机构参照执行本指引，并应当符合本指引所阐述的原则。

第一百三十五条　本指引由中国银行业监督管理委员会负责解释。

第一百三十六条　本指引自发布之日起施行。本指引施行前颁布的《国有商业银行公司治理及相关监管指引》（银监发〔2006〕22号）、《外资银行法人机构公司治理指引》（银监发〔2005〕21号）和《中国银监会办公厅关于进一步完善中小商业银行公司治理的指导意见》（银监办发〔2009〕15号）同时废止，《股份制商业银行公司治理指引》（中国人民银行公告〔2002〕第15号）不再适用。

19. 关于规范保险公司治理结构的指导意见（试行）

2006年1月5日，中国保监会发布保监发〔2006〕2号《关于规范保险公司治理结构的指导意见（试行）》文件。

为保护被保险人、投资人及其他利益相关者的合法权益，防范化解风险，促进我国保险业稳定持续健康快速发展，现就规范保险公司治理结构提出如下意见。

一、强化主要股东义务

对保险公司经营管理有较大影响的主要股东，应当具有良好的财务状况和持续出资能力，支持保险公司改善偿付能力，不得利用其特殊地位损害保险公司、被保险人、中小股东及其他利益相关者的合法权益。

保险公司股东之间形成关联关系的，应当主动向董事会申报。保险公司应当及时向中国保监会报告股东之间的关联情况。

二、加强董事会建设

（一）明确董事会职责

保险公司董事会除履行法律法规和公司章程所赋予的职责外，还应当对以下事项负最终责任。

（1）内控。使保险公司建立与其业务性质和资产规模相适应的内控体系，并对保险公司内控的完整性和有效性定期进行检查评估。

（2）风险。使保险公司建立识别、评估和监控风险的机制，并对保险公司业务、财务、内控和治理结构等方面的风险定期进行检查评估。

（3）合规。使保险公司建立合规管理机制，并对保险公司遵守法律法规、监管规定和内部管理制度的情况定期进行检查评估。

（二）强化董事职责

（1）董事应当具有良好的品行和声誉，具备与其职责相适应的专业知识和企业管理经验。

（2）董事应当诚信勤勉，持续关注公司经营管理状况，保证有足够的时间履行职责。

（3）董事应当并有权要求管理层全面、及时、准确地提供反映公司经营管理情况的各种资料或就相关问题作出说明。

（4）董事应当对董事会决议事项进行充分审查，在审慎判断的基础上独立作出表决。

（5）董事会决议违反法律法规或公司章程，致使公司遭受严重损失的，投赞成票和弃权票的董事应当依法承担责任。

（6）董事会应当每年将董事的尽职情况向股东大会报告，并同时报送中国保监会。

（三）建立独立董事制度

为提高董事会的独立性，促进科学决策和充分监督，保险公司应当逐步建立健全独立董事制度。

1. 独立董事的任免

与保险公司或控股股东、实际控制人存在可能影响其对公司事务进行独立客观判断关系的人士，不得担任独立董事。独立董事应当就其独立性及尽职承诺作出公开声明。

保险公司董事会应当至少有两名独立董事，并逐步使独立董事占董事会成员的比例达到三分之一以上。

除失职及其他不适宜担任职务的情形外，独立董事在任期届满前不得被免职。独立董事辞职或者因特殊原因被提前免职的，保险公司应当向中国保监会说明情况，独立董事可以向中国保监会陈述意见。

2. 独立董事的权责

对保险公司的高管人员任免及薪酬激励措施、重大关联交易以及其他可能对被保险人或中小股东权益产生重大影响的事项，独立董事应当认真审查并向董事会提交书面意见。

董事会不接受独立董事意见的，半数以上且不少于两名独立董事可以向董事会提议召开临时股东大会。董事会不同意召开临时股东大会或股东大会不接受独立董事意见的，独立董事应当向中国保监会报告。

半数以上且不少于两名独立董事认为有必要的，可以聘请外部审计机构提供审计意见，费用由保险公司承担。

（四）专业委员会

为切实提高董事会决策效率和水平，保险公司至少应当在董事会下设审计委员会和提名薪酬委员会。

1. 审计委员会

审计委员会由三名以上不在管理层任职的董事组成，独立董事担任主任委员。审计委员会成员应当具备与其职责相适应的财务和法律等方面的专业知识。

审计委员会负责定期审查内部审计部门提交的内控评估报告、风险管理部门提交的风险评估报告以及合规管理部门提交的合规报告，并就公司的内控、风险和合规方面的问题向董事会提出意见和改进建议。审计委员会负责提名外部审计机构。

2. 提名薪酬委员会

提名薪酬委员会由三名以上不在管理层任职的董事组成，独立董事担任主任委员。

提名薪酬委员会负责审查董事及高管人员的选任制度、考核标准和薪酬激励措施；对董事及高管人员的人选进行审查并向董事会提出建议；对高管人员进行绩效考核并向董事会提出意见。

提名薪酬委员会应当使保险公司高管人员薪酬激励措施与公司经营效益和个人业绩相适应。

三、发挥监事会作用

保险公司应当制定监事会工作规则，明确监事会职责，为监事会提供必要的工作保障。

监事应当具备与其职责相适应的专业知识和工作经验，审慎勤勉地履行职责。

监事会发现董事会决议违反法律法规或公司章程时，应当依法要求其立即改正。董事会拒绝或者拖延采取改正措施的，监事会应当提议召开临时股东大会。股东大会不接受监事会意见的，监事会应当向中国保监会报告。

监事会应当每年将监事的尽职情况向股东大会报告，并同时报送中国保监会。

四、规范管理层运作

（一）健全运作机制

保险公司应当制定管理层工作规则，明确管理层职责，清晰界定董事会与管理层之间的关系。

保险公司总经理全面负责公司的日常经营管理，其责任不因其他管理层成员的职责而减轻或免除。

保险公司应当按照现代企业制度的要求，逐步完善董事长与总经理设置，健全制衡机制。

（二）强化关键岗位职责

1. 总精算师

人身保险公司应当设立总精算师职位。

总精算师既向管理层负责，也向董事会负责，并向中国保监会及时报告公司的重大风险隐患。

总精算师应当参与保险公司风险管理、产品开发、资产负债匹配管理等方面的工作。

2. 合规负责人

保险公司应当设立合规负责人职位。

合规负责人既向管理层负责，也向董事会负责，并向中国保监会及时报告公司的重大违规行为。

合规负责人负责公司合规管理方面的工作，定期就合规方面存在的问题向董事会提出改进建议。

（三）建立相关工作部门

为加强内控、风险和合规方面的工作，保险公司应当设立以下职能部门。

1. 审计部门

审计部门负责对保险公司的业务、财务进行审计，对内控进行检查并定期提交内控评估报告。

审计部门应当是独立的工作部门，专职负责审计工作。

2. 风险管理部门

风险管理部门负责对公司的风险状况进行检查并定期提交风险评估报告。风险评估报告应当经总经理或其指定的管理层成员审核并签字认可。

风险管理部门既可以是专职工作部门,也可以是由相关业务部门组成的综合协调机构。

3. 合规管理部门

合规管理部门负责对产品开发、市场营销和对外投资等重要业务活动进行合规审查,对公司管理制度、业务规程和经营行为的合规风险进行识别、评估、监测并提交合规报告。合规报告应当经合规负责人审核并签字认可。

合规管理部门应当独立于业务和财务部门。业务规模较小、没有条件成立专职合规管理部门的保险公司,应当采取其他方式强化合规管理职能。

五、加强关联交易和信息披露管理

(一) 关联交易

保险公司应当制定关联交易内部管理制度,并报送中国保监会备案。关联交易内部管理制度包括关联方的界定、报告与确认,关联交易的范围和定价方式,关联交易的内部审批程序、表决回避制度和违规处理等内容。

保险公司重大关联交易应当由董事会审计委员会审查后报董事会批准。

保险公司应当按照监管规定及时向中国保监会报告关联交易情况。

(二) 信息披露

保险公司应当按照相关法律、法规和监管规定披露财务、风险和治理结构等方面的信息,并保证披露信息的真实性、准确性和完整性。

保险公司应当建立信息披露内部管理制度,指定专人负责信息披露事务。

六、治理结构监管

(一) 资格管理和培训

保险公司股东的资质以及董事、监事和高管人员的任职资格,应当按规定报中国保监会审查。

保险公司董事、监事和高管人员怠于履行职责或存在重大失职行为的,中国保监会可以责令保险公司予以撤换或取消其任职资格。

保险公司董事、监事和高管人员应当加强相关知识和技能的学习,并按照规定参加培训。

(二) 非现场检查

(1) 保险公司股东大会、董事会的重大决议,应当在决议作出后三十日内报告中国保监会。

(2) 保险公司董事会应当每年向中国保监会提交内控评估报告。内控评估报告应当包括内控制度的执行情况、存在问题及改进措施等方面的内容。

(3) 保险公司董事会应当每年向中国保监会提交风险评估报告。风险评估报告应当对保险公司的偿付能力风险、投资风险、产品定价风险、准备金提取风险和利率风险等进行评估并提出改进措施。

(4) 保险公司董事会应当每年向中国保监会提交合规报告。合规报告应当包括重大违规事件、合规管理存在的问题及改进措施等方面的内容。

(三) 现场检查

保险公司应当积极配合中国保监会的治理结构检查,并按照要求进行整改。

(四) 沟通机制

中国保监会认为有必要的,可以列席保险公司股东大会、董事会及其专业委员会的会议,可以直接向保险公司股东反馈监管意见。

七、其他

本指导意见适用于股份制保险公司。其他保险公司和保险资产管理公司参照实行。

保险公司应当结合自身状况,修订公司章程,逐步落实本指导意见的各项要求。

中国保监会根据保险公司发展实际,采取区别对待、分类指导的原则,加强督导,推动完善保险公司治理结构。

20. 企业内部控制基本规范

2008 年 5 月 22 日,财政部、中国证监会、审计署、中国银监会和中国保监会联合发布财会 [2008]7 号《企业内部控制基本规范》,并于 2009 年 7 月 1 日起实施。

第一章 总 则

第一条 为了加强和规范企业内部控制,提高企业经营管理水平和风险防范能力,促进企业可持续发展,维护社会主义市场经济秩序和社会公众利益,根据《中华人民共和国公司法》、《中华人民共和国证券法》、《中华人民共和国会计法》和其他有关法律法规,制定本规范。

第二条 本规范适用于中华人民共和国境内设立的大中型企业。

小企业和其他单位可以参照本规范建立与实施内部控制。

大中型企业和小企业的划分标准根据国家有关规定执行。

第三条 本规范所称内部控制,是由企业董事会、监事会、经理层和全体员工实施的、旨在实现控制目标的过程。内部控制的目标是合理保证企业经营管理合法合规、资产安全、财务报告及相关信息真实完整,提高经营效率和效果,促进企业实现发展战略。

第四条 企业建立与实施内部控制,应当遵循下列原则。

(一)全面性原则。内部控制应当贯穿决策、执行和监督全过程,覆盖企业及其所属单位的各种业务和事项。

(二)重要性原则。内部控制应当在全面控制的基础上,关注重要业务事项和高风险领域。

(三)制衡性原则。内部控制应当在治理结构、机构设置及权责分配、业务流程等方面形成相互制约、相互监督,同时兼顾运营效率。

(四)适应性原则。内部控制应当与企业经营规模、业务范围、竞争状况和风险水平等相适应,并随着情况的变化及时加以调整。

(五)成本效益原则。内部控制应当权衡实施成本与预期效益,以适当的成本实现有效控制。

第五条 企业建立与实施有效的内部控制,应当包括下列要素。

(一)内部环境。内部环境是企业实施内部控制的基础,一般包括治理结构、机构设置及权责分配、内部审计、人力资源政策、企业文化等。

(二)风险评估。风险评估是企业及时识别、系统分析经营活动中与实现内部控制目标相关的风险,合理确定风险应对策略。

(三)控制活动。控制活动是企业根据风险评估结果,采用相应的控制措施,将风险控制在可承受度之内。

(四)信息与沟通。信息与沟通是企业及时、准确地收集、传递与内部控制相关的信息,确保信息在企业内部、企业与外部之间进行有效沟通。

（五）内部监督。内部监督是企业对内部控制建立与实施情况进行监督检查,评价内部控制的有效性,发现内部控制缺陷,应当及时加以改进。

第六条 企业应当根据有关法律法规、本规范及其配套办法,制定本企业的内部控制制度并组织实施。

第七条 企业应当运用信息技术加强内部控制,建立与经营管理相适应的信息系统,促进内部控制流程与信息系统的有机结合,实现对业务和事项的自动控制,减少或消除人为操纵因素。

第八条 企业应当建立内部控制实施的激励约束机制,将各责任单位和全体员工实施内部控制的情况纳入绩效考评体系,促进内部控制的有效实施。

第九条 国务院有关部门可以根据法律法规、本规范及其配套办法,明确贯彻实施本规范的具体要求,对企业建立与实施内部控制的情况进行监督检查。

第十条 接受企业委托从事内部控制审计的会计师事务所,应当根据本规范及其配套办法和相关执业准则,对企业内部控制的有效性进行审计,出具审计报告。会计师事务所及其签字的从业人员应当对发表的内部控制审计意见负责。

为企业内部控制提供咨询的会计师事务所,不得同时为同一企业提供内部控制审计服务。

第二章 内 部 环 境

第十一条 企业应当根据国家有关法律法规和企业章程,建立规范的公司治理结构和议事规则,明确决策、执行、监督等方面的职责权限,形成科学有效的职责分工和制衡机制。

股东(大)会享有法律法规和企业章程规定的合法权利,依法行使企业经营方针、筹资、投资、利润分配等重大事项的表决权。

董事会对股东(大)会负责,依法行使企业的经营决策权。

监事会对股东(大)会负责,监督企业董事、经理和其他高级管理人员依法履行职责。

经理层负责组织实施股东(大)会、董事会决议事项,主持企业的生产经营管理工作。

第十二条 董事会负责内部控制的建立健全和有效实施。监事会对董事会建立与实施内部控制进行监督。经理层负责组织领导企业内部控制的日常运行。

企业应当成立专门机构或者指定适当的机构具体负责组织协调内部控制的建立实施及日常工作。

第十三条 企业应当在董事会下设立审计委员会。审计委员会负责审查企业内部控制,监督内部控制的有效实施和内部控制自我评价情况,协调内部控制审计及其他相关事宜等。

审计委员会负责人应当具备相应的独立性、良好的职业操守和专业胜任能力。

第十四条 企业应当结合业务特点和内部控制要求设置内部机构,明确职责权限,将权利与责任落实到各责任单位。

企业应当通过编制内部管理手册,使全体员工掌握内部机构设置、岗位职责、业务流程等情况,明确权责分配,正确行使职权。

第十五条 企业应当加强内部审计工作,保证内部审计机构设置、人员配备和工作的独立性。

内部审计机构应当结合内审审计监督,对内部控制的有效性进行监督检查。内部审计机构对监督检查中发现的内部控制缺陷,应当按照企业内部审计工作程序进行报告;对监督检查中发现的内部控制重大缺陷,有权直接向董事会及其审计委员会、监事会报告。

第十六条　企业应当制定和实施有利于企业可持续发展的人力资源政策。人力资源政策应当包括下列内容:

(一)员工的聘用、培训、辞退与辞职;

(二)员工的薪酬、考核、晋升与奖惩;

(三)关键岗位员工的强制休假制度和定期岗位轮换制度;

(四)掌握国家秘密或重要商业秘密的员工离岗的限制性规定;

(五)有关人力资源管理的其他政策。

第十七条　企业应当将职业道德修养和专业胜任能力作为选拔和聘用员工的重要标准,切实加强员工培训和继续教育,不断提升员工素质。

第十八条　企业应当加强文化建设,培育积极向上的价值观和社会责任感,倡导诚实守信、爱岗敬业、开拓创新和团队协作精神,树立现代管理理念,强化风险意识。

董事、监事、经理及其他高级管理人员应当在企业文化建设中发挥主导作用。

企业员工应当遵守员工行为守则,认真履行岗位职责。

第十九条　企业应当加强法制教育,增强董事、监事、经理及其他高级管理人员和员工的法制观念,严格依法决策、依法办事、依法监督,建立健全法律顾问制度和重大法律纠纷案件备案制度。

第三章　风 险 评 估

第二十条　企业应当根据设定的控制目标,全面系统持续地收集相关信息,结合实际情况,及时进行风险评估。

第二十一条　企业开展风险评估,应当准确识别与实现控制目标相关的内部风险和外部风险,确定相应的风险承受度。

风险承受度是企业能够承担的风险限度,包括整体风险承受能力和业务层面的可接受风险水平。

第二十二条　企业识别内部风险,应当关注下列因素:

(一)董事、监事、经理及其他高级管理人员的职业操守、员工专业胜任能力等人力资源因素;

(二)组织机构、经营方式、资产管理、业务流程等管理因素;

(三)研究开发、技术投入、信息技术运用等自主创新因素;

(四)财务状况、经营成果、现金流量等财务因素;

(五)营运安全、员工健康、环境保护等安全环保因素;

(六)其他有关内部风险因素。

第二十三条　企业识别外部风险,应当关注下列因素:

(一)经济形势、产业政策、融资环境、市场竞争、资源供给等经济因素;

(二)法律法规、监管要求等法律因素;

(三)安全稳定、文化传统、社会信用、教育水平、消费者行为等社会因素;

(四)技术进步、工艺改进等科学技术因素;

(五)自然灾害、环境状况等自然环境因素;

（六）其他有关外部风险因素。

第二十四条　企业应当采用定性与定量相结合的方法，按照风险发生的可能性及其影响程度等，对识别的风险进行分析和排序，确定关注重点和优先控制的风险。

企业进行风险分析，应当充分吸收专业人员，组成风险分析团队，按照严格规范的程序开展工作，确保风险分析结果的准确性。

第二十五条　企业应当根据风险分析的结果，结合风险承受度，权衡风险与收益，确定风险应对策略。

企业应当合理分析、准确掌握董事、经理及其他高级管理人员、关键岗位员工的风险偏好，采取适当的控制措施，避免因个人风险偏好给企业经营带来重大损失。

第二十六条　企业应当综合运用风险规避、风险降低、风险分担和风险承受等风险应对策略，实现对风险的有效控制。

风险规避是企业对超出风险承受度的风险，通过放弃或者停止与该风险相关的业务活动以避免和减轻损失的策略。

风险降低是企业在权衡成本效益之后，准备采取适当的控制措施降低风险或者减轻损失，将风险控制在风险承受度之内的策略。

风险分担是企业准备借助他人力量，采取业务分包、购买保险等方式和适当的控制措施，将风险控制在风险承受度之内的策略。

风险承受是企业对风险承受度之内的风险，在权衡成本效益之后，不准备采取控制措施降低风险或者减轻损失的策略。

第二十七条　企业应当结合不同发展阶段和业务拓展情况，持续收集与风险变化相关的信息，进行风险识别和风险分析，及时调整风险应对策略。

第四章　控　制　活　动

第二十八条　企业应当结合风险评估结果，通过手工控制与自动控制、预防性控制与发现性控制相结合的方法，运用相应的控制措施，将风险控制在可承受度之内。

控制措施一般包括：不相容职务分离控制、授权审批控制、会计系统控制、财产保护控制、预算控制、运营分析控制和绩效考评控制等。

第二十九条　不相容职务分离控制要求企业全面系统地分析、梳理业务流程中所涉及的不相容职务，实施相应的分离措施，形成各司其职、各负其责、相互制约的工作机制。

第三十条　授权审批控制要求企业根据常规授权和特别授权的规定，明确各岗位办理业务和事项的权限范围、审批程序和相应责任。

企业应当编制常规授权的权限指引，规范特别授权的范围、权限、程序和责任，严格控制特别授权。常规授权是指企业在日常经营管理活动中按照既定的职责和程序进行的授权。特别授权是指企业在特殊情况、特定条件下进行的授权。

企业各级管理人员应当在授权范围内行使职权和承担责任。

企业对于重大的业务和事项，应当实行集体决策审批或者联签制度，任何个人不得单独进行决策或者擅自改变集体决策。

第三十一条　会计系统控制要求企业严格执行国家统一的会计准则制度，加强会计基础工作，明确会计凭证、会计账簿和财务会计报告的处理程序，保证会计资料真实完整。

企业应当依法设置会计机构，配备会计从业人员。从事会计工作的人员，必须取得会计从业资格证书。会计机构负责人应当具备会计师以上专业技术职务资格。

大中型企业应当设置总会计师。设置总会计师的企业,不得设置与其职权重叠的副职。

第三十二条 财产保护控制要求企业建立财产日常管理制度和定期清查制度,采取财产记录、实物保管、定期盘点、账实核对等措施,确保财产安全。

企业应当严格限制未经授权的人员接触和处置财产。

第三十三条 预算控制要求企业实施全面预算管理制度,明确各责任单位在预算管理中的职责权限,规范预算的编制、审定、下达和执行程序,强化预算约束。

第三十四条 运营分析控制要求企业建立运营情况分析制度,经理层应当综合运用生产、购销、投资、筹资、财务等方面的信息,通过因素分析、对比分析、趋势分析等方法,定期开展运营情况分析,发现存在的问题,及时查明原因并加以改进。

第三十五条 绩效考评控制要求企业建立和实施绩效考评制度,科学设置考核指标体系,对企业内部各责任单位和全体员工的业绩进行定期考核和客观评价,将考评结果作为确定员工薪酬以及职务晋升、评优、降级、调岗、辞退等的依据。

第三十六条 企业应当根据内部控制目标,结合风险应对策略,综合运用控制措施,对各种业务和事项实施有效控制。

第三十七条 企业应当建立重大风险预警机制和突发事件应急处理机制,明确风险预警标准,对可能发生的重大风险或突发事件,制定应急预案、明确责任人员、规范处置程序,确保突发事件得到及时妥善处理。

第五章 信息与沟通

第三十八条 企业应当建立信息与沟通制度,明确内部控制相关信息的收集、处理和传递程序,确保信息及时沟通,促进内部控制有效运行。

第三十九条 企业应当对收集的各种内部信息和外部信息进行合理筛选、核对、整合,提高信息的有用性。

企业可以通过财务会计资料、经营管理资料、调研报告、专项信息、内部刊物、办公网络等渠道,获取内部信息。

企业可以通过行业协会组织、社会中介机构、业务往来单位、市场调查、来信来访、网络媒体以及有关监管部门等渠道,获取外部信息。

第四十条 企业应当将内部控制相关信息在企业内部各管理级次、责任单位、业务环节之间,以及企业与外部投资者、债权人、客户、供应商、中介机构和监管部门等有关方面之间进行沟通和反馈。信息沟通过程中发现的问题,应当及时报告并加以解决。

重要信息应当及时传递给董事会、监事会和经理层。

第四十一条 企业应当利用信息技术促进信息的集成与共享,充分发挥信息技术在信息与沟通中的作用。

企业应当加强对信息系统开发与维护、访问与变更、数据输入与输出、文件储存与保管、网络安全等方面的控制,保证信息系统安全稳定运行。

第四十二条 企业应当建立反舞弊机制,坚持惩防并举、重在预防的原则,明确反舞弊工作的重点领域、关键环节和有关机构在反舞弊工作中的职责权限,规范舞弊案件的举报、调查、处理、报告和补救程序。

企业至少应当将下列情形作为反舞弊工作的重点:

（一）未经授权或者采取其他不法方式侵占、挪用企业资产，牟取不当利益；

（二）在财务会计报告和信息披露等方面存在的虚假记载、误导性陈述或者重大遗漏等；

（三）董事、监事、经理及其他高级管理人员滥用职权；

（四）相关机构或人员串通舞弊。

第四十三条　企业应当建立举报投诉制度和举报人保护制度，设置举报专线，明确举报投诉处理程序、办理时限和办结要求，确保举报、投诉成为企业有效掌握信息的重要途径。

举报投诉制度和举报人保护制度应当及时传达至全体员工。

第六章　内部监督

第四十四条　企业应当根据本规范及其配套办法，制定内部控制监督制度，明确内部审计机构（或经授权的其他监督机构）和其他内部机构在内部监督中的职责权限，规范内部监督的程序、方法和要求。

内部监督分为日常监督和专项监督。日常监督是指企业对建立与实施内部控制的情况进行常规、持续的监督检查；专项监督是指在企业发展战略、组织结构、经营活动、业务流程、关键岗位员工等发生较大调整或变化的情况下，对内部控制的某一或者某些方面进行有针对性的监督检查。

专项监督的范围和频率应当根据风险评估结果以及日常监督的有效性等予以确定。

第四十五条　企业应当制定内部控制缺陷认定标准，对监督过程中发现的内部控制缺陷，应当分析缺陷的性质和产生的原因，提出整改方案，采取适当的形式及时向董事会、监事会或者经理层报告。

内部控制缺陷包括设计缺陷和运行缺陷。企业应当跟踪内部控制缺陷整改情况，并就内部监督中发现的重大缺陷，追究相关责任单位或者责任人的责任。

第四十六条　企业应当结合内部监督情况，定期对内部控制的有效性进行自我评价，出具内部控制自我评价报告。

内部控制自我评价的方式、范围、程序和频率，由企业根据经营业务调整、经营环境变化、业务发展状况、实际风险水平等自行确定。

国家有关法律法规另有规定的，从其规定。

第四十七条　企业应当以书面或者其他适当的形式，妥善保存内部控制建立与实施过程中的相关记录或者资料，确保内部控制建立与实施过程的可验证性。

第七章　附　则

第四十八条　本规范由财政部会同国务院其他有关部门解释。

第四十九条　本规范的配套办法由财政部会同国务院其他有关部门另行制定。

第五十条　本规范自 2009 年 7 月 1 日起实施。

附录A

附录 B   公司治理研究相关资源网络链接

一、公司治理知识科普

1. 公司治理学国家精品课（中国）
   http：//www.cg.org.cn/jingpinke/
2. 中国公司治理知识中心（中国）
   http：//www.cgchina.org/cn/web/main.asp
3. 董事会杂志网（中国）
   http：//www.dongshihui.com.cn/
4. 公司治理百科全书（Encycogov）
   http：//e.viaminvest.com/
5. 公司治理（Corporate Governance）
   http：//www.corpgov.net/
6. 公司图书馆（The Corporate Library）
   http：//www.thecorporatelibrary.com
7. 董事月刊（Director's Monthly）
   http：//www.directorship.com
8. 董事和董事会杂志（Directors & Boards）
   http：//www.directorsandboards.com
9. 董事会业内人士（Boardroom Insiders）
   http：//www.boardroominsider.com/index.html
10. 社会科学科研计算机网（SSRN）
    http：//www.ssrn.com/

二、公司治理公益组织

1. 全球公司治理论坛（GCGF）
   http：//www.gcgf.org/
2. 国际公司治理网（ICGN）
   https：//www.icgn.org/
3. 欧洲公司治理协会（ECGI）
   http：//www.ecgi.org/
4. 欧洲公司治理网（ECGN）
   http：//www.ecgn.ulb.ac.be
5. 欧洲比较商业和公司法律协会（ECCCCL）
   http：//www.c-law.org/

6. 亚洲公司治理协会（ACGA）

http://www.acga-asia.org

7. 公司董事论坛（CDF）

http://www.directorsforum.com/

8. 董事学会（ID）

http://www.iod.co.uk

9. 非执行董事俱乐部（Non-Executive Directors' Club）

http://www.non-execs.com/visitor-home/

10. 中国台湾公司治理协会（TCGA）

http://www.cga.org.tw

11. 美国公司董事协会（NACD）

http://www.nacdonline.org

12. 加拿大公司治理联盟（CCGG）

http://www.ccgg.ca/

13. 澳大利亚公司董事协会（AIMA）

http://www.companydirectors.com.au/

14. 爱尔兰公司治理协会（CGAI）

http://www.cgai.ie/

15. 南非董事协会（IODSA）

http://www.iodsa.co.za

16. 波兰公司治理论坛（IGOPP）

http://www.igopp.org/polish-forum-for-corporate.html

17. 伦敦威斯敏斯特公司治理峰会（APPCGG）

http://www.appcgg.co.uk/

三、公司治理实务机构

1. 中国证券监督管理委员会（中国）

http://www.csrc.gov.cn/

2. 中国银行业监督管理委员会（中国）

http://www.cbrc.gov.cn

3. 中国保险监督管理委员会（中国）

http://www.circ.gov.cn

4. 上海证券交易所（中国）

http://www.sse.com.cn

5. 深圳证券交易所（中国）

http://www.szse.cn

6. 国务院国有资产监督管理委员会（中国）

http://www.sasac.gov.cn/n1180/index.html

7. 中国上市公司协会（中国）

http://www.capco.org.cn/

8. 中国证券投资者保护网（中国）

　　http：//www. sipf. com. cn/index. shtml

9. 巨潮资讯（中国）

　　http：//www. cninfo. com. cn/

10. 国际经合组织（OECD）

　　http：//www. oecd. org/

11. 国际私人企业中心（CIPE）

　　http：//www. cipe. org

12. 国际金融公司（IFC）

　　http：//www. ifc. org/wps/wcm/connect/corp_ext_content/ifc_external_corporate_site/home

13. 世界大型企业联合会（The Conference Board）

　　http：//www. conference-board. org/

14. 世界银行（The World Bank Group）

　　http：//www. worldbank. org/

15. 商业圆桌会议（Business Roundtable）

　　http：//www. brt. org

16. 内部审计师协会（The Institute of Internal Auditors）

　　http：//www. theiia. org

17. 美国财务会计准则委员会（FASB）

　　http：//www. fasb. org/home

18. 美国特许金融分析师协会（CFA）

　　https：//www. cfainstitute. org/Pages/index. aspx

19. 美国教师保险及年金协会（TIAA-CREF）

　　http：//www. tiaa-crefinstitute. org/institute/

20. 美国证券交易委员会（SEC）

　　http：//www. sec. gov/

21. 美国加州公共雇员养老基金（CalPERS）

　　http：//www. calpers. org/

22. 全美反舞弊性财务报告委员会（COSO）

　　http：//www. coso. org/

23. 加拿大养老基金投资协会（PIAC）

　　http：//www. piacweb. org/

24. 加拿大注册会计师协会（CGA-Canada）

　　http：//www. cga-canada. org/en-ca/Pages/default. aspx

25. 投资公司协会（ICI）

　　http：//www. ici. org/

26. 对冲基金协会（HFA）

　　http：//www. thehfa. org/

27. 机构投资者理事会(CII)

　　http://www.cii.org/

28. 公司治理出版机构(Virtus Interpress)

　　http://www.virtusinterpress.org/

29. 委托投票代理机构(Manifest)

　　http://www.manifest.co.uk/

30. GMI 公司(GMI Ratings)

　　http://www.gmiratings.com/home/

31. 麦肯锡公司(McKinsey & Company)

　　http://www.mckinsey.com/

32. 浑水公司(Muddy Waters Research)

　　http://www.muddywatersresearch.com/

33. 斯特恩·斯图尔特公司(Stern Stewart & CO.)

　　http://www.sternstewart.com.cn

34. 涅斯托尔咨询公司(Nestor Advisors)

　　http://www.nestoradvisors.com/

35. 英辉国际猎头公司(Korn/Ferry)

　　http://www.kornferry.com

36. 兰德公司(RAND)

　　http://www.rand.org/

37. 十三条公司(Article 13)

　　http://www.article13.com/index.php

38. Wachtell, Lipton, Rosen & Katz(WLRK)

　　http://www.wlrk.com/

四、公司治理研究机构

(一)大学类公司治理研究机构

1. 南开大学中国公司治理研究院

　　中国:China Academy of Corporate Governance, Nankai University

　　http://www.cg.org.cn

2. 清华大学公司治理研究中心

　　中国:Center for Corporate Governance, Tsinghua University

　　http://ccg.tsinghua.edu.cn

3. 中国社会科学院世界经济与政治研究所公司治理研究中心

　　中国:Center for Corporate Governance, Institute of World Economics and Politics,
Chinese Academy of Social Sciences

　　http://www.iwep.org.cn/

4. 中山大学中德公司治理研究中心

　　中国:Chinese German Research Center for Corporate Governance, Sun Yat-sen University

　　http://www.globalsepri.org

5. 北京师范大学公司治理与企业发展研究中心

中国：Center for Corporate Governance，Beijing Normal University

http://cg. bnu. edu. cn/

6. 香港中文大学公司治理研究中心

中国：Center for Institutions and Governance，The Chinese University of Hong Kong

http://www. baf. cuhk. edu. hk/research/cig/index_c. asp

7. 台湾大学公司治理研究中心

中国：Center for Corporate Governance，National Taiwan University

http://www. management. ntu. edu. tw/research/mcc_cg

8. 辅仁大学管理学院公司治理与企业伦理研究中心

中国：Center for Corporate Governance and Business Ethics，College of Management Fu Jen Catholic University

http://www. management. fju. edu. tw/subweb/management/00_infomation. php?IID=22

9. 哥伦比亚大学法学院法律和经济研究中心公司治理项目

美国：Sloan Project on Corporate Governance，Center for Law and Economic Studies，Columbia Law School

http://web. law. columbia. edu/law-economic-studies/conferences-symposiums-roundtables/sloan-project-corporate-governance

10. 哈佛大学法学院公司治理项目

美国：Program on Corporate Governance，Harvard Law School

http://www. law. harvard. edu/programs/corp_gov/index. shtml

11. 哈佛大学法学院公司治理与金融监管论坛

美国：Forum on Corporate Governance and Financial Regulation，Harvard Law School

http://blogs. law. harvard. edu/corpgov/

12. 哈佛大学肯尼迪学院企业社会责任中心

美国：Corporate Social Responsibility Initiative，Harvard Kennedy School

http://www. hks. harvard. edu/m-rcbg/CSRI/index. html

13. 斯坦福大学法学院公司治理中心

美国：Arthur and Toni Rembe Rock Center for Corporate Governance，Stanford Law School

http://www. law. stanford. edu/organizations/programs-and-centers/arthur-and-toni-rembe-rock-center-for-corporate-governance

14. 耶鲁大学法学院公司法研究中心

美国：Yale Law School Center for the Study of Corporate Law

http://www. law. yale. edu/cbl/cbl. htm

15. 耶鲁大学管理学院公司治理中心

美国：Center for Corporate Governance，Yale School of Management

http://yccg. som. yale. edu/

16. 宾夕法尼亚大学沃顿商学院公司治理项目

美国：Corporate Governance Programs，Wharton School，University of Pennsylvania

http://executiveeducation. wharton. upenn. edu/open-enrollment/corporate-governanceprograms/index. cfm

17. 宾夕法尼亚大学沃顿商学院领导力中心

美国：Wharton Leadership Program and the Center for Leadership and Change Management，Wharton School，University of Pennsylvania

http://wlp. wharton. upenn. edu/the-leadership-center/index. cfm

18. 达特茅斯大学塔克商学院公司治理中心

美国：Center for Corporate Governance，Tuck School of Business at Dartmouth

http://mba. tuck. dartmouth. edu/ccg/

19. 得克萨斯大学达拉斯分校 Naveen Jindal 管理学院公司治理研究院

美国：Institute for Excellence in Corporate Governance，The University of Texas at Dallas Naveen Jindal School of Management

http://jindal. utdallas. edu/centers-of-excellence/institute-for-excellence-in-corporate-governance/

20. 杜克大学全球资本市场中心

美国：Global Capital Markets Center，Duke University

http://law. duke. edu/globalmark/

21. 纽约大学波拉克法律与商务中心

美国：NYU Pollack Center for Law & Business

http://www. stern. nyu. edu/experience-stern/about/departments-centers-initiatives/centers-of-research/pollack-center-law-business/index. htm

22. 加利福尼亚圣玛丽学院信托资本主义研究中心

美国：Elfenworks Center for the Study of Fiduciary Capitalism，Saint Mary's College of California

http://www. stmarys-ca. edu/fidcap

23. 肯尼索州立大学迈克尔·科尔斯商学院公司治理中心

美国：Corporate Governance Center，Michael J. Coles，College of Business，Kennesaw State University

http://coles. kennesaw. edu/centers/corporate-governance/

24. 乔治华盛顿大学商学院企业社会责任中心公司治理项目

美国：The Corporate Governance Program，The Institute for Corporate Responsibility，The GW School of Business

http://business. gwu. edu/icr/events/cgseries/index. cfm

25. 圣地亚哥州立大学工商管理学院公司治理中心

美国：Corporate Governance Institute，SDSU College of Business Administration

http://cbaweb. sdsu. edu/cgi

26. 特拉华大学阿尔弗雷德勒纳商学院温伯格公司治理中心

美国：Weinberg Center for Corporate Governance，Alfred Lerner College of Business and Economics，University of Delaware

http://sites. udel. edu/wccg/

27. 田纳西大学工商管理学院公司治理中心

　　美国：Corporate Governance Center，College of Business Administration，The University of Tennessee

　　http://corpgovcenter. utk. edu/

28. 叶史瓦大学本杰明 N. 卡多佐法学院萨穆埃尔和罗尼·海曼公司治理中心

　　美国：The Samuel & Ronnie Heyman Center on Corporate Governance，Benjamin N. Cardozo School of Law，Yeshiva University

　　http://www. heyman-center. org/

29. 印第安纳大学凯利商学院公司治理研究院

　　美国：Institute for Corporate Governance，Kelley School of Business，Indiana University

　　http://www. kelley. iu. edu/icg/

30. 辛辛那提大学法学院公司治理中心

　　美国：Corporate Law Center，College of Law，University of Cincinnati

　　http://www. law. uc. edu/institutes-centers/corporate-law-center

31. 伯明翰大学商学院公司治理研究中心

　　英国：Centre for Corporate Governance Research，Birmingham Business School

　　http://www. birmingham. ac. uk/schools/business/research/research-centres/centre-corporate-governance-research/centre-corporate-governance-research. aspx

32. 剑桥大学法学院公司与商业法律中心

　　英国：Centre for Corporate and Commercial Law，Faculty of Law，University of Cambridge

　　http://www. 3cl. law. cam. ac. uk/

33. 剑桥大学公司治理研究网络

　　英国：Cambridge Corporate Governance Network，University of Cambridge

　　http://www. corporategovernance. group. cam. ac. uk/

34. 伦敦商学院公司治理中心

　　英国：Centre for Corporate Governance，London Business School

　　http://www. london. edu/facultyandresearch/researchactivities/centreforcorporategovernance. html

35. 伦敦城市大学卡斯商学院公司治理研究中心

　　英国：Centre for Research in Corporate Governance，Cass Business School，City University London

　　http://www. cass. city. ac. uk/research-and-faculty/centres/crcg

36. 阿尔伯塔大学商学院加拿大公司治理研究院

　　加拿大：Canadian Corporate Governance Institute，Alberta School of Business

　　http://www. business. ualberta. ca/Centres/CCGI. aspx

37. 西蒙弗雷泽大学比迪商学院公司治理与风险管理中心

　　加拿大：Centre for Corporate Governance and Risk Management，Beedie School of Business，Simon Fraser University http://beedie. sfu. ca/cibc-centre/

38. 新加坡国立大学商学院公司治理、制度与组织中心

新加坡：Centre for Governance，Institutions and Organisations，NUS Business School，National University of Singapore

http://bschool. nus. edu/CGIO. aspx

39. 新加坡国立大学商学院公司治理与财务报告中心

新加坡：Corporate Governance Bulletin，NUS Business School，National University of Singapore

http://www. cgfrc. nus. edu/Enews%20New/Feb%202010/CGBulletin_Feb2010. html

40. 高丽大学亚洲公司治理研究院

韩国：Asian Institute of Corporate Governance，Korea University

http://www. aicg. org/

41. 延世大学战略和国际化中心公司治理项目

韩国：Center for Strategic and International Studies，Yonsei University

http://csis. org/program/hills-program-governance

42. 奥斯马尼亚大学公共企业研究院公司治理中心

印度：IPE's Centre for Corporate Governance，Osmania University

http://ccg. ipeindia. org/

43. 印度班加罗尔管理学院公司治理与公民中心

印度：Centre for Corporate Governance and Citizenship，Indian Institute of Management Bangalore

http://www. iimb. ernet. in/centres/CCGC

44. 埃塞克商学院资本、多元化与公司治理研究中心

法国：Research Center for Capitalism，Globalization and Governance，ESSEC

http://center-for-capitalism-globalization-and-governance. essec. edu/research

45. 悉尼科技大学公司治理中心

澳大利亚：Centre for Corporate Governance，University of Technology Sydney

http://www. ccg. uts. edu. au/

46. 阿联酋大学公司治理中心

阿联酋：Corporate Governance Centre，UAEU

http://www. fbe. uaeu. ac. ae/governance/

47. 冰岛大学工商管理学院公司治理中心

冰岛：Center for Corporate Governance，Institute of Business Research，University of Iceland

http://ibr. hi. is/en/center_corporate_governance

48. 达卡大学公司治理与财务中心

孟加拉国：Centre for Corporate Governance and Finance Studies，University of Dhaka

http://www. du. ac. bd/research3/research_centre_details. php?id=26

49. 都柏林大学迈克尔·斯莫菲特商学院公司治理中心

爱尔兰：UCD Centre for Corporate Governance，Michael Smurfit Graduate Business

School，University College Dublin

http://www. smurfitschool. ie/executiveeducation/centreforcorporategovernance/

50. 哥本哈根商学院公司治理中心

丹麦：Center for Corporate Governance，Copenhagen Business School

http://www. cbs. dk/en/research/departments-and-centres/department-of-internationalec-onomics-and-management/center-corporate-governance

51. 惠灵顿维多利亚大学会计和商法学院会计、公司治理和税收研究中心

新西兰：Centre for Accounting，Governance and Taxation Research CAGTR，School of Accounting and Commercial Law，Victoria University of Wellington

http://www. victoria. ac. nz/sacl/cagtr/

52. 圣加仑大学 IFPM 公司治理中心

瑞士：Center for Corporate Governance，University of St. Gallen

http://www. ccg. ifpm. unisg. ch/en

53. 萨邦吉大学土耳其公司治理论坛

土耳其：Corporate Governance Forum of Turkey，Sabanci University

http://cgft. sabanciuniv. edu/news/news-from-cgft

54. 斯特伦布什大学南非公司治理中心

南非：Centre for Corporate Governance in Africa，University of Stellenbosch Business School

http://www. governance. usb. ac. za/Home. aspx

55. BI 挪威商学院公司治理中心

挪威：Centre for Corporate Governance Research，Norwegian Business School

http://www. bi. edu/ccgr

56. IPMI 国际商学院公司治理中心

印度尼西亚：Center for Corporate Governance，IPMI International Business School

http://ipmi. ac. id/faculty-research/ipmi-center-for-corporate-governance/

57. UiTM-MICG 公司治理研究中心

马来西亚：Corporate Governance Research Centre，UiTM-MICG

http://ari. uitm. edu. my/research-centre/cgrc. html

（二）非大学类公司治理研究机构

58. 亚洲公司治理与可持续发展中心（ACCGS）

http://www. asiancentre. org/

59. 美国投资者社会责任研究中心（IRRC）

http://www. irrcinstitute. org/

60. 美国公司治理研究中心（ACGI）

http://amcorpgov. com

61. 柏林公司治理中心（BCCG）

http://www. bccg. tu-berlin. de/index. htm

62. 印度公司治理学院（ACG）

http://www. academyofcg. org/

63. 巴基斯坦公司治理研究院(PICG)

http://www.picg.org.pk/

64. 波罗的海公司治理研究中心(BICG)

http://www.corporategovernance.lt

65. 日本公司治理研究中心(JCGR)

http://www.jcgr.org/eng/

66. 俄罗斯公司法与公司治理研究中心

http://www.iclg.ru/english

67. 德勤全球公司治理中心(GCCG)

http://www.corpgov.deloitte.com/site/global/

68. 公司治理与问责研究院(C&A)

http://www.ga-institute.com/

69. 世界大型企业联合会公司治理中心(CBGC)

http://www.conference-board.org/governance/

70. 加拿大民营和公共企业治理研究院(IGOPP)

http://www.igopp.org/institute-of-corporate-law-and.html

五、公司治理知名学者①

(一) 公司治理基础理论方面知名学者

1. Ronald H. Coase

芝加哥大学法学院

http://www.law.uchicago.edu/faculty/coase/

1910 年出生,1929—1931 年毕业于伦敦政治经济学院,1982 年至今担任芝加哥法学院的教授,是芝加哥大学法学院慕瑟经济学荣誉教授及法律与经济学资深研究员。曾担任伦敦政治经济学院的讲师和布法罗大学教授。并获得美国经济协会的杰出研究员称号和伦敦政治经济学院的名誉研究员称号。早在 1937 年,年仅 26 岁的科斯便在一篇名为《企业的性质》(*The Nature of the Firm*)的论文中,以独特的观点阐述了企业是如何形成的,截止目前该文在 Google 搜索到的公开引用次数为 25 992 次。在另一篇发表于 1960 年的名为《社会成本问题》(*Problem of Social Cost*)的著名论文中,科斯提出,假定交易成本为零,而且对产权界定是清晰的,那么法律规范并不影响合约行为的结果,即最优化结果保持不变,都可以通过市场自由交易达到资源的最佳配置。科斯在 1991 年获得诺贝尔经济学奖。2013 年 9 月 2 日,科斯在芝加哥去世,享年 102 岁。

代表性研究成果:

(1) Ronald H. Coase. The Nature of the Firm [J]. Economica, 1937, 4(16): 386-405. [25 992]

(2) Ronald H. Coase. Problem of Social Cost [J]. The Journal of Law and Economics,

---

① 本手册主要统计海外公司治理知名学者基本情况和他们的代表性成果,代表成果后面括号内标注的数字为截止 2014 年 4 月 8 日在谷歌学术搜索中查询到的公开引用次数。

1960(3)：1-44.［22 937］

(3) Ronald H. Coase. The Firm, the Market, and the Law ［M］. Chicago：The University of Chicago Press，1988.［2 931］

(4) Ronald H. Coase. The Nature of the Firm：Influence ［J］. Journal of Law, Economics & Organization，1988，4(1)：33-47.［1 377］

2. Oliver E. Williamson

加利福尼亚大学伯克利分校哈斯商学院

http://facultybio. haas. berkeley. edu/faculty-list/williamson-oliver

1932 年出生，1955 年获得麻省理工学院学士学位，1960 年获得斯坦福大学 MBA 学位，之后获卡耐基梅隆大学博士学位。自 1998 年以来在美国加州大学伯克利分校担任爱德华·凯泽名誉企业管理学教授、经济学教授和法学教授。曾任美国政治学与社会学学院院士、美国国家科学院院士、美国艺术与科学院院士和计量经济学学会会员。正是由于他对交易成本理论的推广，才使交易成本理论成为现代经济学中异军突起的一派，新制度经济学就是威廉姆森对这一新分支的命名，2009 年成为公司治理领域继科斯之后的第二位获得诺贝尔经济学奖的学者。

代表性研究成果：

(1) Oliver E. Williamson. Markets and Hierarchies：Analysis and Antitrust Implications ［M］. New York：Free Press，1975.［28 511］

(2) Oliver E. Williamson. Transaction-cost Economics：The Governance of Contractual Relations ［J］. Journal of Law and Economics，1979，22(2)：233-261.［8 392］

(3) Oliver E. Williamson. The Mechanisms of Governance ［M］. Oxford：Oxford University Press，1996.［5 489］

(4) Oliver E. Williamson. The Modern Corporation：Origins, Evolution, Attributes ［J］. Journal of Economic Literature，1981，19(4)：1537-1568.［2 063］

(5) Oliver E. Williamson. Corporate Finance and Corporate Governance ［J］. The Journal of Finance，1988，43(3)：567-591.［1 975］

(6) Oliver E. Williamson. The Theory of the Firm as Governance Structure：From Choice to Contract ［J］. The Journal of Economic Perspectives，2002，16(3)：171-195.［811］

(7) Oliver E. Williamson. The Economic Institutions of Capitalism：Firms, Markets, Relational Contracting ［M］. New York：Free Press，1987.［231］

3. Michael C. Jensen

哈佛大学商学院

http://www. hbs. edu/faculty/Pages/profile. aspx?facId＝6484

生于 1939 年，1962 年获得麦卡利斯特学院经济学学士学位，1964 年获得芝加哥 MBA 学位，1968 年获得芝加哥大学经济、金融与会计学博士学位。詹森是代理成本理论创始人之一。詹森在经济学、金融学、管理学和法学等诸多方面都大有建树，詹森在过去几十年中发表的论文不仅数量相当可观，而且被引用的次数甚至超过了大多获得诺贝尔经济学奖的学者，特别是 1976 年与麦克林合作发表的"企业理论：经理行为、代理成本与所有权结构"，该文是公司治理领域中引用率最高的经典文献之一，截止目前该文在 Google 搜索到的公开引用次数为 42129 次。在芝加哥大学攻读博士期间,詹森已在西北大学和罗彻斯特大学担任讲师和助理教授。1967 年起执教于罗彻斯特大学,1984 年起任该校金融和商务管理专业 IsClare 荣誉教授,一直执教到 1988年,之后执教于哈佛大学商学院。曾当选为美国艺术与科学研究院院士和美国金融学会会长。2000 年从哈佛大学荣休后,担任摩立特集团(Monitor Group)常务董事。1973 年,他创建 *Journal of Financial Economics* 期刊,如今这份杂志已成为金融经济学领域最有影响力的刊物之一。1994 年,他与人合作创建了社会科学电子出版公司,致力于社会科学著作的电子出版事业,公司旗下的 SSRN 网站,包括会计、经济、金融经济学、法律、管理、信息系统、市场营销、谈判等专业研究网,已成为社会科学研究的重要平台。

代表性研究成果:

(1) Michael C. Jensen, William H. Meckling. Theory of the Firm: Managerial Behavior, Agency Costs and Ownership Structure [J]. Journal of Financial Economics, 1976, 3(4): 305-360. [42 129]

(2) Michael C. Jensen. Agency Costs of Free Cash Flow, Corporate Finance, and Takeovers [J]. The American Economic Review, 1986, 76(2): 323-329. [15 662]

(3) Eugene F. Fama, Michael C. Jensen. Separation of Ownership and Control [J]. Journal of Law and Economics, 1983, 26(2): 301-325. [12 305]

(4) Michael C. Jensen, Richard S. Ruback. The Market for Corporate Control: The Scientific Evidence [J]. Journal of Financial Economics, 1983, 11(1-4): 5-50. [4 367]

(5) Eugene F. Fama, Michael C. Jensen. Agency Problems and Residual Claims [J]. Journal of Law and Economics, 1983, 26(2): 327-349. [3 740]

(6) George P. Baker, Michael C. Jensen, Kevin J. Compensation and Incentives: Practice vs. Theory [J]. The Journal of Finance, 1988, 43(3): 593-616. [1 739]

(7) Michael C. Jensen. A Theory of the Firm: Governance, Residual Claims, and Organizational Forms [M]. Cambridge: Harvard University Press, 2000. [460]

(8) Michael C. Jensen. Foundations of Organizational Strategy [M]. Cambridge: Harvard University Press, 1998. [337]

(9) Michael C. Jensen, Jerold B. Warner. The Distribution of Power among Corporate Managers, Shareholders, and Directors [J]. Journal of Financial Economics, 1988, 20: 3-24. [400]

4. Eugene F. Fama

芝加哥大学布斯商学院

http://www.chicagobooth.edu/faculty/directory/f/eugene-f-fama

1939 年出生在美国,1960 年毕业于马萨储塞州塔夫茨大学,主修法文,获得学士学位,1960—1963 年在芝加哥大学商学院攻读 MBA,1963 年开始攻读博士学位,1964年获得芝加哥大学博士学位,其博士论文为"股票市场价格走势"。其最主要的贡献之一就是提出了著名的"有效市场假说"(efficient markets hypothesis,EMH)和"三因子定价模型"(fama-french pricing model)。在公司治理领域也有一定的建树,与詹森合作发表过文章。曾任芝加哥大学商学院金融学助理教授、副教授,现任芝加哥大学布斯商学院金融学教授,是全世界引用率最高的经济学家之一、金融经济学领域的思想家。因其在定价等领域的突出贡献,获得 2013 年诺贝尔经济学奖。

代表性研究成果:

(1) Burton G. Malkiel Session Chairman, Eugene F. Fama. Efficient Capital Markets: A Review of Theory and Empirical Work [J]. The Journal of Finance, 1970, 25(2): 383-417. [12 443]

(2) Eugene F. Fama, Michael C. Jensen. Separation of Ownership and Control [J]. Journal of Law and Economics, 1983, 26(2): 301-325. [12 305]

(3) Eugene F. Fama. Agency Problems and the Theory of the Firm [J]. The Journal of Political Economy, 1980, 88(2): 288-307. [9 125]

(4) Eugene F. Fama, Michael C. Jensen. Agency Problems and Residual Claims [J]. Journal of Law and Economics, 1983, 26(2): 327-349. [3 740]

5. Stephen A. Ross

麻省理工学院斯隆管理学院

https://mitsloan.mit.edu/faculty/detail.php?in_spseqno=41394

1943 年出生于美国,1965 年获加州理工学院物理学学士学位,1970 年获哈佛大学经济学博士学位,现任麻省理工学院斯隆管理学院莫迪格利安尼讲座教授,他之前担任过耶鲁大学金融学教授和沃顿商学院的经济金融学教授。主要从事金融方面研究,重要贡献是套利定价理论和代理理论、风险中性定价、二项式衍生品定价模型。1976 年,因其创立了套利定价理论(arbitrage pricing theory, APT)而举世闻名。曾担任美国金融学会主席。诺贝尔奖得主、哈佛大学默顿教授认为,"罗斯 25 年来为金融理论作出了重要贡献,发展了高级数学理论,又保持了理论与实际应用方面的敏感性"。诺贝尔奖得主莫迪格利安尼则建议人们"认真听他所说的话,因为他说的每个字都是金子"。实践上,现任 Roll & Ross 资产管理公司总裁。

代表性研究成果:

(1) John C. Cox, Stephen A. Ross, Mark Rubinstein. Option Pricing: A Simplified Approach [J]. Journal of Financial Economics, 1979, 7(3): 229-263. [5 599]

(2) Stephen A. Ross. The Arbitrage Theory of Capital Asset Pricing [J]. Journal of Economic Theory, 1976, 13(3): 341-360. [5 220]

(3) Stephen A. Ross. The Economic Theory of Agency: The Principal's Problem [J]. The American Economic Review, 1973, 63: 134-139. [3 594]

(4) Stephen A. Ross. The Determination of Financial Structure: The Incentive-Signaling Approach [J]. The Bell Journal of Economics, 1977, 8(1): 23-40. [3 267]

(5) Stephen A. Ross. Compensation, Incentives, and the Duality of Risk Aversion and Riskiness [J]. The Journal of Finance, 2004, 59(1): 207-225. [385]

6. Sanford J. Grossman

宾夕法尼亚大学沃顿商学院

http://www.wharton.upenn.edu/faculty/grossman.cfm

附录B

1953 年出生,1973 年获得芝加哥大学文学学士学位,并于 1974 和 1975 年分别获得芝加哥大学硕士和博士学位。获得博士学位以来,他曾在斯坦福大学、芝加哥大学、普林斯顿大学和宾夕法尼亚大学沃顿商学院担任学术职务。主要从事证券市场信息的分析、企业结构、产权和风险管理等方面的研究,曾在 *The American Economic Review*、*Journal of Econometrics*、*Econometrica* 和 *The Journal of Finance* 等著名杂志发表论文。是不完全契约理论创始人之一。同时担任过 QFS 资产管理公司的董事长和首席执行官。

代表性研究成果:

(1) Sanford J. Grossman, Oliver D. Hart. The Costs and Benefits of Ownership: A Theory of Vertical and Lateral Integration [J]. Journal of Political Economy, 1986, 94(4): 691-719. [8 426]

(2) Sanford J. Grossman, Joseph E. Stiglitz. On the Impossibility of Informationally Efficient Markets [J]. The American Economic Review, 1980, 70(3): 393-408. [4 999]

(3) Sanford J. Grossman, Oliver D. Hart. An Analysis of the Principal-Agent Problem [J]. Econometrica, 1983, 51(1): 7-46. [2 683]

(4) Sanford J. Grossman, Oliver D. Hart. Takeover Bids, the Free-Rider Problem, and the Theory of the Corporation [J]. The Bell Journal of Economics, 1980, 11 (1): 42-64. [2 585]

(5) Sanford J. Grossman, Oliver D. Hart. One Share-One Vote and the Market for Corporate Control [J]. Journal of Financial Economics, 1988, 20(1-3): 75-202. [1 299]

(6) Sanford J. Grossman, Oliver D. Hart. Corporate Financial Structure and Managerial Incentives. In: NBER. The Economics of Information and Uncertainty [C]. Massachusetts: National Bureau of Economic Research, Inc. , 1982. [1 180]

7. Oliver D. Hart

哈佛大学经济学系

http://scholar.harvard.edu/hart

1969 年获得剑桥大学数学学士学位,1972 年获得华威大学经济学硕士学位,1974 年获得普林斯顿大学经济学博士学位,研究领域涉及微观经济理论、数理经济学、企业理论与组织、契约理论、企业的财务结构、法学与经济学。是不完全契约理论创始人之一。曾任埃塞克斯大学经济学讲师、剑桥大学丘吉尔学院研究员、宾夕法尼亚大学沃顿商学院高级讲师、伦敦政治经济学院经济学教授、麻省理工学院经济学讲师,现任哈佛大学经济学教授。他是美国人文与科学院院士、英国科学院院士,美国法律和经济学协会会长,美国经济学会副会长,曾担任哈佛大学经济系主任。

代表性研究成果:

(1) Sanford J. Grossman, Oliver D. Hart. The Costs and Benefits of Ownership: A Theory of Vertical and Lateral Integration [J]. Journal of Political Economy, 1986, 94(4): 691-719. [8 579]

(2) Oliver D. Hart. Firms, Contracts, and Financial Structure [M]. Oxford: Oxford

University Press，1995.［5 151］

(3) Sanford J. Grossman，Oliver D. Hart. An Analysis of the Principal-agent Problem［J］. Econometrica，1983，51(1)：7-45.［2 816］

(4) Sanford J. Grossman，Oliver D. Hart. Takeover Bids，the Free-rider Problem，and the Theory of the Corporation［J］. The Bell Journal of Economics，1980，11(1)：42-64.［2 671］

(5) Sanford J. Grossman，Oliver D. Hart. One Share-one Vote and the Market for Corporate Control［J］. Journal of Financial Economics，1988，20：175-202.［1 343］

(6) Oliver D. Hart. The Market Mechanism as an Incentive Scheme［J］. The Bell Journal of Economics，1983，14(2)：366-382.［1 159］

(7) Sanford J. Grossman，Oliver D. Hart. Corporate Financial Structure and Managerial Incentives. In：NBER. The Economics of Information and Uncertainty［C］. Massachusetts：National Bureau of Economic Research，Inc. ，1982.［1 180］

(8) Oliver D. Hart. Incomplete Contracts and the Theory of the Firm［J］. Journal of Law，Economics & Organization，1988，4(1)：119-139.［699］

8. John Moore

爱丁堡大学经济学院

http：//www. ed. ac. uk/schools-departments/economics/people/academic-staff/profjo-hn-moore

1954 年出生，1976 年获得剑桥大学数学学士学位，1980 年获伦敦政治经济学院数理经济学硕士学位，1984 年获伦敦政治经济学院经济学博士学位。1990—2000 年在伦敦政治经济学院任教，2000 年至今在爱丁堡大学经济学院任教，同时在伦敦政治经济学院兼职(quarter time)。不完全契约理论的创始人之一。

代表性研究成果：

(1) Oliver D. Hart，John Moore. Property Rights and the Nature of the Firm［J］. Journal of Political Economy，1990，98(6)：1119-1158.［5 046］

(2) Oliver D. Hart，John Moore. Incomplete Contracts and Renegotiation［J］. Econometrica，1988，56(4)：755-785.［1 597］

9. Armen Albert Alchian

加利福尼亚大学洛杉矶分校经济系

http：//levine. sscnet. ucla. edu/general/ALCHIAN. HTM

1936 年在斯坦福大学获得学士学位，1944 年在斯坦福大学获得博士学位，1947—1964 年在设于莫尼卡的兰德公司担任经济学家的职务，1946 年来到加利福尼亚大学洛杉矶分校，1958 年开始在加利福尼亚大学洛杉矶分校任全职教授，现为该校的荣誉退休教授。1996 年成为美国经济学会著名研究员，团队生产理论的创始人之一，也是威廉·夏普的老师。

代表性研究成果：

(1) Armen Albert Alchian，Harold Demsetz. Production，Information Costs，and Economic Organization［J］. The American Economic Review. 1972,62(5)：777-

795.［12 735］

（2）Benjamin Klein，Robert G. Crawford，Armen Albert Alchian. Vertical Integration，Appropriable Rents，and the Competitive Contracting Process［J］. Journal of Law and Economics. 1978,21(2)：297-326.［6 295］

（3）Armen Albert Alchian. Uncertainty，Evolution，and Economic Theory［J］. Journal of Political Economy. 1950,58(3)：211-221.［4 429］

（4）Armen Albert Alchian，Harold Demsetz. The Property Right Paradigm［J］. The Journal of Economic History. 1973,33(1)：16-27.［1 593］

10. Bengt Holmstrom

麻省理工学院经济系

http://economics. mit. edu/faculty/bengt

1949 年出生,1972 年获得赫尔辛基大学数学、物理、理论物理、统计学学士学位,1975 年获得斯坦福大学运筹学硕士学位,1978 年于斯坦福大学商学研究所获得博士学位,曾在耶鲁大学担任经济系经济学教授,曾在麻省理工学院任经济系主任,1994 年至今在麻省理工学院任教,现任保罗·萨缪尔森经济学教授,主要研究领域是信息不对称情况下的激励问题。曾任美国艺术与科学学院院士、瑞典皇家科学院外籍院士。1999—2012 年担任诺基亚公司(Nokia)董事。

代表性研究成果：

（1）Bengt Holmstrom. Moral Hazard and Observability［J］. The Bell Journal of Economics，1979，10(1)：74-91.［6 927］

（2）Bengt Holmstrom. Moral Hazard in Teams［J］. The Bell Journal of Economics，1982，13(2)：324-340.［4 439］

（3）Bengt Holmstrom，Paul Milgrom. Multitask Principal-agent Analyses：Incentive Contracts，Asset Ownership，and Job Design［J］. Journal of Law，Economics & Organization，1991，7：24-52.［3 582］

（4）Bengt Holmstrom，Paul Milgrom. The Firm as An Incentive System［J］. The American Economic Review. 1994,84(4)：972-991.［2 234］

（5）Bengt Holmstrom. Managerial Incentive Problems：A Dynamic Perspective［J］. The Review of Financial Studies. 1999,66(1)：169-182.［2 213］

（6）Oliver Hart，Bengt Holmstrom. The Theory of Contracts［M］. Cambridge：MIT Press，1986.［1 648］

（7）Bengt Holmstrom，Steven N. Kaplan. The State of US Corporate Governance：What's Right and What's Wrong?［J］. Journal of Applied Corporate Finance. 2003,15(3)：8-20.［394］

11. Harold Demsetz

加利福尼亚大学洛杉矶分校

http://www. econ. ucla. edu/faculty/regular/Demsetz. html

1953 年获得伊利诺伊大学学士学位,1954 年和 1959 年分别获得西北大学 MBA 学位和博士学位,1958 年开始在密歇根大学任教,1963 年进入芝加哥大学任教,1971 年进入加州福尼亚大学任教,现任加利福尼亚大学洛杉矶分校企业经济学教授。是团队生产理论创始人之一。

代表性研究成果：

(1) Harold Demsetz. Toward A Theory of Property Rights [J]. The American Economic Review，1967，57(2)：347-359. [6 162]

(2) Harold Demsetz，Kenneth Lehn. The Structure of Corporate Ownership：Causes and Consequences [J]. Journal of Political Economy，1985，93 (6)：1155-1177. [5 385]

(3) Harold Demsetz. The Structure of Equity Ownership and the Theory of the Firm [J]. Journal of Law and Economics，1983，26(2)：375-390. [2 154]

(4) Harold Demsetz. The Cost of Transacting [J]. The Quarterly Journal of Economics，1968，82(1)：33-53. [1 994]

(5) Harold Demsetz，Belen Villalonga. Ownership Structure and Corporate Performance [J]. Journal of Corporate Finance，2001，7(3)：209-233. [1 442]

12. Paul Milgrom

斯坦福大学经济系

http：//www. milgrom. net/

1948 年出生于美国，1970 年获得密歇根大学数学学士学位，1978 年获得斯坦福大学统计学硕士学位，1979 年获得斯坦福大学商学博士学位。研究方向涉及博弈论、组织与信息经济学、产业组织理论等，是博弈论领域的知名专家。曾任西北大学教授、耶鲁大学经济与管理学教授、经济学教授，从 1987 年起一直任斯坦福大学经济系教授。

代表性研究成果：

(1) Paul Milgrom，John Roberts. Economics，Organization and Management [M]. Upper Saddle River：Prentice Hall，1992. [6 434]

(2) Lawrence R. Glosten，Paul Milgrom. Bid，Ask and Transaction Prices in A Specialist Market with Heterogeneously Informed Traders [J]. Journal of Financial Economics，1985，14(1)：71-100. [4 146]

(3) Bengt Holmstrom，Paul Milgrom. Multitask Principal-agent Analyses：Incentive Contracts，Asset Ownership，and Job Design [J]. Journal of Law，Economics and Organization，1991，7：24-52. [3 852]

(4) Bengt Holmstrom，Paul Milgrom. The Firm as an Incentive System [J]. The American Economic Review，1994，84(4)：972-991. [2 234]

13. Masahi ko Aoki

斯坦福大学经济政策研究所

http：//www. stanford. edu/~aoki/

1938 年出生，1962 年获得东京大学经济学学士学位，1964 年获得东京大学经济学硕士学位，1967 年获得明尼苏达大学经济学博士学位，1968—1972 年担任哈佛大学副教授、1969—1977 年担任日本京都大学教授、1984 年至今任斯坦福大学经济系教授，1997 年至 2001 年任日本通商产业研究所所长，2001 年 4 月至 2005 年任日本经济产业研究所所长。现为美国斯坦福大学名誉教授及日本一桥大学大学院客座教授、清华大学客座教授。其研究领域涵盖制度理论、公司治理和东亚经济，内部人控制这一公司治理领域重要概念是由他最早提出来的。青木昌彦曾获得 1998 年度国际熊彼得学会熊彼得奖，并为瑞典皇家工程科学院外籍院士。

代表性研究成果：

(1) Masahi ko Aoki. Toward A Comparative Institutional Analysis [M]. Cambridge：MIT Press, 2001. [2 010]

(2) Masahi ko Aoki. Toward An Economic Model of the Japanese Firm [J]. Journal of Economic Literature. 1990,28(1)：1-27. [1 645]

(3) Masahi ko Aoki, Hugh Patrick. The Japanese Main Bank System：Its Relevance for Developing and Transforming Economies [M]. Oxford：Oxford University Press, 1995. [389]

(4) Masahi ko Aoki, Ha Kun Kim. Corporate Governance in Transitional Economies：Insider Control and the Role of Banks [M]. Washington D. C. ：The World Bank, 1995. [113]

14. Jean Tirole

法国图卢兹大学产业经济研究所

http://idei. fr/vitae. php?id＝3

1976 年获得巴黎综合理工大学工程学位，在 1978 年获得巴黎第九大学应用数学博士学位后，对经济学兴趣油生，1981 年获得麻省理工学院经济学博士学位。梯若尔的主要研究领域涉及公司财务、国际金融、企业理论、规制与激励、博弈论和宏观经济学等。1988 年，梯若尔从美国回到法国，和著名经济学家让·雅克·拉丰（Jean Jacques Laffont）教授一起创办了享誉全球的法国产业经济研究所（IDEI），并最终辞去了麻省理工学院的终身教授职位。1984 年至今担任《计量经济学》（Econometrica）杂志副主编。他荣获 1993 年欧洲经济学会的 Yajo Jahnsson 奖，1998 年被推选为世界经济计量学会主席，2001 年当选为欧洲经济学会主席，同时也是美国科学院外籍荣誉院士和美国经济学会外籍荣誉会员。1999 年，在 Econometrica 杂志发表了《不完全契约理论：我们究竟该站在什么立场上》（Incomplete Contracts：Where Do We Stand?），这篇论文被认为是对当时轰动整个学术界的不完全契约理论之争的"终结者之声"。2014 年获诺贝尔经济学奖。

代表性研究成果：

(1) Jean Tirole. The Theory of Industrial Organization [M]. Cambridge：MIT Press, 1988. [12 076]

(2) Philippe Aghion, Jean Tirole. Formal and Real Authority in Organizations [J]. Journal of Political Economy, 1997,105(1)：1-29. [2 682]

(3) Jean Tirole. Hierarchies and Bureaucracies：On the Role of Collusion in Organizations [J]. Journal of Law, Economics & Organization, 1996, 2(2)：181-214. [1 555]

(4) Jean Tirole. The Theory of Corporate Finance [M]. Princeton：Princeton University Press, 2010. [1 382]

(5) Jean Tirole. Incomplete Contracts：Where Do We Stand? [J]. Econometrica,

1999，67（4）：741-781.［1 134］

15. Luigi Zingales

芝加哥大学布斯商学院

http：//www.chicagobooth.edu/faculty/directory/z/luigi-zingales

1963 年生，1987 年获得意大利米兰博科尼大学经济学学士学位，1992 年获得麻省理工学院经济学博士学位。曾任芝加哥大学商学院助理教授、副教授、教授和哈佛大学教授，现任芝加哥大学商学院企业家精神与金融学教授。

代表性研究成果：

(1) Alexander Dyck，Luigi Zingales. Private Benefits of Control：An International Comparison［J］. The Journal of Finance，2004，59（2）：537-600.［2 082］

(2) Raghuram G. Rajan，Luigi Zingales. Power in A Theory of the Firm［J］. The Quarterly Journal of Economics，1998，113（2）：387-432.［1 191］

(3) Luigi Zingales. In Search of New Foundations［J］. The Journal of Finance，2000，55（4）：1623-1653.［1 080］

(4) Luigi Zingales. The Value of the Voting Right：A Study of the Milan Stock Exchange Experience［J］. Review of Financial Studies，1994，7（1）：125-148.［907］

(5) Luigi Zingales. Insider Ownership and the Decision to Go Public［J］. Review of Economic Studies，1995，62（3）：425-448.［740］

(6) Luigi Zingales. What Determines the Value of Corporate Votes? ［J］. The Quarterly Journal of Economics，1995，110（4）：1047-1073.［506］

(7) Mihir A. Desai，Alexander Dyck，Luigi Zingales. Theft and Taxes［J］. Journal of Financial Economics，2007，84（3）：591-623.［273］

(8) Alexander Dyck，Natalya Volchkova，Luigi Zingales. The Corporate Governance Role of the Media：Evidence from Russia［J］. The Journal of Finance，2008，63（3）：1093-1135.［234］

（二）公司治理综合研究方面知名学者

16. Stewart C. Myers

麻省理工学院斯隆管理学院

https：//mitsloan.mit.edu/faculty/detail.php?in_spseqno＝41081

他拥有威廉姆斯大学的学士学位和斯坦福大学的博士和 MBA 学位，1976 年开始至今一直在麻省理工学院斯隆管理学院担任金融学教授，其主要研究领域为实物资产和金融资产的估值、公司财务政策、衍生品定价和金融监管等方面，是啄食顺序理论（the pecking order theory）的提出者。曾担任美国金融协会主席和副主席，*The Journal of Finance*、*Journal of Financial Economics* 等杂志副主编。

代表性研究成果：

(1) Stewart C. Myers，Nicholas Majluf. Corporate Financing and Investment Decisions When Firms Have Information That Investors Do Not Have［J］. Journal of Financial Economics，1984，13（2）：187-221.［12 107］

(2) Richard A. Brealey，Stewart C. Myers. Principles of Corporate Finance［M］.

New York：McGraw-Hill Education，1982.［9 482］

(3) Stewart C. Myers. Determinants of Corporate Borrowing ［J］. Journal of Financial Economics，1977，5(2)：147-175.［9 026］

(4) Stewart C. Myers. The Capital Structure Puzzle ［J］. The Journal of Finance，1984，39(3)：574-592.［5 415］

(5) Stewart C. Myers. Capital Structure ［J］. The Journal of Economic Perspectives，2001，15(2)：81-102.［965］

(6) Stewart C. Myers. Interactions of Corporate Financing and Investment Decisions Implications for Capital Budgeting ［J］. The Journal of Finance，1974，29(1)：1-25.［647］

(7) Viral V. Acharya，Stewart C. Myers，Raghuram G. Rajan. The Internal Governance of Firms ［J］. The Journal of Finance，2011，66(3)：689-720.［96］

17. Randall Morck

阿尔伯塔大学商学院

http：//www. business. ualberta. ca/RandallMorck

1979 年取得耶鲁大学硕士学位，1986 年取得哈佛大学经济学博士学位。主要研究公司金融、政治经济学和商业史。现担任阿尔伯塔大学金融教授，同时是国民经济研究局助理研究员。

代表性研究成果：

(1) Randall Morck，Andrei Shleifer，Robert W. Vishny. Management Ownership and Market Valuation：An Empirical Analysis ［J］. Journal of Financial Economics，1988，20(1-3)：293-315.［6 264］

(2) Randall Morck，Andrei Shleifer，Robert W. Vishny. Do Managerial Objectives Drive Bad Acquisitions? ［J］. The Journal of Finance，1990，45(1)：31-48.［1 743］

(3) Randall Morck，Daniel Wolfenzon，Bernard Yeung. Corporate Governance，Economic Entrenchment，and Growth ［J］. Journal of Economic Literature，2005，43(3)：655-720.［889］

(4) Randall Morck，Andrei Shleifer，Robert W. Vishny. Alternative Mechanisms for Corporate Control ［J］. The American Economic Review，1989，79(4)：842-852.［810］

(5) Randall Morck，Masao Nakamura. Banks and Corporate Control in Japan ［J］. The Journal of Finance，1999，54(1)：319-339.［623］

(6) Randall Morck，Bernard Yeung. Agency Problems in Large Family Business Groups ［J］. Entrepreneurship Theory and Practice，2003，27(4)：367-382.［523］

(7) Randall Morck，Masao Nakamura. Banks，Ownership Structure，and Firm Value in Japan ［J］. The Journal of Business，1999，73(4)：114-156.［346］

(8) Olubunmi Faleye，Vikas Mehrotra，Randall Morck. When Labor Has A Voice in Corporate Governance ［J］. Journal of Financial and Quantitative Analysis，2006，41(3)：489-510.［146］

(9) Randall Morck. A History of Corporate Governance around the World：Family Business Groups to Professional Managers［M］. Chicago：University of Chicago Press，2007.［130］

(10) Randall Morck. Concentrated Corporate Ownership［M］. Chicago：University of Chicago Press，2000.［68］

18. Henri Servaes

伦敦商学院金融会计学院

http：//faculty. london. edu/hservaes/

1985 年获得欧洲大学信息系统学士学位和企业管理学士学位，1986 年获得普渡大学工业管理硕士学位，1989 年获得普渡大学金融学专业和计量经济学博士学位。曾任伦敦商学院金融与会计协会主任，2008 年至今任伦敦商学院公司治理理查德·布雷利教授，1998 年至今任伦敦商学院金融学教授，1999 年至今任经济政策研究中心研究员，2002 年至今任欧洲公司治理协会助理研究员。

代表性研究成果：

(1) John J. McConnell，Henri Servaes. Additional Evidence on Equity Ownership and Corporate Value［J］. Journal of Financial Economics，1990，27(5)：595-612. ［3 636］

(2) John J. McConnell，Henri Servaes. Equity Ownership and the Two Faces of Debt［J］. Journal of Financial Economics，1995，39(1)：131-157.［744］

(3) Amy Dittmar，Jan Mahrt-Smith，Henri Servaes. International Corporate Governance and Corporate Cash Holdings［J］. Journal of Financial and Quantitative Analysis，2003，38(1)：111-133.［670］

19. John J. McConnell

普渡大学克兰纳特管理学院

http：//www. krannert. purdue. edu/faculty/mcconnell/home. asp

1968 年获得丹尼森大学学士学位，1969 年获得匹兹堡大学 MBA 学位，1974 年获得普渡大学博士学位，曾任俄亥俄州立大学金融学助理教授、普渡大学管理学助理教授、管理学副教授、明尼苏达大学金融学教授，现任普渡大学克兰纳特管理学院管理学教授。

代表性研究成果：

(1) John J. McConnell，Henri Servaes. Additional Evidence on Equity Ownership and Corporate Value［J］. Journal of Financial Economics，1990，27(2)：595-612. ［3 636］

(2) Diane K. Denis，John J. Mcconnell. International Corporate Governance［J］. Journal of Financial and Quantitative Analysis，2003，38(1)：98-155.［1 338］

(3) John J. McConnell，Henri Servaes. Equity Ownership and the Two Faces of Debt ［J］. Journal of Financial Economics，1995，39(1)：131-157.［744］

(4) Kenneth J. Martin，John J. McConnell. Corporate Performance, Corporate Takeovers, and Management Turnover［J］. The Journal of Finance，1991，46 (2)：671-687.［694］

(5) Ronald C. Lease, John J. McConnell, Wayne H. Mikkelson. The Market Value of Control in Publicly-traded Corporations [J]. Journal of Financial Economics, 1983,11(1-4): 439-471. [380]

(6) John J. McConnell. The Cadbury Committee, Corporate Performance, and Top Management Turnover [J]. The Journal of Finance, 2002,57(1): 461-483. [357]

(7) Jay Dahyaa, Orlin Dimitrovb, John J. McConnell. Dominant Shareholders, Corporate Boards, and Corporate Value: A Cross-country Analysis [J]. Journal of Financial Economics, 2008,87(1): 73-100. [243]

20. Alexander Dyck

多伦多大学罗特曼管理学院

http://www.rotman.utoronto.ca/FacultyAndResearch/Faculty/FacultyBios/Dyck.aspx

1986—1987 年在圣安德鲁斯大学就读,1988 年于西安大略大学获得经济与政治科学学士学位,1993 年获得斯坦福大学经济学博士学位。曾任哈佛商学院助理教授、副教授,多伦多大学副教授,2009 年至今任多伦多大学罗特曼管理学院金融与企业经济学教授。曾任世界银行顾问。

代表性研究成果:

(1) Alexander Dyck, Luigi Zingales. Private Benefits of Control: An International Comparison [J]. The Journal of Finance, 2004, 59(2): 537-600. [2 082]

(2) Alexander Dyck, Adair Morse, Luigi Zingales. Who Blows the Whistle on Corporate Fraud? [J]. The Journal of Finance, 2010, 65(6): 2213-2253. [326]

(3) Mihir A. Desai, Alexander Dyck, Luigi Zingales. Theft and Taxes[J]. Journal of Financial Economics, 2007, 84(3): 591-623. [273]

(4) Alexander Dyck, Natalya Volchkova, Luigi Zingales. The Corporate Governance Role of the Media Evidence from Russia [J]. The Journal of Finance, 2008, 63 (3): 1093-1135. [234]

21. Artur Raviv

美国西北大学凯洛格商学院

http://www.kellogg.northwestern.edu/Faculty/Directory/Raviv_Artur.aspx

1968 年获得希伯来大学经济学、统计学学士学位,1971 年获得以色列理工大学运筹学硕士学位,1974 年获得西北大学管理经济学博士学位。1985—1988 年担任凯洛格商学院金融系主任,1981 年至今任西北大学凯洛格商学院金融系教授。曾任卡耐基梅隆大学工业管理研究所经济学助理教授、副教授以及特拉维夫大学教授。

代表性研究成果:

(1) Milton Harris, Artur Raviv. The Theory of Capital Structure [J]. The Journal of Finance, 1991,46(1): 297-355. [3 379]

(2) Milton Harris, Artur Raviv. Capital Structure and the Informational Role of Debt [J]. The Journal of Finance, 1990,45(2): 321-349. [1 145]

(3) Milton Harris, Artur Raviv. Corporate Control Contests and Capital Structure [J]. Journal of Financial Economics, 1988(20): 55-86. [786]

(4) Milton Harris, Artur Raviv. Corporate Governance: Voting Rights and Majority

Rules [J]. Journal of Financial Economics, 1988(20): 203-235. [633]

(5) Milton Harris, Artur Raviv. A Theory of Board Control and Size [J]. The Review of Financial Studies, 2008,21(4): 1797-1832. [506]

(6) Milton Harris, Artur Raviv. The Capital Budgeting Process: Incentives and Information [J]. The Journal of Finance, 1996,51(4): 1139-1174. [345]

(7) Milton Harris, Artur Raviv. The Design of Securities [J]. Journal of Financial Economics, 1989,24(2): 255-287. [178]

(8) Milton Harris, Artur Raviv. Control of Corporate Decisions: Shareholders vs Management [J]. The Review of Financial Studies, 2010,23(11): 4115-4147. [46]

22. Rene M. Stulz

俄亥俄州立大学菲舍尔商学院

http://fisher.osu.edu/research/faculty-expertise/finance/stulz

1975 年毕业于 Neuchâtel 大学,1976 年在伦敦政治经济学院获硕士学位,于 1980 年在麻省理工学院取得经济学博士学位,主要研究方向是公司金融、资本成本、投资学、金融衍生品和公司兼并等。现担任 Dice 金融经济研究中心主任和埃弗雷特·瑞茜银行业和货币经济学的金融教授。于 2004 年被 *Treasury and Risk Management* 杂志评为 100 位金融最有影响力人物之一。1982—1987 年担任 *Journal of Financial Economics* 编辑,1988—1999 年担任该杂志副主编,2000 年至今担任 *Journal of Financial Economics* 顾问编辑,1988—2000 年担任 *The Journal of Finance* 编辑。

代表性研究成果:

(1) Larry H. P. Lang, Rene M. Stulz. Tobin's Q, Corporate Diversification and Firm Performance [J]. Journal of Political Economy, 1994, 102(6): 1248-1280. [2 271]

(2) Craig Doidge, G. Andrew Karolyi, Rene M. Stulz. Why Are Foreign Firms Listed in the US Worth More? [J]. Journal of Financial Economics, 2004, 71(2): 205-238. [1 203]

(3) Larry H. P. Lang, Rene M. Stulz, Ralph A. Walkling. A Test of the Free Cash Flow Hypothesis: The Case of Bidder Returns [J]. Journal of Financial Economics,1991,29(2): 315-335. [901]

(4) Thomas W. Bates, Kathleen M. Kahle, Rene M. Stulz. Why Do US Firms Hold So Much More Cash Than They Used To? [J]. The Journal of Finance, 2009,64(5): 1985-2021. [674]

(5) Craig Doidge, G. Andrew Karolyi, Rene M. Stulz. Why Do Countries Matter So Much for Corporate Governance? [J]. Journal of Financial Economics, 2007, 86(1): 1-39. [672]

(6) Magnus Dahlquist, Lee Pinkowitz, Rene M. Stulz,Rohan Wiuiamson. Corporate Governance and the Home Bias [J]. Journal of Financial and Quantitative Analysis, 2003, 38(1): 87-110. [360]

（7）Rüdiger Fahlenbrach, Rene M. Stulz. Bank CEO Incentives and the Credit Crisis [J]. Journal of Financial Economics, 2011, 99(1): 11-26. [398]

（8）Craig Doidge, G. Andrew Karolyi, Karl V. Lins, Darius P. Miller, Rene M. stulz Private Benefits of Control, Ownership, and the Cross-Listing Decision[J]. The Journal of Finance, 2009, 64(1): 425-466. [291]

（9）Rene M. Stulz, Ralph A. Walkling, Moon H. Song. The Distribution of Target Ownership and the Division of Gains in Successful Takeovers [J]. The Journal of Finance, 1990, 45(3): 817-833. [270]

（10）Bong-Chan Kho, Rene M. Stulz, Francis E. Warnock. Financial Globalization, Governance, and the Evolution of the Home Bias [J]. Journal of Accounting Research, 2009, 47(2): 597-635. [175]

（11）Jean Helwege, Christo Pirinsky, Rene M. Stulz. Why Do Firms Become Widely Held? An Analysis of the Dynamics of Corporate Ownership [J]. The Journal of Finance, 2007, 62(3): 995-1028. [145]

（12）Andrea Beltrattia, Rene M. Stulz. The Credit Crisis Around the Globe: Why Did Some Banks Perform Better? [J]. Journal of Financial Economics, 2012, 105(1): 1-17. [140]

（13）Rüdiger Fahlenbracha, Rene M. Stulz. Managerial Ownership Dynamics and Firm Value [J]. Journal of Financial Economics, 2009, 92(3): 342-361. [96]

（14）Rüdiger Fahlenbracha, Angie Lowb, Rene M. Stulz. Why Do Firms Appoint CEOs as Outside Directors? [J]. Journal of Financial Economics, 2010, 97(1): 12-32. [64]

（15）Craig Doidge, G. Andrew Karolyi, Rene M. Stulz. Why Do Foreign Firms Leave US Equity Markets? [J]. The Journal of Finance, 2010, 65(4): 1507-1553. [54]

23. Ronald C. Anderson

天普大学福克斯商学院

http://www.fox.temple.edu/mcm_people/ronald-anderson-2/

获得了工程学士学位、匹兹堡大学 MBA 工商管理硕士学位和德州农工大学金融博士学位，曾在斯伦贝谢有限公司就职，有着高层次的国际视野。现任福克斯商学院金融系主任和教授，曾在 *Journal of Financial Economics*、*The Journal of Finance* 等顶级期刊等发表文章。

代表性研究成果：

（1）Ronald C. Anderson, David M. Reeb. Founding-Family Ownership and Firm Performance: Evidence from the S&P 500 [J]. The Journal of Finance, 2003, 58 (3): 1301-1327. [2 258]

（2）Ronald C. Anderson, Sattar A. Mansi, David M. Reeb. Founding Family Ownership and the Agency Cost of Debt [J]. Journal of Financial Economics, 2003, 68(2): 263-285. [900]

（3）Ronald C. Andersona, Sattar A. Mansib, David M. Reeb. Board Characteristics, Accounting Report Integrity, and the Cost of Debt [J]. Journal of Accounting and Economics，2004，37(3)：315-342.［662］

(4) Ronald C. Anderson，David M. Reeb. Board Composition：Balancing Family Influence in S&P 500 Firms［J］. Administrative Science Quarterly，2004，49(2)：209-237.［486］

(5) Ronald C. Anderson，David M. Reeb. Founding-Family Ownership，Corporate Diversification，and Firm Leverage［J］. Journal of Law and Economics，2003，46(2)：653-684.［312］

24. Larry H. P. Lang

香港中文大学工商管理学院

http://www.ceibs.edu/forum/2002/0511_lang_cv.html

1956 年出生于中国台湾，1974—1978 年就读于台湾东海大学经济系，1980 年获台湾大学经济学硕士学位，1983 年赴美留学，就读宾夕法尼亚大学沃顿商学院金融系，1985 年获金融学硕士学位，之后仅用半年时间完成博士论文写作，并顺利通过沃顿商学院的博士答辩。曾任宾夕法尼亚大学沃顿商学院讲师，密歇根州立大学商学院、俄亥俄州立大学商学院金融系教授，以及芝加哥大学客座教授，1994 年出任香港中文大学教授，现任香港中文大学工商管理学院企业管理系荣休金融学教授。

代表性研究成果：

(1) Stijn Claessens，Simeon Djankov，Larry H. P. Lang. The Separation of Ownership and Control in East Asian Corporations［J］. Journal of Financial Economics，2000，58(1)：81-112.［3 758］

(2) Stijn Claessens，Simeon Djankov，Joseph P. H. Fan，Larry H. P. Lang. Disentangling the Incentive and Entrenchment Effects of Large Shareholdings[J]. The Journal of Finance，2002，57(6)：2741-2771.［2 448］

(3) Mara Faccio，Larry H. P. Lang. The Ultimate Ownership of Western European Corporations［J］. Journal of Financial Economics，2002，65(3)：365-395.［2 424］

(4) Larry H. P. Lang，Rene M. Stulz. Tobin's Q，Corporate Diversification and Firm Performance［J］. Journal of Political Economy，1994，102(6)：1248-1280.［2 271］

(5) Mara Faccio，Larry H. P. Lang，Leslie Young. Dividends and Expropriation［J］. The American Economic Review，2001，91(1)：54-78.［1 127］

(6) Stuart C. Gilson，Kose John，Larry H. P. Lang. Troubled Debt Restructurings：An Empirical Study of Private Reorganization of Firms in Default［J］. Journal of Financial Economics，1990，27(2)：315-353.［917］

(7) Larry H. P. Lang，Rene M. Stulz，Ralph A. Walkling. A Test of the Free Cash Flow Hypothesis：The Case of Bidder Returns［J］. Journal of Financial Economics，1991，29(2)：315-335.［901］

(8) Irwin Friend，Larry H. P. Lang. An Empirical Test of the Impact of Managerial Self-interest on Corporate Capital Structure［J］. The Journal of Finance，1988，43(2)：271-281.［873］

(9) Larry H. P. Lang, Rene M. Stulz, Ralph A. Walkling. Managerial Performance, Tobin's Q, and the Gains from Successful Tender Offers [J]. Journal of Financial Economics, 1989, 24(1): 137-154. [847]

(10) Larry H. P. Lang, Robert H. Litzenberger. Dividend Announcements: Cash Flow Signalling vs Free Cash Flow Hypothesis? [J]. Journal of Financial Economics, 1989, 24(1): 181-191. [721]

(11) Larry H. P. Lang, Rene M. Stulz. Contagion and Competitive Intra-industry Effects of Bankruptcy Announcements: An Empirical Analysis [J]. Journal of Financial Economics, 1992, 32(1): 45-60. [629]

25. Joseph P. H. Fan

香港中文大学会计学院

http://ihome.cuhk.edu.hk/~b109671/pages/bio & cv.html

1985 年获得台湾大学经济学学士学位,1996 年获得匹兹堡大学金融系博士学位,曾任香港大学经济与金融学院助理教授、香港科技大学金融系助理教授及副教授,现任香港中文大学会计学院及金融系教授,同时任香港中文大学经济与金融学院副主任。

代表性研究成果:

(1) Stijn Claessens, Simeon Djankov, Joseph P. H. Fan, Larry H. P. Lang. Disentangling the Incentive and Entrenchment Effects of Large Shareholdings[J]. The Journal of Finance, 2002, 57(6): 2741-2771. [2 448]

(2) Joseph P. H. Fan, T. J. Wong. Corporate Ownership Structure and the Informativeness of Accounting Earnings in East Asia [J]. Journal of Accounting and Economics, 2002, 33(3): 401-425. [1 255]

(3) Joseph P. H. Fan, T. J. Wong, Tianyu Zhang. Politically Connected CEOs, Corporate Governance, and Post-IPO Performance of China's Newly Partially Privatized Firms [J]. Journal of Financial Economics, 2007, 84(2): 330-357. [811]

(4) Joseph P. H. Fan, T. J. Wong. Do External Auditors Perform A Corporate Governance Role in Emerging Markets? Evidence from East Asia [J]. Journal of Accounting Research, 2005, 43(1): 35-72. [528]

(5) Stijn Claessens, Joseph P. H. Fan. Corporate Governance in Asia: A Survey [J]. International Review of Finance, 2002, 3(2): 71-103. [438]

(6) Joseph P. H. Fan, Sheridan Titman, Garry Twite. An International Comparison of Capital Structure and Debt Maturity Choices [J]. Journal of Financial and Quantitative Analysis, 2012, 47(1): 23-56. [392]

(7) Pramuan Bunkanwanicha, Joseph P. H. Fan, Yupana Wiwattanakantang. The Value of Marriage to Family Firms [J]. Journal of Financial and Quantitative Analysis, 2013, 48(2): 611-636. [3]

26. Diane K. Denis

匹兹堡大学卡兹商学院

http://www.business.pitt.edu/katz/faculty/denis-diane.php

1980 年获得奥克兰大学金融学士学位，1981 年获得英国克兰菲尔德理工学院 MBA 学位，1990 年获得密歇根大学金融博士学位，现任匹兹堡大学卡兹商学院教授以及卡兹金融学校友会主席。

代表性研究成果：

(1) Diane K. Denis, John J. Mcconnell. International Corporate Governance [J]. Journal of Financial and Quantitative Analysis, 2003, 38(1): 98-155. [1 338]

(2) David J. Denis, Diane K. Denis, Atulya Sarin. Agency Problems, Equity Ownership, and Corporate Diversification [J]. The Journal of Finance, 1997, 52 (1): 135-160. [1 044]

(3) David J. Denis, Diane K. Denis. Performance Changes Following Top Management Dismissals [J]. The Journal of Finance, 1995, 50(4): 1029-1057. [822]

(4) David J. Denis, Diane K. Denis, Atulya Sarin. Ownership Structure and Top Executive Turnover [J]. Journal of Financial Economics, 1997, 45(2): 193-221. [592]

(5) Diane K. Denis. Twenty-five Years of Corporate Governance Research and Counting [J]. Review of Financial Economics, 2001, 10(3): 191-212. [379]

27. Kevin J. Murphy

南加州大学马歇尔商学院

http://www.marshall.usc.edu/faculty/directory/kjmurphy

1979 年获得加州大学洛杉矶分校经济学学士学位，1981 年获得芝加哥大学经济学硕士学位，1984 年获得芝加哥大学博士学位，曾任南加州大学马歇尔商学院金融和企业经济学系主任、哈佛大学工商管理研究院副教授、南加州大学马歇尔商学院副院长，现任南加州大学马歇尔商学院金融与工商经济教授。

代表性研究成果：

(1) George P. Baker, Michael C. Jensen, Kevin J. Murphy. Compensation and Incentives: Practice vs Theory [J]. The Journal of Finance, 1988, 43(3): 593-616. [1 739]

(2) Kevin J. Murphy. Corporate Performance and Managerial Remuneration: An Empirical Analysis [J]. Journal of Accounting and Economics, 1985, 7(1-3): 11-42. [1 730]

(3) George Baker, Robert Gibbons, Kevin J. Murphy. Relational Contracts and the Theory of the Firm [J]. The Quarterly Journal of Economics, 2002, 117(1): 39-84. [1 428]

28. Sanjai Bhagat

美国科罗拉多大学博尔德分校利兹商学院

http://leeds-faculty.colorado.edu/bhagat/

科罗拉多大学的金融学教授，同时也是教务长。他取得了罗彻斯特大学的 MBA 工商管理硕士学位和华盛顿大学博士学位。之前曾就职于美国证券交易委员会、美国普林斯顿大学和芝加哥大学。

代表性研究成果：

(1) Sanjai Bhagat，Bernard Black. Non-Correlation between Board Independence and Long-Term Firm Performance [J]. Journal of Corporation Law，2002，27(2)：231-275.[1 352]

(2) Sanjai Bhagat，Bernard Black. The Uncertain Relationship between Board Composition and Firm Performance [J]. The Business Lawyer，1999，54(3)：921-963.[1 151]

(3) James A. Brickley，Sanjai Bhagat，Ronald C. Lease. The Impact of Long-Range Managerial Compensation Plans on Shareholder Wealth [J]. Journal of Accounting and Economics，1985，7(1-3)：115-129.[362]

(4) Sanjai Bhagat，Brian Bolton. Corporate Governance and Firm Performance [J]. Journal of Corporate Finance，2008，14(3)：257-273.[463]

(5) Sanjai Bhagat，Richard H. Jefferis. The Econometrics of Corporate Governance Studies [M]. Cambridge：MIT Press，2005.[243]

(6) Sanjai Bhagat，James A. Brickley，Ronald C. Lease. Incentive Effects of Stock Purchase Plans [J]. Journal of Financial Economics，1985，14(2)：195-215.[82]

(7) Sanjai Bhagat. The Effect of Pre-Emptive Right Amendments on Shareholder Wealth [J]. Journal of Financial Economics，1983，12(3)：289-310.[81]

29. Jonathan M. Karpoff

华盛顿大学福斯特商学院

http://www. foster. washington. edu/centers/facultyresearch/facultyprofiles/Lists/Faculty％20Contact％20Info/DispProfile. aspx?ID＝2

1978 年获得阿拉斯加大学学士学位，1980 年和 1982 年于加州大学洛杉矶分校获得硕士和博士学位。曾任芝加哥大学客座教授，1983 年至今任职于华盛顿大学福斯特商学院。现任 *Journal of Financial Economics*、*The Journal of Finance*、*Journal of Financial and Quantitative Analysis*、*Mangement Science* 等期刊副主编。

代表性研究成果：

(1) Audra L. Boone，Laura Casares Field，Jonathan M. Karpoff，Charu G. Raheja. The Determinants of Corporate Board Size and Composition：An Empirical Analysis [J]. Journal of Financial Economics，2007，85(1)：66-101.[780]

(2) Jonathan M. Karpoff，Paul H. Malatest，Ralph A. Walkling. Corporate Governance and Shareholder Initiatives：Empirical Evidence [J]. Journal of Financial Economics，1996，42(3)：365-395.[561]

(3) Jonathan M. Karpoff，D. Scott Lee，Gerald S. Martin. The Consequences to Managers for Financial Misrepresentation [J]. Journal of Financial Economics，2008，88(2)：193-215.[203]

30. Colin Mayer

牛津大学赛德商学院

http://www. sbs. ox. ac. uk/research/people/Pages/ColinMayer. aspx

1974 年获得牛津大学工程科学和经济学学士学位,1976 年获得牛津大学经济学硕士学位,1981 年获得牛津大学经济学博士学位,是牛津大学赛德商学院第一位教授,曾任华威大学经济系和华威商学院经济与金融学教授、牛津大学金融研究中心主任,现任牛津大学赛德商学院管理学教授,牛津大学华顿学院研究员。

代表性研究成果:

(1) Julian Franks, Colin Mayer. Ownership and Control of German Corporations [J]. Review of Financial Studies, 2001, 14(4): 943-977. [862]

(2) Wendy Carlin, Colin Mayer. Finance, Investment, and Growth [J]. Journal of Financial Economics, 2003,69(1): 191-226. [377]

(3) Marco Becht,Julian Franks,Colin Mayer,Stefano Rossi. Returns to Shareholder Activism: Evidence from a Clinical Study of the Hermes UK Focus Fund [J]. Review of Financial Studies,2010,23 (3): 3093-3129. [268]

(4) Colin Mayer. Corporate Governance, Competition, and Performance [J]. Journal of Law and Society, 1997,24(1): 152-176. [260]

(5) Julian Franks, Colin Mayer, Stefano Rossi. Ownership: Evolution and Regulation [J]. Review of Financial Studies, 2009,22(10): 4009-4056. [197]

31. Kai Li

加拿大英属哥伦比亚大学尚德商学院

http://finance. sauder. ubc. ca/~kaili/index. html

1985—1987 年在西安交通大学少年班学习,1989 年获得西安交通大学管理学院国际商业学士学位,1992 年获得肯考迪亚大学经济学硕士学位,1996 年获得多伦多大学经济学博士学位。曾任麻省理工学院金融学客座副教授、香港中文大学金融学客座教授、上海交通大学金融学客座教授,现任哥伦比亚大学尚德商学院金融学教授。

代表性研究成果:

(1) Xia Chen, Jarrad Harford, Kai Li. Monitoring: Which Institutions Matter? [J]. Journal of Financial Economics, 2007, 86(2): 279-305. [541]

(2) Jarrad Harford, Kai Li. Decoupling CEO Wealth and Firm Performance: The Case of Acquiring CEOs [J]. Journal of Finance, 2007, 62(2): 917-949. [219]

(3) Kai Li, Tan Wang, Yan-Leung Cheung, Ping Jiang. Privatization and Risk Sharing: Evidence from the Split Share Structure Reform in China [J]. Review of Financial Studies, 2011, 24(7): 2499-2525. [84]

(4) Huasheng Gao, Jarrad Harford, Kai Li. Determinants of Corporate Cash Policy: Insights from Private Firms [J]. Journal of Financial Economics, 2013, 109(3): 623-639. [37]

(5) Huasheng Gao, Jarrad Harford, Kai Li. CEO Pay Cuts and Forced Turnover: Their Causes and Consequences [J]. Journal of Corporate Finance, 2012, 18(2): 291-310. [3]

32. Karl V. Lins

犹他大学大卫埃克尔斯商学院

http://faculty. utah. edu/u0233184-Karl_V. _Lins/biography/index. hml

1985 年获得德州农工大学石油钻采工程学士学位,1989 年获得加州大学洛杉矶分校安德森学院金融学方向 MBA 学位,2000 年获得北卡罗来纳大学教堂山分校金融学博士学位,曾任伦敦商学院金融学客座教授、犹他大学大卫埃克尔斯商学院金融学副教授,现任犹他大学大卫埃克尔斯商学院金融学教授。

代表性研究成果:

(1) Karl V. Lins. Equity Ownership and Firm Value in Emerging Markets [J]. The Journal of Financial and Quantitative Analysis, 2003, 38(1): 159-184. [937]

(2) Michael L. Lemmon, Karl V. Lins. Ownership Structure, Corporate Governance, and Firm Value: Evidence from the East Asian Financial Crisis [J]. The Journal of Finance, 2003, 58(4): 1445-1468. [930]

(3) Mark H. Lang, Karl V. Lins, Darius P. Miller. ADRs, Analysts, and Accuracy: Does Cross Listing in the United States Improve A Firm's Information Environment and Increase Market Value? [J]. Journal of Accounting Research, 2003, 41(2): 317-345. [738]

(4) Campbell R. Harvey, Karl V. Lins, Andrew H. Roper. The Effect of Capital Structure When Expected Agency Costs are Extreme [J]. Journal of Financial Economics, 2004, 74(1): 3-30. [341]

(5) Christian Leuz, Karl V. Lins, Francis E. Warnock. Do Foreigners Invest Less in Poorly Governed Firms? [J]. Review of Financial Studies, 2010, 23(3): 3245-3285. [305]

(6) Ivalina Kalcheva, Karl V. Lins. International Evidence on Cash Holdings and Expected Managerial Agency Problems [J]. Review of Financial Studies, 2007, 20(4): 1087-1112. [319]

(7) Craig Doidge, Andrew Karolyi, Karl V. Lins, Darius P. Miller, Rene M. Stulz Private Benefits of Control, Ownership, and the Cross-listing Decision [J]. The Journal of Finance, 2009, 64(1): 425-466. [291]

33. Kenneth M. Lehn

匹兹堡大学卡兹商学院

http://www.business.pitt.edu/katz/faculty/lehn.php

1975 年获得韦恩斯堡学院经济学学士学位,1976 年获得迈阿密大学经济学硕士学位,1981 年获得华盛顿大学经济学博士学位,曾任匹兹堡大学卡兹商学院企业管理学教授、匹兹堡大学契约与企业结构研究中心主任、美国证券交易委员会首席经济学家、乔治城大学法律系副教授,现任匹兹堡大学卡兹商学院金融学教授、法律学院法律系教授。

代表性研究成果:

(1) Mark L. Mitchell, Kenneth M. Lehn. Do Bad Bidders Become Good Targets? [J]. Journal of Political Economy, 1990, 98(2): 372-398. [482]

(2) Kenneth M. Lehn, Sukesh Patro, Mengxin Zhao. Determinants of the Size and Composition of US Corporate Boards: 1935-2000 [J]. Financial Management, 2009, 38(4): 747-780. [348]

(3) Stacey R. Kole，Kenneth M. Lehn. Deregulation and the Adaptation of Governance Structure：The Case of the U. S. Airline Industry［J］. Journal of Financial Economics，1999，52(1)：79-117.［190］

(4) Kenneth M. Lehn，Mengxin Zhao. CEO Turnover after Acquisitions：Are Bad Bidders Fired？［J］. The Journal of Finance，2006，61(4)：1759-1811.［167］

(5) Leonce L. Bargeron，Kenneth M. Lehn，Chad J. Zutter. Sarbanes-Oxley and Corporate Risk-Taking［J］. Journal of Accounting and Economics，2010，49(1-2)：34-52.［140］

34. Jin Li

牛津大学塞德商学院、北京大学光华管理学院

http://www. sbs. ox. ac. uk/research/people/Pages/lijin. aspx

1992 年获得上海复旦大学经济学学士学位，1996 年获得罗格斯大学经济学硕士学位，2001 年获得麻省理工学院金融学博士，曾供职于复旦大学国际金融系，曾任哈佛大学金融学助理教授、副教授，现任牛津大学赛德商学院金融学教授、北京大学光华管理学院金融学教授。

代表性研究成果：

(1) Jin Li，Stewart Myers. R-squared around the World：New Theory and New Tests［J］. Journal of Financial Economics，2006，79(2)：257-92.［540］

(2) Jin Li. CEO Compensation，Diversification and Incentives［J］. Journal of Financial Economics，2002，66(1)：29-63.［337］

(3) Jin Li，Sanjana P Kothari. Effect of Personal Taxes on Managers' Decisions to Sell Unrestricted Equity［J］. Journal of Accounting and Economics，2008，46(1)：23-46.［2］

35. Luc Laeven

国际货币基金组织

http://www. imf. org/external/np/cv/AuthorCV. aspx？AuthID＝132

曾在蒂尔堡大学、阿姆斯特丹大学、伦敦政治经济学院就读，曾任世界银行金融部门高级金融经济学家，曾供职于荷兰银行，现任国际货币基金组织研究部门副处长，同时是伦敦经济政策研究中心的研究员以及欧洲公司治理协会助理研究员。

代表性研究成果：

(1) Luc Laeven，Ross Levine. Bank Governance，Regulation and Risk Taking［J］. Journal of Financial Economics，2009，93(2)：259-275.［691］

(2) Luc Laeven，Ross Levine. Is there A Diversification Discount in Financial Conglomerates？［J］. Journal of Financial Economics，2007，85(2)：331-367.［424］

(3) Stijn Claessens，Erik Feijen，Luc Laeven. Political Connections and Preferential Access to Finance：The Role of Campaign Contributions［J］. Journal of Financial Economics，2008，88(3)：554-580.［416］

(4) Gerard Caprio，Luc Laeven，Ross Levine. Governance and Bank Valuation［J］. Journal of Financial Intermediation，2007，16(4)：584-617.［380］

（5）Randall S. Kroszner, Luc Laeven, Daniela Klingebiel. Banking Crises, Financial Dependence, and Growth [J]. Journal of Financial Economics, 2007, 84(1): 187-228. [270]

（6）Luc Laeven, Ross Levine. Complex Ownership Structures and Corporate Valuations [J]. Review of Financial Studies, 2008, 21(2): 579-604. [226]

36. Michael L. Lemmon

犹他大学戴维埃克尔斯商学院

http://faculty. utah. edu/u0233180-Michael_Lemmon/bibliography/index. hml

1985 年获得犹他大学电气工程学士学位,1987 年获得犹他大学电气工程硕士学位, 1995 年获得犹他大学企业管理博士学位,曾任亚利桑那州立大学商学院金融学助理教授,犹他大学金融学助理教授、副教授,香港科技大学金融学客座教授,现任犹他大学金融学教授。

代表性研究成果：

（1）Michael L. Lemmon, Karl V. Lins. Ownership Structure, Corporate Governance, and Firm Value: Evidence from the East Asian Financial Crisis [J]. The Journal of Finance, 2003, 58(4): 1445-1468. [930]

（2）John R. Graham, Michael L. , Jack G. Wolf. Does Corporate Diversification Destroy Value? [J]. The Journal of Finance, 2002, 57(2): 695-720. [650]

（3）Ronald C. Anderson, Thomas W. Bates, John M. Bizjak, Michael L. Lemmon Corporate Governance and Firm Diversification [J]. Journal of Financial Economics, 2012, 103(1): 149-168. [250]

（4）Jeffrey L. Coles, Michael L. Lemmon, J. Felix Meschke. Structural Models and Endogeneity in Corporate Finance: The Link between Managerial Ownership and Corporate Performance [J]. Financial Management, 2000, 29(1): 5-22. [208]

（5）Hideaki Kiyoshi Kato, Michael L. Lemmon, Mi Luo, James Schallheim. An Empirical Examination of the Costs and Benefits of Executive Stock Options: Evidence from Japan [J]. Journal of Financial Economics, 2005, 78(2): 435-461. [139]

（6）Thomas W. Bates, David A. Becher, Michael L. Lemmon. Board Classification and Managerial Entrenchment: Evidence from the Market for Corporate Control [J]. Journal of Financial Economics, 2008, 87(3): 656-677. [109]

37. Paul H. Malatesta

华盛顿大学福斯特商学院

http://www. foster. washington. edu/centers/facultyresearch/facultyprofiles/Lists/ Faculty%20Contact%20Info/DispProfile. aspx?ID=40387081597222

1973 年获得加利福尼亚大学学士学位,1976 年获得罗彻斯特大学硕士学位,1982 年获得罗彻斯特大学博士学位,曾任科尔盖特大学经济学教师、亚利桑那州立大学访问学者,现任华盛顿大学福斯特商学院金融学教授。

代表性研究成果：

（1）Kathryn L. Dewenter, Paul H. Malatesta. State-owned and Privately Owned

Firms：An Empirical Analysis of Profitability，Leverage，and Labor Intensity [J]. The American Economic Review，2001，91(1)：320-334.[679]

(2) Jonathan M. Karpoff，Paul H. Malatest，Ralph A. Walkling. Corporate Governance and Shareholder Initiatives：Empirical Evidence [J]. Journal of Financial Economics，1996，42(3)：365-395.[561]

(3) Paul H. Malatesta. The Wealth Effect of Merger Activity and the Objective Functions of Merging Firms [J]. Journal of Financial Economics，1983，11(4)：155-181.[494]

(4) Mark R. Huson，Paul H. Malatesta，Robert Parrino. Managerial Succession and Firm Performance [J]. Journal of Financial Economics，2004，74(2)：237-275.[491]

(5) Paul H. Malatesta，Ralph A. Walkling. Poison Pill Securities：Stockholder Wealth，Profitability，and Ownership Structure [J]. Journal of Financial Economics，1988，20：347-376.[414]

(6) Kathryn L. Dewenter，Paul H. Malatesta. Public Offerings of State-Owned and Privately-Owned Enterprises：An International Comparison [J]. The Journal of Finance，1997，52(4)：1659-1679.[308]

(7) Chen Lin，Yue Ma，Paul H. Malatesta，Yuhai Xuan. Ownership Structure and the Cost of Corporate Borrowing [J]. Journal of Financial Economics，2011，100(1)：1-23.[104]

(8) Chen Lin，Yue Ma，Paul H. Malatesta，Yuhai Xuan. Corporate Ownership Structure and Bank Loan Syndicate Structure [J]. Journal of Financial Economics，2012，104(1)：1-22.[29]

38. Ralph A. Walking

德雷克塞尔大学雷柏商学院

http://www.lebow.drexel.edu/academics/departments/finance/faculty/ralphwalkling

主要研究方向为公司并购,分别于 1975 年取得陶森州立大学学士学位,1976 年取得马里兰州大学工商管理硕士学位,并于 1980 年取得博士学位。1980—1985 年期间,担任乔治亚理工大学金融助理教授。2000 年至今,担任俄亥俄州立大学金融系研究教授。

代表性研究成果：

(1) Larry H. P. Lang，Rene M. Stulz，Ralph A. Walkling. A Test of the Free Cash Flow Hypothesis：The Case of Bidder Returns [J]. Journal of Financial Economics，1991，29(2)：315-335.[901]

(2) Larry H. P. Lang，Rene M. Stulz，Ralph A. Walking. Managerial Performance，Tobin's Q，and the Gains from Successful Tender Offers [J]. Journal of Financial Economics，1989，24(1)：137-154.[847]

(3) Jonason Karpoff，Paul H. Malatesta，Ralph A. Walking. Corporate Governance and Shareholder Initiatives：Empirical Evidence [J]. Journal of Financial Economics，1996，42(3)：365-395.[561]

(4) Moon H. Song, Ralph A. Walkling. The Impact of Managerial Ownership on Acquisition Attempts and Target Shareholder Wealth [J]. Journal of Financial and Quantitative Analysis, 1993, 28(4): 439-457. [282]

(5) Rene M. Stulz, Ralph A. Walkling, Moon H. Song. The Distribution of Target Ownership and the Division of Gains in Successful Takeovers [J]. The Journal of Finance, 1990, 45(3): 817-833. [270]

(6) Anup Agrawal, Ralph A. Walkling. Executive Careers and Compensation Surrounding Takeover Bids [J]. The Journal of Finance, 1994, 49(3): 985-1014. [195]

(7) Jie Cai, Jacqueline L. Garner, Ralph A. Walkling. Electing Directors [J]. The Journal of Finance, 2009, 64(5): 2389-2421. [136]

39. Todd Mitton

美国杨百翰大学万豪商学院

http://marriottschool. byu. edu/directory/details?id=1065

1990 年获得杨百翰大学经济学学士学位,1993 年获得杨百翰大学 MBA 学位,2000 年获得麻省理工学院金融经济学博士学位,曾任杨百翰大学助理教授、副教授,现任杨百翰大学万豪商学院教授。

代表性研究成果:

(1) Todd Mitton. A Cross-Firm Analysis of the Impact of Corporate Governance on the East Asian Financial Crisis [J]. Journal of Financial Economics, 2002, 64(2): 215-241. [980]

(2) Simon Johnson, Todd Mitton. Cronyism and Capital Controls: Evidence from Malaysia [J]. Journal of Financial Economics, 2003, 67(2): 351-382. [766]

(3) Eric Friedman, Simon Johnson, Todd Mitton. Propping and Tunneling [J]. Journal of Comparative Economics, 2003, 31(4): 732-750. [507]

(4) Todd Mitton. Corporate Governance and Dividend Policy in Emerging Markets [J]. Emerging Markets Review, 2004, 5(4): 409-426. [130]

(5) Daron Acemoglu, Simon Johnson, Todd Mitton. Determinants of Vertical Integration: Financial Development and Contracting Costs [J]. The Journal of Finance, 2009, 64(3): 1251-1290. [117]

40. Chen Lin

香港中文大学工商管理学院

http://www. baf. cuhk. edu. hk/staff/academicfaculty-detail. asp?DID=4&StaffID=502

在佛罗里达大学沃灵顿管理学院获得 MBA、硕士及博士学位,研究领域为银行及金融机构、公司财务、金融监管、发展经济学等方面。曾为亚洲开发银行、香港金融服务发展委员会和世界银行提供咨询服务,现任香港中文大学工商管理学院金融学教授,同时供职于 *Journal of Comparative Economics* 和 *Journal of Financial Economic Policy* 编辑部。

代表性研究成果:

(1) Chen Lin, Yue Ma, Paul H. Malatesta. Ownership Structure and the Cost of

Corporate Borrowing [J]. Journal of Financial Economics，2011,100(1)：1-23. [104]

(2) James R. Barth，Chen Lin，Ping Lin，Frank M. Song. Corruption in Bank Lending to Firms：Cross-Country Micro Evidence on the Beneficial Role of Competition and Information Sharing [J]. Journal of Financial Economics，2009，91(3)：361-388. [77]

(3) Chen Lin，Yue Ma，Yuhai Xuan. Ownership Structure and Financial Constraints：Evidence from A Structural Estimation [J]. Journal of Financial Economics，2011，102(2)：416-431. [36]

(4) Chen Lin，Yue Ma，Paul H. Malatesta，Yuhai Xuan. Corporate Ownership Structure and Bank Loan Syndicate Structure [J]. Journal of Financial Economics，2012，104(1)：1-22. [29]

(5) Wei Shen，Chen Lin. Firm Profitability，State Ownership, and Top Management Turnover at the Listed Firms in China：A Behavioral Perspective [J]. Corporate Governance：An International Review，2009,17(4)：443-456. [26]

(6) Joel F. Houston，Chen Lin，Yue Ma. Media Ownership，Concentration and Corruption in Bank Lending [J]. Journal of Financial Economics，2011，100(2)：326-350. [24]

(7) Chen Lin，Micah S. Officer，Hong Zou. Directors' and Officers' Liability Insurance and Acquisition Outcomes [J]. Journal of Financial Economics，102(3)：507-525. [19]

(8) Chen Lin，Yue Ma，Paul H. Malatesta，Yuhai Xuan. Corporate Ownership Structure and the Choice between Bank Debt and Public Debt [J]. Journal of Financial Economics，2013，109(2)：517-534. [7]

(9) Chen Lin，Micah S. Officer，Rui Wang，Hong Zou. Directors' and Officers' Liability Insurance and Loan Spreads [J]. Journal of Financial Economics，2013，110(1)：37-60. [4]

41. Zhiguo He

芝加哥大学布斯商学院

http://faculty. chicagobooth. edu/zhiguo. he/index. html

1995—2001 年在清华大学取得金融学学士及硕士学位,2008 年获得西北大学凯洛格商学院金融学博士学位,曾任美国国家基尼研究局教员研究员、芝加哥大学布斯商学院助理教授,2012 年至今任布斯商学院副教授。

代表性研究成果：

(1) Zhiguo He，Peter DeMarzo，Michael Fishman,Neng Wang. Dynamic Agency and Q Theory of Investment [J]. The Journal of Finance，2012，67(6)：2295-2340. [93]

(2) Zhiguo He. Optimal Executive Compensation when Firm Size Follows Geometric Brownian Motion [J]. Review of Financial Studies，2009，22 (2)：859-892. [80]

(3) Zhiguo He. A Model of Dynamic Compensation and Capital Structure [J].

Journal of Financial Economics，2011,100(2)：351-366.[34]

(4) Zhiguo He. Dynamic Compensation Contracts with Private Savings [J]. Review of Financial Studies，2012，25(5)：1494-1549.[29]

(5) Zhiguo He，Wei Xiong. Delegated Asset Management，Investment Mandates，and Capital Immobility [J]. Journal of Financial Economics，2013，107(2)：239-258.[17]

（三）股东治理方面知名学者

42. Stijn Claessens

国际货币基金组织和世界银行

http://www.imf.org/external/np/cv/AuthorCV.aspx?AuthID=136

1984 年获得伊拉斯姆斯大学硕士学位,1986 年获得宾夕法尼亚大学沃顿商学院企业经济学博士学位,曾任职于纽约大学商学院,在世界银行工作 14 年,后任职于阿姆斯特丹大学做国际金融政策教授,现任国际货币基金组织研究部助理主任、国际货币基金组织经济评论助理编辑、世界银行经济评论以及 *Journal of Financial Services Research* 编辑。

代表性研究成果：

(1) Stijn Claessens，Simeon Djankov，Larry H. P. Lang. The Separation of Ownership and Control in East Asian Corporations [J]. Journal of Financial Economics，2000，58(1)：81-112.[3 758]

(2) Stijn Claessens， Simeon Djankov， Joseph P. H. Fan， Larry H. P. Lang Disentangling the Incentive and Entrenchment Effects of Large Shareholdings [J]. The Journal of Finance，2002，57(6)：2741-2771.[2 448]

(3) Stijn Claessens， Luc Laeven. Financial Development，Property Rights，and Growth [J]. The Journal of Finance，58(6)：2401-2436.[540]

(4) Stijn Claessens， Simeon Djankov. Ownership Concentration and Corporate Performance in the Czech Republic [J]. Journal of Comparative Economics，1999，27(3)：498-513.[356]

(5) Stijn Claessens， Joseph P. H. Fan. Corporate Governance in Asia：A Survey [J]. International Review of Finance，2002，3(2)：71-103.[438]

(6) Stijn Claessens，Erik Feijen，Luc Laeven. Political Connections and Preferential Access to Finance：The Role of Campaign Contributions [J]. Journal of Financial Economics，2008，88(3)：554-580.[416]

43. Simon Johnson

麻省理工学院斯隆管理学院

http://mitsloan.mit.edu/faculty/detail.php?in_spseqno=41226

拥有来自牛津大学的经济学和政治学学士学位,曼彻斯特大学经济学硕士学位,美国麻省理工学院经济学博士学位。任职于麻省理工学院的斯隆管理学院,担任教授职务。同时也是华盛顿彼得森国际经济研究所高级研究员。

代表性研究成果：

(1) Simon Johnson, Rafael La Porta, Florencio Lopez-de-Silanes, Andrei Shleifer.

Tunnelling［J］．The American Economic Review，2000，90(2)：22-27．［2 455］

(2) Simon Johnson，Peter Booneb，Alasdair Breach，Eric Friedman．Corporate Governance in the Asian Financial Crisis［J］．Journal of Financial Economics，2000，58(1-2)：141-186．［1 370］

(3) Eric Friedman，Simon Johnsona，Todd Mitton．Propping and Tunneling［J］．Journal of Comparative Economics，2003，31(4)：732-750．［507］

44. Mara Faccio

普渡大学克兰纳特管理学院

http://www.krannert.purdue.edu/faculty/mfaccio/home.asp

1971 年出生，1994 年获得 Università di Pavia 大学经济学学士学位，1995 年获得会计与金融学硕士学位，1997 年获得伦敦城市大学商学院哲学硕士学位，1999 年获得米兰圣心天主教大学金融学博士学位。曾任圣心天主教大学金融学助理教授、圣母大学金融学助理教授，曾任范德堡大学金融学助理教授、副教授，现任普渡大学克兰纳特管理学院金融学教授。

代表性研究成果：

(1) Mara Faccio，Larry H. P. Lang．The Ultimate Ownership of Western European Corporations［J］．Journal of Financial Economics，2002，65(3)：365-395．［2 423］

(2) Mara Faccio．Politically Connected Firms［J］．The American Economic Review，2006，96(1)：369-386．［1 222］

(3) Mara Faccio，Larry H. P. Lang，Leslie Young．Dividends and Expropriation ［J］．The American Economic Review，2001，91(1)：54-78．［1 126］

(4) Mara Faccio，Ronald W. Masulis，John J. McConnell．Political Connections and Corporate Bailouts［J］．The Journal of Finance，2006，61(6)：2597-2635．［682］

(5) Bernardo Bortolotti，Mara Faccio．Government Control of Privatized Firms［J］．Review of Financial Studies，2009，22(8)：2907-2939．［125］

(6) Mara Faccio．Differences between Politically Connected and Nonconnected Firms：A Cross-Country Analysis［J］．Financial Management，2010，39(3)：905-928．［101］

(7) Mara Faccio，Maria-Teresa Marchica，Roberto Mura．Large Shareholder Diversification and Corporate Risk-taking ［J］．Review of Financial Studies，2011，24(11)：3601-3641．［65］

(8) Lorenzo Caprio，Mara Faccio，John J. McConnell．Sheltering Corporate Assets from Political Extraction ［J］．The Journal of Law，Economics，and Organization，2013，29(2)：332-354．［38］

（四）董事会治理方面知名学者

45. Michael S. Weisbach

俄亥俄州立大学菲舍尔商学院

http://fisher.osu.edu/fin/faculty/weisbach/

1983 年获得密西根州立大学数学学士学位，1988 年获得麻省理工学院经济学博士学位，曾任罗彻斯特大学西门商学院副教授、亚利桑那大学商业和公共管理学院教授、芝加哥大学商学院客座教授、伊利诺斯州大学公司法律系教授、金融学教授,现任俄亥俄州立大学金融学教授。

代表性研究成果:

(1) Michael S. Weisbach. Outside Directors and CEO Turnover [J]. Journal of Financial Economics, 1988, 20: 431-460. [3 443]

(2) Benjamin E. Hermalin, Michael S. Weisbach. Boards of Directors as an Endogenously Determined Institution: A Survey of the Economic Literature [J]. Economic Policy Review, 2003, 9(1): 7-26. [2 142]

(3) Benjamin E. Hermalin, Michael S. Weisbach. The Effects of Board Composition and Direct Incentives on Firm Performance [J]. Financial Management, 1991, 20 (4): 101-112. [1 714]

(4) Benjamin E. Hermalin, Michael S. Weisbach. Endogenously Chosen Boards of Directors and Their Monitoring of the CEO [J]. The American Economic Review, 1998, 88(1): 96-118. [1 623]

(5) Benjamin E. Hermalin, Michael S. Weisbach. The Determinants of Board Composition [J]. The RAND Journal of Economics, 1988, 19(4): 589-606. [1 220]

(6) William Jr. Reese, Michael S. Weisbach. Protection of Minority Shareholder Interests, Cross-listings in the United States, and Subsequent Equity Offerings [J]. Journal of Financial Economics, 2002, 66(1): 65-104. [767]

(7) Willard T. Carleton, James M. Nelson, Michael S. Weisbach. The Influence of Institutions on Corporate Governance through Private Negotiations: Evidence from TIAA-CREF[J]. The Journal of Finance, 1998, 53(4): 1335-1362. [550]

(8) Renee B. Adams, Benjamin E. Hermalin, Michael S. Weisbach. The Role of Boards of Directors in Corporate Governance: A Conceptual Framework and Survey [J]. Journal of Economic Literature, 2010, 48(1): 58-107. [545]

(9) Michael S. Weisbach. CEO Turnover and the Firm's Investment Decisions [J]. Journal of Financial Economics, 1995, 37(2): 159-188. [301]

(10) Robert Parrino, Michael S. Weisbach. Measuring Investment Distortions Arising from Stockholder-bondholder Conflicts [J]. Journal of Financial Economics, 1999, 53(1): 3-42. [283]

(11) Lucian A. Bebchuk, Michael S. Weisbach. The State of Corporate Governance Research [J]. Review of Financial Studies, 2010, 23(3): 939-961. [159]

(12) Benjamin E. Hermalin, Michael S. Weisbach. Information Disclosure and Corporate Governance [J]. The Journal of Finance, 2012, 67(1): 195-233. [110]

46. Benjamin E. Hermalin

加州大学伯克利分校哈斯商学院

http://faculty.haas.berkeley.edu/hermalin/

1984 年获得普林斯顿大学经济学学士学位,1988 年获得麻省理工学院博士学位,同年进入加州大学伯克利分校经济系和哈斯商学院任助理教授,1998 年成为全职教授,曾担任加州大学伯克利分校哈斯商学院副院长、加州大学经济系主席,2006 年至今任加州大学哈斯商学院金融学教授,同时是 *RAND Journal of Economics* 的主编。

代表性研究成果:

(1) Benjamin E. Hermalin, Michael S. Weisbach. Boards of Directors as an Endogenously Determined Institution: A Survey of the Economic Literature [J]. Economic Policy Review, 2003, 9(1): 7-26. [2 142]

(2) Benjamin E. Hermalin, Michael S. Weisbach. The Effects of Board Composition and Direct Incentives on Firm Performance [J]. Financial Management, 1991, 20 (4): 101-112. [1 714]

(3) Benjamin E. Hermalin, Michael S. Weisbach. Endogenously Chosen Boards of Directors and Their Monitoring of the CEO [J]. The American Economic Review, 1998, 88(1): 96-118. [1 623]

(4) Benjamin E. Hermalin, Michael S. Weisbach. The Determinants of Board Composition [J]. The RAND Journal of Economics, 1988, 19(4): 589-606. [1 220]

(5) Benjamin E. Hermalin. Trends in Corporate Governance [J]. The Journal of Finance, 2005, 60(5): 2351-2384. [347]

(6) Renee B. Adams, Benjamin E. Hermalin, Michael S. Weisbach. The Role of Boards of Directors in Corporate Governance: A Conceptual Framework and Survey [J]. Journal of Economic Literature, 2010, 48(1): 58-107. [545]

47. Dan R. Dalton

印第安纳大学凯利商学院

http://kelley. iu. edu/facultyglobal/directory/FacultyProfile. cfm?id=8763

1969 年获得美国加州州立大学长滩分校学士学位,1975 年获得加州州立大学长滩分校工商管理硕士学位,1979 年获得加州大学尔湾分校博士学位,现任印第安纳大学凯利商学院教授及名誉院长以及公司治理协会创始主任。

代表性研究成果:

(1) Dan R. Dalton, Catherine M. Daily, Alan E. Ellstrand. Meta-analytic Reviews of Board Composition, Leadership Structure, and Financial Performance [J]. Strategic Management Journal, 1998, 19(3): 269-290. [1 312]

(2) Catherine M. Daily, Dan R. Dalton, Albert A. Cannella Jr. Corporate Governance: Decades of Dialogue and Data [J]. Academy of Management Review, 2003, 28(3): 371-382. [1 003]

(3) Dan R. Dalton, Catherine M. Daily, Jonathan L. Johnson, Alan E. Ellstrand. Number of Directors and Financial Performance: A Meta-analysis [J]. Academy of Management, 1999, 42(6): 674-686. [801]

(4) Paula L. Rechner, Dan R. Dalton. CEO Duality and Organizational Performance: A Longitudinal Analysis Strategic [J]. Management Journal, 1991, 12(2): 155-160. [701]

(5) Catherine M. Daily, Dan R. Dalton. Bankruptcy and Corporate Governance:

The Impact of Board Composition and Structure [J]. Academy of Management Journal，1994，37(6)：1603-1617.[480]

(6) Laszlo Tihanyi, Alan E. Ellstrand, Catherine M. Daily, Dan R. Dalton. Composition of the Top Management Team and Firm International Diversification [J]. Journal of Management，2000，26(6)：1157-1177.[360]

(7) Catherine M. Daily, Dan R. Dalton. The Relationship between Governance Structure and Corporate Performance in Entrepreneurial Firms [J]. Journal of Business Venturing，1992，7(5)：375-386.[329]

48. Daniel Ferreira

伦敦政治经济学院金融系

http://www.lse.ac.uk/finance/people/profiles/danielFerreira.aspx

1992 年获得米纳斯吉拉斯州联邦大学经济学学士学位，1996 年获得天主教大学经济学硕士学位，2002 年获得芝加哥大学经济学博士学位，曾任伦敦政治经济学院管理经济学助理教授、管理与金融学副教授、金融副教授，现任伦敦政治经济学院金融学教授。

代表性研究成果：

(1) Renee B. Adams, Daniel Ferreira. A Theory of Friendly Boards[J]. The Journal of Finance，2007,62(1)：217-250.[898]

(2) Renee B. Adams, Daniel Ferreira. Women in the Boardroom and Their Impact on Governance and Performance [J]. Journal of Financial Economics，2009，94(2)：291-309.[562]

(3) Renee B. Adams, Heitor Almeida, Daniel Ferreira. Powerful CEOs and Their Impact on Corporate Performance [J]. Review of Financial Studies，2005,18(4)：1403-1432.[477]

(4) Renee B. Adams, Heitor Almeida, Daniel Ferreira. Understanding the Relationship between Founder-CEOs and Firm Performance [J]. Journal of Empirical Finance，2009,16(1)：136-150.[210]

(5) Renee B. Adams, Daniel Ferreira. One Share-one Vote：The Empirical Evidence [J]. Review of Finance，2008，12(1)：51-91.[131]

49. Renee B. Adams

新南威尔士大学澳洲商学院

http://www.asb.unsw.edu.au/schools/Pages/ReneeAdams.aspx

毕业于加州大学圣地亚哥分校，并于 1993 年和 2001 年分别取得斯坦福大学的硕士学位和芝加哥大学的博士学位。主要研究方向是金融与产业组织。现担任澳大利亚商学院的金融教授和澳洲联邦银行的金融主席。曾任欧洲公司治理协会助理研究员。

代表性研究成果：

(1) Renee B. Adams, Daniel Ferreira. A Theory of Friendly Boards [J]. The Journal of Finance，2007, 62(1)：217-250.[898]

(2) Renee B. Adams, Daniel Ferreira. Women in the Boardroom and Their Impact on

Governance and Performance [J]. Journal of Financial Economics, 2009, 94(2)：291-309. [562]

(3) Renee B. Adams, Benjamin E. Hermalin, Michael S. Weisbach. The Role of Boards of Directors in Corporate Governance: A Conceptual Framework and Survey [J]. Journal of Economic Literature, 2010, 48(1)：58-107. [545]

(4) Renee B. Adams, Heitor Almeida, Daniel Ferreira. Powerful CEOs and Their Impact on Corporate Performance [J]. The Review of Financial Studies, 2005, 18(4)：1403-1432. [477]

(5) Renee B. Adams, Heitor Almeida, Daniel Ferreira. Understanding the Relationship between Founder-CEOs and Firm Performance [J]. Journal of Empirical Finance, 2009, 16(1)：136-150. [210]

（五）经理层治理方面知名学者

50. David Yermack

纽约大学斯特恩商学院

http://people. stern. nyu. edu/dyermack/

1985 年获得哈佛大学经济学学士学位,1991 年获得哈佛商学院 MBA 学位,1993 年获得哈佛大学企业经济学硕士学位,1994 年获得哈佛大学企业经济学博士学位,现任纽约大学斯特恩商学院金融学与企业转型教授、纽约大学法学院兼职教授,以及纽约大学所罗门公司治理研究项目中心主任。

代表性研究成果：

(1) David Yermack. Higher Market Valuation of Companies with a Small Board of Directors [J]. Journal of Financial Economics, 1996, 40(2)：185-211. [3 990]

(2) David Yermack. Do Corporations Award CEO Stock Options Effectively? [J]. Journal of Financial Economics, 1995, 39(2-3)：237-269. [1 099]

(3) Philip G. Berger, Eli Ofek, David Yermack. Managerial Entrenchment and Capital Structure Decisions [J]. The Journal of Finance, 1997, 52(4)：1411-1438. [1 094]

(4) David Yermack. Good Timing: CEO Stock Option Awards and Company News Announcements [J]. The Journal of Finance, 1997, 52(2)：449-476. [902]

(5) Anil Shivdasani, David Yermack. CEO Involvement in the Selection of New Board Members: An Empirical Analysis [J]. The Journal of Finance, 1999, 54(5)：1829-1853. [781]

(6) Eli Ofek, David Yermack. Taking Stock: Equity-Based Compensation and the Evolution of Managerial Ownership[J]. The Journal of Finance, 2000, 55(3)：1367-1384. [497]

(7) David Yermack. Remuneration, Retention, and Reputation Incentives for Outside Directors [J]. The Journal of Finance, 2004, 59(5)：2281-2308. [418]

(8) Jay C. Hartzell, Eli Ofek, David Yermack. What's in It for Me? CEOs Whose Firms Are Acquired [J]. Review of Financial Studies, 2004, 17(1)：37-61. [304]

(9) Menachem Brenner，Rangarajan K. Sundaram，David Yermack. Altering the Terms of Executive Stock Options [J]. Journal of Financial Economics，2000，57 (1)：103-128. [254]

(10) David Yermack. Flights of Fancy：Corporate Jets，CEO Perquisites，and Inferior Shareholder Returns [J]. Journal of Financial Economics，2006，80(1)：211-242. [274]

(11) Rangarajan K. Sundaram，David Yermack. Pay Me Later：Inside Debt and Its Role in Managerial Compensation [J]. The Journal of Finance，2007，62(4)：1551-1588. [165]

（六）外部治理方面知名学者

51. James A. Brickley

罗彻斯特大学西蒙商学院

http：//www. simon. rochester. edu/faculty--research/faculty-directory/full-time-faculty-directory/james-a-brickley/index. aspx

分别于 1972 年、1973 年和 1982 年在俄勒冈大学获得经济学学士学位、硕士学位和博士学位，曾任犹他大学财务系副教授、罗彻斯特大学企业管理西蒙商学院副教授，现任罗彻斯特大学西蒙商学院企业管理学格里森教授、经济与管理学教授、金融学教授。

代表性研究成果：

(1) Gregg A. Jarrell，James A. Brickley，Jeffry M. Netter. The Market for Corporate Control：The Empirical Evidence since 1980 [J]. The Journal of Economic Perspectives，1988,2(1)：49-68. [1 270]

(2) James A. Brickley，Ronald C. Lease，Clifford W. Smith Jr. Ownership Structure and Voting on Antitakeover Amendments [J]. Journal of Financial Economics，1988，20：267-291. [1 076]

(3) James A. Brickley，Jeffrey L. Coles，Rory L. Terry. Outside Directors and the Adoption of Poison Pills [J]. Journal of Financial Economics，1994,35(3)：371-390. [1 012]

(4) James A. Brickley，Frederick H. Dark. The Choice of Organizational Form the Case of Franchising [J]. Journal of Financial Economics，1987,18(2)：401-420. [1 005]

(5) James A. Brickley，Jeffrey L. Coles，Gregg Jarrell. Leadership Structure：Separating the CEO and Chairman of the Board [J]. Journal of Corporate Finance，1997,3(3)：189-220. [924]

(6) James A. Brickley，Christopher M. James. The Takeover Market，Corporate Board Composition，and Ownership Structure：The Case of Banking [J]. Journal of Law and Economics，1987,30(1)：161-180. [527]

(7) James A. Brickley，James S. Linck，Jeffrey L. Coles. What Happens to CEOs after They Retire? New Evidence on Career Concerns，Horizon Problems，and CEO Incentives [J]. Journal of Financial Economics，1999,52(3)：341-377. [276]

52. Holger M. Mueller

纽约大学斯特恩商学院

http://people. stern. nyu. edu/hmueller/

在圣加伦大学获得企业管理学硕士学位和经济学博士学位,曾任纽约大学斯特恩商学院助理教授、副教授,现任纽约大学斯特恩商学院金融学教授、国民经济研究局助理研究员、经济政策研究中心研究员、欧洲公司治理协会助理研究员。

代表性研究成果:

(1) Xavier Giroud, Holger M. Mueller. Does Corporate Governance Matter in Competitive Industries? [J]. Journal of Financial Economics,2010,95(3):312-331. [229]

(2) Xavier Giroud, Holger M. Mueller. Corporate Governance, Product Market Competition, and Equity Prices [J]. The Journal of Finance, 2011,66(2):563-600. [159]

(3) Roman Inderst, Holger M. Mueller. CEO Replacement under Private Information [J]. Review of Financial Studies, 2010, 23(8):2935-2969. [46]

(七)利益相关者治理方面知名学者

53. R. Edward Freeman

弗吉尼亚大学达顿商学院

http://www. darden. virginia. edu/web/Faculty-Research/Directory/Full-time/R-Edward-Freeman/

1973 年获得杜克大学数学与哲学学士学位,1978 年获得华盛顿大学哲学博士学位,曾任宾夕法尼亚大学沃顿商学院管理系助理教授、明尼苏达大学管理学院战略管理与组织系副教授、乔治华盛顿大学教授,现任哥本哈根商学院利益相关者管理学教授、弗吉尼亚大学达顿商学院企业管理教授、达顿商学院应用伦理学奥尔森中心高级研究员、达顿商学院企业伦理圆桌会议学术主任。截至目前,其代表性著作《战略管理:利益相关者视角》(*Strategic Management:A Stakeholder Approach*)在 Google 搜索到的公开引用次数为 14 481 次。

代表性研究成果:

(1) R. Edward Freeman. Strategic Management:A Stakeholder Approach [M]. Cambridge:Cambridge University Press, 1984. [14 481]

(2) R. Edward Freeman. The Politics of Stakeholder Theory:Some Future Directions [J]. Business Ethics Quarterly, 1994, 4(4):409-421. [1 178]

(3) Jeffrey S. Harrison, R. Edward Freeman. Stakeholders, Social Responsibility, and Performance:Empirical Evidence and Theoretical Perspectives [J]. Academy of Management Journal, 1999, 42(5):479-485. [764]

(4) R. Edward Freeman. Stakeholder Theory and "The Corporate Objective Revisited" [J]. Organization Science, 2004, 15(3):364-369. [613]

(5) R. Edward Freeman, William M. Evan. Corporate Governance:A Stakeholder Interpretation [J]. Journal of Behavioral Economics, 1990, 19(4):337-359. [610]

(6) R. Edward Freeman. Divergent Stakeholder Theory [J]. Academy of Management Journal，1999，24(2)：233-236.[548]

(7) R. Edward Freeman. What Stakeholder Theory is Not [J]. Business Ethics Quarterly，2003，13(4)：479-502.[514]

(8) R. Edward Freeman，Jeffrey S Harrison，Andrew C. Wicks，Bobby Parmar，Simone de Colle. Stakeholder Theory：The State of the Art [M]. Cambridge：Cambridge University Press，2010.[409]

54. Thomas Donaldson

宾夕法尼亚大学沃顿商学院

https://lgst. wharton. upenn. edu/profile/1116/

1967 年获得堪萨斯大学商科学士学位，1976 年获得堪萨斯大学哲学博士学位，曾任芝加哥大学哲学系教授，弗吉尼亚大学企业管理教授，乔治城大学企业伦理教授，现任宾夕法尼亚大学沃顿商学院企业伦理教授、法律研究教授。

代表性研究成果：

(1) Thomas Donaldson，Lee E. Preston. The Stakeholder Theory of the Corporation：Concepts，Evidence，and Implications [J]. Academy of Management Journal，1995，20(1)：65-91.[6 038]

(2) Thomas Donaldson，Thomas W. Dunfee. Toward A Unified Conception of Business Ethics：Integrative Social Contracts Theory [J]. Academy of Management Review，1994，19(2)：252-284.[1 178]

55. Ronald K. Mitchell

康涅狄格州立大学商学院

http：//ccei. business. uconn. edu/ideaawards/ronald-k-mitchell/

主要研究方向是社会经济福利和利益相关者理论，1976 年获得卡尔加里大学学士学位，1994 年获得犹他大学工商管理博士学位，并获得管理学院的 Heizer 奖。曾担任维多利亚大学教授和犹他大学的访问教授。现任康涅狄格州立大学商学院教授。

代表性研究成果：

(1) Ronald K. Mitchell，Bradley R. Agle，Donna J. Wood. Toward a Theory of Stakeholder Identification and Salience：Defining the Principle of Who and What Really Counts [J]. Academy of Management Review，1997，22(4)：853-858.[5 757]

(2) Bradley R. Agle，Ronald K. Mitchell，Jeffrey A. Sonnenfeld. Who Matters to CEOs? An Investigation of Stakeholder Attributes and Salience，Coporate Performance，and CEO Values [J]. Academy of Management Journal，1999，42(5)：507-525.[1 129]

（八）网络与集团治理方面知名学者

56. Candace Jones

波士顿大学卡罗尔管理学院

http://www. bc. edu/content/bc/schools/csom/faculty/bios/jones. html

在史密斯学院获得学士学位，分别在犹他大学人力资源管理系和企业管理系获得硕士和博士学位,现任波士顿大学卡罗尔管理学院副教授。

代表性研究成果:

(1) Candace Jones, William S. Hesterly, Stephen P. Borgatti. A General Theory of Network Governance: Exchange Conditions and Social Mechanisms [J]. Academy of Management Review, 1997, 22(4): 911-945. [1 935]

(2) Stephen P. Borgatti, Candace Jones, Martin G. Everett. Network Measures of Social Capital [J]. Connections, 1998, 21(2): 27-36. [353]

57. Tarun Khanna

哈佛大学商学院

http://www.hbs.edu/faculty/Pages/profile.aspx?facId=6491&facInfo=pub

1988年获得普林斯顿大学电气工程与计算机科学学士学位,1993年获得哈佛大学企业经济学博士学位,现任哈佛大学企业管理学教授,同时任多家经济管理学学术期刊共同编辑。

代表性研究成果:

(1) Tarun Khanna, Krishna Palepu. Is Group Affiliation Profitable in Emerging Markets? An Analysis of Diversified Indian Business Groups [J]. The Journal of Finance, 2000, 55(2): 867-891. [1 322]

(2) Tarun Khanna, Jan W. Rivkin. Estimating the Performance Effects of Business Groups in Emerging Markets [J]. Strategic Management Journal, 2001, 22(1): 45-74. [814]

(3) Tarun Khanna, Krishna Palepu. The Future of Business Groups in Emerging Markets: Long-Run Evidence from Chile [J]. Academy of Management Journal, 2000, 43(3): 268-285. [709]

(九) 公司治理与股价关系方面知名学者

58. Paul A. Gompers

哈佛大学商学院

http://www.hbs.edu/faculty/Pages/profile.aspx?facId=6463

1987年获得哈佛大学学士学位,1993年获得牛津大学经济学硕士学位,1993年获得哈佛大学企业经济学博士学位,曾任芝加哥商学院金融学助理教授,现任哈佛大学商学院教授。

代表性研究成果:

(1) Paul A. Gompers, Joy Ishii, Andrew Metrick. Corporate Governance and Equity Prices [J]. The Quarterly Journal of Economics, 2003, 118 (1): 107-156. [4 378]

(2) Paul A. Gompers, Andrew Metrick. Institutional Investors and Equity Prices [J]. The Quarterly Journal of Economics, 2001, 116(1): 229-259. [1 358]

(3) Paul A. Gompers. Grandstanding in the Venture Capital Industry [J]. Journal of Financial Economics, 1996, 42(1): 133-156. [989]

(4) Malcolm Baker, Paul A. Gompers. The Determinants of Board Structure at the Initial Public Offering [J]. Journal of Law and Economics, 2003, 46(2): 569-

598.［402］

(5) Paul A. Gompers, Joy Ishii, Andrew Metrick. Extreme Governance: An Analysis of Dual-class Firms in the United States [J]. Review of Financial Studies, 2010, 23(3): 1051-1088. ［240］

59. Andrew Metrick

耶鲁大学管理学院

http://mba.yale.edu/faculty/profiles/metrick.shtml

1989 年获得耶鲁大学硕士学位,1994 年获得哈佛大学经济学博士学位,曾在沃顿商学院金融系及哈佛大学经济系任教,2008 年至今任耶鲁大学管理学院金融学教授,2009—2010 年曾在华盛顿经济顾问委员会任职。

代表性研究成果:

(1) Paul A. Gompers, Joy Ishii, Andrew Metrick. Corporate Governance and Equity Prices [J]. The Quarterly Journal of Economics, 2003, 118 (1): 107-156. ［4 378］

(2) Paul A. Gompers, Andrew Metrick. Institutional Investors and Equity Prices [J]. The Quarterly Journal of Economics, 2001, 116 (1): 229-259. ［1 358］

60. K. J. Martijn Cremers

美国圣母大学门多萨商学院

http://business.nd.edu/MartijnCremers/

1997 年获得埃姆斯自由大学计量经济学硕士学位,2002 年获得纽约大学金融系博士学位,曾任耶鲁大学管理学院助理教授、副教授,现任美国圣母大学金融学教授。主要研究领域有资产定价、公司治理、共同基金、投资管理等方面。

代表性研究成果:

(1) K. J. Martijn Cremers, Vinay B. Nair. Governance Mechanisms and Equity Prices [J]. The Journal of Finance, 2005, 60(6): 2859-2894. ［786］

(2) K. J. Martijn Cremers, Vinay B. Nair, Chenyang Wei. Governance Mechanisms and Bond Prices [J]. Review of Financial Studies, 2007, 20(5): 1359-1388. ［145］

(3) K. J. Martijn Cremers, Vinay B. Nair, Kose John. Takeovers and the Cross-section of Returns [J]. Review of Financial Studies, 2009, 22(4): 1409-1445. ［85］

(4) K. J. Martijn Cremers, Joost Driessen, Pascal Maenhout, David Weinbaum. Does Skin in the Game Matter? Director Incentives and Governance in the Mutual Fund Industry [J]. Journal of Financial and Quantitative Analysis, 2009, 44(6): 1345-1373. ［71］

(十) 会计研究视角方面知名学者

61. David F. Larcker

斯坦福大学工商管理研究生院

http://www.gsb.stanford.edu/users/dlarcker

1972 年获得密苏里大学罗拉分校机械工程学学士学位,1974 年获得密苏里大学罗拉分校工程管理硕士学位,1978 年获得堪萨斯大学会计学博士学位,曾任沃顿商学院会计学教授,现任斯坦福大学工商管理研究生院会计学教授。

代表性研究成果:

(1) John E. Core, Robert W. Holthausen, David F. Larcker. Corporate Governance, Chief Executive Officer Compensation, and Firm Performance [J]. Journal of Financial Economics, 1999, 51(3): 371-406. [2 561]

(2) Richard A. Lambert, David F. Larcker. An Analysis of the Use of Accounting and Market Measures of Performance in Executive Compensation Contracts [J]. Journal of Accounting Research, 1987, 25: 85-125. [839]

(3) Richard A. Lambert, David F. Larcker, Robert E. Verrecchia. Portfolio Considerations in Valuing Executive Compensation [J]. Journal of Accounting Research, 1991, 29(1): 129-149. [702]

(4) Christopher D. Ittner, David F. Larcker, Madhav V. Rajan. The Choice of Performance Measures in Annual Bonus Contracts [J]. The Accounting Review, 1997, 72(2): 231-255. [685]

(5) Christopher D. Ittner, David F. Larcker. Coming up Short on Nonfinancial Performance Measurement [J]. Harvard business review, 2003, 81(11): 88-95. [624]

(6) David F. Larcker, Scott A. Richardson. Fees Paid to Audit Firms, Accrual Choices, and Corporate Governance [J]. Journal of Accounting Research, 2004, 42(3): 625-658. [541]

(7) David F. Larcke, Scott A. Richardson, A. Irem Tuna. Corporate Governance, Accounting Outcomes, and Organizational Performance [J]. The Accounting Review, 2007, 82(4): 963-1008. [492]

(8) John E. Core, David F. Larcker. Performance Consequences of Mandatory Increases in Executive Stock Ownership [J]. Journal of Financial Economics, 2002, 64(3): 317-340. [286]

(9) John E. Core, Wayne Guay, David F. Larcker. The Power of the Pen and Executive Compensation [J]. Journal of Financial Economics, 2008, 88(1): 1-25. [229]

62. Robert W. Holthausen

宾夕法尼亚大学沃顿商学院

https://accounting. wharton. upenn. edu/profile/408/

1965—1969 年就读与圣劳伦斯大学。1971 年获得罗切斯特工商管理硕士学位。1979 年获得罗彻斯特大学博士学位。主要研究方向是会计选择对组织结构影响、信息对价格影响、组织结构对财务绩效影响以及管理补偿和估值问题。现担任野村证券公司会计部门主席、沃顿商学院教授,曾担任芝加哥大学商学院教授。

代表性研究成果:

(1) John E. Core, Robert W. Holthausen, David F. Larcker. Corporate Governance, Chief Executive Officer Compensation, and Firm Performance [J]. Journal of Financial Economics, 1999, 51(3): 371-406. [2 561]

(2) Robert W. Holthausen, Ross L. Watts. The Relevance of the Value-Relevance Literature for Financial Accounting Standard Setting [J]. Journal of Accounting and Economics, 2001, 31(1-3): 3-75.[1 227]

(3) Robert W. Holthausen, Richard W. Leftwich. The Economic Consequences of Accounting Choice Implications of Costly Contracting and Monitoring [J]. Journal of Accounting and Economics, 1983, 5: 77-117.[598]

63. John E. Core

麻省理工学院斯隆管理学院

http://mitsloan. mit. edu/faculty/detail. php?in_spseqno=50041

1983 年获得耶鲁大学硕士学位,1995 年获得宾夕法尼亚大学沃顿商学院博士学位,曾任宾夕法尼亚大学会计学教授,现任麻省理工学院斯隆管理学院教授、南洋理工大学会计学教授,主要研究领域为管理层薪酬水平、经营者持股及期权激励、公司治理、非营利组织治理以及信息披露和资本成本等方面。

代表性研究成果:

(1) John E. Core, Robert W. Holthausen, David F. Larcker. Corporate Governance, Chief Executive Officer Compensation, and Firm Performance [J]. Journal of Financial Economics,1999, 51(3): 371-406.[2 561]

(2) John E. Core, Wayne R. Guay. Stock Option Plans for Non-executive Employees [J]. Journal of Financial Economics, 2001, 61(2): 253-287.[558]

(3) John E. Core, Wayne R. Guay, Tjomme O. Rusticus. Does Weak Governance Cause Weak Stock Returns? An Examination of Firm Operating Performance and Investors' Expectations [J]. The Journal of Finance, 2006, 61(2): 655-687. [548]

(4) John E. Core. A Review of the Empirical Disclosure Literature: Discussion [J]. Journal of Accounting and Economics, 2001, 31(1-3): 441-456.[457]

(5) John E. Core, David F. Larcker. Performance Consequences of Mandatory Increases in Executive Stock Ownership [J]. Journal of Financial Economics, 2002, 64(3): 317-340.[286]

(6) John E. Core, Wayne R. Guay, David F. Larcker. The Power of the Pen and Executive Compensation [J]. Journal of Financial Economics, 2008, 8(1): 1-25. [229]

64. Mark S. Beasley

北卡罗莱纳州立大学管理普尔学院

http://www. poole. ncsu. edu/index-exp. php/directory/dossier/mark-beasley/

1994 年获得密歇根州立大学博士学位,现任北卡罗莱纳州立大学管理普尔学院会计系企业风险管理教授。

代表性研究成果:

(1) Mark S. Beasley. An Empirical Analysis of the Relation between the Board of Director Composition and Financial Statement Fraud [J]. The Accounting Review, 1996, 71(4): 443-465.[2 430]

（2）Mark S. Beasley，Joseph V. Carcello，Dana R. Hermanson，Paul D. Lapides. Fraudulent Financial Reporting：Consideration of Industry Rraits and Corporate Governance Mechanisms［J］. Accounting Horizons，2000，14（4）：441-454.［552］

（3）Mark S. Beasley, Steven E. Salterio. The Relationship between Board Characteristics and Voluntary Improvements in Audit Committee Composition and Experience ［J］. Contemporary Accounting Research，2001，18(4)：539-570.［246］

（4）Mark S. Beasley，Kathy R. Petroni. Board Independence and Audit-firm Type ［J］. A Journal of Practice & Theory，2001，20(1)：97-114.［159］

65. David M. Reeb

天普大学福克斯商学院

http://astro. temple. edu/~dreeb/

1990 年获得路易斯安那州立大学艺术学士学位，1992 年获得乔治亚州立大学科学硕士学位，1996 年获得南卡罗来纳大学企业管理博士学位，现任天普大学福克斯商学院会计学教授、金融学教授。

代表性研究成果：

（1）Ronald C. Anderson，David M. Reeb. Founding-family Ownership and Firm Performance：Evidence from the S&P 500 ［J］. The Journal of Finance，2003，58（3）：1301-1327.［2 258］

（2）Ronald C. Anderson，Sattar A. Mansi，David M. Reeb. Founding Family Ownership and the Agency Cost of Debt ［J］. Journal of Financial Economics，2003，68(2)：263-285.［900］

（3）Ronald C. Anderson，Sattar A. Mansi，David M. Reeb. Board Characteristics，Accounting Report Integrity，and the Cost of Debt ［J］. Journal of Accounting and Economics，2004，37(3)：315-342.［662］

（4）Ronald C. Anderson，David M. Reeb. Board Composition：Balancing Family Influence in S&P 500 Firms ［J］. Administrative Science Quarterly，2004，49（2）：209-237.［486］

（5）Ronald C. Anderson，David M. Reeb. Founding-Family Ownership，Corporate Diversification，and Firm Leverage ［J］. Journal of Law and Economics，2003，46（2）：653-684.［312］

66. Abbie J. Smith

芝加哥大学布斯商学院

http://www. chicagobooth. edu/faculty/directory/s/abbie-j-smith

主要研究方向为公司治理和透明度，分别于 1975 年、1979 年及 1981 年在康奈尔大学获得学士学位、会计与财务工商管理硕士学位及会计博士学位，现任芝加哥大学布斯商学院会计学教授，同时任 Ryder 系统公司、HNI 公司、Dimensional 基金以及总部位于芝加哥的瑞银基金的董事。

代表性研究成果：

（1）Robert M. Bushmana，Abbie J. Smith. Financial Accounting Information and

Corporate Governance ［J］. Journal of Accounting and Economics，2001，32(1-3)：237-333.［1 500］

(2) Robert M. Bushmana，Joseph D. Piotrosi，Abbie J. Smith. What Determines Corporate Transparency? ［J］. Journal of Accounting Research，2004，42(2)：207-252.［960］

(3) Abbie J. Smith. Corporate Ownership Structure and Performance：The Case of Management Buyouts ［J］. Journal of Financial Economics，1990，27(1)：143-164.［574］

67. Robert M. Bushman

北卡罗莱纳大学克南—弗拉格勒商学院

http://www. kenan-flagler. unc. edu/faculty/directory/accounting/robert-bushman

他取得了明尼苏达大学的博士学位和俄亥俄大学学士学位，主要研究方向是财务会计、会计披露、破产、资本市场、资本结构和公司管理等。先后在芝加哥大学任助理教授和副教授，曾就职于安达信公司、TransUnion 公司。目前一直担任 *Journal of Accounting Research*、*Management Science* 杂志的副主编。

代表性研究成果：

(1) Robert M. Bushman，Abbie J. Smith. Financial Accounting Information and Corporate Governance ［J］. Journal of Accounting and Economics，2001，32(1-3)：237-333.［1 500］

(2) Robert M. Bushman，Joseph D. Piotroski，Abbie J. Smith. What Determines Corporate Transparency? ［J］. Journal of Accounting Research，2004，42(2)：207-252.［960］

(3) Robert M. Bushman，Raffi J. Indjejikian，Abbie J. Smith. CEO Compensation：The Role of Individual Performance Evaluation ［J］. Journal of Accounting and Economics，1996，21(2)：161-193.［367］

68. Wayne R. Guay

宾夕法尼亚大学沃顿商学院

https：//accounting. wharton. upenn. edu/profile/406/

1989 年获得克拉克森大学工程管理学士学位，1993 年获得西北大学企业管理硕士学位，1996 年和 1998 年获得罗彻斯特大学西蒙商学院企业管理及应用经济学硕士学位和会计学博士学位，曾任宾夕法尼亚大学沃顿商学院会计学助理教授、副教授，现任宾夕法尼亚大学沃顿商学院会计学教授。

代表性研究成果：

(1) Wayne R. Guay，S. P. Kothari，Ross L. Watts. A Market-Based Evaluation of Discretionary Accrual Models ［J］. Journal of Accounting Research，1996，34：83-105.［710］

(2) Wayne R. Guay. The Sensitivity of CEO Wealth to Equity Risk：An Analysis of the Magnitude and Determinants ［J］. Journal of Financial Economics，1999，53(1)：43-71.［688］

(3) John E. Core，Wayne R. Guay. Stock Option Plans for Non-Executive

Employees [J]. Journal of Financial Economics，2001，61(2)：253-287.[558]

(4) John E. Core，Wayne R. Guay，Tjomme O. Rusticus. Does Weak Governance Cause Weak Stock Returns? An Examination of Firm Operating Performance and Investors' Expectations [J]. The Journal of Finance，2006，61(2)：655-687. [548]

(5) John E. Core，Wayne R. Guay，Robert E. Verrecchia. Price versus Non-Price Performance Measures in Optimal CEO Compensation Contracts [J]. The Accounting Review，2003，78(4)：957-981.[211]

(6) Christopher S. Armstrong，Wayne R. Guay，Joseph P. Weber. The Role of Information and Financial Reporting in Corporate Governance and Debt Contracting [J]. Journal of Accounting and Economics，2010，50(2-3)：179-234.[204]

69. Qi Chen

杜克大学福库商学院

http://www. fuqua. duke. edu/faculty_research/faculty_directory/chen_qi/

1993 年获得武汉大学经济学学士学位,1996 年获得马里兰大学经济学硕士学位, 2001 年获得芝加哥大学商学院会计学博士,曾任杜克大学企业管理助理教授、副教 授,现任杜克大学企业管理教授、清华大学公司治理研究中心副主任、清华大学会计 客座教授。

代表性研究成果：

(1) Robert Bushman，Qi Chen，Ellen Engel，Abbie J. Smith. Financial Accounting Information，Organizational Complexity and Corporate Governance Systems [J]. Journal of Accounting and Economics，2004，37(2)：167-201.[527]

(2) Qi Chen，Itay Goldstein，Wei Jiang. Payoff Complementarities and Financial Fragility：Evidence from Mutual Fund Outflows [J]. Journal of Financial Economics，2010，97(2)：239-262.[114]

(3) Qi Chen，Itay Goldstein，Wei Jiang. Directors' Ownership in the US Mutual Fund Industry [J]. The Journal of Finance，2008，63(6)：2629-2678.[52]

(4) Qi Chen，X. Chen，K. Schipper，Y. Xu，J. Xue. The Sensitivity of Cash Holdings to Corporate Governance：Evidence from China [J]. Review of Financial Studies，2012，25 (12)：3610-3644.[12]

(5) Qi Chen，T. Hemmer，Y. Zhang. On the Use of Loose Monitoring in Agencies [J]. Review of Accounting Studies，2011，16(2)：328-354.[3]

（十一）法律研究视角方面知名学者

70. Andrei Shleifer

哈佛大学经济学院

http://scholar. harvard. edu/shleifer

1961 年出生于俄罗斯,于 1982 年获得哈佛大学本科学位,1986 年获得麻省理工学院 博士学位,曾任普林斯顿大学助理教授、芝加哥大学商学研究所金融与企业经济学 助理教授和教授,1991 年至今任哈佛大学经济系琼斯讲座教授。施莱弗的研究方向是公司财务、资本市场、宏观经济学、转型经济学和俄罗斯经济。曾任 *The Quarterly Journal of Economics* 编辑、*The Journal of Finance* 副主编,现任 *Journal of Financial Economics* 顾问编辑、国民经济研究局研究员,美国艺术与科学学院院士、计量经济学会会员。1999 年获美国经济学会克拉克奖。2000 年获 *The Journal of Finance* 授予的关于公司金融和组织的詹森奖(Jensen Prize)。截至目前,其代表性论文"*Law and Finance*"在 Google 搜索到的公开引用次数为 12 801 次,"*A Survey of Corporate Governance*"在 Google 搜索到的公开引用次数为 11 200 次。

代表性研究成果:

(1) Rafael La Porta, Florencio Lopez-de-Silanes, Andrei Shleifer, Robert W. Vishny. Law and Finance [J]. Journal of Political Economy, 1998, 106(6): 1113-1155. [12 801]

(2) Andrei Shleifer, Robert W. Vishny. A Survey of Corporate Governance [J]. The Journal of Finance, 1997, 52(2): 737-783. [11 200]

(3) Rafael La Porta, Florencio Lopez-de-Silanes, Andrei Shleifer. Corporate Ownership around the World [J]. The Journal of Finance, 1999, 54(2): 471-517. [8 242]

(4) Rafael La Porta, Floencio Lopez-de-Silanes, Andrei Shleifer, Robert W. Vishny. Legal Determinants of External Finance [J]. The Journal of Finance, 1997, 52(3): 1131-1150. [6 678]

(5) Randall Morck, Andrei Shleifer, Robert W. Vishny. Management Ownership and Market Valuation: An Empirical Analysis [J]. Journal of Financial Economics, 1988, 20(6-7): 293-315. [6 264]

(6) Andrei Shleifer, Robert W. Vishny. Large Shareholders and Corporate Control [J]. The Journal of Political Economy, 1986, 94(3): 461-488. [5 960]

(7) Rafael La Porta, Florencio Lopez-de-Silanes, Andrei Shleifer, Robert W. Vishny. Investor Protection and Corporate Governance [J]. Journal of Financial Economics, 2000, 58(1-2): 3-27. [4 922]

(8) Florencio Lopez-de-Silanes, Robert W. Vishny, Andrei Shleifer. Agency Problems and Dividend Policies around the World [J]. The Journal of Finance, 2000, 60(1): 1-33. [1 826]

(9) Andrei Shleifer, Robert W. Vishny. Management Entrenchment: The Case of Manager-specific Investments [J]. Journal of Financial Economics, 1989, 25(1): 123-139. [1 672]

(10) Randall Morck, Andrei Shleifer, Robert W. Vishny. Do Managerial Objectives Drive Bad Acquisitions? [J]. The Journal of Finance, 1990, 45(1): 31-48. [1 743]

(11) Rafael La Porta, Florencio Lopez-de-Silanes, Andrei Shleifer. Government Ownership of Banks [J]. The Journal of Finance, 2002, 57(1): 265-301. [1 525]

71. Robert W. Vishny

芝加哥大学布斯商学院

http://www.chicagobooth.edu/faculty/directory/v/robert-w-vishny

1981 年获得密歇根大学文学学士。1985 年获得麻省理工学院经济学博士学位。2008 年,获得西北大学咨询心理学硕士学位。维什尼与施莱弗都关注俄罗斯的经济改革问题。1998 年,他们出版的著作《掠夺之手》(*Grabbing Hand*),成为研究寻租、腐败和政府治理研究领域的经典之作。如今,担任芝加哥大学布斯商学院利切尔讲座教授。曾担任 LSV 资产管理公司的创始合伙人。

代表性研究成果:

(1) Rafael La Porta, Florencio Lopez-de-Silanes, Andrei Shleifer, Robert W. Vishny. Law and Finance [J]. Journal of Political Economy, 1998, 106 (6): 1113-1155. [12 801]

(2) Andrei Shleifer, Robert W. Vishny. A Survey of Corporate Governance [J]. The Journal of Finance, 1997, 52(2): 737-783. [11 200]

(3) Rafael La Porta, Florencio Lopez-de-Silanes, Andrei Shleifer, Robert W. Vishny. Legal Determinants of External Finance [J]. The Journal of Finance, 1997, 52 (3): 1131-1150. [6 678]

(4) Randall Morck, Andrei Shleifer, Robert W. Vishny. Management Ownership and Market Valuation: An Empirical Analysis [J]. Journal of Financial Economics, 1988, 20(1-3): 293-315. [6 264]

(5) Andrei Shleifer, Robert W. Vishny. Large Shareholders and Corporate Control [J]. Journal of Political Economy, 1986, 94(3): 461-488. [5 960]

(6) Andrei Shleifer, Robert W. Vishny. Corruption [J]. The Quarterly Journal of Economics, 1993, 108(3): 599-617. [3 609]

(7) Andrei Shleifer, Robert W. Vishny. Politicians and Firms [J]. The Quarterly Journal of Economics, 1994, 109(4): 995-1025. [2 230]

(8) Andrei Shleifer, Robert W. Vishny. Management Entrenchment: The Case of Manager-Specific Investments [J]. Journal of Financial Economics, 1989, 25 (1): 123-139. [1 672]

(9) Randall Morck, Andrei Shleifer, Robert W. Vishny. Do Managerial Objectives Drive Bad Acquisitions? [J]. The Journal of Finance, 1990, 45(1): 31-48. [1 743]

(10) Randall Morck, Andrei Shleifer, Robert W. Vishny. Alternative Mechanisms for Corporate Control [J]. The American Economic Review, 1989, 79(4): 842-852. [810]

(11) Andrei Shleifer, Robert W. Vishny. The Grabbing Hand: Government Pathologies and Their Cures [M]. Cambridge: Harvard University Press, 2002. [1 257]

72. Rafael La Porta

达特茅斯大学塔克商学院

http://mba.tuck.dartmouth.edu/pages/faculty/rafael.laporta/

1985 年获得阿根廷国家科技大学经济学学士学位,1994 年获得哈佛大学经济学硕士、博士学位。1994 年博士毕业后留校任教,研究兴趣主要集中在基于国际视角的投资者保护和公司治理。2003 年以来一直任达特茅斯大学塔克商学院教授和国民经济研究局研究员。

代表性研究成果：

(1) Rafael La Porta, Florencio Lopez-de-Silanes, Andrei Shleifer, Robert W. Vishny. Law and Finance [J]. Journal of Political Economy, 1998, 106(6): 1113-1155. [12 801]

(2) Rafael La Porta, Florencio Lopez-de-Silanes, Andrei Shleifer, Robert W. Vishny. Investor Protection and Corporate Governance [J]. Journal of Financial Economics, 2000, 58(1-2): 3-27. [4 922]

(3) Rafael La Porta, Florencio Lopez-de-Silanes, Andrei Shleifer, Robert W. Vishny. Investor Protection and Corporate Valuation [J]. The Journal of Finance, 2002, 57(3): 1147-1170. [2 882]

(4) Simon Johnson, Rafael La Porta, Florencio Lopez-de-Silanes, Andrei Shleifer. Tunnelling [J]. The American Economic Review, 2000, 90(2): 22-27. [2 455]

(5) Rafael La Porta, Andrei Shleifer, Florencio Lopez-de-Silanes. Government Ownership of Banks [J]. The Journal of Finance, 2002, 57(1): 265-301. [1 525]

(6) Simeon Djankov, Edward Glaeser, Rafael La Porta, Florencio Lopez-de-Silanes, Andrei Sheifer. The New Comparative Economics [J]. Journal of Comparative Economics, 2003, 31(4): 595-619. [872]

(7) Rafael La Porta, Florencio Lopez-de-Silanes. The Benefits of Privatization: Evidence from Mexico [J]. The Quarterly Journal of Economics, 1999, 144(4): 1193-1242. [706]

73. Florencio Lopez-de-Silanes

法国高等商学院

http://faculty-research. edhec. com/faculty-researchers/accounting-law-finance-and-economics/professor-florencio-lopez-de-silanes-ph-d-introduction-116929. kjsp

西拉内斯生于墨西哥，1989 年毕业于墨西哥 ITAM 大学，1991 年获得哈佛大学经济学硕士学位，1993 年获得哈佛大学经济学博士学位，1993 年博士毕业返回墨西哥执教，然后曾在哈佛大学、耶鲁大学和阿姆斯特丹大学任教，2005 年开始至今任法国高等商学院金融与治理教授。

代表性研究成果：

(1) Rafael La Porta, Florencio Lopez-de-Silanes, Andrei Shleifer, Robert W. Vishny. Law and Finance [J]. Journal of Political Economy, 1998, 106(6): 1113-1155. [12 801]

(2) Rafael La Porta, Florencio Lopez-de-Silanes, Andrei Shleifer, Robert W. Vishny. Investor Protection and Corporate Governance [J]. Journal of Financial Economics, 2000, 58(1-2): 3-27. [4 922]

(3) Rafael La Porta, Florencio Lopez-de-Silanes, Andrei Shleifer, Robert W. Vishny. Investor Protection and Corporate Valuation [J]. The Journal of Finance, 2002, 57(3): 1147-1170. [2 882]

(4) Simon Johnson, Rafael La Porta, Florencio Lopez-de-Silanes, Andrei Shleifer.

Tunnelling [J]. The American Economic Review，2000，90(2)：22-27.[2 455]

(5) Rafael La Porta， Andrei Shleifer， Florencio Lopez-de-Silanes. Government Ownership of Banks [J]. The Journal of Finance，2002，57(1)：265-301.[1 525]

(6) Simeon Djankov， Edward Glaeser， Rafael La Porta，Florencio Lopez-de-Silanes，Andrei Shleifer. The New Comparative Economics [J]. Journal of Comparative Economics，2003，31(4)：595-619.[872]

(7) Rafael La Porta，Florencio Lopez-de-Silanes. The Benefits of Privatization：Evidence from Mexico [J]. The Quarterly Journal of Economics，1999，144(4)：1193-1242.[706]

74. Lucian A. Bebchuk

哈佛大学法学院

http://www.law.harvard.edu/faculty/directory/10058/Bebchuk

1980年获得哈佛大学法学硕士，1984年获得哈佛大学法学博士学位，1992年获得哈佛大学经济学学士学位，1993年获得哈佛大学经济学博士学位。研究方向涉及金融与经济。现任哈佛大学法律、经济与金融系教授，公司治理项目主任。是美国人文与科学院院士、国民经济研究局助理研究员、欧洲公司治理协会成员、社会科学科研计算机网公司治理网络董事、美国西部经济学会主席副主席、美国法经济协会主席副主席。

代表性研究成果：

(1) Lucian A. Bebchuk, Jesse M. Fried. Executive Compensation as An Agency Problem [J]. Journal of Economic Perspectives，2003，17(3)：71-92.[1 381]

(2) Lucian A. Bebchuk, Jesse M. Fried, David I. Walker. Managerial Power and Rent Extraction in the Design of Executive Compensation [J]. University of Chicago Law Review，2002，69：751-846.[1 268]

(3) Lucian A. Bebchuk, Mark J. Roe. A Theory of Path Dependence in Corporate Ownership and Governance [J]. Stanford Law Review，1999，52(1)：127-170.[939]

(4) Lucian A. Bebchuk. The Case for Increasing Shareholder Power [J]. Harvard Law Review，2005，118(3)：833-914.[759]

(5) Lucian A. Bebchuk, Alma Cohen. The Costs of Entrenched Boards [J]. Journal of Financial Economics，2005，78(2)：409-433.[687]

(6) Lucian A. Bebchuk, Yaniv Grinstein, Urs Peyer. Lucky CEOs and Lucky Directors [J]. The Journal of Finance，2010，65(6)：2363-2401.[179]

(7) Lucian A. Bebchuk, Michael S. Weisbach. The CEO Pay Slice [J]. Review of Financial Studies，2010，23(3)：939-961.[122]

(8) Lucian A. Bebchuk, Alma Cohen, Charles C. Y. Wang. Learning and the Disappearing Association between Governance and Returns [J]. Journal of Financial Economics，2013，108(2)：323-348.[76]

75. Margaret M. Blair

范德比尔特大学范德比尔特法学院

http://law. vanderbilt. edu/blair

布莱尔 1973 年获得奥克拉荷马大学学士学位,1989 年获得耶鲁大学经济学硕士学位及博士学位,曾任《商业周刊》(*Business Week*)杂志经理、耶鲁大学讲师、乔治城大学法律中心客座副教授以及布鲁金斯学会经济研究项目高级研究员,现任范德比尔特大学范德比尔特法学院法律系教授。

代表性研究成果:

Margaret M. Blair. Ownership and Control: Rethinking Corporate Governance for the Twenty-first Century [M]. Washington, D. C. : Brookings Institution, 1995. [1 588]

76. Marianne Bertrand

芝加哥大学布斯商学院

http://www. chicagobooth. edu/faculty/directory/b/marianne-bertrand#publications

1991 年获得布鲁塞尔大学经济学学士学位,1992 年获得布鲁塞尔大学经济学硕士学位,1998 年获得哈佛大学经济学博士学位,曾任布鲁塞尔大学助理研究员、普林斯顿大学经济与公共事务助理教授、芝加哥大学布斯商学院经济学助理教授、副教授,现任芝加哥大学布斯商学院经济学教授。

代表性研究成果:

(1) Marianne Bertrand, Antoinette Schoar. Managing with Style: The Effect of Managers on Firm Policies [J]. The Quarterly Journal of Economics, 2003, 118 (4): 1169-1208. [1 124]

(2) Marianne Bertrand, Sendhil Mullainathan. Are CEOs Rewarded for Luck? The Ones without Principals are [J]. The Quarterly Journal of Economics, 2001, 116 (3): 901-932. [943]

(3) Marianne Bertrand, Paras Mehta, Sendhil Mullainathan. Ferreting out Tunneling: An Application to Indian Business Groups [J]. The Quarterly Journal of Economics, 2002, 117(1): 121-148. [935]

(4) Marianne Bertrand, Simon Johnson, Krislert Samphantharak, Antoinette Schoar. Mixing Family with Business: A Study of Thai Business Groups and the Families behind Them [J]. Journal of Financial Economics, 2008, 88(3): 466-498. [200]

77. Mark J. Roe

哈佛大学法学院

罗伊 2001 年开始任哈佛大学法学院大卫伯格法学教授,主张从政治视角出发来探讨公司治理问题,例如政治环境对股权结构的影响等。

http://www. law. harvard. edu/faculty/directory/10725/Roe/publications

代表性研究成果:

(1) Mark J. Roe. Strong Managers, Weak Owners: The Political Roots of American Corporate Finance [M]. Princeton: Princeton University, 1994. [1 121]

(2) Lucian A. Bebchuk, Mark J. Roe. A Theory of Path Dependence in Corporate Ownership and Governance [J]. Stanford Law Review, 1999, 52(1): 127-170. [939]

（3）Mark J. Roe. Political Determinants of Corporate Governance：Political Context，Corporate Impact［M］. Oxford：Oxford University，1987.［738］

（4）Mark J. Roe. A Political Theory of American Corporate Finance［J］. Columbia Law Review，1991，91（1）：10-67.［607］

78. Brian R. Cheffins

剑桥大学法学院

http：//www. law. cam. ac. uk/people/academic/br-cheffins/3

1981 年获得维多利亚大学历史学学士学位，1984 年获得维多利亚大学法学学士学位，1986 年获得剑桥大学法学硕士学位，曾任哥伦比亚大学法学系助理教授，现任剑桥大学法学系公司法教授。

代表性研究成果：

（1）Brian R. Cheffins. Does Law Matter? The Separation of Ownership and Control in the United Kingdom［J］. The Journal of Legal Studies，2001，30（2）：459-484.［218］

（2）Brian R. Cheffins. Company Law：Theory，Structure and Operation［M］. Oxford：Oxford University Press，1997.［168］

六、公司治理期刊资源

1. The Journal of Finance
   1946 年创刊，SSCI 检索，影响因子 4.333
   http：//www. afajof. org/details/landingpage/2866131/About-the-JF. html

2. Journal of Financial Economics
   1974 年创刊，SSCI 检索，影响因子 3.424
   http：//jfe. rochester. edu/

3. The Review of Financial Studies
   1988 年创刊，SSCI 检索，影响因子 3.256
   http：//www. sfsrfs. org/

4. Corporate Governance：An International Review
   1993 年创刊，SSCI 检索，影响因子 1.400
   http：//onlinelibrary. wiley. com/journal/10. 1111/（ISSN）1467-8683

5. Jouranl of Corporate Finance
   1994 年创刊，SSCI 检索，影响因子 1.035
   http：//www. journals. elsevier. com/journal-of-corporate-finance/

6. Journal of Management and Governance
   1997 年创刊，非 SSCI 检索
   http：//link. springer. com/journal/10997

7. Corporate Governance：International Journal of Business in Society
   2001 年创刊，非 SSCI 检索
   http：//www. emeraldinsight. com/journals. htm?issn＝1472-0701

8. Corporate Ownership and Control

2003 年创刊,非 SSCI 检索

http://www. virtusinterpress. org/-Corporate-Ownership-and-Control-. html

9. Corporate Board: Role, Duties and Composition

2005 年创刊,非 SSCI 检索

http://www. virtusinterpress. org/-Corporate-Board-role-duties-and-. html

10. International Journal of Corporate Governance

2008 年创刊,非 SSCI 检索

http://www. inderscience. com/jhome. php?jcode=ijcg

11. Nankai Business Review International

2010 年创刊,非 SSCI 检索

http://www. emeraldinsight. com/products/journals/journals. htm?id=nbri

12. Risk Governance and Control: Financial Markets & Institutions

2011 年创刊,非 SSCI 检索

http://www. virtusinterpress. org/-Risk-Governance-and-Control-. html

13. The Review of Corporate Finance Studies

2012 年创刊,非 SSCI 检索

http://sfsrcfs. org/

14. Journal of Governance and Regulation

2012 年创刊,非 SSCI 检索

http://www. virtusinterpress. org/-Journal-of-Governance-and-. html